The New Cambridge Modern History
VOL.10: The Zenith of European Power, 1830-1870

⑩

新编剑桥世界近代史

欧洲势力的顶峰 1830—1870年

[英] J. P. T. 伯里（J. P. T. Bury） 编

中国社会科学院世界历史研究所组 译

CAMBRIDGE

中国社会科学出版社

图字：01-2018-7944

图书在版编目（CIP）数据

新编剑桥世界近代史. 第10卷, 欧洲势力的顶峰：1830—1870年／（英）J.P.T.伯里（J.P.T. Bury）编；中国社会科学院世界历史研究所组译.—北京：中国社会科学出版社，2018.12

书名原文：The New Cambridge Modern History, Vol. 10, The Zenith of Euroean Power, 1830—1870

ISBN 978-7-5203-2599-8

Ⅰ.①新… Ⅱ.①J…②中… Ⅲ.①世界史—近代史—1830-1870 Ⅳ.①K14

中国版本图书馆CIP数据核字（2018）第242348号

出 版 人	赵剑英
责任编辑	郭沂纹
特约编辑	安　芳
责任校对	朱妍洁
责任印制	李寡寡

出　　版	中国社会科学出版社
社　　址	北京鼓楼西大街甲158号
邮　　编	100720
网　　址	http://www.csspw.cn
发 行 部	010-84083685
门 市 部	010-84029450
经　　销	新华书店及其他书店

印刷装订	北京市十月印刷有限公司
版　　次	2018年12月第1版
印　　次	2018年12月第1次印刷

开　　本	650×960　1/16
印　　张	56.25
字　　数	891千字
定　　价	192.00元

凡购买中国社会科学出版社图书，如有质量问题请与本社营销中心联系调换
电话：010-84083683
版权所有　侵权必究

This is a Simplified-Chinese translation edition of the following title published by Cambridge University Press:

The New Cambridge Modern History, Vol. 10: The Zenith of European Power, 1830 – 1870

ISBN 978 – 0521045483

© Cambridge University Press 1960

This Simplified-Chinese translation edition for the People's Republic of China (excluding Hong Kong, Macau and Taiwan) is published by arrangement with the Press Syndicate of the University of Cambridge, Cambridge, United Kingdom.

© Cambridge University Press and China Social Sciences Press 2018

This Simplified-Chinese translation edition is authorized for sale in the People's Republic of China (excluding Hong Kong, Macau and Taiwan) only. Unauthorised export of this Simplified-Chinese translation edition is a violation of the Copyright Act. No part of this publication may be reproduced or distributed by any means, or stored in a database or retrieval system, without the prior written permission of Cambridge University Press and China Social Sciences Press.

出 版 前 言

英国剑桥大学出版的世界通史分为古代史、中世纪史、近代史三部。近代史由阿克顿勋爵主编，共14卷。20世纪初出版。经过几十年后，到50年代，剑桥大学出版社又出版了由克拉克爵士主编的《新编剑桥世界近代史》。新编本仍为14卷，论述自文艺复兴到第二次世界大战结束，即自1493—1945年间共400多年的世界历史。国别史、地区史、专题史交错论述，由英语国家著名学者分别执笔。新编本反映了他们最新的研究成果，有许多新的材料，内容也更为充实，代表了西方的较高学术水平，有较大的影响。

为了供我国世界史研究工作者和广大读者参考，我们将这部书分卷陆续翻译、出版（地图集一卷暂不出）。需要指出的是，书中有些观点我们并不同意，希望读者阅读时注意鉴别。

编著按

法国七月王朝和1848年3月以前的奥地利帝国的情况虽在本卷各处述及，但敬告读者，在本书第九卷中将有专章对之详细加以论述。同样，1840—1905年的印度历史，以及社会主义和各种社会学说的发展情况在本书第十一卷中加以论述。

目　录

第 一 章
导　言
剑桥大学圣体学院研究员、历史讲师
J. P. T. 伯里　著

第 二 章
经济的变化与增长
明尼苏达大学荣誉历史教授
赫伯特·希顿　著

采用改进的方法和新制度的时期	(24)
农业的扩大	(24)
圈地、排水系统和肥料	(26)
耕种设备的改进及其对资本的依赖	(27)
谷物法的实施	(28)
1850—1873 年的农业繁荣景象	(29)
纺织工业的发展	(30)
机器生产与铁、钢、煤产量的增长	(31)
货物和物资的陆路和水路运输	(34)
铁路的兴起	(35)
美国帆船的黄金时代，轮船运输	(38)
横渡大西洋	(38)
交通的改进与国际贸易	(39)
关税与自由贸易	(40)
筹措商业扩展所必需的资金	(42)
银行与银行业	(42)
工厂制度的扩大	(45)
劳工的流动	(46)

生活与劳动条件。限制雇用童工 ……………………………………（47）
结社法的废除。工会运动的发展 …………………………………（49）
若干尝试性结论。1825—1850 年是一个特别发展的时期 ………（51）
劳动条件的改善（1850—1870 年）…………………………………（52）

第 三 章
科学进步及其对思想和物质发展的影响
已故剑桥大学基督学院研究员、历史科学讲师
A. R. 霍尔　著

1830—1870 年介乎科学的形成时期与近代时期之间 ……………（53）
国家的赞助。西欧和美国的贡献 …………………………………（54）
科学与生产之间没有多大合作 ……………………………………（55）
科学思想对卫生、耕作、化学工业的影响以及对哲学的影响。
　　功利主义、实证主义和马克思主义的哲学 …………………（56）
数学分析的利用中所表明的各种科学分支的互相依赖关系 ……（60）
克拉克·麦克斯韦与法拉第的理论 ………………………………（60）
光谱分析的完善 ……………………………………………………（62）
热力学 ………………………………………………………………（63）
原子学说与原子量表 ………………………………………………（64）
原子价理论 …………………………………………………………（66）
周期律。门捷列夫和迈尔 …………………………………………（66）
实验室合成技术与商业利用 ………………………………………（67）
巴斯德与微生物学 …………………………………………………（69）
实验生理学中的对立学派 …………………………………………（70）
地质学家和地球寿命 ………………………………………………（71）
进化论及其反对者 …………………………………………………（72）
医疗与外科业务 ……………………………………………………（75）
利斯特的外科消毒制度。发明者的作用 …………………………（76）
孔德和斯宾塞的著作。教会的态度 ………………………………（78）

第 四 章
宗教和政教关系
剑桥大学伊曼纽尔学院名誉研究员、
温切斯特学院院长
诺曼·赛克斯　著

拿破仑失败后基督教会的反应。教皇回到罗马 …………………（80）

法国的天主教自由派运动 …………………………………… (81)
拉梅内向罗马教皇的申诉。教皇的《对你们感到惊异》通谕 …… (82)
教皇极权主义与罗马礼拜仪式在法国的统一采用 …………… (83)
教育斗争;《法卢法案》。瑞士的"新生"运动 ……………… (84)
瑞士的宗教问题。分离主义者联盟的失败 …………………… (85)
牛津运动 …………………………………………………… (86)
苏格兰长老会中的争议。苏格兰自由长老会的建立 ………… (88)
罗马天主教教阶制度在英国重新建立 ………………………… (89)
英国圣公会教徒与新教教徒关于国家教育的争执 …………… (90)
古老的大学向非英国圣公会教徒开放。1851年的宗教
　　统计数字 ………………………………………………… (91)
圣灵怀胎说。意大利的政教关系 ……………………………… (93)
路易·拿破仑的崛起。《现代错误学说汇编》………………… (94)
天主教公会议 ………………………………………………… (99)
法国对待公会议的态度 ……………………………………… (102)
公会议无限期地休会。法国与普鲁士之间的战争 …………… (103)
教皇永无谬误的信条 ………………………………………… (103)
公会议的不良政治后果 ……………………………………… (105)
爱尔兰圣公会及其与政府的分离 …………………………… (106)
社会意识的形成 ……………………………………………… (107)
从文学上和历史上对《圣经》的评论 ………………………… (107)

第 五 章
教育和新闻事业
剑桥大学圣体学院研究员

约翰·罗奇　著

法国革命的后果 ……………………………………………… (109)
国家在教育中的作用 ………………………………………… (110)
自由主义和民族主义的传播 ………………………………… (111)
教会和世俗的教育观点 ……………………………………… (111)
自由派与教育自由 …………………………………………… (112)
瑞士、德国、英国、法国的理论家 …………………………… (113)
初等教育 ……………………………………………………… (114)
中学和近代学科 ……………………………………………… (116)
教育与自由文化 ……………………………………………… (117)

"公学"制度。技术与职业训练日益增长的重要性 ……………… (117)
大学 ………………………………………………………………… (119)
意大利的中等和高等教育 ………………………………………… (120)
英国的大学。美国的教育史 ……………………………………… (121)
自治殖民地和印度的教育 ………………………………………… (122)
"英属印度"制度 …………………………………………………… (122)
妇女教育 …………………………………………………………… (123)
成人教育 …………………………………………………………… (124)
技工学校、图书馆、博物馆 ……………………………………… (125)
英国在发展新闻事业方面的领先地位 …………………………… (126)
废除印花税。《泰晤士报》的独特地位 ………………………… (127)
报纸数目的增加。法国的报刊 …………………………………… (128)
德国和奥地利的报刊 ……………………………………………… (130)
新闻界与政党之间的联系 ………………………………………… (132)
新闻审查制度。俄国的报刊 ……………………………………… (133)
美国的报刊 ………………………………………………………… (134)
一些对比。新技术 ………………………………………………… (136)
新闻通讯社的发展 ………………………………………………… (138)

第 六 章
艺术与建筑
伦敦大学伯克贝克学院艺术史教授
尼古劳斯·佩夫斯纳 著

摆脱受赞助人保护的地位，英国在艺术上的领先地位
　（约1760—约1800年） ……………………………………… (140)
个人独特风格的问题 ……………………………………………… (141)
英国维多利亚时代的建筑 ………………………………………… (142)
哥特式的复兴及其他模仿性风格 ………………………………… (143)
建筑师只注重外观。国外的类似发展 …………………………… (145)
德国、意大利和法国的新哥特式风格 …………………………… (147)
美国的新古典风格。本国文艺复兴或重新流行 ………………… (147)
公共建筑规模宏大 ………………………………………………… (148)
一个以平面的而非立体的设计为特征的时期。结果使雕塑
　贫乏 …………………………………………………………… (150)
这个时期的法国绘画 ……………………………………………… (151)

德拉克洛瓦的作品 …………………………………… (152)
绘画的现实主义是这个时期的特征 …………………… (155)
米勒和库尔贝 …………………………………………… (155)
工业革命对绘画没有产生多少影响 …………………… (157)
拉斐尔前派画家 ………………………………………… (159)
印象主义。后期的维多利亚派 ………………………… (162)

第 七 章
想 象 文 学
威尔士大学斯旺西大学学院德语教授
埃里希·黑勒 著

小说在文学领域中占主导地位 ………………………… (165)
实现一种信仰的愿望；对"心理学"日益关注 ………… (166)
文学作为一种探索工具 ………………………………… (167)
19世纪的现实主义 ……………………………………… (168)
意识到当代的社会问题 ………………………………… (170)
"教育小说" ……………………………………………… (171)
传统的英雄式主人公不再流行 ………………………… (173)
维克多·雨果狂放不羁的天才 ………………………… (174)
"历史"小说。现实主义作为一种表达方式 …………… (175)
文学与社会的联系 ……………………………………… (177)
俄国小说界 ……………………………………………… (179)
托尔斯泰与陀思妥也夫斯基的比较 …………………… (179)
福楼拜的现实主义 ……………………………………… (182)
这个时期散文的现实主义和诗的浪漫主义 …………… (183)
这个时期的诗 …………………………………………… (184)
法国 ……………………………………………………… (185)
德国 ……………………………………………………… (187)
英国 ……………………………………………………… (189)
波德莱尔和埃德加·爱伦·坡 ………………………… (192)
涅克拉索夫和沃尔特·惠特曼 ………………………… (194)
戏剧创作水平低于小说和诗所达到的水平 …………… (195)
俄国、德国和奥地利的戏剧 …………………………… (196)

第 八 章
自由主义与宪政的发展
伯明翰大学近代历史和政体教授
J. A. 霍古德 著

政体的变化	(200)
向自由与民主制度的进展不是持续的	(201)
马克思主义对自由主义的挑战	(203)
最初的民主制度。法国、比利时、英国和德国的基本改革	(204)
德意志各邦的宪政演变。经过修改的法国1830年宪章	(205)
比利时的1831年宪法	(207)
英国的议会改革及其影响	(207)
美国和比利时为制宪者提供了模式	(209)
美国对德国国民议会的影响	(210)
瑞士的1848年宪法。哈布斯堡帝国的联邦改革和失败	(212)
克雷姆泽尔宪法草案	(213)
1848—1849年意大利在宪法问题上的困境	(214)
1848年的皮埃蒙特宪法及其作为国家象征的重要性	(216)
革命与反动的年代	(218)
19世纪50年代是一个暂时停顿和巩固的时期	(220)
解放农奴	(221)
自由主义受到左右两方面的威胁	(222)
行政机构的改进	(223)
加紧控制中央集权国家的机构	(224)
在德国和奥地利缺少自治传统	(225)
联邦思想的变化波折	(225)
联邦思想在意大利和奥地利的失败	(226)
联邦思想在德国和墨西哥重新抬头,在加拿大获得胜利	(227)
1867年是出现奇迹的一年	(229)

第 九 章
民族与民族主义
J. P. T. 伯里 著

民族的定义	(231)
1832年民族事业的前景	(233)

1848年以前法国以及巴黎和其他西欧城市的作用 …………… (233)
爱尔兰民族主义 ………………………………………………… (235)
法国的民族主义 ………………………………………………… (237)
石勒苏益格-荷尔斯泰因问题 …………………………………… (238)
泛斯堪的纳维亚运动 …………………………………………… (239)
比利时脱离荷兰 ………………………………………………… (240)
佛兰芒运动 ……………………………………………………… (240)
瑞士民族运动 …………………………………………………… (241)
马志尼与意大利民族主义 ……………………………………… (243)
德意志民族主义 ………………………………………………… (245)
波兰问题揭示出自由主义与民族主义的分离 ………………… (248)
东欧的民族主义 ………………………………………………… (249)
俄国传统的民族主义 …………………………………………… (250)
芬兰、拉脱维亚和爱沙尼亚 …………………………………… (251)
斯拉夫文化优越论者与泛斯拉夫主义者 ……………………… (252)
布拉格斯拉夫人代表大会的失败 ……………………………… (253)
1831年大规模的波兰移民出境 ………………………………… (255)
普鲁士、奥地利和俄国三国统治下的波兰 …………………… (256)
1863年的波兰起义。立陶宛人 ………………………………… (257)
波兰的诗人。奥地利是民族自决的反对者 …………………… (257)
奥地利帝国的文学与学术的黄金时代 ………………………… (259)
匈牙利的民族冲突 ……………………………………………… (260)
奥斯曼帝国 ……………………………………………………… (261)
巴尔干各国的出现 ……………………………………………… (262)
犹太人 …………………………………………………………… (265)
民族主义的发展 ………………………………………………… (266)

第 十 章
联盟体系与力量均势
普林斯顿大学历史教授
戈登·克雷格 著

欧洲在外交上的分裂 …………………………………………… (268)
1830年的比利时危机显示出联盟体系的灵活性 ……………… (269)
帕默斯顿使列强接受比利时的独立 …………………………… (270)
法国的政策模棱两可 …………………………………………… (271)

东欧列强默认比利时问题和平解决的原因 ……………………… (272)
东西欧列强之间的鸿沟的扩大。近东问题 ……………………… (272)
苏丹向俄国求援。1833年的俄土条约 …………………………… (274)
葡萄牙和西班牙事务。四国同盟,西方对洪基尔—斯凯莱西
　　条约和明亨格列兹声明的回答 ……………………………… (275)
英法协约的分裂趋势。1839—1840年的近东危机 ……………… (276)
马哈茂德的军队的失败。四国大使在维也纳会晤 ……………… (277)
沙皇派遣布伦诺夫出使伦敦,破坏英法两国之间的关系 ……… (278)
四国协定。法国的孤立与战争的危险 …………………………… (279)
俄国企图使法国的孤立正式化。梅特涅在法国与其他列强
　　之间进行调解。1841年的海峡公约 ………………………… (280)
英法协约的瓦解。法国企图与奥地利达成谅解 ………………… (280)
英俄关系更为友好 ………………………………………………… (281)
1848年的革命威胁了力量均势 …………………………………… (282)
拉马丁的《致各国宣言》 ………………………………………… (283)
普鲁士的反俄政策和伦巴第与威尼斯的反叛危害了和平 ……… (284)
帕默斯顿,俄国,匈牙利反叛 ……………………………………… (286)
奥普战争的威胁。普鲁士在奥尔米茨投降。石勒苏益格－
　　荷尔斯泰因问题 ……………………………………………… (287)
欧洲协同体的最后一次成功的会议。力量均势的含义 ………… (287)
列强愿意维持和平。克里米亚战争成为历史转折点 …………… (288)
克里米亚战争的后果 ……………………………………………… (289)
英国倾向于退出欧洲大陆事务 …………………………………… (291)
联盟和外交联合不再以防御为目的 ……………………………… (293)
政治家们没有能力或者不愿实行合作 …………………………… (294)

第 十 一 章
武装力量和军事艺术:海军
已故格林威治皇家海军学院历史教授
迈克尔·刘易斯　著

英国海军处于完全优势 …………………………………………… (296)
装备的广泛迅速变化 ……………………………………………… (297)
贝汉设想的新型作战力量 ………………………………………… (298)
早期的汽船 ………………………………………………………… (299)
螺旋桨开始被采用 ………………………………………………… (300)

克里米亚战争中的汽船。加煤问题 …………………………… (301)
在英国海军中汽船战胜了帆船 ……………………………… (302)
从木头过渡到铁。法国和英国的犹豫态度 …………………… (303)
木与铁的争议的结束。采用旧式球形炮弹还是新式炮弹。
  法国又成为先驱 ………………………………………… (304)
惠特沃斯和阿姆斯特朗彻底改革重炮 ………………………… (306)
装甲钢板对付炮弹。舰炮变得过时 …………………………… (308)
"金属撞角"的暂时成功。塔炮的功效 ………………………… (308)
水雷、潜艇、鱼雷 ……………………………………………… (310)
皇家海军中的"尉官""准尉"和"水手" ……………………… (311)
资历 ……………………………………………………………… (311)
提升障碍。得不到任命的军官。恩赐官职 …………………… (312)
海军作为一种固定职业 ………………………………………… (314)
实行"总任命书"制。"现役人员"和"退役人员"名册。
  参加海军的条件 ………………………………………… (314)
高级军官选择自己的继任人。入伍考试制度的实行 ………… (315)
海军学院训练军官候补生。任命范围的扩大 ………………… (316)
"指挥军官"与轮机军官之间的猜忌 …………………………… (317)
强征服役的弊端。服役条件的改善 …………………………… (318)
长期服役制的建立。舰队后备役。"蓝夹克"称呼的由来 …… (319)
水兵地位的改变 ………………………………………………… (319)
美国和法国的海军 ……………………………………………… (321)
格雷厄姆的新海军登记册。皇家海军志愿预备役制的形成 … (323)
皇家海军的指挥和行政工作 …………………………………… (324)

第 十 二 章
武装力量和军事艺术：陆军
B. H. 利德尔·哈特　著

以人数计算武装力量的实力 …………………………………… (326)
燧发枪与引爆系统 ……………………………………………… (327)
来复线步枪的发展。后膛装药 ………………………………… (327)
火炮与机关枪的发展 …………………………………………… (329)
法国的霰弹炮 …………………………………………………… (330)
铁路的军事用途 ………………………………………………… (331)
部队需要快速集中和部署 ……………………………………… (333)

电报 (333)
普鲁士的"总参谋部" (334)
征兵制 (335)
约米尼和克劳塞维茨的影响 (337)
法国征服阿尔及利亚 (344)
拉德茨基在1848—1849年奥意战争中的杰出指挥 (345)
克里米亚战争处置不当 (346)
1859年的意大利战争 (347)
俾斯麦看出法国和奥地利的军事弱点 (347)
1866年七周战争的战略 (348)
普法战争的战略模式 (349)
美国南北战争 (351)

第十三章
联合王国及其全球利益
剑桥大学西德尼·苏塞克斯学院院长、历史讲师
戴维·汤姆森 著

农村的、农业的社会变为城市的、工业的社会 (355)
人口的增长与转移 (355)
修建铁路的时代 (356)
横渡大西洋的航运 (356)
煤、铁与棉花 (357)
英国成为世界强国。政治制度的改变 (358)
议会的两院 (359)
选举区的重新划分 (359)
选举与选民。1867年的改革法 (360)
地方政府改革。文官和官员的增加 (361)
文官制度 (361)
政党的联合与组织 (362)
内阁的团结一致与集体负责。女王关于帕默斯顿的备忘录 (363)
奴隶制的废除 (364)
工厂工人条件的改善 (365)
废除谷物法 (366)
1844年银行特许状法 (368)
工人阶级自助的和志愿的组织 (369)

早期的工会 ································ (369)
"托尔普德尔蒙难者" ························ (370)
宪章运动 ································ (371)
合作运动 ································ (372)
英国的和平政策 ··························· (373)
关于帝国与联邦的新概念 ····················· (373)
殖民地的发展。帝国利益均势的改变 ············· (374)
寻求市场 ································ (375)
殖民地管理的目标是自治 ····················· (376)
加拿大的叛乱。德拉姆报告 ··················· (377)
澳大利亚、新西亚和开普殖民地的宪政发展 ········ (378)
帝国防务体系集中体现的英国发展的总特征 ········ (380)

第 十 四 章
俄国在欧洲和亚洲
剑桥大学三一学院研究员
J. M. K. 维维安 著

俄国的制度和思想的残存和再现 ················ (381)
十二月党人的起义 ·························· (382)
1826年法令规定的政治警察和书刊检查制度 ······· (382)
国务会议 ································ (384)
1826年的科丘别伊委员会 ···················· (385)
沙皇对土地改革的兴趣 ······················ (385)
地方农民起义的增加。1830年的波兰起义 ········ (386)
教育大臣乌瓦罗夫 ·························· (387)
俄国法律编成法典 ·························· (387)
经济政策的改变 ··························· (388)
俄国对普鲁士和奥地利加强反对国际革命感兴趣 ···· (389)
革命精神从军队和沙龙传到学者和政治家 ········· (390)
西方派与斯拉夫派 ·························· (391)
在文艺批评掩盖下的政治争议 ·················· (392)
军队是个人发迹的主要途径 ··················· (393)
新皇帝亚历山大二世 ························ (394)
解放农奴 ································ (394)
以国内为基地的密谋活动和宣传鼓动 ············· (398)

虚无主义与民粹主义 …………………………………………（399）
1863年的波兰起义。芬兰的表面自由化 ………………………（401）
1864年地方政府改革法令 ………………………………………（402）
1864年的新司法制度 ……………………………………………（403）
"人民"小学 ………………………………………………………（403）
1866年暗杀沙皇未遂 ……………………………………………（404）
实行普遍兵役制 …………………………………………………（404）
俄罗斯银行的改革 ………………………………………………（405）
克里米亚战争后的经济状况 ……………………………………（405）
土地革命在经济上的失败 ………………………………………（407）
西伯利亚的行政管理 ……………………………………………（408）
阿拉斯加售予美国 ………………………………………………（410）
牺牲中国利益的新推进政策 ……………………………………（410）
平定外高加索 ……………………………………………………（411）
对希瓦、布哈拉和浩罕三汗国的远征 …………………………（412）

第 十 五 章
1848年的革命
巴黎大学荣誉教授
夏尔·普塔 著

革命前的状况 ……………………………………………………（416）
煽动者——知识分子；他们受到法国的鼓舞 …………………（417）
关于民族的不同概念 ……………………………………………（418）
社会问题的意义 …………………………………………………（418）
2月24日的巴黎革命 ……………………………………………（419）
　它对欧洲的影响 ………………………………………………（421）
维也纳是中欧革命的策源地 ……………………………………（422）
伦巴第和威尼斯的解放 …………………………………………（423）
柏林的起义及其后果 ……………………………………………（423）
革命的一些结果 …………………………………………………（424）
法国革命的退潮 …………………………………………………（426）
对欧洲的影响 ……………………………………………………（427）
路易·拿破仑的当选 ……………………………………………（430）
普鲁士制宪议会的解散 …………………………………………（431）
法兰克福议会 ……………………………………………………（432）

普鲁士的弗里德里希·威廉拒绝接受德意志王位 …………………… (433)
意大利、匈牙利、奥地利政治革命的告终 …………………………… (434)
法国和德国的革命陷于停顿 …………………………………………… (434)
德意志邦联的改革。普鲁士的耻辱 …………………………………… (435)
路易·拿破仑政变(1851年) …………………………………………… (437)
革命的结果 ……………………………………………………………… (437)

第十六章
地 中 海

剑桥大学三一学院研究员、历史讲师
C. W. 克劳利 著

轮船和铁路的影响 ……………………………………………………… (442)
地中海的范围 …………………………………………………………… (442)
气候条件 ………………………………………………………………… (443)
"旅游者"的到来 ………………………………………………………… (444)
地中海各港口活动的比较 ……………………………………………… (444)
地中海各港口的人口 …………………………………………………… (446)
欧洲港口 ………………………………………………………………… (447)
地中海东部各国港口 …………………………………………………… (449)
北非港口 ………………………………………………………………… (452)
传统的、贸易的、王朝的和民族的竞争 ……………………………… (452)
希腊成为独立的王国 …………………………………………………… (454)
穆罕默德·阿里统治下的埃及是一股扰乱力量 …………………… (454)
穆罕默德·阿里与法国占领阿尔及尔 ……………………………… (455)
穆罕默德·阿里侵入叙利亚和小亚细亚 …………………………… (456)
苏丹在奈齐卜被击败。1840年的伦敦协定强加的
　　解决办法 …………………………………………………………… (457)
法国在地中海东部各国的影响。英俄角逐是地中海
　　政治中的新因素 …………………………………………………… (458)
英国在地中海政治中是主导势力 …………………………………… (458)
定期轮船航线 …………………………………………………………… (459)
英国显示海军力量 ……………………………………………………… (461)
苏伊士运河计划 ………………………………………………………… (462)
谢瓦利埃关于修建洲际铁路和运河的主张 ………………………… (463)
昂方坦关于开凿一条连接地中海与红海的运河的信念 …………… (465)

英国、法国和奥-德三个集团达成协议 ……………………………（466）
关于修建一条铁路的计划取得了进展 …………………………（467）
德·莱塞普斯获得正式特许权 ……………………………………（468）
德·莱塞普斯发表计划书,工程开始 ……………………………（468）
运河完工 ……………………………………………………………（469）

第 十 七 章
法兰西第二帝国
马萨诸塞州北安普敦史密斯学院历史系客座讲师
保罗·法默 著

路易·拿破仑的早年生活;他的唯一目标是恢复帝国 …………（471）
他修改宪法的企图遭到失败 ………………………………………（472）
1851年12月政变;新宪法(1852年1月) ………………………（474）
帝国复辟 ……………………………………………………………（475）
拿破仑三世的持各种政见的支持者 ………………………………（475）
他的机会主义的逻辑 ………………………………………………（477）
他的统治的两个时期:(1)个人统治时期 ………………………（478）
立法会议和参议院的职能 …………………………………………（479）
鼓励经济发展——信贷、铁路和降低关税 ………………………（480）
这个政权逐渐被接受 ………………………………………………（481）
(2)不稳定的平衡时期 ……………………………………………（481）
国内在宗教问题上的争论 …………………………………………（482）
经济发展产生的社会上和政治上的分裂 …………………………（482）
共和主义的复活。拿破仑变得左倾 ………………………………（484）
外国投资和工业生产的迅速增长 …………………………………（486）
经济发展的原因。资产阶级突出的社会地位。普通人民的
　　变化 ……………………………………………………………（487）
思想领域落后于经济事业 …………………………………………（488）
重建巴黎。新兴的富人 ……………………………………………（489）
拿破仑在外交政策方面的目的 ……………………………………（490）
克里米亚战争和1859年的对奥战争 ……………………………（492）
法国在墨西哥的干涉 ………………………………………………（493）
拿破仑在普奥斗争中的作用 ………………………………………（494）
事态的发展在色当战役中达到顶点 ………………………………（495）
第二帝国的崩溃。它在法国历史上留下的痕迹 …………………（496）

第十八章
克里米亚战争
牛津大学萨默维尔学院研究员
阿加莎·拉姆 著

俄土两国关系的背景	(498)
战争的起因。关于圣地的争议	(499)
拿破仑面对沙皇侮辱时的克制。俄国认识到战争的可能性，向土耳其提出进一步要求	(499)
俄国肢解奥斯曼帝国的计划	(501)
土耳其依从奥地利的最后通牒	(502)
缅希科夫的使命	(503)
土耳其拒绝俄国的要求	(503)
英法舰队奉命开往贝希卡湾。俄国军队占领多瑙河防线	(504)
维也纳照会。埃及舰队的到达	(505)
俄国外交部文件泄漏给报界。英法两国舰队在君士坦丁堡	(507)
土耳其小舰队在锡诺普的失败。英法舰队进入黑海	(508)
西方列强宣战。军事行动进展缓慢	(509)
奥地利在战争期间占领两公国。克里米亚半岛成为战场	(510)
失去的机会。奥地利签署法英联盟	(510)
新的谈判。在英国强烈抗议进行战争。帕默斯顿任首相	(512)
奥地利势力的衰落。塞瓦斯托波尔的陷落	(513)
撒丁参加英法同盟。对瑞典的提议	(514)
帕默斯顿计划建立防御俄国的堡垒，但法国非正式地试探和平	(516)
俄国接受条件，宣告停战。伤亡数字	(517)
报刊报道了管理不善情况，结果导致对英军的后勤工作进行改组	(518)
战争在法国、俄国和土耳其的影响	(518)
和平会议及其产生的条约	(519)
会议转向波兰、希腊和意大利事务	(520)
奥地利和俄国的外交威信的下降；它们转向法国	(523)
对土耳其的瓜分推迟	(524)
俄英之间的敌视继续存在	(524)

第十九章
普鲁士与德意志问题，1830—1866年
牛津大学圣安东尼学院研究员、副院长
詹姆斯·乔尔　著

自由主义在德意志全境复兴	(526)
德意志关税同盟和税收同盟的形成	(527)
普鲁士的行政体制成为全欧洲自由派的羡慕目标	(528)
弗里德里希·威廉四世的即位引起了实现政治统一和实行更自由的政策的希望	(529)
各邦的政治形势	(530)
勃兰登堡伯爵内阁领导下的普鲁士	(531)
哈布斯堡王室要求领导德意志。弗里德里希·威廉拒绝德意志皇位	(532)
法兰克福议会的失败	(533)
三王国联盟。奥地利的经济计划	(534)
拉多维茨的普鲁士联邦计划的失败	(535)
普鲁士在奥尔米茨受辱。奥地利未能进入德意志关税同盟	(535)
普鲁士的保守主义。自由派与权力和主权之间的联系	(537)
普鲁士日益扩大的经济。奥地利的经济地位削弱	(538)
意大利战争。奥普关系	(539)
德意志邦联的机构。德意志民族协会	(540)
普鲁士王子威廉任摄政	(541)
罗恩关于改革普鲁士军队的方案	(543)
摄政遭到议会的强烈反对。进步党	(543)
俾斯麦成为政府首脑	(545)
俾斯麦在普鲁士议会的演说——"用铁与血"	(545)
奥地利在德意志保持优势地位的最后企图	(546)
普鲁士需要俄国的善意	(547)
威廉一世拒绝参加法兰克福的各邦君主会议	(547)
石勒苏益格—荷尔斯泰因问题	(548)
俾斯麦在法国中立问题上下赌注并实现与意大利结盟	(551)
俾斯麦解散邦联并准备战争	(552)

争夺霸权的斗争告终 ……………………………………………… (553)
北德意志邦联的形成 ……………………………………………… (555)

第 二 十 章
奥地利帝国及其问题，1848—1867 年
牛津大学万灵学院研究员、副院长
C. A. 麦卡特尼 著

对19世纪中叶奥地利历史的习惯划分引起的困难 ……………… (556)
"革命"与"反动"双方形成势均力敌的局面 …………………… (556)
"反动"力量牢牢地控制奥地利 …………………………………… (557)
"历史单元"与"县"的设立。斐迪南由弗兰茨·约瑟夫
　　继位 ……………………………………………………………… (559)
匈牙利人的失败。适用于整个帝国的新宪法（1849年3月）…… (560)
伦巴第和威尼斯处于军事控制下。政府关于匈牙利的计划 …… (561)
匈牙利人宣布独立。海瑙的镇压 ………………………………… (562)
解决特兰西瓦尼亚和南部斯拉夫地区问题的方案。巴赫的
　　影响 ……………………………………………………………… (563)
农民的解放。司法和教育的改革。大力发展工业 ……………… (564)
德语成为官方语言 ………………………………………………… (565)
弗兰茨·约瑟夫在政治上大权独揽。彻底的独裁制度 ………… (566)
1855年的政教协定使罗马天主教会处于国家的特殊保护
　　之下 ……………………………………………………………… (568)
比较容易的物质生活影响帝国的西半部接受专制制度 ………… (569)
经济发展与不断增加的国家支出 ………………………………… (569)
匈牙利的局势。不满情绪继续存在 ……………………………… (571)
战争的前景。1857年的证券交易危机 …………………………… (573)
意大利战争（1859年）。弗兰茨·约瑟夫放弃专制主义 ……… (574)
"拉克森堡宣言"（1859年8月）。匈牙利问题 ………………… (575)
经过加强的帝国咨政院建议重建君主国 ………………………… (575)
对匈牙利的让步。"十月文告" …………………………………… (577)
匈牙利拒绝"十月文告" …………………………………………… (579)
施默林的"二月特许令"不受欢迎 ……………………………… (580)
弗兰茨·约瑟夫设法接近匈牙利 ………………………………… (582)
奥普战争。安德拉希劝说弗兰茨·约瑟夫放弃联邦制 ………… (584)
与匈牙利达成最后协议 …………………………………………… (586)

第二十一章
意 大 利

剑桥大学彼得豪斯学院研究员、历史讲师

马克·史密斯 著

人们希望一个好的政府,但丝毫没有民族意识 ································ (587)
撒丁 – 皮埃蒙特是建立一个较大王国的核心。1831年的
  小规模起义 ·· (588)
奥地利恢复了秩序,旧政权继续保存下来 ································ (589)
皮埃蒙特 – 撒丁的查理·阿尔贝特 ·· (590)
新归尔甫党作家 ·· (593)
马志尼的影响。教皇庇护九世的当选 ·· (594)
奥地利未经慎重考虑进入摩德纳和弗拉拉。巴勒莫的骚乱 ······ (596)
各个统治者同意颁布宪法。教皇国与托斯卡纳之间的关税
  联盟 ·· (597)
米兰的叛乱促使战争爆发。查理·阿尔贝特被迫采取行动 ······ (598)
查理·阿尔贝特拒绝加里波第的合作,在库斯托扎和诺瓦拉遭到
  失败 ·· (599)
那不勒斯、罗马和威尼斯的革命失败。意大利再次成为被占
  领地 ·· (601)
查理·阿尔贝特的退位和逝世。维克托·埃马努埃尔部分地
  重建王权 ·· (602)
西卡尔迪法令获得通过。加富尔加入德·阿泽利奥内阁 ········· (604)
加富尔取代德·阿泽利奥。他的方法 ·· (605)
皮埃蒙特干预克里米亚战争 ·· (606)
教士的反抗增加。加富尔与马志尼 ·· (607)
加富尔与奥地利的外交决斗。奥地利在马让塔和索尔费里诺两次
  战役中败北 ·· (608)
加富尔辞职和重新掌权 ·· (609)
马志尼对意大利统一的信念。加里波第占领巴勒莫 ················ (610)
那不勒斯被加里波第攻陷,皮埃蒙特军队进入教皇国。
  意大利王国宣告成立 ·· (611)
1861年2月议会在都灵召开。加富尔去世 ································ (613)
西西里的内战。获得威尼斯和罗马 ·· (613)

第二十二章
普法战争的起因与德意志的再造

已故牛津大学政治学讲师

迈克尔·富特 著

战争爆发的责任并不全在于俾斯麦。俾斯麦与拿破仑
　　三世的主要区别 ………………………………………………（616）
普鲁士的领土和人口的增加。俾斯麦削弱其议会中的
　　政敌的政策 ……………………………………………………（618）
俾斯麦利用普法条约草案 …………………………………………（619）
拿破仑因为普鲁士获得好处而要求法国得到补偿。计划
　　购买卢森堡大公国 ……………………………………………（619）
列强保证卢森堡的中立地位 ………………………………………（621）
拿破仑继续幻想与奥地利结盟 ……………………………………（623）
计划中的三国同盟以僵局告终。法国军队的改组 ………………（623）
法国和普鲁士均未做好战争准备。弗勒里和达吕的秘密
　　行动 ……………………………………………………………（625）
拿破仑重新计划缔结三国同盟。西班牙的伊萨贝拉在法国
　　避难 ……………………………………………………………（626）
霍亨索伦的利奥波德亲王成为西班牙王位候选人 ………………（626）
利奥波德被说服接受西班牙王位 …………………………………（629）
法国铸成两大错误 …………………………………………………（630）
为了和平而进行活动的力量 ………………………………………（633）
法国相信暂时的军事优势 …………………………………………（634）
卡尔·安东以他儿子的名义放弃对西班牙王位的任何要求 ……（635）
格拉蒙建议威廉一世写信向拿破仑道歉 …………………………（636）
贝内德蒂与威廉一世会晤，俾斯麦的埃姆斯急电的
　　公开文本 ………………………………………………………（638）
法国内阁决定动员 …………………………………………………（639）
法国在没有同盟的情况下宣战 ……………………………………（640）
拿破仑的投降与第二帝国的崩溃。割让阿尔萨斯和洛林
　　北部 ……………………………………………………………（641）
德意志帝国的建立 …………………………………………………（643）

第二十三章
美国的国家力量与地方力量
耶鲁大学美国历史教授
D. M. 波特 著

发展的进程与欧洲不同	(645)
国会、政府和最高法院转向国家主义。日益加强的经济统一	(645)
国家主义继续占优势的两个障碍	(646)
杰克逊政府时期的两个主要冲突	(648)
北方与南方的对照	(652)
沿海殖民地与内地的对抗	(653)
北部与西部趋向于成为互惠市场和原料来源	(654)
轧棉机的发明。种植园制在南方的发展	(655)
北部与南部的四点冲突	(656)
缺乏完全的地方统一	(657)
对奴隶制的反应	(658)
南方为了保卫奴隶制而团结。北方富于战斗性的反奴隶制运动	(659)
奴隶制成为一个联邦问题	(662)
得克萨斯的兼并	(664)
墨西哥战争	(665)
1850年的妥协案与堪萨斯-内布拉斯加法	(666)
联邦感情的明显衰退	(668)
亚伯拉罕·林肯任总统	(669)
美国南部联盟的形成	(670)
林肯认识到志愿效忠的重要性	(672)

第二十四章
美国南北战争
路易斯安那州立大学历史教授
T. 哈里·威廉斯 著

美国历史上的决定性事件	(674)
对抗双方的人力	(675)
北部比较占优势的经济潜力	(675)
铁路的重要性与南部海岸线被封锁	(677)

南部联盟的事业并非毫无希望 ……………………………………（678）
南部联盟相信欧洲列强会进行干预 ……………………………（679）
欧洲列强承认南部联盟为交战国。林肯的《解放奴隶宣言》……（680）
北部在外交上占全面优势。缺少棉花造成的后果 ………………（681）
英国舆论转向支持北部。特伦特号事件 …………………………（681）
亚拉巴马号事件的损失要求。莱尔德撞角军舰事件 ……………（683）
法国在墨西哥的野心 ………………………………………………（684）
北部经济体制的扩展 ………………………………………………（685）
共和党的战时立法 …………………………………………………（686）
北部的战费和军队招募工作。伤亡数字 …………………………（687）
林肯大胆行使他的战时权力 ………………………………………（690）
主要政党内部的派别 ………………………………………………（690）
林肯的《解放奴隶宣言》。1864年的总统选举 …………………（691）
南部联盟的宪法 ……………………………………………………（693）
杰斐逊·戴维斯及其内阁 …………………………………………（693）
南方的财政、募兵工作和各州的权利 ……………………………（694）
战争的总战略 ………………………………………………………（697）
敌对双方军队的指挥系统 …………………………………………（697）
战争的结果 …………………………………………………………（701）

第二十五章
拉丁美洲国家
伦敦大学拉丁美洲史教授
R. A. 汉弗莱斯 著

前西班牙和葡萄牙领地成为独立国家 ……………………………（703）
巴西帝国 ……………………………………………………………（703）
巴西逐步过渡到独立 ………………………………………………（704）
唐·佩德罗的统治 …………………………………………………（706）
智利与1833年的智利宪法 …………………………………………（707）
19世纪30年代和40年代的经济发展 ………………………………（708）
曼努埃尔·蒙特的总统任期 ………………………………………（708）
佩雷斯总统治下的不断自由化。与西班牙的战争 ………………（710）
玻利维亚和厄瓜多尔的难以解决的问题 …………………………（711）
秘鲁的繁荣与混乱。委内瑞拉与哥伦比亚 ………………………（711）
拉普拉塔河联合省 …………………………………………………（713）

"阿根廷邦联"的罗萨斯时代 …………………………………………（714）
阿根廷的宪法问题与经济发展。巴拉圭警察国家 ………………（715）
巴拉圭战争 …………………………………………………………（717）
墨西哥君主政体后出现的不稳定的共和国和分裂运动 …………（718）
圣安纳被推翻。贝尼托·华雷斯当选为总统 ……………………（719）
实行激烈的革新 ……………………………………………………（720）
华雷斯与反动势力的斗争。他最后重新当选为总统 ……………（720）
英、法、西三国军队登陆。马克西米连大公接受王位，…………（721）
马克西米连之死；华雷斯重新任总统 ……………………………（722）
中美洲各国 …………………………………………………………（723）
英国与莫斯基托印第安人的联系 …………………………………（724）
横穿地峡的运河计划；《克莱顿－布尔沃条约》 …………………（724）
英美之间的进一步摩擦。英属洪都拉斯殖民地 …………………（725）
海地黑人共和国与多米尼加共和国 ………………………………（726）
考迪略主义 …………………………………………………………（727）
到70年代拉丁美洲进入一个新时期 ……………………………（728）

第二十六章
远　东
牛津大学圣安东尼学院研究员
G. F. 赫德森　著

北京控制的庞大政治机体 …………………………………………（729）
与其他列强缺少正常的外交往来 …………………………………（729）
与西方国家进行贸易的制度 ………………………………………（730）
鸦片贸易 ……………………………………………………………（731）
律劳卑勋爵任商务监督 ……………………………………………（732）
九龙事件（1839年）…………………………………………………（733）
英国远征军包围南京。中国屈服，接受了《南京条约》
　（1842年）…………………………………………………………（734）
最后导致战争的局势 ………………………………………………（734）
《南京条约》的条款 …………………………………………………（735）
上海公共租界 ………………………………………………………（736）
外国人被拒绝享有旅行自由。关于援用条约，特别是
　"进入广州的权利"条款的摩擦 …………………………………（737）
西方传教士的活动 …………………………………………………（738）

太平军起义 …………………………………………………（740）
太平天国宣布南京为首都。它的政权的衰落 ………………（741）
它的宗教狂热。与太平天国作战而招募的军队 ……………（742）
乔治·文翰爵士试图接触太平军 ……………………………（743）
小刀会占领上海 ………………………………………………（743）
英、法军队进入广州（1857年）………………………………（744）
美、俄使节与英、法全权代表联合。俄国侵入中国 …………（744）
占领大沽炮台 …………………………………………………（745）
《天津条约》同意外国派遣外交代表和享受旅行权。拒绝
　接受缔约特使 ………………………………………………（746）
背信弃义袭击打着停战旗帜行进的英法使节。皇帝的
　出逃被俄国利用 ……………………………………………（746）
慈禧太后摄政 …………………………………………………（747）
太平军叛乱最后被镇压 ………………………………………（748）
镇压中国穆斯林叛乱。复兴的帝国同西方列强建立
　正常的外交关系 ……………………………………………（749）
继续发生排外暴力事件 ………………………………………（750）
法国兼并交趾支那与对朝鲜的远征 …………………………（751）
日本的闭关自守政策 …………………………………………（752）
《神奈川条约》。德川幕府时期的政治体制 …………………（753）
对西方侨民的袭击结果引起联合军事行动 …………………（754）
西方列强迫使天皇批准条约。明治维新 ……………………（755）

索　引 ………………………………………………………（757）

第 一 章
导 言

　　欧洲各民族在几十年的时间里发挥了创造性才能，进行不懈的努力，陆续发现并利用了各种巨大的力量，19世纪中叶似乎是欧洲各民族力量的鼎盛时期。诚然，欧洲各国日后所管辖的疆土比这一时期更加辽阔，所拥有的军队更加庞大，所掌握的武器的杀伤力更加可怕，但欧洲各民族日后所享有的这种优势，随着时间的推移，却日益受到其他各大洲人民的挑战；而在1830—1870年这段时期中，这种优势却是不容置疑的。在这一时期中，欧洲各国大可高枕无忧，不必担心会有哪个欧洲国家会在政治上称霸而造成严重威胁，尽管它们彼此间难免也不时发生冲突，却并未长期分裂为敌对的军事营垒。它们所进行的战争历时都较短暂，伤亡也较小。它们之间的冲突也还没有达到像1914—1918年那样你死我活的程度；因而虽然也有像托克维尔和焦贝蒂那样有远见的人士能预见到美国或俄国日后将发挥巨大的力量，但直至第一次世界大战结束时，还未曾有过哪一位欧洲政治家在其论述中提出欧洲已经衰败，也没有哪一位欧洲思想家提出西方已经没落。

　　欧洲各民族之所以能占有这种优势，主要是因为，一方面，凡是工业革命中涌现出来的新技术和新机器，几乎无一不是由他们发明创造的；另一方面，这些国家本身的人口同时都有了惊人的增长。远至18世纪，这种现象即已很明显，以至引起了一些有识之士对其重要作用的深思。马尔萨斯早在1799年即已在其《人口论》中表达了他对人类生计的忧虑，紧接着，五年后，布莱克就在其《弥尔顿》一诗中谴责了"暗无天日的地狱般的工厂"。然而这种趋势当时正方兴未艾，无论是诗人的谴责或是政治经济学家的悲观预言均无法使之停止。及至拿破仑战争结束后的那些年中，这种趋势的势头有增无减。欧洲各国人口增长之快达到了空前的程度，在1830—1870年的40年中，更进一步增加了1/4以上，即30%。人口增加的顶峰，出现于这40年中的后20年，在这20年中，从城市到乡村，从欧洲东部到欧洲西部，无论是在巴黎或布列塔尼，在联合王国或俄国，人口都一直有增无减。在迪斯累里的《西比尔》（1845年）一书中，杰勒德惊呼："堂堂罗马帝国的衰亡又算得了什么？如今时常有二三十万外方人走出森林，跋山涉水，向我们蜂拥而来，年年如此，有增无减。和我们的人口回升相比，什么蛮族入侵，什么哥特人和西哥特人，什么伦巴底人和匈奴人，又算得了什么！"

正如蛮族入侵每次都引起了人口大流动一样，欧洲各国大量婴儿的出生也是如此。人类历来就处于流动状态，或是为了朝圣，或是为了征战，或是为了经商，或是为了谋生——不论是季节性的还是长期性的；但如今由于这么多的"外来人"需要住房、穿衣、吃饭，给生活手段带来的压力之大实为前所未有；这样，尽管这次人口流动也和以往一样错综复杂，在某一地点或行业几乎觉察不到，而在另一地点或行业则势如滚滚洪流。但大潮流有两个方向：一方面是在欧洲大陆内部，由乡村流入城市，举家迁至城市，到新的工厂做工，操作新机器。这种流动一直持续至今，几乎从未中断过，导致近代社会变化中最巨大的变化之一，即城乡分离和大量人口麇集于城市。另一方面，由于不堪徭役之苦，或土地不足、工资低微、就业无保证，人口由旧世界流向广袤的未开拓的西方和东方地区，即大批人口从北欧和西欧横渡大西洋；而俄国农民和其他人则长途跋涉向东迁往西伯利亚。后者迁移速度虽较慢，但其最终的影响却绝不亚于前者。大量人口横渡大西洋，尤其有助于缓和旧世界的紧张局面，使之不致再发生贫困和社会动乱。但甚至比这更为重要的后果，是它以空前的速度促使新世界的出现，从而改变了旧世界的均势。由于"移民源源不断地抵达和登陆"，大大加快了北美开发的速度。1830—1870年，北美的人口增加了两倍，生产也得到惊人的增长。这一切到20世纪对旧世界会有何巨大影响，是无须加以强调的。另一方面，欧洲过剩人口的这种外流，给新世界打上了欧洲人的后裔这个永远抹不掉的烙印。这件事本身就从另一侧面反映了欧洲的强盛。此外，欧美两大陆之间的交流还说明，不管美国怎样标榜其政治上的孤立主义，20世纪某些历史学家所说的一种"大西洋文明"正在出现的论点是有一定道理的。沃尔特·惠特曼在他的诗中不是就感觉到"通过深深的大西洋，美国的脉搏传到欧洲，欧洲的脉搏又传回美国"吗？

然而，涌现出这么多的人力，并使欧洲，当然同时还有北美，具有如此雄厚的物质力量的原因是工业革命（第2章）。因为人口即便再多，倘若社会无处安插，也是枉然。爱尔兰的悲惨遭遇就生动地证明了这一点。爱尔兰没有工业，对成千上万的爱尔兰人来说，如果不离乡背井外出谋生，就只能挨饿。而在那些既拥有丰富的资金和原料，又不乏技术和创造发明的地方，则迫切需要大量劳动力，尽管这种需求时有波动。这些国家的生产也相应地增加了。最早发展社会管理学说的法国圣西门学派的思想家们曾正确地强调说，在工业时代，生产的增加具有头等的重要意义。正是这些人，最早提出了工程师、银行家、金融家才是一个自然会太平无事的新社会的缔造者（原文第434页）。正是这些人，在欧洲大陆上提倡修筑铁路并向19世纪50年代、60年代那些大型的信贷银行提供了资金。正是这些人，最早（而且也最形象地）预示着一个新时代的来临，在这个新时代里，路特希尔德家族将其金融帝国一直扩展到南美；实业家、商人和金融家除了控制新的经济外，还日益开始直接插手政治，在欧洲各国议会中占有席位，并在巴西打破了地主的垄断势力。在这些新时代的主人公的领导下，成千上万的工人们后来创造出何等的丰功伟绩啊！这是"远远超过埃及人的金字塔、罗马人的引水工程和哥特式教堂的奇迹"，以至早在1848年，马克思和恩格斯在《共产党宣言》那篇辛辣地赞扬"资产阶级"成就的文章中就提到"世界市场"，提到"这些工业所加工的，已经不是本地的原料，而是来自极其遥远的地区的原料；它们的产品不仅供本国消费，而且同时供世界各地消费"，提到在过去不到100年的时间里创造的"生产力比过去一切世代创造的全部生产力还要多、还要大。自然力的征服，机器的采用，化学在工业和农业中的应用，轮船的行驶，铁路的通行，电报的使用，整个大陆的开垦，河川的通航，仿佛用法术从地下呼唤出来的大量人口——过去哪一个世纪能够料想到有这样的生产力潜伏在社会劳动里呢？"

在这些革命性变化的发展中，英国一直处于突出地位。1830—1870年，英国的工业和贸易一直不断发展，有增无减。由于拥有丰富的自然资源——煤和铁；由于拥有举世无敌的海军从而控制了通往全球各地的航道，到了1850年英国"已成为世界的工场，以及其航运商、贸易商和银行家"（原文第333页）。在促进技术的发展方面，英国也有很大的贡献。主要由于技术发展，在这40年中它的铁产量竟增加了7倍。19世纪中叶是前所未有的"铁的时代"，因为在这一时期中，铁器制造业已成为机器使用者和制造者的支柱；在这一时期中，桥梁、公共建筑、工厂和最早建成的多层大厦无一不是用铁建造的；海军的木船也为铁制战舰所取代，从而使海战问题发生了根本性的变化（第11章）。正是英国人贝西默发明的转炉炼钢法（1856年），宣告了钢铁时代的来临，在此以前，钢几乎是一种贵金属。然而在英国享有领先地位的这40年中，欧洲大陆和北美的工业——常常是在熟练的英国工人和企业家的指导下——也日益迅速普及。哪里出现了这种工厂工业，哪里的家庭工业就一蹶不振，最后被取而代之。这一转变尤以纺织业最为明显，由于产品销路大，雇佣工人数目多，技术改进迅速，并且在美国内战以前廉价的原棉供应充足，因此到处——从诺曼底直到大俄罗斯，都兴办了纺织工业。由家庭工业过渡到工厂工业往往是一个痛苦的，然而却是普遍不可避免的过程。但各国的转变速度因是否可以得到煤和是否有低廉的运煤手段而异。因此最早实现这种转变的是英国、比利时、德国和美国，因为这些国家不是拥有煤田，就是距煤田较近，并且早已建成了良好的交通——最初是水路，后来是铁路。

早在1830年以前，轮船即已证明可行驶于河流和湖泊。到了这一时期，它已开始远渡重洋，取代了帆船，为旧式海军的"木制壁垒"敲响了丧钟。此外，由于解决了一些重大的技术难题，轮船已开始提供安全、迅速、定期和低廉的服务。轮船的问世，加上其他一些原因，使得欧洲北部的汉堡和不来梅、南部的马赛再度繁荣起来，使得整个地中海恢复了生气，并使一个古老的梦想——修建苏伊士运河——得以早日实现（第16章）。

比这更具有革命性的是铁路时代的到来。在此以前，旅客和货物一直都由水路运输，因为这样不但最方便也最经济。现在，一种迅速可靠的远程交通工具便以人们以前梦想不到的方式贯穿了欧洲大陆和美洲大陆。这场革命的最初阶段是在1830—1870年这40年中完成的——及至1870年，丁尼生笔下的这个"沿着变革的轨道隆隆向前"的伟大世界已经建成了第六条最重要的铁路。这些铁路主要分布于欧洲和北美（原文第34页）。

于是，速度成为人类经验中一个令人振奋的新因素——发展速度的空前加快，固然原来早就想到了，但在这40年中它终于实现了。它不但缩短了距离，改变了人类的生活方式和思想方法，从而大大激发了人类的想象力，以至现代科学幻想小说之父儒尔·凡尔纳在那时已能够写出书名为《从地球到月球》（1865年）、《海底两万里》（1870年）、《八十天环游世界》（1873年）那样的作品。同时，人类不但能以一种前所未有的方式到各地经商，还能以一种前所未有的方式到各地游览，手持旅游指南的兴致勃勃的旅游者、登山爱好者、冬季运动业余爱好者代替了原来那些进行"大陆旅行"的有闲阶级。农民的天地也扩大了，蒸汽动力扩大了他们的市场，使他们得以在1850—1873年这一时期享受了一阵新的繁荣，直到后来才发现蒸汽动力还会使他们比过去更易受到国外竞争者之害。在美国，由于迅速建成了一个庞大的交通网，把北部和西部进一步连接起来，加深了美国北部和西部的社会与美国南部社会之间的差异，并使美国国内市场成为世界最大的畅通无阻的商业角逐领域（原文第612页）。海底电缆的问世不仅带来了一个世界市场，而且，由于可用有线电报指挥不定期货轮驶往某一停靠港，还带来了一个世界范围的远洋运输业（原文第37页）。有线电报还使消息的传播发生了根本性的变化。过去需要好些天才能将消息送到目的地，如今只消几分钟就行了。三大家通讯社：哈瓦斯、沃尔夫和路透社应运而生，不仅对银行家和贸易商，而且对新闻界来说，世界正在合而为一。历史本身的进程也加快了；政治家和军事家原来所惯用的一切衡量时间的尺度，如今也发生了变化。

上述这些物质文明的巨大和迅速进展，只有一小部分可直接归功于当代科学的进展（第3章）。诚然，到1870年，有机化学的某些技术已被应用于医学（如麻醉剂和消毒剂）、农业（如化肥）、制造业和军事（如火药棉），因而对人类社会确有种种影响。但就铁路业、造船业和机械制造业而言，多数工程人员大都还是通过实验和实践经验培养出来的；他们"汲取了17世纪以来不断积累的知识，却只知其然而不知其所以然"，而且这个时代的技术大都与理论知识无关。工程人员一般都是从事实际工作的，不论他们遇到的问题多么不同，但在他们看来科学仅是一种辅助性的手段，而不是一个独立的体系。

尽管如此，到了1830年，对科学知识的探索已有了真正独立的地位。业余科学家业已或正在变成专业科学家，尤其是在教育进展方面遥遥领先的德国，他们已享有大学教授的地位，不仅拥有自己的实验室，而且往往还拥有昂贵的设备。科学家已将他们的领域扩大到外层空间，"他们所论述的范围，概括了千百万年"（原文第49页），并且几乎是顽固地声称他们的发现是不可动摇的真理。理论数学已具有其现代性质，新的天文学已经建立，电学的基础已经奠定，物理学也已成为一门独立的科学。不仅如此，在西欧还形成了一些概念，对人类的社会福利和思想有极其深远的影响，如导致热力学发展的新能量学说、分子学说以及有关细菌和进化的学说。无怪乎科学家已经赢得和享有极高的声望，这由下列种种事实就可看出：人们对科学家的工作和发现日益广泛重视；对"现代"教育的呼声日益高涨，在这种教育中无论是自然科学还是现代语言都应占有一席之地。功利主义者、实证主义者以及其他人士越来越相信科学的推理方法可有效地应用于人类社会的研究。从此人们开始谈论政治经济"科学"，圣西门派鼓吹"生产科学"，哲学则被改称为"伦理科学"。这种企图用本来属于机械科学的方法来研究各种社会现象的一个极端例子，便是马克思和恩格斯推论出的经济法则，他们认为这种经济法则决定着整个历史。

在这个多事的、有时是动乱的年代里所发生的种种事件，有其极为广阔的背景，以上所述，仅是极其概略地介绍了这背景的一部分。正是这一部分，由于观察家们着眼于其最引人注目的事件，所以似乎证明当时人们满怀信心、充满乐观并非是没有根据的；他们看到，人们自以为自己是灵魂和命运的主宰，在进步的旗帜下稳步前进。事实上，1851年在伦敦水晶宫举办的大博览会就公开宣称其宗旨是向人们"展示用人类智慧所不断取得的全部成就写成的人类进步的生动记录"。此后相继举办了多次这种炫耀当代物质进步的博览会。在1851年,人们想必和维多利亚女王的丈夫阿尔贝特亲王抱有同感,认为他们正生活在"一个空前美好的过渡时期,因为整个历史所向往的宏伟目标——实现人类的团结,即将迅速达到"。

使人们满以为即将实现世界大同,即将进入"人类议会,即世界联邦"的也许还远不止于此。17世纪的思想革命和18世纪的政治革命所带来的自由、博爱的思想影响,在社会中成为一种空前强有力的因素,使社会的良知日益受到激发,从而使社会变得比以前更自由、更人道一些。所以正是在这40年中,世界许多地方对奴隶贩卖进一步加以限制,蓄奴制本身也被废除,不过美国为了废除蓄奴制曾付出了高昂的代价,进行了一场旷日持久、伤亡惨重的内战。也正是在这一时期,逐渐地,立法者不得不着手改善工厂工人的工作条件,哈布斯堡帝国的农民摆脱了封建制度的束缚,俄国千百万农奴也获得解放,允许犹太人享有公民权的地区也越来越多。为了在法律面前人人变得平等一些,法律也随之变得人道一些,因此许多国家都修改了刑法。同时,随着选举的普及,在瑞士、法国和普鲁士甚至实行了成年男子的普选,人们在选票坛和选票箱前也变得几乎更加平等了。关税壁垒逐步降低,鼓吹消除关税壁垒的人士声称,自由贸易也可以促进国际团结,从而消除战争的根源(原文第349页)。此外,尽管人类仍在征战中自相残杀,但战争规则有了更严格的规定;作为国际法的一个富有成果的概念,中立的主张已经抬头,并适用于像比利时那样的国家和黑海那样的海洋;红十字运动已经创立,救死扶伤,而不问其国籍为何。红十字会成为国际性组织;"国际"一词(首先使用者为杰里米·边沁)的使用范围日益广泛,竟超过了原来的法律的含义,这件事本身就是一个新时代的产物,象征着一种新的追求。就在这个时期,成立了国际工人协会;改善多瑙河航运的工作交付给一个国际委员会负责;在经过一系列国际会议后,1874年成立了万国邮政联盟。确实,当时有些具有远见卓识的人士甚至把国别视作仅仅是过渡到欧洲合众国的踏脚石(第9章)。

由此可见,文明就其较高的发展水平而言,必然强调人类的博爱和人的尊严,与此同时,文明的边界也空前地向更远的地方扩张,有时通过武力，有时则通过和平的渗透和劝导。因此法国在1830年通过稳步地巩固并扩大其在阿尔及尔的征服行动，做到了西班牙在其鼎盛时期也未能做到的事；开始了一项后来终于建立了一个庞大的北非帝国，从而抵消其在欧洲的相对衰落的事业（原文第427页）。因此在远东，中国和日本的那种实际上闭关锁国的状态被强行打破了，从而给这两个国家以至整个远东地区带来了革命性的后果（原文第26章）。远东传统的最高势力与世隔绝的局面被打破了；俄国乘机将自己的疆界推进到阿穆尔河，并越过乌苏里江而推进到朝鲜边境；上海港发生了巨大的变化，在该地设立了国际租界，它"实际成了一个拥有自己的司法和行政权的独立的城市共和国"。由于发生了这些变化，不久日本和暹罗也不得不"在平等的基础上与西方国家建立外交关系，并允许西方商人和传教士自由进入"它们的一切领土，法国也随即在交趾支那获得了立足点，从而为日后统治印度支那打下了基础。对中国来说，问题已不再是其"统治者能否制止西方势力的入侵，而是他们如何去适应这一新的形势"。在日本，虽然总的说来他们"仍在千方百计阻挠他们再也不敢公开反对的势力"，但西方"野蛮人"的要求却引起了一场革命，新涌现出来的人士"决心进行激烈的革新，以求增强国家实力和维护国家独立"。事实告诉他们，若要抵制西方势力，只有先掌握西方势力成功的秘诀，因此他们转而大力提倡同西方交往而不加任何限制，并愿意从全世界各国汲取知识。他们在吸收西方的制度和技术为本国目的服务方面所取得的空前成功，成为以后半个世纪亚洲历史中最引人注目的篇章之一。

另一同样引人注目的发展是：由于英国对印度、锡兰和缅甸的贸易和统治得到了发展和巩固，它的帝国利益重心已由西方转到东方，从大西洋转向印度洋，中国的门户开放便是这一发展的一个侧面（原文第350页）。英帝国的统治得到巩固一事，体现为其在印度的领地不断扩大；并在1857年兵变后撤销东印度公司，改由一名总督直接统治。此外，还于1835年作出一项日后遭到非议的重大决定，即资助一项按照西方的方针制定的教育制度，认为那些"受过西方教育的印度人将被西方同化，并通过他们将西方的思想灌输给广大人民群众"（原文第118页）。英帝国贸易的巩固，促使它的殖民帝国有了空前的扩大，因为它势必需要在从南大西洋到太平洋的通往印度及其邻近地

第一章 导言

区的航路沿线取得新的或扩大原有的领地、商站，承担新的或扩大原有的种种义务。及至1870年，英国在西非和南非的贸易港口业已成为大型的殖民地，澳大利亚已远非原来的犯人流放地，新西兰也已成为英帝国的属地，由白人移民和当地的毛利族土著一起居住着。

在上述欧洲势力的空前扩张中，除了军人、行政官员和商人外，传教士也起了重大的作用。在漫长的传教成就史上，这个时期是最伟大的时期之一，许许多多欧洲的、美国的传教士第一次主要在新教领导下把福音传播到了当时以为是世界最边远的地方：东方的美拉尼西亚，以及前所未知的非洲腹地。这些传教士往往历尽艰险，不时与怀有戒心的当地统治者发生摩擦，在中国，据说他们曾鼓励了太平天国起义，但他们却以自己的方式与军人、行政官员和商人这些往往带有西方文明中一些引人怀疑的东西的人一道推动了这一伟大的运动，使得讲不同语言、居住在不同地区、分属于组织形式和思想方式都不相同的各个社会的人们彼此更加互相依靠。对乐观主义者和理想主义者，以及一切坚信人类能使自己不断完善，并能控制其客观环境的人们来说，不断走向人类和睦相处的日子的前景是美好的、明朗的、无限动人的。

但就造成19世纪中叶美景的背景来说，也有其阴影；在一些有识之士看来，正是这些阴影值得人们注意，正是这些阴影深深地笼罩着、暗藏着不祥之兆。他们看到，在这些阴影之中，隐藏着邪恶的、非人力所能控制的势力。这些势力会破坏人们的信仰，打乱政治秩序，使社会分裂为二。这些人士认为法国大革命带来了一大堆弊病和一种永无宁日的、起着破坏作用的"革新精神"；而工业革命则带来了一个丑恶的、无情的社会。人类的创造能力空前地超过了他们的道德素质。他们看到，他们的同类从未像现在这样热衷于攫取和挥霍。他们看到，出现了一批新型的富人，这些人根本无暇培育精神生活，只不过是一些"工作日时代心力交瘁的人"，而他们却成为艺术的保护者和新兴的工业文明的领袖（原文第137页）。他们还看到，他们所处的时代，既是一个充满对物质生活的追求的时代，又是一个使人们产生怀疑的时代。宗教信仰的基础早已遭到18世纪理性主义者及其追随者们的攻讦，维护信仰的各种体制也早已受到反教权主义者和革命者的嘲讽或抨击。如今，不仅不可知论已渗入古老的学术领域，连科学本身也加入了这场攻击的行列:地质学家莱尔以其关于地球年代和古人类的学说,推翻了《圣经》的纪年;达尔文以自然淘汰为基础提出的进化论,取代了《圣经》中的创世说;以德国为主体的、新的、"科学的"治学方法,直接把《圣经》的原文置于受批评性检验的地位;就连基督的神性也重新遭到像勒南这样的权威作家的质疑。欧洲各国的教会,虽然在海外传教方面颇有作为,但"面临着从13世纪以来对基督教教旨最严重、最深远的挑战"(原文第102页)。教会对这一挑战奋起还击,1864年,教皇庇护九世发表了其著名的《现代错误学说汇编》,不仅驳斥某些当代科学学说,而且直接抨击了现代社会的基本原则(原文第92页)。然而,这场科学与宗教的论战,一方面既激励了怀疑主义,另一方面又助长了蒙昧主义。此外,当社会变化如此迅速,时或令人感到不安时,难免会有许多人或不知该信仰什么是好,或虽想有信仰,却又无可信仰;难免有一些这时正逢大好时机的小说家和其他一些作家致力于描写灵魂的困惑,探求似乎更难以捉摸的真理和现实。在迪斯累里的小说《坦克雷德》中,蒙塔丘特勋爵问道:"我究竟该怎么办?我究竟该信仰什么?"而流亡国外的伟大浪漫主义作家赫尔岑则在其著名的对话录《暴风雨来临之前》中宣称:"我们时代的最大特征'乃是'普遍的苦难。一种莫名的压抑感压在当代人的心灵上;他们由于自己在道德上无能为力而感到痛苦,由于没有任何信仰而使他们未老先衰。"如果说,一方面是无限乐观,那么,另一方面却是同样深沉的悲观。

  人们感到忧伤和焦虑还有其他的原因。正如卡莱尔所说,在新生的工业社会中,"随着无休止的阵痛",那些黑暗的角落阴暗而丑恶到往往令人咋舌的地步。在那些由不关心社会问题和不考虑城市规划的建筑师们建立起来的建筑物正面的背后,是一处处的贫民窟;与"工业宫"比邻的是托克维尔在1833年称之曼彻斯特的"新地狱"的简陋房屋,据说从那里延伸出来的最近的道路就是通往酗酒。在这些地方——如堪与曼彻斯特相比的里尔——居住着被冠之以"无产者"新称号的人群;而且人们悲伤地发现,他们生活和工作的条件使他们在身体和道德方面每况愈下,思想陷于空虚。尽管在疾病丛生和环境污秽的情况下,他们的人数也许会增加,但种族的素质则在下降。此外,这些"无产者"的增加令人十分担心,在以前只有一个民族的地方将会出现"两个民族"——如迪斯累里在《西比尔》一书中的名句所说的"他们相互之间毫无同情,对彼此的习俗毫不了解,犹如居住在不同地区和不同星球上一样。……"多年来贫者反对富者的无声斗争,这时大有变成劳动反对资本的更大规模的斗争之势。居住在城市的产业工人,现在有可能成为图谋不轨的人,而一度动辄造反的农民,自从获得解放后已不大再想反叛。有些对新兴工业社会的这些祸患忧心忡忡的人认为,唯一的解决方法是自觉地建立新的社会,以重新分配财富并在一定程度上实行公有制——于是,社会主义的乌托邦便作为这个时代奇特而具有象征意义的产物出现了。另外一些比较务实的人,则希冀并致力于逐步消除各种祸患和通过国家干预或组织工会来调和对立阶级之间的矛盾,并取得了不同程度的成功。还有一些人,以马克思为首,则鼓吹无产者与资产者之间进行无情而不可避免的阶级斗争的理论。他们这样做就给社会仇恨又注入了新的毒素——后来,这些新教条主义者的过激教义使社会的创伤公开暴露出来并愈加扩大了。

《共产党宣言》声称:"过去的一切运动都是少数人的或者为少数人谋利益的运动。无产阶级的运动是绝大多数人的……运动。"正是在这时,人们方才开始谈论"群众",沃尔特·惠特曼吟唱出"我的诗句是现代'群众'的",而且为了让这些群众有吃有穿,进行着"大规模生产"。西方社会大约是在 200 年前开始养成从数量的角度考虑问题的,而现在不论在平时还是战时,比起以前来都更加根据数字办事。早在 1833 年,托克维尔便在他的一本笔记本上写道:"本世纪首先是民主的世纪。民主就像正在上涨的潮水;它退去后以更大的力量涨回,而且人们很快就看到,它随着不断的涨落而日益壮大。在不久的将来,欧洲社会将完全变成民主的社会。"[①] 民主还意味着多数人的统治,而工业发展将进一步给民主潮流以强有力的推动。它使财富更加容易流动,为新的阶级取得权力、提供便利,并以各种方式起着平衡的作用——就连铁路也被许多人看成是一种盲目的平等工具。这样,尽管人们也许还没有使用"平民的时代"这种说法,但

[①] 《英格兰和爱尔兰游记》(乔治·劳伦斯和 K. P. 迈耶译,J. P. 迈耶编,伦敦,1958 年),第 67 页。

这样的时代似乎已近在眼前。这个从1815年开始的时代比过去任何时代都充满历史意识，在这个时代中就连建筑也弥漫着历史主义，以至人们在建筑自己的房屋时也要选择过去某一时代的某种风格（原文第138页），但人们仍然可以看到历史本身的变化。早在1820年，法国的梯叶里就要求写"一部公民的历史，臣民的历史，人民的历史"，考虑"像我们这样生活和感受过的人民大众的命运"。① 1846年，米什莱在他的《论人民》一书中响应了这一要求，就像卡莱尔通过他的《法国革命》一书作出响应一样，卡莱尔预见到一个时代的来临，在这个时代，"历史将追求迥然不同的原则；宫廷、参政院和战场将愈来愈退居次要地位，教堂、车间和社会家庭将愈来愈占有突出地位"。② 在文学中，比较普通的，且没有多少英雄事迹的人物成为小说的主人公。除狄更斯外，盖斯凯尔夫人、乔治桑和其他许多作家也都写出同样有力地控诉社会不公和揭露穷人冤屈的小说。此外，尽管产业革命以及随之而产生的各种问题几乎没有给艺术家们带来任何灵感，但米勒和库尔贝等画家仍然选择农场工人和碎石工为主题，而以往那些寓言画、经典画，在某种程度上还有圣经画则趋于过时。19世纪中叶以后，现实主义在艺术、文学和人类活动的其他许多领域中占了统治地位（第6、7章）。

在所有这些方面，思想家们褒贬不一，各执己见。尽管由于在许多国家实行了初等教育，使人们的文化水平逐步有所提高，并且在扩大受教育的基础和机会方面，个人和国家都作出了巨大努力，但启蒙与受教育的人数众多显然是两回事——甚至像约翰·斯图尔特·穆勒这样的进步思想家都担心不文明的多数会实行暴政。许多人把人民的崛起与野蛮人的入侵相提并论。他们从中看到一种力量，它一方面是猛烈而出人意料的，另一方面则会为保证躯体的舒适而将心灵的东西粗暴地统统弃之一旁。有一位持反对态度的观察家（雅各布·布尔克哈特）写道："社会上一大部分人将会为了乘坐直达卧车而随时准备全部放弃他们个人的文学和国籍，如果必须这样做的话。"③ 另一

---

① 引自斯坦利·梅隆《历史的政治作用》（斯坦福，1958年），第10—11页。
② 《文集》，第4卷，第84—85页，引自G. M. 特里维廉《卡莱尔选集》（伦敦，1953年）。
③ 《雅各布·布尔克哈特书信集》（亚历山大·德鲁翻译并编辑，伦敦，1955年），第143页（1870年7月20日）。

位瑞士作家阿米尔或许最深刻不过地道出了当时人们的这种悲观情绪。1851年，他在读了托克维尔的知名之作《美国的民主》之后，在他的《日记》中写了下面的话：

> 托克维尔的书虽然从整个来说起了安定人心的作用，但它给人留下某种厌恶感。它使人们了解到在我们周围发生的一切的必然性……但它也使人们清楚地看到不论在任何方面平庸的时代已经开始，而平庸窒息了一切愿望，平等导致了一致，我们是通过牺牲那些优秀、卓越和非凡的东西才摆脱了丑恶的东西的。整个说来变得不像从前那么野蛮了，而同时却更加庸俗了。
>
> 伟人的时代正在消逝；蚁民的时代……正在开始……由于劳动不断趋于平等和分工，社会将变得重于一切，而人则变得无足轻重……
>
> 统计学家的地位将不断上升，而道德家的地位将不断下降……实用将取代美，工业将取代艺术，政治经济学将取代宗教，算术将取代诗。怨恨将成为平等时代的弊病。

最后，这个时期另一个被库尔诺称之"出于本能而且影响深远"的最伟大的运动，尽管构成了历史画卷的主要部分，并以其最激动人心和可泣可歌的场面显示了突出的地位，但却使不止一个比较公正的有识之士有理由感到忧虑。民族独立的原则，虽然在许多方面是有益的，但仍然具有破坏性质，而且似乎只有用刀剑才能获胜。此外，民族意识也很容易蜕变为民族主义，给民族之间的抗衡注入新的仇恨和冲突的因素。因此就连阿克顿和赫尔岑这样完全不同的人也都异口同声地谴责民族意识与权利和自由水火不容，蒲鲁东则把它看成是严重阻碍社会进步的绊脚石（原文第245页）。

除了出现铁路之外，本卷所叙述的时期（大致为1830年到1870年）在人口的流动或产业革命的进展方面并不标志着什么决定性的事件或转折点。但这些年份在两大运动的发展方面则是至关紧要的：这两大运动将决定19世纪中叶欧洲的政治历史，对罗马天主教会的历史也具有其重要意义。1830年是一个政治变革新时期的开端,不断增加的民族力量显示了出来,"自由主义"的大门打开,而"自由主义"这个词人们天天使用却极少有人知道它的含义。1870年标志着欧洲民族主义第一个重要阶段的结束;由于德国和意大利全部实现了其统一的愿望和目的,这一年在欧洲力量对比上出现了不利于法国的剧烈变化。1830年,西欧各国一些人数虽少但勇气可嘉的团体还加快了使罗马天主教会自由化这一伟大但结果徒劳的运动的步子。在1870年,可以看出他们最后失败的程度;这一年,一方面宣布了教皇永无谬误的理论;另一方面,明确地废除了教皇除单纯象征性的统治权之外的世俗权力。诚然,这些主要是欧洲的运动和事件,但是,从欧洲力量对比的每一次重大的转变和欧洲思想的每一次强有力的吹拂中,人们都越来越感到它最终对全世界的历史将会产生重大影响。

然而自由主义和民族主义——它们最初似乎是并肩前进的——的道路既不是平坦的,也不是安宁的。正如维克多·雨果所说,1830年革命半途而废。保守主义的力量依然强大,足以进行阻挡和制造分裂。意大利的市政革命很快就遭到破坏;亚平宁半岛的未来系于"法奥对抗的一缕细线之上"(原文第554页)。德意志的自由意志被梅特涅的"六条法令"所窒息(原文第493页)。波兰的民族主义起义被俄国的武力残酷镇压下去(原文第362页)。通过签订明亨格列兹条约,东欧三大国似乎再次成为坚定不移的堡垒,反对任何进一步破坏现状的企图;而随着时间的推移,在革命的发祥地法国,七月王朝则越来越显示出保守的色彩。于是,1830年出现的种种希望,许多已经化为泡影,甚至连1815年作出的某些允诺也仍未实现。在西欧各城市,政治流亡者再次成为人们所熟悉的人物。有一段时间,不仅在华沙,而且在欧洲大部分地区,秩序似乎已经恢复,随后有十多年(1833—1846年)局势明显地,但表面地出现平静。说它是表面地,是因为在表面掩盖下面实际上进行着大量活动和大量的准备工作,狂热地策划密谋和交流各种主张。各国的保守政府设立了审查机构,竭力设法压制危险的思想,但思想是无法永远加以束缚的,即使在俄国也不例外。于是,在这些年,实际上在19世纪中叶的几十年中,自由主义和民族主义思想到处扩散,自由派和民族派政党和运动大量出现,甚至连波拿巴主义的准独裁政权也转变成一个自由主义帝国。在这些年中，比起 1790 年到 1910—1920 年之间任何其他时期来，宪政的实验和政体的改变都更加频繁（原文第 185 页）。在这些年中，许多国家，西起美、英，东至俄国，都实行了一系列引人注目的开明改革，有些是由选举产生的议会通过立法行动进行的，有些则是由于专制君主们害怕革命的威胁而被迫进行的。不管进行这些改革采取的是什么手段，它们都反映出公众舆论的力量在日益强大（第 5 章）。在这些年中，新闻和宣传显示出空前未有的力量。在法国，报界人士促使查理十世于 1830 年逊位；1848 年他们自己被拥上政府的座位。在这些年中，《泰晤士报》被称为"雷神"，当时战地记者从克里米亚战场上发回的报道竟能促使英国陆军进行改革；当时甚至在保守的普鲁士，一些政党也以《周报》和《十字架报》命名；当时圣彼得堡的全俄沙皇政府也不得不承认一个俄国流亡者在伦敦出版的一份报纸的权威性（原文第 370 页）。所以，大约在 1870 年一位法国思想家公正地写道："现在没有一个欧洲国家的政府不依靠舆论，不感到必须考虑把它的行为公之于世，并表明它们是如何紧密地适应国家的利益，或把人民的利益作为增加其任何特权的理由。"[1]

所以，在 19 世纪 30 年代、40 年代，正酝酿着许多变革，这些变革将打破平静局面，最初是 1846 年和 1847 年的小小的震动，后来就是 1848—1849 年的大爆炸，这标志着这 40 年历史的大分界，一时间似乎将迎来人民的春天——"在文明世界从来还没有焕发出比这更高尚的激情，从来还没有像这样从欧洲的一端到另一端爆发出心灵的普遍冲动（élen）。"[2] 但是，1848 年的这些革命（第 15 章）——虽然有着共同的思想基础，但各有特色——主要是知识界的革命，如奥迪隆·巴罗接下来所说的，"所有的革命结果都失败了，因为它们只不过是追求一种不可能实现的理想而已"。那些突然被推上当权地位的知识分子中的很多人毫无从政经验，处理不了国家在社会和政治的动乱方面遇到的复杂问题和 40 年代经济混乱和萧条带来的苦难。他们把目标定得太高，却又缺乏实现这些目标的办法。他们被内部的分裂所削弱；而现在又出现了自由主义和民族主义的愿望既相互一致

---

[1] A. 库尔诺：《论思想之发展……》（F. 芒特雷编，巴黎，1934 年），第 2 卷，第 234—235 页。
[2] 《奥迪隆·巴罗死后发表的回忆录》（巴黎，1875 年），第 2 卷，第 83 页（引自 L. B. 纳米尔：《知识界的革命》，第 4 页。我对刘易斯·纳米尔爵士的译文作了修正）。

又可能彼此冲突的局面。因此，恢复秩序的力量由于人们害怕日益严重的无政府状态而能够团结起来，削弱和打倒对方。反动局面一旦出现，往往会迅雷不及掩耳，像五月的风雪一样寒冷而肆虐。共和主义现在既然又与革命结了不解之缘，在一个基本上是君主专制的欧洲，其存在就注定是短命的，而社会主义则引起了惊恐，以致它那些更加好斗的追随者遭到坚决的镇压。

　　大分裂之前的年代与大分裂之后的年代相差何其悬殊：在许多方面，革命的年代及其接踵而至的余波，既是旧时代的结束，又是新时代的开始。这时，许多在几十年统治欧洲的人物已成过去，墨尔本和皮尔、梅特涅、基佐，以及路易·菲利普这些人或已作古，或已无可挽回地失势。以前大国之间都接受均势原则，而且尽管互相敌对和猜忌，但一般尚能为了维护条约和遏制侵略而协力行动，从而保持了长期的和平，现在这种和平局面已告终结（原文第266—267页）。1848年标志着一个时代的结束，在这个时代，社会基本上仍是等级森严而且相对说来停滞不前，在德意志社会中农民仍然大部分处于封建赋税的盘剥和对个人自由的束缚之下；选举权即使赋予也受到限制；修筑铁路和制造汽轮究竟在民用和军事上有什么作用，也仍然没有充分显示出来。革命的失败也使自由主义和民族主义的充满幻想的时代，即献身于这些运动的人大都受法国大革命思想的鼓舞的时代告一段落。尽管革命仍有一些反响，但它现在实际上已如强弩之末，以后发生的各种事件都是在不同的思想影响下造成的。

　　对比之下，革命失败后的20年更加错综复杂，更加瞬息万变。紧接着出现的反动之后，出现了一个政治比较稳定，经济巨大繁荣和发展的时期，其间主要的动乱事件是克里米亚战争（第18章）。这次战争是俄国与土耳其一系列长期冲突中的第9次，但与以前的历次冲突大不相同。它之所以重要有许多原因。它不仅仅是一次地区性战争。它再次表明1840—1841年危机早已清楚显示出来的情况，即近东问题和奥斯曼帝国的命运已是各大国共同关心的事，而不是某一个过于强大的藩属或俄国可以单独决定的。它显示出新式武器的威力，并且打破了欧洲关系的现存格局。在欧洲大陆新崭露头角的政治家——拿破仑三世、加富尔、戈尔恰科夫、俾斯麦——与维也纳会议的决定无关，因此对维护这些决定不感兴趣。相反，他们出于自己的特殊目的，随时准备从这些决定的失败中捞取好处，或者恨不得看到它们的失败。当此欧洲旧的结盟关系更加不稳定，更加变幻莫测之际，外交家和军人的作用就更加重要。错综复杂的外交折冲，是克里米亚战争过程中及其以后富于戏剧性的年代中不可分割的部分。军队的改革，以及由于检查军队而引起的议会的抵制，也成为不可分割的一部分。1830—1854年，联盟一般是防御性的，现在则具有进攻的目的，如1858年拿破仑三世与加富尔之间缔结的著名的普隆比埃密约或1866年普鲁士与意大利之间签订的条约。所有这些联盟不久都导致了战争这一"激动人心的戏剧"。陆上战争的手段，这时出现了有史以来空前未有的巨大变化（第12章）。由于有了铁路，战略调动发生了革命性的变化；火力的射程和准确性大大地增加了；征兵制加强了，由于普鲁士陆军的改革和取得的成就，使征兵制获得了新的、决定国家命运的声望。

具有重要意义和象征意义的是，在普鲁士，有关陆军问题的争论占据了威廉一世在位之初的主要年月，并使俾斯麦掌握了权力。同样具有象征意义和预示未来的是，拿破仑三世也清楚地看到必须改革他的军队，但未能有效地做到这一点。

在短短的16年中，欧洲发生了五次战争，其中四次是大国之间相互征伐，第五次也有大国卷入。其结果是除1830年比利时和小小的希腊王国的出现，以及1846年克拉科夫自由市的消失外，从1815年以来基本上未改变的欧洲地图，现在已大大改观。意大利统一的"奇迹"已经实现，在1830年仍然不过是一个地理名词的地方，现在已作为一个独立的王国而成为政治实体，要求跻身于强国之列，即使只是其中最小的一个（第21章）。虽然当时也许不为人所注意，但更加重要的是，在至关重要的"在德意志争夺霸权的斗争"中，普鲁士取得了胜利，而牺牲了丹麦和奥地利（第19章）。不久，1870年就爆发了普法战争。关于这次战争的起因，有迥然不同的看法，是外交史上长期存在的老问题之一，在本卷中对之重新进行了详细的探讨（第22章）。以前松散的联邦已经由于普鲁士1866年的胜利而遭到破坏的德国，终于变成了一个统一的帝国，战败的法国被迫将其东部的阿尔萨斯和洛林两省割让给这个新兴的强国。由于英、俄两国自从克里米亚战争以来相对来说态度冷淡并无暇他顾——由于这个因素,俾斯麦的成就其实并不像有时看起来那么卓越——而法国这时又由于受到战败的打击而摇摇欲倒,由来已久的均势原则已被抛弃。在德国统一这件事上并非不重要的事实是,这个新帝国从它诞生之时起就在欧洲大陆上居于霸权地位。

所有这些事态发展都标志着民族主义的胜利(第9章),而它的胜利在一定程度上有损于自由主义。1848—1849年以后出现的大反动时期,自由党人的力量和信仰被削弱了。有些人被监禁或被流放,有些人自愿移居国外,而留下来的人中有许多人深信,要达到他们的目的,必须采取别的方法。他们受到"现实政治"的引诱,这个词最初显然是在1853年创造出来的。至少在德国,他们"已对各种原则和理论感到厌烦",渴望取得权力,而这种权力应体现为一个强大而统一的德意志民族国家(原文第504页)。这样,他们最终将会甘心屈从并赞扬一个曾在议会中粗暴对待他们的人,因为这个人通过铁血手段给他们带来了能够用军事胜利取得的权力。

所有这些虽都是老生常谈,但历史学家们在20世纪中叶对之加以重新探讨和重新叙述时,不仅会意识到耐心的研究工作已经修改了它的许多细节,而且可能还会有理由采取不同于他们的先辈在1900年或1910年的看法。通过回忆或亲身经历两次世界大战以及战争带来的不计其数的、有时是不可言状的恐怖,他们也许会更加以批判的眼光看待那些造成这样互相厮杀、野心勃勃和惨无人道的结局的各种运动。在思考德国历史时,他们不会不考虑到德国各种思想和哲学学派发展的惊人后果:这种发展在一定程度上脱离了西方的主流,而且是与之针锋相对的。他们会想起早在1834年海涅就写道:"事实将证明德国革命丝毫也不是温文尔雅的,因为它是以康德的批判哲学、费希特的先验论,甚至是以自然哲学为先导的。这些理论起了发展革命力量的作用,这些革命力量只要时机成熟就会迸发出来,使世界充满恐怖和畏惧。"① 他们的确不会不看出在整个19世纪茁壮成长起来的国家社会主义的根源。同样,意大利复兴的过程也许是以不同的前景而出现的,

---

① 《德国,一个冬天的童话》(《海涅文集》,汉堡,1876年,第5卷,第264—265页),引自R. d'O. 巴特勒《国家社会主义的根源,1783—1933年》(伦敦,1941年),第286页。

整个说来不那么富于浪漫色彩和英雄气概；考虑到后来法西斯专政的抬头，历史学家们也许会既看到加富尔的政治家才能的光辉，又看到议会中左右翼的联盟（connubio）从长远看存在着缺陷，而且一个原来完全靠一个鲁莽从事的人加以巧妙控制的议会也是不健全的。他们也会记得，就像美国南北战争和俄国农奴解放带来大量重建问题一样，意大利政治统一的"奇迹"也产生了一个十分困难和痛苦的调整任务，结果导致了四年内战，伤亡人数超过了"争取民族独立的历次战斗中伤亡人数的总和"（原文第576页）。另一方面，对俄国十二月党人或对哈布斯堡王朝反叛臣民（除意大利人和匈牙利人之外）的惩罚，虽然一度受到严厉谴责，但现在比起中欧和东欧某些革命传统的继承者轻率地加给人们的惩罚来，实际上也许算是温和的。任何对共产党统治40年后的俄国历史进行研究，大都会强调指出这种一脉相传的因素，指明"沙皇专制制度和反对这种制度的各种运动为革命后的政府和政治思想提供了大部分模型"（第14章，原文第357页），并在详细论述专制的中央集权政府的同时，指出它是与所谓的传统集体主义共存的。人们也许会对19世纪的旅行家居斯蒂纳和哈克斯陶森的敏锐观察力给予高度评价，因为他们看到"政治权力是与官阶和军阶，而不是与个人的、地方的或世袭的地位联系在一起的，人们普遍对西方的自由观念漠不关心……迷恋于俄国的历史地位；民族排外主义意识与一种超民族意识、实际上是一种全球使命感结合在一起"，"一种与老的海上贸易帝国不同的新天命观，使它自信命中注定要在亚洲称霸"（原文第357页）。任何对奥匈帝国垮台后的40年的奥地利史的研究（第20章），在不掩盖哈布斯堡王朝统治的种种缺陷和错误的同时，都会回顾到在德国三月革命以前的时期，它在意大利实行了最开明和最昌盛的统治；在紧接着革命以后的几个月，它进行了解放农民这一最复杂的工作，而且进行得十分顺利和有效；随后，部分是由于解放了农民，尽管未被接纳加入普鲁士的关税联盟，在它的领导下有很长一个时期经济得到了发展，在此期间的里雅斯特成为地中海最重要的港口之一，维也纳则像当时的巴黎一样，开始被新建的一些帝国纪念碑式的巨大建筑装点得熠熠生辉。人们也许还会赞成这样的观点，即"受到多方面攻击的妥协"，即1867年的奥匈协约，"由于继续存在了半个世纪之久——在中欧的任何解决方案能维持这样长的寿命是引人注目的——而被历史证明它是合理的：因为它满足了最强大的较量者的要求"（原文第 534 页）。

至于法国，在第三共和国实际上灭亡20年、第四共和国废除一年后，那里的情况似乎也已改观。七月王朝是勉强维持其存在的，第二共和国则具有不切实际的特点并出现了骚乱，在此以后第二帝国（第17章）尽管在许多方面徒有其表，但却是一个进行了大量而有成果的活动的时期，在这个时期，法国社会不像以前那么僵化，法国经济也比以后的年代灵活。这种灵活性由皇帝本人表现出来。这个遇事总是遮遮掩掩的人，始终让人摸不透；但是，不管他在外交政策方面犹豫不决和两面三刀最终招致了多大的灾难，他仍应当在某种程度上受到赞扬，因为他显然在政治活动方面建立了最艰难的功绩，使独裁统治转变成开明统治。

温和善良的拿破仑三世，在欧洲从1848年到1871年四次大战中，有三次充当了主角。他在墨西哥的冒险事业中，也设法利用了在另一个大陆上进行的一次战争的机会，这次战争的起源虽完全不同，但具有巨大的意义。美国南北战争（第24章）就造成的破坏和伤亡的人数来讲，是19世纪中叶所有冲突中最严重的一次，其在美国历史上的地位相当于法国大革命在法国历史上的地位。这次战争还是现代战争中的第一次，因为交战双方使用了新的通信工具和新武器，而且它对社会的要求几乎无所不用其极。关于这次同胞之间自相残杀，而且也许并非完全不可避免的冲突的起因，历史学家长期以来众说纷纭，但现在没有一个人不会不看到它不仅对美国的未来，而且对欧洲和全世界的未来具有多么重要的意义。"它决定了美国继续保持一个国家"而不会分裂成为两个或更多的国家。"它使那个国家达到前所未有的统一，使它走上成为世界大国的道路。"所以，它是美国全国统一的主张对地方分裂主义的胜利（第23章）；但它也是美国自由主义和整个自由主义的胜利，这正是它倍加重要之所在。"通过摧毁奴隶制并表明一个深得人心的政府能够在国内冲突中维护自由"，它表明它"在一切地方证明了民主概念的正确，并赋予其以活力"（原文第657页）。"最重要的不在于一个国家总算存在了下来，而在于一个奉行民有、民治、民享的政府决不会从地球上消灭这一原则的国家存在了下来。"（原文第629页）

在此以前，毗邻的加拿大也发生了内战，不过其场面与可怕程度要小得多；这次内战的成果也是令人惊叹和出人意料的。英国在1832年和1848年避免了当时人们认为已经成熟的革命，从而使人们感到惊讶；是什么原因使它那高度工业化的社会得以在没有大的压力和动乱的情况下取得发展？成为历史学家始终感兴趣的问题。但是，当时人们不太注意但与美国争取民主的胜利同等重要的是那种政治上的明智和观点上的灵活性，它使德拉姆勋爵及其助手们得以提出、并使英国政府采纳了一种发展海外体制的新体系。1839年《德拉姆报告》所鼓励的"在各自治领建立自治政府并产生了英帝国和英联邦新概念的殖民地政策的各种变化"，实际上是"由于经济利益的增长促成的，因为这种经济利益及于世界各地，以至它们似乎与普遍的航海自由和贸易自由，以及与全球的进步是协调一致的"（原文第349页）。这些变化的影响是深远的，后来广泛传播开来。按照这种新概念的原则，每一个有人居住的大陆上的人们都会走上建立有责任的自治政府的道路，而不必割断他们对母国的忠诚和感情联系。到19世纪70年代初，已有澳大利亚、新西兰和开普殖民地遵循这一路线。

在这个欧洲势力全盛时期，除"民主"外，"自由主义""民族主义""现实主义""工业主义""资本主义""社会主义"这些字眼也必然会被历史学家所经常使用。这些都是应运而生的口号，它们随之带来各种各样最强有力的思想，它们成为当代人的口头禅。但不能让它们掩盖即使欧洲本身狭窄范围内生活和思想的无限丰富多彩。不管人们对以后各时期的看法如何，1830—1870年这一时期绝不是事事完全一致的。在欧洲文明的总的结构内，有许许多多领域构成了其主要模式或者对之起陪衬作用，这些领域都是并存、混合并交叠在一起的。在社会领域，有老贵族和新贵族，有上流阶层和下层社会，资产阶级或中产阶级不是单一的，中产阶级在财富和地位上已千差万别，并从事各种各样的职业；熟练工人用各种各样的原料生产各种各样的商品，他们之中的大多数人不是受雇于垄断资本家开办的大工厂，而是受雇于千千万万的小企业，在这些企业中，劳动条件各不相同，地区性的传统和准则依然起很大作用；有非熟练工人、粗工和家仆；除此之外还有通过免费所有、租赁、分益耕种以及其他各种所有权形式持有土地的农民，有农业工人、农奴和以前的农奴，所有这些人保持着形形色色的习俗，穿着各不相同的服装，说着各式各样的方言。在宗教信仰领域，有新教及其无数的教会和派别，有罗马天主教及其统一的正统结构，有伊斯兰教徒，还有广泛分散居住在从西欧的银行大厦到东欧的犹太人居住区的犹太教徒。在文学领域（第7章），不仅有巴尔扎克那样的现实主义巨匠，而且有卡莱尔·拉马丁和米什莱那样的罗曼蒂克式的预言家和诗人，有纽曼或陀斯妥耶夫斯基那样的"具有浓厚宗教色彩"的天才，以及那些"创造并热情实践""纯粹的诗"和"为艺术而艺术"等理论的人。在国家制度领域内，有西欧的海上大国和它们过去和现在的殖民帝国及其传统遗产；有中欧的日耳曼人以及他们对帝国的怀念、他们的排他主义、他们遭受的挫折，以及现在他们自己特有的世界观；有东南欧的日益衰落和亚洲化的土耳其人；有东欧的"强大而仍然难以理解的"俄国人，他们不知道文艺复兴和宗教改革，他们的知识分子，主张西方化的和认为斯拉夫文化优越的人，甚至现在仍就他们在欧洲的地位进行着历史性的争论，即究竟他们属于欧洲呢，抑或有别于欧洲，完全是一个具有自己的文化和使命的民族；最后，在所有上述领域中，有"历史形成的"和"非历史形成的"被奴役民族，有"受苦难的国家"波兰，它那充满动乱的历史与欧洲的主流完全相反，1831年和1863年它无畏地试图恢复独立，但又一次难逃失败的命运。还有许多被遗忘的民族，从西欧的普罗旺斯人到东欧的爱沙尼亚人；在这个人们关心历史的时代，学者们和诗人们开始重新发掘他们的历史、语言和文化。最后，在每个国家内部，许多地方的人们仍然固执地墨守着旧的生活方式和思想方法，在这些地方，地理条件起着十分重要的作用，对历史和种族的怀念可追溯到很远很远！在过去的半个世纪中，历史学家们设法重新发掘和重新解释人类在国家范围内行动的动机，说明为什么人们在选举中这样投票而不是那样投票，为什么经济变革在这个地方受到欢迎而在那个地区受到阻挠，所以他们越来越注意到地区之间的差异和根深蒂固的地方的甚至家族的传统和忠诚。审视这个更加瞬息万变的历史舞台的无限错综复杂，考虑19世纪中叶人们很大程度上在欧洲各民族无限充沛的精力的激励下，为改造自己的世界或使之免于动荡而进行的种种努力,读者能不为他们所创造的种种奇迹和这样一个在人类历史上弥足重要的时代中上演的一幕幕喜剧和悲剧所感动吗?

(罗式刚、郭　健 译)

第 二 章
经济的变化与增长

即使在英国，工业革命到 1830 年也尚未全部完成；农业和运输的革命同样也未完成。商品的增长、制造和运送的某些方式，经历了堪称革命性的变化，特别是法国人所作的变革更是如此。资本积累、劳动大军的组合与管理，日益增加的产品的销售，银行与商业活动，以及在 20 年代中期发生的繁荣和萧条所暴露出来的诸如商业周期现象如何应付等问题，都要求在组织、方法、自愿结合和国家政策方面作出变革。因此，如果在适当的地方，特别是在英国进行观察，未来的经济形式就显然可见了。然而，即使在英国，一切都尚未完结；就全局来说，其余部分则呈现出一派运动缓慢，甚至静止的景象。

除铁路外，1830 年并不是重大的分水岭。在随后的 40 年间，业已发展的方法和组织，由于重大的革新而得到改善、补充和替换，在西欧和北美更加广泛推广。在最初 20 年，扩展和变化的速度有时过于迅速，无法长期维持，结果引起深刻而持久的萧条，给那些在这一过渡时期技术上落后过时的人们带来灾难。然而，在 1850 年以后，政治和社会的紧张形势经过 1848 年的骚乱已经缓和下来，同时新的体制或经过改造的体制运转较顺利，自然资源和新技术开拓了广泛的新领域。到 1870 年，欧洲人口比 1830 年增加 30%；北美人口则增加了两倍；能够从生产、运输和贸易的改革中获利的那些国家，人民的生活水平大有提高。

到 1830 年，欧洲最大的一种行业——农业正在摆脱由战争向和平过渡的痛苦时期的最恶劣影响。价格有所回升，成本则由于租金和利率降低而稍有下降；难于耕作或产量过低的土地改为牧场或成为荒地。通过考察三个方面，或许可以最好地说明。随后 40 年的复杂情况这三个方面是：农业的日益商业化、方法的改善和对资本的更加依赖。

市场的吸引力变得更强大了，这是由于在40年间消费者的数目在英国差不多增加了1/3，东西欧（不包括法国）大概增加了1/4；而其中城镇居民所占的百分比在英格兰和威尔士从46%增到55%（以拥有2000居民作为城镇与乡村的分界线），在法国、德国、低地国家、奥地利、瑞典和瑞士则增加到30%或者更多；而且由于运输设施的改善，再加上降低或者取消关税，就使农场主更便于与国内或国外市场进行交易。直到1850年以后相当长一段时期，欧洲的农场主几乎独享欧洲市场，从其他各洲进口的商品与其说是竞争，不如说是作为补充。通常他们不仅是被吸引到市场去，他们是由于需要而被推到那里去：他们需要获得金钱去纳税，或者在实行租佃制的地方（例如在不列颠各岛）去交租，或者为了把自己的农奴身份改变为获得解放的有地农民（例如在丹麦、德国西南部以及1861年以后的俄国）而按年缴纳赎金。[23]

农产品的供应增加了，因而在匈牙利、罗马尼亚和俄国南部的平原上扩大了移民和垦殖；在欧洲大陆西部的许多地方，广袤的荒地变成了沃土；但主要则是因为已经充分利用的农场提高了生产率。在上述后两项发展中，英国的地主和富有事业心的农场主起了积极的作用。前者拿出大量的钱来改善庄园或者经营模范农场。他们通过皇家农业协会（成立于1838年）和所属的各郡的协会的会议或刊物或者其他报道"科学与实践"相结合取得进展的出版物来交换情报。在欧洲大陆上，德国易北河以东地区的大地主，以及丹麦、匈牙利和意大利的大地主，是值得注意的改革家。这些人在原来是或者类似庄园领地的土地上，生产谷物、牲畜和细羊毛等产品，在市场上进行交易。战后的萧条使他们受到沉重打击，使4/5的普鲁士容克地主至少失去了他们的一部分地产；但是，当萧条过去之后，他们又重新研究和仿效英国的改进办法，而且他们有时不是追随者而是先驱。

对农民，不能期望他们作出什么改革，他们仅仅是缓慢地模仿。他们拥有的土地太少，太分散，无法实行机械耕种。他们的收入中剩不下什么钱来用作资本积累，即使能有节余也储藏起来或用以添购土地，而不是改良原有土地。由于重利盘剥，农民极不愿意借款，这种情况直到1862年才找到一条出路，当时赖菲森在莱茵州一个村庄首先创建了一家合作银行。由于具有明显的好处而且所费不多，小人物就可能在他们所从事的小规模耕作或牲畜饲养以及家庭农场劳力不付工资的范围内，改变自己的方式。这种变化可能比书面记载的数字为多，然而，只是在较大的农场才采取了一些值得称道的步骤来改善农业的方法。

第一个步骤就是在英国完成、在德国大大扩展的霸占无主耕地、公共牧场和荒地的圈地运动。在1830年以前，英国值得圈占的多数土地已经处理完毕，到1870年，重绘农村地图的工作实际上已经结束。当时有25万个人口集中的农场，其中有9/10的人口是佃农，有一半以上规模较大，共雇佣劳力达100万人，每个农场平均雇佣7人。在普鲁士，1821—1870年，将近4000万英亩土地被从公用土地中"分离"、合并和抽出，其中多数位于存在着大庄园的东部地区。

第二个步骤就是增加和保持土地的肥力，采用深沟排灌的有效新方法，并根据对肥料作用更清楚的认识来施肥。排水把旧农场和荒地一样都排干。在旧农场早春排干积水，立即可以翻耕、下种，肥料不致被冲走。至于荒地，林肯郡和东英吉利亚的沼泽，兰开夏南部和苏格兰的泥沼地，荷兰北部或德国沿海和比斯开湾沿岸的泥炭沼泽地和低温地带，一旦有了排水设施，整片地区就不再荒芜无用了。在荒地上进行深耕、大量施肥、种植庄稼，这种"第二次创造土地"，成本固然很高，但是丰收的谷物、块根和牧草证明投资是合算的，而特别是位于兰开夏、苏格兰南部或伦敦等人口稠密地区附近的土地就更是合算。

在这种开辟新耕地和改善原有耕地的活动中，施肥成了应用科学的具体运用（见原文第3章第65页）。甚至在李比希1840年出版他的著作《有机化学在农业和植物生理学中的应用》之前，有些农场主已在施用骨粉、秘鲁海鸟粪、智利硝石或者"新改良的人工肥料"了。李比希的动植物体内化学成分表，亦即土壤基本成分表，并不是这个问题的最后结论，而且如罗萨姆斯特德实验站的劳斯和吉尔伯特以及其他一些人通过实验室或试验田所做的实验表明的那样，它也并不总是正确的。但是它却推动人们采用化学肥料和大力寻求供应来源。硝石和鸟粪的进口激增，同时在哈尔茨山脉（1852年）、阿尔萨斯和欧洲其他地方发现了钾盐矿藏，使许多地区，特别是德国的贫瘠土地肥沃起来。

科学在解决农药方面则并未如此成功。农场主在1870年时对于羊的烂脚病、口蹄疫、猪瘟和其他牲畜传染病仍然束手无策。在19世纪30年代和随后的一段时间，苍蝇使萝卜收成全部毁掉；40年代马铃薯枯萎病到处发生，爱尔兰则更为严重；50年代粉孢子使法国葡萄酒产量减少了2/3；60年代木虱开始猖獗。在达瓦纳、巴斯德、利斯特和科赫创建细菌学说之前，兽医学并未取得切实进展，直到1870年以后，才从他们的工作中得到实际效益（见原文第3章第65—66页）。对植物病害原因的研究情况也是如此。

第三个步骤，改善农业设备，主要在英国和北美推行，那些地方劳动力相当短缺或者昂贵，土地广阔可用机器耕作，而且工业方面的发明创造精神也传到了农业方面。苏格兰热心农业的人士在宴会上为纪念"伟大哲学家和超凡出众的詹姆斯·瓦特"而干杯。其中有些人使用蒸汽机拉犁。苏格兰的打谷机向南传播，在1830年英国农业劳动者暴动中成了破坏的目标。苏格兰的收割机虽然在国内不受欢迎，但运到美国的4台样机却得到了美国人的青睐，他们当时正在寻求较好的工具取代镰刀、长柄大镰刀或带摇篮架的大镰刀。麦考密克在1834年为自己的收割机取得专利权，1846年开始大量生产，在1851年的大博览会上展出，而且通过在农田上的表演使英国农场主相信使用这种机器在经济上是可行的。在随后20年间，欧洲和美洲的农具制造商提供了经过改进的工具和机器，用于每一种农活。

这种种改进多数都需要投入大量固定资金或流动资金。例如，英国的排灌计划每英亩平均费用为4英镑；把荒地完全变为肥沃的农场所费为此数的3倍；估计1850年承租土地的农场主每英亩流动资金需要4—8英镑。这笔资金来自何处，有多少是来自地主和农场主的钱包，或者是由他们的收入中拨作再投资之用，有多少是来自借贷，现在已无法估计。排灌计划可以从政府或从经营这项事业的公司取得长期贷款作为资金；但是一般说来，当时没有出现任何英国机构专门提供农业贷款；在欧洲大陆上，普鲁士的土地信贷银行继续向那些借贷人合作团体的地主成员提供抵押贷款。他们出售债券以取得经费，这种债券由于有全体社员的全部财产作为后盾，得以享有头等证券的低利率。在1830年以后，其他中欧国家也仿效这种办法，而在法国则加以发展，在1852年创立了受国家资助的合股组织土地信贷银行。但是对于小土地所有者和农民，实际上没有任何有组织的资助。

随着交通运输的不断改善和关税壁垒的降低，农场主的市场扩大了，从一张早期的铁路货车图（1833年）上可以看出车上装满了牛、羊和猪。到1840年几乎每天都有80艘轮船川流不息地把爱尔兰的牲畜、肉类、禽蛋运往英国各港口。比利时的农场主紧跟英国的农场主之后，也得到良好的铁路运输，而法国的农场主则不得不耐心等待，在有些地区差不多直等到1870年。只有在运送牛奶供应远地顾客方面，农场主做得较慢。铁路方面认为远途运输牛奶太麻烦，不值得注意，这种情况一直继续到大约1870年。同时，在德国成立了关税同盟以后，关税改革的效果就明显地表现出来；在英国，1842年、1846年、1853年和1860年的关税修正案先是废除了对外国畜产品的禁令，后来又取消了对它的关税，这种效果也显而易见。1870年这类食品每人平均进口量大约为1840年的4倍。早期供应大都来自欧洲大陆，美国到1842年才打入市场，随后不断扩大输出数量，消除了早期质量上的缺点，到1870年就在英国的咸肉、火腿和奶酪进口贸易中占了统治地位。

畜牧业的显著扩大并未减少欧洲对制造面包和啤酒所需的谷物的依赖。例如，法国、比利时和英国都用了1/3以上的耕地来满足这方面的需要。每个国家都力图自给自足，或者采取措施以保证进口不会过分压低国内价格。到19世纪30年代初期，谷物法都具有共同的模式：关税都可作相应的增减。国内价格上涨时，关税就降低，降低到虚有其名的数目，而当有灾荒之虞时就甚至取消关税。反之，价格下跌时就增加关税，早在谷价达到无利可图的水平之前就把关税增到接近禁止进口的程度。

因此，国际谷物贸易主要是用于供应某些国家正常的短缺以及其他国家偶见的奇缺。比利时和荷兰经常是净输入国，丹麦和普鲁士通常是净输出国，而法国则根据收成的多少时而为输入国，时而为输出国。在英国，由于耕作改良，在1833—1836年气候条件有利时，事实上达到自给自足，价格平稳，而在1838—1842年那些歉收年份，面包缺乏，在1845—1847年时，连马铃薯也缺乏。在"饥饿的40年代"，国内生产与需求之间的差距太大，因而不可避免地在1842年实行了皮尔所提出的更加自由的浮动关税制,在1846年他又废除了谷物法(见原文第13章第342—344页)。

当英国农场主维护他们的成本和谷物法时,他们质问自由贸易派是否希望把成本压低到"相当于调整付给德国农民、波兰农奴和俄国奴隶的工资的标准"。[①] 进入国际贸易市场的谷物多半是这些地位低下的工人生产的,易北河盆地农场的产品以汉堡为主要出口港,维斯杜拉河流域的大量收成以但泽为主要出口港,而南俄农作地带迅速增长的小麦、羊毛、皮革和咸牛肉,则以敖德萨为主要出口港,以塔甘罗格为辅。到1840年,黑海沿岸各港口输出的谷物几乎和但泽相等,主要是卖给地中海沿岸的消费者。在随后30年间,俄国的总出口增加了2倍以上,在欧洲内部贸易中已稳执牛耳。

所有关于谷物法的讨论,都道出了人们对从北美源源而来的廉价谷物的希望或恐惧。当饥荒到来,物价涨到很高的程度,足以补偿昂贵的陆上和海上运费以及低关税时,北美大陆就来援助欧洲;但是,每当较好的收成使价格降低、关税提高时,进口浪潮很快又都平静下来。1846年废除了关税,但直到1870年一直都未能对这种剧烈的波动产生什么影响。在19世纪60年代,这种浪潮越来越高,而下降则是逐步的,不过,也还是落到和以前一样低的程度。美国小麦尚未达到总是那么丰富和低廉。诚然,当时也有种种力量在争取做到这两点,但是,尚未完全具备必需的条件:既能在廉价或免费的处女地上生产出大量产品,同时又只付出低廉的内陆和海上运费。

因此,西欧农场主虽然付出了高额的经营管理费用,仍然能够从1850年至1873年席卷农村的高价格和繁荣的浪潮中获得好处。尽管谷物价格远不如畜产品价格涨得高,但是每英亩平均产量的增加和耕地面积的增加仍然能提供令人满意的纯收入。肉类和奶制品的价格上涨了1/4到1/2;尽管来自澳大利亚、新西兰、南非和南美的羊毛供应增加了5倍,羊毛价格还是上涨了大约3/4。在1870年,欧洲农场主几乎在任何方面都不必害怕来自其他大陆的破坏性竞争。他们在食糖市场上倒成了危险的竞争对手,因为甜菜糖生产的扩大使世界甘蔗糖产区受到了严重挑战。1850年,甜菜种植和榨糖从法国北部扩

---

① 保护主义派刊物《农场主杂志》(1842年10月号)上的论点,第308页。

展到俄国,可能使甜菜糖产量达到世界食糖总产量的1/7。到1870年,甜菜糖产量增加了3倍,所占比例达到总产量的1/3,这两个数字都在迅速增加。食糖价略有下跌,而其他价格则看涨。除了非常贫穷的人以外,食糖成为大家的必需品,英国每人食糖平均消费量在30年间增加了2倍,几乎达到每星期一磅。

"到19世纪20年代,棉纺业是真正深刻地受到工业革命损害的唯一工业。"[①] 在随后的40年间,影响变得更为深广,因为西欧和北美有更多工业由于采用或改进机器、利用水力或蒸汽、提高冶炼金属的能力、使用煤炭和应用物理或化学而受到影响。在生产资本货物的重工业——采矿、冶金和机器制造业——中的新发展比在那些生产消费品的轻工业中的新发展具有更大的意义。然而,纺织工业却仍然占有重要地位,因为人们大量需要它的产品,而且生产这种产品雇用了大量人力。因此纺织厂无论在何处都成了新的工业化的首要证据。

通常在一个棉纺厂里安装着靳尼纺纱机、水力纺纱机或走锭精纺机,这些机器在1830年以前的半个世纪中革新了纺纱方法,此后,走锭精纺机变成了自动的,纱锭转得更快,每个工人每小时的生产几乎增加了2倍,而每磅纱的劳动成本却至少减了一半。1825年发明的亚麻湿纺法很快就为贝尔法斯特的亚麻布制造商所采用;梳羊毛在50年代已不再用人力操作;到1860年废蚕丝能够纺成好丝了。同时,动力织布机逐渐取代了手工织布机。动力织布机在1830年只有在织粗棉布时才是有效而经济的。到1850年它就可以织出细得多的纺织品,并且强有力地进入了毛纺厂,不过在70年代以前还不能完全占领高级毛织品的生产。

在1824年取消关于技术工人向外移民的禁令和1843年取消出口机器的禁令之前,英国的技术就扩散了。到1830年,法国和比利时有些纺纱厂已经有了很好的设备,在阿尔萨斯和诺曼底已使用水力,在生产煤炭的比利时和法国北部已使用小型发动机。欧洲大陆纺织地区中最先进的地方阿尔萨斯,动力织布机到1860年已把手工织布机差不多完全排挤出去了。在其他地方,例如在瑞士、德国和俄国,也同样采用了纺纱机,并且进口廉价的英国棉纱,一直到当地有了足够

---

① J. H. 克拉彭:《近代英国经济史》(剑桥,1926年),第1卷,第41页。

的产品为止。美国实行保护关税,把廉价纺织品拒之门外,它的棉纺工业在 1830—1860 年增加了 4 倍。它在 1860 年把全国棉花产量的大约 1/5 织成了较粗的和中等质量的布匹。

各地棉纺工业的增长速度和技术改革的速度都格外之快,而且由于美国棉花产量由 1830 年的 100 万包增加到 1860 年的将近 500 万包,加上印度和埃及也已成为较小的棉花出口国,因而廉价原料供应增加的速度也特别快。其他纺织品都感受到廉价棉织品的激烈竞争,但是毛织品制造商反击得很巧妙。他们把棉纱作经线,用精梳羊毛纺成"混纺品",质地轻而花色新鲜,价格接近上等棉织品,而外观却像丝织品。

对其他工业的变化作一番综述可以列出一长串目录。如果说革新表现在机械方面,那可能是由于美国缺乏劳动力,特别是熟练劳动力,也由于迅速扩大的国内市场的需求。革新有时是一台别出心裁的机器,或者是一整套机器,都是为了能制造诸如左轮枪、钟、锁、收割机、缝纫机、门框或窗架上的标准零件。英国的观察家在 1853—1854 年指出:美国人"在任何地方只要能使用机器就热衷于用机器";在某些工业中盛行的办法是开工厂,而在英国,这些工业则仍然主要由厂外工人或手工业工人进行工作,用"专用机器"制造木制的或金属的零件。① 当时德国、法国和瑞士则致力于化学工业。1867 年巴黎博览会上的英国裁判对这种情况像对外国机器和毛织品的"精彩展出"一样获得深刻印象和感到震惊。

机器使用者的后盾是制造机器的人。到了 19 世纪 30 年代,机械工程师已能制造重型和轻型工作母机,这些机器使金属加工达到了更高的速度和精密度。伦敦和伯明翰制造品种繁多的机器,曼彻斯特是纺织设备的主要产地,纽卡斯尔是蒸汽机车的主要产地,格拉斯哥则是航海机械的主要产地。在比利时,位于塞兰的科克里尔工厂是一个联合企业,包括煤矿、鼓风炉、轧钢厂以及生产发动机和多种设备的车间。法国的勒克勒索仅次于塞兰,但是德国直到大约 19 世纪中期甚至还没有堪称第三流的塞兰。1850 年以后,由于各种润滑剂的供

---

① D. L. 伯恩:《美国工程竞争的起源,1850—1870 年》,《经济史》,1931 年 1 月,第 2 卷,第 292—311 页。

应日益增加,加上更好的保证精密度的方法,而且又受到美国崇尚标准化的影响,工业大踏步前进。

作为机器制造后盾的是炼铁厂。下列表格,其中前两行虽是根据估计制成,仍可粗略看出它们取得的成就。

1830—1870 年铁产量　　　　　　　　　　单位:吨

	联合王国	法 国	德 国	美 国	全世界
1830 年	680000	270000	46000	180000	1600000
1850 年	2250000	400000	215000	560000	4470000
1870 年	5960000	1180000	1400000	1690000	12260000

上述产量每 10 年约增加 70%,反映出法国人称之"英国模式"所带来的改进和传播的结果。这种模式包括采用焦炭代替木炭熔炼矿石,以生产适于铸造的脆性铁;然后搅炼液态铸铁使之成为韧性较强能够弯曲而不致折断的熟铁。英国工业有了这种技术装备,1800—1830 年产量增加了 3 倍,它的产品成为欧洲最廉价的产品。克莱德赛德炼铁工人尼尔森在 1828 年发明用热风而不用冷风吹入炼铁炉,使燃料开支降低了 1/3。采用这项节约措施,再加上使用更大的炼铁炉,以及在坎伯兰和在米德尔斯布勒周围勘探出铁矿,使得铁产量在 1830—1870 年增加了 8 倍。虽然铁价随商业的起伏以及战争和铁路的需求而有涨落,但总的趋势是下降,由 1825 年的每吨 10 英镑下降到 1866 年的每吨 3 英镑。

这些方法传到欧洲大陆后,在那些可以同时廉价取得煤和矿石的地方十分有用,例如在塞兰和勒克勒索。在法国有许多地区,矿石和煤的产地相距很远,而且远离市场,这项工业的发展只好等待运费较低的交通工具出现。1850 年前后,这些条件实现了,于是法国的产量在 20 年间增加了 2 倍,然而依然不能满足全部需求。同样,在这 20 年间,德国虽然起步较晚,但迎头赶上,这是由于从鲁尔的一些新矿可以得到大量廉价煤炭以及铁路需要用铁。美国改用焦炭,因而能在 1830—1850 年把铁的产量增加 2 倍,随后到 1870 年又增加了 2 倍。

在那些年代的后期,突然出现了光明的前景,能廉价取得大量的钢。在1850年，钢几乎还是一种半贵重金属。钢的生产燃料消耗量极大，过程缓慢，规模很小；因此钢仅用于制造刀剑、工具、珠宝饰物和其他小件物品。当时全世界产量估计为8万吨，其中一半产在英国。贝西默转炉炼钢法（1856年）提供了大量廉价生产的方法。把空气吹送到装有液态铁的转炉中，一吨（或者更多）铁可以在一刻钟内变成钢，而不必使用任何燃料。炼铁厂商积极采用了这一方法，然而发现含有微量磷的铁无法进行这种处理，而且直到1878年，为消除这种不利元素而作的一切努力都未能奏效。不过，由于有足够的可用贝氏法炼钢的矿石，使钢产量在60年代得以迅速增长。1870年的产量至少为1850年估计产量的8倍；而制造商把这种新的金属投入各种各样的用途，从铁路和轮船到牛奶桶和平底锅，这时钢铁时代就隐约出现了。

1830年世界煤炭产量大概有3000万吨，其中4/5产自英国煤矿。1870年煤产数字为2.2亿吨，其中英国占一半，美国占1/5，德国、法国和比利时共占1/4。煤产量增加6倍，这和铁的增长速度大体相当，即每10年增加60%—70%。到1870年，销售市场的格局也已清楚。炼铁厂商用去英国产量的1/3，制造商用去1/4。煤气工厂和家用火炉烧掉另外1/4，出口1/8，1/20则用作铁路和轮船的燃料。独有英国采煤业拥有5个沿海煤田，能够几乎直接把产品装船，运往伦敦等处的国内市场，或者作为压舱物和补充装载量出口。因此，出口量由1830年的50万吨增加到1870年的将近1400万吨。

开采内陆煤层要依靠廉价的水运，后来又靠铁路，来把煤运到市场或者是把原料运送到最适宜于设在煤矿附近的各种工业。1830年英国和比利时拥有最良好的水路，到1850年则拥有最良好的铁路。法国在提供水运和铁路运输方面有较多困难，因此法国在1870年的消费量中有1/3还是外国煤炭，对买主来说外国煤炭价格仍然比较便宜。在美国，宾夕法尼亚州的无烟煤田，直到一些"煤炭和航运公司"在1830年前后建成连接沿海城市的运河以前，一直是毫无价值的。但是，在俄亥俄河各支流两岸的高坡上，烟煤矿脉露头了，不仅容易开采，而且可以装船顺流而下，直达密西西比河流域日益扩大的市场，或者和当地产的矿石和石灰石一道用于在匹兹堡地区炼铁。

在一些老矿区如比利时和英格兰东北部，有了易于接近的市场，因而煤矿激增。有些地方比如宾夕法尼亚州和顿涅茨盆地还发现了新的煤矿床。在19世纪30年代、40年代，采用了一种通过透水地层开掘竖井的方法，得以探出深得多的矿脉。在英国、在法国的诺尔省和加来海峡、在比利时和鲁尔地区，这种探矿法获得成功；在鲁尔地区，1841年在埃森附近开掘了第一口矿井。采矿工程师虽然没有做多少工作来把采煤从一镐一锹的办法变成机械操作，他们却要解决大量其他的问题：如何使井下不受到水淹、窒息、爆炸和塌顶的威胁，如何采出较大部分的煤炭，以及如何改进把煤炭运上地面的办法。

他们取得了长足的进展，使得这项工业相对说来产量增加而危险减少，因为从19世纪50年代中期到70年代初，英国伤亡人数保持稳定，而产量增加了4/5，矿工人数增加了3/5，但是资本和经营成本却随着矿井加深而增高，与此同时，在繁荣时代需求也迅速增长。结果在1850—1875年这25年间，煤价比一般物价水平涨得多，而在1869—1873年的繁荣引起煤荒期间，煤价涨了一倍多。在那些年头，煤炭生产能力急剧扩大，正如在炼铁和其他重工业部门一样。到新矿可以开采时，繁荣却已消失，煤炭工业苦于生产能力过剩而面临严重的萧条。

到1830年，西方世界懂得了改良道路、河道、运河和内河轮船的好处，以及它们高昂的费用。在英国的主要大道上，当时多数都铺上了碎石路面，旅客、邮件和包裹运行的速度几乎达到每小时10英里。虽然马车仍然只能以马走的速度前进，但是除了在地方上的低级道路上以外，行进总是轻快了一些。法国、萨克森、比利时、瑞士和意大利北部，除了低劣的二等和三等道路外，也有了良好的主要大道。

在英格兰和低地国家，没有多少地方是远离运河或通航河道的，重型物资的运费降低了一半，运输量大大增加，各地区之间的价格趋向平衡。法国力图完成北部的河道网以及中部用于沟通主要河流的支流和上游的各种连接工程，但是由于距离太远、地形困难、河道欠佳、成本高昂和资金缺乏，只取得缓慢的进展和差强人意的结果。在北美，伊利运河于1825年完成，规模较小的加拿大各运河环绕圣劳伦斯急流，穿越尼亚加拉半岛，这些运河提供了由大西洋到达大湖区的连续在一起的通道。

最后，轮船显示出了它的能力，可以在湖上行驶，在河上运送乘客、邮件和精细的货物，甚至还可逆流而上，因此轮船使莱茵河、易北河、维斯杜拉河和多瑙河中游有了新的价值,然而,它为蜂拥到达长达 1.6 万英里的密西西比河及其支流广大地区的移民提供的服务,却是最有前途的。

在随后二三十年中,继续修筑道路、疏通河道。德国工程人员延伸了河流通航距离,因而到 1840 年轮船可以从鹿特丹通航到巴塞尔;采用蒸汽拖船拖带重载驳船;用运河沟通各条河流,从而使贯通南北的天然航道又辅之以连接东西的通道。根据 1856 年《巴黎条约》成立的国际委员会,着手疏浚多瑙河,改善河口,调整交通。法国的河道受到较多注意,不过许多工作却到 1871 年才完成。在美国,密西西比河上航行的汽轮从 1830 年的 200 艘增加到 1860 年的一千多艘,因而加强了南北的货物交流。

1830 年 9 月 15 日利物浦到曼彻斯特的铁路通车,机车在铁轨上行驶,其结果在某些方面是出人意料的,但在许多方面是令人鼓舞的。客运异常繁忙,速度达到每小时 20 英里,使人几乎感觉不到时间和空间的存在。煤炭和其他货物在 3 小时之内就可从起点站运到终点站,而走水路则需要 36 个小时。尽管资金付出很大,超过 80 万英镑,而且早期的机车消耗磨损很严重,但仍然可以稳定地产生 8%—10% 的盈利。

以此为先导,在英国和其他地方竞相仿效,事实上在 1835—1837 年的铁路小繁荣和 1845—1847 年的大繁荣期间出现了过多现象。在 40 年间铁路营业里程增长情况如下表:

1830—1870 年铁路营业增长表　　　　　　　单位:英里

	1830 年	1840 年	1850 年	1870 年
欧　洲	60	1800	14000	65000
北美洲	—	2800	9000	56000
亚　洲	—	—	200	5100
南美洲	—	—	—	1800
非　洲	—	—	—	1100
澳　洲	—	—	—	1000
全世界总计	60	4600	23200	130000

英国到1850年已经拥有若干主要铁路线和次要铁路线。比利时在1844年完成了铁路计划的核心部分，一条铁路从奥斯坦德通到普鲁士边界，另一条从安特卫普通到法国边境，中途在马利纳与前一条铁路相交。法国1842年通过的基本法批准兴建9条干线，到1850年其中某些部分已经建成。在德意志各邦有5000英里左右的铁路线在营业。在美国，30年代中期的繁荣时期里铁路把某些沿海城市连接了起来，并且还向内路稍有延伸，随后分担了"内陆交通改善"计划普遍失败的后果。由于国家在40年代花费大部分时间来修复它遭到损害的信誉，铁路修建大致限于新英格兰。

在那20年间，铁路表明了它作为普通运载工具所能提供的各种服务，同时也显出了必须加以正视的关于修建、经营和成本等问题。客运立即大受欢迎，以至英国铁路线2/3的收入来自客运。这种营业情况使它们不得不提高速度，到1850年最好的火车达到时速35英里至40英里；扩大并改进最低廉的车厢；研制更有效的车闸、信号等安全装置；建设车站，其中有些是"造价高昂的装饰性建筑"；开设茶点部，在那些熟悉车马店的人看来，真是"宏伟的大厅，陈设豪华、温暖而敞亮"。到1850年铁路票价不及马车以前所收票价的2/5，而旅途所需时间则减少了2/3。同时，火车发展了迅速运送邮件、包裹、牲畜和鱼类等业务，而且运送重型物资，运费之低不仅使马车陷于破产，并且堪与水路竞争。

到1850年，铁路界已经探索过各种方式来修建和经营铁路线：私营、公营、公私合营。英国的办法是私营企业，一是因为这种办法是资助革新的唯一可行的办法，二是因为：尽管在几次繁荣时期有过投机过多的情况，早期建立的各公司的历史记录还是吸引了足够的投资，保证资金可以源源来到。然而，在其他地方，却几乎不适于实行私人经营。也许是因为距离太长，运输量太少，资金太缺。战略道路可能与贸易通道无法吻合，而在新大陆，铁路建设也许不得不先于移民定居，于是要等很长一段时期交通才能发展起来。因此，政府必须决定：是否自己来修建铁路并经营管理，借钱修路并且用公共税收来弥补赤字，或者津贴私人企业，或者两者并举。

比利时在1834年采用了公有制，奥地利随后不久也采取同样办法。法国在1842年决定实行合营制。国家提供土地，准备路基，把

第二章 经济的变化与增长

它租给公司三四十年。公司筹措修建和经营资金，经营业务，收入不足以支付债券利息则向政府借款，租约期满后以合理估价将铁路线转让给国家。北美试行过各种政策。有几个州，主要是南方几个州，自己修建并经营铁路。弗吉尼亚州提供 2/5 的资金，后来又增到 3/5，并且在董事会占有同样比例的席位。但是更为普遍的办法是购买州、市或者甚至县发行的铁路证券。例如马萨诸塞州投资 500 万美元修建一条铁路，连接波士顿和奥尔巴尼以及以西的一些地方。后来在 1850 年，国会第一次通过铁路授地法，从而为以后用公地给予大量津贴打开了道路。

在 19 世纪中叶以后，欧洲和北美加速铁路建设，并扩展到其他各洲。在联合王国，铁路资金、里程和纯收入都增加了一倍多。法国在 1859 年完成了几条干线后，又计划修建支线网。德国的铁路里程增加了两倍，奥匈帝国的里程也有所增长。意大利、荷兰、瑞士、西班牙和俄国也参加了这个行列。这一发展，部分是受到一家法国投资银行——动产信贷银行的推动，该行于 1852 年创立，筹集资金在国内外开办铁路、银行和其他耗资巨大的事业。该行从那些希望修建铁路但苦于缺乏经费的政府取得特许权，其中包括独家经营以及收入不足时得到津贴的权利。该行在法国和奥地利早期的成就促使路特希尔德家族在维也纳建立工商信贷银行（参见原文第 20 章第 535 页），其他一些竞争者也跨入了这个显然有利可图的领域。

在美国，铁路越过了密西西比河，并在 1869 年建成横贯大陆的一条线路。于是东部和西部可以进行贸易交流。加拿大建成了它自己的大干线，从魁北克东部到安大略西部，并且把蒙特利尔和缅因州的不冻港波特兰连接了起来。澳大利亚在 19 世纪 60 年代建成了最先的 1000 英里铁路，主要是从各州首府通往牧场或产粮区的铁路。在亚洲，印度首先修建了铁路，直到 1870 年几乎还是独一无二的。

当时全世界已经建成它最终将拥有的铁路的 1/6。这 1/6 是最重要的 1/6，因为它改变了旧世界人口稠密地区的交通体系，表明了铁路能使大陆上广大的内陆地区得到多大的好处。它加强了旧有的贸易路线，同时又打开了新的路线，把一向没有联系的地区连成更大的市场区，它强调应把工业集中于有利地点，推动了从铁路中枢——不管是像伦敦这样古老的中心还是像芝加哥这样一些新的中心——向外作长距离的运送。铁路建造对资金市场以及商业周期的运动起了主要影响。铁路在私人手中发展了当时还"不完善"的垄断或竞争的特征。当时铁路的一些做法在萧条时期引起了极大的喧嚷，反对似乎过高的费用，对顾客的歧视性待遇，不安全或不能令人满意的服务，以致必然要求由国家管理。在公共手中，铁路规划和营业则受到战略考虑，国家发展和福利的概念，派系或阶级利益的压力，新兴国家的乐观主义和债券购买人的心态等因素的影响。它也使得国家债台高筑。

1830年，汽轮已定期航行于河上、湖上或沿海航线上，或者越过海峡和窄海。造船厂在建造更大的船只，并改进航海引擎，以便增加航行的速度和可靠性，降低经营成本，减少船身中动力和燃料部分所占的比例，增加乘客和载货部分的比例。19世纪中叶，轮船从短途航线上排挤帆船，特别是在运送旅客、牲畜和其他一些体积小、价值高的货物方面。到1870年，轮船也包揽了笨重货物的短途运输。

在长途海洋航线上，轮船面临更严重的问题。它必须和帆船一样安全——标准并不很高；携带足够的燃料；具有足够的用以赚钱的空间来偿付高昂的造价和用高价"买来的动力"；而且要在面临英国和美国日益改进和扩大商业帆船队的时候做到这一切。

美国帆船队特别强大。由于获得大量廉价木材的供应，美国船的造价远远低于英国船的造价。美国船队拥有用于各种不同用途的船只。定期邮船全年都保持横渡大西洋的航行，载运客轮乘客每人"30个金币，酒费在内"；精细的货物两英镑一吨；还载运邮件、金条银条，但几乎不载统舱乘客。其次是"定期商船"，往返航行载运一般货物，向西航行时常常挤满移民；船头垂直、甲板平直的巨大货船，专门设计用以运载棉花；还有成百艘不定期货船，随时可开往任何地方。1845年又增添了快速帆船，流线型、速度高，哪里需要快速运输就欢迎它到哪里去。1849年去运输加利福尼亚的黄金；1851年去运输澳大利亚的黄金；后来在战争年代又到克里米亚。它是美国木帆船黄金时代最辉煌的产品，从1830年至1860年总吨数增加了三倍。

它也是最后的产品，因为黄金时代正在结束。廉价木材的有利条件随着沿海森林伐尽而消失；某些劳工、经营和管理费用上涨了；几乎没有几艘快速帆船能赚钱。与此同时，魁北克和加拿大沿海各省也学会了利用自己的廉价木材来制造可用的船只。欧洲的造船厂改进了设计，其中有些厂采用廉价的铁作船体的骨架，后来又用来作船壳。[36]最后，轮船冲破了它原来较短的航行范围。到了1838年，问题已经不再是轮船能否一跃横渡北大西洋，而是哪些船将首航成功了。4月23日，"天狼星号"和"大西方号"航抵纽约；到年底就有10艘船到达纽约；而且全部都只用了最好的定期邮轮所花时间的一半左右。

然而，这些航行也还仅仅是刚开了个头。因为至少有10年时间，汽轮的安全记录是很差的。船员人数很多，赚钱的空间很小。它的造价可能相当于三条或四条大型邮船，然而它完成的业务——如果万事顺利，往返横渡大西洋六次——却只等于两条邮船。结果，即使只维持两周通航一次的航班，也至少需要四条船。丘纳德轮船公司只是由于得到大量邮件津贴，才得以在1840年开辟了一条利物浦、哈利法克斯和波士顿之间的航线。在它于1848年开辟从利物浦到纽约的第二条航线之前，仍然只有定期邮船按时驶往该港。在1856年乘汽轮到达该地的乘客还不到乘客总数的4%。

在19世纪50年代、60年代，汽轮才较为安全、有效而经济。由于铁制船体受到普遍欢迎，才可能建造更大的船只。起初以螺旋推进器辅助明轮推进器，后来又用它取代了明轮推进器。复式蒸汽机把煤耗减少了一半，因而增加了装货的空间，使得远洋货运汽轮有可能在商业上取得成功。同时，客轮在大小以及马力、速度、装货能力、客轮和统舱设备等各方面都得到改进。因此到1870年木帆船已丧失了在北大西洋交通中的有利地位，而且除了澳大利亚航线以外，在所有其他海运航线上都在失去地盘。它在长距离运输粗重货物方面仍然居统治地位，由于这类货物的运输量很大，因此直到1880年前后，全世界木帆船运输吨数并未开始下降。

交通运输方面的种种进展使邮政递送更趋迅速，同时政府的行动又使邮费降低。英国在1840年实行的改革为全世界作出了范例：在全国各地投送邮件统一收费，费用低廉，通过购买邮票由寄件人付款而不再由收件人付款。在四分之一世纪的时间里，多数国家都接踵仿效，随后举行了一系列国际会议，终于成立了国际邮政联盟（1874年）。与此同时，以英国和北美的一些铁路和电报公司在40年代的工作为滥觞，国内和国际电报业务发展起来。1851年从多佛铺设到加来的海底电缆提供了连接大陆的第一条电线,私营或国营的电报业务在大陆上迅速扩展,达到莫斯科和地中海。1861年架起一条横贯北美的电缆。海底电缆于1866年接通纽约,1870年接通加尔各答,1871年接通澳大利亚。

电信交通改善的经济后果是深远的。联合王国信件投递数字在开头有了巨大增长,以后逐年递增5%。在远地从事商业者,以往由于长期等待信件迟迟不能作出决定,铁路和轮船的兴起把等待时间缩短了一半甚至一半以上,而一旦有了电报,则几乎不必等待了。轮船班期、需求、供应、价格和前景几乎瞬息可知。多佛—加来海底电缆可使伦敦和巴黎股票交易所每小时都能对比股票价格。利物浦可获悉孟买、纽约、新奥尔良和芝加哥的情况,它们也可以了解利物浦的情况。股票和主要商品的世界市场开始形成;一旦可以用电报指挥不定期货轮开往下一个停泊港后,世界海运市场也同样开始形成了。

交通运输和通信事业的改进,总的影响就是提高了人员和货物的流动性,同时,各国政策的总趋向是降低或取消妨害国际贸易的种种障碍。在美国国内,联邦宪法保证各州之间自由贸易,对于国内的拓殖与贸易的发展有不可估量的裨益。在德国,关税同盟把17个邦和2000多万居民组合在一个关税联盟体系之内,这时,各邦间自由贸易的好处很快就显示出来。在导致1867年成立加拿大邦联的讨论中,也没有忽视自由贸易的吸引力。

国际贸易政策的命运掌握在下列三个国家的手中:在1840年估计占全世界进出口额1/3的联合王国;大约占10%的法国和占8%的美国。① 它们的政策自由化的每一行动都有赖于在政治上有占压倒优势的意志给予支持,同时又有能力应付关税税收上的损失或者能找到替代的财源,法国缺少这种意志,大概也缺少这种能力。制造商和农场主联合起来反对制定法律以降低关税的一切尝试,而拿破仑三世在1860年缔结英法商业条约,完全是由于他在秘密谈判中使用了他的缔约权。

在美国,北方各州想提高保护关税,制定了"可憎的税率"(1828年),结果适得其反。1833年制定了"折中关税",从而开始

---

① 《社会科学百科全书》(1932年),第8卷,第194页。

了时起时伏的降低关税的趋势，一直延续到内战。由于国家收入，特别是出售土地收入的迅速增长，关税收入就不像以前那样需要了。在繁荣的50年代，保护主义情绪十分消沉，要求达成互惠条约的少数美国人和加拿大人才达到了他们的目的（1854年）。随后十余年，林产品、农产品、渔产品和矿产品自由通过边界，畅通无阻。

对世界经济最为重要的是英国政策上的改变。英国公众意见有深刻分歧，特别在1837—1842年萧条时期，人们被逼得分别加入有组织的进攻性的或防守性的运动。商人和许多制造商要求自由贸易，而农场主则坚持保护主义——虽然有些地主不支持他们——船主坚持航海法，殖民利益阶层坚持谷物、木材和食糖得到优惠。政府由于国债债台高筑，加上在28年（1815—1842年）中有17个赤字年度，无力采取果敢行动削减关税（关税占税收的38%），或削减国内产品的商品税（占税收的37%）。

撤销一种将保护关税、税收和优惠制融为一体的制度，势必分期逐步执行（见原文第13章第342—345页）。赫斯基森在20年代作了良好的开端，但是其余的工作不得不留待皮尔和格莱斯顿来完成。皮尔发现所得税（1842年）可以作为一项收入来源，部分弥补由于降低关税而损失的款项。爱尔兰的饥荒使他不得不放松谷物法，航海法也暂停执行，以便外国船只能运入救急谷物。1849年，这一暂停改为永久性的终止，仅沿海航行例外，但到1854年，沿海航行也开放了。格莱斯顿继续大刀阔斧进行删减，到1870年进口货物中仅剩下17种需要纳关税，其中5种（糖、茶叶、葡萄酒、烈性酒和烟草）占关税收入的9/10，正如在30年代一样。进口净值总数以30年代初期以来增加大约400%，但关税收入仅增加30%。早期征税约为进口值的35%，后期则低于10%。

其他国家虽未达到如此程度，但也沿着同一方向大步前进。有些行动还是单方面的；例如比利时在1850年废除了谷物法，荷兰和德意志关税同盟在1845年以后削减了关税。其他国家则在贸易协定中作了相互让步，如1860年签订的科布登——谢瓦利埃条约。根据这一条约，英国实际上允许法国一切货物免税进口，对葡萄酒和白兰地的进口税大大削减。法国则对某些英国商品取消禁令，降低税率。此外，缔约国一方给予另一方"最惠国"待遇。如果法国根据条约给予其他国家以科布登未曾取得的更为优惠的条件，则英国商品将立即享有同样待遇。由于法国与另外 10 个欧洲国家缔结的条约和英国与另外 7 个国家缔结的条约都包括某些更低的关税，因而关税降低的范围随着每个条约的签订而不断扩大。

即使没有这种关税方面的改变，国际贸易也会大大发展，这是因为铁路建设的范围扩大，法国、德国和美国的工业化取得进展，资本和劳工流入新大陆，势如潮涌，在太平洋两岸都开辟了投资和经营企业的新天地。世界范围的国际经济在形成中。根据现有的虽然并不完善的统计，世界贸易在 19 世纪 30 年代增长 40%，在 40 年代增长大体相当，然后在 50 年代猛增 80%（部分由于价格显著上涨），在 60 年代增长将近 50%。在 1850 年以前，英国出口商品每十年增加 25%，在随后的两个十年则各猛增 90% 和 60%。进口也大致相同，常是超过出口，逆差甚至越来越大。但是无形出口如航运、商业与银行业务、海外投资的收入，弥补了入超的赤字而有余。这项盈余在 50 年代初期以前每年为 700 万英镑或略低，但随后在 60 年代末期则迅速增加到将近 4000 万英镑，而在 1868—1873 年的繁荣时期则比这个数字差不多增加一倍。将这笔巨款投放在国外，英国海外投资大概从 1830 年的 1.1 亿英镑增加到 1870 年的 7 亿英镑。①

制造和运送商品采用新的方式，除了需要更多"流动资金"外，还需要在建筑和设备方面投入比以往多得多的资金。有些企业创办费用比较小而随后又能够积累资金，就能够保持独资经营、独家经营或保持在合股公司手中。在制造业、采矿、航运、批发与零售商业的发展中，这样的单位居多，而在银行业，它们则进行了长期而往往归于失败的斗争。当时动员了家族的财力物力，寻找积极参与的合伙人和不参加具体经营管理的合伙人，并把利润和股息再投入企业。经营企业并不容易，因为每十年就有一次大萧条，中间还夹着一些小萧条。破产的代价很高，因为在英国和北美，所有股东的全部财产都有可能被债权人所依法占有，不过在法国只能占有积极参加经营的股东的财产。

---

① 参见艾伯特·H. 伊姆拉《英国对外贸易实值》，《经济史杂志》，第 8 卷，第 148—151 页；《联合王国贸易条件》，《经济史杂志》，第 10 卷，第 170—194 页；《英国支付平衡与资本输出》，《经济史评论》，第 2 辑，第 5 卷，第 234—237 页。

第二章 经济的变化与增长

另一种办法，举办联合企业，到1830年即已显示出它的好处，它能筹集所需的大笔资金在国内修建道路、运河、船坞，创办自来水和煤气供应、银行、保险等企业和开拓铁路，以及开发各种在遥远地方的资源，如在澳大利亚移民垦荒和进行畜牧生产。在随后的40年间，继续沿着这种路线发展。推动成立股份公司，认购它们的证券，成了投资银行的专门业务。政府给公司以法人地位，在法国和比利时是颁布法令，在英国是制定私法，在美国是立法给予特许证。1840年以后，在组织私人公司方面又补充了一些一般法律，规定任何集团只需登记名称、地址、宗旨、资本构成、董事姓名和其他有关情况即可成立公司。随后，例如英国，在1856—1862年制定法律，规定任何公司如果愿意公布某些财政报告即可获准仅仅承担有限责任。

每当商业周期处于高涨时，就会掀起兴办股份公司的浪潮，而当处于低潮时，就低落下去，使许多人破产，信誉扫地。1856—1865年在伦敦登记的5000家股份有限公司中，有1/3未能开张营业；剩下的有1/3没有熬过5年，一半以上不到10年就销声匿迹了。19世纪50年代、60年代在大陆上建立的公司情况大体相同。

当时新型的银行关心的是长期投资，而旧式的银行则继续接受存款，办理个人之间的转汇，从事短期商业贷款，主要是通过汇票贴现。在迅速发展的经济中或时期内，19世纪初叶建立的许多商业银行已经远不足以承担它们的任务。寻求更有实力的银行，执行谨慎的政策，或设法限制考虑不周的政策，就同样是银行家和政府的关心所在了。

在1832年，英国的一位路特希尔德家族成员宣称："我国总的说来是全世界的银行。我的意思是说，在印度、在中国、在德国、在俄国以及在全世界所进行的一切交易，全都是在此地接受指导，通过我国来进行结算的。"① 然而，在随后的10年内，议会的各种委员会用了6年时间来考虑如何改善英国的银行制度。英国银行制度的基础是由伦敦和各个地方的几百家私人银行组成的，由于1815年和1825年的广泛破产，这个基础遭到削弱，后来在1826年和1833年通过的法令准许成立那种在苏格兰兴旺发展的合股银行，从而又得到加强。到

---

① 转引自《便士杂志》，1837年，第185页。

1841年，在英格兰和威尔士就成立了一百多家合股银行，其中有些拥有充足的资金和苏格兰经理人员。还有三百多家私人银行，其中包括那些老字号如蔡尔德或霍尔，以及新近才崛起的路特希尔德或巴林；此外仿照苏格兰方式建立的分行则如雨后春笋。在随后的30年间，分行成倍增长，因而增加了财源和多种多样的保险业务，加强了储备金的集中管理，也增加了并不总是很有道理的那种信念：银行越大越有实力。

这种银行"制度"之首是英格兰银行，该行在1826年获准建立地方分行。尽管在这方面，如同在伦敦一样，它也同那些老字号的私人银行或新设的合股银行展开了竞争，但它的地位不能和其他银行同日而语。它逐渐发展成为中央银行，其他银行都在它这里存款，当提款超过它们的资金时又向它贷款。在危机来到时，它们需款可能万分紧迫，英格兰银行就成了它们最后的依靠。在这种时刻，英格兰银行就可能给存户分配贷款数额，区分高级的或低级的抵押担保物，或者拒绝给予资助。在40年代，它试行过另一种办法。它提高银行贷款利率，例如，在1847年年初利率为3.5%，它分五步把利率提高到10月份的8%，后来在1857年和1866年两次危机期间提高到10%。任何非季节性的提高利率都是一种警告，而连续提高则等于是刹车和后退。正因为英格兰银行并不能垄断全部存款，也不能控制农业收成或控制国内经济或世界经济的总动向，所以在一个"通常每五年或七年就有一次可能造成损失的破产和灾难时期"的世界上，它就不得不尽自己的一切力量来对付这种"任何绝顶聪明的人也无法预见，即使时时刻刻加以注意也无法防止的危害"。①

在欧洲大陆上，商业信贷或者由几家中央银行提供，其中以法兰西银行为主，或者由纯地方机构提供，或者由少数几家有实力的家族银行提供，比如霍普、路特希尔德、马莱兄弟、霍廷格尔、奥本海姆、富尔德等家族。他们从他们在巴黎、阿姆斯特丹、法兰克福或维也纳的大本营经营贴现、商品交易，并且认购政府公债。1848年的动乱使许多实力不强或野心过大的银行倒闭，于是需要更有效的机构

---

① 巴林银行对商业周期的一种看法，转引自R. W. 希迪《巴林家族在美国贸易和金融中的活动》（马萨诸塞州坎布里奇，1949年），第130页。

取而代之，随后又需要投资银行，因而新的合股银行就应运而生，在法国更是纷纷兴起。与法国的动产信贷银行和它的竞争对手相类似的银行遍布欧洲大陆；例如1853年在达姆施塔特创立的工商银行，在德国的工业和铁路的迅猛发展中起了很大的作用。

在北美，国会在1836年拒绝延长美国第二银行的特许证，从而破坏了出现一个中央银行的前景。在1863年以前，国会一直未就制定全国银行政策或钞票发行作出规定，因此只能由私人银行家和商业银行家，或者由根据各州法律（这些法律通常禁止设立分行）成立的银行代行此项业务。这种"单一体"银行对于提供短期商业贷款和长期抵押贷款都无能为力。如果它们不提供这两种贷款，它们就受到诅咒；而如果它们这样做，就得冒破产的风险。在情绪上和在政治上敌视"垄断""金钱势力""纸币贵族"和"夏洛克"，[①] 这种态度使得要在繁荣与萧条猛烈更迭因而动荡不定的基础上建立一个良好的银行制度，成为一种漫长的悲伤痛苦的奋斗。

银行在繁荣时期用贷款的方式发行过多的钞票，在西方的每一个国家，人们都对这种倾向表示不安。痛苦的经验和争论的结果终于导致这样一个决定：发行钞票应当由中央银行集中办理，并应受到严格管理。1848年法兰西银行重新得到这种垄断权，同时规定发行钞票的最高限额。荷兰和俄国从未背离过受到控制的垄断做法。1844年的银行特许证法令体现了英国的政策。除英格兰银行外，所有其他银行的钞票发行额都冻结在现有数字上，如果银行地位改变即予取消，与此同时，新银行一律不得发行钞票。英格兰银行因而最终将成为唯一发行钞票的银行。它可以用向国家的贷款为保证发行总额约为1400万英镑的"信用"纸币；并可发行若干钞票取代其他银行被剥夺发行的部分钞票；但是除了这项可能发行的2000万英镑之外，每一张钞票都必须有足够的贵金属作为后盾。

这个计划有它的优点，但也有缺点。它坚实可靠，但没有伸缩余地。有三次，即1847年、1857年和1866年，仅仅提高银行利率还是阻止不了，或控制不住危机。而且也帮助不了惊慌失措的客户，除非政府准许银行违犯法律，发行没有贵金属作后盾的钞票。在1847

[①] 即莎士比亚《威尼斯商人》中敲诈勒索的放债人。——译者

年和1866年，仅仅一条批准发行钞票的消息就足以打消恐慌。但是1857年的危机来得如此突然，打击如此沉重，同时又传来印度发生兵变、美国实际上所有银行都关闭以及几乎到处都发生灾难的消息，因而不得不使用不合法律规定的钞票，总数不超过100万英镑，这种情有可原的罪过，拯救了某些公司，或者推迟了它们的破产。"在欧洲经历繁荣兴旺和在信贷方面从事各种试验的五年中所出现的种种尔虞我诈、轻举妄动现象都在接受检验或被揭露"①的时刻，能做到这种程度也就很不错了。

当实业界正在努力解决自己的问题时，劳工则力图使自己适应在就业的机会和条件方面发生的变化。其中最应注意的是把原来在家庭中或围绕着家庭从事的一些工作转到工厂。纺织工业是突出的例证，因为它雇用大量的男女和儿童。在英国，大概也像在欧洲大陆上一些国家一样，纺织业属于第三个最大的职业，仅次于农业雇工和家庭仆役，在1841年和1851年占劳动人口的10%以上。在1830年，纺纱工、少数织布工和多数整布工由工厂雇用。在随后的40年间，仍然在家庭中加工的部分，在英国都已转移到工厂，但是在欧洲大陆上很多地方，这种转移实现得较晚。

由于只注意纺织业，使人们看不清劳工情况的另外两个重要的方面。首先，即使在英国，许多职业也并未远离家庭或小作坊。伦敦、巴黎和其他各大城市都有大批各式各样的小生产单位和厂外工人。成衣、鞋袜、烤面包、小五金器皿和奢侈品制造业是他们的据点。伯明翰、谢菲尔德、佐林根，以及里昂的丝织区和瑞士的钟表区是他们占有优势的地方。在1843年，普鲁士的学徒工和短工还少于师傅；1850年法国的500万产业工人中有3/4仍然不是在所谓大工业之中。如果说在1848年"全世界无产者"响应了马克思发出的联合起来的号召，那么也仅仅只有一个很小的部分是来自工厂的无产者。在欧洲大陆上，直到1870年依然大体上如此。

其次，采矿、冶炼、建筑、造船和其他一些产业，它们的蒸馏器、锅炉、大缸、大槽要用很多电力、燃料或空间，从来没有也不可能在家庭范围内操作。这时它们集中化的生产单位规模大了，数目多

---

① J.H.克拉彭：《近代美国经济史》，第2卷，第370页。

了；由于制造机器、发动机、铁船、煤气、肥料、水泥、橡胶、纸张和重化学品的新工业不断涌现、种类也增多了。作为雇主，这些职业的重要性也大大增加了。在 1841 年到 1871 年间，英国煤矿工人增加了将近两倍，炼铁工人将近五倍，机器和发动机制造工人增加九倍。到 1871 年，采矿、采石、金属生产、机器制造和造船工人的人数加在一起几乎和纺织工人的人数相等。这些行业实际上由男工独占，它们既要求老技术也要求新技术，比其他行业工资高，不过由于对它们产品的需求剧烈波动，比较易于失业。

工资劳动者不管在何处工作，决定他的物质福利的总是他们的生活环境和居住条件，工作条件，以及他们的工资的多少，是否能正常拿到和购买力如何。关于第一项，他们是无能为力的。不管他们是留在家乡还是加入移民的行列，从村庄或农场走向城镇，从农业区移往采矿区和制造业地区，从这个国家移居另一个国家，或者从欧洲移居美洲和安蒂波德斯群岛，均是一样。英格兰 10 个工业郡在 1831 年到 1841 年间人口增加了 16%，而移民则占了其中将近一半。1851 年在伦敦和谢菲尔德居住的成年人当中，只有一半是在当地出生的，在曼彻斯特、格拉斯哥、利物浦或布雷德福，则只有 1/4。在这场移民运动中，爱尔兰人名列前茅，在 1851 年占了英格兰和威尔士人口的 1/10。在欧洲大陆上，季节性或永久性的移民也很引人注目：农村的织布工迁往里尔或里昂；瑞士人、法国人和德国人迁往米卢兹的工场；德国农民或手工业工人迁往柏林或萨克森、莱茵兰和西里西亚的城镇。此外还有横渡大西洋的大规模集体移民，主要是英国人、德国人和斯堪的纳维亚人，一直延续到 70 年代。

没有一个国家把提供住房看作公家的义务，也没有几个雇主认为有责任给工人提供房屋。于是私营建筑商就承办这件工作，他们一只眼盯着看房客出得起多少钱，另一只眼盯着建造和维修费用、捐税、利率和地租。零星的证据说明英国工业城镇工人家庭的房租在二先令到四先令六便士之间。要从这样的租金获取说得过去的纯利，一套住房的成本就不能超过 100 英镑。鉴于这样一个限度，并且也鉴于地皮供应有限，而建筑业又无法从大规模生产中获得经济利益，缺乏低利贷款和公家的津贴，能够提供一排排背靠背的房子、大杂院和简易公寓，就算再好不过了。

更大的问题如街道、下水道、供水和公共卫生更难解决。一般说来，大城市和许多小城镇害死的人要比养活的人多。这时已经出现了更多的城镇，其中有些还是大得多的城市。烟雾更浓，更带酸性，河流和水井受到更多污染，污水渗井和厕所更多，污水的聚积和处理更加困难。连年夏季发生斑疹伤寒、痢疾和其他疾病，死亡率增高，正如1831—1832年、1848年和随后一些年份霍乱流行时一样。

热心于卫生改革的人振振有词。但是，私人组织无力解决这个问题，必须集中各方力量综合治理，如公众的关心，新创或改进的办法，大量固定资金，国家的政策，以及授权地方当局制订计划、收税和投资。结果，公共卫生不得不与其他许多问题展开竞争，以争取立法机构的重视，问题的处理也就时冷时热。尽管英国在19世纪40年代、50年代采取了这样那样的步骤，除了在少数几个特别注意卫生的城镇外，1870年以前进展甚微。死亡率与1840年大体相同，有些城镇的死亡率约为一般农村的两倍，其他国家的情况也不相上下，改善甚为缓慢。在新世界也和旧世界一样，人们修建了城市，却发现很难把它们管理好。

至于影响工资劳动者福利的第二种因素——工作条件，在1830年成为一场剧烈争论的中心。当时理查德·奥斯特勒写信给《利兹信使报》，谴责雇用童工从事长时间工作，从而展开了争取十小时工作日的活动。这种要求促使在1802年、1819年和1825年的几项初步的工厂法的基础之上又迈出一步。1833年的法律几乎适用于所有的纺织厂，禁止雇用不满9岁的童工，限制年龄在9岁到13岁的童工每星期的工作不得超过48小时，并且还要求让他们能上点学；限制年龄在13岁到18岁的童工每周最多只工作69小时，不得上夜班；此外还包括某些保健和安全规定；并且任命了四个专职的工厂视察员。

以后每十年，法规都有改进，法规范围也扩大了（见第13章）。到1870年，在有关最低年龄、年龄不满18岁的工人和所有女工最高劳动时数，以及保健和安全条款等方面，没有受到视察员监督执行的工业企业已寥寥无几。虽然法律并未涉及男工，但是，在他们的工作须依靠女工或者少年给予合作的场合，以及由于日益加紧坚持安全措施，男工还是受到间接影响。至于商店雇员、农场雇工、工厂厂外工人、家庭仆役和机关职员，则在1870年以后还长期处于法律范围之外。

在1870年，欧洲大陆和北美的多数工人都处于这种状态。30年代英国的骚动曾经激起人们的一些注意，使他们采取了一点行动。1839年普鲁士颁布一项法令，禁止矿山和工厂雇用童工，并给青年工人规定每天工作10小时，但在1853年以前一直未任命视察员。法国在1883年以前也一直没有视察员。在美国，50年代初东部六个州规定了最低年龄和最高工作时数，其中包括男工每天工作10小时；但这些法律很容易加以逃避，或者没有机构来执行，只有在南北战争以后，马萨诸塞州才在1866年首先订出了较合理的规定。

工厂法的目的是关心妇女和年轻人，因为他们照顾不了自己。一般认为成年男工才能够在出卖自己的劳力时保护并且改进自己的福利。他们作为工会的会员可能做到这一点。到1830年，在英国人们认为这是无法避免的、令人遗憾的，或许还是危险的。结社法的废除（1824年）和1825年的修正案，承认工会不是非法的；但它们还不是有权拥有财产（包括基金）的法人，它们的某些行动，如干扰、阻碍和诱导破坏合同的活动，仍然是非法的。过了将近半个世纪，1867—1876年的法律才给予它们法人的地位，授权它们可以集体做一些事情，而这种事情如果是个人做本来就是合法的。后来在其他地方也取消了对劳工结社的禁令：马萨诸塞州在1842年，萨克森、北德意志联邦、法国和比利时则在60年代；但是法律承认组织和平纠察线的权利，或者甚至罢工的权利，仍然姗姗来迟。

不管法律如何，1830年已经有了技术工人组织的地方协会、俱乐部或工会，特别是在英国和美国。在19世纪30年代，当那些"救世主们"在西方世界扬扬得意地鼓吹摆脱长时间的劳动，建立中产阶级政府、维护私有财产、鼓励竞争和饮酒的时候，在英国已经计划成立包括所有工种和行业的全国性工会；但是，由于纲领不切实际，领导不善，内部缺乏团结和纪律，雇主加以抵制，以及1836—1842年的萧条，这些计划遭到失败（见第13章）。

喧嚣沉寂之后，1851年工程人员联合会作为"新模型"而出现。它是由技师、机械师和其他受过训练的熟练五金工人所组成的一百多个地方工会或分会的全国性联合体。财务管理和决策权掌握在中央执行委员会手中。工会职员主要是行政人员和组织人员，他们的任务是只要可能就和平解决纠纷。工会也是友谊团体，在患病、失业和劳资斗争时提供援助。它避免采取早期许多工会采用的那种秘密社团的办法，欢迎公开宣传，并且再三再四向社会公众表明它是一个和平团体，无意追求乌托邦或从事阶级战争。

"新模型"颇有成效，其他技术性行业起而仿效，并且消除了中产阶级的某些不信任，得到雇主的某些承认。到1870年，在少数情况下，居然达到利用调解和仲裁机构来进行集体谈判的地步。由于1850—1873年这些年经济比较繁荣，英国工会会员人数从40年代约10万人跃增到1873年可能已超过100万。在60年代，由马克斯·希尔施组织的德国"激进"工会（1863年）吸收了熟练的手工业工人，奉行与英国工会相类似的政策，同时第一批社会主义工会也已出现，它们受到拉萨尔或马克思的鼓舞，致力于更加激动人心的纲领。在美国，早已遍布各工业中心的行业工会，增强了力量，采取联合行动，成功地实现了每天工作8小时的要求，并且在工会会员制作的商品上使用工会的标记。但是，繁荣的消失使进展一下转为后退，这在美国比在欧洲严重得多。

因此，到1870年，工资劳动者已经走上了正轨，作为依靠工资开销生活支出的人，他们也走上正确的方向。1844年成立了罗奇代尔公平先锋社，在它的目标中还保留着一些乌托邦思想的痕迹；但是它的工作原则却不存在任何乌托邦主义，这些原则有：由社员根据固定利率提供资金，根据市场价格现金出售食物，如果获得纯利即还给购货人作为购货红利等。这第二个"新模型"也颇有成效，它从零售杂货扩大到磨面粉、缝衣服，并且还成立了一个批发合作社（1863年），向北部工业地区一百多家零售合作社供应货物。到1870年，这些合作社的社员达到8万人，而且还在迅速增长。

产业工人就这样逐步发展保护自己的一些机构。但是在1870年，即使在英国，这种机构的范围、规模和地区分布仍然是很小的，还没有触及非熟练和低工资工人；至于在欧洲大陆上，它们的影响则微不足道。结果，一方面是工资劳动者个人的能力和行为，生产和生产率的发展趋势，以及工业对他们劳动力的需求，他们的货币工资和物价水平等方面的变化；另一方面是他们的工会、"合作社"，甚至政府为他们所做的种种事情；两者相比，前者对他们收入的影响远远大于后者。

　　虽然我们对这些影响的性质已经作了论述，然而由于缺乏令人满意的数字，对于它们的效果却很难作出估计。不过，还是可以得出几点初步的结论。第一，在西欧还无法依赖俄国和北美的大量粮食供应以前，收成的丰歉或直接通过粮价的波动或间接由于对商业周期的影响而影响一般人的福利。年景好、食物价格低有助于使经济摆脱萧条，年景不好则会促使经济大大倒退。在1870年，这个因素的影响还远未消失。

　　第二，积累和保持空前数量的固定资本设备的任务，给如何分配和使用收入增加了一个比较新的因素。在一个尚不知计划投资为何物的时代，"资本家阶级"，正如凯恩斯勋爵一度评述的那样，"能够把最大的那一份（收入）说成是他们自己的，并且在理论上可以自由地消费，但不言而喻有一个基本条件，那就是实际上他们只消费其中很小的一部分。'节约'几乎成了唯一的美德，增加收入成为虔诚追求的真正目标"。① 如果说工人得到的一份少于他们本来能够消费的份额，那么资本就会将其所取得的那一份多半用于进一步的投资。这就增加了对商品和劳动力的需求，首先是建造和装备工厂、铁路和轮船，然后是经营这些项目。因此，日益增加的人口得到就业的机会，而且如果新工厂装备较好或组织得较好，那么生产的扩大和生产率的提高迟早就会反映在物价下跌或工资上升方面，或同时反映在这两个方面。

　　这种发展并不是没有痛苦的。它破坏了那些墨守陈旧的方法、组织或设备的企业，正如手摇织布工人和马车夫早已领教过的那样。发展过程也不是稳定的，由于投资产生了大力竞争的过分热情，接踵而来的就是过分悲观，死气沉沉和生产力过剩。1836—1842年的萧条在强烈程度和持续时间上均与后来的几次萧条不相上下，都可称之"大萧条"。这些和其他一些阴暗年头所带来的悲痛，使19世纪第二个25年声誉扫地。然而，根据可以计量的成就来衡量，这一时期总起来看是"取得非凡发展的时期之一，在整个英国经济史上国内资源发展方

---

　　① J. M. 凯恩斯：《凡尔赛和约的经济后果》（伦敦，1919年），第17页。

面达到了或许是最高的速度"。① 对比利时、法国、德国和美国也可能得出类似的评价。生产率的提高也使1830—1850年的英国实际工资提高，虽然可能更多是由于物价降低而不是由于货币工资增加。

19世纪第三个25年的声誉要好得多，也许过于良好，对消费品的需求大大增加，对资本货物的需求增加得更多。在淘金热和新金矿初次出现时，需求大大超过供应，使得物价远远跑在工资前面，直到1857年繁荣消失时才得以制止。此后，批发价以比1850年的水平高出大约25%的幅度来回波动，零售物价则高出13%左右。工资在1860年赶上了物价，然后继续上升，一直到1873年。因此，实际工资在1860年以后显著增加：在英国充分就业者的实际工资在1870年增加了15%，在1873年增加了25%；法国在1870年增加了18%。

《笨拙》周刊的漫画显示煤矿工人在1871—1873年喝香槟酒，尽管这可能并不是真实情况；但是许多工资劳动者肯定得到更大的份额，以及得到更多的茶、可可、肉、糖、大米和脂肪。他们能够早一点回家吃晚饭，因为工会施加压力使工作周从60小时（或者更长）减到55小时，星期六半天休息。如果他们是生活在英国，那么公共保健开始使他们的生活环境略有改善；工厂视察员取得了较多的经验，使他们的工作现场有害健康的情况减轻了一些；议会在1867年赋予他们以投票权，在1870年又终于坚持儿童必须上学，而在此以前已规定工厂不得雇用童工。自从"饥饿的40年代"以来，事物前进了。

（张　扬　译）

---

① W.W.罗斯托：《19世纪的英国经济》（牛津，1848年），第19页。

第 三 章
科学进步及其对思想和物质发展的影响

在19世纪中叶，对科学知识的追求终于实现了真正的独立自主。作为一种以实验和观察为其准则并以数学为其逻辑的始终如一的学科而出现的科学，[1] 将其领域扩展到遥远的宇宙空间，将千百万年纳入其探讨的时间范围之内。摆脱了形式的推理和教条式的神学所施加的局限性之后，一种确定无疑的必然力量被声称为科学真理，而在以前从来还没有任何形式的智力产物被这样认为过；尽管这个时期所取得的物质文明的飞速进展仅有一小部分可以直接归功于当代科学的进步，但是潜在力量正在极大地增强。其特点、方法以及面临的问题均已确定的近代科学，其形成时期可以说大约在1830年已告结束；科学上具有技术优势的现代时期，可以说是大约在1870年开始的。其间隔期间既具有古典特色，因为早先开创的许多研究工作在此期间完成，也具有过渡性质，因为近期科学在此期间发轫。其间并没有突然的中断，而是有其他人重新开展科学活动，更换科学思想的某些指导概念。有的人，例如詹姆斯·克拉克·麦克斯韦，也许在一项研究中给牛顿天体力学的建筑物顶上增添了一块盖石，而在另一项研究中，他又帮助奠定了新的理论物理学的基础。万有引力说于1845—1846年因发现海王星这颗行星与理论上的断言一致而得到它最充分的证据，而当时牛顿的光学理论却已被新的理论——波动说所动摇。甚至达尔文主义，以其对生物学研究的革命性影响，也并非缩小而是扩大

---

[1] "科学"在此处是就自然现象的互相合理相关的知识而言。火车头的发明严格地说来是一项技术发明；但使铁路可以快速通信的电报术严格地说来则是一项科学发明。

了对较早时期的博物学家寻求解决的问题的应用。

科学的不断增长的权威性以多种方式反映出来，而对于科学进步本身的结构也并非没有产生结果。在较先进的欧洲国家，要求对教育制度，尤其是对大学教育给予更多的关注。在意大利，科学研究的学术地位在文艺复兴之后并未完全失去；在德国，拿破仑失败之后，进行了精心的再造；法国和英国则缓慢地步德国改革范例之后尘。随着研究工作的分支与复杂性的增加，科学业余爱好者不自觉地成为专业人员，而大型实验室、昂贵的仪器和长时间的劳动也随着严谨的工作而出现。实验室培训与研究指导已成为高等科学教育工作的正常特点。一个典型的研究机构，例如设在德国吉森的尤斯图斯·冯·李比希化学实验室，被那些因学术机构不充分赞助威廉·汤姆孙或克洛德·贝尔纳的杰出实验天才而对之提出抗议的人奉为样板。人们自然就要求国家改革教育并提供财政资助兴办一个比较慷慨的科学机构。早在1809年，柏林科学院已并入柏林大学；新的伦敦大学的建立和1850年皇家委员会成立后开始进行的英国旧大学的改革，为科学课程的教学提供了新的天地；拿破仑三世由于受到巴斯德的成就的激励而承认科学有更多的需要。随着国家成为新研究机构的赞助者和建立者，17世纪成立的规模庞大的全国性科学院所的重要性相应地减小了。它们在某种程度上被另一种机构——科学协会所取代。最早的科学协会有德国科学协会，于1822年由洛伦茨·奥肯创立；英国科学促进会，于1831年在约克郡召开第一次大会。科学协会一方面是在受产业革命影响的国家中对科学知识更加实用的方面广泛感兴趣的一种响应，另一方面旨在将科学进步置于理解与善意的更广阔的基础上而加以增强。大约在1830年，英国科学受到冷遇并自感地位低下；1871年战争失败之后，这种感觉在法国也普遍存在，在那里也成立了一个全国协会。

科学进步仍然主要是掌握在西欧四大国的手中，它们各自与那个时期的伟大理论成就相关联——细菌理论（法国）、热力学（德国）、进化论（英国）和分子理论（意大利）。东欧也做出了突出但分散的贡献。圣彼得堡科学院只有数目有限的俄国学者与西方保持接触。但除西欧外，最有希望的科学活动基地在美国，那里的大学逐渐采用德国的模式，由于年轻的学生人数不断增加而人才济济，这些学生都获益于只有在欧洲实验室里才能获得的经验。那个时期最著名的美国科学家哈佛大学的路易斯·阿加西斯是一位瑞士移民，但最初的麻醉实验（1844年）和30年后威拉德·吉布斯的热力学理论研究则是美国献给欧洲的礼物。

同样，科学兴趣的焦点也发生了变化。1830年以后，法国科学已经丧失了其在拉瓦锡、拉普拉斯和居维叶时期所占据的学术支配地位。在物理学的发展中，英国在实验方面显示的天才虽然重新表现出活力，但更加突出的是德国科学自始至终显示出的高水平和丰富的成就。通过它的努力，没有一个领域没有得到改进；德国的各大学吸引了各国的人，德语成为科学交流的主要工具，而克劳修斯、亥姆霍兹、李比希和路德维希通过理论研究确定了他们各自的科学道路。

德国在克服了它最初的落后、缺乏殖民地和商船的状态之后，于1870年上升为第一流的制造业国家。这在一定程度上是由于它在理论科学以及技术应用方面取得的成就。然而，一般说来，实验室与工厂和田野之间仍然远远脱节，以致科学与生产之间仍然难以进行有效的合作。1830年以来，人口增多，通信联络更加便利，以及贸易量的增加，是由于多种因素造成的，科学只是其中之一。斯迈尔斯所赞扬的那些先驱们所掌握的技术，与抽象科学知识几乎无关。这种新文明所依赖的铁道工程师、船舶制造师和机器制造师都是从实际操作和经验中培养出来的，这些经验来自17世纪以来不断积累的科学知识，究竟来自哪一方面，并没有明确的界限。对于这时正在采用精确的测量方法为道路选线，为完善螺旋桨的设计而进行流体动力学研究，或者为了改进大炮而采用巴什福思电计时器的有实际经验的工程人员来说，科学是一种辅助工具而不是一种系统研究的东西。虽然科学正在加快利用发明成果的速度，但它并没有直接提供什么发明，甚至在这个时期结束时的新型科学发明家——贝塞麦、西门子或阿姆斯特朗——也仅仅是开始进入基础科学领域。利用精确计时器、高温计和采量装置等工具对操作进行精确控制，仍然是一种新颖技术。炼焦炉和煤气工厂，高炉和制酸塔排出的废料污染着工业中心的毗邻地区，操作费用则因地区不同而相去甚远。与此相反，科学家们的思想自然更多地转向科学本身的演进规律所提出的问题，而不是由于经济活动而产生的各种问题。法拉第的冶金术研究是少见的相反例子，而后来

52 巴斯德毕生所从事的事业——消灭危害葡萄藤、家畜和人类的传染病——则具有直接的实用意义。在这个领域中科学与工艺之间的接触范围已经很广。在另外的研究领域里，却缺乏使工业得益于科学进步的机构，尽管在一些技术专科大学中已有这样的机构，例如著名的法国综合工科学校，一些矿业学校和许多私立机构。1850年，阿尔贝特亲王仿效培根将科学说成是发现动力、运动和转换的规律，上帝就是利用这些规律支配着他所创造的宇宙万物；他把工业说成是将这些规律应用于只有知识才能使之具有价值的丰富的原料；对于下一代人来说，1851年的大博览会作为实验技术的最高成就而引人注目。科学似乎那时还只是进入了重化学工业（当时还没有合成工业）、大量植物产品（包括橡胶和胶棉）的制备技术以及摄影和电报这两门新技术；发电机和弧光灯还是新奇的产品。在1851年的制造业中，以油和钢代替煤和铁甚至连一点迹象还没有。

然而，到了1870年，在较小的程度上，生活的大多数方面正在显示出科学思想的影响。卫生条件的改善有助于减少婴幼儿死亡率和传染病的发生；从1831年一直到1893年，霍乱的蔓延危害着欧洲，更加明显地说明了净水供给以及合理的卫生法规这些措施对社会和医学的重要性。土壤肥力问题的解决方面有了一些成绩，使农业科学进入耕作领域。科学发现导致了一些新的商业冒险事业的出现，或者由于直接采用科学原理而使这些新的冒险事业获得成功。传统的化学工业由于更多地需要碱、无机酸和染料而发生了变化，因为只有采用新方法和新材料才能使之满足需要。此外，新的化学制剂逐渐投入使用：化肥、苯胺染料、硝基炸药、氯仿和苯酚都是实验室的实验成果，这进一步表明，在科学发现与有效地应用这些发明之间长期普遍脱节的间隔期间，研究工作仍在独立地进行。第一批苯胺染料的发现者珀金和他的老师霍夫曼（阿尔贝特亲王把他从德国请来教授新的有机化学）所从事的合成化学工业，从一开始就要求科学的管理方法。有机化学中不抱偏见的研究已形成一些环节，把这些新制造业同19世纪初以旧的经验方式建立起来的煤气照明工业结合起来。1830年至1870年，在实验室创造出了一些方法，可以使煤气获得最高的发光值，消除杂质并将这些副产品用于其他工业。氨和苯以及煤焦油53 的其他成分，成为重要的商品，但是德国以外的地方，实践还远远落后于理论。① 橡胶制品、杜仲胶和水凝水泥也是在 1851 年的博览会上被视为具有一定重要性的其他制造品，是基础科学和工艺技术相结合的成果。电报业是奥斯特和法拉第的发现的产物，并由著名的科学家，如惠斯通、西门子和汤姆孙等加以发展，他们也具有非凡的实际才能。需要有高超的技术能力以克服随线路长度的延伸而增加的困难，并设计出只有科学仪器制造公司才能制造出来的精密仪器。这些公司的业务在 19 世纪中叶以后不久就扩大了，因为那时各种测量和分析设备得到开发和有效利用——也许这充分肯定地表明科学开始推广到工业中。在还未牢固树立坚实的技术传统的地方，科学将为那些有远见卓识，意识到这种传统的潜在力量的企业家们的需要服务。然而，使科学原理得以为有用的目的服务而进行详细研究的机会仍然是有限的，虽然德国的情况比别的国家要好些。

工业中的合理化已经开始。哲学上的唯理论具有赞赏和仿效科学工作的明显倾向，这一古老的运动可追溯到爱尔维修、洛克和笛卡儿。这一思潮已由 19 世纪功利主义学派哲学家边沁以及穆勒父子加以扩大和深化。唯理论者对机械科学在解释自然现象方面获得的成功有着深刻印象（这里所说的自然是指当时哲学家们一般没有因受公认的宗教和道德的准则而被歪曲的自然），他们由此产生了这样的理论，似乎思想依存于人们感觉到的自然，而且，尽管从精确科学有效地获得的大多数事实和例证在这个时期之前就已经被人们所接受，但他们所看到的仍然是他们那套科学推理的方式。功利主义者，像科学家一样，不再注意最终目标，以便使自己适应直接关切的事——人类行为的性质以及如何从社会组织获得最大的利益。边沁的功利学说像爱尔维修的享乐主义一样，要求把衡量效率的方法应用于国家和个人。社会怎样才能最有效地保证大众和个人的幸福呢？这个问题具有科学的味道。意味深长的是，功利主义者自己所发展的主题——政治经济学——被人们认为是一门"科学"；社会活动过程也服从于同一类型的精确的（越来越成为数学的）分析，而这种分析是在物理研究中取得成果的。于是马尔萨斯以一种精确的数字形式陈述了他著名

---

① 1870 年，布雷德福煤气工厂每年处理其废料要付出 800 英镑；而在 1878 年，出售这些材料每年可获得 1 万英镑。

的命题（1798年）；他不满足于仅仅宣称人口增加的趋势快于他们的生活资料的增加。这位讲求实际而不是追求理想的学者自然会得出这样的结论：他自己的见解，以及那些负责治理国家的人所奉行的政策只能是建立在对以科学精神和科学态度收集的有关人口、贸易或司法方面的大量事实进行讨论的基础上。治理国家实际上不是一种艺术而是一种科学。我们这里不谈这些学说在19世纪中叶（当时这些学说已为人们所普遍意识到并成为政治上争论的题目）对政府工作有何影响，以及用什么样的效率标准来衡量法律、财政和经济政策。如果说正在变化的社会结构是促使政府工作的性质变化的深刻原因，那么，反过来受科学思想影响而形成的政治哲学的演变，则表明社会压力是以什么方式起作用的。

把科学尊之为纯粹的思想产物，是在奥古斯特·孔德的实证哲学中明确提出的。在孔德看来，科学是真知的唯一标志。孔德认为，自然科学已上升到人类知识的第三阶段，即实证阶段，脱离了神学的和形而上学的性质，在这个阶段，理解一种现象意味着一种有关这一现象在普遍规律下与所有其他现象的关系的知识。孔德敦促人们进行科学史的研究，以便揭示唯一的真实知识的发展情况，与科学史相比，哲学史只不过是人类梦想与心理变态的记录。他的概念是一个有机的整体，把一切思想成就纳入一个复杂的顺序上升的单一知识体中——更复杂的科学定律乃是建立在不太复杂的科学定律的基础之上，从最一般的和抽象的数学定理到生物学，最后到对人类社会的研究。他自己的努力是为了将社会学提高到实证阶段，为了通过在历史和心理学方面所证实的事实推断出人类行为的规律，并利用自然科学中已确定的那些方法来使人类的自然史成为一门精确的科学。而约翰·斯图尔特·穆勒，像孔德一样，认为将这一完善的思维与研究体系应用于哲学或"道德学"，并不会由于其问题和目的的迥异而受到限制。"许多较简单的现象的规律由于普遍认识到而被认定不再有争论，如果这个过程……被自觉而周密地应用于那些更加困难的研究"，① 那么，"对人类本身进行的研究"，就可能成为实证主义的，形成普遍而可论证的真理。类似他据以相信自然科学肯定已被引入的那个研究方

---

① 约翰·斯图尔特·穆勒：《逻辑体系》（第7版，伦敦，1868年），第2卷，第414页。

向，穆勒追随孔德开拓社会学研究的新方向，他设法在道德和社会思想领域画出科学推理逻辑的广阔路线。

在实证主义哲学范围内，孔德创立人文宗教，主张以崇拜物质施恩于人类取代崇拜僧侣制度，强调人类生活中的道德因素。另外一些思想家则期望通过多方面应用技术和机械地调整社会而开创一个更加幸福的未来。在社会领域如同在科学领域一样，进化是这个时期后半期占主导地位的概念。自由主义者热衷于加速他们所相信的不可避免的发展进程。社会主义也提出了一套关于历史发展大致进程的进化解释。在其最初阶段，社会主义具有从法国大革命继承而来的理想主义色彩，但在马克思和恩格斯手中，尽管仍继承了黑格尔的遗产，社会主义却变成了最极端的理性主义学说。在马克思主义哲学中，科学（更确切地说实证主义）的影响在那些支持广泛的辩证观点的论文中得到最明显的反映。在《资本论》中，马克思推论出决定现存经济秩序发展，并将同样导致其解体的法则。在以经济解释历史方面——与科学影响的另一方面所促成的严谨的史学完全不同——上述法则被更广泛地加以运用，恩格斯则利用人类学方面的新发现来证明社会主义关于古代社会从其原始组织即家庭逐渐演变的理论。在人类事务中，马克思的决定论法则类似于牛顿的运动定律；如果这些法则和定律是正确的，那么它们就不会承认偶然性和天才的作用。拉普拉斯曾鼓吹说，只要宇宙中存在着粒子的质量和运动，其命运就是完全可以预测的；马克思以同样精神坚持认为，在生产资料的所有制中，社会的全部历史和结构，甚至包括它的艺术和科学，都是已经决定了的。机械论的社会学贯串着机械论的科学。

当哲学家们在解释科学方面以各种方式取得惊人的胜利时，自然知识的有机增长也在继续，其发展阶段并不总是证实那些试图提取科学思想的精髓而用于其他学科的人的主张。一些基本的设想受到了怀疑，更多的是倾向于否定而不是支持决定论。大自然的复杂性与前一个时期那些比较教条式的说法并不符合。一个没有考虑到的领域——时间——的出乎意料的重要作用开始影响物理学和生物学理论的结构，尤其是重新给予后者以新的兴趣和力量。科学各学科之间的相互依存（孔德曾准确地看出）变得逐年明显，其结果是研究工作分得更加细而不是减少分支。各学科间边沿课题的研究，在理论物理学、物理化学和生物化学方面，由于更加深入地发掘，使同一的概念（例如热力学或原子论的概念）在所有学科或多数学科中占据主要地位，从而加强了科学的内在一致性。

　　数学分析的进一步运用是这个过程的主要例子。理论数学在这个时期显现出它的现代特点。虽然现有的数学思维模式被推广了——较早时期的大师们（法国的柯西、德国的高斯）一直到50年代仍很活跃——但深刻的创新同样有重大意义。都柏林的哈密顿奠定了算子和矢量理论的基础，俄国的罗巴切夫斯基、匈牙利的鲍耶父子和德国的黎曼创始了以非欧几里得几何学基本原理为基础的几何学研究；哈密顿、格拉斯曼和布尔是非交换代数的先驱。布尔在《思维规律》（1854年）一书中自称为"近代符号逻辑之父"。这些都是数学主干的异端分枝，相对而言未受到重视，但显然具有极高的推理性。然而，在19世纪末，理论物理正是这种类型的数学的产物。与此同时，当时的物理学正把数学分析从它已经得到应用的力学和光学等学科引入气体和电学的研究。从天体力学的宏观物理问题到物质结构的微观物理问题的研究这一重大发展趋向，需要有一种新型的数学工具，这种工具是应用统计学方法并使它具有高斯在概率研究（约1800年）中的精确形式而创造出来的。例如，麦克斯韦、玻尔兹曼和其他人在研究气体运动理论时，不可能观察到或计算出单一分子的运动，但如果采用综合统计计算法就可能从物质的已知特性推断出其运动的概率。非物理科学从单纯的说明阶段脱颖而出，在一定程度上也归功于采用了类似的方法。孟德尔关于植物杂交实验的说明（1869年发表，但1900年以前一直遭到忽视）确立了遗传学的基本规律，这一说明实际上属于统计学类型，不过涉及的数学是初级的；不十分准确地说，达尔文关于自然选择的假说也是如此。

　　在探讨理论物理的进展之前，有必要提一下由实验而产生的一些发现。法拉第是19世纪一位出类拔萃无人超过的天才实验家。继奥斯特观察到导电线周围产生磁场的现象（1820年）之后，法拉第终于在1831年发现了逆效应，当时他检测到横切在一个变化着的磁场上的一个导体其电动力也在变化。此后，另外一些主要的感应现象很快也被揭示出来，他的名声也牢固地确立。到1850年，电学的基础已经确立；电势、电容量和电阻等新概念也已明确形成，尽管当时还缺乏精密仪器和计量学，这在法拉第于 1867 年去世后很久才出现。大部分艰辛的研究是在德国进行的，它与欧姆的名字永远地联系在一起。在电可用于工业的各种特性中，加热和电解这两种用途自 19 世纪初即已被人们所知。电能与机械能的互相转换也已显示出来。有了这种互相转换，人们长期以来研究的电报术成为现实，在 1850 年以前就已很快被铁路所采用，不久后即推广应用。到 1858 年，试行了首次横跨大西洋的通信联系，但未成功。由于电动机和发电机的有效设计未能根据最初原理实现，电能消耗量在 1870 年仍然很小。电能够分配使用和电在工业上的其他技术优点并不明显。对许多人，包括曼彻斯特的焦耳（他在 1840—1850 年进行的实验确定了电与其他形式的能之间的量的关系）来说热机似乎经济得多。

不论就纯粹的科学意义上讲还是就源于纯科学的实际应用方面来讲，在电学方面对实际经验进行理论的阐述，都具有头等的重要性。法拉第并不是伟大的数学家；他对电—磁力的作用作出了生动的构想。他的设想中需要有一种能媒，即可以把"力线"转变成应变线（lines of strain）的弹性媒质。尽管以太的假说自古以来就有，但物理学家们还是倾向于把力（例如重力）的作用说成是在一个跨越真空的距离中进行的。牛顿自己对这个问题也一直保持谨慎的沉默。光的波动理论的胜利更加敏锐地重新提出了这个问题（约 1820 年），因为难以假定在真空中产生波动。然而，法拉第所设想的媒质似乎不能测出其必要的量，也不可能普遍应用于人们已发现的磁、电和光的各种现象。① 比较传统的数学假设也解决不了这个问题。最后，克拉克·麦克斯韦从法拉第的想法出发，向皇家学会承认，法拉第的理论"在结构上同我已开始创立的理论相同"，在他于 1864—1868 年发表的论文中以数学方式表述，当一条力线从一个干扰中心向外扩展时，它像一个电磁波那样运动，电分量和磁分量的传播如在导体中一样是互相垂直的，其速度与光速相等。麦克斯韦得出结论说，光实际上就是这样的电磁波，因此具有某些已知特性的单独一个媒质就能够在它的方程中用于说明所有这样的力的传播。某些结果来自可以证实而且已在实验中证实的理论；最后在 1887 年，赫兹检测出了火花放电产

---

① 磁场对光的作用由法拉第于 1845 年表述出来。

生的电磁波。

当人们弄清造成对光和热的生理感觉的原因其物理性能是一样的之后，辐射研究便成为物理学的一个已确立的部门。可见光谱以外的辐射也可以置于麦克斯韦理论的范围之内。法拉第和其他一些人当时正在进行高电位下真空管内放电实验——迈向原子物理学的第一步。但这个时期的主要进展是使光谱分析臻于完善。观察到白炽元素在它们的光谱中射出具有特征的亮线大约已有一个世纪之久，本生和基尔霍夫（大约于1855年）才使光谱学在分析技术中占有了牢固的地位。傅科因鉴别出（1849年）元素光谱中的某些亮线就是太阳光谱中的夫琅和费暗线而揭示出某些更大的可能性。这两种线的一致，10年后由基尔霍夫和其他人在一个根据热力学而推论出的假设中做了说明（后由电子理论所证实），证实一定频率的光被存在于太阳周围的元素所吸收。像在实验室里分光镜与天平同样重要一样，它在天文台成为一种不可缺少的精密仪器。在近代，它的重要性仅次于巨型反射望远镜，这种望远镜的原型装有72英寸的金属镜，于1845年由罗斯爵士在爱尔兰帕森斯城建造。光谱学揭示出太阳以及许多恒星的构造，它们的温度及它们的正常运动。大型望远镜及其附件产生了新的天文学，其创始人们对自己有关宇宙的过去和未来的观点越来越抱有信心。在宇宙研究方面，天体物理学同样遇到有关物质的性质和历史的各种问题，这些问题正成为物理学研究的最重要的课题。

人们就是以这种方式以及下面将提到的其他方式引导科学宣布自己的宇宙年龄研究。无论有什么样的假说，假定宇宙产生于某种伟大的创世行动也好，或者按照星云假说的某种可能出现的不同说法假定宇宙是机械地演变而来也好，但似乎可以肯定的是，它不是固定不变的，而是经历着稳定的能量均匀过程，这个过程必定以一种恒温的静止状态而结束。早在1852年汤姆孙就已将最终静止状态称为热力学定律工作的不可避免的结果；这一理论对于宗教信仰来说是可以同意而不会反对的。当时采用的物理学时间度标（明显地忽视了放射现象）太简单，不可能适应进化论生物学（地质学家也无意否定）的物种缓慢变化的漫长时期的需要，这些分歧仍然在争论不休。但是，不论采用什么手段来计算太阳系存在的时间，试图这样做本身对于认识科学的限度，即单向过程的不可逆性就是重要的。另外还发现一些

第三章 科学进步及其对思想和物质发展的影响

并非由于逻辑上或实验上的不足，而是由于自然模式造成的其他限度，人们首先清楚地认识到的就是绝对零度，即冷的极限（1848年）。具有更广泛意义的则是能量的极限即能量守恒。

"能量"一词已经用于某些方面，但严格来说并不符合时代的要求，因为在1851年以前，什么是能量尚无确定的概念。在本时期开始时，热物理学处于混乱状态。因为传统的观点，包括影响很大的法国学派的观点，赞成物质论，即认为热是一种感触不到的、沿着温度梯度往下流的流体；分子运动论（其最明显的证据是机械摩擦产生的无限量的热）则未获得普遍的赞同。在1840—1850年的10年间，对这些问题进行了激烈的争辩，热力学取得了彻底的胜利。必须将能量守恒原理的产生与一般的分子运动论的产生加以区别。1824年，法国工程师萨迪·卡诺观察了从热源获取动力的效率，以此作为完善的热机的样板，这种热机利用气体膨胀和收缩做功而不受损失。通过证明有限的热量本可以做无限的功，卡诺指出，从热获得的"动力"与所有其他条件无关，仅仅取决于热传递于其间的两种物体——例如蒸汽机的锅炉和冷凝器——的温度。卡诺的原理并没有使他成为分子运动论者，在他未发表的1830年笔记中尽管阐明了分子运动论，但他的原理后来是以物质论的方式为人们所熟知。物质论无法解释气体膨胀是怎样做功的；分子运动论直到证明气体损失的热并非消失而是转换为机械能后才确立起来。能量永远是等值转换这一点是由迈尔（于1842年）和焦耳（从1843年起）通过实验而研究出来的。在亥姆霍兹于1847年首次完整而令人满意地对热力学进行阐述之后，克劳修斯、兰金和汤姆孙研究出数学方程框架，这些方程牢固地体现于物理学中。这两个所谓的"热力学定律"实际上可以从卡诺的原理推论出来（实际上也可以从永恒运动的反证推论出来）：在一个密封系统中能量是恒定的，而当这个系统达到平衡时就不可能得到能量，而且不可能通过任何将自然热流从一个热体倒流到一个冷体的方式而使能量守恒。

通过对运转着的蒸汽机的研究，热力学已在一定程度上产生。但在这个时期结束之前，热力学还没有开始返回来对技术产生作用。此外，有意义的是，尽管有这种联系，但大部分工作应归功于两个基本上是生理学家的德国人——迈尔和亥姆霍兹。一种新的能量理论已广为人知，而且对科学的某些领域的进展来说是必要的。即使如此，热力学的先驱者们在1847年以前并没有引起人们足够的重视；他们之所以被漠视大概部分是由于这种新奇的能量总概念在逻辑上引起一些难题（在当时的科学词汇中还没有这个名称）和两种热理论之间的混乱；部分则是由于表示精确的当量在实验技术上还有困难。但是，到1870年，物理学已变成一门整体的学科，即专门研究大自然中物力论的学问，在这种理论中，力、电、热和光各种现象都是单一的二重性，即物质和能量的平行表现形式。如果说宇宙是一个密闭系统——这就是假说——那么必然会对单一的不可逆顺序和对通过能量均分而使自然过程停止的最后状态作出一般的推论。物理学似乎能够预言天地万物的命运。

通过热力学（很快就应用于研究化学反应）、电化学和其他接触点，对大自然进行的物理学的或分子运动论的以及化学的或原子论的研究互相交叉并逐渐合为一体。道尔顿于1808年以定量方式使原子学说重新获得活力，但对物理学没有马上产生影响，甚至在这个时期开始时许多化学家还怀疑它是否只不过是适合一时需要而虚构的东西。数学物理学家逐渐受到影响，采纳了物质的粒子观，根据波义耳和查理通过实验而得出的定律，研究诸如某种气体的特性；热力学思想也促使人们重新回到伯努利早期的气体分子运动论（1738年）。在其后的10年，实验研究对其进一步进行了证实。数学中的统计方法为理论研究提供了适当的技术，以这种理论为依据的预言得到了证实。到1862年，如麦克斯韦所说的"气体是到处飞扬的微小物体的理论"至少已被他自己的研究工作和亥姆霍兹及克劳修斯的研究工作提高到一种很可能被证实的假说的水平。但是，物理学的原子论和化学的原子论要充分发挥效用必须使二者统一，而能够用物理方法和化学方法独立测定的某些常数仍然令人迷惑地不一致，从而妨碍了二者的统一。1860年以后，当化学家们接受了阿伏伽德罗的分子假说时，这种不一致才被消除。从1845年起，人们曾多次试图计算出气体的单个"原子"（实为分子）的概率速度和质量，但没有受到重视。1860—1870年，事态的发展使人们确信，在科学的下一个时期，化学的主要任务是深入研究将基本粒子结合到复合物质的构成单元——分子中去的进程，而物理学则将从事于检查它们的特性和变化过程。

　　使原子学说具有牢固的基础，是1830年以来无机化学家们主要关注的事。那时普通元素表已经完整。分析化学已经相当先进，并一步步精密，因此通常已可能测定化合物中元素的比例；问题在于去发现就原子的相对数目来说，这种比例意味着什么，而要做到这一点，又要求具有原子的相对量的知识。此外，不久就认识到，化合物中一个元素的原子不一定都包含在单独一个原子团中，也许会分成两个或更多个与该组合中其他元素有独立联系的原子团，因此这种联系的形式就变得重要了。由于道尔顿的理论把原子想象为物质的正常的自由单元，当元素在气体状态下并在组合中时对其进行研究，实验结果变得相互抵触，因为大多数气体的粒子并非原子，而是分子；道尔顿未能提出任何有效的方法足以证明原子结合究竟是简单的（一对一）还是复杂的（一对二、二对二，等等）。在这些困难当中，测定原子量和确定原子结构式的二作类似一组复杂的密码，谁也没有把握能够解决。然而，瑞典化学家贝采利乌斯编制了一个原子量表，与现今公认的原子量大致相同；他还提出了近代化学符号体系并正确地推导出许多较简单的有机化合物的结构式。他还传播一种电化学假说，显示出当时物理学的影响。这种假说认为每一种元素的原子（和原子团，或基）都带有独特的电荷，因此它们的化合力的差别是极性不同的结果。但采用的方法则是不正确的，大部分依靠与最简单的化合物进行类比。许多化学家把整个原子量看成纯属是推测，不相信数字公式，因为它们根据使用者的意见而异。甚至快到20世纪中期时，也无法肯定整个原子理论不致由于本身的自相矛盾而陷于失败。

　　就比较复杂的有机化合物来说，混乱自然就越发严重，因为在这些化合物中，分子是由许多不同元素的原子组成的。早期有机分析是拉瓦锡进行的，道尔顿曾试图把他的理论应用于有机物质。人们已认识到，这些有机物质大体上是由碳、氢、氮和氧四种元素组成；计算这些元素组成比例的方法由贝采利乌斯和李比希做了改进，同构现象和同分异构现象①才为人们所知。由于其中三种气体的分子都是双原

---

　　① 同样数目的原子，类似地排列，在两种物质中产生同样的结晶体；同样元素的相同比例，产生两种化学性能不同的物质。

子的，因此使用的原子量以二倍的关系而互异（碳＝6或12；氧＝8或16）。电化学的两重性产生了一种多少是任意的模式，使那种认为在实验室中比较复杂的化合物由不太复杂的化合物合成的概念受到了影响。虽然理论受到怀疑，实验工作仍在继续进行。第一次重大胜利是韦勒于1828年合成了尿素（一种排泄物）。这似乎是给了生机论者关于生物物质绝不能用人工制成的主张以一次有力的打击。从理论角度来说更有意义的是在其后10年间发现了化合物链，在这种链中，一个稳定基像栓钉一样，可以使其他原子或原子团附在其上。一种模式出现了：似乎是"在无机化学中，基是简单的；在有机化学中，基是化合物，这是唯一的差别"。（杜马和李比希，1837年）合成物的数目大量增加；其中有一些后来证明是有用的。

在其后20年间，详细的研究大大超过化学理论所能够作出的一般性推断。事实证明两重性和简单的基因理论已经不够。对后者进行详细阐述的，一方面是法国学派（杜马、热拉尔、洛朗），另一方面是德国学派（李比希、韦勒、维尔兹、霍夫曼），英国有机化学与德国学派有密切联系。但这些阐述众说纷纭，莫衷一是。通过组合理论令人困惑的嬗替和在原子量问题上的混乱，才使人们有可能看到这些争论的问题——分子中的原子结构形式和为什么只有某些排列方式才有可能，即才能稳定——越辩越明。原子价学说由英国化学家弗兰克兰于1852年首次提出，而在很大程度上由凯库勒（曾一度在伦敦工作过的德国人）加以完善。这个理论到1865年已可根据元素的组合力，即根据元素的一个原子结合时所带之氢原子数，对元素按数字进行分类。在那一年，凯库勒还提出了著名的苯的环状结构式，表明分子中六个碳原子和六个氢原子之间的重键。"分子结构"的第一步很快就扩展到其他所谓"芳香族"化合物。

原子价为测定原子量提供了另一个有用的标准。在1860年的卡尔斯鲁厄会议上（召开这个会议的目的是消除仍然使化学理论的这一基本原理模糊不清的怀疑），虽然不可能达成一个令人满意的协议；但意大利人坎尼扎罗给他的同胞阿伏伽德罗的分子假说注入新的活力，使之重新流行起来，迈尔在1864年的一项重要研究，又使这一假说进一步得到传播。以分子概念而不是以原子概念作为物质的最小自由粒子，从而消除了分歧，原子学说也得以建立在牢固的定量基础上。以无机方法推导出的原子量，现在可以同有机化学家已接受的原子量一致起来，而且，如上所述，化学原子论通过同样的调整，也同物理学的分子运动论一致起来。

由勒贝尔和范托夫研究出的第一批三维结构的分子式，恰恰是在这个时期之后，不过追溯其历史则始于 1848 年巴斯德发现旋光性的同分异构体（两种物质具有相同的成分但性能不同，并构成互为镜像的晶体）。巴斯德把这一现象归因于原子排列的不对称性。立体化学的概念并未得到人们的赞同，为判定元素周期表中的某种合乎逻辑的排列次序而进行的努力，同样要等到 1870 年以后才得到充分证实。最初，由于同族元素具有某些明显的相似性而鼓励人们对其特性和原子量的相互关系进行的研究，如纽兰兹于 1865 年所作的努力，遭到了人们的蔑视。门捷列夫和迈尔（1869—1871 年）所作的关于周期律的经过推理和论证的说明，打破了怀疑论，而分离出门捷列夫曾预言其存在的那些元素，终于彻底克服了怀疑论。对周期律的理论说明在又过了三十多年后才作出，是原子物理学的发展带来的结果。正如上面最后所列举的这些实例所表明的，实用主义甚至在当时的化学理论家们当中也是很严重的。这在一定程度上只是因为人们不无理由地不愿再提出各种假设，因为已有许许多多的有关组合的"定律"和"型式"提出后又被否定了，这实际上是由于人们过分专注于化学合成技术而造成的。有机化学已成为这门科学中最大和最重要的分支，但是一方面有机化学家们在改变物质和构成分子方面正在取得更大的实际操作能力，另一方面他们却有忽视物质的基础研究的危险，而只有通过物质的基础研究才能在学术上证明他们的工作是正确的。

有机化学的新技术在应用于医学、制造业和战争方面已对社会产生着影响。旧化学工业的原料是盐、明矾、硫酸盐，以及用于制备染料及药物的各种各样的植物。有机化学用木材、煤、硝酸盐和硫制造出多种天然的和人工的产品。尽管某些大工业，例如制革业和制陶业，继续采用未被科学触动过的传统工艺方法，但是从化学方面吸收技术已愈来愈普遍。1807 年，戴维发现了电解作用，促成了制版业的发展；1836 年，贝采利乌斯发现了催化作用，加速了工业反应从而对经济产生了影响。随着基因理论的提出，现代的实验室合成和商业利用的模式开始出现，不过初期的研究工作者们对他们研究的成千上万种物质的用途并不十分感兴趣。应用方面的落后状态主要并不是由于上述因素，而是由于那些本来应该热情支持改进的人们却持漠不关心和保守的态度。氯仿在1831年即已被发现，而16年以后才由辛普森在爱丁堡将之用作麻醉剂。1834年就发现了苯酚，其防腐作用亦略为人们所知，但将之系统地用作防腐剂则是30年以后的事。水杨酸钠在1860年即已制出，但有效的药剂阿司匹林在1899年才投入市场。总之，最有用的科学制成品只是那些给某些发明人和某项专利带来巨大好处的东西。所以，对纤维素的和平利用是从棉花的丝光处理（1857年）和赛璐珞的发明（1869年）开始的。火药棉在1846年即已发现。通过工业上的应用，科学为下层中产阶级（他们在制造品方面的购买力已变得越来越大）提供了一些商品的代用品，如大自然不可能大量提供的丝的代用品；用木浆代替破布造纸（约1860年），使得大量印刷报纸成为可能；用人造黄油代替黄油（这在19世纪70年代后期成为一种制造品）。这些都是新物品，在市场上向穷人销售，还有其他新物品，它们的销售情况证明利用科学制造物品的好处，例如啤酒的酿造。如果人们的爱好和习惯不停留在低水平的要求上的话，在制造方法和产品方面加以改进是大有可为的。例如肥皂业，还仅仅发展到应付家庭需要和对卫生采取新态度的规模。由于同样的原因，当格利高里粉和黑色泻药①继续作为家庭备用药物时，化学工业中的制药部门没有发生什么变化。制药控制在少数制药房手中，这些药房自然唯医疗业的马首是瞻。但主要由于这个时期化学研究的发展，药品的项目随之发生了巨大变化。然而，在一次合成奎宁的失败的尝试中，珀金偶然发现了第一批苯胺染料——苯胺紫（1856年）。不久，苯胺染料业大为发展，此后它的业务活动鼓励人们重新对此进行研究。随之，其他合成染料很快制造出来。茜素，即茜草属植物的色素，于1869年合成；靛蓝于1870年合成。植物染料容易变色，价格昂贵而且产量有限，因此，它们的种植很快就被舍弃。合成染料色彩多种多样，容易精确地配色，为纺织业提供了机会，不过最初利用这种机会主要不是出于审美，而是由于看准了其发展前景。

---

① 前者为一种以大黄为主的泻药，后者为一种用泻叶和泻盐泡成的泻药。——译者

第三章　科学进步及其对思想和物质发展的影响

到这个时期的中期，已有可能推广一个世纪以前已在英国开始的把化学和生理学知识应用于植物栽培而进行的以实践为基础的农业技术革命。氮的循环和糖的光合作用形成已经部分地为人们所了解。维格曼、施普伦格尔和布森戈等先驱者已认识到恢复土壤中为植物所吸收的矿物成分的必要性；李比希关于农业化学的一些比较通俗的著作推广了这一学说。首批使用的人造肥料是磷，1842年开始投入生产，但后来在酸性转炉炼钢法和平炉炼钢法中使用的磷铁矿的"碱性渣"中发现含磷。在把煤气厂产生的氨水出售给染料厂之前，也曾将之用于田地里，但广为人知的理论对于土壤中存在着氮未给予足够的重视。智利矿床出产的硝酸盐到1870年后才大量采用。幸运的是，供养众多人口的负担并不是完全落到农业科学上，因为欧洲多年来以食用谷物为主，现在则食用从美洲大陆运来的其他食物。在美洲大陆，耕作方法在机械方面是进步的，而在科学上则是原始的。

有关植物营养的许多问题，特别是从大气中固氮的问题，只是通过微生物学的进展才为人们所理解。微生物学开始时是一门与有机化学和化学工业密切相关的学科。巴斯德的天才导致了这个时期这方面几乎所有的进步。他将酒石酸的研究转向整个发酵过程的研究，可以将之看作一系列化学反应；这时，糖、酒精和醋酸的成分也已为人们所知。由于他对酵素的研究和利用适中的热度防止变质的方法（巴氏灭菌消毒法）使葡萄酒酿造者和啤酒酿造者减少了许多损失。巴斯德在科学上是一位坚定的生机论者，实际上，他与他的朋友克洛德·贝尔纳的唯一不同之处就在这一点上。他的哲学决定了他的工作性质及其惊人的影响。用酵母才能发酵。1838年以后，人们知道酵母由许多极小的植物细胞组成。巴斯德强烈反对贝采利乌斯和李比希提出的酵素作用的机械的或无机的假说（自从发现酶以后人们所采取的学说的原始形式）；他认为酒精的合成与酵母的生命过程是分不开的。从这一点出发，他继续进行研究，把发酵与腐烂现象进行了广泛的类比，当时人们普遍认为腐烂是在已死的有机物质中自然发生的。巴斯德坚持认为，除非有生命物质介入，否则任何东西都不会腐烂。这一主张引起了尖锐的争论。1859年以后，他的主张通过实验得到证实，在这些实验中，把会腐烂的物质放在不受空中尘埃污染的经过热消毒的容器中可保持不腐。

1865年前后，巴斯德在与蚕病和葡萄园的葡蚜作斗争中取得实际成功，这加速了他的胜利，但1870年后开始了科赫与巴斯德齐名的细菌学的伟大时代。通过巴斯德的腐烂实验得到证明的疾病细菌理论是对人类的伟大贡献。然而，从哲学上讲，生机论产生了阻碍医学发展的影响，因为在最需要科学研究的地方，生机论给正常的因果概念注入一种神秘而又不可分析的生命力，据说这种生命力标志着大自然中的一种绝对特征。在19世纪中叶出现了相反的倾向，在实验生理学的主要人物中，只有弥勒是生机论者；在德国，路德维希和施旺，在法国，马让迪和贝尔纳都支持反对学派。他们利用化学提供的更有力的研究手段和高倍消色差显微镜，亲自详细观察作用过程；刺激剂通过神经系统到由其引起的肌肉收缩或腺体分泌的踪迹；食物在恢复组织和转换为能量方面提供有效成分的情况。有些问题则要求更精密的技术以揭示各种结构的情况并测定其功能，例如贝尔和马让迪关于感觉神经和运动神经的研究工作；实验工作正进入其全盛时期。其他一些问题则等待开辟更广阔的科学前景。亥姆霍兹对感觉的出色研究，将物理学和解剖学结合起来，是这方面的一个例子，但更令人注目的乃是贝尔纳对代谢作用的研究，这使他获得生物化学方面早期伟大的成就之一。1846年，他证明胰液在把中性脂肪分解为脂肪酸和甘油方面所起的作用；1857年，他分离出糖原——糖贮存在肝中的形式。他还最早认识到内分泌，并研究通过神经对它们进行控制。

糖原的发现说明动物的躯体也是可以合成的，从而打破了植物生理学与动物生理学之间以往的区别，即认为在前者，纤维素之类的物质是由它们的无机成分构成的，后者则被认为是破坏性的。这些研究除了在理论方面和医疗方面的意义之外，还使人们考虑生物体是一个密切不可分的有机体，各部分互相关联，功能保持平衡。神经系统不仅可以看成是与周围环境沟通信息和实现意志的工具，而且是调节生物体的温度、分泌和总体工作的机制。生物体所具有的以及其活动所依赖的高度复杂的物质的发现与合成已经开始。以往有关生命性质的一些玄奥的问题被科学远远地抛到后边，因为作用过程的长链（每一过程都受因果关系的正常法则的制约）已被揭示出来。

在甚至更细微的程度上，生理学遇到了生命组织的生长与生活力这样一些问题。这些问题被纳入细胞理论的总范围内，细胞理论由于打破了技术方面的局限性而发展起来。大约在1830年，消色差显微镜已成为一种可实际应用的仪器，它具有高放大率和良好的分辨率；10年后，出现了断面染色法；1870年前不久，磨片切片机问世。许多个世纪以来，在胚胎学中已讨论过这些问题的某些方面。卵细胞，作为一种特殊类型的细胞，在细胞学中仍具有重要性，虽然对遗传机制（进化论赋予这种机制以新的重要性）的研究当时尚未进行。1831年，植物学家罗伯特·布朗发现了细胞核，1838年施莱登认为植物由细胞的群体构成，这时，细胞结构知识在植物方面比在动物方面更取得高度发展。施旺于1839年进一步推广了细胞学说，确立了动物界和植物界都是由细胞作为单元而构成的概念。不久后便观察到细胞的分裂，莫尔和内格利分辨出了细胞本身的各部分。组织学具有其本身的复杂性；根据对单细胞有机体的研究和许多不同类型细胞的发现，人们已经清楚地看到，不可能有一个简单的理论来说明这些结构单元。此外，魏尔啸于1858年强调生病的细胞在造成疾病中的重要作用，并像巴斯德和主张微生物是病因的理论的其他人一样，强烈反对疾病自发产生的理论。当舒尔策于1861年提出有关细胞的经典性定义和生理学思想中现代细胞理论的见解后，生物的突变细构学说中所遇到的困难似乎至少像物理学中的原子学说所面临的困难一样大。尽管生机论的不完善的概念到1870年已不再存在，但是在细胞学和微生物学中生命之谜仍然未能解开，几乎像有机体之对前辈生理学家一样模糊。

在自然史发展的主线之外，实验生物学的进展主要出现在法国和德国。英国人的贡献在于直接从自然史的研究中得出了有关生物形成的概念，这个概念影响并丰富了生物学的每个学科。1858年达尔文和华莱士在林奈学会上宣读的学术论文中，首次阐明了通过自然选择而进化的理论，接着出版了《物种起源》，与一切正统思想宣告彻底决裂。现在已很明显，维多利亚时代中期的英国人一方面对这些科学主张抱着恐惧和警惕的心情，因为它们否认独一无二的人类尊严和《圣经》中所讲的真理乃是神的行动的启示；而同时，进步的思想又使他们充满自满情绪。变化的观念、发展、详尽的阐述和专门化已成为历史研究的主要兴趣，并十分自然地采用成长一词作为比喻；当代文明状况与过去的文明状况之间的历史对比，使人们意识到艺术、科学和制造业的成长带来了好处并将持续下去。这种想法仅仅遭到少数浪漫主义作家的反对，例如卡莱尔和罗斯金，他们不相信科学进步和它的成果。以动的观点研究历史，影响人们的同样的观点去研究社会，研究科学。这表明，对事物照原样进行静止的说明是不完整的，因为它忽略了事物是如何发生的，又将如何走向未来；而且因为它忽略了所观察的东西是不断变化和短暂存在的这一事实，所以就更加严重地不足以说明问题了。在物理学和天文学中已将时间作为一个研究的领域，这在前面已经提到，生物学也已要求对其各种原理进行类似的革新。

实际上，在唯一一个学科，即古生物学中，维护生物学理论而顽固坚持宇宙是静止的主张也不得不按照地质学家们似乎已心安理得地追随达尔文所作出的强有力的解释来检验所取得的证据了。关于化石乃是洪水的遗迹的假说或对人类轻信的各种说法的检验，在1830年已经是老生常谈，不论从哪一方面说，地质学已确定地球的年龄为1亿年左右。科学采用的各种主要技术已经形成，地层和构造的顺序已经测定，对世界的许多地区已进行了考察。赖尔的《地质学原理》（1830—1833年）是当时的权威性论著。他采用了以实际经验为根据的原则，否定早期关于地壳形成的灾变说，认为地壳的构型应完全归因于至今仍在进行着的隆起和陷落、沉积和侵蚀的缓慢过程。然而，他追随古生物学之父居维叶（居氏将已灭绝的物种的消失归因于连续灾变），反驳一切认为生存的物种起源于那些只在化石遗迹中才能找到的物种的理论，他的论点尤其是针对拉马克的。地球有一部进化的历史，但各个物种都是近因的产物。

正统的博物学家的理论是简单的。每一个独特的物种创始时都有原始的对偶，通过纯种繁殖，使之以现存的植物群和动物群形式繁衍在地球上。这种信念的根据并非完全是神学的，而是建立在以前许多世纪作为主要任务而确立的物种概念的基础之上的。一个物种的成员构成一个同种属的群体，按精确选择的特性而各不相同。根据瑞典博物学家林奈的完善的体系，这种特性主要来源于繁殖机制；物种又依次组成属、目和更高一等的纲。林奈已认识到任何分类学都必然会有人为因素，并认为很可能目仅仅代表已产生的对偶，种是这些目范围内的分支。但林奈的许多后继者没有听从他的这些告诫，他们忽视了具体的特征的模糊性,而把杂交的准则夸大成为是否属于共同血统的试金石。如华莱士所说,有一些原理,其本身赖以建立的根据相当于种的自然概念,如果我们把种的概念建立在这些原理的基础上,那就成为循环论证了。这些原则是适用的,但是由于植物的整个发展规律的各种因素在1859年尚未被人们所广泛认识,所以才站不住脚。反对任何进化理论的科学论点显然是:既然植物或动物都有共同的祖先,那么尽管沿着不同的道路进化,必然是可以杂交繁殖的;既然根据定义不同的物种不能杂交,那么它们就不可能有共同的血统。

生物进化的概念在达尔文之前即已存在。在林奈看来,变种,或许还有始终是纯种繁殖的物种,是从共同的群体进化而来的。伊拉兹马斯·达尔文于1794年,法国动物学家拉马克于1802年,都强调大自然的能动性,但是,在发现生物体将自己的适应性遗传给后代的创造力发生异变的原因时,他们过分轻信了。赫伯特·斯宾塞支持拉马克而不支持赖尔,他在1859年以前就已提出进化的哲学。在其间的半个世纪,地质学证据的积累大大地延长了可被看作实现进化过程的时期,加之历史的观点占了上风,这有助于为达尔文开辟道路;然而,具有更大影响的是他提出的进化机制。它认为生物体虽然并不通过遗传而得到亲本在后天获得的变异,但发现各代个体之间确实稍有差异;发生微小而无规则的变异(达尔文认为这种变异具有遗传性),促进或妨碍个体在各自种属的正常活动和功能中发挥作用。达尔文采用马尔萨斯的定律:人口比他们的生活资料增长得快,不可避免地会在一代人中造成高死亡率,只有最适者才能生存下来。19世纪中叶社会的人们深深懂得了竞争和弱者灭亡的道理。那些最能适应自然界某种特定地位的个体和它们的后代变得具有特性,在类型上不同于它们的同伙,这些同伙要么灭绝,要么同样适应某些其他生活方式。达尔文常常将自然选择比作饲养人员进行的人工选择,他们只让每一代中那些最接近于他心目中的理想类型的个体繁殖,利用这种方式繁育出与其野生种都不完全相似的具有特征的家畜。因此,尽管他有意识地抵制目的论的影响,但对他来说完全避免这种影响是困难的,因为他的主张似乎可以解释为自然界必须有目的地使生物体最有效地适应宇宙万物中的各个小生境。

达尔文在他早年作为博物学家时即开始构想他的进化假说。《物种起源》之所以经过长期酝酿是由于要积累详细的证据，根据这种证据才得以形成一种有充分道理并能贯彻到底的学说。他深知他的思想大胆鲁莽，将会遭到强烈反对。在接连问世的著作中对各种资料加以分类整理，其中最著名的是《人类的遗传》（1871年）。为了这个新目的而对整个自然史进行研究是一项艰巨的任务。达尔文的天才在他研究这一课题的高超本领中最充分地显示了出来，因为在这个课题中几乎每个词都是从与他的观点截然相反的观点出发写成的。他在令人吃惊的程度上被迫依靠自己亲身的观察和实验来为他提出的新问题提供答案。他不得不革新生物学研究的方法，因为只有这样才能够指望按照他的学说进行改革。单结构发展的比较研究，植物的性生理学，动物的行为，物种的地理分布，遗传的选择机制，生态学和古生物学的许多方面——所有这些都是达尔文几乎从头开创并和谐地融为一体的现代形式的科学分支。他特别对人工选择给予极大的重视。尽管这个课题在农业上具有很大的经济意义，但以往为科学界所忽视。他研究了伦敦育鸽家们的秘密，并将这些在形态上十分独特的品种同博物学家们几乎无法区别的一些单独的品种进行了比较。然而，遗传学研究仍处于原始状态，以致无法提出任何结论性的论点，足以反驳正统观点的批评，达尔文有关这些问题的仍不十分严密的推理同10年后孟德尔关于遗传问题的精确实验对比起来也相形见绌。总之，对进化论来说，无知也许比并非无知更有利。达尔文预料到批评他的人还会提出许多其他反对意见，例如如何保持处于自然状态下的原种的纯正品质，或退化和不完善的器官究竟有什么用处的问题，等等。这些都是《物种起源》中最不令人信服的部分，因为该书的说服力主要在于对这个学说的概括论述，而在比较和发展的研究方面还有大量工作要做，才能充分揭示高等动物和高等植物的进化过程。生物由之组成的细胞的进化变异当然是任何正确的进化学说的必要基础。虽然这一点或许在1860年已经为人们所了解，但细胞学的进展实际上在达尔文主义的早期文献中极少反映。

《物种起源》引起的批评狂潮和轻蔑嘲弄是众所周知的。这个冲突是激烈的，但就所涉及的许多重大问题相对而言却为时较短，因为这些问题深深地涉及基督教文明的根基。在博物学家中，胡克和赫胥黎很快就倒向达尔文的观点，赖尔也使地质学家们支持达尔文。到这个时期的末期，科学家们虽已普遍接受达尔文主义，但阿加西斯、欧文和塞奇威克等人最初提出的批评决非完全因偏见所致。达尔文的论点中的某些部分确实存在足以引起科学上的怀疑的缺陷。某些早期的反驳意见其立论基础与近期那种认为达尔文主义已经过时的论点一样。如果说较早期的怀疑论者是墨守比较脱离实际的自然哲学（生机论也是一种表现形式）的话，那么其他人像在德国的克利克之所以攻击达尔文的学说并非是由于它是进化论——据声称各种各样的进化假说都是可信的——而是由于它包含着目的论，由于缺乏过渡形式的证据，而且由于它关于遗传的论点缺乏有力的根据。就古生物学来说，在1870年确实还没有提出什么进化论的证据；人类学史则几乎还完全没有人探索过。对于众多的追随威尔伯福斯主教而反对达尔文的人来说，等于是看到了光明，这反映在这位主教对基督教《圣经》进行诠释和他在人的灵魂这个最令人头痛的复杂的奥妙问题上所提出的主张上。在教皇统治下由于讨论哥白尼的宇宙论而引起的对科学的仇视，很久以来已经销声匿迹。而在新教教徒中，既信仰科学又信仰宗教已形成一种哲学，在这种哲学中，更深地崇拜造物主的愿望经常促使人们对大自然进行研究。现在，这种和谐状态被打破了。1864年，庇护九世在《现代错误学说汇编》中直言不讳地宣布罗马天主教的信仰坚定地反对现代文明的趋势，谴责自由主义、理性主义和科学的影响（参见第4章，原文第90—93页）。从这个立场，再也没有后退。但新教教会一般已接受并开展了1859年以前在德国即已开始的对《圣经》的语言和历史的科学研究，并逐渐与达尔文主义妥协。科学与宗教之间的冲突所引起的震动是深远的，但由此而衰微的是宗教的权威而不是科学。达尔文本人是一个不可知论者；对法拉第的单纯虔诚在科学界越来越显著了。

19世纪中叶的医学仍然距离实验生物学和理论生物学甚远，不过接近这个时期之末时，已有人提出医学应由一种技艺提高到科学的地位。一般的治疗方法几乎没有什么变化；听诊器和体温表虽已发明，但医生还是更愿意采用老的诊断技术而不愿意使用医疗器械。许多最引人呕吐的和无效的调剂已被禁止纳入药典，某些真正有效的药用植物，如鸦片和洋地黄等，已采用化学方法制成纯剂。由于能治疗某些疾病的特效疗法极少（这些疗法包括服用奎宁治疗疟疾和用汞治疗梅毒），患者充其量只能指望强健的体质辅之以补药，再适当注意减轻疼痛症状。培训医务人员的工作在1870年也许比在1830年较为完善，要求他们必须学习更多的一般科学知识。医院是骇人听闻的死亡之地，在那里，穷人治愈疾病和分娩成活的机会比在家里接受治疗的富人要少得多。改建这些几乎是中世纪的医疗机构大都是在这个时期之后的事。罗马天主教徒患者的治疗仍然像从前一样由护理牧师掌管。在新教国家，医疗已下降到极低的水平。培训有一定质量的护士的最初尝试是在德国和法国；弗洛伦斯·南丁格尔在克里米亚战争期间改组英国军队的医疗工作之前曾学过新的护理方法。这方面所需要的并不是很高深的科学知识，而是一般常识和卫生知识，但医院的管理工作到1870年很少进行过改革。城市生活情况也是如此，往最好处说是不清洁，往最糟处说是难以想象的肮脏，尽管国家在1848年制定第一个英国公共卫生法后已开始承担某些责任。就人们的知识而言，在为城市提供净水，处理污水，设立公共浴池，建筑像样的工人住宅等方面几乎无科学可言。促使人们改善这些方面的状况的，实际上是一种错误的理论，即认为坏气味会致病，对社会上最低层的人所过的令人作呕的家畜生活表示怜悯，以及连较好的地区也无法避免发生贫民区的流行病的经验等。黑鼠造成瘟疫流行；在较洁净的城市，斑疹伤寒和霍乱造成死亡的人数虽少，但这些疾病的传染源和传染媒介人们仍然没有弄清。

　　另一方面，外科手术则直接受益于有机化学的进展。1844年在美国，莫顿和韦尔斯使用乙醚作为麻醉剂，1847年辛普森使用氯仿作为麻醉剂，从而解除了外科手术中最令人害怕的事。这些先驱者不得不经受专业的和宗教的蒙昧主义的反对，而且最初的方法也不完善。产科的医疗器械和技术以及诸如截肢及膀胱切石术等少数外科手术已经高度发展，而且由于需要快速，使一些最好的外科医生具有熟练的技术。尽管可借助于麻醉剂，但在这方面还不可能有什么改进，因为创伤受坏疽或败血病感染的可能性非常大，所以外科医生的活动范围仍很有限。由于外科手术死亡率一般为50%，所以在利斯特于1865年在格拉斯哥采用消毒法之前，人们只是在最后不得已时才接受外科手术。利斯特后来相信了细菌致病的理论，亲自反复进行了许多次巴斯德关于腐烂的实验，他把余生的闲暇时间都用于研究微生物。其做法目的在于通过用苯酚喷洒仪器、病人、手术人员的手、穿的衣服，甚至空气，以消灭一切可能的细菌传染源。他的实验获得直接成效，逐渐迫使他的同事们也采取同样的方法，在1870年后，使外科手术得到迄那时为止不可思议的范围的扩大和安全。

利斯特的发现是一位本身并非从事创造性研究的科学家进行科学发明的一个极好的例子。他在早期从医时苦于病人感染化脓而不得不动外科手术的事实，对组织的化脓同死亡物质的腐烂进行了比较。在巴斯德的研究成果中，他发现了说明死亡物质腐烂的原因的理论，并在有机化学中发现了一种强有力的药剂可以阻止这种腐烂。通过实验，他的方法的详细步骤臻于完善。在化学工业中或电力工程中合理应用这一发现的过程也大致相同。1830年以前，技术方面和医疗方面的改进是由于出现事故或反复实验的结果，而在1870年以后，则大都是设计的成果。在这方面发生变化的最具决定意义的年代也许是从1855—1865年那些年。从17世纪以来人们即已意识到科学同时具有物质目的和哲学目的，在19世纪中叶仅仅限于实现前者。这并不意味着理论研究的性质有任何重大的改变，因为从发现到应用一般要间隔很长时间。但这确实意味着，如果科学的进步促进了物质的进步，那么发明家的作用就极为重要；而正是由于缺少这种具有科学经验的媒介，致使工业进步一直到1855年前后仍然主要掌握在纯粹以实践经验为主的人们手中。早期的发明家们，剽窃一点原始科学（例如蒸汽机的原理等）并在自动机械方面模仿纺织工人的动作，创造了产业革命的丑恶社会。他们的笨拙的才能虽然仍起很大的作用——到1851年，他们将铸铁用于适当的和不适当的一切目的——但由于它失去与科学的联系，因而没有得到任何新的启示。他们的目光局限于煤、铁和蒸汽，直到1855—1870年科学发明家们的介入，才出现了新的材料和方法。这种偏向最初并不明显，无法说明例如碱厂或含磷火柴厂的条件就比纺织厂的条件好。劳动强度的减轻应归于人道主义运动和社会立法，1833年以后，这方面的斗争越来越取得成功。此外，人民生活水平的提高主要是由于有了便宜的面包和税制改革，而不是科学。例如在英国，1830—1850年，工资一直保持相当固定，但生活费用呈普遍下降趋势。1857年的繁荣崩溃后，物价停止大幅度上涨，从1850—1870年，实际工资呈上升趋势（参阅第

2章，原文第47—48页）。最差的住房条件，最长的工作时间，最严重的饥荒，已经或正在消失。然而，粗略统计的死亡率并未明显地出现下降迹象，一直保持在22‰强，不过这个数字一直低于法国或比利时的死亡率，尽管法国的农业人口较多。气候较冷、人口不太稠密的斯堪的纳维亚国家的人要健康得多，丹麦的人口死亡率从1840年的20.3‰下降到1870年的19‰——大约比同期英国乡村的死亡率稍低一些。只是在1870年以后，科学才使得健康状况像制造技术一样得到极大的改善。

像孔德和斯宾塞这样的人物在思想史方面起到了技术发明家的作用。他们的作用不仅仅在于阐明科学知识的思想和哲学内涵，因为正如同一项发明也许会引起一项十分重要的科学研究一样，例如斯宾塞也同样促使生物学家们更加仔细地检验他们进行科学研究的原理。科学史家和哲学史家们对这样的人物虽然没有给予高度评价，但这些人的思想，尽管在事实和逻辑方面存在着某些不足之处，仍然已经变成了人们普遍的意识。实证主义学派始终未能占主导地位；但是，科学作为一门特别精确、严格和实际的知识已经变成通用的语言。当人们接受了进步的思想，当他们终于看到他们自己所处的世界比罗马时代的世界更富裕而且更有学问时，他们也深信带来这种福祉的主要是科学思想，并越来越相信它今后会带来更大的好处。人民大众对科学的兴趣已从讲述自然史、天文学和在客厅里谈论奇迹逸闻而转向电学和化学这些有建设意义的科学。从正面意义讲，科学意味着知识和力量。没有任何东西比这样的学说更具有无穷的力量了：它立论的内涵是生命具有可塑性，科学不屈服于上帝造物的柱石——疾病、劳作和谦卑。从反面意义讲，凡是不属于科学领域的东西都不是知识，而是任意的或因循守旧的东西。到1870年，罗马天主教会坚决反对上述论点，规定科学见解不可逾越的范围；新教教会虽然还没有被达尔文主义所击败，但已不能再有效地坚持道德法则也同科学法则一样明确无疑了。那些忽视信仰自由、理性主义和思想自由的发展所具有的意义的人往往认为，进化论对于传统的宗教是一种突然而极为巨大的打击。事实上，拒绝相信别的权威正是科学方法所固有的特点，尽管许多早期的科学家本人拒绝作出这样的推论。达尔文并没有提出科学遵循的是最单纯的假说这样的理论；他从自然中排除的原始的天命观也是早已被自然科学和严肃的哲学所拒绝承认的。唯物主义,从最严格的意义上来说就是相信宇宙间一切现象,包括人类在内,都可简单归结为物理学家所说的物质和能量这一事实。《旧约全书》文字中所列的年代顺序与经过深思熟虑的科学定论之间的矛盾;达维德·弗里德里希·施特劳斯的《耶稣传》(1836年)和蒂宾根学派的著作中对福音书的历史真实性的批判性研究,所有这一切早在1859年以前很久就造成了19世纪中叶的宗教危机(参阅第4章,原文第101—102页)。如果说在英国和美国,从前一直很谨慎的自由思考在19世纪60年代、70年代突然迸发出各种评论,那么从伏尔泰的时代起,反教权的怀疑主义就已成为自由主义在天主教欧洲的试金石。然而,达尔文主义在它引起的究竟应忠于哪一方的论战中起了催化作用,而由于新教神学倾向于断言它的教义完全以理性为根据,而不是建立在盲目迷信的基础上,从而使这种论战更加扩大了。达尔文主义是对基督教《圣经》的最高权威的最后打击,但它并没有填补所谓科学无所不知的说法的最后漏洞,因为还有许多更加微妙的借口,可以用来为需要由上帝设计的说法进行辩解。科学越来越清楚地表明,偶然现象,正如一位统计学家所设想的,并不完全能起造成混乱的作用;并表明,至少现存的世界及其现存的物种并非是上帝直接创造的和永远不变的东西。同样,在传统的哲学中,使生物学能够像力学之立足于17世纪后期思想界一样而立足于19世纪思想界,达尔文的影响远远超过斯宾塞的影响。但是,设法说明人类在道德伦理方面并不是退化,而是由直立猿人经原始社会到文明社会而逐渐进化的一种生物,在1870年几乎还没有开始。在这方面,心理学和人类学这两门新科学起了关键的作用。

(陈养正 译)

第 四 章
宗教和政教关系

　　加富尔的名言"自由国家里的自由教会",成了19世纪下半叶欧洲政教关系方面最有影响的原则。这句话过分标新立异,不易为人们普遍接受。法国革命在其直接征服的领域范围以内,甚至在此范围之外,不仅动摇了王权,实际上也同样动摇了教权,打破了传统的政教联合局面。因此,在英国,越过英伦海峡而来的移民,不论教士还是世俗人,都受到同情的接待。简·奥斯汀小说中所描绘的那种英国国教的教士,现在充当了新的重要角色,成了教会反对雅各宾主义和无神论的战斗队的指挥官。当代法国历史学家 A. 拉特雷耶教授认为,1789年的各项原则是极权国家与基督教在现代发生冲突的预兆,从而在实际上证实了这种解释。他说"于是便要求完全服从国家和法律,可以与宗教上的服从相比拟,于是也就产生了狂热的决心,心便在一旦遇到阻力时保证使维护社会秩序所需要的各项原则获胜"。①如果说法国大革命的意义也将包含着把甘必大的格言"教权主义就是敌人"变成"基督教就是敌人"这样的内容的话,那么,随着拿破仑的失败而来的基督教会的反应,其性质也就比较容易理解了,如果不是比较容易为之开脱的话。在法国,复辟了的波旁王朝力主同教会结成最密切不过的联盟,力主把教权和王权不可分割地联结在一起。与此同时,教皇统治也随着取得胜利的盟国的辎重列车重返罗马和教皇国。即使在英国,对不信奉国教者,不论其为教皇派或清教徒,均不能与信奉国教的兄弟们享受平等公民权的传统

---

① A. 拉特雷耶:《英国天主教会与法国革命》(2卷本,巴黎,1946—1950年),第1卷,第83页。

政策，最初似乎也没有出现任何明显的背离。但是，到了1830年，1815年的解决办法所掩饰的裂痕，开始再次暴露出来；有明显的迹象表明，一个实行镇压的政权并不能把1789年的后果磨灭掉。1828年，英国废除宗教考查法和市镇机关法，标志着不信奉国教的清教徒的胜利，虽然这些法令有将近一个世纪没有实施，而且这些法令的废除只不过是争取公民平等和争取取消尚存的各种禁令的长期运动的第一步。意义更加重大的是于翌年解除了罗马天主教的各种禁令；与此同时，1828年还创办了伦敦大学学院。这是第一家不由教会管理，而是完全进行世俗教育的具有大学地位的教育机构。此外，1830年7月在巴黎发生了显然是反教权性质的革命。面对着所发生的这些事情，英伦海峡两边的国教不得不拟定出有关教会与国家的关系的新理论和新做法，并针对自由主义而树起新的防御屏障。

在为适应环境而改变观点的各种尝试中，影响最大的也许是由拉梅内发起，得到拉科代尔、蒙塔朗贝尔和热尔贝支持的在法国的自由天主教运动。这一运动似乎十分有可能在很大程度上是由于从比利时的一个相当的派别得到启示而发起的。在比利时，有以马利纳大主教德梅翁为中心的一群自由天主教派人士，其领导人是这位大主教的教区代理主教昂热尔贝·斯特克斯，斯特克斯本人后来也成为大主教和红衣主教。但"马利纳学派"的名声不久就被法国的自由天主教运动所超过。到1830年，拉梅内从一个热情的保皇派转变成一个同样热情的自由主义者，实际上已经以他那出人意料的天才完成了一系列根本大转变的第一步。"人们在自由主义面前发抖；让自由主义成为天主教的自由主义吧，这样社会就会获得新生"，① 这已成为他的新政策的箴言。1828年他发表了《论革命的进程与反对教会的战争》。在这部著作中，他呼吁高卢派教会承担责任，向忠于波旁王朝的垂死政权要求自由，要求改组国内体制，特别是对它的教士进行教育的权利，以便为与自由主义结成联盟做好准备。1830年的反教权动乱起初似乎预示着对这个新福音来说不利的征兆；但在10月，拉梅内和他的门徒们在巴黎创办了一份日报《前途报》，在该报第一期上拉梅

---

① E. D. 福尔格：《拉梅内未发表过的书信集》（巴黎，1863年），第2卷，第106页。

内要求宗教与自由结为一体:"上帝与自由,让它们合而为一吧。"而如果教会不与国家结成联盟,那就只有依靠罗马教皇;这些革新者的纲领有赖于罗马给予支持,以抵制法国主教团的反对,因为法国主教团自然而然地对实现四大自由的要求感到恐慌。这四大自由是:教育自由(包括取消国家控制的拿破仑的教育总署享有的垄断权);出版自由(包括废除审查制度);结社自由(既包括产业工人也包括宗教团体的结社自由);信仰自由(包括每个教会有权对自己的成员绳之以纪律)。因此,一切都有待于罗马作出决定。在罗马作出决定之前,拉梅内创立了"保卫宗教自由总会"。与此同时,埃克斯的方济各会托钵僧和米勒雷的西多会修士行使了成立宗教社团的权利;在巴黎,不顾教育总署的反对还开办了一所教会学校。这确实是比《前途报》要大得多的威胁。这是"天主教的行动";由于国内外敌人开始围攻改革派,拉梅内在1831年11月采取果敢步骤,停止出版他的报纸,并吁请教皇亲自调查他的主张并提出报告。可惜对改革派来说,格列高利十六世除了与格列高利七世同名以外,毫无共同之处,而且,即使他本人的政策想那样做,他所处的地位也不允许他得罪国内的王公们,而去支持一个革命的主教团,团结在拉梅内的旗帜下。因此,当拉梅内、拉科代尔和蒙塔朗贝尔在12月到达罗马去为他们的事业亲自进行游说的时候,竟没有得到教皇的接见,直到次年3月15日,教皇才接见了他们,为时只有15分钟,而且谈话也是一般而不得要领。

在返回途中,他们在慕尼黑受到格雷斯、多林格尔、谢林和巴德尔组成的著名天主教团体的款待,但是就在那里他们受到教皇1832年8月15日颁布的诏书《对你们感到惊异》(Mirari Vos)的打击,该诏书给他们所抱的希望敲响了丧钟。格列高利十六世不但拒绝承认这些改革派,而且还谴责他们的改革运动所遵循的原则。诏书谴责关于废除政教协定的要求;它驳斥了这样的意见:教会需要更新和改革,或者它应与革命的自由主义结成同盟;它谴责对宗教的冷漠态度;它特别痛斥冷漠态度的主要错误,即良心的自由;它还谴责言论自由。稍稍令人感到欣慰的是,红衣主教帕卡在诏书前面写的一封说明信解释说,虽然诏书驳斥了自由天主教的主张,但是,考虑到《前途报》和它的编辑们过去曾为教皇效劳,所以没有专门点名加以

第四章　宗教和政教关系

谴责。

这道诏书的影响十分深远；因为拉梅内虽然起初表示服从，但他宣布改变信仰为时甚短；不出两年时间，罗马进一步发出了严厉谴责，即1834年7月7日发表的通谕《我们独特的》（Singulari Nos），指名谴责他所著的《一个信徒的话》包含着"各种各样虚伪的、诬蔑性的、轻率的、煽动无政府主义的、违背《圣经》的、不虔诚的、恶意中伤的和错误百出的论点"。然而，尽管自由天主教运动因此失去了它的领袖，但它的追随者拉科代尔和蒙塔朗贝尔继续高举它的旗帜，而且产生了相当大的影响，甚至可以说获得了成功。在七月王朝时期，这一运动实际上已重新抬头。这是由于：一方面，拉科代尔在四旬斋期间在巴黎圣母院举行了为其教义进行辩护的会议；男女信徒们的宗教团体均已得到恢复；成立了非教士的团体——味增爵会。另一方面，在叙利亚、印度、暹罗和中国，传教活动突然十分活跃起来；在印度支那，许多传教士英勇的殉道精神使这些传教活动尤为崇高。因此，具有讽刺意味的是，拉梅内的遗产中存在最持久的成分竟然不是他所最热情宣扬的自由天主教主义，而是教皇权力至上主义的倾向，这种倾向后来在自由天主教精神的发祥地高卢派的法国反而把自由天主教精神扼杀了。《前途报》和《宇宙报》截然不同的遭遇也许最能说明这一奇怪的现象。这当然不是说《宇宙报》的主编路易·维伊奥是教皇权力至上反动倾向的最重要和最典型的人物；虽然他也许是最善于使这种倾向受群众欢迎的人。个人命运奇怪现象的另外一个例子是盖朗热长老。他在年轻的时候曾加入拉梅内的集团，后来成为在索莱斯姆隐修院重新恢复的本笃会隐修院的院长，主张恢复礼拜仪式的主要人物，其结果是，在法国各地的教堂都普遍一致采用罗马教廷规定的仪礼。在盖朗热于1837年被任命为索莱斯姆隐修院院长以后两年，朗格勒主教帕里西斯长老（他的教区在1801年以后包括以前五个教区的部分地区，因此就有五种不同的礼拜仪式）实行统一的罗马教廷规定的礼拜仪式。这种减少礼拜仪式不同的地区的过程，逐步取得进展，于1875年达到最后阶段。在这一年，奥尔良教区迪庞卢主教去世三年以后，也同样采用了罗马的礼拜仪式。在使教皇权力至上主义战胜高卢主义的策划者当中，并非不重要的人物是撰写《仪礼制度》丛书的学识渊博的盖朗热院长，庇护九世戏称他为"盖罗耶长老"。①

但是，有一个时期，自由天主教运动的旗帜威武地飘扬。蒙塔朗贝尔争取天主教教育自由、争取摆脱拿破仑的教育总署对教学的垄断的运动发展壮大，规模越来越大。1831 年蒙塔朗贝尔因在巴黎创办一所教会学校被起诉到贵族院，结果被罚款 100 法郎。这一可笑的惩罚壮了他的胆量，于 1843 年发表了《论天主教徒在教育自由问题上的责任》。在这一著作中，他发动了一场争取各级教育自由的战斗。在他的影响下，1844 年提出了一个关于教育问题的政府法案，但该法案由于不能被主教团所接受而未获通过。蒙塔朗贝尔遂组织了一个"保卫宗教自由委员会"，为在全国范围内进行政治斗争作准备。在教育战线上，"十字军的子孙们"公开向"伏尔泰的子孙们"提出挑战。他的呼吁获得成功，在 1846 年的大选中，有 140 名声明保证支持这一委员会实现天主教教育自由要求的人当选。政府也不得不意识到情况不妙。于是在 1847 年又提出了一项新的法案，虽然不是废除，但减少了拿破仑的教育总署对民办学校的控制。1848 年革命爆发的时候，由此而引起的争论仍在继续，直到 1850 年通过了《法卢法案》才算解决。这项法律，由于 1848 年的许多过火行为所引起的反应，是教会方面的一个胜利，不过它带有妥协的印记，这是因为它必须一方面得到蒙塔朗贝尔和迪庞卢主教的支持，另一方面得到梯也尔的支持，从而受到像《宇宙报》主编这样一些天主教极端分子的指斥，以及维克托·雨果从迥然不同的观点出发的谴责。这项法律废除了拿破仑教育总署的垄断地位；以一个新的"国民教育最高委员会"来代替"皇家教育委员会"。在这个新的委员会中来自教育总署的成员只有 8 人，占少数，其余 19 名委员中有 4 个主教，2 个新教牧师和 1 个犹太教教士。在每个省都新设一个学术委员会，负责监督当地的教育，有权颁发合格证书（brevet de Capacité），作为教学人员必不可少的职业证明；学校可以是公立的，即国家管理的，也可以是私立的；在私立学校里，国家只有权监督其卫生保健情况；宗教团体的成员，凡是有教学合格证者均可任教。因此，天主教的行动在自由天

---

① 按法文盖朗热长老的姓氏和尊称为 Dom Guéranger，庇护九世戏称他为 Dom Guerroyer，二者谐音，后者的意思是"战士""斗士"。——译者

主教的原则方面取得了重大的胜利；在《法卢法案》通过后不出一年便开办了250多所新的教育机构，其中大部分是各宗教团体开办的。和英国一样，群众教育也已成为教会与国家之间进行争论的战场，这也是很值得注意的。

与此同时，持续不断地从法国吹来的政治和宗教学说之风对瑞士产生了影响。自从法国革命的影响蔓延到瑞士国土后，由于世俗社会的各种革命口号以及崇尚理性的精神渗透进来，把它的各个州分成天主教和新教两派的那种传统的宗教分歧进一步加剧了。在拿破仑被击败后，旧秩序业已恢复；当1830年的革命使自由主义理论在法国重新抬头后，旧秩序的权威同样第一次受到了挑战。瑞士的"新生"运动也许可以说在国民教育的领域内取得了最大的成功（参看本卷第5章，原文第108页）；彻底改革了小学，设立了师范学院，并在苏黎世和伯尔尼创办了大学。自由主义精神通过这些教育方面的措施得到广泛传播，在一些州受到热烈欢迎，在另一些州则引起惶恐；结果导致有7个自由主义的州缔结了政教协定以保障它们的新体制，在另外5个州则通过缔结政教协定以维护它们的旧制度。事实证明宗教问题实际上再次成为引起分裂的因素。即使在茨温利的故乡苏黎世，小学教育的改革也引起了反对；1839年，由于任命一位自由派神学家到大学里任职而在好几个农业区引起群众起义，并蔓延到市区本身，结果建立了新的地方政府，成员都是保守的教会人士。此外，1841年卢塞恩将该地的新宪法呈报教皇，并大胆进行试验，建立了一种与天主教结成联盟的民主政体。

这就为激进派和保守派之间的冲突准备好了舞台[①]；引起冲突的事件还是围绕着宗教问题。在阿尔高，天主教少数派起来造反，反对激进派的政策，遭到挫败，被指控促成这次叛乱的一些修道院遭到报复，不久就被解散。但是，不论在瑞士的其他各州还是瑞士联邦外部，这种将修道院世俗化的做法引起了天主教方面的激烈反对。而且，这时冲突已经不是新教各州与天主教各州之间的传统对立，而是新抬头的富有战斗性的教皇权力至上主义与自由思想之间的冲突。1844年，卢塞恩州议会邀请耶稣会士到该州神学院教授神学；这显

---

① 关于这个冲突的民族主义方面，见本卷第9章，原文第222—224页。

然是对解散阿尔高修道院事件的一次回击,因而在整个联邦引起反响。激进派接受挑战,组织了一个反耶稣会运动。在唇枪舌剑之后便兵戎相见。卢塞恩、乌里、施维茨、翁特瓦尔登、楚格、弗里堡和瓦莱各天主教州为了自卫而缔结了通称为"分离主义者联盟"① 的防御联盟。当这个盟约提交瑞士联邦审议时,由于圣加仑州加入了激进派阵营,使激进派获得了多数,该派遂利用这一多数要求解散分离主义者联盟,认为它与联邦公约不符,并要求联邦禁止耶稣会进入联邦。这些事件是1847年内战的前奏,在这次内战中分离主义者联盟遭惨败。欧洲的各主要国家虽然都认为瑞士内部事务与它们有切身利害关系,但由于分离主义者联盟意外迅速地遭到失败,它们从中进行调停的愿望落空;接着它们的注意力也转移到1848年在其他国家发生的影响更加深远的革命,因此,瑞士得以在没有外来干涉的情况下,和平地根据内战的情况而对联邦宪法做必要的调整。新宪法的特点是温和与和解的精神;在瑞士,教会与国家后来一直保持和平关系,直到1870年因宣布教皇永无谬误随之而来的旧天主教大分裂为止。

"人们在自由主义的面前发抖;让自由主义成为天主教的自由主义吧,这样社会就会获得新生。"这就是拉梅内在1830年提出的箴言。而在纽曼和英国牛津运动的其他领袖看来,真正能医治致命疾病的药方恰恰相反。的确,英国基督教历史学家格沃特金仅仅用"改革法案的反响"这么一句话来轻率地说明这个运动。② 虽然纽曼宣告与之决一死战的自由主义主要是宗教方面的,但是宗教问题是从政治问题产生的。在纽曼于1832年离开英格兰之前,他就评论1830年的法国革命说,"国家摆脱其统治者的控制是不合乎基督教教义的,而摆脱具有神圣的继承权的君主的统治,就更加如此"。辉格党在英国上台执政同样提出了"这个重大问题……即如何才能使教会不致自由化呢?"如果说在他离开英国期间"自由派的事业的成功使他内心烦恼"的话,那么辉格党人所主张并进行的爱尔兰教会改革计划则促使基布尔就"国民叛教"问题在巡回审判时作布道演说。③ 这位文雅的《基督周年》的作者确实曾经劝说他的农村教区的土地所有者

---

① 原文Sonder bund,意为"特别联盟"。——译者
② H. M. 格沃特金:《到安娜逝世为止英国的政教关系》(伦敦,1917年),第384页。
③ J. H. 纽曼:《为自己一生辩护》(牛津,1913年),第131、134和140页。

拒绝投票选举支持第一个改革法案的候选人。所以,"书册派"信仰复兴运动是在一种恐惧气氛中诞生的。在教会人士当中普遍存在一种恐惧心理,担心格雷向主教团提出的整顿他们内部的建议会成为使教会与政府分离和没收教会基金的前奏。新近获得解放的不信奉国教者和罗马天主教徒很可能殷切希望教会与政府分离;而杰里米·边沁则希望没收教会基金作为向他的国立技工学校提供经费的手段。于是,达勒姆的十分富有的教长和牧师会,在范米尔德主教的建议下,决定牺牲他们的一部分收入在该地创办一所大学,希望能从预料将由于没收财产而造成的破产中挽回一点东西。在这种情况下,"书册派"运动的主要目的是一旦教会与政府分离的灾难突然降临,好为英国教会提供一个存在的理由。纽曼在他以教士为其读者的《时代书册》的第一册中曾直截了当地问道:"难道政府和国家竟然完全忘记了它们的上帝,以致连教会也要抛弃,剥夺其在人世间的荣誉和收益,这样,你们靠什么去要求你们的群众尊重你们和听从你们呢?……由此而产生的一个问题是:如果国家抛弃我们,那么我们该把我们的权力寄托给何物?"答案是明白的:"我们的权力所赖以建立的真正基础乃是我们代代相传的使徒教义。"

由于阐明了这个矫正办法,牛津运动便从政治运动转而成为宗教运动。在宗教方面,它的首要原则是坚持基督教的教义基础,以此向自由主义做斗争。纽曼在他的《为自己一生辩护》一书中公开宣称:"我的战斗是与自由主义进行的战斗;我所说的自由主义指的是反对教义的原则及其发展……这就是1833年运动的根本原则。"在牛津运动兴起之前,英国国教内部占支配地位的是福音派,这派人重新点燃了个人宗教的火焰,并形成了牧师工作的新模式。在政治事务中,他们的重要性也是人们所公认的。他们的领袖们在废除奴隶制度的运动中曾发挥了主导作用。就在"国民叛教"的那一年,投票表决为解放奴隶拨款2000万英镑,废奴运动达到了高潮;同年,即1833年,沙夫特斯堡的努力也有了结果,通过了在工业中限制童工工时的工厂法;而且福音派教士和世俗人士一起鼓励在印度和纽芬兰这样一些迢迢万里之外的地区进行传教活动。牛津运动后来以其教会理论、牧师和圣事对福音派信仰复兴运动起到了矫正和补充作用。《时代书册》的第一册中便已确立了一种只有国教牧师才算合法的理论。"所有我们这些以我们特有的圣职授予方式被授予圣职的牧师,都承认基督使徒以来神权递嬗的原则。由于这一原因,我们务必认为,凡未以这种方式被授予圣职的人均非真正被授予圣职的人。"为抵制教会脱离政府而确立的这一原则,成为在英国和英国以外的地方鉴别是否真正基督教徒的最有效的试金石之一。为了有力地进行由于这些原则所引起的旷日持久的争论,牛津运动开展了一个普遍深入和影响深远的宗教信仰复兴运动,它恢复了对早期基督教领袖著作的研究;它强调生活的神圣性和严格的道德传统;它恢复了秘密忏悔和赦罪的纪律,恢复了各宗教团体;它注重宗教礼仪和礼拜方式;所有这一切形成思想和实践方面普遍水平的变化,无异于发生了一场革命。由于皮由兹和基布尔自始至终坚定不移,尽管在运动的早期阶段出现了不顾一切仰仗罗马的成分,尽管纽曼于1845年、曼宁于1851年先后引人注目地前往罗马,但这一运动并未因此失去自信心而且取得了成功。

但是,牛津运动在向国家挑战的时候,它的语调和当时发生在苏格兰教会的事件相比则是比较低沉的。在苏格兰,教会和国家发生了公开的激烈冲突。这一争端是由地方上教会行使授予私人圣职的权力而引起的,这一权力虽然为1707年的联合法①所禁止,但是,联合议会于1712年又加以恢复,在18世纪到处行使。1834年,苏格兰长老会大会重申在一个教区内家族的族长有权以多数票通过把一个不受欢迎的参加者排除在外。同年在奥赫特拉德,1837年在马诺奇均付诸实行。与此同时,前一争执在诉讼方面出现了问题;苏格兰最高民事法庭确认了授予圣职的权力,而上诉到上议院后则裁定限制教务评议会的权利,对证据确凿的关于异端邪说、愚昧和不道德行为的指控无权驳回。这一决定虽然在法律上无可非议,但并不能解决通过私自授予圣职把一个牧师强加给一个反对他的教区因而不可能建立融洽关系这个困难问题。而且,坚持教会权利运动的领导人托马斯·查默斯在大会中的势力越来越大;到1840年,他得出了这样的结论:"苏格兰的圣职授予制度不是应予调整而是应予摧毁",它体现了"涉及一切国家和教会共同利益的那场伊拉斯谟学说的大争论"。因此1842年大会通过了一项决议,废除私自授予圣职的制度,并威胁说,如果

---

① 关于英格兰和苏格兰合并的法令。——译者

它的愿望得不到满足，将退出长老会；与此同时还发表了一个宣言，号召"本王国信仰基督教的人和全世界各地一切属于改革派的教会，凡是信奉唯有主耶稣有权主宰他的教会这一伟大教义的，都应证明正是因为他们信奉这一教义……这个教会才受到苦难；如此神圣地作出誓言并保证给予它的那些权利正处于危险境地"[1]。女王政府认为这些决议是不能接受的，在这种情况下，上述威胁便于1843年5月24日付诸实行，474名退出长老会的牧师在这一天成立了苏格兰自由教会，其结果十分惊人；不出四年这个教会就筹集到125万英镑，修建了654座教堂。由于出现这样的奇迹而戏剧性地和成功地置极权王国于不顾，致使一位本来并不特别同情教会方面的权利要求的现代评论家，在感动之余，记录下他的惊讶心情：

> 对于牛津运动和1843年苏格兰国教大分裂二者之间十分类似之处，本来不应更多地注意。这两个运动基本上都是反伊拉斯谟学说的运动。参加这两个运动的人们都坚决主张反对国家包办一切。这两个运动存在的时间相差无几。从狭义上来说的牛津运动开始于1833年，而于1845年，即纽曼转变信仰的那一年结束；以查默斯为杰出领袖的苏格兰国教分裂开始于1834年苏格兰国教大会废除可以授予俗人圣职的制度，而于1843年结束，当时那些拒绝接受他们称之为国家侵犯教会管辖的特殊范围的人退出了该运动。正如当代人士所十分明确地承认的那样，这两个运动都力图……制定一种教会的原则，这个原则根本不理会国家，使教会成为一个完善社会的总的组织。[2]

和蒙塔朗贝尔的自由天主教运动一样，苏格兰教会以实际行动来加强它的抗议活动；而不论是前者还是后者，极权主义的国家均未能占上风。

1851年，英国恢复了罗马天主教地区教阶制度，取代了代表教皇的名誉主教管理制度，这是教会蔑视国家取得成功的一个较小的例

---

[1] H. 瓦特：《托马斯·查默斯与苏格兰教会的分裂》（爱丁堡，1943年），第227、243、257—258页。

[2] H. J. 拉斯基：《主权问题研究》（纽黑文，1917年），第112—113页。

子。1850年，罗马教皇庇护九世即已决心进行这一改革，威斯敏斯特新任大主教尼古拉斯·威斯曼给教区的一封言辞夸张的信是这个决定的先声，而这封信却激发了英国舆论界潜伏着的反对罗马教皇制的警觉。约翰·罗素勋爵1850年11月4日"致达勒姆主教的公开信"斥责这个"目空一切的阴险狡诈的行动"，但形势并未因此而好转。直到1930年还活着的一个九十多岁的英国圣公会高级教士还记得1850年11月5日罗马教皇是如何充当了盖伊·福克斯那样的角色①，当时他亲身参加了在约克焚烧真人一样大的模拟人像的示威游行，模拟人像上写着"啊，不要皮奥，不要，不要！"② 不幸的是，这些示威游行不单表现了学生般的感情冲动；因为在罗素的倡导下，不顾布赖特和格莱斯顿的反对，以占很大优势的多数票决定把教士资格法载入法令全书。该法案禁止罗马天主教教士拥有地区主教的头衔。尽管如此，罗马天主教的改组工作仍然按计划进行；该法案所规定的惩罚措施并没有执行；格莱斯顿在他第一届任期内不声不响地平息了内阁的不满。

　　与此同时，国教和新教徒之间的斗争集中在教育问题上。这个问题是在新教徒达到了使不信国教的教士获得婚姻权和丧葬权这一最初的目标之后，随着争取完全平等的公民权利的斗争而出现的。19世纪五六十年代，教育制度，由于国家介入了这个以前民办的领域而逐渐改观。1833年，政府首次拨款2万英镑用于教育经费，由"按照国教原则促进贫民教育的全国贫民教育协会"和它的竞争对手"英国和外国学校协会"根据各自领导的学校多少的比例分配。随着国家补助费的不断增加（到1850年已增加到每年12.5万英镑）和国家更多地干预教育事业（其标志是1839年成立了一个枢密院教育委员会，到1856年改为教育部，由枢密院一位副主席主管），在国教和自由教会之间发生了关于是否应使用国家经费资助在学校中开设不同教派宗教礼仪课的严重的意见冲突。起初，非国教教徒确实坚持他们一向主张的民办原则，即爱德华·贝恩斯在1843年所主张的："教育人

---

① 盖伊·福克斯，1604年密谋在英格兰国会开会时用火药炸死詹姆斯一世及其主要大臣的军人，后被处决。——译者

② G. F. 布朗：《一位主教的回忆录》（伦敦，1915年），第7页。[原文为"Oh, No, Pio No No!" Pio Nono 是 Pius Ⅸ（庇护九世）的拉丁文写法，这个口号利用其谐音，意思是"不要庇护九世！"——译者]

第四章 宗教和政教关系

民不是政府管辖的范围；如果承认教育人民是政府权限内的事这一原则的话，那就会产生对公民和宗教的自由都致命的实际后果。"① 但是，由于越来越多的迹象表明，不论是教会还是民间团体都没有力量为全国范围的教育系统提供必要的手段，由于国家对教育的兴趣越来越大，因而使人们改变了态度。到19世纪中叶，不信奉国教者主张由国家管理教育，只要教育成为世俗的或至少不是属于某一个教派的；而国教派则由于当时掌握着绝大多数小学，因此拒绝为上述任何一种目的而交出这些学校。在格莱斯顿第一届政府任期内，1870年的福斯特教育法案才使这一冲突有了结果，因为这个法案建议继续开设民办学校（尽管民办学校具有十分浓厚的英国国教色彩），建议增加国家拨给民办学校的经费，并在有必要的地方开设寄宿学校。宗教问题，则由于考珀—坦普尔条款的提出而得到解决，该条款规定，在新的寄宿学校宗教课不得具有教派倾向，容许家长以信念为理由，不让他们的儿童聆听这样的宗教课。和法国的《法卢法案》一样，这个法案是一种妥协，它是英国国教的一大胜利；因而受到诸如伯明翰的戴尔这样的激进自由教会人士的批评。戴尔宣称："哪怕是根据一个自由派内阁的命令，我们也不会同意任何这样的主张，即以教育措施为名，授权某一教派征收捐税，用于讲授其教义和维持其信仰。"② 这个法案并没有解决教派之间的竞争，反而成为由于接受两套学校系统而进一步引起不和的因素；从而使国教派与自由教会派之间的争吵持续下去，在此后四分之三世纪里使公共教育深受其害。

不论是在法国或是英国，把关于教育和教会与国家各自掌管教育的权力的漫长争执过程，简单地说成是人们对神学的厌恶的恶性发作，那是轻而易举的事。但是，虽然在争论中所发生的种种事件从表面上看无足轻重，而其实质却是重要的，现代极权国家的出现正好突出说明了这一点。此外，B. L. 曼宁所著《不信奉国教的新教国会议员》③ 的历史中体现了当时人们对过去所作出的反响。它谴责了"格莱斯顿的愚钝和福斯特的恶毒"；它表示十分蔑视"教育委员会那个固执己见的加利奥斯"；它最后断定"到目前为止在英国还没有被认

---

① R. W. 戴尔：《英国公理会教派历史》（伦敦，1907年），第659页。
② A. W. W. 戴尔：《伯明翰的R. W. 戴尔生平》（伦敦，1928年），第275页。
③ B. L. 曼宁：《不信奉国教的新教国会议员》（剑桥，1952年），第353页。

识到的教权和反教权斗争的种子是由前公谊会教徒福斯特播种，由白厅的那些不可知论者浇灌的"；它提出，在宗教教育问题上，那种能使同一个屋子里的人同一个心眼的神奇的万应灵药就连善于随机应变的英国天才也发明不出来。另一方面，人们看到关于这个特点的一个独一无二的例子，那就是1845年的《不信奉国教者教堂法》，该法案宣告，凡由上帝一位论派实际拥有已达25年的教堂、牧师住宅和捐款，即法定继续归其所有。这些教堂、牧师住宅和捐款原先是供宣扬正统的新教三位一体论而遗留下来的（在一系列具体案件的司法决定中也是这样判决的），在18世纪，这些东西便已移交给了上帝一位论派了。英国议会不顾信托书的条款或虔诚的创始人的意图而从实际政治利益出发就一个神学问题作出决定，它这样引人注目地表现出它拥有无限权力尚属罕见。采取逐渐的步骤使古老的大学向不信奉英国国教的人开放尤其值得称赞。具有代表性的事例是，1854年牛津大学和剑桥大学都取消了不许授予不信奉国教的人学士学位的规定，两年后又取消了不许授予硕士学位的规定。这一过程到1871年通过格莱斯顿的大学考试法而实际上宣告完成；该法令规定：牛津大学、剑桥大学和达勒姆大学的全部职务均向不信奉国教的人开放，只有专门给教士的奖学金、某些学院的院长和神学教授的职位除外。该法令还为自由教会的神学院重新回到各大学打开了道路，这对教会、国家和学术界都是有利的。

然而，英国宗教生活的多样性显然对于想要把它加以概括或综述的人来说是个障碍。卫理公会教徒在19世纪前半叶遭受了严重的挫折，这是由于时时出现内部分裂和脱离该教派的结果，这一情况在1844—1848年的关于"宣传小册子"的争论中达到了高潮，后来开除了大约5.7万人，公理会和浸礼会于1831年成立了各自的联合组织，从而为更加密切的联合迈出了第一步。与此同时，英国长老会教徒实行了改组，这对他们从18世纪他们的先辈一味倾向于一位论的境地恢复过来是至关重要的。据1851年宗教普查的最新数字，英国国教共有14077座教堂，可容纳5317915人；其次是卫理公会（他们内部又分成许多派），有11007座教堂，可容纳2194298人；独立派共有教堂3244座，有座位1067760个。罗马天主教除恢复它的主教管区外，由于来自爱尔兰的移民和由于威斯曼大力提倡改宗天主教，

第四章　宗教和政教关系　　　　　　　　　　　　　　　　93

其信徒的数量大大增加。1865年，威斯曼担任的威斯敏斯特大主教的职务由本来信奉英国国教现改宗罗马天主教的曼宁继任。罗马天主教教徒们从纽曼所描绘的"不敢见阳光的种族"突然变成曼宁所推进的富有进取心的教会，这一情况在W. B. 乌拉索尔内主教的自传中作了极其生动的叙述，乌拉索尔内生于1806年，一直活到1899年，他亲自经历了这个天主教扩大和巩固的世纪。

　　然而，与此同时，庇护九世于1846年任罗马教皇，他的即位成为欧洲各国政教关系发生整整一代冲突的先声。庇护九世的当选是个不祥之兆（梅特涅对此事的评论是，除了一位自由主义的教皇，别的一切他都能对付），它在天主教自由派中间重新燃起了希望，认为他们的事业终将得到罗马教廷的支持。但是，皮奥·诺诺①的自由主义显然已经软弱无力了，发自他的好心而不是他的信念；就连它的一些初步的表现，如对政治犯实行大赦，成立调查委员会研究对教皇国行政进行必要的改革以及任命一个国务会议和内阁等，也注定要在1848年的狂暴震荡中夭折（参看本书第21章，原文第565页）。因为1848年的革命也影响到罗马。罗马宣告成立共和国，迫使教皇逃亡到加埃塔，到1849年他才作为法国军队的代理人在法国军队的继续保护下回到罗马。这些法国军队是路易·拿破仑为了击败奥地利，使他自己获得教会保护者的美名而派去的。教皇同自由主义的调情从此告终。此外，教皇在流亡时还曾寻求圣母玛利亚的特别保护；在1849年圣烛节他发通知给各教区主教，征询天主教徒对把圣灵怀胎的信仰提高到信条的地位持什么意见。这个说法得到耶稣会会士们的热烈支持；罗马学院的佩罗内教授以在他神学上的敏锐阐述了公开的传统和潜在的传说之间的区别，论证后者足以成为一种教义。1854年12月8日，庇护九世正式下了定义，宣告"教义所教导的最幸福的圣母玛利亚在她受胎的第一瞬间就是万能的上帝的特别恩赐……不受原罪的玷污而保持了贞洁。这乃是上帝的启示"②。和这个定义的内容同等重要的是公布这个定义的方式，因为虽然对各个教区的主教作了调查，1854年11月罗马的大约150名主教在四次会议上辩论了

---

① Pio Nono，即Pius IX（庇护九世）。——译者
② C. 米尔布特：《罗马教皇和罗马天主教历史原始资料》（蒂宾根，1934年第5版），第447页。

这个问题，但是，实际上宣布这个定义的时候并没有事先取得大会的同意。

在从宣告圣灵怀胎的定义到发表《现代错误学说汇编》中间相隔10年，在这10年里，教会和国家之间的关系，特别是在意大利，一步步恶化。在皮埃蒙特—撒丁不但把教会的财产世俗化，控制了公共教育，而且他的对外政策也有意刁难教皇。1859年拿破仑三世与加富尔结成同盟，把奥地利赶出伦巴第平原，吞并中部各公国，加里波第远征西西里和意大利南部，以及消灭教皇国的前奏；消灭教皇国后只给罗马教廷保留罗马城，而这也还是法国驻军延长了它朝不保夕的占领地位的结果（参看本书第21章，原文第571—574页）。拿破仑三世为了摆脱这种捉摸不定的局面，缔结了1864年9月的条约；根据条约，这位皇帝答应永远撤出其驻军，交换条件是维克托·埃马努埃尔允诺不在罗马而在其他地方建立意大利首都，保证将罗马给教皇。但是，在撤离中的法国军队才走到契维塔韦基亚又出现了对教皇取得罗马的威胁，法军又急忙返回，支撑罗马教廷剩余的那部分势力。正是处在即将发生革命和叛变的噩兆下，教皇决计向世界发表正式受教会当局谴责的错误原理和学说的汇编。

这个《现代错误学说汇编》的渊源也许可以追溯到后来成为利奥十三世的当时佩鲁贾主教的一项提议，这个提议是1849年在斯波莱托的一次公会议上提出的，主张教皇应发布一道通谕，列举当代有关教会权力和财产权的错误学说。1851年，新创办的耶稣会月刊《天主教文明》主张在这些错误学说中再加上理性主义和准理性主义；1854年，教皇任命的一个神学家委员会开始着手起草这个通谕；1860年，佩皮尼昂主教热尔贝（以前是拉梅内的门徒）发表了《关于当代各种错误学说给教区的指示》，其中包括85种错误主张。后来教皇又任命了一个委员会把这几种意见合并在一起。与此同时，蒙塔朗贝尔的活动又进一步提供了谴责的题目。在1848年之后，天主教自由主义的命运确实是大起大落。最初，在法国，革命似乎已使人们所想望的天主教教义与共和主义合而为一（如农村神父主张到处种植自由之树，有三个主教成为制宪议会议员，拉科代尔通过民选当选为马赛的议员），而到了6月，局势恶化，尤其是当巴黎大主教在动乱中为了拥护当时的政权而以身殉职的时候。因此，绝大多数天主教自由派人士都欢迎路易·拿破仑的当权。但是，在政治方面的自由主义现在却被置于遥遥无期的、三心二意的自由帝国实验的地位（参看本书第 17 章，原文第 456—457 页）；天主教自由主义没有希望找到和它志趣相投的第二帝国的气氛了。天主教自由主义的倡导者不得不指望他们的原则在国外取得胜利。1863 年在马利纳举行的天主教代表大会上（天主教自由主义运动曾在马利纳处于开始兴起和初步兴盛时期），蒙塔朗贝尔再一次高举起他的旗帜。他祝贺比利时认识到"公共生活的新形势，并接受了宗教权力和世俗权力相互独立的原则"。他还指出，正如天主教徒对旧秩序没有什么可惋惜的一样，他们对新秩序也没有什么可害怕的。确实，比利时 1830 年以来的历史证明，由斯特克斯领导的天主教自由派与政治上的民主派结成联盟以产生 1831 年的宪法是正确的；红衣主教斯特克斯仍然在指导着比利时主教区的政策，直到他于 1867 年逝世为止。蒙塔朗贝尔冒着离经叛道的危险表示他同意接受宗教自由，并把宗教迫害与政治相提并论，以此努力表白自己的主张："我认为，西班牙宗教裁判所法官对离经叛道者所说的'选择真理，或者选择死亡'，和法国恐怖主义者对我的祖父所说的'选择自由和博爱，或者选择死亡'同样令人憎恶。"他还对自由推崇备至。"我所说的自由是完整的自由，不是只有政治自由而没有宗教自由；我指的是以习惯法和平等为基础，由理性和正义所规范的现代自由、民主自由，而非其他。就我来说，我坦率地承认，我认为天主教教义和公共自由的牢固结合是向前迈进了一大步。"① 他这样毫不含糊地采纳加富尔关于自由国家里的自由教会的信条和无条件的民主自由权利的概念，致使普瓦蒂埃的皮埃主教正式向罗马教廷对他提出控告，竭力要求点名明确谴责他的主张。但是，庇护九世一方面宣称应尊重信仰自由（尽管教会决不能在原则上承认和赞成这种自由，而只是把它当作权宜之计），另一方面拒绝公开谴责蒙塔朗贝尔本人，而把对他的各项原则的谴责留待即将颁布的关于错误学说的汇编中进行。至于把信仰自由作为一种权宜之计加以接受，而作为原则问题则不加以赞成这一点，1863 年 12 月 6 日一期的《天主教文明》月刊上一篇论述马利纳代表大会的文章不但

---

① E. 勒卡尼埃：《蒙塔朗贝尔》（巴黎，1910—1912 年），第 3 卷，第 353 页。

原原本本地引述了这种思想而且引述了教皇本人的原话,特别是"论题和前提之间的区别,是这篇文章的基本论点。这不仅仅是一种思想,而且是教皇提出的一个公式,本刊编辑们曾就这个问题同教皇进行了详细的谈话"①。

《现代错误学说汇编》和同时的《若干忧虑之事》(Quanta Cura)通谕,发表于1864年12月8日。这个通谕开始时追述说,庇护九世以前即谴责过当代各种主张中荒诞不经的邪说,现在必须重新对这些错误思想产生的其他堕落和荒谬的主张加以斥责,因为它们不但腐蚀了个人而且败坏了社会。首先是将自然论原则应用于公民社会,以及主张公民社会不应区别真正的宗教和错误的信仰的原则;圣奥古斯丁曾经将其斥之为一种将人们引向地狱的自由;它导致产生仅仅由自然力量和舆论支配的社会。其次谴责的是社会主义和共产主义,因为它们否定了家庭的神圣起源和教会所专有的指导年轻人教育的权利,因此,它们敌视教士,把教士看作应用知识和文化进步的敌人。再者,这些错误学说认为教会应受制于国家,认为教会法只有由世俗方面来执行才有约束力,应把教会的财产和收入世俗化,并且否认教会有独立的主权和权威。这个通谕在结尾时对否定基督神圣性的人发出了警告,并劝诫人们向圣母玛利亚祈求祷告。

《现代错误学说汇编》共列举了80条错误学说。前两节中有7条谴责泛神论、自然论和绝对唯理论,接着有7条谴责温和唯理论。对由此而造成的一些错误思想,如否定神的启示或认为它是逐渐形成的;否定圣经中的预言和奇迹,而认为圣经中有些只是神话等,也都加以谴责。其次受到谴责的是四条有关对宗教的冷漠态度和宗教信仰上的自由主义的错误,其中包括这样一些信仰,如认为通过任何宗教都可以拯救世界;新教和天主教一样都是基督教教义的正当阐明。对社会主义、共产主义和秘密社团,包括各个圣经会和自由教会社团,列为一条综合地加以斥责。有20条有关自然、权利和教会权威的说法受到谴责,特别是否认教会是完美无缺的社会,否认天主教是唯一真正的宗教,以及否认教会有直接或间接管理世俗事务的权力等说法。有17条关于公民社会的错误意见受到驳斥;包括民政当局有权

---

① 路易·博纳尔:《普瓦蒂埃的皮埃主教生平》(巴黎,1887年),第2卷,第218—219页。

过问宗教和道德事务，国家有权管理教育，教会和国家应当分开等。另有 9 条有关自然伦理和基督教伦理的错误意见受到斥责，特别是认为即使没有天启教作为基础和约束也可以保持伦理和道德的说法，以及许多中立国家或不干涉宗教事务的国家所尊奉的信条。受到谴责的还有关于基督教徒婚姻方面的 10 种错误见解，包括否定婚姻具有神圣的性质，主张离婚合法，以及一般认为婚姻案件应由民政当局审理等见解。有两条强烈谴责了关于罗马教皇世俗权力的错误意见，即认为对罗马教廷的自由和福利来说，世俗权力是不必要的。最后，有四条指责有关当代自由主义的错误意见，即认为所谓只有天主教才具有国教地位的说法已不合时宜；认为在天主教国家中，来自信奉其他宗教的移民应当享有宗教自由；应当赋予一切公民以宣扬他们自己的宗教信仰的权利；罗马教皇能够而且应该与进步、自由主义和现代文化达成妥协与和解。

  关于如何解释这两个文件立即引起了一场争论。这个通谕是教皇谴责现代错误学说的一系列文件中的一个；《现代错误学说汇编》简略地综述了以前教皇发布的训谕中提到的各种错误思想，并参照了庇护九世列举的 32 种谬说。这两个文件的首页都有教廷国务卿红衣主教安东内利给各主教的信。"教皇已在历次通谕和训示中谴责了这个最不幸的时代的主要错误学说。但是，也许你们大家还没有全都接到教皇的各项法令。因此，教皇希望将这些错误加以汇编，供全体天主教主教们使用，这样他们便可亲眼看到教皇所列举的各种有害的学说。"① 从表面价值看，《现代错误学说汇编》似乎是对现代社会基本原则的直接攻击，是对天主教自由派实现和解的一切尝试的决定性批驳。唯其如此，教皇极权主义者热烈欢迎教皇颁布的这一文件。但这是正确的解释吗？这些文件能够产生比较有益的意义吗？杜庞卢主教发表了一本小册子《9 月 15 日会议和 12 月 8 日通谕》。在这本小册子里，他一方面承认论题与前提是有区别的——这一点神学家们都很了解，在《天主教文明》月刊中也曾提到——同时也指出，教皇的文件提出了论题，即完美地支配基督教社会的各项绝对原则；但是，这并不排除教皇实际上承认甚至事实上接受这样一个前提，即由于存

---

① J. B. 伯里：《19 世纪罗马教皇史》（伦敦，1930 年），第 8—9 页。

在着邪恶和持反对意见的一代，实际上非实行妥协不可。因此，教皇庇护九世所做的无非是恢复基督教的绝对原则，因为在目前形势下出现了马上要采取权宜之计和妥协的前景，人们很可能会忘记这些原则。因此，罗马教廷固然不能同意将宗教宽容和信仰自由当作普遍的理想和绝对的权利，但它可以容许采取权宜之计，接受他们在宪法中规定的实际状况。所以，罗马教皇可以一方面接受现代文明中美好的东西，同时摒弃其中邪恶的东西；他所斥责的并不是进步和文明的本身，而是某些进步和某些文明。杜庞卢的解释解决了天主教信仰方面遇到的难题，这从许多主教对他表示感激、教皇本人也对他的工作表示感谢的事实中可以看出。纽曼在英国也以类似的语调解释说："至于《现代错误学说汇编》，它除了发表的日期外，与教皇的通谕毫无联系。它并非来自教皇；……它不是教皇直接颁布的法令，而是红衣主教安东内利向各主教颁发的，只是在时间上巧合；事实上，每一条谴责意见只是由于人们可以从教皇原来发布的文件中找到才会产生影响。如果一道训谕没有什么特别大的力量，那么它所包含的对某种错误思想的谴责也就不会有多大的力量。"① 除了教会人士发出的这些忧虑不安的声音之外，后来又有一个具有自由思想的法国人、拿破仑三世短命的自由帝国的首席大臣埃米尔·奥利维埃同样把1864年的文件解释为无足轻重的东西，特别贬低了《现代错误学说汇编》的意义。

根据这个解释，分散在各地的主教们必须从事大量的历史研究才能肯定每一条受到谴责的学说的确切意义和权威程度。例如，他们需要弄清楚对自由教会社团的谴责指的只是皮埃蒙特王国的意大利教士们创立的某些团体，因为它们所关心的是意大利国内政治。又如，对国家控制教育的谴责只涉及皮埃蒙特的废除教会管理青年教育的法律，而对不干涉原则的指责指的是皮埃蒙特对教皇国的侵略以及其他欧洲天主教国家不采取行动保卫罗马教廷这样一些政治行为。所以，最后强烈地加以谴责的错误学说引自教皇1861年的训谕，在这个训谕中，教皇专指他无法与之妥协的某些反天主教的倾向。

如果说天主教自由派的这种解释是正确的，那就必须承认多姆·卡斯伯特·巴特勒对列举的最后一条错误学说所写的论点是最正确不

---

① W. 沃德：《红衣主教约翰·亨利·纽曼的生平》（伦敦，1912年），第2卷，第101页。

第四章 宗教和政教关系

过的："作为一条索引，把这一条列为错误学说而不管它的上下文是怎么说的，这是非常不幸的。"① 因为，可以肯定说，教皇选择了一种很不幸的手段来让全体主教注意他以前发表过的各种言论，他采用的做法是把这些言论加以摘录，把它们作为简明的、权威性的原则而提出来。而且，发表《现代错误学说汇编》的目的，在首页的那封信中也曾说明：并不是所有主教都已阅读过教皇分别发表的一切言论。那么，广泛传播这些言论的核心内容而又不对其来龙去脉作任何说明性的和确切的解释，而且采用了一种不作大量调查就无法确定其含义和目的的方式，其用意究竟何在呢？

在发表《现代错误学说汇编》之前两天，庇护九世曾秘密地对参加礼仪会议的红衣主教们说，他一直在考虑召开一次公会议，并请他们提出建议。有 21 个红衣主教发表了意见，其中只有两名明确表示反对，6 名表示有条件的同意，而多数表示无条件赞成。他们还提出了许多供审议的各种各样的问题。因此，在 1865 年 3 月里便任命了一个由 5 名红衣主教组成的委员会来筹备会议。同年 4 月向 34 名选定的主教（其中包括杜庞卢和曼宁）发出了一封密信，他们绝大多数都回信表示赞成，虽然奥尔良主教表示希望推迟举行，有 8 位主教把教皇永无谬论列入他们建议讨论的问题中。因此，1867 年 6 月 26 日，教皇正式宣布他打算召开一次公会议。这时，杜庞卢和法国天主教自由派的多数人已转而赞成召开一次公会议。他们甚至公开表示有信心，认为这次公会议将会宣告赞成他们为贬低《现代错误学说汇编》的意义而作的解释，并会由于强调主教区的重要性而对建立一个立宪教皇君主制产生强有力的影响。为了回答教皇的训谕，发表了一篇有 500 名主教签名的信表示欢迎上述建议，这封信词句冠冕堂皇，有人描写它"辞藻华丽，热情洋溢，甚至是有意奉承。但是，庇护九世已经年迈，而且是天主教徒非常仰慕、同情、钦佩和热爱的人"②。由于成立了五个委员会，筹备工作这时加紧进行，这五个委员会分别负责信仰和教义、教会纪律和宗教法规、宗教团体和修士、东方教会和国外传教活动，以及政教事务和政教关系等问题。在应邀

---

① 卡斯伯特·巴特勒：《梵蒂冈公会议……》（伦敦，1930 年），第 1 卷，第 70 页。
② 同上书，第 86 页。

到罗马担任顾问的神学家和宗教法学家当中有罗马教会最有学问的主张公会议权力至上的历史学家 C. J. 黑费尔（后以罗滕堡主教的身份参加公会议）。1868 年 6 月 28 日，发表了教皇关于召开公会议的诏书，确定开会日期为 1869 年 12 月 8 日，提出一个广泛的、审议各种议题的议程，但并未具体提到教皇永无谬误的问题。

虽然官方对此保持缄默，但这并不意味着这一新信条的定义并非已经成为广泛讨论和争议的问题。1869 年 2 月 8 日，《天主教文明》月刊描述在法国的天主教人士的舆论为希望这次公会议给《现代错误学说汇编》以明确的说明，以便消除对它的解释存在的怀疑，热烈赞扬教皇无谬误论，并进一步宣告圣母升天为信条。这篇文章很可能是一个试探气球。它的重要作用为人们所公认；它引起了慕尼黑罗马天主教学院资格最老的教会史学家伊格纳蒂乌斯·冯·多林格尔在《奥格斯堡汇报》上发表一系列很出色的文章作为答复。这些文章后来又增加了其他文章汇集成书，书名为《罗马教皇与公会议》，用的是笔名"雅努斯"。多林格尔对历史证据所作的学术研究，其重大意义无论怎么说也不会过分。慕尼黑天主教历史学院的名声，包括 J. A. 默勒和黑费尔的名声，当时曾经是罗马教会的光荣之一。多林格尔尖锐辛辣的文章表明，教皇的新建议并未得到天主教会一些最有造诣的学者的赞同。在《罗马教皇与公会议》一书中，丝毫没有使法国天主教自由派受到削弱的那种机会主义的东西，虽然法国天主教自由派中也确实出现了索邦天主教神学院院长马雷神父所著《宗教会议与宗教和平》一书，宣扬康斯坦茨公会议关于经常召开公会议的著名法令所采取的立场，宣称公会议具有超越教皇的最高权威，这样的公会议每十年举行一次为宜。马雷和杜庞卢在离开法国出席公会议之前都发表声明，表示他们赞成和服从公会议最后制定的任何法令。

教皇在召开公会议的问题上，面临着是否应向信奉罗马天主教的君主发出邀请的困难问题。教皇同维克托·埃马努埃尔的关系显然决定了绝对不能邀请后者参加，而这样的决定其必然结果是也不能要求其他信奉天主教国家的统治者派出官方代表。这样打破传统的做法会引起欧洲各国大臣们的怀疑，而且也并不能解决民政当局与公会议之间的关系问题。因为主教们要开会并使会议继续下去，必须依靠拿破仑三世的军队驻在罗马；如果这些军队撤走，意大利军队就会开进罗马城，那么公会议就将自动中断。何况，拿破仑三世本人的处境也很微妙；法国和普鲁士之间的关系越来越紧张，因而需要同意大利紧密合作；而国内天主教人士的意见则要求继续把维克托·埃马努埃尔拒之罗马城外。德意志南部信奉天主教的巴伐利亚邦急切促成欧洲各主要国家在召开公会议的计划上采取联合外交行动。但奥地利当时犹豫不决，普鲁士则不愿意这样做。不过，正如俾斯麦所指出的，会议的命运完全掌握在法国手里。在英国，格莱斯顿首相虽然对宗教问题很感兴趣，与阿克顿勋爵结成紧密联盟，同情反教皇永无谬误论者，但他的外交大臣克拉伦登勋爵则受英国驻罗马代表奥多·拉塞尔的相反观点的影响；拉塞尔又听信曼宁的论点；教皇为了使曼宁能够阻止英国方面采取行动，没有要他进行主张公会议权力至上的神父们必须进行的保守机密的宣誓。在这样一种微妙的外交形势下，公会议的召开虽然并未因受到政治压力而停止，但是会议的进程随时都可能使这种不稳定的平衡局面受到危害。

　　从会议的议事规则的组织情况看，这样的困难局面很可能以各种各样的方式出现。组织一个第一次会议就有679人参加的大会的工作本身已经是非常复杂的了；而12月2日颁布的《各种问题》的诏书所作的规定又免不了受到批评。这个文件授权由教皇提出会议审议的问题，教皇根据主教们提出的建议作最后决定。会议将把由神学问题和教规问题等筹备委员会拟定的一系列纲领性文件作为讨论的基础；如果经过这种讨论以后这些文件需要修正，这个任务将交给四个代表团去完成，每个代表团由不记名投票选举产生的24名主教组成。凡是经过修正的纲领性文件将在大会上再次进行辩论；在一次公开的会议上最后通过，在这个公开的会议上，主教们投了赞成或不赞成票后，由教皇庄严宣布。在选举负责信仰问题的代表团时首次出现了骚动；为筹备这一选举，先由安吉利斯红衣主教以圣灵怀胎的圣母玛利亚的名义，向全体主教们散发了24名候选人的名单。当选为这个十分重要的代表团成员的24个人全部是坚决主张教皇永无谬误的人，反教皇永无谬误论者全部被排除在外，后者觉得他们受骗了。这对这次会议来说绝不是好兆头。

　　然而，更糟的事情还在后面。第一批纲领性文件拟定的全都非常草率，需要彻底修订，这时已经可以清楚看出，召开公会议的计划搞得乱七八糟。因此，从2月25日到3月8日，没有举行过一次全体会议，公开说是为了进行改善圣彼得教堂用作公会议会场的那部分的传音设备的工作，但实际上是设法打破议事规则问题上的僵局。找到的解决办法是发布了新的规则：纲领性文件将先分发给各主教，以供他们考虑，并在大会讨论之前提出书面修正意见。各有关代表团在审议了这些书面修正意见之后便可修改文件，提出供口头讨论。在辩论的过程中，仍然可以作进一步的修正；但是，最重要的并引起争论的一条规则是：如有10名主教提出书面请求停止辩论，或者如公会议以简单多数表决停止辩论，那么在大会上进行的辩论就必须停止。有90名主教签署了一份抗议书以反对这项议事规则。这条规则还引起这么一个微妙的问题：在制定一项教义时，是不是必须取得道义上的一致而不是靠数量上的多数？在世俗的立法部门，可以运用停止辩论的规则和依靠足够的多数票表决，因为这些决定可以被以后的会议推翻；而公会议大会最后通过教义要求严肃的态度和全体一致的原则，因为已通过的教义是再也不能改变和撤销的。这两者显然是有区别的。到这时，少数派对多数派所采取的策略已经疑心重重，对任何在外表上看起来会进一步侵犯自己权利的东西越来越敏感。

此外，1月21日又散发了触及当时政教关系各个神经中枢的有关教会问题的纲领性文件。这个文件很长，前十章是给教会的理论下定义，接着有两章论述罗马教皇至高无上的权力（但没有论及不同于教皇拥有地方行政权的主张的教皇永无谬误的问题），以及教皇的世俗权力。最后三章论述政教关系。虽然后来加进去教皇永无谬误论的教义成为公会议最主要的，甚至是唯一展开讨论和进行外交活动的话题，但最初人们主要关心的还是论述政教关系的那几章。在这几章中重申了国家承认教会这一最高宗旨；坚持教皇有权按照基督的启示评断和谴责世俗当局的行动；纲领性文件还主张教会有权管理教育，教会的牧师免服兵役，教会有权不受限制地成立宗教团体，获得并保有财产和收入。在论述宗教事务（De Ecclesia）的一节中含蓄地提出教会权力拥有凌驾于世俗权力之上的间接权威，这一主张在一些信奉天主教的国家引起很大的不安；因而再次引起对教皇采取协同一致的外交策略的问题。

显然，这个问题的关键在于法国采取什么态度。在法国，奥利维埃于1870年1月2日当了首席大臣。奥利维埃一向力主不干涉公会议的事务；但外交大臣达律伯爵是几个主要的天主教自由派人士的朋友，热衷于进行干涉；《宗教事务》一节的内容泄露给报界，为干涉提供了机会。因此，达律于2月20日在皇帝同意，而没有通知奥利维埃的情况下给法国大使发了一封转交红衣主教安东内利的电报；但是，第二天，当他向内阁报告他的行动后，内阁发出命令暂缓递交该电报，以便考虑电文的措辞。这个备忘录经过奥利维埃的修正和大大地降低了它的调子之后才于2月23日获得通过。它不是最后通牒，而是提醒教皇《宗教事务》一节的含义所引起的争执，成为民政当局十分关注的事情，并且是向公会议提出的告诫，要它在拟定有关政教关系的实际问题的法令时谨慎行事。尽管如此，如若这个警告得到强有力的支持的话，本来可能会起作用。但是，奥利维埃越来越确信任何公开的行动从根本上说都是不明智的，因此亲自争取他的内阁同僚和皇帝支持他的严格不干涉的政策，而达律则徒劳地争取欧洲各国首相们的积极支持。安东内利于3月19日发出的回电，强调论题和前提之间的区别，重申教皇有权谴责民政当局的行动，并认为达律的担心是毫无根据的。法国政府面对这种丝毫没有从《宗教事务》一节的措辞后退的有礼貌的反驳，仅仅决定重复它以前的主张，但不进一步施加外交压力。而且，达律于4月11日辞职；从巴黎发往罗马的电报简明地综述了这一事件的重大意义："达律辞职，由奥利维埃取代，公会议自由了。"① 法国采取积极行动的希望和威胁从此消失。[98]从此以后公会议可以遵循自己的方针召开了。

这段外交插曲对于教皇永无谬误论的定义比对于受到威胁的民政权力具有更重大的意义。因为在3月6日宣布，一个关于教皇永无谬误的纲领性文件将提交全体大会讨论，这个文件已分发下去。尽管如此，在其他纲领性文件都要求优先辩论的情况下，什么时候上述新文件才会受到人们的注意是无法断定的。因此，组织了一系列向教皇请愿的活动，恳求他把确定教皇永无谬误论的纲领性文件优先加以讨论，而少数派接着也发起了反请愿。庇护九世接受了前一种请求，从而把教皇无谬误的问题列为最优先讨论的问题。于是，5月13日正

---

① E. 奥利维埃：《梵蒂冈公会议上的政教关系》（1877年，巴黎），第2卷，第225页。

式辩论开始，共进行了 15 天，其间共有 65 位主教发言，报名发言的还有 40 名主教，但是，到了 6 月 3 日有 150 名主教请求停止辩论，由此又引起 80 名主教提出抗议。随后，从 6 月 6 日到 7 月 4 日对纲领性文件的若干节进行了详细的审议。7 月 13 日公会议在闭会前一天对确定教皇的地方行政权（magisterium）和教皇永无谬误的定义的纲领性文件进行表决，451 名主教投赞成票，88 名投反对票，62 名表示有条件地赞成。经过有关代表团的进一步审议，作了一些并非不重要的修改，经过修正的定义于 7 月 16 日通过，并定于 7 月 18 日在公会议的公开会议上最后表决，且宣布这个定义为信条。这一天碰巧雷雨交加，上天使之显得特别庄严，最后投票结果是 533 票赞成，2 票反对；从而，宣布永恒的牧主（Pastor Aeternus）成为法规。有 55 名主教在发出一封信给教皇说明他们不参加最后一次会议的理由后离开了罗马。7 月 19 日，法国和普鲁士宣战；9 月 20 日意大利军队占领罗马，10 月 20 日教皇宣布公会议无限期休会。

教皇拥有地方行政权和教皇永无谬误的定义就这样予以确立而没有附加上《宗教事务》那部分的章节，而在纲领性文件中本来有这些章节，而且是该文件的组成部分。定义的第一章确定教皇的最高权力；第二章确定罗马教廷永远拥有这种权力；第三章宣告教会的地方行政权的权力和性质。它声称"罗马教廷的这种具有统治实权的管辖权是直接的"，所有人，不论是主教还是人民，不论什么事情都必须受它管辖，包括行政管理和纪律方面的事务；这种行政权力绝不会"损害各主教辖区的一般和直接的权力，因为各主教是由圣灵派遣来继承和替代使徒们的，他们作为忠实的牧师供养并统治自己的信徒大众，因此他们在教区拥有的权威实际上是由最高普世牧主所维护、加强和捍卫的"。①

第四章是教皇永无谬误的定义："当教皇以其权威确定某项普世教会必须遵守的有关信仰或道德的教义时，他具有基督赐给他的教会的那种永无谬误性，因此，罗马教廷所确立的这种定义其本身是不可改变的，也不是经教会同意才有效的。"②

---

① C. 米尔布特：《罗马教皇和罗马天主教历史原始资料》，第 463—464 页。
② 同上。

宣布的这个定义是要求有一个更强有力的文件的多数主教和要求文件写得缓和一些的少数主教之间的一种折中。关于教皇的地方行政权力，少数派希望删掉"具有统治实权"的提法并对"一般的和直接的权力"加以解释；关于教皇永无谬误，则希望加上"由教会提供证据予以证明"（et testimonio ecclesiarum innixus）或"不排除各主教"（non exclusis episcopis），以便把教会的权威与教皇的特权正式结合起来。少数派所提出的这些修改意见，哪一条也没有被接受。相反，在会议结束前一天对纲领性文件进行表决以后和公会议最后接受之前，对教皇永无谬误的定义作了更改，在有关教皇定义的部分加上了"但无须经教会同意"（non autem ex consensu Ecclesiae）的字样。另一方面，对行使教皇永无谬误的特权的条件作了缜密的规定，即教皇必须按照职权发表意见，他宣布的事项应仅限于信仰和道德方面，这个范围比一些多数派所要求的要小一些。由于发生了国际事件致使公会议闭幕，因而未能进一步审议关于《宗教事务》的纲领性文件的其余内容，因而也未能就教廷和教区各自的权力的范围和大小作出规定。

梵蒂冈公会议的政治后果确实不很美妙。11月1日，由于意大利国王和政府入侵罗马，教皇将他们革出教门；并且拒绝一切妥协建议，包括提出保证的法令。这些妥协建议作出了除放弃罗马作为意大利首都之外的其他一切合理的让步。这一争执直到1929年与墨索里尼签订政教协定才解决。在法国，拿破仑三世政权的垮台、巴黎公社的出现以及君主主义者与共和主义者之间旷日持久的分裂，为教会与国家之间十分激烈的敌对播下了种子。普鲁士在德意志帝国内成为左右一切的力量，以及俾斯麦针对罗马而进行的"文化斗争"，导致与教廷的极其尖锐的冲突。但是，在教会方面，梵蒂冈公会议确定的定义很容易地被普遍接受。法国天主教自由派则由于一派人以与历史证据不符为理由反对教皇永无谬误的信条，另一派人仅仅认为目前的定义不合时宜而出现内部分裂，从而受到了极大的削弱。此外，认为该定义不合时宜的一些主教依靠拿破仑三世政府的外交干预，以免他们直接与庇护九世的愿望对立，而当这一希望破灭后，他们显然也就无能为力了。莱茵河以东地区的少数几位主教，特别是黑费尔、施瓦岑贝格、海纳尔德、斯特罗斯马耶拖延了一段时间以后才公布了法令，要求人们予以接受。但是，最坚决的抵制来自德意志的慕尼黑、波恩和布拉格各大学，最终导致把多林格尔教授和弗里德里希等教授革出教门。从此导致了旧天主教的分裂，蔓延到瑞士和荷兰。但是，持不同信仰的一派人数并不多，不过在学术界很有影响。

在英国，爱尔兰圣公会问题在整个这一时期既引起宗教事端，也造成政治事端，到1869年达到严重关头。19世纪30年代，罗马天主教徒要向新教爱尔兰圣公会交纳什一税，这曾引起一场旷日持久的激烈争吵，由此而产生的1838年法令确定向地主征收什一税的税额，致使教士古已有之的收入减少四分之一。在这个问题这样得到解决之前，由于1832年公开发表了审议爱尔兰教会收入的一个皇家委员会所提出的一个报告，结果于1833年通过了教会财产法，根据此法令，通过合并的办法减少了主教区的数目，这一做法导致基布尔提出了反对国民背教的抗议，纽曼认为这一行动是牛津运动的正式开端。1829年罗马天主教获得了解放，这实际上势必导致爱尔兰的罗马天主教徒越来越多地要求废除爱尔兰圣公会的国教地位；虽然19世纪中叶关于教育问题的争论延缓了对该教会的攻击。然而谁也预想不到的事是，废除国教地位的事竟是由格莱斯顿实行的，而他早先的观点曾是要求在爱尔兰和英国都保持国教地位。红衣主教卡伦、约翰·格雷爵士和W. J. 奥尼尔·当特等人进行的鼓动是意料中事；但是格莱斯顿1865年转而赞成政教分离的原则，1867年他又宣布打算履行"他应负的公民正义的职责，平息全国范围，或几乎是举世的非难，因为这是使英国获得和平与满足的一切努力取得成功所必不可少的条件"，这就为爱尔兰圣公会的国教地位敲响了丧钟。① 1869年，不顾爱尔兰圣公会各主教和广大教士的反对，通过了废除国教地位和没收其基金的法案；尽管鼓吹通过这一法案的人并没有为改组被废除国教地位的教会提出实际可行的规定。这个措施无疑是以前写过《国家及其与教会的关系》一书的格莱斯顿改变主意的预兆；而且有迹象表明格莱斯顿甚至开始抽象地考虑，不信奉国教者所进行的在英国同样使政教分离的运动有可能取得胜利。爱尔兰发生的事件使支持他自由教会主张的人们受到了鼓舞，坚定不移地要求在英国实现政教分离；但是，直到1914年威尔士政教

---

① J. 莫利：《格莱斯顿生平》（1903年，伦敦），第2卷，第257页。

分离法通过之前，他们的努力迄未取得进一步的成功。

在这一时期，教会对社会问题更加关注，结果形成一种基督教的社会意识。"人民的生活状况"确实成为他们首先关注的主要问题之一。在法国，天主教自由派与社会问题之间的关系十分密切，以致拉梅内毕生都在为此大声疾呼；他的原则影响了他的许多追随者。奥扎纳姆和他所创立的味增爵会积极开展慈善事业，主要是改善个人境遇；比歇则成为天主教民主的理论家。1848 年，一批与由拉科代尔创办、后由马雷神父接办的《新时代》报有联系的法国天主教徒坚持天主教社会秩序的原则。但是，由于第二帝国的建立，保守主义获得了胜利，这些人的主张没有机会传播。在德国，凯特勒是温和的天主教社会改革派的代表，多林格尔则意识到存在社会问题，需要由天主教士和俗人以同情的态度加以研究。在英国，由 F. D. 莫里斯的学说和实际试验而形成了一个基督教社会主义学派。莫里斯认为，竞争是违反基督教教义的，合作才是宇宙的神圣法则。他教导说，社会主义若要继续忠实于它的理想，并在实践中使之成为现实，那就必须基督教化，而教会则必须接受合作这个根本原则。他自己的实际的社会主义实验虽然失败，但他是一位生不逢时的预言家，是他那个时代创新的思想家之一。随着梵蒂冈公会议的闭幕，一代人正在退出舞台，另一代正在取而代之。拉科代尔于 1860 年去世，随后蒙塔朗贝尔也于 1870 年去世；在 19 世纪最后 30 年，占据舞台的是新的问题和新的人物。

此外，在有关教会与国家、教育，甚至社会问题的一切争论的背后，由于各种自然科学和应用科学中的迅速发现，以及上上下下对圣经的批判运动，教会正面临着 13 世纪以来对基督教信仰的根本原则的极其严重和影响极其深远的挑战。在科学方面，赖尔 1830 年的《地质学原理》和 1863 年的《古人类的地质证据》这两部著作推翻了厄谢所提出的上帝按圣经中所述时间次序创造万物的学说；与此同时，达尔文 1859 年的《物种起源》提出革命性的自然选择的进化论，代替了圣经中上帝创造各种物体的学说。1865 年 E. B. 泰勒的《人类早期历史和文明发展研究》提出了人类学和宗教比较研究方面的新问题。但是，如果说这些研究对宗教的影响是间接的（虽然并不因为是间接的就麻烦小一些）的话，那么文化界和历史界对圣经本身的批判攻击则是直接的和革命性的。关于圣经的旧约全书，继 18 世纪艾希霍恩的开拓性著作之后，19世纪埃瓦尔德的《以色列人民史》（1843年）问世，该书把希伯来人的氏族时期解释为神话，把摩西说成是第一个历史人物；而德·韦特则争辩说，《旧约全书》的《申命记》属于约赛亚统治时期；库南的《以色列的宗教》（1869年）坚决主张多神论本来是希伯来人的信仰，这一信仰直到他们被放逐一直保持下来，从而把争论又推进了一步。韦尔豪森的《以色列史》（1878年）将这些理论加以完善。该书提出有关《旧约全书》各卷的批判性假设，认为8世纪的先知书是最早产生的而把《旧约全书》的前五卷的绝大部分归入希伯来人历史后期的产物。在英国，H. H. 米尔曼的《犹太史》（1830年），曾隐隐约约地预料将会有这样的理论出现，这本书试图唤起知识界对来自德国的冲击作好舆论准备。更加严重的是对《新约全书》的猛烈抨击。1846年乔治·埃利奥特翻译了D. F. 斯特劳斯的《耶稣的生平》，该书认为福音书并不是历史传记，而是以神话体现的宗教真理。作者坚持认为，福音书的宗教价值与它们作为历史文献是否真实无关。以F. C. 鲍尔为首的蒂宾根学派试图为《新约全书》的历史真实性辩护，根据黑格尔的原理，把它解释为犹太基督教与非犹太基督教矛盾斗争的产物，这一斗争最终演化为天主教教义；但这种正统说法并没有给人们带来多大的慰藉。E. 勒南的《耶稣生平》（1863年）一书进一步打乱了传统的信念。长期以来根深蒂固的关于上帝启示的性质、关于《圣经》的历史特点、以及关于基督教与科学、与宗教比较研究的关系等方面的看法都产生了混乱和被打破，教会正是在这样的情况下进入了19世纪的最后30年。教会一方面逐渐接受了科学的发现，另一方面也接受了对《圣经》进行批判研究的原则，这一过程属以后一个时期的事，非本章所叙述的内容。不过，与这些影响深远的根本性的问题相比，教会与国家之间的冲突降低到次要的地位。此外，在19世纪同时出现了自从基督教早期数百年历史以来空前未有过的传教活动大发展；但这主要是非罗马天主教会进行的活动，特别是在美国进行的传教活动。从这个更大的舞台的角度来看，欧洲大陆原有的基督教国家中的政教关系之争，甚至就更加令人淡忘，成为一些古老的、令人不愉快的、遥远的过去的事物和斗争了。

（李朝增　译）

第 五 章
教育和新闻事业

在欧洲，教育也像其他生活领域一样，深受法国大革命及其后果的影响。欧洲各国所有古老的教育制度已经彻底垮台，古老的教育概念也荡然无存。唯有位于欧洲边远东部平原的俄国以及英国例外。英国在教育方面，就像在其他许多方面一样，依然走着自己的道路。在法国，世俗的、受国家控制的"教育总署"已经在旧秩序的废墟上出现，这是拿破仑为了指导中等和高等教育于1808年创建的。在王朝复辟前，国家在初等教育方面一直无所建树。在其他西方文明国家中政治和经济生活所占据的地位，在德国却是由学术研究占据着；德国对教育的信念是任何其他国家无法与之比拟的。特别是普鲁士于1807年大复兴后建立了柏林大学（1810年），这所大学给19世纪的全部大学工作树立了样板。旧有的拉丁文学校发展成为文科中学，初等教育也按照瑞士教师和理论家裴斯泰洛齐所提出的方针路线在发展。1815年和平恢复后，欧洲各国所有的政治家和理论家对教育事业都普遍感兴趣。到处是百废待兴，特别是在像意大利、哈布斯堡帝国东部各省以及俄国这样落后的国家中，在教育方面要做的事情更多，而且也做了相当大的努力，虽然，那里的政治反应对教育事业的进步往往是有害的。随着19世纪向前推移，教育政策在欧洲本土受到促进民族团结和推进民主制度的要求的影响。在世界更广泛的范围内，由于美国和英国自治殖民地的成长，以及欧洲向其他各洲的渗透，开辟了新的发展前景。欧洲世界虽然变得越来越大，然而由于铁路、轮船、电报的发展同时又缩小成为一体，从而使人们对于他们生活其中的世界能有比以往多得多的了解。如果要达到他们预期的目的，就必须对各阶层人民提供更为广泛的受教育的机会。因此，

1830—1870年不仅传统形式的中学和大学教育活动大大地发展了，而且对技工、成人和妇女的培养也提供了更多的条件。此外，在制造并左右舆论的其他种种方法上，也有了显著的发展，当然，其中最重要的莫过于新闻出版事业，这个事业当时就已具有和现代颇为类似的形式。

欧洲各国教育史上起主导作用的问题是国家在教育中发挥适当作用的问题。国家对教育应干预到何种程度，干预的目的是什么？国家同教会以及可能各自抱有相同或不同的目标和理想的个人之间的关系应当如何？法国和德意志各邦与英国截然不同。马休·阿诺德在其论述欧洲教育制度的文章中，不厌其烦地把英国将教育一律委诸私人或私人团体之手这种混乱的方法，同他在德意志、法国、荷兰或瑞士所见到的国家对教育进行有条不紊、经常不断的指导的办法加以比较。在这一时期（1830—1870年）之初，国家对教育事业的干预在英国尚不普遍，所采取的改革虽然大部分是出于私人的努力，但是即便在英国，国家在指导教育政策方面也起着日益增大的作用。在法国和普鲁士，国家管理教育是国家主权的一种表现，这首先是在1789年革命，其次又在耶拿战役之后大改革时期的复兴工作中得到肯定。很多法国人认为，国家如果放弃促进教育的职责，就将完不成它的使命。基佐在他的《回忆录》中写道：国家管理教育的制度是法国的"历史和民族精神"赋予法国的。"我们要求统一——这一点只有国家才能做到；我们已经破坏了一切，我们必须重新创造。"① 费希特曾把德意志的未来寄希望于一种新的国家教育制度。德意志人相信，国家的任务是利用教育制度焕发它自身内在的天赋力量，并通过发展文化和悉心教育其公民来促使道德理想的实现。这一思想并不仅仅限于像普鲁士那样的专制主义和军国主义国家。在瑞士，1830年推翻了各州原有的寡头政治的宪法后，自由派对教育表示出了极大的关切，因为他们认为教育是公民民主品德的神经中枢，是提高国民生活水平的主要手段。因此，国家有责任帮助本国公民发挥自己最大的聪明才智。

如果说这就是国家管理教育的目的所在，那么国家所施行的教育

---

① F. 基佐：《阐述我这一代历史的回忆录》（J. W. 科尔译，伦敦，1860年），第3卷，第23页。

自然就应为国家自身的目的服务了。因此，拿破仑三世的政府牢牢地控制了法国的教育，解除了像历史学家米什莱、波兰诗人和斯拉夫语言学者密茨凯维奇这样一些对他不友善的教授们的职务。同样，普鲁士的弗里德里希、威廉四世的政府对小学强制实行了1854年的条例，用以对付新思想的危险，并使学校忠于教会和国家的成规。尼古拉一世（1825—1855年）统治下的俄国对教育采取了最极端的控制形式，当时的教育大臣把俄国的教育精神规定为："正统、专制、民族性"（参见原文第230和363页）。然而国家设立的培训官吏的机构所获得的效果，却与政治家和统治者们的愿望大不相同。在亚历山大二世（1855—1881年）统治下，大学获得了较多的自由，它们培养出一个新的知识阶层，这一阶层同以前有文化的贵族阶级不同，在俄国国民生活中没有确保无疑的地位。这种非贵族出身的知识分子敌视政府，脱离群众，是一股潜在的革命力量。在西方国家中，反动政府的政策同样也不能阻挡这一时期成为学术自由伟大时代的发展趋势。在1848年德意志和意大利的革命中，大学教授和学生起了重要的作用。特别是在德意志，大学已超越了各邦和宗教的障碍，成了自由主义和民族主义情绪的温床。"哥廷根大学七教授"由于抗议汉诺威国王埃内斯特·奥古斯特破坏宪法而被开除（1837年），遂成了当时德意志的英雄人物（参见第19章，原文第494页）。在瑞士，1830年以后自由主义的成长是同教育的发展紧密地联系在一起的；分离主义联盟战争之后，联邦进一步统一的标志之一，就是建立了一所联邦技术大学，即1855年开办的苏黎世综合技术大学。但是在民族杂居的地区，民族情绪也是造成教育冲突的一个原因。波希米亚的捷克人和德意志人之间的敌对，匈牙利的马扎尔人和斯洛伐克人之间的敌对，大多是在学校里出现的。波兰人和俄罗斯人之间的情况也是如此。波兰人的教育在1830年起义后，在俄国边境地区遭到取缔；在1863年起义以后又在波兰"会议"王国本身遭到取缔（参见原文第236和376页）。

1830—1870年，国家由于在教育中的作用迅速扩大，因此便不可避免地要同个人和团体，特别是最重要的团体教会发生冲突。没有国家的协助，教育是不可能得到如此迅速发展的；但是，随着国家实力的增长，容纳新实验和新思想的余地就必然越来越小。国家对教育的干预表明国家"体制"的壮大。在许多国家，特别是在德意志，教学计划和教学方针是同为国家服务的要求紧密联系在一起的，大部分中学生和大学生的目的都在于进入政府部门工作，而进入政府部门工作就必须通过官方考试取得资格。教育机构越是官僚化，千篇一律、死气沉沉的危险就越大，发挥个人首创精神的余地也就越小。哪里的国家体制最有效、最广泛，这种危险在那里也就最大。在19世纪教育学家的圣地普鲁士，福禄培尔的幼儿园被取缔（1851年）；在平民教育取得相当成绩的邻国丹麦，格伦特维主教及其信徒感到缺乏自由和自发精神。国家教育的发展所包含的另一种危险，在于国家对公民行使的权力无限地扩大。于是世俗界和宗教界之间因争夺权利而产生了尖锐的冲突。这一冲突并不是不可避免的。在德意志各邦、奥地利、斯堪的纳维亚等许多国家中，国家和教会在初等教育中合作得很协调，这种初等教育具有明显的宗教性质。在英国，宗教与世俗原则之间并没有什么直接的冲突。这种冲突被英国国教与不信奉国教的宗教派别之间的争吵所取代，此种争吵在现代国民教育制度基础的1870年教育法中留下了深刻的印记。但是，在许多国家中，这种冲突同基督教会，特别是罗马教会与世俗的教育观点之间争夺领导权的斗争直接联系在一起。学校问题是罗马天主教同新的意大利国家间的主要争执之一。这一问题是瑞士爆发分离主义联盟战争的原因之一，并一直存在，成为1848年以后发生动乱的一个根源。1855年的奥地利政教协定是国家对教会权力的彻底投降，由于害怕革命而采取的政策由此而达到顶点（参见第20章，原文第533页）。

　　各国自由主义者对于国家、教会和学校等问题的态度，由于具体情况不同，差别甚大。法国天主教徒为反对教育总署垄断中等教育进行了多年的斗争，直到1850年制定《法卢法案》允许私人（实际上是允许教会）有自由兴办中学的权利后方才罢休（参见第4章，原文第80页）。许多自由主义者，如拉马丁，反对教育总署对教育的垄断，天主教领袖蒙塔朗贝尔所采取的方针，其基础则是要求公民自由和宗教自由。在比利时，人们憎恨荷兰统治下国家对初等教育的垄断，构成爆发1830年革命的一个重要原因，革命后即采取了教育完全自由的政策。但是，教育问题打破了天主教徒和自由主义者的同盟，因为自由主义者意识到，教育自由实际上就是教权占支配地位。

1834年双方都创办了大学。天主教徒建立的大学在马利纳，1835年迁到卢万；自由主义者建立的大学在布鲁塞尔。1842年的小学法对教会有利，然而1850年的中学法却加强了国家的控制，天主教徒对之表示强烈不满。在荷兰，拿破仑时代建立了初等学校体系（1806年），仅仅讲授非教派的宗教课程；而且，初等教育由国家垄断，获准开办私立小学的情况甚为罕见。一方面有人争辩说，国家有责任在各地兴办非教派性的教育并继续实行现行的体制；另一方面有人争辩说，这种体制侵犯了个人和父母的权利。这个问题使自由主义者产生了分裂；有的人支持教育自由，但是由于十分惧怕教士的影响，因而对1848年的宪法所赋予的教育自由加上了严格的限制。国家对教育的垄断终于被1857年的法律所打破，但是这一点既没有使正统的新教徒感到满意，最终也没有使天主教徒感到满意。事实上，就各处来讲，满足国家、个人和团体各自的要求，要比自由主义者关于个人自由的理论所想象的困难得多。

　　理论家对教育问题的关注并不亚于政治家和实务家；他们都对教育问题表示关注，这就表明教育在欧洲思想和意识中将要起日益重要的作用。在此之前的半个世纪的领袖人物之一，瑞士人约翰·海因里希·裴斯泰洛齐于1827年逝世。但是，他的信念在平民教育中仍是一种强大的力量：必须通过儿童自己的活动，循序渐进地发展其才能和天赋，才能把儿童的潜在力量发掘出来。与裴斯泰洛齐同时代的瑞士人菲利普·埃马努埃尔·冯·费伦贝格，在他霍夫维尔的庄园开办了一系列学校，每所学校对不同的社会阶级给予适合其社会地位的教育。他的工作引起了外国观察家极大的注意，他自己则积极从事这一工作，直到他1844年逝世为止。受裴斯泰洛齐影响的德国思想家有约翰·弗里德里希·赫尔巴特（1776—1841年）和弗里德里希·威廉·奥古斯特·福禄培尔（1782—1852年）。赫尔巴特开始创立一种以心理学和伦理学全面观点为基础、着重强调教学方法重要性的教育学。他的思想受到德意志关心教育理论的大学教师们的大力支持，后来英国和美国对他的思想也进行了深刻的研究。福禄培尔是创造比较好的幼儿教育法的先驱。他教导说，应该让儿童懂得事物的相互联系，通过游戏促使他们从事创造性的活动；为此目的，他创造了一系列"礼物"和"劳作"来发挥儿童的才能。"礼物"即各种形状的积木，用以构成各种图形；"劳作"即编织，制作泥、纸模型等。前者是教儿童模拟，后者是教儿童表达自己的想象力。按照这种想法创立的第一所幼儿学校于1837年成立，名为"幼儿园"。前面已经提到，普鲁士政府对福禄培尔并不赞许，因此，他的工作不是在德意志，而是在英国和美国产生了影响。

法国和英国主要的政治和社会理论家们都对教育问题表示关心。1830年的英国功利主义者以"最大多数人的最大幸福"为其信条，当然十分关心教育问题。杰里米·边沁和詹姆斯·穆勒都写过有关这一问题的文章，特别是穆勒对教育所能产生的结果抱有极大的信心。其后的另一位重要英国思想家是赫伯特·斯宾塞（1820—1903年）。他深受新的科学思想的影响，坚持心理学的重要性；他着重指出，儿童教育必须同儿童智力发展的自然阶段相协调，同时也要同人类文明演进的连续阶段相协调。他大力强调科学知识的价值，认为只有科学知识才能使人获得过完美生活的必要技艺。在法国，奥古斯特·孔德（1798—1857年）也要求提倡"实证"教育，这种教育应同现在的时代要求相一致，应以教授各门科学的相互关系为基础。法国早期的两个社会主义思想学派，即傅立叶和圣西门学派，都强调发掘儿童的天赋才能对社会和个人具有重要意义，至少圣西门派还帮助宣传进行平民教育具有普遍的好处。

在大学、中学和技术学校以及小学教育中取得实际成果的国家中首推德国。来自全欧洲以及欧洲以外各地的旅行者，对德国所取得的成就无不表示称赞。美国马萨诸塞州的教育部部长霍勒斯·曼在19世纪40年代写的文章认为，普鲁士、萨克森以及德意志西部和西南部一些邦在平民教育中站在最前列。法国观察家维克托·库辛在1831年就把普鲁士称为"典型的兵营加学校的国家，学校教化人民，兵营保卫人民"[①]。在普鲁士以及在德意志诸邦，教育一般是义务性的，但是1850年普鲁士宪法所规定的免费教育条款并未实施。在奥地利，政府在教育方面作了很大的努力，在哈布斯堡帝国西部诸省，儿童入学的比例很大。但是有关平民教育的规定存在严重的不足，教

---

① 维克托·库辛：《论德意志各邦的公共教育……》（第3版，巴黎，1840年），第1卷，第26页。

育所达到的水平也远较北德意志低。1869年的小学法为培养师资作了较优厚的规定，并把学制延长到8年。

德国的邻邦瑞士、斯堪的纳维亚各国和荷兰在教育方面都取得了巨大的进步。霍勒斯·曼、库辛，英国观察家如詹姆斯·凯—沙特尔沃思爵士和马修·阿诺德等均对荷兰小学加以赞扬。阿诺德还在60年代著文把瑞士较先进邦中的学校列为欧洲最优秀的学校；1830年后，各邦的体制迅速发展，都普遍实行了义务教育。斯堪的纳维亚各国的教育虽然经常遇到巨大的困难，但仍取得了相当大的进展。在全部斯堪的纳维亚国家中，国家建立和掌握了一个包括人口稀少的农村地区在内、涉及全国的全面小学体制。这种全面的小学体制在瑞典建立于1842年，在挪威建立于1860年；在人口较稠密的丹麦，1814年就有了这种全国性的体制，1856年的一项法律使它得到了进一步的改进。在这三个国家中都实行了义务教育。斯堪的纳维亚各国还产生了一些自己的、饶有趣味的教育思想。在丹麦，格伦特维主教的弟子克里斯滕·科尔（1816—1870年）按照比国家体制更自由的方式创设了"自由学校"。瑞典首先承认体育课是学校教育中的一个必要的部分，芬兰最重要的教育思想家乌戈·胥格奈乌斯（1810—1888年）首先在学校中倡导手工训练。

在西欧政治先进的国家中，普及文化是促进民主必要的附带措施。此外，要求受到更好的教育则是技术日益复杂时代的要求。使用和管理机器的人们比其耕种土地的祖辈需要更多的"书本知识"。另一个起作用的力量则是博爱主义，即对社会上不那么幸运的人们给予援助的愿望。这种博爱主义，举例来说，在英国工厂立法中也反映出来。平民教育不仅是出自上层的恩赐，就某种程度而言，也是来自下层的要求的结果。英国工人阶级领袖如罗伯特·欧文和宪章派威廉·洛维特对这些问题深为关切。在法国，工人们相信，教育是改善他们状况的关键，并且要求实行免费和义务教育。到1870年，不论在法国或英国，这一目标均未达到。就教学方法而言，先由教师教一些辅导生，再由这些辅导生教其他学童的风行一时的互助制，即兰开斯特制，到了30年代已经不流行了。1837年，法国初等教育协会进行了一次调查，发现许多不同的国家都认识到了这一制度的缺点。法国建立全面的小学体制比英国早得多。1833年的教育法规定，每一小行政区应有一所小学，每一大行政区则应有一所师范学院。马休·阿诺德1859年访法时，对此评价甚佳；当时所达到的水平虽低，但是随着国民生活的改善，其水平也必将进一步提高。英国政府也于1833年对两个团体，即英格兰圣公会的"全国"协会和非教派的"英国"协会首次给予补助。补助的规模逐渐扩大，但是由于1862年实行根据考试成绩给予补助的制度，补助的进程受到了阻碍。1870年福斯特教育法案通过后，英国才有了一部全面的教育法。福斯特教育法维持当时已经存在的非教派学校，并用地方税创办新的学校来补充这种学校。苏格兰的教区学校具有可以远溯到17世纪的光辉历史，曾经受到霍勒斯·曼的赞许，其特点也许是以培养学生升入大学为目标，而且升入大学的学生的年龄比英格兰升入大学的学生的年龄小。由于法定的教育体制满足不了全国的需要，作为这一体制的补充，各种各样的民办学校建立起来；其中大多数被纳入了根据1872年苏格兰教育法重新改建的国家教育体制之中。

南欧和东欧的教育状况比较差，文盲十分普遍。意大利南部的文盲问题尤为严重，新统一的意大利王国根据1859年通过的法律，立即着手解决这一问题，并取得了实际进展。然而时至1871年，文盲仍占人口的72%。① 在奥地利东部诸省以及匈牙利，教育也十分落后。匈牙利1869年的普查表明，文盲占63%，能阅读但不能书写者占9.7%。② 在俄国，文盲问题最为严重，直到60年代亚历山大二世实行改革，农民的解放问题把文盲问题提到显著地位之后，才真正着手试图解决这一问题（参阅第14章，原文第378页）。1864年建立的地方自治会做了很好的工作，但是解决文盲的任务至1870年几乎还没有开始。

科学的进步迫使高等教育去适应新的要求。古典学科唯我独尊的地位遭到了非难。其中一个要求是，普通中等教育的领域要扩大，对科学和现代语言应给予更重要的地位；另一要求是为工业提供技术训练，因为工业文明不仅需要数量不断增加的、受过训练的高级技术人员，而且也需要具有较高文化水平的低级人员。德国的院校，在现代

---

① 贝内代托·克罗齐：《意大利史，1871—1915年》（英译本，牛津，1929年），第57页。
② 斯科特斯·维亚托尔（R.W. 塞顿－沃森）：《匈牙利的民族问题》（伦敦，1908年），第207页。

和技术等学科的教育方面，就像在古典学科方面一样，组织得很有成效。普鲁士的文科中学是以古典学科为基础，对学生进行全面的教育。1834年规定，凡未取得文科中学毕业证书者不得进入大学，而大学乃是进入政府部门工作的阶梯。德意志各邦的教育体制重点各有不同，但大体相似；奥地利的体制原先规定的课程范围甚为狭窄，但1849年大力地进行了改革。在这一时期中，以现代学科为基础、对学生进行全面训练的实科中学的地位越来越重要；实科中学创始于19世纪初，在普鲁士于1832年和1859年根据法律进行了两次调整，调整后，其一年级的课程与文科中学类似。其他国家通过设立现代学科课程（1850年比利时中等学校法）或另立现代学校（1863年荷兰的类似法律），也取得了类似的进展。

在法国和英国，中学课程仍然全部是古典学科，现代学科未加提倡。在英国，赫伯特·斯宾塞和T. H. 赫胥黎等评论家着重指出了传统课程的缺陷，到了19世纪60年代末，这一问题引起了公众的关切。1870年成立了一个皇家委员会来考虑科学教育和促进科学的问题。在法国，1852年曾实行过文学课程与科学课程"分支"的制度，但是没有取得成效；因此，这一制度在1865年被"专门科学教育"计划所取代。法国的中学，包括皇家中学即公立中学和市镇中学与大学各学院一道均属拿破仑时期的教育总署管辖。1850年以前，私立学校，实际上即教会学校，如未经事先核准则不得成立；私立中学获准建立后，往往倾向于脱离国立中学的轨道，二者之间绝少联系。但由于国家掌握学衔，因此各处学校的课程均以通过国家的业士学位考试（即中学毕业会考）为目的。于是像在条件类似的德国那样，法国也有批评家抱怨学生的课程负担过重，考试，特别是职业中学的考试对学生的压力太大。严格的专业学习，在中学教育中起重要的作用，学生一旦离校之后，便进入从事专门职业的训练。其结果，在法国，正规教育同自由文化之间的联系与中学最后几年的课程密切相关，而在其他国家，主要到大学时才衔接起来。法国的这种教育概念的例子之一便是哲学在中学教育的最后一年中占有重要的地位。

马修·阿诺德认为，法国的中学教育值得称道，而且费用不大。法国所提供的全面的国民教育制度是英国无法比拟的。他说，英国虽有少数水平很高的伟大学府，但是对广大的中层阶级却没有作出什么实际建树，因而他们几乎是世界上受教育最差的。阿诺德呼吁由国家管理中学教育的要求，在一代人的时间里被忽视了。国家对教育不加管理，也没有一个全面的体制；除了许多难以令人满意的私立学校外，只有古老以学习拉丁语为主的文法学校，而且其中许多学校办理不善，甚至营私舞弊，另外还有少数大致是从这种学校发展而成的"公学"，这种"公学"大多为寄宿学校。在这一时期中，由于拉格比中学校长（1828—1842年）托马斯·阿诺德等人士对老式中学进行改革，以及由于创立了许多新学校，使"公学"制具有了现代的形式。虽然1864—1867年的汤顿委员会提出的建议制止了滥用文法学校基金的现象，但时至1870年，英国在教育方面仍落后于邻国。

技术和职业训练的重要性在各国也与日俱增。德国建立了大量技术学校，这种学校初创立时往往简陋而且不大协调。按照它们的教育水平，逐渐形成了等级，它们受到的强烈的外部影响是苏黎世的综合技术学校，它成为德国技术大学的样板。到1870年，一些主要的技术学校，如卡尔斯鲁厄（1825年）、德累斯顿（1828年）和斯图加特（1829年）等地的技术学校逐渐过渡成为大学，但完全发展成为技术大学则在1870年以后。但在1868—1872年，德国的高等技术学校每年在校学生平均人数已达到3500人。[①] 1828年，法国建立了中央高等工艺制造学校以及其他较低级的学校，英国却远远地落后。女王的丈夫对此十分关心，想以1851年博览会的收益在南肯辛顿所购置的地皮上建立一所学校。学校虽未建成，但这块地皮成为商务部于1853年成立的分支机构"科学技术部"的总部。这一机构在资助科学教育方面做了一些工作，但活动范围并不广泛；此外，政府1868年进行的一次调查也揭示出了英国的弱点。

这一时期，在各国广为推行的一种特别的职业教育是为小学培养师资的师范院校。师范学校也是德国人首创的，是德国平民教育取得进展的一个主要原因。普鲁士小学教育界当时最杰出的人物是F. A. W. 迪斯特尔韦希（1790—1866年），他自1832年起到1847年被撤职为止一直是柏林师范学院院长。瑞士的师范学院也受到了英国评论家的赞扬。瑞士最杰出的师范教育家是约翰·雅各布·韦尔利

[①] J. 康拉德：《最近50年来的德国大学》（英译本，格拉斯哥，1885年），第188页。

(1790—1855年），他曾在费伦贝格的领导下在霍夫维尔工作过，当过克罗伊茨林根师范学院院长（1834—1853年）。他的一个重要原则是体力劳动与通常的课堂教育相结合。在英国，1839年设立的枢密院教育委员会拟建立一所国立师范学校，但由于遇到宗教上的困难而未成功。但是委员会秘书凯博士于1840年在巴特西建立了一所卓有成绩的师范学校，这所学校后来转交给了"全国贫民教育协会"。在这之前，戴维·斯托在格拉斯哥曾进行过类似工作（1836年）。1846年以后，英国政府的政策是推行小先生制，以建立一支人数众多的受过训练的教师队伍。

处于教育阶梯顶端的是大学。这是欧洲生活中根本性体制之一，各种大学的地位大体相同。当时大学的楷模是德国的大学，在德国的大学中正在形成学术研究的现代标准。18世纪，神学、法学和医学三个专业位于第四个专业，即自然科学之上，但在19世纪，这一有其本身宗旨的独立研究专业，却成了这些大学中最重要的部门，大体上讲来，大学的目的在于成为科学研究的实验室。德国的教授都是卓越的学者和独具见解的研究家，大学中的学习越来越集中于详尽地进行学术研究。在教授指导下从事高深研究工作的"研究班"或小型学习班的成长，是当时总的发展趋势的重要方面。教授和学生的目的都是追求学问而进行研究。在这一时期，德国伟大的科学家和学者都出自大学，而在英国则不然。德国是首先把科学研究组织起来并把它同教育结合在一起的国家；生理学家弥勒、数学家高斯、化学家李比希都是大学教师（参见第3章，原文第50页）。

奥地利、瑞士德语地区、荷兰和斯堪的纳维亚各国的大学，大体上都袭用德国大学的组织形式。奥地利统治下的德意志诸邦没有取得德意志其他各邦的那种成就。特别在1848年以前，奥地利的大学同中学一样墨守成规。文科中学教员和大学教授都要按照政府核定的教本教学。大学受到学监的监督，教授和学生都不例外。不强调独立思考，而是死记硬背；考试繁多，限制重重。就是在1849年以后，奥地利的大学虽有一些卓越人士任教，但政府的精神并不利于学术自由。两个扩大高等教育的计划都遭到了失败。一个是格伦特维主教建立一所大型斯堪的纳维亚大学的计划。另一个是在瑞士建立一所联邦大学的计划，这一计划因无法克服各州之间以及教会方面的妒忌而遭到失败。但是，1833年在苏黎世、1834年在伯尔尼，以及1835年在巴塞尔建立了新的州立大学，瑞士德语地区的大学进行了改组。

唯有在法国不存在像其他国家那样的真正的大学生活。旧的基础已被法国革命扫荡无遗。拿破仑分别设立了神学、法学、医学、科学和文学各个学院。由于罗马天主教反对神学院，因此罗马天主教神学院形同虚设。法学和医学院仅仅是职业学校；科学和文学院则仅仅为不固定的临时学员提供考试委员会或举办讲座。国民教育部部长基佐（1832—1836年）想创建一批课程齐备的综合性大学，但计划未能实现。后来，维克托·库辛在雷恩创办大学的计划（1840年），同样也遭到失败。各学院分散在全国各地，常常互不往来；这些学院不可能有任何真正的协作精神，也不可能成为真正的学术中心。但是，在巴黎却有一个重要的高等学术中心，即享有很大自由的法兰西学院，它同上述学院形成了强烈的对比。法兰西学院的著名教授中有米什莱、居维叶、安培①和贝托莱；法兰西学院没有规定的课程，学生无须考试。在拿破仑三世统治的时代，教育大臣迪律伊热衷于提高高等教育水平；1868年他建立了高等学科实验学校，作为历史、数学和自然科学研究工作的中心。严格的职业教育在法国高等教育中起的作用比在其他国家中要大；这类学校中，著名的仍然是为国家培养民用和军用工程技术人员的综合技术学校，以及为中等教育培养高等人才的高等师范学校。

拿破仑时代，法国人在意大利改革了中等和高等教育，但在1815年后，由于严厉的审查制度以及宗教力量的影响，所取得的成果都已丧失。按照高等师范学校的模式在比萨建立的师范学校关闭了；1846年托斯卡纳政府重新开办了这所学校，但是到1862年，这所学校已无在校学生。大学为数甚多，其中最著名的有那不勒斯大学和波洛尼亚大学，但是当时的气氛阻碍了新的学科的发展，压制了独立思想。1859年的教育法规定中央和地方政府共同负责中等和高等教育，并要求明确规定大学入学标准和严格的考试制度。但是，如同初等教育一样，其前进的道路漫长而又坎坷不平。马修·阿诺德在他的《欧洲大陆上的中学和大学》一书（1868年）中指出，大学里学

---

① 著名物理学家安培的儿子、历史学家让·雅克·安托万·安培。——译者

文学和自然科学的学生数量极少，绝大多数学生均研习医学和法律这两门职业科目。1859年的教育法所规定的严格考试制度没有实行，学校当局懈怠宽松，教授和学生也缺乏纪律。

英国的大学与其他欧洲国家的大学大不相同；英国大学的目的在于培养有教养的绅士，而德国大学的目的则是造就学者和官员；英国大学不搞职业教育，不鼓励研究工作，仅举办授给普通学位的课程，学位虽对成绩要求严格，但通过的标准较低。马修·阿诺德认为，英国大学最多不过是高中而已。英国大学的豪奢及其仅对英国国教教徒给以优惠的做法，受到了革新派严厉的抨击，许多革新派希望取消大学体制，鼓励德国式的职业教育，或具有独立和较为平等传统的苏格兰大学的做法。老一些的英国大学虽然保守，但具有自己的真正传统，即进行综合性教育、培养学生准备进入社会生活。这种传统有自身的价值观念，逐渐与时代的条件相一致。牛津大学和剑桥大学直到1871年才最后免除了宗教考试。到此时，免除宗教考试的新大学纷纷建立，其中最重要的有1836年获准创建的伦敦大学，但是伦敦大学不过只是许多独立学院的中心考试机构而已。其他新大学有1837年获准建立的达勒姆大学和1851年获准建立的曼彻斯特欧文斯学院。欧文斯学院即现代的曼彻斯特大学的雏形。建立这些大学并不是国家采取行动的结果，而是出于私人的主动精神。

美国的教育史是将欧洲教育思想加以改变，使之适合于一个新环境的突出说明。最先进的地区是新英格兰，最落后的地区是南部，内战更使南部遭到严重的挫折。初等和中等教育总的趋势是走向非宗教的公立体制，这种体制是民主思想扩展的一个方面。正如1856年一位英国评论家所写的："……在普通中学中，随意发表的平等言论似乎甚为响亮——与后来在演讲台上和投票箱旁声嘶力竭的呐喊一样。"① 在19世纪第二个25年，在实行免费的、由税收担负并由州政府控制的非宗教的初等教育问题上，赞成与反对的双方在北部诸州进行了长期斗争。许多教会人士和有产集团拼命反对这种学校；但是到了1850年，这一问题在北部诸州在原则上已经得到了解决，1834年宾夕法尼亚州通过了免费学校法就是一个重要

---

① 《星期六评论》（伦敦），1856年11月8日，第2卷，第616页。

标志。在中等教育方面,同样的要求,即公立中学由政府管理的要求,导致了公立中学的建立,第一所公立中学 1821 年在波士顿建立,但在这一时期末,私立中学的势力仍十分强大。在高等教育方面,由于向由州管理的方向发展,遂导致了在南部和西部各州建立州立大学,但这些大学真正成为重要的学府则是很久以后的事。这一时期主要是规模较小的教会学院,这种学院经费拮据,惨淡经营,在当地还有很多竞争的对手。但是,随着开拓地区的扩大,这类大学也就随着扩散开来,并在边疆地区做了重要的开化工作。内战结束时,美国的高等教育水平仍然很低,即使是东部的老牌大学如哈佛、耶鲁和普林斯顿等,情况也是如此。它们的课程都是初等的,课程安排也是老式的。但是,1870 年前后,开始了大规模的改革,此时新建立了一些大学,如 1868 年建立的康奈尔大学,并出现了新的教育界领袖,如在 1869 年出任哈佛大学校长的查尔斯·W. 埃利奥特。美国教育取得进步的一个重要原因是学习德国的榜样,因为美国学生通常是去德国留学的。通过诸如马萨诸塞州的霍勒斯·曼以及康涅狄格和罗得岛州的亨利·巴纳德等教育改革家所进行的工作,欧洲的思想也对公立中学的发展产生了影响。巴纳德在他 1855 年创办的《美国教育杂志》中传播新思想;霍勒斯·曼的成就之一是于 1839 年在马萨诸塞州的莱克星顿创建了第一所培养小学师资的州立师范学校。

  在这一时期,英国的教育思想在各自治领和印度都广为传播。在各自治领,除法国教育思想影响很大的下加拿大外,都是照搬英国的教育体制。大多数自治领都是在 1870 年前后才建立某种初等教育体制的。像在英国一样,教派竞争在教育中起着很大的作用。在新南威尔士和维多利亚,主张全国性教育体制和教派教育体制者之间存在着冲突。在加拿大各省,各教会之间在高等教育方面存在着激烈的竞争。例如,约翰·斯特罗恩主教为把后来的多伦多大学置于英国圣公会掌握下进行过长期的斗争,但终未成功。英国的"公学"体制也向国外传播,在奥地利、新西兰,以及南非,均有仿效此种体制而建立的学校。印度的教育问题很大,也大不相同。在这一时期之初,在关于英国当局应赞助传统的东方教育还是应推行西方教育的问题上,进行了大量的讨论。1835 年作出了推行西方教育的关键性的决定。① 由 T. B. 麦考利起草的著名备忘录与这一决定虽有一定关系，但还有一些人士也赞成推行西方教育方针，如 C. E. 特里维廉等官员、拉姆·摩罕·罗易等印度自由思想家，以及1830年在加尔各答创办"教会大会学院"的亚历山大·达夫等传教士教育家。英国之所以作出这一决定是由于它认为受过西方教育的印度人会被西方的生活方式所同化；并且相信，西方思想会通过他们传播到广大人民群众中去。这一政策实际上忽视了东西方之间的深刻差别，例如，学校教育与家庭影响之间的冲突。查尔斯·伍德爵士在1854年的报告文件中计划以政府拨款建立一个完整的教育体制，并于1857年创办了一批像伦敦大学那样纯属是考试机构性质的大学。英属印度教育体制的缺点甚多。初等教育虽是一个重大的问题，但对这一问题未加注意，经费极为有限。世俗化的英国学校不符合伊斯兰教徒的要求，他们不信任与其宗教脱离的教育体制。所施教育的内容纯属于文学方面，而印度人所需要的科学技术方面的教育则太少。更为严厉的政治批评是：英国的统治对受其教育的阶级并没有给予什么机会，因而给其自身制造了不满。虽然如此，但英国在短时期中在印度却做了出色的工作。与荷属东印度的情况相比是很有意义的。荷属东印度的主要注意力是放在为当地欧洲居民开设的学校上。但是即使为这些欧洲居民，也只是在1860年以后才开始创设中学，土著居民只有进入欧洲人的学校才能受到西方教育，而对他们来说这是很难做到的。在初等教育方面，工作做得不多。荷兰殖民地的教育事实上比英属印度要落后半个世纪，只是在1864年以后才取得了较大的进展。

欧洲传统的教育体制除广泛地传播到其他地区外，同时也在本国传播到新的阶层居民中。在19世纪下半时期，这种传播的一个重要方面是对妇女实行公共教育，这涉及妇女争取获得与其比例相称的普遍受教育的权益要求。在欧洲的大国中，在这方面最落后的是法国。教育大臣迪律伊在60年代倡导学校为女生开设课程，但是国立女子中学到80年代才开始建立。德国虽有女子中学，但也仅仅到这一级为止。在英国，这一运动虽然刚刚开始，但已做了较多的工作。基督

---

① 对产生这一决定的背景情况一直有争论。关于这一问题的讨论，参见 K. A. 巴尔哈切特的文章《自治政府与本廷克的教育方针》，《剑桥历史杂志》，第10卷，1951年第2期，第224—229页。

教社会主义者F. D. 莫里斯、休斯、金斯利及其友人们致力于创办伦敦女王学院（1848年）。这所学院早期的两位学生弗朗西丝·玛丽·巴斯和多萝西娅·比尔在促进女子走读学校和寄宿学校的发展中，分别起了重要的作用。但是，在60年代给女子学校的拨款只占中等教育捐助基金的百分之二。下一步是大学教育问题。在伦敦，有20年历史的贝德福德学院于1869年实行男女合校，大学学院于1870年开始向妇女开放。剑桥的两所较古老的女子学院建立于1869年和1871年。在斯堪的纳维亚，已设立了女子中学，瑞典并于1870年给予妇女上大学的权利。就全国总的情况看来，俄国也取得了很大的进步。1858年建立了第一所女子文科中学。1873年已有190所具有各个班级的女子中学，此时，妇女也逐渐进入大学学习。[①] 然而取得成就最大的还是美国。玛丽·莱昂及其在豪尔约克山建立的学校（1837—1849年）和埃玛·威拉德及其在特罗伊建立了的学校（1821—1838年），都是这方面的先驱。1833年创立的奥伯林学院一开始就给妇女以平等的机会，首批女生毕业于1841年。1853年创建的安蒂奥克学院也加以仿效。到了1870年，西部诸州一些州立大学都已向妇女开放。东部诸州则倾向于为妇女另设学院，建立这种学院的主要年代是瓦萨学院开办的1865年。

英国对成人教育十分重视。英国建立了许多"技工学校"，但这类学校一般对真正的工人阶级并没有什么吸引力。50年代中，"基督教社会主义者"做了一些有益的工作，1867年詹姆斯·斯图尔特开始在北部城镇讲学，成为大学附校运动兴起的根源之一。由格伦特维主教（1783—1872年）在丹麦提倡的"人民中学运动"，也是这种将教育扩大到成人群众中去的例子。对他的思想产生根本影响的是基督教教义、爱国主义和斯堪的纳维亚的独特文化。他于1829—1831年数次访英，对英国的教育自由，以及对英国教育高度集体的生活印象颇深。回国后，他形成了一套新的教育理论，旨在唤醒丹麦人民，给予他们一种新的自由意识和集体观念。他抨击传统教育死气沉沉、机械呆板，希望代之以不是灌输死知识而是不同思想的系统的生活教

---

① C. 伊波：《俄国的公立教育》（巴黎，1878年），第245—246页；又见阿尔弗雷德·朗博的文章，《两个世界评论》（巴黎，1873年3月15日），第104卷，第327页。朗博的数字与伊波的数字稍有出入。

育。他认为在儿童时代进行这种教育为时太早，不能达到目的，要年过18岁才能进行这种真正的教育。例如，他想创立一所大型的斯堪的纳维亚大学的计划虽没有成功，但是，在19世纪中叶丹麦经历危机时期——这一危机的高潮是1864年丹麦同奥地利和普鲁士的战争——别人把他的想法加以改变使之适应时代的要求。第一所人民中学于1844年在边境省份石勒苏益格开办，人民中学运动逐渐扩大，其实际主要领袖是克里斯滕·科尔，他真正把这一运动同农民的生活联系起来。人民中学为农民举办冬季班。冬季班不抱功利主义的目的，不举行考试，也没有固定的教学纲要。其目的在于振作精神，增强民族情绪。它们的成就是在精神上和在现实生活中提高了农民的水平。

丹麦的人民中学把正式教育同一般地对公众思想施加文化影响结合在一起。另一受成年人欢迎的运动是美国的学园运动。以这种运动开办讲座，既是教育又是消遣。这一运动在19世纪五六十年代的鼎盛时期，吸引了爱默生、《纽约论坛报》的格里利，以及科学家阿加西斯这样的一些人士举行讲座。免费借阅的图书馆的发展也对公众思想产生有力的影响。当然，各种各样的学术图书馆和收费的图书馆早就存在，但在这一时期英美两国都尝试这种做法，即让无力购买图书或无钱借书的人能借到书籍。公共图书馆运动在英国和美国约开始于19世纪中叶，到1870年还只是处于初创阶段。在英国，技工学校作出了一些成绩。1850年的"尤尔特法"第一次规定：各市可以自愿建立图书馆和博物馆，但不得动用款项购买图书。尤尔特法是以议会中这项法案的主要提案人威廉·尤尔特的名字命名的，但是收集资料、统计数字等大部分工作是由爱德华·爱德华兹做的，他是根据这项法律开办的第一个图书馆即曼彻斯特图书馆的第一任馆长。1855年通过的另一法案允许使用少量的地方税款购买图书。1870年议会统计表明，1868年已有52个图书馆，藏书50万册。[①] 美国最初是在学校所在地区设立图书馆。纽约州是于1835年通过此种立法建立这种图书馆的第一个州，此后其他许多州也照此办理，但建立图书馆的计划一般来说均未获得成功，其中原因之一是行政区划太小。最后获

[①] 《图书馆和博物馆：统计摘要……》，下院168次会议记录（1870年），第54期。数字已由J. J. 奥格尔在《免费图书馆》（伦敦，1897年）一书中概述，第38—39页。

得成功的办法还是类似英国的那种办法，即允许城镇用地方税款建立图书馆。波士顿于1848年获准建立一所公共图书馆，是最早设立图书馆的城市，波士顿图书馆本身于1854年开放。新罕布什尔是第一个通过建立图书馆法律的州（1849年），其后是马萨诸塞州（1851年），另外三个州于1870年以前也通过了这种法律。这一时期，公共图书馆的体系最强的是在马萨诸塞州，该州在1872年即有82个图书馆，藏书56.5万册左右。

影响公众思想最大而且最广泛的工具自然要数报纸和期刊了。这个工具是国家领导人和政治改革家手中的一件强大的武器。举例来说，加富尔和俾斯麦都懂得它的重要性。出版自由是基本的自由要求之一，在比较进步的国家中压迫性的限制在很大的程度上都已取消，而通信之迅速也意味着新闻出版事业有了前所未有的活动范围。随着民众教育的传播，报纸能影响到更为广泛的读者，精明的政论家如巴黎《新闻报》的吉拉尔丹和《纽约先驱报》的贝内特等都认识到，对于贫穷无力购买价格昂贵的报纸的各个阶层施加巨大影响的办法，就是廉价的报纸。如果说德国在教育方面首屈一指，那么英国在发展出版事业方面，无论是就商业效率或是社会地位而言，都在世界上居领先地位。在英国，这一时期是报纸家族时代，这些报纸家族构成了"一种人数不多的具有高尚理想和伟大坚定性格的贵族"。[①] 这些报纸家族中最大的是创办《泰晤士报》的沃尔特家族，创办《每日电讯报》的利维·劳森家族和创办《曼彻斯特卫报》的泰勒家族也同属这一类型。在整个这一时期中，新闻出版在社会上的信誉日益上升。以前那种玩世不恭的新闻传统已不适用了，到1870年时，大学中许多极有作为的青年人已开始为报刊撰稿。一般而言，除了公众和刊登广告的人以外，报纸已不为任何人所左右。当时许多极负盛名的政治家如布鲁厄姆、帕默斯顿和阿伯丁都曾企图影响新闻界，但是政治家与报刊之间的关系与早年相比平等多了，因为报纸的地位已经稳固，不需要政府的资助。"1852年有评论说，国内办得最好的报纸，如果公众得悉它已被政府收买，其价值和影响就会立刻扫地以尽。"[②]

[①] G. 宾尼·迪布尔：《报纸》（伦敦，无出版日期），第100页。
[②] A. 阿斯皮诺尔：《1780—1850年期间的政治与新闻事业》（伦敦，1949年），第372页。

早年由政府控制报刊的传统，在这一时期中仍然残存着。两个著名的急进派记者于1831年以在工人中煽动骚乱的罪名，受到格雷勋爵政府的指控，其中理查德·卡莱尔被判刑二年，威廉·科贝特无罪释放。但是，司法官员总的态度是：自由讨论并不可怕。其后，这一观点成了主流。1843年通过的坎贝尔勋爵的《毁谤罪法》在法律上引起了重要的变化。这项立法允许被告就其出版物报道真实、符合公众利益而提出抗辩。这一改变增加了新闻出版不受官方干涉的自由，但这仍然只是给予少数人的自由，因为一份日报的售价包括报纸税和印花税以及广告税在内竟达七便士。亨利·赫瑟林顿不顾法律的规定于1831年出版了不付印花税的《穷人卫报》，其后数年在"不付印花税的斗争"中许多人因违法而被定罪。小说家布尔沃在议会中领导了一次反对所谓"知识税"的运动，结果虽然由于更加严格执行上述法律而使不付印花税的报纸遭到取缔，但广告税于1833年降低，报纸的印花税于1836年减为一便士。这一时期十分兴旺、价格低廉的刊物是《一便士杂志》（1832年）。这一刊物只刊登普通消息，不登载政治新闻。"知识税"终于在1853年至1861年间被取消，其关键是1855年取消报纸印花税，从而使新闻出版事业能够向廉价方面发展。

英国的新闻出版事业倾向于集中在首都，这与法国的情况相同，但不同于德国。英国最大的报纸是《泰晤士报》，该报在这一时期其相对的重要性达到了顶峰。1854年它的发行量为5.5万份，几乎是伦敦另外五家大日报发行量总和的三倍。约翰·沃尔特第二和第三都是《泰晤士报》的开明业主。托马斯·巴恩斯（1817—1841年）和约翰·撒迪厄斯·德莱恩（1841—1877年）是它的两位杰出编辑。它的社论撰稿人有爱德华·斯特林、亨利·里夫和罗伯特·洛等人。《泰晤士报》俗称"雷神"，是政治上独立的报纸，它的一贯宗旨是领导具有重要地位的中产阶级的舆论。它同第一流的政治家们保持密切关系，它的最著名的成就之一是在1845年12月通过阿伯丁勋爵的关系发表了关于皮尔拟取消谷物法的消息。但是，《泰晤士报》的最大成就是在克里米亚战争时期取得的。当时，该报记者W.H.拉塞尔对阿伯丁勋爵政府的无能进行了揭露，这在很大程度上导致了政府的倒台（参见第18章，原文第481页）。《泰晤士报》地位牢固的原因之一是它重视最好和最早的新闻。1838年该报就设置了专门信使递送东方来的消息。由于法国政府从中作梗,《泰晤士报》曾临时改变路线经由里雅斯特和奥地利以便及时获得消息(1845年)。

印花税取消后,《泰晤士报》不得不面对更加激烈的竞争,并失去了它相对的突出地位。有几家售价昂贵的老报纸经过这一变化都已停办。1846年创办的《每日新闻报》在1868年降到了每份一便士的普及价格。该报最大的成就是刊登阿奇博尔德·福布斯关于1870—1871年普法战争的报道。另一家老报《旗帜报》在1858年时降至每份一便士。但《泰晤士报》最有力的竞争对手是1855年创刊的《每日电讯报》。该报受J. M. 利维控制。他使这家报纸成为伦敦第一家售价每份一便士的报纸。这家报纸由于有像G. A. 萨拉和埃德温·阿诺德这样有才干的记者积极写稿和大力服务,1870年发行量达17.5万至19万份,而《泰晤士报》发行量则为7万份或不到7万份。报纸读者数字的大大增加,可以从发行量上看出来。1865年仅伦敦一地的报纸印刷份数即为25年前整个联合王国全部报纸印刷份数总和的6倍。① 1855年以后情况的改变也使地方新闻报刊发生了彻底的变化。创办了许多新的日报。其中最重要的有亚历山大·拉塞尔于1848—1876年负责编辑的《苏格兰人报》和《曼彻斯特卫报》。这两家都是于1855年由原来的双周刊改成日报。英国也拥有世界上最高度发展的期刊,从季刊到周刊,如从1861年起由R. H. 赫顿和梅雷迪斯·汤森控制的《旁观者》周刊。这一时期英国最著名的期刊是《星期六评论》,约翰·道格拉斯·库克于1855—1868年担任其主编,工作十分出色,该刊还有一批才干出众的撰稿人,他们大多数都是在这个事业中走向成功之路的青年人。

在法国,新闻事业曾经是引起1830年革命的争端之一。在这场革命中,报纸同样起了很大作用。1830年修改后的宪章保证出版自由。预防性的审查制度被取消,报纸必须支付的保证金已降低。在当时的法国,新闻事业是一种巨大的力量,新闻、文学和政治之间有着密切的联系(例如梯也尔的经历)。这种情况在英国是不存在的。法国的新闻事业甚至比英国更集中于首都。巴黎资格最老的报纸无疑是《辩论报》。这家报纸由贝尔坦家族所控制。它代表上层中产阶级,

---

① 《现代报纸》,《泰晤士报的印数》(伦敦),1929年10月29日,第10页。

它总的观点倾向于奥尔良党人。它的著名撰稿人中有圣马克·吉拉尔丹，德萨西和普雷沃－帕拉多尔，有许多人还是法兰西学院的成员。在法国期刊中，居有类似地位的为《两个世界评论》，1831年弗朗索瓦·比洛任该刊主编。许多当时著名的法国文学家都为这家刊物写稿。法国新闻事业中一个重要的分支是天主教报刊。拉梅内任主编的《前途报》（1830年）鼓吹天主教与人民治理相结合，但是拉梅内在1832年受到梵蒂冈的谴责（参见第4章，原文第78页）。其后十分重要的刊物为《宇宙报》（1836年）。这一刊物后来的主编是路易·维伊奥。该刊在第二帝国初年达到了鼎盛时期，但在1860年遭到政府查禁。不过1867年维伊奥又获准恢复该刊。

七月王朝在最初几年受到正统派和共和派双方报纸的激烈抨击。左翼报刊中著名的有阿尔芒·卡雷尔的《国民报》和阿尔芒·马拉斯特的《论坛报》，后者常与当局对立。最后，政府在1835年加强了新闻法，但麻烦一直不断，一直到政权垮台时为止。共和派秘密发行报纸，在新闻案件中政府和反对派互有胜负。1843年反对派得到新创办的主要主张社会改革的《改革报》的支持。《工场报》（1840年）也提出了关于社会改革的类似要求。值得一提的是，它是一家由工人创办，为工人阶级说话的报纸。

与此同时，法国报纸在商业方面也不知不觉地产生着巨大的变化。上述的法国报纸，像较早的英国报纸一样，售价昂贵，吸引力不大。显然，报纸售价便宜才能开辟新的读者来源。在这方面的先驱是迪塔克和埃米尔·德·吉拉尔丹。他们于1836年分别创办了《时代报》和《新闻报》，其全年订阅费用仅为较老的报纸的一半，这两家报纸的发行量迅速增加，连载长篇小说对其帮助也不小。为这家报纸写连载小说的著名作家有巴尔扎克、乔治桑、大仲马和欧仁·苏等人。在利用连载小说方面，老报也不得不跟着新报学。吉拉尔丹深受英国做法的影响，他提出可在法国报纸上刊登更多的广告用其收费可支付报纸的费用。但法国报纸直到19世纪末在利用广告上还是赶不上英国。吉拉尔丹理应在那些认为报纸主要是一种商业事业的人们中间享有很高的声誉，报纸的商业性是办报的一个方面，其重要性随着19世纪的进展增加。

1848年的革命扫除了对新闻事业的一切限制，代表各种不同观点的新出版物源源不断地涌现出来。路易·菲利普倒台后接管权力的临时政府代表着《国民报》和《改革报》的观点（参见第15章，原文第390页）。但是，革命高潮过去之后，由于许多报纸言论过激，各种限制便又恢复了。保证金（1848年）和印花税（1850年）以及其他限制性措施都恢复了。新闻事业在路易·拿破仑政变后终于受到了更严厉的约束。1852年的新闻法规定报纸须经过核准才能出版。预防性的审查制度虽未恢复，但代之而来的却是"警告"制度。警告可以导致停刊乃至查封。这一制度实际上迫使报纸编辑自己进行审查。后来，其他国家也仿效这一制度。这一严厉的钳制结果使巴黎的报纸的数量减小。在各省，官方的控制甚至更为严厉，反对派的报纸根本就无法出版。虽然拿破仑三世得到报纸的支持要比查理十世得到的多得多，但在巴黎反对派的报刊仍占优势。泰奥菲尔·戈蒂埃、圣-伯夫和梅里美为《政府通报》撰稿，其他的政府报纸则仰赖发行量大和像格拉尼埃·德·卡萨尼亚克和德·拉·盖隆尼埃尔这样有才干的记者。

由于政治新闻难写而又危险，因此作家们便转而写题材较为轻松的文章。这一转变的主要标志是伊波利特·德·维尔梅桑创办《费加罗报》（1854年起为周刊，1866年起改为日报）。这一出版物最初不谈政治，只刊登巴黎的街头趣闻。在把报纸当作一项重要行业来经营方面，维尔梅桑甚至比吉拉尔丹走得更远。在这方面另一发展则是穆瓦兹·米洛创办的《小日报》（1863年），每份发行价格为一苏。这表明，吉拉尔丹和迪塔克是要吸引中产阶级的下层，而米洛则是要吸引贫民。要吸引贫民就要创造更先进的宣传和售卖方法。在这方面，两家刊物都获得了成功，《小日报》销售量很快达到了25万份，在特殊的情况下远远超过此数。1866年《时代报》发行量为4.4万份，是普通日报中发行量最大的。

与此同时，在1860年以后，政治性报刊的处境好多了。几家新报创刊，其中有1861年创刊的《时报》。1868年废除了办报须经核准以及对报刊警告的制度。此时新的报刊大量涌现，对政府进行尖锐的抨击，其中最著名的是亨利·罗什福尔创办的《灯笼报》。它在创刊号中开头就说："按《帝国年鉴》的统计，法国有3600万臣民，还不算那些心怀不满的臣民。"政府与新闻界的冲突一直持续到帝国覆亡。其中最著名者有博丹审判案，在这一案件中，甘必大大胜，政府失败（1868年）。

德国的情形同法国的相似，政治因素对新闻事业的发展影响颇大。1830年七月革命的影响并未导致当时政府实行的高压政策永久性变化；这一政策反而由于1832年颁布的"六条法令"而变本加厉（参见第19章，原文第493页）。一般来说，德国历届政府的政策是只保持少数报刊，并对其内容加以限制。像1842年在科隆创刊、卡尔·马克思一度担任过主编的《莱茵报》这样一些自由主义报纸，很快便被取缔。德国最大的报纸奥格斯堡的《总汇报》受到巴伐利亚邦的审查，并且受到奥地利的严密监视。1832年该报所有人科塔接到警告，不得再行刊登其驻巴黎记者诗人海涅的稿件。梅特涅从维也纳密切注视着国内外新闻报刊的动态。刊物的出版也很重要，在审查制度下，期刊有比报纸较多的自由，并允许有较多的讨论余地，但著名的自由派期刊如F. W. A. 黑尔德创办的《火车头》（1843年）则因触犯审查制度而遭到封闭。海涅曾发挥突出作用的有关"青年德意志"文学团体的论战，导致联邦于1835年对这一批新出现的据认为是革命派的作家加以取缔。

由于德国的生活具有地方局限性，因此德国不存在像伦敦或巴黎那样的大中心，各家报纸主要在本地区产生影响。德国的出版事业由于受到不胜其烦的、变化多端的审查制度的严厉限制，因此在技术上落后。最先进的报纸之一是《科隆报》，它的所有人约瑟夫·杜蒙于1833年安装了德国的第一台蒸汽印刷机。在40年代，《科隆报》和《总汇报》的发行量均为8000份左右。柏林的《福斯报》在1840年发行量不到1万份，到1847年则增加了一倍。

1848年革命带来了出版自由。各地报刊大量地、几乎是猛烈地增加。奥地利在1848年年初有79家报纸，到年底就有了388家，其中306家是政治性的日报。许多新创办的报纸寿命都不长；但其中有一些却具有长期的重要性，如柏林的《国民报》，以及俾斯麦所属的那个集团的机关报、一般称之《十字架报》的反动报纸《新普鲁士报》。

1849—1850年反动势力的胜利迅速遏止了这一发展。在奥地利，恢复了保证金制度并实行了官方警告制度，创办报刊必须经过核准。因此，发行的报纸的报社数量急剧减少，许多报纸被置于政府控制之下。1862 年和 1863 年通过的法律准许出版事业享有较大的自由。1864 年，《新自由报》创刊，成为奥地利的主要报纸。与此同时，普鲁士也采取了十分类似的政策，例如，1855 年，《科隆报》在政府要撤回办报许可的威胁下，被迫更换了主编。

新闻事业尽管遭到了所有这些困难，但总的说来还是改善了地位。新闻事业的企业性质增强，技术设备不断改进，而且由于公众对政治的关心，在 60 年代新闻事业也获得好处。此外，它仿效法国开辟了小说连载专栏。报纸发展中的资本主义经营特征越来越突出，在这方面走在前面的是奥古斯特·粲格。他在 1848 年创办了维也纳《新闻报》，售价低廉，以营利为主要目的。另外一种重要的新型报纸是《法兰克福报》，它的原名不叫《法兰克福报》，1856 年创刊时起就刊登商业消息，成了德国西部主要报纸之一。新闻事业在企业化方面这种进一步的广泛发展在政府的政策上也反映出来了。1848 年后，政府主要的武器已不是审查制度，而是撤销办报许可和没收保证金，以此打击报纸所有人的商业利益。

1860 年后新闻业虽然获得了较多的自由，但报纸仍处于国家严密的控制之下。奥地利和普鲁士政府都严密地控制本国的新闻事业，并把自己的影响尽可能扩大到其他邦的报纸。它们的办法也十分相似：设立新闻出版局指导报纸政策，出版官方"通讯"说明官方观点并散发到各报。这个在 50 年代由曼陀菲尔开创的制度，在普鲁士由俾斯麦继承下来。俾斯麦早年便认识到了新闻事业的重要性，在其整个生涯中对新闻事业都给予极大的重视。例如，他利用新闻作为武器同法国进行斗争。为他的政策提供财政的手段是臭名昭著的由汉诺威王室财产中捐赠的"卑鄙的基金"。

1850—1870 年这一时期是新闻事业同日益壮大的政党之间关系十分密切的时期。拉萨尔在 1863 年的一次演说中，以社会主义的观点对当时的报纸进行了尖锐的抨击[1]，其后的几年便开始出现了社会主义的新闻事业。大体上与此同时，天主教的新闻事业也发展起来。但是，1870 年以后，报纸的商业性一面变得越来越重要。总的来说，

---

[1] 斐迪南·拉萨尔：《论节日、新闻和法兰克福国会议员》，《全集》（莱比锡，无出版日期），第 1 卷，第 107—155 页。

发行量在上升。新闻事业的评论家们开始指出商业因素的重要性，报纸由于屈从于不正当财政利益而受到了批评。报纸越来越复杂；其重点开始由发表议论和表达舆论转而客观地报道新闻。重要的变化是广告的重要性日益增加。事实上，德国所走的道路是法国和英国已经探索出来的道路，不过稍落后于法国和英国。

在欧洲较小的自由主义国家中，新闻事业也起了重要的作用。瑞士自由派和保守派之间的斗争是在这两派互相敌对的报纸之间进行的。19世纪30年代，瑞典国王查理·约翰政府与以拉斯·希尔塔的《晚报》为首的自由派报纸进行了斗争，但在1838年由于对一位自由派编辑定罪而爆发骚乱后，政府放弃了这一斗争。与此同时，自由主义在丹麦新闻界也日益抬头，这也引起了对政府的不满。1849年丹麦宪法保障出版自由。19世纪30年代、40年代在丹麦和挪威的另一个发展便是出现了迎合农民要求的新闻报刊。在比利时同在法国一样，新闻问题在1830年的革命中起了重要作用。比利时1831年宪法保障出版自由。在法兰西第二帝国时代，比利时成了法国流亡的新闻工作者的避难所，他们对拿破仑三世的攻击导致了比利时同法国政府之间的严重不和。法国代表瓦莱夫斯基在巴黎会议（1856年）上提出了这一问题，但由于比利时政府态度坚定，这一事件没有产生什么结果。

在没有出版自由的国家，流亡的新闻工作者发挥了很大的影响。其中影响力最大的是朱塞佩·马志尼。他在1831年离开意大利以前，已经为好几家报纸撰稿。在他流亡时期的许多出版物中，最重要的要算发行了六期的《青年意大利》（1832—1834年）（参见第9章，原文第224页）。这一时期，意大利国内严格的审查制度只允许科学和文学方面的期刊存在，然而在讨论文学的文章中却可读到大量的弦外之音。政治性报纸的出版自由开始于皮埃蒙特。1847年审查制度经过修改，允许较为自由地增办报纸。加富尔伯爵的《复兴运动》报是新创建的报纸之一，这家报纸成了实现他的政治主张的跳板。1848年的皮埃蒙特宪法规定了出版自由。1849年反革命势力在与自由派1848年的原则的斗争中取得胜利，虽然在意大利其他各邦废除了出版自由，但在皮埃蒙特还或多或少地保持了这一自由。加富尔认识到新闻的力量，在这一点上，他和俾斯麦相似。值得注意的是，在他的晚期生涯中，他通过《两个世界杂志》得到了在法国表达自己观点的机会。该报的主编是比洛，原籍萨伏依。意大利在全国统一之后才有了真正的新闻事业。意大利的新闻事业与德国相同，但不同于法国和英国，它不是集中于一地发展起来的，这是意大利历史的必然结果。

在沙皇尼古拉一世统治下的俄国，审查制度十分严厉（参见第14章，原文第359页）。1848年，除有一般的审查官员外，还成立了一个特别委员会来监视新闻出版事业。亚历山大二世即位后，这一委员会被取消，允许出版新的杂志。这些月刊水平很高，一直具有十分重要的意义，因为它们适合于一个没有政治生活的国家的状况。俄国在19世纪50年代、60年代中所面临的改革这一重大问题，引起了报刊大量的评论，新闻出版尽管受到束缚，却具有了新的重要意义。重要人物是另一位流亡者亚历山大·赫尔岑。他的双周刊《钟声》于1857年首次在伦敦出版，秘密地运进俄国，在这一关键时期产生了重大影响，但在1863年波兰起义后，其影响即告消失（参见第14章，原文第370页）。在亚历山大二世统治期间，日报的发行量虽然很小，但已初次显示出了它的重要性。1862年后，政府的政策越来越严峻。1865年实行了新的审查条例。这一条例在各省保持了预防性的审查制度，但对圣彼得堡和莫斯科的报纸则采用类似法国的"警告"制度。这一新条例执行十分严格，但新闻报刊在代表当时的舆论方面仍然有一定权威。新闻界主要人物是《莫斯科新闻》主编米哈伊尔·卡特科夫。他在60年代逐渐变成了民族主义和君主专制思想的拥护者。作为报纸主编，詹姆斯·布赖斯认为他可以同德莱恩和J. D. 库克，以及同美国的格里利和戈登·贝内特等人相伯仲。俄国新闻事业的一个特点是，地方报纸落后，仍然处于预防性审查制度的束缚之下，而圣彼得堡和莫斯科的新闻事业则居于举足轻重的地位。

在美国，实现廉价报纸的时间大体同法国差不多。1830年以前各家报纸十分昂贵，只有少数人才能买得起。第一个认识到廉价报纸前景的人是本杰明·戴，他受到英国《一便士杂志》成功的鼓舞，于1833年创办了《纽约太阳报》。这家报纸不过问政治，专门刊登耸人听闻的消息以及警方和法庭的报道。1835年詹姆斯·戈登·贝内特按照同样的方针创办了《纽约先驱报》，虽然他的主张要比戴的广泛。他还是采用电报这一类新技术的先驱。他办报严格按自己的方针，即使有点浮夸，曾因被指责宣扬色情和登载遭到非议的广告而导致纽约其他报纸于1840年对他发动了一场"道德战"。但是，和《纽约太阳报》一样，《纽约先驱报》获得了极大的成功，1849年贝内特的报纸每日销售量达3.3万份。同这家报纸类似的《费城公共纪事报》和《巴尔的摩太阳报》分别于1836年和1837年在其他城市创刊。这几家报纸都有某种共同的特点。它们首先着眼于尽量迅速地搜集新闻。由于发行量大，广告收入多，它们比老报纸的财力更为雄厚。它们一般都不需要政界的赞助，经常夸大新闻中不平常的和耸人听闻的成分。

廉价报纸此后发展的方向则很不相同。1841年霍勒斯·格里利创办了《纽约论坛报》。他不愿采用贝内特报纸的那种遭人非议的办报方针。他同政治的关系密切，最初是辉格党，后来是共和党。他是一个善于撰写社论的宣传家，热心于新的事业，如傅立叶的生产者联合会的原则、女权，尤其是热衷于废除奴隶制。他通过《论坛》周刊发挥了最大的影响。这家周刊到1860年时每周销售20万份。历史学家们强调他的报刊在使舆论转而反对奴隶制方面具有重大意义。他的助手之一亨利·J.雷蒙德于1851年创办了《纽约时报》。他看到报纸有可能既可避免贝内特办报的粗俗风格，又避免格里利一味追求阳春白雪的方针。这家新报持论平正、稳健而沉着冷静。关于报纸日益复杂的资金情况，曾有过这样有趣的说法：雷蒙德的报纸的资金是10万美元，而在此10年前格里利创办《论坛报》时只有2000美元。

与此同时，政治性报纸与各党派有密切关系的老传统仍然保留下来，但已变得不那么重要；杰克逊总统的智囊团的机关报《环球报》就是一例。随着美国不断扩大，华盛顿各报所占据的重要地位已经消失，迄至南北战争以纽约为中心的新型新闻事业，更能够满足当时对报纸的各种不同的要求。19世纪50年代以前，美国在期刊方面较为落后，不具什么重要性。人们不应忘记废奴主义者的报刊，它们的首要人物是波士顿《解放者报》（1831—1865年）的威廉·劳埃德·加里森。废奴主义者的报纸邮局往往不予邮寄，印刷所时遭捣毁，编辑人员也受到袭击,起码有一名编辑,即伊利诺伊州奥尔顿城的洛夫乔伊遭到暗杀(1837年)。这些事实表明一个民主国家对发表不受欢迎的言论所施加的限制。

南北战争大大地促进了美国的新闻事业。以《纽约先驱报》为首的报纸大力报道战争消息。战地记者的技巧也进一步有了发展。在1870—1871年的普法战争中,美国记者也很出色。在国内战线方面,报纸发表许多社论抨击林肯政府,不少官员抱怨走漏消息。战争的消息使公众比以前更加爱读新闻,报纸的发行量迅速上升,内地城市报纸的发展尤为迅速。美国新闻事业向各地分散,是开创一个新时期的变化之一。贝内特和格里利均于1872年去世。新的一代新闻工作者与党派的关系疏远,日益重视新闻报道而不是发表评论。1872年,纽约的报纸中,《纽约太阳报》日售10万份,《纽约先驱报》日售9.5万份。新闻事业正在全国扩大,60年代美国报纸的数目增加了1/3。在这一时期末,内地的报纸,如约瑟夫·梅迪尔的《芝加哥论坛报》等,已成为比较重要的报纸。马萨诸塞州斯普林菲尔德的《共和党人》报记者塞缪尔·鲍尔斯已是美国一流的新闻记者。他的报纸自1844年改为日报后,他作为一个独立的新闻工作者而蜚声全国。在纽约年青一代的报纸编辑中,著名的有查尔斯·A.达纳和E.L.戈德金。达纳是格里利在《纽约论坛报》的左右手。他在1868年掌握了《纽约太阳报》,采用新的体裁和轻松活泼的文风,着重刊登有"人情"味的报道和故事,从而给该报带来新的兴旺时期。戈德金是英国人,是一个功利主义者,于1865年创办《民族》周刊。它是美国评论性周刊的先驱,发行量一直不大,但对美国思想界领袖人物有很大的影响。

现在可以把上述国家作一番比较。1870年,人们认为伦敦的报纸比纽约的报纸刊登的新闻要多,巴黎在这方面最差居第三位。这三个国家的新闻事业均已高度资本化,但其发展的道路各不相同。同英国的报纸相比,美国的报纸更多地刊登耸人听闻的消息;而英国的报纸则以登载评论较多而著称,但两国报纸主要还是报道性的报纸,把新闻报道和刊登广告放在首位。另一方面,法国的报纸则是评论性的报纸。1822年,一位评论家将它们的不同之处总结如下:"英国读者希望了解的是世界上发生了什么事情;法国读者希望知道的则是某些知名的政治家对在法国发生的事抱什么见解。"① 总的来讲，德国的新闻事业落后于这三国。1889年英国的评论是：30年前，英法两国的新闻事业就已高度发达，而德国的新闻事业虽然在这一期间取得了很大的进展，但仍十分落后，所报道的也是过时的新闻，还没有商业性的新闻企业。② 欧洲各种思想和技术的发展再次起了重要作用。到1870年，近东的埃及、远东的日本等国逐渐发展使用本国文字的新闻事业。印度的报纸虽小而穷，但已有了一个真正的开端。1818年出现了第一家用当地文字出版的报纸；到1875年已有254家用多种文字出版的报纸。

在这整个时期，新闻事业逐渐采用新的技术。其结果之一是画报的出现和增加。《伦敦新闻画报》于1842年出版；一年后，巴黎的《画报》和莱比锡的《画报》也相继问世。平版印刷术的发展，使漫画艺术这一有关的领域有了发展的可能。在法国，夏尔·菲利蓬创办了《漫画》和《喧哗》周刊，这两个刊物曾于1831年讥讽路易·菲利普。10年后，《笨拙》在伦敦出版，其后德国的这类报刊于40年代后期出版，慕尼黑的《飞叶》杂志出版于1845年，柏林的《闲话》杂志于1848年革命年代中出版。然而最根本的进展是印刷术不断进步，才有可能解决报纸大量发行的问题。1846年，理查德·霍为《费城公共纪事报》制造的四滚筒轮转印刷机每小时可印刷8000份，但是只能一面印刷。1848年《泰晤士报》采用了类似的阿普尔盖思式印刷机。1861年理查德·霍式印刷机第一次改装成可以使用铸版的印刷机，即可用活字版铸成多块印版，而无须用活字版直接印刷。1868年，《泰晤士报》采用了沃尔特式印刷机，这是第一台现代化的使用卷筒纸的印刷机，每小时可印刷整份报纸1.2万份。差不多与此同时，伊波利特·马里诺尼在法国也取得了相似的进展。他最初在吉拉尔丹的《新闻报》工作，60年代后期在《小日报》工作。印刷术取得进展之后，接着便是铁路、轮船、电报等交通事业的迅速发展。美国报纸使用电报最早。1851年，格里利就说过，美国报纸使用的电报量比英国报纸多100倍。《泰晤士报》虽然注意新闻迅速及

---

① 约瑟夫·赖纳奇：《19世纪》（伦敦，1882年9月），第12卷，第349页。
② 西德尼·惠特曼：《帝国的德意志》（伦敦，1889年），第282页。

时，但在使用电报方面却很保守，认为电报昂贵而又不准确。但是，克里米亚战争证明，电报是不可缺少的新发明。

　　电报新闻事业出现的重大结果便是收集和向报刊和商界售卖新闻的通讯社的兴起。显然，通讯社的兴起，使得收集新闻的业务在很大程度上趋于集中，通讯社虽不能取代大报的老练特派记者，报刊却因此而有了更大量的新闻来源。最早的通讯社是法国的哈瓦斯通讯社。该社原为一家翻译社，1840年在伦敦、布鲁塞尔和巴黎之间组织过信鸽通讯业务。新的通信工具发展后，它便加以利用，1856年接办了一家大型广告社，从而掌握了大部分法国报纸的广告业务，获得了稳定的收入。1849年，伯恩哈德·沃尔夫在柏林开设了一家电报局，其后成了庞大的德国通讯社。1851年另一个德籍犹太人尤利乌斯·路透来到英国，在伦敦创办了一家通讯社。1858年10月，他说服了除《泰晤士报》以外的伦敦各家报纸试用他提供的消息，并赢得了各报所确认的地位。不久，《泰晤士报》也开始利用他的新闻。路透社最大的成就之一是比欧洲任何报纸早两天报道了林肯总统遇刺的消息。他向德国扩张引起了同受普鲁士政府大力支持的沃尔夫通讯社的冲突。最后，在1870年这三家大通讯社一致同意划分地区。沃尔夫通讯社的范围是中欧和东欧，路透社的范围是英帝国和远东，哈瓦斯的范围是法帝国和拉丁语国家。在英国本土，消息并不是由路透社而是由英国联合通讯社收集的。联合通讯社是由各地方报纸于1868年在《曼彻斯特卫报》创办人约翰·爱德华·泰勒的领导下成立的，它同路透社密切合作。地方报纸对于私营电报公司提供的服务很不满意，因此政府当时接管这些电报公司后，各家地方报纸便作出自己的独立安排。由为之服务的各家报纸所共有的合作通讯社，也在美国发展起来。纽约各报急于获得欧洲的最新新闻，于1848年成立了一家"联合通讯社"收集国外新闻。这家通讯社于1856年采取了一种比较固定的组织形式，成为"纽约联合通讯社"。1855年通过合并成立了"西部联合电报公司"后，这两家通讯社便作出进行合作的安排。由于纽约联合通讯社有进行垄断的趋势，这就导致了西部各家报纸之间进行合并。西部联合通讯社于1865年取得特许执照，它在与纽约联合通讯社进行一段时间的斗争后，于1867年与之达成一项协议。此后，美国便分成了几个合作的联合通讯社的集团。1866年横越大西洋的电缆终于铺设完成。1870年印度可以直接与英国进行电讯联系。因此，从新闻工作者的观点来看，世界正在成为一个新的整体，新闻工作者的工作要在新的条件下进行。欧洲体制在走向控制全球方面，又跨进了一大步。

（魏书铭　译）

第 六 章
艺术与建筑

19 世纪的建筑、绘画和雕刻艺术约始于 1760 年。在那以前，多数国家的艺术都为教会所用或供宫廷贵族赏乐。从那时起，艺术家像作家一样，开始摆脱受艺术赞助人保护的处境而获得解放。艺术成为自食其力并受社会器重的独立人所从事的职业。雪莱称艺术家为"世上无须他人承认的立法者"，席勒将吟游诗人与帝王并列，"因为两者都是在人类的顶峰之上"。在英国，人们认为约翰逊博士 1755 年致切斯特菲尔德爵士的书信最能代表这种社会的决裂：

爵爷，何为保护人？任溺水者拼命挣扎而冷眼旁观，甫抵岸却以救护为名阻其登陆者是也。我半生辛勤，倘早蒙眷顾，确能受惠；迟至今日，已如粪土……因我功名已噪，无须扶掖。

这篇杰出的早期的自由宣言出自英国是有代表意义的。因为 18 世纪的英国在社会、政治和哲学各方面都在欧洲处于领先的地位；但很少有人知道，它在艺术与建筑方面也是如此。也许有人会举出华托或提埃坡罗的绘画、南德意志及奥地利的教堂和洛可可式宫殿的纤巧精美来反对这种说法。不过，如若我们把 18 世纪后半叶看作 19 世纪的序幕，我们就会毫不犹豫地承认，至少直到 18 世纪的最后几年，英国从筑路和开挖运河、建造工厂（炼铁早在 1792 年就开始了）和桥梁，直至建筑和绘画各方面都是先进的。18 世纪大陆绘画主要以宗教及神话为题材，再不然就以古典为题材；而英国绘画是肖像。当时 J. H. 莫蒂默拿去参加艺术协会颁发的大奖竞赛的作品，不是以亚历山大大帝生平为题，而是以忏悔者爱德华为题；威廉·汉密尔顿为奥尔德曼·博伊德尔画的是《苏格兰女王玛丽逊位》，这就是说，这幅画不是以希腊、罗马史而是以本国历史为题材的。1760年海曼画了《奎勃隆湾大捷》及《印度土著总督向克莱武表示忠诚》；1770年威斯特创作了他的名画《沃尔夫将军之死》。这些画画出了当代事件，而非往昔的历史场面。1777年卢泰尔堡画了听众围绕的卫理公会传道士的画面；1778年科普利画了《布鲁克·沃森与鲨鱼》。这些画与历史毫无关联，而是对当代轰动一时事件的描绘。至于想象画，这时画展的观众从1782年展出的富塞利的《噩梦》中可以体会到几个世纪以来《对圣安东尼的诱惑》和《阿加塔殉教》两幅画那样的令人毛骨悚然但同时又引起的快感；《噩梦》描绘的是一个妇人被掀翻在卧榻上，胸部袒露，痛苦万状，一匹冥灵似的大牝马正从床幔间向她窥视。富塞利就这样以人间的感受替代了宗教感受（戈雅不久后在《狂想曲》中也加以仿效）。与此同时，布莱克以他个人的神话替代了为知识阶层所熟知的神话。至今读者也无法理解他塑造的尤里曾、卢瓦和洛斯这类人物。这些完全是个人的表现。而一旦一个艺术家或艺术整体使个人凌驾于集体、阶级或民族之上，不论这样会出现什么样的占支配地位的统一局面，也不论这种纯属个人的作品效果如何；但哪里出现这种情况，哪里的艺术和艺术家的社会生命就必将受到危害。这就是给艺术史家们提出的需要探讨的19世纪的根本问题之一。

　　这并不是一个全新的问题。在19世纪的荷兰共和国之前，17世纪由中产阶级占统治地位的荷兰共和国，就有过类似的问题。塞赫尔斯、伦勃朗和弗朗斯·哈尔斯晚年的遭遇，就是布莱克、柯罗、塞尚和凡·高的殷鉴。19世纪与伦勃朗时代的荷兰的另一相似处是两个时期在宏伟的艺术风格方面都无建树，而是以风景、肖像、静物和风情画之类寓有亲切感的艺术驰名于世。英国在这方面又居于领先地位。从1760年起到1800年前后这段时期，英国的贡献主要是在肖像和风景画方面；1760年，雷诺兹、庚斯博罗已是成熟的画家，1800年，克罗姆、格廷、透纳和康斯太布尔开始作画。雷诺兹的《内莉·奥勃伦像》、庚斯博罗的许多肖像以及斯塔布斯和佐法尼的作品中的亲切感，在欧洲大陆上是无与伦比的。油彩和水彩风景画家对大自然的观察能力，在大自然中的自我沉醉（尤其是对英国本土的自然风光的沉醉）也是无与伦比的。

正是风景画家和肖像画家作品中呈现的那些相同的特质，使得英国（从更早的时候起）放弃了法国和意大利的花园的那种讲求宏伟的固定格式，代之以随意的非对称的布局，即所谓的别致布局。大家公认这种随意性是英国政治自由的必然产物。花园布局的这种随意性和自然感对大陆产生了深刻的影响，英国在艺术和建筑方面所有的创新也许都未能给大陆以如此深刻的印象。这种布局以潜移默化的方式，为一种同样是随意的、非对称的和别致的建筑风格奠定了基础，这就是19世纪中叶和末期多数私人建筑和不少公共建筑盛行的风格。至于1760年和此后的建筑，英国再次处于领先地位。英国很早就抛弃了那种千篇一律的爱好，本身就证明它是领先的。当然，直到1830年及其后还有人仿效帕拉弟奥的宁静整齐的古典主义，但是1760年前后主要的事实是：发现了真正的希腊陶立克柱式并偶尔为某些设计师及用户所采用，以及哥特式的流行。间或也有模仿其他的建筑风格，如中国、摩尔、印度的风格。反过来说，也只有在已经能够自觉选择格调，并以多样化代替千篇一律的时候，像约翰·索恩爵士这样的设计师才有可能发展他那种高度个人的风格，那种绝无时代前例的风格。

　　普金把建筑风格的千姿百态称作"建筑艺术博览会"①，这种建筑格局的层出不穷是整个19世纪建筑的特征。不过，1830年标志着一条泾渭分明的分野。我们在这里要首先分析英国1830年及其后几十年间的情况，因为英国在建筑方面具有特殊的重要性；这是由于英国的高度繁荣，公私营造的房屋范围广博以及各种对寺院建筑起到了同等强有力刺激作用的宗教运动。以今天的观点来看，水晶宫无疑是1830—1870年这段时间最显赫的单一建筑。但是水晶宫就像19世纪50年代、60年代中兴建的钢铁框架工厂和为数众多的钢铁框架办公楼一样，就像1829年设计的克利夫顿吊桥以及1883年开工的福斯港湾桥一样，并不是一个建筑师的作品。它们大都出自土木工程师之手，这是一门在19世纪初从建筑师中分离出来的行业。水晶宫的设计人约瑟夫·帕克斯顿（1801—1865年）是一位园林家、园艺家和业余发明家。一些建筑师和建筑评论家可以看出钢铁和玻璃具有一种

---

① 《为基督教建筑在英国的复兴辩解》（伦敦，1841年），第2页。

崭新的建筑风格。乔治·吉尔伯特·斯科特爵士（1811—1878 年）可能是当时最有成就的建筑师，例如他就写道："现代金属结构的这种成就，为建筑发展开辟了一个新的天地。"① 不过他根本没想到这个天地竟是他的。思想和行动脱节在任何时候都是一种虚弱的标志。维多利亚时代的建筑处处表现了这种脱节的现象，这说明平衡失调，造成失调的原因有多种。像中世纪一样，建筑师们不能吸收新材料和新技术，更不用说创造了；因为建筑作为一门艺术，与所有其他各门艺术一样，其作用已经改变。

新出现的建筑赞助人阶级有着新的要求。这个阶级的人没有受过乔治时代那种细致高雅情趣的熏陶，也没有时间去培养这种风雅的情趣。他们是历史上第一次完全没有闲暇时间的艺术赞助人。终日努力工作的有钱人是一种新型的富人。艺术和建筑要取悦这种人就必须是一种新型的：要有说服力，大声疾呼，既要注重实效，又要避免琐俗，以显示出一种卓尔不群和货真价实的气派。绘画方面的情况显然如此，建筑亦复如是。至于建筑，城市的日常环境枯燥无味，单调的工厂，几英里色调阴暗的住房。工作是职责，艺术则不过是表面上的装潢。罗斯金教导人们说："装饰是建筑的主要部分。"② 用斯科特的话说，建筑的"主要原则"就是"装饰结构"。③ 两个定义都忽视了设计规划，这就是说忽视了在空间里的创造，不论是城镇或街区的外部空间，还是房屋的室内空间。建筑师们只设计建筑物的外观。

这是对普金"建筑艺术博览会"说法的一种解释。另一种解释是让一位忙忙碌碌的门外汉去辨别一个建筑物的外观是希腊式的还是哥特式的，要比让他去鉴别各种比例、线条和类似细节的美学价值容易得多。第三种解释是，在整个 19 世纪，各种有关事实的知识包括考古知识迅速发展起来。19 世纪的人相信可以验证的事实，相信科学的精确性，相信数据的累积。这在建筑方面则意味着接连问世的一卷卷，其中有西班牙的哥特式教堂，北德意志的砖结构，托斯卡纳的宫殿建筑，英国大教堂的古迹，窗棂的花格以及柱顶等。建筑师局限

---

① 《论当前及未来的民用和家用建筑》（第 2 版，伦敦，1858 年），第 109 页。
② 《建筑与绘画》（1853 年），演讲第 1、2 部分的附录，丛书版，第 12 卷（伦敦，1904 年），第 83 页。
③ 《论建筑》，第 221 页。

于装饰建筑物,并为那些重知识甚于重感受的委托人工作,因此他们大量利用了这些为数众多的出版物。所以 19 世纪的建筑史,被少数几本腾出篇幅谈到它的教科书和手册说成是一部抄袭风格的历史。即使如此,它也不失为一部有趣的历史。

起初,上溯到 1830 年前后,教堂多数是古典式的,但也有哥特式的。私人住宅则二者兼有(就像 18 世纪末一样)。公共建筑清一色是古典的。英国第一座打破乔治时代审美观窠臼的公共建筑是新的议会大厦。1835 年为这座建筑征稿时规定哥特式或伊丽莎白式为英国的两个民族形式。哥特式获胜,以后又进一步加强了地位:A. W. N. 普金(1812—1852 年)这位改信罗马天主教的人满怀热忱提出的理论,约翰·罗斯金(1819—1900 年)以同样热忱更加喋喋不休地、因而更广泛传播的理论,以及在 1839 年由剑桥卡姆登学会发起并在《教堂建筑及装饰研究者》各卷中倡导的教堂建筑及装饰运动,这些理论和运动都加强了哥特式的地位。哥特式就这样成了英国占优势的基督教风格。诺曼式或罗马式一直比较罕见。考古研究对 19 世纪 40 年代及以后的哥特式教堂加以认真对待,这在乔治时代晚期人们的工作中是看不到的。乔治·吉尔伯特·斯科特设计的教堂也许单调呆板,但却实用。威廉·巴特菲尔德(1819—1900 年)在教堂建筑方面表现出的独创性是少见的,通常不受人们欢迎。教会建筑的设计似乎应该严谨并使人有某种得到安慰的感觉。维多利亚时代的建筑师和委托人的那种虽比较粗犷但比较坚固的优点,这时开始在民用建筑上显现。在公共建筑方面,除了哥特式和伊丽莎白式以外,又接受了第三种风格,即意大利宫殿式;这种风格是由议会大厦的建筑师查尔斯·巴里(1795—1860 年)在伦敦的旅行家俱乐部和改革俱乐部两座建筑上首先确立的。这种更为随意、更开阔、装饰也更华丽的意大利 16 世纪艺术格调,在市议会厅的建筑和其他官方建筑方面,成为哥特式强劲的对手。至于私人住宅,只有坚定不移地主张采用哥特式的人才推荐哥特式。伊丽莎白式和詹姆斯一世式则大为流行,詹姆斯一世式是一种低格调的意大利式,罗伯特·克尔教授称之"农村意大利式"。① 这三种风格都是非对称的和别致的,以天空为背景

---

① 《绅士的宅邸》(伦敦,1864 年)。

呈现出错落不一的轮廓，周身的装饰给人以动感。19世纪中叶已经确立的建筑风格除了这些以外，还有屋顶上带着高亭子的法国文艺复兴式，这是在19世纪50年代传入英国的（约在同时传至美国）。至此，我们已概括了组成维多利亚时代中期英国建筑全景的各个部分。有些评论家抱怨19世纪缺乏独创的风格，但是像斯科特这样的评论家却写道："折中是具有最高价值的原则"；① 克尔教授则断言："我们的时代有自己十分突出的风格，一种以学问代替直觉的风格"；② 罗斯金用他那种容易激动和夸大其词的口吻表达了同一思想，他说："我们不要什么建筑风格……已有的形式对我们就足够了，而且远比我们的任何形式都优越……有才华的人吸收任何一种通行的风格……并将在这方面大有作为……"③ 他的结论是，应该在比萨的罗马式，托斯卡纳、伦巴底和利古里亚的哥特式，威尼斯的哥特式和英国最早的装饰式之间进行选择。显然，他是由于天主教色彩而选中它们的，并无多大的固定不变的标准，不过这不能不说是一种选择。克尔论建筑风格的那一章的头一句就说："你将采用何种风格建筑你的房子呢？"

至今，这种态度并没有改变，不过20世纪逐渐创造了独特的风格，因而减小了这种态度的危害性。当这种态度处于全盛时期，它造成最大的危害就是建筑师对建筑上最有争议的问题毫无兴趣，因为这些是社会问题而非美学问题，规划问题而非外观装饰问题。应该怎样解决城市急剧增加的工人阶级的住房？19世纪40年代特地为他们修建了经济公寓，起初搞得颇有希望，但到了男爵伯德特－库茨夫人、皮博迪信托公司和类似的慈善组织和营利组织手上，这些建筑就变得死气沉沉，外表上看起来令人讨厌，但在卫生方面无疑要比它们所取代的贫民窟好得多，工厂不是由专业人员设计的，而且厂址与居住区的关系毫无规划，学校阴暗无光，空地不足，社会活动的场地只有教堂、小礼拜堂和酒店。建筑师及其职业代表机构英国皇家建筑师协会，本应指出这些缺陷并加以补救，但却从来没有做过这种事。建筑师仍然只管装饰外表。

---

① 《论建筑》，第266页。
② 《绅士的宅邸》，第358页。
③ 《建筑的七盏灯》（伦敦，1849年），《顺从之灯》，第4—5页。

如果说英国的情况如此，所有其他国家的情况也一样。我们上面描绘的这幅1830—1870年英国建筑发展的图画，与同一时期法国、德意志、意大利、荷兰及其他欧洲国家，甚至还有美国的发展图画大同小异。各个地方的着重点不完全相同，某些细微的差别只能或主要在几个国家才能看到，但事情的总的性质和主要过程则具有国际性。

19世纪30年代，包括俄国在内的各国建筑活动的学术领域，新希腊风格牢牢地占据上风。如瓦西里·彼得罗维奇·斯塔索夫（1769—1848年）在圣彼得堡建造的莫斯科门（1833—1838年）就是一座六柱希腊陶立克式凯旋门，柱子用的是铸铁而不是石头，这座建筑可以矗立在任何国家。

另一方面，哥特式又因国家不同而在数量上、形式上各不相同。英国毫无疑问处于领先地位。一个有代表性的事实是，英国建筑师不但赢得了设计1844年汉堡当时最大的圣米迦勒教堂的国际竞争，还赢得了1855年新建里尔大教堂的国际竞争。不过，哥特式在德国教堂建筑方面和英国一样，也取得了差不多同样的领先地位。歌德在青年时期首先评价了这种建筑形式的宏伟和特征。浪漫主义作家瓦肯罗德尔、施莱格尔和其他一些人也崇拜它。19世纪初叶最伟大的德国建筑师卡尔·弗里德里希·申克尔（1781—1841年）在运用哥特式方面和他运用新希腊式一样热心，一样匠心独具。1840年哥特式在社会上获得全胜，当时科隆新建大教堂的本堂，以便按照1814年和1816年发现的原来的蓝图完成这座大教堂的未竟工作。E.F.茨维尔纳（1802—1861年）被任命为教堂建筑师，1842—1880年，这座巨大的建筑物便巍然矗立于这个中世纪城市。然而，哥特式并没有独占德国的教堂建筑阵地。它的竞争对手是所谓的圆拱式，这是一种将早期基督教及意大利罗马式的因素混合在一起的风格。申克尔和他的后继者佩尔西乌斯（1805—1845年）在普鲁士，格特纳（1792—1847年）和其他人在慕尼黑同时确立了这种风格。这种风格在英国只在19世纪40年代盛行了一个短时期。它在德国甚至被采用来建造了一座火车站（1847—1849年由比尔克莱因建于慕尼黑）；在汉诺威及其附近，学校、博物馆、银行和其他建筑都采用了这种形式。也许它确实比到处林立的哥特式建筑更适合采用于世俗领域。但是直到这个时期结束，甚至在这个时期以后，一些外表极尽华丽之能事的公共建筑，都选中了哥特式的外形，例如维也纳市政厅（1872年）、慕尼黑市政厅（1874年）及布达佩斯的议会大厦（1885—1902年）。

拉丁语系国家的反应不同。它们没有盎格鲁—德意志民族对新哥特式的那种热情。哥特式在意大利始终没有能够成功地生根发芽，即便是在13和14世纪也未能做到这一点。因此哥特式的复兴也就姗姗来迟，而且来势也软弱无力。具有典型意义的是，第一座哥特式建筑的范例是在英国影响下，由意大利最优秀的新希腊式建筑之一的建筑师建造的，即朱塞佩·亚佩利（1783—1852年）在帕多瓦建造的所谓"1837年的佩德罗基诺"，亚佩利是久负盛名的带有陶立克前廊的"佩德罗基咖啡厅"（1816—1831年）的建筑师。

法国对哥特式的复兴并不热情，乍看起来似乎颇为费解。其实我们无妨说，正由于法国在12世纪创立了哥特式，并在13世纪发展它，使之达到顶峰，因此她才本能地反对将哥特式纯粹用于赏心悦目的目的。巴黎最优秀的新哥特式教堂圣克洛蒂尔德教堂（1840年）是科隆人弗朗茨·克里斯蒂安·高（1790—1853年）的作品。然而对哥特式原则的真正理解却一直延续下来，比英国人理解更深。对此有事实证明：19世纪中叶有些法国建筑师就准备颇为巧妙地毫无顾忌地运用新型金属建筑材料。我们已经看到，英国在使用金属建筑材料方面可能比法国更广泛，但是利用这种材料的只是些门外汉。在法国，亨利·拉布鲁斯特（1801—1875年）却骄傲地在圣热内维夫图书馆（1844—1850年），后来又在国家图书馆（1868年）展出了他的架结构。与此同时，L. A. 布瓦洛（1812—1896年）建造圣欧仁教堂时使用了铁柱和穹顶铁骨架（1854—1855年）。在英国就找不到这样大胆的尝试。

美国对哥特式也不热情，直到19世纪中叶以后，美国乍看去像是仅仅在照搬英国的模式。一方面，多数大型公共建筑都是新古典主义的，比英国有过之而无不及，各州议会和华盛顿政府大楼都是如此。如果说像威廉·斯特里克兰（1787—1854年）这样的建筑师与他们的英国同行有什么区别的话，只不过是比他们高明而已。另一方面，主要的教堂如理查德·厄普约翰（1802—1879年）设计的纽约圣三一教堂（1839—1846年）和詹姆斯·伦威克（1792—1863年）设计的纽约圣帕特里克大教堂（1850—1879年）都是哥特式，商业建筑则彻底使用铁结构。美国在这方面似乎比英国走得更远。外墙不用石墙，完全利用铁和玻璃建起来的第一批办公楼的外观，显然属于纽约和19世纪30年代、40年代。① 当然，在一个缺乏能工巧匠的国家，由工厂制造建筑部件在工地只是组装的预制体系，是大受欢迎的。

美国比英国先进的地方还表现在，设计必须确保在工厂制造的东西要舒适，例如普尔曼制造的火车和车上可以改变的房间，以及家庭和旅馆用的洗澡间。饭店实际上是美国的产物。英国摄政时期风格的饭店是一种乡间别墅加会议室，这种饭店一直到19世纪60年代才被现代新式饭店所取代。在美国，1828—1829年在波士顿就出现了乔赛亚·罗杰斯（1800—1889年）设计的特里蒙饭店，备有"一套精心设计的盥洗间和在地下室内装有自来水的浴室"。② 不过，在这座饭店和其他饭店所用的装饰格调始终保持古典式。

我们讨论的这一阶段古典的和哥特式建筑情况就说到这里。我们已经看到，除以上两种风格，19世纪30年代的英国还增加了意大利盛期文艺复兴式和伊丽莎白—詹姆斯一世式，当时又称为本地文艺复兴式。15世纪式和16世纪式在大陆上复兴的最佳范例出现在德国。在慕尼黑，这种风格的复兴最早开始于莱奥·冯·克伦泽（1784—1864年）的1816年音乐厅，1831年格特纳的州立图书馆继其后。但是，这种新文艺复兴高潮的标志却是德累斯顿的戈特弗里德·桑珀（1803—1879年）的大作：1838—1841年的第一座歌剧院和1847年的州立美术馆，它们和另外两座早先的建筑偶然构成一幅城市规划的杰作，这在19世纪是罕见的。本地"文艺复兴式"的再兴起是指北方各国16世纪风格的复兴，它在法国和英国同时开始。主要是两个国家民族自豪感使它们赏识起它们16世纪那种有些讲求华丽的建筑。在法国，关键的时期是1836年巴黎市政厅的动工扩建，和1851年罗浮宫更加华丽、更有影响的扩建工程；罗浮宫的扩建开始是由 L. 维

---

① 参见 N. 佩夫斯纳《现代设计的先驱》（企鹅丛书，1959年），第5章。
② T. 哈姆林：《美国的希腊复兴式建筑》（牛津，1944年），第112页及以下各页。

斯孔蒂（1791—1853年）主持，以后又由 H.‑M. 勒菲埃尔（1810—1881年）继任。1844年德姆勒在德意志北部什来林动工修建那座卢瓦尔城堡式的大型新宫殿，这是法国文艺复兴式重新抬头的一个特别早期的单独的例子。其他国家也有转向本国"文艺复兴式"的趋势，德国在普法战争后立即转向本国形式就是相当有代表性的；再举一个例子，在俄国，拜占庭式正在缓慢而不断地复兴，16、17世纪的俄罗斯风格重又赢得同情，这些都应引起我们的注意。崇尚浮靡和排场在英国原本主要是盛期维多利亚时代的风气，到19世纪40年代、50年代以后，这种风气也开始沾染了更加纯古典式的设计。在法国，1841年开始兴建 J.‑L. 迪克（1802—1879年）设计的正义宫，这一类建筑的外观开后来美国人称为"美术式"的那种建筑风格之先河，巴黎的法兰西学院采用的就是这种风格。在美国本土，1855—1865年，托马斯·U. 沃尔特（1804—1887年）在华盛顿建成带有巨大（铸铁）穹顶和长长的柱廊环抱的国会大厦，这代表着同一种趋势。19世纪末这一趋势在一些宏大空荡的纪念性建筑上达到了顶点，如1885年在罗马开始兴建的由萨科尼设计的国王维克托·埃马努埃尔二世纪念堂等。

这些建筑的宏大，其本身便代表着19世纪的特色。大的城市需要大的市政厅，居民人口多，又需要有公共事务场所。所以，中央的和市的行政机构、教育事业、医疗卫生事业以及其他服务性事业，都要求有像巴洛克时期统治者的宫殿那样宏大的建筑；当这种大厦在各国首府大量涌现后，就促使建筑物的体积普遍加大。19世纪那种一味追求宏大的倾向留给子孙万代的纪念碑似乎是约瑟夫·波埃莱特在布鲁塞尔建造的那座确实宏伟壮观的正义宫（1862—1883年）。这座用巨石构成的巍峨殿堂使皮拉内西最得意的梦想都相形见绌。在鲁本斯的故乡出现这样一座建筑物是意味深长的。英国则像她那善于克制的民族性格一样，除了在戏院内部装修方面偶尔采用新巴洛克式以外，其他地方很少采用。新巴洛克式最精美的典范就是夏尔·加尼埃（1825—1898年）设计的于1861年在巴黎动工兴建的歌剧院。

歌剧院位于巴黎新建的几条林荫大道的交会处，剧院的外观大部取决于它坐落的位置。这些新建筑的宽阔笔直、树木葱茏的长街，是我们时代对城市规划所做的最为人称颂的贡献。这些大道宏伟、整齐，给人极深的印象，它们和路易十四时代的巴黎的专制主义传统一脉相承，而且的确是拿破仑三世和他的塞纳省省长奥斯曼男爵（1809—1891年）的专制主义的产物。这些大道笔直，发生内战时在防卫上有好处，但在美学上肯定也是可取的，伦敦就没有可以与之比拟的四通八达的轴线。霍尔本高架桥、维多利亚大街和沙夫茨伯里林荫路与之相比就相形见绌了。但是，从社会角度看，巴黎这些大道就像伦敦缺乏任何基本规划一样，同样是无益的。在这些新的堂皇的外观后面，大片出租房屋和狭窄不见阳光的庭院构成的穷街陋巷仍原封未动。

如前所述，19世纪的建筑完全是门面货，它是平面的而不是立体的设计。这个世纪何以在雕刻方面毫无成就，而在绘画上却十分出色的原因也就在此。雕刻是在立体和空间工作，绘画则是在平面墙上和画布上工作。1830—1870年，我们能想到的雕刻家寥寥无几，而阐述这几年艺术史的篇章则告阙如，这并非偶然。英国可以提起的有谁呢？当然要提到艾尔弗雷德·史蒂文斯（1817—1875年），他没有什么成就；然后是托马斯·伍尔纳（1825—1892年）和亚历山大·芒罗（1825—1871年），这二位是作为拉斐尔前派画家开始创作的；之后是约翰·贝尔（1811—1895年）和J. H. 弗利（1818—1874年），他们很受欢迎并参加了装饰阿尔贝特纪念会堂的工作。这些人的德国同行有恩斯特·里切尔（1804—1861年），也许还应该算上奥古斯特·基斯（1802—1865年）；马修·迪格比·怀亚特爵士1881年说，基斯的作品《女战士》"也许是现存艺术品中最宏伟的一件"。法国人所作的贡献在美学方面比其他国家的更有价值，如弗朗索瓦·吕德（1784—1855年）的戏剧群像、路易·巴里（1796—1875年）的动物，以及年轻的J. B. 卡尔波（1827—1875年）的生动优美的新罗可可派裸体像及群像。只有卡尔波的作品里，在色欲之中还含有高度的艺术性。维多利亚时代艺术品的有钱的主顾需要的是色欲，而那些不拘原则但报酬很高的艺术家提供的正是色欲。

总的看来，可以这样说：19世纪艺术的主要特征之一就是，在社会上和官方看来有成就的作品不一定在美学方面有价值。这种情况直到19世纪的前半叶也没有多少变化，将学院举办的展览和严肃的当代作品评论家探讨的艺术作一比较，就能看到这种现象。我们前面说过，这种不一致最早是在 17 世纪的荷兰出现的。先驱和开拓者只能满足于阁楼，绫罗和天鹅绒，属于外表有魅力的人或廉价的自然主义者。在法国，也是在罗可可时代，布歇之类的画家掩盖了夏尔丹之类的画家的光辉，不过并未使之全然失色。那么，维多利亚时代有哪些东西是新的呢？主要有两项。过去罕见和稀有的东西，现在俯拾皆是。17、18 世纪的时候，至少还有一些最伟大的艺术家属于社会上有成就者的行列，但现在为人们所接受的艺术中已不复存在美学的良心了。这种情况在法国表现最明显。由于法国的绘画在 19 世纪的欧洲无疑是最重要的，因此我们在谈这几十年的时候，必须在篇幅允许的范围内尽量详细地加以分析。

到 1830 年，古典主义绘画的代表人物雅克-路易·大卫已经死去五年左右。他年轻的时候属于革命的国民公会，曾为法国大革命的烈士画过许多清晰的画像，如《马拉之死》，他赞成取消绘画雕塑院，认为它是旧政权时期艺术上的特权团体。后来他转向拿破仑，以宏伟的场面、具有古典主义超然态度的作品歌颂他和他的帝国，随着复辟，他不得不离开巴黎，死在布鲁塞尔。这时，绘画雕塑院恢复，成为美术院，是法兰西学院的一部分，像过去的绘画雕塑院一样享有特权。它为美术学校分配教师，颁发奖金（包括令人羡慕的罗马奖在内），并为美术展览会挑选作品。到 1830 年时，美术院的领导人是让·奥古斯特·多米尼克·安格尔（1780—1867 年）。他在年轻时抱浪漫主义的理想，但不久他的完美无瑕的绘画便转向古典题材。年事越高，他的法则便越趋狭窄，局限于古雅高洁。他一生的事业与德国的彼得·冯·科内利乌斯（1783—1867 年）十分相似。后者也是以背叛学院的陈规旧习而转向浪漫主义为开始，结果在 1830 年和以后成为学院的暴君。他像安格尔一样，把素描与色彩对立起来，精确与制作迅速对立起来，把来自历史、宗教或神话中为人接受的领域的题材与年轻画家由于种种新的原因而热衷追求的题材对立起来。

他们是些什么人，他们想要达到什么目的？他们属于 18 世纪末出生的一代人：在艺术方面有泰奥多尔·热里科（1791—1824 年）、欧仁·德拉克洛瓦（1798—1863 年）、卡米耶·柯罗（1796—1875 年）；在文学方面有维克托·雨果（1802 年生）；在音乐方面有埃克托尔·柏辽兹（1803 年生）。这种背叛的含义，在文学及音乐方面比在艺术方面更为人们熟悉。雨果的《爱尔那尼》（1830年）首演之夜引起的震动，正像他的《克伦威尔》（1827年）的序言一样，将为人们永志不忘；雨果在这篇序言中强调自然、真实和灵感，强调强烈对比、地方色彩和特色而不强调美，强调戏剧是现代的主导艺术。19世纪20年代柏辽兹在巴黎音乐学院始终抱叛逆态度。1827年他谱写了《威弗利》序曲，1828—1829年根据《浮士德》创作了八场合唱剧，1830年发表大合唱《萨丹纳帕路斯之死》。随后又创作了有几个动人段落的《幻想交响曲》和《哈罗德在意大利》交响曲。

热里科由于他的《梅杜萨之筏》（1819年）而一举成名，这是对当时一次沉船事件十分戏剧化的报道，并恰如其分地突出了事件的全部恐怖场面。他还画了埃普瑟姆赛马会，骑在腾跃的骏马背上冲锋的骑兵军官，并将疯人院里男女疯子的面孔描绘得极为逼真。他集中全部精力工作；他下笔如飞，他的生命也飞快地消逝了。安格尔称他是"健全诚实的绘画"的敌人，并谴责他败坏了人们的审美能力。[①]欧仁·德拉克洛瓦（1798—1863年）最重要的早期作品有《马里诺·法列里》，《萨丹纳帕路斯之死》，《列日主教被害》（取材于《昆丁·达沃德》），一组《浮士德》的石版插画，还有《希阿岛的屠杀》和《街垒上的自由》。显而易见，这些1830年法国浪漫主义者的灵感来源于英国和德国，来源于拜伦、司各特和早年的歌德，并且来源于当代的事件。

德拉克洛瓦的才智是19世纪所有画家当中最出众的。他的日记和信札是理解在19世纪最初三分之一时间所经历的比较深刻、涉及多种学科、比较富于基督教色彩的浪漫主义之后于1830年出现的第二次浪漫主义的基调的无与伦比的材料来源。在德拉克洛瓦看来，鲁本斯是绘画界的荷马。早期的浪漫主义画家不同意他的看法。[②]德拉克洛瓦称鲁本斯为"温暖与热情之父"。[③]他对他的那种"既有活力又有理智的气质"深为倾倒。他写道："他以如此丰富的自由和勇气

[①] A.J.波义尔·达让：《从未发表的书信中看安格尔》（巴黎，1909年），第28页。
[②] J.J.威廉·海因泽在他的《杜塞尔多夫美术馆来信》中第一个热情称颂了鲁本斯。这些信件是1776—1777年写的。海因泽生于1746年，富塞利生于1741年，歌德生于1749年。因此，他们都属于狂飙突进时代，都是上文已说过许多的19世纪的指路人。
[③] 《日记》（A.儒班编，巴黎，1950年），第2卷，第95页（1853年）。

第六章 艺术与建筑

主宰你、征服你。"① 他在这一类的文字中为自己、为自己的性格和艺术作了表白。但是在另外一些文字中，却又完全自相矛盾，表示了他对莫扎特、拉辛和拉斐尔的尊崇。他说，有些艺术家"他们不能驾驭自己的天才，而是为天才所驾驭"，另一些人则"随心所欲，但仍能控制自己"。② 他在一处说，天才不受规则的制约。在另一处（固然他说这话的时候是在很久以后）他却又把天才定义为"一个具有非凡理性的人"。③ 我们应该记住，19世纪有成就的艺术家在理论与实践之间的这种矛盾是有代表性的。我们在前面指出过另一个例子，那就是乔治·吉尔伯特·斯科特爵士。尽管德拉克洛瓦从来不受欢迎，也没有创立一个学派，但他确实是有成就的。德拉克洛瓦的社会态度也反映了在性格与抱负之间同样存在的矛盾。他肤色黧黑，外表潇洒，长于音律，衣着讲究，他与约瑟芬皇后的侄女有一段私情；而且，20年来一直渴望被美术院所接纳，但他同时又将群众称为"群氓"④，他在写给一位警告他不要展出过于革命和大胆的作品的担任行政官员的友人时说："宇宙间任何人也不能不让我用我自己的方式来看待事物。"⑤

他的艺术风格如何？这是一种从对热里科的倾慕和在罗浮宫学习中发展而来的风格。德拉克洛瓦以自己基本上是无师自通这一点而自豪，这种自豪感在19世纪中叶的画家中间屡见不鲜，并表达了他们对源远流长的传统的不信任。不过在德拉克洛瓦形成其风格的年代中有一件具有决定性的事件，就是他发现了康斯太布尔的艺术。1824年在当代画家作品展上展出了康斯太布尔的三幅画。德拉克洛瓦当时正准备展出他的《希阿岛的屠杀》，他在展出前夕将这幅画大加改动，使画面开阔明朗，剔除了在造型和色彩上给予人的压抑感，并运用了康斯太布尔的那种表现大自然永无止息的生命力的写意手法。从那时起，德拉克洛瓦的画笔也采用了那种一挥而就的笔势。戈蒂埃说："当他站在画布前面的时候，就忘却了他的古典主义观点，他的

---

① 《美的问题》（载于《文艺作品集》，克里斯编，巴黎，1923年），第1卷，第31页及《日记》，第3卷，第307页（1860年）。
② 《日记》，第2卷，第456页（1856年）。
③ 《日记》，第2卷，第372页（1855年）。
④ 《日记》，第2卷，第318页（1855年）。
⑤ E. A. 皮隆：《欧仁·德拉克洛瓦的生平和著作》（巴黎，1865年），第71页。

画家的冲动气就占了上风，一幅热情激昂的画面便一挥而就。"① 德拉克洛瓦第一个系统论述了康斯太布尔无法解决的一些问题，后来这些问题又成了印象派的问题，这就是使最后完成的画保持第一幅草图时的那种新意，而又要使之具有早期阶段必然缺乏的完整性和一致性。德拉克洛瓦工作起来简直是在玩命。他在 55 岁的时候写道："我们只要一息尚存就要工作。待到现实与一个人的梦想不再一致时，我们除了沽酒以求一醉之外，还能做什么呢？"② 他的作品数量多，范围也广。我们已经提到他早年取材于浪漫主义文学的作品。他 26 岁时在日记里写道："如果想获得永恒的灵感，就要记住拜伦的一些诗篇。"③ 1830 年的《街垒上的自由》是一幅偶然涉及当时政治的作品，不过却有代表性。1830 年后，这类现象不再出现，文学题材也罕见了。另一方面《圣经》却继续为德拉克洛瓦提供题材。在很长一段时间内，他可以说是最后一位能够画出《雅各布与天使角力》或《革尼撒勒湖》或《乐善好施的撒马利亚人》的画家。一个比他年龄小的，生在 19 世纪而不是 18 世纪的画家是不可能画出这样的画的。只有到了 19 世纪末的高更和 20 世纪的鲁奥和诺尔迪，以宗教为题来作画才重又成为一种可能性，虽然这种可能性很小。19 世纪中叶不是宗教的时代，也不是热情的时代。这个时代过于讲求现实。说到现实，一件非常有代表意义的事是，德拉克洛瓦本人在 1830 年以后为了使他画的炽烈的场面具有真实感，他需要在比拜伦和《圣经》更真实更有可能的环境中作画。1831 年他在去摩洛哥的一次旅程中找到了这样的环境。他在这里看到了或他幻想看到了激情与暴力，为他此后一生提供了题材：画着酋长、奴隶和劫掠妇女情景的战争场面和猎狮的场面，画面上色彩绚烂的猩红与翠绿衬托在偶尔夹杂着青蓝的红棕色基调上，以饱满的激情奋笔急挥，这是自鲁本斯以后欧洲绘画上从未有过的。不过鲁本斯所画的《劫掠塞宾的妇女》和《卡利敦的野猪》现在被画成像是当代的场面。就这样，1830 年以后，德拉克洛瓦对现实主义作了很大让步。

---

① 《浪漫主义史》，重印自《箴言报》，1864 年 11 月 17 日。
② A. 儒班编：《德拉克洛瓦书通信全集》（巴黎，1937 年），第 3 卷，第 180 页（1853 年，致乔治·桑的信）。
③ 《日记》，第 1 卷，第 99 页（1824 年）。

现实主义是19世纪中叶数十年的标志。现实主义在艺术领域里的地位相当于伟大的科学和技术的发展，相当于《物种起源》和水晶宫。法国绘画的现实主义以多种姿态出现：保罗·加瓦尔尼（1804—1866年）表现巴黎生活的石版画；奥诺雷·杜米埃（1808—1879年）的政治及社会讽刺画和他那机智生动的油画素描——剧院、洗衣妇和她的孩子、三等车厢；让·路·欧·梅索尼埃（1815—1891年）那种画法陈腐、细勾细描而且备受欢迎的路易十五和路易十六时代风格的风情画，以及他所画的当代战争场景；柯罗早期的那类精巧清新的风景画；以及那些居住在枫丹白露森林的巴比松画派的画家们的伟大作品。卡米耶·柯罗（1796—1875年）是19世纪的又一位无师自通的艺术家。他在晚年写道："没有人教过我任何东西。我孤身与自然奋斗，结果我就成了现在这样。"他又说："必须具有赤子之心才能解释自然。"① 的确，赤子之心是这位非常受人爱戴的"柯罗爷爷"的人格中最可爱的品质之一；他的童心使他在20年代画的质朴的小型意大利风景画具有清新和自然之感。这些画是法国可与同时代的科特曼的水彩画相媲美的作品。柯罗那些更著名的雾霭弥漫的山林沼泽中的神女画，属于他的晚年作品——这是19世纪画家生涯中由紧张变松弛的一个例子。19世纪40年代、50年代最敏感的艺术评论家波德莱尔将柯罗排在"现代派之首"，不过他附加了一个条件说，如果卢梭再多表现一些，谁是首位就难说了。②

泰奥多尔·卢梭（1812—1867年）可以说是巴比松画派的领袖。他的风景画的粗犷的画法显然是受了康斯太布尔的影响。很难说，他或这个画派较早的风景画家们开拓了新的领域。但是他们使英国在19世纪的头30年和第二个30年间的创新在欧洲大陆得到确立，并且将它们传给最后30年中的印象派。从我们这个概括的观点来看，更重要的是让·弗朗索瓦·米勒（1814—1875年）。他在1849年定居巴比松。米勒为19世纪画坛挖掘出了农民和农田劳动者的题材。自勃鲁盖尔以来还没有一个画家像米勒这样重视农民。他不自觉地——主要是由于他的视平线低，因而他的人物就显得比真人高

---

① 转引自《柯罗自述……》，第1卷（日内瓦，1946年），第84、88页。
② 1845年当代美术家作品展。转引自《评论文集》（克里斯编，1924年），第2卷，第216页。

大——使他的人物形象高大起来，而且赋予他们以感情色彩，那幅著名的《晚钟》就是一例。波德莱尔是唯一有眼力的评论家，他看出"他笔下的农民循规蹈矩，过分考虑自己……不论他们耕地、播种、放牛还是照料牲畜，他们似乎总是在说：是我们这些贫穷无地的人把大地变成沃土。我们在完成一件使命，尽着一个布道者的职责"。①米勒很担心别人把他误解为社会主义者，这在当时是一种典型的想法。② 1840 年蒲鲁东的《什么是财产》一书发表，1846 年又发表了他的《贫困的哲学》。从此以后，艺术上的现实主义——暴露生活的真实——就很容易与社会主义合成一股力量了。

在我们所叙述的这个时代的后半期，绘画的主要代表人物居斯塔夫·库尔贝（1819—1877 年）的情况就是如此。年龄大二十多岁的德拉克洛瓦仍然保持了浪漫主义炽热的激情，柯罗仍然保持其诗情画意。库贝尔则以"没有理想没有信仰"为荣。于是，他用他自己那种令人不愉快的方式在个人信笺的顶楣上写着"既无理想又无信仰的绘画大师居斯塔夫·库尔贝"。③ 绘画界的库尔贝就像建筑领域里维多利亚盛期的英国建筑一样，坚实、自信、粗犷。他谈到自己时说："我是本世纪首屈一指和独一无二的画家。"④ 库尔贝高大肥胖，大笑时声震屋瓦，动辄以拳头敲桌子表示赞同与否，作画时大杯大杯饮啤酒。他大言不惭地说，他对妇女只有一个意图，就是用她们来享乐；他的作品中有一些很典型，简直就是无耻的春宫画，有许多则是刻意表现色情猥亵。法国文学中相当于库尔贝的人物是比他年轻许多的左拉，而不是与他同期的福楼拜。库尔贝像其他许多 19 世纪先进画家一样，基本上是自学成才的。他自称"以造化为师"。他成熟初期，即 19 世纪 50 年代的主要作品，值得逐幅予以评介。这些作品中的第一幅《碎石工》是他 31 岁那年所画。他写到这些碎石工时说："我并无创造。我每天散步的时候就看到画中的这些可怜人。"⑤ 但事实上，即使他未创造，也须作出布局。那个老人和他的年轻伙伴的姿态一眼就能看出是有意安排的，而其着色有着名家的丰富多彩和真实

---

① 《评论文集》，第 1 卷，第 172 页（1859 年当代美术家作品展）。
② 阿·桑斯埃：《让·弗·米勒》（英文版，伦敦，1881 年），第 93 页和 157 页。
③ 引自《库尔贝自述……》，第 1 卷（日内瓦，1948 年），第 21 页。
④ 同上书，第 28 页。
⑤ 同上书，第 96 页。

感。结果他和米勒一样,把大地上的生活崇高化了,只不过缺乏情感而已。同一年,在当代美术家作品展上和《碎石工》一起展出的还有一幅9.5英尺长,宽超过21英尺的《奥南的葬礼》,画面结构着意追求质朴,许多人物一动不动,站得笔直。人物画得非常真实。葬礼的参加者似乎并无虔诚的表示,也无哀容。

几年后继而问世的《库尔贝先生的画室》在尺寸上与《葬礼》相仿。它是1885年国际博览会上一间专门展厅中显示主题的中心展品;展厅是库尔贝为展出他的作品而建造的,取名"现实主义"。画的正中画家本人正在画布上挥笔创作一幅风景画。一个农家的男孩和一个衣服摊了一地的裸体女模特儿在看他工作,表明人人都能理解库尔贝的作品。左边是他的其他几个模特儿,一个猎人,一个衣衫褴褛的爱尔兰贫妇,一个犹太人,一个掘墓人,一个妓女和其他各式各样的人物。右边有波德莱尔代表诗歌,蒲鲁东代表社会主义,在另外一些人中还有两对男女代表上流社会的爱情和自由的爱情。

同时期的作品还有《出浴》,在郁郁葱葱的风景背景上有两个体格健壮的女人;一个赤身裸体,背部展现无遗。德拉克洛瓦评论这幅画时说:"构思之粗俗乏味令人憎恶。"① 再就是《塞纳河畔的少妇们》,画着河边上懒洋洋地躺着两个年轻的女人,色情毕露;还有《吊床》,画的也是一个肉感的女人,大腿和乳房袒露得未免太多了点。这是对人的兽性的揭示。库尔贝绘画的粗犷有力和造型的立体感与他的布局配合得恰到好处。这些就使他得以创造出19世纪最有感染力的风景画和海景画。与库尔贝画的岩石峡谷相比,柯罗的画就显得单薄了,莫奈的也一样。然而,特别是他后期画的牡鹿和群鹿,他那种缺乏细致的粗俗的风格,往往损害了一切,但却仍旧博得喝彩。正是他的这些最不易识别的作品经过复制却得到广泛流传。库尔贝至今仍然是风格粗俗却成为大画家这样一种有趣而罕见现象的实例。正像他的一些裸体像一样,他画的某些风景画唤起的是平庸的感情。库尔贝把杜米埃看成是他的革命手足,但他不能理解杜米埃为什么不愿意出头露面。1870年杜米埃拒绝接受荣誉勋位的时候,库尔贝很高兴地赞许他并拥抱他,但又责怪他没有"大肆渲染"地加以拒绝。

---

① 《日记》,第2卷,第18页。

库尔贝做任何事都喜欢大肆渲染，乔治·吉尔伯特·斯科特爵士在设计圣潘克拉斯火车站时也表现了这种好渲染的风格，不过比较淡雅一些。圣伯夫在1862年告诉我们：库尔贝的想法是"把宏大的火车站看成是用绘画作装饰的新教堂，在高大的墙上画满成千个题材……优美的风景、道德的教诲、工业的气息……换句话说，现代社会的神圣事物和各种奇迹"。①

　　这个梦想并未实现，库尔贝没有画过歌颂工业和商业的绘画。更广泛地说，工业革命和铁路时代没有给当代绘画留下多少痕迹。德比的赖特笔下的锻工是受卡拉瓦乔派影响的作品，人物都处在强烈的人工光线照射之下。透纳在1844年作的《雨、蒸汽、速度——大西部铁路》是一幅给人以美感的作品，而不是社会题材。卡尔·布莱肯（1798—1845年）的印象主义素描《轧铁工厂》和阿道夫·门采尔（1813—1900年）在1847年作的《柏林—波茨坦铁路》也是这样，不过门采尔还是第一位以工厂内景作画题的主要画家。他的《轧铁工厂》画高五英尺、长九英尺多，表现的是在巨大玻璃屋顶下蒸汽和烟雾弥漫的气氛，工人们——丝毫没有崇高感——正在摆弄流出的白炽熔铁。这幅画绘于1875年。

　　从我们现在的观点来看，门采尔的一生颇为有趣。他是一位才华横溢的人，他早期的素描受到布莱肯的影响，带有前印象主义的典型特征，是可与康斯太布尔和波宁顿相提并论的德国画家，主要画柏林附近的风景；或是教堂的一角，布道坛上立着牧师；或是一间屋子，微风吹拂着白色窗帘，洒满阳光。不过，门采尔同时还创作了一组木刻，这是为库格勒的《腓特烈大帝生平》一书所做的插图。他专心致志地从事这项工作，尽可能搜集了有关18世纪普鲁士生活用品的一切资料。这组木刻在所有细节上都精确无误，其成功促使门采尔开始以这位国王的生活为题材创作油画。其中第一幅画于1850年。作为19世纪标志的现实主义和历史主义在这里得到纤毫入微的表现。其表现手法近似于梅索尼埃在描绘罗可可纨绔子弟时所使用的手法。门采尔在晚年用同一种手法描绘了取材于当代社会的群体场景。1878年的《皇宫晚宴》和1884年的《维罗纳芳茵广场》都是经过细心观

---

① 《库尔贝自述……》，第1卷，第164页。

察和在细节安排上下过一番功夫的精心之作，使人观赏不厌，且不落俗套。

门采尔在技巧上放出的奇光异彩植根于他早年的印象主义，并使他迥然区别于他的英国同行威廉·鲍·弗里思（1819—1909年）。对于人们所熟知的作品如1854年的《拉姆斯峡谷的沙滩》，1858年的《赛马会》和1862年的《帕丁顿火车站》，这里就不多谈了。这些画使弗里思名扬全欧并使他能在自传扉页上本人的名下署上"荣誉勋位获得者，比利时皇家学院院士，斯德哥尔摩、维也纳及安特卫普各学院院士"的头衔。

当时比利时颁发的各种荣誉最受重视。因为安特卫普已成为欧洲学院艺术的中心。一种以情节取胜的历史画就是在这里从瓦佩斯（1803—1879年），加莱（1810—1887年）和德·凯泽（1813—1887年）的笔下发展起来的；大约从1830年起，这种画取代了那种虽高尚但缺乏活力的新古典主义漫画或绘画。这些比利时人和法国的保罗·德拉罗什（1796—1856年），个个都像德拉克洛瓦，但却缺少他的天分和他的才华。

为了成为一名历史画画家，福特·马多克斯·布朗（1821—1893年）来到安特卫普从师瓦佩斯。但他在巴黎住了一个时期以后又到了罗马，并在那里接受了奥韦尔贝克的影响。奥韦尔贝克是19世纪初期德国浪漫主义画派的耆宿。其结果就是布朗在1847年所作的《乔叟在爱德华三世的宫廷》。这幅画和他所绘的哥特式拱尖和穿着14世纪服饰的色彩绚丽的人物，在风格上完全属于拉斐尔前派，虽然这幅画的成画时间先于拉斐尔前派兄弟会成立数月。兄弟会的创始人主要是罗塞蒂、霍尔曼、亨特和米莱，他们都比布朗年轻，而且罗塞蒂在1847年年底至1848年年初那个关键性的冬天，曾短期做过布朗的门生。这些人在他们昙花一现的杂志《萌芽》上阐明了兄弟会的宗旨。我们在这里看到的主张，除一点外，其他各方面不过是德国浪漫主义的翻版而已。弗·乔·斯蒂芬斯曾写道："只有心地纯正，所做的一切才是高尚的"，他又说："矫揉造作……无病呻吟、沉湎声色、缺乏创新"必须极力加以避免。"完全遵循自然的纯朴"是目标。"并应直接注意那些本着这种精神而进行艺术创作的比较罕见的作品。"这样的作品应到拉斐尔以前的意大利去寻找，甚至更应到梅姆灵和丢勒的荷兰和德国去寻觅。于是1848年和其后几年霍尔曼·亨特、米莱和罗塞蒂画的极富魅力的、通俗而棱角明显的绘画就此产生了。这些画似乎与库尔贝、米勒和杜米埃在同期所做的一切恰恰相反。不过在这些拉斐尔前派身上也深深烙有19世纪中叶的印记。他们的格言就是真实,但是这并非拿撒勒派所理解的真实。"真实性要求历史画画家充分熟悉他准备画的人物的时代及习俗的特色……(并且)向有关专家请教关于服装……建筑、植物或地貌或各种有关事项"。这些话简直像是出自门采尔笔下。但事实上这是福特·马多克斯·布朗的话。

布朗比其他人年事稍长,而且严格说来并不是兄弟会会员;但他自始至终恪守《萌芽》的原则,不论他画威克利夫、科德利亚还是用纤细的笔触所作的碧绿山水画都是如此。他个人最具特点的贡献也恰与《萌芽》的要求不谋而合(见J.L.塔珀写的一篇文章)。《萌芽》写道,要找到有价值的题材,画家不仅应到历史中去找,还应在我们的时代的"虔信、真理、怜悯、荣誉和勇敢的各种伟大教训"中去寻找。当代英雄人物应当走上当代的画布。我们虽应憎恨尼禄,但我们也应憎恨"廉价出卖工人的压迫者"。库尔贝对这番话定会大加赞赏,他笔下的我们时代的英雄,如《碎石工》,与约翰·布雷特七年后画的《碎石工》在形象上大不相同,布雷特的碎石工是以洒满阳光的风景为背景的一个健壮俊秀的后生。马多克斯·布朗在1852年开始创作《向英格兰告别》,表现的是去澳大利亚的移民离国的场面;他在同一年画了《劳动》。他的后期作品有《约翰·多尔顿收集沼气》和《克雷布特里发现金星凌日》。《劳动》是当时欧洲的绘画中有关社会改革的最重要的文献。要在本书中恰如其分地描述这幅画的内容、将近20个人物的含义深远的姿态和动作是不可能的,这会占去过多的篇幅。自贺加斯以来,还不曾有人试图在一帧中幅尺寸的画面上表现如此多的含义。画的地点是汉普斯特德,景物逼真。卡莱尔和弗·丹·莫里斯两人的面貌一眼便能看出。他们代表脑力劳动,正如挖泥工人代表体力劳动,衣衫褴褛的卖花人代表从未学会劳动的人一样。还有一些衣不蔽体的贫民窟孤儿,懒散的少妇和一位正在散发宣传小册子的好心的女人。小册子的书名是《泥瓦工的避难所——饥渴灵魂的饮料》。挖土工人选择了麦啤酒，而且他们有权利这样做。另外一些写在广告招贴等上面的字不禁使读者——更确切地说是观众——联想到工人学院（1854年由莫里斯创办，罗塞蒂曾一度在那里执教）和设在尤斯顿路上的儿童之家。

这实际上是一个文学题材，只有经过解释和指点才能充分领会！不过库尔贝的《画室》和门采尔的《皇宫晚宴》也是如此。拉斐尔前派强烈反对那种随便以诗歌或小说为题材所作的虚浅夸张的风俗画，这种画在维多利亚时代广为流行。狄更斯在《荒凉山庄》里对这类画作过如下的描写："一处有裂缝的石头阳台，远处有一艘威尼斯游艇，一套完整的威尼斯元老院议员的服饰，白色锦缎服装上满绣着模特儿嘉格小姐的侧面像，一柄做工精细的镶金短弯刀，刀柄上嵌着宝石，摩尔人（稀有的）考究的装束，以及奥赛罗。"① 这种画即使画得非常认真，拉斐尔前派也还是反对。布朗在1851年5月曾写道，"弗里斯这个卑鄙下流的家伙"。② 他们自己画的《李尔》《但丁》和《夏洛特姐妹》则将精确与新的献身精神和热诚结合在一起，至少在这个运动的初期是如此。

青年艺术家们的组织往往很快就解体，拉斐尔前派兄弟会也一样，没有几年便解散了，创建人分道扬镳。霍尔曼·亨特（1827—1910年）毕生成为彻底的拉斐尔前派。他为了画《替罪羊》，于1854年前往巴勒斯坦，以便画出的死海能够不差分毫，这是一种非常怪异的现实主义变态；为了画《牛津的五朔节》，虽然他已高龄，仍执意每天清晨五点钟登上马格达伦塔。其结果是在细节上过于近似自然，画面过分集中，结果完全失去了真实感。这些画若非由于着色粗糙、夸张而且明暗不分，着重用石南紫、苦艾绿等颜色，定会使人联想到现代摄影师所摄的大小鹅卵石和未经修版的特号头像。丹特·加布里埃尔·罗塞蒂（1828—1882年）后期作品的色彩较为热烈瑰丽，但也同样令人反感。他笔下那些慵懒淫荡的人物与《萌芽》宣扬的宗旨毫无共同之处，虽然与库尔贝那种情欲强烈

---

① 参见拉斯金在《拉斐尔前派的艺术》（1853年）一书中对身披从伦敦沃德尔街古董店买来的铠甲的骑士们那种气派所作的讽刺和总是搬用《吉尔·布拉斯》《堂吉诃德》和《威克菲牧师传》等书的场面所作的讽刺。丛书版，第12卷，第351页。

② F. M. 许费尔：《福特·马多克斯·布朗》（伦敦，1896年），第78页。

的性感相比又相形见绌。即使如此，到了伯恩-琼斯手里经过净化并采用蓝和灰这些冷色加以表达，这样的作品才普遍受到欢迎。不过伯恩-琼斯比较高雅的艺术却属于维多利亚时代后期了。

最后，还有约翰·埃弗雷特·米莱（1829—1896年）。他从一个拉斐尔前派兄弟会成员成为皇家艺术学院院长；他在晚年画的是《西北要隘》和《肥皂泡》，而不再是《基督在自己父母家中》和《奥菲利亚》。他在英国是一个非常有趣的例子，集严肃艺术与社会成就这两个领域之间的矛盾于一身。另外一个例子是乔·弗·瓦茨（1817—1904年），他以生气勃勃的威尼斯风格步入画坛，画法强劲而热情；最后的作品是一些大幅索然无味的情节画，著名的有《财神》《爱与人生》和《时间、死亡与审判》。

在维多利亚时代盛期，标题能在很大程度上为一幅画赢得成就。这就像让一个门外汉区别意大利式和哥特式建筑，要比让他分辨两个建筑物正面的尺寸比例的处理有何不同更加容易，因此人们宁愿看一幅画有两只狗的画，只要它的标题是《上等生活与下等生活》，或是一幅画着公鹿的画，只要标题《幽谷之王》就行；而不愿去看寓有象征意义和浑然天成的好画。这两个标题我们是从埃德温·兰西尔爵士（1802—1873年）的作品中信手摘录的。他其余的作品还有《亚历山大与第欧根尼》《保护动物协会的一位卓越成员》（一只圣贝尔纳狗）以及《尊严与无耻》。

在法国，一幅流行画，一幅年度佳作不大可能是一个文艺作品。英国画家想要成名，需靠情感，而法国画家则需靠理智。像卡巴奈（1823—1889年）和布格罗（1825—1905年）这样的画家年复一年画着他们那种诱惑人的裸体画。卡巴奈的《维纳斯之诞生》画的是女神妖娆地卧在一片片纸板上；这幅画1863年在当时艺术家作品展中展出时，立即被拿破仑三世买走，就像维多利亚女王买去弗里思的《拉姆斯盖特沙滩》并封兰西尔为爵士一样。

卡巴奈的《维纳斯之诞生》在画展上引起轰动的同年，莫奈画的《奥林匹亚》被画展拒之门外。广泛为人欢迎的艺术与莫奈及其聚集在印象主义旗帜下的友人们的艺术之间的对立，比19世纪中叶的那种对立更尖锐。"对于绘画基本因素年幼无知"，"矫揉造作，难以想象的俗不可耐"，"这个奥林匹亚简直是一只母猩猩"，"怯懦的女奴婢","艺术堕落到如此低下的水平简直不值得谴责"——这仅仅是1865年展出这幅画时报章评论中的很少一部分而已。①

不过,1832年出生的莫奈,只有他最早期的作品属于我们目前探讨的这个时期,而印象派则与本时期没有多少关系。1870年,德加36岁,莫奈和雷诺阿30岁。印象派艺术正如它的名称一样是一种微妙的、瞬间的、极敏感而十分注重外表印象的艺术。这个名称表明,一切现象都被看作纯粹是眼的感知,这个流派肯定属于19世纪末期。在英国的建筑和设计方面,主要由于威廉·莫里斯和诺曼·肖的作用,也出现向细腻的转变和把艺术的美学方面从其他方面分离出来的倾向,英国在这两个领域中继续处于领先地位,直到超出本章所叙时代的范围。莫里斯生于1834年,诺曼·肖生于1831年。莫里斯的风格和社会改革理论的特有形式也是维多利亚时代后期的而非盛期的;诚然,他的这些风格和理论是在19世纪60年代发展起来的,但是它们的传播则完全是在他的公司接受了第一笔大宗委托之后的事,如1867年为维多利亚和阿尔贝特博物馆设计的餐厅,也是他在1877年开始公开讲学之后的事。诺曼·肖的风格是从设计伦敦城利登霍尔街的新西兰商会开始成熟的。设计日期是1871年。大厅凸窗的纤巧精雅,底层宽阔的凸肚窗设计新颖不落窠臼,各种图案花纹交织在一起,自然流畅,别具一格,所有这一切都与前几十年间维多利亚时代盛期的那种笨重、豪华、端庄、阴暗的办公楼形成鲜明对照。四年后,在伦敦附近的贝德福德公园建成第一座市郊花园住宅区,同样与维多利亚时代中期的肯辛顿及贝斯沃特住宅区形成对照,令人叹为观止。又两年后,威廉·莫里斯在他早期的讲学中把中世纪伦敦"优美、精心涂成白色的房屋"与他那个时代"难看的大中小型简陋房屋"构成的伦敦作了比较。他在同一次演讲中提倡应该研究古代的建筑,但不应照搬,他宣扬"生活简朴"以及住宅中我们周围的各种东西要讲究"清洁大方",他在结尾时希望"世界上应暂时将所有艺术都清除掉……以便尚能有机会在黑暗中加快步伐"。② 现在让我们把这些革命的词句与新涌现的画家如惠斯勒在1885年,莫奈在

---

① A. 塔巴朗:《莫奈及其作品》(巴黎,1947年),第107—108页。
② 《次要的艺术》,《全集》,第12卷,第11、15、20页。

1889年所说的话作一番比较。惠斯勒说："艺术……是细密思维的女神，习性严谨，不尚炫耀，从不与人争胜。"① 莫奈说："他甘愿生来双目失明，然后忽然恢复视力，或者在他丝毫没有看见过他所画的东西是何物的情况下开始作画。"② 这种超然于任何物质、任何文学、任何道德之外的态度，像诺曼·肖的建筑和莫里斯的理论一样具有革命意义。所有这一切只能理解为在19世纪末期比起中期来人们感受力更加敏捷，美学的完整性已得到恢复的结果。

（麻乔治　译）

---

① 《十点钟》（伦敦，1888年版），第8页，演说发表于1855年。
② J. 雷沃尔德：《印象主义史》（纽约，1949年），第408页。

第 七 章
想 象 文 学[①]

这一时期文学的特点是，它既以罕见的力量促使人们对历史作出广泛的概括而又使之归于失败。因为，这个时期的作家表现出一种程度极高的历史自觉感，他们根据"时代的需要"来讨论自己的问题，深信他们所处的时代要求他们在思想上有一种崭新的见解、崭新的态度和崭新的发展方针。另一方面，这种感觉只不过是一个征兆，表示人们天真地持有的一切共同信念正在解体，这个消极的事实使我们难以为这个时代找到一种明确的共同特性。这是一个具有科学思想的、唯物主义的、实证主义的时代吗？是的。它是孔德、费尔巴哈、达尔文、马克思和赫伯特·斯宾塞的时代。然而，它也是浪漫主义的、唯心主义的和焦急地期待着人的精神及其文化财富的时代。这个时代的文化史中如果不提卡莱尔、爱默生、拉斯金、马修·阿诺德、奥地利作家阿达尔贝特·施蒂弗特、瑞士历史学家雅各布·布尔克哈特，那么，这部文化史就会是严重地失去了重心。这是一个疏远宗教的时代吗？肯定如此。然而宗教热情却很高涨，而且还不仅仅是热情。这个时代拥有学识异常渊博和令人瞩目的宗教思想家，如克尔恺郭尔和纽曼枢机主教这种人物，在文学方面还有陀思妥耶夫斯基这样深邃的宗教天才。这是一个散文的时代吗？也许是这样。但是这个时代也同样创立并热情地实践了"纯诗歌"的学说，并且十分爱好理查德·瓦格纳音乐的奔放的感情。这是一个相信人类生来就有能力走上一条无限进步的道路的时代吗？这个问题本来无疑地应该很容易给以肯定的

[①] 作者谨对已故剑桥大学冈维尔与凯厄斯学院院长 E. K. 贝内特先生所给予的帮助表示诚挚的谢意。

回答，但是有些并非一般的人物却欣然接受了叔本华的形而上学的悲观论。看来，要在一幅尺寸有限的画布上描绘这个时代，那是不可能的。

不过，我们可以作出一个一般性结论，这个结论对于理解这个时代的理智特点，可能会证明是有益的，即小说占据了文学舞台。这点不仅在今天回顾起来十分明显，而且当时也是如此。1849年《展望评论》的一位投稿人写道："当今小说占据的地位和伊丽莎白及詹姆斯一世当政的时代戏剧所占的地位相等"；1850年，当同一杂志论述小说是"应现代的需要和倾向而产生的重要产物"的时候，它不仅说出了英国的，而且几乎是整个文学世界的情况。①

白哲特在1858年回顾英国小说从沃尔特·司各特到乔治·艾略特这段时期的历程时，忽然想到另一种在英国文学舞台之外也能看到的趋势："想要树立一种信仰的愿望已经成为男女主人公为人们所熟知的一种感情，但这个愿望与司各特的纯朴的真知灼见以及他的旧式艺术似乎绝无共同之处。"② 换句话说，小说有它的历史：它从简单的史诗叙述开始——这种叙述认为人们当然以一种举世公认的和明白易懂的方式对某些形势和事件作出反应——走向对内心生活越来越细致的描绘，因为史诗的纯朴不能应付十分复杂的内心生活。尼采曾经列举特别适合于新的小说家的目的的一些心理特性：一个小说家必须天生具有细腻的情感和大胆的观念，他必须喜欢追本穷源，以至于达到了玩世不恭的程度，由于憎恨生活的杂乱无章，他必须善于推理，他必须是解谜的能手、狮身人面怪物的朋友。这与司各特的"纯朴的真知灼见"的确大相径庭！我们将詹姆斯·乔伊斯的《尤利西斯》（1922年）与荷马的《尤利西斯》进行比较，就能够窥见这种发展的两个极端。古代的英雄通过时间和空间探索外部世界；现代的尤利西斯则待在城里，在一天内对付潜伏在他心底的种种惊险。从荷马到詹姆斯·乔伊斯这段整个过程，似乎被压缩成为我们这个时期的几十年。从这个意义上来说，1832年逝世的沃尔特·司各特仍然和荷马相近；但是从1881年逝世的陀思妥耶夫斯基到詹姆斯·乔伊斯或从

---

① 引文见凯思林·蒂洛森《19世纪40年代的小说》（牛津，1954年），原文第37、495页。本书作者从读书中摘录一些引文和精辟的意见。

② 沃尔特·白哲特：《文学研究》，第2卷（伦敦，1858年），第160页。

乔治·艾略特到普鲁斯特则只有很短的距离。

对于"心理学"的这种日益增长的关注和"想要树立一种信仰的愿望"当然是有关联的,按照白哲特的说法,这种愿望已经变成"主人公最为人们所熟悉的一种感情了"。在史诗和旧式小说的情节里没有信仰的位置,因为信仰会形成必须说明行为、事件和情感等意义的明显背景。只有当这个背景变模糊时,探讨意义这件事的本身才能成为故事的组成部分。往昔的各种信仰的世界是一个"宇宙",其基本秩序早已永远地确立了。在这个世界里有可能发生离奇的和惊人的事情,但是不论发生什么,它们都能各得其所。在新的世界里,则没有预定的位置,必须到个别的男人和女人的心灵中发现。这种寻求证明是永无止境的,每个新的发现都被更细致的怀疑弄得疑问重重。因为在人的心灵的代数学中失去一个信仰不等于获得一个疑问,却等于无穷的可能真理与谎言。约翰·斯图尔特·穆勒即便在他把造成这种情况的原因武断地归咎于两个人的时候,也对这种情况做了恰当的描述,1867年他写道:"边沁超过了所有其他人,引导人们对于古老的或已被接受的见解提出疑问,这些见解正确吗?柯尔律治则引导人们去问:这些见解的意义是什么?"① 迪斯累里的《坦克雷德》(1847年)一书的主人公提出的问题简直可以说是这一时期的许多著作的警句:"我应该相信什么?"

随着人生意义的基本信念结构日渐削弱和最终崩溃,文学势必无法抗拒地试图改变自己的意义和功能。它不能再满足于提供比较高尚的娱乐和道德教训;它本身成了一种探索的工具,寻求真理的手段。早期的德国浪漫主义者,尤其是弗里德里希·施莱格尔知道会出现这种情况,他甚至相信这是理所当然的。卡莱尔在1833年所写的著作表达了施莱格尔的看法:"诗歌将越来越被人们所理解,它是高水平的知识,而不是其他东西;它是唯一真正的浪漫主义的(对于成年人来说)现实。"② 在我们论述的这一时期行将结束时,有人写道:"我们应该给予诗歌应有的评价,要比我们一向对它的习惯看法更高

---

① 《论文与讨论》(伦敦,1867年),第403页。
② 卡莱尔:《论狄德罗》,最初发表在《外国评论季刊》(1833年),重印刊载于《评论和杂文》(伦敦,1839年)。参见雅各布·麦诺《弗里德里希·施莱格尔1794—1802年:青年时期散文集》(维也纳,1906年),第2卷,第200页。

一些……人类将越来越领悟到：我们必须依靠诗歌替我们对生活作出解释，并且安慰我们和鼓舞我们。没有诗歌，我们的科学就会显得不完整。我们现在看作宗教和哲学的大部分东西都将被诗歌所取代。"上述这段话的作者当然是马修·阿诺德。① 例如，这种"取代"不是由"马克·拉瑟福德"（威廉·黑尔·怀特）予以实现的吗？他谈到华兹华斯的时候说过，华兹华斯替他做了"每个精神导师所能做的事——他重新创造了我的上帝"。② 在19世纪以前，人们绝不可能以这样的说法来论述一位抒情诗人。

"现实主义"这个词按照人们普遍接受的意义来说，在一定程度上表达了文学的探索性质和文学是"高级知识"，是专门把握"现实"的这样一种信念。这个名称含有这样一种意思：现在，文学有史以来第一次关心"真实"。接受这种主张就是迎合一种幻觉，尼采无疑说得非常正确："艺术中的现实主义是一种幻觉……从古至今，所有的作家都相信他们是现实主义的。"③ 实际上，一位现实主义作家像古往今来所有作家一样，他只是被现实中的某些方面所强烈吸引，并使用对他的这种吸引力具有的选择方式为他所选中的题材从美学观点上安排顺序。因为我们似乎是以忽略一个事物作为代价来逐步认识另一个事物的。不论我们的兴趣如何广泛，我们在一个领域中感觉的敏锐也只是和另一领域中感觉的迟钝相对而言的。尼采又继续说，那么当代现实主义的特点到底是什么呢？他找到的答案至少非常符合一种信念，即新文学应当是"知识"。尼采认为，新作家渴望用分析的和近乎科学的态度来认识并理解现实。因此，他说："我们这个世纪的艺术家自觉不自觉地颂扬了科学的福祉。"④

这段话真正指出了19世纪现实主义的一个显著的特性。因为，不论是伟大的现实主义小说的"现实"题材，还是对"生活阴暗面"的大胆反省都没有新颖之处。乔叟是高度"现实主义的"，18世纪在文学方面给了我们大量的生活实录，它们表明了在默默无闻、平庸无奇的生存环境中生活的人们是怎样生活、享受生活或糟蹋生活的。狄

---

① 《批判论文集》，第2辑（伦敦，1915年），第2页。
② 《马克·拉瑟福德自传》（伦敦，无出版日期），第19页。
③ 弗·尼采：《全集》（穆撒里昂版，慕尼黑，1922年），第11卷，第80页。
④ 弗·尼采：《全集》（穆撒里昂版，慕尼黑，1922年），第10卷，第284—285页。

更斯在1841年为《奥列佛·特维斯特》写的序言中表示相信，他必须使他的读者们做好准备来接受他的现实小说将要引起的震惊："……有些人生性高雅柔弱，不能经受对这种丑恶的事物所进行的苦思冥想。这并不是说他们本能地躲避罪恶，而是为了迎合他们，必须把那些犯罪分子乔装打扮一番，就像对他们的食物进行加工一样……"但是对于一位习惯于约翰·韦伯斯特、西里尔·图尔纳和约翰·福特的詹姆斯一世时代的读者来说，狄更斯给读者揭示的"恐怖情景"的"严峻及明显的事实"也许真显得还不够味。那些看惯了菲尔丁的《汤姆·琼斯》一书中的坦率描述的读者们会说狄更斯的"现实主义的坦率态度"在写到平庸和粗鄙的情节时总不能完全摆脱过分拘谨。诚然，描写"恐怖情景"和"现实的"粗鄙情景都没有给文学开拓出新的天地。但是19世纪现实主义能使往昔的读者感到耳目一新的是它特有的热情，在斯丹达尔、巴尔扎克、福楼拜、托尔斯泰或陀思妥耶夫斯基的书中，这种热情在起着作用（尽管在英国这一时期的小说中，除乔治·艾略特外，没有或几乎没有这种热情）。这是一种理解的热情，是要求以理性去洞察，以想象来占有的欲望，是促使人们解开生活奥秘的动力。

　　波德莱尔注意到这个奇怪的事实，巴尔扎克作为一位现实主义作家的声望竟然以他客观的观察能力作为基础。巴尔扎克给波德莱尔深刻印象的特点是他本人的那种炽烈的感情和不切实际的热忱。人们常把巴尔扎克和狄更斯相比，而上述特点正是他和狄更斯的区别所在。

　　确实，巴尔扎克的细腻的描写中如果不是洋溢着一种想要绝对地在想象中占有他所描写的东西的热情，那么，这种描写将是非常枯燥的；斯丹达尔的情节剧如果仅仅是挑起感情，而不用具有分析的理智去全面控制感情，不用通过清醒的嘲弄戏谑洞察一切的慧眼去充分显示这种感情，那么，这些情节剧将会一文不值！陀思妥耶夫斯基的天才与他的探讨精神密切相关，他独特的伟大之处在于他用以探索一切的光亮也正是他的焚身之火。托尔斯泰一再声称的"理性即善"，这和他作为一位小说家的艺术，也并不是不相干的。因为，托尔斯泰散文（有的评论家甚至称之为"田园诗"）的那种明显的静谧与平稳也充满了寻求理性理解的炽烈热情。

　　因此，19世纪的现实主义看来是一种比它通常的定义所提示的更为复杂的现象。另一方面，现实主义当然明显地和我们为了方便统称为"资本主义"及"工业革命"的社会性质的剧烈变化有关。现在，人类前所未有地生活在一个由他们自己大张旗鼓地建成的社会里。"文化"与"自然"两个领域分开了。迅速发财致富和突然成为赤贫，似乎成为等待着越来越多的人的可能的命运。当人们的生活中充斥着"物质"的时候，人与人本身之间和人与集体生产的"物"之间的关系，被弄得日益引起疑问，日益"抽象"了。"与生俱来"的特权和所继承的社会地位在赚钱的技巧面前一步步退却，而生活变得具有越来越尖锐的竞争性，事物日益具有商品的性质，人的价值也就越发可以用钱来确定。当马克思谈到资本主义社会中人的关系的"抽象"性，谈到人在世界上的"自我异化"的时候，他所指的就是这些，在这样一个世界里，"物"在其中占据的支配地位终于将这个世界也变成了可以转让的物品。

以上所述的情况与当代文学的密切关系是很明显的。几乎所有多少有点重要地位的作家的作品，都反映了这个时代的主题：或是强烈地被它所吸引，或是对它产生反感，或者二者兼有。狄更斯的小说《艰难时世》（1854 年）这个书名本身就反映出他强烈地意识到（而且时常在压力下不得不意识到）这个时代的社会和精神问题，这种意识在当时英国文学方面几乎成为一个无所不在的因素。如果说 1832 年一本英国杂志抱怨说"在这个剧烈动荡和变幻莫测的时代，谁也不谈文学……人们注意的只是对改革和统治者的变迁进行推测"的话，[①] 那么，在 10 年左右的时间里，情况已经变成，如果不听关于改革的议论，就几乎不可能注意文学。对于各个阶层的不成熟的观点和已经成熟的道德伦理，都有一些议论——用盖斯凯尔夫人在《玛丽·巴登》（1848 年）一书的序言中的话来说就是——"达到一种痛苦的地步……以便使这个缄默的民族受到强烈的震动"。英国小说就像社会本身一样充满了问题，而且被同样的问题所困扰。但是比许多小说中表现出的社会义愤更加重要的是，有时（例如狄更斯的《董贝父子》这样的小说）对社会的批判成了小说本身，被小说体现出来，并真正采取了小说的形式。

[①] 《雅典娜神殿》1832 年 5 月 12 日，第 307 页。

第七章 想象文学

巴尔扎克在长长的一系列小说中为了刻画人间喜剧所做的巨大努力围绕这样一个主题，即在一个被金钱和权力所支配的世界里，人与人的关系本质上就是虚伪的。福楼拜的《包法利夫人》（1857年）揭露了精神堕落，这是由于从过去模糊地和虚假地继承下来的人生观与生活现实之间的差距所造成的。在普遍背叛传统的人的价值的时候是否能真正做到真实，对这点的怀疑给"教育小说"又新增加了一层曲折，其中心主题是一个人的品性如何逐渐趋于完整。

"教育小说"的文学原型是歌德的《威廉·迈斯特》（1795年和1829年），① 这部作品对德国的浪漫主义者和现实主义者产生了一种无法摆脱的魅力。他们不模仿《威廉·迈斯特》的典型及其表面上的主题，几乎就想象不出一本小说（这里所说的表面上，是因为要从这座迷宫似的建筑中总括出一个主题性的纲要是绝对不容易的）。这个主题是人与世界之间最终的和解，在我们这一时期，只有两部重要的德语小说，即戈特弗里德·凯勒的《绿衣亨利》（1854年和1879年）② 和阿达尔贝特·施蒂弗特的《残夏》（1857），无疑是以歌德的作品作为蓝本写的。然而个人与世界二者是对立的，虽然最后在歌德的笔的诱导下彼此变得协调，但是二者的重要性相差悬殊。主人公具有令人信服的（而且令人可信是自传性的）存在，不过世界却是一个古怪的、朦胧的实体，其朦胧有如"普遍的善"。歌德的另一位主人公浮士德最后赎罪式地向"普遍的善"献上自己的灵魂，却几乎遭到它强有力的主观性的永恒诅咒。甚至在以比较现实的态度去理解世界时（例如凯勒便是如此），凯勒的那本《绿衣亨利》也需要两易其稿，中间相距四分之一世纪，才决定了这场由来已久的仇恨的真正性质和结局。如果我们补充一句说在施蒂弗特的《残夏》（该时期最优美的作品之一）中主人公完成其学业的那个"世界"已不再是原来的世界，而是人类的一个严密防守着的世外桃源式的领域，我们就会明白"教育小说"在这样的时代必须经历一场激烈的改革，这个时代使自我与世界之间的关系发生了问题，甚至连个人有可能在

---

① 《威廉·迈斯特的学习时代》作于1795—1796年，《威廉·迈斯特的漫游时代》作于1821—1829年。——译者

② 戈特弗里特·凯勒的《绿衣亨利》是自传小说，1854年写成，1879—1880年经改写再次发表。——译者

这个世界上做到完善和真实这样一个概念都发生了动摇。这就难怪"现实主义小说"这个词（它正确地表明作者对于"现实"即外间世界的关注）简直成为"心理小说"的同义词；"心理小说"表明人们专心关注对内心生活的自省。哪里社会传统信念逐渐变成徒具形式，人们不再认为它是真实的，哪里在传统信念与个人存在的内心真实之间就划定了一条不可逾越的鸿沟。这时，真正的真实反而变成一种令人烦恼的和根本不能实现的要求。在这样的世界与这样的个人之间根本不会产生协调一致的问题，于是个人不得不走上一条空想的追求"自我实现"的路，其之所以是空想的，是因为已经不再存在着理想的个人这种健全的模式。"教育小说"成了这种追求的记录，而且多半要由一位主人公作为实例，来证明这类微妙的道德虚伪，它的危害性和它实际上的不可避免性。

　　这个主题和这一类主人公，进入小说后就再也不离开了，例如邦雅曼·贡斯当的《阿道尔夫》（1816年）。这是一部关于一个青年的故事，他被迫做了"不该"做的事，而且不能感受他"应该"感受的东西。虽然我们在这个时期的英国小说里可能找到令人想起传统"教育小说"的东西，像在狄更斯的《大卫·科波菲尔》（1830年）、萨克雷的《彭登尼斯》（1850年）、乔治·艾略特的《弗洛斯河上的磨坊》（1860年）和《米德尔马奇》（1872年）这些小说中所找到的，但是这种小说风格却十分强有力地和影响极其深远地在斯丹达尔的《红与黑》（1830年）中的于连·索累尔这个最为"变形的人物"身上活了下来。于连必将成为"虚假的"主人公的典型，他之所以"虚假"是因为"生活"不给一个超人（"un esprit supérieur"）提供地位，如泰娜对于连的描述那样。在一个精神堕落的社会里，天才人物注定要成为局外人，而他在这种被疏远的状态中注定会以他自己的方式堕落下去。浪漫主义的想象力会设想出这类主人公，简单地将他作为一个迟钝的社会不能理解伟大人物的一个实例。斯丹达尔的现实主义的敏感性则更为深刻：归根结底，社会成功地阻挠了天才达到完整性。这就使斯丹达尔的批评取得了结论性的和全部的意义。于连·索累尔是一个出身于社会地位卑微的家庭的"拿破仑式"青年，在他的一生最早时期，他追求穿上教会的黑长袍，黑长袍比军队的红制服更能给他敞开通向享有更巨大权力的大门，最后他在断头台上结束了一生，罪名是他企图谋害过去的情妇，因为她干预了他野心勃勃的婚姻计划。斯丹达尔用艺术的手法把这个情节曲折的故事写成一部极为细腻的文学作品，它至今仍是心理小说的标准范例。后来这类虚假性竟作为这种小说的主要题材一再出现。巴尔扎克笔下千姿百态的社会呈现一片混乱，令人目眩神迷，社会上挤满了一帮恶棍和骗子，巴尔扎克使人深刻地认识到善良即失败这一教训。福楼拜的《包法利夫人》（1857年）是对真实的否定，而他的《情感教育》（1869年）从标题上看是一部"教育小说"，实际上恰恰相反：在当代社会中，主观的复杂和理想的热情产生的结果不是诚实与和解，而是道德的解体。

这个主题以多种形式和不同深度，在整个心理小说中继续存在下去。莱蒙托夫的《当代英雄》（1840年）虽然背景不同，并带有强烈的浪漫主义色彩，但它的核心却仍是这一主题，这部小说在辉煌的俄罗斯小说史上占有显著的地位。在乔治·梅瑞狄斯（1828—1909年）的小说里，这个主题常以错综复杂的喜剧形式一再出现。陀思妥耶夫斯基的《罪与罚》（1866年）则把它提高到了宗教热情的高度。

我们似乎已经能够对我们这个时期的文学作出一个可能的总结：在这个时期的文学中，在许多具有代表性的部分里，"英雄"变得越来越平凡了。诚然，从斯丹达尔和卡莱尔到尼采，非凡的英雄一再成为渴望、浪漫的崇拜和抽象的期待的对象，但一本本伟大的现实主义小说的中心人物根本不能和这个传统的名称相称。这个名称已变成一个纯技术名称了，非凡的英雄的衰败原因恰恰就是现实主义的、分析性的和心理的小说本身出现的原因。这种小说之所以取替了更富于"诗意"的叙述形式，是因为"生活"已不再宜于用那种简练的诗的语言来表达了。在新一代作家的眼中，生活不再是已知的和确定的，而是永无休止地变化着，处于一个形成的过程中——而且是由人们自身予以形成的。因此生活永远要求给予它新的理解，然而却又始终回避这种理解，结果为了探求生活的意义和真谛不知写了多少本书，拖延了多少时间。因此，如果不存在既定的和人们普遍接受的秩序，那么，任何东西——确实是任何东西、任何想法、任何梦想或任何狂想——都可能帮助揭示那难以捉摸的真理。在这样一个世界上不会有真正的英雄。传统的英雄面对一个已知的世界，扮演自己命运决定的角色，而他在这个世界上或者成功或者被压碎；另一方面，新的"英雄"不是接近于成为他自己的世界和灵魂的创造者，便是正被历史环境的浪潮所吞没。有这样一种内在的逻辑，它能证明完全不相同的作品属于同一时期：斯丹达尔的《红与黑》深刻批判了英雄主义的理想；同一作者的《巴马修道院》（1839年）对滑铁卢战役这个英雄主义的场面的实际情况作冷嘲热讽的评论；萨克雷的《名利场》（1848年）在序言中挑衅地自称是"一本没有英雄人物的小说"（这正符合作者在一封信中所表达的信念：小说就其本意而言"应该尽可能强烈地反映真实的情感，而悲剧或诗则不然，它们可以歌颂英雄"），① 托尔斯泰的《战争与和平》（1865—1869年）则是关于那些听任神秘的历史力量摆布的男男女女的史诗。

　　当然，并不是这个时期产生的每部作品都是如此。在英国文学中，勃朗特姐妹的作品就是重要的例外，尤其是埃米莉·勃朗特的《呼啸山庄》（1847年），它不受周围文学界那些分析的、嘲讽的、改良的、说教的或推理的倾向的影响，成为原始感情的庇护所。假如我们在阅读一本这个时期的小说时，偶然读到"那个违背了骄傲的诸神和人世的主宰而始终不渝向前奋斗的顽强的人……愿他愉快"这样的句子，我们确实会感到疑惑，我们是否已离开了时代的主流而在一个由无限的时间和无限的英雄冒险业绩所汇成的陌生海洋中漂流。实际上，我们阅读的很可能是所有文学杰作中最奇异的一部作品，即新英格兰人赫尔曼·梅尔维尔所著的《白鲸》（1851年），这是一部叙述捕鲸船长埃哈伯的史诗，他在南太平洋追逐白鲸莫比·迪克，是一个与无情的命运及灭亡进行搏斗，充满了激情、毅力和仇恨的"顽强的人"。这部小说的故事是在一个刻画入微、却又失之过于琐细的现实背景的陪衬下讲述的，而在这部小说里，现实主义只有这一次与英雄的崇高气魄和似乎只有荷马的或莎士比亚的时代才有象征的直接性融为一体，这种交融也许不是完全成功的，却能感人至深。

　　此外，作为"例外"，首先要推那位狂放不羁的天才维克多·雨果——其之所以狂放不羁是因为他蔑视任何历史的窠臼和观念的约

---

① 1851年5月，《信札》（伦敦，无出版日期），第2卷，第773页。

束。从文学史角度来看，他是在法国文坛占有中心地位的一个怪人；他是古典主义的死敌，成为浪漫主义的一位典范——尽管稍嫌为时过晚。1830年当雨果震动巴黎舞台的时候，欧洲浪漫主义的极盛时期已告结束，他的《爱尔那尼》将巴黎舞台上貌似不可战胜的古典主义传统彻底击溃，1838年他的《吕伊·布拉斯》再一次获得成功并将这些成就巩固下来。虽然"浪漫主义"是文学史上最难以捉摸（而又几乎遍布各处）的特征之一，拒绝接受将它纳入任何范畴的一切企图，但它仍然具有一种坚强和显著的"性格"——雨果肯定就是这种性格的一个化身。读过雨果的《巴黎圣母院》（1831年）以后，再读斯丹达尔的《红与黑》——两部小说几乎是同一期问世的——就像是从一个可怕的梦中回到清醒明确的白昼；尽管在这位现实主义大师的作品里很容易找到许多浪漫主义的成分。此外，雨果小说的中世纪背景，哥特式教堂建筑的神秘主义，表达而未加以分析的激情，寓于截然不同的人物身上的善与恶（在同一个人身上绝不出现两种品质），骈丽流畅的辞藻叙述，故意渲染的离奇情节和恐怖形象，激起了人们的想象力，并使评论家为之瞠目结舌，而无法挑剔；所有这些浪漫主义的品质将《巴黎圣母院》划入一个远离这个时期的文艺中心的领域。但是雨果有他自己的王国，尽管这个王国略微欠缺文学上的地位。雨果全凭他诗一般的巨大能力、语言和富于想象的创造力的威力，在这个王国里睥睨百雄，凌驾于当时许多为满足浪漫主义需要而写作的次要作家之上。在这些作家中最著名的是大仲马（《三个火枪手》，1844年；《基督山伯爵》，1845年）和具有更高文学水平的普罗斯佩·梅里美（《查理九世朝遗事》，1829年，以及别具风格的《嘉尔曼》，1845年）。然而，甚至在雨果这样一位浪漫主义作家身上，时代精神也终于表现出来：当他离开路易·拿破仑的法国流亡到格恩西岛后，写了许多小说，其中一部是《悲惨世界》（1862年），在这部小说中，他将英雄主义—浪漫主义的写作手法，不恰当地但却强有力地用来描述当时社会最关注的那些既非英雄主义亦非浪漫主义的问题。

　　雨果的《巴黎圣母院》是在我们叙述的这一时期内留存下来的那类"历史小说"中最引人注目的一部杰作。"历史小说"只在不久以前凭借其创始人沃尔特·司各特的势力和影响曾占统治地位。的确，我们不禁要假定，历史小说，作为对过去的浪漫主义的发现而带来的产物（德国浪漫主义者诺瓦利斯在1802年写成的《海因里希·冯·奥夫特丁根》就是这类作品第一次真正在文学上的表现）必然是浪漫主义的。这个假定可能由于现实主义作家福楼拜闯入浪漫主义领域而得到支持，其实这是文学方面的一个错误认识，它是以一部历史小说《萨朗宝》（1862年）的形式出现的。但是，如果将之与萨克雷的《亨利·埃斯蒙德》（1852年）、狄更斯的《双城记》（1859年）、阿达尔贝特·施蒂弗特的《维提科》（1864—1867年），尤其是与托尔斯泰的《战争与和平》（1865—1869年）相对照，就必须将它放弃。《战争与和平》是一部历史小说，许多人都有充分的理由认为它是19世纪文学现实主义的最伟大的成就。的确，现实主义作为一种表现方式，不仅侵入了历史领域，而且闯入了浪漫主义情感的另一个明显的禁区，即"大自然生活"和"田园生活"。人们很有兴趣地看到，由于对"人民"的兴趣日益增加，浪漫主义对城乡简单质朴的生活方式的眷恋之情也逐渐和新现实主义对社会和政治问题的关心融为一体，并且最后被这种关心所取代；浪漫主义所赞赏的平民百姓生活中的"纯现在"的态度，也转变为"对未来持有要求"的态度，迪斯累里在他的小说《西比尔》（1845年）中看到"几百万灾难深重的人们代表着"这种要求；乔治·桑早期小说（《安蒂亚娜》，1831年；《瓦朗坦》，1832年；《莱莉亚》，1833年）中那种富于浪漫主义色彩的和强烈的个人主义的英雄业绩，在她的后期小说中让位给对社会主义的热情（《安吉堡的磨工》，1845年；《安托万先生的罪恶》，1847年）；至于狄更斯从《老古玩店》（1841年）到《荒凉山庄》（1853年）或《艰难时世》（1854年），从《圣诞故事集》（1843—1848年）到《小杜丽》（1857年）中间所经过的几乎是田园诗般的境界和感伤的气氛到比较严谨的现实主义的历程，就更不必说了。

　　作家们在对待贫苦大众方面的这种情调的变化从各式各样的文学体裁中体现出来，但是它们的一个共同点，就是进行现实主义的观察而没有浪漫主义丰富的情感。俄国作家果戈理的《死魂灵》（1842年）以讽刺形式表现了这种变化，《死魂灵》是模仿但丁的《神曲》的一部作品，可是它的第一部分（现在只存在第一部分）情节紊乱、喋喋不休地探讨社会现象，更容易使人联想起狄更斯的《匹克威克外传》（1836—1837年），然而在其他方面却又和《匹克威克外传》迥然不同；它的辛辣讽刺中贯穿着神秘主义的因素，它以类似约翰逊式的"诙谐"进行了恣意的丑化，但是整个作品却预示全民族的光辉的未来。陀思妥耶夫斯基的《穷人》（1845年）使作者在俄国一举成名（一位俄国诗人第一次阅读手稿时惊呼："新的果戈理诞生了！"）这部作品的现实主义特征中充满着强烈的怜悯与同情。瑞士牧师阿尔伯特·毕齐乌斯用笔名耶雷米阿斯·戈特赫尔夫发表作品（《农民之镜》，1837年；《长工乌利》，1841年；《佃户乌利》，1849年），这位现实主义作家将他的卓越的天赋和教化世人的热情融为一体，站在保守的立场上维护宗教真理，反对他那个时代的革命要求。另一方面，屠格涅夫的《猎人日记》（1847—1852年）有一个容易令人产生误会的轻松的书名，但实际上却是一本描述农民生活的短篇小说集，也是俄国现实主义的一部杰作，据说它曾产生了巨大的政治影响（果真如此，这也正是作者的意愿），使该书的一名读者深信必须废除农奴制。这个读者就是后来的沙皇亚历山大二世。

在探讨无比卓越的俄国现实主义小说的同时，必须提醒读者注意两种截然不同的观点。第一种观点论述文学与社会的关系，这是许多文学史家共同的看法。这种观点认为，现实主义小说是中产阶级在社会上（如果不是在政治上）占有优势地位通过文学形式的典型反映，是伴随已成为社会和精神文化方面的掌权者的工业化和正在工业化的资产阶级而出现的艺术产物。然后根据这个理论，把英国和法国现实主义的巨大力量与"落后的"德国处于萌芽状态的现实主义文学进行比较。"青年德意志"派的文学与诸如斯丹达尔、巴尔扎克、狄更斯等人的成熟的社会与政治觉悟对比，就显得政治上幼稚而在社会意义上又混淆不清；英国的现实主义小说即便有浓厚的"地方气息"也绝对比德国同类小说高明得多。譬如，把安东尼·特罗洛普的《养老院院长》（1855年）或《巴塞特寺院》（1857年）与古斯塔夫·弗赖塔格的《借方和贷方》（1855年）或奥托·路德维希的《天地之间》（1856年）进行比较，我们会很明显地看出，英国人的作品文笔稳健、深邃、有力，想象力活跃而且自然，后一特点正是德国作品的缺陷，即便偶而显示出来，确实也远为逊色。在盖斯凯尔夫人和乔治·艾略特两位"疑虑重重的"妇女面前，"青年德意志"派的古茨科的《多疑女人瓦莉》（1835年）只能降格为枯燥浅薄的文学习作。从较高的水平来看，伊默尔曼的《闵希豪生》（1838年）根本无法与几乎是同时代的《匹克威克外传》相比；关心社会的评论者也许会问，德国这位最有才华的现实主义作家伊默尔曼竟选中了"难以令人相信的故事"中谎话连篇的男爵做他的主人公，这不是很能说明问题吗？这不恰好说明他代表了缺乏社会现实感这个现象吗？施皮尔哈根的《可疑的人物》（1860年）与同时代的法国小说的社会问题性质相比结果又如何呢？

　　文学史家们为了证明上述论点，可以引证美国的情形来说明美国社会的实验性和动荡不安是怎样从美国作家们异想天开和富有自我意识的文笔中表现出来。这也许确实是由于美国的社会存在还具有不定型的特征的缘故，因此在所有它的早期现实主义的作品中，文学想象力往往描写海外的和荒诞不经的故事（华盛顿·欧文、詹姆斯·费尼莫尔·库珀和埃德加·爱伦·坡），或者描写永恒的英雄激情（赫尔曼·梅尔维尔），或是在一种新型的自然神秘主义及泛神先验论中去寻求根源。新英格兰派的拉尔夫·沃尔多·爱默生和亨利·戴维·梭罗在马萨诸塞州乡间他们的"湖区"，① 发扬这种新型的自然神秘主义和泛神先验论，但从欧洲人的观点来看，他们抱着一种令人惊讶的过时的唯心主义的决心。纳撒尼尔·霍桑的现实主义与欧洲现实主义作家对比显得多么不自然，就连他的最伟大的作品《红字》（1850年）也时常被比喻和象征的手法玷污而失去光彩！最终，还有一个事实可以支持这种文学上的社会学理论，这就是在随即到来的那个时期产生的美国最负盛名的作家之一马克·吐温。他是一位非凡的、悲观主义的、愤世嫉俗的滑稽角色和幽默大师，他写的两本杰作《汤姆·索耶历险记》（1874年）和《哈克贝里·费恩历险记》（1884年）的主人公都是儿童。童年距离社会现实最远（除非迫不得已踏入社会现实，但哈克贝里·费恩和奥利佛·特维斯特是截然不同的两个儿童），而和生活的某些本质最为接近，古往今来，正是这些本质吸引人类永恒地探索生活，难道不是吗？

---

① 英格兰坎布里亚郡湖泊风景区，19世纪初英国的华兹华斯等湖畔派诗人居住与活动的地片。——译者

第七章 想象文学

不过，这个理论即便在美国也遇到巨大的障碍，因为正是在美国，一位新的诗人的声音开始响起来了，这就是沃尔特·惠特曼的现实主义的声音。当这个理论遇到俄国的现实主义小说的时候就更不能自圆其说了，请看下面的事实：俄国的知识分子是把"落后的"德国而不是英国和法国当作"先进"欧洲的典型，这些知识分子对自己悲惨的落后国家进行了大量的批评，他们致力的"西方化"实际是"德国化"，对于俄国的现实主义达到登峰造极的地步确实起了推动作用。现实主义之花就是在这片残留着封建主义、农奴制度以及资产阶级的资本主义刚刚怯懦地露头的土地上绽蕾盛开的。

这个时期的俄国文学还使人对另一个普遍的说法产生了怀疑，这种说法认为俄国人的精神和思想根本上是"化外的"。它是一个双重性的信念：既在文学批判方面产生作用，又在西方解释俄国的现实时采取的辩护态度中产生也许是更大的作用。毫无疑问，俄国文学有俄国的本色，但是我们却难以准确地说明俄国文学，譬如说与英国文学之间的差别，比起英国文学与法国文学之间的差别来，它具有"根本"的性质。如果欧洲这个概念在思想和文学方面具有任何意义的话，那就不可能把屠格涅夫和托尔斯泰这样的作家排除在欧洲之外，而且如果不包含"具有独特的俄国本色的"陀思妥耶夫斯基，那么，欧洲这个概念肯定是不完整的。俄国文学往往以十分显著的而且在精神上更加强烈的方式反映出整个欧洲普遍体验过的社会、道德和宗教方面的种种混乱和纠纷。例如，屠格涅夫的精神世界的原型并不是草原上那些具有神秘色彩的人物，而是哈姆雷特和堂吉诃德。他在1860年发表的那篇著名的论文就是专为阐述这两位欧洲文学中的主人公而作的。他的小说《父与子》（1862年）以一种悲观的超然态度和完美的艺术手法来对待两代人的冲突，使这部小说很容易地就在欧洲小说范畴中占有一席之地，并且因为它主要关心的是反宗教信仰、唯物主义和严格的唯智主义的问题，所以更牢固地树立了它的地位。如果说屠格涅夫是第一个被欧洲人承认为伟大小说家的俄国作家，那是因为他的写作方式与在巴黎发展起来的写作方式有很相似的地方，而不是因为他在主要方面比托尔斯泰或冈察洛夫更缺少"俄国的本色"。

即便是陀思妥耶夫斯基也是如此，难道他比其他俄国小说家更富有"俄国的本色"吗？也许仅从埃米莉·勃朗特比狄更斯更缺乏"英国本色"这个意义上来说，情况确实如此。诚然，陀思妥耶夫斯基令人感到"陌生"，不过他在自己的文学故乡也是一个陌生者。例如他与托尔斯泰之间的深刻差异已成为批判性思考和文学论证方面的典型题材。而且陀思妥耶夫斯基更加难以理解，因为在政治和近似政治的思想和活动方面，他以自己的方式与同时代的俄国知识分子在志趣方面充分一致，可是在他所有的重要小说所描绘的世界里却根本不能容纳任何在政治上矫正时弊或集体解决问题的办法。他所描绘的世界和欧洲现实主义文学展示的任何世界同样都是社会性的，而且陀思妥耶夫斯基像狄更斯和巴尔扎克一样擅长用巧布疑阵、制造悬念和探索真相的手法来使社会冲突戏剧化，不过其中每个人的关系都必定要和获救的希望和毁灭的威胁纠缠在一起。他的人物诚然都是血肉之躯，但在他们的血肉之躯中都体现了对神的向往和对精神满足的渴望。与陀思妥耶夫斯基相比，托尔斯泰尽管心安理得地接受了《战争与和平》里生动地反映的生活，但在宗教和道德方面却是清教式的："生活"是一回事，最终的道德和宗教的要求则是另一回事。因此，不论用什么样的纯美学和文学的尺度来衡量，托尔斯泰无疑都是更为伟大的艺术家，他在欧洲现实主义小说史上享有确定的——也许最高的地位。因此，托尔斯泰1880年在他的宗教信仰改变后，也曾想放弃文学，谴责文学是一种极不道德的事业。这种以清教徒的宗教观点来否认艺术的做法，对于陀思妥耶夫斯基是毫无意义的。对他来说，宗教本身在他的小说中变得具体化了：《罪与罚》（1866年），《白痴》（1868年），《群魔》（1871—1872年）和最伟大的一部《卡拉马佐夫兄弟》（1880年）。因为他的宗教不是一种崇尚共同事业的宗教，也不是一种追求超常的极乐的宗教，而是一种关于血肉之躯的，涉及极乐与痛苦的宗教。托尔斯泰和陀思妥耶夫斯基都是伟大的心理学家，但是他们所研究的心理学截然不同。托尔斯泰探索的是人类行为的潜在动机和促动因素，揭示出天性冲动、社会习俗和对人间利禄的贪婪之间的微妙的相互作用。另一方面，当陀思妥耶夫斯基极其细腻地进行了心理洞察以后，他给读者留下的是一个心理上无法解决的神秘的核心，每个人物都从这个核心出发，在一部发展变化都有定数的戏剧里扮演各自的角色。这部戏剧没有给予人们任何东西。陀思妥耶夫斯基的救世主并不是来给人们解除痛苦的，而是肯定了痛苦的全部残酷性和悲剧性。因此陀思妥耶夫斯基在作品中表达的宗教狂喜不是通过对灵性进行神秘的冥想产生的，而是通过人与尘世及一切污秽的融合得到的。

在陀思妥耶夫斯基的眼中，人的每种处境，甚至看来非常无关紧要的处境都位于天堂与地狱之间的十字路口，这个位置和大多数现实主义作家为人间俗事所安排的位置是很不相同的。原因很可能是这样：我们在许多欧洲现实主义的杰出作品中可以清楚地看到一种精神上的悲观主义的暗流，这种悲观主义的暗流可以归因于他们和陀思妥耶夫斯基不同，不能对世界持有神圣的看法。另一方面，正由于陀思妥耶夫斯基精神上的这个独一无二的特点，因而可能使他的看法有时带有强烈的不和谐和神经质似的过度夸张等特征。这就和托尔斯泰的《战争与和平》显示的一种驾驭自如的诗一般的活力截然不同。上述巨著，无懈可击，它反映生活，既不夸大也不缩小，而是如实地符合生活本身，因此读者不禁怀疑，对于一部文艺著作来说，这种规模是否太庞大了。《战争与和平》是一个最罕见的实例，它表现出在艺术想象力与生活现实两者之间很少达到的平衡，这种平衡如此完整，以至它既不是一部悲剧或喜剧，也不是愤世嫉俗的作品或多愁善感之作，同时也没有歪曲地模仿或进行道德说教的目的——这些因素在这一时期的小说中并不是完全不存在的。然而托尔斯泰本人却不能保持他的平衡。绝望的阴影笼罩着他的下一部作品——《安娜·卡列尼娜》（1875—1877年），这标志着他开始逃避文学而隐遁到宗教生活中去的历程。

俄国小说的另一个极端是现实主义的悲观主义和阴沉的幽默大行其道。它们富于启示意义而且获得极大的成功，因此，冈察格夫的《奥勃洛莫夫》（1868年）这部关于一个人的毫无目标的一生的故事，其主角成为"迷惘的一代"的一个重要的象征性人物，一个"不能不事事忧虑的"哈姆雷特，一个"无动于衷的"浮士德。一个悲观的文学观察家可能看出下列事实的重大意义：在我们这个时代里，现实主义和心理小说的历史是从《红与黑》这部对社会以及对社会的情感和理想进行了淋漓尽致的批判的小说开始，而以奥勃洛莫夫的史诗告终。奥勃洛莫夫认为生活毫无意义，甚至不值得为生活而起床。

　　这样一个文学观察家就是尼采。他从未听说过奥勃洛莫夫，但他猜想会有这样的人。他计划写一本论述"欧洲虚无主义"的著作时（但他始终未写成），打算用开篇的第一章来分析现实主义文学。从他死后发表的笔记中可以看出，他这样做是为了表明"在1830年到1850年这段时间里，浪漫主义对于爱和未来的信念是怎样变为对于虚无状态的追求"。① 从他的笔记可以看出，在他的心中占主要地位的是福楼拜。毋庸置疑，福楼拜的现实主义里潜藏着一种虚无主义的倾向，而且这种倾向已经变得明显了。因为，曾使19世纪许多思想家迷恋的"实际"意义上的"现实主义"，引诱着福楼拜进一步地想用唯理主义的方法去征服人类世界，但最后只是向他表明这是绝对没有任何意义的。对于福楼拜来说，现实主义的巨大优点：心理上的真实和忠实的描写，仅仅是他从事的文学事业的传统外表而已。而在内心深处，他仇视现实，并且渴望征服现实。有时候他觉得，甚至从事写作的这个人的"实在"都成为取得在理性上和美学上最终胜利的障碍。人的主体如果能脱去形骸而仅仅化为观察、理解和写作；真实的客体如果能完全变成词句，那就太理想了！"实在"应当被洞察力和文章的风格所融化！但是我们从他来往的信札中可以看出，这个毫无意义的世界作出了过分的抗拒，使福楼拜一再感到沮丧。经过对《情感教育》这部作品所作的"现实主义"的努力以后，他说："美和现实生活格格不入，这是我和现实世界最后一次打交道。我已感到厌烦了。"② 看来，不论如何妥善地将文风弄得纯正，但只要现实主义一旦和实在相接触，它势必要受到感染，文风的纯正是无力克服这种感染的。要使这种完美无缺的纯正对于实在获得全胜，也许只有一种办法，即像福楼拜曾经说过的那样，写"一本言不及物的书，一本与外间世界毫无联系的书，它全凭内部文体的力量独立存在"。③

　　显而易见，这就不再是现实主义了。现实主义者福楼拜所说的这些话和我们这个时代最具有独创性的一种诗歌创作是有关联的。"美与现代生活格格不入"这句话所包含的怀疑，确实是使诗歌改变方

---

① 《全集》（前引版本），第19卷，第384页。
② 《古斯塔夫·福楼拜全集》，第5卷（巴黎，1929年），第260页。
③ 《古斯塔夫·福楼拜全集》，第2卷（巴黎，1923年），第345页。

向的决定性动机之一。它使诗歌从浪漫主义转为越来越彻底地要求诗歌领域的"纯正"。现实与诗歌的两极对立是本时期文学史最典型的特征,结果当现实主义小说竭尽全力对付"真实"世界的时候,抒情诗歌却寻求尽可能立足于远远离开"生活"的领地。在最初的时候,这种情况似乎还有调和的余地;法国浪漫主义诗人阿尔弗雷德·德·维尼1826年在为他的《桑-马尔斯》一书写的序文中说道:"在我们充满不安和矛盾的心中,我们应当发现两种看来是互相抵触的需要,这两种需要,在我看来,在同一来源中融为一体:一个需要是对真实的爱,另一个则是对虚构的爱。"① 这种对立毫不新鲜,至少和柏拉图的时代同样久远,他为了维护真实性,曾抨击诗歌的幻想所虚构的东西是骗人的。但有一点却是新鲜的,即这两种对立的力量竟然在文学本身的领域中牢固地占有自己的地位。因为,德·维尼的两种爱鼓舞了这个时代的两种主要的文学潮流:现实主义和浪漫主义;如果他仍然希望这两者取得和解,那么,到了这个时期结束的时候,他的同胞兰波的诗及其一生却成了诗与现实互不相容的象征。

虽然,整体说来,"现实主义"是这个时代散文文学的适当模式,但这个时代的诗歌却主要是"浪漫主义的"。要给"现实主义"下确切的定义是十分困难的。而"浪漫主义"的本质看来就在于它是难下定义的。浪漫主义是一种格调而不是实体;它不表现为行为的形式而是在行为中模糊反映出来的一种心境,它不存在于一句话的句法和语法之中,而存在于这句话的语调和音调中,从整个欧洲来看,浪漫主义的实践肯定并不完全忠实于鼓吹这个运动的德国人为它制定的章程。因为,这个章程在思想方面具有宏伟的抱负,想囊括人类思想的各个矛盾着的方面;然而,从历史的角度来看,弗里德利希·施莱格尔宣称从今而后一切诗歌都必须是浪漫主义的诗歌的说法并不十分错误。② 从那时以后,几乎所有的诗歌都以其"浪漫主义的"反对态度来对待这个世界的平淡无奇的方式——这种反对不是通过条理分明的见解而是通过一种富有想象力的反应——从这方面来说,他说的

---

① 《桑-马尔斯》(M. 雷旺编,无出版日期,巴黎),序文第30页。
② 参看前引雅各布·麦诺所著书,第2卷,第220—221页。

那句话已经得到证实。因此浪漫主义的主要来源和主题能够从消极方面予以更好的叙述：它是想象力脱离"实在"的异化，是精神上较高尚的欲望，实际上是精神自身脱离"实在"的异化。这也是从费希特到马克思这个浪漫主义时期的哲学的重大主题之一。黑格尔早已写道"精神由于失去了它的世界而啜泣"，然后它就"超越世界"并终于"完全从它自身中创造出世界的真正个性"。黑格尔接着说"在这样一个时代将出现绝对的艺术"。① 他说这句话的时候就预言了这种"绝对的诗歌"，它将成为浪漫主义历史的顶峰。兰波后来在他的《在地狱中的一季》（1873年）中对它的悲惨的失败发出哀叹："我创造了一切筵席、一切戏剧。我致力于创造新的花朵、新的星辰、新的血肉、新的语言。我认为我自己获得了超自然的力量。啊！我必须把我的想象力和记忆埋葬！……我曾称自己为先知、天使，不受一切道德律法的约束，但现在我又回到了尘世，要克尽自己的职责，去拥抱严酷的现实！"② 一位与黑格尔大致同一时期的德国浪漫主义诗人克莱门斯·布伦坦诺，在兰波之前大约30年便已预见到浪漫主义对富有创造性的想象力的崇拜这样一种特殊的结局。他说："我们只是培育了想象力，而想象力反过来又几乎把我们吞噬了。"③

如果想简要地概括地论述大约在1830—1870年写作的诗歌，那也只能局限于评述法国、英国和德国的诗，当然也有一两个例外。俄国的古典诗人普希金和意大利的莱奥帕尔迪以及他们的主要诗作属于前一时期。在上述这三个国家中，法国对浪漫主义诗歌史写下了最精粹的篇章。在德国和英国，浪漫主义"经典著作"曾经有过全盛时期。歌德已于1832年逝世，尽管他敌视浪漫主义的理论家，他的诗歌却具有浪漫主义的基本特征。诺瓦利斯于1801年结束了短暂的一生，阿尔尼姆和布伦坦诺的《男童的神奇号角》是浪漫主义作品之中最富有德意志味道的典型作品，专门表现民谣自发的抒情特点，这部诗集于1805—1808年发表。在英国，柯尔律治和华兹华斯实际上已不写诗了；济慈、雪莱和拜伦已经去世。然而，在法国，文学的古

---

① 《全集》，第2卷（柏林，1832年），第529页。
② 《作品集》（巴黎，1950年），第198页。
③ 克·布伦坦诺：《全集》（美因河畔法兰克福，1855年），第9卷，第423页（写于1842年4月，临终前几个月）。

典主义模式根深蒂固，具有在欧洲其他国家所没有的说服力和排他性，因而浪漫主义姗姗来迟，德国浪漫主义理论家奥古斯特·威廉·施莱格尔对于德·斯塔尔夫人的偏爱在推动浪漫主义来到法国起了部分作用。正是她的《论德国》（1810 年）这本书在法国知识分子中间传布了德国新文学的福音。浪漫主义一旦被法国所接受，它在那里比在任何其他地方创立了更为坚实的事业。古典主义给法国人思想遗留下逻辑性这样一项遗产，也许正由于法国人的这种逻辑性，而使诗歌的浪漫主义激情不受约束地发泄出来，最后竟允许它对波德莱尔、兰波和马拉梅这样的人建立了诗歌的恐怖统治。

如果说早期的德国浪漫主义者创造了浪漫主义这个概念并为它提供哲学推想的一切深奥的见解和种种工具的话，法国的浪漫主义诗人则比任何其他人更胜一筹，他们给人们的想象力提供了关于浪漫主义实践的一幅尽量模糊不清但却丰富多彩的画面。我们论述的这个时代的法国文学史读起来就像一部关于浪漫主义特征的完整的汇编。在阿尔方斯·德·拉马丁的《沉思集》（1820 年）和《新沉思集》（1823 年）中，我们读到一位青年在森林和群山中漫游，谛听鸟语和自己孤寂心灵的激动声。在他的《诗与宗教的和谐集》（1830 年）一书中，上帝与自然融为一体。在《天使谪凡记》（1838 年）和《约瑟兰》（1836 年）中，天使的和人的激情、神圣的和凡俗的爱情互相交融。伟人们不论是上帝的先知还是凡人中的诗人，他们的悲剧性的孤独是阿尔弗雷德·德·维尼悲观地反复描述的主题：摩西（《古今诗稿》，1836 年），基督（《命运集》，1864 年）和诗人（剧本《夏特东》，1836 年和《诗人日记》，1867 年）遭受的是同一种痛苦，即被上帝和世界摒弃并成为它们的牺牲品而感受的痛苦。在阿尔弗雷德·德·缪塞的一生（1810—1857 年）及其写作中，爱情和心灵方面激荡的事件是以奇异的和阴森的美作为陪衬的，在矫揉细腻中混有绝望，在拜伦式的尖刻中掺杂着忧伤，孱弱的身体却由于精神上患"世纪病"而得到了补偿，夜晚便成为当时诗歌的主题：《夜歌》（1840 年）是缪塞最闻名的组诗。在热拉尔·德·奈瓦尔的身上，诗歌和疯狂结成浪漫主义的联合，精神的下意识突破了梦境的界限，以它神秘的美的象征侵入诗歌的白昼的境界；奈瓦尔的某些诗与以往时代的柯尔律治有联系，同时也和未来的象征主义者相关。

泰奥菲尔·戈蒂埃（1811—1872年）标志着浪漫主义诗歌史上的一个重要转折点：这个转折点就是，诗歌本身经历了所有过分的个人和主观的感情流露以后，通过建立一个独立自主的诗歌世界，来向一个对它敌视的世界进行报复。戈蒂埃在他的小说《模斑小姐》（1835年）的序言中宣告了为艺术而艺术的信条。为了号召人们绝对地服从这个独立领域的法则，戈蒂埃给浪漫主义法典增加了古典主义重形式的优点，给浪漫主义对《旧约全书》和中世纪的探索增添了古代希腊和罗马的成分。随着独立自主的诗歌世界的建立，一种新的客观现实才变得可能和必要。诗人不必再在这个毫无诗意的尘世间专注于自己魂魄和心灵中诗的感情了；一个全部充满诗意的新世界，任凭他去冥思苦想。戈蒂埃在他的诗集《珐琅和雕玉》（1852年）中对自己的学说作了示范，这一学说成了帕尔纳斯运动灵感的源泉。帕尔纳斯运动以在1866—1876年出版的《当代帕尔纳斯》当代诗刊为中心。虽然包括勒孔特·德·李勒和何塞·玛丽亚·德埃雷迪亚在内的几位诗人为帕尔纳斯派添加了光彩，但戈蒂埃的名字也可能由于自己在诗歌方面的重要成就而名垂万代，而且也许更稳妥地来说是由于波德莱尔在《恶之华》一书中对他的题献。因为波德莱尔是我们目前论述的这个时期中最重要的抒情诗人。

然而，在19世纪中期，如果有人问最伟大的诗人是谁？人们会毫不含糊地回答：法国的维克多·雨果、德国的海因里希·海涅、英国的艾尔弗雷德·丁尼生。我们所说的关于小说家雨果的一切，也适用于诗人雨果：他既是例外又是典型。此外，在有关如何对待那个几乎无用却又必不可少的"浪漫主义"概念方面，雨果能够比任何其他诗人更好地教诲我们所应采取的谨慎态度。因为他在著名的浪漫主义大师中，可以说是最具有浪漫主义特征同时也是最不具有浪漫主义特征的诗人。维克多·雨果，从不因为无法满足渴望而忧郁沮丧，从不因为性格内向和身患肺癌而避世离群，而且从不以一种轻蔑和怯懦交集的感情去面对人生。难怪阿尔弗雷德·德·缪塞根本不承认他是诗人！还有什么能比他那种似乎无限的精力，他对"人生"的贪欲所获得的那种巨大的满足，他把那些无法言传，必须避讳的言语看作仅仅是丰富他自己辞令巨流的支流那种态度，更缺乏浪漫主义色彩的呢？但另一方面，他在早年的作品《颂诗与长歌》和《东方吟》

（1829年）中，渴望征服新的和更多的陌生领域以扩大诗的疆界；在诸如《秋叶集》《黄昏之歌》《心声集》《光与影》（1831—1840年）等深入探索自己的感情、激情及信念；在《静观集》（1865年）中对于最终的奥秘进行高度主观的追求；在《历代传说》（1859—1883年）中想将人类思想的全部历史纳入一部浩瀚的史诗等，难道还有什么能比上述这些作品更富于浪漫主义的吗？而且，他还是一位最能为人们广泛理解的，因而也是最有效的反古典主义的创新者。他试图创造新的形象、新的韵脚和新的格律；由于他赋予诗以预言的力量，确实，相信诗人的声音与上帝的声音极其相似，很容易被人们误认为二者是同一的，因此他是浪漫主义诗人中最富于浪漫主义特征的一个。

维克多·雨果具有多方面惊人才艺和雄辩的辞藻，他能够模糊造作和真实之间的界限，能够轻易地激发政治热情，而且还具有激怒文学评论家并使他们的意见发生分歧的天赋才能；在这些方面他和德国浪漫主义的"捣蛋的孩子"（enfant terrible）海因里希·海涅（1797—1856年）相媲美，两人都曾同样经历过流放的生活：维克托·雨果在格恩西岛写出了讽刺路易·拿破仑的《惩罚集》（1853年），海涅则在巴黎以《德国——一个冬天的童话》一书（1844年）讽刺德国的政治现状。海涅的第一本诗集《歌集》（1827年）已经为他建立了声誉，而这种声誉由于他的诗句流畅自然和格律富于感人的启示性而流传遐迩。海涅无疑堪称伟大的诗人。我们可以有把握地说他的伟大是以他聪颖的天资作为基础的。如果说他的伟大是由于他的天才，恐怕就有些不大确切；即便他确有天才，恐怕这也是天资妨碍了天才发展这样一种令人困惑不解的例子。他非常出色地创造了一种肤浅和不负责任的印象，不过他并不能总是平息别人对他的怀疑，即认为他实际上可能就是肤浅和不负责任的。然而这种怀疑是不公平的。海涅深刻地体会到浪漫主义敏感性的矛盾：理智与感情拒不融合。对于海涅和对于其他浪漫主义诗人一样，诗歌不是平息这种矛盾的手段。相反地，他正是利用这两种功能之间的不协调来作他创作诗的手段。他使感情和理智分道扬镳，然后使两者在具有讽刺意味的结局中突然相遇。因此海涅和他那个时代的任何一个诗人都不同，他能完美地将民歌和民谣的纯朴情感糅合成一种兼具两者精华的作品，他的手法极为高超，结果这种作品远远胜过自身的价值，有时甚至还超过了它的典型。有时他保持天真的调子而不让些微的讽刺加以干扰，可是更经常的是运用自己的天赋才华进行高超的讥讽，目的倒不是要奚落多愁善感，而是利用一种狡黠的保存面子的手法，以便使它在诗歌中留有一定的尊严。姑且不论这种技巧的优劣，它却肯定地使海涅在广大的读者中间博得了喜爱，他巧妙地使他们在理智方面心安理得地享受陈腐的诗句。

　　海涅在《阿塔·特罗尔》（1847 年）和《罗曼采罗》（1851 年）这样的诗集中将他的这种方法发展到了更高的精湛程度。他的辛辣尖刻在这里愈加咄咄逼人，他的韵律更加有意地使人难以容忍，他的诗的质量也愈加令人迷惑。有一次，他问道："凡是重要的人物，哪个没有点欺世盗名的地方呢？"① 这个问题揭示了他那令人反感的诚实，同时也反映了他那个时代的特征。不过，1853—1856 年海涅在他生命的最后岁月里所写的诗中，他的"欺世盗名"增加了一种自然力的特征，当时他正躺在巴黎的"褥垫——墓穴"上遭受痛苦的折磨，每天都在等待死亡，仍然沿用同样的诗的格调对生活、痛苦和死亡进行苦思冥想，像峭壁脚下的浪花一样，咆哮着、嬉戏着、嘲弄着。

　　这个时期在所有的德国诗人中，只有海涅在世界文学评论中占有牢固地位，这一点绝非偶然。浪漫主义有一种特有的紧张状态，一方面是广大世界对它的要求；另一方面是个人或小团体各有自己所关心的方面，海涅代表着世界性这个极端，而紧张状态的另一极则导致已被人们忘却的民族文学的复兴，例如普罗旺斯文学，在这种文学的复兴中，诗人弗雷德里克·米斯特拉尔起了杰出的作用。而就海涅来说，他确实把晚期的德国浪漫主义诗人的民歌风格、他们那村庄的月色、飒飒作响的森林和水声潺潺的溪流加以调整，使之适合各国的口味，正如他把德国散文加以欧洲化一样。与海涅相比，连艾兴多夫、默里克和安内特·冯·德罗斯特－徽尔斯霍夫这类高雅的诗人都带有地方气息。然而，这并不一定是赞赏世界性而反对地方性。最卓越的浪漫主义诗歌由于在语言上是一种亲昵的窃窃私语，因而难以解释，而最大的喧嚣绝对不是最纯粹的诗歌之声。抒情诗在全世界享有的盛

---

① 《作品一卷集》（萨尔茨堡，1954 年），第 40 页。

誉一般说都是由于传说而在全世界造成的误解。

　　严格地从诗的含义来说，如果我们认为诗能揭示事物、感情、思想与词句等性质之间可能存在的完美和谐的话，我们可以举出默里克为例，他可能是这个时期最优秀的诗人之一。阅读过默里克的《诗集》（1838年）的读者们对于这点有很深的感受，《诗集》中有许多首诗并没有模仿但却保存了歌德的抒情天才的精神。艾兴多夫的《诗集》（1837年）中有些诗公然表述了对月亮、山峰、森林和草地的浪漫主义的爱，它们也同样成功。安内特·冯·德罗斯特－徽尔斯霍夫早期的诗发表于1837—1844年，他的诗显然比默里克的诗复杂（而从根本上来说，默里克也并不简单）。他对大自然细节的观察缺乏远见，充满了一个唯恐失去这个世界的人的焦虑。在《宗教的一年》（1851年）中同时出现的语言的宗教性，语言的病态和语言的优美，几乎使人想起波德莱尔的世界。尼古劳斯·莱瑙却截然不同，他是那些受纤细感情折磨，以发疯结束一生的不幸诗人们所怀有的浪漫主义理想的化身。《浮士德》（1836年）、《萨沃纳罗拉》（1837年）和《唐璜》（1844年）是他那些富有诗意和戏剧性，以及半史诗式英雄的典型人物，不过他的真正才能却表现在抒情方面，他的一些描写自然的诗篇由于情感浓厚强烈，成为这类诗作中颇为重要的成就。他醉心于万物安详地消亡（Ich liebe diese milde Sterben）；这一时期的德国诗歌多半都带有同样阴郁的调子。这就是这类诗人的心声，他们知道自己既无法和他们的大师歌德相匹敌，也不能摆脱他的想象力和语言风格的力量。

　　这个时期的英国诗歌虽然并不一定更加伟大，但在它的力量和范围方面肯定更加广阔。诗坛的中心地位是由真正具有代表性的作家、维多利亚时代的桂冠诗人丁尼生安稳地占据着，他之所以具有代表性是因为他向那些对于诗的深度和精妙所确定的标准并不过分苛刻的广大读者们提供了一个非常值得重视而又符合美学的关于"诗人"的概念。当法国的诗人苦苦寻求诗在这个全无诗意的时代可能具有的意义，并像鹈鹕一样啄出自己的心来滋养全民族饥饿的灵魂的时候，丁尼生则满足于给这个没有教养的世界以诗的教养。他发出的火焰不是火山的火焰而是壁炉的火焰，暖融融地温和着灵魂的表面。尽管他要讲的话不多，但他讲的话贴切得体，有如抒情诗一样恰到好处。正像和他同时代的许多其他诗人一样，他的力量就在于言简意赅的抒情语言，在于"燕子轻掠般的歌韵"，他1842年的《诗集》可以作为例证。而且，又和许多其他诗人一样，他也被诱使去和已经被当代小说成功地占有的"史诗精神"进行竞争，在这方面他是比较不幸的。因此，他在一生中一再地试图把亚瑟王的传奇的和英雄的世界同《田园诗》糅合起来的尝试也大部分遭到了失败，尽管他不能充分地将抒情风格与叙事融为一体，不能将寓言式的说教融汇到诗的主体中去。《公主》（1847年）和《伊诺克·阿登》（1864年）尽管值得称道的是形式和修饰方面，但仍然可能是维多利亚时代的奇作，是诗人遭受的大胆失败，因为诗想带着诗魂进行漫长的遨游，而不顾诗魂只存在于感情迸发的瞬间。然而，他在为悼念友人之死而写的具有强烈的个人和自白特色的诗篇《悼念》（1850年）中，他达到了前一时代所确定的诗的严肃性的标准。

仅次于丁尼生的诗人是温波尔街的浪漫主义英雄罗伯特·布朗宁，不过他在维多利亚时代的人们心中所占的地位并不十分巩固。他引诱伊丽莎白·巴雷特成为他的妻子，他（而且不仅限于他）认为巴雷特是一位伟大的女诗人。确实，她的《葡萄牙十四行诗集》（1850年）比《奥罗拉·利》（1856年）更能显示出她那虽纤弱但真正的诗才，她仅有的缺点是语言过度雕琢和夸张，而这两点正是这个时代许多次要的诗人由于有意脱离理智的生活而受到的惩罚。罗伯特·布朗宁本人则成了一位颇有争议的人物；这是不言而喻的，因为从实际情况来看，他如果不是一位有缺陷的天才，便是一位有巨大独创性的拙劣诗人。他虽然不像丁尼生那样温文尔雅，却能写出节奏快捷的抒情诗；但他很少在人们公认的诗歌本来应有的音调优美方面下功夫。他的格律和韵脚往往粗糙刺耳，不甚美妙动听，但他敢于提出见解并促使人们深思。然而，他在消除读者所感到的不安方面却始终不大成功：这是因为他认为内含的目的已经十分坚实，足以为他的那种非正统的表现辩护呢？还是因为他认为这种思想已经十分深奥，足以补偿为进行思索所作的努力？他所选定的形式是那种不能上演的抒情诗剧，或者可确切地说是"戏剧独白"。这种形式最适合他的文艺性格，即以自我为中心同时要求对客观世界有深入的理解。《帕拉塞尔萨斯》（1835年）、《皮帕走过了》（1841年）、《戏剧抒情诗》三卷

(1842年)、《男人和女人》(1855年)，以及《剧中人》(1864年)都是这个类型的例子。在这些诗中，许多来自《圣经》和文艺复兴的人物一跃进入了多少有些过于渲染的和安排失实的环境。他坚持最久的尝试就是想赋予他的哲学以诗歌的生命，其结果就是写成了《指环和书》(1868—1869年)，这首诗的中心内容是邪恶问题。只要邪恶仍然是"一个问题"，而且是远远超越它所产生的哲学情节剧的一个问题，那么这个作品就成为布朗宁最典型、最明显的失败之作。

在这一个时期，对英国诗歌作出的最富有浪漫主义色彩的贡献是爱德华·菲茨杰拉德的《欧玛尔·海亚姆的鲁拜集》(1859年)，其之所以富有浪漫主义色彩是因为它选择了波斯诗歌这样一个异域的典型，同时也由于它采用了适合的改写手法。如果不是丹·加·罗塞蒂周围那些文学艺术界人士发现了他，菲茨杰拉德可能始终是默默无闻的。罗塞蒂周围的人的理论超出了帕尔纳斯派"为艺术而艺术"的见解，正像他们的实践一样，他们倾向于"为艺术而生活"。艺术是真理的工具，因此艺术应当避免在技巧上为了美而过分雕琢。无论是在诗歌还是绘画中，罗塞蒂都企图做到大胆的简洁，这是他从拉斐尔以前的意大利绘画中发现的特性，但作为诗人，他也仅仅是达到了围绕着简洁外层的气氛所形成的那种色彩缤纷的迷雾。他的追随者之一是威廉·莫里斯。此人多才多艺，他的诗歌的主题是中世纪的（《圭尼维尔自行辩解和其他诗篇》，1858年）或者说在技巧上是乔叟式的（《地上乐园》，1868—1870年)，到了晚年，他的诗歌实际上也就停止了。当时他正专心致志地从事社会改革任务，对于这种改革的迫切性，他是受了罗斯金的影响。科文特里·帕特莫尔也与这个集团有联系，他因著有韵文小说《家里的天使》(1854—1856年) 一书而享有盛名，但他走的却是另一条很不相同的道路：他越来越牢固地依附罗马天主教会。随着他的灵性的加深，他成为一位卓越而且非常富于独立性的诗人，正像他在《无名的爱神》中所表现的那样。

为了使上述英国诗歌的图景臻于完整，我们不妨把阿尔杰农·查尔斯·斯温伯恩毫无学术性而又缺乏德行的诗，来和马修·阿诺德主要在学术方面的优点作一对比。阿诺德在批评方面的洞察力更胜过他的诗才，而斯温伯恩最早的（也是最佳的）诗作《阿塔兰忒在卡吕冬》（1865年）和《诗与谣》（1866年）在该时期末问世。斯温伯恩始终是一个有争议的诗人，不过，这种争议已经与他给同时代的诗人带来的震惊无关了，这些诗人认为诗歌乃是通俗化的审美观所认为的美。斯温伯恩却以他的主题公然宣扬性欲和他的韵律表达异教的淫荡激起了他们的愤怒。他不是恬静地回忆自己的种种感情，而似乎是收集词句来描述淫乱。当然对于他们的触犯已经变得无关紧要了，因为从斯温伯恩的时代以来，对诗的鉴赏不仅逐渐习惯于他的题材，而且对于题材完全失去了兴趣。马拉梅说：诗不是由思想构成的，它是词的产物。这种批判的观点逐渐主宰了对诗的鉴赏。正如托·斯·艾略特说的，由于斯温伯恩似乎"全神贯注地和始终如一地"专门讲究"辞藻"，[①]因而今天的人们对于他的兴趣就不像对于维多利亚时代大多数其他诗人那样抱着一种迁就的态度。不过，我们对于马拉梅的那句名言也不能刻板地理解；不论一个诗人的词句表达如何华丽，如何强烈有力，但最后起更大作用的仍是他所表达的实质。就实质而论，斯温伯恩几乎不能和波德莱尔相提并论，斯温伯恩承认波德莱尔是他的老师，他沉湎于过多的肉欲描写，看来并非生活本身使然，而是由于最初受了波德莱尔的诗的引诱所致。

波德莱尔的《恶之华》（1857年）是由浪漫主义土壤中最纯净、最真实的成分滋养起来的。他在诗中把精神与现实、词句与肉体、"理想"与"怨恨"完全对立起来，造成一种无法忍受的紧张，最后用语言把这种紧张全部予以融解，其中包含并吸收了庄严和堕落、幸福和愤怒。这种完美的形式和高超的手法似乎证明了"为艺术而艺术"这个论断是有巨大成效的，即证明诗人只要用心使自己的技巧臻于完美的境界，就会获得巨大成果；但是这些诗却说明：实际上，诗人只有更多地关怀技巧以外的东西，这个理想才能实现。波德莱尔表面看上去似乎是牺牲了善而一心寻求恶，实际他两样都关怀。但是，《恶之华》如果不是通过它本身的美表达了一个惧怕沉沦的灵魂秘密怀着企求获得拯救这一希望的话，它也不会成为今天这样的伟大诗篇。这像是主持弥撒的神父以他的诗人般的圣洁说服了上帝，由上帝阻止了魔鬼庆典的进程。这种美学上的完善与强烈心灵活动的罕见

[①] 《论文选》（伦敦，1932年），第327页。

的结合使波德莱尔成为近代诗歌的不朽大师。正是他第一个把城市生活的惨状和俚语方言带进像拉辛的作品那样灿烂晶莹的诗境，而且也正是他第一个赋予大都市纸醉金迷的生活所造成的厌倦以真正的、尽管是消极的精神上的重要意义。

美国诗人和作家埃德加·爱伦·坡本来很可能是一位文坛外缘的人物，但波德莱尔（他翻译了坡的《奇异故事集》）却把他美化，使他成为近代法国诗歌的守护神。坡之所以能使自己为波德莱尔及其后的许多法国诗人所喜爱，是因为他强调简洁，在他看来，"长诗"一词从措辞上来说是矛盾的，而且他还强调要剔除所有非诗的题材，不论是说教的还是教育性的。爱伦·坡在其本国文人中间仅享有一般的声誉，爱默生称他为"韵律简单的诗人"，① 洛威尔说他"五分之三是天才，五分之二纯属胡言乱语"，② 可是法国人却尊他为典型的"纯诗人"。坡曾写道："物质世界中的某些事实与精神世界中的另一些事实确实太相似了。"③ 正是这种看法和波德莱尔的信念相吻合，这种信念原本是由于受 E. T. A. 霍尔曼的影响而产生的，即认为宇宙是由一个神秘的交流系统，即"信息"（correspondances）结合在一起的。因此，譬如说，色彩是和味觉紧密联系的，声音和香味是联系的，形象和心灵状态是联系的。生活是"一个由符号组成的森林"，树林的枝蔓相互纠缠在一起，轻轻发出阵阵互相暗示的合鸣。因此，坡与波德莱尔在诗才的伟大天赋方面便有了共同点：他们给予隐喻和诗的象征以一种新的直接感和结合力，并给诗的语言增加了一个领域，这便是后来由象征主义运动以及由魏尔兰、兰波和马拉梅这样的诗人热心地探索和利用的领域。

波德莱尔在诗歌史上是一个十字路口的路标，由于不信任现实，浪漫主义到达这一路口时便选择了彻底否定"实在"的道路。在我们这个时代结束的时候，波德莱尔的"信息"仍然是指现存一切事物的神秘统一，可是诗人却能随心所欲地予以运用，因为想象力已不再受到任何重要的和独立的"实在"的约束了。如果还有什么重要

---

① 威廉·迪安·豪威尔斯记述的他和爱默生的谈话，见《文学界的知己与相识》（纽约，1901年），第63页。
② 詹·拉·洛威尔：《写给评论家的寓言》（波士顿，1848年），第78页。
③ 《埃德加·爱伦·坡作品集》（爱丁堡，1875年），第3卷，第354页。

的世界的话，那就要我们去重新体验、重新命名，不仅如此，我们还必须全部予以重新创造。兰波的散文诗《灵光篇》（作于1873年或以前）在诗歌技巧方面借鉴了波德莱尔的《散文诗集》，兰波本来已经相信诗人必须成为一位有洞察力的人；但他的本意比这个词的通常含意要丰富得多。为了要"洞察"，诗人必须系统地把他的感觉顺序打乱，因为各种感觉按其原来的顺序除了传达毫无意义的世界以外，不能传达给诗人任何东西。词本身很快出现了危机，它们变得太"实在"了，因而对于诗也就没有用了：诗（例如马拉梅的诗）要达到这样一种境界，那么词必须用纯洁无瑕而深奥的象形文字来代替，这种象形文字和音乐近似，丝毫不受"实在"意义的玷染。这就是浪漫主义漫游的终点，我们在前面已经讲到，甚至陷于绝望的现实主义者福楼拜也预见到了。

在这一时期中只有两位主要诗人朝着其他方向前进，而且离开浪漫主义主流很远：他们是俄国的涅克拉索夫和美国的沃尔特·惠特曼。他们是唯美主义贵族中间的"真正民主主义者"，因此被指责为"没有诗意"。屠格涅夫评论涅克拉索夫时说："诗从未在他的韵文中留宿过一夜"，[①] 爱默生评论惠特曼："我指望他能创造出民族的歌曲，看来他却满足于开清单。"[②] 涅克拉索夫对民歌的热爱是"浪漫主义的"，但他不像德国人那样，他爱的不是那种沉浸在梦幻般的怀旧情绪中的人民的歌曲；他喜爱的歌曲更接近于街头卖唱者的通俗民谣：粗犷、通俗、充满义愤。《贼》（1846年）、《货郎》（1861年）及《严寒，通红的鼻子》（1863年），这些标题本身便表明它们是一种与《男童的神奇号角》完全不同的诗。他的最长的诗名为《谁在俄罗斯能过好日子？》，写于19世纪70年代，是一篇民歌形式的讽刺作品，而沃尔特·惠特曼的《草叶集》（1855年）不妨另取一个标题："在美国，人人都应当快活。"惠特曼对诗的理想："用通俗语言来写人之常情"肯定也是涅克拉索夫的理想。这位俄国人和这位美国人共同的灵感源泉是同情，两人的差别在于：涅克拉索夫同情的是受苦受难的人民，而惠特曼同情的则是一个民族建立起自由社会后将

[①] 引自D.S.米尔斯基《俄国文学史》（伦敦，1949年），第228页。
[②] 约翰·巴勒斯1871年12月的日记，引自埃德蒙·威尔逊《一举成名》（第2版，伦敦，1956年），第277页。

会享有的那种喜悦。《草叶集》写作的时期大约与《恶之华》相同，因此有充分理由必须在一般地概述文学时期时采取谨慎态度，并会对各诗歌派别之间的巨大距离感到惊异。然而，惠特曼献给人民灵魂的那种激昂的、充满活力的抒情辞藻，在19世纪的文学史上，也是众多孤芳自赏的浪漫主义者中的一个孤独的声音。

　　文学的主要状况就是与世隔绝，甚至文学欣赏亦复如此。"读者界"的构成也逐渐变为个人，他们孤独地进行文学探索。就连以家庭为单位，聆听朗诵司各特或简·奥斯汀或狄更斯的作品的一些小团体，也无法理解作家们越来越复杂和隐秘的描述。当人们聚集在一起，享受艺术给予他们的高尚情趣的时候，把他们聚集起来的是音乐。文学的词句已变得过分精雕细琢，因而失去了吸引大众的魅力。安德烈·纪德曾说："剧院是庸俗语言的场所。"① 他不仅总结了19世纪的情况（当时戏剧的粗犷似乎已无法与深刻共存），而且暗示伟大的戏剧必不可少的一个前提：作家与观众在深刻的但却广泛地为人们所理解的共同兴趣方面应是一致的（因此，"广泛地为人们所理解"在某种意义上也就是"平庸"）。因为，只有如此，观众才成其为观众，而不是一群更适合于在私下与之接触的个人。戏剧要想保持健康，它就比所有其他文学表达手段更需要一种共同的信念，即相信动人而朴实的事迹和激情会产生直接的重大效果。而我们这个时代所缺乏的正是这一点，如同小说和诗歌所表明的那样，小说日益趋向分析的探索，而诗歌则更坚决地要退出生活。在现实主义的心理状态与浪漫主义的精神状态这两个极端之间留下的真空中，是无法建筑起具有表现力的舞台的。有人说，英国没有戏剧，因为英国几乎没有可以演戏剧的建筑。但如果说英国没有剧场是因为它没有戏剧，这个说法同样正确。甚至在那些并不缺少剧场的地方，例如法国，戏剧创作虽然无疑比较丰富，但却远远没有达到像小说和诗歌所达到的那样优秀的水平。斯克里布写过几百本构思巧妙的剧本，还有奥日埃和小仲马，他们运用戏剧技巧从道德的角度解释社会上贫寒人家的前屋和豪

---

① 见沃尔特·本杰明在《作品集》（美因河畔法兰克福，1955年）中摘引的谈话，第2卷，第299页。

门显贵华丽的客厅之间的差别和相互纠葛，而一旦人们提到斯丹达尔和波德莱尔的名字，这几位作家在文坛上就没有立足之地了。甚至显然无可匹敌的维克多·雨果在《爱尔那尼》和《吕伊·布拉斯》两剧中以西班牙斗篷短剑式的人物取得了浪漫主义的胜利后，最后也被逐出了舞台，他的《卫戍官》一剧在1843年遭到的惨败，就像《爱尔那尼》在1830年取得的成功一样引起震动。只有缪塞在戏剧形式方面的试验（他的本意只着眼于阅读而不是为了演出）获得了和他的诗歌同样的成就：这就是他那部几乎无法上演的剧本《罗朗扎齐奥》（1834年），剧中的主人公以自己变为刺客的手段浪漫地追求"自我实现"和"同一存在"，此外就是他的那些短喜剧和"谚语剧"，这些剧流露的情感令人感动，表现出的玩世不恭的态度失之太过，而其发人深省的幽默则富有浪漫色彩。

俄国对戏剧的贡献也是来自那些无须依靠剧场而享盛誉的作家，不过果戈理的《钦差大臣》（1836年）却是他在社会讽刺剧方面的一个巨大成就，就和他所著的《死魂灵》一样，这个剧远远超越了这类作品通常比较狭窄的艺术境界。屠格涅夫的喜剧（《村居一月》，1850年和《外省太太》，1851年）以及这些剧作细腻的心理描写并将"氛围"作为戏剧特色之一的手法，都非常近似缪塞的戏剧散文，同时开创了契诃夫这位天才写作特色（且不谈其他）的先河。恰好就在我们这个时期到来以前，而且在它结束以后，俄国的戏剧是由一些非戏剧家作为代表的，如普希金和后来的托尔斯泰，而在这个时期本身则由奥斯特洛夫斯基作为代表，他像斯克里布一样多产，在戏剧方面多才多艺，凭借这两个特点，他以非斯克里布的现实主义主宰了彼得堡的舞台，只是在他的《大雷雨》（1860年）中才以诗意弥补了这种现实主义。

德国和奥地利在戏剧方面的贡献比法国或俄国的贡献要大（英国的贡献不值一提）。格里尔帕策和黑贝尔都是戏剧诗人，他们具有高尚的目的、罕见的真诚和伟大的艺术品德。在格里尔帕策不平衡的和近乎病态的悲观主义天赋中，歌德和席勒时代那种"古典式"冲动掺杂着维也纳"巴洛克"传统的那种戏剧的幻想和感伤。哈布斯堡的奥地利与西班牙相距不远：洛佩·德·维加和卡尔德隆与格里尔帕策在思想上的近似几乎像歌德和席勒与格里尔帕策在思想上的近似一样。格里尔帕策虽然由于过分悲观而写不出伟大的悲剧,过于多愁善感而写不出伟大的喜剧,过于喜欢内省而写不出伟大的戏剧,但他的作品却充满伟大剧作的那种感觉和味道。他一生只有最后几部剧作才属于我们这个时代,当他的喜剧《说谎的人倒霉》(1838年)未能博得观众的喜爱之后,他就销声匿迹了。1872年他逝世后,人们从他的抽屉里找到了三个剧本,其中《哈布斯堡兄弟阋墙》一剧是他最成功之作,由于鲁道夫二世这个人物而不愧获得戏剧的最高荣誉。

格里尔帕策谈到他自己的时候说,他真正的根扎在"利奥波德施塔特剧院这个鬼仙境",① 那里是维也纳"民间戏剧"(穿插着音乐和歌曲的大众喜剧)的故乡。在这个哈布斯堡首都中心的这块具有地方特色的飞地利奥波德施塔特,当时剧院度过最自由的生涯,不受戏剧理论和文学上过高的雄心的干扰。在那里,谁也不用为狄德罗或莱辛操心。约翰·内斯特罗伊是给利奥波德施塔特剧院提供剧本最多的作家;他真正充满智慧,属于笔触虽不高明却能触及人们心灵的那种作家。有一次一位友人对他说:"现在是你该为子孙后代做点什么的时候了。"他回答说:"后代?他们为我做了些什么?"② 但是他为自己的时代创作、排演和扮演了他那些富于活力和奇想的讽刺喜剧,剧中充满诡谲的词句,抓住了只有真诚的人物才能彻底摆脱的浮华的生活幻象。他和比他年纪较大的同时代作家费迪南·雷蒙德一起,给维也纳创造了一种本国的伊丽莎白式舞台。内斯特罗伊一直精力充沛地活跃在舞台上,而他同时代的许多严肃的作家却缺乏这种精力。

例如弗里德里希·黑贝尔便是如此。内斯特罗伊曾经拙劣地模仿过他的《犹滴》(1840年),黑贝尔的剧作虽然严肃,在文学上具有重要性,但是随着无情的时间进程可能会成为牺牲品。不论他的剧作有什么其他优点,但时间对它在题材与意图之间的脱节给予无情的惩罚。黑贝尔企图去做根本不可能做到的事:他不仅想写出伟大的诗

---

① 《论自传》(1846年),《全集》(斯图加特,1887年),第15卷,第200页。
② 有关内斯特罗伊的一件逸事,来源于剧本《门徒》中一个角色说的话:("后代为我做了什么?什么也没做! 好,我也同样不做!")见该剧第一幕第二场。约翰·内斯特罗伊:《全集》(维也纳,1926年),第7卷,第116页。

剧，而且想通过深刻的哲学再一次挖掘他自己认为伟大的诗剧赖以建立的唯一基础。这个基础就是寓意深刻的神话或对生活和世界所做的系统的抽象解释。他的日记、序言和戏剧理论文章有时很能引人入胜，它们证明了他在理性方面的爱好。他说："艺术乃是哲学的实现"，① 他的戏剧想要实现的哲学是叔本华的形而上学悲观主义和黑格尔的历史末世论二者不和谐的混合体。他虽是"时代精神"实际存在的见证，但很可能是在没有哲学家们的实际帮助下自己产生这些想法的。个人的存在本身就是悲剧性的，因为黑贝尔和叔本华都认为，个人存在是为了摆脱生活整体的束缚而必须获得，但最终将自我毁灭的一种解放的结果。所以，他的悲剧性负罪论是亚当与夏娃因偷吃禁果而堕落这一教义的世俗翻版，即生存就是负罪。因此，黑贝尔的男女主人公之所以遭到厄运，并不是由于他们的性格中有悲剧性的缺陷，或是卷入了积极的犯罪活动，而仅仅由于人类最原始的罪：存在的罪。黑贝尔用戏剧手法把这个罪表现出来，即赋予他的人物以超出人的存在所应有的品质：《阿格妮斯·贝尔瑙厄》（1855 年）的女主人公是无邪的，但过于美，《尼贝龙根三部曲》（1862 年）中的齐格弗里德是善良的，但过于强健了，这些过度之处正是必然导致悲剧的原因。不过他们的厄运一定具有戏剧的意义，在这一点上黑贝尔的历史乐观主义取代了叔本华的悲观主义：英雄的毁灭是很有意义的，因为它是历史的必然、变化和进步的祭坛上的牺牲品，齐格弗里德之死为人类更高一级的和平与友善敞开了道路；阿格妮斯·贝尔瑙厄的可怕结局导致了国内法律和秩序的进一步巩固；《希律和玛丽安妮》（1850 年）之间充满杀机的爱与恨的斗争，为基督教进入异教世界打开了合乎道理的大门。

　　黑贝尔还强调另一个因素，即破坏个人神圣的意志自由必然产生悲剧性结局。这样，他就使他那个就历史来讲阴暗中充满希望的形而上学结构更加复杂了，这使人想起了康德而不是黑格尔或叔本华。尼贝龙根的灾难来源于对布伦希尔德个性的自欺欺人的忽视；希律对玛丽安妮的爱情导致灾难是因为无视她本人意志自由的权利；这个主题

---

① 《玛丽亚·玛格达莱娜》（1844 年）序言（Th. 波普编：《作品集》，第 8 卷，柏林，无出版日期，第 75 页）。

以更大的力量主宰了《吉格斯和他的指环》（1854年）这个剧。

黑贝尔的戏剧既然承载着这类哲学思想的负担，他在取得相当大的成功的同时出现这些缺陷也就不足为怪了。他像与他同年龄的理查·瓦格纳（两人都出生于1813年）一样，在一个对戏剧对于人生的意义缺乏任何自发意识的时代里，却迷恋于"戏剧问题"。然而，由于黑贝尔追随的是史诗的创作方法，而发展这种创作方法的诗人则很少了解他主要关心的是什么，因此他不得不违背这种手段本身具有的吸引力来表明他的意图，始终未能找到真正恰当的形式解决他的问题。因为，在这个本身非常真实的问题的压力下，他选定的方式已经变成了一套固定的程序，不管他多么热心也无法迅速使之具有令人信服的生命力。格奥尔格·毕希纳"缺乏诗意的"作品反而无可比拟地成为更正统，最终更具有诗的特点的东西。毕希纳早在1835年，也许是1836年，写出了两部充满绝望情绪的虚无主义剧作：《丹东之死》和《沃伊采克》。

使这个从伟大剧作的传统要求来说最"没有戏剧特色的"时代问题具有真正戏剧特色的是挪威作家易卜生。黑贝尔的剧作已经提出了后来易卜生剧作的一些主题，由于某些历史的必然因素，这位伟大的"自然主义者"在我们所论述的这个时代结束时写出了他的两部最著名的诗剧：《布兰德》（1866年）和《彼尔·英特》（1867年）。但是不久后，他就着手用诗歌现实主义的戏剧杰作去征服剧场了，多年以来，这些剧场只知道奄奄一息的"资产阶级戏剧"和正在衰退的晚期英雄史诗剧。就本时期而言，戏剧方面最伟大的成就不在文学领域，而在威尔地和理查·瓦格纳的歌剧，这就足以衡量出戏剧由于没有能够讲出时代的不安心情而遭到失败的程度。

（麻乔治　译）

第 八 章
自由主义与宪政的发展

　　1830年"半途而废的革命"和1848年这个"现代历史并未发生转折的转折点",就是这一时期的重要里程碑。在这一时期,各国政体的变化以及变化的方式,或许比18世纪革命的90年代到20世纪震撼世界的第二个10年之间的任何时期都要急剧,都要多样化而且有趣得多。

　　在1830年至1871年这个大约40年的短暂时期,法国就曾试验过半自由主义的"资产阶级君主制",激进的第二共和国,半独裁的君主总统制,独裁的第二帝国(参见第17章),所谓的"自由帝国",极端激进的巴黎公社和(初期)性质不确定的第三共和国。英国曾通过两项议会改革法(参见第13章,原文第335和336页),废除了在各郡已有400年历史的40先令选举权,清除了先前由某些个人或家族操纵的腐败的国会议员选区,并且在1870年就已准备采用那些令人敬畏的宪章派在1839年要求实行的他们的"六项要求"之一的秘密投票制。普鲁士在1840年弗里德里希·威廉四世即王位时出现的虚假的自由主义曙光(就像1846年庇护九世被选为教皇时的意大利那样)以后,曾于1847年首次召开了联合议会,1848年首先成立了立宪政体,并且在实行了短短的一段时间的成人普选之后,终于根据1850年宪法的规定确立了稍加限制的君主制(尽管明显存在不民主的等级选举)。这部宪法直到1918年才废止(参见第19章各处)。另一方面,奥地利在第一次成为立宪国家之后,又于1851年倒退了(匈牙利的1848年宪法甚至被废除得更早)。而且,在两次试验(1860年的文告和1861年的特许令)失败之后,终于在1867年的奥匈协约中达成妥协,如果说并没有取得稳定的话。德意志的其余部分，在比较有远见的普鲁士的领导下，已经统一成为一个准联邦，其中有几个邦仍然保有美国联邦任何一州均享受不到的权力，而普鲁士本身则设法在德意志第二帝国中保持着支配的地位；这种特殊地位，无论像弗吉尼亚还是马萨诸塞这样的州都未能取得，尽管它们在美国争取独立的斗争中起过重要作用。意大利也完成了统一，并且在统一的过程中拒绝了联邦制，至此普遍采用中央集权的，在当时是自由主义的 1848 年皮埃蒙特宪法（参见第 21 章）。瑞士的政体于 1848 年（后来又在 1874 年）朝着比较名副其实的联邦制，也就是真正的民主制进行了改革，因此它就成了寻求有效的政府和自由体制相结合的其他国家和人民的鼓舞力量，就像美国在 1865 年后和英国在 1867 年及 1872 年以后曾再次进行改革的那样。

问题的另一个方面是，西班牙却遭受了连续不断动乱的痛苦，无论它的独裁势力还是自由主义势力都未能造福西班牙，为它带来一个稳定的或明智的政府。遭受同样痛苦的墨西哥，1856 年放弃了圣安纳的中央集权制，采用了胡亚雷斯的联邦制。但是，在 19 世纪 60 年代，墨西哥的来之不易的共和体制在外国干涉的打击下遭到暂时的挫折，而它的反对欧洲冒险家的潜在保护者美国，此时正忙于打内战（参见第 25 章）。美国在这场南方对北方的内战中，经历了它自己的最大的一次联邦制危机：1861 年的南部邦联宪法曾一度向 1787 年的联邦宪法中的许多神圣原则提出挑战。一直到 1865 年南方战败之后，联邦才在比以前更为坚实的基础上得以恢复（参见第 24 章）。波兰人虽然在 1831 年和 1863 年为反抗压迫者曾经两次英勇起义（1846 年还有一次起义夭折），但却未能收回他们失去的独立和自由的任何部分。在尼古拉一世（1825—1855 年）统治下的俄国一直故步自封，毫无进步，终于在 19 世纪 60 年代转而进行了一些试验性的改革（参见第 14 章，原文第 369—380 页），但一直到 20 世纪才建立起真正的立宪政体或国家立法机关。奥斯曼帝国的衰落一直远未受到哪怕是最微小的改革努力的遏止。而中国在腐败的清朝皇帝们的统治下苟且偷安，似乎完全证明了艾尔弗雷德·丁尼生于 1852 年所作的嘲讽是正确的："欧洲的 50 年胜过中国的一个朝代。"

从英国 1832 年第一个改革法到 1852 年法兰西第二帝国宣告成立

的20年是整个19世纪朝着托克维尔的《美国的民主》和穆勒的《代议制政府》中所说的民主制方向前进最迅速的时期。在截至1848年6月的6个月中，民主制的进展似乎是不可抗拒的，它在世界各地取得完全的成功只是一个时间问题。

但是，从1848年年中以后，那个在一国又一国似乎不可避免的趋势开始逆转。宪章派4月的惨败，使英国束缚于"定型"的模子里达二三十年之久。对巴黎"六月起义"的血腥镇压，终于吓坏了法国中产阶级，使之放弃激进主义，并使他们投入小拿破仑的怀抱（参见第15章）。库斯托扎和诺瓦拉两次战役阻止了撒丁的查理·阿尔贝特向当时似乎已唾手可得的自由团结的意大利的王位宝座进军。在布拉格，温迪施格雷茨解散了泛斯拉夫人代表大会，扼杀了波希米亚的革命。在法兰克福，新成立的国民议会脱离了争取民主制的轨道而参加日耳曼沙文主义的"十字军"去反对丹麦。对于此事，甚至连激进派首领卡尔·马克思也在他攻击别人的巢穴科隆和其他人一起欢呼。维也纳、匈牙利、克罗地亚、波兰等地的情况都是这样。革命的浪潮甚至还没有到达因循守旧的俄国和奄奄一息的西班牙的边境，就退了回去。

整个1849年，革命的激进力量仍然在巴登、萨克森、匈牙利和罗马进行零星的战斗，少数地方的战斗甚至拖到1850年和1851年。但是，路易·拿破仑1851年在法国发动的政变（在政变中普选之所以未被取消，只是因为拿破仑之流不再害怕它会成为一种有破坏性的力量，甚至还发现可以利用它充当反动工具）在全世界看来是一个信号：一个伟大的自由主义时代已经完结。当他于1852年作为拿破仑三世复辟法兰西帝国时，对于从1776年、1789年两年的幼弱的萌芽中成长起来的那些力量说来，大门似乎死死地关闭了。这些力量曾于1793年1月和1848年2月两次震撼西方世界。其影响之大是自1649年1月30日刽子手在白厅高举英王查理一世被砍下的头颅以来人们从未经历过的。

如果有一位真诚的激进派，他曾经参加过瑞士1847年反对分离主义者联盟的斗争，或者曾于1848年为巴黎改革家的宴会捐款，或者曾于1849年毫无畏惧地屹立在被围困的罗马的壁垒上，或者于1850年在伦敦的街道上追逐过"屠夫"海瑙，或者于1851年在纽约对被流放的科苏特欢呼；到了1852年时，这位激进派完全可能陷入失望的深渊，因为他理想中的前景在此之前一直是光辉灿烂的，如今却到处黯然失色了。

因此，从法国修改宪章到1871年统一的德意志帝国建立的这40年，形成了欧洲和世界各种宪政形式发展的时代，但是这个时代并不是一个向着更加自由更加民主的体制继续前进的时代。诚然，1831年任何地方都还不存在真正的全国范围的民主政体，而到了1871年，却已有几个这样的政体，同时也有更多的地方具有民主的特色和内容。但是，前20年的进展并未在19世纪50年代、60年代保持下来。实际上，大约从1849年至1859年，插入了一个反动时期，在这个时期，民主政体失去了许多地盘。在1859年稍后的时候，进展重又开始，但比较反动时期以前却显得踌躇不前，小心翼翼。自由主义者和民主主义者在经历了50年代的挫折之后，当年的乐观和热情已大都不复存在了；这时他们不得不眼巴巴地看着他们的国家从他们无论如何也不能称之为民主派的人们手中接受了宪法，或是在他们认为并不健全、并非自由的基础上得到人们长期梦寐以求的政治统一。他们往往忍气吞声，就像普鲁士的自由主义者1866年通过了俾斯麦的赦免法案（参看第14章，原文第520页）以及像意大利的自由主义者落入马基雅弗利主义者加富尔的圈套那样，并且尽量利用这个和他们梦想中的美好世界相去甚远的新世界；但在他们当中的许多人看来，这个过程却使人永远感到痛苦。

与此同时，新的力量和新的学说已经兴起，向19世纪正统的自由主义挑战。乌托邦式的以及其他的社会主义者已经发射了若干小排炮，现在轮到大炮开火了。1847年《共产党宣言》的作者之一和对1848年的自由主义者进行批评的当代尖锐批评家卡尔·马克思在他在科隆出版的报纸上并在霍勒斯·格里利的《纽约论坛报》上发表的文章中，无情地揭露了这些自由主义者的错误。此外，他在1870年之前又完成了他的巨著《资本论》的第一卷。虽然《资本论》这部书这时还不大为人所知晓，读过它的人就更少了，但是在它的字里行间却隐藏着一整套可以替代迄今为止一直占据着进步阵地的自由主义哲学的办法，善于发掘的人们就可以找到它。在马克思的理论体系中，原来在独裁君主与深受自由原则鼓舞、争取在他们各自国家的政府中取得更充分权力的人民之间的斗争，已经被社会上的剥削阶级与被剥削阶级之间更为残酷的经济斗争所取代；在他看来，这种斗争只能在被剥削阶级夺取政权并且建立一个真正没有阶级的、完全平等的、生产手段和全部劳动果实归全民公有的社会时，才能结束。不管在他晚年主张的社会主义多么温和，但这并不是约翰·斯图尔特·穆勒的乌托邦！

但是，这个新的阶级斗争学说，这个在自由主义之后出现的教条，甚至到了这40年的末尾，仍然没有在任何国家的现实政治中和制宪工作中发生作用。诚然，1871年巴黎公社中的某些人是不自觉的或半自觉的马克思主义者，因为他们把法国1848年革命的"六月起义"看成是城市无产阶级为要求劳动权以及单纯的投票权而起义并遭受到镇压的运动，并且像马克思那样从中得出他们的结论（虽然比马克思的结论更加混乱，而且也更无系统）。但是，巴黎公社至多不过是一个纯属地方性质的极端激进的事件而已，它没有导致任何全国范围的运动，也没有建立任何全国性的政府机构。它甚至没有像俄国人在1905年革命的"演习"中成立了士兵委员会和工人委员会那样，找到了一种新的革命手段。巴黎公社主要是由一批幻灭的激进派和社会主义者搞起来的并由他们操纵的。他们当中许多人在第二帝国期间曾被迫流亡国外或转入地下进行秘密活动。他们的精神面貌和世界观，不像1917年的布尔什维克，而像1793年的雅各宾派。

早在前几个世纪就率先确立并且保障个人在国家中的自由的那些国家，在19世纪就开始致力给公民个人以表达思想并使自己的观点上达地方和中央政府的自由。统称为"人民"的国内每个公民的集体，只是到了19世纪中叶才开始通过所谓民主机构来表达自己的意志。这种情况最先只是在1848年至1851年间在政变前的法兰西第二共和国时期的法国和1848年至1850年间的普鲁士存在。在瑞士，自1848年以后就一直存在。在其他各国，除了美国的少数几个新的州（如艾奥瓦和威斯康星）之外，一直到很多年以后，这种情况才逐渐明显起来。

以法国1814年宪章为模式的所谓"正统派"宪法（因为人们怀疑1812年的西班牙宪法和1814年的挪威宪法是由革命产生的而且受

法国18世纪90年代宪法实验影响太大）是从不折不扣的专制主义前进了一步，但绝不是自由主义的，而其本意是反对民主的。除了炮制这类宪法的那一小撮温和的保守派之外，任何人对这些宪法都不感到满意。反动分子（在法国以"白色恐怖"时期的"极端派"为代表）认为这些宪法不够反动，而形形色色的激进派则认为它们太反动了。它们在四面围攻之下，居然还能一直存在到19世纪30年代，真是出人意料。只用法国这个例子就可说明西欧和中欧的一系列国家是怎样朝着比较自由的方向修改它们正统的宪法的。而那些这时还完全没有获得宪法的国家，则接受了正统派或正统派以后形成的政体。

法国、比利时和英国的政府分别于1830年、1831年和1832年进行了真正彻底的改革。就在这短短3年间，欧洲的自由主义力量得到很大的鼓舞。而德国的几个小邦萨克森和库尔黑森（于1831年），布伦瑞克（于1832年）和汉诺威（于1833年）都分别获得了新宪章；后来梅特涅在1834年的条约中通过"联邦"这一机构制止进一步颁布任何宪法，直到1848年他和他的体制退出舞台（参见第15章，原文第396页）。这些宪法中有一些（如萨克森的宪法）保持了几乎一个世纪。但是，汉诺威的宪法（国王威廉四世于1833年颁布的）是个例外，虽然它是一部很温和的正统派宪法，但4年后于1837年在国王埃内斯特·奥古斯特即位后即被废除。他是维多利亚女王那些"坏叔叔"当中最坏的一个。奥古斯特1840年颁布的"宪法"只不过是肯定并重申国王在国家中享有独一无二的权力和议会的从属地位，从序言到正文，甚至比1814年的法国宪章还保守。埃内斯特·奥古斯特竟然能在汉诺威使时钟倒转，这是查理十世在法国所未能做到的事情。这是一个标志，说明自由和民主的理想在法国扎根已有多深；而在德国已取得的进展多么微小。事实上，德意志各邦1848年以前在宪法方面的发展比法国落后了一代人的时间，因此它们就必须在革命的岁月里设法迅速赶上去。在某些情况下（如在普鲁士），它们在1847年至1850年间取得了很大的进展（尽管这些进展并未完全保持住）。但是在另外一些情况下（如在奥地利和一般来说在哈布斯堡王朝的领土上），这些年里它们并未成功地"吸引"新思想的灌输，因而在10年之后还必须从头开始。

修改后的法国1830年宪章——其中虽未明确宣布权力归于人民

但宣布剥夺君权,不过旧宪章中有关君主专制的序言已被删去——在其他国家远没有像1814年旧宪章那样被直接照搬。这是因为这个宪章在1814年所表示的是当时的国王愿意作出的让步的限度;而到1830年时,许多国家的人民正在要求的却是更为广泛的实际参政权和更彻底地承认人民在国家中的重要地位,甚至比路易·菲利普愿意承认的还要彻底。这就是为什么维克多·雨果称1830年为"一场半途而废的革命"①;而且为什么浪漫派和激进派像攻击复辟王政那样激烈地批判七月王朝。1830年宪章在任何地方都不像1812年的西班牙宪法那样成为一面高悬在旗杆上的进步旗帜。模仿它的其他国家和人民都设法对它加以改进。这正是路易·菲利普该办而未曾办到,法国那些批评他的人一再告诉他应办的事情。阿道夫·梯也尔反对"国王应该称王但不应亲政的说法"②。这样的地位曾为英王威廉四世和比利时新国王利奥波德一世所接受,但路易·菲利普——和基佐——却觉得实在难以接受。菲利普根据宪法规定虽然可以在很大范围内操纵议会并且在立法等机关里塞满自己的亲信,但是这位"公民国王"仍然无法拒绝竭力扮演乔治三世这个角色的诱惑。但是他并不像乔治三世那样幸运,结果把王位都丢了。

从自由主义者的观点看来,1831年以后的法国比较之下还不如尼德兰南部脱离荷兰王国后的比利时;这两个部分是根据《维也纳条约》的条款于1815年被粗暴地强行合并的。突然,由于比利时革命的结果,1831年出现了一个"模范"国家,由一位真正堪称模范的国王治理,他接受了有限君主制所包含的一切内容,并且毫不含糊、毫无保留地承认了人民的主权。1831年的比利时宪法至今仍然有效,而且实质上毫无修改,它完全胜过修改过的法国宪章,实际上胜过当时欧洲其他各国的一切宪法。只有在大西洋彼岸真正存在着一部合众国宪法,亚历克西·德·托克维尔在他的《美国的民主》(1835年初版)一书中曾热情称颂这种政体,它对旧大陆有自由主义头脑的公民说来,具有竞争性的吸引力。但是,许多比较保守的欧洲

---

① 维克多·雨果:《1830年一位革命者的思想及见解的日记》,《争论的哲学》(巴黎,1841年),第158页。
② 1830年2月20日《国民报》,引自迪韦尔吉埃·德奥朗纳《代议制政府史》(巴黎,1857—1871年),第10卷,第405页。

人（如果他们是伊丽莎白·特罗洛普夫人和查尔斯·狄更斯先生的信徒就更会这样）确实非常怀疑这个由安德鲁·杰克逊领导的实行政党分赃制的国家，这个"食人癖者"和"无所知党人"的国家，这个"工匠党人"和"罗克福克党人"①的国家所实行的制度是否适用于他们的比较高尚的文明。

1831 年的比利时宪法迅速取代 1812 年的西班牙宪法（拉丁欧洲和拉丁美洲比较边远的落后地区除外）成为自由派和激进派的指路明灯，这两派人到那时为止并不一直坚持左倾（在 19 世纪 30 年代采取这种立场的人寥寥无几），非要推翻一切君主制而代之以共和国不可。凡是以受严格限制的君主立宪制为理想的地方，都以利奥波德国王的比利时为光辉榜样。比利时的宪法"具有一切"——明确地承认人民的主权；君主及其王朝只有在宣誓尊重宪法时才能取得他们的地位；立法机构系两院制，两院议员完全由人民选举；司法独立；教士由国家供养但不受其管辖；并且还宣布严格按照 1776 年和 1789 年的原则而规定的公民权利，而且在一些方面还对这些原则作了改进。不错，这样一部宪法典范并不是民主的（尽管它的条文并无妨碍日后增加民主内容的任何规定），而且修改起来很难（虽然不像美国的宪法那样难修改），但是它具有的许多特点却是独一无二的，或者要比其他任何国家的宪法好得多，其中也包括英国的宪法。比利时的宪法制定者们从英国宪法中借鉴了许多思想和做法，使人感到奇怪的只是为什么没有模仿了更多的东西。但是，在1848 年制宪的革命时期，它在德国、意大利、斯堪的纳维亚以及其他地方还是有很大影响的。

英国 1832 年的议会改革与比利时 1831 年的宪法在世界各地引起的注意不相上下，而且同样到处产生了潜在的影响，尽管原因和方式各不相同。欧洲大陆上的人们早就认识到英国是一个王权受到限制的君主国，它设法保护公民自由使之不致受到政府专断行为的影响，并且收效很大。伏尔泰、孟德斯鸠以及在大陆上的许多其他评论家，几乎在一个世纪前就已经讨论过这些特色；威廉·皮特和利物浦勋爵偶尔采取的压制措施并未动摇大陆上的人们对英国实际存在自由的信

---

① 都是 19 世纪二三十年代在美国出现的激进党派。——译者

心。但是任何人都未能十分清楚地阐明英国是怎样设法做到这一点的。英国的中央政府极其无所作为（外交事务除外），地方事务由兼职人员经管，军队无足轻重，也无称得上官僚机构的东西，而最突出的一点是"管理国家不用警察"（更不用说无孔不入的秘密警察了，而大陆上的统治者们却无法想象如果没有这批人他们怎么能够活下去）；对于外国宪法制定者来说，英国是一个奇迹，也是一个使人望尘莫及的国家。他们不能不得出这样的结论：英国的体制"不能输出"（除了有限的和个别的情况之外）也不能给它下一个合乎逻辑的定义。

英国的政治制度不但难以解释，更加难以照搬，而且对于19世纪30年代欧洲大陆上的自由主义者说来，在某种程度上也不切合他们的需要。英国那个来之不易的，但为时短暂的1832年第一个改革法使参加选举投票的人数增加了大约50%；但是英国公民的选举权甚至在1832年以前就已经是世界上最广泛的了，只有美洲大陆上的几个新共和国除外。瑞典1809年的宪法，西班牙1812年的宪法，挪威1814年的宪法，荷兰1815年的宪法，法国1830年经过修改后的宪章，以及比利时1831年的宪法本身（或按宪法规定通过的选举法）所规定的选举权范围，甚至比英国未改革前的40先令地产选举权制以及几乎是腐败的城市当中最腐败的那些城市实行的老的选举制还要狭窄。法国根据1814年宪章在2900万人口中投票人不到10万人；比利时1821年在400多万人口中只有4.6万人享有选举权，甚至到了1848年也只有7.9万人。因此，1832年的改革法虽然扩大了已经比大多数外国改革家们迄至那时为止梦寐以求的选举权还要广阔、业已实行400年之久的郡选举权，并且废除必须自己成家才有选举权、按能力交纳教区税者才有选举权，以及有关市民、社团和自由民自治城市选举权（这些人对于这种选举权的意义只有模糊的理解）的规定，但对于外部世界来说并没有起到直接的鼓舞作用。引起人们更多注意的是英国议会在第一次改革后的立法活动（尽管事实上这些立法活动仍然和以前一样，大体上操纵在原来的统治阶级手中）以及英国转而深入改革法律和编纂法典的计划（杰里米·边沁及其学派写了大量的著作为这项工作指出了道路，大陆上的人钻研这些著作比英国本国人还要刻苦）。这在一代人的时间里使英国的许多制度得到改革，使英国在行政管理上能够跟上 1830 年以前几乎席卷英国政府机构的工业革命所带来的种种变化。外国人也对英国的议会和它的办事程序以及如何保持其最高立法机关的地位感兴趣；他们对于内阁体系以及它如何综合各种政府职能感兴趣；他们对于政党制度，对于这种制度为什么甚至在托利党人变为保护主义者、后来又变成保守党人以后，在激进派从辉格党分裂出来、皮尔派转变为自由党人以后，以及在 1832 年"坚强不屈的托利党人的新希望"格莱斯顿摇身一变成为 19 世纪下半叶最伟大的自由党首相以后仍能避免永久分裂也感兴趣。

在 19 世纪 30 年代、40 年代欧洲大陆对改革后的英国立宪制度的"欢迎"也受到阻碍，因为当时对于英国的立宪制度缺乏最新的评论，在权威和分析能力方面都不可以与一个世纪以前孟德斯鸠的评论，或者与托克维尔评论美国宪法的新作同日而语。罗特克和韦尔克尔的《国家词典》（1834—1849 年）仅仅是解释性的著作，一直到 1857 年鲁道夫·冯·格奈斯特才发表了他有影响的著作《英国的宪法和行政法》，1867 年沃尔特·白哲特才写成明白易懂的著作《英国宪法》。

欧洲大陆上的人们注意到，英国国内对 19 世纪 30 年代宪法改革步子之小，对某些主要政治家一再声称这些改革已是"最后的"改革一直表示不满。1837 年加拿大发生的几次叛乱，也使世界其他各国对英国的制度没有一点好感。充满自由主义精神的 1839 年"德拉姆报告"的全部含义，只是在若干年之后才为人们所理解并设法予以实行。宪章运动的日益高涨，清楚地表明在英国政府内腐败现象仍然存在。英国年轻的新女王和她那位同样年轻而无经验的丈夫（与比利时的利奥波德同属一个家族的一位德意志的小王公）在当时的局势下究竟能起多大作用实际上尚难预测。1847 年，英国可能正在走向也许会破坏一代人政治生活的另一次宪法危机，尽管外部世界很难看出。因此，英国对于那些发动并领导了 1848 年各次革命的自由派和激进派来说，并没有起到本来也许会起到的鼓舞作用，而且可以肯定地说，它还不如比利时。

对比之下，美利坚合众国从 1835 年以后却很快地成为欧洲大陆的一些自由主义者崇拜的偶像。这些自由主义者曾经逃脱了特罗洛普夫人和狄更斯的毒箭,他们的同胞也没有和美国人进行唇枪舌剑的斗争。在法国,对美国一切都加以颂扬的伟大战士和作为对美国友谊的传统象征的拉斐特一直活到亲眼看见托克维尔接过了火炬。在德国,罗特克和韦尔克尔(他们也是积极的政治活动家)把自己最高的赞美留给了美国宪法;像特尔坎普夫教授这样的归国移民,也在演讲和小册子中表达了他们对美国宪法无限的热情。奥地利作家卡尔·波斯特尔(查尔斯·西尔斯菲尔德)的生动活泼和激动人心的小说,用一种比较为大众所欢迎的浪漫主义手法向欧洲各地所有说德语的读者描绘了美国向西部移民的过程和边疆地区的生活,那里生活自由,没有陈规旧习,不分社会等级。在这一代人中,想要建立乌托邦的人们,首先想到的是去美国或其国境以西的荒原。罗伯特·欧文和他的儿子们从新拉纳克前往印第安纳的新和谐公社;吉森黑衣社领导人卡尔·福林和他的兄弟们前往密苏里。没有一个人打算在迪斯累里的"两个国家"的国土上建立乌托邦,就像没有人想在埃内斯特·奥古斯特和格廷根大学七位殉道者的国土上建立乌托邦一样。

在梅特涅的德国、基佐的法国和约翰·拉塞尔勋爵的英国"大局已定"的几十年中,美国的榜样在欧洲取得很大进展;因此当被压制的激进改革力量由于1848年的1月、2月和3月的革命性爆发而挣脱羁绊时,一些制定宪法的人最终所向往的是美国和比利时。如果他们需要的是一个纯粹中央集权的政府或者是限制君主制而不推翻君主制,那么他们往往就会转向比利时。例如丹麦,甚至荷兰就是这种情况。如果他们需要的是一个共和国,或者是建立一个联邦政府(无论是君主制的或共和制的),那么美国对他们的吸引力就十分强烈。波尔克总统利用在1847年和1848年12月发表年度国情咨文的机会向欧洲宣扬美国制度的优越性;他派驻国外的代表如安德鲁·杰克逊·唐纳尔逊(前总统的同名外甥),是驻普鲁士公使,1848年派往法兰克福临时中央政府的使节。他曾利用一切机会着重阐述这个主题。唐纳尔逊曾于1848年7月25日写信给安东·冯·施默林(当时法兰克福临时政府的首脑)说:

> 德意志运动所产生的这种"统一"的思想,乃是美国各州原先行动的基础,它们组织了一个强有力的足以抵抗外国侵略的

联邦政权,从而开始了它们的独立。它们在这个制度下经历了三次战争,并且在积累了四分之三世纪的经验之后,可以满怀信心地声称:它们拥有的公民无不认为联邦的解体即是降临他们国家头上的最大灾难。①

法兰克福政府驻美国代表弗里德里希·冯·伦纳(以前曾任普鲁士驻美公使,他的亲美观点尽人皆知)为了促成这件好事,不厌其烦地向临时政府的各部和国民议会的各个委员会提出意见,陈述美国人做事的情况,提出模仿美国各种政治经济制度对于德国如何有利,等等。②例如,1849年1月10日他曾长篇引用丹尼尔·韦伯斯特的一次演说,其主题是:权力属于人民,人民不能整个地或者一个人一个人地去实施这种权力,而只能通过他们的代表去实行。在他返回美国任职以前于1848年4月28日在柏林竞选法兰克福国民议会议员时发表的一次演说(后来印成小册子)③中,甚至极力要求以美国的联邦制作为君主制的德意志联邦的模式。正是由于这些以及另外一些努力,在1848年和1849年制宪期间,以美国为榜样实际上几乎成为法兰克福每个人的口头禅。瑞典的一位观察家马克西米连·舍勒·德弗雷(他曾在普鲁士服役)1848年7月23日从法兰克福写给罗伯特·T.亨特(当时美国众议员)的信中说:"我高兴地发现,美国的名字从来没有像今天这样崇高;在书店里,在我们各个机构的会议桌上,到处都有一些关于美国的著作和小册子;几乎每一位演说家都用手指着它们说美国是一个光辉的榜样。"④

毫不奇怪,经过德意志国民议会审议最后终于在1849年产生的这部联邦宪法,无论在结构上、还是在精神上都在很大程度上受益于美国1787年的宪法。这部宪法建立了一个真正的联邦,它和美国宪法的主要区别就是国家元首以世袭的君主替代了由选举产生的总统。

---

① 美因河畔法兰克福城保管的联邦档案中的原稿,帝国外文部文件,第13卷,第120页。
② 参见J. A. 霍古德《弗里德里希·冯·伦纳——德国的托克维尔》,《伯明翰大学历史杂志》,第3卷,第1期(1951年),第79—94页。
③ P. 文茨克:《有关德国宪法问题的小册子评介书目,1848—1851年》(萨勒河畔的哈雷,1913年)。
④ C. H. 安布勒编:《罗伯特·T. 亨特书信集》,《美国历史学会1916年度报告》,第2卷,第91页。

它在许多方面是根据美国宪法而加以改进的，而且没有任何比美国宪法明显逊色的地方。在普鲁士的弗里德里希·威廉四世拒绝接受这个新的小德意志联邦①的领导地位从而使法兰克福宪法遭到破坏后，这部宪法仍然不失为一种理想。俾斯麦1867年设计北德意志联邦的宪法时，曾在许多地方借鉴（虽然他不承认）这部宪法的内容，并加以扩充以满足1871年德意志第二帝国的需要。1919年，德意志第一共和国魏玛宪法的制定者们曾再次利用这部法兰克福宪法。甚至连西德联邦共和国在某种程度上也借鉴于它。

另外一些试行制定联邦宪法的人则汲取了美国1848年和1849年的经验。瑞士在1847年的分离主义者联盟战争中打败了分裂势力和狭隘的排他主义的力量之后，通过1848年的新宪法把1818年的松散和不健全的邦联变成一个真正的联邦。他们虽在较小的程度上也借鉴法国（他们采用了第二共和国的男子公民普选权）和比利时（尽管他们保留了自己软弱的"指导性"的行政机构；当然也保留了他们神圣化了的共和制），但是只要美国宪法中有任何吸引他们的东西，他们就采用。他们特别效法美国宪法的第四部分，使联邦政府拥有权力在必要时可以干涉各州的事务。然而，各州保留的权力也极为详尽地加以规定并予以保障，实际上比美国各州的更为仔细。美国宪法有一些含糊不清的规定，曾经引起约翰·C.卡尔霍恩的南卡罗来纳州和其他州提出主权的要求并且拒绝执行国会的法令，还曾引起"改善内地交通"和"美国银行"的争论（参见第23章，原文第604—610页）。瑞士制宪时，这些含糊之处都被认真地加以避免。瑞士22个州之间的谈判，使用了美国早先13个州之间谈判的方法，但加以改进。如果美国在1848年就有一部像瑞士那样严密制定的联邦宪法，那么50年代的宪法危机和1861年联邦的暂时分裂可能就不致发生。

然而，瑞士人在保卫他们的新联邦制度方面并未像他们可能做到的那样坚持到底。例如，他们并未建立最高法院以监督宪法的实施。1874年成立联邦法庭，这个漏洞才得以弥补。即使如此，瑞士的政体（即使在1874年的重大改进之前）即在1848年一跃而居于全世界那些鼓舞自由主义者和民主主义者的政府的前列，并且向所有向往联

---

① 小德意志（Kleindeutschland），指不包括奥地利的统一的德国。——译者

邦制的国家提供一个可贵的榜样。瑞士宪法就像比利时1831年的宪法那样，从那时起至今一直有效。瑞士自1848年实行男子成人普选以来，从未背弃；就在那一年，英国的宪章派和他们的"六点要求"（其中一点就是男子成人普选权）却在举国的反对下丧失了信誉而被抛弃。

在革命的年代里，另一个联邦制实验的命运却不太妙。乍看起来，奥地利帝国——实际上是整个哈布斯堡君主国——似乎在获得联邦制的福祉方面或许比其他任何国家都更为成熟。奥地利是一个多民族国家，由各省和一些王室领地所组成，它们的传统和需求截然不同；它有许多东西需要从美国和瑞士的榜样中学习——尽管匈牙利王国的马札尔人过分急于制服他们的那些"从属民族"，他们还是迫不及待地从他们的"十点"改革计划发展到在1848年年初设计出一部完全统一的宪法，并且把它作为既成事实提交给他们的君主。在君主国的奥地利这一半中，曾经真正试图用联邦制来解决治理这样一个国家所遇到的一切困难。尽管帝国中的斯拉夫民族很快就分离出去并拒绝在1848年5月9日第一次召集的奥地利帝国议会的工作中进一步合作（正如他们在法兰克福制宪会议的工作中从开头就拒绝合作那样，这次会议本来打算把奥地利的王室领地包括在大德意志联邦中），但这个大会还是担负起制宪的职能并坚持工作下去，于1849年初产生了著名的克雷姆泽尔宪法草案（参见第20章，原文第524页）。这个宪法也在多处（但绝不是盲目地）借鉴美国和瑞士的宪法。假如它被采用的话，也许会改变哈布斯堡君主国的命运。因为，如果它在奥地利取得成功，匈牙利的王室领地很可能会最后在合理的平等（彼此之间，以及奥地利各地区之间的平等）的基础上被合并；无论哈布斯堡王朝能否继续统治奥地利，一个伟大而有活力的联邦将会兴起，在一种政治制度下把多瑙河流域各国联系在一起，公平合理地解决它们之间在地理上和经济上相互依赖的关系。约瑟夫·雷德利希在谈到1849年克雷姆泽尔宪法草案时说，无论用道德的或是理智的标准来衡量，这个文件都是为这个国家树立的代表共同愿望的唯一的丰碑，它是人民通过他们自己的代表在奥地利帝国之中建立的。[①]

[①] 《奥地利的国家与帝国问题》（莱比锡，1920—1926年），第1卷，第323页。

R.W.塞顿－沃森曾说，他在这部宪法中看到"生动的证据，说明奥地利各族人民在这个时代中能够在政治上拯救自己"；① 但它和法兰克福宪法不同，后来成为死胎。奥地利制宪议会被皇帝和他的反动谋士们流放到摩拉维亚的边远城镇克雷姆泽尔，后被解散，它所制定的宪法被皇帝和他的谋士们拒绝，而采用了他们自己草拟的、于1849年3月9日颁布的那个中央集权、缺乏自由主义精神而且完全不适当的宪法。即使是这样一部宪法，也不过是足智多谋的费利克斯·冯·施瓦岑贝格亲王为自己装饰门面而已，因为它的"代议制"立法机构始终就没有开会。这部宪法于1851年12月31日被废止，重新恢复赤裸裸的专制主义近10年之久。

克雷姆泽尔宪法承认奥地利帝国境内的宗教自由，保护少数民族并保障个人的权利；它宣布民族绝对平等并提供一个所有各民族在其中均拥有适当代表的联邦立法机构。虽然根据这个宪法皇帝应接受一种君权受到限制的地位；但若实行这个宪法，哈布斯堡王朝也许会延长它的统治，而不致在1918年垮台。即使对那个理想主义者的时代来说，克雷姆泽尔宪法也许过于理想化，不过它却为这个使用多种语言的奥地利君主国提供了最后一个实际的机会，使之实现现代化并在一个变化不定的世界中保住自己的地位。

在1848年和1849年的意大利，很难在纷纭错杂的制宪试验中看出明确的趋势。但是有一个目标是清楚的，这就是把奥地利人赶到阿尔卑斯山以北。正如马基雅维利在写《君主论》一书时感受的那样，在意大利爱国者的头脑里最主要的思想就是"对于我们所有的人来说，这种野蛮统治臭气熏天"。对于意大利人来说，民族独立和自由制度一样重要；而且，民族感情和自由主义感情当时在意大利最密切地协调一致。在法国，由于民族独立已经完成，国家的（如果说不是"天然的"）边界也已形成，作为"由国家组织起来的民众意志"，整个民族反对并推翻了一个不开明的国王；在德意志和在哈布斯堡君主国，民族主义和自由主义往往互相掣肘、互相抵消，就像正在法兰克福制定一部自由主义宪法的国民议会不去完成自己肩负的任务，却去和普鲁士勾结去欺凌丹麦；或者像马扎尔人在匈牙利为他们自己取

---

① C.楚皮克：《弗兰茨·约瑟夫皇帝的统治》一书英译本序言（伦敦，1930年），第20页。

得自由制度，却拒绝给予匈牙利王国的"从属民族"以同样的制度（参见第9章，原文第239—240页）。自由主义的动力在德意志被贪得无厌的民族主义逐渐地湮没，而奥地利和匈牙利则要迅速得多。这种民族主义利用黑格尔学派的"国家即上帝"的观念为铁血手段为解决德意志问题铺平了道路。只有在意大利的一些地区，热情的民族主义者能够在1848年并在1848年以后仍然不失为优秀的自由主义者。他们不致像他的法国同道那样必须接受路易·拿破仑·波拿巴的独裁，或者在流放中或转入地下追求他的自由主义；他们不致像那么多德国、奥地利和匈牙利优秀的自由主义者那样在19世纪50年代被驱逐出境移居美洲。在意大利，朱塞佩·马志尼既是代表民族主义理想，也是代表自由主义理想的典型人物；1849年在他被法国武装赶出罗马共和国之后，还能够暂时和皮埃蒙特—撒丁的君主国政府合作，把法国人和奥地利人赶出意大利，但是他一直到最后仍然是一位共和派。1848年的查理·阿尔贝特宪法，其自由主义内容刚好达到足以被19世纪30年代创建"青年意大利"运动的那些人接受的程度。他们没有被迫接受彻头彻尾专断的君主政体的复辟（就像1851年以后在奥地利复辟的君主制那样），也没有被迫接受一个只是把自由主义装潢门面的政体（如在政变后的法国或实行1850年宪法时期的普鲁士）。这就是为什么维克托·埃马努埃尔和加富尔的意大利之所以具有如此力量的原因所在；也是俾斯麦并未完全忽视的一个教训，他在1862年残酷地粉碎了自由主义反对派普鲁士进步党之后，于1867年设法进行弥补，从自己盔甲中取出一纸为北德意志联邦准备好的男性公民普选权，并在1871年设计一个联邦制的德意志帝国时从1849年的法兰克福宪法中借鉴了许多东西。

意大利统一的历史（第21章）是在追求政治上的统一和独立这一压倒一切的目标的过程中，采用和抛弃各式各样宪政形式和观念的一个值得注意的事例。1848年以前，有几种解决意大利问题的宪政方案互争高下。1815年，意大利仍然是一个"地理名词"，在它的传统边境以内，任何一个国家、公国和省份都不具有现代意义上的宪法。对于相继两代人当中的思想家和行动家来说，意大利实际上是一张"白纸"。甚至迟至1820年和1821年为反对更加专横的统治者而爆发的不成功的骚乱时，从半岛一端的皮埃蒙特到另一端的那不勒斯的革命者提出的要求只不过是采用西班牙1812年的宪法。这部已有点褪色的法国1791年第一部革命宪法的翻版，这时已完全不适合意大利（实际上也不适合西班牙）的需要，而要求颁布这部宪法的意大利人中，曾经读过这部宪法的却寥寥无几。这部宪法成为当时争取从君主暴政和外国占领下获得解放的人民的愿望的一种象征，因此它长期以来就在拉丁美洲受到欢迎，虽然拉丁美洲早在1821年以前就已经开始追求更高的理想了。那些愚昧无知的那不勒斯人，自从1815年"古代政体"在这个王国中复辟以后，一直坚持蒙昧主义的独裁；在这个时期，他们与欧洲政治思潮的主流隔绝；因此，甚至迟至1848年，他们还再次要求实施西班牙1812年的宪法；而且居然真的再次在那不勒斯宣布实施这部宪法——虽然从未认真付诸实施。与此同时，西西里人也回到他们在同一年（1812年）制定的"英国式"的宪法上去，把那时英国的制度写在纸上。这种做法虽说有点土气，但很是有趣。

除了这些在某种程度上好古的特点，意大利人对待他们1848年在宪法问题上遇到的困难处境是非常现实主义的。马志尼和"青年意大利"运动自1831年以后一直主张意大利建立一个统一的共和国；新归尔甫派则要建立一个在教皇主宰下的君主制联邦，焦贝蒂1843年发表的颇有影响的著作《论意大利民族在道德和文明方面的优越》，给这种思想指明了方向并使之具体化。后来，1848年巴尔博的《意大利的希望》一书问世，鼓吹由皮埃蒙特—撒丁王国率领一支十字军对付意大利的压迫者们。在1846年和1848年之间的一段较短的时间里，许多意大利人（和梅特涅一样）都相信庇护九世真的是一位自由派教皇，《论意大利民族在道德和文明方面的优越》一书所主张的联邦君主制的解决方案似乎站住了脚。甚至马志尼也声称他将支持一个由教皇领导的统一的、独立的意大利。庇护九世在1848年头几个月里表现的怯懦态度以及后来向奥地利人"投降"，完全破坏了新归尔甫派的事业（就连焦贝蒂本人也于1851年背弃了这个事业）。而那位迄今为止并不是一个十足的自由主义或理想主义的君主——皮埃蒙特—撒丁王国的查理·阿尔贝特在伦巴第攻打奥地利人并把他们牵制在他们的那个四方形堡垒之中时所表现的英勇行为，立刻使意大利各地的许多自由主义者和民族主义者的忠心转向巴尔博的观点；当然，这也强有力地对查理·阿尔贝特本人产生了影响。

查理·阿尔贝特在他解放伦巴第的过程中，亦即梅特涅在维也纳被免职的一个多星期以前于1848年3月4日谨慎宣布的"宪法"，促使民族主义和自由主义的情感集中在一个目标和一个解决意大利问题的办法上。这个"宪法"还说不上是像1848年实行的各种宪法，远比不上法兰西第二共和国的宪法那样开明，在某些方面甚至远不如1830年修改过的法国宪章。它实际上是1830年和1814年之间的一种折中方案，具有某些英国的影响（如责任"议会"内阁）和某些比利时的影响（特别是在保障公民权利方面）。美国的联邦制虽不能适应皮埃蒙特1848年的需要，但在美国已经建立起来的审查提出的法律的永久性立法委员会的制度，却被采纳并被写入"宪法"——尽管美国宪法并未正式认可这种委员会。1848年的选举法（在"宪法"中作了规定）根本就不民主。因为在法国和瑞士都已实行男性公民普选的年头里，皮埃蒙特—撒丁王国的选举法只给2.5%的居民以选举权。在人民主权的问题上，"宪法"的制定者们采取了骑墙态度。它不是由人民选举出的议会产生，甚至也不提交人民的代表批准，只不过是由一位一向专制的君主赐给他的臣民，尽管他表示同意，宪法一旦实施，他就宣誓要保持下去。它使用多少有点（也许是有意地）模棱两可的语言宣称国王拥有王位是"根据上帝的恩惠，根据国民的意志"。十分幸运的是（至少对于萨伏依王室说来是这样）没有为修改这个"宪法"而成立什么专门的机构，因此，可以在任何时候，根据一般立法程序，经两院通过并由国王同意而加以修改。因此，当时机到来时，便可将这个"宪法"逐步扩大到整个意大利。也可以随着时间的推移，采纳一种比较民主的选举法，并在取得统一之后使用许多其他办法使意大利国家（如1859年以后所谓的国家）自由化。这个"宪法"有一个弱点，在很久以后才发现，这就是，它同样可以轻而易举地被歪曲成为一种法西斯专政的工具。因此贝尼托·墨索里尼在1922年以后根本无须为正式废除它而操心，宪法的哪些部分不适合他的需要，他就可以不予理睬。

就这样，皮埃蒙特宪法成为意大利国家在宪法领域中自我表现的新象征，意大利的爱国者们也就随之聚集在萨伏依王室的旗帜之下。在19世纪50年代，正如联邦制和共和制一样，一时都被人们遗忘了。马宁（1855年）以及马志尼本人最后也和焦贝蒂一起支持维克托·埃马努埃尔和加富尔。于是，受到各种类型的爱国者支持的"国民协会"于1856年成立，旨在统一"不带修饰语的意大利"，也许还可以加上：没有过多的自由派空谈家的顾虑。

在俾斯麦以前，人们对如何建立国家的问题多少感到有点神秘，这使得政治生活对于大多数德意志人来说变得复杂起来。在俾斯麦以后，这样的人也非少数。意大利人没有这种神秘观点，他们是马基雅弗利真正的同胞。在他们看来，任何政治和宪法手段，只要最适合于使他们能够最快地取得国家的独立和统一，就采用它。这样的意大利后来在1870年作为一个统一的君主立宪国家出现，但它的宪法有点陈旧而不合时宜，它在很大程度上是从外国照搬过来的19世纪早期的那些思想观点的大杂烩，而且有时还是一些移植错误了的东西。意大利人对此并未感到十分忧虑，因为他们在革命时期的理想幻灭后，早期争取建立世俗共和国以及教皇统治下的联邦的热情显然已经消失。甚至拿破仑三世的似乎为时已晚而且半心半意地企图收买他们接受一个包括全部意大利（包括尼斯和萨伏依）在内的软弱的联邦的计划，也遭到意大利人的拒绝；他们宁愿要一个虽不包括尼斯和萨伏依在内（如果必须付出这个代价的话），但却是强大而统一的君主国，即使暂时不包括罗马也行。在革命与反革命生死搏斗的那些艰难的岁月中（从1848年1月1日米兰的吸烟者的暴乱起到1860年加里波第向罗马进军暂告结束），意大利的自由主义者和爱国者也许可以说是在欧洲找得到的最坚决的人了。就连加里波第也不得不眼看着他自己的出生地尼斯在意大利统一的神圣事业中沦于法国的统治下，因为除意大利统一的事业之外，其他的事情都算不了什么。

意大利革命者的事业就是这样经受了1848年的风暴和苦难，他们要比法国、德国或哈布斯堡君主国的革命者坚强得多。这在一定程度上是因为并未沉睡着的意大利自由主义爱国者们并不需要像法国雄鸡在1848年2月24日那样鸣啼来加以唤醒，他们的革命运动到这个时候已经进行将近两个月了。

瑞士人在动乱的一年也已度过危机而保持稳定的局面。而比利时人（就像英国人那样）却能够由于预先实行了许多法国人和德国人尚未获得的改革而把革命拒于国门之外（参见原文第191页和196

页)。爱尔兰的"菜园革命"就像宪章派在伦敦的示威那样终于灰溜溜地宣告失败,维多利亚女王的王位甚至丝毫没有遭到动摇。国王利奥波德一世继续进行他的审慎的统治,他和1847年适应一时需要而上台的自由党人相处得非常融洽,就像他在1831—1846年和自由党——天主教联合政府相处时一样。因为革命在1848年还没有降临这些幸运的国家;事后,这些国家也没有像在德国、法国、奥地利、匈牙利以及意大利的一些地区那样出现反动。英国人、比利时人和瑞士人对于"革命的年代"和"反动的年代"有理由感到自己比别人优越,并且以使人感到屈辱的不偏袒的态度欢迎从上面这些国家流放出来的人们。梅特涅公爵和卡尔·马克思在伦敦都受到接待(虽然接待的阶层稍有不同),并被允许愿意在英国停留多久便停留多久,而"自由主义"的法兰西第二共和国却将马克思驱逐出境。那位"公民国王",在英国虽然并不比那位曾任奥地利首相的人物更受欢迎,但他却被允许不受干扰地在英国居住直至逝世。格莱斯顿为反对那不勒斯的监狱和保加利亚的暴行而开展的一些斗争,并没有激起英国人的义愤;要想打破巴克利和帕金斯二位先生合营的酿酒厂的雇工们漠不关心的态度,使之转变成反对当时哈布斯堡的暴政和匈牙利的迫害狂的显示实力的示威行动(1850年)(见第20章),就需要装扮出一副披着人皮的狼的样子。但这样未免太野蛮了,甚至连全俄罗斯的沙皇尼古拉一世本人也感到震惊。

"革命年代"形成19世纪历史的一个重要分水岭。即使在当时,世界各地的人们也都意识到这些年标志着一个时代的结束。居住在中欧的人们从1848年以后就开始有了"三月革命以前的时期"这种说法(或者用德语更简洁地说"三月前";Vormärz),就像1914年以后(尤其在1918年以后)人们说的"战前"一样。"在19世纪50年代就像在20世纪20年代一样,人们回顾过去时总像是越过一个大分水岭。"①

这一点在政治和政府领域里,也许比在人类行为的任何其他范围内更为明显。左右三月革命以前时期舞台的绝大多数的人物以及某些

---

① R.C. 宾克利:《现实主义与民族主义,1852—1871年》(纽约,1933年),第124页。参见第10章,第267页及以下各页。

理想已经消失或已退隐。在英国，墨尔本勋爵于1848年去世，罗伯特·皮尔爵士和威灵顿公爵也相继于1850年和1852年去世；在美国，约翰·昆西·亚当斯、艾伯特·加勒廷、约翰·C.卡尔霍恩、丹尼尔·韦伯斯特和亨利·克莱都在1848年到1852年间相继死去；在法国，第二共和国业已灭亡，拉马丁和托克维尔等人的自由主义也大部随之消失；梅特涅于1848年垮台后从未东山再起，甚至他的继承人施瓦岑贝格这个主张奥地利在德国应当拥有独裁霸权的人物也在1852年4月去世；在遥远的墨西哥，圣安纳将军这只曾经扰乱墨西哥的政治和对外关系达30年之久的暴风雨中的海燕，终于在1850年后黯然失色，并于1855年步入了他一生中最后的流放阶段。虽然在"革命的年代"里只有法国的一个奥尔良王朝失去王位，但有许多君主被迫和自愿退位，结果有一批新的国王或王后的肖像在钱币上和刚刚开始通用的邮票上出现，例如在巴伐利亚、汉诺威和皮埃蒙特—撒丁等王国；荷兰国王则于1848年、丹麦国王于1849年先后去世。

在大臣中间，在大使馆和议会里，19世纪50年代出现了一些新人。像英国的格莱斯顿和迪斯累里，美国的林肯，德国的俾斯麦等人物，这时正平步青云，领导着他们将在60年代取得成就的事件；在1850年以前，尽管他们是一些有希望的人物，但毕竟仍然全都是一些小人物。诚然，还有寥寥可数的一些经历过三月革命前时期的著名人物，如教皇庇护九世，国王弗里德里希·威廉四世，以及那不勒斯国王"邦巴"；打不倒的帕默斯顿勋爵在1851年年底失宠后在政治上又重新显赫起来，并且一直活到1865年；尼古拉一世的道路也还有几年才算走完。

即使在"革命年代"经历了重大改革而且时钟并未倒转的国家里，19世纪50年代也是一个暂时停顿的时期。尽管1851年大博览会的气氛热烈，但是50年代在英国无论从社会改革或是从政治改革来说，都不是有明显成就的10年。克里米亚战争和印度兵变这两大危机把英国的大部分政治能量吸引住了。美国由于作出了1850年艰难的妥协而陷入越来越大的困难，在奴隶问题上的僵局又造成了像堪萨斯内战和约翰·布朗的袭击这样一些不光彩的事件（参见第23章，原文第624—625页）；在白宫掌权的平庸之辈——同情南方黑奴制的总统菲尔莫尔·皮尔斯和布坎南——在这紧急时刻却领导不力，令人失望；只有在剑拔弩张的北方和南方以西的地方才是一片相对来说比较光明的国土，像在艾奥瓦、威斯康星、犹他、加利福尼亚、明尼苏达和俄勒冈这样一些新成立的州或准州之中，出现了新的社会和新的政治制度。丹麦终于在1849年接受了一部现代形式的宪法，但是它的政治生活却由于那个显然无法解决的石勒苏益格－荷尔斯泰因问题以及各公爵领地境内外的德国人与丹麦人之间的敌对而陷入混乱（参见第9章，原文第219页）；瑞典和挪威保持着他们共同的国王，但仍拥有各自的1809年和1814年的宪法，但是这些宪法这时已经显得有些不符合自由主义了，而且到60年代以前两国都一直没有进行任何重大的改革。普鲁士在奥尔米茨蒙受耻辱后仍在养伤；它那所谓的"新时代"（即使在当时也是假的）的曙光一直到1858年才来到。在荷兰，1848年的相对来说属于自由主义的新宪法中不太明确规定的内阁责任制一直到60年代才兑现。在希腊和塞尔维亚这两个新成立的巴尔干国家中，事情也并非进展十分顺利；而在1856年置于大国集体保证下的多瑙河两公国，1859年他们的"虚假的"首次选举被宣布无效，一直到此时还看不到一点自由的或民主的制度的曙光。在这整整10年间，西班牙一直处于无政府主义和混乱的局面（就像在已经获得解放的拉丁美洲的许多地方那样）。在俄国，尼古拉一世遏制住了这股洪流，直到他1855年去世时为止，而他的继承者也只允许进行点点滴滴的改革，或者只是作一些承诺，一直到1861年由于农奴获得解放才第一次打开了水闸门（参见第14章，原文第369及其后各页）。

所以，尽管19世纪50年代无论如何都说不上是一个政治方面取得显著进步的10年，而且实际上在法国、哈布斯堡统治的各国以及意大利和德意志的一些地区，出现了君主专制和独裁的复辟，但是这10年至少是一个过去几十年和"革命年代"的某些重大收获得到巩固的时期。在俄国和西班牙的境外，农奴制和封建主义残余在1848年仍一直存在的地方都已经被扫清（参见第15章）。即使在哈布斯堡各国，在施瓦岑贝格统治的反动时期，也没有打算取消农民在经济上的解放。实际上，所有各阶级都承认，农民的解放已经是太迟了，虽然除法国和瑞士外都还没有给予农民和农业劳动者以政治解放和选举权，但经济自由（即使在它往往会暂时带来痛苦和失调的时候）

是获得政治权利的必要的先决条件；否则，政治权利对于接受者来说，可能比毫无用处更糟。然而，经济解放和政治解放之间先后相差几代人的时间，似乎仍然是正常的事情。奴隶身份在英国早已绝迹，但农业劳动者一直到1885年才获得选举权（在当时并不是每个人都可以得到）；普鲁士在19世纪初就已废除农奴制，但1850年的宪法只给予极其有限的三级选举制，受惠者主要是土地和房产拥有者阶级；甚至法国也到1848年才实行男子普选权，而瑞士这个农民自由和自主的摇篮，也只是到了1848年在它的大多数州内和联邦立法机构中才有受到严格限制的选举权；美国的许多州（虽然不是新成立的州）一直到内战爆发时，享有的也是受到严格限制的选举权（联邦选举中的投票权也是以此作为根据的），至于黑奴和"未被征税的印第安人"被排除在外，在政治上根本不存在，就更不用说了。

1850年至1865年这些年（19世纪50年代的10年更为明显），就像1834年至1845年之间的情况一样，看来似乎是两个集中改革和政治进步时代之间的一个插曲。但是，在19世纪60年代末的改革时代和40年代末的改革时代之间存在着很大的差别，这就是：在后一个改革时期政府或人民作出的一点点（如果说有的话）进步变化后来都遭到破坏。19世纪最后的25年也是一个朝着自由和民主政治前进的时期，尽管并不是稳步的前进。在20世纪30年代意大利、德国、俄国、西班牙和其他国家独裁制出现并得到巩固以前，还没有一个可以和19世纪50年代相比的反动时期。虽然所有这些国家在这以前曾经享受过（尽管在某些情形只是暂时的或断断续续的）自由的和多少是民主的政治所带来的恩惠。

用一般的词句来厘清或描述19世纪60年代千头万绪的政治改革，要比说明50年代比较简单的反动、挫折和"定局"要困难得多。最突出的主题或许是彻底实现传统自由主义的各项原则的最后尝试。约翰·斯图尔特·穆勒在60年代初给"自由"和"代议制政府"作了经典性的解释，并于1863年为"功利主义"作了权威性的论述。因为他对功利主义作了历史的论述而不是为它辩解，因此还无法一目了然地看出他本人已经放弃了传统的功利主义立场，朝着"集体主义"方向迈进了一大步。A. V. 戴西后来认为这种"集体主义"从19世纪60年代起在影响"立法主张"① 方面曾起了主要作用。斐迪南·拉萨尔的《工人纲领》已于1862年在德国出版；5年后，卡尔·马克思的《资本论》也初次问世。因此，甚至早在19世纪70年代开始以前，新旧意识形态就已经交锋。自由主义的冲力尚未最后耗尽，仍然可以完成伟大事业；但是，自由主义再也不能够保持其作为一切进步的、有远见的男男女女的信条的地位了。它实际上受到来自两个方面的威胁。不仅新的社会主义和1864年成立的"国际工人运动"从左的方面向它挑战，而且经过革新的、在英国已经由迪斯累里这类人实践过的现代模式的保守主义伺机从右的方面战胜它。此外，自由主义向60年代末和70年代兴起的各种民族主义和自由主义的新党派中的民族力量（尤其是其比较具有沙文主义的表现形式）投降，也严重地削弱了它的吸引力。自由主义直接变成中间道路的信条，愿意和俾斯麦、加富尔这样的人物"搞交易"；越来越多的在此以前对它一直忠诚不渝的人，感觉到它在出卖自己。它不再能够比新保守主义（迪斯累里1867年的改革法就是一个恰当的例子）向人民提供更多的东西。但是，在革命和反革命年代那种狂暴和坎坷的经历中，自由主义已经失去了它那明亮眼睛般的真纯。知识分子已经被迫变成务实的人。他们在新的经历中，往往不得不像职业的政治家和外交家们那样干出他们一向鄙视的那些妥协和肮脏的交易。

60年代的第二个趋势是行政管理机构和行政管理人员质量的改进。这种趋势反映出治理现代国家日益复杂。法国和普鲁士已经拥有了有效率的文职人员，这是拿破仑一世和施泰因的改革遗留给它们的；这些人员是从两国尽管严格但值得称赞的教育系统训练出来的人员中任用的。在国家主办的教育方面，英国落后了；它任用文职人员的工作在19世纪70年代以前也非常没有计划。但"考绩制度"（首先在东印度公司的文职人员中实行，1858年在印度的英国政府中实行）在英国也已普遍实行，大学的老课程的改革，加上在伦敦新建立的大学（约翰·斯图尔特·穆勒和沃尔特·白哲特就是出身于这些大学的）以及在曼彻斯特和别处新建的大学，即将结出硕果（参

---

① A. V. 戴西：《英国19世纪法律与舆论之间的关系》（伦敦，1905年）。

见第五章，原文第 116 页和第 13 章，原文第 337—338 页)。在美国，政党分赃制还是一种刚刚产生的现象，也是一种非常有用的政治工具，因此不致受到改革派的严重威胁。诚然，在美国整个政治史上和联邦政府中最腐败的莫过于内战刚结束后的那个时期。但是，即使在美国，卡尔·舒尔茨和霍勒斯·格里利领导的自由共和党人也号召"把坏蛋们赶出去！"抨击华盛顿的格兰特政府和纽约民主党"特威德集团"的贪污行为；怀俄明准州则于 1869 年给予妇女以选举权，而且一个名叫维多利亚·克拉夫林·伍德哈尔的妇女竟然在 1872 年根据"平等权利"政纲与格兰特和格里利二人竞选总统。

1865 年以前，在美国由于自由的地方政府倒台致使自由遭受破坏、自由制度受到攻击的危险，相对来说是很小的；主要的危险毋宁说在于利用根据联邦宪法赋予各州的自治权和任意扩大州权，从而造成联邦分裂，国家解体（参见第 23 章)。瑞士在 1848 年以前也存在着同样的危险。1860 年南卡罗来纳退出联邦时，这种危险达到了严峻的程度。虽然在 1865 年以后重建时期北方"毡囊客"和南方"无赖汉"[①] 统治的年月中，南方一些战败的州朝相反的方向摆动得过分了一些，但这只是暂时的偏差（参见原文第 629 页)。另一方面，在欧洲的一些主要国家中，19 世纪 50 年代的反动时期（恰巧与工业革命的到来同时发生）导致中央集权的国家机器加紧控制，以致最微弱形式的地方自我表现都有遭到扼杀的危险。在哈布斯堡统治下的各地，旧时的行省制早已在 1848 年被破坏，这时按照巴赫的"制度"彻底取消了"县"（Kreis）而建立了若干"区"（Bezirke）；这样，"县"也继"省"而被废除。"区"以上的行政单位完全不予保留。施默林曾试图扭转这种趋势，于 1860 年恢复失去的某些地方自治权，后来这个打算还是放弃了（参见第 20 章，原文第 544—548 页)。在普鲁士也是这样，地方政府（至少是廉洁而有效率的）也变得更加专断，群众推选县长的任何权利都被取消，完全改由中央政府单方面任命。在法兰西，第二帝国和第一帝国一样，提高了省长的权力，使他们在自己的那个省成为小小的暴君。即使是在英国，乡村地区地方政府体制拖延已久的改革和自由化也并未实现 1835 年的市政机关组

[①] 对南北战争后到南方投机谋利的北方人和与北方政府合作的南方白人的蔑称。——译者

织法所作的许诺；地方政府委员会一直到 1871 年才建立，大的改革一直到 19 世纪 80 年代、90 年代才实行。

然而，自由派人士即使生活在独裁的阴影笼罩下，仍然是心明眼亮，认识到如果连地方政府都不能给民众提供表达意见和作出选择的渠道，那么希望中央恢复或扩大这些自由就更渺茫了。法国政治学家 E. 拉布莱在他的著作《自由党·它的纲领和将来》（1863 年）以及同年出版的另一部著作《国家及其权限……》中，以极大的勇气发表了有关这方面的论点。这两本书都是在对于自由主义者来说令人沮丧的第二帝国的独裁时期问世的。与此同时，鲁道夫·冯·格奈斯特 1857 年出版的一部关于英国宪法的重要著作，也强调自由的地方制度在培育臣民的自由和训练公民参与公务方面是十分重要的。

第三共和国时期的法国对地方政府的职能重新作了某些自由主义的解释（虽然它并没有牺牲其严格的中央集权的政府而去实行 1870 年巴黎公社所要求的"由地方行政单位构成的联邦制"），但奥地利和普鲁士甚至此时也没有采取步骤向本国公民提供在地方一级获得政治经验和受到教育的适当手段。在德意志帝国和哈布斯堡帝国，甚至在实行了成年男子普选权和多少有点责任制性质的议会政府之后，民主的生活方式仍然未能实现；这在一定程度上应归咎于未能使地方政府自由化。即使德国 1919 年极端自由主义的魏玛共和国和同时成立的民主的奥地利共和国，都尝到它们所继承的两个帝国遗留下来的痛苦：本国公民在政治上缺乏经验。独裁制之所以能轻而易举地分别在 1933 年和 1934 年在这两个国家中建立起来，证明在这两个国家同样缺乏任何真正的自治传统。另一方面，1922 年在意大利建立的独裁统治之所以得逞，是因为议会政府的衰落和中央政治的腐败，不过也是因为它能够利用老百姓们由于文化程度低因而无知而又轻信，却对政治强烈感兴趣的缘故。

19 世纪 60 年代的第三个，也是最有意思的趋势，就是联邦思想先是失势，随后又（在 1865 年以后）部分地得到恢复。在大西洋彼岸，现代形式的联邦已经牢固地建立了半个世纪以上；如前所述，联邦思想到了欧洲的"革命年代"时，1848 年和 1849 年曾对瑞士人、德国人和奥地利人的思想和制宪工作产生很大的影响，尽管在反动的 10 年间只有瑞士把有效的联邦制度保持下来。在拉丁美洲（参见第

25章），独立初期曾进行过几次颇有希望的成立广大地区联盟的尝试，但后来却出现了一个严重分裂和中央集权的时代；墨西哥虽然根据1824年的第一部共和宪法开始成为一个联邦国家，但在1836年的新宪法中却又倒退到中央集权制，最后终于在1855年摆脱了顽固不化的中央集权者圣安纳，于1857年产生了一部新的真正的联邦宪法，这部宪法一直持续到1917年（必须承认，这期间与其说是遵守宪法，还不如说是违反宪法），从1864年至1867年之间的马克西米连帝国这段插曲不计在内。但在当时明显的反对联邦制的趋势中，墨西哥再次成为联邦却是一个突出的例外。一直到美国的北方战胜并于1865年在原有广泛的基础上重建美利坚联邦，这才使人们恢复了信心，认为在民族成分并不像法国和比利时以及不列颠诸岛（爱尔兰始终除外）那样单纯的国家，也可以用联邦的办法解决问题。

尽管联邦制度有许多明显的优点，但在19世纪中叶这个以争取民族生存、国家独立和统一的斗争为主流的年代中，在欧洲和南北美洲却不能为人们所广泛地接受。这在一定程度上是政治科学中令人费解的难题之一。前面已经提到，马扎尔人的自私自利如何在1848年阻止在匈牙利王国实行联邦制；弗里德里希·威廉四世国王和弗兰茨·约瑟夫皇帝的愚钝如何在1849年使两次很有希望的联邦试验流产，这些试验本来可能有助于拯救他们各自的王朝免遭最后的覆灭。意大利的特殊情况，使联邦制不如中央集权制那样吸引人，因为联邦制意味着政府软弱无力，缺乏足够的决心把奥地利人和更加反动的本国统治者赶走，而实行中央集权的皮埃蒙特的扩张却有希望很快地实现全国范围的独立和统一；这个希望果然惊人地实现了。此外，拿破仑三世由于参与策划建立一个意大利联邦，在意大利人的心目中引起了一种完全可以理解的猜疑；其实意大利人从来就没有真正信任过这位外国同情者。"普隆比埃联邦"是按照被人鄙视的德意志"联邦"的模式为意大利制造的一个政府，一眼就可被人看穿。而拿破仑三世的下一个机智的计划（即在维拉弗兰卡提出的由四部分组成的意大利国家）把加富尔赶下了台，而且使所有善良的意大利人感到震惊，因为根据计划奥地利人将永久统治意大利的北部（参见第17章，原文第463页）。在帕尔马、摩德纳、托斯卡纳和罗马涅四国的革命的立宪会议全都推选萨伏依的维克托·埃马努埃尔为它们的国王后，加富尔及时复职,挫败了拿破仑企图利用联邦制作为武器使意大利保持软弱无力的地位最后所作的绝望努力(在 1860 年)。这位不屈不挠的皇帝从这次失败中所能捞到的只不过是把罗马城并入意大利人"自己缔造"的新意大利王国的日期推迟了 10 年。无怪在所有善良的意大利人心目中,甚至像贝内代托·克罗齐和圭多·德·鲁杰罗这样良善的意大利自由主义者和政治思想家的心目中,联邦制始终是一种不受欢迎的政治概念!鲁杰罗曾写道:"联邦制从来没有给它在法国的信徒——从吉伦特派到巴黎公社社员——带来成功,而且由于他们的彻底失败,它只能着重说明法兰西国家的政治和行政结构根本上是实行中央集权制的"①,从这段文字就可以看出,他对联邦制及其在意大利的信徒的想法也完全相同。

联邦制于 1849 年在奥地利被抛弃之后,它在 1860 年和 1861 年"十月文告"的"政革"时期,曾被人们半心半意地恢复了一个短暂的时间。但是 1861 年的"二月特许权"恢复了中央集权制,1867 年的"奥匈协议"(在 1865 年屈服于戴阿克和马扎尔沙文主义者之后)又使臭名远扬的双君主制代替了真正联邦制的哈布斯堡国家(参见第 20 章)。舍夫勒 1871 年的"基本条款",是运用联邦制概念以便起码做到给予波希米亚以自治地位作出的最后一次努力;这次努力在来自维也纳和布达佩斯两方面的压力下,很快就被放弃。从此以后,哈布斯堡帝国就注定要灭亡了。弗兰茨·斐迪南大公的部分恢复联邦制的计划为时已太晚,而且距离萨拉热窝事件也太近了。

普鲁士在 1850 年有了一次沉痛的教训。当时在奥尔米茨由于施瓦岑贝格的压力它被迫同意恢复原有的不起作用的 1815 年德意志联盟,并再次在一个分裂的德意志中充当奥地利的配角。奥托·冯·俾斯麦正是由于普鲁士在奥尔米茨会议上受辱以及他 1851 年至 1859 年间在恢复后的法兰克福联邦议会中担任普鲁士代表时的痛苦经历,才从一个 1848 年的反动的、受蒙蔽的普鲁士容克贵族政客和支持《十字架报》的立场转变成 1867 年有远见的德国政治家。他转而采用一种经过修改的联邦制的解决办法来解决德意志的统一问题,并且设计出(部分地根据流产的 1849 年法兰克福宪法)一个在普鲁士的统治

---

① 《欧洲自由主义史》(R. G. 科林伍德英译;伦敦,1927 年),第 205 页。

下统一北德意志的宪法计划，并在 1871 年把这种统一扩大到南方各邦（奥地利除外）（参见第 22 章）。然而，1867 年的联盟和 1871 年的帝国都是不完全的联邦制（因为普鲁士在两者都居于统治地位，并且在 1871 年给美因河以南的三个邦以某些微小的特权作为诱饵），正如它并不是完全的民主制一样（尽管有男子成人普选权）。这个新帝国继承了普鲁士的困难，承认议会完全有权控制军队；并且用不能令人满意的 1874 年的"七年任期制"（Septennat）来解决（不如说搁置）这个问题；而俾斯麦又觉得非保留那个不负责任的行政机构不可，这是因为他素来的保守思想使他相信这样的机构是必不可少的。第二帝国的统治者们直到最后才决定把它变成一个自由主义的帝国，但已为时太晚；于是，在威廉二世的 1918 年 9 月 30 日的宣言发表后六个星期，德国便宣布成为一个共和国。时机的选择并不比法国拿破仑三世的元老院法令确定 1870 年 5 月 21 日的帝国宪法更好些。法兰西共和国事实上于 1870 年 9 月 4 日即宣告成立！

　　俾斯麦的联邦计划并不如 1849 年的法兰克福宪法计划完备，甚至不如 1863 年的"王侯会议计划"完备。人们把它称为把（1815 年的）联邦法（Bundesakte）与法兰克福宪法合而为一的一种尝试。但是，它也包含许多俾斯麦自己的主张。他关于联邦政府的各种观念究竟是从哪里得来的，长期以来引起研究人员们的兴趣。特赖奇克认为"俾斯麦在青年时代是美国天才的历史学家莫特利的朋友。莫特利写了一本论述尼德兰联合王国的书，俾斯麦就是从这本书中获得了关于联邦制的理论知识的"[1]，但实际上俾斯麦可能是得益于 1867 年和 1871 年与莫特利通信时关于美国联邦政府的问题的讨论，而不是由于阅读了《荷兰共和国的兴起》一书。莫特利 1866 年写给俾斯麦的信中说："我相信您是愿意知道我的意见（这也是每一个忠诚的美国人的意见）的少数欧洲人当中的一位，并且认为一个美国人可能知道一些关于他自己的国家的事情……至于如何解决石勒苏益格－荷尔斯泰因问题，我不愿向您提出什么意见。"[2] 俾斯麦也曾读过罗伯

---

[1] H. 冯・特赖奇克：《政治》，第 2 卷（莱比锡，1897 年），第 3 册，第 312 页，英译文引自 H. W. C. 戴维斯《H. 冯・特赖奇克的政治思想》（伦敦，1914 年）。
[2]《J. L. 莫特利和他的家庭》（S. 和 H. 圣约翰・迈尔德梅编，伦敦，1910 年），第 246—247 页。

特·冯·莫尔、康斯坦丁·弗兰茨以及其他19世纪中叶的作家关于联邦制的著作。据信,他的1867年北德意志宪法的定稿曾大大受益于马克斯·东克尔(他曾是1849年法兰克福宪法起草人之一)所拟的"初稿"。① 1867年和1871年的德国宪法实际上在许多方面是1849年宪法删去了自由主义内容的翻版。俾斯麦不可能诚实而公正地赏识联邦制原则;当然,正像他不会赏识自由主义一样。

撇开1867年的瑞士宪法改革不谈,1865年联邦制在美国全国恢复之后,联邦制最大的胜利都是在欧洲以外的地方取得的。墨西哥联邦共和国于1867年恢复,同年,根据英属北美法建立了联邦制的加拿大自治领。加拿大人从美国宪法中吸取了许多有益的东西,但是也从美国宪法的一些错误中获益匪浅,而且(也像瑞士人那样)给予中央政府的权力,要比1787年在费城给予美国中央政府的权力还大。组成自治领的各领地称为"省",而不叫州,其余一切权力都留给自治领政府。俾斯麦如果愿意,或者如果他的消息灵通的话,他本来是可以从1867年的英属北美法中关于在联邦中保持一个拥有充分权力的强有力的中央政府方面学到许多东西的。但是,后来澳大利亚(1900年)和南非(1909年)也没有从加拿大的例子和经验中学到本来可以学到的一切。

1867年是宪政变化和改革出现奇迹的一年(但并不一定都是朝着自由或民主的方向发展的)。这一年还出现了英国第二个改革法案,荷兰实行了内阁责任制(1866年瑞典宪法朝着自由主义方向作了修改,丹麦宪法则朝着非自由主义的方向作了修改),奥地利的第一部现代宪法生效付诸实施(但很难说是一部民主的宪法),日本"明治维新"(参见第26章,原文第713页),年轻的睦仁天皇由此摆脱了德川幕府的控制,发动了一次引人注目的维新运动。这次维新在著名的德国法学家鲁道夫·冯·格奈斯特的帮助下,及时地产生了西方形式的具有"神权—族权"性质的1889年日本宪法;但这只是在首先建立了一支普鲁士式的陆军和英国式的海军之后——因为"铁血时代"这时已经开始,而"滔滔不绝地发表演说和采取多数原

---

① 参见H.特里佩尔的论文《论北德意志联邦宪法的来历》(《奥托·祁克七十寿辰论文集》),魏玛,1911年,第589—640页。

则的时代"已经过去。

实际上，滔滔不绝地发表演说和采取多数原则是否像俾斯麦断言的那样，是"1848年的错误"；或者，"铁和血"是1862年、1867年和1871年的错误，则仍然是一个引起争论的问题。

（陈厚珩　译）

第 九 章
民族与民族主义

　　1830年前后的几年时间，对于一个在1815年还很少为人注意的事业的发展来说，是十分重要的：这就是民族主义事业。大约就在这几年间，"民族"一词第一次作为具有特殊政治意义的名词而为人使用。法兰西科学院于1835年接受了这个名词。1834年，俄国人普列特科夫说"民族"（Narodnost）是一个含义不清的新词。这个词很快就在捷克语和意大利语中流行，而且过些时候在德国（为Nationalität或Volkstum）和英国也为人们所熟悉了。要给这个词下定义并不容易。19世纪60年代，法国人比歇评论说，这个词已经获得巨大成功，尽管人们并不知道它从何而来，也许因为他们并不明白它的含义。他又说："这个词的含义并不仅指民族，而且还指一个民族即使在失去其自主之后仍能借以继续存在的某些东西"①。从那时以后，政治学家们一直试图阐明这个词的具体定义；但是，像比歇那个含糊其辞的定义也许就满不错了，正因为它含糊不清，所以这个词才这样受人欢迎："每一位理论家，每一个政党，每一个国家都可以任意把自己需要的东西塞进去，证明自己的某些愿望是合理的。"② 对于自由主义者来说，它意味着自由和一定程度的人民主权——因而马志尼可以说"构成英国民族的进步原则"③；对于保守派来说，则是维持本地的传统和确定的社会秩序；对于其他人们来说，则是由共同的语言和文化遗产在精神上结成一体的社会，或者是由血缘纽带或与祖国

----
① 《政治学与社会学论文集》，第1卷（巴黎，1866年），第75页注，引自G.韦伊《19世纪的欧洲和民族观念》（巴黎，1938年），第6页。
② G.韦伊，前引书。
③ 《瑞士的民族主义问题》，《洛氏爱丁堡杂志》，1847年5月号。

的特殊关系结合起来的社会。有一些人认为民族运动是向世界大同前进的一步，另外一些人则把民族国家看作至高无上的和最后的实体而为之效忠。看法各有侧重，各个年代亦有所不同，东西方之间也有所不同。但是，不论强调的是什么，反正这个名词出现了，很快就充满了感情色彩；而且，它和它的姐妹词"国民"（nation）和"民族主义"（nationalism），都包含着一种具有无限潜能的推动力。

到了1830年，民族事业已经是羽翼丰满了。语言学家和历史学家、诗人和记者在重新燃起希腊人和塞尔维亚人的民族精神方面起了作用。自愿的或被迫的流亡者们，激起了法国人和英国人亲希腊或亲比利时的感情。从法国大革命的武器库中就可以找到一些有力地鼓舞人民热情的象征性的东西，如三色旗、国歌、国民服饰、国民节日、国民自卫队等。作为民族事业基础的那些基本概念，即有助于使民族事业具有号召力的那些特征，几乎早在18世纪下半叶和19世纪初都已经全部由民族主义思想或行动的先驱者们发明创造出来了。在1830年至1870年间，人们一再鼓吹和散播这些基本概念和特征，其效果之大，使得欧洲的政治思想起了变化，欧洲的地图也大为改观。统治阶层在1815年大都不能接受的原则，到了1860年已为多数统治阶层所支持或不得不予以考虑了。英国的一位重要的政论家约翰·斯图尔特·穆勒当时就声称，"一般地说，各国政府统治的界限大致应与各个民族的居住界限一致，这是自由体制的必要条件"。① 到1862年，阿克顿勋爵把民族学说说成是当时最有吸引力的能够翻天覆地的理论，"而且是将来可能具有巨大力量的最富有意义的理论"②。到了1871年，意大利和德意志的各自统一就显示了这种力量。

19世纪30年代初期民族主义取得的成就，使统治权的分配情况发生了变化，从而破坏了两个重要原则，即1815年签订的各项条约的神圣不可侵犯性和奥斯曼帝国的完整性。但这种破坏原则的情形是有限的，总的说来，各有关大国仍然遵守这些原则，"欧洲一致原则"仍然维持下去（参见第10章）。塞尔维亚人、罗马尼亚人和希腊人的历史表明，任何一个附属民族都不可能在没有援助的情况下赢

---

① 《代议制研究》（牛津大学出版社，"世界经典著作"版，1924年），第384页。
② 《自由的历史以及其他论文》（伦敦，1922年），第273页。

第九章 民族与民族主义

得政治自由。而在像希腊和比利时这样一些具有特殊战略重要性的地区，情况也表明，其边界线主要仍然由各大国的利益所决定。因此，许多情况在很大程度上将取决于一个国家或一些国家对于争取自由的民族所作的努力究竟能推动到何种程度。

到1832年，民族主义运动的前景并不乐观。英国对比利时的干涉是出于对法国扩张的恐惧。它干涉希腊的目的既是支持希腊人，也是为了遏制俄国。这一目的达到后，英国就要严格限制这个幼小的希腊王国并保持土耳其在欧洲部分的残存领土完整无损。这样一来，希腊的爱国者就很不满意，他们几十年间梦寐以求的是解放在国境线以外的希腊人，是在君士坦丁堡重新建立一个希腊帝国的"伟大理想"。但推动英国政府行动的并非对某种意识形态的同情。尽管在1832年后英国的体制变得比较自由了，并且越来越被人看作是自由主义的范例和支持者，但它的对外政策的主要原则仍然是保持和平、现有的条约和国际均势（参见第10章，原文第267页）。

1830—1831年发生的种种事件都表明，对俄国不能有所指望。只要俄国的保守主义仍然支持普鲁士和奥地利的保守主义，只要它剥夺了波兰人曾经在"会议王国"时代享受过的自由，那么俄国在全欧洲民族主义者的心目中就仍然是一个可怕的敌人。不过，这种看法并不是一成不变的。它曾经以一个同一宗教信仰的保护者的身份援助希腊人和塞尔维亚人，以推进它对土耳其的图谋。俄国的态度在很大程度上可能要取决于它是否对从1829年的《阿德里安堡条约》中所获得的好处感到满意，或者它是否打算瓜分土耳其的欧洲部分。

然而，1830—1831年，自由主义者和民族主义者首先关注的是法国。他们希望法国再次举起战刀充当被压迫民族的解放者，但是他们失望了。路易·菲利普和他的顾问们很清楚，法国无力征战，也无法与一个新的欧洲联盟对抗。因此，那些"具有历史上重要性的"臣属民族对于各国政府无所指望，至于那些默默无闻、被人遗忘的"不具有历史重要性的"民族的要求就更难指望得到支持了。他们不得不各自寻求自救的道路。

这就是他们的领袖们所寻求的事业，而且并非毫无指望。这种事业从西方自由主义国家中讲理智的社会风气中得到鼓舞；也许还从一些敏锐的观察家们的判断中得到鼓舞，这些观察家们认为民族主义的主要障碍——多民族的大国奥地利只不过是一个泥足巨人。维克多·雨果早在 1831 年就已声称，到处都可以听到"革命的隆隆雷声……从位于巴黎的中心经过每个王国的地下通道涌现出来"。① 不管各国政府的态度如何，像伦敦、布鲁塞尔、伯尔尼、苏黎世、日内瓦，尤其是巴黎这些城市在 1848 年以前的岁月中一直是民族主义的摇篮。"在英国的意大利人"、杰出的马志尼长期的流放生活，大部分时间都是在伦敦度过的。伟大的波兰诗人亚当·密茨凯维奇则在巴黎进行讲学和写作。富有的罗马尼亚贵族也是把他们的子弟送往巴黎。这些西方城市成为来自许多国家的流亡者的避难所，其中有德国人、意大利人，尤其是波兰人。而且，在这些城市中，出版和集会结社比较自由，这就为进行宣传提供了极好的机会。因此，巴黎是一个国际首都，许多国家的慷慨好义的男男女女互表同情，流放者和流放者交相聚会，流亡者熙熙攘攘往来不绝，创办报纸，结成团体，这一切都使 19 世纪 30 年代、40 年代的民族主义具有一种强烈的世界主义气息。

　　这些城市并非消极的东道主，"波兰之友会"和"意大利之友会"继 20 年代亲希腊社团之后成立。文学界人物如米什莱和布朗宁、基内和施温伯恩被争取过来支持各民族或至少某一民族的事业。而且文学本身就能有力地鼓舞人心。特别是法国的作家把文学的力量和政治号召结合起来。拉梅内的《一个信徒的话》一书（1833—1834 年）强烈谴责"民族压迫者"，该书一再重版。拉马丁的《吉伦特派历史》（1847 年）在都柏林、雅典、布达佩斯和布加勒斯特等城市和在巴黎一样，都被人们如饥似渴地阅读。从这个意义上说，法国似乎扮演了"各民族之间的调停者和沟通者"的角色。而且，法国那些已故的和健在的民族事业的鼓吹者，有许多人仍然相信法国将再次成为伟大的解放者。难怪俄国的赫尔岑回忆说，他如何带着"崇敬的心情"进入巴黎，"犹如人们进入耶路撒冷和罗马时经常感受的那样"。② 难怪 1848 年人们的期待心情发展到狂热的程度，法兰西第二共和国立即扮演了一个浪漫主义的无畏的十字军的角色。

　　但是也并非所有人都把巴黎看成是流放者的圣地麦加，把法国看

---

① 《雨果全集，诗集》（《秋叶》），第 2 卷（巴黎，1880 年），第 239—240 页。
② 引自 E. H. 卡尔《浪漫的流放者》（企鹅丛书，1949 年），第 32 页。

成是唯一真正的无畏战士。有些意大利人就对他们的法国邻人不信任，德国人则对他们持有强烈的反感。不仅如此，德国学者的学术研究，尤其是赫尔德（1744—1803 年）的研究强有力地推动了语言学方面的民族主义。这倒不一定和自由主义有联系，这种民族主义在中欧和东欧有着十分深远的影响（参见第 15 章，原文第 391 页）。赫尔德还首先提出"民族国家（Volkstum）"，即有机的历史群体的思想。他用这种思想来代替传统的国家概念，这种思想又经过 19 世纪有影响的作家们的发展。通过他们的影响和德国一些大学的威望，德国遂成为一个可与其他国家相匹敌的具有吸引力的中心，那些迷信他们的人们则往往从语言和权力的角度，而不是从有共同目标和自由制度的社会的角度来考虑民族问题。

这就是 19 世纪 30 年代、40 年代民族运动背景中的一些比较突出的特点。在历史的舞台上，民族主义作为一种精神到处可以看到。在像法国这样的具有悠久历史的民族国家中，在像比利时这样新出现的民族国家中，在那些渴望更紧密地统一起来的松散的联邦如德国、瑞士，在历史上暂时臣服于他国的民族如波兰，甚至在那些刚刚开始重新夺回失去的文化遗产的民族当中，都可以看到这种民族主义的思想感情。

在英国，很难说有什么民族主义"运动"。就英国存在过的民族主义而论，它只表现为岛国一贯的骄傲；表现为对待那个传统的敌人的厌恶（尽管在路易-菲利普和拿破仑三世时代曾经有过协约或同盟）；表现为帕默斯顿勋爵的深得人心；表现为一些人物不顾白厅所主张的英格兰本土主义而推行殖民扩张和发展殖民地的活动；而且还表现为爱尔兰地主和日益富强的工商界的利己主义。但是，英国政府在爱尔兰却遇到了必须与之进行斗争的真正的民族主义"运动"。爱尔兰所遭受的屈辱打动过雨果，捷克人对此也感到同病相怜。①

1801 年的联合法撤销了都柏林议会，而让爱尔兰在威斯敏斯特议会中享有代表权，但实际上却使爱尔兰人大失所望，因为爱尔兰的利益仍然要从属于英格兰的利益。天主教解放斗争的"救星"丹尼

---

① 1853 年苏格兰民族主义的第一次游行示威规模太小，无法在此详述。欲知详情，可参阅雷金纳德·库普兰爵士《威尔士与苏格兰的民族主义研究》（伦敦，1954 年）。

尔·奥康内尔终于在1840年决定重新掀起废除联合法的宣传运动，不久就成立了名为"取消联合法全国忠诚协会"。两年后，一些年轻的律师，即后来成为"青年爱尔兰"的核心人物，独立创办了《民族》周刊，其宗旨是"首先是把人民的思想和所有各党派有识之士的同情引向民族主义这一伟大目标……不仅要为人民争取建立本国的立法机构，从而拯救人民摆脱贫困，而且要用崇高而英勇的对祖国的热爱激励人民，使他们热情奔放，心地纯洁——这就是字面上的而且也是精神上的民族主义"。对于像约翰·皮戈特（该运动中最年轻的成员）这样的人来说，正像他在1847年所写的："民族问题是一种神圣的宗教；我用这个字眼是从它最崇高的意义来说的。"[1] 最初他们是支持奥康内尔的一批异军突起和颇受欢迎的盟友，但他们后来终于和由奥康内尔之子所掌握的已经堕落的取消联合法协会决裂，并于1847年成立了一个新的组织"爱尔兰联盟"。但是由于在政策上是按宪法行事还是使用暴力的问题上意见不一而告分裂，这个联盟只维持了18个月。1848年当法国大革命甚至把那些比较谨慎的人们也鼓动起来，极力要求他们的支持者也拿起武器进行操练并计划自己的起义时，政府自然要采取严厉的措施了。增派军队；极力主张起义的约翰·米切尔由于煽动叛乱而受审并被逐出境；7月，又中止了人身保护法。这些事件激怒了谋反者，他们过早地采取了行动，结果惨败。人们原来希望以吉尔肯尼和梯普拉利为基地举行广泛的起义，举起绿旗宣布爱尔兰共和国的成立。但是起义军队没有准备就绪，响应者也为数寥寥。实际上，"青年爱尔兰"也像1848年的其他许多声名扫地的运动一样，是由知识分子发起的，准备不足，组织不善，既缺乏有势力的社会集团的支持，又很少和饥饿的农民大众联系。对于农民来说，生计和宗教比政治更重要。他们当中有人就这样表白说，"这些联盟派并不比伦敦佬更了解爱尔兰"。[2]

在这次灾难之后的一段时间里，爱尔兰"比1800年以来任何一个时期都更为死气沉沉"[3]。但是1848年的仁人志士并未放弃希望。10年后他们又开始活动，1858年在美国或在爱尔兰本土开始组织了

---

[1] 引自丹尼斯·格温《青年爱尔兰与1848年》，第112页。
[2] 托马斯·F.马尔致加万·达菲，引自丹尼斯·格温《青年爱尔兰与1848年》，第152页。
[3] 同上书，第466页。

"爱尔兰共和兄弟会",或称"芬尼亚运动"。这是一个秘密社团,目的是重新采用沃尔夫·托恩的方法,即经过周密策划后,以武力摧毁英国的统治。这同 19 世纪 50 年代、60 年代大多数民族主义者的做法一致,是一个比 1848 年的计划较为实际可行的在全国人民中掀起热潮的计划;但是时机不对头。芬尼亚运动发起为时已晚,因而未能利用英国在克里米亚战争和印度兵变期间所造成的困境。他们的愤怒呼声使他们的事业广泛地为人们所知晓,这就促使格莱斯顿宣布爱尔兰政教分离,从而赢得了爱尔兰舆论的好感(参见第 4 章,原文第 100—101 页)。但是,他们并没有动摇英国的统治。实际上,在新芬党兴起以前,爱尔兰民族主义最重要的表现也许就是大批横渡大西洋的移民运动,这个运动在 30 年代就已开始,到 40 年代和 50 年代已形成大规模之势。集中在美国的爱尔兰民族主义者是一支巨大的政治力量,它比在波兰的大移民运动中分散在欧洲许多国家里的波兰人的政治力量还大。他们加强了美国当时已经存在的反英情绪,他们的金钱和同情给予身在爱尔兰的民族主义者以强大的支持。美国取代法国成为这些爱尔兰人寻求鼓舞和援助的地方。

在法国,19 世纪中叶的民族主义是在战败之后希望继续扮演大国角色的愿望中诞生的。它的表现是,排外运动时起时伏,一再流露出要推翻 1815 年的各项条约和要求实行强硬的对外政策的愿望(参见第 10 章和第 17 章)。在这些年月中,民族主义仍然是革命传统的一个部分,民族主义的主要旗手仍然是那些自命为大革命真正继承人的左派人物。但是,法国是在自己的大部分是天然形成的国境范围内存在的,它既没有一个爱尔兰,也没有一个波兰,对此,特赖奇克感到羡慕。因此,法国很少受那种企图合并各同种民族的野心的影响。米什莱很可能曾希望法国特别同它的拉丁"姐妹"国家意大利和西班牙进行合作;而且语言和文化渊源可能成为法国对比利时的觊觎或对罗马尼亚人进行援助的有力根据。但是,泛法主义并不存在,而拉丁民族合作所产生的唯一结果,不过是 1865 年的拉丁货币联盟。法国民族主义者尽管喊叫得很响亮,但在 1848 年以前对法国的政策并未产生多大影响。

在北欧和西欧较小的国家中,民族主义也取得重要地位。在斯堪的纳维亚各国人民中,对于民间传说、历史和语言文学的研究,使得每个民族更加意识到他们之间是有区别的。这种研究特别是在挪威人和丹麦人中间助长了更加坚强的民族意识。在挪威，这种民族意识虽然几乎完全表现在语言和文学上，但这对挪威最终在政治上脱离瑞典来说，却是必要的前奏。在拿破仑战争中的主要受害国丹麦，这种研究激起了对新挑战的强烈反应，丹麦把挪威丢给了瑞典。现在它又发现它对石勒苏益格和荷尔斯泰因的控制正受到民族主义的德意志势力渗透的威胁。它对这种危险的反应是把它和要求结束专制主义的愿望密切联系起来，这样就引起了微妙的宪法问题。

根据1846年皇家特许状记载，石勒苏益格和荷尔斯泰因是两个独立的邦，除了各由丹麦的公爵享有统治权外，其他与丹麦毫无共同之处。最南部的荷尔斯泰因是德意志联盟的成员，居民几乎全是德意志人。石勒苏益格有相当多的丹麦人，主要是农民，很久以来就和丹麦国王有联系，因此这些丹麦人在感情上总认为石勒苏益格是他们世代相传的领土不可分割的一部分。1842年发生了一个事件，一位议员由于坚持他有权用丹麦语向石勒苏益格议会发表演说，因而被驱逐。这个事件使丹麦舆论哗然。在随后的两年中相继成立了几个维护丹麦人利益的协会，丹麦的自由主义者成立了民族自由党，坚决要求将石勒苏益格并入丹麦。他们在1848年取得了胜利：新国王弗里德里希七世接受了意见，废除了专制主义。此外，巴黎二月革命的消息又进一步激起哥本哈根的民族主义热情，当时的口号是"丹麦要以艾德河为界"（该河是石勒苏益格和荷尔斯泰因之间的界河）；凡此种种，导致一个新的激进的民族主义内阁应运而生，宣布通过一个共同的自由主义的宪法，石勒苏益格将和丹麦合并。这两个公国的议会中占多数的德意志人立即起来反击，宣布独立，并要求正式加入德意志联盟。法兰克福议会答应了这一要求，并请普鲁士派军队前往支援：于是丹麦的自由民族主义党人使他们的国家卷入了一场战争，这场战争断断续续地一直打了三年之久，只是在大国进行干涉后才宣告结束（参见第10章，原文第265页）。1852年的《伦敦条约》标志着又回到维持现状：重申丹麦君主国的完整，承认两个公国的特殊地位，关于在位君主由谁继承这个棘手的问题（因为弗里德里希七世没有子嗣，而两个公国又遵守萨利继承法）似乎也圆满解决了。

但这种妥协使丹麦的和德意志的民族主义者都不满意。不久又出现了紧张局势，于是，始终拒绝以公民投票的办法决定边界问题的丹麦人，于1863年企图实现他们在1848年未能实现的和石勒苏益格更紧密的联合。又有一位新国王，即克里斯蒂安九世被迫批准一部新宪法，把石勒苏益格和荷尔斯泰因分开，使它更密切地与丹麦联合。德意志人这次的反应仍是十分强烈，这次俾斯麦玩弄的手腕非常狡猾，终于使普鲁士捞到了这两个公国。这一次并未招致有力的外来干涉，因为西方几个大国在采取任何有效的共同行动上未能取得一致意见（参见第19章）。就这样，丹麦的民族主义者由于当初太固执，结果给丹麦带来了应有的报应：普鲁士政府不顾《布拉格条约》（1866年）中有关公民投票的规定，从而使丹麦永久失去了这两个公国。只有北石勒苏益格除外，许多年以后，它在1920年举行的公民投票中重归丹麦。

1864年的战争对于广义的北方民族主义，即所谓斯堪的纳维亚主义或泛斯堪的纳维亚运动的现实也是一次考验。虽然浪漫主义运动使挪威人、丹麦人和瑞典人更加意识到他们之间的差别，但不少知识分子却强调这些国家在历史、传统和文化等方面有着广泛的共同之处，因而建议进一步密切知识交流，建立更密切的政治友谊，就可使北方在欧洲发挥更大的作用。斯堪的纳维亚主义是结果，从某种意义来说是对泛日耳曼主义和泛斯拉夫主义的一种回敬，尽管它的力量还很弱。这个主义对所有斯堪的纳维亚大学中的学生，对丹麦的民族自由派都有强大的吸引力。斯堪的纳维亚团结一致这个概念之强大有力，使瑞典于1848年派遣了一支5000人的军队去保卫丹麦的菲南岛。但是俄国很讨厌任何扩大合作的想法，因而斯堪的纳维亚主义从来就没有在瑞典或挪威扎下根来。1863—1864年，瑞典国王查理十五世同情这个主义，极想帮助丹麦；但是他的政府提出种种条件，终于一事无成。而自愿为丹麦人打仗的瑞典人和挪威人也为数很少。"斯堪的纳维亚运动像肥皂泡一样破灭了。要维持瑞典和挪威之间原有的联合已很困难，再想把它加以扩大更是谈何容易。"①

荷兰的情况在许多方面有所不同。尽管泛日耳曼主义者对荷兰虎视眈眈，但却不存在像上述两公国这类有争议的领土可以引起德、丹

---

① C.哈伦多夫、A.舒克：《瑞典史》（L.亚普夫人译本，伦敦，1929年），第377页。

两国之间的纠纷问题。所存在的主要问题只是语言问题,这对比利时来说是个内部问题。但也有某种非常类似的情况,即在荷兰和比利时,民族主义情绪也正处于高潮,正如丹麦与两公国最终导致分裂前后的情况一样。

在荷兰,荷兰人和他们的国王一样对"十八条条约"甚为不满。因此,当国王为了要获得与比利时分治的较为公平的条件而出动军队进行较量时,人民支持他。但是,当他坚持拒不承认1831年11月的"二十四条条约"规定的经过修订的领土解决方案(这个方案虽然对荷兰比较有利而且各大国又坚决加以维护)时他的臣民就开始对他的这一政策感到厌烦。因为这项政策要保持相当大数量的武装部队,还要征收沉重的赋税。到1839年国王终于接受条约后,当时的民族主义发现与其谴责比利时,倒不如要求修改宪法,使人民选出的代表能更多地参与决策。

另一方面,比利时人对于"二十四条条约"深感不满,对于丧失东林堡、马埃斯特里希和后来成为新的卢森堡大公国的那部分领土提出强烈的抗议。1839年,比利时议会举行会议批准协议时,要交出的那些领土的代表表示反对。他们的发言感人,而且是后来阿尔萨斯和洛林的代表们1871年发言的先声。曾有一段时间出现过一种要求收复领土的民族主义。但不久,大多数比利时人接受了大国决定带来的不可避免的结果:入侵的危险;以有保证的中立为条件,限制采取冒险的对外政策。对于要交出的领土上的居民来说,这倒比较容易接受,因为荷兰和卢森堡的政府都是温和的;同时,民族自尊心在比利时国内得到了补偿,自由制度得到发展,迅速成长为工业和经济强国(参见第2章,原文第191页)。

然而,在比利时国内另外又出现了一个问题。这个问题部分是由于荷兰实行兼并遗留下来的,部分是由于浪漫主义运动对语言和历史研究的冲击的产物。很久以来法语在比利时一直是占统治地位的语言,而威廉一世却坚持要把荷兰语定为正式语言。同时,以扬·弗朗斯·威廉斯(1793—1846年)为领导的语言和文学运动业已在佛兰芒人中间开始。他是一位诗人、语言学家和时事评论家,竭力鼓吹佛兰芒语言和文学的伟大,并吸收了一群虽然人数不多但却忠诚的信徒。这个运动一旦发起,就不断扩大,并在19世纪30年代、40年代得到许多为人民爱戴的作家们的援助。用佛兰德伯爵们盾牌上的佛兰芒雄狮作为"佛兰芒政府的象征",人们普遍歌唱一支新的爱国歌曲《佛兰德的狮子》。亨德里克·康赛恩斯（1812—1883年）在他的《佛兰德的狮子》（1839年）第一版序言中写道："佛兰芒人比瓦隆人多一倍。我们纳税也比他们多一倍。因此,他们要把我们变成瓦隆人,要牺牲我们,我们古老的种族,我们的语言,我们光辉灿烂的历史以及我们从祖先那里继承的一切",这在政治上可能意味着什么已很清楚。但直到1856年政府才指派一个委员会调查"佛兰芒人"的疾苦。委员会提出的建议对他们十分同情,以至在后来的许多年中被他们当作自己的纲领。他们极力要求在佛兰芒各省和中央政府之间的一切事务中,在佛兰德的学校中,在根特大学以及在法庭中（在被告请求下）均应使用佛兰芒语。他们建议应成立佛兰芒学院以保护佛兰芒文化,军队应分为讲佛兰芒语的和讲法语的。但是,尽管调查结果如此,政治舆论并未受到震动：1870年以前大部分时间执政的自由党人对"佛兰芒人"不表同情,认为没有让步的必要。这个运动仍然主要是理性方面的,它没有自己的任何具体的政治组织。运动领导人的目标不是分离,而是要使比利时成为使用两种语言的国家,竭力主张国家的统一并不取决于语言的统一。在这一点上,他们很可以引用瑞士作为有说服力的例子。[222]

  瑞士的民族问题,在1848年以前的确非常严重。只有付出内战的代价才能解决；但并非是由于国内或国外的任何语言矛盾引起或激化的。泛德意志主义者可能要求合并说德语的瑞士以及荷兰和丹麦,而且个别德裔瑞士人可能感到德意志的吸引力,但实际上并不存在像石勒苏益格那样的民族主义冲突的难题。瑞士的民族运动是企图解决国家的政治和经济的结构问题,由于掺杂上宗教的矛盾而使问题更加棘手。瑞士的民族运动基本上是内部问题,尽管邻近的大国有意进行干涉。

  事实证明,根据1815年的联邦公约产生的议会和内阁,就像德意志联盟的议会那样,臃肿繁杂,既不适于防止外来的干涉,又不能阻止国内分离主义集团的反对。实际上,这些情况是主要的；而且各州为了各自的政治领导权,尔虞我诈,百般猜忌；再加上全国各地的经济管理、币制、度量衡、关税、税收和邮政等几乎像中世纪那样的混乱。于是瑞士的民族主义者，就像德国的民族主义者一样，设法要建立一个比较有效率的中央政府和一个比较合理统一的经济体系，以便更好地适应一个工业化已经开始大步前进的国家的需要。在蓬勃发展的 1830—1831 年，几个州采取了自由体制，鼓励自由派民族主义者和激进派掀起一个要求修改联邦公约并按自由主义原则改邦联（staatenbund）为联邦（Bundesstaat）的运动。但是 30 年代初的这些修改公约的建议遭到梅特涅的反对，而且那些主要信仰天主教并以农业为主的比较保守的各州也极力反对。结果这些建议一事无成。但党派的激烈斗争却继续下去，激进派则通过报纸和他们组织的狩猎活动传播他们的主张。

1844 年当卢塞恩州大委员会决定把该州高等教育的领导权交给耶稣会时，便发生了一次危机。尽管这是该州职权范围以内的事情，但这项决定看起来好像是针对早先阿尔高州采取的反教权措施的一个挑衅性反击。在当时的紧张局势下，一个主要的州采取这一行动不可能仍然纯粹是一个州的问题，于是原来在不信教者与教皇至上论者之间存在的争执①就演变成为一场全国范围的斗争，七个信奉天主教的州终于在 1845 年组成一个防御性的联盟，即分离主义者联盟（Sonderbund），而这时反耶稣会运动取得选举的胜利，使激进派在议会中取得绝对的多数。于是激进派便急于实现他们的纲领。议会中的多数代表全国 80% 以上的居民和 90% 以上的财富②，他们投票主张以违反联邦公约为理由解散分离主义者联盟，并主张修改公约本身。由于分离主义者联盟拒绝解散，结果爆发了内战。梅特涅和他的保守的同伙又一次急于干预，但激进派取得的胜利如此迅速而彻底——战争进行了还不到一个月——使他们的欲望受到挫折。联邦政府指出大国无权进行调停或阻止瑞士按照自己的意愿修改自己的宪法。正如瑞士的一篇评论所说，"该文件有一种自力更生的新调子"。在"对外政策上，分离主义者联盟战争意味着瑞士终于摆脱了被监护状态，彻底实现了民族独立"。③ 由于 1847 年民族主义者在军事上取得了胜利，1848 年的联邦宪法才有可能制定。这个宪法建立了一个比较统一的

---

① 参见本卷第 4 章，原文第 81 页。
② 《一个时代的开端：1848 年》中 J. 霍尔珀林的话（F. 费日多编，伦敦，1948 年），第 61 页。
③ E. 邦儒尔、H.S. 奥弗勒、G.R. 波特合著：《瑞士简史》（牛津，1952 年），第 267 页。

国家，有一个常设的行政机构，只有这个机构有权指导外交政策，掌管关税，而且拥有相当大的可以监督各州内政的权力。这次改变一方面由于杜福尔将军态度温和，他在分离主义者联盟战争中表现了人道精神，使战败的各州易于和解；另一方面也由于激进派领袖们办事稳健，他们没有企图成立一个单一的国家，以及为了僵化的原则而践踏各州历史上一贯实行的自治制度。下述事例即是明证：禁止为了让外国雇用瑞士雇佣兵而与任何外国签订投降协定；禁止改组后的联邦文武官员接受外国政府的金钱或荣誉奖赏。激进派虽未实现其梦想，即成立一所联邦大学和一些联邦师范学院以传播"一种新的瑞士精神"，但这并无损于他们的巨大成就；因为，尽管瑞士人大体上来说愿意把教育工作交由各州当局管理，但他们"现在已经发展成为一个具有充分民族感的民族，团结一致对外了"①。

因为瑞士在当时（正如奥克森拜因所说）是欧洲的一个缩影，所以欧洲其余部分都在兴致勃勃地效法分离主义者联盟的斗争。这种情况莫过于意大利和德意志；瑞士为这两国的许多流亡者提供了庇护所。

在烧炭党运动和1830—1831年各次起义失败后，热那亚（该城邦当时已被并入皮埃蒙特）人马志尼坚持不懈地鼓吹意大利统一的事业。他的革命团体"青年意大利"1831年7月成立于马赛，是他千方百计地教育他的同胞的一个主要组织。意大利复兴运动在其他地方也产生了效果（参见第21章），这里只能论述一下有助于激励意大利民族主义和对发展意大利民族本身作出贡献的各种思想和著作。马志尼的基本思想在该团体的同名报刊《青年意大利》上发表，并在他后来发表的大量著作中得到发展。独立、统一和自由是三个目标。其中自由要通过成立共和国取得，通过共和国可形成民族。马志尼解释说，他所谓的民族系指"说同一种语言的公民总体，他们共同相处，享有平等的政治权利和公民权利，其共同的目的是使各种社会力量……不断地发展臻于更加完美的境地"②。在他看来，民族主义从来与自由主义不可分离，虽然民族主义的基础在一定程度上是语

---

① E. 邦儒尔、H. S. 奥弗勒、G. R. 波特：《瑞士简史》（牛津，1952年），第274页。
② 《马志尼已发表和未发表的著作》，第3卷（伊莫拉，1907年），第64页。

言。在这个基础上他才说"西西里、撒丁、科西嘉和这些岛屿之间的较小岛屿与意大利大陆……无可否认地都属于你们……"但他承认有界线,认为存在天然疆界线——对意大利来说,就是从瓦尔河口到伊松佐河口的"庄严和不可否认的"疆界。"在这条疆界以内,人们都说你们的语言,通晓你们的语言;越出这条疆界,你们就没有权利了。"① 他心目中的意大利民族不是排外的,他的主要理想是重新建立人类在道德上的团结。"人的团结就是要在工业化的大众文明中克服现代人类的分散趋势……民族的团结就是要把民主制度下的所有自由的个人纳入一个自由、平等的集体之中……人类的团结就是要保证一切民族的和平与合作。……罗马就是这三重团结的象征。"② 就在法国遭到失败的地方(他认为法国的失败主要是因为它在1830年没有支持意大利人),意大利可以向人类表明如何享用他们新获得的自由。

1833年"青年意大利"在皮埃蒙特的革命尝试失败之后,具有独特的大无畏精神的马志尼又成立了一个更加雄心勃勃的团体,叫作"青年欧洲"。这个组织于1834年4月15日开会,草拟了一个博爱公约,这是一种由各民族青年组成的为自由、平等、博爱而奋斗的神圣同盟。他公开宣称,"青年欧洲"的使命是"树立人道精神,使之通过不断地进步,尽快地发现和运用上帝的法律","各民族都有其特殊的使命,它们将通过合作去实现人道精神这个总使命。这个使命就是它的民族性。民族性是神圣的"。③ "青年欧洲"像"青年意大利"一样,不久投入不成功的革命活动。它又按民族划分为若干分会,不久这些分会就争吵起来,于是瑞士当局不得不于1836年禁止它活动,并把它的成员驱逐出境。但是,尽管这两个团体注定是要失败的,特别是"青年欧洲"不过是浪漫主义的国际主义的一种典型的乌托邦式产物,但他们树立的榜样到处有人仿效,从19世纪那些自称"青年爱尔兰""青年塞尔维亚"的团体到20世纪的"青年土耳其"或"青年中国"。

19世纪三四十年代宣扬意大利民族命运的不仅是马志尼的著作。

---

① 《马志尼已发表和未发表的著作》,第69卷(伊莫拉,1955年),第61—62页。
② 汉斯·科恩:《先知与人民》(纽约,1952年),第82页。
③ 《马志尼已发表和未发表的著作》,第4卷(伊莫拉,1908年),第9、11页。

焦贝蒂的《论意大利民族在道德和文明方面的优越》（1843年）一书之所以著名，不仅因为它主张用联邦制而不是单一政体的办法来解决意大利的民族问题并且预言教皇将起到新的作用，而且因为它以十分赞扬的词句论述意大利的作用，说意大利是一个具有创造力和革故自新的民族，是一个古老家族中的长子，享有长子的一切权利并拥有特权。一些诗人，如被称为意大利的提尔泰奥斯的贝尔凯特和加布里埃尔·罗塞蒂（两人都流亡英国）、著名赞歌《意大利弟兄们》的作者马梅利、朱塞佩·朱斯蒂和其他许多人，都曾谱写过激动人心的爱国歌曲；威尔地的歌剧如《伦巴第人》（1843年）和《埃尔纳尼》（1844年）曾引起爱国示威运动；马基雅弗利和但丁被人们重新发现为意大利独立运动的先知，而曼佐尼（1785—1873年）、卡洛·特罗亚（1784—1858年）、切萨雷·巴尔博（1789—1853年）、米凯莱·阿马里（1806—1889年）等人的作品在历史上则又重新风行一时。对于他们，人们评论说，他们"有两个共同点：认真而勤奋地钻研，对意大利的事业表现热情……这些作品大多数都在短时期出了几版。他们如此迫切地研究历史……这件事本身就表明意大利人意识到，或者至少是急于要发现他们自己历史的道德统一性"①。马志尼公开表示对法国不信任，焦贝蒂希望避免革命或"争取外国援助那种最可悲、最可耻的权宜之计"②。他们的这些主张以及由这许多爱国文学产生的自信，也普遍形成认为意大利能够自救的感情。意大利1848年的运动也像德国的类似的运动一样，并不具有法国的特色；"激励大学生们参加志愿军向'德国鬼子'猛冲的爱国意识，其来源就是产生于罗马的马志尼和焦贝蒂的理想"③。三四十年代的事件大大地推动了意大利的民族主义，但却使它离来自拿破仑的意识更远了；法国在1848—1849年无所作为，也意味着法国影响的进一步削弱。

与意大利并驾齐驱、历史上具有光辉文化传统并正在寻求有效的政治统一的国家是德国。国家和民族这两个名词，当时人们往往用来

---

① D. 佩托埃洛：《意大利文明概要》（伦敦，1932年），第419—420页。
② G. 巴尔萨莫-克里韦利编：《意大利民族在道德和文明方面的优越》，第3卷（都灵，1946年），第291页。
③ C. 维达尔：《法国与1848年的意大利问题》，《近现代历史研究》，第2卷（1948年），第169页。

指德意志的各个邦。① 但是他们所说的其实用"邦独立主义"（particularism）一词更为恰当。德国政治上的民族主义其目标主要是要建立一个强大的德意志民族国家。这是一个吸引着所有人的理想：它的最强烈的鼓吹者是一些被合并的邦的人；它对保守派以及自由主义者都有吸引力；这些人的分歧在于手段，而不在于目的。

1815年的德意志联盟就像瑞士一样是一种不能令人满意的政治力量。一位保守的巴伐利亚贵族在1847年很好地表达了人们对这个联盟不满的性质。他宣称德意志人已经获得多数地位。

> 全民族都要求参与国家行政管理……不满的一个原因是全国一盘散沙……这就使德意志在其他国家中处于无权地位……奥地利享有的权利太少，因为它内部虚弱无力；……普鲁士……只是在得到宽容的情况下才跻身于大国的行列之中……而德国的其余部分则永远只能扮演随从的小角色。谁都不会否认：令人难堪的是在国外不能说"我是德国人"——不能以自己的船只上飘扬着德国国旗而自豪；必要时没有德国的领事可求助，只得解释说，"我是一个黑森人、一个达姆施塔特人、一个比克堡人；我的祖国一度曾经是伟大的强国，而现在却分成了38块"。②

两支时分时合、时而互相冲突的主要势力有助于赋予德国民族主义以力量和色彩。一支势力来自法国大革命和拿破仑；另一支来自本国的文化传统，赫尔德是这支力量最光辉的战士。他曾收集德国民间诗歌并极力主张德国人要钻研本国语言。如前所述，他提出"民族国家"的主张，并宣称德国的民族精神要求德国领土的统一。这个新论调在拿破仑战争期间及其以后又为许多作家所强调。费希特（1762—1814年）在李斯特之前就已提出经济自足的主张；格雷斯提出了类似后来的泛德意志的主张，要求建立一个包括丹麦在内的大德意志。把阿米尼乌斯称颂为民族英雄的雅恩（1778—1852年）是基内所宣扬的主张的先声，他在1842年曾把德国的政治目标说成是回

---

① 例如，《观察家报》（1832年），第488页，第1栏。
② 《霍恩洛厄·席灵斯菲斯特亲王克洛德维希回忆录》（F. 库齐乌斯编，G. W. 克里斯托尔译，伦敦，1906年），第1卷，第41页。

到凡尔登条约的状况；就像阿尔尼姆和阿恩特（1769—1860年）的反法爱国歌曲是1840年行将与法国重新开战时贝克尔和施内肯贝格尔反法爱国歌曲的先声那样（参见第19章）。亚当·H.米勒（1779—1829年）也是一系列民族主义者的先驱，他歌颂战争，说战争赋予国家以性格，使它们具有分明的轮廓和坚实的基础。黑格尔（1770—1831年）的哲学更进一步加强了民族主义的倾向，他把德意志精神说成是一个在形成过程中的新世界的精神；他颂扬以实力为基础的国家，并把普鲁士说成是最好的榜样[①]；此外，像萨维尼（1778—1861年）这样的一些法学家，也把德国的法律说成是从这个民族的整个过去，从它的灵魂深处，从它的历史中产生出来的。

到1830年，民族主义的著作已大量出现。这些著作之所以重要，一方面由于某些作者威望颇高，另一方面也因为这些著作抛弃许多起源于法国的思想，企图代之以某些人们认为纯属德国所特有的思想。因此，反对近期的征服者和世仇（格雷斯首先这样称呼法国），既是实际要求，也是合乎理性的，而且具有深刻的意义。这些作品充满浪漫主义的对强大实力的渴望，充满关于德意志人具有超人创造力的传说，从而赋予德意志民族主义以排外性，这一点固然并非德意志民族主义所特有，但在德国表现最早，而且表现得同任何其他地方一样粗暴。德意志民族主义者反对法国，嘲笑东方各斯拉夫民族。他们的态度包含着对西方文明的普遍价值加以排斥的性质。因此，在德国正在产生一批伟大的经典作品学者的同时，另有一些德国人却在贬低这些经典遗产，这种情况看起来十分荒唐。正如费希特欢呼他所说的古代德意志人拒绝接受罗马帝国的保护，以便保持"纯粹的德意志人"那样，40年代学识渊博的"德意志精神论者"也试图在整个德意志以德意志法取代罗马法以便清除贪污腐化。

经济方面的著作也回荡着民族主义的声音，主要的有弗里德里希·李斯特（1789—1846年）的著作。李斯特攻击经济自由主义是唯物主义和世界主义，主张必须实行有计划的国民经济。他声称民族性是他所主张的制度的明显特点，并认为，在德国适应世界自由贸易这个最终目标以前，保护关税十分重要。但是李斯特关于经济的必要

[①] E.基内：《德国与意大利》（1842年12月），《全集》，第6卷（巴黎，1857年），第233页。

条件即经济利益的观点,远远超出关税壁垒的范畴。他希望德国关税同盟扩大到"从莱茵河口到波兰边境(包括荷兰和丹麦在内)的整个海岸"①;他说,这个同盟是"德意志民族最重大的贡献之一"。荷兰和丹麦这两个天然的日耳曼国家都将加入德意志联盟,到那时这个联盟就可获得"现在还缺少的捕鱼业和海军力量,海上贸易和殖民地"。不仅如此,他还认为,德国的使命是在世界事务中起领导作用,使那些荒凉、野蛮的国家开化,向尚无人居住的地区殖民。这样,原来的泛德意志主义者被这位帝国主义者所超越。这种梦想并不是独一无二的,例如1849年霍恩洛厄-席灵斯菲斯特亲王克洛德维希就极力主张从土耳其人手中夺取罗得岛、塞浦路斯和克里特岛,并向各岛输入德国移民。"这样我们就可以为成千上万的无产者找到一条美好的出路,我们将得到一个滨海地区,一个商船队,海员和水手。我们也不要忘记叙利亚和小亚细亚……一些配备有高效率工作人员的德国领事馆,这也是帝国政府最迫切的任务之一。"②

  实现这些理想的尝试仍是遥远将来的事。但在1848年和1849年中对丹麦战争和对待波兰人这两件事情上所表现出的热情,可以看出民族主义已经如何牢固地掌握了人心。德国的自由派,特别是南部和西部的自由派从1830年以来就一直对波兰人深表同情;1848年春,法兰克福的预备议会就毫不含糊地宣称,波兰复国是"德意志民族的神圣职责。"但是,这项决议比六个星期以后法国国民议会的类似声明并不具有更多的实际价值。实际上,波兰和普鲁士之间确曾有过一段短暂的蜜月(参见原文第397页),普鲁士方面所以这样做,因为他们相信即将和俄国开战,届时普鲁士将需要波兰臣民的全力合作。普鲁士政府宣布波兹南大公国"国家改组",并且似乎准备主动提出波兰实行自治的某些措施。但是以后几个星期中的兴高采烈和动荡不安却很快使这两个民族发生武装冲突;而且,一旦不再担心俄国对德国进行干涉,德国的热情很快就冷却下来。要统治他人的民族主义胜过了奉行民族自决的自由民族主义,因此在7月底召开的法兰克福议会上,575名代表中只有101名投票支持下列论点:瓜分波兰是

---

① 《政治经济学的国民体系》(桑普森·S. 劳埃德译,伦敦,1904年),第143页。
② 《霍恩洛厄·席灵斯菲斯特亲王克洛德维希回忆录》,第1卷,第52—53页。

可耻的错误，应通过恢复波兰的独立予以纠正。大多数代表则赞成普鲁士有权进行征服，主张开化劣等民族，并同意批准完全对波兰人不利的分割波兹南的提案；在这些代表中有几位竟自称为自由主义者。自由主义和民族主义分道扬镳业已明显，而德国的自由主义在这个过程中被大大地削弱了（参见原文第397页）。

迄至这时为止，西欧和中西欧各民族的发展相对来说比较简单，而且比较平稳。然而，东欧的情形就非常复杂了，这是因为那里的民族繁多，而且他们各自的愿望也是相互冲突的。

俄罗斯、奥地利和土耳其这些多民族的大帝国都面对着强烈程度各自不同的民族运动。在俄国和土耳其，民族运动是在两国的边缘地区发生的，影响着土耳其的巴尔干臣民和俄国西部从芬兰到乌克兰的非俄罗斯地区。但在奥地利，民族运动却出现在中心地带，直接造成帝国瓦解的威胁，只是由于俄国的干涉才幸免解体。这次干涉是19世纪保守的各国在受到革命的自由主义和民族主义威胁时，能够团结一致的最突出的例证。奥地利帝国幸存下来；俄罗斯帝国粉碎了波兰人1863年的又一次起义；但是，土耳其虽然在1840—1870年的最大危机中得到西方大国的支持，后来还是对巴尔干的民族主义做了很大的让步。除了新成立的罗马尼亚国之外，在这一广大地区发生的民族主义骚动并没有使欧洲的地图改观。不过，重大的斗争出现，重大的问题也随之产生。在像爱沙尼亚人和保加利亚人这些连自己的存在都被人们遗忘了的民族当中，民族感情也已经开始高涨。但是，尽管这些在历史上并非著名的民族中产生的运动对于将来意义重大，在当时则并未严重威胁到现存的国家体系。对原有秩序提出最严重挑战的是那些在历史上著名的民族如波兰人和匈牙利人的顽强不屈。这些民族以及其他一些较大的从属民族的民族主义，已经证明自己是一种强大的力量。这种力量要是没有内部的分裂和相互的角逐，本来是可以更为强大的。例如，这种内部分裂和相互对立就使得哈布斯堡能够挑拨克罗地亚人反对马扎尔人，使得俄国人争取波兰农民的支持以反对波兰的土地贵族。不仅如此，附属国的民族主义还加深了两大帝国内部那些主要的、历史上著名的各民族之间的对立，如马扎尔人与日耳曼人、波兰人与俄罗斯人之间的对立。但是到了1870年，这些对抗以迥然不同的方式解决了。在哈布斯堡帝国中，日耳曼人的成分尚未强大到足以随心所欲地统治马扎尔人和斯拉夫人的程度，因此，随着1867年奥匈协议的达成，过去的敌人马扎尔人成为伙伴（见第20章）。另一方面，在俄罗斯帝国，1863年以后企图一笔勾销波兰的民族主义的残酷做法，使这两个主要的斯拉夫民族之间原有的裂痕更加扩大，而且看来其中之一注定是要沦于无限制的从属地位。这也使民族运动所引起的诸多问题中又增加了一个新的问题——斯拉夫人究竟如何？他们有可能比拉丁民族更容易联合起来吗？泛斯拉夫主义究竟是一种强大的力量，一种新兴的超民族主义强大力量的反映呢，抑或是像斯堪的纳维亚主义那样并不牢靠的东西？而且，最重要的是，那个最大的斯拉夫国家的意图究竟何在？俄国是否根本就不会把民族主义这匹马套在自己的车上呢？

其实，在三个帝国中俄国是唯一可以说具有自己的民族主义的。这一方面是那些希望保持一个信奉东正教的不受西方思想腐蚀的神圣国家的人们流传下来并由于西方自由主义的传播和十二月党人的起义使专制制度受到震动而得到加强的老传统。另一方面，拿破仑的入侵和失败所激起的民族精神，由于波兰起义的新冲击而更加迅速地发展起来。结果，政府中的大多数人虽然对某些民族主义者和泛斯拉夫主义者的过激主张并不同情，但官方的政策和斯拉夫文化优越论者（当时知识分子中维护旧传统的主力）的目标在某种程度上却是一致的。民族主义在官方的反映就是俄罗斯化，这主要是尼古拉一世统治时期奉行的政策，在亚历山大二世当政的头几年有所放松，1863年波兰叛乱后又恢复实行（见第24章）。最初，这自然给那些刚刚反叛的国家——俄属波兰以及迄至那时已大部分波兰化的国家如立陶宛和白俄罗斯——带来极大的压力。在这些国家中，行政管理工作操纵在俄国官员的手中，维尔纳大学被关闭，俄语成为强制使用的官方语言，大量产业被没收，归俄国人所有。立陶宛法令在立陶宛本土被废除；1842年，"政府"被分成三个部分，行政事务中不再使用立陶宛这个名称。这个政策在教育方面，就是发展俄国本土的文化，这是从1833年至1849年任教育大臣的乌瓦罗夫伯爵的目标的一部分。就是他在一封出名的备忘录中宣称，教育应当以"正教、专制制度和民族精神这一真正俄罗斯的保守原则为基础"（参见第14章，原文第

363页)。1835年设置了第一批斯拉夫语言和文学讲座;在他的赞助下,宣扬斯拉夫文化优越论的杂志《莫斯科人》于1841年创刊。

但是,尽管俄罗斯化奴役俄属波兰和立陶宛达一代人之久,但并没有消灭波兰文化。波罗的海沿岸的德国贵族在圣彼得堡拥有强大的势力;他们决心保持自己的德意志文化以及社会和经济的特权。他们对俄罗斯化进行了强烈的抵制;因此俄罗斯化只是在乌克兰人中间暂时遏制了刚出现的民族主义,在一段时间里使它的中心从基辅转移到奥属加利西亚的利沃夫。有人说,俄罗斯化的成功,在很大程度上是在宗教的外衣下取得的,这种看法确实有一定说服力:例如1839年曾劝喻某些受罗马教会影响的东正教徒(所谓东仪天主教派)重新加入"祖传的全俄教会";又如1836年在里加设立了东正教主教区,随后有许多拉脱维亚和爱沙尼亚的农民改宗东正教。

俄罗斯化政策的实施往往主要出于这样的考虑,即保护专制制度使之不受革命颠覆和政治分离主义的危害。因此,1846年成立了秘密团体圣西里尔和美多迪乌。会中的乌克兰民族主义分子受到了严重的打击,因为他们反对专制制度和农奴制,希望成立一个由所有斯拉夫民族组成的民主联邦。另一方面,北方波罗的海各国主要是文艺方面的民族主义运动依旧发展而未受到阻碍,因为他们没有构成明显的政治或社会危胁。在这些国家中,文艺运动引导人们越来越多地使用本国语言,并促成1835年芬兰民族史诗《卡勒瓦拉》(英雄国)和1857年爱沙尼亚的第一首史诗《卡列维波埃格》(卡列维之子)的诞生。但在半自治的芬兰大公国——它是这三个国家中在政治和社会方面最进步的——语言上的斗争即是芬兰语和瑞典语之间的斗争。芬兰在长期受瑞典的统治之后,到1830年瑞典语仍然占统治地位。芬兰语的捍卫者和比利时的佛兰芒语的捍卫者一样,都在为本民族语言争取平等的地位。1863年他们达到了自己的目的,一项语言法令规定,在属于说芬兰语的那部分居民的一切事务中芬兰语和瑞典语具有同等的地位。在这个问题上,俄国人还可以迁就芬兰人。的确,波兰的历史和芬兰的历史实有天壤之别。尽管在1830年以前它们的地位是相似的,但在1863年,当波兰人再次起义并再次遭受残酷镇压时,芬兰人却得到允许使用自己语言的法令,并且召开了他们50年以来的第一次议会,在1864年又采用了单独的芬兰货币单位(参见第14

章，原文第 376 页）。

如果说芬兰的民族主义似乎是无足为害的，那么爱沙尼亚和拉脱维亚人人数较少，又以农民为主，他们的民族主义也同样无足轻重，甚至他们的存在也在一定程度上由于占压倒优势的德俄两国文化之间不时出现的紧张关系而无人去过问。"甚至在 60 年代也还没有一个波罗的海沿岸的德意志人相信拉脱维亚和爱沙尼亚的语言有什么前途，更不用说波罗的海沿岸各民族在政治上有什么前途了。"① 然而，还不到一个世纪，这些民族和芬兰人的语言运动就发展壮大成为强有力的政治上的民族主义，从而在欧洲社会中又增加了三个新国家。

三四十年代发展起来的斯拉夫文化优越论运动和继之出现的泛斯拉夫主义，是俄国民族主义在思想领域的表现（参见第 14 章）。它在很大程度上借鉴了西方的、特别是德国的思想和文学，但往往意识不到这一点。它的追随者没有严密的组织或明确规定的政治目标；但是，就像许多德国浪漫主义作品赞扬德国文明在与西方文明相比是独一无二的那样，他们也高度赞扬俄国是无与伦比的，并宣称俄国还有一项使命，就是要"成为全世界人类特性的原型，从而超越民族特性的范围"。② 他们笃信宗教，极端保守，不相信以圣彼得堡为中心的国家机器。他们独具特色，代表了一种具有强烈的群众意识的民族主义。看不出他们对俄国的对外政策有什么直接影响，但他们同与他们对立的理性主义者，即西方派进行的辩论，标志着俄国思想史上一个十分引人注目的阶段。他们还鼓励另一种其性质极难捉摸但具有强烈民族主义特点的运动，即泛斯拉夫主义的成长。

虽然在三四十年代的俄国有像巴哥丁和丘特切夫这样一些有时被说成是泛斯拉夫主义者的人物，但是泛斯拉夫主义作为一种运动却是起源于奥地利帝国的斯拉夫人中，是由两个路德教派的斯洛伐克学者杨·科拉（1793—1852 年）和约瑟夫·沙法日克（1795—1861 年）所鼓吹的。他们关心的主要是文化复兴并使他们的斯拉夫同胞明白他们有共同的文化遗产。但是，两个人的著作引起了炽烈的热情，这主要不是由于他们的学识，而是由于他们使人们认识到了斯拉夫民族的

---

① R. 维特拉姆：《波罗的海国家历史》（慕尼黑，1954 年），第 199 页。
② E.H. 卡尔：《俄国历史的主题："俄国与欧洲"》，《献给刘易士·纳米尔爵士的论文集》（R. 佩尔斯和 A.J.P. 泰勒合编，伦敦，1956 年），第 371 页。

伟大。

因此，科拉尔的《斯拉瓦的女儿》就被称为早期泛斯拉夫主义的民族圣经。这位作家哀叹他自己将见不到"斯拉夫人支配一切的伟大时代"，那时各门科学都将通过斯拉夫渠道奔流，斯拉夫人的服饰、生活方式和歌曲将风行于塞纳河和易北河畔。同样，萨格勒布的爱国者们看到沙法日克的《斯拉夫人种史》一书中的地图时也着了迷，因看到斯拉夫民族居然散布得这样远而感到惊讶。在这些热心人看来，从克罗地亚到乌克兰，所有的斯拉夫人自由、平等地统一起来，似乎是一种新颖而美妙的理想。在学者们继续他们的研究工作的同时，许多奥地利斯拉夫人希望看到一种更加明确的促进斯拉夫人团结的主张。结果于1848年在布拉格召开了一次斯拉夫人代表大会，这在一定程度上也是对德意志人和马扎尔人的压力的一种反击。341名代表6月间在欢欣鼓舞和满怀希望的气氛中举行会议："蓝、白、红三色的新斯拉夫旗帜到处飘扬；'斯拉瓦'（Slava）的欢呼声代替了通常的'黑尔'（Heil）或'维瓦'（Vivat）①……斯洛伐克歌曲《斯洛伐克人万岁》成为斯拉夫民族永生的明确体现。"②大会宣布成立一个斯拉夫代表团以便传播自由和启蒙思想，代表们还考虑向奥地利皇帝呈递请愿书，起草一个致斯拉夫世界的宣言，并呼吁欧洲各国安排一次解决国际争端的大会。整个插曲具有十分鲜明的1848年的特色。发起人希望这次代表大会将是一系列代表会议的第一次；但这次大会在许多年中既是第一次也是最后一次，因为布拉格的降灵节起义和随后而来的镇压使大会夭折。这次大会号称泛斯拉夫会议，但除了奥地利的斯拉夫人以外，来自普属波兰的代表只有寥寥数人，来自俄国的只有两名。尽管作了许多善意和团结的表示，但是对于当时斯拉夫人和斯拉夫人之间存在的任何严重问题都没有达成协议。

实际上，斯拉夫世界陷入毫无希望的分裂。在宗教上有罗马天主教（如波兰人、捷克人和克罗地亚人）和俄国领导的东正教之间的分裂；在哈布斯堡帝国内的斯拉夫人和帝国外的斯拉夫人之间似乎有一条分界线；而帝国内部的斯拉夫人之间也有分裂。巴尔干各国中的

---

① 斯拉夫语、德语和拉丁语欢呼"万岁"的声音。——译者
② 汉斯·科恩：《泛斯拉夫主义：它的历史和思想》（鹿特丹，1953年），第71页。

情况也许可以除外，这些国家中人数较少的斯拉夫人整个说来对于俄国的扩张主义野心和专制制度都极不信任。与此同时，在奥地利帝国内部，斯洛伐克民族主义与捷克民族主义相互冲突，罗塞尼亚人讨厌波兰人，斯洛文尼亚人和塞尔维亚人宁愿取得自己的发展，而不愿合并到一个较大的南斯拉夫联盟中去。野心勃勃的塞尔维亚人或克罗地亚人梦想有一个他们居于统治地位的大塞尔维亚或大克罗地亚。

但是，1848年的惨败并不意味着泛斯拉夫主义作为一种理想已经消失。无论作为革命的理想——例如对于被流放的冒险家巴枯宁来说是这样，他认为推翻哈布斯堡王朝，建立一个由各个自由、平等的斯拉夫共和国结成的联盟是全面革命的必要条件——还是作为保守的理想——如对于俄国的泛斯拉夫主义者来说——都是这样。尼古拉一世死后，在知识分子享有较大自由的亚历山大二世朝代，关于俄国的使命问题，即俄国不仅是东正教的天然领袖，而且是各斯拉夫民族同胞的天然领袖的思想，在俄国越来越成为人们热烈谈论的话题。于是，泛斯拉夫雄图的中心移到了俄国。在50年代，尤其是在60年代，早一代的斯拉夫文化优越论者的消失，农民的解放，以及意大利和德国的统一，都促使反对西方的斯拉夫战士们变成更加显露锋芒的唯物主义者和民族主义者。由于俄国在1830年以后取得了巨大的发展，这种情况就更容易理解了。正如汉斯·科恩所说的，"到了1860年，受过教育的俄国人觉得欧洲的文化是他们的遗产的一部分，俄国的精神生活正在全面发展，俄罗斯不但土地广阔，而且人口众多，是欧洲首屈一指的国家"。① 于是，1867年，俄国的泛斯拉夫主义者组织了一次新的斯拉夫会议，这次是在莫斯科，一些有影响的新闻工作者如卡特科夫（1818—1887年）领导的泛斯拉夫宣传取得了很大的进展，争取到许多有影响的信徒，甚至在皇族当中也是如此，就连1864年至1877年担任俄国驻君士坦丁堡大使的伊格纳季耶夫也成了他的一名强有力的拥护者。1867年的奥匈协议使奥地利斯拉夫人的希望破灭，俄国的泛斯拉夫主义者便有希望赢得他们的同情；莫斯科代表大会引人注目地有84位奥匈代表参加，包括几名捷克人在内。不仅如此，泛斯拉夫主义者还下了特别的一注，愿意充当塞尔维亚人

---

① 汉斯·科恩：《泛斯拉夫主义：它的历史和思想》（鹿特丹，1953年），第130页。

和保加利亚人的保护者。但直到1870年以后他们才能够对俄国的对外政策产生实际的影响。

任何使所有斯拉夫人自愿在俄国人的领导下联合起来的梦想都是不现实的，如果想证明这一点，波兰人就是例子。许多波兰人就像他们的诗人克拉辛斯基那样，把俄国看成是邪恶的化身，并且轻蔑地把俄国人叫作"亚洲佬"。1867年他们引人注目地没有出席在莫斯科召开的代表大会。波兰历史的进程，已经完全与欧洲发展的主流背道而驰，是19世纪中叶民族主义胜利史上最明显的例外。意大利人、德国人、匈牙利人和罗马尼亚人在或大或小的程度上都取得了胜利，而波兰到1870年似乎距离恢复民族独立更加遥远了。

被三个大国瓜分的波兰，由于1831年的大移民又重新分裂。大约有一万人逃往西欧，主要是逃往法国。尽管在波兰也和在匈牙利一样，贵族和缙绅认为只有他们才是本民族的构成因素；但是包括工人、农民和中产阶级在内的移民们，也同样具有民族自豪感并准备为波兰战斗和受苦受难。波兰人很快就分成两个主要集团：一个是贵族集团，他们后来以居住在巴黎的亚当·恰尔托雷斯基亲王为首领；另一个是民主集团，以历史学家约阿希姆·莱莱韦尔领导的短命的"民族委员会""旅英波侨协会"和其他一些团体为代表。他们的社会目标很不相同，各自指望以不同的手段实现波兰的再生。尽管两个集团全都徒然地希望某个政府会允许成立一个波兰军团，但恰尔托雷斯基和他的朋友们却把主要的希望寄托在外交上，而民主派则像马志尼那样，主张搞秘密团体和发动新的起义。

他们的革命努力并不比恰尔托雷斯基的外交更为成功，只不过使他们国内同胞的命运变得更糟而已。1830年的叛乱一方面使俄属波兰在一个时期遭到镇压，同时也使普鲁士于1825年在波兹南大公国开始实行的德意志化政策加强了。1833年策动加利西亚反叛的尝试，同样加强了奥地利政府实行德意志化的趋势；而1846年的起义表明农民的大多数认为从农奴制下解放出来要比从哈布斯堡王朝统治下解放出来更加可贵；起义的结果是，波兰领土独立的残迹，即名义上自治的克拉科夫自由市不复存在，被并入哈布斯堡帝国。1848年起义的结局也相差无几。虽然波兰的事业在各种会议和各个战场上得到广泛的宣传，虽然波兰的流亡者在每一支革命军队或每一支民族军队中战斗,但宣传和战斗对波兰本身来说并无裨益。德国人和波兰人之间讲过短暂时间的兄弟友谊之后发生的冲突使两个民族之间的鸿沟加深,从而导致在波兹南重新实行德意志化。同时,在加利西亚,由于类似的自治愿望而引起的骚乱,使克拉科夫和利沃夫遭受轰击,从而导致奥地利当局鼓励罗塞尼亚人日益增长的反波民族意识。此后,只是在俄属波兰还有起义发生,但在1848年并无动静。奥地利和普鲁士的波兰人,经历了惨痛的教训,深知叛乱是没有希望的,宁愿通过维护他们的民族文化,通过社会和经济的改革而做到民族团结,并且指望法律和议会机构能够维护他们的权利(参见第20章)。

俄属波兰的发展趋势也类似。亚历山大二世新的和解政策在那里导致一次大赦,并且成立了一个农业协会和一个华沙医学科学院。维洛波尔斯基侯爵等稳健派认为通过与俄国政府的合作就可能改造波兰的失去平衡的社会,回到1815年的立宪体制,从而在经济上和政治上使这个国家得到加强。但米罗斯拉夫斯基等移民,尽管1848年受到挫折,仍然不改初衷,主张举行起义。移民中的贵族派由于在1856年巴黎会议上波兰问题未能得到大国的考虑而丧失信誉(参见第18章,原文第490页),起义派开始再次得势。现在他们为什么选择俄属波兰作为用武之地,是很有道理的。俄国政策的改变在那里唤起巨大的希望,并引起知识界的某种骚动。新的一代人已记不得1830—1831年的恐怖情景,米罗斯拉夫斯基的秘密人员和归国流放者讲述的故事,很容易把他们煽动起来。同时,意大利1859—1860年的起义引起许多波兰年轻人的梦想,效法加里波第的行为。对于这些狂热派来说,沙皇的让步是微不足道的,与征服者合作是可耻的。但是,在1861年2月华沙举行大规模示威游行之后,亚历山大批准了几项行政和教育改革的措施,并任命维洛波尔斯基监督执行。若不是波兰人毫不明智地提出归还1772年失去的东部边境地区的要求的话,这种和解政策本来是有可能暂时取得成功的。这种要求是俄国任何政府都不能接受的,因为在俄国一般认为这些省是俄国不可分割的部分。沙皇的拒绝使局势恶化,1863年的征兵令触发了久而未发的起义。起义爆发时革命者之间却陷入分裂,政治上或军事上都缺乏统一的指挥。因此,在广大的农民群众中,尽管民主党人对他们竭尽鼓动之能事,他们却漠然置之。"只有在城市里,年轻的官员和官员的儿子们以及工匠阶层中间；在乡下的小乡绅中间才普遍存在着战争的热情。"① 在这种情况下，再加上各大国四分五裂，不能站在波兰一边进行有效干涉，其结果是不难预料的。继起义而来的是比1830年至1831年更加残酷的镇压。俄国政府重新实行俄罗斯化政策时，得到了俄国舆论的广泛支持。波兰"王国"变成了"维斯杜拉领地"。俄语成为行政管理中的官方语言，甚至在农村学校中也强制教俄语，禁止在宗教课中使用波兰语。与此同时，俄国的土地改革政策其目的在于使波兰农民深信沙皇才是他们唯一的朋友。迄至那时为止一直标榜的俄属波兰自治现在已无影无踪。人们的幻想在1863年彻底破灭后，新的一代波兰人将效法他们在波兹南和加利西亚的同胞，专心致志于起义前已经取得人们赞同的"基本工作"计划。实行土地改革，结果从解放的农民中获得充分的劳动力；修筑铁路，使之能促进工业发展，夺得许多俄国的市场。

与波兰人的命运紧紧相连的立陶宛人，同样在苦难之中。他们1830年以前所经历的那种文化复苏，除了意味着为争取实现自由波兰外，并不意味着最后争取民族独立。他们在1830年曾和波兰一道叛乱；1863年又有许多人响应了波兰人的号召。但他们自己也是分裂的。一个新的因素——民粹派出现了。他们一方面主张社会改革；另一方面计划采取独立于华沙的行动。叛乱开始后，他们在维尔纳建立了自己的委员会管理立陶宛。反叛失败后，在穆拉维也夫残酷统治下，变本加厉地实行俄罗斯化。禁止用拉丁字母印刷一切立陶宛书籍。罗马天主教教区学校被关闭；大批"老信徒"迁入该国建立居民点，以加强俄国人的成分。叛乱的失败意味着给民族文化运动带来严重的挫折，虽说这个运动本来是独立成长起来的，对引起这次叛乱的爆发并未起任何作用。这次失败在乌克兰也有反响，虽然乌克兰人并未响应波兰人的呼吁，但俄国人却乘此机会扑灭一种可能包含着某些分离主义倾向的文化民族主义。

1863年波兰起义之后并未出现新的大批人外迁的现象。以外逃为荣的时期已经过去。1830年的"大移民"在不止一代人以上的时间里产生了影响，但未取得任何具体收获。尽管如此，它在精神方面

---

① 《剑桥波兰史（1697—1935年）》（剑桥，1941年），第378页。

所起的作用是极其重大的,因为它激起一种伟大而热情的民族主义文学。"事实证明,拯救波兰的既不是那些政客和秘密人员,也不是大移民中的那些外交家们,而是诗人。"① 密茨凯维奇在他所著的《波兰民族及其朝圣者之书》(1832年)和其他散文诗或韵文诗中提出了一个新概念,即他的国家在世界各民族中起着救世主的作用,是人类自由事业的伟大殉道者。克拉辛斯基(1812—1859年)的激动人心的诗篇《黎明之前》(1843年)也是在这个主题启发下写出的。而斯沃瓦茨基(1809—1849年)则教导他的同胞说,他们必须为民族再生最后到来之日而高尚地就义。在流放中的这些作者以及其他不太著名的作家才真正是陷入分裂的波兰的精神领袖。尽管有检查人员和海关官员的检查,他们的作品还是设法流传到本国并促成同胞精神上的团结,这种团结一致超越人为的界线,对统治他们的国家推行的德意志化和俄罗斯化政策进行反抗。

　　东欧第二个大国哈布斯堡帝国仍然充当维护各国王朝财产这一古老原则的大靠山和民族自决的大敌的角色。奥地利没有像法国或丹麦那样的民族主义。但是,德意志人和马扎尔人,意大利人和波兰人,这四个在哈布斯堡帝国历史上起重要作用的大民族,强烈地自以为高人一等,而那些在历史上无足轻重的民族则低人一等。这样表示出来的恶感,往往受到加倍的回敬。这种恶感在三四十年代由于民族情绪的增长而更为强烈。格里尔帕策在1830年写道:"匈牙利人仇恨波希米亚人,波希米亚人仇恨德意志人,而意大利人则仇恨所有这些人。"② 在1848—1849年情况更加如此,使维也纳当局得以继续应用"分而治之"这句古老的格言,特别是在1848—1849年的大危机中,这次危机从根本上动摇了这个帝国(参见第15章和第20章)。若不是发生了各从属种族的问题,哈布斯堡继续控制除匈牙利以外的军队,和俄国准备进行干涉的话,那么哈布斯堡王朝的权力当时就会在四个主要民族之间垮台。因为不仅马扎尔人和意大利人要求独立,而且波兰人也迫切要求重建一个独立波兰的核心,而奥地利的德意志人则强烈向往德奥合并,即并入一个大德意志。

---

① 《剑桥波兰史(1697—1935年)》(剑桥,1941年),第320页。
② 引自奥斯卡·雅齐《哈布斯堡王朝的解体》(芝加哥,1920年),第11页。

第九章 民族与民族主义

哈布斯堡帝国各族人民的民族主义夹杂着西方自由主义的影响，特别是在一些主要城市如维也纳、布达佩斯和布拉格。这种情况反映在政治性报刊的增加上，其中包括一些著名的报纸和卡列尔·哈夫利切克主办的《布拉格新闻》（1846年）和劳约什·科苏特的《佩斯报》（1841年）；表现在一些具有政治目的的社团的出现，如"捷克取消联合协会"（沿用奥康纳在爱尔兰的组织的名称）；此外表现为要求地方自治，要求采取措施进行政治和社会改革以削减主要是封建贵族的特权，并让小乡绅和中产阶级分享一些权力。正是这种多少带有民族主义色彩的自由主义激发了1848年3月主要在城市发生的革命，并造成了后来维也纳政府所面对的立宪要求浪潮。但是，这个自由主义的立宪事业不久就由于民族主义问题而遭到破坏。

梅特涅政府对于几乎影响到帝国的每个民族，引导各民族珍爱并发展自己的语言，歌颂自己的历史的文化复兴运动，一直采取高傲的冷漠态度，看来似乎矛盾的是，往往被简单地斥责为政治上反动时期的三四十年代，对于马扎尔人和许多奥地利斯拉夫人来说却是文艺、学术和语言发展的黄金时代。像匈牙利的裴多菲（1823—1849年）这样的诗人，像波希米亚的帕拉茨基（1798—1876年）这样的史学家，像路德维特·加伊（1809—1872年）这样的语言学家〔他的《简明克罗地亚—斯洛文尼亚语正字法》（1830年）为现代统一的塞尔维亚—克罗地亚语言的发展铺平了道路〕，他们是任何民族都可以引为自豪的人物。但是，他们的活动在政治上产生的效果是增加了民族的自豪感、敏感性和排外性，激起了互相矛盾的权利要求。不过，捷克人与波兰人之间或波兰人与罗塞尼亚人之间的仇恨，则被一些在某种程度上超越国界的更大的民族问题所掩盖，显得逊色了。一方面，在新兴的大德意志和庞大的专制主义俄国这上下两扇磨盘之间有被粉碎的危险。另一方面，马扎尔人采取的毫不容忍的态度也是存在的一个祸患。

第一个危险，捷克人看得最清楚不过了，他们和波兹南的波兰人一样，不愿被一个大德意志吞并。波希米亚连同摩拉维亚和奥属西里西亚，已于1815年在没有考虑波希米亚议会的意见的情况下，被并入德意志邦联；但此后发生的一切都只能加强捷克人的分离情绪。因此，1848年当捷克历史学家帕拉茨基被邀请作为代表出席法兰克福德国国民议会时,他拒绝了,理由是,他是这样一个民族的成员,"这个民族从来没有自己认为也没有被人认为是……德意志民族的一部分",而且也因为德国人将不可避免地设法"破坏奥地利……而奥地利的存在、完整和巩固"不仅对于奥地利本国人民,而且对于整个欧洲来说都是防御俄国扩张不可缺少的堡垒。[1] 他以及和他有同样想法的斯拉夫人所要求的是在奥地利帝国内部的平等,而不是脱离它,即奥地利帝国改变成为一个联邦(不一定要在严格的种族基础上进行);在这个联邦中,斯拉夫人能发挥与其人数和能力相当的作用(参见第 20 章,原文第 523—524 页)。他们是奥地利斯拉夫人,他们对马扎尔人的敌视使他们更乐意支持曾经答应给予他们以更多的自治权利并进行改革的中央政府。

马扎尔人的民族主义的排外特点,实际上是维也纳能够最后取得胜利的因素之一。尽管匈牙利有古老的体制,但它从来没有充分形成一个西方人所说的那样的国家。在 1100 万人口中,占统治地位的马扎尔人为数不过 500 万。斯洛伐克或其他非马扎尔族的贵族和知识分子如科苏特和裴多菲等可能已完全马扎尔化,但是,从绝大多数人来说,居于统治地位的马扎尔贵族却未能同化主要由农民构成的非马扎尔臣民或使他们甘心接受他们的统治。在三四十年代,在各臣属民族以及马扎尔人自己中间民族主义同时发展起来,自然就使已经公开化的紧张局势加剧。例如 1843—1844 年的语言立法规定在公务和公共教育方面必须使用马扎尔语,这就使马扎尔人和克罗地亚人之间相互指责,并大大推进了克罗地亚的伊利里亚运动,即南斯拉夫的事业。

1848 年春,变革有了希望。佩斯的一些年轻的民主党人得到了塞尔维亚人和罗马尼亚人的同情,并且"认识到,只有把匈牙利的每个不同民族的特殊利益考虑进去,匈牙利宪法才行得通"。[2] 3 月间匈牙利南方某些城镇的塞尔维亚人自发的起义,起初并不是专门针对马扎尔人的;诺维萨德的塞尔维亚人主要关心的是废除封建主义,他们从那里派出了一个友好代表团前往佩斯。此外,特兰西瓦尼亚的罗马尼亚人虽然抗议科洛日瓦尔议会(他们没有代表出席该议会)投

---

[1] 引自汉斯·科恩《泛斯拉夫主义,它的历史和思想》,第 6 页。
[2] F. 费托编:《一个时代的开始:1848 年》,第 322 页。

票赞成与匈牙利联合的决定，但只要皇帝向他们保证新的匈牙利政府将会制定特别的立法保护他们的民族，设立罗马尼亚人学校并在所有的行政部门使用罗马尼亚语，他们就准备接受这个决定。只有长期享受一定程度自治权利的克罗地亚人从一开始就采取毫不妥协的敌对态度。

但是，科苏特和新掌权的人物并不喜欢各从属民族新兴的民族主义力量，也不理解它同自治的愿望多么紧密地联系在一起。他们认为，这些人应该做个好的匈牙利人，就像阿尔萨斯人和布列塔尼人是好的法国人那样，满足于已经给予他们的公民权利；因此，当塞尔维亚的一个代表团要求自治时，就遭到了拒绝。结果，匈牙利的塞尔维亚人起来反叛。这次叛乱得到东正教会的支持，他们的民族主义越来越强烈，终于导致在5月间成立了塞尔维亚国民议会。但是，科苏特和他的同僚们并未接受这个教训。8月，韦塞莱尼男爵徒劳地在匈牙利议会中吁请实施皇帝答应的罗马尼亚法令。科苏特谴责罗马尼亚人是反对匈牙利的主要阴谋策划者，坚决拒绝给予罗马尼亚人、塞尔维亚人或斯洛伐克人以任何特殊地位，因为这将危害这个整体一致的国家和马扎尔人的统治地位。① 因此，从属民族不可避免地就站到维也纳一边反对布达佩斯。但是，这样做并没有给他们带来自治，因为维也纳一旦取得控制，就重新恢复了专制主义。1849年8月匈牙利人遭到失败后，一个单一体制的奥地利帝国的实验开始了，虽然对各民族在文化方面做了让步，但一个逐步德意志化的新时期已经开始。在特兰西瓦尼亚，甚至萨克森人也失去了他们原有的自治；罗马尼亚人等待实现皇帝1848年的许诺，也属徒劳。几年以后，俄国强烈抱怨奥地利忘恩负义；而这在哈布斯堡帝国内部已是司空见惯的事；在这个帝国，不满的人们抱怨说，"支持政府的各个民族受罪，反对政府的反而受奖赏"。② 但是，在繁荣的50年代，许多不满由于在物质上受益而趋于缓和，而且，当帝国的命运因战争中的失败和财政上的困难再次受到危害时，匈牙利人顽强的民族主义已经强大到足以迫使皇帝接受1867年的妥协，即奥匈协议。这样终于使奥地利的斯拉夫民

---

① 但是，他最初曾准备考虑克罗地亚人是一个单独的民族，甚至曾考虑和他们讨论他们最后脱离的问题。

② 引自吕措伯爵《波希米亚史略》（伦敦，人人丛书版，1920年），第348页。

族主义者的希望破灭了,因为奥匈协议建立了奥地利和匈牙利的联合统治,直到帝国的灭亡。

在东方大国中的第三个,也是最弱的一个大国即奥斯曼帝国中,民族主义开始在三个方面活动:它激发巴尔干基督教徒摆脱穆斯林的枷锁,争取自由的新愿望;它领导他们反抗在宗教和世俗中进行的希腊化,这是法纳尔希腊人①控制行政部门和宗教生活的结果;此外,像一切地方的从属民族一样,它带来文化生活的新生,过去历史的再发现,并使那些鲜为人知的巴尔干各民族彼此逐渐分化。但是,因为这些民族人数较少、物质力量单薄,因而就产生了这样的问题:即他们所希望的完全自治究竟能够实现到什么程度,而且,从土耳其统治下解放出来,是否肯定会避免落入土耳其的欧洲陆上邻邦俄国或奥地利的掌握之中。

希腊、塞尔维亚和门的内哥罗的历史到了30年代就已表明,由于地理上的有利条件,自治是实际可行的目的。但是,多瑙河两公国的历史却表明,在其他地方,这个目的可能是比较难以实现的,因为自1821年以来虽然那里的罗马尼亚居民获准由本地人而不是由希腊人充当总督,但1829年的《阿德里安堡条约》却确定由俄国军事占领,一直持续到1834年,并确定为保护国,直到克里米亚战争为止。但是不论俄国的力量还是土耳其的力量都不能阻止民族意识的增长。早在1835年,英国驻布达佩斯领事在谈到在一个外国君主统治下统一"整个民族的愿望"时,曾这样写道:"这个外国君主既不是俄国人也不是希腊人。"② 由于罗马尼亚有钱的青年人在西欧,特别是在法国受教育,再加上当地的一些学术机构如1835年成立的雅西科学院的发展,上述愿望更加强烈了。不仅如此,1846年两个公国之间关税壁垒的废除,就像在德国(参见第19章)一样,乃是政治统一的经济前奏。但是,由于俄国曾伙同土耳其进行干涉,镇压1848年短命的自由主义的社会革命,俄国的军队在克里米亚战争爆发后又重新占领了这些公国(参见第18章),所以这个目标只有在俄国被严重削弱后才得以实现。

---

① 指君士坦丁堡希腊人居住的法纳尔区的主要家族成员,在奥斯曼帝国的政治和经济上居于控制地位。——译者
② 引自 R. W. 塞顿-沃森《罗马尼亚史》(剑桥,1934年),第213页。

第九章 民族与民族主义

俄国在那次战争中遭到失败，但结果却反而削弱了土耳其；而维护土耳其不受俄国的侵犯曾经是西方大国的主要目标。这时，各大国对巴尔干各国的兴趣更直接了，于是类似集体保护的主张便取代了俄国自以为与它信奉同一宗教的人应由它一国进行保护的主张（参见原文第488页）。罗马尼亚人的抱负有希望得到实现；门的内哥罗的独立得到确认；克里米亚战争加上1859年的意大利战争，都鼓舞巴尔干其他民族去实现解放自己、提高自己的地位以及瓜分土耳其的欧洲部分等比较大胆的计划。

对于罗马尼亚人来说，自救和法国的支援是决定的因素。1848年以后，许多罗马尼亚的自由派重返法国。他们的民族事业在那里找到强大有力的支持者，如米什莱、基内、库辛，最后还有拿破仑三世本人。拿破仑很喜欢有机会表现他对民族事业真诚的同情，提高法国在近东的威望（参见第18章）。他的政府在1856年的巴黎会议上大力兜售联盟的主张，尽管暂时未获成功，但法国的影响却促成一种联盟主义势力得以取胜的局面。1859年，两公国选出了同一个本地人君主亚历山大·库扎，而各大国由于正忙于迫在眉睫的法奥战争（见第17章），只好接受这个既成事实。但本地的君主很少会使各方面全都满意；因此，1886年当各大国再次忙于它们当中的两个国家之间即将发生的战争时（参见第17章、第19章），罗马尼亚人又抓住了机会。他们迫使这时已不得人心的库扎退位，挑选了一位外国君主霍亨索伦家族的查理为他们的统治者。同时，他们的国民议会以"罗马尼亚"取代了"联合公国"的名称。大国又一次不得不屈从这个既成事实。虽然名义上土耳其仍拥有宗主权一直到1878年，但一个新的民族国家已经出现。这样一来，至少在一定程度上证明在1830—1831年就已明显的教训是正确的，即一个从属民族只有在某些大国的帮助下，才可以取得国家的地位。同时，像希腊一样，这个民族国家虽然应自成一国，却受别国的统辖。早在1843年，米哈伊尔·科格尔尼恰努（后来是自由罗马尼亚的政治家之一）就在他的讲演中宣称，所有罗马尼亚人居住的地方都是他的国家。

到1870年，巴尔干半岛其他地方的政治气候也已明显改变。1862年，英国把伊奥尼亚群岛割让给希腊；帕默斯顿认为这种做法是有道理的，因为这个群岛接近希腊而且他们属于同一种族、语言和宗教，因而是"自然的安排"。① 在塞尔维亚，人们渴望使他们的国家成为巴尔干的皮埃蒙特，奥布廉诺维奇家族的一位最聪明能干的君主米哈伊尔在1867年争取到土耳其驻军的撤出，从而树立了很高的威信，因而希腊人和保加利亚人都指望得到他的支持。他与希腊和门的内哥罗结盟，争取到保加利亚革命派承认他成为一个包括保加利亚人和塞尔维亚人在内的大南斯拉夫联盟可能的统治者，他设想巴尔干各基督教民族结成大同盟，这是1912年第一次巴尔干战争的前奏。但是，伟大的解放战争在19世纪并未成为事实，因为米哈伊尔于1868年被暗杀，他的继任者既没有他的才干，又缺乏他的胆识。然而，希腊人的动荡不安，塞尔维亚人和罗马尼亚人的得寸进尺，似乎都证明那些认为土耳其欧洲部分的继承者不会是奥地利和俄国，而是巴尔干各民族自己的人的想法是有道理的。

保加利亚人的重新抬头进一步支持了这种观点。他们是一个农业民族，长期以来受希腊化影响的程度很深，以致直到研究斯洛伐克民族起源的学者韦涅林（1802—1839年，在敖德萨的墓志铭中把他说成是"保加利亚的唤醒者"）的作品发表以前，"甚至连最著名的学者……也很少懂得保加利亚语"。② 至于其他许多"在历史上无足轻重的"民族，比如早期保加利亚民族主义主要表现在设立学校以及发展本民族语言教育方面。但它也表现在要求建立一个不属于君士坦丁堡的希腊主教区管辖的民族教会上，当土耳其人根据分而治之的原则终于同意1870年设立一个独立的保加利亚主教区后，就引起了希腊人的强烈敌意。与此同时，类似意大利的烧炭党、希腊的友谊社（Hetairia）或塞尔维亚的奥姆拉迪努（Omladinu）的秘密革命团体纷纷成立，布加勒斯特和诺维萨德成为保加利亚流亡者的大本营。他们梦想重新建立一个大保加利亚或南斯拉夫联盟。但是很明显，一个大希腊和一个大保加利亚这两种幻想是不能共容的。如果巴尔干各民族想成为土耳其的继承者，那么他们很可能要为争夺这个继承权而争吵不已。

最后，还必须提到一个民族，这个民族在近代历史中一直没有祖国，因此，它似乎没有什么权利要求被看作是一个民族。这个民族就

---

① 帕默斯顿1862年12月8日致维多利亚女王信，引自E. 普雷维拉基斯《英国对希腊王朝改变所采取的政策》（雅典，1953年），第86页。

② R.W. 塞顿-沃森：《巴尔干半岛民族的兴起》（伦敦，1917年），第81页。

是犹太人。他们在1830年有300多万人，到1870年约有700万人。①按照居住地点，他们长期以来基本上是一个欧洲民族，但在许多地方他们仍然为人鄙视，受到迫害。在这整个40年，他们的大多数——从2/3到3/4分别住在波兰说依地语的地区和俄国西部。比较起来，他们在每个西欧国家中的人数并不算多，但是在改善他们的命运中起着最强有力的作用的那些人道主义和启蒙运动的原则正是产生于这些西欧国家。1869年以前他们全部被赶出西班牙；1866年以前常常被从瑞士的巴塞尔这样的州驱逐出境；在意大利的一些地方，在拿破仑倒台后，他们又被限制住在犹太区内，如在皮埃蒙特一直到1848年，在罗马在1870年以前的大部分时间都是这样。由于1830—1870年俄国犹太区的人口过于拥挤，因此他们在多瑙河两公国中的人数大为增加，从而受到残酷的迫害；在俄罗斯帝国，他们必须住在犹太区内，除充当工匠和经商外，不得从事任何其他职业。但是到了1830年，他们在西欧的许多地方如荷兰、法国和德意志各邦，都享有信教自由和平等的公民权利；在有些地方，犹太人家族如路特希尔德等，在经济和政治上都起着显著的作用。

　　这种解放在各有关的犹太社会中产生了革命性的后果，因为这导致他们的世俗化并被居住国中的其他公民同化，逐渐用本地语取代依地语（直到18世纪末，它一直是大多数欧洲犹太人的语言）。这一改变以及随之而来的改进犹太人教育的运动，引起了严重的冲突，因为依地语是犹太人区别于他人以及保持犹太传统的防御工具；而且，在比较严格的犹太人看来，犹太儿童在国立学校中与非犹太儿童混杂在一起，用当地的语言采用非犹太人的方式传教，都是应被革除教门的大逆不道行为。被外族同化的过程，对外国的知识和传统的汲取，其结果是在一定程度上促使古老的、紧密结合在一起的犹太人社会解体，但是，作为补偿，那些仍然忠实于自己民族和宗教的富有的已经解放了的犹太人，现在能够为他们那些不大幸运的同胞的利益进行干预或从事组织工作了，这是前所未有的。因此，当1840年13名犹太人在大马士革被指控在进行宗教仪式时杀害了一名圣芳济会修士及其助手时，摩西·蒙蒂菲奥里爵士和阿道夫·克雷米厄在英法两国政府

---

① 这些数字引自A.鲁平《近代世界中的犹太人》（伦敦，1934年），第xvii页。

的支持下，设法使他们获释。不仅如此，摩西爵士接着又从土耳其政府那里获得一纸敕令，结束了土耳其境内犹太人毫无地位可言的状况，使他们和土耳其其他非穆斯林臣民处于平等地位。一位犹太作者写道："自耶路撒冷陷落以来，这是各国以色列人第一次共同磋商并一致行动以防御共同的危害。潜在的民族意识公开表露出来，现代的新以色列业已诞生……在1840年以前，相当于犹太复国主义的东西主要表现在宗教方面，在民族方面只是不自觉的。"① 另一方面，设法使1858年被劫持的犹太儿童埃德加·莫塔拉从教皇政府获释一事未获成功，这就说明需要有维护犹太人利益的永久性团体。于是，仿照1760年即已成立的"英国犹太人代表委员会"而成立的"美籍犹太人代表委员会"（1859—1878年）在美国出现。1860年在欧洲又成立了更为重要的"世界犹太人联盟"，宗旨是"为以色列人的解放和道义进步而在各地积极从事工作，并给予所有因身为以色列人而遭受苦难的人们以有效的援助"。到1870年，这些团体已经做了许多有益的工作，尽管在罗马尼亚仍然受到迫害，但在欧洲许多地方甚至包括俄国在内，犹太人的命运已经大有改善。与此同时，有些犹太人在欧洲以外的其他地方得到救济。犹太人移居美国的趋势意义重大，特别是在1848年及其以后从德国和哈布斯堡帝国前往美国的犹太人尤为众多。有的是因为参与了革命；有的是由于重新爆发了反犹太人运动而逃亡，或者受到1848年4月在布拉格发起的"到美国去"的运动的鼓舞；有的则是因为对旧世界感到失望，并对之厌倦；还有的是受了加利福尼亚金矿的诱惑。在巴勒斯坦也为他们安排了几个聚居地，有些作家和协会，特别是英国的，也提出了各种方案，极力主张犹太民族返回到圣经上所说的他们的家园；相形之下，这些事情虽然微不足道，但它们对于后来的犹太复国主义却具有重大的意义。

所以，从1830年至1870年民族主义得到巨大发展。它产生了伟大的文学，加速了学术进步，并造就了一些英雄人物。不论在促成统一方面或制造分裂方面，它都显示了自己的力量。它在德国和意大利的政治建设和巩固方面都带来巨大成就；但比以往任何时候都可以清

---

① J. 雅各布斯：《1840年的大马士革事件与美国的犹太人》，《美国犹太历史学会会刊》，第10期（1902年），第120页。

楚地看出，它对基本上是多民族的奥斯曼帝国和哈布斯堡帝国构成了一种威胁。欧洲文化由于一些默默无闻或被人遗忘的民族用本民族语言创作出新的作品而得到丰富，但与此同时，以前存在的那种统一局面因此而受到分裂的危害。此外，由民族主义造成的各种对抗不仅引发了战争、造成骚乱和当地人们之间的仇恨——它们还与一个名义上都信奉基督教的欧洲形成或加深了精神上的鸿沟。18世纪启蒙运动和法国大革命的许多原则所鼓舞的世界主义运动，由于德意志民族主义的自我孤立以及亲斯拉夫派和泛斯拉夫派的突然转而反对西方而受到挫折；而由于农民获得解放，加上实行普选而使民族主义者得以在推动他们的事业中操纵民众，上面新出现的裂缝就进一步加深了。对一些浪漫主义者来说，1848年以前各解放了的民族形成一个真正兄弟友谊的世界共和国似乎已不是异想天开的美梦。然而，尽管各类和平团体纷纷出现，国际社会主义日益发展，国际合作已取得实际成效（如红十字运动），但1848年以后民族主义的发展进程，却使这样的目标成了遥遥无期的事。俾斯麦和加富尔表明"现实政治"所能达到的效果和要求统治及扩张的主张随着民族主义本身愈加具有排他性、人口的增加和工业势力显示出其力量而变得更加强烈。民族主义和争取民族地位的事业得到了极大的推动。它们很有希望成为未来国家的基础和动力，但是在当时的人们中间，像阿克顿那样对它们感到忧虑不安，认为民族理论是历史的倒退的人非止一人。蒲鲁东从完全不同的角度看待事态的发展，认为它严重妨碍了社会的进步；被科恩称之为"少数充分珍视个人权利和西方自由的俄国人之一"的赫尔岑谴责排他性的民族主义是促进全球自由的主要障碍；而敏锐的比利时政论家埃米尔·德·拉维莱耶则宣称，它使他满怀忧虑，有时感到痛苦："它嘲弄条约，践踏历史权利，破坏正常的外交活动，扰乱一切局势……到明天也许将发动不义的战争。"①

（陈厚珩 译）

---

① 《两个世界评论》，1866年8月1日。

第 十 章
联盟体系与力量均势

1830年革命的结果是欧洲分成了两个敌对的外交集团，紧接在1830年起义之后的那些年头，在欧洲多数问题上，东欧国家——俄国、奥地利和普鲁士——站在一起反对英国和法国。正如帕默斯顿在1836年所指出的，这种分裂"不是言辞上的，而是行动上的，不是空想或意志的结果，而是由环境的力量所产生。三国一方和两国一方想法各不相同，因而它们的行动也互异"。[1]

分歧大都在于政治原则和方法的问题。东方这几个王朝出于对专制政府的共同信念和对1789年和1793年革命原则复活的共同恐惧而结合在一起。它们对欧洲的组织采取一种完全僵化的观点，认为必须抵制欧洲大陆或欧洲大陆各成员国家政治和社会结构方面的变革，以免整个结构土崩瓦解。此外，它们认为一切争取宪政改革的运动或各从属民族争取民族自决权的运动都是"革命的"，因此它们自称它们有权干涉欧洲较小国家的国内事务，以便在这些异端邪说尚未传播之前就予以扑灭。另一方面，西方国家则主张自由和立宪政体，反对东欧那些反动政府提出的干涉理论，而且任何时候只要力所能及，它们就鼓励和保护其他立宪政权。

然而，如果认为这两个相互敌对的集团是各自内部团结一致、彼此相互排斥的联盟，那就错了；而且可以肯定地说，如果把从1830年的革命到克里米亚战争爆发之间的年代总起来看，那么可以看出这些国家不计较它们之间的思想分歧和注意它们之间的分歧的情况同样

---

[1] 梅尔本子爵：《文件集》（L.C.桑德斯编，伦敦，1889年），第339页（帕默斯顿致梅尔本信，1836年3月）。

经常发生。例如，帕默斯顿勋爵把同法国合作当作他的政策的"轴心"①，然而，当这位政治家认为法国人采取行动的方式损害英国的利益或者危及欧洲和平时，他便同东方国家缔结协定而毫不内疚；而在法国方面，路易·菲利普在他的政权一旦巩固建立起来后，他就表现出日益强烈的愿望，寻求与东方国家和解，甚至不惜牺牲他同英国的协约关系。几乎和这一模一样，奥地利首相梅特涅出于对俄国沙皇尼古拉近东政策的恐惧，有时不得不同英国讨论遏制尼古拉的办法；而沙皇由于对他的普鲁士盟友在波罗的海的野心勃勃感到不满，随时准备同英国合作以挫败这种野心。总之，尽管列强之间存在思想分歧，在欧洲体系中仍然有足够的行动自由，一旦发生新问题，便可改变外交上的结盟关系；1830—1854年之所以成为和平时期，而且1815年在维也纳建立的在领土方面的力量均势之所以能够在这些年得到维持，这一点并非是不重要的原因。

1830年在比利时各省的革命所引起的这个时期第一次严重的外交危机，最好不过地说明了联盟体系的这种灵活变化。这次争端是在东方国家集团和西方国家集团之间势不两立的气氛中开始的，最后经过多次立场改变，由五个国家采取一致行动而得到解决。它至今仍然被认为是19世纪欧洲协作精神所取得的重大胜利之一。

比利时各省居民对于被迫与荷兰联盟一向不满，1830年8月，这种长期郁积的愤恨终于爆发：先是布鲁塞尔突然起义，随后在全国各地发生革命骚乱；9月26日成立临时政府；10月份第一周临时政府开始研究独立宣言的各种草案。这些事件显然违反了1815年的各项条约，因为这些条约规定成立低地国家的永久性联盟，并且声称由于有必要建立屏障防止法国未来的侵略，这个决定是有充分理由的；因此这些事件就不能不成为列强关心的一个问题。荷兰国王信心十足地期待着东方国家至少会站在他这一方面来加以干预；而且据信俄国沙皇也急于进行干预。在维也纳，梅特涅也认为，要防止"整个欧

---

① R.W. 塞顿-沃森：《英国在欧洲，1789—1914年外交政策概述》（剑桥，1937年），第169页。

洲沉沦"①，干预是唯一的办法；而在柏林，尽管弗里德里希·威廉三世又表现出了他通常在危机时刻背信弃义的毛病，但他的军队看来已准备行动，并且实际上已同俄国人举行参谋人员的谈判。

西方国家面临这种威胁，以令人赞叹的速度采取行动，9 月下半月，老练的塔列兰作为法国新任大使到达伦敦。他第一次同英王与威灵顿公爵谈话就警告说：东方国家的军队如干涉低地国家将会立即遭到反击，只有强硬坚持不干涉政策才可以防止战争。威灵顿同意他的意见，并立即通告其他国家的宫廷，敦促他们不要采取行动，等待五国代表在伦敦就比利时各省前途举行友好会谈。

东方国家勉强接受了参加会议的邀请，这大概只是因为梅特涅和他在圣彼得堡的对手涅谢尔罗迭认为有可能在讨论中说服威灵顿同东方国家一道恢复荷兰国王的权力。然而，他们要与之打交道的不是威灵顿。还没有等到伦敦会议认真讨论低地国家的难题，威灵顿政府便已倒台；新成立的格雷内阁的外交大臣帕默斯顿成为英国的首席谈判代表。

一般认为，新的外交大臣渴望使比利时各省脱离荷兰，以便消除荷兰在经济上对英国的威胁。②事实上，帕默斯顿在私下对比利时反叛表示遗憾，因为他认为，低地国家继续维持联盟"对欧洲总的利益最为有利"③。然而，他又十分现实，认为独立运动已经走得很远，无法逆转；而作为一个英国人，他并不愿意看到另外一个大国的军队进入对他的国家一直具有特别利害关系的地区。于是他热心地和法国人联合在一起，坚持所有国家都遵守不干涉的原则，同时敦促各国接受比利时独立的事实，条件是尽可能弥补 1815 年体制的裂缝。

俄国的波兰人突然在 11 月起义，反抗他们的宗主国（参见第 14 章，原文第 362 页），这帮了帕默斯顿这方面的忙，这个事件牵制了俄国的军力，使梅特涅和普鲁士人把注意力转到他们自己的波兰省份的局势上去，使这三个国家比较容易接受西方的和平解决办法。到 12 月 20 日，帕默斯顿终于使参加会议的所有国家都同意比利时独

---

① 引自海因里希·里特尔·冯·兹尔比克《梅特涅：政治家及其为人》（慕尼黑，1925 年），第 1 卷，第 660 页。
② 海因里希·里特尔·冯·兹尔比克：《梅特涅》，第 1 卷，第 659 页。
③ 赫伯特·C.F. 贝尔：《帕默斯顿勋爵》（伦敦，1936 年），第 1 卷，第 119 页。

立。然而，这一胜利仅仅消除了必须解决的许多问题中的一个。这个新国家必须拥有明确的疆界，还要有一个统治者；还得决定如何设置所谓的屏障堡垒；并且必须说服比利时人和荷兰人接受会议的决定。除此之外，由于来自东方的威胁变得不是那么严重了，法国人的态度也就变得不再那么讲理了。塔列兰这时争辩说，路易·菲利普表现了令人赞叹的克制态度，如果不给他一些补偿，法国舆论就会不满意；巴黎政府开始施展手法，用以表明他们希望要一个屈从法国利益的比利时统治者。

帕默斯顿被法国方面看来不守信用的行动所激怒，于是断然采取威胁恫吓的手段，这种反应正如他后来在同巴黎打交道的许多场合的反应一样。他坚决拒绝塔列兰的要求，并且明确表示愿意同东方国家结成共同战线，这使法国全权代表相信必须退却；1831年1月20日，塔列兰和参加会议的其他代表一道签署了一项议定书，划定比利时同荷兰的边界，确定比利时为受到各国永久保证的中立国，从而成为对法国和其他签字国来说都同样表现出自我克制的一个文件。但是法国政府迟迟不肯批准这一议定书，不仅如此，它还卷入一个精心策划的阴谋，想使路易·菲利普的儿子内穆尔公爵取得比利时王位。这种两面政策更加激怒了帕默斯顿，使他直率地表示：英国已做好充分准备，为了制止比利时任何一部分落入法国人手中而不惜一战。他在当时写的一封私人信件中说，英国所处的地位是"以法国为一方和以其他三国为另一方之间的不偏不倚的调解人……只要双方保持安静无事，我们将成为双方的朋友；但是……如任何一方破坏和平，这一方就会发现我们是反对他们的"。①

这些告诫看来产生了预期的效果，随着温和的卡齐米尔·佩里埃政府在巴黎上台，英法政策的协调也大体恢复了；而在比利时国民议会选举萨克斯-科堡的莱奥波德为未来的统治者之后，两国终于说服与会的其他国家同意向比利时人和荷兰人提出一项明确的解决办法。实际上，法国政策的模棱两可尚未终结。当荷兰国王派遣军队在8月份进入比利时时，会议授权英法进行干涉将他们驱逐，而法军在他们的

---

① 亨利·利顿·布尔沃爵士和伊夫林·阿什利：《亨利·约翰·坦普尔·帕默斯顿子爵传》（伦敦，1870—1876年），第2卷，第39页。

任务完成后拒不撤离比利时；英国外交大臣不得不再次采用威胁手段，预先警告说："法国人必须撤出比利时，否则我们将有一场全面战争，而且战争的爆发迫在眉睫。"① 法国于是又一次让步。本来它可以强迫比利时人拆除某些屏障堡垒，甚至连这也放弃了。而且这是法国人最后一次抵抗，在1831年11月15日，他们同其他国家一道参加了接受比利时为欧洲国家体系成员的著名条约。这一文件的批准直到1832年5月才完成，而荷兰国王则在1839年4月以前一直不同意失去比利时。他之所以能长期抗拒是因为东方各国宫廷拒绝参加对他采取强制性措施。尽管1832年12月英法军队炮轰安特卫普要塞，迫使荷兰人把这个据点交给比利时国王，因而激起了一阵愤怒，但是到1831年年底，比利时争端就早已不再成为一个外交问题了。

在这次危机中，战争之所以能成功地避免，首先是因为英国和法国决心合作，而且英国协约在1830和1831年的谈判中可以毫不夸张地说达到了完美无缺的地步。这个协约尽管有时中断，却一直存在到1848年革命前夕。与此同时，帕默斯顿经常向巴黎提出的警告，也明显说明这个协约的局限性；对于七月王朝来说，不幸的是在10年以后的另一次危机中，它的那些政治家忘记了帕默斯顿在比利时争端中的做法。至于东方各国，它们十分清楚，低地国家的分裂，使阻挡法国的屏障遭到危险的削弱。然而，它们受到各自边界地区纠纷的牵制，无法用行动来支持自己的主张，因而最终决定：与英国和法国采取一致行动，比起由西方国家单方面强加一项解决办法更为可取。由于帕默斯顿经常拒绝承认党派或民族的目标，并有本领把各种会议的决定都描绘成是"为达致欧洲的目的和维护和平与均势"而采取的行动②，也许才使东方各国遇到的这种不得不违心地予以应付的局势有所缓和。

然而，东方各国采取这种默认的态度，无疑也受到英国和法国在意大利和波兰事务上表现的克制态度的影响。继1831年帕尔马、摩德纳和罗马涅的起义③之后接踵而来的意大利动乱中，在议会中有许

---

① 亨利·利顿·布尔沃爵士和伊夫林·阿什利：《亨利·约翰·坦普尔·帕默斯顿子爵传》（伦敦，1870—1876年），第2卷，第109—110页。

② C.K.韦伯斯特：《帕默斯顿的外交政策，1830—1841年》（伦敦，1951年），第1卷，第158页。

③ 参见本卷第21章，原文第553—554页。

多情绪激昂的演说，在巴黎也有不少措辞不慎的部长声明；但是，卡齐米尔·佩里埃政府最终还是决定：支持革命是不明智的，而鉴于梅特涅决心恢复意大利半岛的秩序，坚持不干涉原则是危险的。法国人的这种谨慎从事的政策，得到英国政府的鼓励；于是梅特涅得以贯彻他的警察行动而未遭到激烈反对。与此类似，在波兰问题上，尽管路易·菲利普认为有可能在沙皇和反叛者之间进行调解，但是为帕默斯顿所劝阻；帕默斯顿采取维护1815年条约的立场，对波兰的事业仅仅给予形式上的同情，并且由于他"在波兰发生斗争期间对俄国非常忠诚的做法"① 而赢得了俄国驻伦敦大使夫人的称赞。西方各国小心翼翼的行为起了缓和欧洲两大集团之间的潜在敌视的作用；而且令人感兴趣的是，1831年10月在巴黎举行了一次大使级会议，居然能够达成一项议定书，其中建议全面裁减欧洲军备，并且以冠冕堂皇的词句大谈"各国之间愉快地恢复了一致"②。

然而，这种和解的迹象被人们引入歧途，在1832年至1833年间，东西方国家之间的鸿沟明显加深了。沙皇采取措施惩罚波兰人（参见第19章和第14章），激怒了西方的舆论；梅特涅鼓励德意志各邦诸侯镇压政治鼓动也造成同样的结果。同时，法国在1832年派遣一支观察部队到意大利的安科纳，引起梅特涅对法国希图进行扩张的严重猜疑。但是，使欧洲分裂为两个敌对阵营的最重要因素大概是近东事件的发展变化（参见第16章，原文第428页）。

埃及帕夏穆罕默德·阿里很久以来就希望把他的控制扩展到巴勒斯坦、叙利亚和阿拉伯半岛。他在1831年下半年制造了一起与黎巴嫩帕夏的争端，并派他的儿子易卜拉欣率军包围阿克。马哈茂德二世苏丹试图对这一争端进行裁决，没有成功，于是宣告穆罕默德是叛乱者，并且发兵去镇压他。然而，随后在1832年整整延续了一年的战争中，他的部队连续遭到惨败；到12月埃及人大有踏平整个小亚细亚和直取君士坦丁堡之势。

埃及的进展引起与地中海东部有利害关系的一切国家的关心；奥地利政府认为穆罕默德·阿里是一个必须予以镇压的叛乱者，力图促

---

① 贝尔：《帕默斯顿勋爵》，第1卷，第169页。
② 阿尔弗雷德·斯特恩：《1815年条约至1871年法兰克福和约期间的欧洲史》（斯图加特，1905年），第4卷，第223—225页。

成各国采取集体行动保持奥斯曼帝国的完整。然而，梅特涅在这方面的尝试在巴黎没有引起任何兴趣，法国政府与穆罕默德有着亲密的关系，更愿意在苏丹与其藩属之间进行调解而不愿采取任何强制行动；梅特涅的尝试在伦敦虽受到较热情的欢迎，但是也没有任何明确的效果，帕默斯顿在他一生事业的这个阶段，对于采取何种政策最有利于推进英国在近东的利益，尚未作出决定；他倾向于认为集体行动是可取的，但是希望伦敦而不是维也纳成为列强会谈的中心，这样一个条件是梅特涅所无法接受的，他一直渴望使维也纳重新成为欧洲外交的首都。①

正当维也纳和伦敦进行毫无结果的讨论时，苏丹走投无路，转向俄国寻求援助；1833年2月，俄国军队在博斯普鲁斯海峡沿岸登陆，俄国舰队在君士坦丁堡碇泊，使西方国家大吃一惊。俄国这次干涉对于交战双方在5月达成和平起了决定作用，和平的条件是让穆罕默德·阿里取得叙利亚、阿达纳和塔尔苏斯。但是俄国的行动还有一项甚至更令人震惊的结果。在沙皇军队撤退之前，土耳其和俄国于1833年7月8日在洪基尔—斯凯莱西签订了一项新的条约。这个文件一方面确认两国之间现存的条约，同时宣告俄国和土耳其在8年内相互承担义务，一旦遭到外界侵略，互相保卫两国领土。然而，根据一个单独的条款，土耳其如果在战时对武装船只封闭达达尼尔海峡，"不让任何外国船只以任何借口进入海峡"，那么它就无须履行向俄国提供海军和陆军援助的义务。

洪基尔—斯凯莱西条约在欧洲引起轰动，因为看来它使俄国在土耳其政府那里得到一种优惠地位，在伦敦，帕默斯顿公开声称藐视这个文件，但是，他同法国联合起来企图阻止条约批准的努力虽然气势汹汹可是毫无结果，毫无疑问，他害怕这项条约会使土耳其成为俄国的一个卫星国，或者促使土耳其迅速分裂。同时，他对梅特涅强烈不满，骂他暗中参与沙皇的密谋，欺骗英国政府。这可能不公平，因为证据似乎表明，这一条约使维也纳也感到惊讶不快。② 但是，西方对奥地利和俄国政策的疑虑现在完全被激发起来，1833年9月尼古拉

---

① 韦伯斯特：《帕默斯顿的外交政策》，第1卷，第290，296—299，300页。
② 同上书，第306、310页，尚可参阅 G. H. 博可索弗《庞森比勋爵》，载《斯拉夫评论》，第13卷（1934—1935年），第102页和注引。

与弗兰茨皇帝和梅特涅在明亨格列兹会晤。在这次会晤中，沙皇显然力图就他在近东的意图向奥地利人再次作出保证，但会谈也涉及其他问题。在会谈结束之前，这些东方伙伴一致同意将来采取镇压措施对付波兰人和德国自由派，他们还结成正式联盟，承认任何国君都有权在受到革命的威胁时要求东方国家予以援助。这一宣告似乎成了对自由主义的西方发动新攻势的先声，于是英国和法国政府一致表示反对。

它们在伊比利亚半岛找到一个进行有效反击的机会。在此没有必要深入叙述伊比利亚国家复杂的政治局势；但是可以简要指出：自1831年以来，英国和法国对葡萄牙年轻的女王玛丽亚重新夺回王位的努力，一直给予鼓励，并暗地给予军事援助。玛丽亚的王位是1828年被她的叔父唐·米格尔夺去的。1833年7月，大约在俄国人正谈判洪基尔—斯凯莱西条约的同时，在一位英国海军上将指挥下的葡萄牙舰队俘获了米格尔海军的大部，几个星期以后，玛丽亚的军队进入里斯本，推翻了米格尔。在这些事件之后不到一个星期，西班牙国王费迪南德七世去世，把王位传给他年幼的女儿，由他的妻子克里斯蒂娜任摄政。然而，费迪南德的兄弟唐·卡洛斯立刻表示异议，他举起反叛的旗帜，并且与葡萄牙王位觊觎者唐·米格尔联合。因为佩德罗和米格尔两人的反动观点都丝毫未改变，并且因为他们都得到梅特涅的同情，于是这两位年轻的女王在群众心目中自然就与自由主义事业完全联系在一起，尽管在他们的政治活动中没有什么东西证明这种看法是正确的。

无论如何，英法两国政府正如对葡萄牙女王一样，也对西班牙女王张开保护伞；而且帕默斯顿决定以这一深得人心的事业为基础，作出一种外交姿态，目的在于回答和蔑视洪基尔—斯凯莱西条约和明亨格列兹声明。由于帕默斯顿的倡议，英法在1834年4月把它们同两位女王的谅解转变成四国同盟，引人注目地表明西方国家阻止在伊比利亚半岛实现梅特涅的干涉理论的意图。帕默斯顿夸口说，这将"强有力地抵销东方的神圣同盟"，因为"西方四个立宪国家组成的一个正式联盟在欧洲所起的道义上的影响绝不是无足轻重的"。①

---

① 韦伯斯特：《帕默斯顿的外交政策》，第1卷，第397页。

这一联盟确实发生了很好的影响，阻止了其他国家在西班牙和葡萄牙的冒险活动，而且尽管骚乱和内战还延续了几年，这两位女王的事业终于取得了胜利。四国同盟似乎也确定了从1830年开始变得明显起来的欧洲固定地分裂为东方与西方。然而作为这一时期外交结盟特点的变动无常实际上还是继续存在。例如，英法协约远没有四国同盟的热烈支持者设想的那样亲密。的确，签订四国同盟还不到一个月，路易·菲利普就同梅特涅的亲信埃斯泰尔哈吉公爵密谈，并且暗示，他是勉强参加四国同盟的，而且他更愿意与奥地利达成一项永久性的安排。

法国国王的这种做法在以后五年内还时时重复，尽管他从来没有得到他所希望的鼓励，但是由于他本人日趋保守，以及他渴望欧洲大陆各王室对他平等相待，这种做法无疑得以一直继续下去。但是路易·菲利普并不是唯一越来越不喜欢英法协约的人。这个协约的根本弱点，正如雷蒙·居约在《第一次英法协约》中所指出的，是在于这两个国家之间并不存在真正共同的经济利益。法国工业家对英国竞争的威胁极为愤慨，要求采取关税措施，而海峡彼岸则对此表示惊愕和愤怒。英国和法国的商业利益在希腊和西班牙以及在非洲和太平洋更加遥远的市场上都发生尖锐的冲突。这些情况无疑影响了两国的官方关系。帕默斯顿在1837年抱怨说，法国的主要动机是"嫉妒英国商业繁荣，想制止这种繁荣的发展"[1]；第二年，两国的关税谈判未能达成任何实质性结果时，英国驻巴黎大使警告法国政府说："如果两国不能用商业的纽带直接联系在一起，那么它们在政治上的团结是不可能继续下去的。"[2] 英国外交大臣仍然认为同法国结盟在政治上有好处，并提醒英国驻外使节："对我们具有巨大重要性的不仅是同法国保持良好关系，而且要向全欧洲表明这种姿态"[3]；但是他既意识到存在各种使两国分离的力量，也意识到法国国王所玩弄的策略，而且了解，他随时都有可能不得不改变他对东方各国的态度。

英法协约的这种分裂倾向——以及东方各国首都对这种倾向并非完全没有觉察到的事实——对各国在1839年和1840年的近东危机中

---

[1] 韦伯斯特：《帕默斯顿的外交政策》，第1卷，第455页。
[2] 居约：《英法协约》（巴黎，1926年）第149页。
[3] 韦伯斯特：《帕默斯顿的外交政策》，第1卷，第414页。

的结盟关系发生了显著的影响。这次事件同早先1833年的事件一样，起源于穆罕默德·阿里的野心。他明确地认为，他在1833年同苏丹解决问题，只不过是一次停战协定，他在1838年5月还告诉在亚历山大的一些领事，他打算宣布独立。而在马哈茂德苏丹这一方面，则急于想解决同穆罕默德的宿怨，而事实上是马哈茂德在1839年4月主动挑起敌对行动的。然而，苏丹的军队在这一次新的战役中也并不比以前更顺利。6月份马哈茂德军队的精华在奈兹布溃败，7月份他的整个舰队投敌；到年底，穆罕默德·阿里看来又一次处于可以对奥斯曼帝国为所欲为的地位。

远在达到这一危险阶段之前，列强就已经开始行动。例如在伦敦，帕默斯顿这次一反前次危机中表现的那种犹豫不决。1833—1839年之间，汽轮在红海和幼发拉底河试航成功，这在英国人眼里大大提高了通往印度陆路的重要性，这件事加强了帕默斯顿的决心：决不能让俄国或穆罕默德·阿里统治红海和幼发拉底河，他开始越来越把穆罕默德·阿里看作法国的代理人了。由于敌对行动即将爆发，他就希望安排一次各国协调一致的行动，不仅制止埃及帕夏，而且以对土耳其的完整作出全面保证，来代替洪基尔—斯凯莱西条约。在1838年春末和整个夏季，他一直努力说服其他国家，在侵略行动开始之前有必要制定协调一致的政策。奥地利和法国似乎都愿意合作，但是帕默斯顿没有从圣彼得堡得到任何鼓舞。他采取他一贯的不达目的誓不罢休的办法，频频向俄国首都发出照会，其中一次甚至警告说："欧洲决不会容忍任何一国用自行其是和独断专行的干涉来解决问题"，明确提示英国将抵制根据洪基尔—斯凯莱西条约采取的片面行动。英国大使报告说，在他向涅谢尔罗迭宣读了这一照会后，这位大臣答复说，俄国把洪基尔—斯凯莱西条约看成是一个负担而非其他。① 然而，俄国在整个1838年对所有关于采取"事前的一致行动"的建议一直没有任何反响。②

一旦战斗开始，梅特涅就夺得了主动，他看到这又是一个把"欧洲协同体"拉到维也纳的机会。1839年5月，他开始同驻维也纳

---

① 韦伯斯特：《帕默斯顿的外交政策》，第2卷，第592—595页。
② 见菲利普·E. 莫斯利《俄国外交与东方问题的发生》（马萨诸塞州坎布里奇，1934年），第67—92页。

的四国大使会谈，成立了一个事实上是召开一次讨论东方危机续会的机构。正是这一机构，在苏丹的部队6月和7月遭到惨败之后，发出指示，后来根据这些指示草拟了著名的7月27日集体照会，由五国代表在君士坦丁堡递交给苏丹，通知他，五国正在准备干预，并敦促他在五国没有宣布它们的意图之前，不要对穆罕默德·阿里作出任何让步。在土耳其政府由于军事上惨败和马哈茂德二世突然逝世而受到震动之际，梅特涅的果断行动无疑促使它振作起来，鼓励它继续抵抗。但是，梅特涅的行动也促使沙皇方面采取一个出乎意料的行动。因为在8月初，尼古拉宣布，集体行动方针是在并未得到他的同意的情况下制定的，他虽然接受这一方针，但断然反对把维也纳作为将来讨论东方问题的中心的建议。这一消息，以及沙皇对于奥地利参与他看来是一次反俄表现的行动而感到的明显愤怒，使梅特涅大失所望，精神似乎完全崩溃，于是隐退到自己的庄园去了。

然而，尼古拉并不想在近东单独行动。英国在前一年提出的警告给了他深刻印象，他懂得，他要是单独采取行动可能会引起同英国的一场战争。此外，正如涅谢尔罗迭说过的那样，他已经把洪基尔—斯凯莱西条约当作一种负担，并且认为，土耳其人如果确信能得到英国的支持，他们是会取消它的；在这种情况下，他准备放弃它，而同意仍能保证封闭对俄国利益有巨大好处的海峡的任何安排。最后，沙皇看出这是一个离间英法，孤立他一贯认为是孕育欧洲革命和反叛的主要温床的那个国家的机会。于是他在1839年9月派遣他最能干的外交官之一布伦诺夫男爵前往伦敦，说服帕默斯顿相信俄国愿意进行合作，找出办法制止穆罕默德·阿里，并保持土耳其帝国的完整。

在帕默斯顿看来，俄国愿意放弃洪基尔—斯凯莱西条约胜过其他任何考虑；他和这位俄国使节没有什么困难就拟订了一个解决近东问题的方案；规定采取强制性行动迫使穆罕默德·阿里放弃他取得的大部分东西，并规定一旦战争结束就签订一项国际协定，禁止所有国家的军舰通过博斯普鲁斯海峡和达达尼尔海峡。当帕默斯顿和布伦诺夫临近达成协议时，奥地利和普鲁士驻伦敦使节也得到参加会谈的权利，并表明他们的政府将支持已经达成的条件。同时，帕默斯顿也忠实地把会谈的要旨通知法国大使，希望在各国拟议进行的干涉中得到法国的合作。

然而，他这方面的希望未能实现。法国舆论欢呼穆罕默德·阿里的军事胜利，不论是苏尔特政府还是在 1840 年 3 月继任的梯也尔政府，都不愿拂逆群众的情绪，剥夺埃及帕夏的胜利果实。而且，梯也尔拒不相信其他国家能够团结一致采取有效的强制措施对付穆罕默德，他受到英国亲法分子——其中有些人接近内阁——的鼓励，认为英国决不会抛弃法国，因此，他抵制英国外交部的一切建议。

列强之间的会谈和英国内阁的辩论，在 1840 年前半年一直继续进行。然而，帕默斯顿此时已下定决心：如果法国不肯合作，那么"为了英国的利益，为了维持力量均势和维护欧洲和平"，其他国家撇开法国而行动实属重要。他争辩说，如果这些国家不能这样行动，俄国就会重新坚持洪基尔—斯凯莱西条约；其结果是"土耳其实际上分裂为两个单独的国家，一个是法国的附属国，另一个是俄国的卫星国，我们在这两个部分的政治影响将一笔勾销，我们的商业利益将遭到牺牲"①。外交大臣明确告诉他的阁僚：除非采纳他的意见，否则他就要辞职，这件事肯定会使辉格党政府倒台。最后他的意见通过了，1840 年 7 月 15 日，他同东方国家的代表签订了四国协定。

根据帕默斯顿和布伦诺夫已达成协议的条件缔结的这一协定，是近东危机决定性的转折点；四国如何执行协定以及如何迫使穆罕默德·阿里退回他的埃及领土，这里无须赘述。然而，应该指出，在协定签订后的三个月，欧洲和平千钧一发，因为巴黎的舆论由于法国遭到孤立而义愤填膺，人们愤怒地谈论要对英国作战，并且——没有道理地——要求打过莱茵河去。梯也尔不愿正视事实，改变站不住脚的立场；帕默斯顿对自己以前的盟友的这种强烈反应又无动于衷②；而苏丹则想利用各国的支持彻底打垮穆罕默德·阿里，强迫他退位，这一切使得当时的局势更加严重。然而，梯也尔政府在 10 月份倒台，加之梅特涅采取了某些高明的外交手段，迫使苏丹手下几个态度比较顽固的顾问去职，终于使紧张局势缓和，为达成一项解决办法打开了途径，它使苏丹收回了他在 1833 年失去的东西，同时使穆罕默德·阿里保住了他在埃及的地位。

---

① R. W. 塞顿－沃森：《英国在欧洲》，第 205 页。
② 韦伯斯特（《帕默斯顿的外交政策》，第 2 卷，第 695—737 页）对自己书中主人公的策略完全持赞颂态度。另可参阅 R. W. 塞顿－沃森《英国在欧洲》，第 213、220—222 页。

在危机完全消除之前，个别国家还曾施展过一些谋略，这使人们看到19世纪的前半叶欧洲联盟体系性质的某些令人感兴趣的方面。例如在1840年年底，尼古拉一世问英国大使，英国是否会"反对以某种行动书面商定和建立……愉快地存在于四国之间的联盟，作为一种安全保障，以反对法国可能用以唤起欧洲革命情绪的任何努力，或反对也许会发生的一次革命战争"①。像这样提出用书面或口头协议把孤立法国的做法正式肯定下来，是令人为难的，帕默斯顿急忙拒绝了。他的做法是发出一封彬彬有礼的函件，强调英国打算继续"密切注视和尽心维护力量均势"，声称"一国企图占领属于他国的领土"会"破坏现存的均势"，与此同时他解释说，宪法方面的困难使英国政府无法参与"关于尚未实际发生的情况的约定"。②

正当双方交换信件时，梅特涅与沙皇进行着目的正好与此相反的活动，注意到这一点是颇有启发意义的。这位奥地利首相对于1840年7月的协定从未完全满意，他似乎怀疑帕默斯顿和沙皇都希望同法国开战。梅特涅的传记作者写道：为了防止这场战争，"他决心如果最坏的情况发生就退出七月协议，把普鲁士也一道拉出来，同法国缔结单独的协定"。③ 虽然梅特涅并未被迫走到那种地步；但是在危机发生的那几个月里，他利用他在伦敦和巴黎以及在君士坦丁堡和亚历山大的影响，促成温和的解决办法；法国之所以能重返欧洲协同体，同意1841年7月13日签订的、结束长期危机的所谓海峡公约，这在很大程度上是由于梅特涅在普鲁士人协助下，在法国同其他国家之间调解获得成功。

帕默斯顿之甘愿在1839—1840年的近东危机中转而反对法国，以及梅特涅在那场危机最后阶段采取的政策都表明：当涉及各国的利益，或涉及维护和平与力量均势的问题发生时，各国在思想上的分歧对它们的态度只起非常轻微的影响。到了19世纪40年代，"自由国家"与"反动国家"之间的分野已经完全消失，这样说并不过分。肯定地说，在东方问题解决之后的那些年，英国同俄国的官方关系以

---

① 克兰里卡德1840年12月22日致帕默斯顿信，转引自 F. S. 罗德基《英俄关于"永久性"四国同盟的谈判》，《美国历史评论》第36卷（1930—1931年），第343页。

② 帕默斯顿1841年1月11日致克兰里卡德信，转引自 F. S. 罗德基《英俄关于"永久性"四国同盟的谈判》，《美国历史评论》第36卷（1930—1931年），第345—346页。

③ 海因里希·里特尔·冯·兹尔比克：《梅特涅》，第2卷，第80页。

第十章 联盟体系与力量均势

及法国同奥地利的官方关系,总的看来比西方国家相互之间的关系更少纠纷。诚然,从1841年至1846年,当皮尔坦任英国首相,阿伯丁勋爵担任外交大臣时,他们曾尽一切努力恢复英法协约。但是,尽管阿伯丁同当时任路易·菲利普的首相的基佐关系密切,两国却几乎在不停地争斗。英法两国传教士在塔希提岛的纠纷引起伦敦和巴黎报界在1842年唇枪舌剑的交锋;两国驻希腊外交代表之间的斗争使两国关系恶化到这样一种程度:法国国王对奥地利驻巴黎大使抱怨说,"英国政府令人遗憾的倾向于无时无刻不在支持革命,从而破坏了欧洲和平"[①];最后,在帕默斯顿于1846年重返外交部之后不久,路易·菲利普的儿子蒙庞西埃公爵同西班牙公主联姻,这在英国激起了愤怒的浪潮,因为这次婚姻被认为是违背了法国以前的诺言,使法国有在伊比利亚半岛称霸之势,于是英法协约就在这阵浪潮中彻底垮台了。

法国政府充分认识到遭孤立的不利政治形势,于是加倍努力与奥地利达成谅解。基佐在1847年5月派遣一名特别代表前往维也纳与梅特涅会谈;当这一行动为对方热诚接受后,他接着就发出一信,其中写道:"法国目前倾向于,也适合于采取保守主义政策。它早已达到自己的目标,并拥有自己的地位……因此实行谅解的政策对我们来说是理所当然的,而且是以事实为基础的。"[②] 梅特涅当时正忙于应付德国、瑞士,特别是意大利的革命宣传鼓动高潮(参见第19章和第21章);尽管他根本不会完全相信法国是真正转向保守主义[③],但仍然欢迎合作,这种合作可能用来保护维也纳会议决议,对付反对这些决议的种种麻烦。于是,新的协约关系诞生,不过,正如以后的事态发展所证明的,它为时已经太晚,无法影响欧洲发展的进程。

与此同时,英俄关系比它们缔结反对拿破仑的联盟以来更加友好。沙皇在1840年建议成立联盟,帕默斯顿在答复时未断然拒绝,因此他一直努力取得英国的友谊。他在1844年甚至还访问了英国,同皮尔和阿伯丁会谈了土耳其的形势,向他们保证他将尽自己的力量保持现状,并且敦促他们,如果现状不可能保持,应考虑英俄就奉行

---

① R. W. 塞顿-沃森:《英国在欧洲》,第235页。
② A. J. P. 泰勒:《欧洲外交中的意大利问题,1847—1849年》(曼彻斯特,1934年),第25页。
③ 同上。

什么政策达成谅解的必要性。除此之外,他还坚持认为,过去在两国之间存在的敌对是没有道理的。他对皮尔说:"几年前,德拉姆勋爵奉派到我国,他对我充满偏见。同我一接触,他的全部偏见就都烟消云散。这正是我希望带给你以及整个英国的东西。我希望通过个人交往驱散这种偏见。"①

塞顿-沃森教授提出:如果沙皇在这次访问期间建立的个人接触得以保持下去,也许就能够避免引起1854年克里米亚战争的种种误解。这是一个假设,当然是不可能得到证明的。然而毫无疑问,俄国与英国之间的这种新的和睦关系是一种比奥地利和法国之间貌合神离的协约较有效的外交结合,它有助于在当时风暴席卷欧洲之际保持力量均势和普遍和平。

1848年的革命(第15章),对于1815年建立起来的条约体系和力量均势,构成空前严重的威胁。奥地利和普鲁士陷于瘫痪,法国突然由一个自由—保守的君主政体变成一个激进的共和国,意大利、德意志、匈牙利、波兰和石勒苏益格-荷尔斯泰因各族人民的民族愿望正在觉醒,这些情况给处在欧洲边缘的这两个国家带来了阴云密布的前景,因而它们感到应当共同关心尽可能阻止它们所惧怕的混乱和破坏,这也就不足为奇了。尼古拉获悉维也纳和柏林发生革命的消息后,不久就写信给维多利亚女王,声称只有俄国和英国的"密切联盟"才能"拯救世界"②;帕默斯顿1848年4月11日就如何答复涅谢尔罗迭类似函件时写给他的大使说:"向涅谢尔罗迭伯爵保证:我们对俄国的感情和情绪同他向你表示的对英国的感情和情绪完全相同。目前我们是欧洲仅有的两个能挺直腰板的国家(除了比利时也经常如此之外),因此我们应当互相信任。"③

如果说在革命动乱期间英俄实行合作,也许是夸大其词,因为两国都是自行其是,并非总是和谐无间。但是,它们的目标相同:每一

---

① F. 马克斯·米勒:《斯托克马尔男爵回忆录》(伦敦,1873年)第2卷,第109—110页。另见弗农·J. 普里尔:《英国、俄国与海峡问题,1844—1856年》(加利福尼亚州伯克利,1931年),第40—74页。
② A. C. 本森与伊谢尔子爵编:《维多利亚女王书信集》(伦敦,1907年)第2卷,第196页。
③ 伊夫林·阿什利:《帕默斯顿子爵亨利·约翰·坦普尔生平与通信》(伦敦,1879年)第2卷,第79页。

方都想制止当地的动乱,使它们不致酿成一场普遍性的战争,打乱1815年的细心安排,破坏力量均势;而且每一方都小心翼翼,避免干涉另一方为达到此目的而采取的步骤。

英国政策再次由帕默斯顿运筹帷幄,其首要目的是遏制法国新共和政府野心勃勃的计划。该政府外交部部长、诗人拉马丁虽然早在2月27日就曾宣告:"共和政体并未改变法国在欧洲的地位,也未改变它忠实诚挚的愿望,同那些与法国一样希望国家独立和世界和平的国家保持友好关系。"① 但是,3月4日,他在一个长篇的"致各国宣言"中却宣布:"从法律上说,1815年各项条约在法兰西共和国眼中已不复存在",不过紧接着他又说,"法国承认该条约的领土条款是一个事实,是同其他国家关系的基础和出发点",他还说,"法兰西共和国不会发动针对任何人的战争"。②

帕默斯顿看出,这个令人难以捉摸的长篇文件是想讨好群众情绪而又不至于把法国置于危险的冒险事业之中。他采取的政策——事实上是在《致各国宣言》以前就已经制定的政策——同1830年采取的政策一样:即他将制止欧洲进攻法国,条件是法国也不进攻欧洲。虽然3月在维也纳和柏林发生的革命,消除了进攻这个新共和国的任何可能性;但是英国从一开始就表现的友好态度,对于劝导法国政府在随后的几个月执行谨慎而有节制的政策,也起了一定作用。

由于还有其他一些力量也在唆使该共和国参加一场打破现状的总进攻,这一点就更加重要了。例如3月18日在柏林发生的革命,就促使德国某些自由主义分子,包括马克斯·冯·加格恩和普鲁士新任外交大臣海因里希·冯·阿尔尼姆策划一项计划,设想普鲁士可利用波兰人在波森的起义而解放整个波兰,故意挑动俄国开战,利用这场冲突所引起的狂热,形成一个由普鲁士领导的统一的新德国。支持这项计划的人认为,在他们的计划付诸实施时英国会保持善意的中立;但是,他们希望得到法国的援助和合作。阿尔尼姆因而在3月23日邀请法国政府参加一项公开的联盟宣言,宣言的目的是重建波兰。他进一步要求法国在普鲁士认为有必要时派遣一支海军舰队进入波罗

---

① 阿尔方斯·德·拉马丁:《执政三个月》(巴黎,1848年),第68页。
② 同上,第69页及以下各页。参见 L. B. 纳米尔《1848年:知识分子的革命》,《英国科学院年刊》,第30卷(1944年);第35—36页。

的海。

这个计划之所以引人注意,主要是它表明当时的欧洲形势孕育着种种危险;但它终于成为泡影,很大一部分原因是沙皇和法国政府采取了克制态度:前者小心翼翼地不采取任何可能支持德国好战派的行动;后者则决定不把宝押在普鲁士政府的身上,因为它不相信这个政府的稳定性。但是,帕默斯顿决心干涉这件事情,很可能影响了俄国和法国的态度。3月30日斯特拉特福德·坎宁途经柏林时曾经同弗里德里希·威廉四世及其新任外交大臣会谈;国王曾敦促他劝告阿尔尼姆不要从事肯定会使普鲁士与俄国发生战争的计划。坎宁向伦敦报告了这一情况,于是帕默斯顿立即给柏林发出了严峻的警告,敦促普鲁士政府"不要采取俄国理所当然地认为是侵略的任何行动"。[①] 这封信的语调打破了阿尔尼姆关于英国会对他的计划保持善意的幻想;它似乎也鼓励了国王对他的那些大臣采取坚定的方针,而在此以前他被革命的胜利吓破了胆,沙皇曾经轻蔑地称他为"庸庸之君"。[②] 5月,弗里德里希·威廉扬言,如果采取任何反俄政策,他就退位,于是阿尔尼姆的计划告吹。

与此同时,在意大利出现了一个对和平严重得多的威胁。伦巴第和威尼斯的居民由于梅特涅的统治崩溃而受到鼓舞,起来造反,并且得到撒丁国王的支持,该国王意欲成为使意大利摆脱奥地利统治的解放者。帕默斯顿再次作为调解人出面干预,然而他的政策这次不像前次那样获得明显成功,并且也从未得到他的君主或他自己的政党的充分理解。起先,他的目的是劝说奥地利政府放弃它占领的意大利省份,这并不是因为他热心于意大利的统一,也不是因为他想削弱奥地利帝国——事实上,他一向认为强大的奥地利是力量均势和"欧洲的政治独立与自由"所不可缺少的[③]——而是因为他认为奥地利肯定无法扑灭意大利的不满,而且企图这样做就将会招致法国的干涉,引起战争。奥地利政府在5月和6月至少愿意讨论能否给伦巴第以自由,但是米兰的临时政府态度僵硬,不可能达成任何协议;7月,奥

[①] 纳米尔:《1848年:知识分子的革命》,《英国科学院年刊》,第30卷(1944年),第62—64页。

[②] 海因里希·里特尔·冯·兹尔比克:《德国的统一》(慕尼黑,1935—1942年),第1卷,第331页。另参见鲁道夫·斯塔德尔曼《1848年革命的社会政治史》(慕尼黑,1948年),第55—56页。

[③] 例如,参见贝尔《帕默斯顿勋爵》,第2卷,第14页。

地利在库斯托扎取得胜利,皮埃蒙特军队被迫撤出伦巴第,使局势发生急剧变化。因为米兰政府和皮埃蒙特政府现在都开始考虑直接呼吁法国进行军事干涉,这样一来无疑会引起一场大战。

法国政府虽不急于打仗,但是正如卡芬雅克将军所承认的:"如果……意大利人民普遍发出呼吁要求给予援助……在此地建立的任何政府都无法长期拒绝这种要求。"① 因此必须找出可以取代的行动方式,既能为法国舆论所接受,又能使干涉没有必要。帕默斯顿这次提出了解决办法,他建议根据奥地利以前的一项提议,由英法在奥地利和皮埃蒙特之间联合进行调解,将伦巴第合并于皮埃蒙特。法国政府迫不及待地抓住帕默斯顿的建议,从而度过了危机。后来英国女王把帕默斯顿与法国联合说成是"最邪恶的行为",但是事情很清楚,"他给法国政府提供了不打仗的唯一可能的借口"②,他在下院亲自夸口说调解"有助于维护欧洲和平"也是很有道理的。③

除此以外,联合调解并不能说是成功的,因为这时在费利克斯·施瓦岑贝格亲王有力领导之下的奥地利政府拒绝作任何让步,并且坚持不仅保有伦巴第,而且在这个造反的省份实行最野蛮的镇压措施。在这种情况下,帕默斯顿已无能为力,只有保持同法国的密切联系,希望意大利的混乱尽快结束。1849年春再次出现紧张局势,皮埃特蒙国王被引入歧途,竟与奥地利重开战端,不幸在诺瓦拉又遭惨败。当时情况很清楚,尽管法国新总统路易·拿破仑抱有明显的和平意图,但是如果奥地利把不合理的条件强加于遭到失败的国王,法国仍然可能进行干涉。因此帕默斯顿加紧努力使奥地利明白道理;然而他同施瓦岑贝格的私人关系使他们不可能从事客观的讨论,所以他指示英国驻巴黎大使与奥地利领袖的亲信许布纳男爵接触,说服他相信英国唯一的意图是希望"意大利尽快平定下来"④。这件事再加上法国代理人在意大利加紧活动,使施瓦岑贝格相信:不对皮埃蒙特施加不必要的凌辱是明智的;于是最后于1849年8月在米兰签订了和约,从而结束了危险的局面,在意大利恢复了1815年的领土安排。

---

① 泰勒:《意大利问题》,第138页。
② 同上书,第218页。
③ 《英国议会议事录》,第3编,第102卷,第216页。
④ 泰勒:《意大利问题》,第230页。

在这件事情上，帕默斯顿自始至终有意无视意大利的民族愿望，他的指导思想一直是维护力量均势。这也决定了他对待在东欧，特别是在匈牙利发生的事件的态度，当时匈牙利的科苏特革命政府正力图摆脱维也纳取得独立。帕默斯顿尽管个人对反叛者表示同情，但不能支持起义，因为如果起义成功就会动摇奥地利作为维护中欧秩序的堡垒的地位；他拒绝了科苏特的代表所作的一切友好要求，辩称他"仅仅知道匈牙利是奥地利帝国组成部分之一，对其他则一无所知"。① 俄国政府出兵援助弗兰茨·约瑟夫的军队，对恢复匈牙利秩序起了决定性作用。然而，指出这一点是很重要的：英国外交大臣对于俄国原先的干涉不仅未表示任何反对，而且实际上是予以鼓励的，特别是考虑到帕默斯顿曾强烈抗议奥地利在反叛者遭到失败后还迫害他们，就更应指出这一点。实际上，他在1849年4月告诉俄国驻伦敦大使：俄国必须采取行动援助奥地利，但是必须"尽快结束"。布伦诺夫男爵正确地解释这一忠告的意思是英国外交大臣希望俄国承担起在东欧维持力量均势的责任。②

俄国已做好充分准备，这一点不仅表现在它在匈牙利叛乱中所起的作用，而且表现在它在1849年和1850年德国事件中所遵行的政策上。根据1815年的安排，德国各邦松散地组织在一起，以便作为列强衔接的领土之间的缓冲；而1848年3月的事态发展打破了这一细心安排的均势；由自由派政治家组成的法兰克福议会在1848年3月以后进行了英勇的努力，试图在旧德意志联盟的废墟上建立一个统一的德意志帝国。他们的试验失败了，因为奥地利和普鲁士迅速恢复过来，普鲁士国王在1849年4月又轻蔑地拒绝接受法兰克福议会授予他的皇冠（参见第15章，原文第407页）。这些事件虽使沙皇感到放心，因为他丝毫不愿意看到在他的西侧出现一个统一的德国；但是，他马上就遇到更加麻烦的事情。因为弗里德里希·威廉四世根据约瑟夫·玛丽亚·冯·拉多维茨设想的计划，在1849年企图把德意志诸侯统一在由他领导的一个联盟中。这个联盟排除奥地利，但设法与之建立友好关系。奥地利政府当然反对这个计

---

① 查尔斯·斯普罗克斯顿：《帕默斯顿与匈牙利革命》（剑桥，1919年），第46页。
② R. W. 塞顿-沃森：《英国在欧洲》，第266页。

划；在整个1849年，它一面忙于对付意大利和匈牙利的事件，同时尽一切努力破坏普鲁士同其他各邦诸侯的谈判；施瓦岑贝格的独裁成性——如弗里德容所写的——"驱使他采取武力解决办法"①，于是他在1850年就使普鲁士面对要么放弃原定计划，要么进行战争的处境，而毫无转圜的余地。

1850年这一年两个德意志大国之间的危机日趋严重，到夏末看来战争十分可能发生，因为施瓦岑贝格和拉多维茨两人谁也不打算退让。1848年革命造成的战争威胁当时或许达到了最严重的程度，正在这个关头，俄国进行了干涉。沙皇在6月警告弗里德里希·威廉：未经其他签字国同意而擅自改变欧洲各项条约，应看作是侵略行动②；在对力量均势哲学下了这个近乎经典性的定义之后，他全力支持奥地利的反对意见。沙皇的力量是否足以有效地干涉奥普战争，是一个值得怀疑的问题③；但是毫无疑问，沙皇的立场起了决定作用。它使柏林反动的王党又得到了一个论据，用以说服国王抛弃拉多维茨和他的计划；于是1850年11月普鲁士在奥尔米茨会议上向奥地利的要求屈服，同意恢复1815年解决德意志问题的协议。

在解决这一问题上，英国未起任何作用。然而，在1848年革命引起的最后一个复杂的国际纠纷中，英国政府在俄国的默许下，带头提出了目的在使力量均势不受破坏的解决办法。这一次是石勒苏益格和荷尔斯泰因两个公国起而反对丹麦国王以及随后普鲁士和德意志联邦军队站在两个公国一边进行干涉而引起的旷日持久的争端。早在1848年6月，涅谢尔罗迭和帕默斯顿就取得一致意见：双方都不愿看到波罗的海的力量均势因德国的胜利而遭到破坏；虽然这意味着反对德意志和这两个公国的自由主义愿望，但帕默斯顿还是承担了困难的调解使命，把它作为避免发生俄普战争的最好办法。持续谈判达两年之久，其间三次开战，三次停战，才说服普鲁士国王签订了一项符合英国和俄国愿望的恢复现状的条约；即使取得了这一结果，英俄两国政府还是认为最好召开一次五国会议，求得两个公国地位的最后解

---

① 海因里希·弗里德容：《奥地利，1848—1860年》（斯图加特，1908年和1912年），第2卷，第30—31页。
② 利奥波德·冯·格拉赫：《回忆录》（柏林，1892年），第1卷，第491页。
③ 例如，参见西奥多·希曼《沙皇尼古拉一世统治时期俄国史》，第4卷，第226—232页。

决。五国会议于1851年和1852年在伦敦举行。

这次会议并非没有重要意义，因为它是1815年开始的长期和平阶段中按照欧洲一致原则举行的最后一次成功的会议。会议结束刚刚两年，列强之间终于爆发了战争，而战争一旦到来，各种力量便如脱缰野马，终于摧毁了俄国和英国在革命年代小心翼翼地加以维护的力量均势。

从1830年至1854年间充满着危机，就危机的次数和性质来说，这一时期竟成为一个持续和平的时期，似乎出人意料。如前所述，这部分是由于外交结盟体系的性质本身，由于它的流动性，使任何一个国家能在有战争危险的关键时刻转变各自的立场和影响。然而，人们越是深入考虑这个时期多变的结盟关系，人们就越是对其他一些使这种流动性成为可能而且实际上成为必要的因素有深刻的印象。实际情况看来是：尽管各国之间有着深刻的思想分歧，但是它们之间有着明显的意见一致。

除了不大敢承认自己的独特性的法国外，所有国家都承认力量均势：也就是说，它们同意1815年维也纳会议上所作的领土安排，以及更广泛的原则：未经其他国家同意，任何一国不得进行领土扩张。不仅如此，承认力量均势还意味着其他一些东西。它意味着任何一个国家都要保持高度的自我克制；它意味着尊重现存的条约；它还意味着：一旦这个体系的某些成员由于野心或轻率而寻求片面的领土扩张时，其他成员愿意参加一致行动加以遏制。

列强在克里米亚战争以前的相互交往中，恪守这些行动准则，几乎毫无疑问，法国和英国的自由派舆论一定会满怀热情地同意在1830年公开支持波兰起义者或者在1848年公开支持皮埃蒙特王国；但是这两国政府却宁愿避免实行可能打乱整个欧洲体制的政策。也许沙皇会在没有遭到其他国家严重反对的情况下在1833年从对土耳其的援助中勒索出更高的代价，但是尼古拉碰到任何可能被看作片面领土扩张的事情时总是退缩不前；而且，即使他想到肢解奥斯曼帝国，他在行动时也总是根据以前列强之间的协议大家平分秋色。在整个这一时期，各种条约也得到尊重，其程度是近年来所没有的；1846年奥地利占领克拉科夫共和国引起了纠纷，这一事件最引人注目的特点是整个欧洲舆论对奥地利的行动报以令人震惊的义愤，以及梅特涅拼命为辩解而炮制合法论据。①

最后，当时各国普遍愿意参加维护和平与力量均势的共同努力。这一点英国表现得特别明显；英国的地理位置和世界范围的利益，使它和欧洲体制的联系比起大陆国家来要脆弱一些，而且它在19世纪20年代曾退出过1814年和1815年建立的会议体系。然而，即使在它退出的时候，卡斯尔雷也曾表示，当力量均势受到威胁时，英国愿意在欧洲事务中起自己的作用；而且在1830年至1854年间，英国继续不断重申这一诺言，并按此行事。1841年1月帕默斯顿致沙皇的照会中明确承认了英国同大陆体制的联系的基本性质；约翰·罗素勋爵1852年在下院发言时曾再次对此作了解释：

> 我们与整个欧洲体系联合在一起，而且已经长达一个多世纪之久。任何一个国家的领土增加，任何破坏欧洲整个力量均势的领土扩张，尽管也许并不会立即引起战争，我国也不能漠然视之，而且无疑将成为会议讨论的主题；如果这种均势受到严重威胁，最终很可能引起战争。②

各国自我克制，尊重条约规定的公法，以及愿意采取一致行动予以贯彻执行，这就是在1830年至1854年间得以维护和平和保持力量均势的条件。1854年爆发的克里米亚战争，最主要的一点就是它破坏了这些条件。

克里米亚战争的起因和过程，将在本卷其他地方（第18章）讨论，在此不必赘述。然而，重要的是应该指出：这一荒谬的冲突成了欧洲历史的一个意义重大的转折点。在它之前是40年的和平；在它以后的15年中，欧洲列强打了四仗，结果是欧洲大陆的领土划分完全改变了。

造成这种情况主要是由于克里米亚战争破坏了各国之间存在已久

---

① 梅特涅：《遗稿》（理查·梅特涅－温内伯格编，维也纳，1880—1884年），第7卷，第276页及以下各页。

② 《英国议会议事录》，第三编，第119卷，第552页。

的一致原则,并根本改变了它们对大陆现存力量划分的态度。正如一位美国历史学家所写的:"在1857年已没有任何强大的政治力量义无反顾地承担起维护现状的义务。"① 至于法国,战争已使其统治者摆脱了他掌权最初几年所受的种种限制,或者说他所表现的克制。1853年,拿破仑三世把自己说成是"一个被新原则的力量提高到旧王朝崇高地位的人物"。新原则就是公民投票的原则;但是除此之外还有民族地位的原则。② 而当拿破仑在东方取得的胜利证实了他的威望和权力时,他就越来越热衷于根据民族界线重划整个地图了。至于其存在本身与维护1815年条约体系休戚相关的奥地利,新的危险倾向也是显然的。奥地利政府意识到奥地利在战争期间的外交活动在其他王朝所激起的普遍愤怒和怀疑,加之也许害怕报复,于是加紧努力巩固它在德国的地位和影响,采用的办法则完全违反了从1815年以来它一直遵守的与普鲁士合作的做法,并且破坏了它在1850年费尽心血才恢复的封建制度的基础。普鲁士在战争结束时也感到安全没有保障,而且由于感到不安全,就更倾向于考虑采取冒险外交政策的好处。其他国家在邀请普鲁士参加1856年巴黎和平会议上表现出犹豫不决,加重了普鲁士的这种不安全感,因为这种犹豫似乎反映了这些国家对普鲁士是否有权被当作一个大国表示怀疑;奥地利在德意志邦联中采取的策略也加重了这种感觉;尤其是普鲁士的自由主义反对派越来越不愿支持军队——除非把这支军队用于解决德国问题——更加重了这种感觉。虽然直到1862年,使普鲁士从维护旧的力量均势转变成反对这种均势的那位领袖才出现,但是决定俾斯麦的政策的各种力量却早已在起作用了,甚至在1856年,俾斯麦就写道:"在不太遥远的将来,我们将不得不进行战斗,反对奥地利以争取我们的生存,而且……要避免这件事我们是无能为力的,因为德国事态的发展,没有任何其他的解决办法。"③

但是,克里米亚战争在改变各国对现存秩序的态度方面最引人注目的作用发生在两个国家,这两个国家曾经是力量均势最顽强的维护者,而且当1848年革命使欧洲焦头烂额时,实际上是它们采取联合

---

① R. C. 宾克利:《现实主义与民族主义:1852—1871年》(纽约,1935年),第179页。
② 同上书,第165页。
③ 俾斯麦:《全集》(第2版,柏林,1924年及以后出版),第2卷,第142页。

的行动维护了这种均势。战争使俄国遭受的破坏以及俄罗斯帝国内部迫切需要进行改革,使圣彼得堡的政治家们相信:过去执行的积极外交政策至少必须暂时终止。当时已经处于其漫长政治生涯终点的涅谢尔罗迭,也承认了这一点,当时他说:"我们几乎绝对需要致力于国内事务,并发展我们的精神与物质资源。"① 这本身就是一个意义重大的变化,因为在尼古拉一世统治时期,俄国一直大力支持现存的条约结构,不仅如此,它还利用它同奥地利和普鲁士的密切联系,阻止这两个德意志国家堕入公开的敌对和战争。所以,俄国计划实行的这种政策变化显然有削弱维护欧洲秩序的事业的危险。

然而俄国政府现在不大愿意支持这种秩序了。俄国由于战争失败,尤其是由于失去比萨拉比亚和在黑海的权利而受到奇耻大辱,事实上已经变成了一个主张修改条约体系的国家;在以后的15年内,新沙皇亚历山大二世在外交政策方面仅有一个目标:使俄国摆脱1856年巴黎和会强加给它的屈辱条件。由于国家虚弱和国内事态发展的压力,使得要马上达到这个目标是不可能的;但是它从未失去这个目标。俄国的政策不得不像涅谢尔罗迭的继任者戈尔恰科夫在1856年所描述的那样:"俄国并非怒而不发,它是在默默地等待时机。"② 实际上,这在俄国政策中产生了一种新的机会主义因素,因为俄国的政治家们现在愿意考虑同其他一些主张修改条约体系的国家达成协议,这些国家答应:如果俄国不干涉它们在其他地方的计划,它们就支持俄国关于黑海权利的要求。

英国方面越来越倾向于从大陆纠纷中脱身,这也破坏了当时存在的力量均势和欧洲公法。对于英国人来说,克里米亚战争是一场令人失望和没有结果的冲突,它并没有给英国增添什么光荣。在随后的一段时期,存在一种总的愿望,即避免可能引起新冲突的各种冒险。这并不直接意味着英国将避免干预欧洲的纠纷,实际上,人们一般认为,它作为一个大国的地位,使它有道义上的责任对欧洲事务发表意见。正如丁尼生所写的:

---

① 《首相涅谢尔罗迭伯爵书信和文件集》,第11卷,第112页,转引自克里斯蒂安·弗里泽《从克里米亚战争到波兰起义期间的俄国与普鲁士》(柏林,1931年),第11页。
② 弗里泽:《俄国与普鲁士》,第23页。

> 只要一息尚存，我们就应自由抒发心声，
> 哪怕全欧洲的风暴在我们头上轰鸣。
> 我们不是一个小小的德意志邦，
> 我们必须讲话；但应是欧洲唯一的声音。①

可惜，很难一方面把避免冒险的愿望，一方面又坚持向欧洲说教，作为有效的外交政策的基础；当"良知与理智在心中斗争时"②，目的的坚定性是难以保持的，于是欧洲很快被英国政治家们的表演所吸引，他们在外交危机中采取坚决的，甚至是好战的立场，而一遇到严重的抵抗马上就仓促地狼狈退却。在1863年波兰起义和1864年德国进攻丹麦（参见第19章，原文第515页）期间，这种情况更是特别引人注目。在这些危机中英国的"威胁从不兑现、诺言从不履行"③的政策，既削弱了自己的声望，又削弱了自己的影响。

英国人自己也了解这一点，1864年在下院的一次著名的辩论中，所有党派的议员都一致攻击赋予帕默斯顿1830年以来的外交以活力的各项原则。以理查德·科布登为首的激进党人声称，已经到了在外交政策方面采用自由放任哲学的时候，而保守党人则主张英国的民族利益在海外而不在欧洲；力量均势的学说是"以一种陈旧制度的过时传统为基础的"。④

在这次辩论结束时取得的共识是：英国必须以不干涉原则作为自己的政策的唯一基础，这实际上成了1865年至1870年之间所有各届政府的清规戒律。但是，这并不是由卡斯尔雷阐明、由坎宁和帕默斯顿实行的那种不干涉原则，因为按照这一原则，英国虽避免干涉其他国家的国内事务，但如其他国家拒绝遵守同样原则，英国总是保留自由行动的权利。1865—1870年实行的不干涉，被解释为几乎对大陆事务毫不过问，而这时却恰逢过去的领土均势原则遭到越来越频繁的攻击。一位法国观察家写道："有一个时期，他们什么事都干涉，而最后则变成任何事情都不愿干涉。"⑤ 这个说法丝毫不错。英国在那

---

① 《1852年2月3日》。
② 《北不列颠评论》，第38卷（1863年），第493—494页。
③ 迪斯累里的话，见《英国议会议事录》，第3辑，第176卷，第731页。
④ 同上。
⑤ 《两个世界评论》，第64卷（1866年7月1日），第248页。

些年头不仅在欧洲事务中只起一种无足轻重的作用，而且好像是要给这种新的孤立以法律解释似的，下院还在1868年3月从兵变法中删去传统的提法：必须保持欧洲的力量均势，是英国军队存在的理由之一。

克里米亚战争以后的年代，各大国存在的新的恐惧、不满和犹疑，产生了一种十分适合当时正在欧洲舞台上出现的新型政治家的气氛；这些政治家如戈尔恰科夫、加富尔和俾斯麦，与他们的前辈不同，同《维也纳条约》体系没有任何个人的联系，对与之相联系的各种理想毫不相关；他们以自己的"现实主义"和不受感情支配而感到自豪；他们还很容易以当然的国家利己主义为理由来为破坏法律辩解。在此无须详尽叙述他们实现自己的计划所采取的步骤，但是至少值得指出的是，在他们手里，外交成了一种工具，不是为了维持和平，而是为了促进战争。要说明这一点，考察一下他们缔结的联盟的性质和目的是再好不过的办法。

在1854年以前的年代，缔结联盟和外交阵营一般是防御性的，是为了保护参加各方不致由于诸如革命或由于其他国家或国家集团企图通过破坏力量均势来扩张自己的影响而受到威胁。1830年的英法协约、三个东方王朝的结盟、1834年的四国联盟、1840年英国与东方国家的结盟，甚至尼古拉一世在1840年提议的"永久性"四国联盟，都是这种性质的结合。

然而，在1856年以后，缔结联盟和达成外交"谅解"一般都是为了侵略目的，或者是取得盟友的合作以计划进行反对第三方的战争，或者是保证对其他方面实行善意中立以利于盟友之一实现自己的计划。1858年加富尔与拿破仑三世缔结的普隆比埃密约，也许是这类新型联盟最好的实例，加富尔自己的话是条约性质最好的说明：

> 皇帝一开始就说，他已决定用他所有的兵力支持撒丁对奥地利作战，条件是这个战争不是为了革命的事业而进行的，并且从外交角度看来，尤其是从法国和欧洲舆论的角度看来，能够找出理由加以辩解。
>
> 为此寻找理由是主要的困难……皇帝也来帮我，我们一起想来想去，看遍了整个意大利地图，寻找这样难以找到的开战理

由。找遍整个半岛地图，我们都毫无所获，然后我们看到马萨和卡拉拉，几乎肯定相信找到了我们费尽心力寻找的东西。①

普隆比埃会议或许是19世纪第一次处心积虑策划战争的阴谋，但是它绝不是一个孤立的事例。1859年3月法国与俄国缔结秘密条约，规定一旦法国对奥开战，俄国保守中立，俄军并进行调动以牵制奥地利兵力，作为报答，法国承诺在俄国进行努力修改1856年条约时给予帮助。普隆比埃密约与1866年4月8日缔结的众所周知的意大利—普鲁士联盟，并无任何基本的不同，因为意普协定不仅以战争设想为依据，而且它还有一条规定：如果交换签字后三个月之内战争尚未开始，则条约作废。

如果欧洲一致的原则仍然作为一种有效的工具而存在，并且取得类似在1830年、1841年和1852年取得的成就，现实主义者的这些计划和他们的联盟的行动当然本来是可能遭到挫败的。但是，在1856年以后发生的几次重大危机中，尽管曾试图祈灵于欧洲一致的原则，五大国都很少开会，而且仅有一次，即关于1867年卢森堡争端的会议，制止了一次战争。总之，这个时期的政治家似乎缺少合作的能力或意志。召开一次国际代表大会也许本来会阻止1859年的战争，但是会议却未能举行，因为英国怀疑俄国和法国的动机，奥地利则表示如果撒丁获准出席，它就拒绝参加。1864年虽然召开了一次大国会议，企图恢复丹麦与两个德意志国家之间的和平，但是它根本没有达到目的；迪斯累里关于这次会议的说法总的看来是有道理的，他说："开会的时间和狂欢节一样长，并且和狂欢节一样，它也是头戴假面、故弄玄虚。我们的大臣们去开会就像处于困境的人前往娱乐场所一样，明知失败近在眼前，还去消磨时间。"②

英国在1865年以后日益孤立，进一步削弱了为了和平采取合作行动的可能性，因为越来越清楚，它不愿意承担那种遏制欧洲大陆现实主义者的行动的责任和义务。当两个德意志国家在1866年正在走向战争时，克拉伦登勋爵拒绝由英国进行调解的建议，他指出："这

---

① 《加富尔—尼格拉书信集》（波洛尼亚，1926年），第1卷，第103页。转引自宾克利《现实主义与民族主义》，第203—204页。
② 《英国议会议事录》，第3辑，第176卷，第743页。

第十章 联盟体系与力量均势

既未涉及英国荣誉，又未涉及英国利益。"① 而在冲突爆发前之所以未能举行一次会议，部分原因大概在于克拉伦登煞费苦心地使欧洲各国首相相信：英国不能以武力强制执行任何会议的决议。② 甚至就卢森堡会议而言，英国政府参加也是非常勉强的；而且当这个大公国已经置于列强集体保证之下，会议已经完成了自己的工作之后，英国仍然不打算在其他签字国违反这项保证时强制执行。欧洲各国获悉英国这种态度后感到惊讶不快。③ 这似乎是对公法的嘲弄；而且，一个曾经在1830年至1854年间最有力地鼓吹欧洲一致行动的国家竟然采取这样的态度，也就难怪欧洲一致的原则在克里米亚战争后已是丝毫不起作用的手段，而且由于未能制止战争，它甚至连自己所作出的领土变更的合法性也不设法加以保证了。

欧洲一致原则的失败，当然只不过是前面所提到的各国之间意见一致的局面已不复存在的反映。1856年以后，为推翻现存秩序而斗争的国家要比以武力维护现存秩序的国家更多。仅这一事实就使力量均势不可避免地要遭到破坏，而这个秩序是在维也纳会议上经过千辛万苦才建立起来，将近半个世纪以来经过千方百计才得以保持的。

（张　扬　译）

---

① R. W. 塞顿-沃森：《英国在欧洲》，第468页。
② 参见《1870—1871年战争的外交起因》。《外交部发表的文件集》（巴黎，1910年及以后），第9卷，第94页注。
③ 英国关于保证的历次宣言，见《英国议会议事录》，第3辑，第177卷，第1922页及以后各页；第188卷，第148页及以后各页。

第 十 一 章

武装力量和军事艺术：海军

在1830年以前的250年里，世界上的海军在装备和对人员的技术要求上并无重大的变化。如果德雷克①的部下登上纳尔逊的"胜利号"的话，他们不消经过长期的训练便能以可观的效能扬帆出海和进行作战。因此，在这些世纪里，装备和人员的发展并不需要经常引起历史学家的关注。另一方面，利用海军作为推行国家政策的工具，以及由此引起的海战，则因其意义重大而难以置之不理。

但在1830年以后，重点恰恰倒转了过来。这时海上大国已不再发生地区性的冲突，而那些经常打仗的国家并非海上国家。因此，海军的"作战行动"便自然而然地退居幕后。舰队虽然仍被用作推行政策的工具，但其用法则更为间接，更少带有打仗的架势。然而这时在装备上发生了一系列前所未有的变革，它不可避免地要涉及人员，从而深刻地改变了海军的整个性质。虽然纳尔逊的部下退回到250年以前不会遇到困难，但如果把他们放在这段时间靠后的四分之一，他们就会全然不知所措。

因此，本章主要关注的是舰船本身：它们的推进系统、武器和装备以及舰员。实际上，这些变化最为迅速和令人眼花缭乱的时期是从1830年至1870年，变化所造成的结果也最具有决定性。1830年时海军在本质上还是纳尔逊和维尔纳夫时代的海军，而1870年时的海军则在许多方面已是属于费希尔和冯·提尔皮茨时代的了。

再者，在近代，人们脑海中没有比这时更加自信本国的海军远胜

---

① 德雷克（1540—1596年），英国伊丽莎白时代著名航海家和舰队司令。——译者

于其对手。英国近期所取得的对其海上老对手法国和西班牙的胜利具有决定性意义；而这场竞赛中的那些新参加者——普鲁士、日本和美国——虽然注定要在以后接受挑战，但这时就海军来说还是处于襁褓时期。因此，即使从威信而不是单纯从实力来说，皇家海军在这整个时期都超越了它的一切对手。没有一个国家因其地理位置而如此把舰队视为它的主要武器，不论是用于进攻和防御，甚或只用于保持现状。因此，优先的地位必然要让给皇家海军，因为没有任何别的国家的海上力量的重要性能与之相比。

因此，我们需要顺着两条线进行探索。第一，影响及于世界各国海军的舰船在装备上广泛和迅速的变化，这可能是海军史上最大的革命，也就是把近代科学和发明应用于海军武装力量。第二，与此相关，在海军人员上几乎同等剧烈的变化，特别是表现在那支至高无上的皇家海军里。

装备上的变化涉及与军舰有关的一切，并可分为四大类，即推进系统从风帆变成蒸汽动力；基本材料从木变为铁；进攻，大炮的革新；防护，装甲的采用。这四大类发展迅速并且经常相互影响，在舰船和人员上引起了革命。

这些事态如此迅速地而又同时发生并不足为奇。其共同原因是18世纪后半叶开始的工业技术的显著发展导致了各方面的改进，可能主要在于工作母机上的改进。而这种起带头作用的新技术，特别是在英国，主要还是局限于工业。实际上，它在很长时间里根本并未用于军事学上。因此，虽然英国在以机械为基础的工业发展上占有领先地位，但在海军力量方面并不居于优势。

道理也很简单。英国没有要使其海军发生变化的重大动因。它老式的海防舰队以其桅杆、风帆和两舷的滑膛炮担负了推行国家政策的重要使命，而且历来是获得成功的。因此，不论是英国政府或人民都自然而然地认为皇家海军长期以来服务成绩优异，并不需要有任何彻底的改良。

毫无疑问，这在某种程度上是出于偏见。但是，使英国拒绝像人们所期待的那样带头去干，则并非仅仅由于偏见。有两个原因阻碍它去实现剧烈的变革。第一，当时它在海军装备上已居于大大领先的地位。那么，为什么要使自己强大的海军由于废旧更新从而有意识地牺牲掉这一地位呢？如果这种改变可能意味着它在面对潜在敌人时必须从头做起的话，为什么要使这厄运比它必然到来的时刻提前出现呢？

另一个原因是那些指责历届英国政府采取鸵鸟政策的人所常常忘记的。当时许多新事物远非尽善尽美。事后诸葛亮是容易做的。它们最终证明了自己是可用的，并且成为完全可靠的东西。但是不能要求19世纪20年代、30年代和40年代的人能认识到当时尚未具有的可靠性。他们所看到的情况让人很不放心：铁就其性质来说是不能浮起的；当时大量效率低下的引擎往往停止转动；早期试验新型的大炮、火药和炮弹曾导致令人震惊的爆炸和火灾等悲剧发生。从这方面来看，似乎各国政府的谨慎是颇有道理的。

长期以来占英国首位和作为主要战争手段的老式海防舰队，即"木制壁垒"，当然具有这种至关重要的可靠性能。废弃它而采用显然不太可靠的装备，至少在当局认定确有需要之前，乃是毫无道理的冒险。

束缚英国的重重顾虑在别处，特别是在法国，起了恰恰相反的作用。在法国，老方法远未获得成功，它利用这些方法与英国作战，但屡战屡败。于是便产生了进行试验的最有力的动因——失败的驱使，从而使法国居于这一新运动的前列。年轻的美国人民也带着特殊的动机来加入试验的行列。这并非由于他们的战列舰像法国的战列舰一样没有成功——他们连一艘也没有。在上次对英战争（1812—1815年）中，他们能出动的海军非常之小，只有22艘舰只，都是巡洋舰。作为海上大国的新竞争者，他们认为不用已经过时的老式海军去竞争乃是唯一合理的做法。如果他们想走一条明显的捷径，它正是英国所不敢采取的那条方针——在新的竞赛中迎头赶上。在19世纪60年代，增加了实际战争所造成的推动力，而南方各州的海军力量又非常弱小，只有努力采用新的和正在试验中的武器才有可能把天平掉转过来。南方进行了勇敢的尝试，虽然未成功，但它迫使北方用同样的努力进行报复。这便是有利于迅速发展的最肥沃土壤。

对于许多相继发生的重大革新最有贡献的人是法国炮兵军官亨利·约瑟夫·贝汉。他早在1809年便开始按照自己的惊人设想进行工作，在以后的20年里他进行了试验，出版了对未来最具深刻影响的几本小册子。① 他鼓吹建立一支全新的作战力量，为一个全新的战术系统进行设计工作：一大批较小（因为较便宜）的军舰，用蒸汽驱动，铁制并有装甲，还配备有重量和口径都统一的、发射重型空心爆破弹的重炮组。他对用这种炮弹袭击老式军舰的成功试验作了详尽可信的描述，十分清楚地显示出他所声称的破坏性效果已被海军部承认为事实。他响亮地宣称自己深信这些设计如果被接受，将迅速而决定性地把长期以来法国失败英国获胜的历史颠倒过来。在海峡对面人们以焦虑的心情阅读了他的著作，英国海军部虽然仍不愿采取行动，却以不断增长的怀疑心情注视着法国的造舰和重新武装的方针。当时出现了时期较长的停顿，因为贝汉远远领先于他那个时代，一时还没有受到注意。但是很清楚，他的工作对于以后发生的一切乃是具有惊人预言性的蓝图。

在这些巨大的变化中，首先发生的是推动力的改变，把动力从风帆改为蒸汽，这显然是18世纪蒸汽机改进的必然结果。在一切海上活动中，不管是贸易还是作战，帆船所缺乏的"行动自由"——即它们不能随意向任何方向行驶——在最好的情况下也会造成时间的巨大浪费，而在最坏的情况下则带来严重危险。这种局限性在狭窄的水域中最为严重，在那里没有抢风调向的余地，船只和舰队可能多日甚或几个星期无法动弹。即便在那时，贸易世界里时间也是金钱。引擎故障虽然是严重的事，但它不一定是致命的，因此没有充分的理由不去立即恢复可能再次获得的行动自由。于是，蒸汽应用于商船早于军舰。它最初的用途是把船只拖到远离港口的海中，最早的汽船大都是拖船。但是到了1830年，蒸汽也用到了游乐用的船上，甚至还适当地用于商船在逆风或无风时的辅助动力。

然而这些优点也触及战舰。不论在港内或是在战斗的危急时刻，因风而受阻很可能是极为危险的。因而在这里也不能对蒸汽长期拒之不理；最初仍是用来拖船，但很快就用于提高舰只在作战中的机动性。最早的蒸汽军舰是美国的——1814年富尔敦建造的古怪的双体"德摩洛戈斯号"。皇家海军的第一艘汽船是1821年勉强购买的明轮拖船"猴子号"。1822年为海军建造了"彗星号"及其姊妹舰，但

---

① 《新海军》（巴黎，1822年）和《一种新武器……的试验》（巴黎，1825年）等。

是权威们对它们的看法不佳，它们的舰名没有登上当时的海军舰船名录。① 第一艘有幸刊登上名录的是1827年的"闪电号"，它是一艘同样的明轮拖船；然而到1830年还没有其他舰只登上舰船名录，这是英国的既定政策，当时的海军大臣梅尔维尔在1828年曾正式宣称："海军大臣们认为竭尽全力反对使用汽船乃是他们的职责所在，因为他们认为采用蒸汽是对帝国海军优势的致命打击"②。英国可能因拖船有明显节省时间的性能而接受了蒸汽，但却不让蒸汽染指它所钟爱的作战帆船。

然而，进步不会迁就海军大臣和他那些陈旧的世界观。在海峡对面，好战的贝汉咄咄逼人；而在英国，主张进步的詹姆斯·格雷厄姆爵士在1830年接替了梅尔维尔，并起用"纳尔逊的"哈代做他的海军顾问。更为重要的是，螺旋桨推进器的完善终于排除了海军部反对意见中的要害。

在这里，问题不仅仅是偏见。在各个时代的海军作战中，都存在着自由迅速移动的能力与狠狠打击敌人的能力——机动性和打击力之间的矛盾。在很久以前用船桨的时代，机动性占有上风，能自由行动，但是打击力受到严重的限制。划桨船的巨大弱点是它没有放置多门火炮或重型火炮的地方。在16、17世纪，所有各国都因两种性能不可兼得而仿效英国人完全放弃自由行动的能力，选择了猛烈的火力，把两舷装有强大火炮的高舷帆舰作为标准的样式。这样做只是把问题搁置起来而并未解决。蒸汽也并未能解决这个问题。它能提供前所未有的机动性，但是传输动力的明轮和保护明轮的巨大箱壳遮住了两舷的大部，还占了舰船的重量。

但是螺旋桨没有这样的问题，在19世纪30年代初，英国的弗朗西斯·培蒂特·史密斯爵士和美国的约翰·埃里克森海军船长对螺旋桨的改进大有助于解决上述矛盾，从而说服了海军部允许蒸汽进入不可侵犯的"木制壁垒"。

即便如此，海军大臣们也还是不会冲动行事的。螺旋桨在所有的商船队中取得了巨大的进展，在有些作战舰队中也取得进展，如在美

---

① 即1814年以来由"权威界"定期出版的正式的海军舰船名录。
② 致殖民部的备忘录，转引自J. H. 布里格斯爵士《海军的管理》（伦敦，1897年），第9页。

国，埃里克森的"普林斯顿号"于1842年下水。于是海军大臣们在1845年组织了一系列官方试验来最后判定螺旋桨和明轮的优劣。他们准备了两艘同样吨位和马力的炮舰，一艘是"阿列克托号"（明轮），另一艘是"响尾蛇号"（螺旋桨）。先进行一般的蒸汽速航竞赛，"响尾蛇号"赢了。但是明轮的许多支持者不服，于是把两艘炮舰的船尾连接起来，各自开足马力前进。在这场奇怪的拔河比赛中，结果"响尾蛇号"以二海里半的时速把它的对手倒拖着前进。"响尾蛇号"大获全胜。

在以后的四年中，英国海军部允许某些老战列舰装上马力极小的辅助引擎；这并不是因为他们已经相信了它，而是因为法国人正在这方面做试验。在19世纪40年代，贝汉的精神影响了另一位进步军官拉布鲁斯。早在1841年他便建议用螺旋桨作主力舰的推进器。虽然他也遭到了反对，但法国仍在1850年下水由法国卓越的物资局长斯塔尼斯拉斯·迪等伊·德·洛姆设计的"拿破仑号"。该舰在其他方面是老式的，但从一开始便装有辅助螺旋桨。英国受到了这一挑战，在1852年以"阿伽门农号"作为回敬，它也用螺旋桨推进，但在其他方面同样是老式的。

当英法投入克里米亚战争时，它们的主力舰几乎全部都是用风帆的，尽管在必要时可由蒸汽拖船把它们拖去作战。这场战争并不是一个进行实验的好学校，因为俄国人始终不肯中计进行舰队作战。但是战斗使人人确信蒸汽动力将长期应用下去。例如，1854年10月17日从海上炮轰塞瓦斯托波尔时，虽然盟军无甚战绩而敌方也没受多大损失，但英国的10艘战列舰中有两艘、法国的11艘战列舰中有三艘是可以用蒸汽动力的，它们显然较其他的战列舰更为有效和弱点较少。而在敖德萨发生较小军舰间的战斗时，蒸汽动力的军舰表现要强得多。

但这并不能使英国海军部相信风帆必须淘汰。相反，他们的结论是舰只必须兼有两种推进装置：正常巡航用全套帆具，紧急时用辅助蒸汽机。这里也有个通常抱审慎态度的问题。如果说帆船的战术能力差，难以自由行动，它在战略上却是非常强的，在此以前和以后都有着无与伦比的战略优势。它的"续航能力"是最强的，无须借助外援的活动半径比在它之前的划桨船和在它之后的蒸汽船都更大。它跟前者不同，宽大的船身和深深的吃水为装载供应品提供了足够的地方；它也跟后者不同，其推进力——风不需要燃料间来储存。而早期的汽船不仅需要煤，需要与其所产生的动力相应的大量的煤，而且不管船是在什么地方都非得有煤不可。这就难免要有两种昂贵的附属设备，或要其一，或两者都要，这便是经常得有大批运煤船伴随着，或者得有分布广泛的加煤站；而且说到底，加煤站也得要许多运煤船。英国最初是两者都没有，因而不能在缺少它们的情况下贸然完全改为蒸汽动力。海军活动很少远离本国的一些大陆国家也许可以冒这种风险，但是英国在全世界承担着帝国义务，它不能这样做。因此这次又是远洋利益较少的法国定下了步调。

1859年，法国建造了"光荣号"（5600吨），也是迪皮伊·德·洛姆设计的，虽然叫作护卫舰，但按当时的情况可以说是一艘硕大的蒸汽战列舰，比以前的一切舰船都要先进得多。英国必须再次作出反应，于是它造了"勇士号"（1860年），这可能是历来建造的军舰中变革最大的军舰，它具有各种新的性能，在后文中将予论述。这里只说它的巨大重量——9200吨和它那全套的螺旋桨机器，但它仍然是一艘桅帆齐备的帆舰。

19世纪60年代的英国海军政策则更难为其辩护，英国落后了。它进退维谷，有两重困难，一是煤的问题，二是对手们在蒸汽方面的进展。但是它摆脱困境缓慢，对于风帆过于偏爱。它不得不付出代价，而且代价很大。将近8000吨的皇家海军军舰"首领号"，是应一位性格坚强但不循规蹈矩的考珀·科尔斯舰长的迫切要求于1867年在疑虑重重下建造的。该舰具有一切最新的改进装置，连炮塔都有，这使它变得很重，但干舷低得很危险，只有不到七英尺。而最重要的是，它不仅具有全套桅帆，并且还都装在上层甲板上，安装得很高以避免影响火炮。当它于1870年9月在西班牙沿海遇到大风时，由此产生的种种不稳定性就成了致命的因素。它在一阵剧烈摇晃之后便颠覆沉没，科尔斯本人和大部分人被淹死，仅有18人生还。这马上引起了强烈的反应，不仅反对用全套桅帆，而且反对安装任何桅帆。出事以后建造的"劫掠号"（见原文第286页），便只有一根小小的信号桅。就在本时期结束时，蒸汽在经过长期较量之后便这样地替代了风帆。后来桅、桁还出现过，但从此再没有任何战列舰装备全

第十一章 武装力量和军事艺术：海军

套桅帆。

于是形势大变。军舰远远走到了商船的前面。有关商船的数字表明，甚至到1870年，在英国的全部海运量中，大部分仍是用帆船运输的。那年的560多万吨运量中有450多万吨用的是帆船，帆船以超过4∶1的优势领先。① 此外英国在用蒸汽方面超过了任何其他竞争对手，并且这是一个正确的方针，因为从长远看，改用蒸汽几乎是有百利而无一弊。帆船需用桅杆，而联合王国从来没有，也绝不可能自产这种商品，这种情况在过去曾数次使它狼狈不堪。② 但是煤可以自产，且足敷一切需要；在把基本供应品的来源从斯堪的纳维亚转到威尔士之后，它便堵上了自己甲胄上最易攻破的裂缝。

基本材料从木向铁的过渡在此不必赘述。它开始得较晚，结束得较早，所遇到的保守阻力也较小，因为这种过渡显然是不可避免的。实际的情况是，木材，即使是精细处理过的橡木，由于要承载的物体越来越重，已开始达到其固有的强度极限。更大的火炮，特别是巨大的发动机在船上造成一系列局部重负，不均匀地分布在船体上，致使船只极度受力超过其耐力强度。甚至连加固受力过大部分用的铁支撑，因铁与木配合不佳也不理想。基本材料必须是质地一样的物质，而这必须是铁。

商人们再次带了头，因为他们的问题比较简单。贸易需要的是速度快、容积大的船只，以装置大发动机和运载重货。还要船只不至于遭到炮火攻击——这是一个重要因素，我们在下面很快就会看到。因此，早在1815年便用铁来造商船（大部分是小船），而用铁作为建

---

① W.S. 林赛：《商业海运史》，第4卷（伦敦，1876年），第646页。与其他国家的对比颇能说明问题：

国别	帆船	汽船	总额	帆船对汽船的比例
联合王国	4506318	1111375	5617692	4∶1
英帝国属地	1440682	90759	1531441	16∶1
美国（登记在案额）	1324256	192544	1516800	6∶1
法国	917633	154415	1072048	6∶1
荷兰	474363	84942	499405	19∶1
挪威	1008800	13715	1022515	50∶1

② R.G. 阿尔比恩：《森林与海上力量》（哈佛，1926年），书中各处。

造军舰的材料直到19世纪20年代才进入讨论阶段——贝汉的小型舰艇舰队后来使用的便是这种金属。30年代铁在商船建造上取得了长足进展,1839年I. K.布鲁内尔大胆造出了第一艘铁质远洋客轮"大不列颠号"。在同一年,东印度公司得到两艘铁质炮舰,其中一艘"复仇女神号"在对华战争中表现出色。1840年"多佛号"(邮轮)成为皇家海军的第一艘铁质船。美国随起仿效,在1842年建造了"普林斯顿号"。当时看来这种材料将会压倒一切,特别是英国海军部在1843年以不寻常的热情定造了六艘铁壳明轮护卫舰。

但这时出现了反对意见,这次并非来自官方的审慎,而是来自非官方的保守主义,实际上是由于不了解情况。他们的呼声是"不许碰我们的'木制壁垒'",海军部也不得不向这场风暴低头。1849年举行的一次火炮试验就炮火轰击铁壳船体的弹片效果提出了一项不利的报告。也许对木材的"兴趣"在这里起了不适当的作用。但是其直接后果是决定性的:这些铁壳护卫舰被降为非武装的运输船,其中之一的"伯肯黑德号"在这种情况下遭到了悲惨的结局——于1850年在南非附近沉没。然而猜疑可能是危险的,因为法国沿同一方向进行试验(再次先于英国),在差不多同时得出同样的结论,也回到了使用木材。于是俄国居领先地位:正当英法两国后退时,它自1850年开始向英国定造了一系列铁制炮舰。

下一步也是由俄国先迈出的。1853年11月,它的黑海舰队在锡诺普用发射爆炸弹的新火炮歼灭了一支土耳其木制舰队。西方大国,特别是英国,接受这一重大事件的教训很慢,但在此以后有一派人越来越对1849年报告的结论表示怀疑。因为锡诺普战役暴露了木材的一种多少被忽视了的特性,一旦爆炸弹得逞,这一特性必然会成为致命的弱点。铁不会燃烧,而木材会。俄国人在开战后不肯进行舰队交锋,这也许是一件幸事,因为盟国的军舰没有一艘是铁制的。

战争结束后法国再次领先。我们已经提到过,1858年它建造了"光荣号"。该舰船体虽非铁制,但它用于装甲;这件事促使英国下了决心。英国的想法这一回很合逻辑。它几乎已相信未来属于铁制军舰。锡诺普海战提出了燃烧的问题,还有发动机和大炮的"重量"问题,但这时有人又提出最后一个很有分量的问题:如果说木材只能勉强承受非装置不可的发动机和大炮,那么它怎么能经受住再加上一种更重的东西——装甲呢？于是英国人建造了"勇士号"，并给它披上装甲，因为他们不得不这样做，但是他们比对手高明，大胆地完全用铁建造了它。

这样，木铁之争便十分迅速地结束。其他国家马上群起仿效英国。1861年以后一切战舰都用铁来制造，直到1885年被低碳钢取代为止。

从长期观点来看，"从木到铁"使英国获得与"从风帆到蒸汽"同样的利益。在使用木材时期，英国已有好几次因国内船用木材的匮乏而濒临灾难。但是一旦由铁取代之后，这一危险就永不再现。英国地下的铁较之地上的橡树要多得无法相比。

随之而来的是在进攻方面，即大炮的改进，其变革程度也并不稍逊。发射球形弹的铁制滑膛炮曾走过一段长途，虽然炮架有过不少改进，但炮本身却无基本变化。实际上，1545年与"玛丽·罗斯号"一起沉没的新炮与3个世纪后的标准舰炮在制造或结构方面并无本质上的区别，在射程和射击精度上也无重大改进。造成这种显然奇怪的停滞的主要原因仍然是缺乏改变的动力，这在英国尤其如此。根据英国所有杰出军人的理解，战术经验告诉他们应当尽可能近地靠拢敌舰，以便进行猛烈轰击促使其投降。在此情况下，射程和射击精度便处于相当次要的地位。纳尔逊本人的说法便可代表这种态度。当他得知一位朋友要介绍一个对于大炮瞄准有某种设想的人前来时，他写道："至于那个计划……我当然要研究一下，如果有必要也愿意用它。但是我希望我们将像往常一样能够尽量靠近敌人以使弹不虚发。"① 上面的着重点并非出自纳尔逊之手，但是这种观点在他那个时代的所有英国军官中是普遍存在和无人反对的。

最终改变这一切的是用填充炸药或燃烧材料的空心弹头取代了实心弹丸。不出所料，这一回又是法国人当了先锋。对他们来说实心弹丸并非常胜武器。贝汉再次站在前列。他鼓吹使用的是发射空心弹的炮，这并非由来已久的只能把空心弹抛到近处的臼炮，而是普通的低射弹道炮。一切实心弹丸将毫无例外地全部废除，而用一种标准型的

---

① 纳尔逊致贝里上校。N. H. 尼古拉斯爵士编：《纳尔逊公文书信集》（伦敦，1844—1846年），第4卷，第292页。

空心弹代替。贝汉不搞折中。他按自己的意向行事，但开始时只做到一部分。公众舆论对装炸药和能燃烧的炮弹表示反对。贝汉自己也承认，这种武器被认为是"可憎的"。这样的人道主义是极可称许的（虽然另一种动机——对空心弹的可靠性没有把握——可能也混杂在内）。然而，不管是出于什么原因，罪恶的日子被推迟了。他提出的标准化意见虽被采纳，但直到1837年空心弹才原则上获得承认。

这是做出巨大变化的信号。英国远远落在后面，它甚至尚未把武器标准化。但是这时它发现不仅法国，而且丹麦、荷兰、俄国和瑞典都已采用了这些新东西，它被迫采取行动。幸好它当时已有了一个炮术训练中心，可以进行试验、演习和培训。中心设于朴次茅斯港的皇家海军军舰"卓越号"上，开办于1830年，到1832年成为常设机构。但是英国和它的对手们一样，并未一路向前干下去：它采取两种形式，将两种炮都标准化，一种是老式的实心弹丸长管炮，另一种是新型的短空心弹炮。这种做法并不仅仅由于保守思想。老式炮无疑仍有着三大优点：比起当时的空心弹炮，它的射程远得多，射击命中率高得多，穿透力也强得多。

因为空心弹仍然不过是空心的圆形弹而已。它打老式舰船足够厉害，因为这种舰船赖以防御的只是无装甲的木头，全世界都从1853年的锡诺普战役中了解到了这一点。但是用铁材的话，只要很薄一层的新式装甲（在当时还是一个试验课题），就无疑可以对付圆形的空心弹了。克里米亚战争使人们认识到（也是对武器发展的主要贡献）空心弹本身大有改进的余地。这种改进一实现，它几乎立即导致现代火炮和现代炮弹的产生。这两种东西变革了一切，弥补了老式空心弹的弱点，并创造了一种比过去射程远得多、命中率高得多和穿透力强得多的武器。

这方面的改进太迟了，以至几乎来不及在克里米亚战争中进行试验；然而在战争末期，英国人确曾造出兰开斯特炮，它发射一种可以旋转的炮弹，它并无膛线而是让炮弹在一个略呈椭圆形的炮管中纵向地旋转。这太原始了。但在同年出现了一种高级得多的炮，它对火炮革新的意义比"勇士号"对造船革新的意义还要重大。

火炮革新方面的伟大人物是惠特沃斯和阿姆斯特朗。前者在造炮上引用了基本上已属现代性质的精确性：过去造炮时以几分之一英寸计算，而惠特沃斯是以几千分之一，甚至几万分之一计算，这样就把制炮业和射击术从难以捉摸的技术王国转变为一种极为精确的科学。阿姆斯特朗主要是个发明家。他在 1855 年造的炮是第一门真正的现代武器。它发射一种细长的圆柱形炮弹，炮管内的膛线使炮弹顺着自己的长轴旋转；同时这种炮在结构上也进行了革新。摈弃了铸造成一体的旧原则，采取了后来制火炮一直遵循的新原则。这便是组合结构，由不同的部件组装成火炮：一根用锻铁造的内炮管，外面是起加固作用的圆筒，在两者之间是一层由长铁条绕成的铁套，铁条是加热到炽热时绕到内炮管管身上去的，冷却后就把内炮管紧箍起来。这种炮又是后膛装填的，但在这方面不大成功，炮栓闭锁装置是它最薄弱的环节。因此，虽然阿姆斯特朗的其他主意被采纳了，但造出来的新炮仍然是前膛装填的。在这点上是法国人发明出关键的"断线"（interrupted thread）原理。实际上英国这时落后于对手若干年，直到 1880 年才再次采用后膛装填，它几乎是最后一个这样做的海军大国。

在防护上，装甲乃是阿姆斯特朗炮导致的必然结果。实际上，在 1788 年便有了可资汲取的教训，当时塞缪尔·本瑟姆爵士指挥一支俄国分舰队，在黑海发射燃烧弹消灭了一支比它强大的土耳其舰队。教训在于炮弹意味着火，而火是木制舰的宿敌，是应当不惜代价避免的。贝汉在当时已表明他认识到这一点，他甚至在 19 世纪 20 年代便鼓吹改用铁材和装甲，但他未能使自己的同胞相信他的想法。其他先驱者也不比他更为成功。早在 1842 年美国国会便拨款建造一艘能抵挡实心和空心弹的蒸汽军舰，但一直未建成。次年，法国的拉布鲁斯建议造一艘有着装甲舰桥的快速铁制护卫舰，亦未获得同意。实际上，一切都要等到 1853 年空心弹在锡诺普战役中再次表现出自己的特殊威力。

即使在那时，英国还在犹豫不前。但法国并不这样，当时拿破仑三世在位，他自己就是一个不错的火炮专家。他匆忙定造的"浮动炮台"刚刚准备好进行实战试验，在 1855 年 10 月 17 日就轰击了金伯恩。"浮动炮台"是一些小型木舰，在 17 英寸厚的木壁上贴有铁板。它们圆满地完成了自己的有限任务。俄国的实心弹丸被舰壁反弹出去，空心弹虽在击中时爆炸，但几乎没有留下创痕。经过这次交战便很清楚，装甲足以对付空心弹。但这不过是这场发展中的大搏斗的开端。防护暂时占了上风，这就迫使进攻必须赶上来。正如浮动炮台是整体铸成的老式滑膛炮所发射的老式空心弹的直接结果一样，新式组合炮发射的新式炮弹也是浮动炮台的直接结果。因此，这一矛与盾之间的拉锯战从此便没有停过。

英国人似乎对金伯恩所证明的事实也无动于衷。虽然他们出于责任感也制造了类似的浮动炮台，并把装甲板钉在铁船身上从而使它们有些改善，但他们不肯迈出合乎逻辑的下一步——把装甲原理用到重力舰上。然而做事一贯合乎逻辑的法国人造出了"光荣号"，沿吃水线围了一条四又四分之三英寸厚的装甲带。英国人虽然可以不理会金伯恩的经验，但他们不能对英吉利海峡对岸有一艘无法击沉的战列舰置之不理。于是他们以"勇士号"作为回答，从而重新走在前面，因为我们已经知道它是铁制的，而它的对手是木制的。

到了1860年，火炮对装甲——攻击对防御——的大争斗统一起来了。其结果，老式舰船残存的特征很快被全部扫清。首先，人们发现不可能用厚到能抗御新式炮弹的装甲把全船覆盖起来。唯一的办法是把全船的要害集中到一个"堡垒"或据点里。这就立即影响到已有350年历史的结构：舷炮。一旦"堡垒"或"炮塔"的设想被接受了，没有装甲的舰首和舰尾便不能再安装炮和引擎，而只起提供足够浮力的作用。打击力量必须集中在中心武装部分，而为了弥补必然要减少的炮数，炮必须更大些，并发射更重的炮弹。

使舷炮遭到淘汰还有另外一个原因：它一直存在着一个特有的弱点——火力范围受到严重局限。这些炮都朝着一个方向（只能略有偏动）——与舰船航向成直角。因此，开火时必须用整个军舰来进行瞄准，改变航向，军舰不是朝着敌舰，而是横了过来。在舰只具有了新的机动性和火炮数量大为减少的情况下，这种做法看来效率低下到无法容忍的地步。火炮必须装置得能在舰上自由摆动，旋转弧度要尽可能地大，最理想的是360度。

"堡垒"原则和"机动炮"的想法相结合，在19世纪60年代产生了"炮塔"，这是一种重装甲的旋转炮台，在保护火炮的同时，也能够全方向开火。正是这种炮塔给予了两艘装甲舰——埃里克森建造的"班长号"和南部同盟的"梅里马克号"之间于1862年3月9日在汉普顿锚地的首次交战以如此重大的意义。

这两艘军舰基本上都是怪物,匆匆地设计和建造出来,以用于作战而不是航行,因而也都不适宜航海。"梅里马克号"只不过是一个浮动的(但是固定的)炮台,在22英寸厚的木壳上加了4英寸厚的铁板,只有10门炮,大多数是滑膛的,舰首还有一支可怕的撞角。"班长"不过是个勉强能浮动的炮塔(它的干舷只有2英尺),披了8英寸厚的装甲,装有2门口径特大(11英寸)的滑膛炮。说来奇怪,这次交战没有分胜负:尽管打了4个小时近战,舰身的损伤和人员伤亡却极为有限。这也很自然,因为这一回是用新式防御装甲来对付老式炮的进攻。这次作战行动的重要性主要在于它对两种武器发展的影响。

第一是撞角,两舰各有一支。3月8日"梅里马克号"用撞角撞沉了北军的小木舰"坎伯兰号"。撞了以后撞角便留在小木舰上了,这也许是为什么它在次日撞了"班长号"后对方并未遭损伤的缘故。"班长号"也努力用撞角去撞,但是略偏了一点。因此,没有获得什么证据来证明用这种武器去对付铁的效果。但是撞角给人的印象很深,四年以后似乎得到证实。那是1866年7月20日,在亚得里亚海的利萨附近,雄心勃勃的奥地利海军上将特格托夫以全速将他的旗舰撞进最优秀的意大利军舰之一装有铁甲的"意大利国王号",穿透了它的装甲,戳开的大洞达300平方英尺,使它立即沉没。因此,到1870年撞角已经最为盛行。但是新的进攻武器赶上了防御武器,并揭示出撞角的致命缺点:有效距离太近,撞角很快丧失了它的地位。它的确能致敌于死命,但是面对一门在它逼近之前早就会将军舰击沉的火炮时,它是毫无用处的。

汉普顿锚地战役的更富生命力的经验是炮塔及它所提供的全方位火力。这并非纯属美国的发明,因为科尔上校关于第一艘装有炮塔的英国军舰"阿尔贝特亲王号"的计划,在汉普顿锚地战役的消息传到英国之前便已获得批准。同时,炮塔直到1870年也还未取得彻底胜利。它还在跟称为"中央炮群"的另一种炮塔原则相竞争。但是胜利已经在望,因为英国于1869年建造一艘战舰,从而决定了胜负。它便是炮塔战列舰"劫掠号",由科尔的对手E.J.里德爵士设计,于1873年完工。它集合了各种新东西,从而不负"第一艘现代战列舰"的盛名。

从此1830年的"主力"舰便消失了。这种军舰单纯以风帆推进，用木材建造并没有任何其他防护；它的舷侧有多门铸铁滑膛炮，其方向几乎是固定的，发射不爆炸的球形实心弹，弹重很少超过32磅，有效射程不超过400码。现在取而代之的则是吨位四倍于它的庞然大物，单纯用蒸汽动力螺旋桨推进，全铁骨架，用一条10英寸厚的装甲带保护；旋转炮塔的装甲是14英寸厚，内装四门重35吨的部件组装、机械操纵、膛线炮膛的大炮，发射重700磅的圆柱形旋转炮弹，能够穿甲爆炸，能在4800码内造成严重破坏，射程可达1万码。上面两类舰只，一类属于"胜利号"型；另一类基本上属于"无畏号"型，虽然在细部上未必全然一致。

那些典型的现代武器，如水雷、潜艇和鱼雷，在此不能详述，因为它们只是到了1870年以后才真正具有威力。但是它们在1870年以前便都已存在了。基尔港在1848年曾布过漂流水雷作为防御手段，但并未经过实战的检验。俄国于1855年在波罗的海最先认真利用漂流水雷。布伦的潜艇"潜水者号"于1863年下水；第一次致命的潜艇损毁是北部同盟的"胡萨托尼克号"，它是1864年被南部同盟的一艘叫"大卫"的只能半潜水的小艇击沉的。北南两军中英勇无畏的美国人那时已把原始的鱼雷捆在小船的木杆上或斜拖在船后，去冒自杀性的危险。甚至最早由奥地利设想的"鱼"型鱼雷，也于1866年由怀特黑德研制成功。

值得注意的是这些新东西虽然有可能是英国最先主张的，但却都不是先由英国使用的。造成这一情况的原因跟前面一样。它们开始时都是海上小国的武器，这些国家想不花费维持巨大舰队和精巧舰只的代价便取得垂涎已久的主宰海洋的能力，都盘算着牺牲小卒来换取敌方的将帅。因此，在上述种种新武器上英国都是先按兵不动，但为了保存自己的力量，最终不得不仿效，有时赶上去，偶尔也处于领先地位。

纳尔逊和他的前人们是在比较简单的舰船上运用比较简单的武器。的确，海军工作在他们的时代里并非完全不科学，但基本要求几乎是英勇、领导能力、纪律、忠诚和经验这些抽象的东西，而不是关于高度专门和复杂的设施的技术知识。到1830年时情况仍是这样。

然而，到1870年，舰只和上面的设备已成为非常复杂的机制，所有这些舰上必得有人通晓并进行操纵。因此，人员显然必须随着装备的变化而变化。但是，人员面临的任务更为艰巨，因为这任务是双重的。人员在获取专门的新科学知识的同时，不得失去原有的抽象品质。正如伟大的美国人法拉格特所说，舰船的钢铁不如水兵的钢铁意志重要。

直到1815年，英国海军仍然采用行之已久的人员分类，使用大范围的称号"军官""准尉"和"士兵"（现在改称"水兵"）。但是上述各等级之间的差别极大，常常无法逾越。军官不论在地位和职权上都是最为重要的。他们都是"执行官"（不论平时或战时都负"指挥"责任）和"作战官"（所有战斗的主要参加者）。只有他们能被称为军官。他们包括全部将军、校官和尉官，其他的都不在内。这时中尉［1860年称sub-lieutenant，但1840年是以大副（mate）的名称最先列为一个正式级别］这一级别已经出现；海军军官候补生这一级别已经正式实行。但他们并不是军官，正式来讲他们是水兵，而在具体工作中并未受如此对待，他们实际上是军官的胚胎。准尉——"部门"军官——的范围比现今的要宽，因为它不仅包括水手长、炮长和木工长等人（现在称"特别任务军官"，虽然在本质上与以前并无不同），还包括所有的"专业"军官，如事务长、医生、牧师和教官，而这些人现在是被任命为军官的。作用重要的轮机军官当时还不存在。剩下的都是水兵，舰长有权从中挑一些当军士，但这些人也只不过是在本舰内暂时提升而已。

到1830年，上述做法几乎未有改变。在"军官"和"准尉"之间仍存在着一级难以攀登的高台阶。各类人员所穿的制服及其纽扣都截然不同。军官在舰队生活的等级制度中独特的威望仍然未曾动摇。

整个军官团在本质上仍然是一个小心翼翼地保护着自己权利的特殊阶层——几乎是一个社会集团或俱乐部。它限制极为严格，甚至比在大战时期更难加入，大战时因追求数量有时降低了"质量"。但是在目前，需要用的人不多，于是仍然普遍采用的"关系"或"保护"的做法便往往向其他人关上大门，只吸收军官阶层成员认为社会地位合适的人，也就是他们自己的亲友。因此，海军的世袭性成为一种强大的趋势，这种特性常常在历史悠久的军种中表现出来。19世纪中叶的海军名录中某些姓氏不断重复出现，揭示出这时主要是"海军世家"的时代。

但是，在19世纪30年代、40年代，这一职业显然是不稳定的，不能提供铁饭碗。退休后待遇也不高。一般的军官实际上是在职的少，离职的多。甚至级别和资格的原则在理论上也未得到承认，虽然后者是被严格（极为严格）地应用在上层军官中。当时通行的规矩仍然是，凡是担任"任命舰长"的人都论资排辈，从此便不能逾越同事或被同事逾越。这一点再加上另外三个原因：即上次战争中人员大扩充造成了海军名册中人满为患，保留下来服役的舰只很少，缺少恰当的退休制度——这一切给升迁造成了难以克服的障碍。到了19世纪40年代初情况最糟的时候，年逾古稀的老将在统率舰队，年纪不轻的校官和尉官任舰上的军官，军士和候补生想成为军官往往根本达不到，如果他们坚持等下去，便会失望到老。这种做法有双重不利之处。一方面任用的人年龄过大，另一方面那些风华正茂的人常常受到冷落，而在等待期间不得不去另谋职业。因此，便出现了军官为外国服务的现象，如阿布尼·黑斯廷斯（为希腊）和查尔斯·内皮尔爵士（为葡萄牙）；或是为私人所雇用，如麦克林托克（对富兰克林[①]的遇难情况作出说明的人）和艾伦兄弟（考察尼日尔的探险者）。同一弊病在马里亚特、夏米尔和霍华德身上也表现出来，不过境遇稍好一些，这些人在任职的间隔期间能够找到充分的时间来写作关于他们初恋的对象——海军——的小说。

这种状况为恩赐官职提供了理想的温床。"关系"仍然是成功，甚至是雇用的前提。在战争时期，大部分军官终于得到了工作，因为服役的舰只很多。人们在那时利用关系去获取好的舰长职位，但现在要获得工作便需要有权势的关系才行。在这种沾染了邪恶的环境中，实际上最重要的是关系须适合。了解何种关系才适合是有指导意义的，但并不容易。对于低级军官——直到尉官——来讲，将军们和校官们的"保护"是至关重要的。实际上，大部分空缺都是在这些人的影响下填补上的。而且在这方面甚至大人物也往往会出人意料地屈

[①] 约翰·富兰克林（1786—1857），英国海军军官和探险家，在加拿大北部探险时遇难。1857—1859年麦克林托克率探险队调查富兰克林遇难情况。——译者

尊去奖赏一个走运的低级军官，特别是当此人来自"海军世家"的时候。例如，在1841年，托马斯·B.沙利文上校收到海军部给自己的一份公文，文中说："为了特别表示诸位海军大臣对你在驻巴西期间的工作感到满意，大臣们高兴地提升你的儿子……为海军中校。"①这是纯粹的"海军"关系，而且是一种最好的关系，因为被提升的人通常是受之无愧，就像小沙利文所做的那样。然而，这也清楚地表明这种做法根深蒂固，并被各级军人认为是理所当然的。

上校以上的军官必须得到政治人物的保护。最可靠的保护人是海军大臣，因为他是一切任命的直接来源。除此之外最好的是议会人士的关系。这种不健康的影响在第一次改革法案通过之后逐渐减弱，但这一过程的确是逐渐的。例如，海军上校威廉·狄龙爵士虽然是一位能干的军官，但自1819年到1835年从未任职，尽管在这段时期里他的有力关系是两位公爵：一位是苏塞克斯公爵，狄龙是他的侍卫官；另一位是"水手王子"克拉伦斯公爵本人。但是，即使有这样好的条件，甚至到1827年克拉伦斯成为（最后一任）重设的海军最高长官②时，狄龙仍未能成功。他最终获得成功，得到一艘军舰，不过这还是在他的王室后台当上国王五年之后。狄龙当然十分不满，举了一些先他入选的例子，并明确指出了这些军官被选中的原因。他们的"保护人"在国会里能够与管任命的人达成某种类似交易的协议，因为这些人掌握着某种东西，可以用之交换报酬！③

对于20世纪的人们来说，像这种公然以裙带关系和恩赐官职为基础的制度竟能产生出好结果来，确实是出人意料的。人才肯定是好的，难以作出判断的是：如果用一种更富有竞争性的方法，其结果会好多少。然而当时的情况是，军官级人员仍然囿于统治阶层之内；随着先后几个改革法案逐渐扩大了统治阶层，在每个法案通过后不久，军官阶层本身也扩大了，不过总是稍迟一点。

当然，人们不会不注意到，所有军官都年龄过大，人们也常常为此叹息。但是直到无法容忍，即直到战争阴云密布，现役的考验即将

---

① 引自海军中将诺顿·A.沙利文保存的原件。
② 1827年，英国重新使用Lord High Admiral（海军最高长官）的称号，授予克拉伦斯公爵。不久，又取消了这一称号。参见本书，第9卷，原文第80页。——译者
③ 海军文献协会，第97卷，第446页以下。

来临以前，并无真正改善。改善的办法是现成的，而且对于细心的人来说，早就是非常清楚的。主要的一条便是当局最终必须承认海军是个固定的职业，因而无论何时都得把海军军官照顾好；不仅是在任职时，而且在不任职时和再也不需要时都得照顾好。直到1860年，严格的官方观点——幸而执行起来并不总是那么严格——是军官只有在实际任职时才是军官。作为从实际出发的权宜之计，军官也确实在赋闲期间受到"留聘"，否则一旦需要就无法找到他们。因此，付半薪的制度已经存在，尽管规模很小。不过也就到此为止。支付退休金的义务还是不被承认，虽然有极少数幸运者作为恩赏而拿到了。这并不足为奇。给非全日工作工人支付养老金的观念乃是20世纪40年代的，而不是19世纪40年代的事。

两条性质相同的原则：海军军官在服役时拥有一定的持续任职的权利，以及在不再需要他时应得到充分照顾的退休的权利，几乎在同时获得承认，因而使这一职业大为改观。

政府在1860年对军官任命书的措辞作了一点不惹人注目的改动，从而终于承认了他是一个永久性的雇员。在此以前，每次任职时军官都接到一份叫"上舰任职"的文件，任命他在某一时期到某舰任某职。例如，按规定，他仍然是普通的约翰·史密斯，某舰的（临时）舰长，而不拥有他有权得到的任何时候都拥有的资格；皇家海军上校史密斯。

然而，现在一切都变了。根据一项不事声张的会议决定，他将获得（他的后代仍然保有）一份"总任命书"，在他已达到的级别上一直都有效。现在对他的任命是"女王陛下舰队上校（或中校、上尉）"了。上述区别是极端重要的。第一个做法使他的任职时续时辍，第二个做法给予他一个固定职业。

另外一个变化是上述变化的自然结果。他一旦成了永久性的雇员，就得允许他——实际上在必要时命令他——届时退休（并给予应有的生活费用）。主要是由于缺少一个命令退休的制度，大战后造成了巨大的障碍；因为只要军官不退休，而只是（在不需要时）停止任职，便只有一种情况才能使军官不再争夺升迁，那就是他的死亡。这就是为什么1840年的名册上最靠前的20名上校早在1806年时便是上校了；资格最老的中校已当了46年；资格最老的上尉于

1841年去世时，已在这一级别上干了63年！

改善的办法还是很简单——把名册一分为二，分为"现役"和"退休"两部分：把那些可能会再次任职的人保留为"现役"，而把那些不会再任职的人归入"退休"。这可以公平地做到。那些八十多岁的老军官根本不任职，他们只是在阻碍下面的人擢升。通过一系列大批"退休"——特别是在1847年、1851年和1864年——大刀阔斧地裁员，终于建立了一条通畅的升迁途径。但只是到1870年才分别刊印了"现役"和"退休"的名册。就在那一年，不再存在以往那些保有职位但只是部分时间工作的人，而出现了全部时间工作的拥有军阶的现代军官。

与此同时，在军官职业生涯的另一端——参军和初期训练——发生了具有同样决定性的变化。多少世纪以来，未来的军官都以某位舰长的被保护人的身份第一次出海。这种"舰长的仆人"成了唯一的方法，直到1676年塞缪尔·佩皮斯创立了一条现在被叫作"海军部任命"的规定时为止。但是即便佩皮斯的计划也并未涉及绝大多数候补指挥人员，这些人继续用"舰长的仆人"的名义参军，直到这种名称——但并非其实质——于1794年改为"一级志愿人员"。在这种状况下，裙带风和关系学起着早已注定的作用，实际上助长了等级制度的延续。

极少数并非通过与个别军官商定而加入海军的人，在佩皮斯时期被称为"指定志愿人员"（Volunteers-per-Order），俗称"国王的信差"（King's Letter Boys）。他们在18世纪一直存在。1829年他们的代表是朴次茅斯皇家海军学院的80名学员。在这一职业中，海军部只有对这些人的最初任命才拥有发言权。到1830年，学院作为青年人的训练场所即将告终。在职的将军和校官们从来不喜欢这个学校，它直接侵犯了他们最珍贵的既得利益——挑选接班人的权利。但是海军部本身通常是支持学院里的学员们的，这部分地是因为这些人是他们挑选出来的，但主要是因为在别的地方根本就没有什么理论教育。十分自相矛盾的是，恰恰是由新的技术专门化所带来的这类教育的必要性，结束了学院作为训练场所的命运。在1829年，为了满足这方面的需要，一直没有受过现代意义上的任何训练的年长军官跟年轻人一起入学；8年后他们便把年轻人通通赶了出去。在以后的几年里，所有志愿人员都直接去充当水兵。

　　这种变化不论在培训或是在入伍方面都并不像表面看起来那样像是倒退，因为随着这一变化，海军部不断配备上过大学的教官来从事一些海上培训工作。在入伍方面，几乎就在同时（1838年1月），不声不响地采用了对全部志愿人员进行考试的做法，不管是学院培训出来的还是由军官挑选的都一样。这是导致重要改变的一个开端，因为考试本身最初不过是一场滑稽剧，但它的存在说明考官（即海军部）有权不录取某个考生，从而也就最终保有了选择权。1839年规定了对下一个级别即候补生进行考试。这是实在的考试，因而此后海军部便具有了挑选除年龄最幼者外全部"青年绅士"的权利。自此以后，高级军官的这一既得利益趋于消失。这是通过一系列小的削减而取消的，1870年以前只有过两次。1848年，政府对每个高级军官提名推荐的人数作了限制；后来在1870年又规定提名数必须比空缺数多一倍，通过考试决定取舍。这一"有限竞争"对于军官提名制度是一个大打击，因为此后便不能保证军官所选的人一定会被录取。这是向不可避免的公开竞争观念迈出的一大步。在陆军和文职官员中也有了类似的规定。但是这一斗争一直延续到20世纪，到1913年才以国家的彻底胜利而结束。

　　与此同时，面临装备方面的变革，培训工作也有了进步。1857年彻底改变了让一切志愿人员——1843年以后正式称为军官候补生——不经培训便上舰出海的政策，所有的人都得在训练舰上开始受训。最早担任这一工作的是"卓越号"，不久（1859年）便代之以"大不列颠号"，该舰在经过几次实验后于1863年永久碇泊于达特港。

　　美国在这方面领先于英国许多年。1845年，精力充沛的海军部长乔治·班克罗夫特在安纳波利斯建立了海军军院，该校至今仍然享有盛名。他的做法远远超过了英国人，因为朴次茅斯只不过培训了全部军官中的一小部分，就是"大不列颠号"也不具备安纳波利斯那种理论上的"教育性"，虽然也许具有更为实际的"海军性"。只是在奥斯博恩（1903年）和达特茅斯（1905年）的两所学院建立之后，英国的全部军官候补生才首次在陆上接受初步训练。

　　在此期间设在朴次茅斯的旧学院因有了新学员（但年龄要大一

些）而保存了下来。随着专门化的进展，课程大大增加，海军船坞内的建筑物已经容纳不下他们了。在19世纪60年代末期，在格林威治的雷恩大医院内的养老金领取者的数字日益减少，这部分地是由于不打仗和没人受伤，但主要是因为允许他们在外面领取养老金而不必住在医院内。于是，当这所医院在1869年关闭时，在朴次茅斯的皇家海军学院便迁往那里。1873年实现的这一迁移，首次给了海军以一个海军军事科学理论学习的中心基地。

就这样，在上述短短一段时间里，对整个入伍和培训的过程进行了变革。1830年时的制度与佩皮斯时代并无不同：除极少数人外，都是靠关系入伍；训练在舰上实地进行，而理论教育则在哪里都不搞。到1870年时，专门化的必要性导致了现代制度的基本确立。

迄今为止，涉及的都是"指挥"或"军事"官员，即将军、校官和尉官。再者，这些人在1830年时是仅有的"军官"，他们的官职是由国王任命的，即仅有的"有军衔的军官"。在这些人和其他所有"委任状"委任的人员之间有一条巨大的鸿沟，不论是在"军务"上还是在社交上。但是，到了1870年，这方面也发生了巨大的变化，国王任命已不再是垄断着它的特定集团紧扼不放的特权，它扩展到其他各部分：如领航、军需、医生、牧师、海军教官，也许最有意义的是轮机师。

首先是领航，即航海专家们。他们当中资深的代表于1832年被授予军衔。类似的特权在1843年授予军需、医生和牧师，在1861年授予教官。轮机师的地位不同，有一段时间还很困难。他们是自然而然地跟着自己的蒸汽机一起上舰的，在1837年才确定为正式人员，但这时还没有一人是有军衔的军官。1843年的改革中他们被忽略了，但其中最资深的在1847年被任命为军官；自此之后，随着人数和技术水平的增长，他们的级别和地位也上升了，尽管上升的速度比他们所期望的要慢得多。到1870年时，一位最资深轮机师的军衔与一位资深舰长不相上下。

在整个这一时期内，指挥军官和轮机军官是从不同社会阶层中吸收来的，他们之间显然存在的猜忌主要是由这一情况造成的。新来者，主要是技术人员，在扩大军官的阶级基础上起到了相当大的作用，而双方对这一点都很清楚。轮机师不能不看到自己在一支全蒸汽机的舰队里前途广阔,指挥军官则不能不对此感到担心。于是,在这一世纪余下的日子里,前者拼命要求提高地位,后者则尽力往下压他们。从1847年至1903年,海军继续称资深的轮机师为"船上机械检查官(或主任检查官)",而不称为校官(或将军),这样做大概并非偶然。尽管如此,"海军世家"专有领地的被渗入仍然是时代的特征。这是新技术时代的直接结果,它在特权堡垒上打开了一个无法填补的缺口。

这样一些一般性原因影响到水兵的性质和他们的服役期限。到那时为止,英国的海军人员基本上是非固定的;几乎所有的水兵都是如此,但战斗兵就不一定这样。在1830年及以前在海军中从未有过长期服役的。大部分人是平时当商船水兵,战时当水兵。两者之间的转换主要是通过实行强征服役制来完成的,这一制度在1830年时虽已过了黄金时代,但还未根绝。这是一个坏制度,常常受到正当的责难,革命战争和拿破仑战争时期是它的最盛时期,因为这几次危机比过去的更长也更严重,使英国的海军人员紧张到极点,甚至超过了极点。早在这些战争结束前很久,整个出海人员便严重不足。结果是不得不录用没当过水手的人当水兵以补足乘员数;这种权宜之计反过来也暴露了强征服役制的毛病。问题解决得太晚,而且又用不明智和不公正的办法去解决,使国家以极大的代价获得的仅仅是岸上居民中的一些渣滓。

问题的根子在于海军这个职业对于志愿人员来说太无吸引力了。这就造成一种恶性循环。强征服役意味着强迫拘留,许多受到这种胁迫的人只要可能就会逃跑,于是水兵便不可能请假自由上岸,这样一来军舰实际上变成了监狱。但是自由人不会自愿进监狱,于是只好强迫征募来逼他们入伍。

另一件坏事是强征服役制使政府不必作通常的经济考虑。船主们经常得进行竞争,因而不得不保持适合当时的生活和工资水平;但政府由于有强征服役制撑腰,用不着这样做。当战争来临时,一般的水兵并不是不爱国。但是军与民两种职业给予的待遇极为不均:在商船队里比较舒适和安全,工资待遇极好(因为在战争期间,水手在商船和海军中都是市场上的紧缺商品);而在皇家海军里,伤亡、住得拥挤、工资待遇相当差,工资发放起来又很不公平。在商船上,没有强迫服役，没有监禁；在军舰上，监禁还要加上粗暴和伤痕累累的惩罚。从来就没有过足够的志愿人员，如有志愿人员才是不可思议的事。

一些有头脑的人，如威廉·普尔特尼（在1786年）、马里亚特上校（在1822年）和其他许多人经常提出可能起弥补作用或部分弥补作用的建议。没有人打算取消整个强征服役制，如果别的方面不跟着一起改，这一改革是不可能实现的，因为作战舰虽必须要找到，水兵们本身也接受这一点。但是提出了两点建议：第一，所有的海员必须进行登记，以便使大家平均负担巨大的从军义务；第二，对所有水兵的服役期要给予明确的规定。同时，也提出了关于改善工资待遇和薪饷制度，以及建立固定的养老年金制度的建议。这些改革本来会使海军水兵的生活好一些，再加上排除一部分难以置信的艰苦状况，志愿入伍的情况将会改善。但是这些都只是建议而已。

1815年以后情况有所好转，但这只是因为战争已经结束，许多水兵能够退伍了。并未有意识地采取任何改进措施。强征服役制并未废除——实际上在原则上从来没有废除过。但是，不知不觉地迈出了相当明显的第一步去打破这一恶性循环。在水兵们的逼迫下，政府从1797年起逐渐改善了薪饷待遇（及其发放办法）和海军舰只上总的生活条件。这些措施，加上和平时期的需求量小，自然使皇家海军逐渐得以在经济上和商船相竞争，这样它的需求便能通过志愿入伍而得到满足。政府一向明白，在其他条件相等的情况下，志愿兵比义务兵更为可贵：合乎需要的状况终于出现了。

这一状况是在1830年达到的，但它并不稳定。这时绝大部分水兵都是志愿兵了，但这是由于需求量少而不是由于问题已经解决。直到詹姆斯·格雷厄姆爵士在海军部任职几年之后，才终于在1836年实现了讨论已久的改革——登记和限制服役年限（最长五年）。

这样，强征服役制那些最坏的方面消失了。志愿征募在英国历史上首次成为准则。但是，一旦出现紧急情况时将会怎样呢？19世纪50年代初这个问题又迫在眉睫，需要加以解决。

答案是实行长期服役，这是英国海军史上最重要的大事之一。1853年，也只有到了这个时候，英国做了法国在将近一个世纪以前做的和佩皮斯在两个世纪以前开始为英国军官做的事——建立海军入伍兵这一新职业。现在一个人终于可以加入皇家海军，将它作为终身职业，而且事先知道全部服役条件：期限、薪饷和养老金。

这个非常好的新计划从表面上看是由于在克里米亚战争中遇到舰队兵员现实的和预计的匮乏而出现的。但是改革由于另一原因，不管有无战争势必实行。这个原因与以前一样，是科学对海军造成的影响，海军越来越迫切需要培训和专门化。迄今为止，海员应邀（常常是被迫的）在航海事业的两大部类中轮流服务。这是可以做到的，因为两者之间的差别不很大，海员用不了很长时间便能掌握当兵的起码本领。但是以后海军工作是如此的复杂，必须鼓励以海军为终身职业。实际上，这已不再是一个经济问题，即按需要花钱雇人，让他们干上一两年，然后毫不客气地让他们离开。现在是一旦招募了人员，他们便得接受培训。再者，这一专门化进程显然还只是在襁褓时期，它将随着时间的推移而发展。为此，建立了长期服役制度，伴随而来的是舰队后备役，当入伍兵服役期满时，便进入后备役。这一计划开始时遇到暂时困难，海员们的脑际仍然萦绕着往日极为不快的回忆，他们对上述计划的最初反应很不热情。但是这一做法确实照顾到了他们的利益，他们最后终于作出了响应。这便是英国"蓝夹克"（水兵）这个十分受人喜爱、人们最熟悉的形象的由来，它出人意料地现代味儿十足。这是因为国家在首次给水兵发制服时选定长期采用"蓝色"（以及夹克和喇叭裤的裁剪式样），这种颜色当时恰恰也正在流行。

新的称谓是与地位的巨大变化直接相关的。向来海员们简直是一个与众不同的人种——动作粗野、言语粗鲁，显得冷漠无情，出海时受到铁的纪律的压制，往往是顺从的；上岸时（很难得获准）则像是在逃的疯子。但他们是些单纯的人，热心肠，彼此间十分讲义气。他们是一个自我封闭的阶层，不信任陆上的人，自然，陆上的人也不信任他们，甚至对他们感到莫名其妙地害怕。在这种情况下，海员一般不会离开海，陆上也没有人会雇用他们。这样只会使他们更加与世隔离，使双方因互不了解而继续互相猜忌。"一旦为海员，一世为海员"，这一说法既古老又真实。然而当"强征兵"成为"志愿兵"之后，一切都变了。原有的不适宜的纪律可以放松了。1847年便已有一个法令修改了比较残忍的18世纪法令，首次给了军法审判以适当

第十一章　武装力量和军事艺术：海军

的减刑决定权。其他法令也随之公布，最后都由1866年的海军军纪法所取代，除了细微的改动外，海军直至今日还在根据这一法令进行管理。自那时以后，旧秩序最具有象征性的做法——鞭笞——便迅速地消失了。新法令规定鞭打不准超过48下，海军部在多次指示中希望军事法庭最好不要下令鞭打，并规定执行刑罚要经海军部正式批准。1871年规定鞭笞在"平时"中止执行，1879年又规定在一切时候都"中止"执行。直至今日，它仍然只是"中止"而不是被废除，这是典型的英国做法。

在革除一种坏制度所形成的各种不受人欢迎的特点的同时，水兵也在努力保留那些可贵的品质，即其单纯、讲义气和热心肠。全国对他们的态度也随即完全改变了。海军一直为国家所钟爱，被认为是国家的第一道防线。人们甚至公开表示爱水兵，但这是作为整体，而并非水兵个人。对水兵个人，人们只知道他们是些鲁莽的酒鬼，用英镑钞票点烟斗，或者买了金表放进油里去烹炸。然而现在酗酒之害由于减少发酒量而自行消失。1824年，酒的配给量从每日两次，每次1/4品脱酒加3/4品脱水，减至每日一次，晚上用茶来代替酒。1826年将配给量增加1/5，并恢复了晚上发酒。1850年又把当时的配给量减去一半，晚间停止发酒，每人发一笔钱来"代替"。水兵上岸不仅更为经常，而且也没有那么多理由借酒消愁，因而人们开始跟他们熟悉起来，并喜欢起他们来了。这样，他们便从几乎是不可接触的贱民变成了宠儿。再者，他们也不再被迫去经受船上的危险与困苦，他们是志愿来的。因而，至少作为整体来讲，他们成了英雄。人们一心一意地喜欢他们。他们自己也莫名其妙地成了音乐厅和轻歌剧院里的头号明星——"穿蓝色海军服的活泼小伙子"，"我们大家打心眼里敬慕的水手"；而值得永远称赞的是，他们并没有因此而头脑发热。

在考察其他国家的情况时，我们必须严格地把强征服役作为一种办法——强迫和不公正地征募海员当兵——和强征服役作为一种原则——任何主权国家都有在危急时征召公民保卫国家的权利——加以区别。因为虽然几乎只有英国把强征服役作为一种办法，但是把强征服役作为原则的国家在过去和现在都是很普遍的。它实际上是今日的征兵制，即"命令入伍"的制度。任何国家在遇到真正的危险时都从未废除过这种制度。因此，美国能够自豪地讲自己从未采用过强征服役的办法。实际上,他们在海军方面的努力从来无法与英国相比,因为用不着那样做。他们也不必把伴随强征服役制而来的监狱般的纪律强化到残忍的程度。因此,在英国强征服役制处于巅峰的长期战争时期,美国海军的条件比英国的要好,于是许多英国水兵投向了美国舰船,成为1812—1815年战争的重大原因。在其他方面,传统的纪律两家都差不多,美国海军在不知不觉中吸收了它母体皇家海军的做法。

然而,当英国的紧张状况在19世纪30年代松弛后,情况也许就倒转过来了。施加影响说服国会在1850年废除鞭笞的赫尔曼·梅尔维尔,把这种倒转的情况主要归咎于当时的美国军官缺乏经验,他认为他们比起来不如英国军官。[①] 但是即便美国也不能回避强迫征募的原则,南北战争时的"征兵制"基本上就是强征。然而,美国水兵也的确不像他们的英国兄弟那样从一个极端走到另一极端,因而当情况倒转过来时,英国水兵的形象所发生的惊人变化也就未在美国出现。美国水兵作为个人从未受到过那种猜疑,因而也就不曾那样到处被人当作偶像。

法国人干得更好更合理。他们不得不这样干,因为他们存在着一个严重的弱点——不管是海军还是商船队都一贯缺乏海员。所以,从1769年起,他们组织了九个师的训练有素的水兵兼炮手,数目达1万多人,基本上都是长期服役。这些人都不列入海军花名册。法国的海军花名册与英国海员登记册几乎一致,不过英国人虽鼓吹很久但从未搞成,而法国人一直充分加以利用。然而恐怖时期毫不负责的政权取消了水兵兼炮手,无缘无故地把这一大优势扔掉,从而造成效率低和不服从命令的后果,付出了可怕的代价。但是后来的政府很快认识到这一点,到1830年实际上已实行了征兵制,特别是1835年以后建立了固定征兵制。按照这一制度,自动征召所有年龄到达20岁的海员,从而有了一个常备人才库来提供训练有素的海员,尽管数量并不很大。例如,在1839年,法国海员花名册上总共只有4.5万人,其中1.8万人在军舰上,其余的在商船上。然而,虽然1844年的花名

[①] 塞缪尔·利奇:《来自下甲板的呼声》(伦敦,1844年);赫·梅尔维尔:《白夹克》(1850年)。两人都从下甲板的角度观察事物,英国人坦率地称赞美国的情况,而美国人也坦率地称赞英国的情况。

册上只有4.6万人，但从1835年以来已至少有55517名海员受过海军训练。而且，在克里米亚战争中与法国人有接触的英国军官，对于他们的效率和造就他们的制度印象极为深刻。

其他国家从未采用过英国的强征服役制，至少从来未有过像英国那样的规模。这一制度显然很坏，而这些国家的海上活动又少得多，他们没有这种需要。他们总的说来倒是采取了与征募陆军类似的方针。那些能采用志愿原则的国家，如美国，便采用了它，但那些"军事"大国，主要是欧洲的，则仿效法国，按照他们实行征兵制的军事政策征召海军，实际上成为这一制度的组成部分。

在此期间，1839年格雷厄姆时期新的海军登记册列入了167013人的姓名。还有21450名练习生，这些人以后差不多都会成为海员，使"人才库"中共有近19万人。但是在这些人中，曾在海军中服过役的可能只有4%。人们还认识到，当战争到来时还会有另外一个方面严重消耗海军兵员。当时私掠制度仍然得到普遍承认，在拿破仑战争时期，仅此一项每年便要损失4.7万名可能成为水兵的人。不愿面临这样危险的消耗，成了美国主张彻底废除私掠活动的主要理由。在采用长期服役办法之后，很快便在1856年巴黎宣言这一国际协定中彻底废除了私掠活动。

这样做，在开始时遇到暂时困难之后，满足了英国的当前需要，但是它又带来了必然随之产生的另外一个问题。法国人这时通过"固定征兵"有了一支以征兵制为基础的真正后备军。英国能够在自己海军已有的志愿兵基础上建立起一支后备军吗？这是一个必须作出回答的问题。因为这时皇家海军和商船队首次不再从同一来源中召人，而成为各走各的路的不同实体。遇有紧急情况时，当局再也不能匆忙地把不愿干和未经战斗训练的海员驱入舰队，新军舰及其装备的技术性太强，这样做是不行的。舰队的后备兵员，不管质量如何优秀，也提供不了任何大规模扩军所需的数量。只有一个答案，而且幸好它很快就被找到了。建立了皇家海军后备役制度：入伍兵于1859年，军官于1861年。这在实际上改进了皇家海军和商船队之间的旧有关系，新的关系比旧的关系公平得多。海军水兵是志愿兵，海军后备役水兵也一样——商船高级船员和水手或渔民一方面继续从事自己正常的职业，另一方面每年志愿入海军用几个星期的时间学会复杂的作战新技术的初步基础。这件事不仅本身是一个辉煌的成就，而且还为另一个重大的战时兵源——根据1903年议会法令建立的皇家海军志愿后备役制——树立一个模式。

英国水兵成倍的提高，部分是由于皇家海军及其大陆邻国仍然存在一大相异之处。原先各大国（包括英国在内）主要是从沿海省份招募水兵。根据法律，强征服役实际上只能在滨海各郡进行，抓捕权亦仅限于用在航海人员身上。在大陆各国征募范围一直没有多大变化，但在英国新的长期服役志愿兵变得很有吸引力，而且它本身就是光荣的。在19世纪50年代、60年代，越来越多的人从全国各处来参加海军，直到海军人员已不再局限于某些地区（这种局限并未彻底取消，只是就与其他国家相比较而言）。

军官们也受到了影响，但较小一些。即便在18世纪，海军的赫赫声望和巨大成就足以吸引内地有采邑的家族以及各教区的优秀人员来加入它，有的人还来自统治阶级的府邸。在19世纪，这种扩展的趋势增加，以至今天已难以在地图上指出哪些郡是军官们的主要出生地。但在法国和其他大陆国家中，陆军一直是它们的骄傲，因此海军总是来自某一些省份，在声望上也不如陆军。在英国则两者都并非如此。

为了完成在人员和装备上的革命性变化，另一种在行政上和指挥上的变革是十分重要的，这一变革也几乎正好是在本时期内发生的。在1832年至1872年这一时期里，皇家海军获得了它的现代管理机构——新的海军部。

直到1832年，指挥和行政还是分开的，海军部负责前者，海军委员会负责后者。这样的组织机构经常出现互相摩擦的情况。它对于简单的老海军来说勉强能对付，而应付新海军则远远不足。1832年，詹姆斯·格雷厄姆爵士将这两个单位合并到一个新的委员会中，各负责一个单独的行政部门，由一位直接向议会负责的首脑——海军大臣领导。这样做使行政效率大增，但开始时它走得太远，几乎毁掉了海军部原有的指挥职能。海军大臣现在总是由文职的界政人物担任，虽然他的海军部属能够在技术上向他提出高明的建议，但他发现这些人忙于分管部门的事务，难以向他提供更为全面的方针性建议。这有时——如在克里米亚战争期间——导致出现一种不妙的局面：海军大臣实际上是在愚蠢地过多干扰舰队司令。这样做导致海军大臣的职务本身在60年代初和休·奇尔德斯多事的任期（1868—1871年）内几乎两次遭到撤销的命运，但是及时地达到了恰当的平衡。严格的部门责任制无可怀疑的优点理所应当地被保持下来。而如果没有一位负责错综复杂的人事工作的第二海务大臣和一位负责装备工作的第三海务大臣（1869年后称审计长），这一过渡时期内出现的种种令人迷惑的问题和危机是难以应付的。然而，当乔治·戈申在1872年赋予行政和指挥以现代的含义时，他实际上是创建了一个现代的海军部。他的三项"原则"是："海军大臣居于最高地位"，"其他成员各自向海军大臣负责"，"把海军部整体作为一个全面的咨询机构"。[①] 指挥和行政，如同装备和人事一样，在1830年以后实现了巨大的变革，但到1870年才具有了现代的格局。

（华庆昭 译）

[①] 奥斯温·默里爵士："海军部"（《海军镜据》，1938年，第24卷，第4期，第476页）。

第 十 二 章

武装力量和军事艺术：陆军

　　战争的手段，不论是陆上还是海上，在1830—1870年的40年中发生了比近代史上过去整个时期，或者可以说比有史以来，更为巨大的变化。大多数变化至少从表现出来的情况看是集中发生在这40年的最后10年里。在这10年里，战争中出现的技术、战术和战略上的发展，预示了下一世纪战争的作战趋势和社会形态。有些新趋势也表明了19世纪两位伟大军事思想家的显著影响，他们是约米尼和克劳塞维茨，他们的主要著作发表于19世纪30年代。

　　许多世纪以来陆军的实力是以人数来计算的，只区分为骑兵和步兵——这两大分支或两个兵种通称为"骑"和"步"。由于存在这种两者具有各自的机动性的区别，在枪炮出现以前人数是计算实力最合适的方法。只要枪炮只是在极短距离方才有效，人数仍不失为一种可行的计算方法，因为枪炮准确性差，装弹慢，使对方特别是骑兵有机会在被打中以前便逼近敌人。即使如此，受过良好训练、使用燧发枪的步兵在齐发时也足以成为骑兵冲锋的巨大障碍，到了拿破仑战争时骑兵显然已成为一支日益缩小的兵种。与此同时，野战炮兵因在战术上集中使用而在拿破仑后期的战役中起到越来越大的作用，从而更有必要把"枪炮"和"步与骑"的数量一起作为实力来计算。但是在拿破仑失败后，炮兵出现了一个低潮，而骑兵则即使其威望还未跟着严重下降，但也并未恢复其势力，因而步兵便日益成为不论在力量上或在人数上都是首屈一指的兵种了。

　　在1830年，用人数来计算陆军实力仍有一定道理。但到了1870年，它就不再是一种合理或可靠的计算方法了，因为步兵火器在质量上已取得不同程度的巨大进展，火炮也在较小程度上有了进展。在此后40年中，炮兵武器比步兵单兵武器的进步要快，但是可携带的自动火器机关枪的发展使"轻武器"的力量得以保持。这样，单纯计算步兵或炮兵的人数便成为荒谬的做法了。然而，甚至在20世纪的第一次大战中，人们仍习惯于用多少千支"步枪"和多少千"骑兵"来计算军队的实力，传统思想就是这样顽固。

在1830年，标准的步兵火器仍然是燧发枪，它是滑膛的，前膛装弹，用一根通条把圆形的铅弹头和火药筒塞进枪管里去。累赘的装填过程造成每分钟很少能装两发以上，往往低于此数。只有很好的枪手才能在50码外击中一个人，火枪要想超过这样短的射程发挥作用便只好依靠紧密排成一行的士兵一齐发射了。虽然带有来复枪膛的火枪被一些轻装侦察部队所采用，但它的螺旋凹线和容易塞住的毛病使装弹变得更慢——装好一颗要用近两分钟——而准确性只比滑膛火枪略好一点。19世纪初的步兵火器是否优于中世纪弓箭手的长弓颇堪怀疑，后者有效射程为200—300码，准确度更高，而且发射速度高于滑膛火枪四倍。

19世纪火器的第一个重要发展是击发式滑膛枪。它使用雷汞起爆药，这种起爆药是在以苏格兰牧师亚历山大·福赛思于19世纪初所做实验的基础上研制成功的。他的发明在政府人士中引起了短暂的兴趣，他被邀请到伦敦塔去继续进行实验。但是保守的军械局很快就将他辞退，从而断送了在反拿破仑的"大战"中用优于燧发枪的火器装备英国陆军的机会。战后不久，别的私人实验家搞出了给引信加上铜帽的办法，使雷管系统更为实用。但是直到1834年军方才听取劝告加以试用，1840年英国陆军才用击发式滑膛枪重新装备。在公众的巨大压力下，政府给了福赛思区区1000英镑奖金，而钱送到时他刚刚去世！雷管撞针的主要价值在于使哑火大量减少，特别是在潮湿的天气里。

下一项重要的发展是来复线步枪的改进。子弹除非与枪膛贴得很紧，不然便会失去力量和准确性，因为有游隙会损耗推进气体，而如果子弹与枪膛贴紧，装填起来又极慢。出路在于设法造出一种子弹，小得能够顺利进膛，而在发射时又能在凹线里膨胀从而与膛体完全吻合。各种各样能造成膨胀效果的办法被发展改进。最早付诸应用的是

1826年由法国军官德尔维涅发明的，当一营非洲轻步兵1838年在阿尔及利亚战役中装备了他的步枪时引起了广泛的注意。在英国，诺顿上尉在1823年想出了一个更有希望的办法，1835年由格林纳先生在设计上加以改进。它遭到了英国军方的拒绝，但在法国却引起了更大的兴趣，在那里，米尼埃上尉于1847年进一步改进了设计，被法国陆军所接受。英国陆军在1851年予以采用，付给米尼埃2万英镑，后来又补给格林纳1000镑奖金，以奖励"首次公开提出膨胀原理的建议"。米尼埃的子弹最初是圆锥体的，但后来改为圆柱圆锥体。这颗长形带尖弹头的子弹底部中空而带有一个铁帽，当发射时铁帽挤进子弹底部的空穴，使底部能够与来复枪的凹线吻合。

弹头的形状加上它能充盈在带有凹线的枪膛里，大大提高了准确性和有效射程。在400码距离内，命中率为发射数的50%；而10年前刚刚开始采用的击发式滑膛枪的命中率只有5%，甚至在距离为800码时，专业射手的命中率也有40%左右。米尼埃步枪最初在1852年用于对南非卡菲尔人的作战中，当时发现可在1300码的距离击溃小股的卡菲尔人。但米尼埃步枪的可靠性与其表现并不相称，这特别是由于弹头无力和膛线太深，于是在恩菲尔德的轻武器工厂造出了改进型。新的"恩菲尔德"步枪在克里米亚战争中跟米尼埃步枪一道使用，它超过了后者，成了前膛装弹火器的最后一次改进。

因为这时在外国已迈出了一大步，发明了一种枪槽装弹的后膛来复枪，即约翰·尼古拉·冯·德雷泽在1836年造出并由普鲁士陆军在1841年采用的"撞针枪"。这种枪有一个像门闩那样的枪栓，就跟一个世纪以后通用的步枪一样。当扣动扳机时，由螺旋形弹簧带动的撞针的长而尖的针头便打穿装有火药的纸弹药筒的基座，撞上基座前端的火帽从而引发子弹。这一设计有着多种弊病：针头容易折断或弯曲，枪栓能逸出大量气体而使推进力降低，并造成枪栓生锈。但是，虽然它的有效射程比新式的前膛枪为近，它的发射速度却是后者的三倍，即每分钟7发与2发之比。最重要的是，它使士兵能平卧在地上装弹和发射，这样在敌人面前的目标要小得多。这一普鲁士新武器的价值在1848年和1864年与丹麦的冲突中展现了出来，在1866年和奥地利作战时则更为突出（参见原文第325页）。

大多数国家的军事当局一如既往，总是挑"撞针枪"的某些个

第十二章 武装力量和军事艺术：陆军

别毛病而不去考虑后膛装弹的种种好处，同时，节省开支也帮了保守主义的忙。但是这种步枪的潜力引起了军事当局的很大兴趣。1857年到1861年之间，有四种后腔卡宾枪（一种给骑兵用的短步枪）被推荐给英国陆军骑兵试用。美国的四年内战给这一系统的长处提供了越来越多的证据，部队配备后膛武器的比例也越来越大（参见第24章，原文第631页）。普鲁士人的战绩使欧洲军队受到强大的刺激。1866年，法国陆军采用了一种由安托万·阿尔方斯·夏斯波研制的后膛步枪，在次年发生的曼塔纳战役中首次使用，给加里波第的部队造成重大损失。在1870年战争中，夏斯波步枪比德国的"撞针枪"要优越得多，尽管法军在技术上这样取得的优势被它在战略、战术和组织上的错误所抵消（参见原文第325页）。在此期间，美国陆军在1864年采用了由美国人雅各布·斯奈德设计的后膛枪，在1868年的阿比西尼亚战役中表现惊人。三年后，它被马蒂尼－亨利步枪所取代，马蒂尼也是一个美国人，他设计了击发装置。但是，虽然更为先进的弹仓式步枪在美国内战的最后阶段中表现出色，欧洲各国陆军采用这种式样的步枪却在很久之后——德军于1884年，法军于1885年，奥军于1886年，英军于1888年。

伴随着步兵武器的发展而来的一个重要现象，是骑兵作战的局限性日益增长。在克里米亚战争中，骑兵能执行他们传统的任务，但代价甚巨。在美国内战中，骑兵不久便改为在战斗中下马作战，从而变成具有一定机动作用的骑马的步兵。欧洲陆军对于这一教训置之不理，但是在1870年的普法战争中很快再次受到了更深刻的教训。在色当战役中，德军用过时的撞针枪发射一阵排枪便粉碎了法国骑兵的冲锋。但是传统和感情的影响是如此之大，足以压倒现实感，以至欧洲各国陆军继续保持大量骑兵达半个多世纪之久，在1914—1918年的大战中，它们的领导人仍沉溺于再现早年一举定局的骑兵冲锋和追击的黄粱美梦。

火炮的进展没有步兵火器那样快，但在克里米亚战争中有不少滑膛炮改加了膛线，在塞瓦斯托波尔围城战中收效惊人。它们在射程和准确性上的长处是如此显著，以至除了加上膛线外，还大力推动了后膛炮的发展。到1870年，带膛线的炮已广泛使用，但前膛炮仍为多数军队所喜爱。1860年英军在对华战争中试用了一种后膛炮，使用者提出了有利的报告，但反对革新的偏见极大，于是宁肯使用一种改进型的前膛炮而摒弃后膛炮的观点一直持续到1886年。在1870年的普法战争中，德军炮兵配备的是后膛炮，法军则仍是前膛炮。对各次战役进行的分析清楚地表明：这种装配上的差异，加上高超的炮兵战术，使德军占有决定性的战术优势，压倒了法军夏斯波步枪对德军步兵撞针枪的优势。

德军炮火在一英里以外便摧毁了法军步兵的进攻，这一距离使法军无法有效地使用夏斯波步枪。德军在进攻时最初急于逼近敌人而等不及自己的炮兵扫清道路。因此，特别是在激烈的格拉夫洛特－圣普里瓦战役中，他们未能利用炮兵在质和量上的优越性所提供的决定性优势。普鲁士近卫军在圣普里瓦的左翼倒在法军步枪手的顽强火力之下，损失了三分之一的兵力，而格拉夫洛特附近的右翼有一部分陷于混乱，惊慌逃走。只是由于法军司令官巴赞元帅迟疑和不当的指挥才让德军最后得以取胜。德军步兵自此学会了耐心。使麦克马洪元帅的军队在色当陷入围困的战略行动，是由600门火炮组成了包围圈而决定胜负的。炮火摧毁了法军所有的突围攻势，迫使一支8万人的军队投降，而胜利者的损失不过是这一数目的十分之一。

在19世纪60年代，出现了一种变革更大的武器——机关枪。它通过一种闭锁装置能迅速地连发。在过去的几个世纪中，一直试图发展这样一种武器，一般是用多管设计。但第一个表现出十分有效的是加特林机关枪，它受益于近期发展的后膛装填方法，在美国南北战争中脱颖而出。它是芝加哥的理查德·加特林发明的，是一种有6—10根枪管的旋转步枪，枪管顺轴排列，由于旋转装置将其入位后依次发射，因而只要迅速转动曲柄把便能几乎不停地发射一连串子弹。它原本是用以加强射距类似的步枪火力的。

在此期间，法国炮兵在寻找一种能产生像老式榴霰弹的弹雨效果那样的武器，但是射程要远得多，以便能在敌军步枪射程之外的阵地发射。以此为目的，炮兵指挥官雷菲耶在默东堡拿破仑三世的私人兵工厂里根据比利时的设计研制出了一种霰弹炮，射程达1500—2700码，外表像一门普通的野战炮，装在有前车的炮车上，用四匹马牵引。但是它的炮管里装有25根来复枪管，有一个用螺丝固定的复进式击发装置，枪膛里能装25发子弹。这样每分钟可齐发5次共发射

125发子弹。法军在1867年采用了这种霰弹炮，在此后数年中，大量制造了这样的炮。但是保密被认为高于一切，将要使用这种武器的人在1870年战争爆发前既不知情更未用过，大部分操作人员到作战时才首次看见它发射。这种致命错误的保密还有一个更糟的后果，那就是领到这种新武器的指挥官把它们分散用于前锋部队的近敌作战，而不是按照原来的意图把它们集中起来在阵地后面远射。

保密的唯一成就是这种新武器使用不当。它未能防止泄露消息，风声不胫而走，说是法国人有某种这类东西在手里。于是德国人很快便发现了它们，集中炮火轰击每一门分散而暴露的霰弹炮，逐一加以摧毁从而消除了这一威胁。法国霰弹炮这样不起作用，不仅使它们带来的巨大希望化为泡影，而且使各国军人匆匆认定毛病出在武器本身而不是在用法上。甚至大有改进的新型机关枪——自动发射，体积小到可以手携，易于藏匿——研制出来后，军人们一般认为机关枪价值不大，如果有人替它说话，便拿出霰弹炮在1870年的失败来嘲讽一番。差不多半个世纪以后，在1914年投入战争的各国军队中，每千人还只有不到两挺机枪。但是为数不多的这点东西很快就主宰了战场，造成了一个持续很久的僵持局面。

对于以后半个世纪的这一简短叙述和对其间进展轨迹的概括，也许会有助于更清楚地说明1830—1870年作为一个战争新时代的开端的重大意义。此外，在此时期其他技术手段所取得的进步，其结果与枪炮火力的巨大发展不相上下，甚至还有超过。

首屈一指的是铁路及其在军事上应用于协助战略行动。这一时期中它在欧洲发挥的作用是在协助进攻上：普鲁士在1866年对奥地利的战争中因利用铁路迅速部署军队而一开始便占了上风。但在北美，铁路在南北战争中主要起阻碍进攻的作用：由于在铁路线的前方一端集结过多部队，使指挥官们十分担心运往铁路前线的补给有被截断的威胁。

最早认识到在军事上使用这一新运输方法的是普鲁士。早在1833年，便有几位有识之士指出了这一点，而当时普鲁士还没有铁路。最有影响的预言者是经济理论家弗里德里希·李斯特，他出生在符腾堡，在美国政治流亡时成为铁路的热心鼓吹者，1832年回到德国后，便把大部分时间投入到在报刊上鼓吹发展铁路的活动上。他提出：铁路网有助于德意志的政治统一，又能加强其防务实力，使德国能利用其位处中央——这一位置迄今是危险的根源——的优势，将军队迅速运往东西任何一方抵御入侵之敌。这一从防守出发的想法在随后德国的铁路建设中得到了实现；而 30 年以后，毛奇在作战时却利用铁路实施了进攻。

毛奇早在其军事生涯之初便对铁路发生了浓厚的兴趣。1839 年，当他从土耳其军事顾问的岗位上返回德国后，便将个人积蓄投资于新建的汉堡—柏林铁路，成了一名董事。他对铁路的技术方面了解之深，可从他 1843 年写的一篇论文中看出，在该文中，他论述了铁路的布局和经营。他对铁路战略能力的认识则表现于次年给一位兄弟的信中，他强调说："当法国议会还在讨论这个问题时，我们已铺设了 300 英里的铁路，并且正在铺设另外 200 百英里。"[①] 1846 年，即李斯特去世的那年，普鲁士陆军的一个军实施了历史上第一次大规模铁路运兵行动，作为试验性演习。1857 年，毛奇被任命为总参谋长，他立即推动了铁路在军事上的应用。他跟李斯特一样，争辩说需要有一个战略铁路网以应付普鲁士两面受敌的需要，这将是解决危险处境所造成的问题的有效答案。因此，他强调战略要求在民用铁路建设计划中应有决定性的发言权。从那以后，这类计划便通常都通知他，他则对可能具有军事重要性的各点予以密切注意。

第一次利用铁路进行的重要作战行动是在 1859 年的意大利战争中，当时奥地利进攻得到拿破仑三世强大法军支援的皮埃蒙特（参见原文第 323 页）。德国虽然未进行干预，但毛奇乘此机会对迅速运送和集中普军的计划进行了试验。当时所作出的重大改进在 1866 年普鲁士入侵奥地利时发挥了作用，又在 1870 年入侵法国时发挥了作用。这两次战争显示出了一个完善的铁路网给迅速集中和部署军队带来的巨大好处。这两次战争改变了过去对于战略集中要素——力量、空间和时间——的观念和计算方法。1866 年，普鲁士人开始动员较奥地利人要晚，但是他们能用五条铁路线把部队从普鲁士各地集中起来，而奥地利人则只有一条从维也纳开出的铁路，并且未能有效地使

[①] 《陆军元帅赫尔穆特·冯·毛奇伯爵写给母亲和兄弟们的书信集》（C. 贝尔和 K. W. 费希尔英译；伦敦，1891 年），第 2 卷，第 138 页。

用它。在奥地利把部队集中于摩拉维亚开始进军波希米亚之前，毛奇便把普军部署到波希米亚和萨克森的边境，并越过波希米亚的山隘。这样，尽管普军动员较迟和开始时兵力太分散，他们还是取得了一个有利的战略地位。

普军在1866年的胜利，加上在1870年又战胜了法国，给了军事界以极为深刻的印象，以至他们认为最初阶段集中和部署的速度乃是取胜的主要关键。于是战略计划工作开始与时间表——主要是铁路时间表联系起来。这一趋向造成了一种习惯想法，对1914年突然爆发战争起了关键作用，打消了通过谈判解决危机的希望。它也使人忽略了以下事实：把一切寄托于像铁路这样固定的东西，这样缺乏伸缩性的运输能力，将会给战略带来瘫痪性的影响。1866年和1870年的欧洲战争都迅速结束，进攻者取得了胜利，以至认识不到如此依赖于一种呆板的战略活动手段所固有的缺点。在持久得多的美国南北战争中，这一缺点显著地暴露出来，但欧洲的军事界和军事院校对此教训注意得远远不够。

用电报作为军事通信手段产生了一种类似反作用，这早在克里米亚战争时就显现出来了，在这场战争中首次使用了电报。各国政府及它们的军事顾问们很快便认识到它作为与战地指挥官保持联系的手段有种种优点。但在战地指挥官们看来，它弊大于利。英国指挥官抱怨说这一长途通信的新手段"弄糟了一切"，法国指挥官则说自己"处于一条电缆的瘫痪的一端"。在美国南北战争中，这种使部队瘫痪的趋势更加突出。然而，当高明地使用这一长途通信手段时，它对于协调分布甚广、在不同战区作战的军队的行动价值极大。在1866年战争中，电报使毛奇得以在柏林的办公室里指挥普军的大部分行动，直到克尼格雷茨的决定性战役前夜他才亲赴前线，而当到达前线后，他发现还不如在柏林写字台旁更得以掌握情况。他的远距离控制之所以能顺利进行，主要是他高明地只进行大的战略指导，而给执行者们留下很大的自由行动的余地。当总司令部移近前线后，它跟过去一样，要依靠骑兵联络官递送信息。

这种情况在1870年仍然未变，因为虽然动员了七支战地电报分遣队，但是当进行关键的边境作战时，在毛奇本人的位置跟部队指挥部之间并未架设电报线，尽管两者离得很近。未架设的部分原因似乎是怕敌方窃听，但是更主要的是由于希望不致使部队指军官感到身受一条电报线的束缚而影响了他们的主动性。因为普鲁士军事理论比任何其他军队更为注重培养下级指挥官们的主动性，并让他们不受限制地去发挥。

普军之所以能把这种主动性与各方协调的合作结合起来去为一个共同目标而奋斗，主要是由于它的参谋体系和训练制度。在对拿破仑的斗争中，军事改革家沙恩霍斯特和格奈泽瑙发展了原先由马森巴赫提出的思想，设立了一个叫"总参谋部"的核心，比起过去参谋人员们对指挥官来说，其职能更广泛，责任更重大，而在过去，参谋们不过是指挥官的骑马传令官，或者是处理行政琐务的办事员。在普鲁士制度里总参谋部是军队的集体智囊。它提出战术理论，在平时及战时制订作战计划，向各级战地指挥官提供专家顾问。这些参谋军官跟实际的指挥官共担责任，同时使后者从具体计划工作中解脱出来。他们像使徒一样向指挥官解释总参谋部的想法，并向下级执行者解释指挥官的决定。当指挥官不在时，他们可以根据自己的判断针对改变了的情况以指挥官的名义重下命令。这种明智地改变命令的情况，达到在名义上违抗命令的程度，它的基础是一种共同的理论和处理问题时的共同思维习惯。由于隔一定时期把总参谋部的军官下放到团队任职，促使这种共同理论得到传播。

在滑铁卢战役之后的半个世纪里，普鲁士参谋制度得到巩固，它的军事教育基础也发展了。1821 年，总参谋部从陆军部分出来，自成为一个参谋机构，但仍从属于陆军部。这一措施一时削弱了它的势力，但给予它更多潜在的独立性。它的权力直到 1864 年对丹麦战争后期才得到扩大，而且是偶然发生的，当时战役受阻，于是总参谋长毛奇被派去任战场指挥官的参谋长。这一做法的成功结果改变了战地长官们认为总参谋部只不过是一帮多余的"策划于密室的家伙"的看法。1866 年战争开始时，总参谋部受权直接指挥野战部队，毛奇取代陆军大臣任国王首席军事顾问。总参谋部至高无上的地位因 1870 年普法战争取胜而得到确认。这一情况导致其他国家的军队按类似的方针改组并发展自己的参谋组织和训练工作。

从此战争的指挥较之过去更具有集体性，原先主要是由战地指挥官的个人能力来决定战局，他们本人的作战艺术较之集体本领更为重要。总参谋部制度所形成的思想作风和共同的思维习惯产生了更高水平的职能效率，但同时也造成了思想上的一致性和保守性，从而不利于认识变化了的情况和采纳新的意见。

更糟的是，继总参谋部取得至高无上地位而来的是确立了一种军事概念，一种专职人员狭隘观点的产物，它认为军事胜利本身便是目的，而政治上的考虑和目标则是居第二位的和从属的，至少在敌人被打垮前应当是这样。这种概念和要求在毛奇掌握普军作战指挥权后便公开提了出来。当俾斯麦想对军事目的加以限制并在1866年和1870年早日媾和时，上述概念造成了与俾斯麦的冲突。此后，总参谋部不断加强的势力对于由军事考虑来决定政策的倾向起了巨大的作用，并在两代人之后造成了极为致命的后果。

在这一时期内，军队的征募和编制则不像火力、运输和通信等技术手段方面那样发生革命性的变化。但是它们也日趋系统化，特别是实施了征兵制。这一制度不仅在军事领域内有着重大而长远的影响，而且在社会方面和政治方面等于是一场革命，或者至少是完成了随着法国大革命的战争而开始的断断续续的变革。

如果没有普鲁士的军事政策和理论，加上普军在滑铁卢战役半个世纪之后所取得的惊人胜利，征兵制可能只不过是一阵风而已。在法国，征兵制随拿破仑倒台而被抛弃，因为这是人们在他统治下最为不满的事情。他们由于征兵制而流尽了血，废除它乃是新宪法的要点之一。在其他大陆国家中，名义上还在实行征兵制，甚至在法国不久后也恢复了，但是进行了内容广泛的修改，并允许代为应征，这一来实际上便成了对常备军的一种补充，这些常备军是由一些志愿从事长期服务的人组成的。例如在法国，1866年陆军全军40万人中只有12万人是征来的。

但在普鲁士，这一制度继续成为陆军的真正基础，军队的主要成分是短期服役的应征兵。普鲁士人民较易于被说服继续实行征兵制，因为跟法国人民不同，在他们脑子里征兵制是与从拿破仑暴政下解放出来连在一起的。

1814年的普鲁士陆军法奠定了强制17—50岁的全体男性服役的规定，虽然在实际上这个规定并未充分执行，但这一原则在宪法上得到了确认。1860年，跟法国打仗的可能性越来越大，征兵制便扩大实行了。每年征兵数从4万人提高到6.3万人，需服现役3年，预备役4年。这样便将陆军的现役及直接预备役的实力从20万人提高到44万人。这一改变遭到了强有力的反对，导致了在受俾斯麦左右的国王同议会之间的长期斗争（参见第19章，原文第509—520页）。在1866年和1870年的胜利之后，普鲁士人民才普遍接受了这一新法律，而其他大陆国家也都效法普鲁士这一制度。

后果是多方面的和深远的。军队变得规模越大，战争的范围就变得愈加广泛。它们对工业的需求更高，工业也更加密切地与军事需要相结合。军队变得更加不易管理，而这一困难加上后备役中受过训练的人力增多，往往使战争拖得更长。战争从开始到结束，在每个阶段都变得难以在政治上加以控制。首先，普遍征兵制往往加速战争的爆发，因为当戏剧性地召集全国男性离开文职工作时会造成一种激动和动乱的局面，不利于旨在避免冲突的外交努力，同时也由于大规模动员和部署军队的行动必须严格遵守时间表。这种影响可以从1914年战争的爆发清楚地看到。再者，一旦战争在这种条件下爆发，其广泛的规模加上群众的情绪使得难以对目的和行动加以限制，比起由政治家控制的职业军队所进行的战争更难以通过谈判加以解决。这样，随着战争越来越成为"总体战"，它的影响便更加坏，对一切有关的人更加有害。

此外，虽然征兵制在表面看来是民主的，但它为不管是世袭的或革命的独裁统治者强加其意志提供了更有效和更全面的手段，不但战时如此，平时也如此。一个国家一旦重新实行强征青年入伍的规定，政府也就更容易转向把全国人民置于俯首听命的境地。极权暴政乃是"总体战"的自然产物。

上述看法促使我们对处于初步形成时期的19世纪军事理论的发展趋势，以及它对数量概念、不受限制的战争目的以及不加约束的暴力行动这些结合在一起产生了20世纪"总体战"概念的各种因素的发展究竟有什么影响，进行一番考察。

19世纪出现了两位杰出的军事理论家——约米尼和克劳塞维茨。他们在法国大革命爆发前近10年几乎同时出生，在拿破仑战争中便都年轻有为，崭露头角。但是他们的主要著作在19世纪30年代才出版，他们也随之遐迩闻名。他们的思想和著作造就了下一代军人的观念和理论，19 世纪 60 年代的战争便是由这些人指挥的。而就克劳塞维茨来说，他的影响一直延及 1870 年以后的几代人，而且越来越大。

约米尼生于 1779 年，是瑞士裔。像许多热心的军事学家一样，他并非来自军人世家。但是瑞士革命的爆发使他脱离了巴黎的银行职员职务，得到机会参军，在 21 岁时便当了营长。《吕内维尔和约》结束了他的第一次机会，使他再次从事文职，但也给予他时间去思考自己的经验和进行更大范围的军事思想研究。1804 年他 25 岁时写成了一本雄心勃勃的教科书《论大规模军事行动》。这本书引起了内伊元帅的注意，他邀请约米尼作为一名志愿副官陪同他参加 1805 年的战役。当年晚些时候拿破仑也读了这本书，获得深刻印象，于是任命约米尼为法国陆军上校，次年在对普鲁士作战中让他当自己的参谋。约米尼的军事生涯为自己赢得了男爵爵位和准将军衔。但是他的迅速升迁和影响日增招来妒忌，其中特别是拿破仑的参谋长贝蒂埃，此人在 1813 年阻挡了约米尼继续升迁。俄国皇帝过去曾请约米尼去效力，这时再次提出，答应给他中将军衔，约米尼接受了。拿破仑于 1815 年失败后，约米尼因竭力挽救旧主人内伊不被处死而得罪了新主人和他们的盟友。此后约米尼重新从事军事写作，但不久被召担任沙皇太子的军事导师，后来在俄国参谋教育中建树很多。1829 年退休后，他定居于布鲁塞尔，在那里写出了名著《战争艺术提要》，成为此后两代人最为推崇的兵书。

迄今，该书仍被认为对于各种类型的战争下了十分明确的定义，说明了它们之间的区别对进行各类型战争所产生的影响。约米尼并未被拿破仑以后时期人们不计后果、不顾得失而崇尚无限度使用武力的风气所迷惑。他指出，当谋求通过战争获益时，攻势作战的规模必须与所拟达到的目的相称。他对于拿破仑后期生涯所作的重要评论是："我们可以说，他被派到这个世界上来是为了教育将军们和政治家们他们应当避免做些什么。"①

约米尼赞扬拿破仑抛弃陈旧的赢分概念，赞扬他提出："做成大事的首要之点在于努力瓦解和摧毁敌军，国家和省份在失去有组织的

---

① 《战争艺术提要》（巴黎，1838 年），第 1 卷，第 58 页。

军队保护后，自然会自行投降。"① 但是约米尼不忘在俄国和西班牙历次战役中的教训，强调指出：在追求这一目的时，必然受条件的制约。他本人稳健的看法是："拿破仑滥用了这一套办法，但这并不意味着它没有真正的优点，只要人们知道怎样对自己的胜利有所节制，并把自己的事业跟邻国及其军队的情况协调起来。"② 如果欧洲军事思想能继续处于约米尼的影响之下，各国便不至于像在1914—1918年那样不加考虑地互相残杀了。

但是，在初战后仍然可能出现僵持局面。因为约米尼的学说未能正确认识机动作战的基本条件，或者像18世纪末的两位卓越军事思想家布尔塞和基贝尔那样，在他们提出的理论中明确地指出必要的条件——拿破仑在其早期战争中曾英明地应用了他们的理论。

约米尼给"战争基本原则"所下的定义包括：

  1. 集中兵力以战略配合依次攻击作战地区的决定性地点，并尽可能地攻击敌军交通线而不危及自己的交通线。
  2. 调动部队以优势兵力攻击敌军之一部。
  3. 以同样的指挥原则……通过战术机动将大量部队集中于战场上的决定性地点，或集中于敌军防线上有必要攻克的一点。
  4. 竭力使上述部队不仅用于决定性部位，而且还要集中全力以使战斗立即奏效。③

以上的简单定义包含了一个深刻的真理，但是在表达这一真理时却又失之过于简单。再者，约米尼在阐述时注重集中兵力而不着眼于突然袭击的效果，注重几何学而不重视机动性。当他简明地把战争原则的定义说成是"在决定性地点投入最大兵力的艺术"④时，这一错误更加明显。如删去关键性的副词"依次"，人们便看不到机动集中兵力这一重要思想，而代之以密集兵力的场面——这是敌方也可以用密集兵力来对付的。

---

① 《战争艺术提要》（巴黎，1838年），第1卷，第201页。
② 同上书，第202页。
③ 同上书，第157—158页。
④ 同上书，第254页。

他的《战争艺术提要》未能指出一个基本的事实，即所谓决定性地点必须是条件允许进攻者取得决定性战果的地方。想要做到这一点，这一部位必须是与进攻的密集兵力相对来说较弱的地点。真正的作战本领在于保证或造成所攻击之点弱于自己。以某种形式分散敌军注意力是最有效的做法，而要做到这一点就必须主要依靠机动性。

但是，约米尼对于自己取得机动性和使敌人失去机动能力很少加以注意。他过分热衷于作战的方式，以至看不到在作战时必须不断输入机动的有生力量。他连篇累牍地论述作战的基地、作战的区域、作战的战线、作战的方面、目标点、战略点、部队调动路线、内线作战、离心作战和向心作战，而且一律附有详尽的几何图。他说明了每一项的性质、优点和缺点。但是他对于任何有利的战线必须是敌人无法切断的这一点注意不够，而要做到这一点则有赖于分散敌军兵力。他对于突然袭击对士气所起的作用也重视不足。

平心而论，约米尼用数学来指导作战乃是那个时代的特点，同时他也不像别的军事学作者那样走极端。

他认识到"用三角学原理指挥战争"是谬误的。他指出："国家的性质，河流与山脉的走向，部队的士气，人民的情绪，指挥者的能力和精力，这些都是不能用角度、直径和圆周来衡量的。"他举例说明拿破仑不顾这些公式而取得了胜利，并说："答案是简单的：战争是一出富有感情的戏剧，而绝非一种数学行动。"[①]

然而，由于他喜爱几何学术语和图表，而且不重视机动性，他无意中给学生们的观点造成了错误的影响。他在从数学角度阐明战略时，忽视了战争的心理基础。虽然他本人因富有亲身经验而了解战略，但对缺乏他那种实战经验的学生来说，战略像是一门点和线的科学。

更为糟糕的是，他把学生们的眼光引导到单一的目标点上，在他的学说中看不到他对于布尔赛论点的重要性有所认识。布尔赛认为任何计划都应当同时有几套办法，如果一条线被敌军阻断，马上便能有另一条来替代，以达到同一目的。任何忽略这一原则的战争理论都是

---

① 《论大规模军事行动》（巴黎，1804年），第3卷，第274—275页。

不充分的。因为仗是双方打的。因此，从实际出发，任何理论都必须考虑到对方挫败自己计划的能力。对付敌军阻挠的最好做法是使计划能适应情况的变化，而且准备好第二套办法以应付新的情况。要想在具有上述灵活性的同时仍能占据主动，最好的办法是一开始就选择一条能提供不止一个目标的战线。

约米尼学说的缺陷在美国南北战争中显现了出来。在南北两军所有将领中最勤学的是哈勒克，他深受约米尼的影响。但是在实战中，哈勒克表现出他可能是军队指挥官中最迂腐的学究，他那双无能的手伸到哪里，哪里便出现僵局。约米尼的另一位学生是谢尔曼，我们看到他在开始时受到教科书的局限，表现得不如格兰特，后者没有书生气也不拘常规。直到思想逐渐摆脱了理论的框框之后，谢尔曼才高明起来，从亲身经验中学会了以出其不意来取代正统战法。在此以后，过人的智力使他得以提出一种理论并付诸实践，对战争起了决定性作用。这一理论的重要之处在于他的战略目的乃是通过具有多个目标而置敌于"进退两难的境地"。但是最后使人啼笑皆非的是，谢尔曼调动部队穿过佐治亚和卡罗来纳到达李将军后方的致胜行动因哈勒克的影响而迟延了，而这种影响却被错误地称作"正确的战略"。

当以后发生的一次大战在欧洲来临时，约米尼的影响在很大程度上被削弱了。这并非因为吸取了美国南北战争的有益教训（实际上是愚蠢地忽视了这些教训），而是因为另一作者的影响大大增加了。1866年和1870年的胜利，是在普鲁士总参谋部里克劳塞维茨的门生们的指挥下取得的，这引人注目地证明了他的理论的价值，并很快使得这些理论到处产生压倒一切的影响。他的经典著作《战争论》在全世界形成了此后几代人的军事以至政治思想。通过这两方面的作用，使克劳塞维茨对世界的影响较之当时的执政首脑们大概还要大。不幸的是，它所形成的军事和政治思想，在某些重要方面是变了形的。

除了中国的孙子在公元前500年的经典著作外，克劳塞维茨这本书是世界上最深刻的战争学了；而孙子的书则更加清晰易懂，在某些方面更为深刻。克劳塞维茨这一伟大著作，充满了可贵的思想，但却主要产生了坏的影响，其原因虽非全部，但部分地是由于浅薄之士的错误理解所造成的。这部书是12年深刻思考的产物；如果作者活得更久些，书的结论可能会更加明智更加清晰。有充分的迹象表明，随着他思想的变化，他正在朝着另一种观点——更加深入——发展。不幸的是，这一历程过早地终止了。

克劳塞维茨生于1780年，比约米尼晚一年。早在受教育之前他已身处战争之中了。因为他12岁便从军，两年之后在美因茨围攻战时被任命为军官。他乘此机会谋求进一步受教育，在1801年入柏林军官学校，成为沙恩霍斯特的得意门生。1809年，他成为沙恩霍斯特助手中的一员，协助他对败在拿破仑手下的普鲁士陆军及其训练工作进行改革。1812年他加入俄国陆军，参加了以拿破仑从莫斯科的致命性撤退而告终的战役。1815年年初，他重返普鲁士陆军，在滑铁卢战役中任梯尔曼军团的参谋长。1818年，他出任普鲁士陆军大学校长，在任12年之久，他在校中的工作主要是行政性的，但他将闲暇时间用于对军事理论进行新的和深入的研究，并努力思考出一种战争哲学。1830年他重返作战部队，担任驻波兰边境部队的参谋长，次年死于霍乱。只是在他去世之后，才由遗孀将他关于战争的著述出版。

这些著述是密封保存在一些封套中的，附有一张重要而带有预言性的纸条："如果这一工作因我去世而中断，人们所看到的只能称为不成形的一堆构想……极易导致无穷无尽的错误认识。"① 被人错误理解乃是各个领域中思想家和预言家的共同命运。然而，必须承认，克劳塞维茨比起别人来更易受到误解。他是康德的再传弟子，有着一种哲学式的表达方法，他在阐述自己的战争理论时过于抽象，使惯于思考具体事情的普通军人难以懂得他讲的道理，而这些道理往往又从其明显的思路上论述回来。他那些经常是十分生动的概括，使他们受到吸引，但又感到迷惑，只能从字面上去理解，而体会不到他思想深处的潜流。

克劳塞维茨对战争理论的最大贡献，是强调了心理因素。他公开反对当时颇为时髦的几何战略派，表明了人的精神远比作战的线和角重要得多。他深深理解危险和疲劳所产生的影响及胆略和决心的价值所在，并加以论述。他还认识并强调了突然袭击的重要性和出其不意

---

① 这张纸条注明写于1827年7月10日，在1832年的第一版上刊印于他的遗孀所写的前言之后。

在士气上所造成的影响。他声称:"在一切行动中,它都或多或少地成为某种基础,因为如果没有它,在决定性时刻要取得压倒优势是不可想象的。"① 对于他后来的门徒来说,这句话要比许多他们记住了的话更应该牢记不忘。

然而,他对于后来的历史进程所产生的更大影响,却来自于他的失误。他的观念过于大陆化了,以至不能理解海上力量的意义。他对于武器的发展过于漠不关心,而竟在即将进入机械时代时声称:"深信数量上的优势日益具有决定意义。"② 军人们本来就抵制机械发明为一种新形式的优势提供日益增长的可能性,上述论断给这本能的保守性打了气。征兵制乃是提供最大量兵源的捷径,上述论断也有力地推动了这一手段的推广和永久化。这样,由于它忽视心理适应性,便意味着军队易于陷入惊慌失措和突然溃散。

在作战学方面,他作出许多可贵的指导,但在某些重要方面却是引人走入歧途和眼光狭隘的。一个重要的例子是他的论断:"在战略上,没有比集中兵力更为必要和更为简单的法则了。除紧急必要者外,任何一部分军队都不应从主力中分离出去。对于这一箴言,我们的立场是坚定的。"③ 它极为清楚地说明他把实力看作一种完整一致的东西,而忽略了拿破仑体系的基本点。他仍然只从人力的集中而不从潜在的团结精神来考虑。实际上,通观全书,没有迹象表明他认识到拿破仑的灵活集中兵力和广泛分布兵力的价值所在,这种做法可以分散敌军的注意力,并成为对敌军阵地或部队之薄弱环节进行突然集中打击的前奏。

克劳塞维茨的观点所起的最坏作用是他形而上学地阐明的"绝对"战争思想。由此把逻辑上的极端视为理论上的理想目标,他给一些浅薄的读者的印象是,无限度地使用武力乃是致胜之路。由此,把战争的理论说成"只是国家政策以其他手段的继续"④,导致了政策为战略服务这一相反的目的。而且,克劳塞维茨还有一段常被引用的名言:"慈善家可能会轻易地想象有一种不经大规模流血便可使敌

---

① 本书第3卷,第9章,第1段。
② 本书第5卷,第3章,第2段。
③ 本书第3卷,第11章,第1段。
④ 本书第1卷,第1章,第24节。

人放下武器并战而胜之的妙法,并认为这是战争艺术的正确趋向……这是一种必须根除的错误观念。"① 这段话对于后来将领素质的下降有很大关系。克劳塞维茨是在反对18世纪末那些过于谨慎小心和保存兵力的领导人们,这些人小心翼翼地调兵遣将的做法被拿破仑迅雷不及掩耳地投入战斗打得一败涂地。不幸的是,克劳塞维茨这些纠正性的论述后来被无数的鲁莽家用来为自己大量牺牲生命的顽固进攻作为借口,甚至作为辩解的理由。

他的另一个更具灾难性的格言是:"把稳健原则引入战争哲学是荒谬的。……战争乃是一种被逼向极端的暴力行为。"② 这一论断成了20世纪进行的把自己的力量消耗殆尽的荒谬而徒劳的"总体战"的基础。滥用武力和不计代价的原则就是否定政治家的才能。一个把实力扩大到耗尽资源地步的国家将导致自己政策的破产。

早在劫掠性的三十年战争之后的理性时代,人们就已认识到从经验中获得的这一严酷真理。克劳塞维茨也承认这一点,因为他在阐述自己的论点时强调指出,在把事物推向合乎逻辑的极端时必须承认:"手段将会失去与目的的一切关系,在大多数情况下,极端的努力所追求的目的将会被自身内部的相反力量所破坏。"③ 他本人显然是前后不一的,这从下面的解释中可以看出:"在抽象阐述道理时,人的思想不可能在到达极端前停下来……但当我们从抽象过渡到现实时,一切便以不同的形式出现。"④ 他著述这本书耗时近14年,在写作过程中,随着研究的拓展,他认识到了自己的许多不足之处。但是他那些界说性的段落不如那些激动人心的语句更有吸引力,在这些语句中他阐明了什么是合乎逻辑的极端,并将它说成是理想。

他最早的门徒之一毛奇成为普鲁士1866年和1870年两场胜仗的指导者,事实证明这对人类来说至为不幸。它使克劳塞维茨的影响极大地扩散。自此之后,他的说教被一切地方都承认为真理,而且完完全全是真理。所有的军人都生吞活剥地接受他的说教,而能够消化它的人则为数寥寥。

---

① 本书第1卷,第1章,第3节。
② 本书第1卷,第1章,第3节。
③ 本书第8卷,第3章,B节。
④ 本书第1卷,第1章,b节。

若不是霍乱菌夺去了他的生命，他的说教所造成的损害大部分是可以避免的。但是细菌剥夺了他随着自己思想的发展而修改理论的机会，也使他无法大力消除对他原有的"绝对"战争概念的误解，他没有来得及修改自己的论著便去世，以至远远超出他所料的"无穷的错误理解"谬种流传，因为普遍采纳无限战争的理论导致对文明的极大破坏。生吞活剥地接受克劳塞维茨的学说，在很大程度上影响了第一次世界大战的起因和性质，由此也十分合乎逻辑地导致了第二次世界大战。

直到19世纪60年代，新的技术手段和并非全新的观念才对战争的过程产生重大的影响。但在军事研究家后来流行的观点中有一种错误的认识，即认为滑铁卢战役以后的50年乃是一片空白。一位杰出的军事史学家就提出一种代表性的看法："兵连祸结的欧洲，从军事角度看实际上是不毛之地。"[①] 以约米尼和克劳塞维茨的著作为代表的19世纪军事思想大丰收的时期，实际上正是欧洲战争最频繁的时候。这一时期发生的历次战争也可以证明军事学并未衰微，战术的进步也未停止，它并不像19世纪末叶的著作家和历史学家所认为的那样。

在法国征服阿尔及利亚的战争中，比若提出了一种适用于不同情况的非正规战方法，显现出足以与拿破仑相比的动能和机动性。法国于1830年派出一支远征军去占领阿尔及尔，但在试图控制内地时遇到了麻烦。组织臃肿，按欧洲方式装备起来的法国大批部队，不断遭到在马斯卡拉埃米尔阿布杜卡迪尔鼓舞人心而高明的领导下的灵活的土著部队的骚扰，常常落入他们的圈套。但是1836年云开雾散，在阿尔及利亚西部担任下级指挥职务的比若率领机动部队展开快速进攻，他们轻装并自带给养，以马、驴和骆驼取代马车运输军需品。1840年比若成为阿尔及利亚总督，更加广泛地应用上述新方法，到处追击阿布杜卡迪尔的部队，切断其补给来源，同时修建了一个道路网以加强法国对该领地的控制。他的作战行动是自觉应用自己深思熟虑而总结出的理论，特别是研究了罗马的经验，他对这些作战行动的

---

① A. F. 贝克：《战术史导论，1740—1905年》（伦敦，1909年），第38页。

论述成为后来几代法国军人进行殖民战争的经典文献。

另一出以欧洲为舞台的出色军事艺术表演，是奥地利司令官拉德茨基陆军元帅在1848—1849年意大利战争中所演出的。当时他粉碎了三次试图把奥地利人从意大利赶出去的第一次努力。意大利人乘维也纳革命和匈牙利人反叛的良机，在米兰发动了暴动（1848年3月17日），暴动迅速蔓延到伦巴第和威尼托全境。撒丁国王查理·阿尔贝特率皮埃蒙特军队东进支援，教皇和那不勒斯军队也北上，使意军实力达到近10万人。当时奥军7万人，分驻于许多小据点，拉德茨基在米兰仅有1万兵力。为免遭包围，他撤至明乔河与阿迪杰河之间历史上著名的四要塞防御区（曼图亚—佩斯基耶拉—维罗纳—莱尼亚戈）。在这里，他一面等待援军，一面打退了皮埃蒙特部队的进攻，只有佩斯基耶拉失守。在获得增援后，他一面抵挡住皮埃蒙特人，同时挥师向东，在维琴察附近歼灭了横切他交通线的教皇和那不勒斯军队。接着，他又肃清了布伦塔河谷。然后他回师对付皮埃蒙特人，迅速集结优势兵力于一区域内，在库斯托扎突破敌军防线。获胜后，拉德茨基又迅速把皮埃蒙特人赶回本土，于8月4日重占米兰。

奥匈内战的持续，鼓励了意大利爱国者在1849年再次试图独立。3月间，经过改编和加强了的皮埃蒙特军以8万兵力重新向米兰进军。这一次拉德茨基可动用的兵力几乎与之相当。但是他再次撤出米兰，向东南转移，让人以为他要撤往皮亚琴察。然后他突然转而向西，进军帕维亚，在20日越过提契诺河包抄皮埃蒙特军的右翼，在其主力和侧翼掩护部队之间打进了一个楔子。晕头转向的皮埃蒙特人向提契诺河撤退，但是他们企图挡住拉德茨基向北进攻他们后方的尝试未能成功，因为他再次迅速迂回前进，这样便迫使皮埃蒙特军于22日向诺瓦拉北撤。次日，拉德茨基听了敌军已西撤的误报，再次向西北进军，以切断他们的退路。结果，只有他的右翼部队与在诺瓦拉的皮埃蒙特军遭遇，他手下四个军中只有一个军对付敌军全部主力。有几个小时形势看来十分危急。但由于前一段已使敌军陷入混乱和瘫痪，因而减轻了危险。当天下午其余各军先后到达后，为进攻提供了支援，同时对敌军的翼侧和退路形成了强大的威胁。后果是决定性的，当晚查理·阿尔贝特把王位让给儿子维克托·埃马努埃尔，奥军向后者提出了宽大的停战条件。这使奥地利人得以摧毁其在意大利各省重新爆发的暴动，然后把部队调去恢复对帝国中央部分的控制。

拉德茨基在上述战役中表现出来的精力和敏捷，出自他这位82岁的老人身上更是惊人。他对军事艺术和理论的浓烈兴趣，使他在多年推行他的军队改革主张未果的失望心情下，仍能保持思想活泼清新，因而终于得以充分利用在晚年到来的这一机会。

年长的指挥官们更加经常采取的做法及其后果，可以在五年后的克里米亚战争中看到。这是近代史上打得最糟的战争之一（参阅第18章，原文第478—483页）。它在战争艺术上之所以使人们长期感兴趣，在于它提供了丰富的例子证明不论在战术上还是在后勤补给上"什么不该干"。原来的英军总司令拉格伦勋爵和他的师长们除一人外都已年近70。俄国总司令缅希科夫也一样。法国指挥官们没有这么老，战术表现也不错，但是远远称不上是出色的。双方将领绝大部分属于在长期和平环境中被擢升至高位的"服饰讲究皮鞋锃亮"的一派人。兵营大院便是他们的天地，演练时的准确性被认为是考核专业能力的标准。英国军队的野外训练极少，指挥官们也无掌控大兵团的经验。俄国人的机会较多，但也还是用阅兵场的方式来进行训练，在战场上让部队密集行动而不考虑火器已得到改进。再者，大多数俄国部队所用的还是滑膛枪。

行政组织工作比战术运用还要糟，这对双方都极为有害。英法联军企图占领俄国在黑海唯一的海军基地塞瓦斯托波尔的远征之举，是在对地理条件了解极少的情况下发动的。他们以为：克里米亚既然是个半岛，便可轻易地用联军舰队的大炮控制地峡而把半岛孤立起来，待到他们发现地峡两侧的海水过浅，舰只难以进入射程时，为时已晚。英国人带了足够的马匹以供骑兵和拉炮之用，但没有运输工具运载粮食及军火补给。当9月中旬的登陆未能迅速攻下这个要塞时，远征军发现它缺少冗长的冬季作战所需的几乎一切东西。战地医院很快便令人可叹地超员了，到年底以前适于服役的英军已不到一半。疾病所造成的法军损失比英军还大，不过由于报界受到更为严格的控制而被掩盖了起来。俄军的损失要更大，新征兵员在派往克里米亚镇补缺额时有三分之二的士兵因病和饥饿而死于冬季长途旅行的途中。

正是1815年以来欧洲第一场重要战争所表现出的全面无能状况，使得后来的军事家持有否定一切的观点，认为在从滑铁卢之役到

1866年普军获胜之间的50年中，在战争学上乃是毫无收获的衰微时期。

1859年的第二次意大利战争也未能消除这种印象，当时拿破仑三世率15万法军支持皮埃蒙特人作新的努力把意大利从奥地利人手中解放出来。不过这次战争的手段和方法在某些方面表现出重要的进步。双方都利用铁路进行动员和集结部队，法军在皮埃蒙特布防后用一条铁路把重兵从右翼调往左翼，以便在马让塔附近打击奥军右翼。这一计划是约米尼提出的，拿破仑三世曾征求他的意见。法军也得益于克里米亚战争的教训，他们组织了规模巨大的运输梯队，把后备军火送到各军，并从法国运来补给。他们也采用了新式线膛炮，比仍用滑膛炮的奥军占了优势。

但是作战指挥却不能与上述改进同日而语。拿破仑在开战时精力充沛，但法军行动迟缓，步调不一。法军6月4日在马让塔战役中获胜，但未能利用这一胜利；奥军安全撤至四要塞防御区——尽管他们因指挥笨拙而给了对手许多可乘之机，已无法与拉德茨基时期相比。

法军在追击后撤敌军时行动缓慢，拿破仑也被普鲁士在莱茵河地区进行动员所造成的威胁而分散了注意力。与此同时，年轻的皇帝弗兰茨·约瑟夫掌握了奥军最高指挥权。奥军在6月24日发动攻势，而法军正好向明乔河前进。于是两军在出乎双方意料的情况下迎头遭遇，索尔费里诺遭遇战成了"短兵相接"，鏖战激烈，指挥混乱。到了下午奥军脱离战斗，退过明乔河，而法军也几乎受到同等重创，无法扩大战果。因此心中暗怕普军从背后入侵的拿破仑便乐意妥协议和。但是虎视眈眈的普鲁士看出马让塔和索尔费里诺的"战斗荣誉"远远不如法奥两国的军事弱点更为突出。于是俾斯麦更加信心十足，将普鲁士的政策引向对奥地利在日耳曼世界的霸主地位进行挑战，在把统一的德国置于普鲁士的领导下之后，去对付法国。毛奇和陆军大臣卢恩在为普军今后打仗做准备方面，也因从远处观察1859年的战争而获得了教益。毛奇曾写文论述那次战争；这是各国陆军中第一次由参谋人员撰写出版的官方历史，从而使军事学术研究达到一个新的水平。

我们已经考察了1866年和1870年战争在技术和战术方面的特点（参见原文第305—311页）。在战略方面，1866年的"七周战争"的主要特点是普军的部署面极广，它的 25 万主力部队分布在一条 276 英里的战线上，其目的是保护西里西亚和柏林，使补给方便，并可使用一切可用的铁路以节省时间。这样宽阔的战线说明兵力与面积的比例是极低的，如果遇到一个机动活跃的敌手是很危险的，特别是奥地利人兵力相当，还可指望 2.5 万萨克森部队的直接支援和巴伐利亚及其他德意志邦（符腾堡、黑森—达姆斯塔特、汉诺威及黑森—卡塞尔）的间接支援，这些邦的全部兵力又有 15 万人。

但是毛奇完全有理由认为，他可以利用奥地利人既不机动又无生气的缺点，而且普军只要用一支小部队便可控制住奥方的盟军。他同时计划以三个普鲁士集团军快速通过边境的山脉地带，向内收缩，然后集中在波希米亚北部一条较短的战线上。但是由于国王不愿让人认为自己是侵略者而失去了时间，于是毛奇的打算落空了。在拖延期间，奥军前进至毛奇准备集中兵力的地区，部署在一条 40 英里的战线上。此外，由于错误地估计奥地利人将会入侵西里西亚，导致位于左翼的普鲁士王太子把部队转移向东南，以保护这个位置突出的省份，这样就把正在缩短的进军战线又扩大了。

奥军总司令贝内德克未能利用这一扩大所造成的机会，甚至连王太子的部队在山间小路进军中受困时他也未有所作为。相反地，他被对他的侧翼和后方越来越大的威胁弄得手足无措。他唯一做的事便是把部队收得更紧，就像刺猬蜷缩成一个球似的，这样就丧失了自己处于中心地位在反攻上所具有的优势，使普军得以包围他在克尼格雷茨附近布防的 8 英里战线上静止不动的奥军。在这里，位居普军中心的弗里德里希·查理亲王的部队因过早在 7 月 3 日单独发起进攻而陷入被击溃的危险，但是这一鲁莽行动带来的危险由于普鲁士人的机动灵活而得到挽救，当天下午，由于位于奥军侧翼的王太子部队的到达，决定了这一战役和整个战争的胜负。

这一速战速决的战役是毛奇战略的一大胜利。虽然对战役的结局起主要作用的因素并非他原来所计划的，但是与他将计划适应于实际情况的灵活性有很大关系，计划执行者们的失误得到了补救，甚至转而对己有利。然而，普鲁士人显然也得力于后膛装弹的步枪所带来的技术上和战术上的优势，因为对手用的还是前膛枪。奥军除被俘者之外，死伤为普军的三倍之多，即 2.5 万人对 9000 人，尽管普军步兵作为进攻者要比对方暴露得多。最引人注目的是，在奥军唯一获胜的特劳特瑙边境战斗中，他们的伤亡多达被赶出战场的普军的五倍。

1870年普法战争的战略模式与1866年的战争大体相似，随着战斗的发展则越来越相似了。而且，战争的结果更加明显地归功于战略上和机动性上的优势，而这些又是卓越的领导、参谋工作和训练工作的产物。因为在这次战斗中武器水平比较平衡：德军的炮兵优势被法军的轻武器优势所抵销。但是，这一回毛奇的战略是以人数的优势为后盾的，因为德意志各邦的部队这时已经加强了普军的实力。由于高明的参谋计划工作和铁路组织工作，总共动员了38万人（三个集团军），并在18天内运到了前线；而在1866年则用了5个星期。另有三个军，共9万人，得到铁路运输后立即补充上来（他们原来是留下以防奥地利介入的）。法军的动员工作搞得一团糟，大批后备役军人抵达前线过晚；更糟的是许多在那里集结的部队因缺乏运输工具和补给而一时无法行动。在开战之初只集结了20万人，其中仅有一部分能及早投入战斗，虽然后来总数达到了30万人。而到那时，形势已变得对法国人不利，因为他们取胜的黄金时机是在德军完成部署之前把他们打乱。失去了时机，加以领导迟疑不决，抵销了法军原希望由于职业军人占有较大比例而在质量上占有的优势。

与1866年一样，毛奇的战略并未"按计划进行"，但是由于他的灵活性和执行者的主动性与广阔战线上的机动性所固有的价值结合起来，绕过了侧翼的抵抗而造成了出其不意的效果，使他的战略变成了决定性的优势。他本来想在萨尔河畔进行决战，集中德国三个集团军兵力摧毁人数少得多的法军。这一计划未能实现；部分是由于德军下级指挥官过分独立行事，以及不服从命令；部分是由于德军的行动造成法军指挥部的瘫痪；部分是由于战事捉摸不定。法军的瘫痪是一则消息造成的：据报在极左翼靠近莱茵河的德军第三集团军（由普鲁士王太子指挥）已经越过了边境，在魏森堡附近击退一小支法军。第三集团军所部四个军向前推进，在该集团军其他部队投入战斗前即已包围并击败了法军右翼。在8月6日这次沃思战役中，以寡敌众的法军进行了英勇拼搏，他们本该有更好的命运和更好的指挥部。

然而德军指挥部这时也对战争捉摸不定，草率地认定法军全军正在西撤渡过摩泽尔河——这是拿破仑三世临时作出的决定，但在巴黎来电说此举将会动摇人民的信心后便迅速取消了。毛奇以为敌军正在总撤退，便准许第三集团军不去收缩向内而是继续向南迂回至摩泽尔河，处于这次战役下一阶段的焦点的外围。这一大规模的翼侧进军成为下一阶段战役中虽不是最主要的，也是居于第二位的决定性有利因素。

与此同时，德军大部横扫梅斯以南，越过摩泽尔河后直逼默兹河，以为自己在追逐敌人，结果在梅斯略西与法军主力的翼侧遭遇。这一出乎意料的遭遇，以及德军因此转而向北，导致了8月16日在维翁维尔和8月18日在格拉夫洛特的两次错误的战役，在这两次战役中双方都朝着自己的后方作战。德国人集中了占有三对二优势的兵力，但是在战术上两家打了平手，德军伤亡还大于法军。然而，德军在战略上占了优势，因为法军退到了梅斯的防线之内，并在那里停留下来。他们的司令官巴赞没有抓住德军在16日的意外侧翼遭遇战后立脚未稳和分散的良机进行反击。

正在马恩河畔的夏龙集结四个新编军的麦克马洪元帅，这时出于政治原因被迫前来援助巴赞。在指挥十分机动灵活的对手面前，法军的这一行动是致命的：德军惯于每日行军15英里，而法国人以大编队转移时，每天平均只走5英里或6英里。仍在沿着一条宽阔道路西进的德国第三集团军，这时转而向北，插向麦克马洪部队的翼侧和后方，后者这时已被从梅斯挺进的部分德军阻挡。麦克马洪的部队在比利时边境色当附近陷入重围，被迫于9月2日投降，共8.2万人。这样就在五个星期战斗后决定了战争的胜负。一个法国野战集团军被监禁在梅斯，另一个集团军则被送入战俘营，德军向巴黎进军的道路已畅通无阻。

尽管如此，取代了拿破仑三世的共和国国防政府征召新兵，使战争又延长了六个月，这大大打乱了德国的计划。但是在以后的年代里，军事界留下的记忆是以色当战役为巅峰的速胜，而不是那出人意料地持久的余波。各国军人都认为未来的大战都会像1866年和1870年那样速战速决，而且按此认识去做准备。如果他们对为时不短的最后阶段和对历时四年的美国南北战争给以更多的注意，他们就会变得更聪明些。因为美国南北战争更真实地预示了未来战争是什么样子，尽管据说毛奇对它不屑一顾，说它是"两股武装暴徒在国内互相追赶，从中没什么可吸取的"。

美国南北战争是工业时代的第一场大规模战争，也是近代民主国家之间的第一场战争（参见第24章）。战斗的过程受到铁路的发展、磁性电报的发明，以及愈加依赖大规模制造或进口武器和其他补给的巨大影响。同样重要的是报纸的成倍推广发行，对公众舆论并从而对于民主选举的政府产生了有力的影响。这一切的结果就是提高了经济目标和道德目标，同时又使这两种目标更加容易受到破坏。这样便又激励人们去打击敌方的人力物力资源而不是其盾牌——武装力量。

上述发展的重要性一度被人忽略，因为南部联盟由于其松散的农业性质而在结构上较为原始，远不像高度的工业社会那样容易受到攻击。南部联盟的意志没有固定的核心，它的各中心点大都离得很远。虽然南部邦盟把首都建在弗吉尼亚州的里士满，但战争意志最强的是南卡罗来纳州，它曾带头退出联邦。那里离联邦部队很远，受着妥善的保护。

联邦军进攻如此遥远的目标，唯一的有利条件是战线很宽，它给突破行动提供了充分的回旋余地，新建的铁路网也可助一臂之力。但是铁路的潜力受到路线固定的限制，通常它造成了沿狭窄的直线进行作战的倾向。此外，铁路日益带来的补给便利，使指挥官们不断增加铁路终端的兵力，而毫不考虑这对自己调动部队的能力所产生的不利影响。这样，说来也许令人难以相信，战略转移的新手段所造成的第一个后果是削弱了自己的战略机动性。铁路促进了部队的展开，它运送和供养更多部队的能力比提高作战效率的能力要强得多。它也往往会使部队的需求增加，使他们更为依赖铁路终端或沿海基地。

战术机动性也因火力在战争中不断加强而日益受到限制。在起初还是标准武器的滑膛枪，逐步被准确得多的前膛来复枪所替代，而在战争结束之前，后膛枪的出现使得装备这种武器的部队的射击速度加快。火力效果的日益提高使人们重返堑壕，甚至在野战中还使用了护胸甲；上述两者的结果使防御较之进攻占了前所未有的优势。

联邦军队在打通被人数少得多的南部联盟军切断的通往里士满的道路时，屡遭失败，从中可以看出机动性所受的上述双重限制。当

1862年春试图从海上实行侧翼进攻时，这一看来可能成功的行动在登陆后的命运，比起此前此后从陆上直接发动的进攻来也并不见佳。此外，本来作战本领和指挥能力都更强一些的南部联盟军，虽然成功地顶住了联邦军的攻势，但每当向北攻入联邦地区时，也遭到了同样的挫折。南军最为成功的地方是对华盛顿和北军交通线所造成的威胁——用消极办法挫败敌人进攻，从而解除了所受的压力。但在李将军于1863年入侵宾夕法尼亚时在葛底斯堡受挫后，他们挫败联邦继续作战的决心的机会便越来越少了，尽管此战并未解决林肯总统怎样打赢战争的问题，也未打开北军进军里士满的道路。只要他们主要局限在弗吉尼亚战场的狭窄范围之内作战，攻势便展不开，也就只能招来失败。

在宽阔的西部战场，前景要好些，那里一直被认为不是主战场。1862年4月，法拉格特率一小海军分舰队溜过防守密西西比河口的要塞，迫使新奥尔良不战而降。7月4日，即李将军从葛底斯堡撤退的那天，格兰特指挥的北军在四次受挫后攻占了密西西比河中游的战略要地维克斯堡。这一胜利使北军得以控制这条大动脉，使南军无法从密西西比以西各州获得增援和补给。

格兰特接着转而向东，击退守卫在进入"南部联盟粮仓"佐治亚州的大门查塔努加的南军。打胜了这场仗之后，他在1864年春奉召返回华盛顿就任联邦军统帅。但是他再次发动的南进里士满的攻势并不比他的前任成功，而且代价更为昂贵。他先后发起的每一行动都被李将军挫败。到了夏末，损失之惨重已令北军及北方人民到了难以忍受的地步。厌战情绪非常强烈与广泛，使立即讲和接受南方独立要求的主张迅即获得越来越多的支持。林肯本人也失去了在秋天再度当选总统的希望。但是在9月，格兰特在西部战场的继任者谢尔曼以一系列巧妙的机动行动占领了佐治亚州首府亚特兰大。在这些战斗中，他一再诱使南军进攻，用一种在战地快速筑垒的方法挫败了他们的攻势，每当敌军代价昂贵地突破他的机动掩体失败，他便利用新取得的有利地位在战略上得到好处，敌军则被削弱。他这些振奋人心、代价甚微的胜利，乃是林肯重整旗鼓并当选连任的要素。

在进军亚特兰大的过程中和在占领该地之后，谢尔曼遇到的主要困难是铁路补给线过长,易受机动突击部队破坏。这类突袭曾破坏了北军前一阶段的攻势。解决这一问题的迫切性促使谢尔曼去试用一种大胆的新方法。敌军通过他的铁路运输来袭击他,他便去袭击他们的铁路运输,好使自己不再挨打。他认识到:为了重获并保持机动性,他必须使自己不依赖于一条固定的供应线,这便意味着部队必须自给自足,只携带最低限度的必需品,而在所经过的农村征集粮草作为补充。于是,在把运输量减至最低程度之后,他便脱离了自己的铁路补给线,向东穿越佐治亚州,从根本上摧毁了南军的补给系统,切断了李将军指挥下的南军主力在弗吉尼亚州的供应线。

在抵达萨凡纳海边后,谢尔曼在海上重开了自己的交通线,并转而向北,穿越南卡罗来纳州直捣李将军的后方,使南部邦联失去了剩下的主要港口。看到这种深入的战略进攻不受阻挡,南方人民对于自己领导人和报刊的乐观保证失去了信任。失去信任导致了失去希望,接着失去了继续作战的决心。在1865年3月中旬,谢尔曼已席卷北卡罗来纳州,格兰特也得以告诉他李将军的军队"现已士气涣散,开小差的越来越多,有的投向我们,有的回家去了"。① 尽管这时格兰特自己的部队由于1864年夏天陷入僵持局面而仍在彼得斯堡和里士满周围堑壕里无法行动。但对敌方的经济和心理后方的这一间接进攻起了决定性作用,使南部邦联陷于崩溃,三周后李将军投降了。

要是欧洲的军人在此后半个世纪里像研究1870年战争那样去注意研究美国南北战争,他们在1914年时便会对战略和战术机动性的基本条件有更清楚的了解,而不致因随意行事而遭受损失。(德国在1940年的军事胜利得益于研究谢尔曼的作战及应用了由此而形成的方法。)

同时,他们也就会懂得,即使想打一场短促的战争,仍需做长期作战的准备;估计到经济和社会的因素,相应地拓宽军事研究的领域,加速国家在经济上和心理上的动员,并对有可能在长期战争中决定胜负的新发明给以更多的注意。同时他们也就会认识到,只寻求眼

---

① 格兰特写于1865年3月16日的信函——全文载《威廉·谢尔曼将军回忆录》(纽约,1875年),第2卷,第311—312页。

前军事上的好处而不顾政治上的坏处和国家的长远利益,这是很危险的。他们甚至还会看到:休戚相关的欧洲国家之间长期进行无限制的战争会造成两败俱伤的结果;看到不计后果地进行"欧洲内战",将会摧毁欧洲文明,或者至少会危及它的未来。

(华庆昭 译)

第 十 三 章
联合王国及其全球利益

　　联合王国在1830—1870年，其国内的发展经历了两个阶段，这两个阶段大体上以1850年为界。到1850年，大不列颠（但不包括爱尔兰）已从以农村和农业为主的社会，转变为以城镇和工业为主的社会。在前20年中，地主与农民的利益和新兴的工商业者的利益之间发生了社会和政治冲突。这些冲突是由下列问题引起的：如选举制度和代议制度的改革、贫民救济制度的改良和市政府的改组、自由贸易和工厂立法。1830—1850年，还出现了宪章主义和工联主义等工人运动的崛起和暂时的挫败，这些工人运动是这20年中工业发展的产物。到1851年的大博览会时，显然工商业者的要求几乎已全部得到满足，新兴的商人和工厂主阶级为自己赢得了行动和结社的自由，而工人阶级为自己争取这种自由所做的努力，却受到了严重的挫折。1851年以后的20年中，新兴的统治阶级所获得的利益得到了巩固和发展；整个国家财富以及海外贸易和投资都有了显著增长；并采取了大量的立法措施来调整政治和行政管理体制，使之适应由城市与工厂组成的新型社会的需要。国家财富的增长和法律保护的增强，也使工人阶级获得相当大的利益。他们建立了工会和其他自愿性组织，从而为日后在国家中享有权力奠定了基础。

　　在这些冲突和权力转移的背后，始终有一个因素在起着作用，那便是巨大而急剧的增长：人口的增长、生产的增长、贸易和投资的增长。1831—1871年，联合王国（1801年由爱尔兰合并于大不列颠而构成）全国人口从大约2400万增加到近3200万。其增长数几乎等于1800年英格兰和威尔士两地人口的总和，这是18世纪中叶以来出现的人口大量增长现象的继续。联合王国各地区人口增长的情况各不相同。在这 40 年中，英格兰和威尔士的人口持续猛增，苏格兰的人口也不断增长，但不如英格兰和威尔士增长得那样急剧。爱尔兰的人口则持续增长到 1845 年，此后主要由于大量向海外移民和饥荒，人口反而急剧减少，这种现象直到 19 世纪末才停止。因此，大不列颠的人口在这前 20 年中从 1650 万人增加到 2100 多万人，到 1871 年增至 2600 万人以上；而爱尔兰的人口由 1831 年的约 700 万人增加到 1845 年的 850 万人的最高数字后，到 1871 年却下降到不足 550 万人。在前 20 年中，共有 200 多万人从联合王国迁移国外，在后 20 年中，又有 350 多万人迁出。其中大部分去美洲大陆，日后又回国的大概还不到 100 万人。英伦三岛之间的人口流动也相当可观，有的从爱尔兰迁往苏格兰和英格兰，有的从苏格兰迁往英格兰，有的则是在上述各地本地区内从乡村迁往城市。这一人口大流动既是工业迅速发展的一个原因，又是它的一个结果。

其结果是，联合王国国内的人口分布和职业情况，也产生了同样急剧的变化。尽管大不列颠在 1871 年仍和 1831 年一样，农业所雇用的男女雇工比其他行业为多，但在 1831 年之后不久，就已不再像过去那样，有半数家庭依靠耕种或为农村人口服务的工商业为生了。1831 年在大不列颠直接从事农业的家庭为 27.5 万户，在其后的 40 年间，这个数目几乎没有变动。这并不意味着农业的衰落，而是说明依靠工商业和交通运输业谋生的人口比例大大增加了。

1830—1850 年是铁路修建业和轮船制造业大发展的时代，部分地由于上述原因，也是重工业、采矿业和纺织业大发展的时代。1830 年 9 月，威灵顿公爵出席了新建成的曼彻斯特至利物浦的铁路通车典礼，这次通车标志着蒸汽机车首次取得伟大胜利，说明它已被公认为最佳的轨道式牵引工具。议会于 1825—1835 年，共通过了 54 项各种各样的铁路法。1836 年及 1837 年两年中，铁路修建事业出现了第一个繁荣时期，议会又通过了 39 项在大不列颠铺筑新铁路的议案，使全国铁路又增添了 1000 英里。在 1844—1847 年铁路修建事业出现了第二个繁荣时期后，到 1850 年年底，全国使用的铁路长达 6600 英里。及至 1870 年，铁路总长已增加到 15620 英里，尚待修筑的已所余无几了。这些铁路经整顿、合并后，形成了一个完整的铁路网，而作为铁路的主要附属设备的有线电报也得到发展。1840 年，罗兰·

希尔爵士创立了一便士邮政制。同年，创办了丘纳德轮船公司，12年之后，该公司开辟了每周从利物浦至纽约的定期航线。1827—1848年，包括轮船和帆船的英国船只总吨位，由250万吨增加到400万吨，到1860年已达到500万吨。1850年，在世界远洋运输吨位中英国船只约占60%，联合王国口岸吞吐量（不包括英国沿海口岸之间的海上运输及不列颠与爱尔兰之间的海上运输），从1834年的600多万吨增加到1847年的1400万吨以上。在1847年的商业危机之后，海运量曾一度下降，而后到1870年又增加到3650多万吨。恐怕这是英国依靠海外贸易而繁荣兴旺的一个最有力的证据。

英国煤矿的产量，由1836年的3000万吨增加到1851年的5700万吨，到1870年达到1.1亿吨。在19世纪中叶，世界生铁产量大约一半产自大不列颠，其中四分之一的产量来自苏格兰西部。然而，与其说这是钢铁的时代，还不如说是煤和铁的时代（参看第2章，原文第29—31页）。虽然在70年代末期，炼钢技术已因贝塞麦、西门子、托马斯和吉尔克里斯特等人的发明而臻于完善，但直到1870年以后才被普遍采用。到1871年，冶金、机械制造和造船业的就业人数已超过75万人，煤矿的就业人数超过30万人。英国的煤、铁和钢的出口量也相应地增加了。在这40年中，煤的出口总值由18.4万英镑增加到563.8万英镑，钢铁的出口总值由100万英镑稍多一点增加到2350万英镑以上。在50年代以前，机械工程和制造业的规模还一直很小；但到50年代以后，就出现了一个庞大的机械工程和制造业了。

这不但是煤和铁的时代，也是棉花的时代。由于原料需要进口，棉纺织业与海外贸易的联系更为密切。早在1830年，就有3/4的原棉由美国进口；到1849年，进口原棉总额高达34.6万吨，约值1500万英镑。翌年，棉纱和棉织品（主要是棉布、针织品和花边）的出口总值超过了2825万英镑。到1870年，棉花出口总值高达7141.6万英镑。1851年，单是棉纺织业就雇用了50万人以上，而整个纺织业就业人员远远超过了100万。纺织业是机器和动力时代的最富有代表性的工业，从这一时期初起，棉纺织业就是首屈一指的工厂工业，其他纺织业，如毛、麻、丝纺织厂，不久也把它们的工人组织起来，建立了更大的工厂。在这40年中，机械化的速度始终是缓慢的，生产仍旧依靠廉价的劳动力和长时间的劳动。

这40年经济变化的结果是，到了1850年，大不列颠已成为既是"全球的加工场"，又是全球的海运商和进出口商。这一地位在日后的20年中为它的企业和工人带来了极大的利益。此后不久，它这种已成为全球性的利益，就受到这时也在进行工业化的劲敌的深刻而严重的影响。其中最强大的对手是德国和美国。但是在1870年以后的10年中，由于英国的发展势头和生产力正在方兴未艾时期，它仍继续获得巨大的利益。1850—1870年，英国的进口额增加了两倍，即由1亿英镑增加到3亿英镑。它的出口总额由7100万英镑增加到近2亿英镑。英国在航运业、银行业和保险业等"无形出口"的收入，不但弥补了其进出口之间的逆差，而且还绰绰有余。英国所积累的庞大资金，一部分投资国外，因此到1870年，它的海外投资总计约达7亿英镑。而在1830年，海外投资仅有1.1亿英镑。因此，到1870年它已成为一个名副其实的世界强国。

在这些年代里，联合王国的国内历史就是受人口和经济发展的基本情况所支配的。从这种增长中受益最大的阶级，一方面是矿主、工厂主、船主、商人、银行家、金融家，以及一切与工商业的广泛发展有关的辅助性商业的业主；另一方面是人数急剧增加的城市工人，他们由于在上述企业中找到了工作，从而避免了他们的爱尔兰同行们的悲惨命运。爱尔兰人口迅速增长，土地不足，又没有大规模的工业化，因此产生了极端贫困与饥荒。英国的地主与农民，尽管他们从较大规模的机械化和采用更科学的耕作方法，以及日益扩大的国内食品市场中得到利益，但是没有那么直接地享受维多利亚时代中期的厚利和无限的繁荣。虽然在70年代以前，英国农业的衰退迹象还没有显露出来，但是，早在1850年之前就已具备了使农业一蹶不振的条件。

甚至在大不列颠尚未成为一个以工业为主的国家以前，那种认为土地乃是最重要的财产形式的政治制度，就已从根本上受到挑战，并进行了修改。这一挑战便是议会和市政制度的改革运动，所作的修改就是1832年的改革法和1835年的市政改革法。一旦实现了这些改革就为进一步取消地主阶级原来所占绝对优势的其他一系列改革开辟了道路。这些改革措施包括废除航海法和谷物法（这是罗伯特·皮尔爵士和W.E.格莱斯顿先后执政时期的一系列自由贸易预算造成的结果),以及1867年的人民代表选举法。总之,这些变化改变了整个政治权力的均势,并改革了选举制和代议制。在这数十年中,社会和国家都经历了巨大而持久的变化。

1832年的改革法,仅是在有限范围内允许人数日益增多的工商业阶层享有更大的政治权力,并未取消地主阶级和农民阶级的权益。1710年规定的下院议员的财产条件仍原封未动,只有苏格兰是例外。因此,郡议员每年须有600英镑的不动产收入,自治城市①议员每年须有300英镑的不动产收入。1838年,这种财产条件由不动产扩大到包括动产,而且,人们已有一套行之有效的办法来逃避这项法律规定。1832年后,苏格兰就取消了这样的财产条件,但是联合王国其余地方直到1858年才取消这种财产条件。由于竞选需要巨大的费用,而且议员们不领薪俸,因此绝大多数议员,仍像1832年以前一样,是那些有不动产收入的人,往往不是乡绅就是贵族门第出身的人。

上院早在1832年以前,议员人数就增加了很多,因此,一般说来与18世纪比较,在许多方面有着更广泛的全国代表性。在整个18世纪,上议院的平均人数是220人,其中大多数贵族议员代表着地主阶级。由于小皮特和他的后继者滥封新贵族,到1837年,上院议员达到456人,其中包括许多军事首脑、内阁阁员、富商和厂主。通过改革法,这些新的财产形式和社会势力的代表得以进入下院与土地贵族平起平坐,直到通过1867年法案以后,才在下院中占有重要的比例。

1832年改革法引起的主要变化是选区的重新分配。下议院虽和以前一样,有658席。但是,郡议员的人数却由原来的186席增至253席。而自治城市议员人数则由原来的262个市镇选举465席,减到257个自治城市选举399席。牛津与剑桥两所大学和都柏林三一学院各选两名代表。有56个较小自治城市被剥夺选派议员的权利,另有30个自治城市降格到只能选出一名议员的选区,这对实际控制这些选区选举权的地主和城市商人的势力是个沉重的打击。郡议员增加65人,这就加强了地方的直接权力,从而削弱了那种由少数人通过提名、操纵和舞弊来左右选举的做法。与此同时,增设了22个各选

---

① 原文borough,指有权派议员进入议会的城市。——译者

两名代表的自治城市新选区和20个各选一名代表的自治城市新选区，这就给在中部和北部城市地区享受这种新选举权的工厂主和商人以更多的权力。伦敦的代表比率低于其他城市。这一法案宣告了自治城市土地所有者的黄金时代的末日；但是，保留了许多选民人数不多的小选区和各郡的选举权扩大到生活小康的自由佃户农，因此在选举中仍大有操纵和舞弊的机会。仅在英格兰和威尔士，就有将近50个自治城市的近70名议员仍然仰仗豪门贵族和大土地所有者的势力。此外还有大约40名贵族和少数几名非贵族，他们实际上可以指定下院议员的人选。在一些大的、众人都想染指的选区，竞选活动的费用往往相当可观；因此，营私舞弊虽在性质上似乎有所改变，但在规模上却并未减小。事实上，由于竞争的席位有日益增多之势，因而需要花钱的机会就更多了。在1832—1847年的五次选举中，401个选区中竞选激烈的平均达半数以上；这比1832年以前的竞选的比例要高。只要投票还不是秘密投票（直至1872年才实行秘密投票），只要候选人主要把选票看作在选举时有利可图的私有权力，利用威逼利诱或其他非法手段竞选的情况就不可能有多大改变。

选民总数在1832年以前还不到50万，由于通过了1832年法案，增加了1/2左右。到1867年，主要因为总人口的增长和货币贬值，选民总数远远超过了100万。1867年的改革法，进一步把英格兰和威尔士的选民增加到近200万，次年苏格兰和爱尔兰也通过了同样的法案，又使登记的选民总数增加了26万。但由于1867年法案使自治城市选民增加了一倍以上（由51.4万增加到120.3万），而郡的选民仅由54.3万增加到79.2万，因此城市选民的增加，大大超过农村选民的增加。此后，英格兰和威尔士两地自治城市的选民总数在历史上第一次超过郡的选民总数。长期以来在下院一向是郡的议员比自治城市的议员多，现在改变了过去这种不相称的状况。同时该法案规定，每个居民不足1万人的自治城市减少一名议员，这样重新分配后所余的45个席位，一部分让给各郡，一部分让给大城市。因此，这个法案实际上是在政治上反映了这几十年来都市化和工业化的发展。其结果是扩大了各郡中产阶级的选举权，同时（由于规定城市内户主的选举权）手工业者与大多数家境较富裕的产业工人也有了选举权。正如第一次改革法案一样，这个法案并未立即改变组成下院的社会成分：中产阶级仍然当选为议员。但是，整个下院从此受到广泛的群众的更大压力，而政党组织使这种影响更加直接和有效。

到19世纪中叶，地方政府的制度也有了很大的改变。根据1834年的济贫法修正法案，成立了由纳税人选出的管理委员会。由这些委员会担负起过去由教区委员会和治安官负责的贫民救济工作。它们在一个新的中央机关——济贫法委员会的总的领导和指示下进行工作。各教区联合组成协会，以便办理贫民习艺所。到1840年，这些济贫协会所管辖的范围已扩大到占全国人口6/7的地区。翌年，根据市政改革法，对市政厅机构进行了整顿。在大多数自治城市中，已关闭的市政机关仍有权力。这次新的改革也还实行地方代议机构和加强中央控制这两条原则。此后，经纳税人选出的市议会便成为正规的市政府的形式。市议会的工作由某些领薪俸的官员担任，至少要有一名秘书和一名司库。他们有权制定地方法律并管理新设立的警察，公产以及诸如征收地方税等财政事务。发行债券则须经财政部批准。有权选举市议会的选民，包括凡占有其现有房地产至少3年以上，并已交纳过济贫税的户主。这一般比选举议会和选举济贫委员会的选民的面要窄，但已足以将大城镇中大多数富商和工厂主都包括在内。1848年由于霍乱盛行和埃德温·查德威克的努力，公众注意到城市急需有最低限度的公共卫生预防措施，于是，依照济贫委员会那样，又成立了一个中央卫生委员会，它有权成立地方卫生委员会。到19世纪60年代，地方机关终于出于形势所迫不得不委派卫生检查员，并担负起建设上、下水道和处理垃圾的工作。1870年，教育法规定选出地方性的教育委员会。这样，地方政府一再重复的特征就是不断增设由地方选出的机构，以负责各项事务，结果就形成一个庞大而复杂的权力机构；但是代表公众福利事业的地方和中央各式各样的公共机关所进行的活动也随之增加起来。

随着政府机构日益扩大，工作日益复杂，并日益专业化，对专家和领取薪俸的官员的依赖也越来越大。监狱和工厂的监察官、城镇的秘书和司库，以及医生和行政管理人员等，形成了一个人数越来越多的公务员和官员阶级。中央政府也遇到需要更多的、经过更严格挑选的文职官员的问题。1853年，查尔斯·特里维廉爵士和斯塔福德·诺斯科特爵士发表了《关于建立常任文官制度的报告》。他们力主仿效麦考利在同年印度政府法案内规定的新的印度文官制度（参看第8章，原文第206页），由一个中央的委员会通过考试择优录取新的文职官员为唯一办法，以代替原来的由个人推荐，各部门自行考试录取的办法；并把文官编制分为两级或两等。1855年5月21日，委员会决定成立一个文官委员会，负责与各部门的领导商榷进入该部门的条件。"在挑选出来的投考人员中进行有限制的竞争，而不是在所有投考人员中进行公开的竞争，而且录取的最终权限仍归各部门的领导人——这就是1855年改革的要点。"[1] 1870年，格莱斯顿根据另一条敕令，废除了恩赐官职的做法，采用了通过"公开竞争"录用的原则，并实施了两级组织形式，1870年虽未实现有效而统一的行政管理这一理想，但当时已为它的实现奠定了基础。

1830—1870年的40年，是先由辉格党，后由自由党统治的时代，其间有时插进为时甚短，但很重要的保守党内阁。辉格党内阁于1832年通过了三项改革法案，这是在各地的激进党的压力下和托利党的强烈反对下通过的。1867年和1868年的人民代表选举法，是在议会和各地的自由党与激进党的压力下，由本杰明·迪斯累里和德比勋爵领导的保守党内阁通过的。这40年当中，各政党的组织及其性质和结盟的情况都经历了很大的变化。墨尔本勋爵和罗伯特·皮尔爵士的性格左右了前20年的党派斗争，而帕默斯顿勋爵和W.E.格莱斯顿的性格则决定了后20年的党派斗争。在前20年中，自由贸易的问题搅乱了党派的阵线：尽管大多数辉格党人支持理查德·科布登和约翰·布赖特代表工商界利益所主张的自由贸易，然而，正是保守党人皮尔在1846年由于废除遭人憎恨的谷物法而分裂了他的党。在后20年间，由于帕默斯顿勋爵反对议会改革，党派阵线也被搞乱；因为虽然自由党基本上赞成议会改革，但最后却是保守党人迪斯累里通过了1867年的法案，从而再一次"挫败了辉格党"。

然而，在整个混乱时期，各政党之间在其他问题上也加深了分歧，政党为竞选和议会辩论进行的组织工作也变得极为复杂了。1832年以后，在选民面前表现出截然不同的政治分歧，起初，这一分歧甚至被夸大，因为托利党人把改革法案看得比实际要激进得多，而激进

---

[1] 爱德华·休斯：《文官制度改革，1853—1855年》，《历史》杂志，第27卷，第76页。

党人则因其过于温和而大为失望。于是，辉格党就在激进党的支持下，主张废除农奴制，改革济贫法和市政府，以及实行自由贸易等措施；另一方面，托利党由皮尔改组成保守党，它承认改革法案为既成事实，成为地主、教会和议会的保护人，反对进一步的激进变革。皮尔1834年的塔姆沃思宣言，成为这种谨慎但比较开明的保守主义的宪章，其内容用他自己的话来说，就是"以友好的态度仔细检查一下民政组织与教会组织，一方面坚持已有的权利，另一方面纠正业经证实的弊端并消除真正的不满"。较大选区的存在和选民登记的技术要求促使全国各地的党组织更加严密，从而导致1832年成立保守党卡尔顿俱乐部，1836年成立自由党改革俱乐部。这些俱乐部不同于以前的那种逐步趋向于过问政治的社交中心，而是从它们诞生的那天起就是政党组织，兼有中央机关和全国总部的职能，首先关心的是选民登记和指导竞选问题。从那时便发展起比较现代化的一整套党组织机构。党的基金、管理人员和领导人已经具备：这时又开始增设地方选民协会、选民登记委员会和选举代理人。1867年出现了全国保守党人和立宪党人联合会，10年后又出现了全国自由党同盟。各大党已成为全国性的组织。各党在组织上都是由地方协会联合组成的，然而它们的纲领究竟在多大程度上由议会领袖和中央总部制定，或由全国联合会所表达的意见形成，则有很大的不同。

　　这些比较强大和更加严密的组织，为1868年以后的年代里多数党取得决定性地位铺平了道路。但在过去的40年中，大多数内阁仅获得微弱的多数。历届政府不稳定，对党的效忠也变化不定。议会里的政党受自己的选民协会的影响较少，而受这些年引人注目地发展起来的非党派的大型团体的影响则较多：这些协会如反谷物法同盟、宪章运动协会以及由激进的群众鼓动工作而产生的其他许多宣传性团体。这一时期的政治生活处于政党发展中的过渡阶段。舆论的力量变得强大而活跃，议会内党派的内聚力日益增强。但是在维多利亚时代的英国，这两个重要的发展因素还没有结合在一起。只是到了1868年以后，当政党不得不在选民中更深地扎根时，在格莱斯顿和迪斯累里的领导下，才形成两党竞争的传统形式。

　　议会的政党和内阁之间同样也没有结合在一起。内阁职务仍按18世纪和皮特的传统，绝大部分由贵族而不是平民担任。首相常常是贵族而不是平民,如果说财政大臣总是由平民担任,那么外交大臣则几乎总是贵族。这时的上院比以后的几十年在议会生活中起着更为重要的作用,保守党人始终占绝对优势;但是在下院则大部分时间里辉格党或自由党拥有多数。两院在议会辩论和控制内阁方面所起的作用,比 20 世纪时更为平等。内阁与君主之间的关系同样处于变化无常和难以捉摸的基础之上。首相的地位居于其同僚之上,内阁阁员之间的团结和集体负责的原则,这时已基本上得到承认,但这些原则的含义尚未充分形成。维多利亚女王希望在政府中,特别是在外交和军事方面起独立的积极作用;直到这一时期末,党派政治的复杂多变使她在选择和影响内阁的组成方面仍有一定的权力。她保持了作为君主特权的解散内阁的权力,并有权拒绝接受首相关于这方面的建议。她致约翰·罗素勋爵的关于帕默斯顿的著名备忘录,写于帕默斯顿因表示赞成法国路易·拿破仑的政变而被突然免职之前不久,这个备忘录是对几十年来她成功地维护的君主立宪思想的典型说明。她要求:①他(帕默斯顿勋爵)可清楚地阐明他对某一件事所提的建议,以便女王同样清楚地知道她对什么事给予批准。②一旦她在一定程度上给予批准,首相便不应任意加以变动或修改;她将认为这种行动是对君主不忠,将正当地运用宪法权利解除首相的职务。她希望知道在作出重大决定之前首相与外交大臣之间交换了哪些意见并根据这些意见作出决定;她要求及时收到外交文件,有充分的时间批阅送给她的各种草案,以便在草案必须发出以前使她了解它们的内容。①

在这些年里,英国宪法保留了充分的贵族势力和王室权力以维持传统的议会制度。正当各政党仍在群众舆论中寻找新的力量和新的基础时,这些传统势力使民主力量和具有新目标的工商界能够在避免激烈的动乱和不打乱政府与管理机构的情况下,在政治制度上取得某些令人满意的成果。强大的人道主义和慈善事业运动使改革后的议会通过了相关的重要措施。改革后的议会的首批议案之一就是在英帝国全境废除奴隶制。自 1807 年起,在帝国领域内买卖奴隶已属非法;由托马斯·福埃尔·巴克斯顿爵士和扎卡里·麦考利领导的废奴协会坚

---

① 维多利亚女王致约翰·罗素勋爵的备忘录,1850 年 8 月 12 日(A. C. 本森、伊谢尔子爵编《维多利亚女王书信集》,伦敦,1908 年;第 2 卷,第 264 页)。另参看斯托克马尔男爵的备忘录,女王的备忘录即依此为根据,同上书,第 2 卷,第 238 页。

决主张取消奴隶制本身。1833年，斯坦利勋爵在巴克斯顿的支持下，在议会通过了他的"在英属殖民地全境废除奴隶制"的议案。英国的纳税人提供了2000万英镑作为对奴隶主的赔偿；实际支付了18669401英镑。主要受到影响的殖民地是西印度群岛、英属圭亚那和毛里求斯。这一改革严重地影响了这些殖民地的经济，但是，到这几十年的末期，由于发展了蔗糖之外的其他农作物和雇用了印度苦力，这些地区的经济得到一定的恢复。

慈善事业和人道主义运动在改革后的议会中推行的另一改革，是改善国内产业工人的境遇。1802—1819年，已经通过几项工厂法案，其目的是禁止棉纺织厂雇用的9—16岁的童工每天劳动超过12小时，并且不准雇用9岁以下的儿童。非棉纺织厂的童工和成人的劳动条件仍不受限制。1833年的工厂法将这些规定扩大到所有种类的纺织厂。它规定9—13岁的童工每天劳动不得超过8小时，13—18岁的青工每天工作不得超过12小时，丝织厂可有某些例外。受保护的年龄层的儿童每天至少要上学两小时。向内政部负责的工厂督察员受命执行这些规定。于是，建立了三项新的重要原则：规章制度更加普遍，实行义务教育，公正的监察和执行。1833年的工厂法也开始激起争取成人每日劳动10小时的长期宣传鼓动工作，它由缩短工时委员会一直坚持到1847年。1847年的10小时工作日法案，由于雇主的反对和对法律的解释而告失败，但是到1850年，达成了10小时半工作日法案的协议。与此同时，罗伯特·欧文和沙夫茨伯里勋爵等孜孜不倦的慈善家，与埃德温·查德威克等激进派改革家合作，根据类似的规定，改善了打扫烟囱的儿童、精神病人和犯人的生活。许多工作是在良好的榜样的推动下进行的，例如罗伯特·欧文在19世纪初期重新组织了自己在新拉纳克的工厂，又如沙夫茨伯里勋爵1851年在继承他父亲的庄园上为雇农所做的工作。由议会进行宣传鼓动是可以做更多工作的。群众的良心已被激发，为国家在经济生活制定更广泛的规定铺平了道路。

1842年的矿业法，将国家法规和检查制度扩大到煤矿，它禁止雇用妇女和女童到井下劳动。1844年的工厂法，确定了机器安全防护设备和其他规章制度，1845年花布印染业也被纳入保护工业之列。1860年，工厂法实施的保护范围扩大到漂白业和印染业雇用的女工和童工。1864年,"工厂"的定义扩大到包括"进行雇佣劳动的任何地方",于是陶瓷和火柴等行业也属于规定范围之内。三年以后又包括了小作坊、铸工厂、玻璃工厂和炼铁厂。到这一时期末,人们普遍承认工业应履行国家法规,以增进职工的利益和福利。人们也日益认识到,正如罗伯特·欧文所说,如果工人不因劳动时间过长和不良工作条件而造成身体衰弱,则生产还会提高,改善工作条件决不会妨碍工商业的发展。

国家用这些办法不断为工业制定法规的同时,取消了对商业的旧法规。自从亚当·斯密的《国富论》第一卷于1776年问世后,就出现了对自由贸易和简化并减少进出口税的要求。这一运动在1830年以后大为加强,1836年,由于粮价昂贵,伦敦的激进党人首次成立了反谷物法协会。但是兰开夏的棉纺织厂注定要成为自由贸易运动的真正中心和动力。原棉需要进口,而棉制品在英国的出口中占有很大比例。兰开夏的繁荣显然直接依靠对外贸易;但看来非常荒谬的是为了保持粮食高价而制定的谷物法却阻碍了对外贸易。19世纪30年代,棉布制造商理查德·科布登成为在议会中代表这一行业利益的主要代言人。不久,罗奇代尔的一位棉纺厂厂主的儿子约翰·布赖特也和他站到一起。虽然他们的总的要求是自由贸易,但合乎策略的做法自然是首先集中力量抨击遭到痛恨的谷物法。在这个问题上,农业和工商业之间的利害冲突达到了顶点。1838年成立了新的反谷物法协会。由于得到富裕的工厂主们的支持,反谷物法协会有了大量经费,用于群众集会和出版宣传物。不久,它们的刊物大量登载了谴责地主罪行、狩猎法规和农民自私自利行为的文章。19世纪40年代英国国教支持的10小时工作日法案的宣传鼓动工作,在一定意义上是地主方面的报复行为。一个富有阶级与另一个富有阶级进行搏斗,双方都求助于工人阶级的舆论支持,虽然工人阶级尚未获得选举权。

1839年1月28日,《泰晤士报》宣称支持自由贸易。在此之前,它一直攻击新的济贫法体制,现在又把火力转向谷物法,声称税率的浮动会导致粮食价格经常不稳定,这甚至对农民也是不利的。同年,各地方协会联合组成全国性的反谷物法同盟,总部设在曼彻斯特。约翰·布赖特本人是一个教友会教徒,于是非国教的新教徒们开始普遍支持反谷物法同盟。由于英国国教支持要求工厂实施管理规定的宣传工作，所以各派教会之间在要求社会改革方面出现了竞争，正如农业利益和工业利益之间的竞争一样，每一方都在对方身上吹毛求疵。自由竞争的原则运用到争取社会改革的宣传鼓动工作中，似乎很可能产生有益的效果，正如曼彻斯特的自由贸易者所主张的那样，说它会在经济生活和国际关系中起有益的效果。在这种情况下，"科布登主义"就可能变成一个世纪以后称为"意识形态"的东西：一种关于人类行为的完整哲学体系。在它的最狂热的信徒心目中，几乎成为一种宗教。在群众集会上，在小册子里和报刊上，他们以极大的热情进行反对谷物法和拥护广泛的自由贸易的宣传。

这种声势浩大的群众宣传运动对政党和议会制度的冲击，已经引起人们的注意。在某些时候（例如1842年），这种运动与宪章运动联系在一起，带有革命性质，人民的情绪被煽动起来反对政府。到1843年，反谷物法同盟出版的周刊《同盟报》，发行数达两万份，还在科文特加登剧院①举行了24次群众集会，运动就这样发展到了首都。随着运动扩及各郡，烧干草工人和农民的动乱也随之蔓延开来。从1844年夏季开始，反谷物法同盟完善了为同盟的同情者购买土地并将其作为完全保有的地产分配给他们的办法，这样就保证了他们作为40先令地产保有人而拥有一张选票的权利。尽管1842年、1843年和1844年连获丰收，反谷物法同盟仍然成长壮大起来。1845年略有歉收，病虫害又毁坏了马铃薯的收成。由于马铃薯较之其他谷类更为爱尔兰人的主食，于是给爱尔兰带来了饥荒。反谷物法同盟要求立即彻底废除阻碍粮食进口的法案。两党均发生混乱。皮尔辞职，约翰·罗素勋爵未能组成少数党政府。皮尔组织一个与旧内阁相差无几的新内阁，并着手检查整个财政制度。当即完全取消玉米税，大大降低小麦、燕麦、大麦和黑麦的税率，以代替1842年的税幅，并从1849年年初起，上述谷类每1/4英担只需缴纳一先令的固定的轻税。他又将黄油、乳酪、啤酒和腌鱼的税率减半，并允许免税进口一切其他食品。为了补偿这次农业利益所受的损失，他建议减轻他们对地方财政的负担，并降低工业品的进口税。他在过去1842年和1845年的预算中，实际上已取消了原料的进口税。现在，他完成了使英国成为

---

① 即伦敦皇家歌剧院。——译者

自由贸易国的进程。为了解决爱尔兰的饥荒，一方面采取了大规模的移民，另一方面采取了广泛的公私慈善救济措施。亚当·斯密曾以"保护毕竟比富裕重要得多"①为理由捍卫过航海法，该法的目的是保护英国的航运业，正如谷物法是为了保护农业一样。及至1849年，这些航海法也被废除了，而且对英国的航运业未造成任何损失，因为它在世界上已占有很大的优势。所以，到19世纪中叶，税收只是为了国家收入，而不是为了起保护作用。

全部争论是在言过其实的情况下进行的，双方都抱有过多的希望和恐惧。事实上，在废除谷物法以后，粮价并未下降，虽然谷物法的废除可能防止了粮价的上涨，但谷物法并不是影响生活费用的唯一或必然的主要因素。事实上英国这时已成为一个工商业国家，它的利益主要在于廉价的食物和廉价的原料；不论在技术上或在出口的总生产能力上它都遥遥领先于其他所有竞争者，因此在国际市场上对国外的敌手无所畏惧。既然现在俄国、德国和北美能大量提供廉价的谷场，那么至少在今后一段时期内，英国通过出口工业品和商业往来偿付上述进口物资的费用，是更为有利的。但是，这种优势只延续了20多年的时间，由于国际市场的竞争加剧，英国终于恢复了保护措施。最热衷于自由贸易的人的错误在于：他们竟认为在一代人的时间内能使英国稳得利益的政策，必然是永远适宜的政策。

皮尔的卓有成就的内阁自1841年一直维持到1846年，这是托利党革新的极盛时期。它的其他成就包括将英镑定为金本位制的1844年银行特许法。该法确定了英格兰银行和其他合股银行之间的关系，这些合股银行这时业已证明是成功的。自1826年起，合股银行获准在距离伦敦65英里以外发行纸币；1833年起，又允许它们在上述65英里以内的地区内发行。在19世纪30年代中期铁路事业繁荣时期，银行的信贷急剧膨胀，造成了财政危机，于是导致要求限制纸币的发行。因此，1844年的法案把英格兰银行的银行部同发行部分开，限制其信用发行的纸币为1400万英镑，并要求超过上述数字的几乎全部纸币必须以金条、银条或硬币为保证金。不允许新办的银行发行纸币，其他原有银行不能增加发行额（参见第2章，原文第40—41

---

① E. 坎南编：《国富论的实质和目标之研究》（第5版，伦敦，1930年），第1卷，第429页。

页）。同年，另一法案规定了合股公司的业务范围。皮尔的预算在整顿和简化整个财政制度、减少关税和货物税，以及减轻国债等方面获得了成功。

当有进取心的工商业阶级用这些方法为自己在国家中和制定国家政策方面争取新的地位时，工人阶级也并非没有采取行动。到1830年，城市工人中间已经有了自助和激进主义的生气勃勃的传统。激进主义思潮自1815年以后便开始传播，尽管惊慌失措的政府采取种种镇压手段。各种政治联合会不同程度地参加了争取改革法案的宣传鼓动工作，与此同时，由于弗朗西斯·普莱斯等的努力，1824年成功地废除了结社法中最具压迫性的部分。在战后的年代里，贫困激发了工人阶级的感情，同时，工业主义的发展促使工人组织获得显著的成长。从前用于掩盖工会活动的互助会，现在可以去掉伪装了。新成立的工会公开自己的会章并出版有关规章制度的书籍。它们卓有成效地就劳动条件、工资和学徒期限等达成地方性协议。此后20年的主要特征是激进主义与罗伯特·欧文所阐明的新社会主义之间的结合，以及二者与工人阶级运动和组织的合作。如果说截至1850年，他们所取得的具体成就还很少的话，那么他们至少传播和显示了工人阶级自助和自愿组织的原则。到1870年，有组织的工人显示出他们在国家中是一支决定性的重要力量；与此同时，宪章派的一些要求有的已得到满足，有的日益被认为是民主社会所需要的。

激进党人对1832年的温和的改革法感到十分失望；而新的济贫法在早期执行得很严苛，引起工人阶级的不满。1832—1850年，社会动荡的表现为：建立更广泛的工会组织的强大势头、宪章运动的政治宣传鼓动工作和合作化运动。这些运动的许多领导人认为运动的成功取决于在工人阶级内部树立团结一致和奋发自助的精神，也取决于向统治阶级和工厂主施加压力。从这一观点来看，自由贸易运动便是一种敌对和异己势力，因为它鼓励通过立法和财政改革来达到繁荣的目的，并且强调产业工人和农业工人之间存在某些利害冲突。另一方面，如前所述，它同样强调有钱有势的阶级中两部分人之间的利害冲突。但是，当时对廉价食物的要求比对选票和一年一度的选举的要求更为迫切；到19世纪中叶，自由贸易的宣传工作取得完满成功，而宪章主义以及为更广泛地成立工会所作的努力却遭到失败，两者之间形成鲜明的对比。这20年里，在主要的工人阶级运动中，只有合作化运动取得了较大的进展。

的确，宪章主义从工联主义的早期失败中得到了一些动力。1829年，约翰·多尔蒂成立了纺纱工人总工会，翌年，他建立了全国保护劳工协会。这个协会主要在纺织业中得到发展，并将其成员扩大到陶瓷、采矿、制帽和机械等行业。它没有起到什么推动力，也未获得多少成就便销声匿迹了。但是，在较大的工人组织中有建筑工人联盟，不久它就拥有4万多名会员，居于领先地位。1833年，这个工会接受了罗伯特·欧文的理论，欧文刚从美国回来，带回一项合作生产计划，通过它可以消灭资本主义，并由一个全国性大协会接管建筑业。1834年，这个协会成为全国大统一工会联合会的核心，其目标是把所有工会联合成为一个全国性组织。它将包括迄至那时为止工联主义极少接触的农业工人和女工。全国大统一工会联合会是欧文创建的联合王国全国生产部门道义大联盟和国家复兴促进会（均建于1833年）等组织发展的顶峰。该联合会不同于以前的组织，它仅限于工会会员。这些年来激增的各种合作性和宣传性团体不能参加该联合会，欧文本人最初也没有参加。这标志着成立"总工会"的几次失败的尝试达到了顶点：总工会想使许多现存的工会采取一致行动，尽管不要求它们在组织上一模一样。但是从工联主义所达到的发展阶段来看，这个计划过于雄心勃勃。面对着冷酷无情的雇主和敌对的政府，它的计划全是空想，无法实现。当多塞特郡托尔普德尔村的6个农业工人因犯非法宣誓罪而被判处7年流放时，该联合会受到致命的打击。这6人的目的是组织一个农业工人的联谊会，并与全国大统一工会联合会建立一些联系。对他们的野蛮惩罚引起了以威廉·洛维特为首的"伦敦多切斯特委员会"所组织的广泛抗议。但是，政府拒绝减轻原判。此后，由于对法律的畏惧，许多工人脱离了工会。全国大统一工会联合会瓦解。"托尔普德尔蒙难者"4年之后获得赦免，但他们的遭遇对工会活动仍是个可怕的威慑因素。许多行业的全国性组织消失了，甚至建筑工人联盟也解体，分别恢复为它的各个组成行会。在19世纪40年代，矿工成立了全国协会，1845年再次成立"总工会"的尝试只获得暂时成功。只是到了1851年才形成后来工会组织的一个模式，当时成立了一个工程人员联合会，它由中央机构管理，捐款甚多，福利甚高，是全国性的组织。熟练工人尤为成功地组成了稳定的工会，如1861年成立的木工和细木工联合会；1868年成立了英国职工大会。从那时起，工联主义发展壮大起来。

同时，19世纪30年代的失败激起了社会上的不满和不安的潮流，从而产生了宪章运动。1836年，威廉·洛维特在受人尊敬和自学成才的伦敦手工业者中组成伦敦工人协会。两年以后，他与弗朗西斯·普莱斯草拟了有6点纲领的"人民宪章"，它成为改革的纲领，激进派运动和工人运动的大多数联合的基础。宪章要求男子（不包括女子）享有普选权；平均分配选区；取消议员的财产条件；对议员支付薪金；秘密投票和每年举行一次普选。其中最后一点是宪章主义者后来一直没有得到满足的要求，也是最激进的要求，如果成功的话，将会改变整个议会体制的性质。一个一年一度进行选举的下院将会成为直接民主的工具，而议会职责的性质（以及内阁职责的性质）也会彻底改变。

1816年成立的伯明翰政治联盟这时由银行家和货币改革家托马斯·阿特伍德恢复起来，它支持人民宪章，并号召为实行宪章而举行全国请愿。脾气暴躁的费格斯·奥康纳领导下的利兹改革派也支持宪章运动，奥康纳的《北极星报》成为宪章派的正式机关报。以伦敦、伯明翰和利兹三城为基地，宪章派组织了群众集会和全国范围的群众性宣传鼓动工作。很富有煽动口才的演说家，如 J. R. 斯蒂芬斯·布朗特尔·奥布里恩和理查德·奥斯特勒唤起民众对"宪章"的热烈支持，不久，宪章就被视为包医社会百病的万应灵药。这一运动的最高潮是1839年春在威斯敏斯特宫广场举行的全国代表大会，大会组织了规模巨大的向议会请愿的活动。但是，宪章运动在洛维特及其南部追随者所领导的温和派与奥康纳、奥布里恩及其北部追随者所领导的暴力派之间，发生了严重的分歧。这年7月，当全国代表大会迁移到伯明翰，将近125万人签名的请愿书遭到下院拒绝以后，各地出现了内战的气氛。请愿遭到拒绝后，各地发生骚乱和地方性罢工，在南威尔士甚至发生了暴动。但是，政府的坚定立场和工人阶级内的手工业者的团结精神阻止了暴力行动。为了使运动保持活力，成立了全国宪章协会。1842年举行的第二次请愿又遭拒绝；其后于1848年又举行了第三次请愿，这次请愿许多签名是伪造的。1839年以后的宪章运动，在言辞上很激烈，但缺乏坚实的力量。运动在年景歉收和社会极端贫困时活跃一阵，可是再也没有恢复原有的力量。它的失败，部分是由于商业复兴和更大的经济繁荣。但宪章运动是第一个有效的和自发的工人阶级组织；它使各阶级注意到社会改革的迫切性；它激发了维多利亚时代英国的良心并动摇了麻木的自满情绪；它在英国的历史上留下了深远和不可磨灭的印记。

在1815年以后的年代里，以自愿合作进行生产的理想来取代追求个人利益的竞争性私人企业的思潮广泛地活跃起来，最积极的是罗伯特·欧文和他的追随者。他们在1821年成立了合作经济协会，各地也进行了类似的合作社试验。1834年，他们由于工联主义普遍失败而受到损失，从此欧文主义丧失了阵地。但是，像昆伍德那种合作村试验一直继续到19世纪40年代，1844年"罗奇代尔公平先锋社员"成功地成立一个合作商店。该店建立在社员即消费者民主管理的基础上，给社员分配"按收益计算的红利"。1854年，他们又办起罗奇代尔生产合作社，将其经营范围扩大到生产和零售商业方面。10年以后，建立了批发合作社，随后在1868—1869年在苏格兰也兴办起同类的合作社。1852年和1862年通过的工业和节俭性协会法大大促进了这些团体的发展，它们还得到工会和基督教社会主义者的大力支持。到19世纪70年代，这些原则迅速扩大到经济生活的其他部门，开办了合作性的煤矿、纺织厂和银行等。合作运动是这些年来所有工人阶级运动中发展最为迅速、成绩十分显著的运动。

1868年以前的20年是国家极为繁荣、中产阶级稳占统治地位的时代。要求实行不记名投票和扩大选举权的激进的宣传鼓动工作在继续进行。1859年，查尔斯·达尔文的《物种起源》问世，这一惊人的理论引起了激烈的争论。然而，前20年的尖锐紧张的社会形势已经过去。工人阶级的激动情绪已经消除。议会通过的国内立法也很少引起那么激烈的争议。在帕默斯顿勋爵的领导下，外交事务占主要地位。法国拿破仑三世的上台，克里米亚战争带来的兴奋，美国南北战争，以及俾斯麦的控制欧洲事务等吸引了公众的注意力。这些对外政策问题，本卷其他章节（第17、18章）将有论述，这里我们要谈的只是有关帝国发展的问题。

在帕默斯顿执政时，英国欢迎被压迫民族要求实行自治的每一个运动。① 英国一直密切注视着其他列强的扩张，特别是俄国的扩张，在这一时期它参加的唯一重要的欧洲战争就是对俄国的战争。它企图通过缔结通商条约（其中最重要的是1860年与法国签订的《科布登条约》），来与欧洲进行自由贸易。它推行和平政策，因为战争，即便像1860—1865年的美国内战，也会妨碍贸易和损害它的工业生产。科布登和布赖特主张自由贸易的最有说服力的一个论据，就是自由贸易能消除战争的一些主要根源，并通过共同的利益把各国团结起来。总之，英国的利益未被视为与其他国家的利益相冲突。因为它的利益遍及全球，也因为贸易和活动的自由将消除实现各国人民利益的障碍并使其自然和谐地发展，所以英国的扩张和繁荣是世界普遍向前发展的途径。这是令人高兴和欣慰的信念，但也是一种真诚而有活力的信仰。

形成英国商业政策和外交政策的这些思想，也彻底地改变了它的殖民政策。殖民政策之所以有这种重大变化（这种政策在自治领中建立了自治政府，并且产生了帝国和英联邦的新观念），是由于英国的经济利益在全世界得到发展，它们看来与全球的自由通航和自由贸易，以及全世界的进步是协调一致的。英国与殖民地和其他国家的贸易的发展，影响了移民和海外投资的进展；这两方面的进展都与铁路和航运事业的发展以及殖民地自治思想的发展密切相关。这一切的根源在于迅速扩大的工业生产正在寻求相应扩大的市场和原料来源。而促使英国人能够在比以往更加全面的世界范围内追求这一目标的是交通和通信，特别是铁路、轮船和电报的引人注目的发展。

早在1840年就已建立了连接英国与其殖民地以及印度洋上势力范围的轮船航运事业；但地中海航线仍有一段需经亚历山大港到苏伊士和亚丁的陆上运输。大部分的东方贸易依旧是靠帆船绕过好望角，航程长达6—8个月。此时也已开辟了好望角至澳大利亚的轮船航线。1870年，英国印度电报公司成功地铺设了第一条连接英国和孟买的直达电缆，再经孟买通向新加坡，转而通到澳大利亚。海外殖民地的铁路发展较慢。到1853年，加拿大仅有约200英里的铁路，而澳大利亚实际上没有铁路。印度的铁路只是在19世纪60年代才发展起

---

① 但是帕默斯顿对1848—1849年匈牙利革命的态度，参看本卷原文第264页。

来，几乎全部是靠英国资本。殖民地已由遥远的难以到达的前哨和基地，变成密切得多的经济利益网，在这种殖民地与大不列颠经济的统一发展的同时，也出现了这样的情况：英国更加心甘情愿地放松对殖民地的政治和商业控制，而过去一直认为这种控制是维系帝国的天然纽带。但是，尽管殖民地的政治地位发生了变化，它们的经济地位起初仍普遍地维持不变。殖民地依然是英国商品的原料来源和销售市场。在这些年中，英国与其殖民地之间的这种分工，不仅保持下来，而且得到发展：英国资本随着英国产品不断地输入殖民地。"日益集中于几种大宗产品的出口；采取以运进生产资料为主要形式的大量资本输入；高额的投资；尽管有大量移民却仍能充分就业；提高利润和固定资产的价值——这些就是殖民地经济活动的普遍模式。"①

大约在1850年以后，殖民地的发展引起英国海外投资目标的改变，甚至缩小投资的地理范围。在1850年以前，资本流向世界各地，但很少输入殖民地；在19世纪中叶以后的25年中，资本日益集中到殖民地。1850年，英国1/3左右的海外投资（约2.25亿英镑）是在美国，其余的主要在欧洲。及至1870年，仅印度铁路一项投资便达7500万英镑以上，而且海外投资总额的1/4左右是贷给各殖民地政府的贷款。

在1830—1870年之间联合王国的海外利益在两个方面起了变化：海外利益第一次真正变为全球范围，同时，在性质上不再以商业为主。老殖民帝国主要是由北美互相毗邻的地区组成的，帝国的主要中心在北大西洋；美洲13个殖民地宣告独立后，它支离破碎了。帝国与加拿大和西印度群岛的联系，以及与美国的密切的经济关系使英国的利益仍固定在北大西洋。但是与此同时，帝国利益的重心已由大西洋转移到印度洋，在那里，英国在印度、锡兰、缅甸的贸易和势力的发展和巩固正在开创着一个广阔的新东方帝国。因此，英国在南大西洋和太平洋正获得广泛的新利益。开普殖民地和一系列岛屿以及西非各港口成为北大西洋区域与印度洋之间海路上的踏脚石。1830年的英属殖民地地图，看来似乎已具有后来发展情况的大致轮廓。到1870年，西非的港口和商埠已发展成为大片的殖民地，利文斯通已

---

① 《剑桥英帝国史》（剑桥，1929—1936年），第2卷，第754页。

经考察了非洲中部，好望角已成为向北无限扩张的跳板，而在印度洋西岸则有相应的一长串英属殖民地。在南太平洋，过去在澳大利亚南部和新西兰北部的立足点，现在正在迅速变成英国控制下的整块大陆。1869年苏伊士运河通航以后，人们预料经地中海到达印度的更快的新路线将立即使原来绕过好望角的全部由英帝国控制的旧航线失去其价值。但是，直到19世纪70年代末，好望角仍然长时间地保持其原来的优越地位。关于这一点，一位英国殖民部的官员是这样说的："好望角没有苏伊士运河那些复杂情况，它距澳大利亚、中国、印度、直布罗陀、西印度群岛和福克兰群岛的路程相差不多，是来自东方的军队的最好宿营地，最好的物资补给站，良好而廉价的供应市场，以及大型船舶的修理所。"①

扩大贸易和寻找市场，仍然是这些发展背后的重要的刺激因素。但此时其他方面的目的和刺激因素也不低于纯商业的目的。这几十年当中，工业革命已达到最迅速地扩大生产的阶段，它不仅要求殖民地市场，而且要求世界市场。英国的自由贸易政策意味着曾经是重商主义的殖民政策已经死亡。在这一时期中期废除了航海法，表明对殖民地商业价值作出新的估计。殖民地商业被认为是全球贸易的基础。保持全世界原料供应和市场对英国工业品的开放，被认为比在分散的殖民地取得特别的商业利益更为重要。这些地方被认为是保证"航海自由"所需的战略优势和力量的地点；它们可以为投资者、传教士和移民提供有利的机会；它们可以在国际竞争加剧的时代保持国家威望。总之，这些优点超过了过去的重商主义的纯商业动机。

放弃以重商主义的商业精神作为殖民地的发展和管理的统一政策之后，曾一度出现政策上的真空。在这一时期之初，对于殖民地没有一套完整的政策，而且最有影响的学派把殖民地视为应尽早摆脱的累赘。但在下一个时期制定了帝国的积极的新政策，包括有计划地利用殖民地的土地组织殖民事业和投资，并建立负责的自治政府作为管理殖民地的目标。乐观的自由主义者将自己对自由贸易的信念建立在这样的基础上，即各国之间和生产者与消费者之间的利益存在着自然的和谐，他们也把这种理论用于殖民地事务。他们认为不应由伦敦实行

---

① 《剑桥英帝国史》，第2卷，第591页。

控制，而应及时地允许殖民者组织自治政府。通过自由民族之间利益的自然和谐而产生的自我利益，将证实比人为地管制贸易或由母国给予远距离的政治指导更能加强帝国的团结一致。殖民地如能享有贸易自由和航海自由，也享有联合王国在工业生产方面的巨大优势，它们也就能享有自治的自由。如果能在世界各地实行"门户开放"的话，那么即使在英国的殖民地也实行"门户开放"，其代价也算是很小的：只要英国的工业品在竞争很小的情况下能从每个开放地点获得利益就行。

1798年，杰里米·边沁曾敦促法国人"解放你们的殖民地"，而早期的激进分子在美国独立经验的影响下反对殖民主义，认为它是他们所谴责的旧制度的一部分。但是在19世纪30年代出现了一批年轻的激进革新者，他们从殖民地的开明的计划和管理工作中，看到了解决联合王国人口迅速膨胀的出路（马尔萨斯等悲观的预言家们断言，人口膨胀会导致普遍的贫困），同时也看到了在更加合理的基础上建立新社会的机会。约翰·斯图尔特·穆勒、查尔斯·布勒、爱德华·吉本·韦克菲尔德和德拉姆勋爵也持同样的看法。19世纪中叶的几十年当中的大量移民，以及随之而来的一系列紧迫的殖民问题，为他们提供了实现其原则的机会。通过他们的努力，责任制自治政府的原则扩大到由英国人殖民的所有海外领土，而英国19世纪产生的最富有创造性和想象力的思想之一的"自治领地位"的概念，使帝国内部团结的新思想不是建立在控制和限制的基础上，而是建立在独立和自由的基础上。帝国的最大一块领土印度的行政管理工作也是由这些激进改革家改组的：1853年在麦考利主持下对印度文官制度实行改革，采用了新的效率和道德标准，这些做法后来又影响了联合王国自身的行政管理制度（见原文第337页）。1860年施行的印度刑事法典，也是麦考利以边沁和詹姆斯·穆勒的思想为基础制订的。

年轻的激进派首先将注意力集中到澳大利亚，韦克菲尔德制订出一个系统开拓澳大利亚的殖民计划。他建议政府应高价出售土地，并用所得的利润组织耕种土地所需劳动力的移民。这样，联合王国将迁出其剩余人口，以利于新殖民地的繁荣。边沁为他拟订了建立一个合股殖民协会的计划，并按时成立了这个协会。该协会得到约翰·斯图尔特·穆勒、乔治·格罗特和威廉·莫尔斯沃思爵士的支持。虽然韦克菲尔德精心设计的计划只有部分得到实现，但他的殖民协会的宣传工作却激起人们对澳大利亚和新西兰的命运和前途的新的兴趣。移民工作从出售土地收入中得到一部分资助，另一部分来自英国政府的补助，过去缓慢迁徙的移民，到了19世纪30年代加快了步伐。1840年停止向新南威尔士流放囚犯，但1850—1868年又恢复向澳大利亚西部流放囚犯。1837年，韦克菲尔德成立了新西兰协会，以便实现他的理想，两年后又创办了新西兰土地公司。向该地的移民是在极大的混乱中进行的，但是在1840年，根据《怀坦吉条约》，英国国王终于获得了新西兰的主权。

在此期间，加拿大的叛乱吸引了激进派的注意力。到1838年，原来根据1791年的加拿大法而在英国移民占优势的上加拿大和以法国移民为主的下加拿大之间制定的划分办法，显然不能再维持下去。下加拿大说英语的少数人由于移民而人数增加了。但是，两个民族之间的恶感，使法国人占多数的由选举产生的议会与英国总督和政务会之间在宪法问题上形成了僵局。由于种种原因——在旧保王党家族所控制的政府和新迁来的较贫穷的移民占优势的议会之间的冲突——在上加拿大也出现了类似的僵局。1837年年底，两个省份都发生了暴乱。约翰·罗素勋爵实施了暂时停止下加拿大宪法的一项法令，1838年德拉姆勋爵受命担任拥有广泛权力的高级专员和北美各省的总督（包括上加拿大、下加拿大，以及新斯科舍、新不伦瑞克、爱德华太子岛和纽芬兰）。德拉姆在布勒和韦克菲尔德陪同下到达任所，他的使命被视为对辉格党和激进党处理殖民事务的政治能力的考验。第二年，德拉姆写了《关于英属北美事务的报告》，该文成为英联邦发展的宪章。

这个报告不仅致力于解决加拿大的当前政治问题和体制问题。而且要解决公地、移民、定居以及未来的政治自治和统一等更广泛的殖民地问题。它提出的两个基本建议是使上、下加拿大重新联合，以及实行责任制政府。德拉姆认为重新联合就是实行彻底的联合，而不是结成联邦；他认为这是成立自治政府的必要前提。他和约翰·斯图尔特·穆勒一样，也把某种程度的民族统一看作自治政府不可缺少的因素，他的目标是"一劳永逸地解决这个省的民族性质"。这将通过英国人对法国人的绝对支配来实现，从而永远消除"一个好幻想的小民族所具有的某些无益的狭隘观念"。他希望统一的加拿大将成为北美全部英国领地在未来组成联邦的核心。关于责任制政府。他的意思是使各省的行政当局直接对立法议会负责，而不是对伦敦政府负责。他写道："令人难以理解的是，为什么某些英国政治家竟设想代议制政府同时又是不承担责任的政府。"他争辩说，责任制政府自身将维持帝国的统一，其途径是使帝国成为自由民族的共同体。但是他对英国政府想保留一些控制权的愿望作了重大的让步，他建议各省在内部事务方面享有完全的自决权，但伦敦政府仍然掌握处理一定事务的权力，把这两者区分开来。伦敦政府保留的权力包括"确定政府形式，处理外交关系，调整与母国、其他英国殖民地和外国的贸易关系，以及处理公有土地"。总督仍对伦敦负责，但他不能指望"与当地议会发生任何争议时得到国内的支持，除非问题严格地涉及帝国的利益"。

1840年，上下加拿大联合，建立责任制政府的问题则留待后任的总督在实际上加以解决。1846—1848年，新斯科舍省长和加拿大总督先后接到指令，要他们按照代议制议会所能接受的部长们的建议行事。1847—1853年，德拉姆的女婿埃尔金勋爵逐步建立起一套惯例，按照这些惯例，行政部门在处理各项内部事务时必须得到立法议会的同意。1867年，英属北美法为除纽芬兰之外的所有各省成立联邦敞开了大门，这一工作于1873年完成。在一个世代内，加拿大从不满和不团结的局面转变到自治和民族团结。但是，这一变化来之不易。1846年，加拿大谷物种植者失去了过去在联合王国市场上享受到的优惠待遇。三年后，规定他们的出口贸易局限于英国市场的航海法才被废除。要不是1854年埃尔金与美国签订通商互惠条约的话，加拿大脱离英国的倾向就很可能更为显著。这个新自治领向西扩张的过程是缓慢而困难的。1869年，它购买了赫德森湾公司在温尼伯湖和落基山脉之间的广阔土地，翌年建立了新的省份曼尼托巴。连接加拿大东西各省之间的干线——加拿大太平洋铁路，铺筑中遇到很多障碍，直到1885年才由蒙特利尔开出通往太平洋的第一列火车。

加拿大向责任制政府的迈进，成为澳大利亚、新西兰和开普殖民地政体发展的榜样。1851年，新南威尔士、维多利亚、南澳大利亚和塔斯马尼亚被邀请起草它们自己的殖民地自治法规。1855年，议会法案承认了这些法规并使之合法化。如同加拿大那样，自治政府成立后便向该大陆的更多地区扩张，而在新南威尔士和维多利亚发现金矿更促进了这种扩张。1859年，昆士兰单独成为一个殖民地，但西澳大利亚在1890年发现金矿以前，一直是又小又不发达的殖民地。1850—1870年，澳大利亚的总人口增长了三倍，由不到50万增加到将近200万人。1852年新西兰分为6个省，每省有一个经选举产生的省议会。整个殖民地的政府由一名总督、一个被任命的政务会和一个选举产生的众议院管理。从1857—1870年，由于毛利战争，国家遭受创伤，到1867年英国军队才完全撤出，新西兰成为一个享有自治权的统一自治领。1870年其人口仅有25万。1854年以来，开普殖民地已有一个立法议会，到1872年成立了责任制政府。

1865年，殖民地法律有效性法宣布，由殖民地立法机关通过的法律，只有在与英国议会法案明显相抵触的情况下，或与根据此法案适用于殖民地的法令或规定相抵触的情况下，方属无效。这实际上是保证所有殖民地立法机关享有内部自治，并正式消除了由于南澳大利亚法院就与英国法律相抵触的殖民地法律的有效性问题作出的判决而引起的疑问。这意味着在殖民地自身的范围内，它的立法机关是至高无上的，它仅服从帝国议会。这就是"殖民地立法独立的宪章"。放弃德拉姆建议实行的各种限制的过程业已开始。根据1840年和1852年的法案，加拿大未被占有的土地的控制权已移交给各省。1858年，加拿大立法机关关于征收英国商品关税的规定得到通过。到1870年，自治领实行完全自治的工作实际上已经开始：这项工作持续到1931年，当时威斯敏斯特条例正式承认了自治领的完全自主权。

但是这样明确地为加拿大、澳大利亚和新西兰的白人殖民地确定的发展模式，在帝国范围并不是普遍适用的。某些较老的殖民地，如巴巴多斯、百幕大和巴哈马仍保持它们的古老的代议制，但没有建立起责任制政府。牙买加过去曾有过选举产生的立法机构，但后来取消了。1814年以后经过征服或取得特许权而得到的大多数殖民地，都没有获准成立旧式的代议制机构。在印度，经1857—1858年的兵变后，东印度公司的统治结束，代之以英王的直接统治。在整个英帝国，很可能一方面继续实行直接的殖民地行政管理，同时从备受优待的白人殖民地将责任制自治原则传播到别处。在一个千差万别的帝国中，政府采取多种形式似乎确实比强行采用任何单一形式更为适宜。

在1870年之前开创的帝国防务体制集中体现了这些年当中英国在国内外发展的特点。几十年来，海军从帆船发展到轮船，由木制发展到铁制，由弹丸发展到爆破弹（参看第11章）。新型舰艇和大炮要求更高的技术，因此需花费更高的训练费用。在此期间，海军军费的支出大约增加一倍。除在印度驻扎强大的军队外，帝国的陆军都集中在国内。由于具备迅速的轮船运输力量才有此可能，而且欧洲的紧张形势也要求如此。1868年之后爱德华·卡德韦尔改组了陆军，建立起一支比克里米亚战争时的陆军更有战斗力和更民主的战斗部队。人们日益认识到英国在全世界的利益和领土需要一个始终一贯的帝国防御计划，这使1867年约翰·科洛姆爵士以传统的形式制定的战略原则得到承认。[①] 意味深长的是，这些战略原则是建立在贸易乃是维系帝国的纽带这一理论基础上。在战争中，海军的任务应是封锁敌国的港口，保持连接帝国海军基地和商业基地的重要海上航路的畅通；从而破坏敌人的贸易，同时保护英国的贸易。陆军的作用在于守卫印度，保护国内港口和海外海军基地，并在海军的掩护下成为攻击敌人领土的矛头。显然，这是最适于海上商业帝国需要的防御体制，其特点在于它不过是查塔姆和威灵顿的理论的现代化而已。以新的方式使英国致富的各种变化，也以新的方式使英国容易受到打击。但是，通过创造性地采用传统的制度和原则以适应新的需要，英国仍然有希望保持富国强兵。

（黄东明　译）

[①]　J. 科洛姆：《关于保护我国商业和部署兵力的意见》（伦敦，1867年）。

第 十 四 章

俄国在欧洲和亚洲

随着20世纪俄国革命所建立的社会性质日益确定和明显，19世纪中叶俄国的状况在促成这次革命方面所起的作用更加清楚地显示了出来。甚至在革命前二三十年，沙俄的各种制度，就已经像这个专制政权为保持这种制度而作的种种努力一样，只不过是想阻碍，反而是促进了这种统治的垮台，有利于实现自由民主。自由民主仍常常被认为是政治改革的世界性目标。同样，精神上的集体主义，实际上即社会专制主义的倾向，在马克思主义传入俄国以前很久就是互不相同的甚至互相敌对的各派俄国改革者所共有的东西。这种倾向也仍然被认为是偏离了自由发展的正轨。但是现在我们可以看出，沙皇专制制度和反对它的运动，给革命后的政府和政治思想提供的模式是多种多样的。因此，西方日益倾向于对历史进行修正。俄国的制度和思想的残存和重现显然是进行修正时的指导因素。

也许，这方面的迹象最明显地表现在，一方面是专制中央集权政府的传统，另一方面是名义上（如果不是事实上）的农村集体主义传统，二者并存的局面。但是西方的解释者们还会像他们的目光敏锐的前辈当时所见到的那样[1]：看到政治权威来自官僚或军队高阶层，而不是私人的、地方的或世袭的地位；为了道德或经济目的，对西方的自由概念普遍持冷淡态度；对俄国的历史地位念念不忘；民族排外意识与超国家的，实际上是全球的使命感联系在一起；与老牌的海上商业帝国不同的新教条产生了一种命定要向亚洲扩张的信念；除俄国

---

[1] 例如，A. 德居斯蒂纳侯爵：《1839年的俄国》（4卷本，巴黎，1843年）；A. 冯·哈克斯陶森：《对俄国内部情况、人民生活，特别是乡村机构的研究》（3卷本，汉诺威，1847年）。

知识分子所吸收并改造的德国哲学教育外,又勉强地接受了德国的国民经济理论以及军国主义和工业技术二者的模式。

　　使这些民族特点得以持续保存下来的俄国历史进程,是按历代沙皇的统制来分期的。这一方面是由于俄国的政治和经济界格外依赖于政府,又格外依赖于专制君主本人;一方面是由于历代沙皇的统治时期常常是以暴力始以暴力终。例如,1825 年亚历山大一世去世后,由于继承人难以决定,他的兄弟尼古拉一世的继位就被推迟并引起混乱,而且发生了十二月党人的流血哗变;尼古拉一世死于克里米亚战争期间,当时有人写道,他的唯一抉择是退位或者死。① 25 年后,他的儿子亚历山大二世死于恐怖分子的暗杀。以 1825 年 12 月 14 日(旧历)/26 日(新历)② 的起义为顶点的第二次这样的危机,是广泛的革命思想和行动在俄国的第一次爆发。尽管它的领袖人物是一些拥护 18 世纪哲学家学说的 20 世纪型的"年轻的校官",但这并不只是亚历山大一世的精神错乱的统治的尾声。正如苏联的历史学家经常引用的列宁的话:"十二月党人鼓舞了赫尔岑,赫尔岑发展了革命的宣传鼓动工作。"③ 赫尔岑本人是 19 世纪最著名的俄国政论家,在他所著的《俄国革命思想的发展》一书中,对 19 世纪初的俄国历史作了传统的自由主义的解释,承认十二月党人是先驱和烈士。

　　沙皇尼古拉的第一项行政措施就是对十二月党人进行大规模的侦查和审判,目的是取得政治情报和进行政治示威。仅仅处决了 5 名谋杀沙皇的嫌疑犯,其余的人则被流放到西伯利亚,成为该地开化的促进因素。自由主义历史学家出于怜悯和对革命传统的同情(后者更为持久)对此加以谴责,这未免过分。尤其是因为其流放的生活条件,无论是在最初的名义上服苦役期间,或者是在那里落户以后,都与对普通罪犯、战俘或政治犯,特别是波兰民族主义者不可同日而语(后者在 1800 年至 1850 年间每年流放到西伯利亚平均为 5000 人)。④

　　沙皇的这种仁慈是出于谨慎,而不是出于宽宏大量;他并不想由于对贵族中的政治异端分子的处理而使贵族们沮丧。结果,他作为残

---

① T. 席曼:《沙皇尼古拉一世统治时期俄国史》(柏林,1904—1919 年),第 4 卷,第 374 页。
② 俄历("旧历")与格里历("新历")在 19 世纪的差别是,后者比前者早 12 天。
③ 《列宁全集》,第 15 卷(1937 年版),第 469 页。
④ G. 凯南:《西伯利亚与流放制度》(2 卷本,纽约,1891 年),第 1 卷,第 78 页及以后各页。该书至今仍不失为描述西伯利亚罪犯流放地的最佳著作。

酷暴君的名声有所挽回，原来甚至连那些忠实于他的贵族也怀疑他抱有军国主义野心，现在也改变了看法。实际上，尼古拉作为沙皇发展成一个严厉但头脑清醒的专制君主，而且享有有才能的君主的名声，这不仅在俄国历史而且在欧洲历史上都是一个重要因素，因为它掩盖了"沙皇盛世"时期在相对军事力量和民族团结方面的衰落，一直到克里米亚战争时为止。这个政权主要依靠他个人的声威，通过这个政权在一定程度上影响了整个欧洲的事务。他在1844年访问英国时，维多利亚女王竟对自己能同"这个世界上最伟大的君主"共进早餐感到惊异，这时他的声望可谓达到了顶点；尽管意义深长的是，她接受了普遍流行的西方观点，即认为这位沙皇的赫赫声势是靠在国内进行镇压得来的。① 但是，他那刚强的举止欺骗不了他左右的人。他既没有担任领袖所需的那种才华，也没有那种镇定，他的左右从他那些似乎果断的决定中发现的是高度的紧张而不是坚强的性格。

尼古拉不是作为政治理论家而是作为军人接替处于混乱状态的军队而开始他的政治统治的，因此，他准备把从十二月党人革命得来的教训运用于进行权宜的改革，并制止来自欧洲的革命影响。可是即使在1830年的革命风暴之前，这个政权的施政方针也是由两项著名的镇压措施决定的，一项是关于改组和加强在上一代沙皇时已经非正式发展起来的政治警察的敕令，一项是关于新闻检查的敕令，两项都是在1826年颁布的。前者授权这个新的警察机构"处理一切高级警察事务和搜集情报"，特别是控制"国事犯"，监视外国人和宗教异端分子（分裂派）以及检查通信。皇帝陛下办公厅"第三厅"与已有的宪兵或半军事警察或由地方征募和管理的普通地方警察有明显的不同。尽管它仅仅由40名官员组成，但到尼古拉在位的末期，关于它通过秘密的特务网进行控制的情况已经众说纷纭。它正式形成了俄国的警察政权传统，它"按行政程序"（俄国历史上一个著名的说法）采取超法律行动，可以拘捕、流放或查封财产而不通过法律手续。此外，它还是一个实行文化控制甚至精神控制的机构，一部分是超出法律的，一部分则属于新闻检查敕令范围之内。这个敕令在当时具有同

---

① A. C. 本森和伊谢尔子爵编：《维多利亚女王书信集》（伦敦，1908年），第2卷，第12页及以下各页。

样的代表性，它建立了一种检查制度，这个制度在1828年修正，以后只有细微修改，一直延续到1865年。尽管这是一种愚民政策，但是在俄国和在不同时代的其他国家行政措施中有与它相类似的做法。它往往被任意应用——在自由主义全盛时期所发表的大部分评论现在看起来是天真的。当时欧洲各专制国家所普遍实行的禁止出版诋毁宗教、王朝或合法政府的书报的做法，扩大到对过去的革命过分宽容的历史研究，除教科书以外的哲学著作，甚至扩大到"削弱灵魂不死信念"的医学著作。这个机构是预防性的，由在文化中心的一些由官员组成的委员会主管，受教育部的监督，但经常由沙皇或皇帝陛下办公厅干预。1828年以前，检查制度还有一个任务是控制文风和语言，而到19世纪30年代，它又被用为官方民族主义的工具。另一方面，对哲学的攻击显然是由于沙皇本人认定这种著作会煽动或包含着政治思考。其结果是关闭了某些大学的学院。但是，尼古拉已用不着亚历山大统治末期曾经盛行的在各大学独立从事迫害的教士：这些教士中的主要分子被贬斥，为首的右翼宗教极端主义者佛提乌修道院院长失宠。亚历山大一世曾经长期鼓励的福音派新教运动甚至更受到怀疑，它的主要机构，传布俄文版福音书的圣经会被解散。

　　对任何自发运动的镇压都是由一个关于十二月党人的阴谋的报告引起的。这个报告建议进行改革，但其结论是，对改革的要求是由于思想和教育的过分自由而造成的。从这个报告中可以看出，尼古拉在其统治初期所考虑的许多改革都有十二月党人的影响。他的一些比较肤浅的建议付诸实施了，而一些比较深刻的改革，特别是巩固贵族阶级和实行土地改革，虽然一再提起，但没有得到解决。这个政权在早期所持的这种态度还表现在1826年任命一个由科丘别伊领导的"大"委员会来调查现存的政府制度并决定"哪些适合今天的情况，哪些不应予以保留，用什么来代替"。

　　经过这样改革的专制机器，得以在较高的级别上发挥作用，主要是通过一些特定的方法进行，以后继续如此。在下半个世纪中涌现出许多较低级的委员会就说明了这一点。国务会议与其说是一个内阁，不如说是一个指定的半立法机构；它制定预算、审查经沙皇批准由大臣们提交给它的法律草案，但这个程序往往被具有同样法律效力的由皇帝陛下办公厅直接发布的命令所绕过。各部大臣通常直接与沙皇打交道，1805年设立的大臣会议又与国务会议重叠。大臣之间也群龙无首，即使在科丘别伊和他的继任者戈尔恰科夫任职期间，由国务会议主席兼大臣会议主席并挂帝国首相头衔的情况下也是如此。与此同时，参政院只不过是最高法院。实际上，唯一有权力的政府机构是沙皇本人的皇帝陛下办公厅，这个办公厅没有需要改革的问题；尼古拉统治时期一些最重要的机构，就是作为办公厅的新部门而设立的，其中包括第三厅、法典编纂厅和1838年成立的负责改革国有农民地位和国有土地的厅。经委员会审查但未加改革的各省行政机构，通过50个省的省长以及西伯利亚和一些边疆区和殖民地的总督而实行中央集权。这些机构以缺员著称，如遇紧急情况或行政积弊严重时，不管涉及某个省的小城，还是西伯利亚那样的广阔地区，就从圣彼得堡派专员去调查或处理。尼古拉的特点是他最信任的代表通常是军官，不论执行的任务是处理灾荒还是暴动。

科丘别伊委员会还负责考虑土地问题，这个问题与当时美国的奴隶问题一样，影响一切政治思想和行动。在1815年俄国本土大约4500万的总人口中，大约2100万是依附土地的农奴，他们是20万世袭贵族或50万文武官员中少数享有终身贵族爵位的人所拥有的私人财产，而另外1500万人是国家或皇家拥有的享有不同程度的微小权利的农民。到此时为止所进行的一些小的改革试验——解放非俄罗斯人的波罗的海沿岸各省农民，但不连同土地；批准俄国其他地方地主和农民之间自愿达成的连同土地解放的协议——充其量不过对俄国的社会制度产生了一种道义上的影响。沙皇本人之不愿进行改革，表现在1834年他对基谢廖夫所说的话上，他说他的责任是为他的继位者修改农奴法做准备。但是，旨在反对把农民与其土地分开对待的进一步的零星改革，在该委员会中遭到康斯坦丁大公的阻挠。以后发生了1830年的欧洲革命，引起了更普遍的反对向自由主义思潮让步的局势。

但是，沙皇一直到1848年仍对土地改革感兴趣。从1833年起，对国有农民的身份、租佃、赋税、兵役和地方自治进行了一些改革，特别对他们的自由身份予以肯定。1838年，设立了一个由基谢廖夫伯爵领导的国有土地部，基谢廖夫是19世纪30年代、40年代沙皇的土地委员会里最积极的下属。但是，这些委员会所取得的成绩，其间接意义大于直接意义。1833年，禁止公开出卖农奴，1842年颁布的法令修改了1802年的法律，通过形成一个暂时"有义务"继续服劳役的"自由农民"阶级，鼓励地主解放他们的农奴并给予土地。1844年准许解放无地的家务农奴，但是直到1858年，通过有效地禁止把农民从土地转向家务劳动，才纠正了由此而引起的弊端。1840—1848年颁布的一些法令，规定农民在他们的主人出售其庄园时有权赎回他们的自由。这种权利必须与主人达成协议方才有效，从而避免承认农民的土地使用权成为固定不变的。实际上，直到1848年，法令才规定属于私人所有的农奴有权拥有动产。上述这一切法令适用于整个俄国。此外，在乌克兰西部，比比科夫总督在19世纪40年代开始对农民对他们大部分是波兰人的主人应尽的最大义务实行登记，但是当这种制度扩大到影响俄罗斯贵族时便停止实行。

当时改革者受以下几种动机的影响：对农奴制度作为一种社会罪恶普遍感到不安，越来越相信浮动工资劳动最为有利（既受英国古典经济学的影响，也是实际试验的结果），担心有可能出现从下而上的土地革命。俄国所特有的地方性农民起义次数增加，看来是不祥之兆；官方的数字表明，在尼古拉一世统治期间，起义次数每10年增加50%以上，从1826—1835年的148起增加到农奴解放前6年中的474起，而有记载的地主或管家被杀事件，在1861年前的35年中达300起左右。这种动乱也许一方面是由于零星的改革和保密不周过早地引起关于即将解放的谣传导致的，另一方面是由于对拖延感到愤怒而激起的。它既加剧了保守主义者对解放的反对，也加强了自由主义者迫切需要改革的信念。

这种动乱几乎完全是由纯粹俄国的条件所造成的。1830—1833年俄国霍乱流行期间发生的起义和兵变，凑巧与欧洲的政治动乱同时发生，与官方的怀疑相反，这几乎可以肯定是偶然的。唯一一个可能受西方革命乐观主义思潮影响的地方是波兰。那里的强烈不满情绪是贵族和知识分子的民族主义情绪。当1830年11月7日（旧历19日）华沙爆发起义时，总督随俄国驻军一起撤退，独立编制的波兰军队起初取得了一些胜利。但是，随后的战争进程对俄国武装和波兰政治都无利；俄国人直到1831年5月才在战场上取得决定性的胜利，但那里没有强有力的持久的游击抵抗运动，因为波兰爱国者从不过问处于半农奴状态的波兰农民的利益或情绪。起义以成百上千的人被处死和成千成千人被流放而告终,给双方留下了不可调和的仇恨。

在俄国本土,1830年的警钟结束了尼古拉政权的试验时期,于是文化镇压就更加系统化了。这种镇压制度是与1833—1849年任教育大臣的乌瓦罗夫伯爵的名字联系在一起的,尽管他从来不是沙皇最亲密的顾问。乌瓦罗夫被当时的人看成是人道主义的叛徒,他是作为一个官僚而不是作为一个真正的理论家在1832年提出他的"三准则",即"正教、君权和民族性"的。① 这成为官方的意识形态,它强调的是君权,而且一直延续到沙皇统治的末期。1832年颁布的帝国根本法授予沙皇超越东正教会的神圣最高权力,而对民族性的从属地位乌瓦罗夫在1847年作了说明:"俄国的民族性必须无条件地效忠于正教和君权。"②

与警察管理和检查制度相比,教育政策在控制任务中是次要的。大学的扩充受阻,不过乌瓦罗夫在基辅新建了一所大学,这所大学作为一个大俄罗斯主义的机构,是对这个乌克兰历史名城的文化分离主义的挑战。在该校和在任何其他地方,哲学课程是有限的,数学课程则因为被认为有军事价值而受到重视;教职人员由国家任命,学生穿制服,他们的行为和纪律受到国家学监的监督,除贵族外不许"其他阶层"进入大学或中等学校,出国留学的年龄界限降低了,出国旅行一般受到护照制度的限制。尽管这样,就目标和方法而言,这个政权的文化政策不是野蛮的。乌瓦罗夫是科学院的支持者,在他的支持下,考古学、地理学和历史文献等领域内的大量俄国官方刊物开始出版。

与保守的专制政治同样相一致的是大肆宣传俄国法律的半法典化,这是老资格的斯佩兰斯基的最后一项任务。它包括1649年以来的全部法律汇编(1830年出版,共45卷)和作为一部准法典的《帝国法典》,即一些当时仍然有效的法律的摘编(1832年出版,共15卷)。但是,这并没有像某些历史学家所吹嘘的那样确立了法治,尽

---

① 参看第10章,原文第230页。俄文中的народность一词在英文中没有相应的词。它没有"民族主义"那么明确,近似于德文的volkstum。
② M. 列姆克:《俄国检查制度史论文集》(圣彼得堡,1904年),第186页。

管它使后来的司法改革变得比较容易一些。① 这是一项学术活动,不是一项立法活动,正如这个王朝的一些不朽的新拜占庭式王朝建筑只是一些公共工程一样。沙皇负责兴建的教堂和宫殿反映了这个王朝的高傲气概和豪华风尚,圣彼得堡社会中那种世界标准的奢侈风气,主要是由此而来的。这与尼古拉本人所夸耀的军人式的简朴形成对比,而且与外国人经常看到的周围俄国的贫穷的深度和广度也形成对比。②

保守主义的某些利弊也表现在经济政策中。当时的一位德国经济学家指出,如果有任何国家适合"自给自足"的话,那就是俄国③,而且实际上,四分之一世纪多以来只经过微小修改的 1822 年关税税则,完全禁止许多商品进口,特别是纺织品和金属。但是民族主义经济并非一成不变,1852 年在税收政策方面发生了革命;通过废除关税边界而对付波兰的竞争。1857 年俄国进入了一个实行除英国外比其他大国更自由的贸易政策的时期;而收入仍然维持不变。与此同时,1823—1844 年任财政大臣的坎克林重新厘定了币值。1843 年发行"银卢布",价值等于旧纸卢布的 3.5 倍,新币的纸币在随后的 25 年中贬值不到 25%。

经济的进展只不过触及俄国农业的皮毛,尽管如此,在克里米亚战争前的一整年,即 1853 年的对外贸易额达 2.5 亿卢布,几乎等于 1825 年的两倍。④ 原棉的进口和纺织品的工厂劳动生产率⑤几乎增长了一倍,在 19 世纪 50 年代初,俄国已经有大约 1700 台机动的织布机。⑥ 1855 年,它生产生铁 25 万多吨,几乎跟德国相等⑦,不过用的是原始方法。在 19 世纪 40 年代哈克斯陶森写道,莫斯科这个并不是以工业著称的地方,已经"从一个贵族居住地","变成了一个工业城市"。⑧ 但是工厂组织并不意味着机械化,只是从家庭工业迈出

---

① P. P. 格龙斯基:《俄国法典的内容》,《斯拉夫世界》(巴黎,1932 年),第 400、406 页。
② 例如,R. 布伦纳:《俄国内地旅行记》(伦敦,1839 年),第 1 卷,第 340—343 页。
③ W. 科塞加滕的话,见哈克斯陶森所著书的附录,见前引书,第 3 卷,第 533 页。
④ P. 赫罗莫夫:《19 世纪至 20 世纪俄罗斯经济的发展》,第 439、453 页上的表。数字按 1840 年的卢布值计算。
⑤ 同上书,第 65、439 页。
⑥ 同上书,第 55 页。
⑦ 同上书,第 62 页。
⑧ 哈克斯陶森,前引书,第 1 卷,第 xiii 页。

的第一步，这种家庭工业同时在私人庄园和城镇中发展；1860年，50多万俄国人被列为工厂工人。与此同时，在尼古拉一世统治期间，人口从5300万增加到7100万，但是当时的统计没有表明谷物产量有相应的增长，尽管从黑海各港口新出口了一些小麦。①

俄国的官僚并不全都喜欢工厂制度的发展。有些人仍然认为家庭工业是有前途的，并且受到外国专家和其他专家的鼓励，这些人认为俄国可以避免西方的"无产阶级癌症"。②但是沙皇以国家的利益为由采取较单纯的重商主义观点，并用以下方法鼓励工业的发展：建立一个制造商委员会；给生产者提供直接的资助，建立示范的工业企业和技术学校与农业学校，并赞助举办工业展览。但是，他在修建铁路这个关键问题上却犹豫不决。从圣彼得堡到沙皇村的第一条长27公里的铁路是在1838年由私人企业修建的；1843年，由华沙至奥地利边界的铁路由国家建造，1847—1851年由国家建造从圣彼得堡至莫斯科的铁路，每英里的造价一次比一次多。正如在其他地方一样，俄国的铁路建设也加快了经济发展的速度。这种情况与人口的变动特别是劳动力的流动紧密相关，这种流动是在农奴制废除后出现的，它和经济发展的加快一样，属于一个新的时期。

沙皇认为，俄国的政治制度是他在国际反革命政策中分担的一项义务，这种政策由三个东欧君主国推行并通过1833年的明亨格列兹协议（参见第10章，原文第252—253页）维持了15年。1839年起草的一份权威性的评价，③说明各位君主如何认为意识形态的冲突超越了国界。这个文件说，革命的中心在法国，英国也意欲在"这方面扩大它的政治影响，和……它实行的宪政制度"。俄国关心的是加强奥地利和普鲁士在"反对不断攻击他们的敌人……的严酷斗争中的力量"。1848—1849年的事态发展证实革命是有国际联系的（参见第15章）。在俄国，天天传来的消息使知识分子处于一种政治上的兴奋状态，而关于外国发生动乱的传闻似乎刺激了本来在俄国就常见的骚动。沙皇在1848年3月向全世界发表的宣言中接受了这项挑战，

---

① P. 赫罗莫夫：《19世纪至20世纪俄罗斯经济的发展》，第436—438页。
② M. 图甘·巴兰诺夫斯基：《俄国工厂的过去和现在》（圣彼得堡，1898年），第297、395页。
③ 这份备忘录是由俄国的主要外交家勃伦诺夫按照太子的指示而起草的，其摘要见S.S.塔季谢夫《沙皇尼古拉一世的对外政策》（圣彼得堡，无出版日期），第25页及以下各页。

该宣言的结尾说:"请注意,各国人民,服从(你们的统治者),因为上帝与我们同在。"在提出告诫和最终在国外进行干涉的同时,在俄国对危险思想进行更加无孔不入的镇压。新闻检查交由一个委员会执行,乌瓦罗夫失去了他的职位,也许部分是由于他保护大学使之免受在数量上和课程上的限制。虽然事实上并没有发生革命的煽动或阴谋,但在1849年,极端分子彼得拉舍夫斯基的讨论小组(陀思妥耶夫斯基是该小组成员)被解散了。对独立的右翼,即所谓的斯拉夫文化优越论者也采取了行动,部分是由于革命和民族主义在欧洲专制君主的头脑中仍然被混为一谈,部分是为了制止反对波罗的海沿岸日耳曼少数民族的宣传,因为这些人对俄国军队和政府很有价值,部分也是为了保护沙皇的兄弟君主们免遭由于战争或关于战争的流言所激起的俄国人的仇外暴乱之害。

这种反应其实并不是某些历史学家所说的"恐怖",不过值得玩味的是,一位温和的自由人士后来向尼古拉的继位者报告说:"虚无主义的产生和发展主要是由于1849—1855年采取的镇压措施。"① 实际上,这些措施把镇压政策推向一个高峰,这种政策是专制政体及其批评者在俄国造成的除农奴制以外的最大问题。对危险思想进行控制并不是新鲜事,但在这个关键时刻,它使沙皇统治成为欧洲左派的仇敌的象征,在俄国内部,它与一种新的非常重要的政治文学相互作用,这种文学除虚无主义外还是好几种学派的思想和行动的萌芽。这种文学更多来源于欧洲普遍存在的各种思潮而不是来源于欧洲的政治冲动,但在欧洲,它的重要作用被低估了,直到人们明显地看到它的影响使俄国接受并最终实行了马克思主义。

普希金的伟大成就达到顶峰时所绽放的智慧之花,在十二月党人的运动中从政治上表现了出来。这个运动失败后,革命精神从军官的食堂和沙龙里转移到新一代爱好艺术的学者和政论家,即后来的"四十年代人"身上。出现了两个学派,即"西方派"和"东方派"(亦即斯拉夫派)。他们之间的文艺论战使已经以初期形式流传的各种思想系统化并广为传播。它发轫于1836年P.恰达耶夫的《哲学书

---

① P. A. 扎伊翁奇科夫斯基:《K. D. 卡维林关于虚无主义的札记》,《历史档案》,第5卷(1950年),第341页。

简》的发表，这本书的要点是说俄国文化毫无价值。恰达耶夫写道："我们属于那样一些国家……其存在只是为了给世界以某种严重的教训。"① 地理和拜占庭教会已把俄国同创造性的欧洲文化分开，它对彼得大帝提出的开化主张的响应是微不足道的，而最近同西方的接触则导致了灾难——十二月党人的叛乱。唯一的希望是"重新探索人类经历的全部过程"。② 赫尔岑说这是"暗夜里响起的枪声"。③ 虽然它在团结"西方派"方面所起的作用是渐进的，但是斯拉夫派接受了这一挑战，从而决定了俄国政治思想的主要发展历程至少达一代人之久。

西方派与斯拉夫派之间的对立是形式的而非根本性的，因为双方常常改变自己的立场，而且他们之间的私人关系往往很密切。双方都受过黑格尔和谢林的德国哲学体系的训练，但是，尽管这使斯拉夫派的历史传统主义具有合理的基础，但对西方派来说，正如赫尔岑的名言所说的，黑格尔乃是"革命的代数学"。④ 的确，当这个思想基础与法国的空想社会主义融合一起后，便使一些更有影响的人物，如赫尔岑、别林斯基和巴枯宁转向左派的黑格尔主义，并与当时从费尔巴哈到马克思的德国学派发生联系。亚·伊·赫尔岑（1811—1870年）是一位具有巨大文学才能的有感召力的人道主义者，一向不喜欢俄罗斯的民族特点或国家制度，1847年移居国外后，又对资产阶级民主和"雅各宾"革命的集权性质感到厌恶。维·格·别林斯基（1811—1847年）是俄国当时的政论家中最有影响的人物，在他信奉黑格尔的时期，曾比斯拉夫派更公开地颂扬沙皇国家，但反对斯拉夫派认为民族与政治无关的思想。尽管他后来作为一个维护个性的作家而写作，但不是西方自由主义者所珍视的那种自发的个性，而是寻求或被迫在一个由知识分子领导的"正义"和"自由"的社会里实现自我的那种个性。知识分子的主要任务就是发展这个社会并赋予它以

---

① P. 恰达耶夫：《论文和书信》（M. 格尔申森编，莫斯科，1913年），第81页。
② 同上书，第79页。
③ 这句话见他的《往事与沉思》（谢尔本编，明斯克，1957年），第1卷，第378页。这是在俄国的社会和思想史上具有头等重要性的一部自传，有康斯坦斯·加尼特的英译本（伦敦，1908年版）。
④ A. I. 赫尔岑：《论文和书信全集》（M. K. 列姆克编，22卷本，圣彼得堡，1906年起出版），第13卷，第16页。参见赫尔岑于1843年发表在《祖国纪事》杂志上的《科学中华而不实的作风》一文对黑格尔影响的称赞（全集，第3卷，第191页）。

活力。米·巴枯宁（1814—1876年）甚至前后更不一致。他那永恒的无政府气质表现在1847年他的名言"破坏的热情就是创造的热情"中。但他在1848年由于参加德国革命而被监禁以后，写了忏悔书，其中所表现的病态民族主义和仇外心理竟不亚于任何斯拉夫派[①]，后来，在他逃往欧洲与马克思争夺对国际社会主义的控制权以前，曾在西伯利亚私下向伊尔库茨克总督穆拉维约夫鼓吹实行一种原始的法西斯专政。

另一方面，斯拉夫派用俄文的народ代替德文的volk，但不仿效其超国家的思想，因为这种思想不符合他们对教会的同情，而是把德国的历史主义转变为一种神秘的俄罗斯民族性。在他们看来，俄国的历史完全是独立自主的历史，彼得大帝是一个背叛者，俄国的世界使命将通过民族的特性来实现，这种民族特性比拉丁西方的民族特性更符合基督教教义，它的谦虚美德体现在个人身上，它的精神上的集体主义体现为村社（米尔）和工匠劳动组合这样具有特色的机构以及国教和异端教派。两个最受尊敬的斯拉夫主义者的著作不如西方派那样多。伊·瓦·基列耶夫斯基（1806—1856年）的文学声誉建立在两篇论文上，他的朋友霍米亚科夫（1804—1860年）主要是作为一个世俗神学家而写作的。他们的影响是通过个人和书信产生的，例如他们对尤·费·萨马林（1819—1876年）和阿克萨科夫兄弟（康·谢·阿克萨科夫，1817—1860年；伊·谢·阿克萨科夫，1823—1886年）的影响。前者在改革农奴制方面起了卓越的作用；后者的文化复兴主义导致大肆仇恨圣彼得堡的新建以及当时俄国政府的整个机构。所有这些人都是乌瓦罗夫制度的反对者，他们谴责农奴制是俄国历史的罪恶，其严厉程度丝毫不亚于西方派。他们主张恢复旧时莫斯科的缙绅会议。即使是那些最顺从政府的斯拉夫派，如舍维列夫和波戈金，在克里米亚战争期间也都变成了改革派。19世纪中叶，三大思想派别最明显的标志是他们关于村社的概念。在西方派看来，这是所有欧洲社会的一个阶段，西欧已度过了这个阶段，但它有可能使俄国绕过资本主义而走向社会主义。在斯拉夫派看来，它是斯拉夫文

[①] 它的动机如何和是否出于真心曾经受到怀疑。参见E.H.卡尔《米哈伊尔·巴枯宁》（伦敦，1937年），第211—216页。

化的一个独有的宝贵现象。在乌瓦罗夫看来，它是彼得大帝设计的一种不能替代的财政机构。

一些伟大的文学家的名字只出现在这场政治争端的边缘。由于普希金（1799—1837年）在争论出现以前已被杀死，双方都宣称他的思想遗产应属于自己。他与十二月党人有联系，但不赞成西方自由放任式的民主，他发现在生产粮食的俄国农奴身上比无产阶级的英国工厂工人有更多的人类尊严。尼·瓦·果戈理（1809—1852年）的著作是对安于现状而不是对急剧变化的讽刺，但他后来公开为农奴制辩护，引起了别林斯基的猛烈谴责，这种谴责曾作为一种秘密宣言在改良主义的知识分子中传阅。在下一代中，伊凡·屠格涅夫（1818—1883年）与西方派有紧密的联系，但不是他们的成员，他对他们的政治影响，正如同一时期的托尔斯泰一样，是他那些非说教式的小说的重要副产物。

检查制度迫使政治争论伪装成以文学批评的面目出现。俄国的期刊，1800—1850年增加了将近3倍，起到了替代辩论和鼓动的作用。像别林斯基所使用的《祖国纪事》和《现代人》以及斯拉夫派的《莫斯科人》之类的期刊，传到了高级官僚和无业的贵族们手中，对亚历山大二世统治时期的改革和下一代更革命的知识分子形成真正意义上的政治教育。由于政治不满的蔓延，更多的贵族意识到自己阶级的问题。尽管免除了以前服兵役的义务，但除一些比较粗俗的人以外，一般都要为中央政府服役几年，或者在军队里，或者担任文官。然后他们往往退休回到圣彼得堡、莫斯科甚至某个省会，访问他们的庄园，在那里长期度假而不是居住，出租他们的庄园，让他们的农奴担负代役租（用货币支付他们应服的劳役）。有一些进步的务农地主，但那是例外。没有西方那种大规模的乡村生活。实际上，庄园很少经历几代人而不易主，结果是形成不了家乡意识和地方特性，而这在其他地方是有助于把阶级和阶级联系在一起而不论剥削程度如何的。此外，尽管贵族在政治上停滞不前，但他们的人数在增加，生活水平在提高，对农村经济的压力在增长。由此而引起的灰心丧气的典型体现在屠格涅夫的小说《罗亭》中和冈察洛夫的小说《奥勃洛莫夫》中那位听天由命的主人公身上。

军队仍然是个人提高地位的主要途径，而且不仅对贵族而言是如此，由于从其他阶层而不只是从士官学校大量征募军官，军队便是通向高级官员享有的世袭封爵的主要道路。同样，从社会的角度来看，它与普鲁士军队所处的地位相同，因为它长期以来是从普鲁士汲取它的大部分理论的。从1812年以来，军队是俄国的国际影响的真正基础，尽管国外批评家指出它腐化。怀疑它是否有能力部署或供应它那表面上拥有的大约50万士兵，还不算哥萨克骑兵或驻在高加索的10万军队。19世纪20年代末期对波斯和土耳其的胜利提高了它的威信，但是由于高加索游击队的坚持抵抗（参见原文第385—386页）而使它的威信降低，不过1849年镇压匈牙利起义的胜利（参见第15章，原文第407页）又恢复了它的威信。

在军事上创造奇迹是至关重要的事，因此军队的改组被普遍认为是克里米亚战争失败的必然结果（参见第18章），1855年2月18日（公历3月2日）尼古拉一世的去世则被认为是这两件事的前兆。各个阶级都认识到俄国已经精疲力竭。以后几年，它将有一段比较正常的政治历史，在这段历史中，政策、舆论，甚至经济发展都是有条理的，尽管还不安定。

在苏联建立以前的历史中被称为"解放者沙皇"的新皇帝亚历山大二世，已经长大成人，能够接受他父亲关于军事专制的理想并为这种理想服务。但是他不像尼古拉那样极端地刚愎自用，如果改革符合国家利益，他准备接受改革。即将进行改革的最早的迹象表现在一般衡量国内政策的标准即检查制度上。在缔结和约后，皇帝即发表了一个宣言，日期是1856年3月18日（公历30日），其中有这样的话："愿每个人在法律的平等保护下，都能平等地享受他劳动所得的果实。"这在整个俄国被认为是即将废除农奴制的声明，随后又做了一些解释，目的是平息人们的焦急心情和反对意见。在这些解释中有沙皇于3月30日（公历4月11日）对莫斯科贵族的讲话，在讲话中亚历山大注意到"自上而下地废除农奴制，比等待自下而上地废除而我们无所作为要好"。

这段话的重要性在于沙皇本人承诺进行改革，并表明在这项任务中涉及拥有农奴的贵族。实行这样一项异乎寻常的承认来自政府以外的主动精神的政策，有各种不同的动机。它承认这样一种保守的观点，即放弃基本的财产权必须是自愿的，但又对国家应负担改革显然

第十四章 俄国在欧洲和亚洲

会带来的财政开支的问题含糊其辞。因此农奴主感到担心,当沙皇表现出开明倾向的新迹象,内务部搜集各省贵族自治机关的意见时毫无所获。官僚机构本身没有计划,但是个人提出了各种各样的建议。普遍认为关键问题有:一个解放了的农奴应拥有多少土地;解放应以什么样的速度进行;对有农奴的土地所有者应给予多少补偿。保守派认为立即解放会导致无政府状态,自由派看不出补偿的财政问题如何才能解决。1875年年初,不得不求助于沙皇常用的权宜办法,即在最高级成立"秘密委员会",讨论立陶宛各省贵族提出的解放农奴但不给土地的计划,结果是在11月20日(公历12月2日)颁发了一道明确的诏书。要求这三个省修改他们的建议,规定分配土地;此外,要求其他各省的贵族也建立委员会制订类似的计划。

11月20日的诏书是改革在行政上的真正开始,标志着政府与改革派舆论之间的妥协的高峰,舆论中各派不同意见之间妥协的高峰。这时,激进派的主要代言人是在伦敦的赫尔岑和在圣彼得堡的车尔尼雪夫斯基。赫尔岑的重大影响开始于1857年在伦敦出版《钟声》杂志。这个著名的期刊发表一些不署名的文件,大部分是俄国左派的主要计划和声明。尽管名义上被禁止,但它在俄国流传很广,连政府本身也承认它的权威。它要求解放农奴并给予土地,要求新闻自由,要求那些连大部分斯拉夫派也赞成的改革,这些改革在车尔尼雪夫斯基这样的政论家看来至少比其他改革更为重要。实际上,后者在《现代人》杂志上所写的文章对沙皇十一月诏令中表现的主动态度所抱的热情不亚于赫尔岑。但是这种休战并未持久。车尔尼雪夫斯基是俄国政治中的一个新人物,一个像别林斯基一样的非贵族出身的知识分子,但与其说他是文学家,不如说他是经济学家,一个苦行的社会主义者和"自由主义"批评家。他和赫尔岑同样认为俄国的合作制度可以适用于社会主义,但是他对"人民"的信念没有历史的和浪漫主义的历史基础,就像构成赫尔岑和斯拉夫派的共同立场的那种基础。这是19世纪的民主实证主义者所信奉的教条,很快就对赫尔岑容忍自上而下的改革的态度和在改革时的拖延感到不耐烦。新闻检查一度放松到准许直接讨论农奴制。但是,俄国的期刊不能像《钟声》那样直言不讳,因此,车尔尼雪夫斯基及其门徒杜勃罗留波夫在改革前夕进行的批评,一般是按通常的做法在文学伪装下进行的,后者论冈察洛夫的《奥勃洛莫夫》的文章就是一个著名的例子。

与此同时，为改革进行的准备工作表明各省有很大的不同。在土地肥沃的地区，交出土地要求巨额赔偿；在劳动力能够从工业中获得高工资的地方，要为解放付出大量的赎金。性质不太明确的是某些省的方案中所具有的那种西方式的自由主义，特别是在特维尔，该地若干年来就有要求建立立宪中央政府的运动。总的说来，不论是保守的或自由的贵族都憎恨官僚机构，自由派的俄国历史学家认为，这一点除促进了宪政运动外，还促进了一个主张实行寡头政治的运动，这是作为右派对专制制度改革的反应而产生的。实际上，由于宫廷中和文官中有一些进步人物，最主要的是罗斯托夫采夫和尼·米柳京，改革才得以实行，在罗斯托夫采夫去世后，是沙皇的决心克服了在主要的（即"秘密"）委员会和国务会议中的阻力。

改革法令于1861年2月19日（新历3月3日）颁布。它保证农民立即获得人身自由和永久占有将来分配给他的土地。在两年之内，地主和农民在从各省贵族中选出的"和平调停人"的协助下谈判一项契约。这项契约将根据给不同地区规定的标准确定分配土地的大小，并将结束地主的一切责任和管辖权。在同一日期，没有土地的家务农奴也将免除劳役。但是，分得土地的农民仍需在实行劳役租制的庄园服劳役①，或在实行代役制的庄园交纳代役租（即人身租）。他将处于一种"暂时义务农"的地位，男人每年仅服40天的劳役，大约为以前的平均服役天数的1/4，但在3年以后，他可以把劳役租换为代役租；这种情况必须一直继续到他付清分配给他的土地的赎金为止。赎金一般是在领取土地时现付土地价值的1/5，但由于计算方法的关系，一般都高于此数。赎金必须通过村社交付，以后通常是每年还6%。农民的交付将继续49年，但地主则可以年息5%的可转让的国家债券的形式一次获得全额。赎买最终于1881年实行②，在1870年以前，农民不能拒绝接受分配给他的土地。但他可以标准份额的1/4，即所谓"孤儿份额"，而不承担任何义务。很多人是这样做的，然后租进他们所需的额外的土地，这比为这些土地定期付赎金要便宜

---

① 在《新编剑桥世界近代史》第9卷，原文第496页本文作者注明：在为本书第10卷写的文章中误将"周役"（week work）写为"恩役"（boon work）。故此处应为"周役"。——译者

② 原文如此，似应为1861年。——译者

得多。

皇家庄园的农民从1858年起享有与国有土地农民同样的人身自由。1866年，这两部分农民的土地分配和年金交付问题得到解决，比适用于私有农奴的办法宽厚得多；实际上，他们占有的土地扩大了。对那些不在俄国土地制度管辖范围的农民，后来也实行连同土地解放的原则。在西伯利亚，私有农奴制实际上是不存在的，在波兰，这种制度在法律上已经消灭，但在1864年，发布了一个给予农民明确的所有权的法令，对农民有利，以对付那些民族主义较浓的地主。在外高加索，特别是格鲁吉亚，因为与那里的地主妥协是重要的，所以1864—1867年实行了一种相反的政策。

对各类农民都实行了一种新的农村行政制度。村社接管了地主的某些权力，担负起比地主的全部责任更多的责任。通过由各户户主选出的村长，它负责征收新旧税收和年金，次要的警察事务和紧急救济。由若干村的村长聚集在一起选出来的一个乡的乡长，担负更重大的警察任务，包括逮捕逃亡者和控制当地的移民。在村社和乡应负的责任中还有组织初审法庭，对小的纠纷和轻微罪行根据习惯法作出判决。因此对农民的生命和财产而言，特别是在定期重新分配土地的村社，村社机构的权力是很大的。他们把每个农民当作村社集体负责管理的纳税人之一加以控制，其严密的程度不亚于以前地主的控制，他们可建议把一个为非作歹出名的人流放西伯利亚，而且经常这样做。①

两千万左右私人拥有的农奴从1861年2月19日（新历3月3日）法令所获得的实际上只是最低限度的公民权利——签订契约、提出诉讼、结婚、经商、做工和拥有财产的自由。但是，平均说来，不像国有农民那样，他们获得的土地比他们以前耕种的要少。尽管"和平调停人"非常公平地监督契约的签订，但按各地区的标准来衡量，整个俄国农奴拥有的土地减少了20%，从所需要的劳动量来看，这些土地用不着花费农民过去在土地上所花费的时间的一半。因此这些农民已对典型的庄稼汉曾经抱有的那种过好日子的幻想感到失望，暂时还必须继续服虽已减轻的劳役或交纳代役租，并且对必须为土地

---

① 《法律大全》，第42卷，第447—649号。

付出代价耿耿于怀，因为他们认为即使在他们属于主人所有时这些土地就已经归他们所有了。除此之外，他们还有充分理由对一些事情感到不满。他们对此耿耿于怀确实是有理由的，因为土地是按劳役的资本化来计价的，而不是按市场价格计价的。幻想破灭的结果是1861—1863年爆发了激烈的农民骚动。

这些事件加深了激进派对这项法令的敌视。1861年针对波兰民族主义者的重新活动所采取的第一批暴力措施，使俄国国内和国外的反对派团结起来，他们认为这些民族主义者是与俄国农民同样的受害者。35年来第一次开始了从国内策划的密谋和骚动，而且此后在沙皇统治时期再也没有平息过。第一份因而也是划时代的非法刊物是《大俄罗斯人》，1861年秋在圣彼得堡出了三期。它号召推翻王朝，认为它与立宪政府或土地问题的公平解决是不相容的。随后出现了一份内容更深刻的宣言《致青年一代》，是由赫尔岑印刷并偷运进俄国的。这个宣言号召进行"帮助人民的革命"，建议在农村和军队中建立宣传小组，除要求实现自由派关于实行代议制民主的纲领之外，还要求把土地国有化供村社使用。具有特殊意义的是它强调合作组织和类似斯拉夫派的信念，即认为俄国的天才和使命能避免恰达耶夫坚持必须"重新探索"的历史进程的老路。更为极端的是扎伊奇涅夫斯基在莫斯科监狱中所写的《青年俄罗斯》纲领（1826年）。他把社会分为有产者和无产者；他提出的以农业公社和工厂公有制为基础的经济计划。属于俄国社会思想的主流；即使他强调必须进行一次"流血的和无情的革命"并反对把婚姻作为一种制度，这也只不过带有一点未来主义的色彩而已。

造成这一激动局面的某些根源都与第一个"土地和自由社"的组织有关，它的纲领大部分出自赫尔岑的合作者奥加廖夫的手笔。这个纲领成为19世纪60年代俄国的地下组织与流亡国外者之间最重要的桥梁，是自从十二月党人以来的第一次真正的密谋活动。它计划建立一个由地方小组组成的金字塔式的组织，争取至少在名义上吸收大部分有革命思想的青年。其策动人S.谢尔诺-索洛维耶维奇于1862年被捕，但他的后继者很快就自称"俄罗斯全国中央委员会"，并在1863年散发了两期称为《自由》的传单。这个团体内部对于在俄国发动一次农民起义来支持波兰的民族起义的计划意见不一，之后于

第十四章 俄国在欧洲和亚洲

1864年逐渐瓦解。与这个团体有联系的一个独立小组决定在伏尔加地区采取这一行动，但他们被捕。他们的行动就是所谓的大学生和某些青年军官的喀山密谋，他们的首领于1864年被枪决。

积极从事活动的地下反对派人数不多，但他们的功绩在俄国革命前的历史上非常重要。它争取人们转向反对派一边，鼓舞牺牲精神或竞争的狂热，结果产生了恐怖分子。这些人大部分都是大学生，他们那种令人难以对付的政治传统即使在那时也是在同情自由派的气氛中形成的。1861年他们在圣彼得堡为反对不彻底的农村改革而举行的示威中赢得了这种同情。当时他们遭到警察和哥萨克骑兵的镇压，随后又被开除了大学学籍。但其他方面的人厌恶这种方式，甚至同情自由派的人也谴责革命的破坏分子于1862年在圣彼得堡和其他地方大肆纵火的行为。于是随着屠格涅夫把"虚无主义"一词用在小说《父与子》（1862年）中新塑造的革命典型巴扎罗夫身上，这个词也就被人们用来指责左派分子。当一位新作家皮萨列夫（1840—1868年）在《俄罗斯言论》上撰文承认左派一般拒绝接受屠格涅夫的非难后，虚无主义的思想就变得更加引人注目了。皮萨列夫坚持别林斯基的激发知识分子使之成为教育人民的力量的任务。此外，他认为拒绝承认美学价值是俄国人的特征，他承认阶级利益的对立，他念念不忘唯物主义科学在俄国的社会作用，这一点是有预见性的，而且也许产生了一定的影响。皮萨列夫所认为的虚无主义者是苦行式的激进分子，把理性主义推向极端，以至否认一切宗教的、政治的和人道主义的价值观念，以便把社会责任说成是先验的。社会主义是车尔尼雪夫斯基的小说《怎么办？》（1863年）中作出的虚无主义答案的组成部分，这本小说的主人公拉赫美托夫甚至成了一个比巴扎罗夫更为俄国青年所熟悉的典型。在当时，俄国思想中最主要的伦理的和政治的特征是解除苦难，这在皮萨列夫和车尔尼雪夫斯基的著作中，像在别林斯基、托尔斯泰和陀思妥耶夫斯基等人的作品中一样明确地表现出来。但是，由于革命宣传中非理性的成分越来越得势，尤其是19世纪60年代后期在巴枯宁的影响下，任意地改变价值观念导致了目标与方法的混淆。清教徒的气质继续存在，但是虚无主义和无政府主义不仅在名声上，而且在行动上同恐怖主义融为一体。陀思妥耶夫斯基的小说《群魔》把较晚类型的虚无主义者典型化了，这部小说以巴枯宁的门徒涅恰耶夫的一生为原型，他的密谋活动由于在他的同伙中的一起谋杀案而于1869年暴露。

政治思想中的另一种新思潮是民粹主义，主要来源于斯拉夫派的意识形态。民粹主义者直到70年代才形成政党，但是，从农民群众中寻求启示和力量的源泉的思想，可以追溯到赫尔岑于1861年向被圣彼得堡大学开除的学生们发出的号召"到民间去！""四十年代人"的某些共同主张，同以往斯拉夫派那种反对西方思潮，认为俄国的村社组织可能成为自下而上地实现社会主义的工具的偏见结合起来，从而得以重新抬头。民粹主义和虚无主义在一定程度上是一致的，这表现在赫尔岑式的人物和车尔尼雪夫斯基式的人物在许多方面互相同情上，表现在19世纪60年代秘密活动分子的大部分言论中。确实，有一位这类小组的成员在做证时曾说，他担心发生一场"将俄国推入西方生活方式"的自由主义革命。① 此外，通过到处蔓延的一种由文化与劳动对比而产生的内疚感，使虚无主义者出于功利主义而对美学价值的轻视，也具有了民粹派的倾向。这种流行于俄国的人道主义异端邪说，最充分地从左面由拉甫罗夫（1823—1900年）表现出来，他是从赫尔岑到列宁的一系列流亡政论家中的第二位重要人物。一个忏悔的知识分子阶层正在继"忏悔的贵族"②之后而出现。属于这类知识分子的有像托尔斯泰那样的在精神气质上与虚无主义者相去甚远的人，也有像陀思妥耶夫斯基那样的与虚无主义者毫无共同之处的人。

被诬蔑为"虚无主义者"，而早已自称是"民主主义者"的秘密革命者，在俄国政治中起着强有力的发酵剂的作用，而且通过宣传鼓动或恐怖行动很快就在宫廷和沙皇办公厅之外取得了唯一真正的主动权。相形之下"自由主义者"内部既不一致，又没有组织起来。他们当中包括像进步的斯拉夫派萨马林和"西方派"卡维林这样的人物，他们曾在土地改革中合作，也许占19世纪60年代受过教育的和半受过教育的俄国人中的大多数。他们所追求的是立宪政府；正是由于在这一点上理想破灭才转向民粹主义。除极少数外，自由派欢呼解

---

① 转引自F. 文图里《俄国民粹主义》（2卷本，都灵，1952年），第1卷，第546页。
② 忏悔的贵族是与拉甫罗夫同时代的米哈伊洛夫斯基在这种现象本身已经过时后创造出来的一个著名的说法。

放农奴的法令，把它看成是新制度的开始。他们把法令的缺陷归咎于反动分子和政府中的"奸党"，这些人在1861年春赶走了改革的主要设计者内务大臣兰斯科伊伯爵和比他更有名的副大臣尼·米柳京。

积极反对第一阶段改革的唯一的自由主义反对派是特维尔省的贵族。1862年，他们表示怀疑政府是否有能力实现改革计划，而且表示他们愿意放弃贵族在财政上和职业上的一切特权；他们要求建立一个代议制的中央政府。该省的"和平调停人"甚至走得更远，宣称他们愿意"服从人民的意愿"而不遵照部里的指示，结果被判无期徒刑。但这个事件只是昙花一现，总的说来，俄国的自由派满足于批判地接受自上而下的进一步的改革。

情况有助于使他们暂时达成和解，即农村紧张形势已逐渐缓和，虚无主义者构成对治安的威胁，最重要的是，对1863年波兰叛乱（另见第9章，第236页）人们作出了爱国主义的反应。这次叛乱采取了广泛开展游击战的形式，这种战术早期取得的胜利，是由于俄军的战略集中对游击战有利。波兰人尽管团结一致也绝无取胜可能，而这时他们又分成两派，即"红党"和"白党"，前者抱有社会主义的动机，后者则仅仅抱着民族主义动机。特别是对非波兰人的农民而言，"白党"的拥有土地的贵族给他们带来的好处不如允诺进行土地改革的俄国人多。当1864年叛乱结束时，派系之间互相残杀而死的人数超过了俄国判处死刑的400人。除了死刑以外，流放、没收财产和罚款也远远超过1831年的惩罚措施。继之而来的是对波兰的语言和文化进行更严厉的压制，同时，为了分化波兰各阶层，进行了一次比在俄国更开明的土地改革。在俄国本身，公众的不满被专制政权和新闻界在国内政治中加以利用。冒牌的自由派、后来鼓吹泛斯拉夫主义的编辑米·卡特科夫开始青云直上，他成为专制政权的喉舌或顾问长达20多年。

与波兰相反，在芬兰，亚历山大二世的统治带来了一种表面上的自由化。① 自从芬兰并入帝国以后，这个大公国一直由一个高度尊重民族的法律和习惯的官僚机构统治，不过避免不了沙皇政治制度的影响，国会作为一个机构遭到忽视。但是，亚历山大二世根据他在即位

---

① 参看本卷第9章，原文第231页。

时作出的一项承诺于1863年召开了国会，并于1869年把每5年召开一次国会定为根本法。这并没有使芬兰成为一个立宪王国，而且，如果说芬兰人保持平静的话，那只不过是由于他们没有民族政权的历史背景，而最重要的是由于不存在斯拉夫人之间的忌妒和互不相容的因素。但是，当泛斯拉夫主义后来变成极权性质，而且不能容忍少数民族以后，关系就变得不那么融洽了。

波兰叛乱以后自由运动转向右倾，土地改革也恢复正常地进行，使1864年成为对进行第二阶段的改革有利的一年。随后通过的立法，像解放农奴的法令一样，大部分表现出沙皇在不损害专制政权范围内，作最激进的改革的愿望与顽固的贵族的保守主义之间的妥协。无须用存在一个"鼓吹寡头政治"的反对派这样的理论来说明这一点。专制政权害怕的是使作为一个阶级的贵族灰心丧气，而不是害怕向他们提出挑战。进一步改革的势头来自以下几方面的动机：人们认为必须使各种体制适应解放农奴的结果；为了国家的利益必须按照西方的实践使俄国现代化；需要争取温和的舆论以反对革命的左派。产生这一切的背景则是由于专制政权和对俄罗斯民族主义的迷信都出现了裂缝，从而渗透出一种真正的19世纪政治乐观主义气氛。

1864年1月的法令规定成立地方自治会，即把农民的村社和乡两级机构与县、省两级选举产生的政府系统合并为一体的地方政权改革。农村和城镇的有产者和由农民的乡推举的选举人这三个单独的团体分别选举县代表会议；由县代表会议指定代表参加他们的省代表会议议会。这些代表会议每年只开几天会，审查他们任命的3年任期的领薪金的行政人员的工作。地方自治会接管了以前由缙绅会议管理得毫无成效的交通、救灾和医院等事宜，此外还监督当地的贸易和农业、监狱，特别是教育。甚至连列宁也把它称为"宪法的片断"。①地方自治会分批在各省逐步成立。在前两年里，大约2/5的县代表是贵族，2/5是农民，在间接选举的省代表会议，3/4是贵族，农民和城镇居民代表的数目大致相等。这种各阶级之间的正式合作实际上相当于一次革命，尽管各种各样的批评者仍然说它是徒有其名。1863年，曾拟定改革方案，规定地方自治会的代表每年举行一次简短的中

---

① 《列宁全集》（第2版），第5卷，第80页。

央代表会议，与国务会议合作。但是，随着政治紧张形势的缓和，对鼓吹制宪的人不再姑息，专制政权拒绝了地方自治会为了建立全国性组织而作的断断续续的努力。把它们当作私法上的法人，而不是行政实体，禁止各省地方自治会之间发生联系，省长和内务部具有绝对的权力，以致地方自治会未经批准甚至不得发布布告。因此，地方自治会是锻炼了而不是满足了俄国革命的政治本能，但是它们的实际成就远不止这些。实际上，所有的农村小学，许多中学和女子学校，以及农村的所有医疗机构，都是他们办的。

农奴解放以后的第二项重大改革是1864年年底实行的新的司法制度。旧的等级法院和不公开审讯，其职权范围不明确，移交其他法庭由行政当局控制，这些均改为异常简单的各级公开审理的法院，而且司法独立。全国划分为若干巡回审判区，在每个区，初审法院在陪审团的参与下作出判决。在没有陪审团的情况下，可以上诉到管辖范围较广的巡回审判区的"司法厅"。唯一的高等上诉法院（只审理有关法律的问题）是参政院。轻微罪行由选举产生的"治安官"审理，这些治安官不得撤换，就像行政长官在初审时任命的高级法院法官一样。

司法改革的基础是学习西方的司法程序。共产党的历史学家们解释这种彻底的"资产阶级"现代产物时把它说成是由于早期资本主义的迫切要求；自由派批评家则发现其在对待农民方面与世界法学观点有严重差异。因为1861年建立的乡法院仍然存在，对于农民的案件使用性质完全不同的习惯法，而不使用帝国法典（参见前面原文第363页）中的公法和私法。农民被列为低下阶层的论据是，尽管1863年的法律规定在其他地方，甚至在军队中，都废除了肉刑，但对农民却仍然保留着。不过，法院在1878年大胆宣告薇拉·查苏利奇无罪，即使有罪，却表现了法庭的独立性。查苏利奇是为了替地下革命者报仇而开枪打伤了一个警察头子。此外，新兴的俄国律师界由于公正无畏和学识丰富，在早期赢得了比法院更高的声誉。

1864年的第三项改革是制定了设立"人民"小学的法律，这类学校可以由私人或公共团体创办。在地方自治会的教育委员会的管理下，它们将提供"实用的"和宗教的教育，以俄语为唯一的教学语言，即使在少数民族地区也是如此。另外实行中学的新体制，名义上废除了入学的阶级限制，并按照欧洲通常的办法分为"语法"学校和"现代"学校。女子中学教育于1862年规定由教育部管理，但仍由独立的团体创办和负责。另外的两项教育改革是：1863年规定名义上取消对大学教职人员的管理，这并没有多大实际意义；1865年实行新的书刊审查法。原则上，代替预防性审查制度的是对应负违法责任的编辑通过法庭起诉予以惩罚，但是仍然保留禁止出版无视官方警告的书刊的权力。这个制度是模仿当时法国的办法，但是正像通常的情况一样，成文的法律不如经常变动的政策算数，而且革命的恐怖主义一出现，19世纪60年代初期那种自由气氛也就无法继续存在了。

1866年4月4日（新历16日）的刺杀沙皇的未遂事件，并没有给秘密活动开辟新的局面，但对自由派的信心却是沉重的打击，也使批评改革的人有了把柄。政府的对付措施使那种认为教育是革命的根源的理论重新抬头，开明的教育大臣戈洛夫宁被据认为是反动斗士的德·托尔斯泰所替代。托尔斯泰对学校、大学和新闻界所施加的限制，其严重程度也许被人们夸大了。最重要的是限制讲授科学而鼓励学习古典文学。有人认为实证主义的科学与空谈理论的政治（无论是攻击传统观念的，还是空想的）二者之间有联系，这一点没有人否定过，特别是在俄国，尽管俄国专制政权的挑战毫无疑问激励了这样的倾向。但是，教育政策和书刊审查政策的倒退以及由于更换部长而出现的右倾变化，并没有改变改革计划。扩大现代化体制并不意味着放松专制政权的控制。虽然政治上不满的小集团有越来越增多的危险，但更加迫切的任务似乎仍然是完成改革计划。因此，在1870年，地方政府的改革扩大到城镇，仿照普鲁士的方式，其行政管理也纳入地方自治会系统。城市各阶级在民权方面的各种各样的差别被废除了，政治权利方面的差别名义上也被废除了，但是全体纳税人的选民，按照财产状况划分为各种"选民"，这样较富的居民在城镇的杜马中就拥有较多的代表。和地方自治会一样，杜马选出的城镇行政机构没有强制执行的权力，而且必须听命于省长，省会的行政机构则听命于内务部。

"改革时期"最后一项重大行动是实行普遍兵役制，这是德·亚·米柳京的杰作，他的弟弟在解放农奴中曾起过重大作用。1861

年他就任陆军大臣后，把农民的选募兵役制的服役期从25年减为16年。1874年，他规定各阶级都必须服义务兵役6年，然后转为预备役9年，免服兵役者主要限于家庭中唯一养家糊口的人。这项改革是广泛的军事改组的组成部分，这次改组的范围从总参谋部到军官学校和征兵区，改组的效率与预期的自由化相同，或者更高。

"大改革"没有触动行政当局的权威，实际上没有触动特权和组织。1861年，为了协调各方面的工作而产生了一个新的机构大臣会议，但是像它那仍然存在的前身大臣委员会一样没有根基。这似乎是由于在俄国有一条准宪法的规定，禁止撇开君主而制定重大的政策。实际上，这个专制政权真正接近于放弃特权也许是在1862年的法律中规定每年公布国家的收支账目。这毋宁说是属于从"为振兴工商业"而创立俄罗斯银行（1861年）开始的一系列财政改革。俄罗斯银行作为一个贴现银行而为此目的的服务，此外还兼具国家银行的某些职能。其他一些措施规定对省政府和地方政府的收支实行统一管理和公布，并在1863年废除了经营酒类的特许权，改征执照税，利用这一丰富的税源保持了收入。

这些变革，与1857—1871年实行的较宽的关税（见原文第364页）一起，反映出这个专制政权相信一个政治的新时代意味着一个经济的新时代。被当局赞为这个新时代的代表的是"商人"阶级，而不是受怀疑的知识分子阶层。商人对国家的贡献在上一代沙皇在位时就已经得到承认，而被授予"荣誉公民"称号，地位仅次于世袭贵族，在各省的城镇，他们正取得某些社会影响。但是，新的物质繁荣的模式仍然捉摸不定。亚历山大二世在位前10年的发展曲线陡升陡降，经历了两次财政危机和主要工业的衰退，后者是由于原料或劳动力缺乏，最重要的是由于农业收成长期不稳定而且很低，农奴制的废除在最初加重了这种灾难。直至19世纪70年代，俄国的经济革命才度过试验阶段。

克里米亚战争后出现兴办企业的高潮，最明显地表现在对外贸易、纺织工业的机械化上，最突出的则是铁路建设。1799—1853年，投入股份公司的资金为7210万卢布；1855—1860年为3.17亿卢布，其中1.77亿卢布投入铁路，使铁路里程增加了一倍。1858年以后，世界性萧条的迹象也出现在俄国，尽管是一些特殊的迹象。由于铁路投机事业，银行存款减少，随寸头不足而来的是某些生产部门的衰落。① 1860 年工业再次上升，在此后的 10 年，按一项具有高度权威性的指数表示产量上升约 60%，以 1913 年的水平为 100 计算，从 8 增长到 13。相比之下，在同一个 10 年，美国从 8 增长到 11，德国从 14 增长到 18。② 按照列宁挑选的重要工厂计算，1864—1870 年，劳动生产率提高了将近 20%。③ 早在 1866 年，有 42 个工厂雇用了 1000 多工人，在从事棉纺工业的 16 万工人当中，当时有 9.4 万人由工厂雇用。④ 不仅是资本主义工业已经生了根，而且经济革命已经扩展到对外贸易方面。从 1860—1870 年，出口值从 1.81 亿增加到 3.59 亿"信用"卢布，进口从 1.59 亿增加到 3.36 亿"信用"卢布。⑤ 与此同时，国家的支出增加了 1/3 以上，包括铁路贷款在内，正常收入的增长则超过这个比例，从 3.29 亿增加到 4.6 亿银卢布。在后一个数字中，经营酒类的执照税收入 1.64 亿卢布，占 1/3 以上；人头税和农民交纳的其他税为 9800 万卢布，占 1/5，关税为 4300 万卢布，占 1/10 弱。⑥

铁路是主要的实际成就，总长度从 1860 年的 1626 公里增加到 1870 年的 10731 公里。早期的圣彼得堡—莫斯科铁路（见前面原文第 365 页）造价很高，因而政府于 1857 年给一个主要由法国资本为后盾的外国公司以租让权，从而使俄国的经济和战略计划开始与巴黎的金融市场紧密联系在一起。租让制在 19 世纪 60 年代仍继续实行，其经济成就有大有小。实际上，政府必须紧缩预算，不仅为了给这一私营部门提供保证金和预付金，而且还要由国家为它修建建筑物。铁路由于土地改革而得到劳动力，因为改革放松了对季节性移民和无地农民的控制。他们作为不熟练工人的死亡率，用当时西方的标准来衡量是惊人的，但无人过问，因为直到 19 世纪 70 年代，甚至在工厂里

---

① 根据财政大臣本格的说法，转引自 P. 赫罗莫夫《19 世纪至 20 世纪俄罗斯经济的发展》，第 214 页。
② 《经济研究季刊》（1953 年），特刊第 31 号，第 180 页。
③ 《列宁全集》（第 2 版），第 3 卷，第 355 页和附录第 471 页。
④ M. 图甘－巴兰诺夫斯基：《俄国工厂史》。但是后者表明国内工业同时也在增长，甚至是相对快的增长——这完全不符合马克思主义者所阐述的发展规律，因而遭到列宁的责难。
⑤ P. 赫罗莫夫，前引书，附录（统计表，第 434—545 页），第 453 页。"信用"（纸）卢布的价值在 10 年期间上下波动，1866 年跌到值银卢布的 68%，但在 1860 年和 1870 年贬值幅度很小。
⑥ 同上，引自表 25a 和 26a，第 495、517 页。

也没有保护性的立法。但是解放农奴却打击了另一工业部门：乌拉尔矿山和铸造厂中的国有农民开始向西迁徙，致使生铁产量下降，直到1870年才恢复。与此同时，俄国最先进的工业棉纺业由于原料缺乏而减产，因为美国内战使俄国原棉进口减少 2/3。由于改向其他供应来源，结果使土耳其斯坦原棉价格上涨了两倍，但巧合的是，就在这10年间，俄国人征服了出产这种原棉的中亚细亚各汗国；直到半个世纪以后，俄国才不再依赖美棉而做到有计划地自给自足。

与初期工业化的起伏变化同样重要的是土地革命在经济上的失败。1861年的谷物收成据官方统计是2.16亿俄国夸特；1865年下降到1.82亿，在1870年达到2.82亿之后，1871年又降至2.19亿夸特。① 在1870年以后的10年间，每人平均的谷物产量与60年代中期相比有了增加（从1864—1866年的19.3普特增加到21.8普特），而且随着机械化的加速，直到1913年都在缓慢地增加。② 但这并不能保证免于断续发生的饥荒。

主要是由于土地商品化和劳动力的流动，农奴解放才导致生产率的提高，特别是在乌克兰和其他黑土地带，在这些地方，根据1861年法律分给农民的土地平均每人仅1.2俄亩（约合1.3公顷），他们都愿把份地卖掉，因为它太小，耕种不足以维持生活。同样的过程在较小的程度上发生在整个俄国的欧洲部分，因为在36个省里，农民拥有的土地比改革前平均减少18%以上。③ 由于份地太小在经济上不合算，加上租税和赎金的负担，使能力较弱的农民落入同一村社中那些比较幸运、长于经营或放高利贷的伙伴的手心。因此就发生了著名的"农村分化"，分成了富农、中农和贫农阶级，马克思主义的史学非常强调这一点。但是，富农建立他的家业不仅是依靠仍然固定于村社的土地，而且往往还依靠从贵族地主那里买来或租来的空闲土地。贵族的土地开始易手，不仅是由于以前的负债。1860年，全部农奴的62%和全部农业土地的53%都被抵押给银行，这种情况对确定改革的时间和条件曾起了作用。但是，他们的地产作价时不是被银行定

---

① P. 赫罗莫夫：《19世纪至20世纪俄罗斯经济的发展》，引自表4，第452页。
② 同上书，引自第168页上的表。1普特=16.4公斤。
③ M. 利亚先科：《苏联国民经济史》，第1卷，第590页。这个从百分比平均得来的数字在统计上并不能令人满意。但是，其他权威方面得出的另外的统计数字，即整个俄国欧洲部分减少至4%，给人一种更错误的印象。

低了，就是在改革时被估高了，地主只需从收到的赎金 5.43 亿卢布中拿出 2.48 亿卢布来还债。但是剩余的钱似乎并没有很多返回他们的庄园；他们尝到了现钱的甜头，而且总的来说又不是留恋乡土、希望改进农业的农村阶级。因此，土地可以买卖结果导致更多的土地被卖掉而不是去提高农业经营。在改革的头 10 年，贵族的土地有大约 5% 被卖掉，到 19 世纪 90 年代初期有 30% 被卖掉。

土地革命和经济革命的惊人后果之一是俄国的亚洲部分合为一体，在此以前，那里非常分散，仿佛是由一些海外的附属国组成。俄国在欧洲以外的地方实行合并和向前推进有四处地方：西伯利亚、远东、高加索和中亚细亚。对西伯利亚和在较小程度上对远东，以及最终对中亚细亚而言，欧洲农奴制的废除和由此造成的大俄罗斯人和乌克兰人的扩散，开始了一个人口变化的过程，正像半个世纪以前北美人口流向中部和极西部的过程一样。铁路在早期促进了对土耳其斯坦的战略同化以后，又在 19 世纪末促进了这一人口变化过程。在铁路线到达顿河畔的罗斯托夫之前，高加索就已被最后平定，但这时，新的陆路和海路交通带来了俄国定居者，代替在抵抗失败之后逃往土耳其的 25 万切尔卡斯人。

当斯佩兰斯基于 1819 年被派往西伯利亚担任视察员和总督以改革那里的行政时，那里基本上仍然是一块惩罚罪犯的殖民地。对大约 500 万平方英里的土地实行骨架式的军事占领或警察占领，其脊骨是森林与草原之间的黑土区上的一长条农业定居地带，洲际道路贯穿其上。在这里和沿各条河流的一些小块土地上，居住着也许有 150 万合法的或非法的移民或其后裔，包括罪犯、流放者、领退役金的士兵、受迫害的分裂教派的信徒、自由的或发配来的农民。[1] 由于当地人供奉的毛皮已经不如过去重要，政府没有兴趣维持旧有的集中管理。因此，尽管由于人口日益增加和越来越觉悟而产生了许多新的问题，但除了被统治者可以向圣彼得堡上诉这一特有的制度外，对总督没有什么约束。

斯佩兰斯基着手恢复对圣彼得堡的隶属关系，并扩大地方当局的

---

[1] A. G. 拉申：《110 年间的苏联人口》（莫斯科，1956 年），第 68 页。但在 1859 年有 350 万人。见 F. 洛里默《苏联的人口》（日内瓦，1946 年），附录 I，第 208 页。

权力。该地区被划分由设在托博尔斯克和伊尔库茨克的两个总督府管辖；在改组后的每一级行政机构中，高级官员受参议会的约束。这又回到了"选民团"制，回到了俄国固有的错误观念，即认为政权可由团体来加以控制，而无须代表公众。参议会成员就是官员，在较大的城镇和城镇外面的最低一级（乡）只有选举产生的行政人员。这种助长低级官吏官僚作风的做法，一般认为是改革遭到失败的原因；它一直存在到19世纪80年代在西伯利亚建立地方自治会代替它为止。与此同时，如果说当局的权力实际上并没有削弱，但压迫程度却有所缓和的话，这也不是由于当地的权力受到约束，而是由于人员质量的改善和来自圣彼得堡的监督，以及由于斯佩兰斯基实行的社会和经济新政策。

在处理当地人问题上，斯佩兰斯基的目标是长期同化：在俄罗斯人定居的地区，用比较严厉的反对奴隶制的措施来促进同化，表明实际上没有种族歧视；在这些地区以外，实行间接统治，使俄罗斯帝国主义在亚洲享有较好的名声，直到将近19世纪末开始有计划地实行俄罗斯化为止。

不过，斯佩兰斯基的影响最有效地表现在经济政策方面，他在这方面采取的西方自由放任原则导致废除国家的垄断和指导，并鼓励私人企业，特别是谷物的国内自由贸易。与此同时，西伯利亚所表现出的刑罚制度的温和在外部世界看来是微不足道的，尽管它在实施上变得比较人道一些了。除逃亡农民以外，被判刑的移民的涌入仍然未见减少，但新来的人如十二月党人和波兰民族主义者，其素质要比刑事罪犯高。被放逐来的人分为被判苦役的苦役犯和移居罪犯；二者都是被锁链连在一起放逐来的；流放者仅仅是不许住在欧洲的人，另外还有一些自愿来的人，通常是犯人的妻子或家属。改革以后，前两类人必须由法庭判决，他们通常是终身流放，但是成千上万的流放者当中，大多数是农民或被村社驱逐的流浪汉，只有少数人是"行政程序"的受害者。① 流放者和被放逐来的罪犯每年流入的数量不等，19世纪40年代时约为7000人，到50年代时约为1.8万人。在1881年取消限制以前，这个登记数字没有把私自迁移来的农民明确分开。

---

① G. 凯南：《西伯利亚与流放制度》。

自从18世纪初征服堪察加半岛以来，西伯利亚的范围一直没有扩大。在南面，是一条不固定的边界，从名义上的欧洲边界直到中国统治的蒙古，接着是一条远至阿穆尔河①的得到承认的与满洲帝国接壤的边界，但是阿穆尔河的整个流域根据《尼布楚条约》（1689年）归中国管辖。最东北的阿拉斯加，由1799年创办的俄美公司独立治理。随着时间的推移，圣彼得堡当局开始发现从这个公司的皮毛贸易获利，在经济上不划算，而且认为阿拉斯加就战略上讲得不偿失。因而在克里米亚战争后向美国提出了转让的建议，这块土地终于在1867年以720万美元的价格售出。

另一派俄国政略家则认为，阿拉斯加本可以作为未来俄美两大国之间的桥梁。穆拉维约夫伯爵就是这样想的，他是一个很难对付的怪人，于1847年任伊尔库茨克总督。② 发展洲际联系，作为反对英国在太平洋的海上势力的一条战线，是穆拉维约夫创议的以牺牲中国为代价的新的前进政策的动机之一，但是英帝国主义的进展给俄国人造成的机会远比这个借口更为重要。中国与英国的鸦片战争，继之而来的是它对西方列强在条约上的让步，然后是太平天国起义，一方面摧毁了对满洲帝国的迷信般的尊敬（这种尊敬曾使它与西伯利亚的边界长期相安无事）；另一方面也摧毁了满洲帝国的士气和本来可用于保卫这些边界的某些军事力量。俄国人曾就总体上说接受了他们不得在阿穆尔河航行的限制，以及从《尼布楚条约》以来在与中国交往方面的其他限制，而这条河的出海口及出海口外的萨哈林岛的地理状况，直到涅韦尔斯科伊从波罗的海到达这一水域并在1850年在后来称为尼古拉耶夫斯克的地方竖起俄国旗帜为止仍为欧洲人所不知。穆拉维约夫当时建议俄军沿该河而下进行一次武装突击，但这个计划只是经过再三犹豫之后才被批准③，因为它必须与一种理论斗争，这种理论认为打开通向太平洋之路，就像打开从黑海通往地中海的出口一样，虽然能使俄国人出去，但也能把海军强国引进来。事实上，穆拉维约夫在1854年的示威行动既没有遭到中国人的反对，也没有受到

---

① 即黑龙江。——译者
② 见本卷原文第367页。
③ M.塔季谢夫：《亚历山大二世皇帝》（圣彼得堡，1903年），第1卷，第127页，第273页及以下各页。

英国人的挑战；中国人无法再要求对该河以北的地方行使事实上的管辖权；1858年，他们的地方司令官与穆拉维约夫签订了一项条约，把整个左岸连同乌苏里江以下右岸地区都割让给了俄国。与此同时，一个外交全权代表，海军上将普佳京于1858年自行抵达天津，在那里为俄国获得了西方列强已取得的享有通商权和根据条约取得的权利，另外还获得了到喀什噶尔经商的特权。1860年的一个补充条约确认了上述领土割让，并增加了后来的乌苏里省的其余部分。在它南面的海湾，俄国海军登陆并且也是在1860年建立了符拉迪沃斯托克港①，即后来迂回包围北满，与日本北部遥遥相对的西伯利亚铁路的终点。从涅韦尔斯科伊把萨哈林岛绘入俄国版图，普佳京在19世纪50年代中期宣布其为俄国领土以来，日本人就对萨哈林岛的所有权提出争议，但在1867—1875年实行共同管辖之后，俄国人用千岛群岛作为交换获得了该岛的全部。在阿穆尔省和萨哈林，都立即通过强制移民来加强其战略意义。罪犯在服苦役期满后被作为流放者送到这块以前的领地，而所谓的阿穆尔和乌苏里"哥萨克"定居点则是由征召的军队构成。萨哈林岛本身则成为苦役犯的定居点。皮鞭随着旗帜而来。

在亚洲的另一端高加索，一个抵抗运动正在发展，它牵制了俄国的剩余军事力量达30余年之久。边境的传奇故事和山岳的魅力，构成俄国文学和军事历史中具有强烈感染力的成分。② 穆斯林狂热派的一个流派穆里德运动的教义与仇外主义和政治自由传统融合在一起，于19世纪20年代传到高加索。③ 一种神权政治统治着一个由类似氏族式的社会组成的小联盟，这个联盟以达吉斯坦西部的阿瓦尔斯河为中心，从黑海几乎到亚速海的许多不同的民族都与之有联系或对之表示同情。第一位领袖卡齐穆拉在1829年宣布进行一场圣战，但在取得一些辉煌的军事胜利后，于1832年阵亡。第三位领袖沙米尔，成为世界闻名的游击队领袖，不仅采用游击战，而且用防御战不时挫败俄国正规军，历时将近1/4世纪。直到他本人于1859年被俘为止，

---

① 即海参崴。——译者
② 最突出的例子是长篇小说：莱蒙托夫的《当代英雄》和托尔斯泰的《哈泽·穆拉特》。普希金和莱蒙托夫从高加索获得的许多灵感，使人联想起阿尔卑斯山对雪莱和拜伦的影响。
③ J. 巴德利：《俄国对高加索的征服》（伦敦，1908年），第230页以下各页。

他的部队从未溃散。以后切尔克斯人继续进行零星的抵抗，直到1864年他们自己进行大规模的迁徙为止。但是，随后局势迅即平定。在19世纪60年代末之前，外高加索的第一条铁路，从黑海到第比利斯的铁路建成。由于治安状况和政府在这类问题上的开明态度，对中部高加索的高水平的考察活动由从事古典研究的英国旅行家们在高山向导的引导下开始进行。这时，俄军的突击部队和骨干军官也得以腾出手来去完成其他任务。

这些任务在中亚细亚。进军的地区是里海和天山山脉所包围的广大地区，这一地区的中央是俄国的地缘政治目标，即三个著名的但是衰弱而长期争斗的汗国希瓦、布哈拉和浩罕。向南的第一条实际边界在阿富汗的政治边界以南，位于帕米尔高原和兴都库什山脉的自然屏障。这是喜马拉雅山脉的延伸，是印度的英国人尚未达到的地方，但英国人的推进并未失去势头，所以，这两个帝国是否会碰头，如果碰头，在什么地方，均在未定之数。在俄国人方面，通过土耳其斯坦达到印度，曾经是彼得大帝的目标，比较近一些时候是保罗皇帝的计划；在英国人方面，则是战略家们的一场噩梦，它在使英俄对抗一直成为欧洲外交的主要课题方面所起的作用不亚于近东问题。这种对抗直到19世纪末才宣告结束。

一直到19世纪中叶以前，俄国的行政管辖停止于乌拉尔山脉和西伯利亚的"哥萨克线"，它溯乌拉尔河而上，经奥伦堡抵该河源头，然后向东到达塞米巴拉金斯克和中国边界。但俄国人已经巩固了他们对越过这条线的草原和沙漠地带上的游牧民族的控制。因此，第二步是与来自旁遮普的英国人的勘察活动相竞争，那些穿过沙漠深入到俄国的探险家、学者和外交人员在那些绿洲上还未站稳脚跟。这场"亚洲的大角逐"[①]反映了从印度河到咸海动荡的政治局势，在这种局势中，三个注定要灭亡的汗国和难得安宁的阿富汗王国，挑拨他们的两大强邻互相争斗。然后是1838—1842年的危机年代。英国人从保卫赫拉特取得胜利到1842年在阿富汗进行无结果的军事示威惨遭失败，在奥克苏斯河以北产生了反响。与此同时，俄国发动了一个多世纪以来针对这些汗国的第一次军事冒险，但遭到了失败。

[①] 参见 H. W. C. 戴维斯《亚洲的大角逐》，《英国科学院年刊》，第11卷（1927年），第19页。

这就是奥伦堡总督佩罗夫斯基 1839 年对希瓦的远征。那里长期存在着许多能挑起事端的因素：掠捕奴隶，抢劫商队，任意征收极高的通行税。佩罗夫斯基宣布此次远征的目的是"在亚洲这一部分加强俄国有权享有的合法势力，只有这样才能维护和平"。① 但是还有一个不容否认的目的是挫败英国在政治上和商业上的企图，俄国人把这两项都估计过高了。佩罗夫斯基的远征不得不中途折回；唯一的困难是对于一支 5000 人的全副武装的军队来说，路程太远。不过，同英国人在阿富汗的撤退相比，俄国人的这次撤退没有丧失什么威信，在 1842 年与希瓦签订了一项条约，满足了大部分要求。

领土扩张的决定性步骤是在 19 世纪 40 年代中期采取的。在西路，1845 年建立了图尔盖和伊尔吉兹两处哨所；1847 年占领了锡尔河（亚克萨尔特河），在阿拉尔斯克建立了一个要塞。1853 年，经过围攻从浩罕人手中夺取了阿克梅切季（改名为佩罗夫斯克）。就在同一年已经有两艘武装汽船溯河而上，进行巡逻。这两艘船是经拆开后从奥伦堡通过整修后可以行车的沙漠道路而运来的。与此同时，在东翼，1847 年占领了巴尔喀什湖对岸的科帕尔；1853 年建立了韦尔内边区村，作为农业定居点，数千名国有农民和所谓的"哥萨克"被招募为那里的移民。1862 年，俄国人已经能够把两条南进路线的前端会合，形成他们的新前线——新浩罕线。这件工作在 1862 年开始至 1864 年完成，这年从浩罕人手中夺取了第一个绿洲城镇土耳其斯坦，而且为了作战的需要，占领了该城镇以南的奇姆肯特，但是对较大的城市塔什干进行了一次时机未成熟，而且几乎肯定未经批准的进攻，结果失败了。

接着在 1864 年俄国首相戈尔恰科夫过早地发出一份通知照会，目的在于说明俄国向前推进是正当的，并宣布推进到达的终点，他的论点是，俄国为了保护它的边界，不得不征服正在掠夺俄国保护下的人民的那些桀骜不驯的游牧民族，使之归属俄国，不过令人遗憾的是这一过程需要投入的力量越来越大。但是伊塞克湖—锡尔河一线是最终的防线。"选择这条防线，我们得到了双重结果，一方面，这一地区……土地肥沃，森林茂密……另一方面，它使浩罕的定居农民和商

---

① H. 罗林森：《英国和俄国在东方》（伦敦，1875 年），第 149—150 页。

人成了我们的近邻。"这个地点是"利益和理性要求我们应该到达并命令我们停止"的地方。这也许真正表达了沙皇的政策,但是军事行动的特有逻辑(如果说不是将军们的野心的话),导致这种说法被事态的发展所推翻。① 与浩罕人的冲突在 1865 年给了切尔纳耶夫另外一次机会,当时几乎可以肯定是违反命令,发动突然袭击并占领了塔什干,1867 年根据一项全面的行政法令,把土耳其斯坦的行政中心设在该地。1868 年,布哈拉埃米尔鲁莽的挑衅给了切尔纳耶夫的继任者之一的考夫曼一个进攻和占领撒马尔罕的借口,在击败了埃米尔的军队后,他同布哈拉和浩罕的统治者签署条约,分别给予该酋长国和汗国以保护国的地位。在这几个绿洲国中只有希瓦一直到 1873 年才被征服。

俄国在 1860 年以后的第二次扩张高潮不像以前那样遭到来自英属印度的战略竞争。但是在这个外交政策蓝皮书的黄金时代的大量已公布的通信表明,戈尔恰科夫的通知照会是如何实际上遭到拒绝的,对希瓦的征服是怎样受到了口头抗议,以及英国人是怎样在外交上巩固了中部奥克苏斯的战略边界的。总的来说,直到 1885 年发生经受考验的平狄事件为止,俄国人似乎尊重英国势力所达到的这条最后的鸿沟。即使像亨利·罗林森爵士那样的被俄国历史学家视为危言耸听的仇俄分子②也认为对中亚细亚的征服是文明对野蛮的胜利,看不出对印度有什么威胁,只不过是来自亚洲俄国的竞争,这个"亚洲俄国……本身具有一种能够产生活力和生气的胚芽,使它能够不断增生母体的基干而不会干枯"。③ 早在 1865 年,他即已正确地强调指出俄国企图合并这一地区,指出俄国与各汗国每年的贸易额将近 100 万英镑,而且带有某些预见性地指出俄国人可能"把中亚细亚变成单纯的棉花产地"。④ 他后来在 1868 年指出,位于奇姆肯特附近的一个俄国国营煤矿每年为咸海的汽船生产 5000 吨煤,另外一些私营煤矿产

---

① 参见 O. 霍茨《俄国—土耳其斯坦和现代俄国殖民政策的趋势》(《施默勒年鉴》,第 37—38 年度),第 1 卷,第 388 页。关于必须进行这些军事行动的论点,来自关于这次征服行动的最扼要的军事研究: M. 约克·冯·瓦滕堡伯爵:《俄国势力在亚洲的推进》(柏林,1900 年),第 21 页及以下各页。
② 例如,涅奇金娜:《苏联史》,第 2 卷,第 588 页。
③ H. 罗林森:《英国和俄国在东方》,第 195 页。
④ 同上书,第 199 页。见前面原文第 381 页。

量更多。因此,这时已明显地看出,俄国命中注定要向外扩张,不再是从前被英国宣传家看不起的原始帝国了。[1] 但是在土耳其斯坦奉行的帝国主义政策从开始到这时一直是赤裸裸的军事和经济殖民主义。肤色不会构成障碍,俄罗斯化受到鼓励,种族只不过是暂时的阶级标志,而不是障碍。不过在塔什干的行政措施始终不属于新的俄罗斯帝国思想的范围。它是泛欧亚思想而不是泛斯拉夫思想,基本上属于从1878年对君士坦丁堡感到失望到1905年被日本打败这一时期。

(周叶谦 译)

---

[1] J. H. 格利森:《英国的反俄情绪的起源》(马萨诸塞州坎布里奇,1950年),第150—151,172—173页。

第 十 五 章

1848 年的革命

尽管1848年各国的革命在同时发生，为共同的意识形态所鼓舞，但它们是互不相关的现象。当时没有国际革命组织，在法国、比利时、瑞士和英国等地聚集的政治流亡者，不是他们本国革命的鼓动者。没有统一的计划，这些革命并不是协调一致的。一些大体类似的问题在每个国家采取不同的形式，产生了不同的结果；相同的词汇，相同的纲领，掩盖了各不相同的局势。

1848年年初，无人认为革命即将到来，可是在欧洲许多部分都呈现出革命前夕的局势。在意大利，庇护九世于1846年6月即位，他所宣布的大赦和所作的诺言，创造了一种狂热激动的气氛。伦巴第—威尼托发生了骚动，导致宣布戒严。1月12日发生了西西里起义。2月，在都灵、佛罗伦萨和那不勒斯颁布了或许诺颁布宪法。法国在较小的程度上也存在着革命前夕的局势。在要求议会改革和选举改革的大规模运动中，各反对党的联盟让领导权落入共和派之手，基佐内阁几乎没能维持到2月12日演说进行的辩论结束。在德意志[①]，自由党和激进党的代表大会已经制订了明确的改革计划。在爱尔兰[②]，对独立计划达成了一致的协议，史密斯·奥布里恩和约翰·米切尔的支持者之间，只是在达到这个目的的手段（通过政治鼓动还是使用武力）上有分歧。在瑞士，短期的内战[③]到12月时已经使激进的中央集权主义党完全掌握了分离主义者联盟各天主教州的权力。在匈牙利，反对党联盟在1847年的国会选举中获胜，提出了一个最

[①] 参看本卷第19章，原文第496—497页。
[②] 参看本卷第9章，原文第217页。
[③] 同上书，原文第223页。

低限度的改革计划。此外，1847年春的灾荒几乎到处引起了"饥饿骚动"，年底造成大量失业的经济危机，尽管没有带来动乱，却几乎影响到所有的工业地区。

在这个关键时刻，只要一旦发生革命，立刻可以找到现成的纲领，这些纲领在意识形态上主要有两个来源——政治局势和社会局势。但是，反对现存秩序的各种力量，尽管是由具体的现实情况所激起的，本身却限于空想；它们是理论性的而不是实践性的，它们没有接触到人民。实际上，1848年的各次革命不是群众的革命；它们的领导人和鼓动者是些缺乏政治经验的知识分子而不是行动家。因此产生了他们的极端主义思想和政策；浸透了在浪漫气氛中成长起来的一代人的理想主义，他们不大注意事实。除了匈牙利、波兰和皮埃蒙特的少数例外，他们都出身于资产阶级；至于在18世纪支持改革的贵族，在法国革命后已经同自由主义决裂，而把它的利益同王朝的保守主义联系在一起，并为王朝服务。他们的灵感不是来自美国，美国那时还不大为人所知，它的文明也被看作只是物质主义文明①；他们的灵感也不是来自英国，英国只是在经济理论上有影响，而且由于它的贵族所拥有的权势和工人阶级所处的困苦状态而为大陆人士所不信任；他们的灵感来自法国给欧洲的教训。这些教训包括三个因素：首先，王朝复辟时期各种各样的政治派别，特别是个人主义者邦雅曼·贡斯当，他的理论在瑞士和德意志尤其受到欢迎；此外还有空想派，他们是西班牙、德意志和意大利的资产阶级的导师。其次，是拉梅内，他的自由天主教教义和《前途报》②在比利时、莱茵兰和巴伐利亚有深刻的影响。最后，是弥赛亚共和主义，它在1840年以后影响了许多共和主义者和青年，使他们把法国负有在整个欧洲传布和支持自由和民族独立的使命和任务这一信念奉为教条（参见第9章，原文第218页）。大部分法国共和派的主张达到了这样的程度：要求实行普选和建立一个对议会负责的政府；出版和结社完全自由；实行义务初级教育和征收所得税。政界的共和党人及其机关报《国民报》虽然没有比这要求得更多，但是社会民主党人在《改革报》

---

① 关于美国对1848—1849年某些制宪者的影响，参看本卷第8章。
② 参看本卷第4章，原文第77—78页。

上发表的文章也建议进行社会改革，目的在于组织劳工，建立生产者合作社和协会，以及将主要工业国有化，包括保险和铁路在内。

欧洲的自由主义者①根据上述一切制定出一个比较简单的纲领。它包括保证个人自由，改革司法程序和实行陪审制度，出版自由，代议制，建立一支国民自卫军，废除教会国家和警察统治。此外，某些激进分子强调人民代表应该有充分的制宪权，并宣传尽人皆兄弟的概念。

除了由于学派的不同而有细微差别外，这些就是西欧、南欧的德意志人和意大利人提出的纲领，一个在性质上偏重于理论，一个则是比较注重实际。

民族运动代表当时政治思想（参见第9章）有两种彼此相类似的民族理论；它们尚未互相冲突，因为分歧还不明显。法国的民族概念来自18世纪的理性主义理论和大革命，把民族看成是一个由自由人自愿组合的精神团体。另一方面，德国的民族概念来自赫尔德的哲学，来自浪漫主义和各大学的哲学、历史和法律研究，把民族看成是一个自然的、原始的有机体，赋有特定的才能，表现在语言、风俗和历史上。法国的概念传遍西欧，鼓舞了意大利和爱尔兰，正像它曾经鼓舞波兰和希腊一样。德意志概念在一些完全不同的地区流传，即德意志和奥地利帝国，以及曾有青年在德国各大学学习过的地方。法国概念与政治自由的思想和要求联系在一起，德意志概念则鼓舞人们的权力意志，这种意志可能通过自由主义以外的其他方式实现。特别是在德国，这两种运动界限分明，由法国概念鼓舞的自由主义，实际上是民族主义的对立面，是由对法国的仇恨培育起来的。因此，当自由主义和民族主义的主张在1848年得到充分发展时，它们就使欧洲各国的整个结构发生了问题，并提出了一个崭新的公式。

社会问题虽不那么迫切，但是由于它关系到群众，因而具有压倒一切的重要意义。在欧洲3/4的地区，拿破仑统治时期没有废除封建统治，社会问题在这些地方对农民的影响比对工人的影响更大。它包括地产权只限于贵族所独有，对人权和财产权的限制，维持什一税和强迫劳动。两个必要的条件是解放人身和解放土地。在普鲁士，1817

---

① 参看本卷第8章。

年的特许权法阻碍了哈登贝格的社会改革；在整个德意志，甜菜和农业机械的引进加剧了大地主和农民之间的竞争。在三部分波兰领土上，从19世纪初以来，农民的无产阶级化加速。在奥地利帝国，那些从对谷物和肉类日益增长的需求中获利的土地贵族，通过立法的经济措施力求限制不交租金的土地的数量，并以沉重的地租代替了以前的土地使用权。继拿破仑战争以后而出现的人口增长，加剧了农民的苦境，迫使他们去工厂工作以补充收入。工业就以这种方式影响了农村。

但是，和过去一样，工业的主要代表仍然是分散的工匠。几乎还不存在拥有机器、迅速的交通运输、资本主义组织和自由主义法律的现代化工业结构。① 只有英国经历了一次产业革命。在欧洲大陆，工业中心只存在于比利时，以及法国和德国的少数地区（莱茵兰、图林根、萨克森、西里西亚、柏林），在奥地利帝国则有波希米亚和维也纳。因此，这种无产阶级的集中现象只是例外情况，除英国以外，还没有出现恩格斯所谴责的那些特点。但这并不意味着工人阶级的境况不悲惨，因为他们已经失去了旧的行业团体的保护，还不能从人数和组织所形成的力量中得到好处。一些理论家提出的"社会主义的"矫正办法都不够精确，而且表现出缺乏对现实的认识或经济知识，这些理论家除了蒲鲁东和德国的某些共产主义者外，都是一些出身资产阶级的知识分子。

这些问题由于以下一些情况而显得更加迫切：1846年的农业危机；1847年年初的金融危机（它阻碍了投资并使一整年的信贷枯竭）；工业危机以及在秋季随之而来的萧条。农奴和失业工人对社会改革的要求，从政治革命在旧结构上打开的缺口中汹涌而出。

2月24日的巴黎革命从一次偶然事故中爆发，这次事故如果不是事先安排的，至少也是被有意地利用的。在2月中，政治领袖和议会领袖以及共和党的报刊编辑，都没有想到自己已处在一场革命的边缘。但是一群年轻、热情的人认定应该进行一场革命。在通过举行民主宴会而组织了一场反对政府的运动后，他们决定举行一次群众游行，护送出席议会反对派于2月22日举行的最后一次宴会的客人。

---

① 参看本卷第2章。

尽管政府禁止这次集会，议员也撤销了他们的支持，组织者仍然让游行继续进行。接着，由于资产阶级的国民自卫军准备支持改革而不知所措的国王于23日撤销了基佐的职务，而这时他们在巴黎东部各区整天继续骚动，晚上长长的游行队伍沿着林荫大道示威。当群众和军队在外交部外面发生流血冲突而激起人民的愤怒后，他们充分加以利用，夜间在圣奥诺雷、圣马丁和圣安东尼等郊区进行煽动，唆使人民袭击军火工厂和区政府，把自己武装起来。到24日清晨，巴黎就处在起义中了。起义者用街垒包围了市中心区。宫廷和政客们正在煞费苦心地商量更换大臣并发出互相矛盾的命令，使得正在指挥部队的比若元帅没有任何机会进行有效的干预，这时起义者已经冲进了杜伊勒利宫；12时半，心情沮丧的国王俯首帖耳地退位，从香榭丽舍大街逃走。一小时以后，王宫被占领并遭到劫掠，与此同时，少数坚决分子控制了主要的公共机构——巴黎市政府、警察局和邮政局。将近中午时，共和派的领袖们仍然在《国民报》的办公室里密议，力求使起义有一个特定的目标和集中的领导，而这时起义已经获得胜利。但他们至少是巧妙地在议会抓住了机会。他们拒绝了关于为年幼的巴黎伯爵设立摄政的任何谈判，要求已经冲入议会的群众用欢呼表示同意成立一个由7名"激进"议员组成的临时政府，其中最重要的是拉马丁、杜邦·德·吕勒、勒德律-罗兰、玛丽。下午5时左右，这个政府占有了市政府大厦；大约在7时，来自《改革报》有联系的一个先进团体的4名代表加入；其中包括路易·布朗和一名工人，他们是被邀请来参加政府的。

就这样，在几个小时内巴黎群众就推翻了政府和王朝。如果说他们没有1830年时那么多的领袖，他们造成的损害也小得多，因为少数暴力行动并不严重。跟1830年还有一个不同的地方是：他们不让胜利从手中溜掉。当天晚上，他们迫使新政府宣布共和制而不等待全国批准。第二天，他们将共和政权的方针引向社会方面，从政府取得许诺，保证全体劳动人民靠劳动可以维持生活，并保证全体公民就业。两天后建立了"政府劳动委员会"。工人们在同意参加这个委员会之前，要求首先把他们的工作日缩短一个半小时。路易·布朗是这些混乱的要求的发言人和制定者，但整个政府都被这种改善工人阶级生活的真诚愿望所鼓舞。他们的审议是在人民的压力下，当着人民的面进行的。几个星期间游行队伍、代表团、各种宣言接连不断。就这样，一道命令接着一道命令，一个共和国逐渐形成，其基础是实行普选、出版和结社的绝对自由，废除政治犯的死刑，废除奴隶和债务监狱。这是一个为了调整劳工组织而进行各种社会试验的共和国。这些劳工组织有：各式各样的工会；吸收巴黎及各主要城市的失业者的国立工厂；在每个省和巴黎的卢森堡宫的劳动委员会，路易·布朗在那里将600名至800名成员组成一个实际上的议会，这些人包括雇主代表，工人代表（人数加倍），各个学派的经济学者。完全没有反对派。各省没有怨言地，甚至是高兴地接受了巴黎的革命；教士装模作样地站在新政权一边，正统主义者也兴高采烈。

人们心中出现的问题是：对欧洲的影响如何？法国现在是否要实行传播自由（自由代表共和主义的福音）的计划？拉马丁及其同事担心战争会造成革命的混乱；如果与沙皇和普鲁士国王已经计划成立的联盟作对，政权就难以建立起来。拉马丁向帕默斯顿保证他希望和平，结束了这一危险（参见第10章，原文第261页）。他在一个宣言中阐明了法国的立场，宣言于3月2日经他的同事批准，于5日公布。在宣言中，法国宣布实行人民统治的原则，每个国家有权决定自己的命运，拒绝承认1815年的和约，宣称法国是每个追求同一理想的民族的盟友，但是暂时承认欧洲的现状，强调法国的和平愿望。另外有两个实际的原因促成这种温和态度：军队混乱和财库空虚。实际上，革命已经使经济危机变成一场灾难：引起人们的恐慌；银行存款被提走；证券交易所行情暴跌；一切信贷停止；结果是工场和工厂倒闭；国库枯竭，法兰西银行面临破产的危险。凌驾于一切理论问题之上的是，紧急状态要求纸币必须强行流通，宣布所有的票据延期偿付（3月18日），建立贴现银行经营商业股票和发放商品贷款；不久以后，有9个省银行并入法兰西银行，授予该行以发行纸币的专权。灾难虽避免了，但是财政和经济危机直到夏天还很尖锐，使政府的行动陷于瘫痪。

巴黎的事态发展的消息，立即引起邻近各国自由主义的高涨，这些国家是法国思想的温床。在意大利，巴黎的革命证明已在进行的革命过程是正当的，并使这过程得到加强，但没有发动起新的力量（参见第21章，原文第562页）。在皮埃蒙特，3月5日颁布了宪法。

教皇任命了一个世俗人员占多数的内阁，并在15日颁布了宪法。这两个宪法与托斯卡纳和那不勒斯的宪法一样，是空谈派思想的实际运用，是路易·菲利普宪章的改编；没有一处谈到群众参与，没有一处谈到改革时触及民主。在德国西部，从3月1日至12日，以巴登大公国为榜样，属于知识界和商界的资产阶级发表的宣言，与街头的各种大型集会一起，导致在黑森—达姆斯塔特、黑森—卡塞尔、拿骚、法兰克福、符腾堡、不伦瑞克和图林根建立了议会制政府并取得某些权利上的让步。在北部的汉萨同盟各城镇，和平的革命把贵族政权变成了民主共和国。在普鲁士的莱茵兰和威斯特伐利亚组织了大规模的请愿，要求成立代议机构，资产阶级夺取了大城市的控制权并组织了国民自卫军。因此，德国西部和其他部分的对比更加鲜明。但是，显然农民起义也重新抬头，在内卡河流域、黑森林和奥登瓦尔德开始了起义——这是多年积累的仇恨和苦难的爆发，很快就被正规部队镇压下去。最后，全国统一问题变得如此迫切，以致国会本身和普鲁士、巴伐利亚和符腾堡各邦的政府于2月底和3月初开始考虑一个改革联邦的方案。在少数几个自由主义者的倡议下，大约50名政治家和作家于3月5日在海德尔堡集会。他们发出呼吁，要求建立一个代表整个德意志的机构，由他们当中的7人组成的一个代表团召集了所有曾经参加过国会的人，以便为预备国民会议制定选举法。在意大利和德国的所有这些运动中，都没有使用暴力的迹象（除了内卡河流域发生的农民起义以外）；这些运动之所以获得成功，是由于舆论的一致支持，由于它们同时发生，由于它们的政府感到意外而产生的盲目恐惧心理。

　　中欧的革命来自另一个根源，即保守制度的心脏，维也纳本身。巴黎革命所产生的影响是，波希米亚和维也纳的银行倒闭，工业危机加重，宫廷中的政治阴谋加剧和人们普遍感到高兴。这种感觉在维也纳和布拉格的表现是，资产阶级和大学生多次提出了请愿书，在匈牙利国会开会地点的普雷斯堡发表演说要求废除人头税和义务劳动，并在全国代表制的基础上组织一个匈牙利政府。危机在奥地利国会下议院开会的3月13日达到顶点。正如在巴黎一样，由资产阶级和学生组成的和平示威者同部队发生了冲突，随后在郊区发生了起义。宫廷在恐惧中作了让步。梅特涅逃走。但骚动一直持续到15日，由皇帝

第十五章 1848年的革命

许诺颁布宪法，给予出版自由并组织大臣会议，从而平息了起义。在普雷斯堡，科苏特发表了热情的演说，充分利用维也纳发生的事件提醒人们防止革命。这篇演说使国会决定通过自由主义纲领，然后由一个代表团送到维也纳要求批准。一个由包贾尼伯爵为首的联合内阁组成，国家着手对放弃封建权利的地主给予补偿。在随后的3个星期中，国会提出了一系列法律，后来形成"匈牙利法典"。在布拉格，资产阶级和学生组织的请愿扩大了范围，获得了工人阶级的支持，更带全国性。3月19日派了一个代表团前往维也纳提出更强烈的要求，代表团于22日返回，4月8日获得一份诏书，准许在3个联合起来的捷克省份里建立一个代议制国会，给予政治自由，使各种不同的语言具有同等的地位，并且废除了领地制的司法行政制度。"波希米亚宪章"将由奥地利国会拟定和完成。在布拉格和布达佩斯，一群青年和激进分子试图扩大这个稳健的自由主义纲领，但是这群人很快就被软化自行解散。除了在维也纳发生的小规模冲突外，革命是在没有暴力的情况下发生的。不论在波希米亚或匈牙利，民族主义运动都没有牵涉到分离主义。但是革命的结果与其说是取得了一些成就，不如说是得到了一些诺言。

道义上的影响同样是巨大的。梅特涅政权垮台后，随之而来的是奥地利在意大利的霸权迅即崩溃，普鲁士的君主专制宣告结束（参见第21章，原文第562—563页）。当维也纳发生的事件的消息于17日晚间传到米兰时，爆发了对日耳曼人的强烈仇恨。人民制服了求妥协的一切努力，表现出近乎愚蠢的英勇，尽管他们缺乏武器，但在邻近城镇的帮助下，经过5天激烈战斗，终于驱逐了拉德茨基和奥地利驻军。当驻军于3月31日逃入四要塞防御区后，一个临时政府接管了伦巴第的行政权。威尼斯更是没有费多大力气就获得了解放：马宁在被群众从监狱释放后，恢复了圣马丁共和国，赢得人民的拥戴，并用威胁手段使兵工厂缴械，舰队撤离，总督投降。在几天以内，威尼托地区的所有城市跟伦巴第的城市一样，驱逐了奥军。3月21日和26日，3个公国同样获得了解放。

在失业现象严重的大工业城市柏林，于16日听到了来自维也纳的消息，激起了一场骚动，规模迅速扩大，以致遭到军事镇压。军队的残暴行为使骚动在18日变为一次起义。这里的运动是自发的、激烈的。人民奋起反抗军队，控制了这个城市，迫使国王屈辱地投降，作出一系列政治让步，想借此平息人民的愤怒。首先他准许出版自由和召开议会，然后准许议会草拟一项选举法，又答应实行内阁责任制原则和成立一个自由派组成的"莱茵内阁"。他企图把人们的注意力引向德国统一，结果只是使他沿着一条比他所希望的要远得多的道路走下去。柏林的榜样激起了自由主义在普鲁士所有城镇的大爆发。从3月17日至30日在中德意志、萨克森和汉诺威发生了一系列的不流血革命。与此同时，进一步走向激进主义的标志是在西德意志出现了一个共和党，由于失业，这个党在工人阶级中获得了支持，并表现为一种城市无政府主义。

在德意志边境，波兰人成群涌入波森，受到德意志舆论的欢迎，这些人等待着入侵俄属波兰。但是由于1846年流产的起义的结果，波兰本身变得毫无能力，而波兰人和普鲁士人的互相冲突的民族主义，很快就破坏了自由运动的统一（参看第9章，原文第228页）。到5月中旬时，就在上述这些德意志人的欢呼下，普鲁士国王把波兰领土并入他的王国，亦即并入德意志邦联。另一方面，革命在丹麦各公国获得胜利，这些公国在3月18日宣布独立，并选出了一位君主。德意志志愿军和普鲁士军队对他们进行了帮助。4月底，丹麦部队被击退到艾德河对岸。

总之，这些革命以微小的代价获得了胜利。只有在少数例外情况下发生了暴力行动。在巴黎和维也纳，这种行动是短暂而且温和的；在米兰和柏林则是流血的和恐怖的，因为群众被某些偶然的事件或狂热的仇恨所激动。在其他一切地方，革命所需的只是资产阶级的宣言，这些宣言有时得到街头示威的支持。一般地说，目标是不高的，所得的结果往往是不完全的或模糊不清的，但在随后的几个星期内，这些革命巩固了它们的阵地。在巴黎，共和国尽管要同革命压力和经济危机所引起的双重困难进行斗争，仍然加强了它的地位。极端主义者，例如社会主义者俱乐部的领导人布朗基和巴尔贝，曾试图延长由巴黎人民直接管理的不可靠的政权的存在，并在4月16日组织一个"劳动日"，以推迟选举。但是政府态度坚定，准备参加竞选的各党已经形成。保守派人士乞灵于社会秩序和宗教；民主派人士集中的地方是各俱乐部和由路易·布朗在卢森堡宫的工人代表团组成的中央委员会,这些人要求成立一个"社会共和国";另有《国民报》的共和派,他们为已经取得的成就而自豪,并鼓吹最广泛的自由主义。4月23日,按照"名单投票"的办法进行了选举,气氛有的地方平静,有的地方热烈;结果符合共和派的希望。同获得180—200个议员席位的保守派和民主派相比,他们获得了900个席位中的绝大多数。

在意大利,由于对奥地利人所取得的胜利,激起了民族主义情绪,在整个国家,甚至在那不勒斯和罗马,都组织了志愿军团去支持伦巴第人和威尼斯人。最初,查理·阿尔贝特犹豫不决;害怕革命,不相信法国;但在3月25日,在舆论的推动下,他向奥地利宣战,然后越过提契诺河进入米兰。但是他的行动非常迟缓,直到4月初才同奥地利人接触,4月10日在戈伊托战役中获胜。

柏林议会表决于4月8日举行普选。政府在召开预备议会的代表开会时没有遇到困难,会议于3月31日在法兰克福召开。它宣布全体公民,不分宗教信仰或社会地位,都应参加制宪会议的选举;但是,尽管少数共和党人作了努力,但这次会议在4月3日解散,没有试图起草宪法草案的初稿;仅仅任命了一个50人的委员会来进行这一工作。在4月下半月或5月初,各地举行了国民议会或新议院的选举。

在奥地利,帝国政府在进行了一些抵制之后于4月11日接受了"匈牙利法典",给这个圣斯蒂芬王国①以自治地位,拥有一部中央集权的、自由主义的和议会制的宪法。两个星期以后,帝国政府给帝国的其余部分颁布了宪法,这是在3月15日许诺的,以比利时的宪法为模式。5月9日,对被限制性选举排除在外的各个阶级的抗议作出让步,又把选举权扩大到全体公民。5月15日,在一个公开的宣言提出"风暴式请愿"后,政府又把制宪权交给未来的议院,并准许波希米亚建立一个民族议会。

到4月底,一个谋求按照民主和民族的原则组织起来的新欧洲诞生了。

可是到1848年夏,革命已经开始退潮。尽管仍然保持着自由主

---

① 即匈牙利,因匈牙利王冠"圣斯蒂芬王冠"而这样称呼。——译者

义的，但欧洲已摒弃了社会主义和无秩序状态。这同样是效法法国的榜样。因为在法国，社会试验已经令人失望，各进步政党已表现出轻举妄动。5月5日首次召开的制宪议会改组了政府，把行政权交给一个委员会，该委员会任命临时政府的成员掌管它的各部，但把社会党人排斥在外。社会党人由于失去了分享的全部权力而感到愤怒，依靠各俱乐部和卢森堡宫的工人委员会，于5月15日对制宪议会发动突然袭击，企图进行第二次革命。他们遭到失败，被迫放弃他们仍然拥有的职位，例如警察局局长。他们的领袖拉斯帕伊、布朗基、巴尔贝、阿尔贝都被逮捕。由于这次对国家政权的攻击，使民主观念本身在一定程度上丧失了信誉。持久的经济和财政危机使任何税收的民主改革和加尼埃—帕热计划的国有化措施完全陷于停顿；它使工会名存实亡并使国有工场遭到失败。工场的领导人埃米尔·托马提出了一些福利措施，设立了进行公民教育的俱乐部，并且希望把工场纳入一个庞大的工业计划。但是由于失业人数的不断增加和外省人的不断流入，各工场已经膨大得不成体统，工人总数超过了11.5万人。巴黎没有足够的工作给这样一支劳动大军，而闲散就会导致混乱。这些劳动计划有的像公共工程部部长的计划那样无用，有的像道路桥梁部的计划那样需要长时间的事先研究，或者像加尼埃—帕热的收购铁路计划那样引起政治问题。议会对沉重无益的开支感到不安。此外，各革命政党指望从各工厂抽人组成一支军队，因为5月15日的大失败就是因为没有军队。各种破坏性宣传开始流传。保守派人士和那些在原则上反对对社会问题采取激进对策的议员，发现谴责这种危险无须费多少气力；政府本身也感到惊慌。计划对各工场进行清洗，把那些不适当地录用的外省人赶回家去；把巴黎的很多工人送到能够开设大工场的省（例如索洛涅），以减少巴黎的工人数目。曾准备挑选一些人编成必要的组；但是，6月21日，青年工人得知他们要么必须前往外省，要么，如果愿意的话就参加军队，总归他们是被工场开除了；结果在第二天发生了暴动。这场暴动，工场工人参加的不多（大部分人袖手旁观），参加者主要是那些为建立社会共和国和组织劳工的理想而斗争的巴黎工人群众，当然还有一切革命分子。双方都很残酷进行的内战从6月22日延续到6月26日；死者肯定很多，但是数目无法统计。继之而来的镇压措施是逮捕、流放或监禁了成千上万的人。由于这一危机,一切权力必然集中到卡芬雅亚克将军手上,法国在"六月起义"以前那种平稳的政治局势一去不复返了。恢复行政权力的方式是设立一个对议会负责的委员会主席。他查封了各俱乐部和革命报纸,清洗了行政机构。各省曾急于在各地支持维持秩序的军队,现在由于感到自己再次有了坚强的政府而宽心了。

对欧洲的影响是巨大的。法国的榜样曾激起各工业国家的社会运动;而这时,权威的胜利使各国政府都试图来一次反动。在德国,工人阶级运动曾经采取了多种形式。它最初、最自然的表现形式是为柏林、布雷斯劳和科隆的工人组织政治性的俱乐部;随着经济危机的加深,俱乐部越来越兴旺。此外,由于新近获得的结社自由,工会的数目迅速增加,某些会员产生了成立一个中央组织的想法;4月19日,工人中央委员会在柏林成立;汉堡和莱比锡也起而仿效。这个委员会的喉舌是《社会政治报》;它号召所有工人阶级的团体给它以支持,并且组织各种集会。一个更创新的步骤是企图成立一个阶级组织,奇怪的是,这一点首先是由手工业工人提出的。由于莱比锡的工人组织于4月22日发出号召,结果更多的地方举行了更大的集会,发表了反对自由企业的请愿书。后来,在汉堡举行的一次预备代表大会(6月2日至6日)召集了一个"社会议会",它从7月15日至8月5日在法兰克福开会,起草了《手工业者宪章》。它要求在各同业公会必须参加的基础上成立各行业组织,各地方成立地方行业公会,全德意志成立各行业总公会;它还要求各行业的数目应有限制,恢复行业师傅的特权。该议会的代表和请愿书主要来自西里西亚、勃兰登堡和威斯特伐利亚等地的纺织业中心。与这种用恢复中世纪制度来组织劳工的方法相反,工厂工人于8月在法兰克福召开了"工人总代表大会",有300名工会代表参加,包括维也纳人、匈牙利人和波希米亚人。他们通过了应当建立一个工人联盟,社会问题应由工人自己解决的原则。工人阶级用这种方式获得了不依靠政治团体的独立代表权,但是由于把德意志划分为两种类型的工业经济,使这种代表权受到削弱。而且,正当这个运动在法兰克福议会上提出其双重要求时,由于它的部分成员与革命思想有联系,从而使它在议会中的声誉受到了损害。正如在法国一样,社会主义者,不论是理论家和行动家都不可能想象发生一场社会革命而不伴随一场政治革命,特别是科隆的共产主义小组，于6月间创办了《新莱茵报》，力求鼓动工人阶级走向这一目标。针对法兰克福的资产阶级议会，为进行选举而成立的各民主委员会建立代表大会制，由一位社会主义者担任主席。6月14日，它召集来自66个市镇的234位代表，建立了各级地方委员会和地区代表大会，上面设中央委员会和全国代表大会。它的纲领规定要建立民主共和国，以保证全民的幸福和各民族之间的友谊。但是当局不再惊恐失措，地方政府和联邦政府到处镇压群众骚动，6月在柏林，7月在西里西亚，尤其是9月中在法兰克福和西部。至于法兰克福议会，它无视这些无产者和手工业者的纲领。一些来自奥地利的工人曾给德意志人以支持，但没有起多大作用。在革命以前，他没有想到也没有设法建立任何形式的组织；显然，他们甚至不了解他们参加的这次革命给他们提供的机会。他们满足于政府的失业救济和公共工程。政府由于经费困难，并且由于从法国"六月起义"的结局中受到鼓励，于8月19日削减了为公共工程所付的工资，这时维也纳的工人企图谈判。8月23日的骚乱引起激烈的战斗，在战争中他们受到了国民自卫军的镇压。

此外，在奥地利（见第20章，原文第523—529页），斗争是政治性的而不是社会性的。政府太软弱，既不能拒绝群众的要求，又不能抵挡英国的压力；英国急于尽快在意大利恢复和平，劝它在英国调停下，把伦巴第割让给皮埃蒙特，以便保有威尼托。与此同时，保守势力的抵抗以仍然保持着旧的君主专制精神的某些宫廷人士和军队为中心，这些人在没有政府命令或无视政府命令的情况下，发动了第一次复辟旧秩序的运动。温迪施格雷茨在波希米亚，拉德茨基在意大利几乎同时进行这一活动。波希米亚仍然在耐心地等待帝国议会颁布的宪法，拒绝派代表参加法兰克福议会，并于6月2日举行一次各斯拉夫民族的代表大会以证明它的忠诚（参看第9章，原文第232—233页）。这次代表大会尽管宣告了斯拉夫人的团结和自由平等的愿望，实际是反德反俄的独立宣言。6月12日温迪施格雷茨的士兵挑起同布拉格居民的冲突，从而使这位元帅在历时5天的战斗中压倒了资产阶级、学生和工人，并宣布戒严。

在意大利，民族运动的日益衰落符合奥地利的利益。4月29日，教皇在一项训谕中谴责战争。志愿军的热情，遇到的却是乡村人的冷漠；无所事事的当局不想支持他们；皮埃蒙特军队采取半敌对态度，不想收编或使用他们，听任他们进行局部战斗。在这些战斗中，他们在奥地利人的技术优势面前，逐渐丧失了威尼斯的土地。他们精神沮丧，四散逃走。国王查理·阿尔贝特是一个极平庸的战略家，只求实现个人的野心。他无视其他君主提出的建立军事同盟的一切建议。尽管他的所作所为如此，仍然获得当地人民投票赞成于6月并入皮埃蒙特。最后，在7月10日，他接受了英国调停的结果。但是，他仍然没有采取行动，而这时拉德茨基整编了他的部队，于6月10日攻占维琴察，拒绝执行他的停战命令，并且不理会他的政府在英国干涉下所作的让步。在威尼托的一些较小的城镇陆续陷落后，拉德茨基于7月23日发动攻势。25日，他在库斯托扎击溃了皮埃蒙特的军队，赶在溃军之前到达阿迪杰河，强迫查理·阿尔贝特不顾他的正式协议于8月5日放弃米兰，并于9日签订一项停战协定，根据协定撤出了伦巴第、威尼托和各公国。除了威尼斯虽被封锁仍然坚持外，这时已经恢复到3月以前的局势。拉德茨基在伦巴第—威尼托实行了铁腕统治，占领了弗拉拉。那不勒斯国王利用这种局势命令6月15日新选出来的议会休会，直到同那不勒斯的工人进行巷战才于9月将权力交还军队和一个经过清洗的民政机构。统一意大利的希望破灭了；只剩意大利中部和皮埃蒙特还有政治自由。

匈牙利发生了类似的情况（第20章，原文第523—529页）。三月运动鼓舞了效忠于圣斯蒂芬王朝的其他种族中的民族主义分子——边境地区的塞尔维亚人，特兰西瓦尼亚的罗马尼亚人，卡林西亚的斯洛文尼亚人，特别是克罗地亚人。起初，这些运动并不是分离主义的，而且在4月里，它们的代表们曾经希望，通过与布达佩斯的自治政府进行谈判，它们的政治存在可能得到承认。但是它们发现匈牙利人态度顽固，因而在5月表现出一种民主的、反马扎尔人的情绪——塞尔维亚人和罗马尼亚人尤其表现出民主的倾向。他们在卡尔洛夫齐、布拉森多夫和萨格勒布召开的议会上，要求并宣布实行自治；他们要求与维也纳建立直接的联系，封建特权应予废除，大地产应予分开。克罗地亚人从长期的经验中知道匈牙利人多么顽固，他们为他们的共同事业推选出一个领袖，一个来自前线的军官耶拉契奇，他曾被维也纳任命为克罗地亚省省长，这时则由萨布勒布议会授予他独裁权力（7月9日）。他把克罗地亚改成一个单独的省份。与此同时，匈牙利国会于7月4日开会，这个国会在其社会成分上与以前的议会没有什么不同，它在科苏特的鼓动下，开始建立一支国民军。内战迫在眉睫。维也纳毫不费力地就唆使这些民族运动彼此互相攻击。由于战胜了意大利人，维也纳宣布匈牙利人投票通过的法律无效，匈牙利人还失去了德意志议会的支持。9月初，斗争开始了。帝国的斯拉夫部队从东南、南方和西方侵入了匈牙利各省。科苏特自任"国防委员会"主席；他施行了一些未经皇帝批准的法律；因此，匈牙利就像是一个独立国。9月23日，群众杀死了帝国高级专员，和解的可能性已经渺茫。由于维也纳的局势进一步复杂，使这种可能性更加遥远。激进分子和工人计划反对军队开往匈牙利前线，10月6日发生了一次暴动，结果陆军大臣遭到暗杀，皇帝及其大臣逃往奥尔米茨。但是这些群众没有得到支援，无法抵挡军队。温迪施格雷茨向维也纳进军，在3天之内（10月29日至31日）重掌政权，在这个城市里进行了残酷镇压。几个星期之后，匈牙利就屈服了。

在国际事务中，外交活动重新活跃。对英国来说，松德海峡的航行自由既是它所需要的，又是它的传统，它不能允许德国人在这个时候控制该海峡；她对普鲁士的行动作出了强烈的反应，从中调停并促成停战，迫使普鲁士撤出军队，而将争端提交8月30日举行的一次国际会议。（参看原文第265页）。

因此，到1848年夏末，革命到处受阻，往往是被击退的。社会革命被防止，先进的政党被击败。政府的权威已经恢复，有时甚至是军人掌权，如在伦巴第—威尼托王国，在维也纳和布拉格。这一年的最后几个月里，到处忙于制定宪法。虽然自由派的让步还没有被放弃，但在这关键性的几个月里所得到的经验，使各国制宪议会都把行政权力建立在稳固的基础上。法国宪法经过审慎的起草和漫长的讨论，用无休止的辩论来详细审查一些重大的政治问题，这些问题不是从实际经验中解决，而是从理论上解决的。由此而产生的1848年11月14日的宪法具有彻底的民主精神；人民主权体现在通过普选选举一个一院制的立法议会和共和国总统；个人的一切权利和各种自由，包括受教育的自由，都作了规定和保证；责任内阁制保证了议会政治，议会费用的支付意味着任何人都可以成为议员。但在经历了"六月起义"后，由于害怕出现无政府状态而放弃了分权主义，由于害怕社会主义而放弃了工作权。制宪者希望建立一个强有力的政府，希望通过把总统的任期限为4年，不得连选连任来避免权力归于个人的危险。议会尊重国家的权力，尽可能迅速地使新宪法付诸实现。立即着手总统选举；于12月10日举行。结果令人震惊。进步的候选人只获得少数选票——社会党人拉斯帕伊获4万票，民主党人勒德律-罗兰获40万票。真正的竞争在共和党候选人卡芬雅克将军同拿破仑的侄子路易·拿破仑·波拿巴亲王之间进行。亲王在全国并不知名，但由于他的姓名，在6月和9月间被几个省选为代表，他获得了550万票，而卡芬雅克得票略低于150万。资产阶级、农民、工人全都投路易·拿破仑的票；保守党人曾与他订立了一个维护秩序和保护宗教的协议，他们提出了一个以奥迪隆·巴罗和法卢为首的由非波拿巴主义者组成的内阁。9个月以前宣布为共和国的法兰西，现在却把它的命运交给了非共和党人。遭到削弱和丧失了威信的议会不敢继续执行任务；它匆匆通过了几项法律，于2月9日决定在春季解散。波拿巴亲王的当选被整个欧洲看作维护秩序的力量的重大胜利，促使各国政府采取果断的措施。

与此相反，在德意志，制定宪法是一件新鲜事物。不仅中部和北部各邦，就连德意志邦联也不得不制定基本法，这项任务往往在断断续续互相矛盾的情况下进行。

在西部，资产阶级已经熟悉了议会政府的做法，问题容易解决：只要把政府引向民主即可。另一方面，在中部和东部，封建王朝的结构仍然根深蒂固，政府往往掌握在决心维护自身利益的贵族阶级手中。普鲁士议会于5月22日召开。左翼政党占绝对优势。群众的骚动在6月里有几天形成了起义，迫使议会采取民主措施；抛弃旧政权的观念和制度，建立新政府。但是到7月时，右翼重新组织了它的力量——大地主、路德派教士、王室侍从和军队，这些人都力求在农村获得支持。当议会要求驱逐军队中敌视新政权的军官时，冲突就爆发了。由于受到温迪施格雷茨的榜样的鼓舞，国王把他在柏林的部队交给一位名叫符兰格尔的坚定的将军指挥，他严厉镇压了9月的工人阶级骚动。对10月31日表决通过的一项同情维也纳人的行动，他的回答是任命由冯·勃兰登堡为首的反动内阁,并在11月中旬将议会遣散回各省。群众没有发生骚动,舆论似乎对他有利。于是国王采取了进一步的行动。12月5日,他宣布解散制宪议会,自己颁布了一部宪法,保证下列基本权利——法律面前人人平等、普选、议会两院制,但国王保留解散议会的权力,以及实行固定税收的原则。正如1月选举中所表明的那样,这部宪法满足了全国的愿望。德意志其他各邦君主也都采取了同样步骤。如果说自由主义获得胜利的话,那也只是一种以牺牲民主和人民主权为代价的胜利。

5月18日开幕的法兰克福议会,大约有800名议员。它根本不代表下层阶级,主要是由知识分子组成。他们有自觉的热诚和坚定的意志,但完全缺乏政治经验。他们采用的繁杂程序进一步延误了他们的工作,当时成功的基本条件是立即利用举国的热情和政府混乱的时机,他们却进行无尽无休的辩论。议会分裂成为若干不稳定的派系。到6月30日,它才决定把临时政府委托给一位帝国临时元首约翰大公爵,实际上他到7月底才就职。然后议会才开始宣布它的目标,制定一项它无法实现的政策。它希望创建一支德国陆军和舰队,将所有说德语的各邦并入帝国,对各邦政府实行控制,并通过中央集权使国家的制度和经济划一。只是在这以后,10月19日,它才开始讨论它真正想要建立的那些制度。构成德意志普通法的各种基本权利迅速确定下来,并在当年年底未经各邦批准便予以公布。10月27日,议会被它自己的民族主义狂热冲昏了头脑,宣布除一人兼任两邦君主的联合外,德意志帝国的任何部分不得与另一邦合并。但与此同时,奥地利和普鲁士当局所取得的胜利意味着它们无意被取代或受人控制,并将会加强那些已经对群众运动采取强硬态度的政府的抵抗。维也纳的帝国政府实际上巩固了它的地位(参看第20章,原文第525—526页)。由温迪施格雷茨指挥的来自摩拉维亚、施蒂里亚和加利西亚的军队,于12月15日击退匈牙利人,1849年1月4日重新占领布达佩斯,并于2月26日取得最后胜利。与此同时,费利克斯·施瓦岑贝格亲王于11月21日成立一个由施塔迪翁和巴赫等确有才能的人组成的政府。27日,他向帝国议会提出他的在统一但是自由的基础上重建这个国家的纲领,并于12月2日以年轻的弗兰茨·约瑟夫替代虚弱的皇帝。与普鲁士国王一样,他的政府也面对一个帝国议会,这个议会从7月22日起已经谨慎地从事建立一个联邦制的民主体制。此外，也像普鲁士国王一样，政府把帝国议会从动乱的首都维也纳迁往摩拉维亚，然后宣布将它解散，于1849年3月4日公布一个以帝国统一、民族平等和代议制三者合一为基础的宪法。作为补充还发布了以下法令：规定废除封建制，建立市政机构和改革司法制度。与此同时，政府得到俄国在外交上给予支持的保证。

由于查理·阿尔贝特的一项不幸的决定，奥地利政府获得了对意大利的进一步胜利。由于受到民主派的煽动，这位皮埃蒙特国王废除了3月12日的停战协定，重启战端。但是仅仅24日的诺瓦拉一战他的军队就溃败，他被迫退位，接受一项新的停战协定，这项协定条件十分苛刻，只是由于法国的外交努力才略加放宽。

在这种情况下，法兰克福议会的决议就难免受到阻挠。在制定宪法的过程中提出了帝国领土应当如何划定，是否应将奥地利的全部或一部分包括在内的问题。2月里，各政党分成了"大德意志派"和"小德意志派"两个集团。大多数人对奥地利表现出的独裁倾向，对巴伐利亚和符腾堡两邦政府已经开始同奥地利进行的谈判，对奥地利公开宣布的要像统治旧德意志一样统治新德意志的意图表示不满。

1849年1月底和2月，作出了关于国家制度的重大决定，3月27日宪法制定完成。3月28日，弗里德里希·威廉国王以出席代表538人中的290票当选为德意志皇帝。普鲁士的支持者获胜，他们利用了似乎席卷奥地利的突如其来的灾难。匈牙利人在科苏特的激励下焕发出新的力量，在三条战线上击退了奥地利人，4月7日击败了温迪施格雷茨，并在一个月之内解放了他们的领土。4月14日，议会宣布废黜哈布斯堡王朝，宣布匈牙利独立。眼看奥地利将无法完全恢复原状。施瓦岑贝格当机立断，求助于沙皇。5月1日，他正式宣布得到俄国的支持，当月，俄国三个军开进了帝国领土。在德意志，奥地利的财产也被归还。4月27日，弗里德里希·威廉面临在德意志自由主义与普鲁士传统之间进行抉择，他轻蔑地拒绝了法兰克福议会给他的皇位，解散了他自己的议会，修改了选举法。

所有这些同时发生的事件——法国选出一个保守的多数派，普鲁士国王拒绝接受德意志皇位，施瓦岑贝格求助于沙皇，皮埃蒙特的崩溃，法国军队在罗马国的登陆——表明革命进入退潮。在有些国家里，革命的结束只有几个星期。法兰克福议会迅速解体。首先是奥地利的代表，然后是普鲁士的代表被他们的君主召回，自由派则沮丧地返回家园。留下的只是占少数的共和派，他们徒劳地企图实施已被国王拒绝的宪法。从那年年底开始，民主党一直在组织"三月协会"；现在则力求通过一次新的革命来实现共和国的统一。但是在萨克森、巴拉丁和巴登大公国（5月初）举行的起义被普鲁士军队镇压下去，在斯图加特避难的议会也于6月18日解散。

在意大利，民族主义者的失望和自由派政府的无力对付经济危机，使革命运动在这一年的年底再起（参看第21章，原文第564页）。在皮埃蒙特，激进分子在选举中获得的胜利使焦贝蒂和拉塔齐政府上台，结果奥地利战争重启，造成巨大灾难。在罗马，一场真正的革命导致政务委员会主席罗西于1848年11月15日被暗杀，教皇在面对进一步混乱的情况下于24日逃往加埃塔。在托斯卡纳，激进派在圭拉齐的领导下掌握了政府，大公也同样决定逃亡。马志尼的支持者从四面八方涌向意大利中部这个民主孤岛；他们企图组织一个平民的制宪议会，最终宣布在罗马和佛罗伦萨成立共和国。但在诺瓦拉敲响了这些民主派的丧钟。天主教势力讨论如何最好地使教皇复位，教皇则向奥地利求援，因为奥地利正在开始占领教皇管区。法国政府决心防止和限制奥地利的行动，派遣了一支远征军，于4月25日抵达契维塔韦基亚。乌迪诺将军过早地发动进攻而失败，罗马只是在经过三个月的围攻后才于7月1日陷落。被乌迪诺复职的各红衣主教进行了报复，法国政府无法干涉。托斯卡纳共和国于5月底被奥地利军队推翻，这时那不勒斯国王也在4月和5月初重新征服了西西里。像民族主义革命一样，政治革命在意大利也已结束。只有皮埃蒙特的保持自由主义。不久以后，匈牙利投降。俄国和奥地利的军队仅用了两个半月的战斗就使科苏特垮台，于8月13日在维拉戈斯无条件投降。威尼斯在被封锁6个月和被炮击一个半月后于8月22日投降。这一系列的胜利使施瓦岑贝格得以撕下自由主义的假面具：奥地利宪法停止生效。

在法国和德国，革命处于停滞阶段。经过一段与政府严重分歧，法国制宪议会被解散。财政和经济危机已成过去，失业问题已经解决，但是企业仍然不振，并一直延续到1852年。对这一切不幸负责的共和党，在5月13日的选举中遭到严重失败：代表保守党人、保皇党人和天主教徒的联盟的秩序党，赢得了750个议席中的450席。但是执政党却输给了左派。为了应付总统选举，一些民主分子曾经联合起来组成了"山岳"党，这个党仍然存在，巴罗内阁未能制止它的宣传活动。由于获得了左翼的全部选票，他们在新议会中占了约200席。在巴黎，他们特别成功；由于这一结果的鼓舞，他们的领袖不明智地认为在巴黎再搞一次"劳动日"将会使他们重新掌权，并且轻率地于6月13日企图组织暴力行动。人民没有起而响应；这个党由于很多人被捕而实际上瓦解；勒德律-罗兰、孔西德朗和费利克斯·皮阿前往英国与路易·布朗相会。继之而来的当然是镇压性的法律——停止结社权一年，并确定了新闻出版方面的一些新罪名。不久以后，10月31日，总统组织了一个由他的亲信组成的内阁，从而摆脱了保皇派的束缚；一方面努力保持他在人民和军队中的声望，一方面又迅速地将政权掌握到自己手中（参看第17章，原文第444页）。

　　与此同时，通过《法卢法案》（1850年3月15日）①，大多数人了解到他们纲领中的一个主要点——受教育的自由。这似乎不是一项重大的自由主义改革，因为教会有效地控制了初等教育，而且在中等教育方面也有很多特权。这项法律加上实行普选权，使教士具有头等的政治重要性。由于被山岳党在3月和4月的补缺选举中取得的胜利所震惊，议会对普选施加了严格的限制：1850年5月31日的法律，规定了严格的居住条件，从而把选民的人数减少了300万，即1/3，7月16日的一项新闻出版法，重新征收报纸的保证金和印花税。然而，大多数人尽管在反对共和党人方面是团结一致的，但不同意王朝复辟。1850年8月26日路易·菲利普的去世，给两个王室之间的和解或者说"融合"铺平了道路，但由于尚博尔伯爵拒绝对自由主义作任何让步，因而和解迟迟未能实现。从此以后，不论王权派、奥尔良派、共和派和日益壮大的总统派情况如何，都未形成有效的多数。于是1848年的广泛民主政权变成了一种受监督的自由政权。

　　在德意志，主动权从人民手中转到了政府手中（参看第19章，原文第498—503页）。在普鲁士，1849年8月的选举给了右派充分

---

① 参看本卷第4章，原文第80页。

的权力，使国王能在当年年底修改宪法，恢复地产的限定继承权，然后，在1850年，把上议院改为贵族院。城市的组织，地方庄园的恢复，以及关于内阁责任制的法律，也标志着回到旧的传统。其他君主仿效巴伐利亚的榜样，使他们的议会休会或延期开会，以便他们能够腾出手来处理国家的组织问题。弗里德里希·威廉一方面出于野心和信心，一方面出于博得臣民的支持，实际上是试图在政府一级行使挫败人民代表的任务。由于他对"制宪运动"的严厉镇压加强了他的力量，他于5月26日与萨克森和汉诺威签订了一项协议，称为三王同盟。它为其他各邦政府提出了一个全国统一的计划，其中包含法兰克福议会的一些观点，不过由各邦君主和各邦代替了行政部门和下议院。已经在与施瓦岑贝格进行谈判的巴伐利亚和符腾堡立即予以拒绝；其他各邦则在8月间予以接受；自由派各政党的领袖在6月间表示支持。

　　重要的是必须迅速行动以便从奥地利的困境中取得好处。但是直到10月15日联盟的行政委员会才召集各选帝侯决定于1850年1月31日开会，以便选举一个议会，3月20日起草的宪法将向这个议会提出。这样就给了奥地利时间来准备反击。它同意巴伐利亚和符腾堡考虑改革邦联的其他建议；它于1850年2月27日组织了一个"慕尼黑会议"；并试图破坏普鲁士对其他各邦君主的影响。它用这种方式获得了必要的喘息时间来进行自己的内部改组；辩论的时间都被用于安排以一个临时的奥—普委员会来代替帝国临时元首，这个委员会于1849年12月接管了后者的职务。在讨论联盟议会的选举时，首先是萨克森国王（于10月25日），然后是汉诺威国王加以拒绝并退出联盟。议会开会时仅仅有来自普鲁士和26个小卫星国的代表参加，而且即使这样，宪法直到4月底才通过。弗里德里希·威廉不敢将它付诸实践。施瓦岑贝格从这种举棋不定的情况中得到了好处，进一步采取行动，按照以往的惯例召开了一次邦联全体会议，并组织了一个议会的"有限委员会"，直到议会改组后为止。1850年9月1日，这个问题突然变成实际的紧迫问题之一，当时在黑森—卡塞尔发生了革命，将选侯逐出卡塞尔。法律赋予普鲁士国王以在该邦恢复秩序的任务；另一方面议会委员会发布联邦行政命令，要求巴伐利亚予以执行。内战似乎迫在眉睫。施瓦岑贝格依靠俄国的有力支持和德意志另

第十五章 1848年的革命

外四个邦的君主的支持,向普鲁士发出最后通牒,于是弗里德里希·威廉便注定要于1850年11月29日在奥尔米茨遭受奇耻大辱,同意撤出黑森和荷尔斯泰因并解散已经缩小的联盟。奥地利只同意在各邦君主会议上讨论邦联改革问题。这个会议于1850年12月23日至1851年5月15日在德累斯顿举行。由于没有取得任何结果,全体同意恢复旧体制。议会于1851年8月23日复会。德意志各邦政府由于不再担心革命,再也不愿提及国家统一的问题。

到这时,革命的唯一幸存者法兰西共和国也只有几个月的寿命了(参见第17章,原文第444—445页)。总统与议会之间自1850年秋季以来潜在的冲突,到1851年1月激化,因为这时总统撤销了由议会中保皇多数派任命的尚加尼埃将军对巴黎部队的指挥权。总统曾巧妙地公开指责议会无能和具有反动倾向。舆论由于害怕再出现无政府状态,同意应保持总统的权力,但是议会在1851年7月19日拒绝修改宪法以便使他连选连任。从这时候起,路易·拿破仑就下定决心,以武力保持他的地位。秋季,他准备好了武器,施巧计建议恢复普选权,以便使议会陷入错误,议会在11月13日拒绝了这个建议。1851年11月2日夜间,总统发布命令解散议会,逮捕其主要领袖,向全国建议举行公民投票授权他修改宪法。从理论上说,共和国一直存在到1852年12月2日宣布成立帝国时为止。但是实际上,由于这次军事政变和1852年1月14日的宪法,它早已不复存在了。

革命在每个国家和在每个方面都或迟或早地遭受了失败。不过,混乱时间尽管不长,却使1851年的欧洲与1847年的欧洲大不相同。

在那些仅仅出现政治问题的国家,明显得益的是那些没有发生革命的国家:比利时把对选举权的财产限制降低到了宪法规定的最低限度,并且进行了行政改革;荷兰由于实行各省自治而加强了宪法的力量;两国都实现了议会制。北欧各王国,改为立宪制。丹麦是根据1849年的宪法,瑞典则是由于1851年国会的改变。瑞士虽仍保持海尔维蒂联邦的名称,但已变成一个联邦国家;对内战的记忆迅速消失,舆论一致抵制外国企业,经济在以国际规模发展,从而加强了国家的独立(参看第9章,原文第223—224页)。瑞士已经找到了在各州的民主自由与扩大中央权力之间的一种折中的解决方法,它将成为政治试验的一种实验场所。即使在法国,尽管1851年的军事政变和1852年的宪法标志着从七月王朝的自由议会政权后退了一步,但是,普选权和人民当政的原则代表了永久性的成果。至于英国(参见第13章),宪章运动和爱尔兰骚动的被粉碎,使政治舞台陷于真空;约翰·罗素进行选举改革的努力,在公众中和他自己的党内都遭到了冷遇;这个国家忙于经济、社会和宗教的改革。在整个欧洲,政治演变停滞不前;个人自由和议会政府制度似乎令人感到不合时宜;在各个地方,教会和信徒都倒向保守主义。

在那些政治问题与民族主义纠缠在一起的国家,革命的结果各不相同。

在意大利半岛,人们对在争取解放中第一次协同一致的努力记忆犹新,对"日耳曼"抱有深仇大恨,二者交织在一起,培育了国家统一的幻想。显然,必须在新的基础上重新确立遭到失败的意识形态,但是,新获得的经验又很难汲取,马志尼的思想注定要在一段时间内与复兴意大利的目标相左。政治上的反动获得了胜利:在那不勒斯,它采取一种奇特的残酷形式,依靠的是它自己的人力物力,在各公国和教皇辖区,它得到奥地利驻军的支持;在罗马,法国军队的存在使它稍微有所收敛;而在伦巴第—威尼托,它在军事报复中表现出来。只有在皮埃蒙特,维克多·埃马努埃尔二世维持了"宪法",自由找到了庇护者。实际上,皮埃蒙特成了爱国者和自由派的避难所;它正开始一个经济现代化的时期;而且,一个具有决定意义的事实是,1850年5月加富尔参加了政府。但这些仍只不过是对未来的一些暗示。

在德意志,民族运动经历了多次起伏之后,直到克里米亚战争(参见第19章)以后才归于消亡。但是统一曾经存在过,人们对统一记忆犹新。同样明显的是,统一可以通过议会手段以外的其他方式实现。普鲁士军队中的某些人士,由于受到奥尔米茨投降的屈辱,渴望以普鲁士为中心实现统一。所有各邦都已立宪,都已承认普选权。但是主要的新情况是,由于1848年和1850年的宪法——一部由上面自愿颁布的宪法——普鲁士不再是一个专制王国。它在另一方面也树立了榜样:它用一种阶级制度限制普选的作用,并通过实行固定征税原则巧妙地与议会的权力相抗衡。德意志的其余部分都仿效这种制度:1848年12月议会通过废除基本权利,恢复了政府修改立法和设立特别法庭的权利；反动势力发现了一种政治——宗教哲学。

奥地利帝国经历了更大的变化（参看第20章）。由于它对普鲁士的胜利以及它从南部各邦得到的支持，它从外部对德意志的影响似乎已大大增加；在意大利，它在该国的中心也占有坚强的据点。此外，奥地利由于内部实行新的体制而增强了力量。1849年3月4日颁布的宪法不仅废除了历史赋予的权利，而且废除了天赋权利。接着，军队也直接隶属于皇帝的内阁，大臣只对皇帝一人负责。1851年12月31日，宪法暂停生效。施瓦岑贝格和他的班子建立了一个中央集权的国家。它建立了以县（Circles）和乡为基础的统一行政体制，省被分开了，县从属于各部。值得它炫耀的还有一个统一的司法制度，这种制度独立于文官系统之外，实行公开管理。它由于与教会取得密切的谅解而得到加强，这种谅解正式体现在1855年的政教协议中。总之，它是约瑟夫二世曾经梦想过的那种现代国家。不幸的是，创建并且本来能使之长久存在下去的施瓦岑贝格于1852年4月5日去世。

革命在社会方面取得的积极成果要大得多。但是工人阶级的状况没有得到什么改善。对社会主义的恐惧阻碍了社会改革政策，而经济制度的变化还没有达到足以显示其效果和可能随之而来的危险的不平衡状况的程度。在所有方面，任何可能表明或鼓励社会主义的事物均被清除；因此，在法国，特别是工作的权利被取消了。一项公共辅助政策（即提供廉价食宿，创办慈善团体，向工会提供贷款）代替了社会政策。在德意志，法兰克福议会在通过两个劳工宪章之后再也没有下文了。在英国，第一项社会立法《十小时工作制法案》于1850年通过。但是到处都出现了疑问：在法国和英国展开了对劳动条件的调查；拿破仑三世特别注意到工人的地位。共产党人提出阶级斗争作为他们的解释和解决问题的方法；但是他们当时还未得到响应。不过革命性立法已在各地使工人摆脱了传统的束缚；各种团体被取缔；经济上的个人主义，得到法律的支持，将会给新的产业制度提供必要的人力。总之，1848年的革命开始了或者是加速了群众的无产阶级化。

但是，土地问题涉及的人要多得多，革命在这方面的影响更深刻，所起的作为也更有益。各个不同的议会都废除了封建制度，反动势力不敢再恢复它。这影响了半个欧洲，因为俄国仍属例外。在德意志，改革首先在西部进行，然后扩展到中部和东部，几乎是按照各地法律规定的条件给地主以补偿而自动进行的。在普鲁士，容许转让或转移西里西亚土地占有权的法律废除了封建权益。在奥地利帝国（参见原文第530页），任务比较艰巨，因为它还没有像普鲁士那样已经开始进行改革。对个人的劳役不给予补偿，而对土地收益的补偿则各省的做法不同，不过各地都是开明的。在匈牙利，革命政府把补偿归国家负担，这种做法一直在坚持，在加利西亚，由省预付现金；在王国的其他地方，1849年3月4日的法律规定了估价的原则和支付的方法；强迫劳役按一个工作日的1/3计算，实物支付则根据土地调查的估价来折算——一半由农民支付，一半由省支付。在奥地利帝国，在意大利中部和南部，特别是在勃兰登堡和普鲁士，土地问题——把大地产分割为小块农民份地——无疑仍然有待解决。但是至少人身获得了自由。1789年在法国做过的事，1848年在欧洲做了。农奴制和对个人自由的一切限制的废除，使得工人和农民都可以自由流动；移民已经成为解决长期人口过剩和暂时性危机的持久使用的方法。这就是欧洲人向各地分散的开始，这种分散将改变世界的面貌。

　　如果用这些结果来衡量1848年的革命，它在欧洲演变中所具有的意义就比较容易理解了。它带来了一个世界的结束。这次革命是法国大革命和第一帝国所产生的意识形态的实际运用。可以说，革命的失败表明这种意识形态已经用尽了。因此，它是一个结束而不是一个开端，因为以后的事件是一些不同的思想的果实。把它引起的动乱与后来欧洲事态的演变联系在一起是牵强附会的和武断的。我们必须等到1914—1918年的战争才能看到一个按照这次革命所主张的共和国和议会自由的计划以及民族独立的普遍原则而建立起来的欧洲，才能看到它为梦想实现自由人民的兄弟联盟所做的某些尝试。在经过一代人以后，欧洲才由于它传奇般的发展而重新起到指导和示范的作用。

　　试图对这样复杂的现象进行系统的解释是不可能的，对这些现象的全面研究已经显示出许多矛盾。纯粹按政治和意识形态出发来作出解释，固然可以说明革命所追求的理想，说明那些发动革命的人们的动机，以及革命失败的原因。但是这种解释太狭隘了；它把社会的动乱看成是革命极端主义的高涨；它没有考虑到作为各政党的基础，而且有时从政党的种种混乱状态后面显示出来的那个庞大的社会和经济结构。经济原因论用群众运动来说明一切，通过严重的经济萧条以及通常伴随而来的人民苦难来看待革命，它无法解释像英国和比利时那样一些爆发革命的社会原因最为突出的国家为什么根本没有发生革命；它模糊了每次革命的特殊性。最后，马克思主义理论把1848年的革命看作阶级斗争的第一次试验和无产阶级为挣脱资产阶级枷锁而作出的第一次努力，它对于一些非典型的、地方性的事件（如法国的"六月起义"，巴登的农民暴动和1849年的"宪法运动"等）作了过于一般的解释；它忘记了所有地方的革命都是由资产阶级知识分子发动的；而最主要的是，它在预料未来的状况时，是以存在一个工业无产阶级为出发点的，而这个阶级实际上只存在于英国而不存在于作为革命中心和发源地的巴黎。历史不会以有一些体系而满足，它要求有各种更丰富、更复杂的模式。简单的分析过于简单，不可能真实。为了厘清过去的一切复杂头绪，我们必须采取不同的方法、灵活的态度和各种形式的分析。

（周叶谦　译）

第 十 六 章
地 中 海

本章不想重述地中海各国的政治史——意大利的统一，法国对阿尔及尔的征服和殖民，希腊这一小国的巩固，埃及的新觉醒以及为保持和改革土耳其帝国的残余部分所作的努力；也不想叙述诸如此类的事态演变所造成的国际危机的外交和军事历史。在本章范围之内，要想探讨这些国家在不同程度上与欧洲其他国家共有的新思想、新习惯的影响，也并非易事。本章的目的是试图说明这一时期地中海地区的共同特点，并着重论述整个地区外部条件的某些变化。这些变化的关键是首先出现了轮船，其次是出现了铁路，这两样东西把新的工业时代带进仍保持传统模式的生活之中。如果这个看法是正确的，那就理所当然地应着重将地中海在内部作为一个交通网、在国际上作为连接亚洲与西方的通道而加以论述。必须注意这些变化在政治上和战略上的意义，但这不应仅仅作为几个地中海国家的部分历史，或者作为地中海以外的两个国家英国和俄国（两国的较量对地中海地区的事态发展产生很大的影响）的部分历史来认识。

"地中海"这个名称在各个时代含义稍有不同，而使用这一名词的人把哪些地区也包括在地中海这一概念之内，差别就更大了。不管地理学家所下的定义是什么，历史学家都把黑海排除在外；不论是曾被放逐到托米的罗马诗人奥维德，还是征服克里米亚的俄国女皇叶卡捷琳娜二世都绝不会怀疑地中海是遥不可及的。历史学家对于是否像英国海军部编的《地中海指南》那样，把界线定在加利波里，也许仍然犹疑不决；但他们大概会决定把君士坦丁堡算作地中海的一个港口，并认为博斯普鲁斯海峡是通向外界的出口。即便

第十六章 地中海

如此，地中海的范围依然是很大的。君士坦丁堡和塞得港距离直布罗陀都有将近 2000 海里之遥，距离马赛和热那亚也都超过 1500 海里。的里雅斯特到君士坦丁堡的距离比马赛和热那亚到君士坦丁堡的距离近一些，但距塞得港就近不了多少。（可以比较一下，直布罗陀到伦敦相距约 1300 海里，格拉斯哥到纽芬兰不到 1900 海里。）地中海范围虽广，但它又是一个狭窄的海，其进口为狭窄的海峡，腰部也有几处多少有点狭窄。非洲海岸距西西里的一端还不到 90 海里（中间还有潘特莱里亚岛），稍偏西距撒丁岛只有 110 海里，在东边距克里特岛约 160 海里。进入亚得里亚海的入口处很窄，只有 40 海里。直布罗陀海峡长达 30 多海里，有一处宽度不到 8 海里；而博斯普鲁斯海峡弯弯曲曲有 16 海里长，宽度均不超过 1 海里。这个四周为陆地所包围、部分为陆地阻塞的广阔大海，也是一个很深的咸水海，一个几乎没有潮汐的海，同时又是一个强潮和风暴会突然降临的海域。

在大自然赋予那么多天然水道的地方，古代世界利用奴隶劳动开凿了不止一条人工运河，这并不足为奇。奇怪的是，近代世界却等待了一个很长时期才大规模地重新进行这种尝试。机器的出现，只能说明部分原因。现在的苏伊士运河除最后阶段外都是靠埃及的人力挖掘的，很少使用机器。但事实上，如果没有挖泥机，运河西段就很难清除来自尼罗河的淤泥；而如果没有轮船，也就根本不会形成这样一个工程计划。

地中海不仅是一个海，它也包括全部沿海地带。对于沿海地带的各族人民来说，地中海是他们共有的海洋。这里有独特的气候，相似的自然物产；从地中海一端到另一端，历代的生活方式均有可以辨认的相似之处。就自然条件来说，地中海与其说把他们分隔开来，倒不如说把他们联结在一起。沿海一带，到处均少霜雪，平均日照时间长，生长同样的树木，同样的橄榄、水果和谷物，出产同样的鱼类。在这一时期，几乎到处都流行一种尚未得到解释的疟疾似的热病，到处都惧怕鼠疫，并采取同样的预防办法。这些预防办法的效果是受到怀疑的；在 19 世纪 30 年代，梅特涅曾建议召开会议研究检疫条例而未能成功；不久，有人写文章表示反对，说这些条例大都没有必要，因为马赛虽与鼠疫流行的埃及贸易频繁，而且检疫规定未曾严格执行，但近期并没有发生鼠疫。① 人们怀疑有些政府利用检疫条例来检查信件或阻挠政治上不受欢迎的船只和旅行者入境，这种怀疑有时是有道理的。例如，对于多瑙河口（主要指苏利纳运河）的检疫站就经常有这种不满；从1829年的《阿德里安堡条约》到1856年的《巴黎和约》这一时期，该地是由俄国控制的。

当年英国上流社会的子弟在欧洲大陆旅游的时候，由于他们富有，或者充满富于诗意的幻想，也就不大感到地中海这段旅程的不适或者艰苦。但到轮船航行时期，开始形成一个新阶层，即"旅游"阶层。他们对于旅途的物质和精神生活有很多评论，而且往往把他们的痛苦和意见记录下来。其中最早、也最宽容的旅行者之一就是萨克雷。他作为一家迅速发展的航运公司的客人，受委托宣传该公司新组织的游览航行。② 但有一位棉纺织品制造商在1845年度假时连续乘坐几艘轮船，他在日记中一再抱怨船上太脏，跳蚤多，伙食差，特别是在博斯普鲁斯海峡亚洲海岸的拉扎雷托港口因检疫而被迫停留了两个星期。③ 然而，旅游的风尚仍然传播开来，同时也出现了大量有关地中海东部地区的著作；这些著作或叙述生动，或富于浪漫色彩，或出自功利观点认为那里有利可图，但从中很难选出可靠的、可资比较的事实材料，甚至可靠的印象也找不到。

19世纪初叶，进行了大量的测绘航海图的工作。英国海军少将史密斯在轮船时代到来之前于1810—1824年曾经做过这类工作，此后很久他写了一本地中海沿岸指南性质的书，这是他准备绘制近百张船海图的副产品。④ 他一开始就引用约翰逊博士致保利的信中的一句话："旅行的伟大目标是看一看地中海沿岸一带……我们的全部宗教，几乎全部艺术，使我们高于野蛮人的几乎一切事物"来自这一地区。接下去，他很少谈到地中海的文明，但对于大多数港口却讲了一些情况。与轮船和铁路同时出现的早期的一些旅游指南很有条理，

---

① J. 麦格雷戈：《商业统计》，第1卷（伦敦，1844年），第1256页及以下各页。
② W. M. 萨克雷：《搭乘伊比利亚半岛与东方公司轮船……由康希尔至大开罗旅行记》（伦敦，1846年）。
③ 罗伯特·海伍德（波尔登市长）：《1845年地中海东部旅行记》（私人印刷，剑桥，1919年）。
④ 海军少将 W. H. 史密斯：《地中海：自然、历史和航海回忆录》（伦敦，1854年）。该书主要谈30年以前的情况。后由英国海军部根据本部材料及其他调查材料编著的《地中海指南》更为精确（第1版，伦敦，3卷本，1873—1882年）。

第十六章 地中海

对于事物的外貌叙述很详尽，但一般不谈政治。这些书至少提供了一些可靠的情况，不仅谈到大城市和名胜古迹，也谈到旅游者这时可能想去访问，或者在旅途中将要经过的各个小港口。约翰·默里的《旅游者手册》和卡尔·贝德克尔的同类书都属于这种早期的旅游书。另外，这时商业统计时代刚刚开始，提供了大量的官方和非官方的资料。这类资料有一个好处，即就各地的情况提出大体相同的问题，也作出多少相同的答案，这样就有可能在统计上作某种程度的比较，尽管这种比较不够精确，而且可能有错误。

下表中列举的一些很粗略的数字，可以大致说明这个时期前半段一些港口的有关活动。这些数字几乎全部取自同一资料来源，它们表明在一年内进出每一港口的船舶的总吨数（即进港加离港船舶的吨数，再除以二）。① 1870 年各港口重要性的先后次序，来源于另一份资料。②

1850 年前的重要性（顺序排列）	港　　口	航运总吨数（以千吨计）	1870 年前后的重要性（顺序排列）
1	君士坦丁堡	?	1
2	马赛	500	2
3	的里雅斯特	490	8
4	里窝那	360	5
5	热那亚	300	3
6	爱奥尼亚岛（全部港口）	250	
7	直布罗陀	240	
8	巴塞罗那	170	12
9	墨西拿	165	6
10	马耳他	160	
11	亚历山大港	140	4

---

① 麦克雷戈：《商业统计》，第 1 和第 2 卷（1844 年），第 5 卷（1850 年）。当地沿海航运的吨数是否包括在内不很明确。君士坦丁堡的总吨数找不到可靠数字，即使不占第一位，也必定属于前三位。马赛和的里雅斯特的数字引自另外的资料来源。

② J. R. 麦卡洛克：《商业词典》（伦敦，1834 年第 2 版；1871 年修订版）。麦卡洛克的资料与麦克雷戈的资料不能完全相互比较，前者没有提供直布罗陀和马耳他的数字。也可参考 G. R. 波特：《国家的进步》（3 卷本，伦敦，1836—1843 年；1847 年第 2 版；1851 年第 3 版）。全部数字都曾参考英国的《报告和文件》，该书附有详细索引。

续表

1850年前的重要性（顺序排列）	港口	航运总吨数（以千吨计）	1870年前后的重要性（顺序排列）
12	士麦拿	110	10
13	锡拉	100	
14	尼斯	100	
15	安科纳	55	
16	威尼斯	50	14
17	巴勒莫	45	7
18	阜姆	40	16
19	萨洛尼卡	40	15
20	贝鲁特	40	
21	契维塔韦基亚	35	13
22	克里特（全部港口）	35	
23	比雷埃夫斯	35	11
24	那不勒斯	30	9
25	塞浦路斯（全部港口）	30	
26	帕特雷	30	

与上述数字比较，加的斯是165（千吨），敖德萨是160（千吨）。

至于人口数字，也许比较可靠一些，但更容易使人产生误解。沿海城市在商业上的重要性不是以其居民人数的多少来衡量的。例如，西班牙和意大利南部的某些人口众多的城市，港口不良，贸易额也较小。但人口数字可以说明政治事件和轮船航线的经济情况在这一时期内对地中海各港口盛衰兴替的影响。下页（原文第420页）表上的人口数字尽可能列出2个或3个年份：本时期初，本时期末，以及某些港口大约十年以后的数字；表上排列的次序大体上以1870年前后的人口多少为序。1850年以前货运量大小的次序（如上表所示）用数字排在每个城市的前面。这些数字一部分来自默里的《旅游者手册》或麦卡洛克的《商业词典》的前后各版，一部分来自《地中海航海指南》（1873—1882年）。

第十六章 地中海

航运重要性的次序	港 口	人口（以千计）		
1	君士坦丁堡（无可靠数字，至少为50万）			
24	那不勒斯	（1845）400	（1868）450	（1881）450
2	马赛	（1845）170	（1870）300	（1881）318
11	亚历山大港	（1847）80	（1872）212	（1881）220
17	巴勒莫	（1847）178	（1862）187	（1881）230
8	巴塞罗那	（1845）140	（1869）180	（1881）243
12	士麦拿	（1840）150	?	（1882）180
5	热那亚	（1842）114	（1871）132	（1881）168
?	巴伦西亚	?	（1860）108	（1881）142
16	威尼斯	?	?	（1880）130
?	马拉加	（1845）51?	（1869）110	（1881）116
4	里窝那	（1842）60	（1861）80	（1881）100
	土伦	（1845）28?	（1869）28?	（1881）77
3	的里雅斯特	（1840）57	（1871）65	（1880）90
?	卡塔尼亚	（1846）56	（1862）64	（1881）90
9	墨西拿	（1846）58	（1861）63	（1881）70
19	萨洛尼卡	（约1840）50?	（1872）60	（1882）65
23	雅典（加上比雷埃夫斯）	（1840）20	（1871）60	?
14	尼斯	?	（1870）50	（1881）50
20	贝鲁特	（1838）20?	（1838）45	（1881）70
15	安科纳	（1843）35	（1867）30	（1880）36
10	马耳他（瓦莱塔港）	?	（1873）33?	（1878）61
?	卡塔赫那	（1845）30	（1869）33	?
?	阿利坎特	（1845）25	（1862）32	（1881）35
7	直布罗陀	（1840）24	（1869）25	?
26	帕特雷	（1840）24	?	（1880）26
13	锡拉（埃尔穆波利斯港）	?	（1872）16	（1881）20
	布林迪西	（1853）6	（1871）14	（1881）18
18	阜姆	?	（1871）13	（1880）20
21	契维塔韦基亚	（1843）7	（1871）12	?
	塞得港	—	（1875）10	
	波拉	?	（1871）6	（1881）20

表中所列地中海各港口的有关数字，是根据不同的资料来源经过慎重考虑提供的。我们粗略研究一下这些地中海港口，便可了解本时期初政治和经济情况的背景。我们先从直布罗陀谈起，它是"英国向伊比利亚半岛走私货物的大货栈"，因而也是最早废除保护性关税的一个城市和引起多次战争的主要原因（萨克雷的这一论断过分简单化，这是那个时代的特点）。然后我们再来看西班牙东部的一些城市，这些城市人口虽多却并不繁荣，但经过修筑铁路与马德里彼此联结起来之后，这些城市就繁荣起来了。马拉加的良港严重淤塞，但到1870年开辟了一条螺旋桨轮船的航线直通美国波士顿。卡塔赫那起初衰落，不为人所重视，末期才发展起来。其次是阿利坎特。巴伦西亚在西班牙东海岸仅次于巴塞罗那，其港口自1792年后经修建大为改善。托尔托萨，由埃布罗河的沼泽三角洲可至该城，但航行困难。塔拉戈纳同样无足轻重，但它是一座有城墙的罗马式大城。至于巴塞罗那本身，它是西班牙的第二大城市，是"加泰罗尼亚的曼彻斯特，而加泰罗尼亚则是西班牙的兰开夏"。接下来就是马略尔卡湾的帕尔马城，以及优良开阔的米诺卡岛的马翁港，英国的海军将领仍对这一良港垂涎不已。其次谈一谈法国海岸，从塞特（即蒙彼利埃港和古老的朗格多克运河的出海口）数起，然后是马赛。马赛这个大城市虽屡遭战争的严重破坏，但由于开办定期班轮以及新近与阿尔及尔通航，恢复得很快，不久便再次成为"法国最优良最繁荣的港口"，也是地中海最优良最繁荣的港口。土伦是海军兵工厂的所在地，但商业微不足道；耶尔锚地水域广阔，整个舰队都可以在此安全停泊。尼斯是一个"使用起来非常方便的小港"，1860年以前归意大利所有，这时逐渐成为兴盛的疗养胜地。再往东，第一个完全属于意大利的城市是热那亚，它与都灵和米兰有铁路连接，到1870年又与尼斯有铁路相通，但通向东方的沿海铁路尚未修筑。热那亚有古老的人工港湾，筑有两个巨大的防波堤，早在1870年前很久轮船就日渐在沿岸一带四通八达；它又是皮埃蒙特的一支规模虽小但却精良的海军的基地，这支海军的司令（约在1842年任职）曾在英国海军受训。

由热那亚向东，就是盛传"鼠疫猖獗"和沿海热病流行的地区。有一些人认为，托斯卡纳地区的里窝那之所以迅速发展，是由于它是一个自由港口以及信教自由，往往将它与发展缓慢的罗马港口契维塔韦基亚（其城堡出自米开朗琪罗的设计）相比较。那不勒斯尽管人口麇集，对游客颇具吸引力，但它只是沿海肥沃平原上的一个大城市，并不是重要的商业港口。海军士兵对于以"小直布罗陀"著称的加埃塔要塞更感兴趣，而商人则更多注意西西里的繁荣港口巴勒莫，尤其是墨西拿。亚得里亚海岸起初只有塔兰托港，这个古老的港湾长期与外地阻隔，但仍然是一个大的渔业中心。巴里，和罗马教皇辖下的安科纳，此时贸易比日趋衰落的威尼斯较活跃，而且允许其数千犹太殖民者完全享有信教自由。布林迪西在1853年还是一个疟疾猖獗的悲惨城市，15年后已成为开赴苏伊士运河的轮船航线的中途港之一，但甚至在1875年，除每年有1.2万名旅客过境外，没有什么商业可言。

亚得里亚海沿岸的奥地利的各港口似乎更为兴旺。威尼斯虽有长达4000码的高架桥，于1845年以铁路与大陆相连接，但它仍然比不上的里雅斯特，后者很快"垄断了亚得里亚海的全部贸易"，上升为地中海各港口中头等重要的港口。由的里雅斯特至维也纳的铁路工程艰巨（莱巴赫至维也纳的最后一段工程用了15年时间）。这条铁路建成之后，奥地利劳埃德航运公司充分发挥了作用；该公司至1871年已拥有100艘轮船，不仅与地中海的各港口直接联系，而且与波罗的海和欧洲大西洋沿岸各港口联系起来，以及与西印度群岛和美国联系起来。波拉起初是一个受到热病侵袭的半趋荒凉的城市，但很快得到恢复，成为奥地利海军的一处兵工厂，以"亚得里亚海的塞瓦斯托波尔"著称。阜姆在1871年虽仍无铁路与内地相通，但却是"匈牙利王国的巨大海港"。达尔马提亚沿海秀丽的港湾（卢辛皮科洛、扎拉、塞本尼科、斯帕拉托、拉古萨、卡塔罗诸海港）受到很好的保护，但由于缺水和与内地不相通，其发展受到阻碍，只能对当地具有意义。至于阿尔巴尼亚和希腊西北沿海的一些小港口，早期的记载讲道，非旦热病流行，而且由此向东是海盗出没的地区，只有英国占领的爱奥尼亚群岛上的几个港口一带比较安全，它们是科孚、克法利尼亚岛上的阿戈斯托利（该群岛上最好的港口）和赞特。

下面讲地中海东部的情况。希腊各港口在1840年前后开始从独立战争的破坏中恢复过来。位于科林思湾出海口的帕特雷港曾经是葡萄牙的主要出口港，但它从未恢复到过去的繁荣景况，而为新兴的城市比雷埃夫斯所取代（今天许多人仍称它为莱昂港）。起初，比雷埃夫斯只不过是一个"很方便的避风港"，"港口小，除石油外没有什么其他货物出口"，但到1870年轮船定期到港停靠。希德拉和斯培西亚两个小岛（位于阿戈斯的对面）已不再在"地中海东部的贸易中占重要地位"，希德拉的人口在19世纪20年代约计4万人，至1870年下降到只有1.2万人。但锡拉岛仍享有短期的繁荣，起初是由于希腊起义骚乱期间这里航行比较安全，后来则由于这里是整个爱琴海地区旅客和货物的主要集散地。在1872年，每星期有10—12艘客轮或货轮到港，这些船只往返于利物浦、马赛或的里雅斯特与士麦拿或君士坦丁堡之间，或在当地的比雷埃夫斯、克里特（坎迪亚）和各小岛间航行。整个这一地区当地的活动频繁，但本地区最大的岛屿克里特则反复由于土耳其的忽视、希腊的起义（1841年、1858年和1866年）和土耳其的报复行为等原因而致发展受到阻碍。米洛（梅洛斯）岛的港湾广阔，在帆船航海时期，"东地中海几乎所有的船只都要在此停泊"，包括列强的海军舰队在内，但自从使用轮船航行以来，这个港口就逐渐落后于其他港口。至于小亚细亚沿海诸岛屿，罗得岛早已衰落，它的两个港口几乎已阻塞不通；岛上有来自萨摩斯岛和莱斯博斯岛（米蒂利尼）的居民。希俄斯岛自1822年的大屠杀以来人口和农业已经恢复，但商业没有恢复。

至于小亚细亚唯一的大港士麦拿，据说在1840年"它已重新从废墟中崛起，比过去兴旺10倍"；该市15万人居民（后增至18万人）中约有半数是土耳其人，约有4万希腊人，1万亚美尼亚人和1.5万犹太人。士麦拿与西欧有悠久的贸易传统，该地处在约5000名欧洲商人以及他们强有力的领事们的保护下。君士坦丁堡本身则是一个更大的国际城市，大约有50万人（还有一大群食腐动物的野狗）麇集在广阔的老城城区并散居在景色宜人的博斯普鲁斯海峡和马尔马拉海一带郊区。早在1840年，旅行者在这里就可以看到较新式的海军兵工厂（该厂的总监是一个美国人，工匠是希腊人和亚美尼亚人）、军事学院和军医院、《奥斯曼箴言报》（1831年— ）的印刷所以及该城非常古老的但却供水充足的蓄水系统。1870年以前，该城就有许多新发展（其中包括1863年建立的罗伯特学院），是由美国新教传教理事会兴办的，游客也主要是基督教徒，而不是穆斯林，特别是保加利亚人和亚美尼亚人居多。君士坦丁堡的商业也许不如士麦拿那样发达，但所有往来于黑海的船只都经过这个港口，同时多瑙河的航运迅速增长，匈牙利和巴尔干地区的出口货物（主要是谷物）都以此地为出海口。此时虽还没有兴修铁路（除了都城以北100英里和120英里处为避免绕行多瑙河三角洲而修的两条由多瑙河至黑海的短程铁路）；但到1870年，至少有11个国家的轮船经常在君士坦丁堡停泊，包括（其中有客轮）三家英国公司和三家法国公司，奥地利的劳埃德公司，不止一家俄国公司，一家土耳其公司，一家埃及公司，以及希腊的一些小企业。除君士坦丁堡和士麦拿外，土耳其的第三大港就是萨洛尼卡，该城发展迅速，主要掌握在一些富有的犹太家族手中，他们是很多年前从西班牙迁居到这里的。阿德里安堡的人口虽比萨洛尼卡多，但它是一个内地城市，由该城至海口虽有马里查河可通航，但淤塞严重，大船在某些季节才能到达。

从士麦拿再向南，沿小亚细亚南岸，旅行家注意到的地方很少。在叙利亚，开始是伊斯肯德伦（亚历山大勒达）这个"污秽而又破烂的登陆地点"，在它沿岸一带只有一个较好的锚地。它作为阿勒颇的港口，只有少量的贸易；定期有一班法国客轮，后来又有一班俄国客轮和一班埃及客轮在此停靠。甚至在1875年，伊斯肯德伦还只有1000人口和两个码头。相形之下，贝鲁特的贸易则获得了突出的发展，其人口在1868年前的30年增加了两倍。该地的美国的传教团最初建于1823年，此后其他国家的传教团体接踵而至；至1866年美国的传教团本身已发展成为叙利亚新教学院，即今贝鲁特美国大学的前身。在1870年以前，法国人修筑了一条通往大马士革的平坦的道路；几年以后，伦敦的一家公司为"叙利亚的这一商业都会"修建了供水设备。叙利亚和巴勒斯坦的其他港口更是微不足道；当西风劲吹时，甚至连特里波利、阿克和雅法也没有什么防护设施，防止较大的帆船撞击下风头海岸的危险。

大约到1860年，塞得港才开始出现，10年后人口达1万人，港口全部经营新通航的苏伊士运河的航运业务。运河的另一端是苏伊士港，1863年开始有淡水供应，该港口发展很快。1847年人们描述这个港口说它是"一个无足轻重的小镇，但作为以色列人越过红海的渡点……却不无重要性"；然而这时人们已经说它是由陆路前往印度的必经之地。在1869年运河通航之前，亚历山大是陆路旅行的起点；大约在30年间，这条路线一直组织得很好，途经开罗至苏伊士运送旅客和邮件，起初是沿河乘汽轮然后乘车，以后从1854—1858年起改由铁路运输。亚历山大早就是地中海东部的一个繁荣的国际性港口，在此期间人口由8万左右增至20万人以上，其中1/4是外国人，包括2万希腊人，1.4万意大利人，1万法国人，5000英国人和马耳他人，以及近500名德国人或奥地利人。

现在，围绕地中海一周，只剩下荒凉的北非海岸还没有谈到了。托布鲁克和德尔纳，欧洲的航海家们只不过闻名而已；班加西是一个筑有要塞的小城镇，虽有一个良港但进口狭窄；的黎波里，一位英国海军勘测军官在19世纪20年代曾经由此地出发向内地做过几次短途旅行，以便搜集有关前往廷巴克图的道路以及地图上尚未绘出的尼日尔河的资料；其次是突尼斯，这里有一个良好的锚地，1870年时有居民约2万人；离此不远就是比塞大湾，航海家们早就注意到这是一个潜在的大海港，天然屏障很好。至于阿尔及利亚沿海的城镇，自从1830年首次被征服以后，法国控制多年并不稳固，但自1848年以后，逐步稳定下来。阿尔及尔这个城市1870年有居民7万人，与马赛来往密切，后者几乎把整个这块殖民地看作法国本土的一部分。最后是缺乏特色的西属摩洛哥：得土安有1.4万摩尔人，约7000犹太人；丹吉尔的人口大约有得土安的一半；休达的人口与得土安差不多，但其中包括一支3500人的西班牙驻军和2500名左右的犯人。

从某种意义上说，上述地中海沿海各地是靠大海把彼此密切联系起来的，这种联系胜过它们同它们的内地的联系。马赛人有着与巴塞罗那人，甚至亚历山大人共同的经历，但与巴黎人的经历则不同。他们长期以来几乎是法兰西王国版图内一个共和国的公民；他们更关心的是非洲和东地中海，而不是凡尔赛宫。巴塞罗那同样有自己的航海传统，这一传统与马德里没有什么关系。至于其他大港口，有些港口如热那亚和威尼斯，本来就是独立的城邦，而隶属土耳其的地中海东部各大港口则往往不管什么当地人的政治权力是否超过了地方总督的政治权力，从来就不存在什么地中海民族性的问题，传统的竞争以及地中海东部地区宗教的分裂排除了这种概念的存在。但这种竞争往往是航海家和商人的竞争，反映当地的情况和利益的不同，而并非王朝和民族之间的大对抗。正是因为这个缘故，在地中海的政治和战争中通常总是存在着许多相互矛盾的倾向。

尽管如此，王朝之间的角逐很久以来已侵入这种地中海式的政治中，在这个争取民族存在的时代中也很容易转化为民族之间的对抗。对于柯尔贝尔来说，尤其是对于拿破仑来说，马赛和土伦都是为实现宏图大略而在商业和海军方面的跳板，而这些宏图大略绝非那些思想囿于一地的人所能设想的。对于马德里来说，巴塞罗那是它与西属那不勒斯联系，以及经里窝那、米兰和阿尔卑斯山隘口与哈布斯堡王朝的维也纳相联系的环节。热那亚和威尼斯（虽然它们作为共和国，没有从正统思想和1815年的复辟中得到好处）不会轻易忘怀它们曾经是地中海的强国，是大规模争夺东方贸易的角逐者。亚得里亚海曾经是一个名副其实的威尼斯湖，它的东海岸要么必须为威尼斯所占有，要么必须把威尼斯的对手们拒之门外；这种想法连同威尼斯和的里雅斯特本身均被哈布斯堡帝国，后来又被新建立的意大利王国继承下来。在地中海东部，威尼斯的声望随着其商业帝国的消失而丧失。拜占庭的传统更加根深蒂固，不仅存在于东正教徒的心中，而且存在于土耳其人自己的傲慢思想中。每当奥斯曼帝国的海军在爱琴海游弋远至克里特岛的时候，或者扬帆远航出巡叙利亚和埃及的时候，君士坦丁堡就不免要想起拜占庭当年在海上称霸的岁月。而现在，现实却与这种想法不大相同了。但重振声威似乎并不是不可能的，因为拜占庭的海军也曾经历过失败之后重又获胜的时候。同样，当法国的一支海军舰队于1827年驶入希腊的水域，或稍后又驶达叙利亚海岸时，13世纪的拉丁帝国并没有被敌我双方所完全忘怀；法兰西这个名字，不论根据过去的或当前的原因，仍然能够比它目前业已下降的实力更有理由引起人们的希望和忧虑。

自1823年以来，美国在地中海经常有一支小舰队，这在当时并没有什么政治上的重要意义；但个别的美国人，尤其是作为慈善家和传教士却颇负盛名，因此在地中海东部地区，"美国宗教"一词一度成为英语"新教"在地中海东部地区的代称。此外，1848年以后，北美和南美的各共和国成了许多追求生活新起点的人们的圣地麦加。这种兴趣是相互的，马克·吐温在《傻子国外旅行记》（1870年）中就描写了那位庸俗无知的美国旅行者，开始有一点自我批判了。

在地中海范围内，土耳其苏丹在海上以及整个地中海东部地区称霸的局面，这时已不再受到诺曼人、意大利人、西班牙人，甚至法国人的挑战了；但挑战却是来自他自己的造反的臣民，他们梦想在希腊建立一个新的拜占庭帝国，在埃及建立一个新的阿拉伯帝国。来自外部的挑战，比较近期的是英国海军的侵入，以及来自敖德萨和塞瓦斯托波尔这些新的海军军火库的另外一个潜在的入侵者。希腊、埃及、英国和俄国对土耳其苏丹构成了不同性质的威胁。

1830年的协议使新的希腊在英、法、俄三个保护国的外交保证下成为一个独立的小王国；这既解除了三国本身的忧虑，也解除了土耳其苏丹眼前的忧虑。协议承认一个其前景不可预测的新角色已出现在舞台上，它代表着未来扩张的希望，也代表着进一步发生变化的希望；但在此后的40年间，希腊人的雄心并没有给国际事务造成多大的麻烦，却对其国内的政治稳定影响较大。1843年希腊实行代议制宪政，20年后巴伐利亚国王奥托让位于丹麦亲王乔治，同时英国也把爱奥尼亚群岛割让给希腊，但这一切都完全无助于使力量的对比有利于希腊人。1878年以后的情况和以前一样，他们在克里特岛，在马其顿，以及在小亚细亚的前途往往全部取决于他们同三个保护国的关系，有时还取决于三国之间的关系（参见第9章，原文第214页）。

埃及是第二个不安定的因素，它的命运难以预测，而且不久即使人感到震惊。北非在地中海政治中的重新出现，已不再是"北非海盗"的出没之处，这一变化从拿破仑一世远征埃及实际上即已开始，他之被赶走以及最后失败都不能改变这一进程。1809—1849年统治埃及的阿尔巴尼亚冒险家穆罕默德·阿里无疑是一个野蛮人，但他与同时代的某些欧洲统治者相比至少是同样精明的。阿里不仅是面向地中海，因为他还牢牢控制了阿拉伯半岛的各穆斯林圣地，而且对土耳其苏丹的奴隶和黄金也感兴趣。但他的地位从来不是巩固的，因为他仍然不过是土耳其苏丹属下的一名总督。这使他非常关心欧洲列强在君士坦丁堡以及在开罗的角逐；他希望这种角逐会转而对自己有利。如果说他喜欢法国的而不喜欢英国的军人、工程师和考古学者，但他对英国的海军也表现出现实主义的尊敬态度，因此他希望能够同时讨好法国和英国。对于希腊事务，在1830年以前他作为土耳其苏丹的同盟者承担了过多的义务而不能自拔,因而当英、法、俄三国准备一致同意共同进行干涉以支持希腊时,他不得不表面上进行一场战斗。但他又小心谨慎地向三国表明:对1827年10月他的舰队以及土耳其的舰队在纳瓦里诺战役中被摧毁,他并不心怀恶意;另外,当土耳其苏丹把克里特岛封给他,作为对他的功绩的奖赏后,他决心重建自己的舰队,向欧洲证明,比起土耳其苏丹本人来,他既是一个更加可靠的盟友,又是一个更加危险的敌人。在19世纪30年代,很多法国人认为,他们的旧盟友土耳其苏丹对他们的新朋友穆罕默德·阿里作很大让步,会对他本人有利,同时也会对法国有利。虽然很多利害攸关的英国人(不是所有的英国人)持相反的看法,但这两个国家一致同意阻止沙皇取代土耳其苏丹的地位。

　　1830年,穆罕默德·阿里不愿被拖进法国对阿尔及利亚的冒险行动。这次行动使法国征服了阿尔及利亚并在那里殖民。这一冒险行动对于法国来说,虽不如征服埃及那个具有历史意义的地方更具有吸引力,但事实最后证明,这对于它在北非建立一个大帝国从而挽回它在欧洲的相对颓势更富有成果。起初,照法国人的想法,东部和西部的计划是密切联系的。① 波利尼亚克的第一个计划(1829年9月)接受了法国驻亚历山大领事最近的一项建议,即应诱使穆罕默德·阿里把他的目光从单独冒险侵入叙利亚转而与法国结盟进攻阿尔及尔。这位总督要求的条件太高(要法国无息贷款2000万法郎,并赠送4艘军舰),因此1830年1月波利尼亚克提议完全由法国进攻阿尔及尔,而给穆罕默德·阿里1000万法郎的贷款,只要他愿意出兵2.5万人同时进攻的黎波里和突尼斯。"法国将保有北非沿岸一带的各个战略据点,而这位总督作为法国之王的助手将最终不顾英国的反对而将法国的势力引进亚洲腹地。"② 但在2月,这位总督甚至断然拒绝了这项比较有限的计划,部分理由是他同一个基督教国家联合起来反对穆斯林的统治者,这将会动摇他在穆斯林世界的威信;另外,因为他不愿面对英国对于这项计划早已表明的反对。他对英国驻亚历山大的领事说,土耳其已经完了,英国应准备在亚洲扶植一个国家来帮它与俄

---

① G. 杜安:《穆罕默德·阿里与远征阿尔及尔》(开罗,1930年)。
② 波利尼亚克:《历史研究》,第227页(查理十世倒台后著);C. 杜安,前引书,第58页。

国对抗。这个国家除穆罕默德·阿里和他逝世后继位的儿子外，英国还能找到谁呢？同英国友好，他将无事不成，不同英国友好，则将一事无成。① 因此，法国单独行动（1830年6月），攻占了阿尔及尔城堡（以及土耳其总督在该地所积聚的珍宝），而此时英国正专注于其他事务，无暇进行干预。这一初步胜利并没有因为一个月后查理十世的垮台而丧失；此后在路易·菲利普的统治下又继而进行了代价高昂的长期斗争，18年后菲利普本人垮台前夕才取得了最后的胜利。但此后，由于原则上决定不把阿尔及利亚作为一个殖民地看待，而是作为法国本土在非洲的一部分，阿尔及利亚便一直稳定地发展下去，没有受到巴黎政治革命太大的影响；而且由于马赛的资金和商业企业的哺育，地中海沿岸地区移民的定居，以及法国南部葡萄园的垦殖而逐渐繁荣起来。

穆罕默德·阿里拒绝法国来自西方的诱惑之后，仍决心下一步攫取叙利亚，并且相信他在这里至少可以在英法两国之间进行挑拨离间，并使两国都反对俄国。法国实际上仍在继续劝诱阿里，说他是"法国的一个天然盟友，并且像法国一样关心地中海的自由"；② 但是法国想要利用阿里来作为它反对英国优势的工具，而阿里的唯一目标则是要利用这些强国中的任何一个国家或者它们之间的对抗来达到自己的目的。他在英国虽有自己的支持者，但是他诱劝帕默斯顿的企图未能得逞，因为帕默斯顿此刻正热衷于向东方扩张的"另一条路线"，这条路线是通过叙利亚，越过沙漠到达幼发拉底河，然后再利用汽船沿河而下，直达波斯湾。尽管如此，他在毫无把握得到法国的有力支持或英国是否会默认既成事实的情况下，就单独侵入叙利亚（1831年11月），一年后又进入小亚细亚，完全忘记了他自己的座右铭。他的儿子易卜拉欣在科尼埃取得的胜利（1832年12月21日）打开了通向君士坦丁堡的道路，致使一个虽然重要但却是地方性的问题变成了一个对土耳其独立的重大威胁，这种威胁主要不是来自穆罕默德本人，而是来自俄国人，因为俄国人对软弱的土耳其苏丹新近扮演了保护人的角色（参见第10章，原文第251—252页）。俄国的舰

---

① 领事巴克1830年3月8日致阿伯丁信，转引自G. 杜安，前引书，第91页。
② 塞巴斯蒂亚尼1832年7月20日给法国驻业历山大领事米莫的指示。转引自G. 杜安《布瓦斯莱孔泰男爵的使命：1833年的埃及和叙利亚》（开罗，1927年），第1页。

第十六章 地中海

队和陆军陈兵博斯普鲁斯海峡,这显然是一个无可辩驳的理由使穆罕默德停止下来,也许他会为此而感到宽慰;因为在此普遍感到惶惶不安的局势下,他仍能达到这次战役所预期的目标,即他本人得以统治叙利亚、阿克和大马士革;他的儿子、他的军队的司令易卜拉欣得以统治阿达纳。如果他不坚持得到这么多,也许会更加明智。

土耳其苏丹决意报复。帕默斯顿也决意要破坏俄土两国签订的洪基尔—斯凯莱西条约,并把穆罕默德赶出叙利亚,可能的话还要迫使他放弃由国家垄断贸易的制度。看来1833年7月8日签订的这一条约的秘密条款并不像当时所想象的那样惊人,因为俄国政府和土耳其苏丹都同样承担义务,在和平时期禁止外国军舰,包括俄国军舰,进入达达尼尔海峡;不过,根据这个条约,这条原则是否适用于博斯普鲁斯海峡却不能肯定;此外也显然存在着俄国对土耳其"行使保护权"的威胁。① 另一方面,俄国人则同样认为1838年8月16日签订的英土巴尔塔—利马尼贸易协定具有不友好的政治含义;如果穆罕默德·阿里不承认该协定适用于埃及(因为这涉及要他放弃对贸易的垄断),英国就会有充分的法律根据代表土耳其苏丹迫使穆罕默德·阿里屈服。考虑到这一点以及其他原因,他一直迫切要求承认他的独立,这样埃及就不会受到英土协定的影响。土耳其苏丹失察,在没有任何盟国的情况下,就于1839年春天贸然对在叙利亚的埃及军队发动进攻。只在一个星期内,他的军队就在奈齐卜被击败,舰队也陷于埃及人之手,苏丹本人也在这个不幸的消息到达君士坦丁堡之前于7月1日去世。②

穆罕默德·阿里却未能享有胜利的果实。因为大国中的任何一个国家都不能指望单独提出一个解决问题的方案,所以五大强国都批准了它们驻维也纳的大使1839年7月27日采取的行动,即在梅特涅的倡议下警告土耳其政府,未经它们的同意,不得匆忙地向穆罕默德·阿里作出让步。法国这样做是有保留的,它不愿看到穆罕默德·阿里遭受比土耳其苏丹更大的屈辱,因此拒绝强迫他接受帕默斯顿所建议的条件。帕默斯顿至少在这个问题上对于俄国的意图感到放心,他在

---

① P. E. 莫斯利:《俄国外交与1838和1839年东方问题的出现》(哈佛,1934年),第2章及附录A。
② 关于1839—1841年近东危机的详细叙述,参见本卷第10章,原文第254—258页。

同他的内阁进行了一场斗争之后，感到即使没有法国也没有把握通过1840年7月15日的伦敦四国协定强行提出一项解决办法；协定规定：第一，必要时强迫穆罕默德接受；第二，重申封锁海峡这一原则。穆罕默德误解了他的法国朋友的好战的态度，因而拒绝了向他提出的上述两项步骤。他直到四国在叙利亚沿岸一带向他炫耀陆海军武力以及1840年10月梯也尔政府戏剧性的垮台以后，才于同年12月向各国屈服。1841年6月底，他才按照提出的条件与土耳其最后达成和解；他获得在埃及世袭的权利，土耳其苏丹只有名义上的宗主权，但其他一切必须恢复旧观。

1841年7月，法国回心转意，签订了五国海峡协定，规定土耳其不处于战争状态时，达达尼尔和博斯普鲁斯海峡不得让军舰通过。尽管后来加以否认，但协定的本意是：在和平时期，即使土耳其苏丹提出请求，如无所有签字国的同意，军舰亦不得进入两个海峡。这并不是一条新原则，但现在它有了正式的国际公约为依据，该公约又于1856年和1871年两度予以重申，而且始终未废弃。

430 这样，埃及问题的解决，结束了过去20年间由于穆罕默德·阿里在埃及境外的野心所引起的惊恐，其代价是英法协约产生了严重的、但不是不可克服的裂缝。法国1860年远征叙利亚，其直接起因是当地发生屠杀事件，而土耳其由于治理无方而未能加以制止。这次远征是在其他大国同意下在意大利危机期间进行的；而由于英国的坚持在一年内即告结束，因为英国怀疑法国在拿破仑三世的统治下对近东的野心复萌。由于埃及对苏伊士运河来说具有战略地位，英法关系便再度紧张起来。但这个问题必须单独论述，而且直到1882年英国占领埃及后这个问题才发展到顶点。法国在地中海东部的影响，虽然就政治上来说往往难以预料，但就感情和文化来说却是强有力的和持续不断的。这种影响在埃及建立在拿破仑留下的印记的基础上，在其他各地则建立在更悠久的传统联系的基础上。整个说来，法国在这些方面的影响仍然比英国强大。但与俄国的影响比较起来，法国和英国的影响就没有什么很大的不同了。

上面提到的另外两支力量，英国和俄国无法分开论述。正是英国不管发生什么紧急事件都在地中海东部拥有海上优势和俄国势力在这个地区的步步进逼，以及这两个外来强国的互相敌视，构成了

1828—1878年这半个世纪地中海政治的鲜明新特色。诚然，在埃及问题得到解决和1841年海峡协定之后，英俄两国间的紧张状态缓和了十多年。但是对于两国的某些人士来说，这似乎是一个不正常的插曲，克里米亚战争的降临才足以说明由于作为俄罗斯专制帝国和大不列颠商业帝国之间缓冲国的土耳其的软弱所造成的真实局势是什么。不管俄国对地中海发生兴趣是多么理所当然的事，但在大多数英国人看来，这是一个预兆不祥的新问题，而他们同法国在这一地区的争吵则似乎是由来已久的，几乎是一家人的争吵。① 法国人也是一样，虽然不愿看到英国控制海上，或英国势力在地中海东部超过法国，但它却宁愿承认英国的现实，而不愿看到俄国的将来。其他地中海国家实际上也有同样的想法。在克里米亚战争期间，奥地利政府对法国和英国表示十分友好的中立；而加富尔派遣一支皮埃蒙特军队去包围塞瓦斯托波尔，其目的不仅在于希望法国和英国将来能对他在意大利的图谋给以支持，而且在于希望意大利将来也有权要求成为地中海的大国；他知道如反对英国这一要求是不能实现的，而俄国对于这一要求则是无能为力的。皮埃蒙特的切萨雷·巴尔博在《意大利的希望》一书（1843年）中的主要论点是：一旦奥地利人从意大利撤退，他们将会发现意大利人是他们的天然盟友，可以帮助他们阻挡和击退斯拉夫人的侵略，特别是在亚得里亚海。卡尔·马克思早期的著作中也有同样的反斯拉夫的论调。因此，从某种观点来看，克里米亚战争几乎可说是自由和激进的欧洲（实际上也是天主教的欧洲）反对"北方暴君"和波兰人的压迫者的一次十字军征伐；流亡在外的波兰著名人士，即使是斯拉夫人，也站在反对阵营大声疾呼（参见第9章，原文第234页）。

地中海沿岸各国对俄国和斯拉夫人普遍感到恐惧，而且往往是过分的恐惧，这正是它们所以默认英国为地中海政治中左右一切的势力的一个原因，它们认为这样做利多弊少。第二个迫使人们这样做的原因是英国海军一旦发挥作用其实力是压倒一切的。如果说，没有英国的同意什么变化都不会发生，这固然是夸大其词；但至少可以这样说，未经英国同意而发生的任何变化，英国总是可以采取某种反措施

---

① 关于克里米亚战争，参见本卷第18章。

而使其不致对英国有害。第三个原因是英国在制造业和使用新机器方面居于领先地位。至少到19世纪中叶止，大多数轮船，不论是悬挂哪国国旗，不是由英国制造就是在英国的指导下制造的，而且英国的工程师们也往往参与驾驶这些船只。铁路方面的情况也是如此，不过时间稍晚一些。

早在1818—1819年就有少数小型船只在意大利沿海一带使用蒸汽作为辅助动力（西西里—那不勒斯—热那亚—马赛航线，还有的里雅斯特—威尼斯航线）。英国海军部由法尔默斯至直布罗陀和马耳他运送邮件和少量旅客的武装邮船，也于1830年开始使用蒸汽。到1837年，每周有班轮向直布罗陀运送邮件和旅客，每两周再经直布罗陀前往马耳他和科孚。经由马耳他前往亚历山大的班轮是每月一次。在亚历山大有两家互相竞争的英国公司把邮件和旅客运到开罗，然后越过沙漠到苏伊士，再由印度海军的新式武装汽轮每月一次运往孟买。为此，英国于1839年占领亚丁作为加煤站，并感到更有必要把穆罕默德·阿里的势力限制在埃及。1837年，英国至直布罗陀的邮政业务转交伊比利亚半岛轮船航运公司经营，该公司当时已拥有六艘大型轮船（500—900吨）。两年后，与法国政府就东方邮件作出安排，由陆路送到马赛，然后再由英国海军部的班轮由马赛运往马耳他和亚历山大；但威廉·本廷克勋爵代表东印度公司极力要求建立一条完全由英国经营的航线，因此经英皇特许于1840年12月组成伊比利亚半岛和东方轮船航运公司，条件是两年内建立通往印度的邮政业务，以及从马耳他至科孚的一条支线。

到1842年，伊比利亚半岛和东方公司兼并了两家同它竞争的公司（东印度轮船航运公司和东方轮船航运公司），取得由苏伊士至锡兰、马德拉斯和加尔各答一线邮政业务的经营权；这条路线于1844—1845年延伸到槟榔屿、新加坡和香港；1851—1852年又从新加坡延伸到澳大利亚和新西兰。由苏伊士至孟买一线的业务，该公司在1854年以前不得不仍由东印度公司自行经营。1858年亚历山大至苏伊士的铁路建成后，陆路运输的不便大为减轻。1869年参加苏伊士运河开航典礼的官方客人们在马赛乘伊比利亚半岛和东方轮船航运公司的班轮前往。到1870年，旅客可以乘火车到布林迪西，然后从这里经由海上去其他各地。1838年英国与土耳其签订贸易协定和

第十六章　地中海

1846年废除谷物法以后，地中海东部地区出现了贸易繁荣的局面，伊比利亚半岛和东方公司也于19世纪40年代开办了通往希腊和土耳其的业务。1844年该公司刊登广告，招揽顾客旅游和疗养，立即得到《英国医学杂志》的赞同。约在同一时期，还有几家英国轮船公司开始在地中海经营几条定期航线；但主要的竞争者是一家法国公司，后称法国邮船公司（1852—1870年称帝国邮船公司），还有一家是奥地利的劳埃德公司。

法国邮船公司起初在陆路转运邮件，1851—1852年承运法国由马赛至意大利和地中海东部的邮件，1854年增加至阿尔及利亚的邮件，1857年开办至黑海和南美洲的邮政业务，1861年又开办了至印度和中国的业务。最初，该公司的大部分船只都在英国建造，但在1870年以前很久就拥有自己的船坞，并已成为地中海最大的航运公司，经常得到官方的支持，又无法国的其他公司与之竞争。的里雅斯特的奥地利劳埃德轮船航运公司1833年开始时只是一个海运代理机构，1836年开始拥有轮船，并开办了至君士坦丁堡的第一条定期航线。该公司"最初创立时的主要信念是：埃及的复兴，希腊的解放……已经引起了一场贸易上的大革命，为它沿昔日航道重返亚洲做了准备"。① 虽然这家企业从未达到伊比利亚半岛和东方公司或法国邮轮公司的规模，但的里雅斯特的复兴多得利于它的发展。热那亚有两家意大利企业，即经营地中海航运业务的萨尔达公司（1830年创立）和著名的鲁巴蒂诺公司（1840年创立）。鲁巴蒂诺公司后来专门从事东方贸易，1857年开办了直达孟买的业务，1869年取得阿萨布作为加煤站（1882年变为意大利的殖民地），最后于1881年与弗洛里奥公司的业务合并（后者创于1849年，设在巴勒莫）。业务合并后，公司称为"意大利航运总公司"，后来仍得到大量津贴，并且实际上一度成为意大利的垄断企业。

英国在地中海的霸权还不算十分突出。直布罗陀于1840年成为皇家直辖殖民地（以前只是一个"要塞"）。西班牙海关和税务当局对于直布罗陀的情况虽感到恼火，但在这个时期内他们的不满还没有

---

① F. V. 劳莫尔：《意大利与意大利人》（伦敦，1840年），第1卷，第56页。
参见后面第437页。另见《意大利百科全书》"的里雅斯特"条；以及A. 塔马罗《的里雅斯特史》（两卷本，罗马，1924年），第2卷，第37章。

怎样公开表露出来，也没有引起什么严重的政治事件。马耳他相当繁荣，意大利人正忙于其他紧急事务，而无暇过多地注意马耳他。英国在地中海东部的势力，主要用来对抗俄国在君士坦丁堡的势力和法国在开罗的势力；要保证做到这一点，必须积极地控制通向印度的新航线，付出的代价虽然甚大，会引起政治纠纷，也许要采取军事行动；但这些航线至少不能让任何一个欧洲的竞争对手发展和控制。

英国的实力在以下一些事件中表现得十分明显：1839—1840年帕默斯顿与梯也尔为争夺叙利亚进行的斗争（参见原文第256—257页）；1850年和1854—1856年他两次派遣英国海军对希腊采取高压手段；以及1860年当加富尔利用加里波第的"志愿人员"征服西西里和那不勒斯时英国表示友好中立所产生的影响（参见第21章）。1856年俄国的失败是英法两国联合起来在保守中立的奥地利的支持下取得的；但克里米亚战争的性质，以及和约的条款，都反映了英国海上力量在导致这一结果中所起的作用。在结束对本时期的叙述时，还要谈到几件事情说明英国的影响：1875年，迪斯累里购买了埃及总督的股票，以和平手段取得英国对苏伊士运河的利益；1878年迪斯累里再次显示海上力量，不承认俄国人取得的胜利果实，同时占领塞浦路斯，表明将有可能使用这种力量；最后，英国于1882年占领埃及。但是，英国只是在它的重大利益受到直接威胁的地方才炫耀武力。此外，正如这个本时期开始和结束时一些事件所表明的，英国显示威力也并非总是能够奏效。1830年及其以后，英国从未认真试图阻止法国征服阿尔及利亚并把它变为殖民地，虽然威灵顿公爵、英国海军部及殖民部都怀疑法国会这样做。1870年俄国乘普法战争之际宣告废除黑海的中立化，而这条规定虽然不合理而且难以执行，但英国却认为是《巴黎和约》（1856年）的一个重大成就。与此同时，在19世纪60年代，英国为支持希腊自动地而且多少有点恩赐地放弃了半个世纪以来它对爱奥尼亚群岛不稳定的保护（参见原文第242页）。法国企业不顾英国政界的阻挠完成了苏伊士运河的开凿工程；但在后期的各个阶段中却得到英国商界重要人士的有力支持。

苏伊士运河的通航在经济上和战略上的重要意义不属于本章的论述范围；从某些方面来说，它对于大西洋国家和东方国家的影响甚至比对地中海各民族的影响还要大。运河对地中海各民族的影响，在某

第十六章 地中海

种意义上就如同修筑一条直达的公路干线或铁路对沿途村镇的影响一样，它使某些村镇在经济上不受其他村镇的影响而活跃起来，使所有的村镇都在某种程度上减少了它们单纯地方性的重要作用。然而地中海国家对于运河的规划和施工所作的贡献最大，因而预料中的或想象中的运河完成后的重要意义对它们是息息相关的。1830—1870年这一时期地中海历史的这一方面，有一种特殊的意义，值得比较详细地加以注意，即使过分也不为错。最早设想开凿一条运河的人们几乎怀有一种宗教虔诚的信念，认为这条运河将会给地中海地区带来无限的繁荣，因为它将消除英国对印度和远东贸易的垄断，使它们可与地中海直接贸易往来。这种希望破灭了。这是因为，虽然地中海各港口与印度及远东各国的直接贸易迅速增加，英国的贸易额相对地下降，然而英国从运河通航起就是这条运河的主要使用者；在1910年，使用运河仅次于英国的不是法国和意大利，而是德国和荷兰。① 但在当初，在马赛、在的里雅斯特，还有在德意志，人们正是抱着这一希望才设想开凿运河的。

费迪南·德莱塞普斯在1832—1833年27岁时即出任法国驻亚历山大的副领事，此后又任驻开罗的领事四年；在他任职期间，他曾读过拿破仑的工程师勒佩尔的报告；更重要的是他与后来成为埃及统治者的赛义德成为朋友。但是勒佩尔的报告中提出由红海至地中海水平面落差33英尺的说法，在1847年以前没有人认为是错误的；德莱塞普斯在1849年他的外交生涯由于他主持法国与马志尼的罗马共和国的谈判而告结束之前，也不曾认真研究过这个问题。他对于这项工程的热忱是受到其他一些人的影响，特别是米歇尔·谢瓦利埃、昂方坦

---

① C.W.霍尔伯格：《苏伊士运河的历史和外文上的重要性》（纽约，1931年）。下列数字摘自该书附录一。

船只通过数	净吨数（以千计）	平均吨数	乘客数（以千计）	英国在总吨数中所占比例（%）
1870年	486	436	低于1000	27	71
1880年	2026	4344	高于2000	101	约80
1900年	3441	9738	将近3000	282	约70
1910年	4538	16585	高于3500	234	约70
1930年	5761	31700	高于5500	326	约56

和圣西门学派的影响,该学派对他的影响很深。早在1832年,谢瓦利埃就论证说,在一个由工业家和银行家构成的本质上是太平的新世界中,法国的共和政体只会导致战争;而战争只有靠煽起民主狂热和浪费掉新积累的财富才能进行;但是,"等级联合"制度能够避免这种冲突。况且,迫切要求进步的已经不仅仅是各基督教民族。因此,保持和平的计划必须以东方和西方的和解为基础,并且采取使地中海沿岸各国获得新生的方法,因为地中海"将成为东方和西方密切结合的纽带"。从物质方面来说,铁路是全世界联合的最完美的象征,它使目前的大国变成了不过中等的省份而已。未来时代可能发现一种新的动力,比蒸汽机更为简单,也更为省钱;但同时,蒸汽可以通过铁路、能通航的河流和运河促进交通运输的发展,把每个地中海国家的港口与外界的海洋联系起来;从巴塞罗那经埃布罗河至马德里,然后沿塔古斯河顺流而下至里斯本;从马赛溯罗纳河而上至里昂,经卢瓦尔河流域至巴黎,然后沿塞纳河而下可到勒阿弗尔;或者从相反的方向来说,从阿姆斯特丹出发,经莱茵河至法兰克福,然后转多瑙河顺流而下,经贝尔格莱德至黑海或者至希腊的萨洛尼卡;也可以从波罗的海溯维斯杜拉河而上,然后沿俄国的河道顺流而下至黑海,再到阿斯特拉罕和黑海;最后,还可以从德意志南部经铁路至的里雅斯特和威尼斯。铁路将是意大利统一的物质标志。亚得里亚海将成为德国的出海口,德国势必将通过亚得里亚海把它自己的产品以及斯堪底纳维亚各国的产品输送到地中海各地。通过另一条路线,铁路可把君士坦丁堡和阿勒颇与幼发拉底河联结起来,从而与巴格达和波斯湾相连接。此外,由休达至亚历山大可以开辟一条贯通北非沿岸的航线。最后"我们不妨设想一下,凿通苏伊士和巴拿马两个地峡,使欧洲和美洲的两洋航路汇集于古老的亚洲,那时也许我们能想象那幅动人的情景:古老的大陆立即呈现在我们眼前"。谢瓦利埃说,完成这两项工程约需180亿法郎,绝不会超过英国在60年中为发动战争所借的款项,也绝不会超过大国在和平时期为供养陆军和海军在12年中所花的军费。"这就是我们的政治计划。……它是我们的'至高之父[①]'为我们设计的精神成就的物质表现形式,二者结合起来,总有一天必

[①] 圣西门运动开始时带有宗教色彩,昂方坦和巴扎尔二人被奉为"至高之父"。——译者

将使我们的信仰取得胜利。"①

昂方坦这位"至高之父"在监狱中（1832年12月至1833年8月）就曾想到前往埃及传播思想，以促进教育事业，研究修筑尼罗河水坝工程，特别是开凿这条运河的问题。他深信，他和他的朋友们能够完成这项运河工程。昂方坦带领50人前往埃及，由于穆罕默德·阿里持怀疑态度或者是不愿得罪英国人而毫无进展，他和其中大部分人于1837年返回法国。1839—1840年，法国的注意力主要在叙利亚，无暇顾及埃及；但在1844年，谢瓦利埃在《两个世界评论》上发表一篇文章，重新提出这个问题。1845—1846年，昂方坦当时正担任一家修建巴黎—里昂—地中海铁路的公司的董事，开始实施他的计划，并且得到法国工程界和金融界以及奥尔良家族的大力支持；但是他还打算得到一个奥地利—德国集团和一个英国集团的合作。法国集团的领导人包括昂方坦、塔拉博三兄弟（都是铁路工程师）以及里昂商人阿尔勒－迪富尔。奥地利—德国集团的领导人是A.迪富尔－费隆瑟（他是莱比锡的商人，阿尔勒－迪富尔的堂兄弟）和L.内格雷利，他是奥地利国家铁路的总工程师（1842—1848年），他对K.L.冯·布鲁克男爵有一定影响，布鲁克是设在的里雅斯特的奥地利劳埃德轮船公司的创始人之一和董事。② 梅特涅和A.冯·洪堡早就小心谨慎地对该公司和这一运河财团表示兴趣，因此1846年6月，内格雷利向奥地利财政部长递交了一份备忘录，声称英国的舆论已开始认识到在政治上有必要开凿一条运河以保障它在印度的统治，并非单纯害怕在商业上丧失它的垄断地位；"这条运河一旦通航，瓦斯科·达伽马的发现将基本丧失其重要意义，威尼斯及其邻近的亚得里亚海晚近兴起的城市将恢复过去的繁荣，奥属意大利，蒂罗尔、卡林西亚和卡尼奥拉将首先得到商业上的利益，整个奥地利和各邻国也将

---

① M.谢瓦利埃：《工业政策和地中海体系》（巴黎，1832年），根据在圣西门学派报纸《世界报》上发表的论文重印，该报于1832年4月停刊。本书所概述的论点摘自第111—150页（1832年1—2月）。另见P.拉雅德·德皮雅隆《圣西门学派对苏伊士地峡和铁路的影响》（巴黎，1926年）。

② 关于奥—德集团的活动，参见格奥尔吉博士和A.迪富尔－费隆瑟（本书中提到的A.迪富尔－费隆瑟的孙子）合著：《苏伊士运河历史文献》（莱比锡，1913年），这是一本很有价值的书信集，其中谈到一个很少为人所知但很有意义的插曲。内格雷利的备忘录，第21—26页。内格雷利死于1858年，关于此人，参见维茨巴赫《传记集》。布鲁克在出任驻君士坦丁堡大使两年后，于1855年任财政部长。他在君士坦丁堡曾会见德莱塞普斯。如果说奥—德集团的作用往往被低估的话，那么某些德国著作家却过高地估计了它的作用。

很快受益"。内格雷利建议,在运河两端修建两个水闸,就能够控制预料中的由红海流向地中海的水流,从而清除来自西岸的淤泥。

英国"集团"只有罗伯特·斯蒂芬森和他的朋友 H. 斯塔巴克。这个集团始终既不热心,也不积极。19 世纪 30 年代,皇家海军上尉托马斯·瓦格霍恩创办亚历山大至苏伊士的客货运业务,1841 年与一家竞争者合并;但两年后,穆罕默德·阿里把这一线的业务垄断权交给一家埃及运输公司。1841 年,伊比利亚半岛和东方公司的一位创办人和董事阿瑟·安德森在访问埃及之后致书帕默斯顿提出建议说,已经到了考虑开凿一条运河的时候了;而埃及总督的法国工程师利南·贝伊仍然认为地中海和红海的水位不同,主张开凿一条由苏伊士至开罗的运河,利用尼罗河到达亚历山大。但是英国的公私企业均反对这一意见。瓦格霍恩公开主张陆路运输,不久斯蒂芬森根据技术上的理由主张沿该线修筑一条铁路,认为这比开运河要省钱得多。帕默斯顿则出于政治上的考虑,对另一条路线更感兴趣,即通过叙利亚至幼发拉底河和波斯湾。因此,他在 1840 年坚持把埃及人逐出叙利亚,恢复土耳其对叙利亚的统治,从而使叙利亚摆脱了法国的影响。

从此以后,运河的规划已不再仅仅是圣西门学派的规划。1846 年 11 月 30 日,三个集团签订了一项关于成立"苏伊士运河筹划公司"的协议,总部设在巴黎,每个集团承诺提供一名顾问工程师并认捐 5 万法郎;协议还规定最后成立一个新公司来执行共同认为可行的工程计划,并商定为这些创办人和三名工程师——保兰·塔拉博、路易·内格雷利和罗伯特·斯蒂芬森——以保留的股票份额。塔拉博被指定勘察苏伊士地峡;1847 年他的助手们证明红海和地中海的水位并无差别;但他们更加担心西端的淤泥无法处理,因而同意利南特贝伊的意见,主张只从苏伊士到尼罗河开一条运河。内格雷利的奥地利工程队在研究了西岸的情况之后报告说,挖泥工程极为艰巨,但此处并无其他障碍。这一集团这时比任何其他集团都积极,特别是在的里雅斯特,那里的奥地利劳埃德公司、商会及该城市本身(连同威尼斯的商会)都成了该集团的认捐者。他们希望的里雅斯特有朝一日将会成为整个企业的总部所在地,从而在同马赛的竞争中胜过马赛——一旦马赛至法国大西洋各港口的铁路完成并且建立了它庞大的海运网之后,马赛的优越地位就将确立;因此,他们怀疑法国集团对运河工程是否真有热情。① 他们还迫切希望以这样一些论点来说服英国改变态度，例如，如果欧洲容许修建一条横贯美洲大陆直达加利福尼亚的铁路，并从那里开辟一条到达中国的航线，甚至容许在苏伊士运河完成之前凿通美洲地峡，那么世界贸易的中心就将很快由伦敦转移到纽约，由欧洲转移到美洲；如果美国居于领先地位，英国和欧洲就将毁灭，俄国就将在它们的废墟上，在与中欧和西欧不同的基础上，独自建立起一个新的亚洲强国。②

另一方面，英国集团承担的费用份额是由斯蒂芬森单独负担；他对于这项工程早就半信半疑。他被指派的任务是报告苏伊士和红海入口处的情况，这没有什么困难，他可以利用英国海军部现成的海图而不必花钱组织专门的勘察队进行勘察，但他仍然对这项计划泼冷水，并且建议另行修建一条铁路。另外两个集团抱怨说，如果他认为修铁路和开运河是互不相容的，他就应该早告诉他们，并退出这个公司；但是，他们认为修铁路只能证明开运河也是必要的。③ 由于1848年革命和穆罕默德·阿里患病并逝世，计划暂停，在此期间，修铁路的计划得到进展。早在1847年帕默斯顿就迫使埃及总督接受修铁路的计划，并得到土耳其苏丹给予支持的许诺。1849年3月，约翰·皮里爵士带领伊比利亚半岛和东方航运公司的几位董事来到埃及，建议提供贷款，利用英国的工程师为埃及政府修筑一条铁路。穆罕默德·阿里一向反对不能由他完全控制的任何计划，因此他利用英国要修铁路和法国要开运河这一问题上的矛盾从中渔利；他说他既不愿修铁路，也不愿开运河，而愿先修筑尼罗河的水坝；但在1849年他去世后，新任总督阿巴斯帕夏却接受了英国的新论点，即修铁路不同于开运河，它是一项国内工程，不需要苏丹的批准（他知道英国能够阻止苏丹同意开运河）；因此他在1831年7月同斯蒂芬森签订了修筑亚历山大至开罗第一段铁路的合同。这段铁路于1854年完成；另一家英国公司于1865年获得了修筑开罗至苏伊士第二段铁路的合同，这

---

① 《苏伊士运河历史文献》，迪富尔-费隆瑟致内格雷利信，5.ii.48（第107—108页），17.x.50（第128—129页）。
② 《苏伊士运河历史文献》，迪富尔-费隆瑟致斯塔布克信，16.vii.50（第127—128页）；致内格雷利信，14.v.52（第141—142页）。
③ 《苏伊士运河历史文献》，昂方坦致迪富尔-费隆瑟的信，7.ix.51；杜维利埃致迪富尔-费隆瑟的信（引用布鲁克语），21.xii.51（第138—141页）。

段铁路于1858年通车。

与此同时,德莱塞普斯于1852年试图争取阿巴斯同意开凿运河的计划,但未获成功。1854年9月阿巴斯逝世,他又亲自进行了戏剧性的干预,事情才出现了对他有利的决定性转机。他匆忙赶到埃及,同年11月,他的老朋友新任总督赛义德先是口头上同意继而以正式文件许可组织一个国际公司,为期99年,公司的一位董事由埃及政府任命(即由德莱塞普斯担任),公司每年的纯利润的15%归埃及政府所有。其余的利润中,10%归公司的各创始人,75%归公司的各股票持有人,其中埃及政府认购股票的数量不受限制。至于公司的国际性,规定一切国家的船只都应缴纳同等的通行税,但没有提到筹划公司。德国集团先是感到高兴,很快就产生了警觉,不久即怀疑德莱塞普斯是否具有诚意。[①] 这不亚于是致命的打击,它引起了多方面的反响。整个方案仍有待于苏丹的批准。在克里米亚战争中与英国结成同盟的法国政府,此刻对于是否批准这一方案举棋不定。经过一段预兆不祥的拖延之后,英国政府于1855年夏致函巴黎表示反对,德莱塞普斯在伦敦更是公开遭到帕默斯顿和克拉伦登的拒绝。但是,他终于在1856年1月宣布:第一,他领导的国际委员会已向埃及总督提出报告,一致赞成开凿一条直达运河,这在技术和资金方面都可以办到;第二,总督已向他作出了经过修改的,对他的公司有利的更加具体的让步。其中有一条规定(这一条于1865年放宽):大多数劳工应为埃及人;此外还确定了货运和客运的最高通行税额,规定99年后如重订,则修改各条款使其对埃及更加有利,并确定了该公司的组织章程,其法人代表和行政管理的总部均设在巴黎。

在埃及,所有赞成开凿运河的人都是法国人或坚决的亲法派;这时它似乎更像是法国的一项事业了;这个事实引起了英国的坚决反对。德莱塞普斯未得到巴黎和会的支持;他在伦敦虽然找到了有势力的支持者,但帕默斯顿在下院表示坚决反对(1857年7月7日)。1858年1月英国通知苏丹说,如果他同意开凿运河,英国对土耳其的保证就将失效。同年6月,下院进行辩论,结果绝大多数议员赞成

[①]《苏伊士运河历史文献》,阿尔勒-迪富尔致内格雷利信,20. Xii. 54(第154—155页);迪富尔-费隆瑟致昂方坦,19. ii. 55(第178—179页),和致内格雷利的信,5. iii. 55(第171—173页)。

政府的立场（290票对62票）。然而，德莱塞普斯于同年10月发起认购股票，获得相当大的成功：在法国，20万股迅即被认购，在土耳其和埃及大约有10万股被认购。1859年4月，实际上他已在后来的塞得港开始动工；他对土耳其苏丹连续两次向埃及总督提出的反对照会都置之不理。1859年10月26日，他终于得到法国皇帝的公开支持。在此以前，拿破仑三世虽然接见了昂方坦表示鼓励（1855年4月10日）①，并使人毫不怀疑他个人对此事感兴趣，但他的政府却从未表明态度。现在他放弃了表面上的中立。尽管土耳其施展阴谋诡计，英国也提出备忘录重申"英王陛下政府坚定不移地反对计划中的苏伊士运河"，德莱塞普斯仍能使埃及总督按照他的意见办事，这位总督于1860年5月接受了尚未被认购的股票（113642股）。由于是向法国银行借的高利贷，这些股票很快就下跌，濒于破产。1863年1月赛义德去世后，强迫劳工来源短缺和工程费用日增所造成的困难日趋严重。但新任总督易斯马仪继续支持德莱塞普斯，使他得到鼓励，不理睬土耳其重新提出的威胁。英国也似乎不再像过去那样坚决反对到底了。由于公司的董事们一再提出请求（1864年1月6日和1865年2月4日），拿破仑三世首先同意对公司与埃及总督间的财务纠纷进行仲裁，此后又同意对土耳其苏丹施加影响。最后，1866年3月19日，土耳其苏丹终于表示同意。同年8月，德莱塞普斯向一次股东会议宣布了他的胜利。在这之前几个月，帕默斯顿已经逝世。

运河工程开始于1859年4月，起初进展缓慢。1862年年初，引自尼罗河的淡水干渠到达提姆萨湖，同年年底地中海的海水流入该湖。此后两年工程很少进展；但从1865年起，由于更多地使用机器（由于放弃使用强迫劳工而必须使用机器），更重要的是由于政治障碍逐渐消失，运河工程得到了新生。运河全长90英里，其中1/3是通过湖泊，1869年8月红海和地中海的海水汇合于苦湖。同年11月17日运河通航，欧洲各国的统治者出席了运河船队的通航典礼。这是拿破仑三世的最后光荣时刻。公司的股票持有者主要是法国人，虽然长期未能获利，但最后终于发了大财。运河的费用，1842年利南最初估计不到400万法郎，运河完工之日耗资竟达4亿法郎，因此公

---

① 《苏伊士运河历史文献》，昂方坦致内格雷利信，16.iv.55（第174—176页）。

司的前景最初是十分暗淡的，当时法国的威望下降，有人曾在1871年和1874年建议，该公司应将整个企业卖给欧洲各国，由它们实行国际共管；但没有采取这种行动。埃及总督这时已经独立；他因经济陷于崩溃而被迫于1875年把他的股份出售，法国的股东们未能很快答应拿出这笔钱来，英国首相迪斯累里遂乘机买下埃及的股票，当时许多英国人认为这是很大的冒险。从商业利益来看，这种担心证明是不对的；但从政治上和战略上来说，这条运河对英国却几乎是利害参半。购买了这批股票使英国对运河的管理有了发言权，但还不是决定性的发言权，英国只有占领埃及才能感到安全。

本章的主题是日益扩大的经济所引起的物质发展及其直接影响。这里没有谈到为实现统一而进行斗争的意大利，没有谈到具有世界意义的罗马问题，没有谈到西班牙的内战，希腊早期发展中所遇到的困难，以及伊斯兰世界内部从君士坦丁堡直到摩洛哥整个这一地区的变化过程。这些变化虽然多半还只是表面的，但不久即将出现惊人和明显的突变。这些新的运动和势力并非都是由于物质上的变化而形成的；除纯粹经济上的原因之外，美国和法国革命思想的传播以及拿破仑战争的动乱所引起的不安定的心理状态也是同样重要的原因。但那些传播变革精神，特别是在伊斯兰教国家传播变革精神的人，其中有很多怀有商业上、军事上或政治上的打算。新时期交通运输的便捷，对所有这些人都起了促进作用，而这些人则是受到物质进步是无止境的这种信念的鼓舞。至于这一地区在这一时代的政治思想和一般思想，并不具有什么地中海的特色。

（杨静予　译）

第 十 七 章

法兰西第二帝国

　　法国 1848 年革命以后发生的事情看来远不只是共和派希望的破灭，而且意味着革命爆发以前在建立自由政府方面所取得的进展大都付之东流了。因为 1851 年 12 月 2 日的政变后出现了法国从查理十世被推翻以来从未有过的更为独裁的统治。由于这一新的专制统治的主要目标之一是要维护各有产阶级和教会，因此它从一开始就仿佛是人们所熟知的那一种政治上的和社会中的保守主义东山再起。然而第二帝国不仅仅是一种倒退，后来就连反动派也与共和派一样地咒骂后来成为拿破仑三世的那个可爱的冒险家。他声称他的政权的宏伟目标是要使以"进步"作为口号的一派和把"秩序"奉为座右铭的一派的两派人物言归于好。时间的流逝表明他所说的倒是真心话，但这却使两派都大为恼火。事实证明他并没有取得多大的成功，因为在他整个在位期间，两派始终不和，进行残酷的斗争，一直到第二帝国最后垮台。然而所作的努力也不是完全徒劳的。第二帝国持续的时间并不比 1789 年以来法国的任何一个政权短，而且在第二帝国时期，法国的经济有着显著的发展。此外，不管皇帝原先的意图究竟是什么，法国还是逐渐恢复了代议制政府；而且在他的统治结束的时候，这种代议制政府比以往任何时候都更为巩固。

　　在 1848 年革命刚刚爆发的时候，任何一个敏锐的观察家都有理由认为这一新的共和事业长不了；但是，要是有人预言说共和事业的完结就是路易·拿破仑的上台，那也未免过于大胆。1848 年春天，也就是他成为法国的主宰前约 4 年的时候，这个觊觎皇位的波拿巴派人物几乎还只是一个蛰居故里的无名之辈。他的党羽寥寥无几，不过是他的一小撮亲信而已。路易·拿破仑的父亲路易·波拿巴是拿破仑一世的弟弟，并被拿破仑一世封为荷兰国王；他的母亲奥尔唐斯·德·博阿尔内是约瑟芬皇后的女儿。① 路易·拿破仑出生于1808年，正是他伯父昙花一现的赫赫事业登峰造极的时候。但是这位侄子对拿破仑的鼎盛时期并无多少记忆，因为帝国土崩瓦解的时候，他还不到八岁。他的母亲和他的父亲早已分居，拿破仑帝国崩溃以后她一直住在瑞士和巴伐利亚。路易·拿破仑就是在那里长大成人的。1831年他参加了教皇国的起义运动，虽然他在其中没有干出什么大事，但这却表明他从青年时代起就热衷于政治上的越轨行动，也预示着他将牵连进意大利的民族运动。在这个运动中，他的哥哥死于热病。此后不久，1832年赖希施塔特公爵去世时，他已明确了自己的使命，他伯父政治上的遗产要由他继承了。从此以后，他把恢复帝国并由他自己登上帝位作为他的唯一目标。为了实现这一目标，他从不懈怠，也从不灰心。他满怀信心以为只要他踏上法兰西的土地，公开宣布他的使命，法兰西就会伸出双手欢迎他，于是他在1836年鲁莽地进行了夺取权力的初次尝试；他越过边界进入斯特拉斯堡，试图组织一次拥戴他上台的叛乱。但是这次冒险行动惨遭失败，他自己也被俘虏，并被重新流放。此后他定居英国，在那里的上流社会中颇为引人注目。1840年他卷土重来，渡过海峡在布洛涅登陆。但是他的事业又告失败。这一次他被监禁在靠近比利时边界的阿姆城堡。1846年他越狱逃跑，再次避难到英国，在那里一直住到本国1848年革命爆发。②

　　不久即可看出，这次革命造成的形势对他的事业比以往任何时候都更为有利。早先历次夺取政权的尝试使他懂得了，波拿巴这个名字所唤起的对以往盛世回忆的魔力，并不强大到足以使他能够把路易·菲利普赶下王位。但是第二共和国时期实行普选权，却能使他的姓名的魔力吸引被社会主义威胁吓破了胆的中产阶级和自耕农，并且使他在1848年的总统选举中赢得了压倒多数的选票。甚至连在"六月起义"中遭到资产阶级共和国的镇压而对之感到厌恶的工人们，也被波拿巴主义的纲领所吸引。尽管这在战略上有很大的好处，但他在选

---

① 有人提出路易·拿破仑是否婚生子的问题，还举出了一系列据说是他生父的姓名。这种怀疑并非毫无道理，因为路易与奥尔唐斯感情不和在路易·拿破仑出生以前即已为人所共知。后来奥尔唐斯又生了一个儿子，即后来的德·莫尔尼公爵，他肯定是一个非婚生子。但是，要证明路易·拿破仑也是私生子，却没有确凿的证据。

② 关于这次革命，参见本卷第15章。

第十七章　法兰西第二帝国

举中所取得的胜利并不能保证路易·拿破仑实现他的最终目标，即实现他的个人统治。首先，在竞选总统时他已宣称他接受共和政体，而他的当选并不赋予他恢复帝制的权力。其次，共和国宪法规定总统的任期为四年，而且不得连选连任。最后，他不得不与1849年5月经选举产生的立法议会分享权力。在这个议会中，不管是居于少数的共和派，还是构成多数的结成松散联盟的保守派，都对他存有戒心，和他抗争。这些保守派根本无法争取使之转向共和。如果奥尔良派和正统派之间的裂痕有可能弥合，保守派的大多数本来是会支持拥有一个代表有产阶级的议会的君主立宪政体的。既然不能弥合这一裂痕，他们就宁愿共和政体维持下去，只要立法权仍旧掌握在他们的手中。

因此十分明显，路易·拿破仑要么劝导保守派修改宪法以便使他可以延长总统的任期，要么就铤而走险发动政变。他从来没有排除后一个办法。不过，现在既然他要达到的目标已近在咫尺，因此他对于求助于暴力手段的做法反而显得异乎寻常地犹豫起来。在近三年的时间里，他为了赢得保守派的信任与合作费尽心机，而且一度似乎得逞。他同意派遣一支军队远征罗马（1849年4月）以先下手为强的办法挫败奥地利，以便维护教皇的世俗权力，这就使他赢得了天主教徒们的好感。他对为教会参与初等和中等教育铺平道路的《法卢法案》①（1850年3月15日）的态度，也同样使他获得了天主教徒的欢心。他对剥夺了一大部分城市居民选举权的1850年5月31日选举法采取默认的态度，这又证明他愿意帮助保守派保持他们在国民议会中的优势。1850年的夏天，形势一旦明显，奥尔良派和正统派无望就任何一派的候选人登上君主宝座立即达成协议，于是两派中的一些领袖们都认为最好的办法就是让路易·拿破仑继续担任总统，因为这样立法议会就会继续处于他们的控制之下。可是，其他的人则仍然怀疑这样做是否明智。他们认为路易·拿破仑迟早会利用自己的地位建立个人的统治，与议会分庭抗礼。尚加尼埃将军曾公开表示坚决反对总统凌驾于立法议会之上的任何行动；1851年1月3日，路易·拿破仑便解除了他的巴黎卫戍司令和巴黎国民自卫军司令的职务。这一事件使这些人的怀疑有增无减。因此，当修改宪法的问题于1851年

---

① 参见本卷第4章，原文第80页和第5章，原文第107页。

7月9日在立法议会中付诸表决时，保守派支持共和派的人很多，足以使提案不能获得必需的3/4的多数票。

此后，路易·拿破仑除了策动政变外别无其他选择。1851年10月，他任命圣阿尔诺将军为陆军部长，任命莫帕为警察局长。圣阿尔诺已经答应在路易·拿破仑决心孤注一掷的大胆赌博中与他共同承担风险，而莫帕也甘愿充当帮凶。与此同时，为了重新挑起共和派与保守派之间的不和，以便阻止他们组成一个反对他的共同阵线，这位总统便提出废除（他原先已经批准的）1850年5月31日的选举法，恢复普选权。正如他所预期的，居于多数的保守派投票否决了他的这一提案。这样就使他可能在打击立法议会的时机到来时，以一个人民权利的维护者的面貌出现。

几经推迟，最后定于1851年12月1日至2日的那个晚上发动政变。在圣阿尔诺、莫帕和已接任内政部长这一关键性职务的莫尔尼的指挥下，政变行动进行得非常顺利。根据总统的命令，逮捕了立法议会各党派的领袖，解散了议会，宣布实施总统的个人统治。12月3日和4日两天中，巴黎共和派掌握的地区中曾发生了一些武装抵抗，但起义很快就遭到军队严厉的镇压。在外省的一些地方虽然也发生了一些小骚乱，但都没有发展到严重的程度。然而，这些骚乱足以说明，由于总统和议会都要在1852年重新选举，因此人们对于1852年将会发生混乱普遍感到担心，这就给这次政变提供了理由。

于是总统便立即组织了他的独裁新政府。1851年12月14日，举行了一次公民投票，表示赞同政变，并授权路易·拿破仑颁布一部新宪法。在这次公民投票中，赞成票有700多万张，反对票却不到100万张。1852年1月14日公布了新宪法，保留了共和国的名称，但却确认总统拥有不容置辩的主宰一切的权力。与此同时，又开始了一次在政治上进行镇压的运动。这次镇压运动比1793—1794年的"恐怖时期"以来的任何一次都更有步骤，范围也更广泛。根据1852年1月20日的一项行政命令，建立了所谓"混合委员会"的特别法庭，来对付那些被认为是危及公共秩序的人。这些由各省的主要军政官员组成的委员会得到授权，可以自己便宜行事，不必拘泥于通常的司法程序；而且有权作出从拘押到流放的各种判决，或将报告送交军事法庭审判甚至处决。结果，大约共有2.6万人受审。其中约有1万人获释或者在警方继续监视下开释，还有1万人则被送往阿尔及利亚。

政变以后的一年时间里，法国一直处于共和国与帝国之间的过渡状态之中。在此期间，这位君主总统紧紧地控制着政府，为他登上皇帝宝座的最后步骤准备舆论，并使外交界确信他的统治不会给欧洲的和平带来任何威胁。最后他判断时机已经成熟，便于1852年11月21日举行了第二次公民投票，批准恢复波拿巴王朝的世袭统治。这一次也有700万票赞成，反对票却只有25万张左右。于是路易·拿破仑便于1852年12月2日称帝，称为拿破仑三世。他自称为拿破仑三世是因为拿破仑一世曾于1814年让位给他的儿子（后来称为赖希施塔特公爵）。因此，在联军扶植路易十八上台恢复波旁王朝的统治以前的短暂时期中，这个尚在幼儿时代的波拿巴王子虽然实际上并没有在位，但却曾是法国的合法君主，称为"拿破仑二世"。但是拿破仑三世明确承认，随着路易十八的即位，波拿巴王朝的统治在法律上也就中断，一直到1852年他自己称帝时才得以恢复。拿破仑三世认识到，他作为一个新的世袭君主政体的首脑，必须结束独身生活，于是他就开始选择皇后。1853年1月30日，他娶了欧仁妮·德蒙蒂茹。她是一位在伊比利亚半岛战争中站在法国方面进行战斗的西班牙贵族的女儿。她从童年时代起就无限景仰关于拿破仑的传说。后来证明，选择这位皇后来为这个突然发迹的皇帝掌管匆匆拼凑起来的豪华宫廷生活，是十分恰当的。不仅如此，她立即摆脱了其他的义务，生了一个儿子，称为皇太子，使皇位的正常接替后继有人了。

尽管帝制最后终于恢复，就像瓜熟蒂落一样，并非出人意料，但新政权上台伊始却很难看出它对法国国民生活的各个基本问题究竟采取什么态度。路易·拿破仑当总统时曾被认为是保守派的代理人，但他搞政变却置保守派领袖们的意见于不顾，而他恢复帝制则不但与共和派的愿望相左，而且也与奥尔良派及正统派的愿望相悖。至于如果有人要问他搞的这新的一套有什么意义，最明确的答案就是：这意味着波拿巴主义的东山再起。然而却没有人能够对这一点的确切含义作一说明，因为作为第二帝国的思想渊源的第一帝国本身也不是什么周密成熟的思想产物。路易·拿破仑在他上台以前，曾写过许多文章，阐述他所代表的那个传统的思想。其中著名的是1839年第一次发表的《拿破仑思想》和 1844 年发表的《论消灭贫困》。前者阐述了人所熟悉的这样一种思想，即波拿巴主义就是权威与自由的协调；它还阐述了这样一种比较费解的理论，即波拿巴主义就是致力于维护和平的外交。但是，这种论点措辞含糊，很难从中看出作者为解决摆在他面前的各项具体问题究竟将采取什么方针路线。后一篇文章并不像它的标题那样吸引人。文章提出了一项计划，在政府主持下让城市贫民在已获准不再耕作的土地上重新定居下来。这篇文章证明作者对穷人的处境是关心的，但同时也证明他又不愿引起富人的惊慌。

事实上，路易·拿破仑从来就未遇到过非要他拍板决定他将如何解决法国的各种问题的时候。自他成年以后，除了在阿姆城堡被监禁 6 年以外，生活的大部分是在流放中度过的。因此，他没有什么机会掌握法国事态进程的第一手知识。而且，由于法国人从来没有大批地聚集在他的旗帜之下，他也就从来无须负起制定一个政党的纲领或指导一个大规模舆论运动的责任。他所需要的倒是不择手段地去拉拢朋友，而又尽量不要疏远那些可能支持他的人们。于是，这种环境势力促使他自己那种喜欢梦想宏伟蓝图而不愿制订确切计划的秉性更为突出。

甚至在他当选为总统以后，他仍旧是一个无党无派的领袖。他赢得了保守派的某种程度的支持，因为他充当了保守派所需要的抵销共和派力量的砝码。但总的说来，保守派只把他当作一时可资利用的人物，事后就把他撇在一边。担任总统以后，他开始在自己身边集合了一批人马。这批人在他 1848 年突然发迹以前还不是他的亲信，现在则开始把他们政治上飞黄腾达的希望和他联系在一起。其中比较著名的人物有鲁埃、巴罗克、比约尔和富尔德等，他们以后在第二帝国的政府中都身居要职。尽管这批人有时被叫作"爱丽舍党"，但这个由一批钻营高官厚禄的人们组成的松散帮伙，并不能算是一个名副其实的党派；因为他们没有什么共同的纲领。而且在一般公众中也没有一批拥护者。因此，这批人参加皇帝手下的班底，既不能决定也不能表明皇帝将采取的路线。

即便是与皇帝更接近的那个核心集团也不能起这一作用，因为这个小圈子里的人物在观点上也有很大的分歧，无从形成一个统一的整体。欧仁妮皇后本人很快就对她丈夫的决策起着很大的影响，而且一直保持着这种影响。她利用自己的地位怂恿丈夫实行坚决的专制主义，并且要他在内政外交方面完全听命于教会的意旨。然而，她的影响却被人称激进派的佩尔西尼和与奥尔良派有联系的莫尔尼公爵的影响抵销了。早在流放生活的艰难岁月里，佩尔西尼就已经是路易·拿破仑的亲密朋友和狂热的信徒，所以他在皇帝面前的发言权之大是谁也比不上的。而奥尔唐斯皇后的非婚生子莫尔尼则由于参与策划1851年政变而赢得了他同母异父哥哥的信任。皇帝对于给他出谋划策的人总是言听计从，然而这伙人却是利欲熏心，一味追求高官厚禄无所顾忌，以至皇帝所采取的方针路线也常常飘忽不定，左右摇摆。因此，一些观察家断言路易·拿破仑除了保住他的权位以外，从来就没有比较明确的目标。而且，他对如何保住自己的权位也没有什么比较确切的主张，只不过是随机应变，临时应付而已。不止一位历史学家不约而同地持有这种看法，都把拿破仑三世说成是一个毫无秘密可言的诡秘人物。

不过，除了彻头彻尾的机会主义以外，从他的统治中还是可能找出其他一些东西来的，或者说，至少可以从他的机会主义中找出贯穿其中的逻辑。因为皇帝证明他自信有能力实现他自己宣布的使命，即让秩序和进步调和起来。在他执政初期所采取的措施使他很有希望实现他的目标。他认为法国最需要的莫过于一个安定的政治秩序，而正统派也好，奥尔良派也好，共和派也好，一派又一派都已证明他们没有能力满足这一需要。剩下的唯一选择就是凌驾于这些派别之上的君主统治了。这个君主将表达全国沉默无言的人民大众的愿望，而民众求之不得的福音是一个稳定的政府，而不是某个党派的胜利。拿破仑三世不可能以武力来铲除由来已久的标榜为共和主义、奥尔良主义和正统主义的各种思想运动。他如果要建立一个自己的党派来与其他已存在的各党派竞争以捍卫自己的事业，那是既不实际也不明智的。唯一可以采取的办法就是把政府掌握在自己的手中，同时对每一个党派都作出足够的让步以挫败其反对的锋芒，却又不致使自己成为任何一派的俘虏。这类策略无疑是一种机会主义，但这种机会主义却既符合法国的利益，又符合皇帝的利益。

但是，光有个人独裁统治以及巧妙地在各个政治派别之间玩弄平衡的手段是不够的。他的政权还必须争取教会的赞同，否则任何政权都不可能赢得广大农村人口和城镇有产阶级的支持。此外，还必须使全国的经济有所发展。经济发展了，就能使资产阶级的进取心立即得到发展的机会，也使改善城镇大众的状况有可能。从这种观点来看，为教会利益服务和致力于物质进步的事业之间并无矛盾，维护有产阶级与关心穷人之间也并无矛盾。

以上这些似乎就是这位皇帝开始执政时脑子里考虑的逻辑，而且直到1859年以前他推行的政策都使人看来他还是有一套始终如一的纲领的。在这一时期，他维持了他大权独揽的个人统治，建立了政府与教会之间密切而又和谐的关系，并对实业界的进取精神给予有力的援助和鼓励。而且在这一段时间里，法国看来是接受他的统治的，反对者极少。可是从1859年以后，帝国在国内国外都遇到了巨大的变化。为适应这种变化，帝国政权采取了新的方针。皇帝在各方面的压力下，给予议会以更大的权力，直到最后他的政权与其说是独裁政权，倒不如说是自由政权了，他的政策表明他更为殷切地要安抚左派而不是讨好右派。因此，拿破仑三世的统治可以分为两个阶段。如果说，他刚上台时奉行的政策代表着一种审慎的纲领的话，那么，他在后来那些年月里执行的政策，人们就必然会认为他已经放弃了自己的原则。

开始的时候，皇帝对他的个人统治丝毫不加掩饰或根本不打算加以掩饰。他只把权力授予那些对他一直唯命是从的属下，或授予那些处于他的决定性影响之下的政府部门。他对发表政治意见限制很严，因此任何反对派都不能越过他规定的界限。为了控制舆论，他一方面与历届政权一样依靠大权集中的政府机构，定期从各省省长和总检察长那儿得到关于全国公众情绪状况的报告。另一方面，他依靠第二共和国时期通过的管理政治社团和新闻出版的立法。在这方面，1848年7月28日通过的一项法律规定，一切讨论政治问题的集会必须向公众公开并在一名政府人员的监督下进行，政治社团之间不得结成联盟。根据1848年8月9日至11日制定、1849年和1850年又两次重新提出并最后由1852年2月17日的一项法令确定下来的各项新闻出版法律，事先未经政府批准不得出版报纸。这就是说，报纸出版商和编辑人员的思想见解都必须是政府可以接受的；办报人必须要缴纳一笔高达五万法郎的保证金。在政府内部，确保拿破仑的个人统治的权力归属问题，是根据1852年1月14日的宪法规定，在宣布恢复帝制的时候，这部宪法只需稍加修正即可。

这部宪法规定皇帝为政府执行部门的绝对主宰，而且在立法过程中也享有很大一部分权力。作为君主，他全权负责对外关系，包括进行战争和签订条约的权力在内；同时还是陆海军的最高统帅。他自行任命或撤销各部大臣。各部大臣个人而不是作为一个法人团体向他负责。因此，内阁属于一个由官员组成的委员会的性质，而不是一个独立自主的，可以用集体的意志对付皇帝的意志的政府机构。政府要通过预算和通过不具有宪法性质的法律，都必须经过立法会议的同意。立法会议的成员由普选产生，任期6年。但是，立法会议却没有立法的动议权，也无权制订预算，而且没有行政法院的批准也不得修改预算或其他法案。行政法院是由官员组成的委员会，唯有它才有权起草各项立法。所以经选举产生的立法会议只能接受或拒绝由皇帝任命的人员所提出的措施。实际上，立法会议只能被看成是一种咨询机构，而不是制定政府根本政策的机关。因为立法会议只起那么一点点有限的作用，原来设想通常每年只开一次会议，会期三个月，而且立法会议的成员也没有任何酬劳。但是实际上立法会议开会常常超过三个月，于是最后还是给立法会议的成员发了津贴，称为"补偿金"。根据宪法还设立了参议院。参议院共有150个席位，除元帅、将军和红衣主教是参议院的当然成员外，还有其他成员，由皇帝任命为终身职。然而，起初参议院并不是与立法会议平行的上院。它在立法中的职权仅限于登记那些无须提交经选举产生的立法会议，而又具有宪法条款性质的皇帝诏书，并且审查立法会议通过的各项法律，以保证这些法律与宪法一致。

然而，即使在实行个人统治的时期，帝国也不像人们根据其组成而有理由想象的那样大搞压制之风。因为拿破仑三世统治中的铁杆保皇派从来就为数不多，只是他的那些密友和曾经帮助他实现政变的那批干将。因此，皇帝不可能把那些仍旧向往另一种政权的人们统统排斥在公众生活之外。他不打算阻止奥尔良派和正统派公认的领袖们在报刊上就政治问题发表意见；只要这些领袖们宣誓效忠，他也不试图剥夺他们的政治地位。在选举中，尽管政府和过去历届政府一样，也利用其影响使某一个候选人压倒其他候选人而当选，但政府往往不得不在一批候选人中作出抉择，而这批候选人中却没有一个可以看作政府政策可靠的支持者。共和反对派获准享有的活动余地要比奥尔良派和正统派小得多。不过即使是共和派人，只要他们申明他们承认事实上的帝国，也允许他们参加选举，争取担任公职。

从一开始，皇帝就表明希望得到教会的赞同。他把法国在1849年派去帮助教皇的卫戍部队仍然留驻在罗马。他还准许教会可以根据1850年的《法卢法案》（另见第4章、第5章，原文第80页和107页）在初等和中等教育方面扩大教会的作用。教会对于拿破仑三世的政府允许修士会迅速发展尤为感激，而修士会的成员就可为扩大中、小学教育提供所需要的教员。使教会尤为感激的还有他的政府鼓励地方当局利用《法卢法案》的条款，在公立学校中录用修士会的成员担任教职。

与此同时，还采取了一些措施促进经济的发展，这是对政治秩序的补充。在这些措施中，最突出的是获得信贷比较容易了。原先在临时政府主持下于1848年创办的贴现银行，已证明它在满足商业往来中短期贴现的需求方面是很有效的。现在又向贴现银行重新颁发了特许状，业务范围也扩大了。但是，仍然迫切需要有一种经营银行业的机构，以便向新办的生产性企业进行长期投资。为了满足这一需要，政府于1852年给两家新机构颁发了特许状，一家是动产信贷银行，另一家是地产信贷银行。动产信贷银行在佩雷尔兄弟经营下进行了一系列颇有魄力的工作，给铁路、航运公司、煤气照明公司、采矿公司等许多类似的企业提供资金。地产信贷银行用其资金经营土地价值的抵押业务，把它的大部分财力用于城市的特别是巴黎的房地产投资，从而促进了首都和其他大城市的重建。这是当时的一项亟须进行的工作。不过，地产信贷银行在人们期待它要起的另一作用方面，即在为改进农业生产而提供长期贷款方面，却是令人失望的。

对铁路建设也大力加以推动。许多铁路支线的修筑在路易·菲利普执政时期就已经开始了。但是铁路干线的建筑工程，由于资金不足，以及政府在制定全国范围铁路建设计划与方针中未能迅速地担负起领导责任的缘故，因而迟迟未能完成。计划中的由首都通向南部和西南部的铁路线的建筑工程进展迟缓，因此法国当时投入营运的铁路线仅有3000公里，远远落后于英国和普鲁士。拿破仑三世的政府从一开始就迅速采取果断的行动，把无数家小公司合并成为6家大企业，每一家大企业负责建筑并经营一个地区的铁路网。此外，根据1859年的弗朗克维尔议定书，政府与这些大铁路公司签订合同，以取代过去协议的混乱情况，从而使这些大公司的资金万无一失。合同保证这些大公司在经营那些运量少、无利可图的特定的铁路支线时，它们的投资能获得规定的收益。到1870年，全国营运的铁路线已超过1.7万公里。政府也对海上运输予以注意。对法国邮船公司（参见原文第532页）给予补贴，以协助发展对地中海各港口的船运。对经营横渡北大西洋的海运的大西洋轮船公司也给予了补贴。

452

作为这种刺激经济努力发展的一个部分，拿破仑三世还毅然降低关税，以保护法国工业不受外国的竞争。作出这种决定，既有经济上也有政治上的考虑，因为这位皇帝希望与英国保持融洽的关系，而且他知道他的这个行动会赢得英国主张自由贸易人士的欢迎。不过，他也相信（这在很大程度上是由于受到法国经济学家米歇尔·谢瓦利埃的影响）全面降低关税对法国的经济也是有益的，因为这既可使法国进口的工业原料的价格降低，又可鼓励法国的制造商为了降低成本而采用比较现代化的生产方法。谢瓦利埃经拿破仑三世的批准，与理查德·科布登进行了商谈，起草了一项通商条约草案。这个草案于1860年经批准后开始生效。这个包括法国大幅度降低关税的条约的条款为此后法兰西第二帝国与比利时、荷兰、德意志关税同盟、瑞典、瑞士、意大利以及西班牙缔结的类似条约奠定了基础（参见原文第38页）。

由于拿破仑三世这样开始把他许下的使物质上的进步与政治上的保守政权协调起来的这一含混不清的诺言变为现实，帝国便开始得到了公众比较广泛和积极的支持。到1859年，那些长期以来使法国四分五裂的问题，看来实际上不是不可能逐渐消失的，法国人也许最终会重新发现如何为一个共同的目标而工作。政变后的10年中，共和运动几乎销声匿迹了。共和派的大多数领袖早在共和制取消以前就被流放了。随着新政权的开始，绝大多数尚未被流放的共和派领袖们也被迫逃亡或保持沉默。在奥尔良派中，原先的所有领袖人物都不支持帝国。基佐、梯也尔和奥迪隆·巴罗实际上都已退隐，虽然后来梯也尔又重新出马充当了保守反对派的领袖。但是，另外一些奥尔良派的领袖如鲁埃、巴罗克和比约尔等，在皇帝邀请他们出来任职为他服务时，就不甘仍然处于默默无闻的地步了。至于奥尔良派的主要支柱，即各省大批的资产阶级，在拿破仑三世有能力保住其皇位并维持政局这一点一旦明朗化后，就不愿把他们对奥尔良家族的效忠当作迷信的偶像了。正统派表示和解则比较缓慢。尚博尔伯爵曾作出明确的指令，他的那一派的任何人不得在拿破仑三世手下任职。即使没有这个禁令，极右的人们也是不愿意向波拿巴分子妥协的。然而，也不是所有倾向于尚博尔伯爵、反对拿破仑三世的人，都把复辟波旁王朝的统治当作他们政治上唯一的迫切需要。他们中大多数人对教会事业的关心甚于对皇位问题的关心。拿破仑三世对教会的愿望是如此百依百顺，那么他们之中也就很少有人能够一直成为这位君主的不共戴天的仇敌了。

两派社会改革运动的门徒们的反应看来也是很重要的。这两派与第二帝国建立前的那三个政治党派中的任何一派都不一样。圣西门派是这两个社会改革运动中的一个。尽管圣西门派组织在1832年就解散了，这一组织中的一些派系却仍旧忠于曾经鼓舞着这个运动的思想，其中有些人把拿破仑三世看成是和他们同一派系的人物，因为拿破仑三世结束了各政治派别之间的无谓纷争，并且开始解放生产力，而解放生产力则是当今时代伟大的任务。这些人物中著名的有埃米尔·佩雷尔和伊萨克·佩雷尔兄弟。他们在组织和经营动产信贷银行方面，在把各家铁路公司合并为6个大的地区铁路网方面，都起到了主导的作用。而米歇尔·谢瓦利埃既积极倡导自由贸易，又热情鼓吹搞公共工程和铁路建设。

新政权也使弗雷德里克·勒普拉的信徒们感到满意，其原因与帝国似乎实现了圣西门梦想这一原因迥然不同。这位秉性温和的采矿工程师提出的"社会安定"理论，并不重视财富的增加乃是增进人类幸福的手段。在他看来，产业主义对人类的幸福是一种威胁而不是福音。唯一能够收到效果的社会改革是那些能够维护并加强家庭的改革，因为只有家庭才能既满足人们的物质需求，又满足人们对获得别人的感情和尊重的渴望。皇帝很快就认识到，最大限度地使政治上向来争论不休的问题化为微不足道的小事，以此作为社会信条，对实现他的目标可能是有用的，于是他十分爽快地支持勒普拉。勒普拉最后

第十七章 法兰西第二帝国

被任命为参议员。尽管勒普拉从来就没有赢得过大批的追随者,但是却有相当大的一批天主教保守派对他是信服的。他对帝国的支持在道义上与圣西门派对帝国的赞同有同等的意义。

但是,预示着皇帝的蓝图将最终实现的征兆似乎随着时间的推移而化为乌有。他很不走运,竟然参与了意大利的解放战争。① 这就标志着他执政的一个新阶段的开始。在这个阶段,法国在宗教问题上的意见分歧加剧了,而且他曾竭力设法弥合的社会和政治的分裂重又出现。随着19世纪60年代这10年光阴的飞逝,情况变得十分清楚:在各种誓不两立的对手相互争斗的旋涡之中,帝国没有能力提出解决法国问题的新办法,只能做到保持一种很不稳定的平衡而已。

最能说明帝国这种困境的莫过于那些涉及教会的问题。拿破仑三世心里十分清楚:他对教会百依百顺的方针会引起左派中把教会看作反动堡垒的那部分人更加强烈的反对。但是他又期望奥尔良派和正统派对他的方针的支持会绰绰有余地抵销这种反对。这两派或者是出于虔诚的宗教信仰,或者是因为教会似乎是维护保守的社会秩序的堡垒,都会赞同他的这一方针的。但是很不幸,他执政的时期正是教皇庇护九世在位时期。教会在他的领导下对自由主义无论是在实际政治舞台上还是在思想领域里,都采取了丝毫不妥协的立场。随着时间的推移,人们可以看得十分清楚:如果拿破仑三世要继续推行他的既定路线,那么他就不得不支持教皇反对意大利民族主义的世俗统治,而且还不得不默认《现代错误学说汇编》对当今时代精神的大肆抨击,并听从将在1870年梵蒂冈公会议提出的极端的教皇极权主义(参见第4章,原文第93—99页)。如果他这样做,他不仅会失去反教权的共和派的支持,而且也会失去那样一些保守派的支持,这些保守派虽然与左派的反教权主义毫不相干,但却仍然忠于各国教会自立运动的传统。然而,如果他改弦易辙,他将遭受教皇极权派与他作对的痛苦。因此,他没有多少选择的余地,只得推行一种两面讨好的政策,尽量不去得罪教皇极权派及其反对派,同时也不去迎合两派中的任何一派。

拿破仑三世除了无力制止宗教争端重新抬头以外,另外又遇到了

---

① 参见本卷第21章。

一股反对力量。这股反对力量在一定程度上是他努力促进经济发展所造成的后果。他在放宽信贷和建成全国铁路网中所采取的措施受到欢迎。但是，由1860年《英法条约》开始的降低关税的政策却引起了实业界，尤其是冶金和纺织工业界的广泛而强烈的抗议。冶金和纺织工业在此以前一直受到保护以避免来自英国和比利时的竞争。法国红酒在国外销售量的增加也没有达到预期的那样大，而据认为销售量的增加可以抵销外国竞争所造成的某些不利影响。对降低关税的政策，可以说是怨声载道，而这就明显地说明，尽管皇帝和他的顾问们正确地认为外国的竞争能促使法国改进制造业的加工方法，但是实业界有相当大一部分人却丝毫也不想去接受这种挑战。

当工业家们不满至极，发出愤懑的呼声的时候，城市工人阶级也开始重新出现骚动的迹象。这在一定程度上可以说是大城市的居民中雅各宾主义流行病的复发。政府一放松政变后所采取的政治镇压措施，这一流行病就又开始重新出现。这在一定程度上也可以说是皇帝努力鼓励工业发展的同一过程造成的结果。因为不论是在法国还是在其他地方，工业革命的进展所造成的必然后果是工业无产阶级人数的膨胀，而商业状况的改善又导致价格比工资上升得更快。工会运动为了对这一经济压力作出反应，便不顾法律对劳动者不得为增加工资而结社的禁令，开始壮大起来。至于工人阶级提出的各项社会目标所以比雅各宾共和主义提出的更为广泛，主要是由于受到蒲鲁东或路易·布朗的互助学说的影响。尽管马克思和恩格斯正在阐述"科学的"社会主义的原则，但在整个第二帝国期间，他们的新学说在法国几乎还一直不为人们所知。然而，刚刚建立不久的第一国际1865年成立了法国支部，这预示着无产阶级的崛起进入了一个更加势不可当的新阶段。

随着时间的进展，对中产阶级中的一些知识分子颇有吸引力的共和主义又重新抬头。一些曾在1848年崭露头角成为这种共和主义的代言人的人物，在第二帝国时期大都没有重返政治舞台。其中大多数或者如勒德律-罗兰那样仍在流放之中，或者如拉马丁那样过着隐居生活。但是，不久就涌现出了献身于同一种思想的新的一代领袖人物。1857年的选举中，选入立法会议的共和派屈指可数的5人中，埃米尔·奥利维埃和朱尔·法弗尔两人尽管承认事实上的帝国，后来却成为共和反对派的核心人物。不久，反政府的共和派里还有朱尔·西蒙、莱昂·甘必大、朱尔·费里、亨利·德·罗什福尔等人。

皇帝为了对付这种种压力，转而倒向左派。能说明这一点的一个事实是1859年对政治犯实行大赦，其中大多数是共和派。其后又颁布了1860年11月24日的法令。根据这项法令，皇帝授权立法会议和参议院，可以对他在每届立法会议和参议院年会开幕时发表的演说投票表态，并授予这两个机构以发表它们的辩论逐字记录的权利。1867年1月19日颁布的法令又授权立法会议和参议院，可对各位大臣提出质询；此后，一年一度的皇帝演说中断了。根据1867年3月14日的一项法令，参议院可对立法会议通过的法案行使否决权，使之暂停执行，并恢复它原先就具有的为维护宪法而对立法进行审议的权力。这样，参议院就变成了一个类似贵族院的上院。1868年，又放宽了管制新闻出版和公众集会的法律。上述种种改革措施大大地提高了议会的威信，并且允许皇帝的知交和部下的小圈子以外的政治领袖们可以自由地发表意见，即便是批评政府也在所不禁。然而，皇帝仍旧完全掌握着行政权（因为各大臣仍旧只对皇帝负责），而且也保持着足以左右立法的势力，因此他的政府提出的任何法案，他都有把握会获得通过。

还有其他一些迹象也说明皇帝向左转的新动向。1864年曾向工人阶级作了意义重大的让步，给予劳动者以罢工的权利，虽然仍然规定如罢工者企图阻挠别人上工的话，将予以惩罚。与此同时，由于天主教的宣传家们和教会的高级神职人员在1859年以后斥责皇帝以牺牲教皇的世俗统治来支持意大利的民族主义，政府就显得不再像以前那样热心于让教会扩大其在教育方面的作用了，而在1863年任命维克托·迪律伊为教育大臣以后，教会在教育方面扩大作用的情况也就停止了。

然而，这些举措并不足以安抚反对帝国的左翼，因此也不能抵销来自右翼的天主教会的批评。1863年和1869年的两次选举中，重新选入立法会议的共和派人数连连增加，而在1863年中重新积极投入政治生活的梯也尔则着手组建了一个保守的反对派，称作"第三党"。它虽然不同于共和派，但在坚决反对政府政策方面却是一致的。皇帝对此作出的反应，还是对左派作出新的让步。1870年1月，他罗致了立法会议中已经名噪一时的激进的反对派领袖埃米尔·奥利维埃为他服务,让他担任几乎相当于首相的职务。根据1870年5月8日付诸公民投票的新宪法的规定,给予立法会议和参议院以提出立法议案的权利,还有修改政府提出的法案的权利,也有权制订自己的议程和通过对行政机构的工作进行评论的决议。

在这次公民投票中,投赞成票的人数与1852年的那次相比所差无几。不过,对宪法的这一最后的修正究竟有什么意义还看不清楚。在某些人看来,这似乎意味着一个以代议制政府而不是以个人专断的政府为基础的新政权——"自由帝国"——的开始。然而皇帝仍然握有若干重大的特权。仍然由他任命大臣,而大臣则仍然向他负责;他仍然是陆海军的统帅。而且,只有皇帝才能提议修改宪法,修改宪法要经过公民投票,而无须议会批准。所以,拿破仑三世并没有完全承担义务遵循议会的权力高于一切的原则,他也没有无可挽回地捆住自己的手脚,因为如果他要冒险再发动一次1851年确立了他的独裁统治的那样政变,他仍然拥有足够的力量来重新确立他的个人统治。但是重新回到个人专制独裁的可能性看来是微乎其微的,因为1870年的皇帝毕竟已经不是1851年的那个冒险家了。健康状况不佳已使他元气大伤,他甚至对保住个人统治兴趣也似乎渐渐淡薄了。他现在想得更多的是要为他的儿子保住帝国,而不是为他自己。不管怎样,帝国以后将如何演变的问题,当时肯定是无法回答的,因为新宪法颁布以后仅仅几个月的时间,帝国就在外国入侵的冲击下土崩瓦解了。

但是,拿破仑三世为解决政治领域中权威与自由之间的对立所作的坚持不懈的努力,并不是使他的统治在法国历史上占有一席之地的主要的东西。他执政的这个时期之所以重要,主要是因为经济上的长足发展。造成经济发展的除了由于其他的情况外,也是由于政府的行动。在19世纪法国经济现代化的缓慢进程中,第二帝国这一阶段,尽管既非法国工业革命的开端,也非法国工业革命最后的顶峰,却具有举足轻重的重要性。

陆上和海上运输的迅速发展是与采矿业和冶金业的繁荣有关联的。煤炭生产翻了一番还多。铁的冶炼从使用木炭这一比较古老的方式转变为使用焦炭的新技术。在19世纪60年代,贝塞麦炼钢法和西门子炼钢法都传到了法国。当时法国的钢铁总产量已大量增加,仅次于英国而高于德国，居世界第二位。与此同时，在棉纺织工业中广泛地采用了机器生产；在毛纺织业中采用的程度则稍差，尽管在棉、毛纺织业中老一套的手工生产方法并没有绝迹。从制造业中蒸汽机的总马力数则可大致衡量出工业进步总的水平，从1850—1870年，总马力数增加了500%左右。同样值得注意的是对外国投资的增加，在第二帝国期间，对外投资总额从20亿法郎左右增加到约120亿法郎。这些投资中的很大一部分是购买了外国的政府债券，但也有相当大一部分是向西班牙、意大利及奥匈帝国的铁路系统的建设以及苏伊士运河的开凿（参见原文第440页）提供资金。

与国民经济的其他部门相比，农业的进展就慢得多了。在整个19世纪，法国农业的变化实际上是很缓慢的。这在一定程度上是由于在1789年革命中所实行的改革，这些改革加强了受传统束缚的小农的地位。但是，铁路的修筑使人们有可能把产品运到距离比较遥远的市场中去，从而促进了大土地的经营。这种大土地经营是建立在商业基础上的，而不是以一家一户为单位的经济。

要确定造成这一时期经济高涨的原因是困难的。在当时，经济高涨并不是法国所特有的现象。因为19世纪50年代、60年代，是一个在其他许多国家中，特别是在英国、德国和美国出现全面经济增长的时代。在某种程度上，这一繁荣景象可能是由于加利福尼亚和澳大利亚发现了黄金的影响所造成的。黄金的发现当然对全世界都产生了膨胀性的效果。这一繁荣在某种程度上也许又是关税下降趋势的结果。特别是1860年《英法条约》以后，关税的降低使国际贸易往来有可能更加自由化了。另一个促成繁荣的因素是铁路的修建。铁路是对新技术进步的应用，因为修筑铁路不但造成了对钢铁的需求的大规模增加，也大量需要一支流动性的劳动大军，而且同时也扩大了农产品和制成品的有效市场的地区。在一定程度上，这种发展无疑也是有限责任公司的广泛普及和新的信贷机构发展的结果。法国1867年通过的立法为有限责任公司的发展提供了有利条件。在法国的新的信贷机构中，除了动产信贷银行和地产信托银行以外，较著名的还有里昂信贷银行（1863年）和法国兴业银行（1864年）。要估价帝国政府在经济发展中所做的贡献，比评价上述这些其他因素的重要意义还要困难得多。政府显然不是促成经济繁荣的唯一因素，但无疑地它对企业界给予鼓励，并且在许多方面提供了实实在在的帮助。

随着企业的繁荣，资产阶级的社会地位上升到了无可匹敌的地步。诚然，这是一个早就开始了的过程，但只是到了第二帝国时期地主贵族阶级才无可挽回地衰落下去。这种衰落，一方面是因为经济状况使商人掌握了获得财富和威信的新来源；另一方面，也是由于政治上的而不是经济上的因素。贵族阶级的遗老占多数的正统派，他们基本上抵制了政治生活和以宫廷为中心的社会生活。在奥尔良王朝时期，正统派就已奉行大体上相同的方针，并且已经开始尝到了他们这种自我封锁的恶果，但是在第二帝国时期，他们的这离群索居的状态又延长到了第三个10年甚至第四个10年。成员中包括许多乡绅和企业家的奥尔良派没有采取这样不妥协的态度，他们中不少人还身居显位要职。不过，第二帝国时突出的人物显然还是企业界的巨头和证券经纪人。他们的财富来自新的工业企业而不是来自地产。这种人很容易进入皇帝周围的那群人的小圈子。皇帝对他们也恩赐有加。

工业化的过程也给普通老百姓带来了变化，尽管这种变化并不那么明显。工业化的一个必然结果是无产阶级的人数增加了，在社会上的影响扩大了。然而在整个第二帝国期间，工人阶级仍然以手工业工人为主。巴黎是法国这一时期人口超过100万的唯一城市，只是在以后它的人口才达到了200万。巴黎的劳动人口中，占压倒多数的仍旧是受雇于小作坊、生产奢侈品的熟练工匠，再加上一大批打短工的非熟练劳工以及家庭仆役。仅次于巴黎的三个最大城市里昂、马赛和波尔多的人口加在一起还不到100万。新的工业无产阶级主要出现在纺织和冶金两个行业，而这两个行业的发展则是在较小的省城，例如里尔和鲁贝。这类城市的人口在5万至15万之间。农村人口的变化比城市的变化更小，因为农业在这一时期的经济发展中只占很小的份额，而农村人口流入城市的速度又不太快，没有造成农村人口的显著减少。不过，自革命以来，第二帝国比以往任何一届政府都更关心农民。而且，从拿破仑三世的统治中，我们可以看到已经开始了取悦于农村选民的做法，而取悦于农村选民的做法将是法兰西第三共和国的政治生活的特点之一。

在思想领域里，却并不像经济企业界那样显得具有新的活力。教会的维护者们和与之相抗衡的科学倡导者们之间的辩论继续进行着，除了变得更为极端地教条主义以外，辩论并没有增加什么新的内容。一方面，维伊奥仍旧是其观点集中体现在《现代错误学说汇编》中的那些天主教徒的代言人（参见第4章，原文第90—94页）。另一方面，奥古斯特·孔德和利特雷则成为那些相信科学才是人类自救的新道路的人们的先知。1857年孔德去世以后，利特雷成了实证主义思想的主要阐述者。但是，法国在扩大科学知识疆域的工作中，并未作出什么突出的贡献。诚然，这一时期有克洛德·贝尔纳和路易·巴斯德等人进行的科学研究（参见第3章，原文第50，65—66页）。但是如果把科学进步看成有赖于大批学者的集体努力的话，那么德国的各大学仍是科学研究的中心（参见原文第50—51，114页），而查尔斯·达尔文则肯定给英国带来了创造这一时期最伟大的科学杰作的荣誉。

然而，如果说拿破仑三世执政时期的巴黎是全世界无与伦比的游乐场，是不会有人表示异议的。在这以前很久，欧洲就已经认识到了这座"光明之城"独特的迷人之处，但是在19世纪初，它的风采有所逊色。波旁王朝的复辟给巴黎带来了一种严肃的气氛，把纯洁的虔诚和变本加厉的保守主义混在一起，路易十八执政时尤其是如此。这不会给人们带来欢乐。路易·菲利普统治时期气氛轻松了些，但人们尊敬的是孜孜不倦地赚钱，而不是挥金如土地花钱。拿破仑三世却完全是另外一种榜样。早在他到处漂泊的青年时代，他就热衷于寻欢作乐，过着放荡不羁的生活。直到他临死前，仍然保持着一个浪荡公子的某些习性。不仅如此，他还挥金如土，讲究宫廷中的繁文缛节，宴乐无度，鼓励社会上的浮华作风，以此作为一种政策。他力图把宫廷变为上流社会的中心。在他统治时期，巴黎进行了大规模的重建，主要街道加宽了，道路照明、卫生设施等公用事业也大有改进。这一工作是在塞纳河地区行政长官奥斯曼男爵有力的领导下进行的，但是这个倡议却是皇帝提出的。他的倡议一部分是出于政治的动机，因为林荫大道加宽以后要在这些街道上设置路障就困难了，从而可以防止发生类似推翻查理十世和路易·菲利普的那种人民起义。当然也有意要美化这个城市，要在巴黎增建各种设施，使之与城市日益扩大的规模相适应。这次巴黎的重建在建筑学上留下的两座丰碑是为巴黎中心市场建造的有天棚遮顶的建筑和新的歌剧院。歌剧院是在1883年动工，直到1875年才建成（参见原文第142页）。以后在欧美两洲的许多城市中，都模仿这两个建筑物。

麇集在巴黎的上流社会是由一批新贵组成的，这种情况比以往任何时候都显得更为突出。这种情况之所以形成，一是因为原有的贵族愿退出社交界去过隐居的生活；二是由于经济的发展给人们带来了前所未有的机会成为暴发户；三是由于一位白手起家的皇帝无意歧视其他新发迹起来的人们。同样值得注意的是，被称之为"半上流社会"的那个社会阶层的突出作用。这个阶层里都是被人认为不十分体面的女人，但还不是声名狼藉；其中有的是名妓，后来变得相当富裕起来，并且在社会上赢得了相当大的青睐。有的出身不错，却离开了她们的丈夫，或者是因为她们被发现过于公开地违反了她们的婚约誓言，或者是因为她们宁愿牺牲自己的好名声来换取一种独立的生活。身居高位的男人与这类女人保持不正当的关系，这绝不是什么新鲜事。但是人们普遍认为这种"半上流社会"是那个更有排他性的社会名流小圈子的一种附属品，这却是前所没有的事情；而经常出入于这个"半上流社会"的主要是企业界的巨子而不是贵族，这也是破天荒头一次。在使第二帝国的巴黎获得花花世界这一名声中起了很大作用的正是这个"半上流社会"。法国首都将保持这个恶名一直进入20世纪。

然而，拿破仑在外交方面的作为其结果却具有更广泛的重要意义。在他关于自己肩负的历史使命的朦胧意识中，恢复法国在外交上的突出地位与解决法国国内积怨甚深的派别纷争是一个问题的两个方面。为达此目的，他的办法之一就是努力重建法国在海外的统治。1803年拿破仑一世放弃路易斯安那以后，法国在海外的统治已经几乎化为乌有。在极大程度上，拿破仑三世在欧洲大陆以外地方的事业都是成功的，只有对墨西哥的干涉是明显的例外。后来使第三共和国颇为得意并为之津津乐道的那个庞大的殖民王国，大部分就是在拿破仑三世的倡导下开始搞起来的。法国加强了对阿尔及利亚的控制，扩大了它对地中海东部地区的政治和经济影响（参见第16章，原文第427—430页），在塞内加尔和索马里兰建立了基地，开始了对印度支那的渗透，还参与了打开中国的门户（参见第26章，原文第692—696，700—709页）。

然而，海外领地再一次成为衡量一个国家声威的普遍标准是以后的事情，而且拿破仑三世本人也并不把海外领地看作显示他外交才能的尺度。在他看来，衡量他的成就的尺度就是打破曾经战胜了拿破仑一世的那个联盟，并使在维也纳会议上谈判达成的解决领土问题的方案行不通。他真诚地信奉他叔父在圣赫勒拿岛上所作的预言："第一个对欧洲各国人民有号召力的统治者，将能够做到他想要做到的任何事情。"决定未来的力量是民族，而且必须使这股力量为法兰西的利益服务，以便在道义上恢复法国在欧洲的霸权。当然，滑铁卢大战的战胜国的联盟在拿破仑三世上台以前很久就开始瓦解了。英国已表明它不愿在讨伐西班牙自由主义的远征中再支持它的四国联盟中的伙伴了；而且随着比利时的独立，这个置于荷兰管辖之下的阻挡法国向莱茵河扩张的堡垒已经崩溃（参见第10章）。然而，作为对1848年欧洲各国革命所作的反应，俄国、普鲁士和奥地利再一次联合起来。而第二共和国在这三国的合流面前束手无策，这当然就使法国看到自己在决定欧洲的政治组合的关键性问题上是多么软弱无力。尽管法国人在这些问题应该如何解决上的意见很不一致，但他们在一点上却是一致的，那就是必须再一次教训欧洲，使它对法国的愿望和意志表现出适当的顺从。

拿破仑三世面临的第一个任务就是使他的政权获得外交上的承认。只要得到了外交上的承认，那么这种承认本身就将是一个公开的迹象，说明法国已不再处于1815年使法国受到屈辱的那四个大国的保护之下了，因为四国联盟条约中有一条规定签字国有如下义务：永远不许任何一个波拿巴分子再在法国执政。尽管从那以后，四个盟国之间产生了各种分歧，但是它们是否会赞同伙伴中蔑视联盟条约的如此大胆的行动，却仍然是个问题。的确，继梅特涅之后而成为反动势力的第一号代表人物的尼古拉一世，倾向于采取一种坚定的立场，而且如果英国愿意合作的话，尼古拉一世也许会劝使普鲁士和奥地利仿效他的做法。然而，希望与巴黎保持良好关系的英国，为了确保在挫败俄国对近东的侵略意图方面得到法国的帮助，毫不迟疑地承认了这个新帝国。接着，维也纳、柏林和圣彼得堡也相继承认了。

尽管外交承认看来并不是什么重要的事，但一旦英国宣布了它的立场，这一危机的结局就表明英法协约的格局。这一协约很快就显示了它很大的重要性。帝国正式宣告建立以后不到两年，法国和英国作为盟国参加了一场战争，与尼古拉一世的军队作战以保卫奥斯曼帝国。导致克里米亚战争的错综复杂的争端将在下一章里论述（参见原文第468—478页）。这里只说明一点就足够了，这就是，尽管法国与英国同样有理由反对俄国牺牲土耳其的利益来进一步扩大其势力，但除了所牵涉的特定的问题以外，法国在战争中还另有自己的利益。因为克里米亚战争的爆发标志着从维也纳会议开始的一个时代的结束。在这一时代中，孤立法国曾经是欧洲外交结构安排的基本原则之一。曾经是四国联盟成员的两个大国现在第一次彼此公开地打起仗来，而法国却成了这两大国中一国的伙伴。而且，法国还不仅仅是它盟国手中的一个百依百顺的工具。拿破仑三世不仅在克里米亚战争的胜利中赢得了他的一份威信，而且成功地在战争的和平解决办法中深深地打上了他的印记。因为，尽管奥地利反对，尽管英国十分勉强，却由于拿破仑三世的坚持，终于还是要求土耳其苏丹同意摩尔多瓦和瓦拉几亚自治，导致了这两个多瑙河省份能在1859年联合起来，组成了被称为罗马尼亚公国的国家。

但是，拿破仑三世在取得了使法国重新成为欧洲的主宰者之一这一相当大的成功之后，接着就采取了另一个冒险行动——他与撒丁结盟向奥地利开战（参见第21章，原文第571—572页）。事实将证明这是他铸成的一系列大错和遇到的一系列灾祸中的第一件。这些大错和灾祸最后终于导致了他自己的毁灭，也给法国带来了新的灾难。诚然，他打算这样做的时候，并不像这件事后来的结局给人的印象那样毫无远见。他要摧毁奥地利在意大利的优势，从而向另一个在1814—1815年打败了法国的胜利者报仇雪恨。同时，他可以借以证明他一再宣布的他对民族原则的忠诚。他并不想帮助撒丁吞并整个意大利，因为那样不仅意味着取消教皇对世俗的统治，而这是法国天主教舆论所不能接受的；而且会使法国从此以后不得不永远要在其东南边界上对付一个强大的邻国。他原先只是打算帮助撒丁从奥地利人手中夺得伦巴第和威尼斯，然后在各意大利公国之间组成某种联邦。这个联邦将由继续统治着教会各邦的教皇来主持。而作为对帮助撒丁抗击奥地利的报答，拿破仑三世将从撒丁那里得到尼斯和萨伏伊。正是以此作为基础，这位皇帝才在普隆比埃与加富尔达成了协议（1858

年7月),并且着手加富尔不久即成功地挑起的战争(1859年4月)。但是,使拿破仑三世大为难堪和吃惊的是,一旦法国人和撒丁人打败了奥地利人以后,他要限制意大利民族运动的力量已是不可能的了。他觉察到自己犯了错误,便立即使这场战争停了下来(1859年7月),让奥地利人继续统治威尼斯。① 然而,仅在一年多一点的时间内,撒丁就取得了对除罗马以外的全部意大利的统治。因为罗马自1849年以来一直驻有法国的卫戍部队,所以仍然处于教皇的控制之下。按照事先的安排,拿破仑三世接管了尼斯和萨伏伊。但是,法国认为它在边境只有这么一点点领土的扩展并不足以补偿在使这个新的意大利王国得以出现中所做的贡献,何况这点小小的领土兼并还引起了英国很深的敌意和怀疑。不仅如此,在罗马问题上,拿破仑三世也发觉自己陷入了一种无法解决的进退维谷的困境。如果他继续把法国卫戍部队留驻在罗马,阻止新建立的意大利王国在罗马定都,那么他就会失去意大利对他的好感,因为他本来是可以标榜自己是意大利民族主义的维护者的。如果他从罗马撤回法国部队,从而支持剥夺教皇残存的世俗权力,他就会激怒法国的天主教舆论。他觉得与其激化国内天主教徒对他的指责,倒不如舍弃意大利民族主义者对他的感激之情。于是他决定让法国卫戍部队继续留在罗马,直到新建一支志愿部队去保卫教会统治为止。但是,这样解决问题的希望也落了空。尽管这些法国部队在1866年有一个短暂的时间曾一度撤回,但不久即又奉命返回罗马,一直留驻在那儿,直到标志着第二帝国瓦解的1870年战争的爆发之后不久。因此,在拿破仑三世以后仍然在位的那段时间里,他发现自己与他曾竭力使之重新兴起的意大利民族运动处于对立的状态,而他继续给予教皇的那一点保护又不足以平息天主教方面对他的批评。

　　法国干涉墨西哥的结局同样没有给皇帝带来多少荣誉(参见第25章,原文第677—678页)。1861年,法国与英国和西班牙合作,对墨西哥进行干涉。当时三国向维拉克鲁斯派遣了部队,为支持破产的墨西哥共和国的欧洲债主而显示力量。然而,法国很快就表现出它有更远大的目标,那就是广泛地支持想要推翻共和政权的墨西哥保守

---

① 关于这次战争,见本卷第12章,原文第323—324页。

派。这样，法国就可以为天主教会出力，维护天主教会的利益使之不受墨西哥共和派所推行的反教权政策的威胁；就将成为新世界的天主教和各拉丁民族的保护人以及他们反抗美国的"盎格鲁—撒克逊"和新教势力的旗手。英国人和西班牙人不久就撤回了他们的远征军。但是法国人却留下来了，并且与墨西哥保守派合作于1863年建立了一个墨西哥帝国，怂恿奥地利大公马克西米连登上了这个帝国最高权力的宝座。可是，即使有法国的帮助，马克西米连也不可能保住他对墨西哥的控制。马克西米连的政府很快就表现出其无可救药的无能。法国人开始对墨西哥失去兴趣，而当普鲁士对奥地利的挑战给欧洲造成了与法国直接有关的严重的新问题时，法国人就急于想摆脱他们对新大陆的军事义务。于是，美国的内战结束后，从一开始就反对欧洲干涉墨西哥的华盛顿也明确表示美国要支持墨西哥共和派游击队的领袖贝尼托·华雷斯推翻马克西米连的斗争。于是拿破仑三世于1866年决心放弃原先的想法，下令撤回了法国的远征军。不久，华雷斯就取得了胜利，并把倒霉的马克西米连处死。

拿破仑三世在普鲁士与奥地利之间开始发展起来的斗争中所起的作用，其后果是比较重要的（参见第19章和第22章，原文第517页和577—578页）。当1862年俾斯麦出任普鲁士首相的时候，任何人都没有理由预见到他不久将在统一德意志中所起的作用。1864年他设法使奥地利与普鲁士结盟夺取丹麦的石勒苏益格和荷尔斯泰因两省时，谁也没有看清这将导致普鲁士和奥地利之间的一场决定性的实力较量。但是很快就可以看清楚，俾斯麦不辞辛劳地努力的目的就在于此。当柏林与维也纳之间的关系变得越来越紧张的时候，拿破仑三世对此并未表示严重的关注。诚然，他并不是不知道在普鲁士与奥地利之间保持力量平衡关系到法国的利益。可是他并不认为，他也没有理由认为，一旦发生武装冲突，普鲁士会很快赢得胜利。他倒是认为打乱现状会提供新的有利于法国的计谋的机会；而且即使战争发生，他也会有充裕的时间以仲裁人的身份去进行干预。因此，当俾斯麦为了在普奥之间一旦发生战争时稳住法国使之不采取行动，含糊其辞地表示他愿意让皇帝实现自己的愿望时，拿破仑三世很容易被俾斯麦的这种狡猾的花招所欺骗。奥地利似乎也同样承担了义务。巴黎与维也纳之间的谈判的确也得出了明确的约定：只要拿破仑三世在正酝酿着的这场战争中保持中立，奥地利将保证他在议和时享有发言权，并将把威尼斯省交给他，由他让给意大利。但是，在他自己在外交上还没有来得及进一步准备就绪时，1866年的战争就爆发了；而且在他还没有机会对战争的结局施加影响时，战争就结束了。这使他大为恼火。

受到这一次严重的打击后，这位皇帝总算认识到了他面临的问题有多么严重，因为任何人都知道俾斯麦是决不会对1866年取得的成功感到满足而罢手的；而法国则决不能听任普鲁士进一步向统一德意志迈进而不提出挑战。但是，在皇帝为了应付不测事件所作的努力中，几乎已经不像他当年经常显示出来的那么有胆有识，而是带有一种异乎寻常的遇事拖延不决的倾向。这都说明拿破仑三世年事已高，精力衰竭；而且又受到疾病的折磨，元气已经大伤。此时他患有尿道结石，痛苦非常。他无可奈何地试图至少做一些小小的领土兼并来阻止普鲁士的扩张，借以安抚法国的舆论。于是他于1867年开始就从荷兰国王手中把卢森堡买过来的问题进行谈判（参见第22章，原文第581—582页）。但是就连这一点微不足道的希望也没有得出什么结果。与此同时，他注意到普鲁士在对付奥地利时所显示出来的出乎意料的强大实力，于是他便开始整顿法国陆军。但是当政府要求议会授权增加军队的人数时，却在议会中引起了轩然大波，结果几乎一事无成。他为与奥地利和意大利缔结同盟所作的努力也没有取得成功。除非皇帝从罗马撤出卫戍部队，否则意大利人就不愿意与法国进行合作，而他又不敢答应从罗马撤军。而维也纳的反应则是举棋不定。与奥、意两国的谈判在1869年和1870年持续了整整两年，一直到外交危机达到致命的高潮之前，都没有达成任何协议。关于这次导致1870年战争的外交危机，将在另一章中加以阐述（原文第586—599页）。

因此，帝国在没有任何盟国以及其军队尚未准备就绪的情况下便匆匆地投入了对它的一场决定性的实力考验。为时不久，便见分晓。在不到两个月的时间里，德军就使法国的抵抗化为乌有。皇帝本人也于1870年9月2日在色当战役中被俘（参见第12章，原文第325—327页）。第二帝国从而宣告崩溃。色当战役的消息传到巴黎后，立法会议中的共和反对派就宣布推翻帝国，成立共和国防政府（1870年9月4日）。树倒猢狲散，皇后逃亡英国。不久，皇太子也到英国与她会合。战争结束后，这位被赶下台的皇帝也到英国去与他们相聚。拿破仑三世在英国度过了他的余生，他似乎把这段时日看作暂时的但也并不是完全不惬意的隐退生活。

第二帝国的崩溃是由其自身固有的矛盾造成的。从国内方面来说，事实证明要把波拿巴主义的独裁统治原则与产业主义和自由主义的发展调和起来是不可能的。从对外政策方面来说，拿破仑三世对于民族将采取什么形式的想法是错误的。法国不是扶植起一批在法国保护之下的弱小的联邦式国家，而是造就了德国和意大利这样的强大的中央集权国家。这就彻底改变了力量的对比。他自己的判断本来是比较正确的，甚至在萨多瓦战役之后他仍坚持自己的原则并接受既成事实。但在他手下人员和法国舆论的压力下，他违心地推行了一套外交赌博的绝望政策，以图挽回他的政权的威信。

拿破仑三世的统治一旦崩溃，法国似乎就抛弃了他的政权所特有的一切方面。然而，尽管帝国消失了，但是它对法国的政治生活和制度并不是没有留下某种烙印。议会居于支配的地位，这是第三共和国的突出特色之一。这一点无疑说明了奥尔良主义的传统的重新抬头，而不是拿破仑三世在其统治的末期出于无奈作出让步的结果。但是第三共和国的另一个特点普选权，则可能主要渊源于第二帝国，而不是1848年的共和政权，因为拟订1875年宪法的那些保守派之所以不敢取消普选权，在很大程度上是因为拿破仑三世执政时曾长期实施普选制，并一再对它赞扬。从反面来说，拿破仑三世还造成了第三共和国的另一个特点，那就是共和派不愿让一个抱有个人权力野心的人物来担任共和国的总统，也不愿意放手让民众选举来决定总统的人选。

在1914—1918年战争以后的20年中，政治运动风起云涌，遍及整个欧洲，企图根据民主的原则建立中央集权制的政府。于是，第二帝国似乎又具有了在此以前尚不明显的比较广泛的新意义。在某些观察家们看来，拿破仑三世是一个以人民的名义实行统治并用公民投票的方式征询民众意见的独裁者，因此他是希特勒和墨索里尼之类的恺撒大帝式蛊惑民心的政客的先驱。不过，拿破仑三世的政权与他们的政权的不同之处，可能大于相同之处，因为拿破仑三世和后来的这批鼓吹极权独裁的人有一点鲜明的区别，那就是拿破仑三世从来没有试图创立一个单一的政治运动专门来支持他的统治，并消灭任何其他不同于他的意见。拿破仑三世完全是一个19世纪中叶的人物，因此他想不出德国民社党分子后来称为"一体化"的东西，即把整个国家的公私生活都严密地组织起来，置于一个单一的领袖统治之下。在拿破仑三世的种种自相矛盾之中，这一条是最无可指责的。

（周兴宝　译）

第 十 八 章
克里米亚战争

在将近两个世纪中，俄国同土耳其之间大约每隔20年就要进行一场战争。这一系列战争中的第九次于1853年10月开始。但是这次战争从一开始就和前几次截然不同，因为土耳其确信能得到英国和法国的武装支援。到1854年3月英、法与土耳其结成联盟。沙皇尼古拉处境孤立，甚至被他仅仅在5年前才从匈牙利人手中拯救出来的年轻的受他保护的弗兰茨·约瑟夫皇帝所抛弃，从而极端懊恼。欧洲站在穆斯林苏丹一边，反对东正教沙皇。

土耳其人过去从来没有从西方国家得到过比外交支持更多的支援，通常是从法国得到外交支持。事实上，他们曾一度面对英法同俄国的暂时联合，以致在纳瓦里诺海战中损失了他们的舰队。土耳其在欧洲的最古老的宿敌哈布斯堡王朝，曾不止一次同俄国结盟来对付土耳其，不久以前，就在1849年，还同俄国一起，为了匈牙利和波兰在土耳其的流亡者而同土耳其激烈争吵。这最后一次尖锐事件暗示未来事态的发展，既给予土耳其人很大的鼓励，也是对俄国人的警告。英国和法国都强烈支持土耳其，并派遣其舰队进入爱琴海。英国驻土耳其大使斯特拉特福德·坎宁竟不顾1841年签订的海峡协定，纵容海军上将帕克的舰队进入达达尼尔海峡，从而激起了圣彼得堡方面提出正当的抗议。

在1840—1841年间，海峡问题第一次被公认为欧洲共同关心的问题，并由五大强国来处理（参见第10章，原文第256—258页）。尼古拉和他的外交大臣涅谢尔罗迭意外爽快地参加了这个问题的解决，因为他们估计要重订对他们非常有利的洪基尔—斯凯莱西条约是不可能的，便企图利用第二次穆罕默德·阿里危机来离间英法。到了

第十八章 克里米亚战争

1853—1854年，俄国提出了有关奥斯曼帝国的前途这个更为重大的问题，同时俄国发现这个问题也必须作为列强共同关心的问题来看待，而不再是像尼古拉及其前辈们所设想的那样，主要是一个由俄国作出决定而不管是否取得奥地利同意的问题。欧洲同土耳其的关系的这一新发展在克里米亚战争中达到了严重关头。这次战争的重要性在很大程度上就在于此。

导致这场战争的原因，并非如有些人所认为的[1]，由于拿破仑三世的阴险狡猾，企图利用法国和俄国在圣地问题上的争端，通过光荣的诉诸武力来巩固他做皇帝的新地位；或者通过引诱英国与法国合伙，诱使奥地利脱离尼古拉所倡导的神圣同盟等办法，以离间那些曾打败其伯父的胜利者，或者策划使1815年的解决办法失败，并为了意大利人和波兰人的利益而求助于这两个民族。也不像其他人所辩解的[2]，认为导致克里米亚战争的原因，是由于帕默斯顿和斯特拉特福德·雷德克利夫的阴谋，企图搞乱阿伯丁的温和的绥靖措施，从而煽动起愚昧而好战的公众舆论去支持失败的一方。更不是由于英国的经济界要进一步控制土耳其市场，并向他们的高度保护贸易政策的捣乱者俄国进行报复而引起了这场战争。战争的开始是因为具有强烈民族主义情绪的、好战的土耳其不甘心向俄国的要求屈服。土耳其认为俄国的要求是对土耳其帝国生存的侮辱和威胁。法国和英国加入土耳其一边，奥地利也公开地倒向联军一边，因为联军方面不准备让俄国单独与土耳其解决宿怨，从而独占巴尔干和小亚细亚地区的支配权。

俄国对土耳其的要求是由于在圣地问题上的争端引起的，在性格暴躁和野心勃勃的新任法国大使拉瓦莱特到达君士坦丁堡（5月5日）之后，这场争端逐渐恶化起来了。法国作为圣地耶路撒冷和伯利恒的天主教徒的权利保护者的地位，由于上半个世纪希腊人不断增长的优势而受到损害。这个优势的形成是十分自然的，因为来朝拜圣地的东正教徒以一百与一之比在数量上超过了天主教徒。[3] 早在路易·菲利普统治的末期，正当罗马教廷和几个天主教教团重新活动之际，法国开始重申其权利要求。路易·拿破仑急于要安抚在法国的天

---

[1] 例如 A. W. 金莱克《入侵克里米亚》（伦敦，1863—1880年），第1卷，各处。
[2] 例如 P. 德拉戈尔斯《第二帝国史》（巴黎，1894年），第1卷，第201页。
[3] 夏尔-H. 普塔：《民主主义与资本主义，1848—1860年》（巴黎，1948年），第468页。

主教舆论，进一步加剧了事态的发展，但是他本人并不希望把这个问题搞成一个可能使自己卷入与俄国的纠纷之中的重大问题。然而，在进行复杂谈判的中心君士坦丁堡，法国和俄国的外交人员在各自的外交部的某些人员以及某些报纸的鼓动下，产生了强烈的敌对情绪。到1851年10月，看来拉瓦莱特即将取得成功。这时尼古拉却向苏丹提出一项"维持现状"的私人要求来进行干预。受到双方折磨的土耳其政府于1852年2月向法国提交一份备忘录，表示愿向天主教徒作出让步，这似乎使法国非常满意。几乎紧接着，它又秘密地向希腊人颁发诏书，似乎肯定他们的权利。但是由于在"不同信仰的宗教派别之间不断发生一系列拼死的爱尔兰式的争吵"的干扰，在君士坦丁堡可能作出的无论是书面的还是口头的允诺，在耶路撒冷都不一定能够实现。①

接着，在巴勒斯坦的土耳其当局进行了一连串搪塞、推诿的尝试，想给予每个基督教竞争者一点好处。威胁和反威胁交替进行：法国海军可能要封锁达达尼尔海峡或被派往叙利亚，而事实上却被派到了特里波利；俄国大使馆可能要撤离君士坦丁堡；经过一番热烈的争论，"夏勒马涅"号新战舰终于被允许驶过达达尼尔海峡，把拉瓦莱特大使带回到金角湾去。英国人当时尚未介入，因为斯特拉特福德·雷德克利夫在休假。到了1852年年底，混乱局面空前恶化。俄国人准备帮助苏丹反对法国人，如果苏丹能完全履行他作出的诺言的话。但是俄国人又生怕首相穆罕默德·阿里和外交大臣法德帕夏是拉瓦莱特的工具。涅谢尔罗迭把最坏的阴谋策划都归咎于拿破仑三世，后者是在11月公民投票后刚上台的。尼古拉曾经表示过欢迎这位"12月2日上台的人"，而现在却又为了他把土耳其人推向极端而在猛烈地抨击他，并表示不欢迎帝国的恢复。确实，他拒绝承认这个"王朝年号"，因为他误认为在维也纳和柏林的他的兄弟国王们会跟着这样做。拿破仑用一个巧妙的回答把尼古拉对他的侮辱性称呼应付过去，而且通过长期召回（1月11日）拉瓦莱特，进一步表明了他的克制态度。但是这个"王朝年号"事

---

① 卡尔·马克思：《东方问题》（E.M.和E.艾夫林编，伦敦，1897年），第322页；1853年至1856年间所写有关克里米亚战争事件的书信的一本重印集。

第十八章 克里米亚战争

件仍然在双方引起了怨恨。

到了新年时，尼古拉正在冥思苦想，打算采取严厉的措施。苏丹已经食言，必须迫使他遵守诺言并对将来作出保证。恐惧曾使土耳其政府投入了法国的怀抱；恐惧也会将土耳其政府带回到俄国的怀抱之中。① 尼古拉认识到，土耳其的抵抗可能会导致战争，但是他对此已有所准备。② 1月间，在南部边境上的两个兵团已公开按战时编制。同时，他决定派遣一名特使去君士坦丁堡，要求圆满地解决圣地问题，并要求根据1774年的《库楚克—开纳吉条约》，明确俄国有关东正教会的豁免权和特权的权利要求，签订一项对将来作出保证的条约或协定。

关于派遣特使的主意是涅谢尔罗迭首先提出的（1852年12月25日），大概是为了想转移目标不让其主子采取更严厉的步骤。关于签订一项条约或协定的建议是出自当时在野的赖希德帕夏。尼古拉本人正在考虑对君士坦丁堡进行一次突然袭击，而且据他的私人笔记所示③，当时他正在阴谋策划指望奥斯曼帝国的崩溃。他从最坏的情况考虑，做最好的打算，设想了这样一个安排：把奥斯曼帝国缩小到仅限于亚洲地区，把两个公国和保加利亚北部领土割让给俄国，给保加利亚其余地方和塞尔维亚以独立，把爱琴海和亚得里亚海沿岸地区让给奥地利，把埃及或者塞浦路斯和罗得岛给予英国，克里特岛给予法国，爱琴海诸小岛给予希腊，并使君士坦丁堡成为自由城市，而由俄国在博斯普鲁斯海峡派兵驻防，奥地利在达达尼尔海峡派兵驻防。尼古拉深信这"病人"死亡在即，对后事的准备工作必须事先做好，便在同英国驻圣彼得堡大使汉密尔顿·西摩爵士的四次会谈（1853年1月9日至2月22日）中宣布了类似的想法。

1852年12月，阿伯丁就任首相。约翰·罗素勋爵任外交大臣，直至1853年2月，由克拉伦登接任。1844年皮尔执政时期，阿伯丁曾任外交大臣，当时尼古拉访问了英国，并达成一项他认为是有关土

---

① 1852年12月20日（公历1853年1月1日）涅谢尔罗迭给沙皇的报告，见A.M.扎伊翁奇科夫斯基，《东方战争，1853—1858年》（圣彼得堡，1908年），第1卷，第2部，第355页。
② 参见尼古拉关于1852年12月8日（公历20日）布伦诺夫紧急公文的备忘录，同上书，第1卷，第2部，第348—349页。
③ 尼古拉的亲笔札记，未注明日期，但显然写于1852年12月，A.M.扎伊翁奇科夫斯基，前引书，第1卷，第2部，第357—358页印有法文原本。

耳其前途的协议（参见第10章，原文第259—260页）。尼古拉立即就此事提醒约翰勋爵（12月16日）。当1854年3月战争来临之时，一份英国蓝皮书发表了尼古拉同西摩的几次谈话以及1844年同阿伯丁进行讨论的部分内容。这就充分证实了沙皇正在策划瓦解土耳其。尼古拉现在的目标如同1844年的一样，是想在土耳其崩溃之后下一步棋该如何走的问题上取得他所宠信的外交上的智囊们的谅解。特别重要的一点是，每一方应该了解对方所不允许的是什么。相反地，英国政府尽管直至4月5日从未指示西摩停止处理这些棘手的问题，却从一开始就否定了沙皇认为奥斯曼帝国即将垮台的设想：与俄国的任何协作只能是防止奥斯曼帝国的崩溃，而不是通过一项事先处理苏丹领土的协议去加速其崩溃。

实际上，双方都同意，他们决不容许君士坦丁堡落入任何一个大国的手中，也不允许成立一个拜占庭帝国或扩大希腊的领土。英国方面还答应在没有事先跟圣彼得堡取得联系的情况下，不签订导致土耳其覆灭的任何其他协议，对这一点俄国是非常满意的。可是，他们并未陷入尼古拉设下的关于埃及或者克里特的圈套，而对他提出的关于两个公国、塞尔维亚和保加利亚可能在他的保护下成为独立国的建议，他们只能感到焦急不安，更使他们不安的是他直言不讳地声称即使他不会成为君士坦丁堡的所有人，环境也可能迫使他以托管人的身份这样做。

至于法国，尼古拉装作不把它放在心上，在这一阶段并未对它提出任何认真的建议。他宣称，奥地利是他可以信赖的（2月21日）[①]——这个致命的错误观点是涅谢尔罗迭所不同意的。两天以后他写信给弗兰茨·约瑟夫皇帝，答应如果他向土耳其提出的对门的内哥罗的要求遭到拒绝的话，必要时在军火方面给予支援。当俄国正准备要求土耳其给予满意的答复时，奥地利却在采取行动挫败土耳其想征服一向顽强不屈的门的内哥罗人的企图。它集结军队暂时占领波斯尼亚和黑塞哥维那，派遣一个军事代表团去警告土耳其司令奥马尔帕夏，要他撤军，还派莱宁根伯爵到君士坦丁堡，随身

[①] 见他就罗素1853年2月9日致西摩的信（2月21日送交）所作的笔记，前引书，第1卷，第2部，第364—365页。

第十八章 克里米亚战争

带去要求立刻停火并解决某些边境问题的最后通牒。在他到达后的两周内，土耳其政府让步了（2月14日），与门的内哥罗修订了和约。

不到两星期以后，土耳其方面又会见了另一位特使缅希科夫亲王（2月28日）。面对来自异教徒的威胁性要求，他们是否将作第二次让步呢？缅希科夫是一位显贵人物，海军大臣，但是他并非尼古拉的亲信宠臣，而且也不适合承担他的使命。他带着大量指令来到土耳其，这些指令给了他广阔的活动余地，还有一大群高级海陆军军官伴随着他。这些高级军官公开地侦察了远及士麦拿和雅典等地区。同时期的人都谴责他那放纵而爱骂人的行为，有些俄国人则责备他办事拖拉，缺乏干劲。他的缺点是被夸大了。然而他确实是一开始就坚持要求撤换外交大臣法德帕夏，后来在斯特拉特福德·雷德克利夫回来之前又明显地未能如尼古拉所希望的把事情处理好。缅希科夫陷入了阴谋的迷津和土耳其的拖延战术之中，又受了互相竞争的议员和使馆里激进的参赞们的欺骗。"年迈的土耳其人"，即签订洪基尔—斯凯莱西条约的那些人都老朽无能了，又没有其他受到苏丹注意的团体或个人会坚决反对要求抵抗俄国威胁的高涨的民族主义。这种蔑视的态度在总理大臣穆罕默德·阿里和国防大臣穆罕默德·拉什迪两人身上表现得最为典型。

这就使土耳其人越来越感到，最后他们势必接受英法的武装支援，从而下定了决心。3月20日，在法德帕夏被迫辞职和俄国陆海军备战的消息传到巴黎之后，法国舰队奉命从土伦开往萨拉米斯。拿破仑没有通知英国政府，单独作出了这个决定。当时英国政府严厉地驳回了驻君士坦丁堡代办罗斯擅自发出的从马耳他调遣舰队的命令。总是容易在两个极端之间摇摆的拿破仑，看来已远远地倾向于战争一边了，而他几乎在同时又摆向相反的方向，委派稳健人物德·拉古尔带着绥靖指令就任驻君士坦丁堡的新大使。虽然英国政府并未派出舰队，却派出了斯特拉特福德·雷德克利夫。土耳其人和其他任何人一样，都很怕他。但是，在这个关键时刻，他的到来（4月5日）给他们带来了希望：只要他们立场坚定，是会得到他的支持的。斯特拉特福德4月27日写给他妻子的信中有这样一段话："如果俄国人错了，而我相信他们确实是错了，我的任务就是要把这错误揭露出来去支持土耳其政府，或者更确切地说，让土耳其政府支持我。"①

4月22日，刻不容缓的圣地问题的解决进一步鼓励了土耳其人。这是由于德·拉古尔同缅希科夫在斯特拉特福德·雷德克利夫的帮助下进行友好会谈而产生的结果。雷德克利夫承认俄国人提出控诉是有正当理由的。这就为解决主要问题打下了基础，得以就保留东正教会所享有的宗教与精神方面的豁免权问题（宗教豁免权包括维持教堂、宗教建筑物和宗教机构以及东正教教士的公民权利和免税权；精神豁免权包括教士举行宗教仪式的权利）签订一项对苏丹和俄国都有约束力的条约或协定。缅希科夫被授权向苏丹提供一个防卫联盟，如果苏丹接受俄国的建议并因而招致任何列强的敌对行动的话。然而，他并未提出结盟的事。很难设想这件事能够成功。斯特拉特福德·雷德克利夫会施加他的全部影响力来加以反对：假如土耳其想同任何列强结盟的话，那就应该是同英国结盟，正如他本人在1849年所倡议的那样。现在他向俄国人声明，如果与土耳其建立过分亲密的友谊将激起欧洲更大的怀疑，以致造成导致战争的破裂。

从土耳其方面来说，似乎很少有任何友谊的迹象。他们把缅希科夫起草的条约或协定看作同他们的主权独立不相容的，而且等于承认俄国在有关土耳其的东正教方面的一切事务中起着一个仲裁者的作用，这个观点得到斯特拉特福德·雷德克利夫和德·拉古尔的强烈支持，后来又得到克拉伦登和德律安·德·吕的赞同。尽管缅希科夫大大地修改了他原来的条件，推迟了他离去的日期，最后又提出由苏丹写信给皇帝，以代替条约或协定，但他还是一无所获。内阁的变动（5月12日）使穆斯塔法帕夏登上了首相的宝座，赖希德帕夏出任外交大臣。当一次内阁大臣会议以压倒多数决定拒绝俄国的要求（5月17日）之后，缅希科夫的美好希望便彻底破灭了。土耳其方面5月20日的最后答复仅仅提及精神豁免权的问题而未涉及所要求的约束形式。结果，缅希科夫于5月21日离开君士坦丁堡，从而断绝了外交关系。

俄国在陆海军方面的措施已经引起伦敦和巴黎对俄国的意图的猜疑，当缅希科夫的指令只有一部分而且是最不重要的一部分传到英法

---

① S. 莱思·普尔：《斯特拉特福德·坎宁传》（伦敦，1888年），第2卷，第261页。

第十八章　克里米亚战争

当局时，这种猜疑加深了。他们得出结论说，土耳其方面对缅希科夫的要求所作的解释是正确的。而且俄国的武装反击，大概会采取占领各公国的形式，看来是迫在眉睫了。6月2日阿伯丁政府命令马耳他舰队开进贝西卡海湾，就在达达尼尔海峡外边，拿破仑马上跟着这样做了。帕默斯顿在追溯这件事情时说，对土耳其人的这次巨大鼓励意味着"破釜沉舟"①，他这样说是正确的。

沙皇尼古拉感到，正如他自己所说的那样，他被苏丹打了一记耳光。为了想同土耳其政府直接达成一项妥善安排（俄历5月19日，公历31日），他确实又做了一次无效的尝试，但是附带着占领各公国的威胁，随后俄国方面又发出一份措辞激烈的、隐含着中伤法国的言辞的通函（俄历5月30日，公历6月11日）。然而，前一天尼古拉就已公开地向法国大使表达了这些意见，如同早些时候同西摩所谈过的一样，并曾寻求同拿破仑三世进行个人接触。

自1月以来，沙皇就打算或者由水路从博斯普鲁斯海峡，或者由陆路通过各公国和保加利亚向君士坦丁堡进攻。5月，鉴于这时已得到英国支持的法国的态度，沙皇决定采取一项折中措施——占领各公国作为抵押，直到土耳其方面满足其要求为止。同时，他又请求奥地利②同样地占领黑塞哥维那和塞尔维亚，但这个请求遭到了拒绝。尼古拉本来不想越过多瑙河，但是，假如土耳其方面不肯让步的话，可能要宣布各公国和塞尔维亚独立。随之而来的可能是基督教徒的总暴动和"敲响了奥斯曼帝国的丧钟"③。

越过普鲁特河的命令是在6月12日（公历6月24日）发布的，7月间，强大的俄国军队占领了两公国和多瑙河战线。尼古拉公开表示，要是苏丹肯接受缅希科夫的最后通告，而且西方舰队也撤退，俄国就撤军。这个最后条件包括在另一份措辞激烈、猛烈抨击西方对土耳其的支持的俄方通函（俄历6月20日，公历7月2日）之中。

如果当时的内务大臣帕默斯顿能够随心所欲，西方的支持将会更

---
① E.阿什利：《帕默斯顿传，1846—1865年》（伦敦，1877年），第2卷，第45页。
② 尼古拉1853年5月18日（公历30日）致弗兰茨·约瑟夫函，引自H.施利特尔《弗兰茨·约瑟夫皇帝统治时期的结束》（维也纳，1919年），第93页。
③ 尼古拉1853年5月17日（公历5月29日）致帕什克维奇函，见A.M.扎伊翁奇科夫斯基，前引书，第1卷，第2部，第437—438页；参见A.P.谢尔巴托夫《陆军元帅帕斯克维奇亲王》（圣彼得堡，1888—1904年），第7卷，第54页。

强大。当俄军渡过普鲁特河时,他正极力主张派遣混合舰队到博斯普鲁斯海峡:一个果断而强有力的行动方针是维护和平的最稳妥的办法。由于斯特拉特福德·雷德克利夫强烈反对,而且尼古拉也未必会屈从①,这个没有把握的建议没有付诸实践。内阁陷于在巴黎、维也纳和君士坦丁堡举行的一系列谈判协商的迷津之中。许多方案在进行中,其主要结果是在君士坦丁堡的谈判代表被撤换了,在维也纳达成了协议。英国、法国、奥地利和普鲁士一致同意由苏丹送交沙皇一份照会,这份照会应该解决有争议的问题并导致从各公国撤军。这份以维也纳照会著称的文件,一部分由拿破仑亲手草拟,一部分由奥地利外交大臣布奥尔草拟。文件经过精心构思,既协调了俄国和法国的利益,又没有明显地侵犯土耳其的主权。其重要性在于它是四大强国共同努力的产物。因此,在某种意义上说,奥斯曼帝国的命运被认为是一个欧洲问题。此外,奥地利远远没有像俄国曾经支持过莱宁根使团那样地去支持缅希科夫使团,奥地利在西方列强中却处于执牛耳地位,普鲁士也步其后尘。尽管尼古拉或涅谢尔罗迭并不认为这一步骤是怀有敌意的,可是它仍然标志着东方三强的同盟正日趋衰亡。奥地利人已经在告诉俄国人,在制定一项旨在使土耳其在欧洲迅速崩溃的政策方面,他们不准备同俄国人合作。②

该照会的草案于7月28日送达圣彼得堡,很快就被接受了,但是,在君士坦丁堡却引起了强烈的反对。在俄军进入各公国时,激发了民族主义和宗教狂热情绪。极端主义分子加紧采取军事措施,并利用君士坦丁堡的民众来达到他们的目的。有关英国舆论强烈反对阿伯丁及其绥靖政策的消息给人们以鼓舞,8月,载有1.5万名士兵的埃及舰队的到达激起了极大的热情。关于俄国献殷勤的消息证实了该照会真正是它策划的这样一些猜疑。斯特拉特福德·雷德克利夫并不相信这一点——因为这并不是他的所为——并且他也知道,他同意接受这个照会的个人影响与他的官方影响截然不同,不会被重视。最好的

---

① 见尼古拉7月29日(公历8月10日)给布伦诺夫的指示,见E. V. 塔尔列《克里米亚战争》(莫斯科,1941年)第1卷,第331页。
② 弗兰茨·约瑟夫致尼古拉函,7月21日;参见1854年1月7日约瑟夫给尼古拉的信;施利特尔,前引书,第94—95、98页。迈恩多夫致涅谢尔罗迭,旧历7月15日(公历27日),报告与布奥尔会谈情况,P. 冯·迈恩多夫:《公私信件(1826—1863年)》(赫茨希编,柏林,莱比锡,1923年),第3卷,第49页,参见E. V. 塔尔列,前引书,第1卷,第324—325页。

补救办法是给一个答复，提出三点修正意见，而不是单纯地拒绝（8月20日）。

制定这样修正意见的目的是要排除俄国对《库楚克—开纳吉条约》作任何广泛的解释，以及它对保护东正教教会的宗教特权和精神特权的任何权利要求。尼古拉起初倾向于接受土耳其的修改意见，但对精明的涅谢尔罗迭同民族主义和斯拉夫派极端分子的不寻常的结合作出了让步。9月7日他宣称，维也纳照会必须保持原封不动。外交上他处于强有力的地位；因为其他四个强国仍然在支持这个照会，尽管它们驻君士坦丁堡的代表没有支持。

不到两星期，由于俄国外交部就这个照会和土耳其的修正案草拟了一份秘密意见书，而使俄国的地位遭到破坏。意见书把照会和修正案解释为提供了充分的保证，使人们相信"魔鬼的侵略扩张政策"已被完全遏制。这条消息走漏给了新闻界，9月22日在伦敦报纸上发表，立即在英国和法国政界以及公众中引起了可悲的结果。同时，在君士坦丁堡群众游行示威，煽起了战争情绪。懦弱、胆小怕事的苏丹和伊斯兰教教长随波逐流，好战的在任陆军大臣穆罕默德·阿里和在保加利亚统率一支大军的克罗地亚叛徒奥马尔帕夏却事事各行其是。到9月底大势已定。10月4日苏丹宣布如果两星期内不从各公国撤军就宣战。俄国人当然拒绝撤走，到1853年10月23日，土耳其人在多瑙河流域开始战争行动，几天以后逼近巴统。当时，俄国人至少总得紧急承担防守多瑙河北面的任务，但关于高加索却只字不提。①

在金角湾和多瑙河所发生的这些决定性事件，打乱了外交官们进一步谈判的企图。尼古拉尽管亲自会见了弗兰茨·约瑟夫和弗里德里希·威廉，却无法用书面承诺来约束他们中的任何一方严守中立。他主动提出与拿破仑三世达成私人协定的提议，也同样遭到失败，因为拿破仑三世是紧跟英国的。法国确实是带头迫切要求把贝西卡湾的两支舰队调往博斯普鲁斯海峡去，9月23日发出了通过达达尼尔海峡的联合命令。按照土耳其的请求，英法舰队一部分开进达达尼尔海

---

① 10月19日（公历31日）涅谢尔罗迭通函；10月9日（公历21日）尼古拉致缅希科夫信，见 A.M. 扎伊翁奇科夫斯基，前引书，第2卷，第3部，第170页。

峡，一部分驶向君士坦丁堡。然而，斯特拉特福德·雷德克利夫却迟迟不执行9月23日的命令，直到他收到英国内阁10月8日要他把舰队驶往博斯普鲁斯海峡去的绝对命令才执行。英国舆论不允许抛弃土耳其，这是就连阿伯丁也私下承认的。11月15日英法舰队在君士坦丁堡会师。

英国政府拒绝了法国一项进入黑海的建议，因为正如涅谢尔罗迭写给他的驻伦敦大使布伦诺夫的信中所说，这将使战争不可避免。①相反地，英国告诉俄国，只要俄国人不越过多瑙河，不攻击任何一个黑海港口，英国就不会进入黑海；但是它不能为了要保持中立而抛弃土耳其人，让他们听天由命。尼古拉的直接反应是这意味着战争。②然而，他发布命令，不许在港口内攻击土耳其舰只，只能在海上攻击。③首先越过多瑙河的是土耳其人，而不是俄国人。他们在此以前赢得了两次小小的胜利，11月18日（公历30日）在锡诺普，一支俄国海军分舰队消灭了土耳其的一支船队和两艘准备开往高加索前线的运输船。锡诺普战役展示了新型海军炮弹对木船的毁灭性威力（参见第11章，原文第281页）。锡诺普战役对西方的影响更是毁灭性的。

这一完全合法的军事行动却被斥责为一场"大屠杀"，是一种无耻、残暴的变节行为，是对国家荣誉的不可饶恕的侮辱。英国整个报界号召战争，入秋以来已经发展到越来越反俄的群众情绪，这时达到无法控制的程度。锡诺普战役的消息恰好同帕默斯顿由于反对约翰·罗素勋爵提出的一项修正法案而辞职的时间（12月14日）相吻合。据说，辞职的真正原因是他与阿伯丁、女王和她的丈夫在对土耳其的武装支援上意见不同。要求恢复他的权力或至少恢复他的官职的呼声甚嚣尘上，认为只有像他这样的铁腕人物才能维护英国反对沙皇的立场，因而12月25日帕默斯顿重返仕途当上了内务大臣。群众对女王

---

① 涅谢尔罗迭，1853年10月5日（公历17日）致布伦诺夫信，见E.V.塔尔列，前引书，第1卷，第368页。

② 参见尼古拉的批语："这就叫战争！"写在1853年10月26日（公历11月7日）布伦诺夫致涅谢尔罗迭函上；F.F.马唐斯：《俄国签订的条约和协定集》（圣彼得堡，1898年），第12卷，第330—331页。

③ 参见缅希科夫在克里米亚指挥作战时于11月6日（公历18日）给海军上将科尔尼洛夫的信，他传达沙皇的命令时，尽量缩小原意。见A.M.扎伊翁奇科夫斯基，前引书，第2卷，第1部，第300页。

第十八章 克里米亚战争

的丈夫发出了持久的强烈抗议，怀疑他为俄国人工作反对帕默斯顿，最荒唐的谣言竟然会有人相信。

在第二帝国的法兰西不可能有这样群情沸腾的情况，但锡诺普战役的影响是很强烈的。一项给予土耳其200万英镑的贷款马上解决了。拿破仑坚持这两支舰队一定要进入黑海而俄国舰队绝对不能向土耳其开火。这项要求是在12月22日由英法双方联合向圣彼得堡提出的，接着在1月3日两支舰队进入了黑海。尼古拉拖延一些时间后，在回信中（旧历1月4日，新历16日）问道，英国和法国的海军舰队司令们是否也发出命令阻止土耳其向俄国开火；如果答复是否定的，他就马上召回驻巴黎和伦敦的大使。虽然，拿破仑现在对他致尼古拉的一封私人信件仍抱有幻想，希望有一个和平的结局，因而不想马上给予答复，但他屈服于英国的压力，2月1日英法发出了内容相同的回信。尼古拉对这些回信是不满意的，2月6日布伦诺夫和基谢廖夫分别离开了伦敦和巴黎。两个星期之后，西摩和卡斯特尔巴亚克也都离开了圣彼得堡。

这两个西方强国直到3月28日才宣战，但它们确曾作出决定，阻止俄国海军而不阻止土耳其海军在黑海采取行动。早在3月12日它们就同土耳其签订了盟约，3月19日第一支法国部队开赴达达尼尔海峡。英法双方直到4月10日才相互签订了类似的盟约。与此同时，它们的军队已开始在加利波利半岛和斯库台登陆，在那里设有一座辅助兵营。盟军方面认为俄国会重复1829年时采取的向阿德里安堡和君士坦丁堡快速进军的突袭行动。俄土战争这时已成为有四方参加的一场斗争，俄国单独为一方。它甚至不能指望奥地利严守中立。沙皇派往维也纳（1月28日至2月9日）的负有特殊使命的奥尔洛夫，在最后一分钟的和平建议以及企求获得奥地利的明确保证方面都以失败告终。

军事行动进展缓慢。俄国人把军队分布在欧亚两部分，致使自己的力量太薄弱，难以进行快速的决定性攻击，只能决定围攻多瑙河流域的城市锡利斯特拉。在保加利亚的奥马尔帕夏不愿冒再一次打仗的危险。英法两军的总司令拉格伦勋爵和圣阿尔诺奉命防卫君士坦丁堡，由于它当时尚未立即遭到威胁，便集中力量搞些调动和安置军队扎营等行政事务性工作，从而延迟作出战略性决策。5月间联军到达保加利亚港口瓦尔纳，可是仍然不能决定究竟是采取防御性集结呢，还是发动进攻，给锡利斯特拉解围并解放两公国。还没有作出决定，俄国已从两公国撤军，这样联盟国军队在巴尔干半岛就再没有什么军事目标了。这是奥地利做的工作。

布奥尔的直接目的是要保卫多瑙河流域下游不受俄国侵袭。他的政策一直是反俄的，而且他的地位也是很强大的。俄国从波兰南部一直到比萨拉比亚都很容易遭受奥地利的袭击。在整个战争中，它始终把部分兵力驻守在这条边境线上以应付奥地利可能发动的敌对行动。到5月间，奥地利把它的军队部署成直接威胁着俄国在两公国的地位。它的第三军在土匈边境的后面已被动员起来，它的第四军驻扎在加利西亚，而且还批准紧急征兵9.5万名。早在4月20日布奥尔已同普鲁士签订了盟约，这项盟约授权奥地利向普鲁士招募20万士兵，并要求普鲁士必须和奥地利一起对俄国施加压力，迫使它撤离两公国。普鲁士同时呼吁联盟国方面撤离黑海，枉费心机地想以此使这个压力显得公正无私。6月3日布奥尔正式向俄国提出了他的要求，普鲁士也赞同这个要求（6月12日）。6月14日他同土耳其签订了一项协定，允许奥地利在战争期间占领两公国，如果黑塞哥维那和阿尔巴尼亚发生骚乱，也予以占领。6月23日俄国解除了对锡利斯特拉的围困。俄方的答复（6月29日）对奥地利的号召作出了部分让步，因为尼古拉低估了布奥尔的反俄意向，又过高地估计了弗里德里希·威廉制约奥地利的能力。但是他希望得到一些同等的让步，同时保住摩尔多瓦。但是，他过于相信奥地利的诚意了。布奥尔业已就一项结盟的事试探过巴黎的态度。这时他正准备同联军的司令们共同商议对付在摩尔多瓦的俄国人的措施。他也同意得到奥地利支持的、联盟国要求的和平条件。这些条件是弗兰茨·约瑟夫（8月8日）在对俄国的犹豫感到不耐烦的心情下接受的"四项条款"。但是戈尔恰科夫亲王已经到达维也纳，带来了俄国完全撤离的承诺。那时，甚至在俄国拒绝这四项条款（8月26日）时，布奥尔也还没有结束同西方的谈判。8月22日开始的俄国人的撤离和奥地利人的占领使奥地利得到了布奥尔当时敢于取得的一切，但它防止俄国对多瑙河下游的重新威胁的最好保证将是一次它参与的西方的胜利。然而，布奥尔不敢去冒这个合伙的风险，除非胜利确有把握，足以使俄国人针对奥地利的反

第十八章　克里米亚战争

击措施不可能实现。

当撤离两公国解除了对君士坦丁堡的威胁后,克里米亚变成了新的战区。不久前以炮击敖德萨来进行示威的倒是英国人而不是法国人,这种选择大概是反映了一个企图取得黑海制海权的海军强国的本能吧!其目的是想占领掩护俄国舰队的要塞,并摧毁集中在塞瓦斯托波尔的大量俄国军需物资。在战地的司令官们进行侦察(8月19日)之后接受了这个计划。但是,侦察结果却未能查明在克里米亚的俄军人数,也不能肯定这支远征军登陆之后给养是否跟得上。但是军队调动已成为十分必要的了;因为霍乱已开始在军中肆虐,法军在7月初、英国在7月底霍乱流行。

在这场新的战役中,双方都有失误(参见第12章,原文第322—323页)。联军在欧帕托里亚海滩登陆的五天中,尽管处于易受攻击的地位,俄国却未进行攻击。由于当时担任俄军司令的缅希科夫的不负责任,同样也由于英军步兵的强大,俄国企图阻挡联军沿阿尔马河南下(9月20日)的努力失败了。另一方面,联军方面也没有什么收获,因为他们竟让缅希科夫带着他的丝毫未受损失的部队逃跑了。然而,缅希科夫没有充分利用这个有利条件,反而让联军来个大迂回、安全绕到东边,在塞瓦斯托波尔以南占领了有利阵地(9月26日)。联军也再一次失掉了机会。有六天时间,他们在人数上大大超过了当地的驻军,而且托德列本的防御工事还未完成,可是他们既不号召塞瓦斯托波尔投降,甚至在10月17日第一次炮击以后,也不想进行攻击。在巴拉克拉瓦(10月25日),缅希科夫在一次试图切断英军港口来自塞瓦斯托波尔和卡米埃希以西附近法国阵地的军需供应的行动中被击败。但是,联军的胜利却付出了相当大的代价,而且没有实际意义。卢肯未能将英国骑兵作为一个整体指挥好,不过重骑兵队的进击其指挥是英明有效的,而轻骑兵队的进击却全凭士兵的英勇牺牲。此外俄国人仅仅能够控制唯一一条连接港口同高地上的英国军营的碎石路。意见的分歧再一次阻碍了追击和决定性的胜利。

然而,联军方面已大大为布奥尔壮了胆。奥地利在巴黎重开谈判(10月3日),命令它在两公国的司令官让土耳其人经过两公国进入俄国的比萨拉比亚,同时为了第二年春季的战役而将它的全部军队按战时编制。普鲁士感到担心,想诱使奥地利答应只同它和德意志邦联一起协商，但没有收到效果。于是它转向俄国，敦促俄国接受四项条款。当克里米亚的战事严重遏制布奥尔的时候，俄国曾表示愿意就这些条款进行谈判。11月17日向塞瓦斯托波尔发起进攻的准备工作使联军暴露在缅希科夫的野战军面前，这时野战军已得到了多瑙河地区的俄国军队的增援。11月5日缅希科夫在因克尔曼山岭对英军进行了出其不意的袭击。这是一次步兵战，由于地形特点和浓雾、下雨的关系，变成了许多小股的拼死的遭遇战。俄军被打败了，但是塞瓦斯托波尔却得救了。这样一来，军事解决推迟了，在切尔松尼斯高原上的军队不得不在疾病与困苦中度过一冬。布奥尔不敢再继续推行他的反俄政策。11月20日弗兰茨·约瑟夫取消了总动员令。奥地利可能会向俄国宣战的时机已经错过了。

这一点并不是一下子就清楚的。11月26日奥地利劝说普鲁士向两公国提出四月联盟所规定的给它的领土保证，12月2日奥地利签字参加英法联盟。可是，布奥尔采取这个最后步骤是因为预料到它不会生效。奥地利保证如果俄国到年底还不接受四项条款就对俄宣战，但是早在四天前俄国驻维也纳大使戈尔恰科夫已被正式通知就四项条款进行谈判。而且，其重要意义几乎在于它既反对俄国，又同样反对意大利。奥地利得到了拿破仑在12月22日协定①中作出的关于在东方的纠纷解决以前意大利半岛领土维持现状的保证，作为对它的报偿。布奥尔为了保护他心目中的奥地利的利益，企图从各方面捞取好处。这是一个野心勃勃的政策，它给中立国和交战国双方都留下了奸诈和胆怯的印象。

尽管三国联盟并未改变奥地利的对俄政策，在外交上却标志着一个新阶段的开始；因为它成了与俄国进行新谈判的起点。3月15日在维也纳开始举行了一系列的会议。没有人相信这些会议能真正导致和平。实际上，在这个冬季，法国和英国的战争情绪被煽动得越发高涨。拿破仑想要取得彻底胜利的欲望反映在他决定亲自去克里米亚上，这件事使克拉伦登费了很大的劲才劝阻了他。在英国，对战争指挥不力的强烈抗议以及罗巴克在议会提出的进行一次调查的动议导致联合政府垮台。帕默斯顿就任首相；着手进行一系列的改革，在格莱

---

① 其内容见 F. 瓦尔塞基《克里米亚协定》（米兰，1948年），第479页。

斯顿及其阁僚们辞职（2月22日）以后，新内阁积极担负起军事方面的责任。主张和平的科布登派彻底失败了，工人阶级在某种意义上把战争看作是自己的事。阿尔贝特亲王访问布洛涅（1854年9月），内阁成员访问巴黎（11月），以及拿破仑访问温泽（1855年4月），使英法联盟的活动更加顺利。与此同时，尼古拉于3月2日去世，由经验不足的亚历山大二世继位。尼古拉的传奇式的野心和容易激动的刚愎性格从当时局势中的消失，鼓励了盟国，它们希望在战场上取得的一次决定性胜利，可能真正带来巩固的和平。帕默斯顿反对在塞瓦斯托波尔的命运悬而未决的情况下，在"仗打了一半"时进行谈判。① 英国的全权大使约翰·罗素勋爵更希望获得与普鲁士的初步结盟，他认为这个结盟是必不可少的，但是他失败了。土耳其躲躲闪闪。布奥尔把谈判当作主要是他对两方都留一手的手段。俄国拖拖拉拉——戈尔恰科夫向国内咨询的许多项目之一使讨论拖延了三个星期之久（3月27日至4月17日）——然而还是希望避免谈判破裂。法国全权大使德律安·德·吕希望谈判破裂会迫使奥地利回到联盟国方面来，但这是不可能实现的，因为布奥尔的影响正在衰落，弗兰茨·约瑟夫的加紧控制产生了更严格和更公正的中立。因而参加谈判的人都怀着"虚假的亲善"② 敷衍应付，直到4月26日会议中断，6月4日最后破裂。

然而，谈判还是把列强带到最后制订的和平条款上来了。俄国对四项条款中的第一项作出了让步，即列强应共同拥有对两公国的保护权力；也对第二点作出了让步，即必须采取国际性的措施以改善多瑙河的航运并保证其自由通航。但是，第四项即关于俄国对东正教的特殊关系应该终止、其特权应由列强共同担保这一项暂时被搁置起来了。争论集中在第三项，即关于修订1841年海峡协定的问题。鉴于一致同意第三项意味着欧洲对土耳其作出保证，并承认土耳其政府与列强中任何一国之间的冲突都与大家有关，分歧继续存在于海军的安排本身。对海峡的完全开放或部分开放，对遵守海峡关闭规定给予补

---

① 帕默斯顿1855年3月11日、4月16日致克拉伦登，见克拉伦登私人文件集，博德利图书馆，克拉伦登部分，第31章，第49、126号。

② E. 哈蒙德1855年3月23日给他妻子的信，见政府档案馆的哈蒙德私人文件，英国外交部，391/31。哈蒙德是罗素的秘书。

偿的制度，对准许许多西方船只进入黑海会抵消俄国舰队的增加，以及对允许土耳其在必要时要求援助等问题都进行了讨论。结果表明，关闭海峡并使黑海中立化——法国倡议的主张——乃是唯一有可能既被盟国方面接受，又能对俄国施加影响的安排。英法政府不承认它们的代表接受的这个补偿建议，结果使德律安·德·吕和约翰·罗素勋爵都丢了官。最后，这些会议使奥地利的影响大为削弱。在与俄国的斗争中，现在是英国领先了，英国人在牺牲奥地利的情况下对拿破仑三世的吸引力更强了。事情变得越来越清楚，奥地利的中立只意味着孤立的软弱而不意味着仲裁者的力量。

1855年内的一系列军事行动也在推向一个决定性的目标。尽管英国的辅助后勤部队有了改进，又有大量增援部队来到，这一年的开头还是非常不利的。4月9日至19日对塞瓦斯托波尔的炮击再一次徒劳无效，拿下刻赤半岛以切断俄国的海上交通的计划不得不放弃。只有当拿破仑的访问计划延缓后，同时爱吹毛求疵的康罗贝尔被比较果敢的佩利西埃取代之后，情况才开始有了好转。当撒丁的军队在拉马尔莫拉将军指挥下到达巴拉克拉瓦，驻扎在英军东边，这时对刻赤半岛的进军取得了成功（5月21日）。6月份对塞瓦斯托波尔的攻击失败了，但这是最后一次失败。拉格伦的死亡（6月28日）也意味着英国指挥部的改变，辛普森将军也正好在人们恢复信心之时到来。8月16日法军和撒丁军在切尔纳亚地区击败了俄国野战军。翌日，重新恢复了对塞瓦斯托波尔的炮击，紧接着发动了最后的进攻，在9月9日那一天，俄国人放弃了该城。俄国人被打败了，但没有彻底覆灭。具有某些局部价值的目标虽已达到，可是联军对进军深入俄国很可能犹豫不决，因为当时谁也不知道它有哪些力量用来进行防御。一次真正的胜利意味着另一场战役：此刻实现和平实际上是重复在维也纳会议上所讨论过的关于土耳其问题的条款。但是1855年的事态发展又引起了另外一些问题。

加富尔的政治需要和盟国的军事需要带来了撒丁岛和意大利的问题（见第21章，原文第569页）。起初，意大利人把这场战争看作自由主义的西方同专制主义的俄国及其传统盟友之间的斗争。从1853年12月拿破仑的密使布勒尼埃男爵在都灵的一些活动看来，这个解释似乎是有道理的。但是，没有多久，奥地利就抛弃了它的伙伴。英国关于得到意大利援助的第一次试探（1854年4月）因此失败了。可是，加富尔在国王的压力下终于采取了支持西方的政策，尽管有人反对，尽管有法国对奥地利的12月22日的保证，尽管同盟国所作出的任何安排的真正价值都不能写进这些安排之中。1855年1月10日，撒丁参加英法联盟，并于1月26日与英、法签订了军事和财政协定。不论加富尔的直接动机是什么（参见原文第569页），他把撒丁岛暂时置于与奥地利同一阵营的冒险行为，后来显示出他的政治家手腕的水平。他所获得的是撒丁乃是一个盟国而不是一个附属国，它所拥有的1.5万人的军队应像一支独立的武装力量那样行动，在和平会议上应有代表。然而，一系列事件证明他的判断是正确的，即奥地利与西方联合将会一无结果，正如撒丁与西方联合一样。

拿破仑与帕默斯顿以不同方式正在思考土耳其以外的欧洲问题。拿破仑希望这次战争或许会使芬兰归还给瑞典，并给予波兰自由。法国向瑞典表示友好，德律安·德·吕在他去参加维也纳会议（1855年4月）的途中在伦敦与克拉伦登讨论了波兰问题。随后，拿破仑公开谈论意大利和莱茵河左岸所发生的变化。英国朝廷及皮尔派人士怀疑帕默斯顿有类似的策划。[①] 拿破仑过于摇摆不定，帕默斯顿则过于多疑，因此未能制订出把即将召开的会议开成像维也纳会议那样开明的会议的实际计划。不过，帕默斯顿准备广泛寻求确保不受俄国侵扰的措施：用克拉伦登的话来说，就是在它周围建立"一道长长的屏障"。[②] 首先他注意到波罗的海方面，因为在那里内皮尔的舰队已经取得了一条即使无益也给人深刻印象的通道。瑞典在挪威—芬兰边界问题上同俄国有过一次争执，看来是一个有希望的盟友。但是，奥斯卡国王不喜欢斯堪的纳维亚自由派人士对西方盟友所表示的热忱，而在1853年12月与丹麦联合发表了一个中立声明。然后，当西方的军事前景有所改善，同时帕默斯顿也积极起来时，瑞典鼓起了勇气，丹麦国王也宣布他将在对俄国采取的任何措施中跟瑞典一致行动。最后，在塞瓦斯托波尔的陷落得以腾出部队增援波罗的海海军的作战行

[①] 德·阿泽利奥1855年2月9日致加富尔信，见《加富尔与英国人》（博洛尼亚，1933年），第1卷，40页。
[②] 克拉伦登致玛格尼斯（斯德哥尔摩），1855年10月18日，英国外交部73/269，转引自P.纳普隆德《1836—1855年英国外交中的芬马克》，《美国历史评论》（1925年4月号）第30卷，第499页。

动以后，康罗贝尔成功地缔结了一项条约（1855年11月21日），由英法双方保证在瑞典面临俄国的要挟或侵略时予以支援。帕默斯顿从这个条约中看出了"防止俄国在挪威沿海"或波罗的海其他地方"建立一个强大海军基地"的办法。① 他想通过早在1855年3月建议的破坏奥兰岛上的防御工事，使人们理解这个有利方面。

其次帕默斯顿注意到高加索。1855年4月他表示赞成切尔克斯人脱离俄国和土耳其的统治而独立。在战争初期，俄国就是从切尔克西亚入侵土耳其，占领了控制英国通向波斯的贸易路线的巴亚泽特，现在又威胁着卡尔斯。英国特派员威廉斯将军同土耳其军队和少数英国军官组织了卡尔斯城的保卫战。但是，1855年11月28日卡尔斯城陷落了。愤怒的英国公众现在开始同帕默斯顿一样"极其重视"② 卡尔斯城和切尔克西亚了。除了黑海以外，如果能使希腊成为一个效忠于西方的稳定的王国，它可能成为又一个抵御俄国的堡垒。但是，它的不稳定性却证明是无可救药的。再者，1854年春季奥托国王已经准备同俄国一起入侵土耳其。根据1832年的条约，俄国是一个像英法一样的有保护作用的大国。随后联军占领了比雷埃夫斯（5月26日）。尽管帕默斯顿勉强克制住不使用军队去强迫进行改革，他仍希望在缔结和约时通过与俄国和法国达成协议去进行一些改革。

1855年秋，帕默斯顿正在策划一场夺取喀琅施塔得，并把俄罗斯人驱逐出格鲁吉亚和切尔克西亚的新战役，但是，拿破仑不管民族主义者对意大利和波兰的态度如何，拿破仑却倾向于和平，塞瓦斯托波尔的陷落满足了法国公众的愿望，仍旧使拿破仑希望温和的条件或许能让他与俄国修好，又不致失掉与英国的联盟。具有和平迹象的巴黎博览会为德国密使们的非正式试探提供了掩蔽处。他们给圣彼得堡以及法兰克福带去了和平的保证。12月，涅谢尔罗迭的女婿、萨克森驻巴黎的公使泽巴赫代表拿破仑试探了圣彼得堡的态度，同时戈尔恰科夫在维也纳与莫尔尼公爵进行了接触。

布奥尔已恢复了他作为调停人的作用，而且已就准备递交给俄国

---

① 帕默斯顿1855年7月26日致克拉伦登信，见克拉伦登私人文件，克拉伦登部分，第31章，第358号。
② 1855年8月3日帕默斯顿致克拉伦登，见克拉伦登私人文件，克拉伦理部分，第31章，第381号。

第十八章 克里米亚战争

（11月14日）的一份备忘录的条款与法国驻维也纳大使布尔凯尼取得一致意见。英国没有参加这些谈判，因而当该备忘录被送去请它接受时，它有几分粗暴地拒绝了。它甚至表示要继续与土耳其和撒丁一起单独作战。在现任英国驻维也纳大使西摩的协助下，11月24日又重新草拟了一份较易接受的备忘录。但是直到12月下旬，奥地利才把这些条款以最后通牒的形式递交给圣彼得堡，限期为1月18日。亚历山大二世准备讲和，唯恐形势越趋恶化。瑞典条约、拿破仑有关波兰和英国在切尔克西亚的利益的态度使得他害怕另一次战役或许会以丧失领土而告终。财政的负担、征兵和新兵训练方面的困难，以及农民不满的怨声等也都是令人沮丧的。[①] 另一方面，在卡尔斯的胜利容许俄国接受和平而不蒙受耻辱。可是，亚历山大不喜欢奥地利出面调停，尤其厌恶备忘录中的第五项条款，该条款容许盟国方面在四项条款以外再提出一些要求，这些要求是根据战争中得到的好处而提出来的。亚历山大拒绝了这一条。俄国的犹豫不决恰好给普鲁士提供了可乘之机。在整个冲突过程中，普鲁士尽管拥有一支40万人的军队，却只能扮演第二流强国的角色。由于在柏林的政界里的意见分歧，曼陀菲尔缺乏统治才能，更主要的是由于弗里德里希·威廉行事慌乱而烦躁，致使普鲁士的力量削弱了。然而，国王决不容许普鲁士紧跟在奥地利后面跑，也不愿严重危及它同俄国的关系。因而，亚历山大欢迎普鲁士的干涉，以便尽量缩小他向奥地利屈服投降的形象。布奥尔需要得到支持，因而立即提议，如果俄国拒绝最后通牒，在盟国商议进一步措施时让普鲁士也参加。普鲁士也相应地支持与沙皇谈判的条件（12月30日和1月6日），同时取得了奥地利的允诺，支持它参加和平会议的要求。接着，俄国接受了奥地利的最后通牒（1月16日），巴黎被选定为大会的地点（1月23日），把原则上同意的一些条款都记录在2月1日的议定书里，大会全体会议的议程以及在3月31日以前停止地面作战的停战宣言（2月25日）也相继议定了。

战争的结果已在许多方面显露出来。伤亡相当严重。法国派出了按1832年征兵法所征募的30.9万多名士兵到克里米亚战场，其中

[①] 关于1855年12月20日（公历1856年1月1日）和1856年1月3日（公历15日）会议中的讨论情况，见E. V. 塔尔列《克里米亚战争》（莫斯科，1945年），第2卷，第406—411页。

1.1万名被打死或因伤致死，2.1万名死于疾病。英国方面通过志愿参军派出了9.6万多名士兵。其中2755名阵亡，11848名因伤致死，17799名死于疾病。根据俄国卫生部1853年7月至1856年7月的统计报告显示，俄军损失达50万人①。虽然俄国名义上有100万军队，但1855年9月份只有15万人驻扎在克里米亚，在亚洲地区作战的军队大约有6万人②，这个损失数字看来是估计高了。土耳其方面的伤亡人数不详。众所周知，许多损失本来是可以避免的，特别是在英国军队中，发生了许多可以避免的不幸。随军记者在1855年以后利用巴拉克拉瓦至瓦尔纳的海底电缆打电报发布新闻，详细而迅速地公布了指挥失当的情况。在英国，战争的一个后果是军队管理系统的改组。原有的几个部门都合并起来，统归陆军大臣和总司令领导。民兵组织、军用被服厂、军粮部门、军械部门，包括工程兵和炮兵都从其他部门或从独立的编制分别转移到陆军部或骑兵禁卫军。陆军大臣不再兼管殖民地事务（1854年）而担负起作战大臣的责任，这个职务后来在1863年被法令撤销。关于辅助部队方面，陆上运输兵团于1855年成立，陆军军医署总监的职权扩大了，管理陆军医院的后勤总长的职责范围有了明确规定。陆军医学院，包括采用氯仿麻醉的外科新技术，医院新技术，包括弗洛伦斯·南丁格尔所倡导的现代护理技术等都是从克里米亚战争流传下来的东西。英国军队现代化的附带特点有：营房的改良，买下奥尔德肖特（1853年）后训练营的发展以及政府军火厂的扩充等。这些变革与1849年开始，并在格莱斯顿就任第一任财政大臣期间推行的一个走向废除恩赐官职权和强调效率的文官制的广泛运动是一致的。财政方面所受的影响要比行政方面的小；因为战争所花的费用与日益增长的国家财富相比是微小的。全国范围的商业都很活跃，有足够的资金用于投资，军火工业部门又提供了额外的就业机会。格莱斯顿编制1854年度的两份预算，主要依靠税收来维持开支；而G.C.刘易斯爵士在1855年则更多靠借款。在战争花费的7000万英镑中，差不多有3800万英镑来自税收，其余部分则靠贷款解决。战时财政实际上意味着所得税的保留与增加，一直

---

① M. I. 波格丹诺维奇：《东方战争，1853—1856年》（圣彼得堡，1877年），第4卷，第413—415页。
② 同上书，第184、192页。

第十八章 克里米亚战争

到1860年应该结束时还在沿用，后来成为英国税收制度中一个长久固定的部分。

法国政府较好地承担了战争的额外需求，陆军部在征召后备军以及采纳一些为保存军队所需食品而提出的发明等方面所作出的一些安排，表明其适应性是很强的。政府主要关心的是战争对投资阶层和产业工人的忠诚会有什么影响。战争经费靠贷款来解决，在1854年3月、1855年1月和7月一共举债三次。每次贷款的数目都比前一次大，而且一次比一次更容易借到。因为贷款都是直接由公众认缴而筹集的，其成功看来是公众对政府信任的证明。然而，拿破仑不愿意过分地考验法国的财政力量，到1855年秋季，看来他生怕这气泡会突然爆裂。他也对城市产业工人的状况感到紧张不安，因为1853年和1854年这两年里酒类原料和谷物的歉收，已促使食品价格上涨并造成了工业萧条，从而导致了失业，只有那些为克里米亚前线运送兵员和货物的港口以及某些受到特殊优待的工业部门除外。但是，总的来说，战争却显示了法国出乎意外地良好的经济情况和社会安定局面。

对比之下，战败的俄国却受到很大的影响，濒临革命变革的边缘，因为克里米亚战争把它的一些重大内部问题带到了危急的关头。在沙皇统治的结构内部发生了一次社会与经济革命。以1861年的农奴解放和法典的编纂与革新（参见第14章，原文第369—380页）为中心的60年代的"大改革"，都是与战败的后果有些关系的。

英法与土耳其的独特的联盟把更多的欧洲人带到了奥斯曼幕后，大概也引起了一种更现实主义的土耳其方式的改革和西方化。在另一方面，这样做的代价造成了纸币的贬值（纸币已大部分代替了硬币），从而促使物价直线上涨，苦难与骚乱频繁发生。没有采取任何措施来补救日益恶化的财政管理失当，直到1859年才成立一个财政委员会，但是，该委员会也无法制止苏丹独断专横的个人开支，因而正规的预算也无从制定。眼前的急需只能依靠外债来解决。在法国与英国的担保下，1854年和1855年借了两笔外债。在下一次东方危机来临之前，土耳其还得签订十多个贷款合同。从那时起，欧洲一些债券持有者便成为一股关心土耳其改革的新兴力量，而他们得到保证的权利，为他们在土耳其一旦违约时干涉其内政打开了方便之门。

会议于2月25日在巴黎开幕。英国和俄国是主要的对手。英方代表克拉伦登和考利感到有些孤立,因为法国和俄国之间已开始恢复友好关系,克拉伦登给法国的首席代表瓦列夫斯基起了一个绰号:"第三号俄罗斯全权代表。"奥尔洛夫亲王在布伦诺夫支持下,凭他的才干、礼貌和坦白直率为俄国充当了一名很好的谈判者。英国为建立一个可能防止或延缓俄国重新对土耳其进行侵略的安全体系而斗争。它最大的收获首先是把俄国的甫比萨拉比亚移交给了土耳其,并将其并入摩尔多瓦。这样一来,1856年3月30日签订的《巴黎条约》就把俄国从多瑙河河口向后推了(第20条及21条)。帕默斯顿对此非常重视,并且强烈反对那种认为这是奥地利的而不是英国的利益的主张①。然而,这个安排的寿命是短暂的,只维持到1878年。其次,该条约结束了俄国想按照与土耳其的特殊关系而行事的要求,同时也制止了它根据这个要求而采取行动。欧洲而不是俄国被承认为罗马尼亚两公国和东正教基督徒的保护者(第22款和第9款)。欧洲保证土耳其的领土完整与独立(第7款),今后凡与土耳其发生冲突的任何一个或几个强国都必须寻求第三者的调停而不得径自诉诸武力。4月15日由英、法、奥签订的一项单独的三方条约加强了这个保证。最后,结束了俄国对土耳其的海军优势;因为黑海已中立化(第11款)而不再是俄国的一个内陆湖了。1841年的海峡公约为一个新公约所取代,该新公约规定了当土耳其政府处于和平状态时,遵守封闭海峡的规定。这些海事方面的安排措施对俄国的傲慢自大是一个非常沉重的打击。中立化与封闭合在一起虽是对俄国的有效约束,但丝毫不能阻止土耳其在海峡中或在马尔马拉海上保持一支舰队,在战时它能随时召唤一个盟国通过海峡,这个盟国会发现俄国手无寸铁、不堪一击。可是,这个中立化局面仅仅维持了15年。1871年3月签订的《伦敦条约》认可了俄国1870年11月宣告巴黎条约无效的声明。

处于土耳其宗主国保护下的,经过改革而心满意足的罗马尼亚两公国,将会给俄国的侵略设置第四个障碍。有关改革政府的一些措施须由一个欧洲委员会作出计划,该委员会须通过他们选举的代表与摩尔多瓦和瓦拉几亚磋商(第22—27款)。罗马尼亚统一与独立问题

---

① 1856年1月16日,2月25、27、29日及3月2日帕默斯顿致克拉伦登,见克拉伦登私人文件,克拉伦登部分,第49章,第27号,第134页及以下各页。

的提出，打乱了这些计划。拿破仑早在1856年1月就提出统一的建议，尽管帕默斯顿表示反对，认为难以执行，而且很可能激怒奥地利和削弱土耳其，但瓦列夫斯基在3月6日又向大会提出了这个建议。这个问题被搁置起来，于是1858年8月这两个公国获得了小部分行政方面的统一，到1859年有了一个共同的总督，但是，这有损于英法双方的友好关系而丝毫无损于俄国。接着，该条约想通过改善苏丹与他的基督徒臣民之间的关系，来加强土耳其本身。帕默斯顿在大会召开之前，在参加君士坦丁堡会议的大使们的劝告下①，希望能劝说他就这个问题和公国问题制定立法。但是，斯特拉特福德·雷德克利夫变得越来越不受约束，而且在同法国争吵中处于越来越不利的地位，因而是一个不合作的谈判者。但是，苏丹被劝说于2月21日发布了一道敕令。于是该条约记下了这个行动以及苏丹要把这个文件传达给各签约国的意图，各签约国反对单独或共同干涉土耳其的国内事务。敕令宣称基督教徒和伊斯兰教徒在法律面前、在担任公职、在宗教信仰自由、在维护教堂与学校的权利以及参军等方面一律平等。因此，会议同意接纳苏丹加入欧洲"公法"，并加入欧洲列强大家庭。这个条款虽然是由于讨论苏丹及其基督徒臣民之间的关系而产生的，却在条约中首先写明了保证土耳其的领土完整与独立。最后，在波罗的海方面，通过一项英俄双方单独签订的条约，俄国被迫拆毁奥兰群岛上的要塞。

　　这些安排并不等于帕默斯顿的政策能够充分实现。从2月17日克拉伦登到达巴黎之时起直到3月8日，英国一直在为取得一个更广泛的方案而斗争，但被俄国挫败了。它要求亚速海中立化，并拆毁在尼古拉耶夫的造船厂。议定书里记录有俄国的保证：俄国只利用这些地方建造仍旧允许进入黑海的小型船舶，但不应将这些地方中立化。另外，英国在切尔克西亚独立的问题上也遭到了失败，尽管在将卡尔斯归还土耳其并略微改变俄土双方在亚洲地区的边界状况方面有所收获。克拉伦登相当贬低帕默斯顿的切尔克西亚计划。姑且不论其可行性如何，在俄国坚持1829年《阿德里安堡条约》的条款，并在法国

---

① 见1856年1月11、18、21、25日、2月1日克拉伦登致斯特拉特福德信，克拉伦登私人文件，克拉伦登部分，第135章，第66、102、124、150、193页。

的鼓励下坚持不包括这一点的二月议定书的条款的情况下，要对俄国施加压力也是困难的。他为了取得对比萨拉比亚更大的割让而艰苦斗争。但是，克拉伦登在争取拿破仑的支持以反对俄国这一点上却是一个拙劣的求情者。在单独与奥尔洛夫斗争将近两星期后，3月8日他反而屈服于一种几乎与法国决裂的选择办法。① 边界线将按照俄国的要求来划定，但是仍然使俄国不能进入小舰队可以通航的普鲁特河下游地区，这是帕默斯顿可以聊以自慰的②。

奥地利没有什么理由可以认为这项条约充分保障了它在多瑙河流域的利益。它必须在俄土和约签订后撤离两公国，并在1857年3月撤离了。比萨拉比亚的割让是一个实质性的收获，但是通向罗马尼亚统一与独立的道路却大大减少了它对于为两公国所作的安排感到满意的程度。这项条约为改善多瑙河的航运成立了一个国际委员会。这也是一项收获，但是它主张多瑙河上游及周围地区不受国际委员会的约束。在这两方面奥地利向英国作出了让步。

普鲁士在谈判的危机过去后参加了巴黎的谈判。它提出的议题是修订1841年海峡公约，因而它的参加也严格限于这个问题的讨论。普鲁士在一场避免把这个限制记录在条约中的谈判"闹剧"③ 中遭到了失败。

法国从这次会议及条约获得了一定的威信，但是没有得到什么实际利益。在大会期间，拿破仑更感兴趣的是改善法国同俄国的关系，而不是采取措施来限制他的野心。然而，与此同时，他还想维持与英国的结盟。他对总条约及4月15日三国条约（在最后一刻他想从三国条约中把自己解脱出来）④ 所承担的义务，与其说是保持与奥斯曼帝国的结盟，不如说是作为保持与英国的结盟的一种手段。他也没有很多理由对一些他感兴趣的、更为广泛的问题的处理感到满意。

条约签订后，会议转到这样一些问题。拿破仑和克拉伦登已经就

---

① 1856年3月8日克拉伦登致帕默斯顿信，见克拉伦登私人文件，克拉伦登部分，第35章，第363页。
② 1856年3月9日帕默斯顿致克拉伦登信，见克拉伦登私人文件，克拉伦登部分，第49章，第164页。
③ 1856年3月22日克拉伦登致帕默斯顿信，见克拉伦登私人文件，克拉伦登部分，第135章，第438页。
④ 1856年3月31日克拉伦登致帕默斯顿信，见克拉伦登私人文件，克拉伦登部分，第135章，第486页。

波兰问题写信给奥尔洛夫。1855年11月拿破仑曾威胁要把波兰的自由作为和平的一个必要条件。现在，他同克拉伦登只想为俄国改变其波兰政策而寻求一项公开保证，最后甚至连这一点也放弃了。在希腊问题上，帕默斯顿试图说服法国和俄国与英国联合起来共同给奥托国王施加压力，要他改革政府，但是没有取得成功。意大利的民族主义结局也不比波兰和希腊的自由好多少。早些时候的关于将帕尔马和摩德纳割让给撒丁以及派一名它们的官吏去治理罗马尼亚两公国的计划，在会议的现实气氛中消失了。终于意大利问题在普遍哀叹欧洲局面动荡的发言中被提了出来，而克拉伦登对奥地利人、罗马教皇以及那不勒斯人对国家管理不当的指控却在议定书中降低了调子。最后，英国在4月14日签订的第23项议定书中载入了一项关于下述意见的记录，即赞成在诉诸武力之前应先求助于第三国的调停。这全凭克拉伦登自己的力量，并且预示着他的1869年裁军建议（参见原文第585页）的趋向，同时也反映了19世纪50年代的科布登派的绥靖主义。英国另一个想通过主张粮食及原料自由贸易的决议案的主张流产了。会议最后一天，4月16日，签订了有关海事法的巴黎宣言。英国把非做不可的事装作出于好心才做，接受了国旗保护货物的原则，得到的报偿是正式废除私掠巡航。

在外交史上，克里米亚战争起着溶剂的作用，许多被认为是外交上正常的东西都消失了。尼古拉和涅谢尔罗迭的政策原来预想是俄奥双方的合作。但是，俄国再也不能指望奥地利了。奥地利在战争期间的态度，它在强求割让比萨拉比亚中所给予的帮助，以及它同英法签订的被视为联合契约的三国条约等，都明显地说明了这一点。此外，奥地利和俄国都在外交上衰落了。"欧洲宪兵"这个鬼怪已经被驱除。像奥地利一样，俄国将成为"泥足巨人"。俄国像奥地利一样转向法国。涅谢尔罗迭写道："我们的全部努力必须是为了保持与拿破仑的亲善关系"，这是防止再度出现敌对的联盟的唯一保证。① 然而，虽然奥俄双方都倾向于法国，但1756年的联盟的逆转决不能在1856年重演。不到三年时间，奥地利就同它的1854年和1856年的新盟友作战了，而在弗兰茨·约瑟夫眼里，1859年的战争期间开始为他动

---

① 1856年4月5日涅谢尔罗迭致奥尔洛夫，见E.V.塔尔列，前引书，第2卷，453—454页。

员的普鲁士才是他唯一忠诚的朋友。亚历山大也觉察到法国是一个难对付的伙伴。从一开始他就害怕被拖着跟在拿破仑的野心后面跑。然而，他在1859年3月3日同拿破仑签署的答应在一次可能发生的奥法战争中保持中立的条约，几乎使他危险地卷入了拿破仑支持民族主义以及他推翻维也纳会议决议的活动。亚历山大也还记得，在列强中只有普鲁士没有在战争中抱有敌意。1863年俄法友谊在波兰这块礁石上破裂，于是俄普联盟又恢复了。这样，克里米亚战争仅仅打破了欧洲关系的东方格局，但它难免会再次出现，不过是作为一个围绕着普鲁士或德意志的枢轴转动的集团而不是围绕着俄奥轴心转动的集团再次出现。

同样地，这场战争给了东方问题以新的形式。它推迟了土耳其的崩溃和对它的瓜分，并在它的帝国周围设置了一道防御屏障。在这道屏障内，三国联盟，特别是英法联盟，应该是起着加固钢的作用。这场斗争再也不是仅仅存在于贪图领土的俄国沙皇与无力防御的受害者苏丹之间，更不仅仅存在于东正教与穆斯林之间。然而，西方的情绪将来会被罗马尼亚人、塞尔维亚人或保加利亚人争取自由、摆脱外族统治的斗争，以及争取行政保障或宪法权利，反对专横的压迫的斗争煽动起来。在俄国，人们的想象力会对斯拉夫民族与斯拉夫民族之间的团结作出反应；因为战争已破坏了《库楚克—开纳吉条约》，而使得沙皇对东正教基督徒的家长式统治过时了。此外，主要的利益冲突依然存在，俄英双方的敌意并没有减弱。要使1856年的一些安排成为永久性的乃是根本无法指望的事。亚历山大二世决心要推翻在比萨拉比亚和黑海问题上所作的让步。自1856年起担任外交大臣的戈尔恰科夫抱有必胜信心，因而经常在讲话中形容该条约为一幅"充满漏洞的屏幕"。① 对帕默斯顿和克拉伦登来说，这个条约听任俄国过于强大，因而是"有缺陷的"，但是，他们认为"将来只有好自为之了"。② 他们对三国条约也缺乏信心，这个条约毕竟是奥地利倡导的，对与法国的联盟则更缺乏信心。用帕默斯顿的话来说是"一个夏季

---

① 例如，见布坎南1870年11月20日致格兰维尔信，格兰维尔私人文件，伦敦档案局，30/29/97。

② 1856年3月7日帕默斯顿致克拉伦登信，见克拉伦登私人文件，克拉伦登部分，第49章，第155页。

第十八章 克里米亚战争

的"合伙关系①，其价值到1860年已丧失殆尽了，而三国盟约只不过是一纸空文而已。当时英国和俄国之间的冲突虽已停止，但并没有得到解决。在一次新的东方危机中，英国可能会发现它自己处于孤立地位，而且面临进退两难的困境：执行旧的反俄路线就需要反对民族主义者和立宪主义者的事业，而它是同情这些事业的；执行新的自由主义的路线，就需要包括一项允许俄国为所欲为地反对土耳其的政策，而这是违反它的利益的。土耳其再也不能依靠英国或法国或奥地利的军火支援来反对俄国了。如果在列强就共同关心的土耳其问题所发表的宣言中提出的新的出发点还有什么意义的话，那就意味着它们中间对土耳其领土完整和独立方面的某些修改会取得一致意见，这些修改可能会终止英国和俄国之间的敌对状态以及在克里米亚战争中所预示的奥地利和俄国之间类似的敌对状态。

（许邦兴　译）

---

① 1856年1月9日帕默斯顿致克拉伦登信，见克拉伦登私人文件，克拉伦登部分，第49章，第15页。

第 十 九 章
普鲁士与德意志问题，
1830—1866 年

德意志统一的形式问题是根据1815年维也纳会议解决德意志问题的决议的性质提出来的。它没能满足那些想要看到从拿破仑战争的混乱中产生的某种形式的德意志民族统一的人们的愿望。在各个邦实行宪政改革的期望也没有充分实现。在维也纳成立的德意志邦联证明是一个不能令人满意的也是行不通的妥协。在普鲁士，1808年以后改革时期的许多工作都没有完成。梅特涅统治下的奥地利却提供了一个反动的模式。自1819年以来，这个模式一直为其他大多数德意志邦所仿效。在1819年的卡尔斯巴德决议以后的10年之中，无论是关于宪法改革还是关于德意志统一方面的政治问题的讨论都很难进行，政治行动则几乎是不可能的。

1830年7月的法国革命发出了在整个德意志复兴自由主义的信号。很少爆发真正的暴力行动，它们的影响也很小。在不伦瑞克，一位不得人心的公爵被他的兄弟取代；黑森的选帝侯，由于人们憎恨他的专制统治和他那挥霍无度的情妇，被迫颁布了一部宪法，但这部宪法却一再遭到破坏。萨克森、巴伐利亚以及其他地区发生了较小的骚乱，几个月以后，在汉诺威王国的格丁根大学的师生们占领了市政厅。1831年的波兰民族起义，在德意志唤起自由主义热情方面几乎和七月革命具有同样重要的意义。波兰代表参加了1832年5月在巴伐利亚的巴拉丁的哈姆巴赫举行的自由派分子的集会。这次"哈姆巴赫节"是自由派知识分子——教授、学生、律师、作家——的一次示威，表达了他们主张建立立宪政府和实现德意志统一的复兴运动。这不能不令人回忆起1817年的瓦尔特堡节，其政治效果也确实

第十九章 普鲁士与德意志问题,1830—1866年

很相似。梅特涅和奥地利政府已经在考虑采取联合行动来反对自由主义的复兴运动,而哈姆巴赫的示威足以克服其他一些邦的犹豫。因此,德意志大多数政府都在6月接受了维护君主政体的六项条款,它使人们回想起1819年的卡尔斯巴德决议。尽管有法国七月革命的榜样,"梅特涅体系"看来已牢固地建立起来了。随着六项条款里所包含的原则以及类似的措施的实施,自由派蒙难者的名单扩大了。比如,在普鲁士,被流放的海涅和"青年德意志"运动的其他作家的著作在1835年遭到禁止;而在汉诺威,1837年7名格丁根大学教授由于抗议新国王(原坎伯兰公爵)违反宪法而被解聘。

较恢复对政治问题的讨论更为重要的,是在1834年成立的德意志关税同盟所引起的经济方面的发展,因为它既影响了德意志一些邦的组织体制,也影响了整个德意志。由于关税同盟的建立,德意志大部分地区在普鲁士的领导下建立了经济上的统一,从而改善了贸易,鼓励了工业,并导致德意志铁路系统中第一批路段的建设。(德意志的第一条铁路从纽伦堡至菲尔特,于1835年12月正式通车。)尽管德意志东北部的汉诺威、奥尔登堡、不伦瑞克各邦和参加汉萨同盟的一些城市,由于依赖海上运输和英国的支持,仍然留在关税同盟之外的一个竞争性组织税收同盟中,但是普鲁士体制的优越性显而易见,使它们不能长期处于关税同盟之外。不伦瑞克在1844年,汉诺威在1851年,奥尔登堡在1852年,先后加入了关税同盟,只有汉堡和不来梅还保持其自由贸易港的地位一直到1888年为止。

然而,尽管有了关税同盟,在建立帝国之前,德意志仍然是一个以农业为主的国家。但是,交通的改善和工业的发展很快就产生了政治影响。人口的增加及其较大的流动促进了新工业区,尤其是鲁尔区和莱茵兰的发展。这些又成为普鲁士新自由主义的基础。商业界的新领导人物加入了已经组织了自由党的知识分子的队伍。例如达维德·汉泽曼和卢多尔夫·坎普豪森在发展工业和铁路事业中积累了财富,并使他们的政治活动具有务实精神而且追求实际需要。取消贸易上的限制,中产阶级进入政府参加管理,以及削弱普鲁士旧贵族的势力,这些就是他们的政治纲领的主要目标。到1840年,有些目标看来似乎是可以实现的,因为人们普遍期望在这一年登上普鲁士王位的新国王弗里德里希·威廉四世会开创一个政治变革的新时期。

到1840年，普鲁士邦已巩固了它在1815年得到的利益。尽管由于逮捕科隆和波森的大主教，1837年莱茵兰和波森与罗马天主教之间在不同宗教通婚所生子女的教育这类问题上的争论达到了顶点，但在这个新的统治时期依然出现了普鲁士邦和罗马教会之间的和解。这位新国王对天主教有着一种不切实际的感情（他对英国的牛津运动表示出极大的兴趣），他的同情具体表现在他在1842年重建科隆大教堂中所起的作用（参见第6章，原文第139—140页）。与此同时，尽管当地居民为保留法国人传入的法典的优点而作的斗争取得了胜利，法国行政当局在莱茵河地区的影响却已被忘却。成功地吸收几个新省份的问题表现在1840年的国际危机之中，当时，人们以极大的热情"守卫莱茵"（取自马克斯·施内肯贝格尔所作的一首歌曲的歌名）。在德意志民族主义的整个内容中又增加了一些新的口号——比如霍夫曼·冯·法勒斯勒本的歌曲《德意志，德意志高于一切》和尼古拉·贝克尔的"自由德意志的莱茵，不应该属于他们"。

成功地吸收几个新的普鲁士省份，与建立关税同盟一样，也是普鲁士官员们的功绩。他们使普鲁士的管理体制，特别是教育制度，为整个欧洲的自由主义人士所羡慕。这种理想化的观点不仅仅是基于对施泰因和哈登贝格改革的怀念。普鲁士官僚政治正在产生一个由开明的家长式行政管理人员组成的新阶级，以加强传统的容克统治阶级，而普鲁士行政管理阶级的工作效率和忠诚，势必成为未来任何统一德意志的主要基础。来源于康德学派的对履行义务的绝对服从和来源于黑格尔的国家的要求高于一切的意识，产生了一个开明的专制制度的理想机构。黑格尔是当时最有影响的知识分子，但是，如果他的著作可以激励普鲁士政府的公务人员的话，那么这些著作也可以激励革命。国家是理性的体现这一学说，也可以改变成如果现存的国家不能体现理性就应该把它推翻这样一种学说。这样，"青年黑格尔派"就有助于激励1848年的革命，他们在莱茵河地区的自由派人士当中有相当大的影响。卡尔·马克思曾经在1842年的一个短时期内担任他们的一家报纸《莱茵报》的编辑，马克思本人就是青年黑格尔学派中的杰出人物。

"梅特涅体制"尽管有着明显的稳定性，却正在被削弱，这不仅是由于知识的发展，而且是由于经济的发展的缘故。在奥地利和普鲁

第十九章　普鲁士与德意志问题，1830—1866年

士，有一些新的君主，似乎难以像他们的前任那样保持现行的制度。在奥地利，1835年登上王位宝座的皇帝斐迪南是一个意志薄弱的人，而梅特涅的地位随着他的对手们的影响力的增长，也就不那么牢固了。在普鲁士，弗里德里希·威廉四世上台之后，在社会和政治方面都开始了一个新阶段。这位新国王是在保守的浪漫主义思想复兴的气氛中成长起来的，这种复兴热衷于中世纪的思想和制度。这位国王病态的幻想和虚荣心是由瑞士保守主义政治哲学家卡尔·路德维希·冯·哈勒尔的学说孕育而成的。哈勒尔宣扬"基督教世袭国家"的理想。在这种国家里，各社会阶层团体都有条不紊地团结在一个仁慈的基督教国王的权威之下，接受上帝恩赐的统治。他对德意志浪漫主义的过去的热情，使许多人希望他会采取切实可行的步骤来实现德意志在更大程度上的统一。然而，他对传统和对中世纪制度的感情也使他接受哈布斯堡王室的至高无上权威作为德意志的"首要王室"。这样，这两个德意志强国之间的关系实际上没有马上出现麻烦。

然而，他的即位却得到了所有那些希望有一个能够促成政治统一的德意志民族政策的人们的普遍欢迎。也有迹象表明他准备在国内政策方面采取某些开明的措施。例如，解放战争时的旧陆军大臣博伊恩恢复了职务；检查制度放松了；那些由于自由主义言论而受到过迫害的人如恩斯特·莫里茨·阿恩特恢复了名誉。黑格尔的老对手谢林也回到柏林大学任教。人们希望这位新国王最终会同意将他父亲在1815年5月允诺的一些有代表性的制度颁布出来。然而，对他的政策的失望情绪不久就开始表现出来。检查制度的放松仅仅促使人们更广泛地提出进一步改革的要求。个别几个普鲁士省的议会在1841年举行了四年来的第一次会议。他们进行的辩论所公布的情况，透露了改变宪法的要求。这种要求在以后每两年举行一次的各届会议上都有所增加。在东普鲁士，约翰·雅各比强烈要求出版自由；在波森，波兰人批评了普鲁士的统治；在莱茵兰，由坎普豪森、汉泽曼、赫尔曼·冯·贝克拉特和古斯塔夫·梅维森领导的新自由党不断地要求履行弗里德里希·威廉三世在1815年许下的关于立宪的诺言。

然而，这位国王的"世袭国家"的思想与他的自由派臣民的立宪计划相差很远。他尽量推迟行动，并设法通过建立一个各省议会联合会的办法来满足自由派人士的要求。虽然他一直拖延应付到1847

年才妥协，但他终于在这一年的2月3日下令召开由各省议会代表组成的一个联合议会，这个议会于4月在柏林召开。国王距离时代的要求究竟有多远，梅特涅在评论他在开幕式上的讲话时说得很明白："与当前的政治问题形成更加强烈的对比的，莫过于整个讲话所表现出来的深刻的个人哀婉情绪，莫过于这位卓越的演讲人在表达他的自信心时所使用的自命不凡的腔调，莫过于他对时代思想的攻击。"① 在这样的情况下，联合议会仅仅几个月即被解散就不足为奇了，自由派议员们的希望没有得到满足，连会议将来是否定期召开也没有得到国王肯定的许诺。

但是，这种日益增长的不满情绪不仅仅局限于普鲁士。19世纪40年代的经济困难，国外宣传鼓动的成功的榜样，与国家统一运动的不断发展结合在一起，产生了一种要求变革的欲望。在普鲁士和萨克森的工业区，雇主和学徒们都渴望摆脱中世纪遗留下来的清规戒律；西南地区的自耕农想要废除残存的各种封建义务；在所有的小邦里，包括官员、律师和教授在内的中产阶级，都要求有一个更加紧密团结的德意志来开展更大范围的政治活动。各个地方的政治形势各不相同。在有些邦，比如在两个梅克伦堡，中世纪遗留下来的旧秩序尚未改变，君主的权力受到由贵族和绅士组成的社会阶层的约束。其他的阶级过于软弱，不可能对现存制度构成威胁。在其他的邦，比如在黑森—卡塞尔和不伦瑞克，人们的要求是：在专制君主存在的情况下得到最基本的法律保证。在巴登和符腾堡，存在着有限的但是真正的议会制度，自由派正在为争取扩大公民权，首先是为争取德意志的统一而进行鼓动。在巴伐利亚，关于国王与以洛拉·蒙特茨闻名的舞蹈演员之间的关系的争论，掩盖了教权主义与自由主义这个主要的政治问题。

不管各个邦的政治和立宪的形势如何，造成1848年的革命形势的，是人数虽少却很活跃的中产阶级想要参与政治生活而提出的种种要求。一些新兴的社会力量只是偶尔（比如在1844年和1845年西里西亚纺织工人的骚乱中）以一种粗野的形式使人们感到他们的存在。事实上，一旦发生真正的社会动乱（如1848年4月发生在巴登的暴

---

① 法伊特·瓦伦丁：《1848—1849年德国革命史》（柏林，1930年），第1卷，第67页。

动,或1849年5月发生在德累斯顿的暴动),自由主义的中产阶级就和保守主义者以及正规军联合起来,以镇压激进派的起义。

只需要巴黎二月革命的样板就足以使所有这些不满公开化了,1848年3月德意志革命爆发了。有关这次革命的史实,本卷其他地方另有叙述(参见第15章)。

到了1849年年初,可以清楚地看出这些革命对奥地利和普鲁士王朝的统治地位并没有显著的影响。1848年12月2日,斐迪南皇帝把王位让给他宠爱的18岁的侄子弗兰茨·约瑟夫。4个月以前,意大利战争的第一阶段以奥地利的胜利而宣告结束。1849年3月,皮埃蒙特人最后在诺瓦拉战役中被打败。虽然匈牙利的起义直到夏季才最后被镇压下去,但是对这个君主国的完整性的直接威胁已经消除。此外,帝国现已有了费利克斯·楚·施瓦岑贝格亲王这个精明能干、具有了不起的外交天才和坚强意志的大臣。[①] 他不遗余力地为重新确立奥地利在德意志和在奥地利帝国本身的地位而斗争直到去世,他采取的第一步措施是恢复君主国内部的政治秩序。3月,颁布了一部拥护集中制的新宪法,这部宪法把奥地利帝国看作一个单独的整体。施瓦岑贝格准备在德意志奉行独立的政策(参见第20章,原文第526页)。

到1848年年底,普鲁士的革命也归于失败。国王很快便失去了他在3月可能对自由主义稳健派感到的任何同情。柏林议会的气氛越来越激进,自由主义温和派的地位也越来越软弱。虽然像坎普豪森这样的人在政治上仍然十分活跃(坎普豪森已经不再担任首相,但他仍旧是普鲁士在法兰克福的代表),但保守主义者却在不断地强大起来,对动摇不定的国王施加越来越大的影响。11月2日,以勃兰登堡伯爵为首组成了新内阁。勃兰登堡是国王弗里德里希·威廉二世与下层社会的女子联姻所生的儿子。12月5日,议会被解散。国王下令颁布了一部新宪法。但是宪法里对自由主义思想的让步很快就由于1849年5月恢复旧的有限制的选举权而被宣布作废。在随后的一年中,经过反复讨论以后对宪法进行了修改,并于1850年1月公布其最后文本。尽管个人的基本权利好像得到了保证,国王却保留了任命和罢免大臣的权力。如同1862年至1866年将要表明的一样,即使没

---

① 对他的完全不同的评价,参见原文第529页。

有议会的支持，政府也完全能够维持下去。

　　任命勃兰登堡组阁，解散议会，颁布新宪法，所有这些都说明国王是多么听信保守的顾问们的意见。事实上，实权已经落在一部分贵族手中，他们的意见能够通过《十字架报》表达出来。他们的目标是要恢复专政统治和普鲁士各邦的独立自主。在他们当中，奥托·冯·俾斯麦－舍恩豪森以最杰出的演说家身份开始出名。他热衷于"特殊的普鲁士风尚"，而对民族统一运动则表示怀疑和轻蔑，说它们是"德意志人的骗局"。[①] 1850年11月，奥托·冯·曼陀菲尔当了首相。在路德维希和利奥波德·冯·格拉赫兄弟的支持下，他和他的保守的"心腹们"从此享有不容争辩的权力，普鲁士进入了全面反对1848年的自由主义思想的时期。

　　普鲁士和奥地利的反革命势力得逞，意味着法兰克福议会不得不对这两个国家加以考虑，也就是说，只有得到这一个或者另一个政府的积极支持，德意志的统一才有可能实现。1849年1月在法兰克福议会上通过将自由派的统一德意志新宪法提交审议，因而这个新德意志国家的主权和边界问题成为亟待解决的问题。法兰克福议会的最后几个月（1849年1月至4月）都在讨论这个问题，最后决定选举一位世袭的皇帝，并决定在3月28日向弗里德里希·威廉四世授予帝位。国王本人奉行的政策一直摇摆不定，既想保持对哈布斯堡皇室的不切实际的忠诚，又想维护自己的虚荣心（布兰登堡抱怨说："我们的主子的脑袋跟别人的脑袋构造不一样。"）[②]。然而，普鲁士大臣们准备在一定程度上同意一个在普鲁士领导下把奥地利排除在外的统一德意志的计划。（这就是后来称为"小德意志"的德意志问题解决办法。）3月，奥地利新宪法的公布，意味着再也没有任何可能把奥地利的讲德语的省份分离出来并入统一的德意志国家了，因为这时奥地利已被当作一个单独的统一的国家了。施瓦岑贝格的目的是要保证奥地利以一个整体加入德意志联邦，这就不可避免地要由奥地利皇帝来领导德意志。"陛下是成为皇帝的第一个德意志王公。根据传统习惯

[①] 埃里奇·艾克：《俾斯麦》（苏黎世，1941年），第1卷，第115页。以下几页中关于俾斯麦的经历和政策的叙述自然大部分根据艾克博士的权威性的俾斯麦传记。作者对艾克博士及其杰出的著作深表谢忱，该书的一些论断在艾克的英文著作《俾斯麦与德意志帝国》（伦敦，1950年）中亦有概述。

[②] 海因里希·弗里德容：《1848—1860年的奥地利》（斯图加特和柏林，第4版，1918年），第1卷，第180页。

和几个世纪历史的进程,根据奥地利的政治权力,根据尚未废除的邦联制度赖以存在的条约文本,这种权利是神圣不可侵犯的。陛下是不会放弃这一权利的。"①

这样无理地坚持哈布斯堡的权利肯定会失去一些自由派人士的支持,因为他们在法兰克福已经投票赞成把讲德语的奥地利省份包括在一个统一的德意志内(这就是"大德意志"的解决办法),而且给拥护普鲁士的领导地位的人扫清了道路。因此,3月28日在法兰克福议会上,普鲁士国王以290票赞成、248票弃权被选为世袭皇帝。但是,当法兰克福议会主席爱德华·西姆森到柏林去向他加冕的时候,这位国王非常明确地表示,他认为他的王权是上天赋予的,他只能接受德意志王公们奉献的王冠;而且他在私下轻蔑地说这是一顶"猪冠",它不是来自上帝的恩赐,而是来自"面包师傅和屠夫"。② 他的拒绝实际上等于法兰克议会及其宪法的结束。尽管这部宪法原则上已经为许多小邦所接受,但是普鲁士国王拒绝接受帝位,阻止了任何进一步的有效行动。随着春季和夏季的过去,法兰克福议会和临时政府的成员有的辞职,有的被召回,有的干脆不辞而别。在巴登和萨克森,左派的最后几次起义被普鲁士军队镇压了下去。议会已缩小为只剩下激进分子的残余议会。5月底迁到了斯图加特,最后在6月被符腾堡国王下令解散。1848年的革命就此结束。

法兰克福议会为德意志制定新的政治机构的失败,说明主动权已经转移到了一些个别的邦的政府手里。按照宪法,1849年9月宣布了一项"临时性"的措施:在1850年5月采用正式立宪体制之前,由普鲁士和奥地利共同负责德意志事务。然而这种形式上的妥协只能造成奥地利和普鲁士之间的激烈斗争,德意志各邦政府则在这场斗争中紧张地旁观着。

1849年夏,普鲁士终于开始有了一项明确的德意志政策以反对施瓦岑贝格的政策。这是由于约瑟夫·玛丽亚·冯·拉多维茨将军日益增长的影响。虽然他直到1850年9月才担任外交大臣,但实际上他从5月起就在很大程度上负责普鲁士的政策了。他是一个天主教

---

① 施瓦岑贝格致特劳特曼斯道夫信,1849年1月24日,前引书,第1卷,第182页。
② 法伊特·瓦伦丁,前引书,第2卷,第380页。

徒。他的政治理想与弗里德里希·威廉的理想出于相同的渊源，因而他的观点实际上是这位国王的观点的更一致和稳定的翻版。俾斯麦后来称他为"国王的中世纪怪想法的管理员"①，但是他具有比这句话所暗示的更实际的方针。他是一个顽固的保守主义者和革命的反对派，和格拉赫学派的普鲁士贵族们——他的同僚和最激烈的反对者——不同，他相信为了防止爆发革命，必须对1848年就表现出来的民族要求作出让步。他在1849年4月写给他妻子的信中说，必须设法，看看"能否引导我们这个政府在与民主派进行生死搏斗的开始阶段，不要把所谓的德意志派当成自己的死敌"。②他的直接目的是要最大限度地利用法兰克福议会的失败所提供的机会，他决心维护普鲁士的领导地位和赢得温和自由派人士在舆论上的支持，办法是帮助满足民族统一的愿望，如果可能，就和奥地利达成协议；如果不可能，就不达成协议。一旦弄清楚施瓦岑贝格不愿意合作，他的第一步就是争取与普鲁士毗连的两个国家——汉诺威和萨克森的支持。5月26日签订了"三王国联盟"，一致同意为建立德意志北方各邦的联盟而努力。其次，拉多维茨需要得到民众的支持。6月他在戈塔，在"最痛苦的无奈，爱国主义的自我克制"③的气氛中召集了有许多前法兰克福议会议员参加的会议。在这次会议上，那些曾在法兰克福议会中支持过普鲁士享有最高权力的意见的自由派右翼同意了拉多维茨的计划，不过由于这一计划及其发起人的保守主义性质，他们在同意之前颇费踌躇。但是拉多维茨真正的困难还在于他的普鲁士同僚们。他的民族目标和他的天主教信仰都受到支持"独特的普鲁士"各邦独立自主论的新教徒的猜疑。在遭到了以路德维希·冯·格拉赫和俾斯麦为首的普鲁士议会的激烈反对以后，由于国王的支持，拉多维茨才成功地为1850年3月在爱尔福特召开一次议会作出了安排，由来自德意志北部和中部各邦的代表参加会议，并由他们组成新的联盟。

因此，秋冬两季都在进行外交上的斗争。在这场斗争中，施瓦岑贝格极力分化普鲁士的支持者。因为奥地利也有自己积极的方针政

---

① 奥托·冯·俾斯麦侯爵：《思考与回忆》（斯图加特，1898年），第1卷，第64—65页。
② 弗里德里希·迈因克：《拉多维茨与德意志革命》（柏林，1913年），第236页。
③ A.施特恩：《1848—1871年欧洲史》（斯图加特和柏林，1916年），第7卷，第402页。并见埃里奇·艾克，前引书，第1卷，第137页。

策，不仅仅是维护哈布斯堡在德意志的传统霸权，新的计划还包括政治和经济两个方面。奥地利的商业大臣卡尔·路德维希·冯·布鲁克对于恢复奥地利在建立关税同盟时丧失的经济主动权有明确的主张（参见第20章，原文第530页）。他出生在普鲁士埃尔伯费尔德的纺织工业城，并在奥地利的的里雅斯特港口发了财。他梦想建立一个拥有7000万人口的帝国，在欧洲中部建立一个在奥地利领导下的庞大的经济单位，把关税同盟与奥地利在多瑙河流域的经济范围结合在一起。在每一个关键时刻，他都注定要受到挫折，但是他的计划相当宏伟，足以获得自由派一定程度的支持，而这种支持在很大程度上推动了施瓦岑贝格的强硬外交政策。

然而，这种外交在1849年冬天，甚至在爱尔福特会议召开以前，就成功地破坏了拉多维茨的结盟计划。汉诺威在开会之前退出了；萨克森、符腾堡和黑森—卡塞尔各邦的政府也已经对这次会议失去了兴趣。此外，奥地利人在1850年2月就已经同意支持不伦瑞克、符腾堡和萨克森提出的修改邦联宪法的方案。奥地利攻击普鲁士计划的宪法依据是德意志邦联仍然存在，而且没有邦联议会的批准，任何改变宪法的企图都是非法的。为了增加批判的分量，在5月10日临时措施期满之时召开了邦联议会。由于一些较小的邦动摇不定，弗里德里希·威廉本人也开始担心，害怕拉多维茨的计划过于自由化，因而爱尔福特会议失败了。另一方面施瓦岑贝格在5月成功地说服邦联议会，威胁要对企图脱离邦联的任何国家采取制裁措施。

1850年秋发生了危机。在黑森—卡塞尔和荷尔斯泰因这两个邦，自由派在拼命保卫1848年所获得的一些进步。这两个邦的君主黑森选帝侯和丹麦国王都希望奥地利和邦联议会支持他们反对他们的臣民。触发这场危机的原因主要在黑森。事实上，施瓦岑贝格是蓄意利用选帝侯向邦联议会提出的请求，想以此来最后破坏普鲁士的同盟。10月12日，奥地利皇帝会见巴伐利亚和符腾堡的国王。他们发表了一项声明：他们要维护邦联，如果必要的话，将对黑森进行干预。10月15日，选帝侯呼吁军事援助。

普鲁士在黑森的利益主要是战略上的；黑森的领土把普鲁士王国分割开了，因此普鲁士有权使用某些军事要道。同时，对拉多维茨的政策来说，保持普鲁士对毗邻小国的优势地位是必不可少的。奥地利和普鲁士都派军队进入黑森。前者是为了帮助选帝侯，后者是为了保卫军事要道。眼看战争迫在眉睫，11月8日发生了小规模战斗。然而，这时普鲁士政府已经决定进行谈判。他们没有得到沙皇的支持（参见第10章，原文第265页），国王惊慌失措，想到一场德意志人打德意志人的内战就确实感到害怕。拉多维茨和王位继承人——普鲁士王子，准备向奥地利挑战，但是勃兰登堡和曼陀菲尔宁愿作出让步，而不愿破坏他们所认为的保守主义国家之间的天然团结，也不愿破坏奥地利和普鲁士在反对自由主义过程中传统的合作关系。拉多维茨于11月3日辞职。他的联盟计划已经失败了。11月6日勃兰登堡突然去世，由当时的极端保守派的代表人奥托·冯·曼陀菲尔接任。曼陀菲尔不久就开始进行谈判。在俄国调解的帮助下，他会见了施瓦岑贝格，并于1850年11月29日与他在奥尔米茨达成了协议。放弃同盟计划，把修改邦联宪法的问题交给德意志各邦君主自行决定。

战争是防止了，但代价是普鲁士在外交上的失败，这比奥尔米茨协定的实际条款更为严重。对许多普鲁士人来说，奥尔米茨协定一直是一种耻辱的象征。直到1866年的克尼格雷茨战役获胜才使这一羞辱从人们的记忆中消失。根据在奥尔米茨达成的妥协方案，邦联宪法将在1850年12月至1851年3月在德累斯顿召开的一次德意志各邦君主会议上自由修改，事实上，没有任何人对这一方案完全满意。

在德累斯顿作出的决议是1815年的邦联宪法应予恢复。既然这样，对曼陀菲尔和普鲁士保守派来说就是一个胜利，因为他们想要恢复的体制，是普鲁士和奥地利共同捍卫一个保守的、传统的德意志以反对革命的体制。然而，对于很多普鲁士人来说，不管他们是相信过1848年的自由主义理想，还是相信过拉多维茨的建设性保守主义，这都是一个令人深为不满的安排；过去3年的努力白费了，而且"奥尔米茨的耻辱"看来比恢复旧的邦联更为重要。施瓦岑贝格得到的利益也比他预料的要少。他想要奥地利主宰新的邦联，他的计划是应该有一个奥地利可以控制的强大的行政部门，而且整个奥地利都应该加入这个邦联。施瓦岑贝格想把一些较小的邦排除在中央行政部门之外的愿望，使曼陀菲尔能够在谈判进入最后解决以前摆出一副这些小邦的支持者的姿态。所以施瓦岑贝格最后只好放弃那些更加野心勃勃的目标，而满足于回到梅特涅的立场（参见第20章，原文第538

页)。也许比施瓦岑贝格在宪法问题上的失败更为严重的是,奥地利没有能够利用它在奥尔米茨获得的政治优势取得加入关税同盟的许可。布鲁克没有能够争取德意志各中等邦来实现他在中欧建立经济势力范围的主张,他也没有能够在德累斯顿会议召开的时候重新缔结关税同盟——应于1853年续订——以便能够使奥地利也加入这个组织。这样的重新缔结的确有过,而且是对普鲁士有利的,因为汉诺威和税收同盟其余各邦在1851年或以后不久都加入了普鲁士体制,而在德意志经济迅速发展的第一阶段,奥地利仍旧被排除在德意志以外。

但是,如果说普鲁士为在奥尔米茨的失败而痛苦,施瓦岑贝格又没有能够实现他建立奥地利霸权的全部计划,对旧制度的复活最感失望的就是全德意志的自由派人士了。1848年终究没有取得德意志的统一。就连拉多维茨的计划提出的权宜之计也没有实现。布鲁克建立庞大的德意志经济范围的计划毫无结果。跟整个德意志一样,各个邦在过去年代中得到的利益正在丧失。根据1851年8月任命的一个邦联委员会提出的建议,为了要清除如普鲁士国王所说的"羞辱之年的污物"[1],大多数邦都在按照保守主义的观点修改宪法。许多自由主义者和激进分子都被迫侨居他乡,或者自愿离开德意志——有的人,如卡尔·马克思,在国外继续进行政治鼓动工作,另外一些人到美国去另谋出路,如卡尔·舒尔茨,后来成为美国的内政部长。

在奥地利,政府试图建立一种由德意志官僚机构负责管理的集中体制,并且采取支持教会影响的政策,这种政策给了罗马天主教自约瑟夫二世统治以来从未得到过的更大的权力(参见第20章,原文第533页)。在普鲁士,曼陀菲尔的内阁也表现了同样的心情。一个以有效率的官僚机构为基础的思想僵化、固执己见、缺乏灵活性的政府重新采取了设立政治检查制度和政治警察的措施。国王的私人顾问、特别是格拉赫兄弟代表了一种比曼陀菲尔本人更加保守的极端保守主义,这种保守主义的基础是狭隘的新教徒的虔诚,是拒绝接受任何自由主义思想,哪怕是那种使温和自由派得以当选为普鲁士议会议员的思想。因此,在以后的10年中,普鲁士在政治上仍然极其保守、褊狭,对于那些想要在民族统一和宪法改革方面得到积极引导的普鲁士

---

[1] 埃里希·勃兰登堡:《帝国的建立》(2卷本,莱比锡,1916年),第1卷,第363页。

和德意志其他地方的人民,几乎不给予任何希望。

这种失望说明了19世纪50年代德意志自由主义运动的形势发生变化的原因。越来越多的作者开始认识到1848年的自由主义者对于政权的重要性太不重视。"作为君主,意味着行使权力,而只有掌握了权力的人,才能行使它。君主和权力之间的这种直接联系是一条基本的真理,是整个历史的关键。"① 这段有代表性的话引自1853年出版的一本小册子,它的意味深长的标题是《政治现实主义之基础》,"现实政治"这个词似乎是第一次使用。此外,这里所说的权力主要是指体现在一个强大、统一的德意志民族国家的权力。1859年尤利乌斯·弗勒贝尔说:"德意志民族厌恶原则和信条,厌恶以文字粉饰的现实和以理论虚构的伟大。它需要的是权力、权力、权力!谁能给它权力,它就给谁以荣誉,比他能够想象的还要多的荣誉。"② 这种心情与越来越尊重政治生活中的事实相结合,势必会产生19世纪60年代的民族自由主义和热烈支持俾斯麦的用武力实现在普鲁士领导下的德意志统一的政策。

然而,19世纪50年代不仅是政治停滞的年代,也是经济发展的年代。铁路网发展并完善了,煤产量提高了,因而到1860年德意志已经超过了法国和比利时。在鲁尔区、西里西亚和萨克森等工业区,城区人口有了增长,因而不断壮大的产业工人阶级开始在政治上显示出了它的重要性。到了19世纪50年代末期,各种工人协会开始建立:经济学家如J.K.冯·罗德贝尔图斯和赫尔曼·舒尔策－德利奇提出了新的组织形式——一方面是国家社会主义,另一方面是生产者合作社和消费者合作社——并为由斐迪南·拉萨尔开始的伟大的社会主义宣传运动铺平了道路。德意志分享了由于开发新的黄金资源在欧洲出现的资金普遍增长,而在1857年,过分的投机生意导致了财政危机,加剧了对现存政治制度的不满。

这种经济发展有利于普鲁士和关税同盟,而奥地利的经济地位却越来越衰弱。布鲁克已于1851年5月辞职(尽管他又在1855年出任财政

---

① A.L.冯·罗豪:《应用于德国国家现状的现实政治之基本原则》(1853年),转引自弗里德里希·迈纳克《国家利益至上的思想》(慕尼黑,1925年),第493页。
② 转引自海因里希·里特尔·冯·兹尔比克《德意志的统一》(慕尼黑,1935年),第3卷,第5页。

第十九章 普鲁士与德意志问题，1830—1866年

大臣），他的继任者能够取得的最大成就不过是在1853年与普鲁士签订一项被他称为"不太有利的停战协定"① 的商业条约。普鲁士和奥地利之间要找到和解办法已越来越困难，普鲁士日益扩大的经济要求增加贸易自由，而奥地利落后的工业和国家垄断企业仍然需要保护贸易。1862年，普法条约的签订给法国提供了"最惠国"待遇。根据1853年的条约，到那时为止这种待遇一直是奥地利所享受的。此外，奥地利的外交政策使它的财政负担越来越重：在克里米亚战争期间，它动员了军队，并驻扎在奥地利与俄国的边界上；而1859年与意大利进行的战争又加重了这种负担。因此，在1866年战争爆发之前的那些岁月里，奥地利在与不断增长的赤字和财政困难做斗争，而普鲁士和关税同盟的地位却在不断地改善（参见第20章，原文第538—539页）。

直到1859年在普鲁士和整个德意志，政治上的反动才开始受到挑战。在这一年里，法国和奥地利之间在意大利进行的战争，引起了关于德意志邦联的巩固、它的军事组织和它对奥地利帝国的非德意志部分的责任等许多问题。同时，意大利争取民族统一运动的成功引起了德意志民族主义者的羡慕。1854年至1855年的克里米亚战争已经表明要求德意志邦联施行共同的政策有多么困难。当奥地利已经动员起来要迫使俄国从摩尔多瓦和瓦拉几亚撤走的时候，普鲁士却严守中立（参见第18章各处）。然而，由于奥地利最终没有卷入，普鲁士和奥地利之间的整个关系问题和邦联的结构问题才没有提出来。

1859年的形势大不相同。战争开始时，不仅邦联的领导成员已经直接卷入，而且德意志舆论界也被深深地激动并出现了深刻的分歧。很多人认为意大利的民族统一事业肯定要引起德意志的爱国主义者和自由主义者的同情。他们认为奥地利，用阿诺尔德·吕格的话来说，是"镇压意大利人民的刽子手"和"德意志人民的压迫者"。这种观点在德意志北部自由派和激进派当中最为普遍，比如拉萨尔就持这样的观点。但是另外一些人却认为这场战争是向世代仇敌法国显示德意志民族团结的机会。这种观点在德意志南部自由派中最为普遍，他们仍然希望在奥地利领导下，而不是在普鲁士领导下，实现更大的德意志民族统一。

---

① W.O.亨德森：《关税同盟》（伦敦，1939年），第225页，另见第20章，原文第535页。

但是战争不仅仅是恢复了民众对政治问题的讨论。它以一种尖锐的形式提出了奥地利和普鲁士之间的关系的整个问题，并且要检验在奥尔米茨和德累斯顿建立起来的双重管理制度。奥地利政府自然急于要取得整个邦联的支持，首先是普鲁士军队的援助，但是外交谈判并没有取得这些支持。阿尔贝特大公爵在4月访问柏林，想说服普鲁士人在莱茵河地区组成一支奥普联军，但没有成功。按照普鲁士的榜样，整个邦联从来没有动员过。普鲁士充其量只打算在6月14日（在马让塔战役以后10天和索尔费里诺战役以前10天）动员6个军团，但是目的不在于支持奥地利，而在于武装调解。

奥地利和普鲁士之间明显缺乏团结，跟俾斯麦的影响有一定关系。俾斯麦作为普鲁士的代表在法兰克福议会的一段经历是成功的，在那以后，他被任命为普鲁士驻圣彼得堡大使，于3月底到达那里。在法兰克福，他已经表明他是一个有手腕的冷酷无情的外交家，他不顾与格拉赫兄弟和其他亲奥地利的普鲁士保守主义者的友谊，明确地规定了普鲁士政策的独立性。同时他已认识到现有的邦联机构是多么不得人心，而且已经在考虑应该怎样把它改变得对普鲁士有利。

普鲁士的中立对奥地利和1850年至1851年重建的邦联是一个打击。在《维拉弗兰卡和约》结束了战争之后，弗兰茨·约瑟夫公开宣称他被他最亲近的天然盟友抛弃了。但是，1859年的战争不仅表明不可能产生一种既能为奥地利也能为普鲁士接受的共同政策，而且导致对德意志邦联机构的考验。事情的确很清楚，即使普鲁士已经决定支持奥地利，由邦联的各个邦作出统一行动的联邦部署也还很不充分。这些准备工作从1821年以来就在进行，但从来没有考验过。直到战争真的打起来了，还连邦联指挥官都无法任命。来自各中、小邦的分遣部队编入了混合军团，而这些军团中，组织或作战方法都不统一。例如在包括来自符腾堡和巴登的两个团的第八军团中，巴登军队的退却信号正好是符腾堡军队的进攻信号。

因此，1859年发生的若干事件所引起的后果之一，是以后的5年时间都花在对改革邦联宪法的建议和辩论上。这些讨论不仅仅是个别的政府所关注的事。始于1859年的群众活动的新的高涨使这个问题的解决变得更加迫切。召开全德意志代表大会的惯例正在得到恢复。1858年召开了经济学家代表大会，1860年召开了法学家代表大会。1859年秋的席勒诞生一百周年纪念活动也提供了一个对德意志民族理想表达热烈忠诚的机会。然而，最重要的实际步骤还是1859年9月成立了"德意志民族协会"。

"德意志民族协会"是第一场全国性的政治运动，可以说德意志绝大多数邦都有一个真正的组织——尽管偶尔由于过分自由化而遭到禁止，比如在德意志各个邦中最富有中世纪特色的两个梅克伦堡就是如此。德意志民族协会受到萨克斯－科堡的埃内斯特亲王的保护，得到了德意志中部和北部大多数著名的自由派政治家的支持。这些人在以后的30年中都是杰出的人物，对于帝国的形成做出了很大的贡献。如汉诺威的鲁道夫·冯·本尼格森和约翰内斯·米克尔就是例子。（米克尔开始曾经是卡尔·马克思的朋友，最后却成为一名极端保守的普鲁士大臣。）德意志民族协会包括一些经济学家，如德意志合作运动的先驱赫尔曼·舒尔策·德利奇，这个运动的许多目标是由学术界的政治鼓动家们倡导的，如萨克森的青年历史学家海因里希·冯·特赖奇克。尽管他对德意志民族协会的许多做法持批判的态度，但他将成为普鲁士有权统治统一的德意志的最雄辩的鼓吹者。到1862年，民族协会已有2.5万名会员，大部分在德意志北部和中部。由于这个协会是那些自由主义者的主要组织，他们现在相信德意志的问题要用"小德意志"的办法来解决。按照这个解决办法，奥地利应被排除在德意志以外，新的德意志应该在普鲁士的领导下统一起来。尽管有些自由主义者准备为获得民族的统一而牺牲立宪政府的自由主义理想——据报道，黑森—达姆施塔特的一位自由派领袖曾经说过："最严厉的普鲁士军事统治也比窝窝囊囊的小邦要强。"① ——德意志民族协会默默接受普鲁士领导的原则，必然会使普鲁士的内政成为全德意志的自由主义者关心的事情。

对普鲁士来说，1858年至1862年是充满政治危机的几年。弗里德里希·威廉四世的反复无常、骄傲自满、感情脆弱和想入非非渐渐变成了精神失常，1858年秋，他已经病入膏肓，不能继续统治下去了。于是他的兄弟普鲁士亲王成为摄政王。未来的皇帝威廉一世当时已经61岁。他和他那富于幻想而又不可信赖的兄弟完全相反，他那

---

① 埃里奇·艾克，前引书，第1卷，第337页。

小心谨慎、务实精神和准确谦逊的判断能力，倒像他那不引人注意的父亲。他被培养成为一名普鲁士军官，少年时代曾在拿破仑战争中作过战。他一生的主要兴趣在军队和军事问题上。另外，他敌视他兄弟的顾问们，虽然他赞成保守的君主政体和德意志现存的领土划分，但他从来没有忘记"奥尔米茨的耻辱"。因此，人们期望他会任命一个新的内阁，来取代曼陀菲尔的内阁，因为现在人人都讨厌和不信任曼陀菲尔，就连他原来那些极端保守主义的同僚们也是如此。此外，威廉的妻子是歌德的保护人，因同情浪漫主义时期的自由主义思想而驰名的魏玛公爵的孙女；他的儿子也与维多利亚结婚，这个维多利亚是英国的长公主、阿尔贝特亲王的爱女①。由于这些自由主义思想在他家族中的影响，由于组织新内阁的需要，这位摄政王的掌权受到自由派人士的欢呼，认为他开创了立宪政体的"新时代"。

在寻找一个新政府以代替曼陀菲尔的政府和《十字架报》党的极端保守主义分子的过程中，这位摄政王求助于也是以其报纸闻名的《周报》党。《十字架报》代表易北河以东的老式新教徒和普鲁士贵族的观点，而《周报》是威斯特伐利亚和莱茵兰的一些贵族和大部分高级官员和外交人士的喉舌。只有按照普鲁士在19世纪50年代的标准来衡量，这样的党才能被认为是"自由主义"的党，但是它至少还能真正主张君主应该服从宪法，议会应该有一定的权力，不管这种权力是多么有限。于是，由王室较为年轻的支系的一个成员，霍亨索伦，西格玛林根的安东亲王任名誉主席，在他的主持下，新内阁就由《周报》党的一些成员和少数非常温和的自由派分子组成了。摄政王的一位老朋友鲁道夫·冯·奥尔斯瓦尔德担任不管部大臣和实际上的首相，他曾在1848年同坎普豪森和汉泽曼一起执政。

但是，自由派的"新时期"已经开始的希望很快就破灭了。摄政王对他们的欢呼感到不安，新政府一上台就宣布了保守主义的原则，发表了它的德意志政策声明，只准许普鲁士进行"精神征服"。②

---

① 这里指英国女王维多利亚的长女维多利亚。1858年她与普鲁士国王弗里德里希三世结婚。其子即德国皇帝威廉二世。——译者
② 摘自1858年11月8日摄政王的讲话："通过明智的立法，通过提高所有道德因素，以及通过掌握统一的因素，就同关税同盟那样，在道德上占领德国。"约翰内斯·齐库尔施：《新德意志帝国政治史》（美因河畔法兰克福，1925年），第1卷，《帝国的建立》，第11页。另见海因里希·冯·聚贝尔《威廉一世德意志帝国的建立》（慕尼黑，1889—1894年），第2卷，第220—221页。

第十九章 普鲁士与德意志问题，1830—1866年

摄政王本人的兴趣限定在军事改革方面，1859年夏季的动员暴露了普鲁士军事机构的弱点，因而，在他看来，进行这样的改革是当务之急。1859年12月，他任命阿尔布雷希特·冯·罗恩将军为陆军大臣，1860年年初罗恩宣布了他的改革计划。他是一个立志献身于军队的普鲁士军官：自幼成为孤儿，后来成长为普鲁士军官团的一名军官，他严肃刻苦，尽心尽意地在军队服役，只考虑军事效率而不考虑这种效率要达到什么目的。他很快就成为威廉最为重视的、肯定能全力支持他的军事改革的大臣。

这些都包括在1860年年初提交议会的一份议案中，议案还要求对实行改革计划所必需的拨款进行表决。罗恩的建议有些是纯属技术性的，比如全军都应以新式武器重新装备。然而两项最重要的改革具有重大的政治影响。罗恩的主要目的是要恢复部队的元气，随时增加服兵役的人数，扩大职业军官团的权力。为了实现第一个目标，他提出每个新兵应服兵役三年，而不是已成惯例的两年。为了达到另外两个目的，他准备取消后备军的独立性，在动员时把其中一些较年轻的人员召入正规军，把后备军军官纳入正规军军官团。

这些提议肯定会引起反对，甚至会引起温和自由派的反对，不管他们对建立一支强大的普鲁士军队的理想是多么忠诚。后备军是中产阶级的宝贵财富，他们对解放战争以及随之而来的改革充满浪漫主义的回忆。后备军的独立性的丧失和它的军官的从属地位，对于实现自由派的全民皆兵的理想，对于那些最高的社会愿望就是当一名后备军军官的中产阶级人士来说，都是一个沉重的打击。同时，延长义务兵服役期限这个改革提议也是不得人心的，它的社会影响也是明显的。威廉和他的顾问们认为三年的军事训练比两年训练更有可能产生忠诚的国民。

摄政王对这一议案遭到反对感到震惊，因为他觉得"新时期"的内阁使他有资格得到现在已成为议会中一支重要力量的形形色色自由派人士的感激。反对派的确准备作出重大的让步；他们反对的不是军事改革本身，最后只限于反对延长服役期限。1860年达成妥协，同意满足政府为实现它的当前计划的需要；由于欧洲形势险恶，临时表决通过了政府的军事预算。1861年，冲突再次发生，并引起一次长时期的护宪斗争。春天，一项折中的军事预算计划以11票的多数

通过，随后不久，一些看出议会控制军事开支这项原则的重要性，也希望普鲁士实行更积极的德意志政策的人士组成了一个新的自由派的党。这个新党叫作德意志进步党，领导人是马克斯·冯·福肯贝克和利奥波德·冯·霍韦尔贝克。福肯贝克是一位律师，后来成为布雷斯劳市和柏林市市长；霍韦尔贝克是普鲁士东部的一个贵族，他准备反对本阶级的其他成员，建立一个依靠城市中产阶级支持的政党。这个党也包括老一代激进分子，如柯尼斯堡的约翰·雅各比。该党的目标包括建立一个"牢固的统一德意志，而没有掌握在普鲁士手中的强大的集中的权力，没有德意志民众广泛的代表性，这是不可思议的"。[①] 这样，德意志民族协会的目标就是争取得到普鲁士内部强大而有影响的，看来是赞成保留议会制度的政党的支持。

进步党在1861年年底的议会选举中取得了惊人的成功。虽然有限制的、间接的选举阻碍建立大党，但这个新党已经表明它得到了中产阶级的大力支持。国王（因为弗里德里希·威廉已于1861年1月去世）和罗恩准备进行一场艰苦的斗争；高级官员中在谈论政变。1862年3月"新时期"的内阁被解散，并下令举行新的选举，指望破坏进步党人和老自由派在上年12月获得的多数。然而，尽管官方施展了各种伎俩来影响大选，新选出的议会仍然是自由派占多数，他们主张抵制为罗恩的改革计划提供经费所必需的军事预算。整个夏季，国王一直在设法找到一个能取得议会支持来解决这个难题的政府。然而，他所挑选的大臣没有一个能够找出解决办法。俾斯麦的名字常常被提到。5月间他在柏林，人们普遍期待会请他来执政。但是国王仍然怀疑他同格拉赫派和《十字架报》党之间的友谊，不信任他强有力的、独立不羁的工作方法，于是他被调到驻巴黎的普鲁士大使馆工作。

到了9月，国王的地位陷于绝境。他的大臣们拒绝在预算没有表决通过的情况下负起管理政府的责任，国王也谈到要退位。这时罗恩终于接受了成立一个对议会中的反对派不予理睬的政府的主张，并于9月18日发电报催促俾斯麦赶回柏林。现在连国王也清楚地看到唯有俾斯麦有魄力和政治才干、能够在无须宪法所要求的议会支持的情

---

① L.帕里西乌斯：《德意志政党》（柏林，1878年），第36页，转引自埃里奇·艾克，前引书，第1卷，第371页。

况下进行统治。俾斯麦在1862年9月20日到达柏林,两天后同意上任。

俾斯麦当年47岁,精力充沛,食欲旺盛,酒量过人。他的精力和聪明才智很快就给所有会见他的人,甚至反对他的人留下了深刻的印象。然而,这种强烈神经质的活力在危急关头偶尔也会用眼泪或盛怒来发泄。俾斯麦在普鲁士最虔诚的新教徒贵族圈子中结识了他的妻子,并从他妻子的朋友那里获得了坚定的宗教信仰,虽然这丝毫不影响他处理公务的品德。在他愿意的时候,他能够表现得富有魅力,他写给妻子的信中有时还流露出诗意的情感。尽管他在外交上的经历已经使他在智力方面与他1847年作为一个年轻容克来到柏林充当联合议会议员时大不相同,但是他在感情上从来没有忘记他在普鲁士的财产和他出身于德意志北方平原,也没有丢掉他对没有土地的城市中产阶级的容克式的鄙视。然而,他的容克背景从未阻止他采取与他那些贵族同胞的观点相抵触的政治行动,只要他认为这行动对他的远大目标有利。正是这种不持偏见和毫无顾忌给了他力量。他蔑视"喋喋不休的人道主义的碎嘴子"和"含糊不清而且变化无常的人道主义观点";他残酷无情地迫害他的敌人。他不受政治上的禁令的约束,也不受道德上的约束。当他掌权的时候,以同样的轻蔑谈到自由派的"民族骗局"和小邦君主的"主权骗局"①。然而,正是在1862年9月29日他以政府首脑的身份第一次出席普鲁士议会的财政委员会时,他的讲话中最著名的一段一下子暴露了他的政治纲领和方针。他说:"德意志的未来不在于普鲁士的自由主义,而在于强权……普鲁士必须保存它的实力,等待良机,这样的良机已经错过了好几次。普鲁士的边界现状与正常的国家生活是不相适应的。当前的种种重大问题不是演说和多数议决所能解决的——这正是1848年和1849年所犯的错误——要解决它只有铁与血。"②

俾斯麦被召去处理普鲁士的宪法纠纷和实现军队的改革。然而,他发现他不可避免地卷入了"德意志问题",而这两个问题——普鲁

---

① 埃里奇·艾克,前引书,第1卷,第373页。另见A.O.迈尔《俾斯麦》(莱比锡,1944年),第153页。

② W.伯姆编:《作为演说家的俾斯麦侯爵:俾斯麦议会演说全集》(柏林和斯图加特,无出版日期),第2卷,第12页。

士的宪法纠纷和德意志的民族斗争——纠缠不清地搅在一起,直到1866年的战争以后,也的确是依靠战争,这两个问题才得到解决。外交策略和1859年开始的群众骚动都要求普鲁士对德意志的统一问题采取积极的政策。各中等邦对邦联的宪法改革提出了各式各样的建议,主要是在萨克森的首相弗里德里希·冯·博伊斯特伯爵和中、小邦中积极主张独立的人士的鼓动之下提出来的。这些计划并没有取得任何结果,因为有关各邦的利益各不相同,加上猜疑(尤其是在巴伐利亚)使他们不能全心全意地支持奥地利。事实上,博伊斯特和巴伐利亚的大臣路德维希·冯·德尔·普弗尔滕仍然相信应该有一个"第三德意志"在两个大国之间保持平衡。

同时,奥地利政府开始作最后一次努力,维护奥地利在德意志的优势,并在德意志补偿它在意大利战败的损失。1860年冬季的宪法改革使人们有微弱的理由希望君主政体可能变得稍微开明一点。1862年10月在慕尼黑成立的改革协会,组织人民起来支持包括奥地利在内并由奥地利领导的"大德意志"的主张,以抵消亲普鲁士的"小德意志"民族协会的影响。它的领导人尤利乌斯·弗勒贝尔是1848年法兰克福议会的一名富有经验的左翼议员,参加过1848年10月的维也纳起义;但是现在,他的观点开始在奥地利官僚中传播开来。从1859年至1863年任奥地利外交大臣的雷希贝格伯爵,真诚地主张对德意志实行和平的两国共管政策,即由普鲁士和奥地利分别控制自己的势力范围。但是另一些奥地利人,如内务大臣安东·冯·施默林和在外交部主管德意志问题的路德维希·冯·比格莱本,则主张奥地利居支配地位的某种形式的"大德意志"政策。

1863年夏,主张奥地利采取积极的对德政策的各派势力,促使皇帝提出在法兰克福召开王侯大会来讨论奥地利关于改革邦联的建议。德意志南部自由派期望很高;但是哈布斯堡君主政体在满足人民和民族的任何要求方面都困难重重,民族协会在法兰克福会议期间针对极力主张弗兰茨·约瑟夫当德意志皇帝的宣传,贴出来一张招帖,清楚地指出了这些困难:

……让弗兰茨·约瑟夫当德意志皇帝?行,如果他愿意彻底抛弃一切,做一个无为而治的德意志皇帝。行,如果他有信心把自己置于这个民族的首脑地位,就要立即承认1849年宪法规定的永远不变的公民权利;行,如果他最终能够实现与他帝国内各民族的和平与和解,使他们愉快地和我们站在一起,反对来自东方或西方的一切敌人。说"行"吧,弗兰茨·约瑟夫,全体伟大的人民将把所有的财产和一切奉献给你,德意志光荣的重建者。①

但是就算完全撇开奥地利在满足人民的要求方面存在的困难,法兰克福王侯会议也因为普鲁士国王没有参加而告失败,而没有普鲁士国王的同意,有关邦联的任何改革都是不能想象的。俾斯麦掌权以后决心要维护普鲁士作为一个大国与奥地利平起平坐的权利。同时,如果普鲁士的霸权地位,至少在德意志北部和中部的霸权地位得到承认的话,他就准备与奥地利合作。(1862年12月5日,奥地利驻柏林公使报告说,俾斯麦正强烈要求奥地利放弃它的德意志政策,并把它的重心转到匈牙利去。)然而,俾斯麦意识到德意志各邦之间的差异有可能引起一场欧洲危机,尤其是法国的干涉。因此,在外交上,他首先需要弄清俄国的亲善是否靠得住。他在克里米亚战争期间的主张中立,他在圣彼得堡大使馆工作期间的经历,以及他的保守主义立场,已经使他成为俄国政府信得过的人物。1863年1月在俄属波兰的叛乱使他在实际上帮了俄国人的忙。2月,冯·阿尔文斯勒本将军前往圣彼得堡签订了一项协定:允许就波兰的活动情况交换情报,许诺在必要时提供武装援助,许可在普鲁士的领土范围内追捕逃亡者。当这个协定被人们知道以后,普鲁士议会里的自由派人士(更不用说国外的舆论)对俾斯麦及其政策比以往任何时候都更加敌视。

但是,到这时为止,还没有理由推测普奥之间的关系会变得紧张到足以引起一场欧洲危机。俾斯麦仍旧可以通过外交途径去达到他的目的。在1863年,这些目的中最重要的是打破奥地利再次想按它自己的利益来改革邦联的企图。这一目的已经通过普鲁士不参加法兰克福会议的办法达到了,尽管做到不参加大会也是经过一番困难的。8月初,弗兰茨·约瑟夫在加施泰因访问了威廉国王,并邀请他在当月晚些时候出席法兰克福会议。但是,邀请被拒绝了,开会时普鲁士没

---

① 海因里希·里特尔·冯·兹尔比克,前引书,第4卷,第65页。

有参加。参加法兰克福会议的君主们（除了丹麦国王和三个最小的邦的统治者以外，邦联的所有其他国王都接受了参加会议的邀请）决定再作一次努力说服普鲁士国王到会。萨克森的国王还亲自去送请帖。威廉的全部保守主义本性和君王之间的团结感都被激发了起来。"从30个执政的君主中推出一个国王来当信使"①，这样的邀请实在令人难以拒绝。但是，经过一番斗争之后，俾斯麦终于还是说服了威廉不要露面；这是这位大臣为了克服君主的偏见而不得不进行的一系列艰苦斗争中的第一次。

由于普鲁士拒绝参加会议，奥地利的改革计划注定要失败，很快就失去了德意志南方自由派群众的支持。正如他们当中的布隆奇利在上一年就说过的："许多人在心里都相信'大德意志'的主张，但是他们脑子里却认为这是不可能的，于是因为需要而变成了'小德意志派'。"② 1863年以后，奥地利的主张已经没有什么积极的吸引力了。俾斯麦立即利用他的反建议努力争取人民的支持。这些反建议包括奥地利和普鲁士之间的权力划分，最重要的是建立一个"以全民族直接参加为基础的、真正的民族代表制……"③ 但是，要自由派对俾斯麦相信的程度达到能够接受他这样的纲领仍然还为时太早；其他几个邦的政府对这样的极端措施也缺乏精神准备。

1863年秋，外交家和自由派领导人的注意力都放在石勒苏益格－荷尔斯泰因问题上。1848年的丹麦战争表明德意志自由派是多么热衷于把这两个公国从丹麦王国分离出来并完全与德意志合并的想法（参见第9章，原文第219页）。到了1863年，丹麦国王颁布法令，把石勒苏益格与荷尔斯泰因分开，根据一部中央集权的宪法把石勒苏益格与丹麦王国的其他部分合并。邦联议会已经决定要采取行动对付丹麦，但1863年11月15日丹麦国王的去世使形势进一步复杂化了。这就在有关宪法的争论上又增加了关于继承权的争论，因为这两个公国的继承法与丹麦王国的继承法不同。自由派和德意志民族运动都把希望寄托在候选人奥古斯滕堡君主弗里德里希身上。他是一位

---

① 俾斯麦：《思考与回忆》，第1卷，第340页。
② 布隆奇利在1862年于魏玛举行的德意志各议会代表的一次会上所说的话。W. 莫姆森：《对德意志统一问题的评价》，《史学杂志》，第3辑，第138卷（1928年），第528页。
③ H. 舒尔特斯：《欧洲历史年表》（内德林根，1863年），第78页。

没有经验的政治家，但一般都认为他同情自由派，并得到普鲁士王储的支持。他立即宣布自己是两个公国的合法继承人，请求邦联帮助确定他的权利。到1864年年初，议会、普鲁士、奥地利和丹麦之间的谈判破裂。1863年12月，邦联军队已经进入荷尔斯泰因，1864年1月16日，普鲁士军队也接踵而至。2月1日，奥普联军进入石勒苏益格，于是与丹麦的战争开始了。

俾斯麦意识到形势的严重性；法国、英国和俄国可能干预；而在普鲁士议会中他仍然面对拒绝通过战争经费的持敌对态度的多数派。因此，在联合奥地利反对丹麦的每一个步骤中他都十分小心，1月17日签订了正式联盟协定。虽然奥尔登堡公爵是继承公国王位的俄国候选人，但俄国却受到了波兰起义和阿尔文斯勒本协定的牵制（参见第9章，原文第236页）。拿破仑三世则满足于欧洲领土总的再分配的模糊的暗示；而在英国，帕默斯顿和罗素不能施展他们过去随意使用的威胁手段。由于大国之间缺乏共同的政策，他们企图通过举行一次伦敦会议来解决战争引起的问题的努力归于失败。到1864年8月，战争结束，丹麦战败，初步签订了和约。丹麦国王克里斯蒂安放弃了他在石勒苏益格－荷尔斯泰因的权利。

俾斯麦的国内政策也取得了同样的成功。他在1863年4月曾对普鲁士议会说，他将从任何能够找到钱的地方得到钱，他还吹嘘说："不管你们同意还是不同意，我们都要进行战争。"[1] 此外，他充分利用宪法第一〇九条的规定：各种税款一经通过就必须持续征收，直到议会正式宣布取消为止。这样，通过间接税从邮政事业，大量国家财产的收入，特别是矿山和森林的收入中筹集了款项。罗恩的改革已付诸实施，他的行政管理和毛奇的军事行动计划都在一次胜利的战争中经受了考验。普鲁士在这场由它起主导作用的民族战争中的胜利，必然更加使人感到只有在普鲁士领导下实现民族统一，才是解决德意志问题的唯一途径。尽管俾斯麦的政策在普鲁士继续受到进步党的敌视，但是自由派的个别领导人已经开始支持他的政策，而俾斯麦在丹麦战争和1866年的战争之间，也与普鲁士以外的自由派领导人有了接触，比如黑森－卡塞尔的厄特克尔，后来又与汉诺威的米克尔和本

---

[1] 伯姆：《作为演说家的俾斯麦侯爵》，第2卷，第101页。

尼格森有了接触。

由于普鲁士在迪佩尔战线的强攻和阿尔森战役都取得了胜利，普鲁士的许多保守主义者，包括国王在内，也都对俾斯麦的政策重新给予了信任。但是，不论他们这些人也好，俾斯麦也好，对奥古斯滕堡和支持他的自由派与民族力量都缺乏热情。早在1863年12月31日，战争刚要爆发的时候，俾斯麦曾在他家庭成员中私下承认，他的最终目的是将两个公国并入普鲁士。在战争结束的时候，这两个公国在奥地利和普鲁士的共同占领之下，由邦联对它们的前途作出裁决，因此，任何使它们只从属于普鲁士的解决办法都肯定会引起与奥地利的冲突。

普鲁士处于优势，因为奥地利对石勒苏益格－荷尔斯泰因并没有真正的兴趣，也没有并吞德意志北方领土的欲望。弗兰茨·约瑟夫和雷希贝格的最大希望是他们或许可以利用从公国撤退的诺言，说服普鲁士人把西里西亚的土地让给他们，并保证奥地利在意大利剩下的领地。1864年夏，这两个胜利的君主和他们的大臣在申布龙宫会晤，并就占领被征服的领土作出了临时性的安排。雷希贝格没有得到什么好处，既没有得到领土的补偿，也没有得到对奥地利的非德意志领地的保证，几个月之内，他就只好辞职了。对奥古斯滕堡的支持，由于俾斯麦的反对和他自己的无能，已经减少了。邦联的其他成员也被迫撤走他们的军队，只留下奥地利和普鲁士军队继续占领。1865年3月，普鲁士人将他们的海军基地从但泽移到了基尔。在这种情况下，人民对普鲁士关于公国的权利要求的支持增强了。

整个1865年，看来俾斯麦是采取了一种既可以用和平手段也可以用战争手段来实现的政策。他的目的在于吞并石勒苏益格－荷尔斯泰因，把奥地利势力逐出德意志北方。如果可以用和平方式说服奥地利放弃它的德意志政策，将有利于避免国际纠纷，因为一旦发生国际纠纷，大国的政策，尤其是法国的政策就会难以捉摸。因此，他在5月间对国王和其他普鲁士大臣进行约束，因为他们显然想要立即促成与奥地利的危机。① 8月，奥地利皇帝和普鲁士国王以及双方大臣们

---

① 特别见鲁道夫·斯塔德尔曼《1865年与俾斯麦的德意志的政治问题》（《史学杂志》附页，1933年）。关于1866年战争的外交背景资料的英文本，见切斯特·W. 克拉克《1866年前的弗兰茨·约瑟夫与俾斯麦》（马萨诸塞州坎布里奇，1934年）。另见A. J. P. 泰勒《在欧洲争夺霸权的斗争，1848—1918年》（牛津，1954年），第8章，其中对这个问题作了很好的论述。

举行了另一次会议,达成了《加施泰因条约》——俾斯麦把它叫作"掩盖裂痕"①——根据条约,两个公国暂时由奥地利和普鲁士分管:奥地利管辖荷尔斯泰因,普鲁士管辖石勒苏益格。它们的最终归属问题仍然没有确定。但是,由于接受了普鲁士关于分权的建议,奥地利不仅放弃了只以邦联的名义办事的原则,而且也给了俾斯麦在适当的时候进一步施展他的外交伎俩的机会。

到1865年年底,俾斯麦准备实施他的下一步计划。《加施泰因条约》为他提供了与奥地利挑起一场争吵的机会,这个条约对那些希望奥地利能在民族运动中勇敢地起领导作用的奥地利人来说也是一个失败。普鲁士加强了对奥地利在荷尔斯泰因的管辖的批评。1866年1月,奥地利当局容忍自由派举行会议,从而为向维也纳提出正式抗议提供了理由。最后,国王于2月28日在柏林召集的会议上决定,普鲁士准备为了石勒苏益格-荷尔斯泰因的所有权问题和在德意志的霸权问题开战。要取得战争的胜利,有两个条件看来是必要的:一是要具备有利的欧洲形势;一是要得到德意志内部人民的支持。在前一年的秋天,俾斯麦在比亚里茨会见了拿破仑三世,但显然没有得到任何肯定的承诺。直到战争爆发,拿破仑的态度仍然动摇不定。他想得到领土利益,俾斯麦好像一度准备暗示把莱茵河以西让与他,尽管后来又对此矢口否认。然而,在战争爆发之前,拿破仑从来没有打算断然进行干预。只是到了最后一分钟,他才把赌注压在奥地利的胜利上,与弗兰茨·约瑟夫签署了条约:在战争结束的时候,奥地利要割让威尼斯作为对法国保持中立的报答。俾斯麦对法国的中立政策是坚信无疑的,而且事实证明他下的赌注是正确的。

2月28日国王召集的会议作出的最重要的决定是提出要与意大利结成联盟。几乎紧接着就开始了谈判,4月8日签订了攻守同盟条约,双方商定如果3个月之内不爆发战争,则条约失效。(意大利并不是俾斯麦准备动员来反对奥地利的唯一的奥地利的敌对国,因为在6月初,他就和匈牙利革命运动的一些领导人进行接触。)现在俾斯麦与意大利建立了联盟,他的战争政策得到了国王的批准(尽管有些犹豫)和罗恩及毛奇的赞同。普鲁士的保守主义者即使有些担心

---

① 《俾斯麦侯爵致未婚妻和夫人的信件》(斯图加特,1900年),第567页。

也都准备接受他的领导,只有他的老朋友路德维希·冯·格拉赫是一个高尚的例外,因为对他来说,俾斯麦的不择手段和轻易放弃保守主义原则都是无法容忍的。但是,俾斯麦仍然需要得到人民的支持。

4月9日召开了一次邦联议会的特别会议,俾斯麦的建议——由普选产生的德意志议会应该开会讨论改革宪法的问题——使每个人都感到惊讶。他希望通过这一步骤得到自由派的支持,同时使邦联的改革而不是对石勒苏益格-荷尔斯泰因的领土野心成为一个导致与奥地利最后决裂的问题。虽然这些建议符合自由派的要求,但是他们仍然疑虑重重,不能全心全意地欢迎这些建议。此外,俾斯麦本人似乎相信普选是一项加强而不是削弱保守主义影响的措施,因为他认为忠诚的农民的选票会超过投给城市中产阶级自由派的选票。

俾斯麦的建议足够使他迅速取得革命力量的支持,从而达到他破坏邦联宪法和迷惑小邦的自由派和保守派人士的目的。进步党的个别成员和拉萨尔的追随者出来支持战争。鲁道夫·本尼格森主持的在法兰克福召开的自由派的会议宣布,他们赞成中立。在普鲁士内部,俾斯麦也在设法取得自由派人士的支持。他曾试图在上一年的军事改革问题上获得妥协,但是没有成功,议员们由于在议会上的发言而被起诉以后,他和议会之间的关系又一次迅速恶化。现在俾斯麦向新任财政大臣奥古斯特·冯·德尔·海特许诺,他将设法通过表决对他没有得到议会支持的任期的工作不予追究。这年早些时候,议会言论自由的主要斗士卡尔·特韦斯滕说,他准备提议表决不予追究,条件是对将来按宪法行事作出保证。俾斯麦打算采取这一步骤,只是由于国王的亲自反对才使这一提议未能实现。

这样,他期望能从国内外得到支持的程度仍然没有把握,但是由于意大利和普鲁士军队坚决站在他这一边,俾斯麦就与邦联决裂并宣战。从4月底开始,意大利和奥地利开始进行动员。普鲁士在5月第一个星期进行了动员。敌对双方互相谴责对方的战争准备。最后出来调停的是奥地利在荷尔斯泰因的总督的兄弟安东·冯·加布伦茨将军和拿破仑三世。加布伦茨本人是一个普鲁士军官,他的家人在几个中、小邦中任职。他建议建立一个由一位普鲁士王公统治的单独的石勒苏益格-荷尔斯泰因公国,德意志在军事上分别由普鲁士和奥地利领导。拿破仑三世则与往常一样,还是建议召开一次欧洲会议。但

第十九章　普鲁士与德意志问题，1830—1866年

是，他们两人的努力均未成功。弗兰茨·约瑟夫和他的大臣们为了与普鲁士实现和平合作作出了真诚的努力，甚至作了最大限度的让步，但是他们相信如果战争打起来他们是能够击败普鲁士的，欧洲其余的地方大多数人都持这种看法。

中、小邦的处境很困难。北部和中部许多较小的邦都已经和普鲁士一起召开了军事会议。无论如何，对于他们来说支持普鲁士或者保持中立是他们唯一可能的战略选择。在所有的邦，王朝之间的争吵以及自由派与贵族之间的对立使它们不可能采取一致的政策。尽管汉诺威和黑森—卡塞尔的地理位置使它们几乎不可能进行抵抗，但是它们的统治者已经做好了向普鲁士进军的准备，而反对派却准备迎接普鲁士的胜利。只有巴伐利亚和萨克森是两个大到足以在军事上具有重要意义的王国。但是普弗尔滕和博伊斯特直到最后时刻才与奥地利建立了共同阵线。战争打起来以后，萨克森的军队在奥地利一边战斗得很好，但是巴伐利亚的政策却受到了年轻的国王路德维希二世的个性的妨碍，他最后死于精神错乱。这时他已经宁愿待在他那巨大的城堡中，过着耽于幻想的孤寂生活，只与演员和艺术家们为伍，而不愿过问政事。对于南方的群众运动，现在除了忠于邦联宪法的思想，奥地利已不能提供什么，而宪法已经被证明是行不通的，而且在1865年对石勒苏益格-荷尔斯泰因问题的临时解决办法中已被奥地利本身所忽视。

6月14日，在法兰克福召开了邦联议会的最后一次全会。一个星期以前，普鲁士军队已经开进了荷尔斯泰因，柏林和维也纳之间的外交关系已经中断。在法兰克福，巴伐利亚提出的动员其他部队而不动员普鲁士和奥地利的部队的动议，以九比六的票数通过。卢森堡、梅克伦堡以及由北部和中部的小邦组成的三个集团站在普鲁士一边。普鲁士的代表随即退出了会场。6月15日夜普鲁士军队跨过了汉诺威、萨克森和黑森—卡塞尔的边境。

这场战争的军事史实后来在弗里德容的《争夺德国霸权的斗争》中得到了全面而权威性的阐述。[①] 汉诺威的军队起初得胜，但在6月27日、28日在朗根萨尔察战役中败北，6月29日投降。黑森的选帝

---

① 关于这本书的简况，见本卷第12章，原文第324—325页。

侯已经当了俘虏。一支普鲁士军队穿过拿骚和法兰克福进入巴伐利亚，另一支军队集结在波西米亚与奥地利和萨克森的军队作战。7月3日，奥地利人在克尼格雷茨（萨多瓦）遭到彻底失败。争夺霸权的斗争宣告结束。

这次胜利之后不到两个月，俾斯麦就解决了德意志统一的形式问题，结束了普鲁士内部关于宪法的纠纷。当普鲁士军队还在向维也纳推进时，法国干预的可能性仍然存在，因而采取和平解决的办法变得十分紧迫。俾斯麦一方面接受法国的调停，同时把他想要的和平条件强加给奥地利和南方各邦，他把这两者成功地结合了起来。7月26日在尼科尔斯堡草签了预备和约；8月23日正式签订了《布拉格和约》。俾斯麦面临的最艰苦的斗争还是与普鲁士军事首领的和国王本人的斗争。这个国王既有一个正统王权拥护者的那种不愿意废黜王朝的情感，又有征服者的欲望，想从奥地利、萨克森和巴伐利亚获取领土。另一方面，得到王储支持的俾斯麦认识到，只要把新的邦联局限在德意志北方，让南方各邦继续保持原状，他就可以减少战败国人民的不满情绪，这些人到一定时候，就会愿意加入北方成为一个统一的德意志国家。然后，如果需要的话，再准备进攻法国。所以，最后的解决办法是：巴伐利亚、符腾堡、巴登和黑森—达姆施塔特赔款，但没有丧失领土。同时，它们也都和普鲁士签订了同盟条约，一旦发生对外战争，它们的军队一律归普鲁士指挥。汉诺威和黑森—卡塞尔的统治者被废黜，其领土，连同石勒苏益格-荷尔斯泰因和开放城市法兰克福都割让给普鲁士。美因河以北的其他邦和萨克森加入新的北德意志邦联。奥地利失去了威尼斯，赔了款，并正式被剥夺了对德意志问题的发言权。解决"德意志问题"的办法现在变得明朗了。

但是不光是奥地利在德意志的地位和"大德意志"的思想在克尼格雷茨战役及和约中遭到破坏，全德意志的保守主义者和教士都在俾斯麦现在能够利用的全国民众的力量手中吃了亏。从普鲁士内部新的政治势力的排列情况来看，有关宪法的冲突已经结束。议会已在5月9日被解散。大选的最后阶段在克尼格雷茨战役纪念日——7月3日举行。反对这次战争的进步党，在爱国主义热情的气氛中受到了沉重的打击。9月1日，俾斯麦本人向新的议会提出了一份议案，要求不予追究政府在过去几年在没有议会的支持下进行的工作。9月3

日，该议案以230票对7票（有一部分弃权）获得通过。政府取得了胜利。对于自由主义者来说，这项法律的有限的价值表现在国王对他前几年的政策的评论之中，他说："我不得不那样做，而且如果类似的情况再度发生，我将继续这样做。"[①]

北德意志邦联的组成，不追究法的通过，以及新的北德意志议会应该通过普选产生的决议，均为俾斯麦得到政治上的支持奠定了新的基础。老保守党分裂了；因为许多容克贵族都觉得俾斯麦对议会明显的让步，他和人民以及民族运动的联合，是对保守党原则的反对和蔑视。而且，作为过时的正统王权拥护者，他们一定会谴责汉诺威和黑森—卡塞尔的"窃取王权的行为"。一个由自由保守主义者组成的新党出现了，而且成为俾斯麦忠实的支持者。老保守主义者仍然不断地对他进行抨击。更为严重的是进步党有了新发展。该党的大部分成员和许多最有才干的领导者，包括福肯贝克和特威斯顿，现在都决心支持俾斯麦的民族政策，赞成不追究法。很快他们就要与普鲁士以外的自由党人一起在本尼格森的领导下组成民族自由党。而且正是由于他们的支持，新的帝国才能建立起来。19世纪所有的自由主义都处于进退两难的境地，在政治道德和民族理想之间，他们选择了民族理想。

（万正忠　译）

[①] M. 菲利普森：《马克斯·冯·福肯贝克》（莱比锡，1898年），转引自埃里奇·艾克，前引书，第2卷，第305页。

第 二 十 章
奥地利帝国及其问题，1848—1867 年

奥地利帝国19世纪中期的历史通常分为几个时期：三月革命前时期，这时以民族力量为主的革命力量已经形成并得到了加强。他们不能忍受在弗兰茨皇帝统治时期建立起来，又在斐迪南统治时期得到延长的制度。革命时期，此时上述革命力量主动向统治阶级发动进攻并暂时推翻了他们。反动时期，此时仍受旧秩序支配的势力对革命进行了暴力镇压。以后，在各种力量互相妥协的基础上逐渐出现了一个新制度。

头两个时期已经在别的章节里有过论述（见第11卷和本卷第15章），所以本章只讨论革命之后的重新调整。然而，很难确定从何处开始。上述分期从广义上看是较为方便的，但具体应用起来却很困难。政治上和年代上的界限不很清楚。在三月革命前时期，发生在奥地利的民族运动就有十多起，每起运动的目的都包括对现存秩序的改革，而政府基本上对任何民族主义都是敌视的。但是，不同的民族有不同的目的，他们之间的矛盾非常尖锐，以至他们当中的许多人都把主要希望寄托在加强皇帝的中央集权制，以便保护他们不受更强大的邻居的侵犯。反过来，皇帝也觉得有必要争取与这个或那个民族联合，以反对那些更危险的共同敌人。于是，被选中的同盟者就成为政府的忠实支持者，而第三方便是革命者。但是这些仅仅是政治上的区分，而不是法律上的区分，而且这种区分常常是短暂的。耶拉契奇男爵的情形就充分说明了这一点：皇帝在一连串的文件里先后把他说成是一个忠诚的仆人，一个叛乱者，后来又说他是一个真正的人。在十多年的时间里，匈牙利人一直认为他们在1848年3月实行的政治变

第二十章 奥地利帝国及其问题，1848—1867 年

革是完全合法的，因为它已经获得议会的通过并得到皇帝的批准；而正是皇帝后来非法地单方面取消了这些政治改革；1865 年，皇帝默认了这个论点的真实性。从历史年代上看，事实上革命是由加利西亚的农民在 1846 年发动的，而政府立即把他们变成它最可靠的支持者。在此之后，人们从实际出发，可以把 1848 年 3 月当作一系列革命的起点——这里所用的"革命"一词必须是复数，而不是单数。但是到了 4 月底，加利西亚的一切都结束了。4 月 25 日解放了农役租佃农，第二天平息了波兰贵族在克拉科夫发动的叛乱。此后，政府可以完全根据自己的需要来利用波兰的政治阶级或者忽视它们，并且据此鼓励或者镇压农民和未开化的罗塞尼亚人中的知识分子，而实际上却不必过多地考虑这两个因素。8 月 9 日，当查理·阿尔贝特接受了维杰瓦诺停战协定以后，意大利各省也从即将爆发革命的画面上消失了。一部分（不是很大的一部分）武装力量必须留驻意大利，以防再度发生混乱。但是，由于一般认为在意大利各省不论发生什么情况都不会把它们与奥地利其余的领土合并，因此它们在"革命"与"反动"进行的总较量中只构成一个小小的偶然因素，而这种较量的结果将构成奥地利未来的形式。

作为这个较量中的重要因素，除了朝廷及其支持者以外，在西面有德意志人和捷克人，在东面，一方面有经过四月法令改组了的匈牙利政府（参见第 15 章，原文第 398 页）；另一方面有克罗地亚人、南方的塞尔维亚人、特兰西瓦尼亚的罗马尼亚人和较为次要的其他一些民族。在这里，朝廷于 9 月 4 日采取了决定性步骤，当时拉德茨基在库斯托扎取得胜利的消息传来，朝廷受其鼓舞恢复了耶拉契奇的地位和尊严（他是在 6 月 10 日由朝廷郑重宣布加以废黜的）。未来的匈牙利将采取什么样的形式仍不清楚，但无论如何它的现政府今后将被视为叛逆者。

在西方各省的两个主角当中，捷克人一直都不太危险，因为这个小民族绝不会在奥地利帝国内部成为一种破坏性力量，除非俄国利用它来达到这样的目的。而沙皇尼古拉正在保护，而不是攻击奥地利。1848 年 4 月，帕拉茨基拒绝了到法兰克福去的邀请（见原文第 238—239 页）。在采取这一闻名的行动时，他发表了自己的观点，而在当时的情况下，捷克民族主义者必然会以这种态度去对待奥地利。剩下

的问题是能不能在不引起奥地利德意志人反叛的情况下满足捷克人在奥地利内部的要求。事实上，捷克人以前要求奥地利承认"波希米亚国王的权利"——要求在奥地利内部建立由捷克人占统治地位的、由波希米亚、摩拉维亚和西里西亚组成的联邦体制——这一直是奥地利德意志人感到最为恼怒的事情之一。但是温迪施格雷茨对布拉格六月暴动（其动机既有民族因素，也有社会因素）的残酷镇压使捷克领导人冷静下来〔其中一人后来承认："若不是因为温迪施格雷茨，我们是决不会到维也纳去的（即去参加立宪会议）"〕，并使他们当时急于与奥地利德意志人达成建设性的协议。

奥地利德意志人当中的坚定分子（他们远不如帝国内其他民族那么团结）在1848年整个夏秋两季里都保持了真正的革命性，希望在法兰克福出现一个能够满足他们的民族理想和社会理想的解决办法；不然，他们就希望匈牙利政府能够维持下去，以便一方面压制斯拉夫人，另一方面在帝国内部建立立宪和自由主义制度。但是，他们寄予法兰克福的希望暗淡下去了，寄予匈牙利的希望也破灭了，于是温迪施格雷茨在10月镇压了维也纳的激进分子，如同他在6月镇压了布拉格的激进分子一样。现在，奥地利德意志人也不再是革命的因素之一；他们被迫回到"奥地利主义"，只能希望在限定的狭隘范围之内得到最好的条件。

这些条件是恩赐给他们的，而不是他们根据权利获得的。

当施瓦岑贝格的新内阁在11月组成，议会迁至克雷姆西尔以后，"反动"势力已经在莱塔河以西占稳了地盘。不管议会会形成什么样的方案，都不可能指望在最近的将来按照这个方案来统治奥地利。如果说议会所讨论的结果不仅是有趣而且是重要的话，部分原因是后来政府本身制定的方案中采纳了他们的一部分意见，另一部分原因是当人民代表于1861年获准重新开会时，提出了他们在1849年3月曾放弃的许多论点。最重要的是，经过以后18年中的各种变化，有两项基本原则保存了下来，在1867年的"基本法"中几乎毫无改动地再次出现：第一项规定在法律面前人人平等；第二项宣布"帝国各民族的权利一律平等。每一民族在普遍继承和发展自己的民族性，尤其是本民族的语言方面，享有不可侵犯的权利。每一种语言得以在本地的学校、行政机构和社会生活中使用，它的平等权利由国家予以保证"。①

在其他方面,争论的结果表明在"奥地利"各民族中,只有不重要的斯洛文尼亚人才真正希望废除"历史单元",情愿接受在种族基础上组成一个新奥地利这种激进的解决办法。捷克人虽然也提出了类似的建议,但只是在他们再次提出他们最初的要求被拒绝后才这样做的。尽管如此,他们的要求与更广泛的计划(它超出了议会的职权范围)联系起来,那就是重新划分整个帝国,把匈牙利的斯洛伐克地区划归捷克。他们并不真希望把波希米亚和摩拉维亚分割开:他们希望这两个地区保持不分离并处于捷克的统治之下。波兰人的要求很简单,他们希望加利西亚不被分割,并处于他们的控制之下。从这个意义上讲,他们是联邦主义者,但是他们不愿与捷克人建立巩固的共同战线,因为他们一直没有把握是否能与德意志人达成更好的协议。罗塞尼亚人由于惧怕波兰人,坚决拥护中央集权制。德意志人是最强大的一部分,而且他们的人遍布各州。他们主张给中央政府最大限度的权力,给各州最小的权力。同时,由于他们自己的州虽然小,但为数颇多,因此他们赞成保留"历史单元",并实行各州之间享受平等权利的原则。对他们来说,这样一种安排的结果比按照种族来重新划分帝国要有利得多。因为如按后一种办法,他们就会成为最大的单一集团,但仅仅是许多集团当中的一个,同时他们再也不能像过去那样长期控制其他各民族,而他们是不愿意放弃这种控制的。

妥协的结果是保留"历史单元"(除了福拉尔贝格要并入蒂罗尔以外),但规定那些民族混居的州应该划分成县(Kreise),按照种族划分县界。各州(Lands)享有平等的权利,每一州选派6名代表进入上议院。在分成若干个县的那些州,每个县也要派一名代表。这样的安排具有很大的优越性,尤其是对德意志人,因为尽管对帝国议会和各州的各自权限没有作出明确规定,但其趋势无疑是中央集权的。

与此同时,议会之所以能够继续存在,仅仅是由于匈牙利还没有被打败。此外,令人不愉快的事实是,匈牙利政府赖以存在的四月法令,恰恰是匈牙利的合法国王斐迪南所批准的。12月2日,斐迪南

---

① 1861年的法律用"承认"代替"保证"。

被劝说退了位。这并不是因为他低能（虽然他确是如此），而是由于他必须受四月法令的约束。他的继承人是他年轻的侄子，以后称弗兰茨·约瑟夫。这位新君主在他的宣言中向人民宣布他的意图是"把帝国的各个州和各个民族联合起来形成一个伟大国家"。虽然这句话的意义含糊不清，但耶拉契奇和温迪施格雷茨出席斐迪南的退位仪式一事，便使他的意思变得清楚了。当然，匈牙利议会立即明白了他的话的含义，根据科苏特的提议，议会拒绝承认斐迪南的退位是合法的；议会对任何其他君主，在他正式加冕和向宪法宣誓之前，都不予承认。

于是朝廷摊牌了。12月19日，发布帝国特许令，宣布恢复塞尔维亚人的家长制和首领制，并许诺要"在帝国各民族权利平等的原则上"使他们的地位合法化。同一天，耶拉契奇率领帝国军队跨过了奥地利的边界进入匈牙利。温迪施格雷茨受年轻皇帝的全权委任，紧跟在耶拉契奇的后面去征服这个国家。其他军队从北方进攻，南方的塞尔维亚人再次拿起武器。由于军队数量上的巨大悬殊，匈牙利人节节退却，1849年1月4日布达陷落。后来奥地利军队吃了一场短暂的败仗，但于2月27日在卡波尔纳又赢得了一次重大胜利。这时，战争似乎已经结束了。3月4日，施瓦岑贝格颁布了适用于整个帝国的新宪法（意大利各省除外，它们的地位留待以后解决）。3月7日，克雷姆西尔议会被解散，理由是它没有完成它的立宪任务。实际上它的立宪委员会已于3月2日举行了一场大肆宣扬的自我庆贺，就此结束了它的工作。

三月宪法主要出自施塔迪翁伯爵之手，其中很大一部分是采纳了克雷姆西尔议会的建议。它恢复了"西奥地利各州"的"历史单元"地位，并作了修改，将加利西亚划分成两个直辖地区（Crownland，这是施塔迪翁亲自作出的革新。他曾在利沃夫任总督，热心保护罗塞尼亚人。波兰人曾经指责他把罗塞尼亚人"创造"成一个民族）。帝国议会将再次由上下两院和各州议会组成，但是这一次对后者的权限作了明确的规定并加以相当的限制。对人民许诺的各项公民自由权利不是不慷慨的。其实，其中大部分是吸收了他们自己的代表们所起草的条文，并且特别重申了各民族的权利一律平等以及每一民族有继承和发展本民族语言的神圣权利。宪法保证给予相当广泛地方自治权，并于3月11日通令颁布。由选举产生的顾问将协助各县和行政区（Bezirk）当局工作。时间将证明一项附加条款的重要性，那就是国务委员会（Staatrath）以改变了的形式保存下来。它是君主的顾问班子，从16世纪以来就以各种形式存在，由它衍生的枢密会议实际上代替斐迪南统治了奥地利。它的新形式是帝国咨政院（Reichrath），由皇帝提名的21名成员组成。但是，由于采用内阁责任制，参议院的作用就注定不会超过英国的枢密院。

然而这部宪法的重要意义体现在其他方面。弗兰茨·约瑟夫的宣言明确宣布了他决定将宪法应用于"一个单一的不分离的奥地利帝国"。未来的"奥地利"将是一个政治上和经济上的统一体。其君主将只称为"奥地利皇帝"，其国民将只有一个国籍，其法律将平等适用于整个帝国。

实际上，并没有设想达到完全的统一：伦巴第和威尼斯将得到一部特别法，宣言中还指明："匈牙利王国的宪法仍然有效，只是规定与现行帝国宪法相抵触的一切条款将予以取消，并保证各民族享有平等权利以及在一切公共场合和市民生活中使用当地语言的权利；这些问题将由一部特别法作出规定。"然而，这项宣言实际上产生的效果却是取消匈牙利的宪法；由于特许令列举了构成奥地利帝国的"直辖地区"，这一点就更加明显。匈牙利王国就是直辖地区之一；克罗地亚—斯洛文尼亚加上阜姆是另一个直辖地区；特兰西瓦尼亚和各分区（Partium）① 完全独立于匈牙利，它们构成又一个直辖地区。"塞尔维亚伏伊伏丁那"② 的权利得到肯定；至于它是否应附属于"另一个州"的问题，将和达尔马提亚是否并入克罗地亚的问题一样，留待以后讨论解决。"军事边界"③ 保持了原来的状况。

因此，这一宣言对奥地利的立宪主义者，对意大利和匈牙利，都是一次直接的挑战：实际上，除了对耶拉契奇以外，对每个人都是挑战，而对耶拉契奇来说，这项宣言给予他的东西比他所期望的要少得多。公平地说，奥地利各州的居民对整个事态只敢悄悄抱怨，他们的

---

① 指匈牙利东部的一些地区。它们从历史上看并不构成特兰西瓦尼亚的一部分，但在行政区划上曾几次划归特兰西瓦尼亚。
② 塞尔维亚人选举的首领称Voivode（音译为伏伊伏德），伏伊伏丁那（Voivodina）由此而得名，意为塞尔维亚人首领所治理的地方。——译者
③ 见第7卷，原文第402页。

怨声低得不足以引起当局的不安。政府的事务完全和以往一样进行着：在"紧急状态"结束之前，由有关当局根据法令行事。

别处的情况则不尽然。在意大利，查理·阿尔贝特谴责了停战，威尼斯起来反抗。但是在3月23日，拉德茨基在诺瓦拉使查理·阿尔贝特遭受惨败，迫使他退了位（见第12章，原文第321—322页）。他的继承人维克托·埃马努埃尔终于承认了奥地利在意大利的领地。然而伦巴第和威尼斯处于严格的军事控制之下，因此置身于整个形势之外。已经答应给予它们的特殊地位这时还不能给它们；另一方面，政府所采取的全面措施（除经济方面的一些措施之外），也不适用于它们。

与此相反，在匈牙利，政府意味着将构成"神圣帝国直辖地区"的整个地区迅速而又全面地与奥地利各领地合成一体。温迪施格雷茨本人在匈牙利拥有地产，而且在地主阶层中有许多朋友。他起初倾向于把帝国的宣言解释为在这个国家的被征服地区恢复1848年以前的宪法，而把宪法的修改工作留待以后去做。在匈牙利西部，为了实现这个目标，他和匈牙利权贵之间实行了某些合作。这些权贵们自称为"老保守党"，其纲领就是恢复旧宪法。除了接受解放农役租佃农这一既成事实之外，他们事实上不同意对旧宪法做任何修改。然而，国家并不支持他们。4月14日，匈牙利政府针对3月4日的宣言发表了一项反宣言，宣布匈牙利及其全部附属领地（特兰西瓦尼亚、克罗地亚等）是一个完全独立的国家，并废黜了"发假誓的哈布斯堡－洛林家族"的王位。在国家的形式问题获得最后解决之前，科苏特任"总督"即"摄政"。① 当时任奥地利政府司法大臣的巴赫及时指出这项宣言"使匈牙利宪法完全失效"，因此政府可以放手行动了。施瓦岑贝格并不同意温迪施格雷茨的观点。他独断专横，但不封建，他已于4月12日让韦尔登将军代替温迪施格雷茨任临时首脑，既负责军事行动，也管理民政事务。5月30日，韦尔登的总司令职

---

① 常常有一种说法，说当时匈牙利宣布自己是一个共和国，这是不正确的。科苏特的官衔（Kormányzó）原意是"总督"或"统治者"，1920—1944年霍尔蒂海军上将使用的也是这个头衔。他这个官衔一直译为"摄政"，在那个时期匈牙利是个君主国，尽管暂时缺一个国王，但君主是不容争辩的。

务又被海瑙所替代,并为其配一位民政专员格林格尔男爵。这时巴赫亲自接管了内政大臣施塔迪翁(他已失去理智)的职务。他授予格林格尔全权负责建立新秩序。7月4日公布了这种新秩序的蓝图。匈牙利剩下的部分将分为5个地区,每个地区由一名高级专员领导。随着军队的推进,这些地区陆续建立。实现农役租佃农的解放和提倡平等使用一切"地方"语言的工作同时开始进行。奥地利甚至给俄国军队也配备了奥地利的民政专员,以便在俄军战场的后方也实现所要求的措施。

8月13日,格尔盖伊在维拉戈斯向俄军投降。9月1日,海瑙发表声明,宣布叛乱已经结束,并要求所有的士兵、官员和议会议员向当局报到接受审查。前一天,维也纳的内阁会议已经撤销海瑙判处死刑的权力。尽管如此,著名的"阿拉德殉难者"还是在10月6日被处以极刑。有一千多人被军事法庭判处徒刑或监禁。罪行小的被征入军队,但他们的人数太多,以至当局感到难以应付,于是只好把他们放回。10月17日,在全国建立了"临时行政体制"。11月1日宣布三月宪法也适用于匈牙利,但不附有以前的保留事项,这是因为再次提出这一论点:匈牙利议会本身的,行为使宪法完全失效。现在,这5个地区已确立,其划界则尽可能使马扎尔人处于少数地位。原来的行政区划予以保留,但所有的官员都成为政府雇员,其中大多数(人们称为"巴赫轻骑兵"的那一大群人)都不是匈牙利人,他们是奥地利德意志人、波兰人,主要是捷克人。民政当局得到新成立的宪兵队的协助,这是一个很庞大的组织,它的建立是政府最紧急的任务之一。

特兰西瓦尼亚根据曾经许下的诺言加以扩大,它的组织方法遵循了类似的方针。在当地居民中,萨克森人受到最大的优遇,但根据各民族一律平等的原则,在语言和文化方面对罗马尼亚人给予相当大的让步。然而,在这里也是维也纳掌握着最高控制权。

解决南部斯拉夫地区的问题出现了很大的困难。这是因为塞尔维亚人大主教拉亚契奇是匈牙利塞尔维亚人的实际首领(选举产生的首领舒普利卡上校当时率领一个团到意大利去了)。他主要是一个塞尔维亚民族主义者而不是一个南斯拉夫人。他现在要求伏伊伏丁那成为一块独立的直辖地区。除了巴奇—博德罗格县以外,他还要求把巴纳特、靠近边境的一些地区，以及斯洛文尼亚的一些县也划给这个直辖地区。海瑙本来打算把巴纳特地区作为一个单独的由军队控制的单元，但是最后，为了安抚塞尔维亚人，他把巴纳特地区的3个县（但不包括边境地区）和塞莱姆的两个地区增加给巴奇—博德罗格，以组成"塞尔维亚人的伏伊伏丁那和特梅斯瓦尔的巴纳特"——这样一来，这个地区的塞尔维亚人只占全人口的1/5，他们勉强超过德意志人，但显然少于罗马尼亚人。耶拉契奇为他的克罗地亚获得了塞勒姆的其余部分和斯洛文尼亚的其他两个县，还获得从匈牙利划出来的阜姆和穆拉科兹地区，但是仍没有得到达尔马提亚和克罗地亚边境地区。使塞尔维亚人和克罗地亚人都不满意的是他们与匈牙利和奥地利各省一样，都受中央集权的统治：奥地利的行政官员通过未经议会同意就颁布的法令来统治他们，而非克罗地亚官员、德意志人和斯洛文尼亚人占据了各地方官职。

不管是好是坏，一个在政治上和经济上统一的帝国终于建立起来了。内阁各部这时都掌握在巴赫的手中，他在6月取代了施塔迪翁的内政大臣职务，把司法大臣的职务让给施默林。施瓦岑贝格主要关心的是对外事务，他并不是一个了不起的人物。但是巴赫·施默林、克劳茨（主管财政）、布鲁克（主管贸易）和图恩（主管教育）组成了一个很有活力的班子。每人都急于推行他认为必要的改革，谁也不愿意受到群众意见的妨碍。实际上，巴赫很快就取消了施塔迪翁所采取的实现人民代表权的步骤。他一接管内政部就中止了地方自治法，并于1850年3月取消了县和区的顾问。

这一时期所采取的各种措施清除了许多过时的东西，其实它们早就应该不存在了。其中最重要的是对农民的解放具有实际效果的那些措施——进行一项规模巨大而又复杂的工作，使300多万人（包括匈牙利）获得了土地。而将近10万人不得不把土地让出来。在奥地利德意志人地区和波希米亚地区，国家负责补偿1/3，州负责补偿1/3，土地获得者负责补偿1/3。在加利西亚和匈牙利，不要求农民付出补偿费，即使在其他地区，补偿费也是很低的，因为在确定补偿费时，只是按土地实际价值的1/3左右来估价的。因此，对以前的土地所有者的补偿是相当少的。

取消地主的世袭管辖权以后，整个司法体制必须重建，于是建立了新的区级法院体系，在州中心设置较高级的审理机构，而最高上诉法院则是奥地利和匈牙利的终审机构。在这一方面实行的变革并不都是倒退的，例如过去那种在私下用书面形式作证的旧制度已由以口头询问证人为基础的公开程序所代替。对处理一切犯罪案件和严重的行为不端都设置了陪审制度。

铁路已经收归国有，并加以发展。南方铁路的建成就是一个突出的例子。通信有了重大的改进，商船队得到扩充，对邮政事业进行了改组。人们建立了工商业行会，努力发展工业，推动出口事业。布鲁克的梦想是使新的奥匈经济联合体成为欧洲、特别是中欧的首要经济因素。由于有了这个目标，就采取了更自由化的贸易政策并减轻了关税。

在这一时期，连图恩的教育部也采取了一些措施，其中大多数在技术上是值得称赞的，而且许多还确实具有自由主义精神。对文科中学进行了改革，在大学里实现了教学和学习的自由，大学生可以转学，技术教育有了很大的发展。

对帝国的不太发达的民族，尤其对匈牙利和加利西亚来说，这种新制度在较低的水平上甚至还满足了他们的一些文化的和民族的需要。原则上已经规定，在小学里应该用学生们的本民族语言进行教学，于是，有相当一部分学校开始用斯洛伐克语、罗塞尼亚语和斯洛文尼亚语来进行小学教育。在中等和高等教育中，也不再用马扎尔语对斯洛伐克人进行教育，或用波兰语教育罗塞尼亚人。他们在这些学校中所接受的部分教育已经开始使用他们自己的语言了。

同样，首先发给匈牙利官员的指示中就规定：在教堂和学校中都不得"强迫使用某种语言"；当地使用的各种语言应享有平等地位；一切官方文告须使用当地通用的语言；处理公共事务须使用当地通用的语言；以及接收和回答通信须使用当地语言。对其他州也作出了类似的规定。

但是，不久便制定了一条最为重要的规定，那就是德语将是在"内部事务"中使用的唯一语言。所谓"内部事务"就是指在整个帝国内部一个政府部门与另一个政府部门之间的联系，所以每个公务人员都必须懂德语。在军队里服兵役期间也要使用德语。在西里西亚和布科维纳，德语成了唯一的官方语言。德语也成为法庭上使用的语言，不仅在高级法庭，而且在非德意志人居住区的许多初级法庭里也使用德语。这种情况也影响到教育界。在罗塞尼亚人集中的加利西亚，由于没有合格的罗塞尼亚人教员，起初高等教育"暂时"用德语教学。虽然波兰的情况并非如此，但是克拉科夫古老的亚盖隆大学在1854年完全德意志化了，匈牙利的许多高等教育机构也遇到同样的命运。1853年，除了在小学校和宗教教育以外，捷克语的使用已被禁止。1854年12月16日和1855年1月1日分别颁布的两条法令规定：在整个帝国（伦巴第和威尼斯除外）的所有文科中学里德语是必修课，必须"主要"用德语教学，至少在高年级应该如此。于是，在行政、司法和教育方面，除了最低级以外都使用德语，并且成为德意志化的工具。

在1850年和1851年，从官方来说所有这些措施仍是临时性的，因为它们是在"紧急状态"结束之前未经议会同意而颁布的法令。这时还不清楚这位曾经是自由主义者和"街垒大臣"的巴赫，究竟在多大程度上放弃了他早先的主张。他很可能是被一种担心推向前的，那就是如果他不自上而下地进行改革，其他人就根本不会作任何改革。另一方面，施瓦岑贝格和弗兰茨·约瑟夫周围的人所讨厌的并不是巴赫的方法，而是他的行为。他们早就开始说服弗兰茨·约瑟夫不要恢复他们打心眼里不喜欢的立宪政体，而要使自己成为唯一的专制君主。他们这样做的目的多半是希望约束巴赫，而不是为了其他。这一方面的幕后策动者是冯·屈贝克。毫无疑问，他是旧政权最正直和最聪明的官员之一，但是在他看来，有效地保存力量现在似乎比任何形式的革新要重要得多。正是他在很大程度上要对组织斐迪南的退位和弗兰茨·约瑟夫的继位负责；他对皇室的秘密也甚为了解。1850年12月5日，屈贝克被提名为帝国咨政院的指派主席。第二年4月，这一机构建立起来了，在施塔迪翁建议成立的各种机构中，它是唯一得到实现的。这时屈贝克才明白他自己成了弗兰茨·约瑟夫的特别总顾问。他立即开始向年轻的君主鼓吹取消内阁责任制的好处，建议由皇帝一人全面负责行事。作为最高一级的顾问班子，咨政院将代替内阁会议，大臣们将恢复到各部门首脑的地位（这大体上与1848年以前的国务会议和各宫廷办事机构之间的关系相仿佛）。

要使年轻的弗兰茨·约瑟夫的思想发生这样的转变是并不难

的，因为他和他家庭的每一个成员一样坚信，他神圣的权力和使命是对他的臣民进行统治，而不是与他们共同统治。1851年8月20日，即在屈贝克呈给皇帝一份条理分明的长篇备忘录，详细阐明了他的观点。3天之后，弗兰茨·约瑟夫发布了一项命令，解除了大臣们的一切责任，让他们只对皇帝负责。这时，废除三月宪法也仅仅是一个时间问题。之所以能够延期取消，主要是因为奥地利需要征求德意志中等邦的国王和君主们的意见，而这只有等到德意志与普鲁士在争夺霸权的长期斗争中有了胜利的保证以后才有可能。而更为重要的原因是当时人们普遍担心在法国会重新发生骚动，并向欧洲其余地区蔓延开去。但是在11月29日，施瓦岑贝格和曼陀菲尔签订了《奥尔米茨条约》，这似乎表明——尽管以后的事态证明这样的判断是错误的——奥地利在对普鲁士的长期外交斗争中占了上风，从而使它得以在德意志自由行事（参见第19章，原文第502—503页）。12月2日，路易·拿破仑在巴黎政变成功（见第15章和第17章，原文第411页和第444—445页）。现在，道路已经扫清。12月31日发布的所谓"除夕特许令"废除了三月宪法，但是规定公民的平等权利和解放农役租佃农这些法律仍然有效。现在，由皇帝独自一人承担政治责任。管理国家的原则开列在下达给施瓦岑贝格的文件上，这个文件实际上是由巴赫拟定的。这个制度是通过官僚机构和严密的中央集权来贯彻的全面的专制制度。在自治机构中只有地方自治的残余还存在，但是通过选举产生的现任地方议会议员等却变成了政府的公务员，而且将来不再举行选举。主要代表拥有土地的贵族的"顾问"委员会将在每一个直辖地区、县和区成立，然而实际上这些委员会却一直没有成立起来。经过改革的"历史单元"保留了下来，但各州行政机构的作用却减少了，这时主要作用已转移到较小的单位"混合地方法院"。它之所以这么称呼是因为它把政治和司法职能结合在一起。有许多职能是由维也纳任命并直接向其负责的宫廷委员会承担的。

有了这份文件，就完全恢复到革命前的政治状况，甚至远远超过那时的状况，政治上的专制主义已经登峰造极。实际上，在以后的7年当中政治机器并没有发生重大的变化。只有一些小的调整和稳步推行德意志化；同时在大多数直辖地区陆续宣布结束紧急状态，从而缓和民众的情绪。这个制度的重心越来越转入巴赫的手中，因为1851年1月施默林辞职，布鲁克于5月辞职，不久克劳茨也辞了职；而他们的继任者不是重要人物。1852年4月施瓦岑贝格突然去世，这时弗兰茨·约瑟夫没有任命新的首相，梅特涅的学生布奥尔伯爵负责主持外交事务。帝国咨政院没有起什么作用，不久屈贝克也辞去了主席职务。

这时采取了另一个重大步骤：恢复哈布斯堡王朝和罗马教廷之间历史悠久的联盟关系。主要的倡议者是弗兰茨·约瑟夫过去的导师冯·劳舍尔以及图恩，劳舍尔在1853年成为红衣主教兼维也纳大主教；但是巴赫以及弗兰茨·约瑟夫本人和他的家族都是他们的强有力的同盟者。甚至在1850年，罗马天主教主教们的权力和特权已经有了相当的扩大；1848年5月被命令在奥地利暂时停止活动的耶稣会，到1851年6月恢复了活动。1852年4月开始就宗教事务问题举行谈判，1855年8月签订了政教协定，使罗马教会享有极大权力和特权的地位。天主教会受到国家特殊的保护。教皇可以与主教、教士和人民自由交往，不必征得世俗当局的同意。天主教的教育完全由主教负责。教会法庭得到恢复。教会的财产被宣布为神圣不可侵犯，约瑟夫二世解散修道院时得来的资金也移交给它们保管。一项秘密协议走得更远，例如它包括一项保证：在事先未得到罗马教廷同意的情况下，奥地利将不改变任何有关忏悔和互相忏悔的规定。

这一政教协定的签订可以被视为奥地利政府自1848年的倒退以来已走到最远处了。随后出现一两年的稳定时期，然后可以看出反对派的力量缓慢地聚集起来；从1859年开始，政府步步后退，直到1867—1868年才得到一个新的喘息时间。奥地利政府的后退是很勉强的，后退的道路也是曲折的。与其说这是由于弗兰茨·约瑟夫的前后矛盾和感情冲动的做法（他常常因此而受到责备），不如说是由于那些迫使他后退，并且最终他不得不与之"妥协"的力量——匈牙利民族主义和维也纳的财政界——正是他和他最亲近的顾问们对其最缺少同情的力量。这就说明了为什么这个受到多方攻击的"妥协"一经达成之后，能够继续存在了半个世纪之久（在中欧的任何解决方案能维持这样长的寿命是引人注目的）。因为它满足了最强大的较量者的要求。

帝国西半部的各族人民以喜悦的心情欢迎专制制度的建立。必须记住他们当中有相当一部分人以前是佃农，他们从解放中得到了很大的利益。不错，当他们当中的一些人发现国家现在要向他们征税时，的确感到吃惊和反感，而且在加利西亚和布科维纳还出现了一些暴动，但无论如何他们绝不要地主回来。产业工人在政治上不起作用；充分就业加上警察的严密监督使他们老实平静。革命时期在奥地利德意志人和捷克人中真正造成思想动乱的只是很小一部分知识分子。他们当中的德意志人总的来说都觉得失去统一德意志的损失完全得到了补偿，那就是他们现在有了美好前景，可以管理包括匈牙利人在内的帝国其他各民族的事务，从而完成"日耳曼人的使命"。这个前景不仅在思想上，而且在物质上也是令人满意的，因为官僚机构的巨大发展为奥地利德意志中产阶级的许多青年人提供了充分的就业机会。维也纳以前的一些政客和文人学士编了一些讽刺笑话，后来的历史学家却煞有介事地把它们加以编选作为"反抗"的例证，但真正的反抗是寥寥无几的。捷克人从新政权没有得到像德意志人所获得的那种满足民族自尊心的小小好处，但得到了与德意志人同样多的实际利益。每一个中产阶级的捷克人都能讲很好的德语，足可以成为"巴赫的轻骑兵"，其中捷克人占了大多数。捷克人当中少数坚定的民族主义者感到十分不满，但很孤立。1855年，他们当中最热心的民族主义者哈夫利切克从政府作为处罚强迫他们居住的布里克森（当时的恐怖主义手段就是如此）回到布拉格，这时他最痛苦的印象是，"过去和现在，反动都存在于我们自己当中，而且主要存在于我们自己当中"！[①]

在19世纪50年代初期，一般人的物质生活都非常好过，这就大大有利于局势的缓和。农民的解放对农业和一般经济生活都给予很大的刺激。农民们为他们自己劳动，而几十年来他们从没有那样卖力地为他们的主人劳动过。他们生产的东西比以前多得多，并且作为有购买力的消费者进入了经济领域。布鲁克尽一切力量发展自由贸易：与

[①] T. G. 马萨里克：《卡列尔·哈夫利切克》，第153页，转引自B. 布雷特霍尔茨《波希米亚和蒙赫伦人的历史》（赖兴贝格，1921—1925年），第4卷，第129页。

匈牙利和伦巴第—威尼斯进行贸易的各种障碍终于被消除，现在他争取与德意志进行最大限度的自由贸易。他把禁止进口的制度改变为以关税为基础的进口制度，并尽量压低关税。在他以后，1853年布奥尔根据"最惠国"条款与普鲁士签订了贸易协定，这给消费者和多种工业带来了很大的利益，而且由于扩大了贸易市场，他们的所得超过了由于降低贸易保护所造成的损失（参见第19章，原文第505页）。新的工业和商业行会工作很出色，大规模公共事业（如铁路等）提供了就业的机会和有利可图的合同；装备军队也起到了同样的作用，这项工作的做法浪费惊人。

以上这些因素之所以能够促进工业的繁荣（主要对维也纳和波希米亚有利），其主要原因是由于这时首次将工业的经营大部分建立在信贷基础之上，换言之，这是因为金融开始支配工业。在三月革命前，奥地利国家银行几乎只限于与国家进行业务交往。在私人银行家当中，路特希尔德家族独占鳌头；其余各家规模甚小，他们的经营也大都是私下交易。现在，整个银行体系突然扩大起来。总部设在巴黎的犹太人经营的动产信贷银行首先开始承办大笔的信贷业务。然后于1853年，一个奥地利集团创办了第一家重要的奥地利私营银行贴现公司。1855年，维也纳的路特希尔德家族建立了规模庞大的信贷公司，其目的就是要把动产信贷银行排挤出去。

这些机构的确有助于维持和发展奥地利的工业；不仅如此，它们还给投机商带来了暴利，因为随着这些机构的建立，特别是随着信贷公司的建立和开业，掀起了一股投机狂潮。这不仅使维也纳的利奥波德城的犹太人富裕起来，而且也使许许多多的小人物走了红运，他们在众多新成立的股票公司中的一家有幸买到了价格暴涨的股票。此外，许多大贵族也获得利益，从而明显地缓和了他们对新的自由主义的憎恨。信贷公司的创建人不仅包括路特希尔德和劳雷尔斯，而且还包括施瓦岑贝格、菲尔斯滕贝格、奥尔斯佩格、肖特克等奥地利第一流家族中的其他人物。

事情的另一方面却是国家开支的不断增加。复杂的行政管理，挥霍无度的军事开支，宏大铺张的公共工程以及给地主的补偿等消耗了大量的钱财。尽管奥地利的征税制度扩展到匈牙利，又实行了一种新的所得税，但是国家预算——虽然得到撒丁战争赔款这项意外收入——却始终达不到平衡。政府向国家银行借款，或卖掉王室的财产。特别是克里米亚战争期间（见第 18 章，原文第 478—480 页）的动员耗费极其惊人，在此之后，占当时全国铁路 2/3 的国家铁路，几乎以对国库极为不利的条件将其全部出卖给一个国际财团，而在这个财团中，动产信贷银行占有主导地位。

出售铁路后，国家又不得不通过发行债券的方法来弥补它的亏空。然而，只要国家不垮台，对购买无论是国家财产还是债券的人来说，情况都是极为有利可图的，更何况垮台的威胁还未到来。因此，政府的财政继续呈现出好景，而工业也在财政的好景中继续发展。

在匈牙利则是另一番景象。除意大利各省以外，只有在这里"反动"势力采取了严厉手段，因为这是必要的。然而也只有在这里证明在任何基本方面压力都不可能减轻。这里实行过大量的赦免并发布过一些恩惠法令，而且在除夕特许令颁布以后，整个政治制度在一年之内保持"临时"状态，以期可能达成某种政治妥协；但是老保守主义者在这方面所做的一切努力都未获成功。1853 年 1 月发布了一个"最后决定"，对过去的领土和政治措施作了肯定，一个自上而下的更有系统的统治时期开始了。

当然，即使在匈牙利，也有与奥地利合作的人，他们主要是当地的斯瓦本人，但是过去在各个方面掌握国家命运的中小贵族当中的大多数人，现在却表现得极为冷淡，袖手旁观。即使巴赫不愿意那样做，他也不得不依靠外国人来管理他的新政府。他已经估计到这个问题；但是如同在他以前和以后的人一样，他算计错误的地方在于他低估了这个国家传统的领导人对国家的控制力。数以千计的奥地利德意志人、捷克人和波兰人带着最开明的指示来到这里。他们不了解当地人民的思想感情，不熟悉他们的环境，不懂得他们的语言，所以他们一事无成。他们遭到当地人民的憎恨，他们并不比他们的受害者幸福。他们当中有一个人曾经生动而又诙谐地描述自己的经历。他到达他奉命管辖的村子的那一天，发现有一群人排着长队等着他。原来这些人是因犯有煽动叛乱罪而被判要关进监狱的。但是由于没有关押他们的监狱，所以他们每天要领一些钱以代替口粮，然后去当地的酒馆把钱花掉。警察沮丧地报告说，群众坚决支持过去的领导人。农民们仍然坚持说，是科苏特而不是巴赫解放了他们，而且他是违背"维也纳"的意志才这样做的。① 解放甚至填补了社会各阶层之间的鸿沟，使他们联合起来反对"维也纳"。就连犹太人也站在匈牙利政府一边，因为该政府在德布勒森通过的几乎是最后一项法案就是取消对犹太人的限制；而新政府又把这些限制重新强加给他们。

一部分斯洛伐克知识分子站在新政府一边，请求在联邦制的奥地利以内实现区域自治，但他们人数不多。匈牙利北部两个地区的划界分别使斯洛伐克人和罗塞尼亚人各占多数，这两个地区对政府的不满情绪比中部各地区只是稍弱一些罢了。

此外，为了达到与匈牙利抗衡的目的而新建的直辖地区，其情况也好不了多少。在特兰西瓦尼亚，罗马尼亚人虽然对摆脱了马扎尔人的枷锁感到高兴，但是他们发现德意志人并不比马扎尔人好多少。他们没有与当地的马扎尔人联合，但是也和他们一样反对政府。使克罗地亚人大为不满的是他们发现达尔马提亚，甚至连军事边界地区都没有划归他们，而且克罗地亚仅仅是一个直辖地区——在中央集权的统治之下，并且与匈牙利一样，由非本地人掌握行政管理——而不是一个三位一体的王国的中心。"最后决定"把克罗地亚划分为6个行政专区，每个区由维也纳指定一名领导人。一个委员会来到这里审查官员。那些被认为不符合标准的官员，如果是属于政治上的原因，就解除其职务；不然就送进学校学德语。"巴赫的轻骑兵"就像骚扰匈牙利那样，残酷无情地骚扰克罗地亚。耶拉契奇被任命为地方长官，但他一头埋进诗歌创作之中，老实说，他在诗歌创作方面的才能超过了他在政治或策略方面的才干。一位克罗地亚领导人对他的一位匈牙利朋友说的话是很有名的："对你们的惩罚，正是对我们的奖励。"

塞尔维亚的伏伊伏丁那从最初起便一片混乱。巴纳特地区的罗马尼亚人对把他们包括在这一地区一直表示不满。德意志人（且不说布涅瓦茨人②和当地的马扎尔人）坚决反对把他们置于塞尔维亚人之

---

① 在1935年，还有一些匈牙利的村庄投票支持反对党，因为在他们看来，政府仍然代表"维也纳"。

② 据信是在17世纪末从黑塞哥维那来的移民的后裔。他们的语言是塞尔维亚的方言，用拉丁字母拼写，但他们信奉罗马天主教。在政治上他们常常站在匈牙利人一边，而不站在塞尔维亚人一边。他们主要聚居在索博德卡及其周围地区。

下。塞尔维亚人报怨没有把边界地区包括进来；更糟糕的是，他们的忠诚成为很值得怀疑的问题，尤其是在克里米亚战争期间奥地利和俄国之间的关系变得冷淡以后。最后，伏伊伏丁那也被置于中央的控制之下，在较高一级主要通过德意志人进行管辖。

匈牙利的形势在两个方面显得特别严重。第一个是财政形势：毫无效率的官僚主义行政机构的开支极大，而另一方面，匈牙利人在不交税方面表现了独出心裁的机灵手法。政府每年要把巨额款项耗费在企图统治不服它管的匈牙利。第二个危险表现在外交—政治方面。全国大多数人仍然把科苏特当成他们的领袖；而科苏特聪明、善辩，他周游世界，向各地派出使节，到处煽风点火，激起对哈布斯堡王朝的敌视并密谋策划要把它推翻。这样，匈牙利的不满鼓舞了奥地利的敌人，因为可以预料，一旦爆发战争，匈牙利将起来反对政府。

这样的前景越来越近了。奥地利显示出来的权力在奥尔米茨战役中达到了顶峰。除夕特许令发布以后，施瓦岑贝格向德意志邦联发去一份照会，要求单一的奥地利，不管是德意志地区还是非德意志地区，都参加邦联。① 然而，正由于奥地利的胜利，才使其他国家团结起来反对它，造成一种普鲁士可以从中渔利的形势。德累斯顿会议最后不得不恢复旧邦联，回到1815年建立它时的那样，结果很异常，新的单一国家有一半在邦联之内，一半在其外。现在奥地利又回到它原来的地位，与普鲁士争夺德意志的领导权；而力量的对比一年一年对普鲁士有利。在克里米亚战争中，奥地利的政策笨拙而犹豫不决，使它丧失了与俄国沙皇的友谊，它却什么也没有得到（参见第18章）。另一方面。加富尔巧妙的外交大大提高了皮埃蒙特的威望，打破了意大利的现状。再者，路易·拿破仑现在已经能够独立行动了，他对民族主义原则公开表示支持。法国和皮埃蒙特结成反对奥地利的同盟，在过去，甚至在1858年7月20日的普隆比埃会晤之前，就已经投下了暗影（见原文第271页和463页）。

这些事件使那些不妥协的匈牙利人继续抱有希望，与此同时，另一个神经中枢的形势也发生了变化。1855年布鲁克重任财政大臣，他试图通过回到传统的做法（包括大幅度增加税收）来恢复秩序。

---

① （见原文第503页）这份照会的措辞在意大利各省的地位上模棱两可。

随后，1857年的股票市场暴跌。从英国和美国经过德意志传到维也纳。美丽的泡影破灭了。股票投机商变成了乞丐。工业贷款被收回。现在，不得不把新建的（而且是花钱最多的）南方铁路卖掉。蒂萨铁路也遭到同样厄运。信用机构本身受到重大损失。现有债券的持有者反对再发行债券，因为那样就会危及对已发行债券的保证。从此以后，财政界和商界普遍要求国家节省开支，他们攻击的矛头集中指向巴赫的官僚机构和军队。领导这些斗争的各界人士尤其反对政教协定及其全部内容，这是不无道理的。

在这个时候节约军费开支实在是最糟糕不过的了，因为现在已很清楚，法国和撒丁都准备在意大利打击奥地利，而且，普鲁士的态度也带有威胁性。弗兰茨·约瑟夫不愿意按照普鲁士的要价来买得它的支持。1859年4月，战争爆发了。由于奥地利发出了最后通牒，从法律意义上来说它是侵略者，但实际上它并不是；这场战争是路易·拿破仑和加富尔制造的（参见第21章，原文第571—572页）。弗兰茨·约瑟夫只不过是让冲突提前爆发，以期速战速决，从而避免一场耗费极大的持久战，或者保持一支大部队处于备战状态，而这样做的耗费也少不了多少。

战争的威胁使奥地利的困难达到了顶点。如前所述，困难来自两个不同的方面，又互相交织在一起，形成对政府的严重威胁。政府不得不把15万士兵留在匈牙利，这一方面是为了防止暴动，另一方面是为了征税，因为声名狼藉的巴赫轻骑兵根本征不到税。在维也纳，战争爆发的前4天，国家不得不停止兑付现金，并且采取剪去公债券息票的简单办法来征收紧急税。虽然以70%和5%的利息发行新的公债，可几乎没有什么人购买；于是国家命令银行、消费者和纳税人认购债券，并从国家银行预支了多达1.33亿古尔登的贷款。最后，帝国颁布法令，给直接税增加了特别高的附加税。

速战速决的设想没有能够实现，这一方面是由于奥军总司令吉乌莱和他的顾问们十分无能——对此弗兰茨·约瑟夫本人负有责任，因为他取消了国防大臣这一职务，亲自掌握军队和军务——另一方面是由于政治上的不忠：德意志和捷克的军队驻守匈牙利，而匈牙利的军队却被派到意大利去，不仅他们和意大利士兵大量逃跑，更为不祥的是连受信任的克罗地亚士兵也有很多人当了逃兵。撒丁在马让塔战役和索尔费里诺战役中获胜，主要原因是奥军士兵或逃跑，或投降。

索尔费里诺战役一结束，弗兰茨·约瑟夫就开始放弃专制主义。当皇帝向撒丁发出最后通牒时，布奥尔已经辞职，由雷希贝格接任外交大臣。7月，雷希贝格接管总理大臣职务。但是重要的变化是解除了巴赫的职务，由一位新的大臣戈武霍夫斯基伯爵接替。对于这个任命，每个人甚至连他自己都感到吃惊。戈武霍夫斯基伯爵是一个波兰贵族，原在加利西亚任总督。据说当皇帝把新的任命告诉他的时候，他惊喊道，"可是我是一个斯拉夫人呀"。对此，弗兰茨·约瑟夫回答说："斯拉夫人是我最忠诚的臣民。"事实上，当时斯拉夫人比起德意志人和马扎尔人来说，没有给他带来那么多的忧虑。

但是，第一个让步并不是对斯拉夫人作出的，戈武霍夫斯基也不是主张联邦制的贵族的真正代表，不久，这些贵族再次提出他们的主张。1859年8月23日的"拉克森堡宣言"制定了新政府的纲领，它一开始就保证包括民用和军用的一切政府开支都应该受到"有效的控制"。宣言同时保证：天主教以外的各种宗教应享有自主权和信仰自由，以及"犹太人的地位应该根据现代的方针予以确定，但须考虑到各地区的具体情况"。区域自治的措施要恢复，目前由官僚机构行使的"大部分"职责将移交给各自治机构；接着要在"各个直辖地区"建立"代表各等级的机构"。

宣言里没有提到"宪法"这个词。这并不意味着弗兰茨·约瑟夫已经变得相信立宪政体，相信民主了，这只意味着对某些利益集团不得不作一定的让步。即使如此，这些让步的实现也是很迟缓的。直到12月21日才指定成立了一个国家债务委员会。财政界和商业界对这一措施的反应表明他们认为这个委员会完全不足以胜任其职。

这时，结束意大利战争的条件出乎预料地对奥地利有利——它虽丧失了伦巴第，但保住了威尼斯和四要塞防御区——于是匈牙利问题成为最重要的政治问题。弗兰茨·约瑟夫又表现出他的本性，不愿意与那个国家的真正力量——坚持1848年的立场的小贵族进行谈判；但这时老保守主义者又一次以调停者的面目出现。甚至他们提出的要求也超出了政府的意愿，因为他们最基本的要求是恢复1848年以前的宪法，但是他们也愿意对宪法作出修改，使帝国政府掌握较大的权力，以此来抗衡科苏特的分裂主义和自由主义。1859年整个秋季，雷希贝格都忙于与老保守党领导人进行私下会谈，主要根据他们的建议，弗兰茨·约瑟夫才于1860年3月5日发布了所谓的"三月特许令"。帝国咨政院将加以扩大，同时，虽然与过去一样仍只是一个咨询机构，却被赋予半代议制性质，在它原有的21名成员之外再增加38名来自各州议会的成员。在组成后一部分成员时，皇帝将亲自任命新的成员。这个"加强的咨政院"定于5月31日召开会议；一部分成员来自维也纳资产阶级的上层，其余的来自各州，他们几乎都是大贵族或高级教士。

来自匈牙利的6名成员都是老保守主义者（说句公道话，政府也曾提出其他一些人，但被提名者拒绝了政府的邀请）。即使如此，他们还是表现出自己毕竟是匈牙利人，这是令人不安的。他们的领袖塞岑伯爵和埃米尔·德谢夫菲伯爵证明他们是在这些成员当中最老练和最有经验的政治家。实际上，他们控制了整个议事日程。他们把来自各州的贵族代表联合成为"联邦派贵族联合党"，使之在人数上超过了中央集权主义者及其同盟者，然后，他们把议事日程改变成类似立宪会议的议程。

最重要的是匈牙利人对待他们的波希米亚和加利西亚同僚的态度。由于他们认为自己的主要敌人是维也纳的中央集权制——不管是专制主义的、官僚主义的还是自由主义的——他们打算与任何反对中央集权制的力量联合。他们不仅支持波兰贵族为加利西亚争取特殊地位的要求，还支持了波希米亚领导人（他们的首脑是克拉姆－马蒂尼茨伯爵）大胆提出的承认波希米亚王室各州的权利的要求。这不仅仅是在会议期间使用的一种策略，因为匈牙利贵族的智囊艾厄特沃什在他的《奥地利权利和统一的保证》（1859年）一书中支持这项要求。

作为报答，波希米亚贵族以及波兰人也支持匈牙利人提出的恢复他们的宪法的要求。这意味着抛弃了斯洛伐克人；很明显，特兰西瓦尼亚的罗马尼亚人，尤其是伏伊伏丁那的塞尔维亚人注定将成为匈牙利的牺牲品。甚至克罗地亚人也没有得到多少重视。于是出现了一个政治力量的新联盟，或者说以更加肯定的形式回到老的联盟。捷克民族主义知识分子为了实现自己更大的要求，放弃了迄今为止他们与德意志自由主义保持的共同行动，而德意志人民被迫再次向匈牙利自由主义者寻求友谊。

在匈牙利人的领导下，联合起来的贵族在"加强的咨政院"以多数（克罗地亚人与多数派共同投了赞成票，但所有的德意志资产阶级代表和塞尔维亚、罗马尼亚以及罗塞尼亚人都投了反对票）通过了一份报告，建议帝国应该根据一个新体制进行重建，这个新体制应该考虑到"组成帝国的各部分在历史上和政治上的特点"，并应该"与原先就存在的历史上的机构结合起来"。匈牙利的区域自治和地方机构应该予以恢复；在其他州，如果不存在与匈牙利的机构类似的机构，则应建立起这样的机构。各州的议会都应该召开，并保证各州真正实现自治。这个报告在原则上承认帝国各州一律平等。

当这些辩论和协商还在进行的时候，就已经向匈牙利作了相当多的政治上真正有价值的让步。这个国家不再分成五个部分。陆军元帅贝内德克被任命为总督，他是匈牙利人。又发布了一次大赦令。德语在教育领域里的统治地位大大削弱了（在这方面，在加利西亚对波兰语也作出同样的让步）。可是这些措施丝毫没缓和社会舆论，尤其因为图恩于1859年9月发布"新教特许令"，规定了新教教会的地位，而教会认为这严重侵犯了他们的权利。

现在，弗兰茨·约瑟夫急于要解决问题。他必须于10月21日在华沙会见沙皇和普鲁士摄政王，而他是不愿意在他的统治地区竟有一半几乎公开反叛他的情况下举行这次会见的。据说塞岑在火车上和他谈话时曾向他保证，匈牙利将会接受根据"加强的咨政院"以多数通过的报告的方针制定的解决方案。于是根据这一精神，急急忙忙起草了一份文件，这就是所谓的"十月文告"，于1860年10月20日发表。实际上，十月文告是遵照以多数通过的报告中的建议制定的。皇帝将在"合法召集的各州议会和帝国咨政院的合作之下执行其立法权。各州议会将按皇帝规定的名额向咨政院派出代表"。"在早先的宪法规定属于匈牙利国王的各王国和州之内，以及在宪法规定的其他各王国和州内根据它们各自的法令"，咨政院将处理影响整个帝国的问题（这些问题均一一列举）；州议会将处理其他各种问题。匈牙利的地方自治机构将立即予以恢复，在其他地方要建立类似的机构。地方选举要立即举行。在非匈牙利各州的议会中，如果所讨论的问题属于长期以来一直把这些州作为一个单元来"处理和解决"的那种类型,则无须请匈牙利人参加会议。

在发表十月文告的同时,还发布了许多法令。弗兰茨·约瑟夫重申了在17世纪和18世纪时他的祖先对某些与匈牙利等级会议有关的法律所表示的赞同,其目的主要是为了在匈牙利恢复1848年以前的宪法原状。与此有关的是重新建立了匈牙利宫廷总理办公厅,并任命直到最近还因煽动叛乱罪而关在狱中的沃伊男爵为总理。总理是中央政府的成员之一,塞岑也进入中央政府任不管部大臣。1848年颁布的那些法律当中,有关解放农民的法律的有效性得到承认,但其他法律则未获承认。马扎尔语作为中央的官方语言以及在"内部事务"和高等教育中的地位得到恢复,但同时将为非马扎尔人提供充分的方便,允许他们在地方行政管理和初等教育中使用他们自己的语言。县、市一级的议会要立即进行选举,然后恢复地方政府旧的自治制度。匈牙利议会将在1860年召开,以便就改革匈牙利和帝国政府之间的关系进一步提出建议。

同样,特兰西瓦尼亚的宫廷总理办公厅也得到恢复。特兰西瓦尼亚议会以其原来的形式召开会议,以便在听取各地方民族、宗教团体和各阶层的代表们的意见之后,提出实现全体公民一律平等原则的建议。克罗地亚总督受权召集当地的议会开会,以便对新的内部宪法以及对克罗地亚与匈牙利之间的关系提出建议。将向伏伊伏丁那派去一个委员会,以便就当地各族人民对他们的未来抱有什么愿望提出报告。在内莱塔尼亚,政府将为各州精心制定各种法规,并向他们保证这些法规"将和他们的历史发展、他们目前的要求以及整个帝国的利益相适应"。

内政、司法和宗教信仰各部均被撤销。

十月文告几乎在各地都不受欢迎。就连捷克人也不满意,他们原以为可以得到更多的利益。实际上所有的德意志人都反对它:巴赫式的官僚们反对它,因为他们看到匈牙利正在摆脱他们的控制;民族主义者反对它,因为他们看到在新的联邦制度下苏台德的德意志人将要受占多数的捷克人的摆布;自由主义者反对它,因为他们看到联邦主义者和教士们成了奥地利的统治者;金融界反对它,因为十月文告没有真正满足他们的愿望。这后三部分人在"奥地利必须和匈牙利一样受到优待"的口号下形成了一个松散的共同阵线。这就是说,如

第二十章　奥地利帝国及其问题，1848—1867年

果匈牙利有一个中央的立宪议会，那么奥地利也必须有一个。显然，这个文告已经注定奥地利的德意志人将具有双重性。

检查制度的放松使抗议的呼声越来越高。当戈武霍夫斯基开始出版他的《国家宪法》时，人们更加畅言无忌。这是一份在各方面都极端保守的文件，它使拥有土地的贵族和高级教士居于统治地位。随后出现了新的财政困难：布鲁克自杀以后出任财政大臣的冯·普莱纳不得不建议发行没有保证金的纸币，数额达5000万古尔登之巨，他把希望寄托在税收上。但是最令人失望的是匈牙利。塞岑本人没有料想到在事先没有任何舆论准备的情况下政府就突然用强行命令的办法公布了有关的法令。无论如何，情况很快就表明权贵们完全错误地估计了他们本国的公众舆论。的确，匈牙利的公众舆论对哈布斯堡王室并不都是持反对态度。在感情上，科苏特的名字在这个国家仍然是最受欢迎的。然而在签订维拉弗兰卡停战协定以后，科苏特要联合欧洲反对奥地利的宏伟计划看来注定是要失败的；而他的多瑙河联邦计划在匈牙利也绝非普遍受到欢迎。这个国家的大多数人愿意与哈布斯堡王室达成协议，但是他们对可以接受的条件的看法与老保守主义者的看法大不一致。

匈牙利的舆论越来越与费伦茨·戴阿克的意见一致，他现在以这个国家的领袖的身份出现。他是一位寡言、谦逊的乡村绅士，1848年以前是匈牙利社会改革和政治改革运动的领导人。他参加了1848年的政府，任司法大臣，但没有随同政府于1849年1月迁往德布勒森。因此，他没有参与废黜哈布斯堡王室的活动，而且他也不赞成这样做。另一方面，他坚持认为"四月法令"是完全合法的，同时认为从发布三月宪法以来帝国政府所采取的一切措施在法律上是完全无效的。甚至帝国政府所做的最慷慨的让步，如果事先未经与匈牙利合法议会的协商就单方面公布，那也是不能接受的。在19世纪50年代，作为过渡性策略，他主张消极反抗；全国民众越来越相信这种观点，因为这样既可以避免流血，又可以把钱留在自己的腰包里（这些反抗主要是针对税收官的）。消极反抗显示出了实际的效果，逼得帝国政府步步退却。在戴阿克的领导下，匈牙利毫不犹豫地拒绝了十月文告，因此，文告规定的那些让步所产生的第一批结果使政府感到十分沮丧；因为各县纷纷庆祝恢复他们的议会，把科苏特、加富尔和

路易·拿破仑这样一些人选入这些机构。由于这些示威的影响，由于维也纳的纳税人和金融界人士不满的呼声越来越高，弗兰茨·约瑟夫在12月14日罢免了戈武霍夫斯基，由安东·冯·施默林接任。

好些年以来，维也纳的自由主义者、公务人员和苏台德的德意志人都把希望寄托在施默林这个人身上。他既代表德意志民族主义，又代表中央集权制和立宪政体，因此在封建主义者和斯拉夫人当中不受欢迎。非常奇怪的是，支持并且竟然提议由他作为候选人的却是匈牙利的老保守主义者，他们相信他将有效地贯彻执行十月间对匈牙利作出的让步。匈牙利的1848年党人也欢迎施默林，他们认为他将为二元体制——一个中央集权的立宪的奥地利和一个中央集权的立宪的匈牙利形成均势——铺平道路。他们当中的大多数人仍然认为（如同他们在1848年所认为的那样）这是最能确保他们自己的地位的最终解决办法。

事实上，施默林任职以后才几天，伏伊伏丁那就重新并入了匈牙利，不久，穆拉科兹地区也还给了它。弗兰茨·约瑟夫对匈牙利的真实情况并不是不知道，他召见了艾厄特沃什和戴阿克两人进行私下会晤，这次会晤给双方都留下了好的印象。但是，施默林事实上根本不是一个亲匈牙利的人。他和巴赫一样是一个中央集权主义者，但这时他还没有得出一个符合逻辑的结论（他后来不得不得出这样的结论），那就是，如果说能够实现中央集权制的话，那也只有通过武力才能实现。2月26日公布了体现着他的思想的"二月特许令"。它名义上是十月文告的发展，实际上却企图从根本上修改前一文件的精神。帝国咨政院仍然存在；由"各州"（特兰西瓦尼亚和克罗地亚是分开列入的）的议会按固定名额派出的343名代表组成。对咨政院和各州（从匈牙利到布科维纳，各州都具有平等地位）的权限都作出明确规定，前者的权限非常大。精心划定的选区使奥地利各州的选举团大大有利于德意志人而在波希米亚和摩拉维亚，土地所有者的一个小集团居于举足轻重的地位。在讨论只与奥地利的利益有关的问题时，将单独召开没有匈牙利各州和威尼斯的代表们参加的"较小范围的咨政院"会议，同时还设立了一个上议院。

与发表二月特许令的同时，各州议会在4月6日召开会议，以便派代表参加帝国咨政院会议。

几乎和十月文告一样，二月特许令也不受欢迎。这些反对当然是来自不同的各个方面。斯拉夫民族主义者、封建贵族和德意志的教士们表示强烈的反对；在布拉格和其他一些中心的议会里还出现了骚乱现象。最后，当来自内莱塔尼亚的203名帝国咨政院代表作好准备开会的时候，几乎全部由德意志资产阶级和罗塞尼亚人组成的三个集团的130名代表预备支持这一特许令，尽管其中有些人持有相当多的保留意见。德意志教士、波兰人、捷克人和斯洛文尼亚人共70名代表组成了反对派。与此同时，威尼斯人根本抵制了这次选举，匈牙利也有一大批人赞成采取同样做法。但是，戴阿克却建议匈牙利议会召开会议。这次选举实际上彻底清除了老保守主义者。当选代表中这时没有一个人愿意接受特许令。两院在不加可否地听取了皇帝的讲话后分成了两派，这两派对他们应该提出的要求的实质取得了完全一致的意见——要求承认1848年的法令，他们也准备同意对这些法令作某些修改。他们的分歧只在于以什么形式来表达他们的要求：是以答复皇帝的讲话的形式，还是以决议案的形式。前一种形式将意味着承认以君主的名义发表的讲话是合法的，而这位君主却还没有加冕为匈牙利国王。同时，可以预料，后一种形式也会引起弗兰茨·约瑟夫的注意。戴阿克这一次和自己的严格的原则作了妥协，他建议采取后一种形式，这个建议以微弱的多数获得通过。但是，这份"答复"中所列举的要求非常坚决，以至施默林直截了当地回复一个最后通牒，要求匈牙利议会立即派出代表参加帝国咨政院。当这个要求遭到拒绝后，他解散了匈牙利议会，重新建立起前10年的专制政权。

重新出现了僵局，施默林相信时间对他有利，但是他错了。匈牙利议会作出的几项决定之一就是要设置一个委员会，以便制定一部公正的、令人满意的民族法。尽管这个委员会的大多数人坚决反对塞尔维亚和斯洛伐克少数民族领导人所提出的在领土方面或在个人和民族方面有损于国家统一的要求，但是，他们根据艾厄特沃什的动议，同意宣布各民族一律平等的原则，除了根据实际需要使用各种不同语言，而且只限于在行政管理所必需时使用之外，任何背离这一原则的行为都是不允许的。这方案实际上满足了"各民族"中的许多人。议会还批准犹太人享有平等的权利，并废除了封建佃农仍在负担的那些义务。

戴阿克也与克罗地亚人进行交涉,他不作任何规定,要他们放手提出他们要恢复与匈牙利的旧有关系需要哪些条件。他还进一步承认他们对有争议的斯拉夫各国的要求。克罗地亚人对特许令也很不满意,由于政府迟迟不把达尔马提亚并入克罗地亚,他们更加感到愤慨。7月,他们的议会以120票对3票通过了一项决议:如果他们的独立得到承认,他们就与匈牙利在宪法上建立更加密切的关系。几天以后,他们决议不派代表参加帝国咨政院会议。11月,克罗地亚的议会也被解散。只有在特兰西瓦尼亚,事情的发展对政府多少有利。不久,萨克森人和罗马尼亚人出席了帝国咨政院;但匈牙利人却仍然很仇视它。

与此同时,在维也纳的捷克人和波兰人的反抗变得越来越激烈。波兰人只顾他们自己的要求,希望给不分割的加利西亚一个特殊的地位。捷克人不仅再次提出他们对波希米亚王室各州所有权的要求,而且认为在匈牙利人缺席的情况下,整个帝国咨政院都是不符合宪法的。这样,施默林的统治既遭到斯拉夫人又遭到匈牙利人的反对,他的政权越来越像巴赫的政权,政治上实行镇压,财政上收支两方都出现短缺:行政费用开支巨大,财源不断减少,因为匈牙利人又采取了消极抵抗和不纳税的办法。这时,纳税者和银行方面又变得越来越难以控制,他们表现自己的不满的方法对弗兰茨·约瑟夫来说尤其麻烦甚至危险:国家岁出的40%以上现在用于国债,而且还需要大量款项来偿还从国家银行借来的贷款。金融界宣布这是神圣不可侵犯的,他们对政府的抨击往往比反对派的抨击还要猛烈,在这些抨击中他们不仅要求减少行政费,也要求减少军费。

在政府的各种反对派当中,弗兰茨·约瑟夫决定首先要与其接触的是匈牙利人。戴阿克的立场毕竟不是反哈布斯堡王室的,也不是不合理的。他所采取的立场是严格根据帝国政府和匈牙利之间达成协议的某些基本文件:即对1687年的王位继承法加以修改和补充的1722年的国事诏书,而这个国事诏书又根据利奥波德二世于1791年继位时所作的保证加以修改和补充。依照这些文件,皇帝必须征得匈牙利议会的同意,根据匈牙利自己的法律和习惯治理匈牙利而不是按照奥地利的法律去统治匈牙利——而且奥地利当局也不能干涉匈牙利内部的问题。但是,根据这些文件,匈牙利承认了哈布斯堡王室继承匈牙利王位的合法权利（只要他们接受加冕仪式、履行加冕宣誓并在文件上签字），承认了匈牙利已与哈布斯堡王室的其他领地不可分割地结合在一起，甚至承认了匈牙利与其他领地在某些方面（外交政策、国防以及由此引起的财政负担）存在着共同的利益。同时，由于他也接受了科苏特所强烈主张的观点：只要奥地利政府保持独裁统治，像根据1848年的法律在匈牙利建立起来的立宪政体就不可能指望幸存下来，因此他必然同意与奥地利的合法代表就这些问题进行某种形式的协商。

这就为达成协议提供了基础，而在1864年，已迫切需要达成这样的协议，因为国际形势又变得危机四伏，奥地利同时受到法国、撒丁和普鲁士的威胁。弗兰茨·约瑟夫不愿意用收买其中一国的办法来分化他的敌对国；于是，宁肯与普鲁士妥协的雷希贝格于10月27日被解除了职务，由门斯多夫－普利接替。他和这时真正负责外交政策的枢密顾问官比格莱本都主张前进政策。12月，弗兰茨·约瑟夫通过中间人开始与戴阿克进行秘密会谈。戴阿克坚持不能放弃对特兰西瓦尼亚的合并，也不能使克罗地亚脱离神圣的国王。弗兰茨·约瑟夫必须加冕成为匈牙利国王并承担相应的义务。但是戴阿克说明了在共同的体制方面他准备做到什么程度，并保证克罗地亚将享有充分的自治，同时，将根据1861年草案的精神对待各民族。根据事先作出的安排，他于1865年春在报纸上发表了一系列文章，阐明有可能达成协议的这些基础。于是弗兰茨·约瑟夫突然来到佩斯，他在那里公开许诺"要尽一切可能满足我的匈牙利王国的各族人民"。7月27日，较小范围的帝国咨政院会议闭幕以后，施默林及其内阁的几乎全体成员，除了匈牙利首相门斯多夫、马伊拉特和不管部大臣莫里斯·埃斯特哈齐伯爵以外，都被解除了职务。9月20日，发布了一项声明，暂停执行十月文告和二月特许令。这些文件将提交匈牙利和克罗地亚的议会讨论。如果协商的结果尚能令人满意，则将提交给以后专门为此而召开的内莱塔尼亚各州的合法代表会议。在此之前，政府将行使紧急权力以采取必要的措施。

这样，在弗兰茨·约瑟夫看来，与匈牙利的谈判是沿着笔直的道路进行的。但是事情并非如此，这是因为他任命了贝尔克雷迪伯爵去接替施默林（但接任者的权限只限于内莱塔尼亚）；贝尔克雷迪出身于拥有土地的波希米亚贵族,思想封建,拥护联邦制,而且亲斯拉夫人。这一任命是根据埃斯特哈齐的建议提出来的。埃斯特哈齐本人是一个老保守主义者,他的思想仍停留在1861年时各种力量结合的情况,并根据奥地利德意志人曾乐于支持施默林重新扩大了的中央集权制,得出了一个自然的结论。同时,他显然和他的阶级同僚一样相信,如果一个中央的帝国咨政院的权力不是太大的话,匈牙利将会接受它。但是结果却很不相同。西部的斯拉夫人兴高采烈,重新提出使奥地利成为联邦的计划。与此相对,德意志人感到愤恨,事态的发展这时使奥地利德意志人自治论者上升到有影响的地位,他们是由凯泽费尔德领导的一个小集团,其力量主要在施蒂里亚。这个集团一直鼓吹原来的主张,即奥地利德意志人应该与匈牙利人和波兰人达成协议,从而腾出手来对付捷克人和斯洛文尼亚人。自1862年以来,他们与匈牙利自由主义者一直有一项工作协议,这项协议现在得到加强。匈牙利议会于12月召开会议时,老保守主义者的估计又一次被证明是错误的。弗兰茨·约瑟夫说,他再也不对1848年的法律的合法性提出异议(为表明这一点,他颁布再次合并特兰西瓦尼亚),但是他希望根据后来的法令对它们加以修改。匈牙利人有礼貌但坚决地拒绝承认十月文告和二月特许令,也拒绝加入任何中央的帝国咨政院;但是他们愿意考虑,当皇帝希望就国事诏书中所承认的对匈牙利和帝国其他领地具有共同利益的问题进行讨论时,他们自己的议会代表和哈布斯堡王室其他领地的议会代表将同时召开会议。他们还将成立一个议会委员会来讨论其形式问题。

同时,奥地利的各州议会举行了会议,会上争吵不休。在匈牙利问题得到解决之前,事情处于僵持状态。正当此时,普奥战争爆发了,几个星期以后,这场战争就以奥地利的惨败而告终(见第12、19章,原文第325、519页)。

在匈牙利又有人提出这样的看法:奥地利的困难为匈牙利提供了可乘之机;但这并不是戴阿克的观点,也不是久拉·安德拉希伯爵的观点,他现在上升到在谈判中属于仅次于戴阿克的地位。他与戴阿克、艾厄特沃什,甚至与塞岑相比,思想远为浅薄,但他一身兼有非凡的个人魅力、富有说服力的口才和使他具有出入宫廷的资格的门第这些优点。安德拉希来自匈牙利北部的斯洛伐克人地区,因此他对斯拉夫人的危险比戴阿克更为敏感,当地斯洛伐克人和罗塞尼亚人发起的某些运动,正好与帕拉茨基轻率的言论相巧合,这使他更加深信要确保匈牙利的安全就必须与奥地利联合,而且必须是一个不受斯拉夫人控制的奥地利。

1866年,他在呈递给弗兰茨·约瑟夫的一份备忘录中提出这样的看法:"人为地重建波希米亚王国并把斯拉夫各省团结在它的周围,这只会是在奥地利内部开始的一件工作,而这件工作必然将在奥地利的外部结束。"据说他在私下见时用下列几句话概括了二元体制:"你们照管你们的斯拉夫人,我们照管我们的斯拉夫人。"自治论者的计划在奥地利提供了得以建立这种结构的基础。同时,俾斯麦抱有相似的信念,认为有鉴于俄国的危险,维护奥地利是欧洲的需要——这一信念使他在克尼格雷茨战役之后规定了如此慷慨的媾和条件——使这个奥地利内部的计划有可能与国际计划相适应。

正是安德拉希于1866年劝说弗兰茨·约瑟夫放弃在奥地利实行联邦制。这时实行二元制的主要障碍是贝尔克雷迪的政府,其大多数成员像他本人一样,拥护联邦制度并且亲斯拉夫。这个障碍在萨克森人博伊斯特进入政府之后得到克服,博伊斯特也赞成二元制——不是为了最终与普鲁士达成妥协,而是为了相反的理由。那就是他希望通过对奥地利德意志自由主义者表示支持,来重新获得较小的德意志各邦对奥地利的同情,从而为在德意志再次开展争霸斗争作好准备。但是所产生的直接效果是相同的。博伊斯特与匈牙利自由主义者以及他们的奥地利德意志同情者都建立了联系。1867年2月17日组成了以安德拉希为首的匈牙利内阁。奥地利的各州议会已于1月2日解散,同时,宣布举行新的选举,选举之后将在一次帝国咨政院特别会议上讨论解决匈牙利问题的方案。

这些选举是按照施默林的选举法进行的,但其结果却预示在帝国咨政院中联邦主义者将略占多数。博伊斯特认为这将会破坏与匈牙利达成的解决方案,安德拉希也从佩斯赶来支持他的意见,并坚决主张奥地利的代表们无权对匈牙利和它的君主之间的关系表示赞成或者反对。弗兰茨·约瑟夫做了让步,于2月4日公布一份新特许令,从而取消了1月2日的特许令,并将咨政院特别会议改为一般性会议。这时贝尔克雷迪辞了职,由博伊斯特接替。他通过收买波兰人的办法,保证了在咨政院中中央集权主义者占有多数。波兰人最初要求加利西亚完全自治,后来终于接受了加利西亚在州长的统治之下享有特殊地位的解决办法。这实际上满足了他们的实质性要求。现在,捷克人处于少数地位,他们的领导人以"去莫斯科朝圣"的办法来发泄他们的愤怒,在莫斯科他们称赞俄国为"斯拉夫人的太阳"。不用说,这一举动加强了奥地利的德意志中央集权主义。

现在比较容易地与匈牙利达成了最终协议。简单地说,匈牙利,连同四月法令和其他一切制度恢复为君主立宪政体,根据它自己的法律进行治理,不受奥地利对它的内政的任何控制。但是,双方都认为外交和国防以及进行这两项活动所必需的经费是对匈牙利和帝国的其他领地具有共同利益的事务,于是成立了一个机构以便通过议会代表团来讨论这些问题,这个机构组织得非常巧妙,以至谁也说不出它是方的还是圆的。双方对公共开支各提出一个定额,这个定额每10年重新拟定一次。他们还订立了关税同盟,也是每10年重订一次。6月8日,弗兰茨·约瑟夫加冕为匈牙利国王。第二年,他与克罗地亚的谈判取得了成功。克罗地亚获得了自治权,它历史上的权利得到充分的保证。一项民族法重新肯定了1861年的方案并确定了其实际施行方法。

没有捷克人参加的帝国咨政院充分"注意到"这一妥协方案,于是着手修改奥地利宪法,使它既更加中央集权化,又更加自由化;在克雷姆西尔规定的许多原则,包括关于民族和语言问题的著名声明,又重新出现了。加利西亚的地位根据已取得同意的方案进行了调整。

漫长的斗争终于结束了。1870年,当弗兰茨·约瑟夫打算报复普鲁士的时候,又重新提出朝联邦制和亲斯拉夫的方向修改宪法的计划。在这种情况下,还是安德拉希出来说服弗兰茨·约瑟夫放弃这一计划,所以奥—匈实际上仍然是这样一个国家:西面是德意志人占优势,而东面则是具有马扎尔人感情的匈牙利人占优势,其必然结果是它在外交政策方面肯定倒向德意志。的确,由于奥地利的平衡非常微妙,在莱塔河以西的德意志人常常成为少数派,但是在帝国存在期间,斯拉夫人再也没有力量推翻在1867年为帝国定下的那些基本原则。

(万正忠 译)

第二十一章
意 大 利

　　1830年，几乎没有人认为会有一个意大利国家存在。在这个半岛上，当时有8个国家。每一个国家都有自己独特的法律和传统。谁都不愿意，而且也没有能力重新进行拿破仑为实现统一所做的部分试验。1814年至1815年的和解方案只是恢复了地区性的分裂局面，更不利的是，奥地利对法国的决定性胜利暂时阻止了意大利人在它以前的压迫者中间进行挑拨离间的活动。现在，奥地利拥有威尼斯和伦巴第，间接地控制了中部的公爵领地托斯坎纳、卢卡、摩德纳和帕尔马。而且奥地利的军队即将对1821年那不勒斯和皮埃蒙特发生的起义进行镇压。富有爱国热情的意大利人如福斯科洛和罗塞蒂被迫流放。意大利最大的国家——两西西里的波旁王朝及其800万居民似乎偏远而对此漠不关心。西西里和那不勒斯曾经是西班牙的组成部分，与意大利其余地区一直是格格不入的。每个地区的普通人民，甚至连知识界名流，讲的话都是他们互相不能理解的方言，而且缺乏最起码的民族意识。他们希望有一个好的政府，而不要自治。他们欢迎拿破仑和法国人，认为他们比他们自己的王朝更公道、更有效。

　　1830年以后的40年间，这个半岛要在一个单独的政府下面统一起来。意大利的这次复兴运动并不是遵照任何预先制订的计划，而是由于许多思想的、政治的和经济的力量直接或间接地促成的。在原来的统治阶级内部，特别是在法国统治时期当过军官和民政官吏的人当中已经有了一种要求改革经济、改革政府机构的强大的运动。秘密团体已经出现，其中有烧炭党。该党的成员用血签名，发誓要造反。各地的农民都在等待时机，要通过起义来改变自己的命运。许多商人都希望在全国范围内开辟更大的市场，都希望取消内部的贸易关卡

（单在波河沿岸这种关卡就有22处）。在他们看来，在这个运输铁路化的时代，迫切要求使交通连接起来形成系统。必须把不同的度量衡和币制统一起来，并使之标准化，因为它们非常耽误时间，造成许多差错，并引起严重的欺诈行为。进步的土地拥有者、商人和制造商对于建立意大利的关税同盟和采用公制的想法都很赞赏。所有这许多关于进行改革的鼓励都有助于随着意大利的形成而进行的许多革命，其中包括行政管理、政治、社会和经济等方面的革命。更加深刻的运动是一场文化运动。在这场运动中，由曼佐尼在不久前加以提炼的共同书面语言得到了传播。文化运动还培养了意大利人民的一种习惯，即在历史和小说中缅怀意大利过去的伟大历史，回忆伦巴第联盟和归尔甫党人反抗德意志侵略者的斗争。这样，少数受过教育的人就很容易集中人们眼前的不满来支持他们首先为了个人的自由，其次为了摆脱外国人而独立，最后为了国家的统一而展开的斗争。

这种斗争的外部环境是法国和奥地利之间的冲突。错综复杂的外交形势需要果敢的政治手腕才能予以利用，并需要建立一支为准备兼并邻国，建成一个更大的意大利王国而使用的国家武装力量。其核心就是撒丁和皮埃蒙特，这个国家的人口只占意大利人口的1/5。其中大部分人讲法语，而其文化主要是法国文化。1831—1849年国王查理·阿尔伯特在都灵统治。起初他与自己的命运开玩笑，把皮埃蒙特与反革命派联合起来反对自由派，并与奥地利结成亲密的联盟以反对法国。然而，环境终于迫使他与统治意大利的国家奥地利发生争吵。1814年皮埃蒙特没有如它所希望的那样，从法国和瑞士获得领土，却几乎是偶然地获得了意大利沿海的利古里亚省。此后，通过热那亚和萨沃纳的南面出口，终于使它成为一个航海的、工业的而且主要是意大利的国家。利古里亚与撒丁、皮埃蒙特和萨伏依实行统一，也是打破妨碍意大利实现统一的主要障碍——地区独立主义——的一个重大步骤。热那亚的商人激进派对于屈从都灵的统治提出了愤怒的抗议。不久，这种自由主义和民族主义的思想就将把首都人数有限的宫廷贵族淹没。

1830年的法国革命引起了1831年发生在整个意大利的一系列小规模的起义。如果说这些起义都失败了，那是因为他们的目的太不协调，他们的利益很不一致。一个极端是，野心勃勃的摩德纳公爵弗兰西斯四世试图利用革命来扩大自己的领土；另一极端是，丝绸商门诺蒂却梦想以罗马为中心实现民族的统一。唯一有实际意义的结果是在意大利中部，有几个政府发生了短暂的更迭。2月，弗兰西斯从摩德纳，玛丽·路易丝从帕尔马，教皇代理使节从波洛尼亚先后出逃。其他很多城市都挂起了三色旗，组成了临时政府。但是它们没有组成一个共同阵线，本能的地方自治的思想还很牢固。皮亚琴察仍然保持忠诚，不与帕尔马为敌。勒佐怀疑摩德纳，热那亚怀疑都灵，西西里怀疑那不勒斯。摩德纳的新独裁者阻止革命扩展到马萨和卡拉拉，渴望奉行和平政策来求得奥地利的支持。为了同样的原因，波洛尼亚争辩说"摩德纳的事与我们无关"。1831年3月，奥地利人跨过了波河，以恢复原先的三个政府。但是当祖基从摩德纳撤退的时候，他和他的700名叛军被波洛尼亚的临时政府当作"外国人"而解除了武装。与此同时，来自安科纳、佩鲁贾、拉文纳和费拉拉的代表们在波洛尼亚开会，组成了"意大利联合省"。然而，到了3月底，最后一支叛军在安科纳投降。他们的投降，虽然为教皇特使所接受，但是后来又被教皇格列高利十六世废除，理由是这一赦免是在被威逼的情况下同意的。

1831年的革命证明这些"合法的"政府没有获得人民群众坚定的拥护。它们之所以能够维持下去，完全是由于奥地利的支持。这一次革命还表明一些具有初步的政治纲领的自由主义者依然存在。除非对他们作出让步，否则他们可能造成不断蔓延的动乱。但是，反革命暂时获得了决定性的胜利。意大利作为一个国家的观念又一次变得渺茫了。门诺蒂被他原先的合作者弗兰西斯四世处决了。许多未来的国家领袖们都从摩德纳和皮埃蒙特逃亡出去了。

旧制度又维持了15年左右。弗兰西斯和格列高利都一直统治到1846年。卢卡的玛丽·路易斯和查理·卢多维克的统治延续到1847年。托斯卡纳的利奥波德和那不勒斯的斐迪南的统治延续到1859年。卡诺萨在那不勒斯实行的残酷统治和红衣主教贝尔内蒂在教皇国实行的残酷统治甚至遭到了梅特涅的批评。梅特涅主张实行温和政策并按法律办事，以防止再爆发革命。相比之下，奥地利管辖的伦巴第和威尼斯政府是比较开明的。托斯卡纳也由一个比较开明的专制君主所统治。来自意大利其他国家的流亡者在佛罗伦萨感到不受拘束。在这里，普及教育和垦荒等工作都获得了发展。而法律体制在某些方面也比拿破仑法典更为宽容。另一方面，罗马的政府即使不说它一贯地毫不宽容，也总是十分无能、腐败、独断专横、行动迟滞。行政收支账目从不公布，因而无法以此作为对行政部门的一种控制手段。教会和政府方面的检查制度以及警察和宗教法庭都对不同意见进行压制。在罗马乡村，一支反革命的非正规军"百人队"却可以任意践踏法律而不受惩罚。只有在1832年以后法国军队到达了安科纳——那是为了挡住在波洛尼亚的奥地利军队——才重新建立了那种均势。过去几年中由于没有这种均势，革命受到了束缚。意大利的未来就取决于敌对的法奥之间的这种微妙的局面。

在皮埃蒙特，国王查理·阿尔贝特放弃了他在青年时代与自由派之间的友谊。相反，他采取了夸大正统主义的行动以便给保守派一个好印象。而且在他继承王位的时候居然拒绝按惯例赦免1820年至1821年的自由主义运动中他的合谋者。马志尼敦促他"做意大利自由的拿破仑"，却毫无效果。对于一个新时期的预言家马志尼来说，奋斗的目标就是要实现民族的统一和独立，而不是烧炭党和联邦派所需要的部分自由。马志尼埋怨1831年意大利反抗奥地利没有取得成功。他的结论是纪律和自觉的民族主义是迫切需要的。因此，1831年他在马赛和其他40名流亡者一起组成了他的新组织，名叫"青年意大利"。他不仅企图使它成为一个地区性的，而且要使它成为一个全国性的组织，一支团结的、积极行动的力量（见第9章，原文第224页）。这个组织经受的第一次考验是1833年在皮埃蒙特发生的"军士"密谋。士兵们在争吵中偶然泄露了他的计划。和曾经宽恕祖基将军的奥地利人相比，查理·阿尔贝特作出的反应过分严酷。有12人被处死，马志尼被缺席判处死刑。1834年，加里波第也被判处死刑（他到突尼斯去为突尼斯贝伊服务）。被流放的人中还有焦贝蒂神父。

有些历史学家认为，查理·阿尔贝特仍然是复兴运动的主要障碍之一。[①] 他在1833—1834年对激进分子的镇压当然适合于他在1831年与奥地利建立的同盟，同时也适合于他拉拢当时并不乐意的梅特涅

---

① 参见 L. 萨尔瓦托雷里《复兴运动的思想与活动》（都灵，1944年），第100—101页，L. 布尔费雷蒂《复兴运动史中的几个问题》（米兰，1951年），第130页以下，这两者之间的争论。

参加反对奥尔良派当权的法国的战争。他对法国仍然有领土要求。①他积极支持正统王权拥护者贝里女公爵反对路易·菲利普。他还用武器和金钱支持西班牙要求得到正统王权的唐·卡洛斯和葡萄牙要求获得正统王权的唐·米格尔。这样，他就无端引起了英国的怨恨。他的妻子是哈布斯堡王室成员。1842年他让他的儿子维克托·埃马努埃尔和另一位哈布斯堡王室成员结了婚。他和奥地利保持一致的关系，以至在他儿子结婚的时候，奥地利将军拉德茨基居然把皮埃蒙特的军队称为"帝国军队的前卫"。

但是最后查理·阿尔贝特改变了立场。他没有能够从法国那里得到土地。他想兼并瑞士一个州的希望在1847年随着分离主义者联盟的失败也破灭了。于是他把注意力转向肥沃的伦巴第平原，长期以来这是野心勃勃的皮埃蒙特王朝的一个遥远的目标。奥地利对意大利中部的干预打破了意大利反对阿尔贝特的力量的平衡。而且奥地利的独立的铁路系统正把欧洲中部的贸易从热那亚转移到的里雅斯特。到了1840年，甚至连阿尔贝特的极端保守的外交部部长索拉罗·德拉·马盖里塔也怀疑匈牙利和波希米亚的革命是否有可能使奥地利帝国瓦解，从而使皮埃蒙特能够在伦巴第放手行动。只是由于国王自己的性格才使他没有企图加快完成这件事情。正如法国大使1846年写道，他"喜欢听关于意大利前途的梦想，这些梦想预示他在历史上将发挥重大的作用。但是到了行动的时刻，一切都消失了"。②

在对内政策方面，尽管查理·阿尔贝特在政治上实行专制，但他也纠正了一些缺陷。这些缺陷曾使得他的王国成为欧洲最落后的国家之一。几种不同的货币仍然在他王国的各个省里流通，而且国内的关卡妨碍了交通的自由。1815年至1830年，税收增加了4倍。这对国家的岁入和贸易都极为不利。因此，1835年后取消了许多限制性关税，开始修建铁路、灌溉渠道并在热那亚修建新的港口设施。在撒丁，人们试图打碎封建主义的枷锁，但态度并不认真。1838年至1840年间的法典改革使拿破仑体系得到了部分的恢复，这个体系是查理·阿尔贝特的前任者未经周密考虑于1814年废除的。随后，在

---

① P. 席尔瓦：《意大利历史上的重要人物与时期》（米兰，1939年），第148页。
② G. F. H. 伯克利：《意大利的形成，1815—1846年》（剑桥，1932年），第256页。

19世纪40年代初期批准成立了农业协会。通过它的2000名会员产生了深刻的自由化的影响。与伦巴第和托斯坎纳的其他类似的组织一样，它对家畜新品种进行试验，引进机器，防治农作物病虫害并改进酒的质量和运输能力，通过这些措施，它帮助推动了一场农业革命。

　　这种改革精神是时代的标志，而不仅是皮埃蒙特的特点。意大利的第一艘汽船、第一座铁桥和第一条铁路都是在那不勒斯问世的。早在1833年，斐迪南二世就已经谈到要在意大利各个国家建立一个同盟。政治上实行宽容政策的主要范例，也许要数帕尔马，实行最自由的关税和法律的地方是托斯坎纳，而行政效率最高的政府则要推伦巴第。只有在佛罗伦萨，非天主教徒能上大学，只有在帕尔马，犹太人能在政府行政机构中找到工作（在皮埃蒙特，犹太人只能居住在犹太人区，而且不允许拥有土地）。① 毫无疑问，奥地利统治的伦巴第表现出最繁荣的景象，而且在工业化方面也最为先进。伦巴第以拥有当时欧洲大陆上最良好的交通系统而自豪，米兰与威尼斯之间的铁路所以不通，不是因为奥地利反对开化，而是由于贝加莫和特雷维利奥这两个城市的嫉妒。在教育的发展方面，奥地利统治者远比其他意大利统治者走在前面。他们所征的税虽然很重，但比起他们以前和以后的统治者来说还是少的。他们的出版法准许出版的报纸数目等于在皮埃蒙特和托斯坎纳出版的报纸数目的两倍多。卡塔内奥的《综合工艺》直言不讳地鼓吹革命的自由主义的改革。《统计记事》在意大利各地都有它的著名记者，而他们的文章在自己的国土上却不能发表。

　　很明显，至少到1840年，伦巴第人民一直保持着他们的满足和忠诚。他们根本没有感到意大利必须统一，所以米兰商会主张加入德意志关税同盟，以便使意大利能够变得更加繁荣。1841年梅特涅准备让奥地利和意大利各国建立密切的经济联盟，以此来抵消意大利的民族主义。他们的计划很可能取得成功。因为即使在激进分子中也有一些人（比如卡塔内奥）认为从奥地利得到的利益要比从皮埃蒙特得到的利益更多。梅特涅失败的地方就在于他没有能够防止孤立的反对个别人滥用职权的运动逐步发展为大规模的革新运动。这种革新运动发展到一定程度的时候，就变成了政治运动。

---

① 关于犹太人的地位的一般情况，见本卷第9章，原文第243页。

对于这种即将来临的政治革命，查理·阿尔贝特和梅特涅都同样感到恐惧，这是有原因的。索拉罗在政治上比1835年以前的历任大臣们都更反动。他甚至在1841年劝告格列高利十六世恢复教士的特权，而在奥地利和托斯坎纳，这种特权已被废除50年了。他的检查制度不准谈论教皇或者国王；必须用"国家"这个词来代替"民族"或"意大利"；不许使用"自由"和"宪法"这类词；"革命"必须用"无政府"或"暴力政府"这类词来代替。加富尔曾经把都灵描写成知识分子的地狱。1831年，德·阿泽利奥离开都灵12年，在米兰比较自由的环境里出版了他的小说。

查理·阿尔贝特本人性格伪善，甚至对朋友也隐瞒自己的观点，并蓄意要把他们引入歧途。从他的日记中可以看出他对每个人都不信任，而且惯于在大臣之间挑拨离间。外国大使们对他的喜好故弄玄虚，对他的观点变化无常，以及对他那很少掩饰的勃勃野心都颇有议论。梅特涅同意这样的看法："他既野心勃勃又动摇犹豫。他是一个暴君。他只要求自由派像文人们那样对他奉承恭维。他不仅痛恨法国，也痛恨阻止他登上意大利王位的奥地利。"① 长期以来，查理·阿尔贝特错误地认为民族独立的思想只不过是敌视王位和圣坛的一种伪装。但是他在给弗兰西斯四世的私人通信中表明他改变了自己的观点，因为他开始有些害怕别的君主会摆出民族领袖的姿态，从而有可能超过了他。同时还因为他曾提出只有他本人和教皇才是意大利唯一合法的统治者，他终于从保守派和天主教方面为自己找到理由，在反对奥地利王朝的战争中利用民族主义。

这第一次解放战争所必需的思想推动力是由新归尔甫党的作家们来提供的。早在19世纪40年代初，他们几乎使政治上的自由主义成为文化人应尽的义务，并帮助促成了天主教和民族运动的联合。尽管他们对于细节意见分歧，也没有成立有组织的政党，但他们共同对马志尼的思想提出了一种高尚的（即便是歪曲的）解释，然后将它和以前的传统思想联系起来。曼佐尼、罗斯米尼和托马塞奥已经开始形成一种自由派天主教的思想。其他人企图通过表明中世纪的罗马教皇如何反对德意志人的历史来把教皇拉进来。1847年以后，这些新归

---

① C. 斯佩兰宗：《意大利复兴运动和统一史》（米兰，1936年），第3卷，第453—454页。

尔甫派人物中法里尼和明盖蒂成为庇护九世的大臣,卡波尼成为托斯卡纳的首相,巴尔博、焦贝蒂和德·阿泽利奥三人先后任皮埃蒙特的首相。但是,即便在1847年以前他们的书只能在外国出版,他们对于整个意大利却已产生了深刻的影响。

早在1832年西尔维奥·佩利科写的《我的狱中生活》一书就出版了。这本书描述了作者在奥地利狱中度过的10年生活。虽然这本书的笔调中充满一种宗教上的顺从精神,没有多少爱国主义意义,但它的重大成功几乎同时也给奥地利贴上意大利半岛最大的压迫者的标签。1843年焦贝蒂在布鲁塞尔出版了他的《论意大利在道德和文明方面的优越》,题献给佩利科(另见第9章,原文第225页)。他指出,即便政治上的统一不能实现,也仍然存在着一个意大利民族,它在血统、宗教和语言方面都是统一的;它的当然领袖就是教皇。虽然焦贝蒂对于教皇政治没有多少信心,但为了争取教士们的支持,他隐藏了自己更深层的思想,并谨慎地把对奥地利和耶稣会会士的一切批评全从手稿中删去了。这样,他采取了将宗教与国家相协调的策略通过了政治审查。爱国主义突然变成可以公开谈论的正统思想,再也不是一种秘密阴谋。后来,焦贝蒂对教廷的狭隘天主教义进行了公开的抨击。但是人们留下记忆的还是他早先提出的尊重教皇领导权的主张。他的意大利"优越"的主导思想促使他的同胞们建立起进行政治革命所必需的自信心。

另一部有影响的著作是巴尔博的《意大利的希望》。它于1844年出版,题献给焦贝蒂。巴尔博同意实现联邦国家是明显的目标,因为意大利各民族截然不同,需要不同形式的政府。然而,他和焦贝蒂不同,他更注重具体问题而较少强调一般原则。他发挥了这样的观点:到了一定时候,奥地利可能自愿向东扩张,进入巴尔干,使意大利享有更多的自由。作为一个真诚的皮埃蒙特人,他设想未来的意大利联邦的领袖将是查理·阿尔贝特,而不是教皇。实际上,杜兰多在1846年发表的《论意大利民族》中就已经提议取消教皇的大部分世俗领地。在三个加入联邦的世俗王国之间重新划分意大利。

同时,几乎每年总有一些地方发生起义。这些起义都是由于马志尼的鼓动,尽管它们的方向并不总是由他决定的。马志尼所希望的不是君主国联邦,而是一个单独的共和国,不是自上而下的强制决定,而是自下而上地实行自治性民族自决。焦贝蒂反对这种局部性起义，认为这种起义浪费力量而且令人沮丧。马志尼回答说，只有这样才能唤起人民，如果没有人民，革命将会变质，而且必然会遭到失败。这样，马志尼动员了一支非常强大的力量。对于这支力量，保皇党人先是与之对抗，后来又与之竞争。关于这一点，我们在1845年可以看出，当时查理·阿尔伯特告诉德·阿泽利奥人民应相信：只要他们放弃煽动，总有一天条件会允许他的军队来解救他们。1846年，与奥地利发生冲突的趋势有了进一步的发展，当时由于拒绝签订食盐贸易协定而引起报复：对运入伦巴第的皮埃蒙特所产的酒要征寓禁税。虽然亲奥地利的索拉罗直到1847年仍继续任职，但有好几次设想终将发生战争，不过却没有做好任何物质上的准备。皮埃蒙特人长期以来一直相信他们总有一天会在米兰取代奥地利人。现在新归尔甫派和马志尼的拥护者都公开鼓吹民族感情，群众的激情很快就会使这一信念成为意大利许多暴发性的力量之一。

正当爱国分子对于下一步究竟应该采取什么做法犹豫不决的时候，一位被公认为是开明的教皇于1846年当选。庇护九世事实上并不是开明派，但他确实迫切希望缓和在格列高利统治下教皇政府与其臣民之间已经加剧的紧张局势。他赦免了大约1000名罪犯和流放者，尽管这只是一个惯常的仁慈行为，并在事先曾获得梅特涅的完全赞许。但它却立即被认为是对新归尔甫派所提出的自由与独立的纲领的一种支持。他的这种行动受到了极其热烈的欢迎。庇护九世不是一个政治家，在众人的欢呼与赞扬声中最易激动，因而促使他继续作出其他的让步。一个所谓自由和爱国的教皇的神话只不过是出于一些激动的群众的想象。庇护九世在11月发表的支持铁路建设的声明和在1847年4月发布的关于国事咨询会的法令都可以与罗马的群众大示威联系起来，但人们却认为这表明他已经完全接受了焦贝蒂的思想。他对地方自治作了一些让步，提出了与意大利其他国家建立关税同盟的建议。犹太人获准在非犹太人区居住，每逢狂欢节，也不会因为要表明他们所处的奴隶地位而遭到脚踢。梅特涅开始感到吃惊，因为他看到庇护九世不明智地把一个恶魔扶植起来，而这个恶魔有可能证明是不可驾驭的。现在，革命者可以在"庇护九世万岁"这样的口号下面前进。归尔甫党又发展起来，不过这一次再没有吉伯林派来遏制它了。

　　1847年，意大利君主们被迫退却，特别是由于1846年的歉收引起的粮荒暴动迫使他们对自由派提出的经济改革作出让步。人民看到了自己的力量，革命胜利地开始了。查理·阿尔贝特企图阻止这股革命潮流，并且由于萨伏依—皮埃蒙特的农民和贵族对于政治改革明显缺乏热情而获得了支持。① 在都灵，禁止阅读托斯坎纳和罗马刚刚获准发行的报纸，也不准举行教皇的周年纪念日活动。但是当奥地利军队在弗兰西斯逝世的时候进入摩德纳，一种新的形势便出现了。1847年7月，梅特涅很不明智地无视教皇的反对，占领了费拉拉。这一行动除了进一步破坏反皮埃蒙特力量的平衡外，使奥地利丧失了它作为正统监护者的地位，并迫使教皇更加倾向于自由派，同时为查理·阿尔贝特进行自卫性战争和支持罗马教皇提供了借口。这位国王吐露了隐藏在心中的要求实现民族独立的愿望。10月，在巴尔博警告国王说利奥波德和庇护九世在获得对意大利的精神领导地位方面正超过他以后，他立即解除了索拉罗的职务，给地方政府作了一些开明的规定，放松了检查制度。他希望这些行动已经足够了，一再庄严重申不再作出更多的让步。然而，这只不过是人们得寸进尺的开始。巴尔博和加富尔出版了一种新刊物，名称引人注目，叫作《意大利复兴运动》，主张实行进一步的政治改革，辩称在一个专制政府的统治下，即使是最好的法律也无济于事。12月，当热那亚发生游行示威的时候，国王先以为这次示威是企图恢复热那亚在英国支持下的独立，所以他便命令军队进行镇压。尽管如此，共和体制的前景使他感到害怕，尤其是他的士兵们居然与示威者亲近，都灵市政府也和示威者一起要求制定一部宪法。

　　在意大利南部，如果说那里的人民的爱国主义热情不如北部人民，但他们的革命性却更坚决，因为他们贫穷得多，而且要失去的东西也少得多。斐迪南认识到必须提供更廉价的谷物和盐，但是官僚机构的无能却往往使行动陷于停顿。他的最薄弱的环节是西西里岛。在那里甚至当地社会的上层阶级都对他最近把西西里和那不勒斯的行政

---

① 马萨里致明盖蒂信，1847年11月19日。M. 明盖蒂：《我的回忆》（第4版，都灵，1889年）；G. 普拉托：《1848年前夕的事实与经济学说》（米兰，1921年），第238页。

合而为一感到愤怒。尽管比较温和的西西里人听从德·阿泽里奥的劝告放弃了起义，但是激进分子则毫无顾忌。所以马志尼的思想又一次战胜了新归尔甫派的思想。在巴勒莫传出谣言说，1848年1月12日他们将举行一次示威来反对当局。虽然有些犹豫不决，但有几个大胆者树立了榜样。示威逐渐变成了一次暴动。两天后，示威虽然站住了脚，但最后却被富人接管过去，使之成为恢复1812年的贵族宪法的运动。在巴勒莫，胜利的代价是牺牲了100人的生命。此后，骚动蔓延到那不勒斯。2月，斐迪南被迫颁布了一部宪法，以此证明他的良好的意图是"自觉的"和"不可改变的"。这种卑屈的投降迫使托斯卡纳的利奥波德和查理·阿尔贝特，甚至庇护九世都只好仿效他的榜样，在3月颁布了或多或少开明的宪法。

直到最后一刻，查理·阿尔贝特坚决认为这样的行为是违背自己心愿的。但最终他的大臣们劝他接受主教对他的誓言的赦罪，于是颁布了一部宪法。它首先作为皮埃蒙特的根本法，然后成为意大利的根本法（见第8章，原文第200—201页）。不过，他谨慎地使这部宪法成为一个保守的文件。他给自己保留了制定外交政策、进行战争的权力，以及一切行政权和对上议院的任命权。由于大臣们仍旧是对他负责，而不是对议会负责，所以他既不希望也没有预见到在他的继承者的统治下代议制政府将会得到发展。

另一项具有重大意义的进展是教皇提出的关于建立关税同盟的建议。十分值得注意的是皮埃蒙特还没有预料到这个协议是赶走奥地利并在意大利获得领导权的途径。1847年8月，托斯卡纳和教皇国已经准备一同建立一个经济同盟。但是查理·阿尔贝特不愿意把他的关税降低到托斯卡纳的水平，只是在几个月后才原则上表示同意。1848年年初，皮埃蒙特再一次阻止意大利各国组成防御同盟。查理·阿尔贝特宁愿按照巴尔博的意见，首先击败奥地利，以便能够控制未来的联盟。因此，对他的野心产生了广泛的怀疑。按照法里尼的看法，其他意大利国家有时对他比对奥地利更加害怕。只是到后来皮埃蒙特人认识到如果没有援助他们不能取得胜利的时候，才对联盟有了更大的兴趣。

有些自由主义者，如佩蒂蒂和卡塔内奥现在开始认为进行一场独立战争是不必要的，甚至是不可取的，因为战争可能影响在实现自由和繁荣方面已经取得的重大进展。但是，要求变革的力量过分强大，而且包括形形色色的人，因此无法实现和平的结局。西西里还没有获得正式的独立。马志尼对于温和的改革很不满意。奥地利人仍在费拉拉，奥地利对皮埃蒙特酒的禁运引起了严重的不满。放弃了部分的保护以后，粮食的产量并没有足够的增长。威尼斯和伦巴第仍然没有宪法。各国之间现有的铁路还没有连接起来，况且这些铁路主要用来满足皇室享乐的需要，商业用途则是次要的。《统计年鉴》抱怨说，人每小时可以走25英里，而从佛罗伦萨运往米兰的货物，行程200英里却费时8个星期。① 这家报纸曾希望"孟买和苏伊士、亚历山大和马赛之间的汽船航线已改变了瓦斯科·达·伽马在通过好望角时所解决的有关问题的条件"。但是直到这时还没有产生实际的效果。这种不满情绪由于思想方面的革命而扩大了，尤其是在伦巴第，这场革命已经动员起新的公众舆论来反对旧制度。全意大利科学会议1839年在比萨召开，1840年在都灵召开，以后又在佛罗伦萨、帕多瓦、米兰、那不勒斯和热那亚等地相继召开。这些会议一致强调意大利在文化上和地理上的统一，并表明意大利各国是如何互相依存的。

1848年3月，一场长期被压制的起义在米兰爆发了，最后引起了战争。在前几个月中人们和警察发生了冲突。米兰人从波士顿茶党那里学会了戒烟，这种消极反抗和抵制的蔓延使紧张局势进一步加剧。对于要求改革和实行自治的请愿，当局唯一的答复就是采取更加压制的手段，因为奥地利如果在意大利作出让步，必然会使它那摇摇欲坠的帝国中所有其他被压迫民族也起来反抗。最后，2月25日的巴黎革命促成了3月13日的维也纳叛乱（见第15章，原文第395—396页）。消息传到了米兰和威尼斯，当地人民这时也正在进行猛烈的反抗。米兰市长卡萨蒂企图阻止人民，但是一千多个街垒很快封锁了街道。为了把反抗控制在一定限度内并给予某种引导，他不得不领导一个临时政府以便控制起义并加以引导。在米兰英勇奋战的"五天"中，起义者牺牲了300人，几乎全都是下层的城镇工匠。但是拉德茨基被迫撤出城市。和西西里一样，米兰也证明了马志尼对人民首创精神的坚定信念是正确的。

---

① R.恰斯卡：《1847—1848年意大利全国舆论计划的由来》（都灵，1916年），第358页。

后来传说查理·阿尔贝特在进攻奥地利以前一直在等待这一次叛乱，但实际上他对这次叛乱感到意外。他根本没有作好进攻的准备，而且他刚刚向奥地利保证了他的和平诚意。① 在发生叛乱的"五天"中，他的军队仍驻扎在遥远的法国边境上，只是准备抵抗巴黎的革命。虽然他最近曾运送武器给瑞士的反动分子，但他不能运送武器去米兰。他甚至阻止企图越过边境进入伦巴第的志愿军。他在等待，观望，首先，是要看群众起义是否能够真正击败奥地利。其次，是要看他自己的干预究竟有利于皮埃蒙特的君主政体还是仅仅有助于米兰共和国的建立。这种迟疑态度不仅使他失去了作为一个救星而受到的感激，而且使自己背上了玩弄政治的罪名。加富尔不得不警告他如果他不趁奥地利正遭到失败时进行干预，不但王朝可能覆灭，伦巴第也可能永远丢给皮埃蒙特——他已被托斯卡纳的利奥波德抢先了。因此，经过犹豫他终于接受了三色旗，越过提契诺河去援助叛乱，同时防止共和制的出现。他命令驻维也纳大使把这一行动解释为防止革命的进一步蔓延。他指示他的将领们要小心翼翼地向前推进。所以拉德茨基在通过敌国仓皇撤退的时候没有遭到阻击。

很明显，如果没有皮埃蒙特军队参战，要想趁奥地利军队还未在加尔达湖对岸的四要塞防御区重新集结前将之击败，几乎是不可能的。所以现在连马志尼也对国王勉强地表示忠诚。但是，查理·阿尔伯特对激进派像对奥地利一样害怕。他拒绝接受加里波第提出的合作建议。他非常害怕威尼斯企图恢复共和制和呼吁法国出面干预。他还和托斯卡纳人发生了其他一些政治分歧。托斯坎纳人对皮埃蒙特的意图感到不安，而他们自己则决心要并吞马萨和卡拉拉；他与罗马教皇也有政治分歧，因为他预料教皇要合并摩德纳和帕尔马。更严重的是许多伦巴第人不论是由于怀疑皮埃蒙特还是害怕社会动乱，态度都很冷淡。为了维护秩序和保持开明的政府，他们宁愿相信奥地利。卡塔内奥激烈地谴责查理·阿尔贝特，指责他"出卖了1821年的爱国人士，屠杀了1833年的爱国人士"。他还说："我宁愿让奥地利重新占领米兰，而不愿看到一个卖国贼来控制伦巴第。"当国王不是把政治

---

① 斯佩兰宗，前引书，第3卷，第628页；另见 A. 奥莫代奥《近代史上有关查理·阿尔贝特的传说》（都灵，1940年）；N. 罗多里科《1843—1849年时的查理·阿尔贝特》（佛罗伦萨，1943年），第2卷，第325页。

问题延期到战后去处理,而是要求投票决定伦巴第和皮埃蒙特立即实现联盟的时候,一些伦巴第人士表示反对,认为这会在紧急关头分裂人民,并会使意大利其他君主对皮埃蒙特的扩张政策感到害怕。尽管如此,公民表决还是举行了,但附加的条件是成立意大利北部同盟后立即举行国民会议以便选定一部新宪法。而这个做法却激怒了都灵那些忠诚的君主制拥护者。他们认为伦巴第人把他们列入对他们的解救者忘恩负义的行列。但是,大约有10天时间,皮埃蒙特、伦巴第和威尼斯成为一个单独的国家。

同时,正如卡塔内奥所说:"当查理·阿尔贝特在收集选票的时候,拉德茨基却在集结人马。"① 波拿巴的军队并不比皮埃蒙特的军队壮大,却似一把利剑刺穿意大利北部,并从无到有组织起一支伦巴第军队。然而查理·阿尔贝特不愿建立一支具有潜在危险的伦巴第军队。后来一个调查委员会证实,尽管查理·阿尔贝特吹嘘自己对奥地利如何仇恨,但是他的指挥官甚至没有伦巴第的地图,对奥地利如防御工事也毫无研究,而且从都灵到亚历山大里亚的铁路也未建成;粮食、帐篷和医药供应全都短缺;由于缺乏马匹,大炮无法移动;士兵们尚未学会使用新式的击发滑膛枪;而军官大多数都是由于家庭关系而被任命的,因而甚至不懂基本的指挥术语。查理·阿尔贝特大胆地坚持要到前线去指挥作战,但是他一贯优柔寡断,加上坚持拿破仑以前的统率思想,这就使他对后来发生的事情要承担个人责任。

由于起初进展缓慢,对阿尔卑斯山关口又监视不严,这就使拉德茨基获得了给养,给了奥地利人两个月时间巩固阵地,并有一支援兵到达维罗纳。② 5月,托斯卡纳人被阻挡在库尔塔托内,罗马人被阻挡在维琴察;7月,皮埃蒙特人在库斯托扎被击败。接着拉德茨基提出妥协方案,从而确定米兰的独立。但是查理·阿尔贝特一方面准备放弃威尼斯,另一方面又指望英国人进行调停,把整个伦巴第都给予他,害怕达不到这一目的,将会引起共和派的起义。他没有接受停战,而是采取退却的方针,尽管在奥利奥河和阿达河均未设防。他拒绝听取将领们的建议,而是分散兵力,退守米兰,而不是皮亚琴察。

---

① 卡塔内奥对皮埃蒙特政策和战略的责难大部分已被文献证实。见 P. 皮耶里在《伦巴第复兴运动研究》一书中的论述(A. 蒙蒂编,米兰,1949年),第9—45页。
② 有关拉德茨基的军事行动,见本卷第7章,原文第321—322页。

他在米兰向当地人民保证要死守，但实际上很快就放弃了这座城市。这种做法表明了他所关注的主要是防止米兰再一次得救，并把法国人招引进来。这场民族战争正在变成一场王朝战争。他不顾他那主战的卡萨蒂—焦贝蒂内阁提出的向法国求援的劝告，认为法国人比奥地利人更加危险。因此萨拉斯科将军于8月9日签订了停战协定。这位国王现在不但没有成为一位救助者，反而带着背信弃义的罪名从伦巴第撤退了。

都灵的立宪政府在头18个月中相继更换了8位首相。没有一位首相热衷于执行萨拉斯科签订的"违宪的"停战协定。不仅1849年1月选举以后，出现的激进多数派主张重新开战，而且像加富尔这样的稳健的保守派也认为战争是"重建国内秩序的唯一办法"。[①] 英国和法国肯定会保证：皮埃蒙特即便遭到失败也只不过是要付出一笔战争赔款。3月，战端重开，但军队仍像过去那样毫无准备。国王及其将军们威风扫地，以致不得不雇用一名波兰总司令来指挥作战，但他对于地形毫无所知。高级军官甚至向奥地利人坦白承认他们对战争不感兴趣，因为他们反对这场战争[②]——这就证实皮埃蒙特人还没有受过领导一个民族运动的训练。由于战略上的错误，只经过了三天的战斗就在诺瓦拉遭到了彻底的失败。一名将军后来由于拒不服从命令而被处决。与此同时，伦巴第人仍然采取守势。

到了这时，革命在意大利南部已归于失败。西西里人的主要目的是要从那不勒斯分离出去。当他们拒绝接受那不勒斯新的立宪政府提出的调解时，甚至那不勒斯的自由派也都联合起来维护波旁王朝的统治。议会在巴勒莫召开，但是代表们的兴趣已经不在于原先曾激励普通公民起来守卫路障的那些问题。同样地，在那不勒斯一次农民起义使不满的农民与开明的知识分子分裂，因为后者的目的是获得工作和影响。1848年5月，在炮轰这个城市后，斐迪南改变了他那"不可改变"的宪法的精神。这部宪法显然难以执行，这反映了自由派在政治上的不成熟和国王的不诚实。4月29日，罗马教皇的一道训谕也否认了奥地利战争的正确性。这就证明了只要君主是更高一级法律

---

① 加富尔：《加富尔未发表的书信》（A. 贝尔特编，罗马，1889年），第222页。
② A. 科隆博：《根据新资料撰写的维多里奥·埃马努埃尔二世王国的曙光》（罗马，1937年），第41页；A. 安齐洛蒂：《焦贝蒂》（佛罗伦萨，1922年），第232页。

的唯一解释者，立宪政府实际上是行不通的。同年年底，教皇逃往加埃塔，使马志尼在1849年的3个月中成为一个罗马共和国的实际独裁者。马志尼作了一些努力，试图开放贸易，废除农奴制，解散大庄园。但是在罗马，稳健派和激进派之间也出现了荒谬可笑的分裂。从此以后，庇护九世公开放弃与自由派的一切妥协，因为他们任意利用他的善良性情和轻信。他号召信奉天主教的国家支持他恢复自己的世俗统治，四支军队进击加里波第和马志尼。与罗斯米尼和焦贝蒂的天主教自由主义相反，耶稣会教士得意地宣称自由主义来源于新教，它与真正的宗教是水火不相容的。从此以后，复兴运动便落在反教权主义者的肩上。这对教会和政府都是不利的。罗马共和国于1849年7月开始和法国人进行斗争。以后，维护世俗政权需要一个专制政府和外国驻军。5月，西西里遭到国王"博姆巴"的瑞士雇佣军的蹂躏。8月，当马宁的威尼斯共和国崩溃以后，意大利的革命便告结束。这个半岛甚至比以前更进一步地沦为被占领的土地，奥地利军队占领了托斯坎纳和摩德纳，而法国军队仍留在罗马。

显然，稳健派和新归尔甫派对他们自身的个人解放比对民族的独立更感兴趣。那不勒斯的自由派转而反对西西里；墨西拿人反对敌对的城市巴勒莫。当革命触及他们的个人财产时，巴勒莫的自由派也改变了立场。除了一些突出的例外，人们没有作出牺牲的充分准备，当饥饿的威尼斯呼吁给予援助的时候，它从意大利其他地方（据托马塞奥说）只得到了一天的供给。革命非但没有达到团结意大利的目的，相反却使内部矛盾变得更加尖锐，而德·阿泽利奥对罗马保卫者毫无意义的嘲笑得到了对方尽情的报复。查理·阿尔贝特的"意大利将由自己来治理"的政策被证明是荒谬的。幻想破灭的政治家们不得不承认意大利的形成需要欧洲其他国家对之积极产生兴趣。德·阿泽利奥得出的结论是，必须经过几个世纪，意大利才能学会宪法的具体实施，变成一个强国。焦贝蒂放弃了他那"意大利优越"的神话，转而把希望寄托在共和的法兰西身上。他认为唯一的希望是要皮埃蒙特克服它的地方主义，适应民主。教皇将不得不放弃他的世俗权威。

就在诺瓦拉沦陷以后，查理·阿尔贝特立即逊位，不久死于波尔图。他反对自由主义和民族主义达17年之久，所以无法一下子就抛弃他的过去。尽管在他身后有种种传说，但他性格软弱，智力低下。他的亲切和蔼的品德无法抹杀他的朋友和敌人描述的他施展的两面派手法。① 所谓"意大利的哈姆雷特"和"波尔图的殉道者"这类吹捧的说法正是那些帮助把皮埃蒙特引向灾难的人们后来编造的。

另一个政治神话是，维克托·埃马努埃尔二世在继承他父亲的王位后如何强迫拉德茨基缓和维尼亚莱停战协定的条件，并有力地抵制奥地利对宪法的攻击。② 事实上拉德茨基并不是一心想要侮辱皮埃蒙特，而是慎重地提出了有利的条件以避免法国进行干预，同时支持王室反对皮埃蒙特的激进派。作为回报，维克托·埃马努埃尔保证他要制服议会中占多数的激进派。他无视这个多数派，任命一位保守派将军出任首相。另一方面，另一位将军炮轰热那亚，迫使激进派投降。1849年7月举行的选举证明议会反对与奥地利签订的条约，尽管如此，他仍然予以批准。11月，他发布臭名昭著的"蒙卡列里声明"，亲自警告全体选民支持这一行动，并解释说，他决心"要把民族从政党的暴政下解救出来"。言下之意就是，如果议会不批准他的条约，他就会废除宪法。

这样，维克托·埃马努埃尔重新确立王权，获得了部分成功。如果说他的君主制依然比那不勒斯或普鲁士的君主制更有局限性的话，那是因为库斯托扎和纳瓦拉两次战役的失败已经在皮埃蒙特和意大利严重地损害了国王的威信。有时候，他专横地进行统治，并用国王法令增加税收。但，意大利其他统治者的所作所为更加暴戾得多。应知道皮埃蒙特对于政府的形式可能或多或少地不大介意，只要实际上它还有政府进行统治也就行了。③ 至少，宪法和三色旗仍然存在。而且从那以后，代表复兴运动的是一个正式的政府，而不仅是一些预言家和密谋者。

国王作出了明智的稳健决定，他选中了中间偏右的德·阿泽利奥为首相。在担任首相期间（1849—1852年）德·阿泽利奥尽量以诚

---

① 见于他的忠实朋友松纳兹伯爵很能说明问题的说法。见松纳兹《回忆查理·阿尔贝特国王》，A.奥莫代奥编（都灵，1940年）。

② 参见 W.R.T.塞耶《加富尔的生平和时代》（伦敦，1911年，第1卷，第104、208页）和霍华德·麦高·史密斯在《近代史杂志》第7卷（1935年，芝加哥，第141—182页）的文章。

③ 法国公使在都灵的报告。1949年11月21日。P.马特尔：《加富尔与意大利的统一》（巴黎，1925年），第2卷，第134页。

实、谨慎和理性来恢复人们对君主制的信心,并重新开始执行改革政策。他的主要措施之一关系到皮埃蒙特的教会。1814年以后,皮埃蒙特教会在革命时期被没收的财产全部得到了偿还,而它的独立法庭和庇护权则与宪法规定的法律面前人人平等的原则是不相容的。所以在1850年,西卡尔迪法令废除了教会的司法权,减少了获得承认的节日,限制教会团体未经许可而对土地享有永久管业权。弗兰佐尼大主教禁止他的教士遵守这些法律,并企图用拒绝为当事人举行忏悔式和宗教葬礼等办法来对内阁施加压力。但是现在由于教会全力反对自由主义运动,这是一次力量的考验,对世俗力量来说,还不值得作出妥协。

德·阿泽利奥的这一政策得到了加富尔伯爵的支持。加富尔在第一次选举中失败后于1850年参加了内阁。在嗣后的18个月中,他在不同时期负责过财政部、海军部、农业部和工业部的工作。在宗教上,他是一个理性主义者,在政治上,则是一个激进的保守派。从他的职业来说,他曾是军人,也当过记者。现在他是一个获得巨大成功的农业学家,以及都灵银行和都灵—热那亚铁路的董事。他是一个很有才干和雄心的人,曾经考虑是否参加反对党并推翻德·阿泽利奥内阁。[①] 他与右派的巴尔博和左派的拉塔齐继续保持联系,直到他能够在议会中形成自己的新的多数派。由于加富尔原是一位金融家,他必须筹措一笔款项来应付1848—1849年的竞选和付给奥地利赔款。他必须支付建设铁路的开销,承担极其必要的军事改革费用。他还必须恢复在斯培西亚建立一个海军基地的计划,以便使皮埃蒙特"不比意大利任何其他国家逊色"。十多年来,大量增加税收终于使国家岁入从8000万里拉增至1.46亿里拉。但是在同一个时期,公债却增加了5倍。加富尔始终无法使预算平衡,但在提高国家的生产力方面获得成功。他得到正在成长的中产阶级的忠实支持,这些人曾经受过古典经济学原理的教育。随着他们变得富裕,对于现存的经济束缚也就更加感到不满。所以,1850—1851年同法国、英国和奥地利谈判缔结通商条约,一个自由贸易的政策使这个国家富裕起来,同时也获得了英国的好感和友情。

[①] L. 萨尔瓦托雷利:《1848年前后》(都灵,1948年),第179页。

由于德·阿泽利奥的战争创伤，加富尔很快就成为议会的领袖，并准备利用他的地位以取代他的首领。德·阿泽利奥不是战略家，也不是雄辩家。他对政治是个外行，就他的专业来说，他本是一位艺术家，从教养而言是贵族，只是由于偶然的机遇成了一位政治家。如果说他是一个品格最高尚的人，那么加富尔毫无疑问就是最好的政治家。当时的形势需要这样一个人物，即能认识到诚实并不总是最好的政策。加富尔首先需要在议会中有他个人的追随者；他对保守主义者有所偏爱，但由于宗教方面的顾忌①和他们对现任首相的忠诚，使这种偏爱受到影响。他在1852年2月秘密地与拉塔齐和中间偏左派结成联盟。在这件事情上，只有另一个大臣支持他。而且，他在事先没有提出任何警告就突然使政府公开与保守派决裂，使德·阿泽利奥更加陷于孤立。此事发生以后，他甚至没有自动提出辞职，直至国王迫使他下台，而且也直到他断定内阁的其他成员迟早也会被迫下台。这个联盟为意大利政治树立了一种持久的传统。从此以后，意大利的政治倾向于围绕着一个松散的中间派联盟，如后来法国的情形那样，而不像英国的政治围绕着两个或多或少地尖锐对抗的党派。意大利的历史学家试图证明这是合理的。事实上，在这里如同在其他方面一样，加富尔是力图效仿英国的做法，因为他认为迪斯累里和帕默斯顿之间正在形成一个类似的联盟。在所有的政治行动中，他最引为骄傲的就是这件事。而且这确实最后使他掌握了政权。

德·阿泽利奥终于在1852年11月辞职，当时国王拒绝批准他的世俗婚姻法议案。维克托·埃马努埃尔起初和元老院中"国王的朋友"密谋，企图废止这一议案。但是他发现加富尔由于希望获得首相职位，不会支持德·阿泽利奥反对这种专横的特权行为。加富尔只是在更牢固掌握了政权的时候，他才试图通过进一步反教权的立法，并劝说国王解散修道院。

正如加富尔所公开承认的，皮埃蒙特的法律仍然落后于意大利其他的国家。所以，他在担任首相的8年中所完成的这项改革任务，显得更加引人瞩目。他必须时常抵制国王个人的以及政治方面的反对。由于他过去的保守主义和征收沉重的赋税，他在普通人民中间很不受

---

① 德·拉·里夫：《加富尔伯爵》（巴黎，1862年），第302—303页。

欢迎。为此，他必须设法予以改善。他还不得不和元老院中的贵族反对派以及包括欧洲一些最富有的高级教士在内的一批主教进行斗争。在这些斗争中，他使用的方法新奇而又严厉。他往往把内阁撇在一边；使用秘密经费去贿赂国内外报纸，有一次他雇用一个出身高贵的女人去勾引法国皇帝；对于有争议的措施，他确立了这样一个惯例，即先采取行动，然后再请求议会追认。和德·阿泽利奥不同，他任意使用文官制度来保证把政府候选人选入议会①，并采取他明知是非法的手段来压制反对派的报纸。② 他往往声称为了达到自由的目的而采取不自由的措施是合理的，然而他从来不曾试图取消议会，因为他认识到，只要善于操纵，议会可以使他的势力变得相当强大。只要可能，他总是宁愿使用和平方式消除反对派的敌对情绪。他坦率地提出问题，接受人们的建议和修正案。

  在对外政治方面，当马志尼在欧洲舆论面前仍然坚持意大利的不满的时候，加富尔甚至在1853年就预先警告奥地利要防范马志尼派在米兰的起义。尽管结果激进派指责加富尔实行皮埃蒙特主义——含意是把都灵置于意大利其他地区之上——但他只是在等待时机。他常说，唯一的真正的进击是那些缓慢的、指挥得当的进击。他决心要把意大利问题同民主与社会革命的任何偶然联系分开。因为只有这样，他才能够吸引唯一能够成功地解决这个问题的阶级。这并没有妨碍他在1853年当居住在皮埃蒙特的伦巴第人的财产被奥地利没收时，提出庄严的抗议。另一方面，1855年他对克里米亚战争的干预，并不像一度被人们认为是辉煌的成功③，而是王室和法国大使策划的用保守派来取代他的阴谋所造成的间接后果。维克多·埃马努埃尔喜欢打仗就跟他喜欢打猎一样，因为在战争中，他可以抛弃宪法的束缚。他也想分散爱国分子和激进的意大利主义者对危险的伦巴第地区的注意力。加富尔不仅没有作出一个勇敢的、富有远见的决定，却勉强地迁就国王的奇异想法以免自己被撤职。只有一个大臣想参加这场战争，因为这场战争意味着要和民族敌人奥地利结盟，并在那民族利益并未

---

① 加富尔书信：《南方的解放》（波洛尼亚，1949年），第1卷，第122页。
② L. 基亚拉：《C. 加富尔书信集》（都灵，1887年），第6卷，第130页。
③ 参见 F. 瓦尔塞基《克里米亚联盟》（米兰，1948年，第346—417页）以及 A. J. 怀特《加富尔的政治生涯和书信》（伦敦，1930年，第122—151页）中所阐述的旧观点。

遭受威胁的遥远的战场上消耗自己菲薄的资源。这件事并不能说明皮埃蒙特经过很长时间终于掌握了主动权，而是它的政治体制不稳定的另一个表现。它仅仅说明加富尔是多么明智地尽量减轻一个严重的不幸事件所带来的损失。

那支由1.5万人组成的小型远征军除了小规模的交战外，还没有发挥进一步的威力，克里米亚战争就结束了。1856年加富尔很勉强地前去参加和平会议，仍然以为他会成为一场毫无意义的战争的替罪羊，但还抱着几分希望：作为对他所作努力的酬报，他可能获得一个公爵领地。在巴黎和会上，唯一积极的收获就是克拉伦登勋爵发表的简短声明，指出意大利目前的状况是不能令人满意的（见第18章，原文第490页）。加富尔对此感到很失望。但是马宁和在巴黎的其他拥护共和制的流亡者却注意到他可以作为一个意大利人发言，并有可能劝说他，从扩张皮埃蒙特的势力进而缔造意大利。加富尔私下说，他们关于意大利统一的议论是"一大堆废话"①，但后来在1856年他又暗中表示愿意支持马宁的民族协会，但有两个条件：一是放弃共和制，一是必要时，他可以不承认与他们有联系。这样，他又一次巧妙地分裂了他的对手，获得了一种可贵的新的力量源泉，却又不致使他陷于不能自拔的境地。他完全愿意支持统一的主张，但只有在公共舆论已告成熟的时候才行，而且它也不能危及君主政体，同时不能损害皮埃蒙特的利益。他还解释说，由于他从来不能漠视拿破仑三世的愿望，那不勒斯有可能成为它的前任国王约阿基姆的儿子吕西安·穆拉的封地。幸运的是穆拉还不敢大胆地坚持他的要求。同样幸运的是，由于众多的意大利移民在都灵的新闻界和大学中占有重要地位，皮埃蒙特的公众舆论正受到意大利的民族感情和民族思想的教育和启发。

1857年选举的结果是教权主义反对派人数增加了一倍。这是一次严重的倒退。加富尔承认，在"正常时期"这可能造成一次内阁危机。但是现在他已经使自己成为一个不可缺少的人物，并能找到借口宣布反对派的一些选举无效。他还强迫反对教权派的拉塔齐辞职，因为后者的友谊现已变成了一个不利因素。拉塔齐作为内务大臣，在

---

① G.E.库拉图洛：《加里波第、维克托·埃马努埃尔和加富尔》（波洛尼亚，1911年），第127页。值得注意的是，在基亚拉编辑的加富尔书信的半官方版本（第2卷，第372页）中没有这句话。

1856年卢尼贾纳发生的起义中与马志尼有牵连，而且没有能够制止1857年6月在热那亚发生的一场共和派的暴动。于是联盟以分裂告终。加富尔决定向右翼靠拢，以便向路易·拿破仑表明皮埃蒙特是反对革命的一座可靠的堡垒。于是马志尼又一次被判处死刑。频繁的起义由于人民的冷淡态度而失败，因此，人们对于他所称之为加富尔的"普鲁士政策"的反对也正在削弱。马志尼表示要求进行合作，但是卡富尔却需要他作为自己的对立派，以便借此恫吓国内外的保守派，使他们支持他本人所领导的更加正统的革命。无论如何对加富尔来说，马志尼是比弗兰茨·约瑟夫本人更为严重的敌人。一个是民主主义者，一个是自由保守主义者；一个是神秘主义者，一个是理性主义者；一个是预言家，一个是持怀疑论的政治家，两个人之间存在着不可调和的深刻矛盾。虽然两人对于缔造意大利来说都是必要的人物，但加富尔现在成了定调子的人。

1858年1月，一个名叫奥尔西尼的意大利人试图刺杀拿破仑。由于法国的支持十分必要，所以加富尔急忙对革命党进行起诉，而当证明陪审团对他不驯服时，就通过了一项法案对法律诉讼程序加以修改。一百多名鼓动嫌疑分子被驱逐出境。至少已经被没收了150期的马志尼的报纸《人民意大利》，也完全遭到蛮横的查封，幸运的是拿破仑需要皮埃蒙特作为反对奥地利的同盟者。他需要制止奥地利势力在意大利扩张，同时也需要获得声誉，并打破1815年蒙受耻辱的结局。他并需要对边界进行某种修改，以作为对他所提供的帮助的报酬，而且要求通过联姻成为欧洲最古老的王朝的成员（参见第17章，原文第462—463页）。于是加富尔便信心十足地和布奥尔伯爵展开了一场外交上的决斗。1856—1857年，奥地利企图以在马克西米连大公的统治下实现部分自治的许诺去讨好伦巴第人。一些流亡者由于感到任何其他办法毫无希望，甚至开始返回米兰。加富尔依靠法国的支持来加以抵制。他找机会挑起争端，劝诱布奥尔设法以断绝外交关系来恢复奥地利的尊严。然后，他着手扩大这种分裂，并催促拿破仑与奥地利开战，造成对意大利有利的形势。

加富尔为了和拿破仑洽商部署问题而做的旅行并未得到他的内阁的同意，甚至把他们完全蒙在鼓里。1858年7月在普隆比埃作出了大致的安排：加富尔在下一年春季趁马萨-卡拉拉的"人民"要求合并时挑起战争。届时维克托·埃马努埃尔应该恢复旧的拿破仑的北意大利王国，疆域直到波洛尼亚，而另一方面则将会出现一个可能由拿破仑的堂兄弟统治的单独的中意大利王国。1859年1月的一项正式条约进一步确认法国应当获得尼斯和萨伏依作为补偿。同时，加富尔极力使奥地利宣战，使他的同盟者借口保卫被压迫者而进行干预。伦巴第人被大张旗鼓地征召参加了他的军队，以便奥地利以强者的姿态要求将这些人予以引渡。国王在拿破仑的建议下，向议会发表了煽动性言论，大谈其他意大利国家被蹂躏的臣民们发出的"痛苦的呼声"。英国感到震惊，它认为加富尔"没有遭到外国军队的袭击，其荣誉也没有受到任何伤害"竟然如此蓄意地要挑起一场战争。马姆斯伯里恫吓拿破仑改变态度，并要求皮埃蒙特解除武装。加富尔灰心丧气，不得不屈服。但是，奥地利尽管在经济上和军事上均无准备，仍然再一次把伦巴第作为一个试验场来检验它这个多民族帝国的活力。布奥尔愚蠢地抓住拿破仑撤退的机会去攻打孤立无援的皮埃蒙特（见第20章，原文第539页）。等到他的军事顾问弄清他在干什么的时候，为时已晚。4月，由于奥地利的先发制人的战争思想，结果使加富尔摆脱了困境。

另一个幸运的因素是，奥地利军队从都灵出发几小时的行军竟耽误了几个星期，这给拿破仑进行干预提供了时间（关于这个战役的一些记述见第12章，原文第323—324页）。6月初，法国在马让塔击败了奥地利，并把他们赶出了伦巴第。接着又在索尔费里诺取得了另一次胜利。以后，在7月间，正如马志尼正确预言的那样，拿破仑突然停止了干预，在维拉弗朗卡缔结了停战协定，把威尼斯，甚至伦巴第的四要塞防御区都留给了奥地利所有。加富尔大为震惊，极力劝说维克托·埃马努埃尔继续单独作战。但是，国王利用战争的机会把推行政策的权力掌握在自己的手里，他十分讲求实际，拒绝了这种劝告。法国在维护自己尊严方面赢得了胜利，但害怕北方的德意志人会集结在莱茵河一带支持奥地利。同时拿破仑也不愿意让皮埃蒙特在他打算建立的意大利联邦中占有过于强大的地位。他发现加富尔不是按照在普隆比埃一致取得的协议为建立一个单独的中意大利王国而奋斗，相反地却秘密地派遣人员准备把几个公爵领地并入皮埃蒙特。因此，拿破仑感到只要法国放弃对萨伏依和尼斯的领土要求，他便有充足的理由抛弃他的同盟者。加富尔辞了职。不久前，他在指责国王的情妇不忠的时候，和维克托·埃马努埃尔发生了一场争吵。7月又因为维拉弗兰卡停战协定再次争吵。加富尔既不是军人，又不是投机家，更不是宠臣，所以，他从来就没有获得国王的宠信。因此，更谦恭、更适合朝廷气味的拉塔齐组成一个过渡政府，11月《苏黎世和约》确认托斯卡纳、摩德纳和威尼斯应该归还其原来的统治者。

法国的干预至少为皮埃蒙特赢得了伦巴第的大半地区，而且没过多久，和约进一步作了修改，对它更为有利。1860年1月约翰·罗素勋爵劝告法国接受对意大利中部不进行干预的原则，以便几个公爵领地和罗马涅能够选择自己的前途。里卡索利男爵在佛罗伦萨，法里尼在摩德纳、帕尔马和波洛尼亚都建立了临时政府并请求兼并。奉行新教的英国并不反对缩小教皇的领地；根据正式批准出版的小册子《罗马教皇与议会》来判断，拿破仑的态度也是如此。加富尔在1月又重新执政。他计划把萨伏依和尼斯再一次让给拿破仑，倘若拿破仑允许兼并意大利中部的话。一场讨价还价的交易到3月成交。当议会尚未得知发生了什么事情的时候，法国军队已经开了进来，"筹备"公民投票，以便对既成事实予以认可。加富尔玩弄非凡的手法，使议员们确信尼斯确实更具有法国的而不是意大利的特点。同月，托斯卡纳和艾米利亚与皮埃蒙特的合并也和平地实现：在艾米利亚登记的427512张票中就有426006张票赞成兼并，其余的票被宣布作废。[①]于是，撒丁王国的土地在一年之内就增加了一倍多，现在几乎占意大利人口的一半。

加富尔继续设法争取波旁王朝的那不勒斯在这次解决中作为同盟者和平等的伙伴。他没有统一意大利的计划，但是希望巩固他在北方的地位。然后在几年的时间内，在另一场欧洲战争中予以援助，以便他的北方王国可能利用这场战争去夺得威尼斯。他认为在南方再一次发生暴动是不合需要的，因为他只有严格保持稳健和保守的立场，法国才有可能帮助他夺取威尼斯，或者从罗马撤出它的驻军。

与此相反，马志尼则以宗教的虔诚坚决相信意大利必须统一。这必须通过它自己的努力，而不是由有关的外国人恩赐。否则，某种严

---

① G.德尔·博诺：《加富尔与拿破仑三世，1859—1860年》（都灵，1941年），第289页。

第二十一章　意大利

重的道德上的腐败将使它陷入万劫不复的境地。长期以来，他一直认为南方存在着革命的形势，他能够加以利用，以便重新获得主动权。西西里再一次证明它是爆发点。对那不勒斯的敌意和农民家族间的仇杀是西西里的两种处于十分紧张状态的力量。1860年4月，马志尼的代表们激发起这两种力量。此外，尽管加里波第本人与马志尼意见分歧，但是加富尔用他的家乡尼斯来进行交易的行为使他十分愤慨，所以他也充满反抗情绪。加里波第曾两次被驱逐出皮埃蒙特，他在南美流亡期间就已经成为一位杰出的游击队领袖。他是在意大利处于民族危机的时刻回来的。但是在1848年和1859年，他在伦巴第战斗中没有能大显身手，因为正规军军官们鄙视并害怕他的志愿军。1860年5月，他不甘受人摆布，率领他那著名的1000名到处煽动叛乱的志愿战士来到了西西里。加富尔竭尽一切可以使用的力量去制止他，但后来却不得不转而采取一种等着瞧的政策。加富尔向法国大使解释说："如果起义被镇压下去，我们无话可说；如果他们胜利了，我们就将以维护秩序和权威的名义加以干涉。"① 内阁甚至已经决定要逮捕加里波第；但是加富尔本人犹豫不定，因为这时正在进行选举，尼斯问题正引起严重的内阁危机，而且他害怕国王会同情加里波第，需要寻找借口任命一位新的首相。

　　在加富尔还未能作出决定以前，加里波第就已经攻占了巴勒莫，使人人感到震惊。一个迅速蔓延的农民起义正在瓦解波旁王朝的统治，并促使一支庞大的部队闻风投降。加富尔抓住这个机会委派特派员去兼并西西里。但是加里波第无疑正确地认为加富尔想要阻止他获得那不勒斯，所以拒绝放弃这块根据地，因为他在大陆上继续进行作战是需要这块根据地的。这使加富尔感到忧虑，因为"国王不会在加里波第的控制下接受意大利王位"②，而且如果叛乱者继续前进，他们可能会和驻罗马的法军发生冲突。所以他现在停发了用于援助革命的给养。他一方面假装要同波旁王朝的弗兰西斯谈判结盟，另一方面他驻那不勒斯的公使馆策划针锋相对的密谋，以便抢在加里波第之前采取行动。他还成功地贿赂了一些比较重要的将军和大臣。但是他

---

① C.马拉尔迪：《法国有关南方五国覆灭的文件》（那不勒斯，1935年），第30—31页。
② 加富尔致尼格拉信，《加富尔—尼格拉书信集》（波洛尼亚，1929年），第4卷，第122—123页。

的代理人却完全错误地向他汇报了那不勒斯的公众舆论。当加里波第在9月攻克这座城市的时候,他不得不采取更大胆的计划。加里波第的巨大成功促使人们要求立即实现统一的热情迅速高涨起来,因此,加富尔终于宣布他转而采取马志尼的异端做法:在罗马教皇的边境上制造了"事端",从教皇的辖区占领了翁布里亚和边境地带,以便"把它们从革命中拯救出来"。接着那不勒斯遭到了入侵。加里波第不得不屈服;皮埃蒙特在卡斯特尔菲达多打败了教皇的雇佣军。这一胜利被官方的辩护士肆意夸大,企图以此来冲淡加里波第本人以前取得的胜利的光辉。照例在占领军监督下举行了公民投票,自然又是绝大多数人宣布他们无条件地要求兼并。

"兼并"这个词是经过深思熟虑才使用的,因为尽管意大利王国现在已经宣布成立,但它基本上还是在原来的撒丁王国的树干上嫁接而成的,国王的称号仍然是维克托·埃马努埃尔二世。对他们来说,皮埃蒙特的这一姿态有助于使他们组织——最初是统治——意大利其余各国的任务听起来悦耳一些。但是对于其他被征服和被兼并的各国来说,实行"皮埃蒙特化"的必要过程当然是令人厌烦的。许多西西里人曾经为那不勒斯的独立而战斗,而且只求和皮埃蒙特结成联盟来作为实行自治的一个手段。许多那不勒斯人错误地认为兼并将会与地方自治一并实现,而现在他们却只好眼看商业、行政职位和威望都丧失给较小的和"意大利特色"更少的都灵城。一些激进分子一直在为实现一个共和国而战斗。加里波第对于他的志愿军所受到的刻薄待遇,以及阻止他到达罗马都很反感。托马塞奥和卡塔内奥则代表一批顽固分子。他们希望建立一个意大利联邦,而不是一个中央集权的政府,因为在这样一个政府之下,千差万别的各民族都要接受远在都灵的冷漠无情的官僚们的统一治理。至于占人口总数90%的农民,几乎没有人懂得"意大利"这个词的意义。他们向反叛者提供了有力的援助,盲目希望获得土地和经济保障,但是他们现在发现旧政府在反对那些贪婪的中产阶级和地主方面一直是他们的朋友,而他们却不知不觉地不自愿地帮助中产阶级和地主夺取了政权。比较虔诚的天主教徒感到震惊:加富尔竟然通过向罗马教廷开战来表示他对开除教籍的做法所采取的蔑视态度,竟然会占领教廷的大部分领地并把北方现行的反法推行到那里。此外,由于未经周密考虑就把自由贸易从皮埃蒙特突然扩展到落后的省份，使地方工业倒闭或萧条，并把大片地区由比较富裕的畜牧业变成了不经济的谷物生产——因为，由于地理位置和交通的不发达，南方在失去保护之后就立即陷入了不利的地位。甚至在都灵，宫廷贵族也对由无门第的南方人造成的他们的权力的削弱过程感到强烈的不满。德·阿泽利奥建议那不勒斯应该立即重新分离，因为公民投票明显地与公众舆论相去十万八千里。

尽管有许多人反对，甚至继续拒绝承认一个意大利国家的存在，然而由于某种原因却发生了一个奇迹：当时出现了少数敢作敢为的人，他们具有才干和崇高抱负；欧洲外交出现了一个偶然的时刻；人数日益增加的一批知识分子抱有固执的信念；一股突然狂热的思潮把与一切高尚的和有价值的东西统一等同起来。所有上述这些因素侥幸地结合起来，便使马志尼的乌托邦梦想得到了实现，而这时马志尼本人的幻想却已彻底破灭，并再次被迫过着痛苦的流亡生活。来自意大利各地的代表被选入议会，1861年2月议会在都灵召开。不幸的是，这次会议由于加里波第和加富尔之间发生了不适当的争吵而遭到了破坏。6月，由于加富尔得了严重的热病，因此为保证实现统一而作的努力确实是太少了。医生给他放了六七次血，直到他的最后抵抗力都被疾病耗竭为止。贾科莫教士出于仁慈，不顾教会的禁令给他举行了最后的宗教仪式。他逝世时离他51岁生日还差几个月。最大的憾事是他生前没有来得及考虑困难重重的重建国家的问题。

在12年中，维克托·埃马努埃尔只换了三位首相。现在则是一年更换一位：1861年是里卡索利，1862年是拉塔齐，1863年是法里尼和明盖蒂，1864年是拉·马尔莫拉将军，以后又是里卡索利和拉塔齐。1867年是梅纳布雷亚将军，1869年是兰扎。政治舞台变化无常而杂乱无章，一部分原因是意见上的分歧极不明确。在鼓励组成议会反对派方面，加富尔和德·阿泽利奥不差上下，而且当他在1852年和1859年离职时，他仅仅是离开都灵，为了等待一个更好的时机以便重新掌权。在他死后，许多人结成小团伙有点漫无目标地争夺地位，因为他们所受的教养就是卑躬屈膝地依赖某一个人。

对尚待解决的问题已经取得了基本上一致的意见：夺取威尼斯和罗马；把不同的法令和关税统一起来；对反革命进行镇压；争取财政平衡。这最后一个问题可以由下列事实证明：有几年，支出是收入的一倍半。为了挽救这种局面,货币贬值了,教会的财产国有化了,并对食品征税,致使许多人陷入了饥饿之中。支出的一个主要部分是要把60个营的兵力几乎立即派到南方去平息延续已达4年之久的内战。波旁分子和天主教徒利用了人们要求实现地方自治的愿望,以及北方人民对征兵和税收的不满,而政府和地主在经济上的歧视则使农民一直成为一支革命的而不是保守的力量。在西西里也不得不实施戒严令。在那里,每年征集的新兵名额中的大多数都设法躲入山区,从而扩大了十足的无法无天者的队伍。在巴勒莫曾经一度确实成立了一个由分裂主义者组成的政府。在这场消耗战中,死亡人数超过了为争取民族独立而进行的历次战争中的伤亡人数的总和。因为,在1848年和1870年之间的所有的正规战中为争取独立和统一所付出的总代价估计约有6000人死亡,2万人受伤。① 与实现独立和统一这一成就相比,这一代价还是小的。

  威尼斯是在1866年夺取过来的。奥地利人最初提出不战而降,以避免两线作战。但是意大利希望在战场上获胜,以振声誉,因而拒绝了奥地利投降的请求。然而随后发生的战争,其结局却不光彩。意大利尽管兵力占有优势,却又在库斯托扎被击败,在海上,也在利萨遭到失败。但是,由于它的同盟者普鲁士赢得了压倒的胜利(见第19章,原文第519页),奥地利把威尼斯割让给拿破仑,拿破仑将它让予别人。罗马的形势更加困难,因为教皇没有奥地利皇帝那样顺从,因而谈判一再地未取得任何结果。1862年,加里波第再一次试图向罗马进军,事实促使他认为拉塔齐会袖手旁观,准备利用他的成功或者失败。相反,他却在阿斯普罗蒙特被王军打伤被俘。1867年发生了类似的情况,当时梅纳布雷亚无可奈何地发现他自己处于这样的地位:他不得不设法帮助法国在曼塔纳打败加里波第的志愿军。大多数人(德·阿泽利奥是一个突出的例外)都认为没有罗马,意大利将不成为意大利。这是因为除了感情上的原因以外,其他的地区越来越不愿意让都灵或任何其他仅仅是各省的中心城市居于优越地位。最后,在1870年,由于普鲁士出乎意外地打败了法国,迫使法国撤

---

① 福尔图纳托的数字,见E. 塔利亚科佐《1870年后的政治现实主义》(巴里,1937年),第118页。

走了防守的驻军，而在宣布教皇永无谬误的时候，意大利人向罗马进军，粉碎了象征性的抵抗。这并不十分符合马志尼关于依靠人民的积极性来拯救民族的思想；在马志尼看来只不过是意大利的幽灵或者僵尸的东西，而在其他人的眼中则显得是十分真实的事物。意大利这个"地理名词"终于有了生命。随着罗马的收复，复兴运动看来暂时是大功告成了。

（万正忠　译）

第二十二章
普法战争的起因与德意志的再造

多少年来一直流传着一种说法，即俾斯麦略施小计，法国便坠入其彀中，于1870年7月对普鲁士宣战。在渲染这个故事方面，用心之恶毒和自鸣得意之程度，没有人能够比得上俾斯麦本人。许多历史学家寻找证据证明他的说法，并且认为他欺骗法国人的做法，早在1870年以前几年就已经开始。实际情况远为复杂。俾斯麦在促使战争爆发上，确实负有一定的责任，但不负全部责任。他在什么时候开始希望有一场战争，他所希望的战争结果究竟是什么，这两个问题至今仍不甚明了。

战争的结果之一，就是欧洲的外交中心从巴黎转向了柏林，这是俾斯麦1862年上台以后的几个长远目标之一。他一直在打算，只要他能够统一德意志，就要使柏林成为普鲁士化的德意志控制下的欧洲的指挥中心。19世纪60年代所发生的许多事件，都为他所下定的决心所左右，就是要按照他自己的抉择再造德意志。这种决心不久即显露出来，而四个能与普鲁士抗衡的大国，不得不对此作出对策。大不列颠和俄国由于不同的原因，采取冷漠的态度。英国人有意地奉行一种孤立政策。俄国人由于克里米亚战争（见第10章，原文第268—269页）曾销声匿迹，这时逐渐抬头，发现自己在欧洲的东南部与奥地利成了对手，因此，对于德意志的哈布斯堡家族另有他图，自然乐于旁观。奥地利积极从事的反对活动已被挫败，这在前几章中曾经阐述。法国也是持敌对态度的：法国人想要干涉德意志的内战，但却找不到机会，而柯尼格雷茨（法国人称为萨多瓦）战役中的几个战胜国，也不是轻易可以向之挑战的。

在以后的四年中，争夺对德意志统一的控制权的斗争，带有俾斯麦与拿破仑三世之间决斗的性质。他们之间一个深刻而又简单的分歧，必须从头说起：拿破仑三世对于自己的意图究竟何在，并不清楚；而俾斯麦则心中明了。拿破仑三世就像"布里丹的驴子"①（这是借用艾克所著《俾斯麦》一书中的比喻）一样，总是在王朝、宗教利益与军事利益之间，在对外政策的利益与国内政策的利益之间犹豫不决。他太富有政治想象力，而且往往追求那些水火不相容的东西，因此受到困扰。关于他的活动，有许多说法认为他每次只始终不懈地追求一个目的，其实并非如此。但是，俾斯麦就像一个成功的将军那样，从一开始就明确自己的目标：一个君主立宪的德意志，在他出身的那个普鲁士的统治阶级的控制下统一起来。他看出，如果使拿破仑三世感到彼此都得到应有的利益，而且适当地达到他的目的，以此来迷惑他，将会是大有好处的，因此，他不打算一下子拿到太多的东西。

在法国和普鲁士的君主左右，都有一个有力的由职业军人形成的"军国主义"集团。他们迫切希望自己的专长有用武之地。两国实施的征兵制训练出大批善于使用武器的士兵（见第12章，原文第312页）。和平主义的意见在科布登的英国能够起点作用，在法国就无足轻重，在普鲁士则根本没有意义。在1859年和1866年的两次战争以后，普法两国都对本国的武力深信不疑，准备有朝一日与对方决一死战。拿破仑的英明给法国带来了莫大的光荣，但是，这位拿破仑的侄子却没有他叔父的那种作战天才、领导能力和坚强的性格。而俾斯麦则无论是在政治形势不适宜发动战争时钳制军队，或是在为军队所追求的胜利创造条件方面，都证明是更为成功的。

克尼格雷茨战役失败的当天，弗朗茨·约瑟夫打电报给拿破仑三世，告知割让威尼斯给他，请求他调停休战。这位法皇对奥地利的溃败感到意外。他似乎曾期望为奥地利打赢这场战争，因此，事先无论如何也未曾采取任何步骤以阻碍现在他所面临的这场普鲁士的胜利。他未曾动员他的军队。现在他的一些大臣敦促他趁奥地利军队仍然处于战时编制时动员军队，可是他发现要有效地把军队动员起来时间来

---

① 出自14世纪法国哲学家布里丹所讲的故事，一头又饥又渴的驴子在两堆稻草之间，不知先吃哪一堆好，比喻犹豫不定。——译者

不及了。此外，他在患病；而且，原来似乎可以把握住的大好时机已经错过。他花了10天的时间编制出显然对弗朗茨·约瑟夫有利的建议。然而，俾斯麦却欣然接受了，因为他无意于把奥地利踩在脚下，他需要的只是在普鲁士夺取权力的道路上除掉奥地利（1866年7月26日《尼科尔斯堡预备和约》，以及8月23日的《布拉格和约》）。威尼斯要转让给战败的意大利，这虽然有损威信，却不是实力上的损失。当时有些人认为，把这一地区的怀有敌意的人口交出去，实际上对奥地利有利。对于战胜国普鲁士，奥地利完全不必割让领土，只需付给一笔为数不多的赔款。而且，虽然普鲁士放弃了原来的"德意志联邦"，代之以"北德意志联邦"，但这个联邦主要限于新教各邦之间，并且不超过美因河以南的地方。

俾斯麦一直到次年的6月，主要从事于制定新联邦的宪法。他对美因河以北的地方是这样安排的，即普鲁士对奥地利的一些德意志盟邦的条件是极为苛刻，以便使自己得到补偿。在这些盟邦中，使几个邦通过调整边界并入普鲁士邦，从而使普鲁士的人口增加了450万人；并且使普鲁士第一次从默兹河到梅梅尔河有一条连续不断的边界。这几个不复存在的邦中之一汉诺威，在即将来临的三四十年中，将为普鲁士提供大量的机密活动经费，而要把汉诺威邦过去统治者的公私财产划分开来这个棘手的政治问题，仍然无法解决。

俾斯麦在与普鲁士国会进行的初步较量中，取得了一个重大的策略上的胜利。进步党对于俾斯麦在30多个月以前财经上未经国会批准即对丹麦开战的违宪做法所持的反对态度，突然失去了舆论界的支持；舆论界这时却热情欢呼打败奥地利的胜利。在克尼格雷茨战役的那天选出的新国会中的自由主义多数派，不敢再冒被解散的风险，以免被彻底摧毁。因而，于1866年9月3日以三比一的多数通过了一项免于追究用于丹麦战争的违法开支的法案。这次投票由于考虑此前刚刚完成的光荣业绩，对未来产生了重大影响：它标志着德国自由主义的失败，它为以后各届政府提供了一个可资援引的适用先例，从而使政府可以摆脱国会的控制。

俾斯麦又为新的联邦设计了一个行政机构，它具有旧的行政机构所没有的实际的行政管理权，这就进一步削弱了他在国会中的敌人。下议院（Reichstag）将由普选产生——就连威斯敏斯特议会也曾害怕

第二十二章 普法战争的起因与德意志的再造

做这种安排——不过其权限只是咨询性的，甚至不包括不久前普鲁士的经验已经表明是行之无效的那种财权；不过有一点除外，就是对于军队的规模拥有一定的控制权；而选民中的农民大多数是十分保守的。新的联邦由普鲁士国王任主席；而普鲁士通过一种巧妙的手段，可以在联邦中稳居优势。普鲁士除了拥有在原来的联邦上议院中所拥有的4票以外，又增加了新近宣布纳入普鲁士的各邦原来拥有的13票；而在新的上议院（Bun-desrat）中，有14票就足以否决任何的宪法修正案。

讨论和辩论宪法，不论是私下或公开地，在其整个过程中，拿破仑三世无意中给俾斯麦帮了忙。每当需要借助外国危及德意志领土这一幽灵时，拿破仑三世就会出面充当这一恶魔的角色，使俾斯麦称心如意。拿破仑三世提出了以美因河为边界，以使德意志各邦保持分裂状态。他设想德意志会分成三个集团，第一个以普鲁士为中心；第二个以奥地利为中心；他希望，第三个，也是最弱的一个，即以美因河、莱茵河、奥地利和波西米亚为界的四个邦，会依靠他的引导。《布拉格条约》约定，这四个邦可以在国际上独立存在，但还在该条约签字以前，俾斯麦就已经秘密地说服了它们签字放弃它们要求独立的部分。

根据法国的舆论和法国外交实施的需要，普鲁士实力增长，法国的实力也必须随之增长。为此，拿破仑三世曾派遣他精明的驻柏林大使、科西嘉人贝内德蒂（1817—1900年）前往战地拜访俾斯麦，不顾巴伐利亚、卢森堡以及普鲁士本身的利益受到损害，要求扩大法国在巴拉丁的领地范围。俾斯麦简慢地对待贝内德蒂，但却设法从这位大使那里弄到了（在两人都已返回柏林后）他亲自起草的一个条约草案，内容有一些新建议，据此，法国将拿到比利时和卢森堡，交换条件是，它同意除奥地利以外，全部德意志统一，并缔结一个既是进攻性的，又是防御性的法德同盟。这个根据拿破仑三世的指示而提出的计划，俾斯麦在四年以后却引人注目地加以利用了：1870年7月25日的《泰晤士报》披露了这个计划，但未注明其日期。他得以更及时地向南德意志各邦驻在柏林的外交官们揭发拿破仑三世的种种图谋。符腾堡、巴登和巴伐利亚对于法国的欺诈意图深信不疑，因而于8月中旬与普鲁士签订了密约。根据此条约，一旦法普开战，它们将

580

把自己的军队交由普鲁士指挥。

拿破仑三世的扩张计划在欧洲得不到支持。奥地利无能为力,普鲁士持敌对态度,俄国则表示冷淡。英国正处在政府更迭的困难关头,表示出其一贯的对比利时的忧虑。意大利愤愤不平于威尼斯归其所有所采取的方式,因此不愿向拿破仑三世提供它那微不足道的支持。拿破仑三世因他的要求得不到满足而撤回,不能不感到羞辱。但是,他对这些要求念念不忘。在此以后他统治的时期里,对于他的对外政策起支配作用的因素之一,就是这一未减缓的欲望:普鲁士获益,法国定要得到补偿。

从此以后,和平就不牢靠了。拿破仑三世自己深信,或者说,他的那些狂热的顾问们使他相信,看到一个统一的德意志出现,他将是受不了的,他必须下定决心为阻止这样一个德意志的出现而奋斗。他立即让他的外交大臣德律安·德·吕离职,因为德·吕这时认为德意志的统一是不可避免的,因此他对于被罢职并不感到遗憾。他对北德意志的使节戈尔茨这样说:"我看见过两个王朝垮台,现在我又看出了这种迹象。"① 就像一个人在奔跑着,他不敢突然停下来,否则就要失去平衡而跌倒;因此,拿破仑三世只有在国外从一个胜利向另一个胜利奔跑才能在国内保持平衡。他在墨西哥的冒险已然失败:在美国的压力下,于1867年3月把他的最后一支军队撤出。

与此同时,他试图与俄国友好,但谈判却处置失宜。俄国需要法国在地中海东部地区给予支持。在这个地区,克里特岛发生了一次起义,这似乎是造成一次重新讨论东方问题的机会。但是,法国当时在东方的利益是在商业方面,不是在政治方面,因此,俄国也不会被说服对莱茵兰问题发生相当的兴趣。拿破仑三世需要取得某种胜利以打动他的臣民,向他们表示,在普鲁士获得新的利益时法国也得到了与之相当的好处,从而保护了法国的利益。1867年年初在与俄国进行谈判时他似乎找到了他所寻求的东西,这时他重新提出了要求取得卢森堡的提议。

50年来,卢森堡城有一支普鲁士的驻军,作为德意志联邦的一

---

① H. 昂肯:《法皇拿破仑三世对莱茵地区的政策……》(斯图加特,1926年),第2卷,第41页。

个堡垒，目的是与其他几处的驻军一起阻止法国向中欧推进。新成立的北德意志联邦并不包括卢森堡。因此，按理说这支驻军应当撤走。再者，荷兰的威廉三世拥有卢森堡大公领地的主权，比利时的建立，便把卢森堡与他的王国其他部分分开了；威廉三世这时财力不足。1867年3月，拿破仑三世与他秘密商定，以即付现金把这块大公领地买去。他认为，先前已与俾斯麦作过协商，普鲁士不会表示异议。但是，保密不慎，秘密被泄露出去，于是德意志报界——在俾斯麦的纵容下——对这个拟议中的交易强烈抗议。俾斯麦就选择了这一时机，公布了他在头年8月间与南德意志各邦签订的密约。

拿破仑三世突然发现自己面临这样一种形势：如果他要卢森堡，就得出动军队和付出财力。并且他再也不能像一年前那样，可以轻而易举地找到一些盟友帮助他取得这个地方。确实，俾斯麦要结成一个联盟来对付拿破仑三世同样也未得逞；英国外交大臣斯坦利（1826—1893年）虽然缺乏经验，但却不易激动，普鲁士暗示拿破仑三世确实对比利时抱有图谋，没有使他感到恐惧；而奥地利的外交大臣博伊斯特（1809—1886年），最近才从萨克森来转为哈布斯堡王朝服务，他严厉地拒绝了俾斯麦作出的友好表示。他出于某种德意志人的爱国心，也拒绝拿破仑三世提出的结盟建议。因为这种结盟难免与普鲁士交战，这是奥地利的德意志人所不欢迎的。他提出了自己的主张：卢森堡应交给比利时，法国则应得到1815年交出的两个比利时的要塞。这个建议既为布鲁塞尔所痛恨，也遭到伦敦的断然反对。法国和普鲁士都采取各种预防性的措施，进行初步动员。但是，外交活动并未走到山穷水尽的地步。两国的领袖也未下定决心诉诸一战。俾斯麦认为——或者4年后一时率直地这样说过——普鲁士本身还不够强大，不一定能通过一次战争就击败法国，而且它与南德意志各邦的联盟关系也还不够牢靠。他可以通过普鲁士驻巴黎的大使（他会让法国的皇后听取他的意见）向拿破仑三世暗示，卢森堡问题小事一桩，不值得以兵戎相见。

趁沙皇提出友好而不偏不倚的建议，在伦敦召开了欧洲各大国的代表会议。正如19世纪举行的大多数成功的会议那样，有争端的各国经过预先彼此协商，解决了所要解决的问题。拿破仑三世意识到自己的孤立，而且也不愿引起一场战争，遂改变了调子，他不再极力要求补偿，一时高唱和平并声称法国愿意尊重国际义务。他的大臣鲁埃同戈尔茨一起为和解方案作安排。普鲁士的驻军将撤离卢森堡，要塞拆除，各大国保证这个大公领地的中立。由于普鲁士对斯坦利施加了压力，这些条款才得以包括在《伦敦条约》之内。1867年5月11日《伦敦条约》签字，这次短期会议遂告结束。

此后不久，斯坦利和他的父亲，即英国的首相德比便向威斯敏斯特议会提出了对于条约中有关"集体保证"一词的奇怪解释。他们的主张似乎是，如果任何保证国侵犯被保证的领土，共同保证国中的任何一国不会因人之请采取任何行动以保卫被保证的领土。这种说法使法律家们都感到费解。这一事件在其他方面起到了它的作用：在英国的政治中，少数派政府在关于议会改革这场棘手的辩论中得到加强；在普鲁士的政治中，则仓促结束北德意志宪法的辩论。法国人对卢森堡的驻军行将撤走而欣喜；德意志人对于不让法国人继之派去驻军也感到高兴（确实，俾斯麦此时并不希望进一步激怒法国人，在9月间他拒绝了巴登加入新联邦的要求）。巴黎博览会为国际关系的交往提供了比唐宁街的谈判桌更具有吸引力的场合。沙皇和其他各国的皇室（包括普鲁士国王在内）都前往参观；但是，沙皇却遭到一名波兰青年的枪击；而且，博览会上的欢乐气氛又进一步被6月底传到欧洲的消息所破坏。墨西哥事件已告结束：马克西米连在克雷塔罗被处决（参见第24章、第25章，原文第641，677—678页）。

两个月后，拿破仑三世和欧仁妮到萨尔茨堡访问弗兰茨·约瑟夫，表示吊唁。拿破仑三世在前往萨尔茨堡途中在慕尼黑车站几乎是随便地说道，如果南德意志各邦要加入俾斯麦的新联邦从而激怒法国，他就不得不和它们开仗了。奥地利皇帝由几名大臣陪同；而这位法国的皇帝却只靠他自己的聪明。无论是忠告或是鼓励都没能导致任何明确的协议；拿破仑三世只好寄希望于他那吸引人的风度能对这位皇帝有所感动，而在过去的8年中，他对这位皇帝的帝国却频频地发动过进攻。在以后的3年中，他还一直幻想着要与奥地利结成联盟。但是，弗兰茨·约瑟夫是否愿意和这位法国皇帝达成协议，是值得怀疑的，因为要不是这位法国皇帝，他的弟弟就不会受到枪毙之刑。

拿破仑三世要和哈布斯堡王族结盟的诱因之一，是因为奥匈帝国主要是信奉天主教的，因而，这个联盟会受到法国天主教徒们的欢迎。另一方面，奉行一种坚信天主教的政策，势必使他与意大利发生矛盾，而意大利唯一有待实现的民族抱负，就是要获得现时仍然处在教皇世俗权力统治下的罗马周围的领地。拿破仑三世于1866年7月通过将威尼斯交给意大利以讨好意大利人未能成功，于是他至少在这年的12月间撤走了法国在罗马的驻军。因此，意大利政府才敢于纵容，甚至鼓励革命者袭击教廷领地。到1867年9月底，这种袭击的力量已强大到令教皇吃惊的地步。由于加里波第亲临现场领导了这些袭击，教皇更为惊慌不已。

面对着这种局面，拿破仑三世难以作出决定；而他的顾问们的意见又大相径庭，这使他更加为难。他可以支持意大利人对教廷领地的要求，这样，他既可以得到一个他认为至关重要的盟友，又可以实现他自普隆比埃会议以来作为统一的意大利的保护人的作用。但是，要这样做，他就不得不与反教权的力量以及革命的势力结合起来，这又是他所不敢干的。他自己的政权过于依靠用暴力镇压骚乱，同时又过于依靠天主教徒的忠诚。对于天主教徒来说——他的妻子就是一个热心的天主教徒——法国的义务是不容置疑的，法国必须不惜任何代价支持教皇。最后，拿破仑三世宁要国内的支持者，甚于国外的盟友。于是他派遣了一支人数不多的法国远征军乘船前往台伯河；尽管他总是犹豫，甚至到了最后，当远征军即将驶离法国领海时，他还曾想用旗语将他们召回。

这支远征军来得正是时候，11月3日在离罗马只有12英里的曼塔纳地方，它帮助打败了加里波第的队伍。意大利人对于远征军的截击是不会原谅的。几天以后鲁埃在法国议会中声明，法兰西帝国决不会允许新的意大利王国把罗马占为己有，这也是意大利人所不能接受的。

拿破仑三世秘密地用巧言继续欺骗弗兰茨·约瑟夫，希望把他自以为他们在萨尔茨堡已经取得的谅解发展成为一个羽翼丰满的联盟。这一政策终于使他又恢复了在罗马的驻军。与奥匈帝国的会谈最初是非常秘密的，拿破仑三世自己的驻维也纳大使格拉蒙，在他1870年出任外交大臣之前，对此也毫无所知。弗兰茨·约瑟夫表现出其一贯的彬彬有礼；但是礼貌所掩盖的却是不愿作出承诺。博伊斯特不肯接受拿破仑三世重新提出的结成一个针对普鲁士的积极同盟的建议，这不仅是因为它是占奥匈帝国人口一半的说德语的人民所不能接受的，而且也是因为由于奥匈协议（参见第20章）地位得到加强的某些马扎尔人领袖无疑地对法国持有敌意。拿破仑三世也不肯接受博伊斯特貌似单纯的反建议：两国事先如未取得一致意见不得采取任何外交行动。因为那样会使他失去主动。事实上，奥地利感到自己太弱，难以单独行动，按照它的提议，要把意大利拉进来成为联盟的第三个成员，为此，谈判在一年以后陷于停顿。如果说没有意大利，奥地利不会行动，那么不得到罗马，意大利也是不会行动的。奥地利所以支持意大利加入这一同盟，是因为它唯恐普鲁士不但可能把罗马，而且还可能把特兰提诺送给意大利，以此作为结盟的代价。而罗马，正如我们已经看到的，欧仁妮的丈夫这时是不会放弃的。1869年9月拿破仑三世与弗兰茨·约瑟夫之间，拿破仑三世与维克托·埃马努埃尔之间终于交换了信件。奥、意两国君主言辞热烈地向这位法国人的皇帝保证他们对他有着友好感情并决心在战争时援助他。但是，这不过是私人信件，不是正式的外交文书。对于这些没有价值的保证，拿破仑三世无可奈何，只好表示信任。阿克顿评论说："他无精打采地进行准备，就像一个为痛苦所折磨的人，失去了决心、活力和希望；因此，他久久不能作出决定。"[1]

由于这些谈判徒劳无益，法国陆军当局一直在设法改良他们的军队，以解决自萨多瓦战役以来他们心存的疑虑，即他们的军队是否还是世界上最精锐的军队。拿破仑三世对于军队的组织和军备问题极感兴趣。尼埃尔（1802—1869年）在索尔费里诺战役中已被擢升为陆军元帅，1867年初出任拿破仑三世的陆军大臣，并负责军队的大规模改革。经过长期的准备，1868年1月通过了一项法律，将服役年限从7年延长为9年，后四年为预备役。在旧体制向新体制改变的过程中，于1870年爆发了战争。新体制并没有收到像其设计者所希望的效果，其部分原因是在议会通过时作了某些修改，因为许多议员急欲缩减军事开支。但是，尼埃尔至少在他死前看到了全部陆军都装备了一种优良的后膛装填式步枪，这种步枪以它的发明者命名为"夏斯波特式步枪"（参见第12章，原文第305页）。根据曼塔纳战场上

---

[1] 阿克顿手稿，4928号，第108页。

第二十二章　普法战争的起因与德意志的再造　　　625

法国指挥官送回的报告，一些早期的夏斯波特式步枪在曼塔纳"创造了奇迹"（ont fait merveille）。消息发表后，使普鲁士人感到不安，也使意大利人的情绪受到打击。在法国国外，人们认为尼埃尔的改革极为重要。在北德意志，军队也在进行改革，阻力较小，收效甚大。新联邦其他部分的各军队，也都尽可能地按照普鲁士军队那样进行了改革。

　　在进行这些改革时，法国和普鲁士都不希望打仗。法国人是因为尚未做好准备，而普鲁士则因为战争的发生推迟一年，就可使他们的军队增加10万名经过训练的士兵。然而，法国人给欧洲其他各国造成的印象是，他们是难以相处的人，他们对于自己周围的环境不满意。例如，1868—1869年的冬天，法国一家以法国政府为债权人的铁路公司，打算向比利时购买两家铁路公司。比利时人对此感到害怕，遂于2月通过了一项法律，禁止比利时的铁路公司把铁路卖给外国人，法国政府很是生气，其激烈程度使人产生一种推断，认为法国政府从一开始就暗中参与了这项交易，由于它在政治上向莱茵河下游推进未能得逞，现在就想在经济方面取得发展。克拉伦登（他在12月间再次出任英国的外交大臣）提出了坚决的抗议，遂使这一威胁立即消除。

　　战后，一些法国人说，他们事先就感觉到了战争即将来临，因为危机四伏。事实上，1869年春天的情况是这样，1870年则不是。

　　1870年的第二天，法国的奥利维埃政府组成，克拉伦登的朋友达吕任外交大臣（参见第4章，原文第97页）。奥利维埃是以支持德意志的统一著称的。达吕最初的行动之一，就是要求拿破仑三世停止进行另一次的秘密谈判，并且取得了成功。拿破仑三世继9月间的交换信件之后，又着手进行关于拟议中的三国联盟的秘密谈判。他派遣他的军事随从弗勒里出任驻圣彼得堡的大使；他一面策划他所设想的三国联盟，同时又在探询如果俄国能够取而代之与他结盟，所索取的代价是什么。弗勒里的活动一经制止，达吕便进行了一项同样秘密的计划，同样是也没有结果。达吕说服克拉伦登向俾斯麦提出裁减大量常备军的问题，要他做得好像是出自他的本意，而不是由于达吕要求。这些谈判确实做到了严加保密，几乎逃过阿克顿的注意，直至43年之后，与此谈判有关的一位大使的生平——牛顿勋爵的《莱昂斯勋爵》——发表,此前没有在报刊上披露过。这些谈判毫无结果。俾斯麦无疑已察觉到,克拉伦登的建议源自巴黎。他提出反对该建议的一些理由,有的荒谬可笑,有的闪烁其词,非常像他的后继者在1914年以前的那几年为拒绝裁减德国海军而提出的那些理由。他矢口不谈他之所以拒绝谈判的真正理由:他不信任法国人,因此不能冒风险。他已预见到,如果法国发动进攻并遭到失败,可能就是他完成德意志统一大业的时机。克拉伦登在谈判失败后不久,在欧洲最需要他的时刻,因操劳过度于6月27日与世长辞。

拿破仑三世一如既往,没有认真地研究大臣们提出的计划。3月间,当裁军谈判仍在柏林进行时,他在巴黎却和奥地利的一位大公举行军事会谈,目的是要使他的三国联盟计划进一步落实。达吕由于在内政问题上与其同僚意见分歧于4月辞职,5月15日由格拉蒙公爵(1819—1880年)继任。他是一名职业外交家,以憎恶俾斯麦为人注目。他的任命显然表明,拿破仑三世就像那个时代的绝大多数君主一样,要独揽外交事务。6月,这位皇帝派遣他的另一名军事亲信勒布伦前往维也纳,对此他甚至没有告诉他的大臣们。勒布伦得到弗兰茨·约瑟夫给予军事援助这一令人满意的保证,不过只是口头保证而已。格拉蒙劝告拿破仑三世事先寻找盟友是无益的。他说,如果发生对普战争,其他强国会争先恐后地站到获胜的法国的一边。万一法国没有取胜,盟友又有何助益?由于拿破仑三世的身旁有这样一位谋士,他便走近他的统治的最后危机。

虽然拿破仑三世在1860年就已经扩大了法国东南部边疆,而且自1866年7月以来,又徒劳地企图扩大东北部边疆,但他似乎从未对西班牙抱有任何觊觎之意;一部分原因是比利牛斯山脉形成了一条天然的疆界;另一部分原因是他的妻子是一个具有爱国心的西班牙人;还有一部分原因是他对于他的叔父入侵西班牙导致毁灭一事记忆犹新。但是,造成他的帝国垮台的危机,正是在这个被忽视的地方发展起来的。

西班牙伊萨贝拉二世的统治于1868年9月在动荡中告终。她那腐败的专制政府由于其本身的无能,又受到军人政客塞拉诺和普里姆(1814—1870年)的攻击而垮台(普里姆曾担任西班牙在墨西哥驻军的指挥官。他知道墨西哥对于法国没有好感)。有些人试图找出俾斯麦这些年来在制造对法国不利的种种交易活动中所策划的阴谋,他们以为他们能够从俾斯麦在西班牙问题上的谋划中找到蛛丝马迹。如果相信俾斯麦老谋深算,对于未来的一段岁月具有先见之明,那么,上述猜测可能就是一例;但因找不到任何有关的证据,因此这种猜测不大有可能。伊萨贝拉逃往巴黎。接替她的人们立即着手寻找一位君主登上他们一手扶植起来的立宪政体的宝座。艾克曾生动地描述普里姆翻阅《哥达年鉴》,想从中找出一位具有必备的无可指摘的教养和信仰天主教的君主。① 但是,能中选的人物却寥寥无几。当时,新闻界和"外交界"普遍认为,可能参选的人只有伊萨贝拉的儿子阿方索、葡萄牙的费迪南德、蒙庞西埃、奥斯塔和热那亚的三位公爵,以及霍亨索伦家族中的信奉天主教的一支中的某位王公,该家族信奉新教的首领是普鲁士国王。

从西班牙国内人士的观点来看,除阿方索不受欢迎外,这些候选人中间也没有什么可挑选的。但是,其他各国,却都另有考虑。预料英国根据传统的理由是反对蒙庞西埃公爵的,因为他是路易·菲利普的儿子。奥地利不会欢迎挑选一位意大利人,法国则不愿挑选一个德意志人。而在波拿巴家族的成员统治下的法国,同样也反对蒙庞西埃。对于普鲁士来说,霍亨索伦家族的候选人如果能够继位,在战略上显然是有利的,因为一旦和法国打仗(柏林几乎每个人都认为战争是不可避免要爆发的),他就会使法国人不得不有后顾之忧。许多历史学家曾约略地谈及这一点,因为他们试图把提出这个候选人看作只是俾斯麦蓄意推进战争的一种手段。

俾斯麦对提出一名霍亨索伦家族人为候选人甚为关怀,这一点现在已是无疑的了,虽然他采取这一步骤的动机究竟何在,至今还没有完全弄清楚。这个问题早在1866年11月他就加以注意②;因此,他密切注视着西班牙的局势,1869年5月曾派遣两名密使伯恩哈迪和

---

① 埃里奇·艾克:《俾斯麦》(苏黎世,1941年),第2卷,第438页。
② 这一事实,就像这个问题的其他许多重大事实一样,都是R. H. 洛德《1870年战争的起源》(哈佛,1924年)一书首先披露的,这是对德国部分档案的一种分析。洛德根据档案文件所作的许多结论,阿克顿凭借其历史洞察力,早在30年前就已作出了预言;但洛德似乎并未利用阿克顿的文章;而且,他不可能看到德国的全部档案。对他保密的那些材料,是由G. 邦宁《俾斯麦与霍亨索伦家族对西班牙王位的候选问题》(伦敦,1957年)一书所披露的。这两本书以及法国政府的《1870—1871年战争的外交渊源》(巴黎,1931年)第28卷涉及1870年7月1日至15日这一时期,都是刊印的主要参考材料。

弗尔森（1833—1893年）到西班牙；他们的最终任务——为此可以动用5万英镑现金——是要让西班牙的军队和教会对于要有一位霍亨索伦家族的成员成为统治者的主张有所了解。① 最初，俾斯麦的行动是出于要使法国处于左右为难的窘境这一策略，即要么接受霍亨索伦家族的一员做西班牙国王，要么则展开困难的外交活动以阻止这位候选人的入选；除此以外，无须推测其他的动机，普里姆选中霍亨索伦家族的利奥波德公爵（1835—1905年）。利奥波德由于有缪拉祖母的血缘，与拿破仑三世的关系要比与威廉一世的关系更亲近。俾斯麦就是利用这一事实为借口，对法国反对利奥波德为候选人一事表示惊讶。这位首相知道，霍亨索伦家族一定是完全忠于普鲁士的。利奥波德的父亲卡尔·安东1858年曾任普鲁士的首相，是他的远房兄弟普鲁士国王本人的朋友。

利奥波德的另一个重要的家族关系是，他娶了葡萄牙费迪南德的女儿为妻。因此，西班牙主张成立一个伊比利亚联合王国的人们则指望，如果利奥波德成为西班牙的国王，有朝一日他的子女就会通过继承而拥有葡萄牙。但是，要达到这一目的，更为直接的办法就是拥戴费迪南德本人或他的儿子葡萄牙的当朝国王路易斯为西班牙的国王；利奥波德公爵夫人是绝对不愿反对他们的。直到费迪南德和路易斯两人，以及上述意大利人中的一个对普里姆的建议表示拒绝为止，普里姆于1869年9月间首先与利奥波德正式接触。② 这次接触可能是得到了柏林方面的鼓励。无论如何，这次接触失败了。利奥波德和他的父亲都无意于西班牙的王位，而且他们也害怕法国的反对。普里姆因而便和热那亚公爵开始会谈，当时公爵在哈罗还是一个孩子。但是，1870年年初，公爵的叔父意大利国王却不准他充当西班牙王位的候选人。因此，普里姆实际上已无可选择，只好去找势单力薄的小诸侯，这是和西班牙的骄傲不相容的；或者，使西班牙成为一个共和国，这又是和西班牙人的感情格格不入的；或者，不怕触犯英法两国

---

① 阿克顿手稿4928号，第162卷，邦宁书，附录A。
② 1869年3月末，西班牙的一名外交官访问柏林，贝内德蒂怀疑——可能是错误地——他当时是去讨论提名霍亨索伦家族的成员候选西班牙王位的问题。贝内德蒂一方面向本国政府提出了他的怀疑，同时也向普鲁士外交部中俾斯麦的副手蒂尔（1812—1889年）提出了这个问题。蒂尔坚决否认这种候选的可能性。5月，俾斯麦对贝内德蒂说，西班牙王位问题尚无定论——估计他是言不由衷，因为他刚刚向西班牙派去了伯恩哈迪。

而立即挑选蒙庞西埃公爵；或者，再去找霍亨索伦家族。

1870年2月末，普里姆的信使萨拉萨尔再次前往德意志，向俾斯麦和普鲁士国王以及利奥波德本人提出请求。普里姆要利奥波德严守秘密，虽然他过去所进行的谈判都多少是公开的。这一做法说明他对于引起法国的反对而使计划破产有所顾虑；也可能是由于柏林的促使，这时柏林方面，俾斯麦已接受由霍亨索伦家族成员充当西班牙王位的候选人，而且极力要促成此事。他在3月9日的一份强有力的呈文中，向不大赞同的国王大力陈说掌握西班牙在战略上具有的重大意义，并且巧妙地却有失公正地补充说，如果霍亨索伦家族成员不充当候选人，巴伐利亚的维特尔斯巴赫家族的成员则将捷足先登，并且可能为对俾斯麦正在缔造的新德意志持敌意的分子提供一个虽属遥远、但却是可靠的恢复元气的据点。①

在普鲁士的首都，事后有人向为数不多的当时知情人询问此事时，他们却伪称，萨拉萨尔的访问纯属家族事务。可是，3月15日威廉在他的宫中举行了一次宴会，出席的除了卡尔·安东、利奥波德和国王自己的王储外，还有他的首相、陆军大臣、参谋长以及三名次要的顾问。俾斯麦这时和他的全体同僚一道，极力要求利奥波德公爵肩负起责任，实际上就是必须要竞选西班牙王位。但是，这位普鲁士国王却不愿强迫这位年轻人奉命，而是让他自行作出决定。利奥波德经过几天的考虑以后，表示拒绝。而他的父亲这时对于当"王父"一事却颇为热心，便立即把利奥波德尚存的一位弟弟弗里德里希找来（安东在柯尼格雷茨战役时受伤死亡），但弗里德里希拖延了一段时间后，也对这一可疑的荣耀表示拒绝，于是整个计划就被放弃了。

这个计划却由弗尔森以一种意料不到的方式重新提了出来。这位36岁的骑兵少校不甘心他为之花费了许多时间的计划付诸东流，于是，他通过巧妙的安排，劝说普鲁士王储、卡尔·安东和俾斯麦合作——背着国王——请求利奥波德改变主意。普里姆自然支持这一渺茫的希望。萨拉萨尔又一次回到德意志。利奥波德最后终于在6月19日写信给普鲁士国王，请求他正式同意他接受西班牙的王位。威

---

① 这一文件在20世纪20年代严加保密，洛德以及《总政策》一书的编者们均无从看到。它于1931年第一次发表，现在可以看到德皇表示不同意的可贵的旁注批示，见邦宁，前引书，第68—73页。

廉非常生气，被迫于21日表示同意。萨拉萨尔还要再等两天才能够带着这封非常重要的认可书动身去马德里。

这时发生了一件奇怪的事情。萨拉萨尔通过普鲁士的电路向国内发了一份密电，声称他已大功告成，并将于6月26日回国。事后经过秘密调查，是马德里的译电员将电文译错，于是普鲁士驻马德里的官员转达的回国日期成了7月9日。日期错译产生的后果影响很大。马德里的人们情绪十分激动，达到了令人无法忍受的程度。而普里姆由于不愿议会对于一个他当时尚不能披露的问题再开上两个星期的会议而激怒他们，便让议会休会到10月。萨拉萨尔在行程中对此一无所知，因此当他到达马德里时，并没有把他带回来的消息向他的朋友们隐瞒。信奉天主教的霍亨索伦家族的人，在言行方面也没有做到较为谨慎。因此，7月2日，巴黎的一家报纸登载了一个谣传，说利奥波德已经同意继承西班牙的王位，这也就不足为怪了。当天晚间，普里姆便不得不为这个问题向大发雷霆的法国大使竭力进行解释。7月3日星期天，即萨多瓦战役四周年之际，这个消息便传遍了整个巴黎。

直到上个星期四，奥利维埃在回答议会的质询时还说，他的政府一点也没有感到不安；欧洲持续的和平这时对于欧洲似乎再稳定不过的了。英国外交部常务次官7月15日对新任的外交大臣格兰维尔说：在外交事务中从来没有见到过这样长的平静。英国的读者很明白这是什么意思。普鲁士同样也十分平静；俾斯麦在瓦尔青，住在他那遥远的波美拉尼亚的庄园里；王后在科布伦茨，国王则在附近的埃姆斯矿泉疗养；贝内德蒂7月1日离开柏林去维尔德巴德疗养，留下勒苏尔代理大使职务。这种平静瞬息即逝，普法两国未出两个星期就开战了。下面将对这两个星期中的事态予以概述；好奇的读者如欲探究其细节可阅读洛德的著作、法国的文献以及诸多回忆录，不过这些文献都多少会使人有所迷惑，因为冲突的参与者们在其中都极力洗刷自己而诋毁对方（拿破仑三世及普里姆的回忆录都未保存下来）。

利奥波德接受王位的消息传到法国后，群情激愤。巴黎各报报道此事时几乎一致痛斥，认为这项计划意在削弱法国的安全；并且对此计划至今仍严加保密提出了严正抗议，措辞极其强硬。宫廷和政府人士虽然众口一词，但他们持敌对态度的理由却更为复杂。这次意外事件之后，拿破仑三世说，西班牙王位的不稳定对他至关重要，因为这种不稳定似乎表明数年时间之内普鲁士会进行干涉以支持利奥波德对抗革命（的确，下一位西班牙国王只统治了两年就在混乱中垮台）。这时，拿破仑三世同意了亲信们的意见，主张必须立即予以反击。7月7日宣布，西班牙议会将于20日复会正式选举利奥波德，这时，反击就变得更为紧迫。但是，法国人展开反击运动过于急躁，从而铸成两次大错误。其一，运动是完全针对普鲁士的。如果只是要求普鲁士政府从中斡旋，劝告利奥波德不要挺身而出，并要求它和法国一道向马德里提出抗议反对普里姆的人选，普鲁士政府若对此加以拒绝确实是困难的。但事实上，勒苏尔7月4日奉命向蒂尔提出一个粗暴的问题，蒂尔给予的答复更为粗暴。奥利维埃回顾说："在柏林，他们砰的一声把我们关在门外，并且嘲笑我们。"①

第二个错误更严重。7月6日下午，格拉蒙对议会的质询作了简短的回答，要求议会不要在如此微妙的时刻强求进行辩论，结尾是一段大肆渲染的言辞：

> 但是，我们不能认为，尊重一个邻国人民的权利居然会迫使我们容忍外国势力把它的一个王公扶上查理五世的王位，从而破坏欧洲目前的均势，对我们造成不利（来自各方面的热烈掌声）并且危及法国的利益和荣誉。（更为热烈的掌声，持续的欢呼。）我们衷心希望，这一事件将不会发生。为了制止它，我们同样信赖德意志人的明智和西班牙人的友谊。（友好地打断了发言。）如果此事一旦竟然发生，先生们，在你们强有力的支持下，在全国强有力的支持下（又一次友好地打断了发言），我们知道如何尽我们的职责，毫不动摇，绝不软弱。（长时间的鼓掌——一再欢呼。左翼进行干扰并提出抗议。）②

国民议会听取了这一发言无比兴奋，会议不得不暂时中断。帮助起草这个发言稿的奥利维埃，在他任职期间一直维护它，说它是一个

---

① 《自由帝国》，第14卷，35。据回顾奥利维埃的这一自辩书在1909年以前一直未在巴黎披露。
② 1870年7月6日，立法院；《法兰西帝国公报》，7月7日，第1189页，第2栏。

绝妙的宣言。这个发言虽然大快人心，实际上却导致了灾难。这不仅在于它的语气令人反感，故意地指斥普鲁士这个像西班牙一样的毗邻国家为"外国势力"而不说"邻国"，还不仅在于格拉蒙在指责普鲁士一手策划了这个阴谋时，并没有拿到证据就采取行动，而且是和蒂尔的正式否认针锋相对。他发言结尾的话显然是一种威胁：他的要求如果得不到满足就诉诸战争。这番话是至为严重的。若不是因为格拉蒙和拿破仑三世的外交进一步表现无能，几天以后把法国投入战争，他们对这番言论就必得作出解释；正如俾斯麦在随后的那个星期里不止一次所说，他准备要求对这种如此侮辱人，使法国只有诉诸战争的言论作出解释。

俾斯麦在离首都有半日旅程的地方，迄今对事态并未起重大作用，然而他和萨拉萨尔一直保持接触，萨拉萨尔早在6月29日的一个电报中就提醒他说，事态逼近严重关头。格拉蒙利用俾斯麦不在首都的有利时机，他知道威廉一世虽处事谨慎，且有时固执，却缺乏他的首相的那种决心。7月4日下午危机开始时，格拉蒙和奥利维埃会见了普鲁士驻巴黎大使韦特尔，他是一位正直的外交官，不了解西班牙王位候选人问题的内幕，他们劝他把受王位候选人给法国政府造成极为痛苦感受的消息带往埃姆斯，韦特尔早已准备在次日晚前往该地。他们通过韦特尔，求助于秉性善良和热爱和平的威廉，表明他们希望威廉让利奥波德就此止步。韦特尔于7月6日晨抵达埃姆斯，他转达了他们对他所说的话，但说得比较缓和，但至少已向国王说明白了巴黎官方的神经十分紧张，那里普遍在谈论战争。

威廉显然获得了深刻的印象，并且在当天下午——真是出人意料，就是那天下午格拉蒙发表了那个无可挽回的演说——他给卡尔·安东写了一封信。国王提醒他的同族兄弟注意法国人激动的程度，信中附上一份韦特尔向他报告的副本，并且提出了各种息事宁人的建议。与此同时，利奥波德却不知去向。为了说明他的去向，人们浪费了不少笔墨。他的家人说明的真实情况，看来是无可怀疑的，他已去奥地利境内的阿尔卑斯山的一个遥远的地方徒步旅行，没有留下地址；而且碰巧他在7月13日前一直没有看报纸，那么7月13日他自然就立即动身回国了。就他在7月1日动身外出时所知道的情况，他的命运要到10月间才能决定，而且，那些日子他十分劳累，需要一次休假。

在次周的大部分时间里，威廉一直心绪不宁，思想混乱。他要贯彻自己的政策，劝说他的王室兄弟们或通过对西班牙失信的手段，或表现出对法国的威胁作出不当的让步，而在丝毫无损霍亨索伦家族荣誉的情况下，撤销利奥波德作为候选人的名字。格拉蒙的演说使他很生气。但是，韦特尔所阐述的巴黎方面的情绪，使他深信存在着真正的战争危险，而他自己是不愿意挑起战争的。俾斯麦安排在威廉身边的资历较浅的外交官阿贝肯，在俾斯麦掌控下，一直敦促他采取坚定的态度和不让步的政策。但是，威廉每日与妻子互通信息，他的妻子还常常去看望他，这时向他力陈保持和平的重大意义。他的朝臣们大多数在不同程度上是好战的。但是，另一方面，他又受到贝内德蒂的翩翩风度和娓娓劝说的影响。贝内德蒂是由他自己提议于7月8日来到埃姆斯的，他的任务是即使他不能使威廉命令利奥波德退出王位候选，也要诱导威廉劝说这位王子这样做。

其他方面的势力也在为和平的利益发挥作用。威廉本人向俾斯麦建议，可以吁请某个友好国家根据《巴黎条约》规定的方针进行斡旋。俾斯麦反对这一建议，其反应速度之快就足以证明他已决心要让法国人落入他们正在为自己掘的陷阱。格拉蒙已经向其他国家提出呼吁。沙皇不同意利奥波德充当候选人，但他不愿声明反对；6月初，他在埃姆斯会见了他的叔舅普鲁士王威廉，会见时对于王位候选人问题似乎只字未提，而且，虽然他认为霍亨索伦家族的自命不凡已经大大超过了对法国保持礼貌的程度，但这时要增加法国的力量来反对普鲁士人，则对俄国不利，因此他没有采取行动。奥地利没有采取任何有效手段以支持任何一方。弗兰茨·约瑟夫的驻巴黎大使能够再清楚不过地看到，巴黎统治集团中的某些人已决心要把一场战争强加于普鲁士。早在7月6日他就发现皇后"强烈地支持战争"，而且"对于政治胜利或战争的前景看法显得幼稚10年"。[1] 博伊斯特劝格拉蒙要有节制，并且从布鲁塞尔派出一名特使，以便向他和拿破仑三世对此予以强调。但是，两人都拒绝会见特使，一直到为时已晚。在英国，格莱斯顿内阁对爱尔兰的土地政策意见不一致——现在人们才知道，

---

[1] 梅特涅1870年7月8日致博伊斯特信（摘自《英国历史评论》，第38卷，第92—93页）。

这个问题当时几乎使这个内阁垮台——而且正恼于国内问题，对于海峡彼岸所发生的事情，只能勉强地予以注意。

因为在法国，主战派从一开始就掌握了主动权。他们在新闻界几乎一致的支持下，向法皇力陈立即开战的种种好处。德意志的人口与法国的人口相比较，逐年都有增加。德意志各邦过去每年日益紧密地结合形成了一个军事同盟。法国军队在装备方面暂时居于优势，因为后膛快枪是一种比撞针枪精良的步枪，还有一种叫作连射枪的新式的可怕武器预料会产生摧毁性的效果，这就是后来1918年在各个战场占优势的机关枪的雏形（参见第12章，原文第307页）。这一明显优势所引出的问题是严重的。法国和德意志的每个有理性的男女在1870年都会一致认为，战争就其本身来说是一种罪恶。然而，他们总是可以振振有词地提出一种能够自圆其说的论据来说明：还有比战争更坏的东西，其中之一就是普鲁士的实力使法兰西文化黯然失色，而俾斯麦的普鲁士与西班牙暗中达成的协议已经表明普鲁士为造成这种局面正在行动；因此，法国的任何一个政治家要是不能抓住由于这种秘密协议而送到手中的时机，利用法国暂时的、可能稍纵即逝的军事优势来对付普鲁士，他就是干了背叛法国的蠢事。再者，不能认为法国主战派的所有发言人在当时都是有理性的。"爱国者"的传单强烈要求立即动员，准备宣战。军人们虽然没有强烈要求对事态迅速作出结论，但是他们也采取了许多警戒措施。这些措施并未逃过驻巴黎的北德意志大使馆的注意，而且早在7月9日，贝内德蒂的使命刚刚开始之时，就已经将这些措施向国内报告了。

在普鲁士方面，无须在军事上采取预防措施。蒂尔在10日傍晚打电报给阿贝肯说，一名军官"向我保证总参谋部已做好一切准备"。毛奇和罗恩日来在他们的乡间别墅逍遥自在，他们获悉，应该采取的每一步骤都已准备就绪，因而甚为放心。俾斯麦自然要忙碌得多了。他不仅要从瓦尔青处理外交部的重大事务，并且经常与国王电报往还；他还要领导普鲁士各家报纸展开强大的宣传运动，对法国及法国的一切极尽诋毁之能事，其恶毒的程度与巴黎的各家报刊同时对普鲁士及普鲁士的一切进行的猛烈抨击不相上下。他对他的国王与贝内德蒂在每日的会谈中以及在与卡尔·安东的书信往还中所采取的一切步骤并不完全了解，而且也不及时。但是，他非常清楚地意识到，决定的时刻即将到来，因为这时无论法国或霍亨索伦王室方面都已失去耐心。他于7月12日离开瓦尔青前往埃姆斯，途中必须经过柏林。

当晚，他抵达首都。离车站后在途中，他乘的马车与戈尔恰科夫的马车不期而遇。两位首相握手略事寒暄。戈尔恰科夫已经退出政治舞台，这时在度假。俾斯麦遂继续前往他的办公处所，在那里他发现的事，使他大为震惊：阿贝肯发来电报向他报告说，利奥波德已经退出西班牙王位候选人。其他的有关函电说明，退出候选一事，至少在一定程度上系威廉对卡尔·安东施加压力所致；威廉正打算亲自向贝内德蒂宣布此事；而且，巴黎的情绪可能是比过去几天更加反普鲁士了。俾斯麦决定不再前往埃姆斯，在柏林停留下来考虑法国的外交活动何以能够取得如此重大胜利，年迈的基佐把这个胜利说成是他一生中最辉煌的胜利。

乘俾斯麦不在时对威廉施加影响这一策略确实高明。威廉没有——或许是不敢——把他的主张告诉俾斯麦，就派总参谋部的施特兰茨上校携带函件去会见卡尔·安东，函件的内容虽从未公开过，但卡尔·安东的行动却清楚地表明了其主旨。不仅如此，拿破仑三世和西班牙驻巴黎的大使私下里作出安排，同样也向卡尔·安东派去另一名特使，以家族利益为理由陈述意见，此人就是卡尔·安东的儿子、罗马尼亚公爵卡尔在巴黎的代理人斯特拉特。斯特拉特不仅负有使命请求这位年老的王公为了维护和平，要让他的儿子利奥波德撤销其作为候选人的名字；而且，他还含蓄地威胁说，如果他不这样做，他的儿子卡尔在布加勒斯特的王位任期在法国的策划下，将被缩短。斯特拉特和施特兰茨都在7月11日晚到达，并与卡尔·安顿会谈到深夜。是把希望寄托在利奥波德身上呢，还是寄托在卡尔身上？是维护家族尊长的责任感呢，还是维护荣誉感？这位老人权衡得失，举棋不定，不愿收回已作出的诺言。次晨，卡尔和责任感占了上风。他给普里姆发了一个电报，也给西班牙驻巴黎大使发去同样的电报（均未用密码），以利奥波德的名义，放弃对西班牙王位的任何要求。向威廉也报告了此事，威廉获悉这一消息后，感到很高兴，一个棘手的难题终于解决了。

巴黎的反应有所不同。这种弃权自然受到欢迎。但法国至今群情仍然激愤，卡尔·安东电报的本身看来是不够的。父亲的话是否能够被认为对于儿子具有约束力？每个人都记得，或者马上就会想起来，只是在6年前，德意志的另一位王公奥格斯滕堡对丹麦王位权力的要求，他的父亲以他的名义宣布弃权，而他则拒绝遵从；利奥波德自己的兄弟途经敌国领土前往罗马尼亚接受王位时的惊险旅程，更是使人记忆犹新，那次旅程既是一个重大的政治事件，也可以称得上是一出轻歌剧。有一种外交论点也值得重视，即西班牙王位继承人选产生的方式既突然又秘密，因此法国受到了来自普鲁士以及西班牙的侮辱；虽然法国的外交官们对于任何人向他们问到法国是否永远不会同意让一名德意志人充当西班牙国王时，他们从来没有在思想上产生过任何怀疑。

当格拉蒙和奥利维埃于7月12日下午一道会见已经返回巴黎的韦特尔时，他们思想中主要考虑的无疑就是这个外交论点；虽然他们不可能忘记，他们自己的政府任期朝不保夕，因为两院的议员虎视眈眈，如果他们两人不对普鲁士采取毅然决然的坚定态度，就要猛烈地攻击他们。格拉蒙只是在两个小时前才得知弃权的消息——邮政当局在把卡尔·安东的电报送交西班牙大使的同时，也把一份副本送交了格拉蒙。西班牙大使在韦特尔会谈开始时，即把电报的内容通知了格拉蒙；格拉蒙不可能经过深思熟虑或在征询皇帝的意见之后再行动。他向韦特尔提出，这个事件只有由威廉一世写信向拿破仑三世道歉才能罢休，普鲁士国王应在信中说明，他为他的王室兄弟所制造的麻烦表示歉意，同时由衷地对法国表示尊敬而友好的感情。韦特尔答应把这一要求转呈他的国王，从而毁掉了他自己的前程。但是，事态的发展不只是一个老年人在普鲁士外交界的去留问题。格拉蒙坚持要求普鲁士除放弃王位外还要有所表示，以此来引发战争。

虽然格拉蒙最初是凭一时冲动行事，可是他凭借个人和社会的力量得到了奥利维埃——这位地方律师是不愿和一位公爵在这种危机四伏的气氛中进行辩论的——当天晚间格拉蒙前往圣克卢宫把他的所作所为向拿破仑三世作了报告。他把造成巴黎中心群情激愤的那种情绪带到了平静的郊外。看来，他并不费力地就说服法皇相信了他的所作所为是正确的。实际上，他们两人在欧仁妮的影响下决定向普鲁士国王进一步提出足以伤害感情的要求。7点钟，格拉蒙打电报给贝内德

第二十二章　普法战争的起因与德意志的再造

蒂要他从威廉那里取得保证：作为霍亨索伦家族的首脑，他决不再允许利奥波德接受西班牙的王位。格拉蒙在午夜时又重新发出这个命令，只是电文词句有所不同。但是，这两份电报都没有向贝内德蒂提及他在下午和韦特尔的谈话。然而，他的确使这位大使获得了这样一种印象，为了平息巴黎人的感情激荡，需要迅速得到答复。被奥利维埃称之为"圣克卢宫疯狂的即兴之作"的这两份电报起了决定性的作用：它们毁掉了第二帝国。这些电报虽然愚蠢，但只用一天时间就产生了效果，这就是1870年7月13日，星期三。

那天早晨8点钟，威廉去埃姆斯的公园进行通常的两小时的散步活动。散步中有几次停下来通过侍从与贝内德蒂交换意见。散步结束时，这位大使终于亲自出现在国王散步的路上。两人就放弃王位一事（两人都看到当地报纸的报道）交谈几分钟后，贝内德蒂就极力要求国王作出许诺，决不让利奥波德的名字再被提出。他处理这个问题不像往常那样得心应手。威廉对这种要求感到惊讶，更被这位科西嘉人说话的紧逼语气所触怒，于是断然地说，他决不能作这样的许诺，随后举了举帽子，继续向前走去。

那天稍晚的时候，威廉通过侍从通知贝内德蒂，这时他说已从书面获悉放弃王位一事（斯特兰茨已于中午回到埃姆斯），并且已予批准。但是，傍晚时，他对这位大使提出的要进一步会谈这一几乎是发狂的要求，予以断然拒绝。他拒绝的原因肯定是由于下午较晚的时候收到了韦特尔的电报，报告格拉蒙要求写道歉信，国王理所当然地认为这种要求是无礼的。而且，他认为贝内德蒂也奉命向他提出这一要求，虽然事实未必如此。

但是，应该指出，午饭后不久，那时贝内德蒂还没有受到断然拒绝，阿贝肯就起草了一封给俾斯麦的电报，报告（主要用国王的原话）那天早晨在公园里发生的事情。这封著名的电报[①]把贝内德蒂的建议以及威廉对他的态度说得比事实更严峻。这封电报的语气何以如此，一个可能的解释很简单，就是埃姆斯夏日午后的气候闷热得几乎令人难以忍受。电报的最后一段非同寻常，授权给俾斯麦

---

① 至下午3点10分电文已译成密码；3点50分发出，柏林于6点零9分收到。全文见洛德《1870年战争的起源》，第220—221页；译文见（例如）C.格兰特·罗伯逊《俾斯麦》（伦敦，1918年），第496—497页。

向报界以及普鲁士各驻外使馆（如果他愿意这样做）揭露这一事件。

俾斯麦在柏林度过了难眠的一夜和焦急的一天，没有获得巴黎对放弃王位一事反应如何的可靠消息。下午4时左右，他会见了动作迟缓而神态严肃的英国大使奥古斯塔斯·洛夫特斯勋爵。俾斯麦对他毫不隐瞒他对法国人的仇恨。他甚至把拿破仑三世的政府比作"一帮土匪"，理所当然地希望洛夫特斯听后当天就重述这一伤人感情的言辞，从而刺痛法国人使之无法容忍。因为，毋庸置疑，俾斯麦得知利奥波德退出西班牙的王位候选后，就决心抓住这个机会挑起一场战争，最好是使法国充当侵略者。他希望，法国人的傲慢和愚蠢会使法国认为仅仅退出王位候选是不够的，因而提出某种新的要求，从而使战争的爆发无可避免。如果此举不成，他准备让普鲁士转而采取攻势，要求对格拉蒙一周前所作的那次关系重大的演说作出解释，这样就会产生此刻他热切希望的结果。他几乎将这些想法对洛夫特斯直说；至于其他，从随后几小时他发出的电报；从事后几年他总是眉飞色舞地叙述那天傍晚他如何诱使法国人似乎就要挑起他当时所希望的战争，人们就可以判断出来。

俾斯麦希望最终导致战争，这已不是什么秘密。他喜欢重述这次战争的爆发，认为这是他一生中的伟大胜利。他是否一直希望战争尚难确定。他的辩护者为开脱对他的指责，必然竭力进行反驳，说在他知道危机临近爆发的程度以前，他就已退居瓦尔青，而且后来他又充当了欧洲和平的仲裁人。虽然明明知道法国的敏感之处，他还硬要霍亨索伦家族成员候选西班牙王位；还有他在危机最后阶段所持的态度，这些都使人强烈地感到他念念不忘战争，不过他只是以极其敏锐的目光抓住了那稍纵即逝的时机，从而达到促使战争爆发的目的而已。

罗恩和毛奇那天晚上与俾斯麦共进晚餐。他常说他们来时情绪低沉。但事实上他们三人情绪高昂，要打电报给国王建议向法国发最后通牒，要求法国对自己的行为作出解释。与此同时，阿贝肯说明当天早晨在埃姆斯所发生的事件的电报已经译出。最初，俾斯麦和他的客人看到这封电报大为扫兴。但他们从准许将事件公之于众这一点看出事情尚有可为。俾斯麦迅速写好他所修改的电稿，文字大大删短，口气更加粗暴无礼。不到两个小时，电讯稿就在柏林的大街小巷免费散发。[①]电讯也发给了驻在欧洲绝大部分国家首都的北德意志代表，但巴黎除外。

消息很快就传到了巴黎。这个节略的电文使人觉得既然贝内德蒂不礼貌地强迫威廉接受无理的要求，因此受到同样不礼貌的断然拒绝。

人们一般总是把俾斯麦删改电文看作导致普法战争的直接原因，但这只是部分正确。的确，这个电文使各自国家的居民都产生了一种必然的心情，从而使战争深得人心；法国人和普鲁士人都各自认为他们受到了无法忍受的侮辱，必须诉诸武力才能解恨。但是，法国和普鲁士都不是民主国家，因此有必要简要地追溯一下两国的统治者们急迫地采取了哪些步骤，把开始时的一桩外交事件从而推向普遍认为外交手段已不可挽回的绝境。

法国内阁7月14日下午在土伊勒里宫举行会议，拿破仑三世出席作出了两项决定：动员陆军后备部队和呼吁举行大国会议。直到内阁会议之后，那位不幸的韦特尔才得以会见格拉蒙并解释说，他已接到指示，要他立即休假。他作此解释无异于说明，普鲁士政府已经将他撤职。这个事件使格拉蒙更加感到普鲁士已无所顾忌，准备一意孤行了。当晚，大街上人群麇集，大声疾呼要求战争，其激烈程度与头一天晚上柏林的人群呐喊战争一样。大臣们这时意识到他们作出的两项决定自相矛盾。晚饭后，他们又在圣克卢宫开会。拿破仑三世一直优柔寡断，下不了决心，因此意气消沉。但是，这时已有不少的人们准备替他下决心，尤其是他的妻子（她出席了会议）感情激动地力主开战。坏消息不断传来，最糟的一条是，普鲁士的驻外各使馆正在散发俾斯麦改写的埃姆斯电报。对法国内阁来说已经很清楚，普鲁士一心要把一场战争强加于法国。因此，他们决定，为了国家的安全，要求立即实行动员，最好先发制人，并且凭借迅速行动夺取可能取得的军事优势。陆军大臣勒伯夫向大臣们保证军队已作好充分准备。当拿破仑三世提及举行大国会议的主张时，格拉蒙几乎是大声喝

[①] 电文见洛德著前引书，第231—232页；译文见（例如）格兰特·罗伯逊，前引书。俾斯麦从埃姆斯发出的压缩后的电报手稿原件，见PRO：GFM21/47。

止住这位皇帝的发言（顺便提一下维斯蒂姆第二天晚间对他说的话"使公爵陷入难以形容的狂怒之中"①）。第二天上午内阁最后召开会议解决具体问题。拿破仑三世几天后对一位英国朋友说："法国已经脱离我的掌握。我若不领导，我就不能统治……我别无选择，只好走在我既不能阻止也不能控制的舆论的前头。"② 这简直是勒德律-洛兰在1848—1849年骚乱时一段著名发言的奇异翻版。③

贝内德蒂连夜从埃姆斯赶回，于15日上午法国内阁会议刚刚结束后进见了格拉蒙和奥利维埃。他报告了在埃姆斯散步时事件发生的实际情况，可能还提到当他离开埃姆斯车站时，普鲁士国王一面握着他的手，一面喃喃地说"柏林再见"。④ 他的报告并没有使这两位大臣有所动摇，他们认定普鲁士希望战争（贝内德蒂本人的记事在他离开埃姆斯后就终止了）。

7月15日星期五的下午，奥利维埃和格拉蒙向议会提出拨给动员费的要求，他们所使用的言辞无异要宣战。奥利维埃的提议在下议院以245票对10票的压倒多数获得通过。只有梯也尔和法弗尔发表了有力的演说，表示反对。甘必大发言时支持他们，但投票时却支持战争。几小时以后，威廉作出了自己国家实行动员的决定。在此之前，他白天乘车去柏林，在火车上与俾斯麦会谈了一个小时，在波茨坦的拥挤的候车室里对来自巴黎的不准确的消息又考虑了10分钟。然后他经过密集欢呼的人群，前往他的宫殿。法国的正式宣战书是在4天以后，即1870年7月19日达到柏林的。

格兰维尔呼吁法国和普鲁士请求英国进行斡旋。这是一个中立国为避免战争而进行的唯一认真尝试，不过为时已晚（7月14日晚间），以致毫无成功的可能。事态发展得太快，双方对此呼吁都无法进行认真的考虑。再者，英国内阁一向消息不灵通。正如阿克顿对此所作的记载（虽然过于苛刻，但却是事实）："他们的告诫失之于对过去5个月中发生的重要情况一无所知，而且把握不住问题的实质，

---

① 维斯蒂姆笔记，可能是1873年，引自昂肯《拿破仑三世对莱茵河地区的政策》，第3卷，第443页。
② 对F.C.劳莱的谈话，《每日电讯报》1870年7月25日。
③ "我是他们的领袖，可我得听他们的。"
④ 阿克顿手稿，第4928号，180卷。

因此,既无权威,又不能令人信服。"①

1870年战争的直接起因可能是由于交战两国的民众和政治家们的脾气急躁和感情用事,两国的首都都失去了理智,疯狂地叫嚣战争;格拉蒙的轻举妄动遇到俾斯麦的老谋深算;拿破仑三世长期的优柔寡断又碰上了威廉一世仓促之间乱了方寸。

关于战争的过程,本书另一章(第12章,原文第325—327页)中已有概述。本章结束前只论及一些伴随着军事事件而发生的政治事件;这些政治事件实际上也往往为军事事件所左右。例如,美因河以南各邦所以站在普鲁士一边参战原来是因为它们惧怕法国;各邦的政府和人民想起法兰西第一帝国便觉得胆寒,这种共同的感受是有充分根据的;但是,对于法兰西第二帝国那种没有效率的动员则不必担心法国的军队会大举越过莱茵河而在其东岸进行决战。看来是经过慎重考虑,它们决定履行1866年8月秘密条约规定的义务:在普鲁士遭到法国攻击时把它们的军队交由普鲁士指挥。而且,任何一个爱国的德意志人都不怀疑普鲁士已受到进攻。

拿破仑三世未能让他的盟友们了解问题的症结所在,因而自食其果。俄国明确地表示,奥地利如进行干涉将招致攻击——俄国早在1868年3月就已向普鲁士作了这样的许诺——对俄国的畏惧足以使奥匈帝国保守中立。弗兰茨·约瑟夫和拿破仑三世彼此之间虽继续作出重要的个人保证,但维也纳却没有送给法国人一粒子弹。法国再次要求意大利给予援助;意大利再次提出要罗马作首都,以为代价,拿破仑三世则再一次给予拒绝。到战争进行了一个月的时候,已经看得很清楚,法国军队即使在一个波拿巴指挥官统率下,也并非不可战胜。法国也就像开战时那样,仍然是孤军作战。

10年来英国一直存在疑虑。贝内德蒂的计划(见前面原文第580页)被公开后,它更加与法国疏远。法国在英国的压力下,同意——但拖延时日又制造了许多困难——另行签订一个条约以加强比利时的中立。普鲁士立即表示赞同这一条约,因为普鲁士的总参谋部明白,这样就不需要派遣军队越过比利时领土去打倒拿破仑三世了。

拿破仑三世于9月初投降,他的帝国也随之垮台。教皇拥有的世

---

① 阿克顿手稿,第5519号。

俗权力只比第二帝国多维持了16天；1870年9月20日，意大利的军队便开进了罗马。

继拿破仑三世之后的法国政府，本来准备立即缔结和约，如果俾斯麦对战争赔偿的条件不那么苛刻的话。法国的国防政府认为它对战争不负有责任。俾斯麦根据军方的意见，坚持要法国割让在其管辖下达一个多世纪之久的东部边疆领土。法国的新政府认为，在战场上还没有一试胜负即割让疆土有失公道。很久以后，俾斯麦有时谈到吞并阿尔萨斯和北洛林（用伍德罗·威尔逊的话说，这次吞并"使世界和平不稳定达50年之久"）时，好像他一直不赞成兼并。他本来有能力制止兼并，但他却不愿这样做。他当时只是用一些言论为掩护，说德意志以孚日山脉为疆界在战略上是必不可少的；又说他的年事已高而又固执的君主坚持要获得某些实质性的胜利品。他还施展自己的全部杰出的外交才能来实现这一兼并，并且取得成功（1871年2月26日的《凡尔赛预备和约》和5月10日的《法兰克福和约》）。格莱斯顿义愤填膺，竭力安排欧洲起来反对这一要求，但却不起作用。因此，他只得止步于减少对战败法国索取的巨额赔款。

与此同时，俾斯麦还在另外两个方面积极地发挥作用。俄国要求废除《巴黎条约》中有关禁止俄国在黑海驻有舰队的条款，此问题另在他处讨论（见第11卷中"论国际关系"一章）。本文最后还要论及德意志问题由于德意志第二帝国的建立而得到解决的问题。

军事需要乃是解决这一问题的主要推动力：7、8两月，南德意志各邦认为它们面临的来自法国的危险已迫在眉睫，因此请求普鲁士给予保护。秋天，当普鲁士的军事天才取得节节胜利的时候，这些邦发现自己处于胜利的一边，因此，出于人们类似的愿望，继续请求普鲁士人留驻在那里。

俾斯麦多年来一直认为，需要掀起德意志民族感情的高潮，才能使德意志在普鲁士的领导下统一起来。他看到并抓住了胜利所提供的时机。但是，他明白他需要的是什么样的统一，因此他十分谨慎地不让民族的感情失去控制。除了对法国东部疆土作了过分要求这一重大错误外，他限制这个新成立的国家的领土使之不超出普鲁士能够顺利消化的范围。实际上，他对于一个小德意志国家感到满足，从未希望把奥地利本身或把奥匈帝国及俄罗斯帝国境内的数百万德意志人中的

第二十二章 普法战争的起因与德意志的再造

任何一部分纳入新的国家。此外，俾斯麦不仅在领土方面，而且也从宪法上限制新成立的德国。1870年秋天，他在凡尔赛（当时在这里设有普军司令部）和巴登、巴伐利亚、黑森和符腾堡的代表们分别地，而不是召集会议，就德意志帝国的组织形式进行谈判。已有的北德意志联邦的宪法被采用，改动处绝大部分是文字方面的——甚至那些看来是对巴伐利亚作出的广泛让步，要么是就一些实际上无足轻重的问题，要么是在以后的实施中一直流于形式。只有普鲁士有可能禁止对宪法作任何的修改。政府与议会相比，联邦的权限与各成员邦相比，权力都是强大的。武装部队仍然直接受命于君主，实际上完全不受议会的控制。国家的行政首脑，即帝国首相——当然是俾斯麦自己——仍然"实行责任制"，可是新宪法与旧宪法一样，到此就意味深长地画上了句号，而不说明对谁负责。除了缔造了一个"德国"，对于人民大众没有给予任何权益。

俾斯麦大功告成；但是，最后的努力很困难，问题的关键在于国王本人和他的称号。威廉一世一直是一个爱国的普鲁士人，出身于王族，对于国王的称号已经十分习惯，因此不愿称皇帝，而且不喜欢俾斯麦坚持要他使用的"德国人的皇帝"而不是"德国皇帝"这一称号——因为这个称号听起来更会受欢迎，而且它并不意味着领土的统治权，因此不会伤害从属各邦统治者的感情。像往常一样，威廉最后还是对俾斯麦让步了。不过，这还需要俾斯麦再作一番努力与密谋，以取得德意志其他各统治家族的元老——巴伐利亚的维特尔斯巴赫国王给威廉一世的一封必不可少的请求信。若采用一种更通常使用的请求形式，俾斯麦以及所有有关的统治者们可能认为并不合意。路德维希二世只有25岁，他认为霍亨索伦家族是暴发户，蔑视他们；因此，他不愿把自己置于霍亨索伦皇帝的统治之下。但是，他对政治不大感兴趣。建筑和音乐是他公开承认的两项爱好（他是瓦格纳的保护人）。当时他已经表现出有疯狂的迹象，致使15年后他在施塔恩贝格尔教区自杀。他已经开始建造一群浪漫主义颓废派风格的宏伟城堡，这就是他在他的王国中留下的不朽纪念。他在僻静的霍恩施旺高城堡听从他的宫廷内侍霍恩施泰因的劝告，照抄了俾斯麦亲自起草的颇为得体的致威廉的信，并签了名。霍恩施泰因说明他的理由有二：一个是政治性的，即新建立的君主政体君主将由选举产生，"今天是霍亨索伦家族，明天就是维特尔斯巴赫家族"[①]；另一个理由是物质方面的，更有说服力。今后在路德维希的一生里，每年再额外得到1500英镑，此款由俾斯麦从路德维希过去的盟友汉诺威的乔治的资金中提供。这样，使城堡的建筑又有可能继续铺张浪费，并使路德维希的财政崩溃推迟了10年。霍尔施泰因从中取得十分之一。

德意志帝国就是通过这样不高尚的方式建立起来的。帝国于1871年1月18日，即普鲁士王国诞生170周年之际宣告成立，地点在凡尔赛宫的镜厅。48年后凡尔赛宫镜厅在德国历史上再次成为有名的地方。

（丁钟华 译）

[①] 阿克顿手稿，第5387号，第33卷。

第二十三章
美国的国家力量与地方力量

　　1830—1870年，西方世界的特色是，国家主义在三个重要地区，即意大利（参见第9章和第21章）、德意志（参见第9章和第19章）和美国取得了胜利。在意大利，国家主义只是在克服了普救论（教会和帝国都存在的普救论）的重重障碍之后才实现了其目的的。在德意志，俾斯麦的国家主义，由于它粉碎了德意志的主张各邦分立的势力并且牺牲了1848年的民主准则才实现其目标。在美国，力量的组合则不相同：国家主义和民主主义的理想融合起来了，而反对国家主义的力量则是美国内部的地方主义。发展的过程也不相同：因为国家主义在19世纪的头30年间似乎在美国轻而易举地、迅速地取得了胜利，但后来却遇到了迟迟才出现的地方主义的分裂力量，这种力量日益增长，两种力量之间的紧张关系愈演愈烈，终于酿成了1861—1865年的南北战争。

　　安德鲁·杰克逊1829年就任美国总统时，意大利仍然分裂为一些小公国，主要处在哈布斯堡王朝的统辖之下；而德意志这时还是一个由38个自治邦组成的松散邦联。相比之下，国家主义在美国的胜利，至少从表面上看来，似乎已大功告成。在这个共和国成立后的40年中，没有一个国家发展的速度如此之快，也没有一个国家的人民对自己国家的发展感到如此自豪。美国1830年的人口达到1280万人，是1790年的3倍多。美国的面积也扩大了1倍以上，为175.4万平方英里。西部的边界从密西西比河推进到洛基山脉，而南部的国境原来在沿着佐治亚—罗里达一线，这时也延伸到墨西哥湾。13个州的联邦已扩大为24个州。

　　不仅如此，伴随着这些物质成就的是政治的发展，这似乎不断地加强了中央政府的力量。掌权达28年之久的是这样一个政党：它在理论上奉行其创始人托马斯·杰斐逊的州权思想，但在实践中杰斐逊的追随者们却转而采取了极端国家主义者亚历山大·汉密尔顿过去曾鼓吹过的那些措施。其中如：（通过1803年"购买路易斯安那"）由国家当局而不是由州当局取得了广袤的领土；1812年对英国进行了一场民族主义的战争；1816年特许成立一个全国金融机构（第二合众国银行）；1816年采取了保护关税制作为经济民族主义的一种措施；由联邦政府出资修建一条沟通东西部的国家公路（即坎伯兰公路，1818年完成）；1923年又大胆地宣布把整个半球置于美国监护之下的外交政策（即"门罗主义"）。在国会与政府采取这些国家主义的重大措施的同时，最高法院院长约翰·马歇尔又作出了一系列的决定，规定各州的行动只要侵犯了宪法授予中央政府的行动范围均属无效，从而使美国的宪法具有强烈的国家特征。正是马歇尔于1821年宣称"在许多以及极其重大的问题上，合众国构成一个单一的国家"。

  在经济方面，这个共和国也越来越名副其实地成为一个整体。在殖民地时期，毗邻的殖民地之间往往老死不相往来；而当时唯一的重要商业形式，即远洋贸易，却把它们与大西洋彼岸的市场紧密地联结起来。但是，公路的修建，运河的开凿，汽船的发明，凡此种种都推动了国内贸易的发展，从而使各州之间建立起比较密切的关系，最后终于超过了对外贸易。在这一过程中，经济上的国家主义的潜力已经获得了政治上的承认。肯塔基州的亨利·克莱曾鼓吹建立"美国制度"，为把农产品运往市场而提供道路和其他运输工具（称为"国内改良"）以鼓励西部农业的发展，并通过建立保护关税制以促进东部的工业。按照克莱的设想，工业地区将成为西部农业的市场，而西部的农业地区又将为东部工业提供市场。东、西两大地区在经济上要相互补充，在政治上要相互支持，从而形成一个全国性的经济体系。尽管这种经济国家主义的措施由于显而易见的原因不断地遭到反对，但事实上到1830年，全国经济体系已经在上文提到的建立银行、保护关税和公路等立法的支持下，迅速地发展起来。

  然而，对于现代的国家主义研究者来说，无论美国在物质方面的发展，或者国家的发展在政治上和经济上的表现，都远不如作为美国民族的本质和基础的共同点那么重要；正是共同的文化、共同的理想和共同的制度使他们融为一体的。根据所有这些标准来看，美国人看起来完全是一个民族。他们的宗教和道德传统，主要是新教徒的传统；他们在旧大陆仍然主要渊源于英国；他们的语言尽管有地域上的变异，却远不及母国境内方言的差别之大。他们来自不同的国家，说着不同的语言，但即使在这种情况下，他们的社会和经济背景仍然大同小异，因为绝大多数美国人的根源都是属于旧大陆上以体力劳动谋生、耕种土地的阶级。他们来到新大陆这个环境后，仍然过着在很大程度上自给自足的经济生活，仍然强烈地坚持着劳动是必要的、劳动是尊严的这种信念。从个人来说、他们崇尚自力更生的理想；从社会方面来说，他们崇尚平等主义的理想。他们发现，这些理想体现在美国的政治与法律的体制之中，这里有广泛的选举权，受教育容易，可以自由地取得土地，并且强调法律面前人人平等。因此，他们对于自己的"制度"极为自豪，甚至达到了引人反感的地步。很明显，世界上再没有哪个民族比美国人更热爱自己的国家了。

但是，尽管这种国家主义似乎已经取得胜利，它要不断地保持优势，还有两个严重的障碍。一是，杰斐逊所设想的民主与汉密尔顿所设想的国家主义之间的差异尚未消除。汉密尔顿曾预料，全国的政府将会成为保护社会精英的利益并迫使老百姓就范的反民主的工具。而杰斐逊正是由于担心会出现这样一种中央政权，曾指望各州抵制国家权力，保护地方一级的民主。只要这种思路占了上风，就是说，美国人民必须在民主主义与国家主义两者之间任择其一，那么国家主义将仍然是前途未卜。二是，美国各地方之间在物质、经济和社会上存在着差异。这种差异实际上是如此强大，以至如果任其发展下去，就会把全体美国人民团结一致的共同特点一笔勾销，就会把地方而不是把国家提高到成为效忠的对象这种至高无上的地位。这两种障碍在杰克逊执政时期已经突出地表现出来；所以，正是在此时期，美国国家主义的历史进入了一个新的阶段。

在某些方面，杰克逊本人似乎就代表着南部和西部的地方利益。作为一个奴隶主和棉花种植园主，他对州权表现了南部人所具有的重视。作为一个战斗不息的西部人，他自己一生与享有特权的社会和政治的核心集团进行长期艰苦的斗争，因此，出于本能他对联邦党人的国家主义思想持有敌意。他在1828年的选举中所以能取胜，是靠赢得了特拉华河和哈得逊河以西的每一个州（马里兰州除外）的选票，而却失去了这两条河以东的各州的选票。但是，在其他方面，他却是国家主义的典型象征。作为一名田纳西的边疆居民，他和其他西部人一样对联邦忠心耿耿；作为新奥尔良战役的英雄，他又是国家军事荣誉的象征；作为对佛罗里达的入侵者，他曾经是美国领土扩张中的一名敢作敢为的战士。他的立场虽然复杂，但是仔细研究一下他对任何一个特定的问题所持的态度，通常都可看出他的立场本质上是国家主义的，尽管与国家主义的公开形式不相一致。所以，当佐治亚州开始把印第安人从州有土地上迁走，违反了联邦与这些部落签订的协定时，杰克逊却予以批准。他所以批准，就在于他认定把印第安人迁走乃是正确的国家政策，即使是由州来执行也行。同样，当国会投票通过由联邦拨款建造肯塔基的梅斯维尔与列克星敦之间的公路时，杰克逊否决了这一措施（1830年），从而使拥护州权者大为宽慰；然而，他的行动并不是出于他反对联邦对一个全国运输体系给予支持，而是因为他认为梅斯维尔公路主要是一个地方项目。另外一些纯属全国性的项目，例如延长坎伯兰公路以及在一些准州内修筑道路等，都得到了他的坚决支持。

然而，杰克逊的国家主义最清楚不过的特色，表现在他的政府所进行的两次重大的斗争，即在合众国银行特许状延续问题上的较量和在州拒绝执行国会法令的问题上与南卡罗来纳州的斗争。前者涉及国家主义与民主主义的协调一致问题，后者则涉及国家主义和地方主义的问题。

这家银行是由合众国颁发特许状但由私人股东所有和控制的一种企业。它起着政府唯一的储备银行的作用，因此独家享有使用联邦资金的特权。此外，它还受权发行可以用来支付政府债务的钞票。因此，这种钞票经政府批准成为通货。这家银行并未取得独家发行钞票的权力，因为许多银行都由各州颁发特许状而取得这种权力，州银行发行的钞票有很大数量在市面上流通。但是，合众国银行对其他各家银行具有极大的影响，因为它的业务规模之大，可以把任何一家州银行发行的钞票积聚起来，并在它怀疑这家银行的经营方针时拿出来兑换硬币。因此，合众国银行几乎对所有其他各家银行都拥有控制权。

尽管存在这样一种协调权力可能是可取的，但是，把这种权力交给一家私人控制的企业是否明智，这就远远不是那么清楚的了。亚历山大·汉密尔顿原先将这种权力授予第一合众国银行，就是有意要建立政府与金融界之间的联合，而这种联合在第一合众国银行的后继银行时期仍然坚持下去。这家后继银行的特许状将于1837年终止。这家银行的董事长，费城的尼古拉斯·比德尔，是个傲慢而又专横的贵族。他被说服要在1832年总统选举前争取该银行的特许状得到延长。亨利·克莱在国会里提出了这项措施，并且毫不费力地使延长法案获得通过。于是，问题就直接提到了安德鲁·杰克逊的面前。

杰克逊毫不犹豫地否决了这项法案。他之所以反对，部分原因是因为他根据州权原则，否认中央政府拥有给一家银行颁发特许状的宪法权利；部分原因是因为西部对这家银行的信贷方针过于苛刻深表不满（虽然杰克逊本人并不主张实行宽松的信贷方针）。但是，最主要的原因还在于他对于把公共权力授予私人受益者的这种特权深为厌恶。他认为，交替扩大和紧缩信贷的权力可能被金融投机商用来掠夺生产工人工资收入的价值。在他看来，政府应该与任何这类活动一刀两断，而且用"硬币"来进行自己的金融交易。这样可以促成一种以硬币为基础、无法进行投机的货币制度，从而有助于保护正当的收入。总之，他的反对意见是以民主主义为根据，他呼吁信仰民主主义的大众给他以支持。他的民主主义与杰斐逊的民主主义不同，不是那种以农场主为主的民主主义，因为他的民主主义包括所有进行生产的阶级。因此，它标志着为了一个已经不再是农业的共和国而调整民主主义哲学的至关重要的一步。

杰克逊的否决引起了一场政治斗争，他在这场斗争中应付自如。他的对手们最初企图使他的否决归于无效，在遭到失败后，又联合起来推选克莱为1832年总统候选人和他作对。双方都极力向人民呼吁，而杰克逊则以绝对多数票获胜。他在打退进攻后，立即转入攻势。他不等合众国银行的特许状期满就指示财政部长不延迟地将联邦资金全部抽回。

此举摧毁了合众国银行的力量，似乎杰克逊彻底地获胜了。然而，不久就可以看清楚，他并没有找到一家令人满意的银行来替代合众国银行。他唯一的办法只是把资金存放在各家州银行中，这些银行就被人们称为"宠物银行"。这些"宠物银行"手里有了新的资金，又没有中央银行牵制它们，于是便不顾一切地扩大信贷，愈来愈和总统的硬通货理想背道而驰。杰克逊打算通过以硬币出售公有土地的手段来遏制这些银行的通货膨胀做法，但为时已晚，其结果只是引起了一场恐慌（1837年）。在这场恐慌中，这些银行绝大多数破产了，而政府则丧失其存款。这时，杰克逊的任期已满，他的继任者采取了这样一个方针，即把政府的资金储存在一个"独立的金库"，而让各家银行自寻出路。其后果是：从那时一直到南北战争，国家的流通手段主要是各州特许银行发行的五花八门的钞票，每种钞票的兑换价值与其票面额的差额也各有不同。简而言之，币制几乎已彻底地分散了。

从形式上看，杰克逊的政策似乎是对国家主义的绝对否定。他不承认国家有权对银行颁发特许状。由于他摧毁了美国仅有的中央金融机构，因而使得合众国在一代人的时间内没有一个全国性的金融体系，也没有全国性的货币供应。然而，说来也奇怪，正是在银行斗争期间，杰克逊使美国国家主义得到前所未有的人民支持，从而使它具有力量。

在银行斗争中各种力量组合的本身就是对国家主义的促进，因为国家大事直接提交投票人由美国人民集体作出决定，这还是第一次。不仅如此，杰克逊的大胆政策开始改变了总统职务的性质。杰克逊并不把自己看作是行政机构的主事者，而是民众的保护人；所以，他才破天荒地毅然行使被人忽略了的否决权，并且直接要求舆论支持他对抗国会的行动，从而使他的总统职务具有一种美国政治制度过去一直缺少的领导全国的职能。现代的美国总统职务作为一个权力机关，发轫于安德鲁·杰克逊。此外，银行争端的激烈程度也促进了两个高度组织的政党，即民主党和辉格党的发展；而这两个全国性政党在各州都设有地方组织，这一事实，有助于使美国的政治全国化。

在这些具体的发展之上，隐隐地出现了这样一个总的情况：杰克逊坚持保护民主准则乃是国家政策的一项宗旨，从而就开始把国家主义和民主主义结合起来了。他支持没有限制的男子普选制、职务轮换制，由政党代表大会而不是由议会党团提名总统候选人，以及人民统治这一普遍原则，因此，确立民治政府取代显要的绅士阶级政府的，正是杰克逊，而不是任何其他人。他对国家权力的观念与联邦党人大不相同。他宣称：全民政府的"真正力量""在于它使人感到的不是它的权力而是它的仁政；不是它的控制而是它的保护"。① 国家的力量，如果以民主而不是以单纯行使权力为基础，就会增强；坚持这一点就会使国家主义洗去其联邦主义的污名，并且第一次把国家主义和民主主义这两股力量结合起来。一代人以后，亚伯拉罕·林肯成功地领导国家度过了南北战争的危机，也是由于他始终坚持维护这二者的结合高于其他所有的目标。

这样，杰克逊就成功地扫除了走向国家主义的两大障碍中的第一个。第二个大障碍，即地方主义的障碍，在他执政期间以州可以拒绝执行国会法令的"否认原则"的形式表现出来。杰克逊也对付了这个问题，但并不是那么很成功。

所谓否认原则的危机是由于南部、特别是南卡罗来纳州反对保护关税的立法而产生的。保护关税于1816年首次实施时并没有遇到地方的明确反对，而且在1824年和1828年相继的法令中又得到加强。在19世纪20年代的10年中，南卡罗来纳遭受到长期经济萧条的痛苦，该州把它归咎于保护关税。因此，当1832年新的关税法并没有给它解除痛苦的时候，该州便援引其参议员约翰·C. 卡尔霍恩提出的一条宪法规定来保护自己。卡尔霍恩后来成为南部的伟大代言人和他那一代人中最突出的美国政治理论家。他提出了一项保障州权的理论，称为否认原则。卡尔霍恩从公认的大前提，即各州本来是限制中央政府某些职能的一项协定（即宪法）的签署各方，从而提出：如果其中一州认定中央政府超越其权限时，该州作为签署各方之一，可以用中止或"否认"有争议的职能的行使，以制约签署各方的代理人（即中央政府），并且可以维持这种中止状态直到通过宪法修正案使争端得到解决时为止。总之，他认为各州才是宪法权力界限的最终裁决者，而最高法院则不能充当这一角色，因为最高法院是中央政府的一个部门，从法律上来说它就不能决定它所从属的政府的权限。他并不主张各州退出联邦——实际上，他坚持说他的纠正办法可能避免分裂——然而，他的各州主权不受损害的理论却为后来的分裂提供了

---

① 安德鲁·杰克逊1832年7月10日向国会提出的咨文，载詹姆斯·D. 理查森编《历届总统咨文和文件集》（1900年），第1卷，第322页。

理论基础。

南卡罗来纳采用了卡尔霍恩的理论，召开了州代表大会，于1832年通过了一项"否认法令"，停止征收关税。杰克逊作为答复，在一篇严肃的讲话中告诫南卡罗来纳人说，"合众国的法律必须执行"，"使用武力进行分裂就是叛国"。同时，他促使国会通过了一项"强制法"，授权他动用陆海军来执行法律。冲突看来一触即发，但是还是避免了危机。提出否认原则者同意暂停执行他们自己的法令，以等待国会重新考虑关税问题；国会立即通过一项由克莱提出的措施，逐步降低关税；于是南卡罗来纳州废除了它的法令，而且，尽管南卡罗来纳州又"否认"强制法案以示对抗，但这场争论终于平息了。卡罗来纳州声称取得了胜利，不过1837年杰克逊卸任总统职务时，他在美国人民心目中，仍然是一位维护联邦获胜的战士。

杰克逊在处理"否认原则"的问题上所以获得成功，一定程度上是由于他自己在维护联邦时的坚定立场，一定程度上也是因为卡罗来纳的不满得到了及时解决。他把地方危机推迟了，一直到联邦能够更好地应付这个危机的时候，因此，他为后来的联邦主义者们树立了一个令人鼓舞的榜样。但是，1833年的妥协并没有触及地方动荡不安的根源。而且杰克逊所以能够控制局势，只是因为南部的其他各州尽管在关税问题上也和南卡罗来纳一样表示反对，但却不准备支持它的极端措施。一言以蔽之，当时地方的团结一致尚未形成。

实际上，地方的格局如此错综复杂，因此对其背景不可不稍作探讨。早在17世纪，在宾夕法尼亚以北的殖民地和马里兰以南的殖民地之间，已经形成了明显的对比。南部殖民地在自然条件方面与众不同，土地肥沃，气候温和，生长期长，沿海平原地势低并有河流穿行入海。所有这些条件对于发展主要作物（弗吉尼亚和马里兰的烟草，卡罗来纳的大米和靛青）的经济极为有利；这些作物又便于种植园发展成为生产单位并使用黑奴劳动力。这种经济还必须有大量的出口贸易，并且依赖海外市场不仅作为产品的出路而且是供应物资的来源。种植园奴隶制形成了一种家长制社会，其特点是倾向保守，社会各阶级泾渭分明，不容混淆。种植园主们信仰相当拘泥形式的英国圣公会教义，但这并不妨碍他们的生活方式中有某种程度的纵情享乐。

另一方面，新英格兰和大西洋中部沿岸的殖民地，却没有种植主要作物的自然条件；那里经营的是一种自耕自给的基本经济。不过，大西洋中部沿岸的殖民地却摆脱了单纯维持生计的局限，它们生产粮食到南部和西印度群岛的市场上出售，而新英格兰发展了规模广泛的渔业和远洋商业。当财富的源泉主要来自商业时，是商人而不是种植园主成为社会的权势人物，而劳动力所需要的是自由工人而不是奴隶。由于长期缺少出口产品用来购入进口产品，北部各殖民地便发展手工业，使生产多样化。贫富两极分化不像南部那样突出，因此社会阶层界限也不那么明显。社会更具有竞争性，对于变革也更易响应。新英格兰的清教主义和宾夕法尼亚的教友派的影响，使得人们更为强调日常生活中的虔诚守规。

南部和北部之间这些鲜明的对比，当时人们已清楚地认识到，它们是造成相互一定程度对立的基础。因此，后来有些历史学家把南部和北部描写为两种不可调和的文明的中心，从一开始就注定要在不可避免的战争中较量。① 然而，即使充分承认南北分歧这一事实，美国当时还有另外一种地方矛盾，这种矛盾有时显得比南北两方的矛盾还要根深蒂固。这就是新、老殖民地之间的对立。比较老的殖民地位于沿海一带，人口较密集，经济上已经成熟，社会上阶层分明。而比较新的殖民地则在内地，人口少，经济不发达，社会尚未分化成阶层。就地方而言，这些差别往往容易以东部对西部或沿海对边疆这种轴心而两极分化。西部地区资本不足，往往容易陷于负债境地并遭受经济剥削，因此造成了长期容易发生冲突的局面，从早在1676年弗吉尼亚的"培根反叛事件"开始，一直延续到19世纪90年代的平民党运动。这种东西部之间的对立，往往似乎压倒了南北的矛盾，成为首要的地区界限。在整个18世纪和19世纪初叶，弗吉尼亚的谢南多亚河流域和卡罗来纳内地的贫苦农民地理上与世隔绝，政治上处于无权的地位，经济上债台高筑；他们似乎与马萨诸塞的内地和宾夕法尼亚边远地区中处境相同的居民们有许多共同之处，而与沿海地区的显贵阔佬，不管是波士顿城里的巨商大贾，还是詹姆斯河与阿什利河一带的种植园主贵族，都没有什么共同之处。

---

① 例如，爱德华·钱宁：《合众国史》（纽约，1925年），第6卷，第3—4页；詹姆斯·特拉斯洛·亚当斯：《美国史诗》（波士顿，1931年），第250—255页。

19世纪初，西部各地不仅具备了与东部地区对比鲜明、相互对立的特点；它们还不断发展，显示出将来终将压倒具有明显的北部和南部特征的沿海地区。不论是南部受潮水影响地区的稻米和烟草的栽培，还是北部沿海地带的海上贸易，看来都不可能渗透到内地的深处。因此，看来边疆的所有居民点都在迅速地向西推进，而且不论南北，将仍然是从事维持生计的农业地区，其间居住的小农人口的不断增长，将把北部沿海地区的商业社会和南部沿海地区的种植园社会全都限制在当地的小块土地之内。密西西比河流域地理上的浑然一体和这一水系提供的经济纽带，将增强西部的一致性，进一步促进农业集团的团结。在某种意义上说，这就是托马斯·杰斐逊预见的美国民主主义的基础。因此，1804年，当东北部除康涅狄格以外的各州的内地推翻了联邦党人的控制时；当南部的内地各处不拥有奴隶的农场主向种植园主的政治权力发出挑战，甚至对他们本州内的奴隶制进行责难时，杰斐逊的理想似乎正在实现。1831年，西部各县还迫使在州议会里就奴隶制问题展开一场认真的辩论。

于是，东西部之间日益加深的分歧一时成为主要的地方矛盾。然而，就在这对矛盾登峰造极，似乎必将压倒南北之间的矛盾并使之局部化的时候，开始发生了一种双重变化——北部与南部都发生了这种变化——从而改变了地方组合的因素，使南北矛盾重又成为主要矛盾。这一变化进行了数十年之久，在杰克逊担任总统之前就已开始，但当时还未充分发展到能使1832年的地方危机尖锐化的地步。但是，1830—1860年，这一变化又进一步发展，使得这两个地方之间的和谐问题越来越难以解决。

在北部，这一变化产生于工业的迅速增长和广阔的国内市场的出现。从历史上说，东北部有着多样化的经济，长期从事数量有限的手工业生产。然而，工业的大规模发展由于种种因素受到阻碍，即由于英国货可以自由输入，由于远洋贸易吸收了新英格兰的资本，特别是由于缺少广阔的市场——而缺少市场又是因为许多地区，尤其是西部地区不具备这方面的自然条件；而且维持生计的农民也无力购买商品。但是，在杰斐逊实行禁运和1812年的战争期间，由于商船队陷于瘫痪，这就迫使资本家们不得不去寻求新的企业形式；同时，英国商品禁止进口，这就又强烈地要求有当地的制造业。这些情况就加快了工业增长的速度；但是，工业长期发展中的决定因素却是交通运输方面的彻底变革，这场变革使美国的国内市场成为世界上最大的、毫无障碍的贸易天地。1807年以后汽船开航成功，1817年汽船经过改进使之适合于密西西比河的交通运输，1818年由联邦出资修建了穿越阿勒格尼山脉的坎伯兰公路，1825年由州提供资金开挖把大湖区与纽约州连接起来的伊利运河，1828年以后又由私人投资修筑铁路——这整个一系列的发展使得建立一种交换的经济成为可能。在这种经济中，工业的北部和农业的西部将相互作为彼此的市场和货源地。这种东西部联盟的发展，就是早先1824年克莱的"美国制度"以及后来1860年亚伯拉罕·林肯所以既支持自由宅地政策，又支持保护关税的基础。由公路、运河和铁路组成的新的人工纽带，其发挥的作用非常奏效，以至于西北部在经济上几乎完全摆脱了它在地理上沿密西西比河而下直至河口的天然走向，反过来却与东北部连接起来。1852年谷物从密西西比河流东运经过布法罗运往东部各港口的数量，比沿这条河流而下运往新奥尔良的数量多一倍半。到1860年，密西西比河上游一带和东北部各州之间的分歧已经减少到这样的程度，以至它们在地方危机中实际上已经形成了一个单一的北部。

在这一经济革命在北部进行的时候，由于伊莱·惠特尼1793年发明了轧棉机后而同时出现的另一场革命，也给南部的种植园经济带来了新的活力。由于惠特尼的发明，种植一种比稻米和烟草更赚钱的新的主要作物，从经济上来说已是实际可行的了。棉花与稻米、烟草不同，它可以在不同的土壤中种植，既可以大面积种植，也可以小面积种植。但是，种棉花使用大批的奴隶劳动是有利的，这一点又与稻米、烟草一样。因此，棉花给奴隶制带来了新生；种植园制度迅速地从沿海各地扩展到内地；南部高地的普通农场主便放弃了原有的自耕自给的经济，改变成为以棉花为主要作物的经济。在惠特尼的发明问世不到50年间，棉花的种植经过地势较低的南部向前推进了1000英里，一直达到得克萨斯州的布拉索斯河的低地地区，所到之处带去了奴隶制和种植园。这种推进结束时，棉花这个新作物已成了南部之王，而南部旧有的内部分歧也就随着南部成为"棉花之乡"这一事实而烟消云散了。

刚刚变得共同一致的南部在刚刚变得共同一致的北部看来，更是前所未有的格格不入。因为南部采取了种植园的生活方式，依靠奴隶劳动；它越来越强调社会稳定和因循守旧的准则，强调要维持等级森严的社会，强调乡绅阶级所有的悠闲与尊严的理想（其实南部的许多地方仍处于原始、混乱的未开发阶段，离这些理想相去十万八千里；但是，所有南部人却在某种程度上把它们奉为理想）。而北部由于日益都市化和依靠工业企业，因此，它奉行"进步"与社会变革的准则，坚持社会运动的重要性，并且维护审慎、勤奋和求实等中产阶级的理想。

这些发展情况不仅加深了南北之间的不同之处，而且破坏了两个区域在1790年在财富和人口方面大体相等的平衡状态。这种差异本身就使联邦处于严重的压力之下，因为北部自然指望它日益扩大的物质优势要在政治权力的优势上有所反映。而南部则顽固地坚持说，在政府中保持地方平衡乃是地方根据宪法所应享有的权利。

显然，地方问题是一个尖锐的现实，但是区别地方的差异和地方的对立，仍然是非常重要的。尽管许多历史学家从宿命论出发认为地方差异必然要导致地方冲突，但是历史却提出了许多例证，说明许多不同的地区，由于它们有差异才促使它们相互依赖，从而紧密相连，形成了国家的统一。事实上，国家要能自给自足，就要依靠国内的差异。[①] 因此，要说明地方之间的敌对，仅仅举出生活方式的不同是不够的；一定会有引起冲突的具体问题，而在这些问题上所产生的分歧越是完全遵循地方的方针，就越容易产生尖锐的地方敌对情绪。

当工商业正在缔造一个更为紧密结合的新北部，而棉花正在减少南部过去受潮水影响地区与边疆地区之间的分歧的时候，出现了一系列的国家政策问题，这些问题在某种程度上促使北部和南部发生冲突。问题之一是，联邦政府对国内的改良工程进行补助究竟应该做到什么程度。总的说来，北部希望对那些把东北部的工业和西北部的农业联合起来的工程项目给予最大程度的支持。而南部则深有戒备，对于这样一个发展计划表示反对；它会破坏整个密西西比河流域向南通向新奥尔良港口的天然趋势，而且它也不可能有效地把南部的各大西

---

① 詹姆斯·G. 兰德尔在《南北战争的再研究》一文中对此作了精辟的分析，载《南部历史杂志》（1940年），第6卷，第441—449页。

洋沿岸港口包括进去,因为在沿海地区和内地之间横亘着一条阿巴拉契亚山脉。在相当程度上造成地方畛域的第二个问题就是杰克逊所摧毁的中央银行问题。作为资本中心的东北部也是拥有银行股份的中心;此外,东北部首先考虑的是商业,它深知建立一个严格控制的货币系统的好处。因此,东北部倾向于支持中央银行。形成鲜明对照的是,南部以农业为主,而且处于债务人的地位,对于一个代表债权人的利益,为别的地区的股份所有者的利益服务的机构,当然要采取敌视态度。

往往容易造成地方分歧的第三个问题,就是将国有的土地向移民定居开放的问题。东部的工业界反对把公共土地进行任何分配,因为这样做将使地价非常便宜,足以在工业发展需要供应劳动力的时候,把工人从工厂中抽走。南部和西部由于日益依靠农业,因此非常愿意鼓励迅速分配土地以刺激农业的发展。这种利害冲突在19世纪30年代、40年代不断发生,因此参议院于1830年进行了一场著名的辩论。在这次辩论中,南卡罗来纳州的罗伯特·Y.海恩提出了拒绝执行国会法令的否认原则,而马萨诸塞州的丹尼尔·韦伯斯特发表了一篇不朽的演说,捍卫国家的统一。

还有第四个问题,即关税问题。这个问题充满了危险的导致地方冲突的潜在可能,这一点已在"否认原则"危机中显露出来。北部认为保护关税制对于发展工业是必需的;要取得共和国的繁荣富强、国家的自给自足和经济独立,保护关税制是至关重要的。而南部则在世界市场上出售其棉花,对于阻止其在同一市场上购买货物的限制表示不满。因此它感到自己作为一个地区,正在被迫为一个竞争的地区的经济提供补助,由于南部不能在国外购货,它就被迫进行两次出售——首先出售棉花换取外国信贷,然后再在北部的金融市场出售外国信贷。这一过程使它不断遭受损失,因此,它极力反对保护关税。

但是,有一个重要的安全因素,可以防止地方的紧张关系在任何上述的一个问题上达到破裂的程度。这个因素就是,在发生争执的任何一个问题上各个地方并不是完全团结一致。诚然,南部反对对土地政策和国内改良工程有所限制;但有些种植园主已经看到,廉价土地在占领新的土地竞赛中会使小农场主比奴隶主有利,而地处内地的亚拉巴马州和密西西比州和地处内地的印第安纳州和伊利诺伊州一样,都迫切需要联邦的援助以改变他们地处边疆、孤立无援的境地。反过来看，虽然北部作为一个整体来说赞成这些政策，但北部的农场主却不愿在土地问题上受北部实业家的指点；而波士顿这样一个城市就反对目的在于帮助它的商业劲敌如纽约、费城等所采取的种种措施。

银行和关税问题也是如此。纽约和宾夕法尼亚的工人阶级反对它们所属的地区反对中央银行，而查尔斯顿的商业集团则反对它们所属的地区支持中央银行。尽管北部的工业需要一个受到保护的市场，但北部商人却奋力打一场后卫战斗以保卫他们的远洋贸易。虽然南部的棉花需要一个自由市场，但南部有雄心的人物梦寐以求的是要有一个受保护的南部纺织工业。直到1816年，卡尔霍恩还一直率先鼓吹保护关税的措施，而韦伯斯特则是反对派的首要人物。直到1832年，企图在关税问题上使南部团结起来的南卡罗来纳人才发现自己孤立无援，独自站在"否认原则"的大旗之下。

在这些问题上，队伍的划分并不完全与地理区域相一致这一事实对遏制地方主义的分裂势力具有十分重大的意义的。只要保护主义者和自由贸易派，或者银行支持者和硬币拥护者生活在同一个社会群众中，个人的接触使他们彼此之间不致给对方造成一刻板的和虚假印象；同时，地方的政治领袖们也会感到必须寻求双方的共同点。因此，地方主义不可能采取全然以自我为中心的形式。但是，一旦地域形成，就无法遏止了，一个地方的人们就可对另一个地方的人们极尽夸大之能事并且处处为敌——一方的政客们为了讨好自己地区的人而对另一地区的人进行恶毒的咒骂。地方主义一旦形成，就会变成以自我为中心，此乃地方主义的本性。在其他的问题上，事情还没有发展到这一地步，但在黑奴问题上地方主义的畛域却已形成。

直到18世纪末叶，奴隶制无论在法律上或道义上都还没有形成地方之间的悬殊差别。奴隶在最初组成联邦的全部13个殖民地内，沦为一种动产的地位即已确立。然而奴隶在北部各殖民地中却为数不多，北方佬从事奴隶贸易是很惹人注意的。至于从道义上感到有所顾忌的，也只限于教友派而已。其后，启蒙运动传来，在北部和南部都造成了反对奴隶制的反响。伟大的弗吉尼亚人——华盛顿、杰斐逊和其他许多人——都认为奴隶制是一种应予以根除的罪恶。然而，奴隶制的规模，在梅森—狄克森线南北两边，却大不相同。1790年，奴隶人口中只有不到6%居住在该线以上，而94%则居住在该线以南。在该线北边，49个人中有一个奴隶；而在南边，每三个人中就有一个奴隶。这些比例使南北两地的奴隶制的价值，在经济利益方面和控制黑人的社会制度方面，都是完全不同的。许多黑人并没有越过非洲部落状态，取得很大的进步。

由于这种巨大的差异，各种反对奴隶制的力量所起的作用自然极不平衡，在南部，由于这些力量的努力，出现了某些个人释放奴隶的行为，州在联邦禁止非洲奴隶贸易法令于1808年生效之前就采取了种种废除这种贸易的措施，提出建议要限制国内奴隶贸易并支持成立"美国殖民协会"（1817年）争取释放奴隶并把他们遣送回非洲。与此形成鲜明的对比，在北部，1774—1804年，各州相继地采取行动，或者彻底地废除了奴隶制度或者规定逐步予以废除；因此，到1846年，奴隶制度的最后残迹已在马里兰和特拉华以北地方不复存在。

最初，"蓄奴州"与"废奴州"这两类名称截然相反的州，并不表示任何真正的分裂，只不过是时间上的差异而已。因为南部由于奴隶人数较多，解放就不那么容易。但是，到了1830年，南北两部的态度显然趋于两个极端。在南部，棉花经济的发展，使一个头等田间劳动力的价格从1795年的300美元，一直上升到1820年1100美元。因此，原来似乎已日渐成为一种不合时代潮流的奴隶制度，却又在经济上获得了新的活力。同时，暴力事件和暴力威胁层出不穷，如圣多明各的血迹斑斑的奴隶暴动（1792年），查尔斯顿破获一起重大的暴动阴谋（1822年），以及弗吉尼亚55名白人被一伙造反的奴隶杀死（1831年）。这些事件使心怀畏惧的南部人采取了更加高压的态度。过去曾经和美国殖民协会拉拉扯扯的南部奴隶主，随着北部越来越谴责他们的制度，便愈来愈采取防卫措施。1830年以后，南部完全放弃了早先对奴隶制的谴责，转而提出了美国最明确的保卫等级社会的主张。托马斯·R. 迪尤、詹姆斯·H. 哈蒙德和卡尔霍恩以及其他人等声称：财产奴隶制要比工资奴隶制人道得多；一个注定要从事土地劳作的劳动阶级，从来就是文明的必要基础；黑人从生物学来说天生低劣，不配享受自由，而奴隶制则是上帝的旨意。总之，正如卡尔霍恩所断言的，奴隶制不是一种罪恶，而是"一种善行，先生，一种确确实实的善行"。①

如果这一观点仅仅限于奴隶主所持有，它就不可能控制了南部的政策，因为2/3的南部白人家庭根本没有奴隶，拥有5名以上奴隶的白人家庭仅占1/6（1850年）。但是，虽然南部自由民的绝大多数与奴隶制并没有经济上的利害关系，他们却非常一致地接受了赞成奴隶制的观点。他们作为统治种族的成员，与奴隶主完全一样地害怕一旦奴隶获得自由会对社会秩序和白人的至高无上的权力产生什么结果。于是，南部便团结起来不仅把奴隶制作为一种经济制度而且作为一种社会统治的制度加以维护。

与此同时，北部具有战斗性的反奴隶制运动的条件正在成熟。北部充分地投身于世界性的技术变革之中，正在用机器劳动代替不熟练的人工劳动，因此奴隶制在经济上已成过时；社会头一次把使用非自愿的劳动作为一个道义问题而不是经济问题来对待。在北部，传播新教教义的、充满感情的强大宣传运动，再加上人人平等的天赋人权学说，产生了人类尊严这一普遍而深刻的信念。例如这种信念就在美国当时最重要的思想家拉尔夫·W.爱默生的作品中成为主题。它鼓励人们相信进步，相信人是可以臻于完善的。这种信念从而又推动了一系列的改革运动，这些运动成了这一时代最典型的特色之一。监狱改革、服装改革、对精神病患者和盲人照料的改革、禁酒改革、实施男子普选制、女权运动、和平主义运动，以及各种乌托邦式的居民点的试验，全都反映了这一人道主义运动的活力。但是，奴隶制公然违反启蒙运动倡导的平等原则和福音派教会宣扬的人类博爱原则，因此要比任何其他的罪恶吸引改革家们更多的注意。这些改革家们深受英国废奴运动的影响，积极地效法，要求采取立法行动。因此，他们抛弃了原先的采取说服方法，以自愿，逐步解放奴隶为目标的纲领，转而开始谴责奴隶主的罪恶，极力要求立即强制废除奴隶制度。1830年，威廉·劳埃德·加里森创办了《解放者》周刊，宣称他不打算"以温和的态度思考问题，发表言论或写文章"。1831年，具有无限热情的福音派教徒西奥多·德怀特·韦尔德开始展开了一场运动，训练了

---

① 1837年2月6日在参议院的演说，转引自理查德·K.克拉莱编《约翰·C.卡尔霍恩文集》（纽约，1851—1867年），第2卷，第631—632页。

70名传教士到北部各地激烈地谴责奴隶制。1833年，美国反奴隶制协会成立；到1840年又组织了两千多个分会，拥有15万到20万名会员。

因此，由于废奴主义者的宣传鼓动而日趋紧张的奴隶制问题，便产生了一种几乎完全以地方为畛域的分歧，这是任何其他问题所没有的。从而奴隶制问题就为南北两个地域相互蓄意地曲解和诬蔑对方打开了道路。于是，北部人便逐渐地把南部人说成是堕落的、虐待成性的奴隶监工。南部人则把北部人说成为大言不惭的、异想天开的废奴主义者。围绕着这种不实而耸人听闻的成见，所有造成地方对立的形形色色错综复杂的因素便激化了，从而地方主义便达到了最危险的阶段，即以自我为中心的阶段。

但是，即使完全承认奴隶制问题的重要性，如果认为1830年至1860年的整个阶段只不过是南北战争的漫长前奏，这是一种错误（许多历史学家就犯有这种错误）。根据某些说法，人们可能以为美国人民在整整30年中从早到晚、不分昼夜地关心的没有其他什么问题，就是一个奴隶制问题。但实际上，这些岁月的大部分时间都是在为扩大民主制度，不断增加美国的面积、人口和财富，不断地在为开发利用天然资源而孜孜努力。3万英里的铁路铺成了，成千的新企业成立了，490万移民从旧大陆涌入了，美国的制造业的年产值总额达到了18.85亿美元。所有这些活动都与奴隶制的争论全然无关；然而，北部比较迅速的发展往往容易增加南部认为自己是个处于少数地区的自我感觉。

另一个当时的南部人和以后的历史作家常犯的错误是，以为北部人作为一个整体，全都具有废奴主义的思想。事实上，废奴主义者的势力虽然很大，但却是非常自相矛盾的。他们从未在任何全国性的选举中获得大量的选票；他们从未取得对一个主要政党的控制权；而且，他们从未解放过任何奴隶，除了少数的逃亡奴隶；可以这样说，他们的重要意义在南部却比较在北部为大，因为他们在南部无意中造成了这个地区对北部舆论的强烈反感；而在北部，他们有意要挑起对南部奴隶制度采取激烈的行动，但并未得逞。由于他们对北部人民进行说教，他们在促使人们在道义上同情奴隶遭受的苦难虽然是取得了成功，然而却未能克服人们对于奴隶主的法律权利所持有的道义上的顾虑。美国人民在政治组织上还处于联邦制阶段,他们一直受到这样一种信念的熏陶,即各州根据宪法拥有自行决定奴隶制问题的权力。像加里森这样一些为数不多的废奴主义者,大胆地根据这种逻辑而作出结论抨击宪法是"和死神缔结的盟约,和地狱达成的协议"。① 但是,大多数的北部人唯恐任何政策可能危及联邦,由于他们尊重合法的权利,而有所克制。他们满足于在自己的州内废除奴隶制从而在道义上做到问心无愧;而不去干预其他各州的奴隶制,从而在宪法上做到问心无愧。

但是,尽管这种法律上的顾忌仍然在克制着采取直接行动的感情,反对奴隶制的感情所具有的巨大力量,却逐渐使大多数北部人深信,奴隶制度最终必将从美国社会中消灭,即必须使奴隶制处于"最终灭亡的过程中"②,不管这样做将会给南部带来什么样的后果。与此同时,在他们等待着开辟一条通向这个目标的合法途径的期间,反对奴隶制的感情冲动所具有的巨大的心理力量(它过去曾经偏离了直接攻击奴隶制的本身)却在一些枝节问题所引起的激烈争执中发泄出来,例如奴隶制和奴隶贸易在哥伦比亚特区的地位,逃亡奴隶的归还,特别是在当时虽已具有政治组织但还未被接纳为州的新殖民的准州中奴隶制的地位等问题。

由于这种迂回曲折,所谓准州问题40年来一直成为美国政治中一触即发的问题。说来是个莫大的讽刺,地方之间的斗争中心并不是集中在400万人受奴役的那些地区的奴隶制上面,而是在那些找不出奴隶的地区的奴隶制上面。从自然条件来看,这些准州绝大多数都不具备实行奴隶制的有利条件。因此,有人就说,为"一个不可能的地方的想象中的黑奴"而进行的斗争,使联邦毫无必要地遭到了破坏。③ 如果有人真的以为这场关于准州的斗争的确是名副其实的,那么看来这要么是因为当时的政治领袖们不现实甚至到了无以复加的地步,竟然为了这么一个抽象的问题而造成这样一种具体的危机;要么

---

① 1843年的《解放者》刊头刊载了对宪法的这种提法,此后一直保留。
② 亚伯拉罕·林肯1858年6月16日在伊利诺伊州斯普林菲尔德的演说(即"房子已经裂开"的演说),载罗伊·P. 贝斯勒编《亚伯拉罕·林肯文件集》(新不伦瑞克,1953年),第2卷,第461页。
③ 据说系一位没有点出姓名的南部的国会议员之语,见詹姆斯·G. 布莱恩《国会二十年……》(康涅狄格州诺威奇城,1884年),第1卷,第272页。

就是因为这场斗争基本上是一场争夺地方权力的斗争——北部所关心的是要另外缔造一些北部可在其中发展的州，而且它们在参议院投票时可与北部站在一起；而不是要帮助南部的可怜的奴隶。这两种观点都广泛地为历史学家们所持有。① 但是，从另一个观点来看，情况似乎可能是这样，即准州问题之所以成为焦点，是因为反对奴隶制的力量被迫只能在根据宪法奴隶制有懈可击的地方，而不是在宪法已经认可奴隶制的地方发动进攻。② 但是，不管哪种观点，只要开辟一个新的地区，地方危机必然就要接踵而至，这是无可争辩的事实。

当安德鲁·杰克逊于1837年卸去总统职务的时候，决定奴隶制地位的法律根据在美国全国各地似乎都已解决。各州之内，决定之权完全在于各州自己；其中13个州许可实行奴隶制，另外13个州则予禁止。在密西西比河以东，佛罗里达这个准州在从西班牙手中取得时就已经有了奴隶制；另一个准州威斯康星，却根据国会按照邦联条款于1787年通过的法令禁止奴隶制。根据1803年"路易斯安那购买"取得的密西西比河以西的地区，明确规定北纬36度30分以北的全部地区不得实行奴隶制；而在该线以南则默许其存在。这种沿着纬度线划分的办法被采用作为"密苏里妥协案"的一个部分，这是在接纳密苏里作为一个蓄奴州加入联邦的问题引起一场轩然大波以后的事情。

因此，只要美国的领土面积不变，看来奴隶制问题就不会成为一个联邦的问题。但是，只要领土进一步扩大，这个问题就会再次被推到政治舞台中去，因为"密苏里妥协案"只适用于"路易斯安那购买"中所取得的地区，而不适用于未来所要取得的领土。领土扩张的力量是从来不会长期停止活动的，于是又在被称为得克萨斯的这个地区开始活动了。

得克萨斯在历史上是墨西哥的一部分，但在19世纪20年代，墨

---

① 关于参加斗争者都是不现实的观点，可参见例如G.F. 密尔顿《冲突的前夕：斯蒂芬·A. 道格拉斯与不必要的战争》（马萨诸塞州波士顿城，1934年）；爱弗利·O. 克雷文《可避免的冲突》（路易斯安那州巴吞鲁日，1939年）；詹姆斯·G. 兰德尔《林肯总统》（纽约，1945年），第1卷。关于这是一场争夺权力的斗争的观点，参见查尔斯·A和玛丽·R. 比尔德夫妇《美国文明的兴起》（伦敦，1927年），第1卷，第17章。

② 戴维·M. 波特、托马斯·G. 曼宁：《美国的国家主义和地方主义，1775年至1877年》（纽约，1949年），第215—216页；小阿瑟·M. 施莱辛格：《南北战争的起因》，《党派评论》，第16卷（1949年），第469—481页。

西哥政府曾鼓励从美国移民到该地。种植棉花的南部人群起响应，他们带着奴隶涌进了富饶的得克萨斯河下游地区，但很快就证明了他们在墨西哥的统治下是难以驾驭的。当墨西哥政府开始警觉，曾经迟迟疑疑地打算维护它的权威的时候，移民们就起而革命，宣布成立了一个独立的共和国（1836年），并在圣哈辛托战役中打败了墨西哥的大军。不久，移民们即要求接纳得克萨斯为美国的一个州。

对于北部人来说，他们赞成扩张，但又担心地方上的奴隶制的势力，因此得克萨斯问题便是一个难题了。而且，北部强烈反对兼并的力量已出现。安德鲁·杰克逊认识到问题十分微妙，就把它完全推给他的继任者马丁·范布伦（1837—1841年在职）。范布伦也不愿采取决定性的行动。因此他在1840年竞选中被辉格党击败后，又把这个问题交给了威廉·亨利·哈里森（他于1841年就任一个月后就去世了），然后又转交给哈里森的继任者弗吉尼亚州的约翰·泰勒（1841—1845年在职）。泰勒与他的前任不同，他同意积极进行兼并。但他的国务卿约翰·C.卡尔霍恩公然把得克萨斯问题和维护黑人奴隶制联系起来，这就进一步招致北部人的反对。北部人越来越认为，得克萨斯革命是一个维护奴隶制的阴谋，如果兼并就将导致与墨西哥的战争。1844年，即得克萨斯成为共和国已8年之后，美国参议院以压倒的多数票否决了兼并条约。地方之间的敌对态度已经妨碍了国家的扩张。

但是，扩张的势力这时已开始在更大范围内进行活动。美国的开拓者们在越过大陆向西推进，达到太平洋沿岸。他们以相当大的数量向俄勒冈的哥伦比亚河流域移民。英国和美国都声称这个地区的主权是属于自己的；这个地区根据1818年的条约，曾经对两国的移民都开放。另外一些富有冒险精神的美国人则前往加利福尼亚，他们很快发现这个遥远的地方和墨西哥之间的联系多么薄弱。扩张主义者看到，美国的农场主在俄勒冈的竞争中胜过了英国的皮毛商人；他们也看出，墨西哥在从得克萨斯到太平洋的整个地区的统治非常薄弱。于是，他们便开始梦想建立一个横跨两大洋的大共和国。

1844年，民主党突然地抓住了主张扩张的这种民族感情，并且找到了一个办法，消除了一个地方对于另一个地方权力扩大的畏惧心理。民主党人委婉地提出要求"重新占领俄勒冈和重新兼并得克萨斯"的计划,使南北两部的扩张保持平衡。他们以此为口号,使詹姆斯·K.波尔克胜利地当选总统(1845—1849年在职)。波尔克的胜利,使国会甚至在他就职以前便投票通过把得克萨斯作为蓄奴州并入美国。而且,他一上任就立即通知英国终止1818年的《俄勒冈条约》,并向墨西哥提出要购买整个的西南地区。

在这个时刻,对扩张主义计划广泛的支持似乎标志着国家主义对地方主义的胜利,但是以后事态的发展却又很快地使地方问题再次居于支配的地位。波尔克并没有实现民主党人关于"取不到54度40分的边界,就打仗"的诺言,却与英国达成协议,按照北纬49度线划分俄勒冈。在他这样放弃了一部分他曾经许诺给北部扩张主义分子的东西的时候,他却不折不扣地满足了南部扩张主义分子的要求,在美国与墨西哥的沿着格朗德河的巡逻队发生冲突之后(参见第25章,原文第674—675页),要求国会对墨西哥宣战(1846年)。

在随后的一年零8个月的战争中,美国军队长驱直入开进加利福尼亚,进军蒙特雷,直捣墨西哥城。由于美国军队大获全胜,从而签订了和约,根据和约美国取得了整个西南部(1848年的《瓜达卢佩·伊达尔戈条约》)。国家主义的愿望这时终于实现,合众国成为一个横贯大陆的共和国和一个称雄两洋的强国。美国在《独立宣言》发表后不到70年的时间里,从开国之初的风雨飘摇中成长起来,它所拥有的幅员和资源,已经使它能够在20世纪占据世界强国的地位。

然而,说来奇怪,民主主义抱负的实现达到登峰造极的时候,却也就是地方危机的前奏,因为准州的问题又占据了政治舞台的中心。从墨西哥战争开始起,北部的国会议员们就打算对牺牲他们在俄勒冈的一部分权利要求而达成的妥协进行报复,要求从墨西哥取得的任何领土均不得实行奴隶制(即威尔莫特但书)。4年来,奴隶制在墨西哥割让地中的地位始终未定,国会在这个问题上争斗不已,危机日趋严重,到了1849年达到了十分尖锐的阶段。这时,辉格党人扎卡里·泰勒(1849—1850年在职),继波尔克出任总统。他建议加利福尼亚和新墨西哥均可作为自由州加入联邦。这时,南部的领袖们威胁说宁可退出联邦,也不能在"用全体人民共同的血汗和财富取得的"地区被排斥出去。于是,计划在纳什维尔召开南部9个州的代表大会来考虑南部是否还应留在联邦之内。

在这种紧急形势下达成了一项协议，它是一系列重大妥协案中最为有名而又完备的一个，它几乎像国际条约一样照例被引用来解决尖锐的地方争端。1787 年立宪代表会议通过的奴隶应以 3/5 计数的关于代表权的妥协做法，1820 年的密苏里妥协案，以及 1833 年的关税妥协案，全都为另一个重大妥协提供了先例。曾经在后两项妥协中发挥作用的亨利·克莱，如今又提出了种种和解的措施。1850 年泰勒总统去世，米勒德·菲尔莫尔（1850—1853 年在职）继任，克莱遂能得到总统的支持。德高望重的丹尼尔·韦伯斯特表示首肯。伊利诺伊州的斯蒂芬·A. 道格拉斯给予大力而机智的支持，这样在国会通过就不成问题了；因此在泰勒去世的那年秋天，1850 年的妥协案就通过了。

这项妥协案企图对奴隶制问题的各个方面提出一个全面解决的办法，包括逃亡奴隶回归的立法，保障哥伦比亚特区的奴隶制但废除那里的奴隶贸易，并接纳加利福尼亚作为一个自由州加入合众国。最重要的一点是，妥协案为墨西哥割让地的其余地区提供了一个新的公式：这一整个地区（现已成为四个州）划为犹他和新墨西哥两个准州，但对奴隶制不作任何规定，只是宣称"上述准州或其任何部分被接纳为州时是否拥有奴隶制，将按照其在被接纳时州宪法之规定办事"。

这一公式看来几乎收到了奇妙的效果：援用无可非议的地方自治的民主原则，即可在全国政治活动中消除了奴隶制问题。要是马萨诸塞和弗吉尼亚人有权自行解决奴隶制问题而不受国会的干涉，那么，人们就可以声称，犹他和新墨西哥人也应享有类似的自由权。然而，在"人民主权"论及其无可指摘的民主前提的背后，却隐藏着一种致命的，也许还是故意的模棱两可之处。对南部领袖人物来说，不加限制即意味着：国会现在放弃了它曾擅自声称拥有的在准州阶段废除奴隶制的任何权力，并承认奴隶主有权把奴隶带入一切准州，直到它成为美国的一个州时再行使人民主权。对某些温和派人士来说，这却意味着法院将按照墨西哥和美国的法律来决定这些准州的奴隶制问题。然而，对于道格拉斯和北部民主党人来说，这就是说，各准州的立法机构一经组成即将决定这个问题。总之，在地方自行决策原则上取得的一致意见,掩盖了地方决定权应在政治发展的哪个阶段行使这个问题上的意见分歧。

两年后,富兰克林·皮尔斯(1853—1857年在职)和民主党人以"妥协案为最后定案"为竞选纲领,取得了自1820年以来总统选举中最多的票数。于是,乐观派人士认为地方斗争的危险已经安然度过。但是,"人民主权"的公式实际上只掩盖了意见分歧,并没有加以解决。因此,这种分歧无论如何会再次爆发的。果然,在堪萨斯—内布拉斯加问题和德雷德·斯科特案件上意见分歧又爆发了,而且比以往更为激烈。

堪萨斯—内布拉斯加地区系北纬36度30分以北的"路易斯安那购买地"的一部分,正好横跨伊利诺伊与太平洋沿岸之间拟建的铁路线。为了加快这项工程的进展,需要使这一地区成为准州,于是斯蒂芬·A.道格拉斯便率先着手安排。他认识到取得南部的支持是必不可少的,因此建议取消"密苏里妥协案"的反奴隶制的限制性条款而实施人民主权,以此换取南部的支持。这就使北部移民和南部移民在堪萨斯和内布拉斯加展开了竞争。道格拉斯依靠南部的赞成票并施加了极大的压力,终于在1854年使这一措施得以实现。但是,反对奴隶制的人士极为愤怒,他们坚决表示:路易斯安那购买地的人民主权与墨西哥割让地的人民主权完全是两回事;他们在多年前同意接纳密苏里作为蓄奴州加入合众国时所得到的保证如今上当受骗了。因此,他们无比愤怒,准备抵抗任何新的让步。

堪萨斯-内布拉斯加法否定了一项关于准州的妥协方案,却没有影响国会进行妥协的权力。但是,3年后,关于德雷德·斯科特案件的裁决(1857年)却剥夺了国会的这项权力。最高法院就一名黑奴以曾在自由准州居住为根据要求获得自由一案作出裁决,认为国会无权从任何准州排斥奴隶制。这样一来,不仅密苏里妥协案从头就是无效的,而且还必然得出结论:如果国会没有排除奴隶制的权力,它也不能将这种权力授予任何准州的立法机构。这就是说,北部的关于准州的人民主权论也是无效的,因此所有这些地区都是对奴隶制开放的。只有在各州的范围以内才能禁止奴隶制。起初,人们对于德雷德·斯科特案的全部含义并不普遍了解,但伊利诺伊州的一位律师亚伯拉罕·林肯在1858年参议员选举中与道格拉斯进行的一系列辩论中对阐明这一裁决的含义起了很大的作用。

因此，到1857年，长期存在的一套妥协办法的结构就被粉碎了。过去顶多不过是一种脆弱的樊篱，如今已不复存在，从而为南北两部的直接冲突打开了道路。南部决心要取得最高法院作为宪法保证所赋予它的权利；北部既丧失了北纬36度30分这一分界线，又丢掉了人民主权原则，于是日益得出这样的结论，即不如干脆放弃这些不彻底的做法，不管最高法院的反对而把奴隶制从所有准州排除出去。从更广泛的意义来说，南部确信，18世纪建立的松散的联邦体制应予维护，以对抗19世纪的改变一切的经济力量；作为法律的绝对准则的宪法，应保持不变以对抗演化性的变革。由于进步迅速，力量日益强大而扬扬得意的北部，却下定决心不应让少数派妨碍对这种变化作政治上的调整，也不允许用字面上死扣宪法条文的办法来对抗。从这种前因后果来看，奴隶制不过是两种社会——一个是停滞不前、留恋过去的社会，另一个则是充满活力、相信未来的社会相互敌对的一个方面。

随着上述截然相反的态度日趋明朗，一系列的事态发展都说明全国的感情日益尖锐并恶化。轰动一时的反奴隶制小说《汤姆叔叔的小屋》于1852年取得了极大的成功；参议员萨姆纳1856年遭到鞭挞；北部各州通过各项人身自由的法律以阻止逃亡奴隶法的实施；北部聚集大批人群戏剧性地打算援救被押回的逃亡奴隶；在"流血的堪萨斯"，拥护奴隶制的移民与反对奴隶制的移民之间进行着长期的游击战；凡此种种都表明这时正在发挥作用的各种势力所采取的极端做法。1859年，废奴主义者约翰·布朗企图袭击弗吉尼亚的哈珀斯费里，发动一场奴隶起义；在他失败被俘并被判处绞刑时，北部群情愤激，对他表示了极大的同情，这在南部引起了深切的恐慌，并使南部的联邦主义的感情疏远了。

卡尔霍恩曾在1850年说过，"维系各州的纽带，不仅为数众多，而且性质迥异。有的是属于精神方面的或宗教方面的；有的是政治方面的；还有的则是社会方面的"①。他预言，分裂不会一下子就出现，

---

① 1850年3月4日在参议院的演说，转引自克拉莱编《卡尔霍恩文集》，第4卷，第556—558页。

而必然是随着这些纽带一根一根地割断而逐渐地发生。甚至在他说这番话之前,教友会和浸礼会就已分裂为独立的南北两支,长老会则陷于地方的分歧而不能自拔。在50年代中,南部的学生开始从北部的学校中离去,南部人度假也不再到他们常去的那些北部胜地,而南部爱国者宁可穿土布也不穿北部工厂的机织布。维系合众国的纽带正在一根一根地断掉。

仍然维系国家统一的最重要的机构是政党。辉格党和民主党一直在南北两部都保持自己的政党体系,在国家大事上总是力图立足于全国而不采取地方性的立场。南部和北部的领袖们在党的会议上共同磋商并为党的目标共同努力。但是,在50年代中,即便是维系国家统一的这些柱石也开始崩溃。在辉格党内,所谓"良心派辉格党人"与"棉花派辉格党人"之间的斗争导致了党的瓦解,绝大多数北部的党员最后参加了新成立的共和党,而南部的党员则逐渐加入民主党人的行列。到1856年,民主党是仅存的全国性大党,这一年,它提名詹姆斯·布坎南(1857—1861年在职)竞选总统。布坎南获得了5个自由州和除马里兰以外的全部15个蓄奴州的选票而当选(马里兰州支持一个排外主义团体,叫作"一无所知党",或称"美国党")。布坎南的主要对手是共和党人,他们谴责奴隶制是"野蛮社会的遗迹",获得了11个自由州的选票,但在整个南部只获得1200张选票。这时,民主党是唯一的全国性政党,但在仍然支持人民主权论的道格拉斯派民主党人和要求在一切准州中自由建立奴隶制的当权的民主党人之间出现了分裂并各自提名总统候选人(道格拉斯和约翰·C.布雷肯里奇),于是在1860年也地方主义化了。从辉格党人演变而来的立宪联邦党人,则提名田纳西州的约翰·贝尔。共和党人提名亚伯拉罕·林肯,其竞争政纲是从一切准州中彻底清除奴隶制。

林肯只获得39%的选民票,但却完全集中在自由州内,所以即使反对派联合起来对付他,他也照样可以当选。他获得了18个自由州中的17个州的选票,还取得了第18个州的部分选票;15个蓄奴州却以压倒多数反对他。南北两部的两极分化至此已经形成,最后的危机已相去不远,指日可待了。

历史已经表明,林肯所处的地位已远不只是一个国家的领袖的形象;他给予奴隶主们以他们所要求的一切合法权利,但关于准州的权利则除外，因此他永远是公正的；而且，他认识到奴隶制是一个极大的问题，不能草率地加以解决，因而他也是英明的。但是，在1860年，他所取得的胜利却使南部感到前景暗淡，他们把他看成是一个下流的、煽动的废奴主义者。南部人认为局势是这样的：由于实施歧视和剥夺性的政策，已使南部在财富和人口方面远远落后于北部（1860年，自由州的自由居民达1880万人，而蓄奴州的只有803万人），南部早已丧失了原来在众议院中享有的平等地位，国会已落入一个公开表示要对抗最高法院裁决的政党手中；如今总统职务也即将为这些心怀敌意的人们所掌握。许多南部人认为，真正的联邦已不复存在，现在只剩下区域的统治，所以，在这个紧要关头，始终坚持要保护自己主权的南部各州应该恢复它们的主权地位了。

十多年来，一伙狂热的分裂主义者（或称"吞火魔术师"），在亚拉巴马州的威廉·L.扬西、南卡罗来纳州的巴恩韦尔·雷特和弗吉尼亚州的埃德蒙·拉芬等人的领导下，曾极力主张分离。他们曾经提出警告说，南部只有立即退出联邦才能逃脱为异己的北部所统治的命运；现在他们的警告在南部得到了广泛的响应。这种立即退出联邦的纲领遭到了温和派的强烈反对，他们极力主张稍事拖延，以便从北部取得保证，或者使南部各州保证采取有效的共同行动。温和派中的绝大多数人热爱联邦，希望在自愿的基础上维护联邦的存在。从这个意义来说，联邦主义在南部仍然是种强大的力量，几乎强大到足以制止要求退出联邦的趋势。但是，认为联邦政府有权强制各州服从的这种无条件的联邦主义者，几乎是不存在的。从这个意义来说，联邦主义又是极为软弱的。随着危机的发展，进行妥协的尝试失败了，温和派发现他们已经不能安然地度过风暴。

从1860年12月到1861年3月之间，南卡罗来纳、佐治亚、佛罗里达、亚拉巴马、密西西比、路易斯安那和得克萨斯纷纷召开代表大会，各自通过了一项退出联邦法令。几乎与此同时，这些州又组成了南部联盟——南部邦联——并于1861年2月22日拥立密西西比州的杰斐逊·戴维斯为总统。不过，尽管南部邦联吹嘘南部是一致的，但另有8个蓄奴州却不愿追随它们，仍然留在原来的联邦内。美国的国家主义即使到了内战前夕，仍然在南部具有力量，

第二十三章 美国的国家力量与地方力量

由此可见一斑。

林肯于3月4日就任总统时,他不仅面对着一个羽翼丰满的南部共和国,并且发现联邦在南部的两个堡垒,即佛罗里达的皮肯斯堡和南卡罗来纳的萨姆特堡的形势十分紧张。南部邦联分子认为守卫这些堡垒的联邦警备部队是入侵者,并威胁要对他们使用武力。有强有力的证据可以证明,林肯既不盼望战争,也不需要战争,但却希望有一个不采取行动的阶段,在此期间南部的拥护联邦的势力(他在就职演说中曾向他们发出了呼吁)能够再阐明己见。但是,他不愿撤出这些警备部队,也不愿让他们陷于弹尽粮绝的境地。因此,他在4月派了一支援军前去萨姆特堡。南部邦联早已料到援军的到来,便袭击该堡并占领之。于是,林肯便征召7.5万名军队。弗吉尼亚、北卡罗来纳、田纳西和阿肯色拒不应召而倒向南部邦联。于是,美国的国家主义进入了最严重的危机阶段,只有打了四年的南北战争,危机才获得解决。

历史学家一直热衷于争论这样一个问题:南北战争是否可以避免,或者,这场战争是各种命里注定的力量的必然结果,即一场"压制不住的冲突"。有些作家分析了基本的社会和经济的因素,得出注定不可避免的结论。另外一些作家则强调准州问题全然是人为的,不理智的感情在很大程度上起了作用,而废奴主义和分裂主义两个阵营的极端分子的愚蠢行为造成了严重后果,从而认为所谓"不可调和的"分歧实属杜撰,并非事实,而这场危机也是人为的。① 这场争论可能无论如何都无法彻底解决,但是有两个与此有关的问题却值得注意。首先,这样说看来是可靠的,即心理的和感情的力量以及极端分子爬上领导地位,从其影响上看,是完全"实在的";而从其起源上看都是最基本的社会的经济的条件,也必然是确定了的。其次,事情看来肯定是这样的:北部和南部在发展速度上的差别破坏了南北两地之间的平衡;但南部不经过一场危机是绝不会接受这种变化的政治后果的。至于这场危机是否非要采取武装冲突的形式,而这场武装冲突的阶段是否非要在当时爆发,或者可以或早或晚1个月、1年、10年,这就可以无休无止地猜测了。

---

① 见本卷原文第611页和620页。

美国南北战争不属于本章的范围之内。① 但是，如不稍稍涉及这两种敌对力量之间的冲突最后是如何解决的，则本章对国家主义与地方主义的相互作用的讨论就不完整了。

从南北战争开始起，最直接的问题乃是联邦能否获胜，然而更根本的问题却是：即使取胜，这一胜利能不能使美国国家重新振作起来。一个区域胜利了，另一个区域失败了，这能否使地方主义的强度减小？特别是在共和党人为了达到北部地区的目的已在采取诸如莫里尔关税法、国民银行法、太平洋铁路法等措施的时候？强迫的过程能否产生自觉自愿的忠诚精神？而这种精神却是联邦的实质所在。

虽然绝大多数公职人员不能或不愿理解这个问题。但是亚伯拉罕·林肯胸中对此却洞若观火，这是美国的幸运。在内战的整个过程中，他时刻警惕着把维护联邦作为战争的伟大目标，并像安德鲁·杰克逊在他之前所做的那样，在美国国家主义的观念中注入了广泛的民主思想。因此，他不愿把废除奴隶制作为一种目标，因此等待了几乎两年才发表了《解放奴隶宣言》；这项宣言给予所有仍在反叛但并未干预仍然忠于联邦的特拉华、马里兰、肯塔基和密苏里等蓄奴州的奴隶制的那些地区中的奴隶以自由。在他确信"奴隶制必须灭亡，国家才能生存"之前，他不愿采取行动；这种态度激起了废奴主义者的强烈谴责。然而，正是他们为之叹息的这种耐性才使林肯能够对奴隶制度给予比他们所曾给予的更为致命的打击。正是由于他耐心地等待联邦的原则和解放奴隶的原则能够结合起来，他才能够如 J. G. 兰德尔所说，"把国家主义的事业和自由的事业融为一体"。②

林肯所处的是一个极端而无情的国家主义方兴未艾的时代，这种国家主义往往以国家的名义牺牲个人，并且认为民主制度与国家权力不一致因而予以摒弃。在林肯所处的那个世纪里，其他的一些伟大的国家缔造者们——拿破仑、加富尔、俾斯麦——似乎愿意把人的一般福利从属于法兰西、意大利或德意志命运的完成。所以，林肯的突出贡献就在于：他捍卫联邦并不是以抬高美国国家为基础，而是以普遍

---

① 关于这场战争的叙述，见本卷第 24 章。
② 《南部历史杂志》（1940 年），第 6 卷，第 441—449 页。

的民主事业为基础；对于后者，保存美利坚合众国是必不可少的。在葛底斯堡的崇高时刻，他没有提到美国这个字眼，却把这场战争说成是一个考验：即任何一个孕育于自由之中并坚信人人生而平等的国家能否长期存在下去。关键的问题不在于多一个国家或少一个国家的存在，而是一个坚信这样的原则的国家要存在下去，这个原则就是民治、民有、民享的政府绝不应从地球上消失。

由于林肯深刻地理解自觉自愿的忠诚乃是国家统一的基础这一重要意义，由此他准备以可能的、具有最和解精神的条件让南部各州返回联邦。为了这一目的，他甚至准备牺牲北部在胜利后可能获得的某些地方利益。总的说来，共和党的想法和他的并不一样。在林肯遇刺后，控制权就落到了一个对南部强行实施一项比较苛刻的"重建"计划的派系手中。这个计划在其他方面不论有何成就，但它肯定没有减少存在于北部或南部的地域仇恨情绪。在12年的重建结束时，国家主义精神看来比内战初期还要淡薄。所以，凭借政治手段重振国家主义的做法，应该说是失败了；要重新建立联邦的纽带，仍然有待于一种渐进的社会过程，一种民间的重建过程。国家主义的基本力量虽然长期地销声匿迹，但并未被扼杀；只是到了这个最后阶段才再一次发挥作用。美国人民具有基本上的同一性；他们有共同的语言；他们都是英国人的后裔；他们都是接受新教的伦理；他们在美国革命和开拓边疆中有着共同的历史经历；他们都坚信民主、自由和个人主义的理想，从而在感情上产生出一种在原有联邦的内部重新和解的愿望。这种愿望以上千种的形式表现出来，例如，弗朗西斯·迈尔斯·芬奇1867年写了一首诗，向"蓝衣军与灰衣军"一并致敬①；又如，1885年举行格兰特将军的葬礼时，南部著名的将军们戴着邦联的灰色绶带抬着灵柩；再如，1898年美西战争中，南部的军队踊跃地自愿报名参加联邦军队。到了19世纪末，民间的重建取得了政治重建所未能取得的成就，而在南北战争所维护的联邦国家范围内，再次涌现了一种自发的美国民族主义。

（潘绍中　译）

---

① 美国南北战争期间，北部军队穿蓝色制服，南部军队穿灰色制服。——译者

第二十四章

美国南北战争

从军事史的观点来看，美国南北战争乃是第一场现代战争。① 这场战争标志着从主要涉及作战部队的老式战争向在不同程度上影响社会上的每个集团并且最终要求国家生活总体化的现代战争的过渡。南北战争既是一场人与人的较量也是一场物与物较量的战争。在战争中发明了或使用了大规模的军队、铁路、装甲舰只、电报、连发后膛枪、各种雏形机关枪、铁道炮兵、讯号气球、堑壕与铁丝网。② 这是一场思想观念的战争，因此具有无限的目标。两方中必须有一方取得彻底的胜利：或是北部迫使南部回到联邦中来，或是南部迫使北部承认它的独立。其间毫无妥协可言，任何一方也毫无取得部分胜利可言。与18世纪的那种不慌不忙、目标有限的战争相比较，南北战争是粗暴的、无情的，有时甚至是残忍的。

这是美国人民第一次伟大的军事体验，也是他们最伟大的一次历史体验。1861年至1865年的这场戏剧性的事件，这场痛苦的磨炼和英勇精神，已成为美国民族意识的一个不可磨灭的部分。同样，人们对于这场战争的意义也有了深刻的认识。南北战争是美国历史中的伟大转折点，可以与法国的1789年革命相提并论。它解决了，而且是一劳永逸地解决了某些分歧。它摧毁了奴隶制，保证了工业资本主义的上升。不仅如此，它还维护了联邦，稳定了（如果说不是缔造了）

---

① 关于南北战争军事进程的概述，参见本卷第12章，原文第327—330页。
② 参见第12章，原文第305—306、310页。虽然南北战争中使用了连发后膛枪，但是步兵使用的基本武器仍是单发前膛的"斯普林菲尔德式步枪"。这种步枪杀伤力达半英里，距离230码时最为准。射程达5英里的具有来福线的大炮也已使用，但炮兵的标准武器仍是"拿破仑式的"12磅黄铜滑膛炮，射程为1英里，半英里内较准确，杀伤力在250码。斯式枪与拿式炮使南北战争中的两军有了比过去美国军队具有的更大的射程，准确性和火力。

现代的美国国家。尽管美国人现在还就这场战争所遗留下的某些问题争论不休，但它的伟大成果，即联邦维持下去了，这一点已为全国各方人士所公认。自1865年以来，任何一个政党、阶级或阶层就连分裂国家的可能性与可取性也没有人再考虑了。

在南北战争的前夕，北部是否会获胜，并不是有把握的。诚然，它拥有全部重大的物质因素。北部的23个州，即合众国，比南部的11个州，即南部联盟人口要多，也就是说人力后备要大，北部人口近2200万，而南部人口略多于900万。不过，在比较人力潜力时，还应考虑一些限制性因素。北部的总数包括了拒绝退出联邦的4个蓄奴州（马里兰、特拉华、肯塔基、密苏里），它们向南部联盟提供了成千上万的志愿军；太平洋沿岸的两个州（加利福尼亚和俄勒冈）从未向主战场派过兵。南北两部都有少数人反对这场战争：北部有"主和派民主党人"，南部有反战的山民。这两部分人可能人数相当。在南部人口总数中奴隶约占350万人，白人约为600万人。虽然奴隶不能直接服兵役，但如果把他们不计算在内，那也是错误的。他们间接地提供了重大的人力资源。许多奴隶充当民夫，在军队里赶车、做饭或修筑工事。绝大多数奴隶留在种植园里，在农业生产上起着重大的作用。如果没有他们播种、管理和收获庄稼。白人就要来干这些活儿。总之，奴隶解放了大量白人的生产劳动，使之可以服兵役。

但是，在衡量了人力方面的全部因素以后，北部显然比南部肯定占优势，能够征集更多的军队。不过，这个优势并不是决定性的。许多战争并不单靠人数多寡来决定胜负。不仅如此，北部直到战争的最后一年半时才在军队数量上占有明显的优势。南部联盟由于很早就实行了征兵制，因此迅速地动员了一部分很大的兵力。南部联盟军队到1863年人数一直增大，此后即一直下降了。1863年以前，联邦军队人数一般比敌军要多，但差距并不很大。在第一次马纳萨斯战役（1861年）时，两军兵力数量大体相等，各为3万人。夏伊洛战役（1862年）时情况也是如此，两军在第一天交锋时的人数都是4万人。在里士满战役（1862年）前的"七天战役"中，联邦方面投入兵力10万人，与部联盟方面为8.5万人。其他各次战役中，北军人数稍多，但差别不是很大，如斯通斯河战役（1862年）为4.5万人对3.8万人；葛底斯堡战役（1863年）为9万人对7.5万人；查塔努加战役（1863年）为5.6万人对4.6万人。在奇克莫加河战役中，南军数量占优势：7万人对5.8万人。有几次战役两军人数相差较大，特别是弗雷德里克斯堡战役（1862年）和钱塞勒斯维尔战役（1863年）差不多为二比一；但是，到1865年的最后几个月时，南军由于屡屡战败和不断逃亡而人数大减，两军兵力差距达到了五比一之大，这是以后历代南部人所牢记不忘的。因此，南部联盟在战争的头两年中，通过在战场上取胜从而赢得独立，这是完全有可能的。

比兵力差距更为重要的，是北部经济体制的潜力占优势。随着战斗转为持久而胶着后，这一点变得越来越为重要了。这种差距在农业和工业生产方面都很明显。战争刚开始时，双方都有能力生产足够供应老百姓所需要的粮食。由于战争继续下去，北部能够扩大生产能力以满足新的战争需要，而南部的农业生产却在战争的负担下下降了。北部尽管有成千上万名在农场劳动的小伙子参军去了，但是由于日益使用了节省劳力的机器，如收割机、脱粒机、条播机等，生产反而增加了。在南部产粮区由于遭到联邦军队的占领或破坏不断缩小；而农业劳动力也由于奴隶们成群地逃向入侵的北军方面而减少了。但是，尽管受到破坏，南部至少在1864年以前，还一直能够生产足够的粮食以满足它的最低需要。战争最后两年中的大多数匮缺现象，主要是由于铁路系统能力不足，不能够把物资运往所需要的地方而造成的。

北部的巨大潜力在工业生产方面极为突出。内战前夕，北部拥有大约11万家工厂，共有8.5亿美元的资本投资，雇用了11.31万名工人，每年所生产的产品的产值约为15亿美元。而南部仅有2万个企业，资本为9500万美元，共有11万名工人，年产值为1.55亿美元。双方都努力要扩大自己的生产设备，但是北部由于开始时就已遥遥领先，对工业技术更为熟悉，因而必然远远胜过了南部。例如在关键的军火工业方面，北部的38家最大的枪炮工厂到1862年时已能日产5000支步枪；而南部工厂的最高日产量仅为300支，而且由于劳力与原料不足就连这数量往往也不能达到。

北部的工业优势意味着在经济体系转向为战争生产以后，北军一切供应都比南军充分。在战争的头一年里，双方都在欧洲购买大批物资，特别是武器。但是到了1862年，北部实际上已经能够供给自己所需要的全部原料，不再依靠欧洲了。相比之下，南部尽管拼命扩大生产设备，却始终要依赖欧洲，要靠冲破北部海军封锁进口它能取得的任何物资。南部联盟在工业上的不足几乎对战争努力的每个方面都有影响。虽然以杰出的乔赛亚·戈格斯为首的军火部取得了奇迹般的成就，但南军的武器低劣于北军的武器，因此南部联盟军队的火力很少能与北军的相匹敌。南部的经济无力为它的军队提供制服、鞋靴、药品——也无力为它的平民百姓提供普通消费品。这种匮缺影响了南部的战斗意志。1863年以后，南部士气严重低落的原因之一是因为人民认识到南部的资源已经枯竭，而敌方的资源却似乎无穷无尽。

北部在运输方面具有显著的长处。它具有更多、更好的内陆水运，有更多的铺面的道路、更多的车辆和大牲畜。但是北部最大的优势还在于铁道。南北战争是第一次铁道在其中发挥重大作用的战争。铁道把原料运往工厂，再把制成品运往军事分配中心。铁道把新兵运到训练营地，把经过训练的士兵运到兵营。铁道长距离地而且空前快速地把部队从一个战场运往另一个战场。1862年，南部联盟在西面的主力野战军从北密西西比经过莫比尔转移至田纳西州的查塔努加，全程800英里。1863年，一支联邦军队从东战场转移到西战场只用了8天时间，这在当时是闻所未闻的。北部大约有2万英里铁路，而南部陆地面积相当，却只有1万英里的铁路。不仅如此，南部的铁路线大都是为连接两个特定的城镇而修建的，因而比较短；在关键地段之间往往有很长距离的间断；而各条线路所采用的轨距也不一致。少数的几条直达线，如里士满到孟菲斯，里士满到卡罗来纳之间的铁路，又靠近南北交界线或海边，因此容易受到攻击。战前，南部需要的铁路车辆是从北部工厂购买的，或者虽从南部工厂购买，但这些工厂在战时已集中力量生产军备了。结果，车辆一旦遭到破坏或用坏时就无法更换。铁路系统越来越糟，到了1864年几乎已经处于瘫痪状态。某些历史学家认为，铁路的瓦解是南部战败的主要原因。①

北部还有一个强大的武器——海上力量。1861年，联邦海军并不大，各类舰只只有90艘，水兵9000人。海军力量迅速扩大后很快就成为战争的一个重要因素。到1864年，联邦海军已拥有大约670

---

① 例如，查尔斯·W. 拉姆斯德尔：《在南部联盟的战线后面》（巴吞鲁日，1944年），第94—95页；罗伯特·C. 布莱克第三：《南部联盟的铁路》（查佩尔希尔，1952年），第294—295页。

艘舰只，5.1万人。南部联盟的海军平均总数无法得出，因为它的舰只经常被击毁；不过人员只有4000名。北部的海上力量在两个方面起着重要作用。首先，它确立了对南部的封锁。由于南部海岸线很长，封锁这条海岸线的使命是难以执行的；甚至在联邦的海军扩大到最大规模以后，要做到对它实行完全有效的封锁，也是不可能的。在战争的整个过程中，偷过封锁线的船只一直都在活动。虽然切断南部物资供应的封锁所取得的效果有些言过其实①，但是，封锁毕竟使南部联盟受到了很大损害，使它无法运进体积较大的物品（偷渡封锁线的船只必然是小型的船只），它使南部联盟的巡洋舰不能使用南部港口作为基地，因此它还使南部人民感到被切断了与外部世界的联系。海上力量的第二个作用是支援联邦陆上部队征服阿巴拉契亚山脉与密西西比河之间的广大西部地区。在这一带的大河里可以航行炮舰和运输船只。在西面的一些最大的战役都是海陆军联合行动。在西面河流上不使用海军力量，联邦军队能否占领西部，是值得怀疑的。

　　某些历史学家②，由于看重北部的物质优势，就得出结论说南部的斗争从一开始就注定了要失败。其实，其间差距并不像表面上看来那样是一边倒的。正如前面已经指出的，直到1863年南部联盟本来有可能赢得军事上决定性的胜利。北部并不是全部优势在握。南部在大多数情况下都是在自己的地区内进行防御战，处于内线。北部入侵者则不得不保持很长的运输线并在占领区部署卫戍部队。而且，因为这是一场内战，因此北方必然不仅是攻占敌首都，或者打败敌军，它还必须征服人民，使他们相信自己的事业已经毫无希望。或许，在南部联盟取得军事上的决定性胜利的机会消失以后它的最大希望是在心理方面。南部是为了一个单纯的目标而战，即独立；它对北部并不怀有侵略的意图。另一方面，北部却是为了维护两项相当抽象的原则而在打一场侵略性的战争：维持联邦，然后解放奴隶。北部只要退出战争就可以在任何时刻取得和平和自己的独立。如果南部能使北部相信南部是无法打败的，那么，即便是在1863年以后，南部仍有可能

---

① 关于封锁的效果以及学者们对其影响的互不相同的看法，参见 J. G. 兰德尔《南北战争和南部的重建》（波士顿，1937年），第650—651页。对封锁的效果所提出的批评，参见法兰克·L. 奥斯利《棉花王的外交》（芝加哥，1931年），第268、273—274、285页。

② 例如，弗朗西斯·B. 西姆金斯：《新旧南部》（纽约，1948年），第137—138页，查尔斯·A. 比尔德与玛丽·R. 比尔德：《美国文明的兴起》（纽约，1939年），第2卷，第52—54页。

赢得自由。有好几次，特别是1864年夏天，看来北部已经非常丧失信心而要放弃这场斗争了。

有头脑的南部人认识到北部经济潜力占优势的重要意义。然而，他们相信，南部的军事领导与勇敢精神可以克服北部的物质优势。但是，即便是人的因素不能超过经济因素，仍然还有一个几乎可以肯定的胜利希望——欧洲会站在南部一边进行干涉。甚至连最现实的南部人士也相信这种"干涉"论，其论点大体如下：英法两国的经济体系依靠它们的纺织工业，而两国的纺织工业则必须要有南部的棉花；因此，英法两国将迫使北部停止战争并同意南部独立。于是，外交手段便成为南部联盟安邦定国的一个重大因素了。南部希望得到承认它是一个国家，希望得到物质援助，因此便说服英国和法国打破封锁，迫使北部接受调停。合众国则认为，只要没有外来干涉的干扰，它是可以解决自己内部的纠纷的，所以竭力阻止对南部的承认和外来的干涉。

说到外交，关键的国家是英国和法国。只有这两个国家才有能力对美国的内战进行干涉，也只有它们才会感到自身的利益会受到战争结局的影响。英国和法国在克里米亚战争中就已结成同盟，两国在许多地区继续采取共同行动。两国的谅解之一是：关于美国的问题是属于英国势力范围以内的。因此，法皇拿破仑三世将不会在英国首先采取行动之前进行干涉。欧洲的第三个大国俄国，和美国一样，也是一个新兴国家，同样感到它的抱负受到了英国的压抑。由于这种所谓的利害一致，俄国公开对北部表示同情。1863年，俄国派出了两支舰队，一支去纽约，一支去旧金山。所以派出这两支舰队，实际原因是要就波兰问题对英国进行战争威胁：俄国想使它的舰队进入阵地以便对英国的海上贸易发起攻击。但是在美洲，人们却普遍认为，俄国人是为了对合众国表示友好而来的，于是便产生了一种经久不衰的说法：如果英法两国一旦企图打破封锁，俄国舰队愿意提供支援。

冲突开始时，英法统治阶级确实对南部联盟表示同情。虽然有些人是基于他们感到在文化上与蓄奴州的种植园主贵族同出一流，但是他们之所以同情南部联盟，主要还是因为他们不喜欢合众国所代表的那种理想和现实。极力要求政府应有更广泛的人民基础的欧洲自由派人士，曾经欣慰地举出美利坚合众国是在一个人口众多的国家里实行民主制的成功事例。这个论点是保守派人士难以回答的。伟大的英国自由派人士约翰·布赖特曾经对美国影响的性质作了雄辩的描述："特权在过去多年中一直展现出一种令人痛心的景象。它看到了有3000万人幸福而富裕地生活着,没有国王,没有宫廷的生活,没有贵族,只有因为才智出众和品德高尚而出类拔萃的人物。……如果这一伟大试验竟然成功,古老的欧洲可能发生的一切,将会使特权不寒而栗。"① 可是,这个伟大的试验看来正在垮台,而它的失败有可能给各地的民主制度抹黑。而且,多年来,英国和法国的统治集团也不安地看到了美利坚合众国力量的增长。他们看出,一个独立的南部联盟的出现,就会是对这个在西方崛起的年青国家的一种遏制。一个分裂的美国将意味着一个单一的强有力的国家在西半球将不复存在。分裂的过程一旦开始,可能会继续下去。继一个独立的南部之后而来的将是一个独立的西部,各美洲共和国将不得不寻求英国或法国的支持,从而将沦于欧洲的控制之下。甚至英法两国反对奴隶制的自由派人士,也倾向于赞同南部的事业。北部政府最初出于国内政治的考虑,坚持说它之所以要进行战争是为了恢复联邦而不是要摧毁奴隶制。许多自由派人士因而得出结论说:南部是在为争取自治权这一崇高的自由主义原则而战斗。

但是英法两国的舆论从来不是坚定不移地对南部表示同情的。特别在英国,上层阶级的某些人士从一开始就为北部仗义执言。像布赖特和理查德·科布登等自由派人士预见到,不管北部政府如何解释这场战争的宗旨,它最终将必然成为一场摧毁奴隶制的战争。他们对他们的工人阶级中的追随者们描绘说,美国的这场战争乃是自由劳动与奴隶劳动之间的斗争。这种说法在那些政治上已经觉悟但仍未享有选举权的劳工看来,似乎很有道理。不论英国的保守党领导人的看法如何,英国工人把北部的事业看成是他们自己的事业。他们在群众集会上,在决议中,并且通过布赖特以及其他自由派人士在议会中的演说表示了他们的同情。当林肯总统发布了《解放奴隶宣言》(1863年1月1日)时,他们觉得,他们认为这场战争是一场争取自由劳动的斗争的看法得到了证实。这一宣言把解放奴隶作为北部的战争宗旨的

---

① 《约翰·布赖特关于美国问题的演说集》(波士顿,1865年) 第177页。

一项正式目标，在使欧洲的自由派舆论转而反对南部联盟方面起了重大作用。

在敌对行动刚刚开始时，英国政府即发表了一个中立宣言，承认南部联盟为交战一方。法国和其他国家也照样行事。英国的行动在合众国引起了极大的不满。北部政府声称它不是在进行战争而是镇压叛乱，因此给南部联盟以交战国地位的本身就是非中立行为。虽然如此，英国的做法既符合公认的中立惯例，也符合现实的情况。无论合众国官方对这场冲突如何解释，它实际上是在打一场战争，在林肯自己宣布进行封锁的声明中也承认了这一点。但是，北部深信，英国并不打算一直保持中立，在承认了交战地位之后随之而来的将是承认南部的独立。

然而，无论英国、法国，或是任何其他欧洲国家都没有给南部以外交上的承认。虽然英法两国曾经有几次商讨进行调解的问题，但是它们都从来没有认真地考虑过进行干涉的问题。有几个因素影响到外交斗争的最后结局。一般来说，北部外交使团的各级人员，都比其对手的地位优越。朱达·P. 本杰明在战争的大部分时间里一直担任南部联盟的国务卿。他虽然为人精明能干，但他在陈述南部的事业时，却未能打动欧洲各国政府和舆论。他的北部对手，威廉·H. 西沃德，尽管开始时犯了以武力相恫吓的错误（他最初似乎以为他的主要职责就是侮辱英国人），却成为一位杰出的国务卿。北部很幸运，派驻伦敦的代表是一位干练、出色的公使查尔斯·弗朗西斯·亚当斯，他的父亲和祖父都曾担任过美国总统。他轻而易举地压倒了南部联盟的代表詹姆斯·M. 梅森。梅森是一位脾气和善、颇有农民风度的弗吉尼亚的乡绅。南部派驻欧洲的外交官们身上反映出南部在文化上长期处于与世隔绝的状态，他们对于欧洲人的思想一无所知；特别是低估了欧洲大多数国家中反奴隶制情绪的强烈程度。

棉花外交没有起到南部预计的决定性作用。南北战争开始时，英国的纺织厂商拥有剩余的库存棉花。他们在1860年从美国进口了大约258万包之多。战争和封锁所造成的棉花缺货情况首先使这些厂家能够把手头剩下的制成品高价售出。到1862年，只进口了7万包，棉花供应日益不足，英法两国都身受其害。许多工厂不得不关闭，英国就有50多万名工人失业。但是，英法两国的厂商设法从埃及和印度运进了足够数量的棉花以免彻底垮台。英国的纺织工人们，甚至包括那些失业的工人在内，仍然继续支持北部，这或许是最有意义的一点。

事实证明，其他的经济力量要比棉花匮乏强大得多。英国的庄稼连年歉收，国内的小麦大幅度减产，已经达到这样地步，每年必须从美国进口大量的小麦；小麦大王一时显得比棉花大王更为强有力。英国的一些重要行业发现他们从这场战争中发了财。军火、纺织、亚麻布和其他工业由于和美国的交战双方做生意，利润急剧上升。由于南部联盟破坏贸易的驱逐舰（其中有的是英国建造的）从海上骚扰美国的贸易，英国就把它的主要商业对手的海上运输贸易接管过来。政治和军事的因素也起到了阻止英国进行干涉的作用。解放奴隶宣言使得英国的舆论显著地转变而有利于北方。英国作为最强大的海军大国，其本身就是倡导使用封锁这个武器的主要国家，因此对于干涉北部的封锁行动颇为犹豫，唯恐因而制造一个危险的先例。最后，除非南部联盟看来已是胜券在握，否则英法两国即使想采取行动，但谁也不敢冒进行干涉的风险。否则，它们就不得不和北部打仗，而北部却是大有还手的能力的。但是南部却从来没有出现肯定会有把握获胜的情况。在1862年的最后几个月里，曾经有一个短暂时间，南部似乎已胜券在握——这时英法确有可能采取行动——但是由于联邦在安提塔姆和斯通斯河打了胜仗，这个短暂时刻即告消失，而且一去不复返了。

在南北战争期间，发生过三次事件使合众国与英国的关系紧张起来；一次造成了危机，几乎导致战争。第一次也是最危险的一次，在美国史中称为"特伦特号事件"，发生于1861年年底。当时，南部联盟政府委派了两名专员詹姆斯·M.梅森和约翰·斯利德尔前往英国和法国。他们越过封锁线来到哈瓦那，然后搭乘英国轮船"特伦特号"前往英国。此时，在古巴水域里恰有一艘美国快速舰"圣哈辛托号"，是由查尔斯·威尔克斯舰长指挥的。他获悉梅森和斯利德尔在特伦特号轮船上后，未经请示上级授权便决定前去抓他们。在特伦特号离开哈瓦那以后，他就截住了这条船，强迫船长交出这两名外交使节并把他们押往波士顿。北部的公众向他欢呼，把他说成是一个民族英雄，因为他逮捕了叛军的专员，还使不守中立的英国丢了脸。

他实际上已把他的政府置于一种微妙的境地,英国政府谴责威尔克斯的行为违反国际法,并准备提出释放俘虏,赔偿损失和进行道歉的要求。原来起草的文件几乎是一道最后通牒,美国政府十有八九是会予以拒绝的。可是在发出之前却把文字改得不那么激烈了;这主要是出于女王丈夫的大力主张,以便给美国政府一个台阶可下。林肯和西沃德认识到北部不能再卷入一场对外的战争。他们也知道,如果把被俘获的两名外交官立即释放,就会激怒北部的公众。他们故意拖延谈判时间,一直到舆论冷静下来,然后才放还梅森和斯利德尔并间接地表示了歉意,从而使英国感到满意。具有讽刺意味的是,在这一事件的过程中,两国政府所力争的恰恰是它们历来所反对的政策:英国争取的是中立国的权利而美国争取的则是交战国的权利。其实,梅森和斯利德尔分别到达住所后并没有为他们的国家作出什么成绩。梅森在伦敦从未受到正式的接待;他于1863年前往法国时,深信英国是偏袒北部的。斯利德尔在法国虽然与法皇交往友好,但在取得法国的承认或使之进行干涉方面则一事无成。他们两人在北部备受铁窗之苦时倒是对于南部联盟有用得多。

第二个事件使美国怀疑英国不打算信守适当的中立的思想加深了。战争开始不久,南部联盟政府为了削弱封锁,决定在欧洲购买或建造一批快速驱逐舰用来破坏北部的海上贸易。南部联盟海军部以为这样一来北部就会从封锁线上抽出一些舰只去追捕这些驱逐舰。南部联盟在英国建造和购买了6艘舰只,它们从英国港口起航开始执行它们的任务。其中最著名的是"亚拉巴马号"。虽然合众国驻英公使亚当斯经常将每一条军舰预定的起航日期通知英国政府,但英国政府并未采取有效行动加以阻止,总是声称它没有掌握令人信服的证据说明这些劫掠商船的舰只是属于南部联盟的。1863年以前,合众国唯恐引起英国的干涉,不敢提出过分强硬的抗议。它的抗议只限于指责说,允许建造这些驱逐舰是违反中立条例的。开战以后,这些抗议就构成了所谓"亚拉巴马号损坏赔偿要求"的基础——美国向英国提出了这些要求,而英国则如数予以赔偿。

第三个事件实际上是第二个事件的继续,即莱尔德撞角军舰事件。1863年,南部联盟开始感到封锁的压力。尽管劫掠商船的舰只几乎使北部的商船队完全从海上消失,联邦政府仍然毫不放松它的海军封锁。南部政府采取了一个打破封锁的大胆行动；它向莱尔德造船公司定制两艘强大的铁甲舰。这些装有撞角的舰只所构成的潜在威胁是北部绝不能掉以轻心的：它可以忍受贸易上的损失，但封锁必须坚持下去。不仅如此，既然战争形势趋于对它有利，合众国就可以更为坚定地表态。西沃德指示亚当斯通知英国政府说，如果准许为南部制造的这些重型舰只或任何其他舰只离开英国港口，就有发生战争的危险。亚当斯递交了信件。但是，英国政府甚至在收到信件之前就已扣留了这两艘重型舰只。事实上，内阁在几个月以前已决定禁止英国的造船厂为南部联盟造船。这一新政策合众国已经看出来了；亚当斯发出戏剧性的警告，其目的不过是要保证新政策得以贯彻。英国已猛然醒悟，英国作为一个海军大国，行事有欠审慎。它曾经准许向南部提供的支援，很可能在将来的战争中给自己带来类似的报复。因此它便赶忙承认了自己的错误，以免制造一个危险的先例。

拿破仑三世如果能按照自己的意愿行事的话，他是会对美国的战争进行干涉的。但他不得不追随英国，只能对南部表示同情，并且允许南部在法国购置骚扰海上贸易的驱逐舰。他希望南部获胜，主要是因为他野心勃勃，想要在西半球重新确立法兰西殖民帝国。如果美国分裂为两个国家，无论哪一个都无力阻碍他实现他的图谋。他抓住这场战争所造成的机会，在墨西哥建立了一个法国一手控制的帝国。墨西哥在南北战争前从英国、法国和西班牙银行家手里借了8000万美元。当这个政府近于破产无力还债时，那些债权人便纷纷要求本国政府协助，三国同意派遣一支陆海军部队前往墨西哥。1861年下半年，联军占领了几个沿海城镇，于是墨西哥提出愿意清偿债务。可是几个入侵国家在目标上开始发生分歧。1862年4月，英国和西班牙撤军，但是法军却占领了墨西哥城，并于1863年在当地某个政派的支持下宣布成立了一个以奥地利大公马克西米连为皇帝的新政府。拿破仑的行动显然与门罗主义相违背。但是，合众国由于害怕引起法国的干涉，由于国内问题自顾不暇，只敢提出一项正式抗议而已。直到南北战争结束以后，它才能够对拿破仑三世施加足够的压力，迫使他撤回军队（1866—1867年）。于是马克西米连政府垮台，他本人也被他的臣民处死。南部联盟由于希望得到法国的援助，对这个新出现的附庸国正式表示承认。但是，南部的舆论却倾向于谴责法国的冒险行径，认为这是对门罗主义的侵犯。这就提出了历史上一个有趣的问题：假使南部赢得了独立，那么承认并执行门罗主义的究竟是哪一个美国？或者说，在这种情况下，门罗主义是否还能维持？

北部经济体系的辉煌成就，预示着一个新的工业巨人在崛起，欧洲的观察家们对此并非没有看到。工农业的生产能力都扩大了。北部经济取得的巨大成就，与后来美国国民经济在20世纪的两次世界大战中所取得的成就同样立了大功劳。它不但为现代战争的巨大需求提供了物资，而且扩大了国民财富。它制造商品的速度超过了战争破坏的速度。这种大发展主要是战争所促成的，是政府大量采购各种物资而造成的。虽然政府实际上并没有按照现代意义上所说的那样进行干涉以动员经济，但是政府的活动却推动了经济体系的几乎每一个部门。

发展最大的是工业。供应武装部队军需品的那些工业部门产量的增长最为突出：钢铁、纺织、靴鞋、武器、军火、铁路和煤炭。煤炭年产量从和平时期的1300万吨猛增至2100万吨，羊毛年消费量从8500万磅猛增为2亿多磅。有些铁路的运输量增加了百分之一百之多，而内陆航运量则增长更大。这种惊人的发展，部分是由于改造了老厂或建设了新厂，部分原因则是由于使用了战前虽已采用但却尽量少用的机器和工艺。胜家缝纫机使得纺织业能够满足对军服的要求，从而创造了一个新的行业——男子成衣。在制鞋工业中也采用了一种类似的工艺，即机器绱鞋，使制鞋工业发生了彻底的变革。在武器制造中使用了零件可以互换的原则，收到了惊人的效果。战前，两家最大的军火厂年产武器一共只有2.2万件；到1862年，一家工厂年产步枪即达20万支。

北部的农业生产也取得了类似的巨大成就。除了满足老百姓的正常需求外，还要求农民为军队提供口粮并解救英国的小麦短缺状况。农业体系几乎毫不费劲地就满足了国内和国外的需要。小麦产量从全国的1.42亿蒲式耳猛增为仅北部即生产了1.91亿蒲式耳，而出口量则增加了两倍。羊毛生产从6000万磅增至1.42亿磅。如同工业一样，农业的增产部分是由于扩大了生产设施，即在西部扩大了新开垦的耕地面积，部分是由于使用了战前即已采用但却从未广泛利用的机器。农民们由于战争的需要不得不进行大规模生产，这时候转而依靠节省劳力的各种机械:割草机、脱粒机和收割机。到战争结束时,在北部农场上使用了 25 万部收割机。小麦生产的巨大增长在很大程度上就靠这些机械。

刺激经济发展的另外一个因素是共和党在战时制定的立法。从经济意义上来说,共和党人代表着北部的企业和农业的企求;他们鼓吹过去联邦党—辉格党的主张,即联邦政府应该用补贴和可享受利益的法律来扶持经济。随着南部反对派退出国会,他们就着手去满足那些使他们上台掌权的那些集团的经济要求。大多数法律都对企业和金融界有利,这就表示共和党里的东部派比西部农业派日益占优势。

西部派的主要收获是《宅地法》(1862 年)和《莫里尔土地赠与法》(1862 年)。根据前一项法律,任何公民或任何宣布愿意成为公民的外国人,均可登记获得四分之一平方英里(640 英亩)的公有土地的权利;并且在提供已在该土地上居住 5 年的证明后,只需缴纳一笔象征性的费用即可得到这块土地的所有权证。战后,成千上万在西部定居的人就这样获得了"免费"农场。莫里尔法满足了西部要求联邦对农业教育给予援助的愿望。该法规定,各州每有一名联邦众议员就可获得 3 万英亩的公地,这些公地的收入将用于农业、工程和军事科学方面的教育事业。这一措施在战后为所谓的"赠地学院"的大发展提供了基础。

共和党中的企业派在关税、铁路和移民立法方面得到了重大的好处。1861 年,莫里尔关税法规定对现行关税税率作了不大的提高。后来的措施(1862 年,1864 年)把平均税率提高到 47%,比战前增加了一倍,因此这就使工业得到了它所要求的保护,使之不受欧洲的竞争。主张建筑横越大陆铁路(从密西西比流域的一点至太平洋岸)的倡导者们说服了国会通过立法(1862 年,1864 年)成立了两家公司,即联合太平洋铁路公司与中太平洋铁路公司,在内布拉斯加的奥马哈和加利福尼亚的旧金山之间建造一条铁路。政府将向两家公司提供贷款并赠予公地给予援助。这条铁路线的修建工程直到战后才开始动工。这时,在其他方面提出倡议的人们也在寻求并且获得了类似的立法支持。西部的大多数铁路的修建都得到了联邦政府的补贴。这些国内的建设措施的规模是联邦党人或辉格党人所难以预料的。在战争的头几年里,从欧洲来的移民数量急剧下降,因而可能会造成劳力短缺时，国会立即设法加以解决，通过了一项契约劳工法律，授权雇主可以支付旅费从国外招进劳工，而用这批移民的未来工资作为抵押以偿还这笔费用。主要由于采取了这项措施，70多万移民便在内战期间进入了美国。

对企业和金融业最重要的立法是国民银行法（1863年，1864年修正）。该法建立了一套新的金融制度，即"国民银行体系"，一直延续到1913年。这项措施的提出，部分原因是要对银行业作长远的改革，部分原因则是要解决政府当前现金的需要。法案的制定者之一是财政部长萨蒙·P. 蔡斯。他们提出这一法案，目的在于恢复由联邦政府控制通货（在内战前夕有1500家持有各州特许证的银行在发行币值相差甚大的纸币）。他们争辩说，国家需要有统一的纸币，而国家对银行体系的监督将使政府能够更经济地推销公债。该法提出了一个程序，由"银行业协会"取得联邦特许证成为"国民银行"。每家协会必须拥有最低限度的资本并将其资本的三分之一投资于政府债券，它就可以发行纸币，纸币总额可达该协会拥有债券时值的90%。国会为了保证通货的标准化并促使各州银行加入这一体系，对各州银行的纸币征收寓禁税。到内战结束时，这个体系已有11582家银行发行纸币，总额达两亿多美元。虽然有些银行家不喜欢这项法律的调节作用，这个制度最终还是首先对金融和债权阶层有利；东部发行的纸币仍然远远超过其他地区。从历史上来看，"国民银行体系"标志着这是回到了联邦党—辉格党所主张的政府与金融界之间建立联系的做法，而这正是杰克逊派民主党人所极力想要摧毁的。

北部由于拥有广大的财源，因此它有充裕的资源可以负担现代战争的巨大费用。但是，北部对战争费用的筹措并不十分高明。政府和财界的领袖们未能充分利用现有的财源，这一点主要是因为这个国家在为任何耗费巨大的事业提供资金方面尚缺乏经验。这对于一个几乎不缴任何赋税的人民来说，要对一场每日耗费竟达200万美元的战争的现实有所理解毕竟是困难的。北部提供战费主要来源有三：税收6.67亿美元；发行公债收入26亿美元；发行纸币4.5亿美元。

内战爆发时，蔡斯认为战争很快就会结束，因此没有提出征收新税的计划。他和议员们都认为战费主要应靠发行公债来解决。1861年实施的一项主要措施是征收为数不大的所得税，这在美国历史上还是第一次。一直到1862年，国会才通过了一项征收适度税收的法案，即国内税收法，该法几乎对所有商品和大部分的行业征收适当的税收。虽然政府的计划并没有充分地利用国家的税源，但征收战时税仍然标志着一种新的做法。政府通过战时税这个媒介对那些从来没有向中央政府纳税的成千上万的人伸手要钱了。合众国正在建立一个全国性的国内税收系统，这也是内战所造成的全国一体化的许多意外结果之一。政府从发行公债中取得的收入，为全部其他收入总和的三倍。但是，销售债券的过程，却由于蔡斯和银行家们之间的意见不同而受到妨碍：这位财长赞成发行短期低息债券，而金融家们则坚持主张发行长期高息公债。双方不得不进行妥协。蔡斯在推销债券上最有创见的贡献是寻求人民广泛地认购政府公债。财政部向小数量购买者一共售出了4亿美元的债券，成为近代史上大规模筹措战费的最早事例之一。1862年年初，税收所得不多而公债销售不快时，政府就靠发行纸币。"合法货币法"授权印发纸币通货，这种纸币由于它的颜色被人称为"绿背纸币"。因为绿背纸币没有硬通货作后盾，兑换全靠政府的信用，因此币值波动很大，与金币的比值介于0.39美元至0.69美元之间。这是解决政府急需资金的一种省事办法。但是，绿背纸币造成物价上涨，这也就使战争费用增大。然而，纸币对经济却产生了久远的影响。这些绿背纸币连同各国民银行发行的纸币，一同构成了美国的流通货币供应的大部分。合众国也在建立一种全国性的通货。

北部战时岁入的大部分用于维持人数众多的军队。开战之初，正规军人数只有1.6万人。林肯总统在未经宪法规定的极限的准许下，擅自下令增加军队人数并征召志愿兵为国家效劳。1861年7月国会开会时，根据林肯的建议，规定募集50万志愿兵服役3年。战争初期，全国人民在爱国热情的鼓舞下，志愿兵制征募到了足够的兵员以补充军队。但是在最初的激情过去之后，应募的人数惊人地下降。最后政府终于认识到，它将不得不采用征兵制。因此，1863年3月，国会通过了美国历史上的第一个全国征兵法律，规定凡属20岁至45岁的未婚男子和20岁至35岁的已婚男子，凡身体健全者，均须服兵役3年。尽管免服兵役的人数很少（政府高级官员和独力抚养亲属的男子），但应征人可以雇人代替或向政府缴纳300美元而不服兵役。人们尖锐地批评这些做法是特权的典型，因此以钱代役的做法取消了。

实际上，这项法律并不是要直接征兵。其背后的用意是要用征兵作为威胁以促使人们应募入伍。各州每隔一段时间均分摊一个应募指标。如该州用补助金或其他奖励办法完成其摊派的指标，该州既完全免于征兵。只有在完不成摊派指标的州中，联邦政府才在该州征兵。尽管这种做法颇为特别，但它却可以使军队得到补充。联邦军队的人数不断增加，到1865年达到了顶峰。由于战时的统计数字不确，因此无法提出征集的确切人数。据估计，有150万人服役3年。伤亡率很大。如果连南部联盟的伤亡一并统计在内，南北战争是美国付出代价最大的一次战争。北军死亡总数为36万人，南军为25.8万人。在北军死亡总数中，11万人系阵亡，其余则死于疾病。

美国人民在战前几乎并未感到政府在他们的日常生活中有什么重要意义。征兵制对于他们来说是一种既陌生而又令人不快的控制。尽管大多数人对这种纪律屈从了，但反对者也大有人在，尤其是劳工、移民和主和派更加反对。在一些地方，特别是纽约市，因而发生了暴力事件和骚乱。某些州长对于中央政府是否有权征兵提出异议，但是林肯政府继续强迫人们从军，战争的影响所及，摧毁了北部各州的权力，犹如战争的结果必将摧毁南部关于各州拥有主权的概念一样。

北部把它的总统看作一位决心维护美国国体的领袖。亚伯拉罕·林肯具备政治家的种种品德——有智慧而且德高望重，对于时代的精神和民众的思想情绪有深刻的理解，掌握高明的政治技巧——以及利用这些品德来达到他的目的的决心。林肯的使命是一个美国政治家所从未遇到过的最为艰巨的使命，即维护一个国家。他必须恢复联邦，指导内战，同时还要在自己的人民中间基本上保持目标一致。正如阿伦·内文斯教授所着重指出的那样①，林肯之所以能够完成他的伟大使命，是因为他具有政治家的另一要素：激情。林肯的激情是对民主制度、对世界上最伟大的民主典范即美国联邦，对其称之"世上最后的、最美好的希望"②的激情。

在林肯就任总统时，华盛顿的大多数人都认为他是一个自知不堪

---

① 参见《南北战争的政治家才能》（纽约，1953年），第5—6、8—9、17—18页。
② 罗伊·P. 巴斯勒编：《亚伯拉罕·林肯文集》（新不伦瑞克，1953年），第5卷，第537页。

当此重任的人物。其实，他非常清楚自己的巨大的内在力量，对自己的能力极有信心。从他挑选内阁的人选上就可以看出他的信心。内阁中有4个人曾经是和他争夺共和党总统提名人的对手。总的说来，才干超出一般水平之上，而且有3名成员，西沃德、蔡斯和陆军部长埃德温·M.斯坦顿都是第一流人才。尽管有几名部长自认为才干要比林肯高明，他都能设法驾驭他们为他自己的目标服务。林肯的信心还表现在他能够大胆地行使他拥有的指挥战争的大权。他对总统在战时应起什么作用的看法比较开阔：为了达到他的目标，他甚至不惜违反宪法的规定；他说，他绝不拘泥细节因小失大。他召集部队镇压"叛乱"，这无异是宣战；他不按宪法规定擅自扩大正规军的人数；他宣布对南部实行海军封锁。

  由于行使总统的战时权力因而引起最大不满的事件是在出现反战行动的地区停止实行民法。有两类人反对战争的努力：忠诚的蓄奴州中的同情南部的人和"主和派民主党人"。民主党分为相当明确的三派。"主战派民主党人"是少数，他们同意担任职务，并且基本上并入了共和党的组织。民主党的绝大多数可以叫作"正规的民主党人"，他们一般地支持战争，但保持自己的独立身份并保留批评政府的权利。在民主党主体范围之内活动的还有第三派，即"主和派民主党人"，又称"铜头毒蛇"。这是最强大的有组织的反战派。他们以西部诸州为中心，代表旧的农业传统；他们担心为了工业和国家主义而会牺牲农业和州权。他们主张停战，召开一次全国代表大会，邀请南部参加；并且修改宪法以维持州权。因为主和派民主党人赞成维持国家，所以即使他们提出的方法不切实际、毫无可能，他们毕竟是联邦主义者。但是他们自己却陷于分裂。有的支持建立一个西部联盟；有的组织秘密团体，据说还从事叛国活动。林肯使用派军队逮捕这一武器对付反战分子。

  起初，他只在某些特定地区停止实行人身保护权；但1862年，他宣布凡阻拦他人应征入伍，抗拒民兵征召或从事不忠诚活动者均将受到军法审判。估计有1.3万人被捕下狱。悍然的逮捕使得许多美国人感到震惊，其中也包括那些支持战争的人。但是，从历史的角度来考虑，这只不过代表着为了强制取得现代战争所需要的统一而感情用事罢了。

共和党内也有派别——激进派和保守派。虽然他们在大多数问题上基本上意见一致，但在作为战争的结果应对奴隶制采取什么政策上分歧很大。宾夕法尼亚州的国会议员撒迪厄斯·史蒂文斯是激进派的典型代表。他们要求立即废除奴隶制。以林肯为首的保守派则担心种族关系上的突然而激烈的变化会造成什么后果；他们主张在若干年内逐步地、有补偿地实现解放奴隶。在两派斗争中，激进派取得了胜利，这倒不是由于他们自己的努力，而是出于战争形势的必然结果。保守派主张应进行战争以挽救联邦而不是要去摧毁奴隶制，因此他们一直在要求人民打仗并作出牺牲，以保存那个大多数人认为是这次战争根源的制度。战争打得越久，北部舆论就会更加肯定地要求摧毁奴隶制。到1862年的夏天，舆论已经迅速地朝着这个方向发展了。7月，激进派促使国会通过了一个"充公法"，宣布凡援助和支持叛乱者，其奴隶皆予以解放。

林肯总是最能够体察民情的，他看出了时代的迹象。他认识到，为了要达到他的保存美国国家这个更大的目标，他就不得不放弃他的防止突然打倒奴隶制的这个较小的目标。为了挽救国家，他必须保持激进派这些无条件的联邦主义者的支持；如果北部多数人要求把解放奴隶作为战争的一个目标，他绝不能抗拒他们的意志而造成人心涣散。他于1862年7月作出决定，发表一个总统宣言给予南部联盟境内的奴隶以自由，从而使自己站到反奴隶制运动的前列。他的决定是以这样一个正确的原则作为依据的，即应当在恰当的时候作出所需要的改变。他的决定符合英美实用主义最良好的传统。

林肯一直等到战争形势有了好转时才宣布了他的宗旨。1862年9月22日，他在安提塔姆战役之后发表了一项初步宣言，声称他将于1863年1月1日宣布给予届时仍然进行叛乱的所有各州中的奴隶以自由。由于到期没有一个州回归表示忠诚，于是他便发表了不可更改的"解放宣言"，宣布永远给予南部联盟的绝大部分地区中的奴隶以自由。田纳西州不包括在内，因为该州的大部分地区均在联邦控制之下。还有西弗吉尼亚和南路易斯安那，这两部分也为联邦军队所占领。这些地区所以除外，大概是因为它们不是敌方领土，因而不适用战时权力。宣言当然也不适用于那4个忠于联邦的蓄奴州，也没有在确实适用的地区把奴隶制作为一种制度予以废除。宣言并没有立即使奴隶获得自由；实施这一宣言不得不等到联邦军队征服南部以后。但是宣言的颁布意味着战争有了一个新的转折，它不仅是一场拯救联邦的战争，而且也成为一场摧毁奴隶制的战争。因此，废除奴隶制的进程一旦开始，它就不可能再行逆转了。1865年年初，国会将第13条宪法修正案送交各州批准：这个修正案使全国各地的奴隶获得自由并废除了奴隶制度。

1864年，合众国又面临着总统选举，这是在战时举行的头一次总统选举。选举中要求全国人民就继续战争或放弃战争的问题作出抉择；这是民主政府历史上少有的几次选举之一。人民投票赞成战争。在民主党取得重大胜利的1862年国会选举后，共和党企图加强他们的组织，把它变成一个所有主战集团的联合。他们尤其要争取主战派民主党人，因此把党的名称由共和党改为联邦党。林肯就是联邦党1864年的候选人（虽然许多激进派人士本来是想挑选一位不那么保守的领袖的），主战派民主党人安德鲁·约翰逊为副总统提名人。这年夏天，情况看来似乎共和党人将会在11月大选中被击败。林肯本人也以为会被击败。对战争的厌倦情绪笼罩着北部人民；他们似乎准备承认南部是不能被征服的了。诚然，许多人投民主党的票就反映了这种低落的情绪。奇怪的是，北部看来是要在南部已经山穷水尽、无力取得军事上的决定性胜利的时刻放弃这场斗争了。一些激进派领袖深信林肯将会把党拖向失败，因此他们打算不让林肯提名，而以他们中间的某个人来取代他。

在他们还没有来得及采取行动反对林肯的时候，政治形势突然发生了变化。民主党人召开了全国代表大会，提名激进派既害怕又痛恨的前将军乔治·B.麦克莱伦。主和派在竞选纲领中塞进一条，指责战争已经失败，要求停战并召开全国代表会议。尽管麦克莱伦拒绝接受这条纲领，但民主党在全国人民面前已经成为一个主和党了。这条主和纲领和麦克莱伦的提名，只能起到促使激进派团结起来支持林肯的作用罢了。同时，北军取得了几个重大胜利，特别是攻克了佐治亚州的亚特兰大，使民心重新振奋起来，对共和党又寄予希望。

11月计算选票时，林肯获得了212张选举人票，麦克莱伦只得到21张。但是，林肯获得的选民票的优势仅为40万张。只要几个大州的选票稍有变化，结果就会大不相同了。但是即使民主党获胜也不会改变战争的结局。即使麦克莱伦决定按照主和纲领去做，他也要等到1865年3月才能就任，到那时已是南部接近垮台的时候了。

分裂运动结果所造成的南部国家——"美利坚诸州联盟"，是一些主权州的联盟。最初退出联邦的7个州的代表于1861年2月在亚拉巴马州的蒙哥马利城开会，制定了一部宪法，选任了行政官员。（后来退出联邦的4个州也接受了蒙哥马利宪法）州主权在宪法中得到了明确的承认。授予中央政府的权力比原来的联邦宪法所规定的要少，而各州保留的权力则更大。南部的意见一致的原则，即少数制约多数的权力，在文件中屡见不鲜。通过各种立法——接纳新州、通过拨款法案——都需要两院议会的三分之二的多数票。只要有3个州即可要求并强迫召开所有各州参加的代表大会修改宪法。各州退出联盟的权利在宪法中有所暗示，但很有意思的是，却没有明文规定。南部联盟政府同联邦政府一样，也实行三权分立：一个由总统和副总统组成的行政长官，一个两院制的国会，和一个全国法院。

蒙哥马利城的政府缔造者们极力想要避免给人以这样一种印象，即他们代表一个仓促行动的革命运动。他们推选密西西比州的杰斐逊·戴维斯为总统，推选佐治亚州的亚历山大·H.斯蒂芬斯为副总统。戴维斯是一位稳健的脱离主义者；斯蒂芬斯虽然强烈地主张各州有退出联邦的权利，但却怀疑是否真有行使这种权利的必要。挑选戴维斯是个大错。他和他的在华盛顿的对手大不一样，他的对手的使命是维护一个国家，而戴维斯则是要创建一个国家。他失败了，主要因为他缺少政治家的许多必要的素质。他为人正直，有头脑，是一位卓越的行政管理人才。他过分相信自己的才能，刚愎自用，容不得任何批评和不同的意见。他过于相信自己的管理才能，在日常琐事上花费太多的时间，但在政治考虑上却超不出一个内阁部长的水平。他从理智上信仰南部的事业，但却缺少激情。他处理公文有条有理，无可挑剔——就是无动于衷。也许，他作为一个革命事业的领袖，最大的缺点还在于他拒不承认这个事业是一场革命。他认为南部联盟已经是一个基础巩固而且为人公认的国家，并且按此想象去行事。当形势需要拼命的干劲的时候，他却埋首于按部就班的官样文章之中。奇怪的是，领导一个基础巩固的政府的林肯，却比戴维斯表现出更大的革命劲头。

戴维斯的内阁充其量不过是一批中庸之才的汇合。其中几名阁员是能干的行政官员，但仅此而已。最有才干的是朱达·P.本杰明，他担任过三种不同的职务，最后出任国务卿。他把自己的精力只用于他所主管的部门，从不打算在许多大的政策问题上去影响戴维斯。内阁人员经常更换。前后有过三任国务卿，两任财长，五任陆军部长和四任司法部长。内阁人员的变动表明戴维斯不愿意放权。部长们实际上是他的办事员。其中许多人看清了这一点，因而辞职而去。

　　在北部经济不断发展的时候，南部却经历着一个匮乏、痛苦和作出牺牲的时期。在战争的重压下，停滞的南部经济系统几乎崩溃。南部缺少工厂、机器、生产经营者、熟练工人和创造新财富的资源。北部在创造新的资源，而南部的人力、物力却迅速地被军事机器的需求消耗殆尽。不仅如此，战争，具体说是封锁，切断了南部的主要税收来源，即在欧洲出售它的农产品。南部经济生活的状况，给那些必须为南部联盟提供战争费用的人们提出了一些难题。因为剩余资本过去通常已经投资于奴隶和土地方面，银行或个人拥有的短期资产数额寥寥无几。南部的银行（在南部唯一的城市中心新奥尔良的除外）比北部的银行不但数量要少，而且规模也小。政府所仅有的硬币，就是在战事初起时从南部的合众国铸币厂夺取的100万美元。

　　南部联盟筹措战费来源有三：税收、公债和纸币。南部联盟的议会和北部的国会一样，不愿意对未曾习惯缴纳重税的人民征收苛捐杂税。1861年通过的第一项措施，实际上没有征收什么税。它规定由各州征收财产直接税；如果各州愿意，可以不向人民收税而由州缴纳它所应缴纳的份额。承担了这种税额，大多数州都靠发行公债来解决。1863年，国会通过了一项国内收入税，这项措施有个独有的特色：它征收的是"实物税"。它要求每个种植园主和农场主向政府缴纳其产品的十分之一。征收到的各种战争税是很少的。由于难于确定所收到的农产品的价值，也就无法计算出准确的数额。但是，据估计，在南部联盟的总收入中只有百分之一来自税收。政府发行的公债数量之大，就连人民后来也都怀疑政府是否有能力偿还。有的公债是以实物形式计算的，允许购买公债者可以向政府交付商品或许诺交付商品购买。这种许诺常常没有兑现，或者商品被敌军破坏或毁掉。政府之所以接受实物形式的税收或公债，原因之一就是政府本身也不愿意收取自己发行的货币。政府是在1861年开始发行纸币的，部分原因是因为它需要现款，部分原因是这种形式的通货看来似乎是筹措军费的一种简便办法。此端一开，再也无法制止了。到1864年，发行纸币总数竟达10亿美元。其结果必然是货币贬值，物价飞涨。联邦的绿背纸币在南部使用时竟比联盟纸币值钱，这是联盟的货币制度混乱的一个明证。物价上涨受害最烈的莫过于固定收入者和城镇居民，因为他们需要向他人购买食物。他们一贫如洗，困苦已极，逐渐在很大程度上对南部联盟能否取得胜利丧失信心。为了使政府避免受到它自己所发行的纸币的影响，国会通过了"征购法"授权政府部门自行确定征购价格。其后果之一是生产者纷纷逃避向政府出售货物。

南部联盟起初是从志愿人员中招募军队的。1861年，有几十万男子入伍，其中大多数报名参军1年。开始时的热情一旦消失后，自愿人员大大减少，南部联盟似乎面临着一场兵员危机。最为不妙的是，那些入伍1年的老兵不再重新入伍了。因此，国会于1862年4月通过了"征兵法"宣布所有18岁至35岁的白人男子，只要身体健全，均有义务服兵役3年。那些志愿服役1年的军人留在部队里了，但要求他们再服役两年。后来又于1862年和1864年通过法令，把年龄限制延长为17岁到50岁。最初的和后来通过的兵役法都有许多有关免役的规定，因为当时认识到必须留一些男人在后方以便从事生产。因此，许多人由于工作原因准予暂缓服役。但法令制定者们错误地准许免予服役的人员类别以及一些借故要求免服兵役的个人，如编辑、教师、印刷工人等并非从事重要工作的人员太多。这些准予免服兵役的规定使得那些广大的不能免服兵役的人大为不满，他们认为他们受到歧视。有些规定看来对有钱人有利。应征者可以雇人代替而自己不服兵役（后来这条规定被取消了）。凡种植园有20名或20名以上奴隶者，可以有一名白人缓服兵役。这个所谓的"20个黑鬼法"使一般人感到愤慨，他们说这是一场富人的战争，而要穷人去打仗。

一直到1862年年底都是通过征兵补充军队的。1863年年初，大约有50万人服役。此后，部队人数不断地减少。军事形势逆转，人们厌战以及大片地区被联邦军队所占领，这些都使人力资源告竭。到1863年年底，军队在编人数为46.5万人，但实际服役人数只有23万人左右，1864年至1865年形势恶化，估计有10万人开了小差。

在最后失败时，南部联盟在战场上的全部兵力总数只有10万人左右，如同北部联邦的军队一样，服役的确切总人数很难确定。服役3年的比较确切的估计数字为90万人。

战争爆发时，南部人民在争取独立上几乎是万众一心的。唯一有组织的反战力量来自山区，特别是在西弗吉尼亚和东田纳西，两地的人口还不到南部人口的10%。南部人希望赢得这场战争是一致的，但是在如何进行这场战争上分歧很大。某些分歧意见几乎使政府四分五裂。某些分歧是任何民选政府中都难免发生的正常冲突：人们批评戴维斯作了错误的决策或是批评国会制定了不明智的法律。另一些争论则反映了南部文化的状况。大多数南部上层人士（他们大部分位居要津）骄横、敏感。或许因为他们主宰着一个被统治的种族，因而他们在遭到反对或批评时容易发怒。他们惯于发号施令，却不愿意遵守纪律。戴维斯总统与国会之间的许多激烈争吵，可以解释为是由于当事人的性格所造成的。这与林肯大不相同，林肯只否决过3项法案，而戴维斯则否决了38项法案，然而其中的37项重又获得通过。

但是，具有讽刺意味的是，造成分裂的巨大力量还是州权的原则。南部人没完没了地谈论州权，对任何控制均表不满。州权论者抱成一团，因而被人认为是一个党派，即以副总统斯蒂芬斯为首的州权党。他们首先主张各州拥有主权，其次才赞成南部成为一个国家。他们想要获得一个独立的南部，但是如果必须牺牲州权才能达到这一目标的话，那么他们宁愿战败。他们热烈地坚持这种堂吉诃德式的信条，对政府的任何中央集权的企图几乎一概加以反对。他们在两个主要问题上攻击戴维斯政府：（1）他们不承认政府可以中止人身保障法并实行征兵；（2）他们声称政府拒绝进行和谈的机会。戴维斯由于面对着山区的反战，因此要求国会授权取消民法（而不像林肯那样擅自予以停止）。他得到许可仅在有限的时间内或在有限的地方停止施行；一项对他全面授权的法案被州权论者击败，他们指责他企图建立独裁。他们反对征兵也同样激烈，而且由于州里的官员可以阻碍征兵，因此他们的反对就更加起作用。根据征兵法的条款，州长可以为州民兵开具证明免于服役。于是某些州长，尤其是佐治亚州的约瑟夫·布朗和北卡罗来纳州的泽布伦·M.万斯，使成千上万的人免服兵役。1864年，当联邦军队深入南部时，布朗还公然反对政府在佐治亚州实行征兵。州权论者迷恋于和平谈判的主张，不断地对戴维斯施加压力，要他向北部作出表示。他们从未完全肯定地表明，他们要求的究竟是要在独立的基础上还是在南部回归联邦的基础上的解决。在不同的时候，这两种方法他们都曾极力提出过。看来有证据显然说明，在战争的最后几个阶段中，他们是会接受没有胜利的和平的，不管能说服北部同意在种族关系上给予什么样的控制都行。

对南部失败的任何评价，都须估计到几个因素：南部缺少工业资源，运输系统不足，金融体系崩溃。但是失败因素中首先应是南部政治制度的性质这一因素。南部联盟是在州权这一原则基础上建立的，这使得失败成为几乎不可避免的事。由一些主权实体构成的联盟能否打赢一场现代战争，这是十分值得怀疑的。即使能打赢，这样一个政府能否在现代世界维持下去就更值得怀疑了。

战争开始时，双方政府都没有一个总体战略计划。战略计划是在激烈的战斗过程中根据决策者对军事形势的了解而制定出来的。由于北部的方针是用武力恢复联邦，北部的战略势必是进攻的。联邦部队必须侵入南部，打败南部联盟的军队，并且占领整个南部。南部的方针则是用武力确立它的独立。因此，政府决定采取防御战略。这一决策南部是被迫采取的，部分是由北部战略的性质决定的，部分是因为对于一个只想独立不抱侵略意图的南方来说，采取防御战略看来是势所必然的。根据同样的道理，南部也可以转而采取攻势并在北部土地上夺取胜利，从而证明它很强大，是不可征服的。

地理环境对双方的战略计划和这次战争的性质也有着深刻的影响。大部分战役是要在南部进行的，而南部的地形特点使战争形成了三个战区：东部、西部和密西西比河以西。阿巴拉契亚山脉这条巨大的天然屏障从马里兰延伸到佐治亚，使得在密西西比河以东的地区无法进行任何的统一的军事行动。从山区到海岸之间的地区构成了东战区；山区与密西西比河之间的广大地区为西战区。密西西比河以西，即阿肯色、路易斯安那和得克萨斯各州，则为密西西比河以西战区。

东战区的大部分战斗发生于弗吉尼亚州，北部在这里的主要目标是攻占里士满（这个城市在弗吉尼亚州退出联邦后成为南部联盟的首都）并击败进行防守的南军。敌对双方的首都相距很近，行军路程只有130英里，两军的行动大体上都是由这一特点所左右的。对北部入侵者来说,最明显的捷径是从华盛顿或从北弗吉尼亚的一个基地向南进击,直取里士满。1862年曾经有一次,北军曾试图采取另一条可能的入侵路线,即沿首都以东的水路运动,但未成功。在西弗吉尼亚,两个首都之间还有一条次要的路线,即沿着谢南多亚河谷,穿过弗吉尼亚州,直插波托马克河。双方都可利用这条路线展开攻势或进行佯攻以迷惑对方。南部联盟方面特别便于调动他们驻守河谷的部队,以造成威胁华盛顿的假象。联邦军队一直到1864年至1865年才粉碎了南部联盟在弗吉尼亚的抵抗,拿下了里士满。

在西战区,联邦方面的首要战略目标是夺取密西西比河一线,把南部联盟拦腰切断。为此,他们水陆并进,南北夹攻南部联盟在河上的据点。他们发现某处防守坚固难以攻下时,就沿着与密西西比河平行的河流运动,迂回包抄南军。到1863年的夏季,联邦军在攻下维克斯堡以后,便控制了大河全线。然后,他们又开始行动夺取他们的下一个目标,即田纳西河一线。田纳西河流过田纳西州和亚拉巴马州的一部分地区,汇入俄亥俄河,显然是直插南部心脏地区的必由之路。田纳西河上的关键阵地是查塔努加。如果联邦军队能夺取这座城市,他们就会得到一个进而分割南部联盟的基地。他们于1863年占领了查塔努加。1864年以W.T.谢尔曼将军从此城出发开始了伟大的进军,到南北战争结束时一直打到了北卡罗来纳。

与其他地区的战役相比,密西西比河以西地区的战斗是次要的。双方都未在这个区域投入大量军队。联邦部队从密苏里进攻,占领了阿肯色的北半部。1862年,北部的一支陆海军远征队攻占了新奥尔良。新奥尔良和路易斯安那的南部以后一直被占领直到战争结束。曾经提出过几个计划,要占领阿肯色和路易斯安那的其余部分,并派一支部队攻入得克萨斯,但是联邦军最高统帅部不愿提供足够数量的部队来执行这些计划。在打下维克斯堡以后,征服密西西比河以西的各州就没有必要了。联邦军只要守着密西西比河一线就足以控制整个战区,使其陷于孤立了。

主要由戴维斯制定的南部联盟的战略是:反击每一次北军攻势,坚守每一处受威胁的要点。这叫作分散防御。兵力占劣势的南部还有另一种方案,就是围绕最宜防守的地区或拥有最重要资源的地区,缩短防线,进行防守。戴维斯之所以决定要防守整个南部,部分是由于受到实际政治考虑的影响。因为新成立的南部政府如果放弃任何领土，无异承认自己的虚弱，这就有可能丧失人民的支持。不过，戴维斯看来几乎是出于本能地念念不忘防守；对他来说，寸土必守已经成为不变的信条，而许多守地实际上成了守军的陷阱。有几次南军展开了进攻，但攻势失败了——主要因为兵力不足——因为政府拒绝将可动用的防守部队用来加强进攻的力量。但是，戴维斯和他的顾问们终究不应因为他们采用错误的战略而受到指责。他们的军事思想必然受到他们的文化影响的限制。正如克劳塞维茨所说，一个国家的社会制度将决定它进行什么类型的战争。南部制度的原则是州权，因此南部是打一场州权的战争。南部的政治领袖们在管理政府时无法集中，而南部的军事指导者们也无法建立统一的战略和集中的指挥。

南部联盟的指挥部在战争整个过程中主要都是由戴维斯总统一人构成。1862年年初，戴维斯曾在一段时间里任命罗伯特·E.李将军在他的领导下担任全部联盟军队的司令官。尽管李将军才识过人，但除了个别时候外，从不找他来制定战略；他只是充当一名顾问，在戴维斯咨询时才提供意见。1862年夏天，李担任了战地指挥职务，戴维斯也不再另派他人接替他。一直到1864年2月，他才又找了一位顾问，即在战地指挥中打了败仗的布拉克斯顿·布雷格。1865年年初，国会采取了一项措施，目的在于限制戴维斯的权力，设立了总司令的职务。人们以为戴维斯将必然要任命李将军这位南部最杰出的将军担任这项职务，李将会接过军事指挥权。戴维斯倒是任命了李，但同时又宣布他自己仍是总司令。李就是在这个基础上受职的。新的安排还没有来得及证明是否有成效，战争就告结束。但李是否能在指挥一支野战军的同时还能指挥其他军队，这是大成问题的。而且，李的思想主要从他的故乡弗吉尼亚考虑问题，他能否改变他的战略思想从而从全国范围考虑问题，这也是有疑问的。

合众国进入南北战争时，它的指挥系统已经过时，而且不力。和平时期的军队人数很少，指挥工作是由一个笼统地称为"参谋部"的单位来作出安排的。参谋部是由军队中拥有相当军阶的将军和陆军部各局局长共同组成，根本不是现代意义上的参谋部。它既不召开联席会议，也不讨论共同的问题。没有任何一个成员或机构承担制定战略的任务。每个官员——后勤局长、军火局长、人事局长——大都各行其是。战争开始时，资格最老的将军是75岁的温菲尔德·斯科特。除了另一位老将约翰·E. 伍尔以外，斯科特是唯一的一个曾经指挥过人数可以称之为一个军的军队的军官。（斯科特的军队在对墨西哥战争时有1.4万人）。在战争中应当指挥野战部队的年轻一些的军官中，没有一个指挥过一旅人数的军队。

军事组织的首脑是宪法规定的总司令，即总统。林肯完全是平民出身，没有受过任何军事教育，除了曾当过民兵这样无足轻重的经历外，也无任何军事经验。然而，林肯却成为一位伟大的战时总统。作为战争的指导者，他要比受过专门军事教育并在正规军中服过役的戴维斯高明得多。林肯证明了克劳塞维茨的这一说法是对的：懂得军事问题并不是战争指导者的主要条件，而智力过人与道义力量则是更为重要的。林肯由于他的智力和道义方面的力量，成了一位极其高明的战略家。他认识到自己一方人多势众，就最大限度地动员了北部的人力，并极力要求他的将领们对南部联盟具有战略意义的战线不断施加压力以发现对方的弱点。他比手下的第一流的将军们都要高明，因为他认识到真正的目的在于摧毁南部联盟的军队而不在于占领地方。后来有人批评林肯干涉将领们的工作，但是他的干预，主要是为了迫使犹豫不决或胆怯的指挥官奋力向前。而且，他的干预大都起到了有益的作用。戴维斯干涉其军事将领的工作使得本来就差劲的防守战略变得更为消极。林肯和他大不相同，他的行动是为了贯彻一个健全的进攻战略。

在战争的前三年，林肯所担负的许多职能如今是属于参谋长的。他制订战略计划，甚至指挥战术行动。林肯所以亲自过问，是因为现有的指挥系统不力，也因为他前后任命担任总司令的将领——斯科特、乔治·B. 麦克莱伦、亨利·W. 哈勒克——不是不愿就是不能执行其职责。1864年年初，主要在林肯和国会的筹划下，国家终于建立了一个有力的现代指挥系统。此后，林肯虽然还继续监督军事机器的总的运转情况，却不再像以前那么多地发挥指挥官的作用了。

在新的安排下，已经成为北部最优秀将领的尤利塞斯·S. 格兰特被林肯任命为总司令，授予国会新设立的中将军衔。格兰特负责制

第二十四章 美国南北战争

订所有战区的战略方案并指挥各条战线上的 17 个联邦军的调动。事实证明，他正是林肯长期寻求的将领。他具有南北两军都没有人能与之匹敌的通盘考虑战争、制定全面战略的能力。虽然林肯对他相当放手，但他总是把他的方案总的特点提交总统核准。原来担任总司令的哈勒克，如今成为"参谋长"，充当在林肯与格兰特之间和格兰特与各战区指挥官之间承上启下的作用。1864 年的这种体制，即总司令制定政策并指明全面战略，总指挥制订战役策略，参谋长协调情报，可能除了普鲁士总参谋部之外，这在当时是最有效率的一种体制。这是北部所以打赢这场战争的主要原因之一。

南北战争无论对当时的还是在它对美国的和世界历史中的许多问题的最终影响上，都起到了决定作用。它决定了美国将仍保持为一个国家。它使这个国家达到了空前的统一，并使它走上了成为世界大国的道路。它既然摧毁了奴隶制并证明了一个得民心的政府在国内冲突中能够维护自由，这就给所有世界各地的民主观念提供了真凭实据并使它们具有旺盛的活力。林肯看到了这场战争在这方面具有的意义。他在 1864 年大选后说："它证明，一个人民的政府可以在一场大规模内战当中经受起一场全国性的选举。在此之前，世界上的人们并不知道这是可能的事。"① 内战的某些直接后果是不幸的、有害的。国家必须制定一条通过重建的痛苦考验，通过战后蒸蒸日上的经济发展的方针。而处理重建这一问题的政治水平并不很高，物质标准在当时似乎又高于一切。尽管如此，就在当时，批评美国式生活的伟大理想主义者们对南北战争仍然持有长远而恰当的观点，并且相信它的结果将会长存。爱默生写道，符合社会利益的革命总是永远地为人民所记忆的："人们怀着激情津津有趣地去阅读这些革命史，它们永远不会随着时间的消逝而失去它们的动人之处"。如果"无忧无虑、昂首阔步地登上力量高峰"的美国人民，能够重新振作并且调整他们所以打赢这场战争的那种精神，合众国就能够成为"新的国家，一切国家的向导和立法楷模"。② 沃尔特·惠特曼也深深为战争的影响所感动，他比大多数人更理解它的意义和他的国家；他虽然从 1871 年的美国

---

① 罗伊·P. 巴斯勒编：《亚伯拉罕·林肯文集》，第 8 卷，第 101 页。
② 《拉尔夫·沃尔多·爱默生全集》（纽约 1929 年），第 2 卷，第 1185、1188、1193—1194 页。

看到了许多他所不喜欢的东西,但却仍能写道,"今天,放眼未来,虽然依旧一片迷蒙,然而我们展望前景,看到的却是一个充实的、有理性的、巨人般的后代!"①

(潘绍中 译)

---

① 引自《民主的前景》,见马克·范·多伦编《沃尔特·惠特曼》(纽约,1945年),第389—390页。

第二十五章
拉丁美洲国家

西班牙美洲殖民地的独立战争，实际上在1824年已告结束。从五大湖到合恩角，欧洲在新大陆的领地只剩下西印度群岛中的一串岛屿、中美洲的英国殖民地伯利兹，以及南美洲的英属、法属和荷属圭亚那三个殖民地。在加勒比海中，原法属圣多明各已经成为新生的海地共和国，并将原西属圣多明各置于自己的统治之下。巴西已经脱离葡萄牙。在北美和南美大陆上，在原西班牙的总督辖区、将军辖区和审检法院院长辖区，建立了7个新的共和国——墨西哥、中美洲联合省、哥伦比亚、秘鲁、智利、巴拉圭和拉普拉塔联合省。拉普拉塔联合省后来成为阿根廷。到1830年，南美又增加了4个新国家。上秘鲁诸省，即原查尔卡斯检审法院院长辖区，于1825年成为玻利维亚共和国。1828年，乌拉圭在拉普拉塔联合省与巴西的战火中诞生；1830年，厄瓜多尔和委内瑞拉从哥伦比亚分离出来。领土还会有变迁，新的共和国还将诞生。但是，在1830年，南美洲的政治地图已经形成了今天的形式。

从原西班牙和葡萄牙领地产生的13个国家当中，面积最大，历史上最幸运的是巴西帝国。西班牙美洲的大多数新生共和国多年的战争和社会骚乱，破坏了繁荣和安定，打乱了经济生活。它们没有受过自治的训练，独立的苦果是政治崩溃。这些国家至少在政治上不是西班牙帝国成熟的继承者；它们还是帝国的弃儿。大多数国家没有什么内聚力，没有什么社会意识来把社会上各种成分融合在一起；广大群众贫困无知，统治阶级在管理别人之前，还先得学会管理自己。未来的南美北部的解放者西蒙·玻利瓦尔在1815年问道："能够想象一个刚刚摆脱枷锁的民族，可以上升到自由领域而不像伊卡鲁斯那样融化翅膀,堕入深渊吗?"① 15年后,他悲惨地死去了,他临死前怀着痛苦绝望的心情写道:"对我们来说,美洲是无法治理的。为革命尽力,犹如耕耘大海,徒劳无益。"②

巴西的独立却与众不同。在这个地广人稀的国家里,19世纪初的总人口还不到400万,而每个省的面积却相当于一个欧洲国家。它从不独立到独立有个渐变的过程。先由殖民地的过去突然一刀两断,没有发生争夺权力的暴力斗争,也没有发生漫长的破坏性的内战。它几乎没有流血就取得了独立。葡萄牙王储自己成了巴西的皇帝,他为这个国家制定了宪法,使它成为国际大家庭的一员;这个和平建立的王位,维持了65年之久。

布拉干萨王朝的威望,维护了原巴西总督辖区的团结和统一。1822年,年轻的佩德罗亲王曾经提出"不独立,毋宁死!"的著名口号,但到1830年,他却丧失民心。为了换取英国和葡萄牙对巴西独立的承认,他不得不同这两个国家签订不受欢迎的条约。他还同拉普拉塔联合省打过一场不光彩的战争,当然也没有取胜。在巴西人的眼里,他仍然与葡萄牙的事务有不应有的牵连;他的对外政策信誉扫地,对内政策也令人失望。他说话独断专横,举止放荡无度,受国内的葡萄牙分子的影响太深,过于偏袒巴西的种植园贵族,他从来不懂得怎样做一个"完全的、真正的巴西人"。③ 1831年4月7日,他被迫退位;结果,巴西的权力就从葡萄牙人转移到本地贵族的手中。

"巴西将成为巴西人的巴西,自由的巴西。"里约热内卢《曙光报》的杰出编辑埃瓦里斯托·达·贝加在4月8日帝国参议员和众议员发表的一份公告中这样写道。④ 但是,刚即位的皇帝唐·佩德罗·德·阿尔坎塔拉还不到6岁,在一个接一个摄政王的统治下,巴西还能继续存在吗?君主制,不仅君主制,而且君主所象征的国家统一还能继续保持吗?佩德罗一世被流放以后,对君主专制的反应是那么强烈,政治上的解体是那么迅速,国家的经济状况是那么混乱,以至对

---

① 维森特·莱库纳编:《解放者玻利瓦尔书信集》(10卷本,加拉加斯,1929—1930年;第11卷,纽约,1948年;第12卷,M.佩雷斯·比拉编,加拉加斯,1959年),第1卷,第196页。
② 维森特·莱库纳编:《解放者玻利瓦尔书信集》,第9卷,第376页。
③ 约翰·阿米塔奇:《巴西史》(两卷本,伦敦,1836年),第2卷,第104页。
④ H.汉德尔曼:《巴西史》(里约热内卢,1931年),第932页。汉德尔曼的著作最初在1860年用德文发表。

上述两个问题的回答是不确定的。巴西同西班牙美洲的其他新生国家一样，不断发生骚乱，军队的阴谋和军事暴动。最北部的巴拉有过长达4年的革命动乱，最南部的南里约格朗德省公然对抗里约热内卢当局达10年之久。1834年，巴西颁布了宪法补充法，把3人摄政改为1人摄政，省政务会也改为省立法议会。一方面，巴西的完整面临威胁；另一方面，根据该条例，这个中央集权的君主国虽未完全，但也几乎变成了联邦共和国。

但这一经历是确定性的。温和派舆论支持年幼的皇帝。巴西很幸运，有一批才能出众的政治家竭力维护君主制，保持文职政府至高无上的地位，重新建立权威。1840年，补充法作了在某种意义上不利于地方立法议会的修改；同一年，为了维护国内的安宁和统一，佩德罗宣布已经成年。次年加冕，不过直到1847年才登基亲政。但国家仍然处在多事之秋。南里约格朗德省到1845年才平定下来，伯南布哥省到1848年才停止革命对抗。但是，在此后的40年中，巴西享受着这位学者皇帝的仁政，经历了一个和平昌盛时期，这是在大多数西班牙美洲邻国所罕见的。

1872年进行第一次人口普查时，巴西人口还不过1000万。在50年代，人口不超过800万。内地的几个省，只有米纳斯吉拉斯省人口比较稠密，其他省只有沿海狭窄地区才开化一点。大多数人是文盲。1/3以上的是奴隶。在北部和南部，土地贵族——东北部的甘蔗和棉花种植园主，内陆各省和南里约格朗德省的牧场主，东南部的咖啡种植园主——支配着社会和经济生活。

但是，一个新的巴西已经在出现。虽然奴隶制仍然在这个帝国投下暗影，奴隶贸易却已经停止了。根据1826年的英国巴西协定和1831年的反奴隶贸易法，巴西曾经努力制止奴隶贸易，但这种努力实际上失败了。一方面英国使用粗暴方法，特别是在通过1845年阿伯丁法案以后，扫荡海上的奴隶商，激怒了巴西舆论；另一方面，在1831年到1851年间，约有100万奴隶进入这个国家。但是，这种贸易终于在1850年被取缔，几年之内也就停止了。在南里约格朗德省、圣卡塔林纳省和巴拉那省，德国移民源源不断到来，数量日益增多，他们后来为开发巴西南部做出了贡献。虽然以棉花和蔗糖为基础的巴伊亚省和伯南布哥省在经济上仍保持原有的突出地位，但是东南部圣保罗省、米纳斯省和里约热内卢省的咖啡工业的发展已经预示咖啡在未来将支配国家的经济。在19世纪50年代、60年代,变革在悄悄进行。银行、铁路、工厂、轮船、电报出现了。连接里约热内卢省和米纳斯吉拉斯省的"团结和工业"公路干线、唐·佩德罗·塞贡多铁路和著名的桑托斯—圣保罗线,分别于1853年、1855年和1860年动工兴建。1851年,以毛阿男爵知名的伊雷内乌·德·索萨,创建了毛阿银行;他还兴建了巴西的第一条铁路,把煤气灯引进里约热内卢,在亚马孙河上使用轮船。他的经营是以国际规模进行的,他是新时代的先驱,是一代人的先驱,这一代人将对工业、商业、金融以及土地感兴趣,这一代人的崛起,将削弱地主阶级[1]的统治基础。

但是,创建这个帝国的地主阶级,控制着它的社会经济生活,也支配着它的政治生活。不过他们上面还有皇帝。政治制度的基础是寡头势力,根据1824年佩德罗一世为这个国家制定的宪法,只有一小部分人有选举权。在形式上是英国的议会制。由首相选择自己的同僚。内阁从属于众议院多数派。上院(由终身议员组成的参议院)由于严肃出色的辩论享有很高的声誉。自由党和保守党轮流执政。新闻是自由的。但是,不管立宪制多么完善,表面上对皇帝的特权限制多大,最高权力归根结底还是在皇帝手里。他的执行和所谓的"节制"职能,他的任免权,确保了佩德罗的愿望最终占上风。

这个制度很引人注意,经验丰富。它之所以行得通,有两个原因。首先,在佩德罗在位的大部分时间里,君主政治和寡头政治的利益是一致的。其次,因为它符合佩德罗的意愿。他认为,议会起政治指导和管理国家的作用;而他的任务则是实行总的监督,尽可能保证官员的公正,保证宪法的正确实施。当然,他犯了不少错误;他在位的时间越长,对他"个人"权力的批评也越激烈。但是,佩德罗是这个国家的导师:他的最大贡献是给予巴西以政治教育。

19世纪60年代中期,这个帝国到了全盛时期。贸易和财政收入不断增加,外国投资(主要是英国的投资)与日俱增。的确,19世纪80年代以前,正当英国的资本输出起着越来越重要的作用的时候,巴西一直是英国在拉丁美洲最乐于投资的地方。1852—1875年,被

---

[1] 即庄园主、牧场主和种植园主。

恰当地称为"帝国银行家"①的 N. M. 路特希尔德父子，在伦敦为巴西筹集了一项又一项贷款。

但是，虽然这个帝国不断昌盛，君主制的威信却不断降低。巴西参加南美最大的战争——1864—1870 年的巴拉圭战争（见原文第 673 页）之后的 10 年中，帝国结构第一次出现了分裂迹象。自由党人在议会内外活动，要求削减佩德罗的"个人"权力。共和党也在 1870 年成立，虽然在很长时间里它的影响并不大。1863 年林肯发布解放奴隶宣言后，黑奴问题在巴西变得更加突出，现在它是世界上唯一保留奴隶制的大国了；虽然在 1871 年，著名的里约布兰科法建立了解放基金，规定今后出生的奴隶的子女不再是奴隶，似乎把这个问题降到次要地位，但 9 年以后，废奴运动又轰轰烈烈展开了。正像共和国思想迟早要在新大陆上这个唯一的君主国出现一样，随着欧洲教皇极权主义的兴起，这个国家不可避免地发生了教会和国家之间的冲突，发生了 1873 年开始的一场围绕共济会仪式问题的斗争。这场斗争严重地影响了君主制的威信和巴西大部分教士对佩德罗的忠诚。巴拉圭战争是一次巨大的斗争，虽然不是这个帝国参加的唯一的军事斗争（因为对拉普拉塔河流域政治一直极感兴趣的巴西，曾在 1852 年帮助推翻了阿根廷的独裁者罗萨斯）。但是这场战争不但时间长，费用大，而且使政府和军事当局发生了摩擦，留下了对政府危险的不满和士兵对平民的蔑视。最后，在社会和经济的变革中，创建这个帝国的地主阶级的优势地位已经在削弱。帝国存在到 1889 年。但是，它在 19 世纪 70 年代就已经开始没落了。

许多自由国家当中有这么一个奴隶制国家，许多共和国当中有这么一个君主国，巴西帝国就是拉丁美洲这样一种独特的现象，在原西班牙殖民地建立的国家当中，只有智利在 1830 年后的一些年中经历了和巴西类似的演变。地理环境使智利成为一个自然整体。这个国家像个岛屿。它的四周有高山和沙漠、海洋和森林围绕。科皮亚波是北部居住的极限，瓦尔迪维亚和奇洛埃是文明的南方前哨。但是，从阿塔卡马沙漠的边缘，一直伸展到比奥 - 比奥河（这条河是阿劳坎印第安人区的北部边界），智利有人居住的地区，面积比英格兰加苏格

---

① J. F. 诺玛诺：《巴西经济类型研究》（查佩尔希尔，1935 年），第 155 页。

兰略小。1830年时，它的总人口略多于100万，都是欧洲血统和印第安血统的人，民族日益同化的现象很突出。智利社会和经济结构的基础，是世袭的土地所有制，这个制度产生了大庄园这个土地、社会和经济的基本单位（根据契约或者传统，农民被固定在这样的单位）并使智利有了一个在本能、习惯和信仰方面都保守的地主绅士阶级。

地主阶级创建了巴西帝国。大庄园主阶级则把智利建成了"贵族共和国"。独立战争在智利造成的混乱不像西属美洲其他大多数共和国那么严重，政治上的试验和混乱时间也没有那么长久。1830年，经过7年各派政治力量争权夺利的动乱以后，保守的寡头势力紧密团结起来了。寡头势力找到了波塔莱斯实业家族成员塞亚公司股东、新秩序的缔造者迭戈·波塔莱斯作为自己的领袖，智利就有了主宰。经过长期的辩论，最后在1833年颁布了一部宪法。根据这部宪法，这个国家终于在牢固持久的基础上建立起来了。

1833年的宪法完全符合智利贵族的思想和习惯，完全符合智利社会的结构和传统。它使受到攻击的限制继承法重新生效；它使占人口大多数的文盲和没有产业者得不到选举权；它使教会和国家联合；使地方政府和中央政府结合。在中央政府，宪法赋予总统那么广泛的权力，他可能并实际上成了独裁者，尽管他与其说是个人统治者，不如说是授予他权力的那个政党的领袖。在长达40年的时间里，这个制度几乎没有变动。在这些年中，国内和平只受到3次严重干扰，智利只有4个总统——华金·普列托、曼努埃尔·布尔内斯、曼努埃尔·蒙特和何塞·华金·佩雷斯——每个都连任了两届。尽管在19世纪60年代，一个新的秩序已经在形成，但是，在半个多世纪的时间里，1833年宪法即使在不同情况下一直是智利政治生活的根本制度。在1891年的内战中，总统制垮台，改为议会制政权，但是宪法仍然保存了下来，直到1925年才被最后废弃。拉美国家没有一个法律文件比这部宪法更成功的了；另外只有一部宪法也使用了这样长的时间。

在19世纪30年代，智利建立了稳定的政治局面，为稳步发展经济开辟了道路。但是，目的在于分裂秘鲁和玻利维亚之间新建立的邦联（这个邦联由当时玻利维亚的独裁者安德烈斯·圣克鲁斯将军缔造，是北方一个潜在的过分强大邻邦）而进行的战争，的确阻碍了经济发展，并在1837年发生了哗变士兵杀害波塔莱斯的事件。但是在40年代，变化的速度加快了。北部发现了铜矿和银矿，南部发现了煤矿；国家财政有条不紊；由于忠实地偿还了1822年伦敦贷款的债务，对智利贷款的信心得到恢复；对外贸易增加，大部分是对英国的贸易；这一切都带来了新的繁荣。智利没有毛阿那样的人，不过毛阿为巴西所做的事，部分地由马萨诸塞人威廉·惠尔赖特替智利做了——1840年，他创办了太平洋轮船航运公司，这个公司的船只把智利的港口同秘鲁、巴拿马以及欧洲的港口连接起来；他引进了电报；修建了第一条铁路，这条从科皮亚波到铜港卡尔德拉的铁路于1851年通车；他还发起修筑圣地亚哥—瓦尔帕莱索铁路，这条铁路后来由另一个美国人亨利·梅格斯在1863年完成。布尔内斯堡和1847年阿雷纳斯角的建立，标志着开拓最南地区和实际占领麦哲伦海峡的开始。同时，在40年代后期和50年代，政府鼓励德国移民、农场主和农民在一个不甚遥远，但还"不算智利而是智利领地"的地区——瓦尔迪维亚的森林沼泽地带建立新家。与此同时，1842年创办了智利大学，由伟大的委内瑞拉人安德烈斯·贝略担任第一任校长；创办了第一所师范学院，由阿根廷流亡者多明戈·福斯蒂诺·萨米恩托任院长；还创办了存在不久的文学协会，这些都反映并促进了智利人的思想觉醒，这种觉醒不久就在政治生活中反映出来。

　　智利是个一党制的国家。但它又是个变化中的国家。城市在发展。新一代人在出现，他们不知道波塔莱斯。40年代后期已经出现了一个新的自由党，为争取政治自由而斗争，向保守主义的统治进行挑战，并在1851年用武力来挑战。斗争是短暂的、血腥的、决定性的。在以后的10年中，曼努埃尔·蒙特（自由党人就是为了反对他当选总统才发动叛乱的）在政治上控制得像波塔莱斯那样严格。可是，著名的"蒙特的10年"（1851—1861年）除了政治以外，其他各方面几乎都是进步的，显示了寡头势力正逐渐削弱。蒙特是个惩罚严明的人，坚信"由阶级统治民众"[①]，他在1852年废除了限定继承法，沉重打击了顽固的特权势力，从而促进了大庄园的瓦解。他还和教会发生了尖锐冲突，虽然起先是为了微不足道的小事，结果却破坏

---

① M. H. 赫维：《智利的黑暗时代》（伦敦，1891—1892年），第305页。

了政教当局之间一向还融洽的关系。他上任的时候，已经发生过一次暴力行动，到任期届满时，又面临新的暴力行动的威胁。极端保守派对蒙特的自由主义不满，而极端自由派对他的专制主义也不满，结果两派就站到一起。1859年，当他的忠实追随者和知心朋友安东尼奥·巴拉斯出来接替他的时候，内战爆发了。和1851年一样，斗争是短暂的。但是巴拉斯退出了竞选，在1861年选举时，中间派的候选人何塞·华金·佩雷斯当选。

佩雷斯是最后一个连任两届（每届5年）的总统，他的当选，标志着政治上逐步自由化的开始，标志着"专制统治"的结束和"自由"共和国的开始。没有发生突然的变化。但是佩雷斯请自由党人合作。同时，立法议会的日趋重要，一个激进党的成立，一个允许信仰自由的法律的颁布，以及1871年通过的关于禁止总统连任的宪法修正案等，都是那个时代的标志，都是社会和经济变革的反映。1871年的智利，还是一个小小的"无足轻重的"共和国。① 统治阶级仍旧是贵族阶级，但是此时这个贵族阶级是比制定1833年宪法的那个寡头势力要广泛得多的贵族。在政治和经济生活方面，一个新的时代就要开始。19世纪60年代时，这个国家和外国发生过一次战争。西班牙和秘鲁发生了纠纷，一支西班牙海军舰队在1864年夺取了皮斯科湾中鸟粪储量丰富的钦查群岛。几个月以后，西班牙迫使秘鲁接受屈辱的条件，归还了该群岛。但是，这件事激起了美洲人的感情。智利提出了抗议，圣地亚哥举行了示威游行，并进行了长时间的外交交涉。最后，1865年9月，西班牙舰队司令宣布封锁智利海岸，智利以宣战回击，秘鲁、玻利维亚和厄瓜多尔也接着对西宣战。这次战争中发生的主要事件有：该舰队司令在他的一艘纵帆船被智利炮艇俘获后自杀；1866年，瓦尔帕莱索和卡亚俄先后遭受猛烈炮击。直到1871年，它们才签订了停战协定；另一场规模更大的战争很快就要爆发。战场在阿塔卡马沙漠。在长达四分之一多的世纪里，智利和玻利维亚两国为领土要求而争执不休。这里的硝酸盐工业使用的是智利工人和英国—智利的资本，发展很快。太平洋战争（1879—1883年）已经准备好，智利就要夺取玻利维亚的太平洋沿岸和秘鲁最南

---

① 1890年巴尔马塞达总统的话。《政府公报》（圣地亚哥），1890年10月2日。

各省。在这次战争中，智利增加了新的财富，成为南美西海岸最强大的国家。

从智利史转到玻利维亚史，就是进入不同的世界，热带南美洲安第斯山和印第安人的世界。玻利维亚本身不过是个有名无实的国家，在政治、社会和地理方面都没有紧密的结合。它幅员辽阔，地形复杂，从荒芜的太平洋海岸，一直伸展到亚马孙河流域的热带丛林。它的人口不过100万，大部分住在崇山峻岭里，安第斯山脉在这里的宽度最大。拉巴斯位于原西班牙帝国从利马通往布宜诺斯艾利斯的大商路上。波托西皇家别墅曾是历史上最著名的矿业镇。但是，这些都是过去的陈迹了。商路已遭破坏，矿业崩溃。玻利维亚在太平洋战争中把沿海领土割与智利以前，已经是个群山闭锁的国家。它的土著印第安民族处于半野蛮状态，少量的白人和较多的梅斯蒂索人没有受过统治的训练，无力挑起管理国家的重担。因此，玻利维亚早就注定成为一个停滞衰退的国家。在1829年到1839年的10年中，虽然精明强干、雄心勃勃的梅斯蒂索军人安德烈斯·圣克鲁斯控制了局面，甚至还成功地把玻利维亚和秘鲁结成一个短命的联邦国家——秘鲁—玻利维亚邦联（1836—1839年），以后，除了若干短期以外，这个国家后来的历史是阴暗的，无政府状态、苦难和暴政的历史，最后让一个无知的混血种人，一个酒鬼马里亚诺·梅尔加雷霍掌了权（1864—1871年）。可以恰如其分地说，这个人的生涯是集"越来越卑鄙可厌的叛国和犯罪"[①]的大成。

任何南美国家都没有像玻利维亚那样面临那么多严重的问题。但是，秘鲁的军人政治和厄瓜多尔（前基多检审法院院长辖区，1822年至1830年曾并入邻近的大哥伦比亚共和国）长期动荡不安的局势，至少部分地反映了同样根深蒂固的病症。这些国家都滨海，比较容易跟上对外贸易的新潮流。但是，它们也是印第安人和安第斯山地的国家，人口比较稀少，但土著居民和人数稍少的梅斯蒂索人占了极大比例。高地民族和低地民族生活在两个世界。长期的独立斗争已使他们筋疲力尽。要成为国家，他们条件还很差：军事传统束缚着他们；地区之间的对立分离了他们；两国人对个人、对地方和对局部的忠诚，

---

① 阿尔西德斯·阿格达斯：《玻利维亚通史，1809—1921年》（拉巴斯，1922年），第252页。

超过了对整体、对国家的忠诚,两国都时而是无政府状态,时而是专制统治。独裁是统治的准则,革命又是改换独裁的手段。厄瓜多尔的悲惨历史,是一部首都山城基多和太平洋港口瓜亚基尔之间的冲突史,是相互角逐的军事首领之间的争斗史,这些首领中最著名的当推那个残酷无情的神权主义者加夫列尔·加西亚·莫雷诺,他从1860年起到1875年被暗杀为止一直是个支配国家的人物。他求助于教会和教规来提供国家无力提供的统一力量,但是终于失败。秘鲁出了一个印第安混血种的军人,"勇如狮子,行动迅速,受部下爱戴的"[①]拉蒙·卡斯蒂利亚作领袖(1845—1851年;1855—1862年);一方面,卡斯蒂利亚使国内空前安定;另一方面,欧洲人需要购买钦查群岛和终年无雨的海岬上出产的鸟粪,以及最南部的塔拉帕卡省藏量丰富的硝石,使这个国家恢复了遭受严重破坏的财政,开辟了繁荣昌盛的光明前景。1849—1874年,尤其是1861年之后,成千上万的中国劳工输入秘鲁,开采鸟粪层,到沿海谷地的甘蔗、棉花种植园做工——这种不光彩的贩卖苦力连卡斯蒂利亚本人都反对。但是,这样轻易得来的财富,反而使这个本来可能复兴的国家堕落了。在卡斯蒂利亚离职后的10年中,秘鲁发生了两件事,一是与西班牙进行了一次历时不长的战争(见原文第666页),二是政治上又重新陷入一片混乱,国家到了破产的边缘。由于大肆修建公共工程,尤其是兴修铁路这种建筑上的奇迹,来连接沿海和内地,而这些工程又都是无节制地用贷款提供资金的,浪费很大,结果造成了70年代的财政、经济危机,使秘鲁陷于瘫痪。这也是社会风气长期堕落的结果。对于这些年的浪费和不负责习气,这个国家还要受到最后的惩罚。太平洋战争爆发(见原文第666页),秘鲁毫无准备,结果使国家遭到破坏,国力耗尽,国土沦丧,付出了极高的代价。

南美洲安第斯山脉和热带地区最北部的两个共和国——哥伦比亚和委内瑞拉,是梅斯蒂索人的而不是印第安人的国家。纯印第安人在这里并不占突出地位。混血种人在数量上超过了白人和印第安人。再就是黑人,委内瑞拉的黑人数量比哥伦比亚多。但是,等级和阶级的界线分明。贫困和无知是共同的遭遇,革命战争造成的破坏是那么严

[①] C.R.马卡姆:《秘鲁和印度游记》(伦敦,1862年),第297页。

重，委内瑞拉有三分之一的人失去了生命。这两个国家曾短时期和厄瓜多尔合并成一个国家——大哥伦比亚，玻利瓦尔本人是这个联邦的主要创立人。但是，1830年玻利瓦尔死时大哥伦比亚已经解体。此后，它的成员国就各走各的路了。在委内瑞拉，一小撮文职寡头政客，支持并受到玻利瓦尔的老助手，著名的游击队领导人何塞·安东尼奥·派斯的支持，从1830年至1846年，保持了一个比较稳定的政权达16年之久。但是后来，在古斯曼·布兰科开始长期的独裁统治（1870—1888年）以前，这个国家一直动荡不安。哥伦比亚倒有一段与众不同的历史，它先后称为新格拉纳达（1832年）、格拉纳达邦联（1858年）、哥伦比亚合众国（1861年）和哥伦比亚共和国（1886年）。这个国家全靠"法律大师"弗朗西斯科·德·保罗·桑坦德的组织天才。回顾起来，它在40年代的10年间，经历了几乎可以说是繁荣昌盛的黄金时代。但是，这些年展示出来的大有希望的前景没有实现。虽然哥伦比亚人可能的确在"为思想而斗争"①，这里的政党可能的确和大多数西班牙美洲国家的政党不同，代表了真正反对竞争的原则，但是，中央集权派和联邦派之间、教权派和反教权派之间、保守派和自由派之间的冲突，阻碍了这个国家的经济发展，使政治生活陷于混乱。在哥伦比亚，虽然独裁统治不如在其他安第斯国家那样盛行，但也同样难以维持安定的局面。

虽然南美北部，安第斯山和热带地区的那些共和国的前进道路是混乱不堪的，但是地处南部温带和低地的拉普拉塔联合省和乌拉圭的道路也同样骚乱不安。拉普拉塔联合省的领土包括了美洲最大的平原，从大西洋伸展到安第斯山脉，从多强风的巴塔哥尼亚高原伸展到玻利维亚边境上的悬崖峭壁。但是，除了一些还没有征服的印第安部落以外，这个国家的人口在1830年还不到75万。居民点很分散，彼此相隔遥远。布宜诺斯艾利斯市位于拉普拉塔河上，是大草原通向海洋的门户，连接欧洲和平原地区的枢纽；它同辽阔的布宜诺斯艾利斯省一样，靠对外贸易发展繁荣。但是，内地的城市却陷入贫穷境地。内陆各省对这个沿海省在经济上的霸权感到不满。整个国家拒绝承认布宜诺斯艾利斯最高的政治地位。中央集权派和联邦派之间，城乡之

---

① F.加西亚·卡尔德隆：《拉丁美洲的崛起和发展》（伦敦，1913年），第201页。

间，布宜诺斯艾利斯和各省之间的斗争非常激烈，到1830年，联合省已经成为"一串小共和国"①，成为互相敌对的首领的争夺物。这些农村首领在牧民——阿根廷大草原上的游牧部落高卓人（意为马背上的人）的支持下，使内地的城市服从自己，把各省当作自己的封地来统治。

只有一个高卓人能够控制这个部落。1829年12月，胡安·曼努埃尔·德·罗萨斯就任布宜诺斯艾利斯省省长。他是个联邦制拥护者，地主、牧场主，熟悉高卓人的技艺和生活方式。他的就任预示着一个新时代的到来，预示着拉丁美洲一个最野蛮、最狂妄的专制政权的建立。1829—1852年的岁月，是罗萨斯时代。这个时代在某些方面至今仍是阿根廷历史上"最黑暗"②、最复杂的时代。直到1835年，经过一段时间的动乱之后（在这个时期里，罗萨斯辞去了省长职务，在南部边境讨伐印第安人的战斗中获胜，从而提高了自己的威信），立法议会才勉强授予这个大独裁者所要求的绝对权力。但是，从此以后，罗萨斯以专制手段统治，布宜诺斯艾利斯省省长成了阿根廷其他各省首领的首领。在这些年中，制定阿根廷宪法的事被搁置起来。除了布宜诺斯艾利斯一个省以外，阿根廷的经济停滞不前；即使在这个省里，虽然罗萨斯起先还代表地主和牧场主的利益，扩大省的范围，便利把公有土地大量转给私人，但到最后他只代表他自己的利益。虽然这个国家的知识界"从来没有那么活跃"③，但它活动在国外，而不在国内。是在乌拉圭和智利，伟大的流亡者胡安·包蒂斯塔·阿尔维蒂、巴托洛梅·米特雷、多明戈·福斯蒂诺·萨米恩托等许多人，对这个暴君进行了不断的斗争。

罗萨斯时代也不是一个和平的时代。恰恰相反，这是"阿根廷邦联"内部以及同别的国家战争不断的时代。1837年，罗萨斯跟玻利维亚开战。乌拉圭已经在1828年取得独立，成为阿根廷和巴西之间的缓冲国。那里敌对的首领、"红党"和"白党"的领袖争权，罗萨斯坚持把这个小小的共和国看作阿根廷不驯从的一个省。他的流亡

---

① 胡安·曼努埃尔·德·罗萨斯的话。埃内斯托·克萨达：《罗萨斯时代》（布宜诺斯艾利斯，1923年），第230页。
② 克萨达：《罗萨斯时代》，第41页。
③ F. A. 克尔克帕特里克：《阿根廷共和国史》（剑桥，1931年），第160页。

国外的对手支持一派，他自己支持一派，结果使蒙得维的亚变成了"新的特洛伊"，从1843—1851年长期被围。与此同时，阿根廷又和法国发生纷争，结果法国封锁布宜诺斯艾利斯（1838—1840年），封锁军跟罗萨斯在乌拉圭和阿根廷沿海诸省的敌人结成了联盟；这次封锁后，法国和英国为保卫乌拉圭的独立和它们自身的特殊利益联合干涉，在1845年又一次封锁这个城市。

最后，罗萨斯胜利了。英国和法国于1847年和1848年先后解除封锁。接着，1849年签订了《英阿条约》，1850年签订了《法阿条约》。但是，封锁给经济造成的后果是严重的。不管罗萨斯在外交上取得多大成功，阿根廷的政治、经济问题仍然没有解决。在长达20年的时间里，罗萨斯坚持对各省小首领的控制，间接为阿根廷的统一效了劳。他还对布宜诺斯艾利斯实行了比较廉正和有效的管理。但是，罗萨斯没有建设性的政治纲领。为了布宜诺斯艾利斯的利益，他长期牺牲内地各省的利益，就是布宜诺斯艾利斯也为他的领导付出了过高的代价。1851年5月，他的一个亲信、恩特雷里奥斯省省长胡斯托·何塞·德·乌尔基萨在乌拉圭和巴西的支持下，"宣布"反对他。1852年2月3日，这个独裁者在离布宜诺斯艾利斯不远的蒙特－卡塞罗斯被推翻，他逃到一艘英国军舰上避难，被带到英国——在南安普顿附近过着流亡生活，结束了他的余生。

乌尔基萨保证要为阿根廷制定宪法，但十几年之后他的保证才完全兑现。1852年，制宪会议在圣菲召开。1853年5月25日，会议颁布了阿根廷邦联宪法。这部宪法要归功于杰出的流亡者J. B. 阿尔维迪在智利匆匆写成出版的一本小册子①，这部宪法反映出美国宪法的巨大影响。但是，布宜诺斯艾利斯唯恐失去自己的优越地位，担心乌尔基萨会继承罗萨斯的衣钵，拒绝派代表出席制宪会议，也不承认宪法。大会施加高压无效，只得让它自行其是。1854年，它制定了"布宜诺斯艾利斯州"宪法，保持了实际的独立。

这时，阿根廷有两个政府：布宜诺斯艾利斯政府和阿根廷邦联政府，后者的首都临时设在巴拉那。乌尔基萨分别同英、法、美等国签订条约，保证内陆水道对外国船只开放。他还奖励外国移民入境，改

---

① J. B. 阿尔维迪：《阿根廷共和国政治组织的基础和出发点》（瓦尔帕莱索，1852年）。

善交通，重新组织联邦的财政。但是，布宜诺斯艾利斯继续垄断大部分对外贸易，结果也垄断了大部分关税。两个对立政权之间的关税战不久开始，在1859年发展成公开的战争。布宜诺斯艾利斯的军队在塞佩达战役中被击败，不得不加入联邦共和国。但是，只有按照它的条件，它才愿意永久加入。1861年，冲突又发生；这一次，塞佩达战役的战败者于9月17日在帕翁战役中获胜。巴拉那全国政府被推翻，新的全国议会在布宜诺斯艾利斯成立，重建了全国政府；1862年10月，帕翁战役的胜利者，布宜诺斯艾利斯省省长巴托洛海·米特雷成为这个统一国家的第一任宪法总统。

米特雷在乌尔基萨打下的基础上进行建设，虽然阿根廷的制宪问题还没有完全解决，但由于在1862年实现了政治上的统一，这个国家可以充分地、自然地发展经济了。1862年时这个共和国拥有的铁路还不到50英里。耕地面积只有373平方英里。草原印第安人还没有被征服。养羊业比养牛业更重要。1869年第一次人口普查时，登记的人口还不到200万。但是，布宜诺斯艾利斯对外省的控制日益加强，1863—1870年连接罗萨里奥和科尔多瓦的中央阿根廷铁路的修建，1866年的巴林财团贷款，以及数量虽少但不断增多的外国移民，都表明经济大革命就要到来。阿根廷已经进入了自己的最新时代，大草原的改变已经开始了。

但是，1868年，米特雷的总统职位在一场大灾难中结束了。灾难发生在一个亚热带国家——小小的巴拉圭共和国。这个国家和阿根廷、巴西以及玻利维亚接壤，它作为独立国家的奇特历史，只不过是3个人的历史，这3个人相继成为巴拉圭人民的独裁统治者。

这3个独裁者当中的第一个，也是最值得注意的一个，是何塞·加斯帕尔·罗德里格斯·德·弗朗西亚博士。他根据巴拉圭的土生白人摆脱布宜诺斯艾利斯的决心，于1811—1814年建立了自己的专制统治，使用恐怖手段加以巩固，此后，他就独断专行地统治这个国家了。但是必须说明，土著的瓜拉尼人和梅斯蒂索人农民对他的统治普遍感到满意，因为他多少对他们有利。弗朗西亚是个严厉、多变、冷酷的人，把自己看作国家和法律的化身。他使巴拉圭与世隔绝，保持独立，自给自足，维持了安定局面；他在1840年死后，几乎没有发生过动乱。不久，另一个专制统治者接替了他。卡洛斯·安东尼奥·

洛佩斯在1841年宣布就任执政官，1844年成为独裁总统。在他的统治下，这个国家仍是个警察国家，弗朗西亚创立的特务系统继续兴旺。巴拉圭人被征入伍，这支军队后来成为南美最强大的军队。不过，洛佩斯的统治没有弗朗西亚那么严厉，他抛弃了弗朗西亚的孤立主义体制；邀请外国人来巴拉圭，开发河流，鼓励对外贸易，甚至还兴修了一条铁路。他希望和平，他的军队是用于防御的。但是，他在1862年临死的时候，实际上把总统职位传给了自己的儿子弗朗西斯科·索拉诺·洛佩斯。不管他对他的国家有过多大贡献，这一举动却败坏了他的声誉。

这时巴拉圭成了一个"潜在的普鲁士"。南美洲出现了"一部由专制政权控制的强大的战争机器"①，其主人是一个冒牌的拿破仑，一个骄矜暴虐、野心勃勃的无耻之徒。在1864—1870年的巴拉圭战争中，绝对服从的农民以大无畏的英雄气概牵制了阿根廷、巴西和乌拉圭三国联军，这次战争的起因是错综复杂的。但是洛佩斯要对战争的爆发和持续负主要责任。巴拉圭同阿根廷、巴西都存在着边界争端，但是，假若洛佩斯不决意一战，这些争端并非必然导致战争。乌拉圭的政局动荡不定，"红党"和"白党"之间的斗争仍在进行，"红党"时而求助于阿根廷，时而求助于巴西，而巴西本身就怀有帝国野心。因此，拉普拉塔河流域犹如一个火药桶，有一触即发之势，但是，假若洛佩斯不蓄意寻找机会——用他自己的话说，"在拉普拉塔河的事务中取得发言权"②，满足他自己的野心和维护自己的权力——这场战争是不会发生的。他在1864年巴西对乌拉圭的干涉中找到了这个机会，首先向巴西挑战，继而向阿根廷挑战，把本国人民引上了一条奴役、流血和恐怖的道路，结果使巴拉圭民族濒于灭绝的境地。1870年洛佩斯垮台时，巴拉圭的人口从50多万锐减至不足25万，幸存者都是些老人、妇女和儿童。这就是专制政权的代价，这就是弗朗西亚缔造的国家的命运。

三国同盟战争和随后的1879年的太平洋战争（见原文第666页）是19世纪南美洲最后两次重大的国际冲突。除了西班牙在60年

---

① P. H. 博克斯：《巴拉圭战争的起因》（伊利诺伊州厄巴纳，1930年），第289页。
② 同上书，第211页。

代挑起的对智利、秘鲁、玻利维亚和厄瓜多尔的那次战争（见原文第666页）外，冲突都是在南美国家之间发生的。除了来自另一个南美国家的威胁外，任何南美国家的政治独立或领土完整都没有受到严重的威胁。确实，英国曾于1832—1833年占领了福克兰群岛，逐走了阿根廷在那里的驻军。但是福克兰群岛离美洲大陆很远，它的归属也还有争议。法国在1834—1840年，而后英、法在1845年，曾两次武装干涉罗萨斯和乌拉圭之间的战争（见原文第670页）。尽管这些干涉在原则上是危险的，违反1832年宣布的门罗主义的精神，但并没藏有扩张领土的目的，事实上也没有威胁阿根廷的独立。至于西班牙在太平洋沿岸的反常行为，只能落得个狼狈撤退的下场。

在墨西哥、中美洲和加勒比海，情况就不同了。这些地方确实存在着外来的威胁，有来自欧洲的，也有来自美国的；也确实存在着门罗主义制定者预见的那种危险，即一个不稳定的或分裂的地区会招致竞相干涉，使欧洲均势原则扩展到西半球，而且具有更大的威胁性。

墨西哥在1821年取得独立时，面积相当于欧洲的一半，人口却与当时的爱尔兰相近。1810年，墨西哥爆发了米格尔·伊达尔戈-科斯蒂利亚领导的大暴动。这是一次被剥夺者反对剥夺者的起义，虽然好不容易地给镇压了下去，却显示了革命可以释放出多么危险的力量。但是墨西哥的独立在取得后却采取了一种保守反动的形式。在原西班牙殖民地中，只有墨西哥在独立时是君主国而不是共和国。可是，墨西哥的第一个统治者阿古斯丁·德·伊图尔维德是一个野心勃勃、肆无忌惮的土生白人军人，他并不具备帝国缔造者的素质。一次军事政变很快就推翻了他。1823年，帝国改为共和国。克里奥尔人贵族知识分子领袖们发生分裂，用他们自己一无所知的联邦制替代了他们熟悉的中央集权制政府。

帝国是一时权宜之计，也是一次加重苦难的实验。以美国的宪法为模式的共和国宪法体现了理论对实践的胜利，地方利益对大城市利益的胜利，这个共和国似乎招致无穷无尽的灾难。1823年至1827年墨西哥确实保持了稳定的局面。但是此后，暴乱、武装起义以及军队叛变层出不穷。联邦制度刚扎下根，就在1835年废除，而几年之后至少在名义上又恢复，不论是联邦政府或中央集权政府，结果都一样。总统、副总统、代理总统不断更换。在30年中行政首领换了46次。在这整个时期,墨西哥的支配人物是安东尼奥·洛佩斯·德·圣安纳。他在政治上是一个玩世不恭的机会主义者,"在外交上是反复无常的塔列朗,在军事上是卑鄙无耻的拿破仑"①。

在这种情况下,要维护墨西哥的领土完整几乎是一项无法完成的任务。1829年西班牙从古巴入侵墨西哥,企图重新征服这个国家。入侵固然被有力地击退了,但是分裂运动迅速发展。1839年尤卡坦脱离联邦,长期独立在联邦之外。更为严重的是,美国移民开拓的边缘省得克萨斯在1835年发生叛乱,1836年宣布独立,成立"孤星共和国",并用武力捍卫独立。得克萨斯人在经过一场殊死的斗争之后,最后俘获了安东尼奥·洛佩斯·德·圣安纳本人。9年后,即1845年,"孤星共和国"并入美国。这一事件加速了美墨战争的爆发。战争以美国温菲尔德·斯科特将军占领墨西哥城而告终。根据1848年《瓜达卢佩·伊达尔戈条约》,墨西哥不仅将得克萨斯,而且将加利福尼亚以及这两者之间的大片领土割让给美国(参见第23章,原文第621—622页)。墨西哥的领土面积减少到不及原有的一半。

1836年得克萨斯的割让主要应归咎于墨西哥本身。虽然美墨之战双方都有责任,但是加利福尼亚和新墨西哥迟早要丢给正从大西洋向太平洋扩张的美国。因为墨西哥这个国家既无力开拓又无能力管理。但是,墨西哥独立和领土完整的主要威胁不是来自外部,而是来自内部。这个国家能产生诸如保守派历史学家和政治家卢卡斯·阿拉曼、自由派老战士巴伦廷·戈麦斯·法里亚斯乃至圣安纳等人,并非缺乏人才。联邦派和中央集权派之间、自由派和保守派之间的权力之争也并非完全出于私利。困难的根源要深得多:人数不多的土地贵族;大量贫苦无知的农民;教会是全国最大的地主,教会财产不能转移,教士不受民事法庭裁决,它的影响完全是保守反动的;军队的军官养尊处优,士兵愚昧无知,只服从军法;等级、阶级以及省与省之间的割分使国家分崩离析。没有建立一个成功的共和国政府的基础。圣安纳时代造成的道德败坏和组织涣散、金融的混乱以及欺诈腐败现象并不是一个不完善的民主制度的标记,只是证明

---

① H.H.班克罗夫特:《墨西哥史》(6卷本,纽约,1883—1888年),第5卷,第802页。

产生这些罪恶的社会若不改造或得到控制，政府的职能必然要停顿。

19世纪中叶开始了改革运动。1854年在格雷罗州的阿尤特拉小镇发生了一次暴动。它标志着一个更为猛烈动荡的新时代的开始。暴动在起初只不过是政治家们反对"最尊贵的殿下"圣安纳专制统治的一次叛乱，但很快就发展成广泛的几乎席卷全国的运动。这个运动面向过去，追求墨西哥梅斯蒂索人受到挫折的抱负，怀念已遭失败的那些改革。这个运动也面向未来，希望按19世纪自由主义者塑造的形象建立一个新的墨西哥。它用原则的论战替代党派的争斗；它把一个廉洁正直、坚韧不拔的萨波特克族印第安人贝尼托·华雷斯选入内阁，最后升任总统。

接着进行了一系列激烈的改革——1855年11月颁布了"华雷斯法"，改组司法系统，限制教士和军人的法律豁免权；查禁耶稣会；1856年6月颁布了"莱尔多法"，又称"财产征用法"，规定除了用于公共礼拜外，僧俗社团均不得拥有不动产，并且规定对教会永久管业的固定土地不实行没收，而是以优厚的条件强迫出售；对教士收费也作了限制；最后于1857年2月颁布了新宪法。新宪法在结构上和1824年的联邦旧宪法相似。不过新宪法规定建立一院制的立法机构；它显然不顾罗马天主教会作为国教的存在；它还同一件很长的权利法案一起，体现了"华雷斯法"和"莱尔多法"。

在此后的年代，这个自由主义的宪法容易被用来为总统独裁服务。"莱尔多法"原来在一定程度上是想促进财产分配得更广泛，但实际上对扩大农民的所有权没有多少帮助，反而帮助了一个新贵族阶级的兴起。再者，正如在宪法里再次规定的那样，"莱尔多法"也是对乡村村社土地公有制的打击，导致了墨西哥印第安人的进一步贫困化。同时，"华雷斯法"和"莱尔多法"两者也引起了僧俗特权阶级的强烈反对。教皇早已谴责了这些新的立法。墨西哥的大主教曾威胁要把宣誓忠于宪法的教徒开除出教。1857年12月墨西哥城的政变是一长系列武装叛乱的顶点；它废弃了新秩序，恢复了旧秩序，次年1月建立的军事独裁政府加速清除改良主义者所作的改革。此时，根据宪法担任总统的华雷斯逃亡外省，准备组织抵抗，最后在墨西哥的主要海港维拉克鲁斯重建自由派的政府。

由此开始的战争持续了三年,而且异常激烈,使墨西哥精疲力竭。在战争的中期,1859年7月华雷斯宣布了更为彻底的改革:政教分离;没收教会财产;封闭修道院;规定结婚不用宗教仪式。他还提出了分解大庄园,改革税收制度,发展教育事业和鼓励移民等一系列计划。这时他已经取得了美国的承认。由于他控制着维拉克鲁斯港,墨西哥城军事政府十分需要的关税收入全掌握在他手里。可是他的事业直到1860年才转向胜利;1861年1月才最后回到了首都墨西哥城。他赶走了西班牙驻墨西哥城的公使和罗马教皇的使节,因为他们都曾积极支持过那个被推翻的政府。他还驱逐了大主教和其他一些教会人士。他实施了他的改革法令,但是游击战仍在进行;国家经济一片混乱。7月,即华雷斯"重新当选"为总统后不久,他采取了一个严重的步骤,一个不得不采取的步骤——国家外债全部缓期两年支付。

后果是灾难性的。早在4个月之前,英国已经承认了华雷斯政府,条件是该政府必须承担责任,赔偿英国国民在历届墨西哥政权下所受的损失。其中有些要求是新提的。如提出刚下台的政府曾掠夺了英国驻墨西哥公使馆的大批现款。又如,要求归还政府的反对派抢劫了一列装载外国商人白银的列车。其余都是原先的要求。根据1851年签订的协定,墨西哥已拨出关税收入的一部分来解决这些问题。此外,墨西哥因为20年代的第一次英镑贷款,欠了英国债券持有人一大笔债。它这时不仅缓期支付长期借款,而且还拒绝(至少暂时地)履行同英国、法国以及西班牙等国签订的协议所规定的义务。"长期以来,欧洲国家对墨西哥奉行耐心等待的政策",到这时就改为采取行动的政策。① 根据1861年10月签订的伦敦协定,英国、法国和西班牙三国一致同意采用武力,占领墨西哥沿海部分地区,来迫使它偿还欠债,但也同意不破坏墨西哥的领土完整或政治上的自主权。12月,一支西班牙陆军在维拉克鲁斯登陆,并于1862年1月同法国军队和英国海军陆战队会师。长期以来笼罩着墨西哥的外来干涉的威胁终于变成了现实。

就西班牙和英国而言,这个事件很快就过去了。它们在1862

---

① 德克斯特·珀金斯:《门罗主义,1827—1867年》(巴尔的摩,1933年),第354页。

年4月撤走了军队。可是，干涉一开始，法国官员的所作所为，包括支持一个极无耻的经济要求，很快地表明，法国的意图与伦敦协定所一致同意的意图大不相同。拿破仑三世受了墨西哥流亡者以及他自己在墨西哥的代表和其他有关人员似是而非的说法的欺骗，竟相信法国军队在墨西哥将作为一支解放的军队而受到欢迎（参阅第17和24章，原文第464和641页）。他把自己看作受压迫民族的救世主，对抗美国势力的拉丁世界保卫者。其实，当时美国被内战所分裂。拿破仑三世还相信墨西哥建立君主制的条件已成熟。他选定奥地利的马克西米连大公为统治这个新国家的皇帝。他大大加强派往的军队，向前推进遇到坚决抵抗。华雷斯现在不仅是墨西哥自由主义的象征，而且也成了民族独立的象征。1863年5月他再次离开首都。在法国的指使下，社会知名人士集会把皇冠献给马克西米连。马克西米连由于得到了拿破仑的支持，接受了皇冠。1864年6月进入墨西哥城。这个充满阴谋、野心、幻想和欺骗的故事至此达到了高潮。

结局是一出悲剧。马克西米连是个宽宏善良、耽于幻想的人，但他令人难以置信地缺乏最普通的常识。他对自己要统治的国家一无所知。当时这个国家的民情激愤，到处流血。教会和保守派虽然历经苦难，却毫未接受教训。他们很快与马克西米连疏远，因为他倾向于自由派，拒绝将这时掌握在私人手里的国有化的教会财产归还教会。罗马教廷舍弃他。逃亡者华雷斯仍在顽强抵抗。最后拿破仑出卖了他的傀儡。这个帝国本来就靠外国的刺刀才得以存在，当1866年那些外国刺刀开始撤走时，帝国也就不可避免地垮台了。此时，美国内战已经结束。由于拿破仑受到了美国越来越大的压力，又急于摆脱这一耗费巨大、不得人心且看不到尽头的冒险，就抛弃了马克西米连，任他听凭命运的摆布。1867年3月最后一批法国士兵撤离了墨西哥。他们一离开，华雷斯的部队就向注定灭亡的皇帝进逼。5月，马克西米连宣布投降；6月，他为自己的愚蠢和别人的欺骗付出了生命的代价。

随着战争的结束，帝国也灭亡了。华雷斯再次成了墨西哥无可争辩的总统。他只剩下生命最后的5年时间来着手重建这个备受战争摧残的国家的巨大任务。他在1872年逝世时，他的抱负并没有实现。

国家的政治生活仍然不断受到暴乱和骚动的干扰；学校寥寥无几；广大群众陷于贫困。但是就在这样一个涣散的民族中，民族意识还是开始在慢慢发展。如同华雷斯曾拯救了这个国家一样。1876年以后，华雷斯的老副手波菲里奥·迪亚斯出来掌握这个国家，把它革新，最后使它得到和平。

拿破仑在墨西哥的冒险行径，自始至终是以力量均势为名的对门罗主义的持续挑战，也是有意限制日益增长的美国势力的一种企图。门罗主义在欧洲不受尊重，在拉丁美洲不受信任。法国在墨西哥以敌对行动公然向门罗主义挑战；英国在中美洲拒绝接受它，不过对于美国的敏感不能不考虑；西班牙在西印度群岛对门罗主义的运用则是置之不理。

中美洲是墨西哥和巴拿马地峡之间的一个狭长地区。它的名字源于中美洲联合省。中美洲联合省是1823年在原西属危地马拉将军辖区的基础上建立起来的一个政治上的联邦。危地马拉在1822年曾并入伊图尔维德的帝国。联合省由危地马拉、萨尔瓦多、洪都拉斯、尼加拉瓜和哥斯达黎加等五国组成，从来不曾统一过，联邦是徒有其名。它领土的总和略大于西班牙，总人口不到200万。大部分居民是无知的印第安人和几乎同样无知的梅斯蒂索人。这个新的国家刚成立就陷入政治的、地区的和宗教的争斗中。洪都拉斯的弗朗西斯科·莫拉桑就是1829年在这种争斗中涌现出来的人物。他短暂地控制了无政府状态；对罗马天主教的权力和财产发动了全面的进攻；把联邦的首府从危地马拉城迁至圣萨尔瓦多，并把一个貌似的联邦一直维持到1838年才解体。虽然中部的尼加拉瓜、萨尔瓦多和洪都拉斯三国相互关系比之跟危地马拉或哥斯达黎加更为密切，一次又一次企图恢复联邦，但均遭失败。

因此，从1838年起中美洲的历史就成了争吵不休、动乱不安的5个共和国的历史。它们都任意干涉邻国的事务。最强的是印第安人占多数的危地马拉共和国。在1865年之前几乎一直在拉斐尔·卡雷拉的控制下。卡雷拉是一个迷信而反动的混血种人，既是保守的教士贵族的头子，又是他们的工具。哥斯达黎加最为孤立，却也最开明。在这些国家中，用武力建立和维持的权威是唯一得到承认和尊重的权威。在这些国家，"对付腐败的政府，除了革命之外，别无他法"。

因而，在这些国家，内战"就成了政治制度不可缺少的部分"。①

但是，并非全部中美洲地区都为这5个中美洲共和国所占有。在加勒比海沿岸，濒临洪都拉斯湾的是英国殖民地伯利兹。它的由来可追溯到17世纪。虽然英国从未正式宣布占有，但实际上英国长期对它行使主权。同时，伯利兹的移民已经逐渐把他们砍伐红木的活动范围扩展，在西面和南面远远超出英国和西班牙签订的条约给他们划定的边界。再者，东至洪都拉斯角，南至圣胡安河的"莫斯基托海岸"是属于"莫斯基托印第安人"的领土。"莫斯基托印第安人"是一个各族混杂的半游牧混血民族。他们坚持反对西班牙的权威。在18世纪，英国含糊地把它作为一个保护国。

英国从未完全放弃与莫斯基托印第安人的联系。例如，按照习惯，莫斯基托国王在牙买加加冕，但是1824年国王改在伯利兹加冕。在19世纪30年代，主要由于伯利兹总督的有力活动，这种联系得到了进一步的发展和巩固。英国不仅重新提出对鲁阿丹岛这项十分站不住脚的领土要求，而且还要求恢复莫斯基托保护国。鲁阿丹岛是洪都拉斯湾的海湾群岛中最大的岛屿，1838—1839年曾为英国人所占领。1844年英国任命了驻莫斯基托海岸的驻扎官。该领地在当地被重新命名为莫斯基蒂亚。英国授予莫斯基托国王一面和英国国旗极为相似的旗帜。3年之后，英国宣布圣胡安河为这个英王保护国的南界。1848年英国又以莫斯基托国王的名义驱逐了圣胡安港的尼加拉瓜主管机构。该港口被重新命名为格雷敦，以纪念牙买加的总督。

就这一切来看，英国人在中美洲的意图比当时人们所设想的要小得多。同时，中美洲国家中没有一个直截了当和无可争辩地要求把莫斯基托海岸归自己管辖。但是格雷敦本身有它的重要性。它位于利用圣胡安河和尼加拉瓜大湖建设连接两大洋运河的一条最实用的路线上的关键地点。英国强占格雷敦时，这条路线以及整个横贯地峡的交通问题正取得新的重要意义。因为当时不仅美国获得了加利福尼亚，而且在1848年1月加利福尼亚还发现了金矿。必然的结果是淘金热席卷整个中美洲。1846年美国和新格拉纳达共和国早就签订条约，授予美国公民穿过巴拿马地峡的用地权。1855年由美国资本修筑的巴

---

① D.G.孟罗：《中美洲的五个共和国》（纽约，1918年），第31页。

拿马铁路通车。1849年在美国成立了一家运河公司，准备开凿一条以格雷敦为终点横贯尼加拉瓜的通航运河。这家公司刚同尼加拉瓜签订合同，英国就发出通知，圣胡安河属于莫斯基托王国，没有征得莫斯基托国王及其保护人——英国政府的同意，不得擅自处置。

接着是外交上的争论，这场争论在伦敦和华盛顿进行得很有礼貌，但两国在中美洲的代表却激烈争吵。最终于1850年4月19日双方签订了《克莱顿—布尔沃条约》。根据该条约，英美两国同意，拟议中的运河应在双方共同保护下修建。任何一方都不得谋求独占运河，任何一方也不得对尼加拉瓜、哥斯达黎加、莫斯基托海岸以及中美洲的其他地方进行"占领、设防、殖民以及承担或行使统治权"。

《克莱顿—布尔沃条约》的目的是企图调和英美两国的观点，并且实际上要使中美洲地区中立化。但是这个要求双方自我克制的条约及其解释性的声明的文字含糊不清、模棱两可。在英国人看来，这个条约没有影响到莫斯基托保护国作为一个独立的而又受保护的王国的地位，不过承认莫斯基托人最后应撤出格雷敦，并划定保护国的边界。条约也完全不提伯利兹殖民地或鲁阿丹岛。1852年，鲁阿丹岛及其相邻的岛屿被设立为海湾群岛殖民地。

这一事件迅速触发了一场新的争论。华盛顿方面强烈要求英国不仅从海湾群岛和莫斯基托保护国撤走，而且从伯利兹殖民地最近占领的部分撤走。同时，在中美洲本身，事态日趋严重，一触即发。格雷敦市政当局和附属运输公司——科尼利厄斯·范德比尔特的大西洋和太平洋通航运河公司（这家公司正从事取道圣胡安河运送旅客横跨地峡的运输业务）之间发生了纠纷。1854年，一艘美国军舰炮击并摧毁了格雷敦。次年，美国一个"暴乱煽动者"，曾领导过袭击墨西哥领土的威廉·沃克来到正在内战苦难中的尼加拉瓜，夺取了格拉纳达市，并于1856年"当选"为总统。他虽然得到了美国的承认，运输公司却和他势不两立，并遭到了中美洲其他共和国一致的反对。1857年，他被驱逐出去。他曾两次企图卷土重来，最后在1860年死在洪都拉斯。

这样一种状况是不可容忍的。但是英国无意冒跟美国作战的风险，而且对阻止美国势力在中美洲的扩张也不坚决。1856年两国政府为进一步解决双方的分歧作了极为认真的努力。假若这次努力失败，美国很可能废除《克莱顿—布尔沃条约》，结果势必加剧中美洲的矛盾。为了避免这一危险，英国决定就条约总的方针达成协议作出努力，但是这一次采取直接同中美洲各共和国谈判的方法。

最后在1859年和1860年，问题终于得到了解决。根据1859年英国—洪都拉斯条约，海湾群岛划归洪都拉斯。洪都拉斯对莫斯基托海岸的部分要求也得到了承认。根据1860年的英国—尼加拉瓜条约，尼加拉瓜对莫斯基托海岸的其他部分的主权也得到了承认，不过莫斯基托印第安人在特定的范围内将保持某种程度的自治，而且格雷敦成为自由港。根据1859年的英国—危地马拉条约（该条约后来成为签约两国间长期争论的根据），伯利兹殖民地的边界按照伯利兹居民以前提出的要求重新划定，因为在签订《克莱顿—布尔沃条约》时认为边界早已存在了。3年后，伯利兹正式成为英属洪都拉斯殖民地。

从1823年美国宣布门罗主义到1895年英国和委内瑞拉之间发生争吵引起危机的这一时期中，中美洲问题是英美两国在拉丁美洲关系史上争斗最激烈的事件。它的解决并非是门罗主义的胜利（《克莱顿—布尔沃条约》后来被认为是违反门罗主义的），而是明智和善意的胜利。再者，构成对中美洲各共和国安全和独立更为巨大的威胁，不是来自英国，而是来自美国，但是在60年代这种威胁也消除了，因为美国陷入了痛苦的内战。由于种种原因，美国扩张主义情绪低落了；与此同时，对于横贯中美洲连接两大洋的交通问题的兴趣也衰退了。

在另一个地区，门罗主义所包含的原则和一个欧洲强国所采取的行动发生了冲突。这个冲突就发生在当年哥伦布命名为西班牙的岛上。1822年，在受过教育的混血种人让-皮埃尔·布瓦耶统治下的黑人共和国海地，并吞了邻近的西班牙殖民地圣多明各。海地的独立在1825年得到了法国的承认，但附有苛刻的经济条件。从19世纪20年代到40年代，布瓦耶的统治有10年是比较平静的。但是在一小撮上层的有色人种影响和统治下的海地黑人还处于半野蛮状态。广大农民贫困不堪。1843年，一场"知识分子革命"推翻了布瓦耶的统治，政治和经济也同时衰落。黑人恢复最高权力的结果是一个愚昧无知的黑人长期野蛮的独裁统治。这个黑人就是福斯坦一世皇帝。他封授了 4 名王子和 59 名公爵。国家的财政和经济陷入一片混乱。1859 年他垮台后,海地恢复了共和国,但直至 1862 年才得到美国的承认。共和国仍然多灾多难,1888 年弗劳德曾尖刻地称海地共和国是"对文明的讽刺"。① 这无疑反映了当时的舆论。

与此同时,圣多明各为争取独立举行了起义,于 1844 年成立了多米尼加共和国。在这以前,这个国家忍受了长达 22 年的暴虐统治,占领者蓄意要使说西班牙语的白人、黑人以及混血种人海地化。他们阻碍人们使用西班牙语。各方面用黑人代替白人,地主纷纷移居国外。多米尼加虽然赢得了独立,但是人们理所当然地对新国家安定的微小希望很快就破灭了。国家因国内的争斗弄得惶惶不安,还时刻畏惧被黑人邻国再次吞并,因此,它请求法国、美国和英国提供保护,或者准予归并。英、美、法三国虽然互相猜疑,但还是努力去限制海地的野心。最后在 1861 年当时的多米尼加总统请求西班牙重新前来管辖。西班牙军队从古巴开到多米尼加。西班牙国旗代替了多米尼加的国旗。原共和国总统成了西班牙的新总督。

西班牙重返多米尼加这一事件举世瞩目,成为欧洲国家对原美洲殖民地重新拥有主权的唯一实例,只有英国在 1832—1833 年占领福克兰群岛可能是例外。但是,这一试验是短暂的。结果证明西班牙的统治同多米尼加一样无能,同海地一样丑恶。它只能凭借武力来维持,而且耗费巨大。1865 年宗主国西班牙放弃了这个徒劳无功的任务。4 年后,这个复活的共和国与美国签订了归并的条约,但是美国参议院不予批准。与海地一样,多米尼加共和国在日益恶化的情况下全靠自救。一个以黑人占多数的共和国和一个以混血种人占多数的共和国在一个小岛上紧靠在一起,却不能和睦相处,结果几乎不可避免地导向它们历史上的那个重大事件——由美国暂时占领。

"许多暴君将在我的坟墓上出现。"② 玻利瓦尔在 1826 年这样写道。他的这一预言应验了。考迪略主义,即军事首领、强力人物和地方领袖的统治是拉丁美洲各国共有的现象。它不只是革命战争中军人领导的遗产,而且在西班牙美洲社会的结构、性质和传统中深深扎

---

① J. A. 弗劳德:《西印度群岛的英国人》(伦敦,1888 年),第 343 页。
② 莱库纳:《解放者玻利瓦尔书信集》,第 5 卷,第 292 页。

根。新秩序的缔造者曾多次徒劳地企图在宪法里确定一个合理的自由模式,可是这些宪法常常是从国外宪法折中借用的,极不适合本国政治和社会的现实。"人治之风扫荡了"宪政。① 权威复活了,但它不是非人格化的权威,而是首领个人的权威。大多数新建立的拉丁美洲国家(巴西和智利是两个主要的例外)在独立战争结束后的半个世纪里,都时而遭受暴政,时而遭受无政府状态的祸殃。在走上独立道路时一开始就这样无能的民族是少有的。也从来没有一个地方自由和秩序是这样难以协调。

不过,即使在那些政治、社会和经济发展受到严重阻碍的国家里,时间并不是静止不动的,人们的思想也不是僵死不变的。政治倾向逐渐发生了变化,赤裸裸的军事专制开始消失,文职的寡头取得了支配地位,新型的总统独裁出现了。虽然"首领的没落"延续了很长时间,但在19世纪70年代的10年中,拉丁美洲国家的一个新时代已经开始。在这个时代中,各国的差异越来越明显。新崛起的阿根廷和墨西哥到底赶上了起步较早但继续上升的智利和巴西。日益增长的贸易、投资和移民数字本身就说明了这个问题。50年来,拉丁美洲在向世界贸易开放。但是欧洲的资本投入在20年代出现第一次高潮后,却普遍地减退。从旧世界到新世界的移民潮流也转向北半球而不来南半球。不过在19世纪50年代、60年代有了变化的迹象。1876年单是英国投入拉丁美洲的资本达到1.8亿英镑,到1913年几乎达到10亿英镑。随着资本的输入和移民的到来,经济活动的加快以及政治上的日趋稳定,拉丁美洲的政治和经济史开始了新的一章。这一章也是与英国和欧洲的经济史密切联系的。

(姚乃强 译)

---

① R.M.莫尔斯:《关于西属美洲政府的理论》,《思想电杂志》,第15卷(1954年),第79—80页。

第二十六章

远　　东

远东的中心地区包括中国、朝鲜和日本，人口约占亚洲人口的一半、世界人口的四分之一。19世纪进入20年代中期之际，这一地区仍然几乎是西方各国旅行和贸易所无法到达的地方，西方的文化影响实际上也难以渗透。特别是广袤的中华帝国，在1644年满洲人在北京建立的清王朝的统治之下，尚未出现内部的解体，也没有遭受外部的蚕食，而在中国以西的一些亚洲大国则从17世纪以来，就已发生了这样的内部瓦解并遭受到外部的侵略。莫卧儿帝国已经消失，在印度的绝大部分地方则代之以英国东印度公司的直接或间接的统治。奥斯曼帝国失地于俄国，又因埃及的脱离和希腊的民族起义而被削弱。波斯也失地于俄国，又因阿富汗新王国的建立而在东面缩小了疆域。但中国自1700年以来不仅没有丧失过领土，而且由于兼并了卡尔梅克蒙古人的中亚帝国（包括西藏）而扩大了疆域。这个从太平洋一直延伸到帕米尔的巨大的政治有机体，松弛地、然而有效地由一个设在北京的中央政府控制着；它承袭了帝国一统的传统，这种传统同儒家士大夫阶级的学说密切相关，而且可以追溯到相当于奥古斯都的罗马帝国的时代。1830年，这个帝国的传统结构看来像过去一样地强大；而在统治阶级中，满洲人的文化习俗已同汉文化融为一体。这个统治阶级充满着种族优越感，沉湎于一种自鸣得意的自满自足之中，完全没有料到即将降临到它头上的灾难和变革。

中国人没有意识到有任何能够威胁他们的独立或者对他们的生活方式提出挑战的邻国的存在。北方草原上的游牧民族过去曾经是对"中国"的如此巨大威胁，现在却是在这样一个中国政府的统治之下，这个政府首先就是从这些民族取得力量的。再往北去，这个帝国包括了今天的西伯利亚东部的许多地方，直到鄂霍次克海。这一疆界是1689年同俄国人签订的《尼布楚条约》所确定的；当时因为人数太少，同本土的陆路交通又很困难，因此俄国人在叶尼塞河以东还不能成为一种巨大的力量。在西面，高大的山脉为满洲中华帝国提供了坚固的自然疆界。在西藏的那边，喜马拉雅山设下了一道屏障。在1792年中国人击败了廓尔喀人对西藏的入侵之后，直到1904年英国远征拉萨之前，再也没有人逾越过这道屏障。在东面和南面，中国对一批较小的国家——朝鲜、琉球、安南、暹罗和缅甸——保有一种不明确的宗主权，这些国家对中华帝国缴纳礼仪性的贡品。再往东去，日本在自己的岛屿上闭关自守，他们不向中国进贡，但在德川幕府朝代（自1600年起统治日本）的统治下，不再派出海盗舰队，这样的舰队在15世纪和16世纪中曾经是中国沿海地区的祸患。从南方的海上，西方国家的商人同中国进行贸易，但从1757年起，根据法律规定这种贸易限制在广州一个口岸进行。中国人把西方商人统称为"西洋人"，属于"夷"即"野蛮人"一类。这些人在东南亚一些地方取得了领土权，如西班牙人在菲律宾，荷兰人在印度尼西亚，英国人在若开、丹那沙林①和新加坡——但这些地方没有一处同中国邻接，而且没有一个西方国家在中国沿海占有一个据点，除了葡萄牙人在1557年占领了澳门，作为对他们在剿灭海匪中效力的报偿。但是，中华帝国很快就受到了这些从遥远的欧洲来到远东进行贸易的海上国家之一的打击，这次打击不但深深地屈辱了它的国威，而且注定要对它以后的整个历史进程产生决定性的后果。

　　在国际关系方面，西方有一种在平等主权国家的体系内进行永久性外交往来的思想；而中华帝国政府却一直没有相当于这种思想的任何观念。在儒家的哲学中，中国是人类真正文明的无与伦比的来源，而中国的皇帝则是在人世事务中"天"的唯一合法代表；他在概念上是世界的主宰，其他君主同他的关系只能是附庸对宗主的关系。这种附庸地位的表现就是纳贡以及各种表示承认中国皇帝至高无上的礼仪。贡品在数量上并不是个沉重负担，中国朝廷对之所以珍视并不在于它的经济上的重要意义，而是因为它提高朝廷的威望。纳贡国还往

---

① 上两地均属缅甸。——译者

往获得厚偿，可以得到同中国通商的特权。这一制度由于不牵涉到中国政府对纳贡国内部事务的直接控制而为许多国家所自愿接受；这些国家并不认为对于远比自己强大的大国采取这种形式上表示臣服的行动有损于它们的尊严。但有时也发生这样的情况：政治上的需要驱使中国同这样一些外国统治者打交道，他们拒绝听从中国关于他们应处何种适当地位的意见。在这样的情况下，中国官场就得对原定规矩有所通融。因此，在划定中俄两个帝国疆界的《尼布楚条约》中，就没有表示沙皇要比中国皇帝低一等。这种让步是迫于要结束敌对行动并议定陆地疆界的需要而采取的，但必须保持在最低限度之内。至于同那些只是从海上同中国进行贸易，但与"中央王国"并不接壤的遥远国家，似乎就没有任何理由要建立这种在非纳贡基础上的外交关系了。北京朝廷允许来自欧洲和北美洲的商人在广州遵照中国地方当局单方面定下的种种规章进行贸易，但它看不出有任何理由去同这些外商的本国政府建立外交关系。因此，广州的外国人得不到本国的外交或领事代表对他们的利益的支持或保护，他们吁请中国当局申冤理枉的唯一办法是通过"公行"（一种由官方准许经营对外贸易的中国商人联合会）呈递卑躬屈节的禀帖。

在西方国家中，英国人在广州的贸易总额中所占的份额最大。他们的商业不是通过东印度公司，就是通过来自印度的持有东印度公司执照的"同胞"商人进行的，所以这个公司驻广州的代表可以作为广州整个英国商业利益的代表行事。但是，这个公司却不能对广州贸易的不能令人满意的状况作任何改善，也未能取得在广州以外任何其他地方进行贸易的许可。英国政府于1793年派遣了一个以马戛尔尼伯爵为首的使团前往北京，以便直接同中国政府谈判一项协定。这个使节受到有礼貌的接待，但载送使节前往京城的车船上都插着写明"英吉利进贡"的旗帜；而所提出的修改在广州的现行贸易办法或开放新的通商口岸的要求，都未为中国人所允准。1816年由阿美士德勋爵率领的第二个使团同样没有取得结果，广州的贸易还是照过去的老办法进行着。尽管情况使人厌烦，但贸易却获利甚大，外国商人舍不得放弃，而中国人则只要外国人遵守（不论如何勉强）规定的制度，也就认为没有任何理由去改变这种制度了。尽管如此，但在30年代出现了两种新的发展形势合在一起促使广州的英国人和中国地方当局之间出现了危机。第一是广州贸易的一个项目——鸦片的数量增加了。在18世纪，东印度公司面临的问题是寻找一些可以向中国销售的商品，以偿付在中国收购的茶叶以及其他产品的费用；在很长一段时间内，贸易的收支差额对欧洲人不利，差额要用硬币来补偿。但到18世纪末，贸易逆差由于从印度输出鸦片而减少。这种毒品先前是由葡萄牙人从果阿运来的；英国人于1773年开始参与这一贸易，但当时的销售总量还是很小。1729年，雍正皇帝曾下诏禁吸鸦片（这在中国已成为一种"时髦"的嗜好），但在1800年以前，鸦片作为一种药品还是可以合法输入的。1800年，嘉庆皇帝下诏断然禁止。此后，鸦片就不再由东印度公司自己的船只运载，而是由其他英商船只从孟加拉运来，在珠江上的木船上转卖出手，买主向当地官员行贿，这些官员便对这种交易装作没有看见。在19世纪头30年中，这种买卖不断增大。中国当局也不时地想要实施禁令，结果商人们就把鸦片先转移到停在珠江口外的趸船上，然后再走私运上海岸各地。法国的、荷兰的和美国的以及英国的商人，都从事鸦片贸易，但除从波斯和土耳其运来少量外，鸦片都是通过英国人的关系由印度供应，所以中国人认为英国人应该负责。随着这种非法贸易的数量增长，北京的中央政府对之越来越关注了，不仅是因为吸食鸦片的嗜好——这在官场中已十分流行——所造成的后果，而且还因为由于外贸逆差导致白银外流，贪污盛行，广州的官员们中饱私囊而海关则毫无收入。最后，道光皇帝在1838年授以钦差大臣林则徐特权，指派其前往广州实行查禁。

这一行动必然造成了中国当局与广州外商在关系上的危机，但英国的商业利益当时如果仍由东印度公司代表，也许还不至于导致任何武装冲突。但从1834年以后，另一个因素彻底地改变了局势，这一因素对加剧紧张局势所起的作用不下于鸦片贸易的增长。1834年，英国的议会法终止了英国东印度公司的垄断权，因此对华贸易在英国方面实行自由竞争。同时，律劳卑勋爵被任命为商务监督前往广州，并在那里执行过去由东印度公司的商务总管所担负的职责。过去在广州的资历较深的商人被中国人承认为"大班"，有资格代表各个外商组成的行会，而新的商务监督则是作为政府代表前来，声称要直接与中国官员打交道。他按照帕麦斯顿勋爵的指示，写信通知广州的中国总督他即将到达。但中国人拒绝接受此信,宣称他必须遵守关于外国人只能通过"行"商协会递呈禀帖而与省一级的政府联系的规定。总督指示"行"商通知律劳卑,他"不知必须遵守天朝法令"情虽可恕,但必须立即离开广州。由于律劳卑没有照办,因此中国官方就下令停止一切贸易并禁止中国人将食用等物品卖给英商。律劳卑的回答是命令两艘英国炮舰冒着炮火,强行溯江上驶,并派遣陆战队登陆,保护英国的商行。但英国的商行却被一支强大的中国军队包围,供应缺乏。最后律劳卑只好让步,离广州去澳门,半月后因热病在那里去世。他的商务监督一职的继任者在得到伦敦的新指示以前,一直采取了"绝对沉默和停止行动"的政策。

鉴于中国官方断然拒绝建立任何类型的官方关系,英国政府便不急于对这个问题进一步作出决定。律劳卑曾报告说,没有足够的"强制手段",同中国人谈判"完全是浪费时间";但这种"强制手段"——不只是两三艘军舰——在中国海还不具备。与此同时,广州的贸易已经恢复,尽管关于商务监督的地位问题还陷于僵局,但贸易却一直继续到1839年3月钦差大臣林则徐到达广州执行查禁烟土的法令之时。林则徐的做法是用军队包围外国商行并宣布,在趸船靠岸并把全部鸦片缴出之前,任何人不得离开。在这样的压力下,收缴了两万多箱鸦片并被销毁。接着林则徐批准重新开放正常的贸易。但现任商务监督义律船长命令所有英商离开广州去澳门,除非保证对他们不再采取这种集体胁迫的办法。因为英国人不愿返回广州,林则徐便命令葡萄牙总督把他们驱逐出澳门。于是他们便登上了自己的船只,在珠江口另一边的香港停泊。这时发生了一桩涉及外国人在中国土地上裁判权这一整个问题的事件,使形势更加复杂化了。有几名英国水手在九龙上岸后,被卷进了一次斗殴事件,在这个事件中一名中国人被杀死。根据监督的权力,在一艘英船上举行的一次审讯中,无法确定究竟是谁打出致命的一击因而致死。中国当局对于这一审讯结果不满意,要求把所有参与斗殴的水手都交给他们调查。但是,这一要求被拒绝了。按照英国的一贯做法,凡被控杀人的人不能交出,因为中国人审讯时用酷刑逼供。

1839年10月25日,钦差大臣林则徐下令英国船只必须在3天内驶入广州,或驶离中国沿海;同时并重新要求交出九龙杀人案件的犯罪水手。义律对这些要求置之不理。于是11月3日，英国的两艘装有大炮的快速帆船同中国的一支由29艘作战平底帆船组成的舰队发生了冲突。中国战船有4艘被击沉，其余逃走——这一行动第一次清楚地显示出欧洲军舰同古旧的中国海上军备之间的作战力量有天壤之别。第一次中英战争已经开始了。

英国政府这时决定从印度派遣一支远征军并将敌对行动进行下去，其目的不仅在于恢复广州原有的状态，而且还要修改英国与中国进行贸易的基础。作战行动进行着，不仅在广州地区，而且沿着海岸向北发展直到舟山群岛，舟山群岛被占领；英舰继续驶向白河口，要求中国指派全权代表进行谈判。清帝国政府对于"逆夷"的显然不可抗拒的海上力量以及珠江口和长江口被海军封锁所产生的后果，感到惊慌，于是就派遣直隶总督琦善同英国使节在广州谈判。英国人要求直接与广东省级政府以平等条件进行正式的交涉，以解决由于广州贸易而引起的争端；赔款、割让香港岛。琦善接受了这些条件，但割让中国领土一事在全国各地引起哗然，琦善遂被押解北京并被处死（但予缓刑，后被赦免）。于是，战事再起，其结果给中国人带来了一场灾难。曾在印度服役的陆军上校亨利·璞鼎查爵士，这时奉派从英国出发，充当英国的全权代表；并且增派海陆军增援部队以作他的后援。厦门和宁波相继被攻下，入侵者又强行溯长江上驶，占领了长江和大运河交汇点镇江。当兵临南京城下时，中国再次求和。1842年8月29日签订了《南京条约》，这是中国同一个西方海上强国签订的第一个条约。作战情况表明，中国官军虽然还保持着1792年战胜廓尔喀人的威名，但在陆上对付西方武装部队并不比中国海上作战的帆船强多少。中国官军这时是由两类显然不同的部队组成的，一是八旗兵，都是满洲人（还有蒙古族和满族汉人的队伍），驻防首都和帝国各主要战略地点；二是绿旗兵，都是汉人，而且早在18世纪就已被认为优于满洲兵。要把这些分开的军事建制联合起来对付外国敌人是困难的；而且，到1840年，这两种军队的将领都已腐化，装备也太落后，不能在战场上抵挡一个西方强国的军队。中国的军队在组织上是割裂的和分散的；统率部队的军官则是从射箭和举重比试中选拔出来的；军队中贪污盛行，士气不振，有的部队的花名册上只有极少一部分实有其人；武器只有老式的火枪、梭镖和弓箭等；而且中国人一贯尊崇读书人出身的文官，轻视武夫。因此，中国军队毫无准备，现在在清帝国一旦不得不面对着沉重压力时，毫无准备担当起国防的重任。事实上，中国的实力可为儒家文人狂妄的国际主张提供足够的支持，这些文人极力主张"中央王国"不对外夷开放，同时却又要在同其他国家没有任何形式的平等外交制约下进行大量的对外贸易。中国人的观点是：在广州进行贸易只是皇帝的恩典特许的；到那里去的外国人没有任何权利反对帝国官吏；如果他们不喜欢所规定的条件，可以请便。对主权的这样解释，在理论上同西方国际法是合拍的。西方国际法认为，外国侨民拒绝服从所在的独立国家在其境内的管辖权或在他们感到受委屈时请求本国武装部队加以保护，都是不正当的。但在另一方面，在西方国际法中，承认一个主权国家的领土管辖权是同下述正式的国际关系制度密切结合的，即在国家平等的基础上通过外交使节和领事的谈判来解决争端。而中国政府拒绝建立这样的关系，这件事情本身就引起了西方商人以及支持他们的各国政府的最大不满。由于同中国官场没有任何正式的接触，争端往往演变成为武装冲突，特别是英国，因为这个中国海上的主要西方贸易国家这时也是印度的主人，它在加尔各答耀武扬威，大耍帝国的威风，而到了广州却要卑躬屈膝，这样的改变并不是容易做到的。双方对于国际交往既有根本不同的看法，而且又都非常骄傲，因而在1834年以后的广州的局势中，早晚势必要爆发战争。而且，英国人如果获胜，就不可避免地会运用他们的力量把中国海岸的至今对外国人几乎是关闭的大门开得大一些。中国人的排外政策不能继续下去，除非他们强大得足以执行这种政策，而他们却又并非如此。

《南京条约》规定把香港岛的全部主权割让给英国，除广州外，另外开放四个对外贸易口岸，即厦门、福州、宁波和上海。在所有通商口岸，英国将委派领事，他们有权在平等基础上和同级的中国官员直接来往。条约没有明确规定治外法权，它是在一个补充协定中提出的，规定英国臣民如在中国被控犯罪，由领事法庭按照英国法律审理。英国人提出治外法权的要求，是由于他们不愿使英国国民接受中国法庭的审理，这含有认为中国司法制度低劣的意思。但治外法权起初一点也没有成为和平协议中争执最多的部分，因为从中国当局的观点看来，它有这样一种补偿性的好处，即英国政府对离船上岸的水手负责，可以帮助条约口岸的中国薄弱的警察力量维持秩序。只是到了后来，这一制度对中国所造成的不利的政治和经济后果才明显起来，而中国人在熟悉了西方的主权观念之后，也意识到这一制度所造成的中国国际地位低下；直到这时，治外法权才开始被认为是"不平等条约"中最使人痛心的特征。废除治外法权便成了民族主义宣传鼓动的最高目标。西方强加于中国的条约一方面否认中国享有同西方国家平等的地位，同时西方却又在努力争取北京的朝廷承认它的统治者同中国的"天子"地位平等；这真是一种历史的讽刺。

英国在签订《南京条约》时，曾宣布它无意在中国为自己谋求其他国家不能享受的权利和特权；于是美法两国赶紧步英国的后尘，为他们本国的国民同中国谈判类似的条约。美国人由于没有参加对华战争，不能要求清廷专门指派钦差大臣同他们谈判订约。但原在南京作为中国全权代表两人之一的耆英，这时被派往广州，负责处理外交事务。他同意同凯莱布·顾盛举行谈判。顾盛是作为美国全权代表被派到中国来的，于 1844 年年初到达澳门。耆英起初想用他们采取的官方文书的形式使美国使节接受比中国低下的地位，但顾盛坚持要享受已经给予英国的同样规格的平等地位，最后终于如愿以偿。第一个中美条约于 1844 年 7 月 3 日在望厦签订。3 个月之后，法国使节泰奥多尔·德·剌萼泥为法国取得了一项条约。法国人提出了一个新的问题，逼迫中国取消 1724 年发布的对天主教的禁令，并成功地取得了可以自由信仰天主教的敕谕。由于基督教新教的代表们要求平等待遇，这道敕谕后来也适用于基督教新教。清帝国政府所以同意可以自由信仰基督教，则是耆英一手促成的。儒家保守派为此始终不能饶恕他，由于他"谄媚"洋人对其恨之入骨。1850 年咸丰皇帝即位后，他被贬黜。1858 年进行天津谈判时，他在外交活动中重新有过一次短暂而不成功的露面，之后他被判处死罪。

1842—1844 年签订的各项条约所造成的最重要的直接后果是，上海急剧地成长为一个商业口岸。在此以前，广州一直是扬子江流域物产外销的唯一出口地。如果这些物产沿着这条巨大的通航河道，顺流而下，到达位于入海口或接近入海口的一个商业中心，那就更为顺当；因此，上海对外贸易一经开放，它就开始在经济上发展，很快成为一个比广州还要重要的贸易中心。1844年，44艘外商船只进入这个港口；1855年，这个数字增加到437艘。与贸易同时发展的是上海外国商人的人数和富裕程度的增长。1845年，英国领事同中国地方当局达成一项协议，把城墙围绕的老城之外的一片土地划出来供英国人居住，由英国人同中国地产所有人个别订立合同以取得这些土地。后来，由于美国领事在这个区域里升起他的国旗而引起一场英美纠纷。这场冲突因达成一项土地共有的协议而得到解决。这就是上海著名的公共租界的由来。起初，在这一地区不存在取消中国行政权力的问题，但这里的新居民都享有治外法权，他们决心要创建欧洲城市所具有的公用设施和服务。于是成立了一个"道路及码头委员会"，它很快就发展成为一种市政管理机构。1854年，当上海为一场中国内战所波及而中国政府的权威又处于低潮的时候，外国侨民在他们的租界内取得了设置巡捕和征税的权力，他们还可以组成志愿军保卫租界以抵御来自外部的入侵，必要时还可由停泊江中的兵舰上的海军陆战队增援。这样，公共租界实际上成了一个独立的城市共和国，有自己的法律和行政机构。公共租界的繁荣吸引了很多中国的居民，他们的人数远远超过外国侨民，但不能分享市政公民权。

因此，1842年至1844年间的各项条约在很大程度上打破了中国的闭关自守，但在两个重要问题上没有触动中国的传统地位。在同列强建立正式的外交关系的问题上，中国没有让步。的确，这时中国政府事实上已经同外国政府的代表正式打交道了，但只是通过驻广州的一位钦差大臣进行，而这位钦差大臣在大多数时间里同时兼任驻广州的总督，因此同清帝国政府还是没有什么直接的接触。此外，外国人除了可以在五个通商口岸及其附近的狭小地区（估计半径为30英里）获准游览外，不得前往他处旅行。北京以及整个内地仍然不准外国人前往。对中国的闭关主义者来说，最重要的事情就是要保持这些限制，把那些野蛮的入侵者圈在指定的居留地界之内；由于战败的结果，要保持老一套的控制洋人的办法已不可能，但除条约所严格要求的以外，现在寸步不能再让了。另一方面，西方国家对它们已经得到的东西远远不能感到满足，它们决心强行要求在北京设置外交代表机构并在中国全国各地旅行的自由。1844年同美国和法国签订的条约中就有一项条款，阐明12年后条约可以修订，这就为谈判上述两项要求提供了机会。英国根据最惠国待遇的原则,也有权提议修订条约。要求修约的时间将是1856年。与此同时,实施现有条约带来了无休止的摩擦,1848年从广州召回耆英以后这种摩擦有增无减。耆英在任期间执行一项和解政策;他为这一政策辩护的理由是,指望这些西方的蛮夷遵守文明的习俗是毫无用处的,正如他在给皇帝的一项备忘录中所解释的:"彼等既不奉正朔,又未受册封,我若限以藩民礼仪,必不肯俯首就范,甘心自居于安南、琉球之列。"

这些年里最尖锐的冲突莫过于所谓"进入"广州城的权利问题。1842年以后,外国人不再像战前那样被禁闭在狭窄的洋行区域内;这时准许他们在农村各地走走,但中国人仍然不准他们通过城门进城。外国的领事们认为,条约赋予外国人进城的权利,但中国人予以否认,而根据条约的中文本,他们看来是对的。这是广州特有的问题;在上海和其他新的通商口岸,1842年以前没有见过外国人,进城被认为是新秩序的一部分——这种新秩序在当地是颇得人心的,因为它使广州不再能像以前那样垄断对外贸易——但在广州,居民记得这些外国商人过去的卑下地位,一想到要让他们获得在城里随便来去的自由,他们就觉得很难容忍。广州人以为,只要外国人被拒诸城门之外,他们就能够保持自尊。另一方面,外国人觉得如果他们不坚持这一应有的权利,他们就要在中国人眼里失去面子。在外国领事们的强大压力下,耆英最后终于在1846年1月同意准许外国人入城,但由此在城里引起的骚乱是如此激烈,他被迫改变了这一决定。他的继任者们在北京的支持下,继续拒绝,并以广州人民坚决不愿城内出现洋人为禁止入城的理由。领事们提出抗议,但当时并没有采取步骤来实现这一要求。

西方传教士(天主教和基督教都在内)在中国内地的活动,是条约解释上产生纠纷的另一个来源。中国政府坚持认为,除五个口岸及其邻近地区外,条约并未允许外国人在帝国任何地方旅行或居住。另一方面,基督教传教士则宣称,1844年的关于信仰宗教自由的诏书意味着可以在全国各地传布各派基督教信仰的权利;不管怎么样,他们无意于因来自中国不开化的统治者们的任何阻力而放弃他们的任务。他们有治外法权这一原则的保护,中国法律对他们不适用。中国官吏们根据条约所能做的只是在内地发现传教士时将其逮捕,押送到最近的条约口岸。因为他并未触犯他本国的法律,所以他在被释放后,立刻又再一次地潜入禁止前往的地区。不过,这些传教士免不了要遭到骚乱人群的暴力行动,而官吏们对于这些暴行一般是不大急于去制止的。传教士们的生命虽可借西方大炮的威势而得到保障,但他们的中国信徒和那些为他们的居留提供方便的人,却不免受到迫害。儒家士大夫阶级对基督教的态度是不一致的。有人为这些先驱的传教士刻苦地为事业而献身的生活所感动,对于他们宣传的教义虽感兴趣,但不信奉。但这一文化阶层的大多数人却认为,这一新的宗教不仅仅是一种在侵略性的列强保护下正在中国传播的外国信仰,它还是一种教条,这种教条不像佛教和道教那样,它是同中国文化的传统格局格格不入的,对祖传的生活方式是具有颠覆性和破坏性的。这些预见在太平天国起义的过程中得到了明显的证实。这次运动自称是基督教的,它不但武装起事,反对朝廷,而且在它建立了政权的地方对其他形式的宗教信仰表现出极端无情的排斥态度。对于作为国教的儒教来说,异端和叛逆之间的区分从来是不明显的;在那些受到太平军威胁或蹂躏的地方,引起了强烈的反基督教情绪。偶尔发生的迫害事件,终于发展到法国天主教神父马赖的殉教而达到高峰。马赖神父于1856年2月被广西西林县地方官吏滥施酷刑后斩首,他的信徒也被杀或被监禁。法国领事向驻广州的总督要求为此案申冤,但为后者所拒绝。这一事件遂成了法国同英国联合进行1856年战争的宣战理由。

如果说外国传教士在治外法权保护下的活动在中国人看来是对清帝国国内司法权的侵犯,那么,1842年以后兴起的做法,即属于中国人所有的船舶在外国登记,也是同样严重的对帝国国内司法权的削弱。在外国登记之后,中国船舶就在外国海军的保护之下。华南沿海海盗猖獗,特别是在清帝国的权威为太平天国革命所削弱之后尤甚,所以外国海军的保护对中国商人是极为有利的事情。但是,如果说,这样做可以使中外商业在中国行政管理陷于瘫痪时期得到安全保障;那么,这种做法同时也意味着,只要是悬挂外国旗帜的船只,中国警察即使是追捕中国罪犯或防止走私也不能登船检查。中国当局企图干预在外国登记的中国船舶,这就导致了同外国领事的尖锐冲突。1854年,一艘悬挂美国国旗的船在上海港口内被拦截,船员因涉嫌为叛军私运军火被扣。一艘美国炮舰进行干预，强迫一艘中国兵船向美国国旗致敬，作为赔礼。两年之后，中国兵士在广州港内登上了一艘在英国注册的船舶"亚罗号"，以海盗罪逮捕了几名水手。于是，英国领事便向驻广州的总督叶名琛提出各种要求；在这一事件得不到完全满意的解决时，英国海军便开始对珠江口炮台和广州城内采取军事行动。

  这样，中国便第二次与英国交战，但这时它已不再是1829年与西方"夷人"遭遇时那样虽然吏治松懈但团结一致的帝国了。过去5年中，太平天国的大规模造反，把这个国家弄得四分五裂。这次起义是在清朝统治刚满两百年的时候开始的。它在很大程度上是受到华南被满人征服后一直潜在的反满情绪的激励；它又是不断增加的人口对土地的压力所造成的后果；这种压力在中国国内每经过一段较长时期的和平和稳定后就会发生，并周而复始地爆发巨大的反抗，从而改朝换代。但是，一个重要的促成因素是因为清室可耻地败于西方蛮夷之手而丧失威信；《南京条约》使中国人感到耻辱，朝廷对此不能辞其咎，而根据历史的先例，"天命"，即统治中国的神授权威，即将另有所归。另一方面，西方的冲击现在也在影响着中国国内事件的进程。反对中国现在确立的社会和政治秩序的起义运动，一贯同来源于佛教和道教教义的左道邪说有关联；在已经存在的颠覆思想的因素中，现在又加上了基督教。洪秀全是广东人，世代务农，1813年出生。那时许多中国人在受过正规的经典教育之后参加竞争性的公开考试（这是通往仕途的大门）而落第。洪秀全就是其中之一。1837年，他第二次落第后，在病中产生一些幻觉。以后他又在广州偶然得到一些基督教新教的小册子。他便按照这些小册子的内容来解释他病中的幻觉，最后终于相信他已被赋予再造中国的神圣使命。他既不能登上仕途，遂去村塾执教；1844年，他开始宣扬他的救世新教义，举行洗礼，接受信徒。这个教派自称"上帝会"（上帝是新教传教士给神取的中文名字），它不但贬斥佛教和道教教义，而且反对向孔子牌位行礼。这样，洪遂使自己同中国所有现存的宗教都处于对立的地位。他很快便失去了所教的普通学生，被迫四处流浪，以贩卖文具为生。但是，他就利用这种方式把他的教义传播到其他地区。1847年，他重游广州，跟一个名叫罗孝全的美国传教士学习了两个月。此后，他

第二十六章 远东

反对偶像崇拜的说教更趋激烈,他的信徒开始捣毁公共庙宇中的塑像,使非信徒们大为恼火,他们的控诉导致对一些信徒采取了法律行动。直到此时,这个运动还是纯宗教性的,并无政治目的;但是,由于上帝会采取暴力行为而同世俗当局发生的冲突,不可避免地产生这样的问题,即反对上帝所启示的意志的官吏们,他们本身是否就是必须从中国清除的罪恶势力的一部分。最后,到1850年秋天,事态有了急剧的发展,省警察部门企图逮捕洪秀全,他被信徒们用武力救出。这时,他发觉他已成为一支决心公开反叛现存政府的武装部队的首领了。其后不久,他接受了"天王"的称号并宣布建立一个名为"太平"的新朝,由此他的信徒们被外国人称为"太平军"。清政府称他们为"长毛贼",因为他们拒绝留辫子,而留辫在中国一直是表示向满洲人降伏的标志。

政府派出一支又一支的军队去对付太平军,但都未能将他们击溃。在洪秀全的一个信徒的高超的军事领导之下,太平军的狂热使他们成为一支可畏的战斗力量,而清帝国的政府军的战斗力却比鸦片战争时期还要低下。太平军在广西永安州被围,但他们突围而出,取道湖南直抵长江,然后乘船沿江而下,夺取了一个又一个城市,最后于1853年3月攻下南京。南京被宣布为新朝的首都;一时,洪秀全似乎已把整个中国置于其支配之下。如果当时他集中全力直趋北京,他可能轻而易举地灭亡了满洲王朝,因为太平军节节胜利已使清帝国的军队士气瓦解;而清廷在软弱无能的咸丰皇帝(1851年即位)统治之下,看来不能振奋果断地采取行动以保卫自己。但洪秀全却在南京安顿下来,坐享胜利的果实,只派出一部分军队北上进攻北京。这支军队到达了距天津不过20英里的地方,但却被一支包括蒙古骑兵劲旅在内的军队所击败,而太平军几乎全是由步兵组成的。命运的潮流开始转变;又经过了几次战斗,太平军便撤到长江以南。新政权的弱点现在开始变得明显起来了。这个政权除在南京一地外,保持着流动的游击作风;这种作风是它在广西山地开始出现时就具有的。它在被征服的省份中未能建立起正规的文官行政管理机构,而征敛税收则往往采取一种很难与盗匪行径相区别的掠夺方式。太平天国根据其教义中模糊的平均主义经济原则,提出过一项激进的重新分配土地的方案,农民们曾为这一方案所吸引,但无情的征敛使农民同太平军疏远起来。太平军虽然相对来说纪律严明,但由于进攻北京的远征失败后将领之间的不和遂使军队陷于分裂。1856年,东王(仅次于天王本人的5个主要首领之一)开始争夺他的主上的权威,声称他也直接领取了天帝的启示。他以及他的家属和依附他的信徒均被处死,太平天国的实力由于这次屠杀而大为削弱。

但是,对于太平天国事业的命运来说,更为严重得多的是这一运动的宗教狂热所引起的敌意。太平军到处摧毁寺庙塔刹,中国的建筑遗产遭到无法弥补的破坏。基督教在中国人面前成了一种暴力的、迫害人的信仰。华南民间的反清秘密会社本是太平军反对清王朝的天然盟友,但是这些会社同佛教或道教均有联系,由于太平军不能容忍异教,它们同太平军便疏远了;或者,它们提议合作时,只因不皈依天主而为洪秀全所拒绝。但对太平军革命最尖锐、政治上影响最大的对抗在儒家学者中间发展着。一个成功的叛乱首领,只要对孔夫子表示应有的崇敬并对儒家传统表示尊重,就不难把这一阶层争取过来,为自己充当在各个朝代中治理了中国两千年之久的行政官吏。即使是17世纪的满洲人也能够找到足够的士大夫来为他们的军事统治建立一种传统的文官行政体制,尽管当时有些儒者仍为亡明的大业保持着带有浪漫色彩的忠诚。一个汉民族的新朝代,既已打破了满人军事力量的神话,又能够为汉人提供他们在清朝统治下所能担任的职位,以及那些专门保留给一个在文化上已被同化但仍被视为异族的民族所担任的那些职位,它在这方面本来可以有更大的作为的!但太平军的反儒主义使他们实际上不可能使知识分子为他们服务,这是他们未能在所占领的各个省份建立起文官行政管理机构的主要原因。而且,儒士们的反对也不限于同新政权不合作,而是进而采取武装对抗革命的形式——这一运动的起因同它名义上所效忠的北京朝廷的指示几乎没有什么关系,而是直接由各省的地方绅士(绅士有学位而无官职,在乡里中势力很大)所发动的。在这一反对太平天国的反动势力中,两个最重要的领袖是湖南的曾国藩和安徽的李鸿章。他们两个都举办了本省的民团乡勇,与太平军作战;这些军队证明比老的满洲八旗兵和绿旗兵有效率、有纪律,而后者却是一再为叛军所击溃。他们作战的结果,把太平军从被他们占领的大部分地区赶了出去;到1860年年初,太平军已被局限在安徽、江苏沿长江下游的一条狭长地带之

第二十六章 远东

内。南京被围。当太平军从东面向上海方向突围成功并从而为它的历史增添了把其他国家和中国人都牵涉进去的一章（参阅原文第705—706页）时，起义已经濒于失败了。

太平军1853年攻占南京时，通商口岸西方侨民对待他们的态度一般说来是抱有希望的期待。由于起义是在内地而不是在口岸外围发展，人们对它几乎全不了解；但是太平军的领袖们自称信奉基督教这一事实引起人们对他们的同情。人们希望太平军将比现存政权更愿意开放这个国家并同外国人建立商务和外交关系。再者，太平军看来正在赢得这场内战，因此，在这场斗争中不偏袒任何一方，只是同帝国未来的可能统治者进行友好的接触，似乎是得计的。因此，香港总督乔治·文翰爵士乘坐一艘海军小舰溯江而上，直达南京，请求天王接见。但这事未能实现，因为文翰被告之："天父上帝派遣我主下凡为世界万国唯一真主"，文翰必须承认他本人是天王的臣民。作为不列颠维多利亚女皇陛下的官方代表，他不能这样做，因此不得不开船回去，同太平军领袖没有进行个人的接触。这确实是1834年律劳卑勋爵曾面临的局面的简单重复。清王朝声称普天之下唯我独尊的气焰，由于战败后签订了《南京条约》而消失了，但现在还没尝过西方炮火厉害的新王朝的创建者，却又滋长了这种气焰。腐败的清王朝所不能保持的中国的权力，天王现在要来恢复；他对基督教的上帝赋予他神圣使命的信念只是加强了关于中国皇帝的正当地位的观念，这种观念他是从小就被灌输的。

在1860年以前，太平军并没有推进到镇江以东的地方。因此，他们没有同正在兴起的上海外国商民社团发生过任何直接的接触。他们占领南京之后如果立即向上海前进，他们将很可能在没有重大反抗的情况下占领上海城，此后即可控制中国对外贸易的主要部分。太平军既未东进，上海的外国商民社团就间接地卷入了中国的内部斗争。尽管各国领事宣布严守中立，但是上海成为军火交易的中心，双方的军队中也都有西方冒险家服役。国际阴谋的谣言盛传。美国全权委员汉弗莱·马沙利向他的政府报告说，英国人即将支持太平军以换取向英国开放长江以便进行贸易，而清朝则正在寻求俄国的援助。接着，1853年9月，中国南方无数秘密会社之一的小刀会起事，占领了上海。小刀会不受太平天国的控制，太平军谴责他们信奉异端；小刀会的起事是由太平天国起义所触发而又不受它控制的一系列起事之一。在上海市内和四周进行了一年半的混战，外国人同中国交战双方的任何一方都发生过冲突。1854年4月，官军在外国租界进行抢劫，英、美志愿军在海军登陆部队的支援下把他们赶走了，这就是"泥地"之战。12月，法国军队因采取措施保护一个天主教的传教机构而卷入了战斗之后，会合官军，从小刀会手里收复了这座中国城市。与此同时，西方各国的领事和商人采取了种种步骤维持了这个港口的某种行政秩序；因此，上海虽然不断出现政治混乱，但贸易仍在继续进行，清廷设立的海关官署已被摧毁，关员星散，应向中国政府交纳的出入口税也无人征集。因此，与中国的最高地方官员（他在租界里避难）达成了一项协议，由各国领事任命外籍海关监督负责收税事宜，并为中国政府服务。由外籍人员主事的海关监督就是这样起源的，后来沿用到所有各条约口岸，并成为中国政府可用作举借外债担保的主要税收来源。

从1855年春到1860年春，上海地区的情况比较平静，但在1856年，如前所述（原文第696页），因中国人登上一艘在英国注册的船舶，在广州爆发中英之间的敌对行动。有一段时间，战事显得胜负不定，因为当地英军的兵力不足以攻占广州，而援军又久久不来；而印度政府则忙于同波斯的战争，后来又忙于镇压印度的兵变，一些从英国派往中国作战的军队也改调往印度参加平乱。但到1857年秋，法国因马赖神父案与英国联合对中国交战，或者至少可以说是对广州总督叶名琛交战。这两个盟国联合起来则可以调集足够的兵力进攻这座城市。在海军炮火猛烈的轰击之后，进攻者打进城去，抓住了已经躲藏起来的叶名琛。他被押送到加尔各答，一年后死于该地。

在此之前，英法两国已分别指派额尔金勋爵和噶罗男爵为全权代表，同中国谈判修订条约。这时，他们决定率领舰队北航上海，邀请清廷派代表前往会谈；如果这一步骤得不到满意的结果，他们计划继续北上到白河，直趋首都北京。美国和俄国的使节现在都同英法联合起来，虽然两国并没有采取实际的交战行动。美国全权代表列威廉本人是主张美国参战的，他对国务卿报告说："西方文明的列强必须坚持它们认为属于它们的权利，并且放弃把中国作为一个适用任何普遍规律的强国来对待的梦想。"① 但美国政府不允许他动用美国军队，命令他只是根据最惠国的原则，利用英法两国从中国那里强行取得的任何让步，而由英法两国去进行必要的战斗。俄国的立场不同。俄国不是从海上同中国通商的国家之一。相反，它被明确地排除在海上贸易之外，理由是它已通过蒙古边境的恰克图进行陆上贸易。1857年年底，普佳京伯爵到香港会晤海上列强的使节。他奉命为俄国取得同中国进行海上贸易以及陆上贸易的权利；但是，对于俄国利益更为重要的是同时由俄国驻西伯利亚东部的军事总督穆拉维约夫②伯爵通过北满军事总督向中国提出的领土要求（参看第14章，原文第384—385页）。阿穆尔河③以北的俄中边界名义上仍根据1689年的条约规定，但在19世纪50年代，穆拉维约夫却乘太平天国起义削弱了中华帝国的时机，沿阿穆尔河设立了俄国人的居留地。当时北京政府正集中所有可用的兵力用来对付使清朝有覆亡之虞的乱事，因而无力抗拒在人烟稀少的北方边陲领土上的这种蚕食，所以对之毫无作为。但是这时俄国要求中国正式割让它在阿穆尔河以北、乌苏里江以东的全部领土，这就需要施加更大的压力迫使北京让步。英法对中国进行战争，有利于达到进一步削弱中国在北方进行抵抗的能力和意志的目的；普佳京的任务就是增加西方对北京的联合压力，同时避免交战，这样，一旦时机有利，俄国就可以一变而同中国友好，反对英法——就像两年以后它们所做的那样。

在上海进行谈判的打算毫无结果，因为4个西方列强的使节被告之返回广州去同一个新任钦差大臣打交道，这个新钦差是委任接替被流放的叶名琛办理外交事务的。但是，这些使节拒绝返回广州；相反，他们驶往白河，并送信到岸上，要求同清廷全权代表在天津或北京会谈。清廷的答复被认为不能满意，英、法舰队司令攻占了大沽口炮台，两国的使节便溯江而上到达天津。北京政府这时同意指派全权代表并在经过简短谈判之后，同4个西方列强分别签订了条约。与此同时，在大沽口炮台陷落10天之后，穆拉维约夫同清廷单独签订了《瑷珲条约》，根据这一条约，阿穆尔河以北的全部中国领土均割让

---

① 科士达：《美国的东方外交》（波士顿和纽约，1904年），第234页。
② 旧译穆拉岳福或木哩斐岳幅。——译者
③ 即黑龙江。——译者

给俄国，乌苏里江以东的领土则由俄中共管。

《天津条约》不仅规定再开放 11 个通商口岸——其中 3 个在长江上游，现在西方船舶已获准在长江上航行——而且给予西方人在中国内地旅行的权利和在北京设置外交代表的权利。这两点过去清廷一直对西方的压力抵制得最坚决。自由传播和信奉基督教也写进了条约。从而，西方政策的主要目的都达到了。但是，由于这些条约是用武力迫使一个不心甘情愿的政府签订的，而且由于有一股活跃而强大的极端主义势力责备政府过于忍让，所以不难预料，在条约生效之前将会出现新的麻烦。实际情况也真是如此。清廷利用条约签订后进行关于海关税则谈判的机会，请求英国不要行使《天津条约》所赋予的在北京保持常设外交使团的权利。英国政府同意它的驻华代表居留在北京以外的其他地方，但在特殊情况下应获准入都。这样的特殊情况紧接着就出现了——为交换最近签订的条约批准书而必须举行的会晤。英、法、美三国使节为此乘船驶向大沽。他们于 1859 年 6 月 20 日抵达时，发现河口已被封锁，不准他们驶入。指挥英国海军护卫舰队的贺布水师提督下令攻击大沽炮台。炮台守军自去年战败后已重新装备，这次便进行了有效的抵抗，进攻被击退了。遭到这一挫折后，英法使节返回上海。但美国代表华若翰因为在英法对华战争中曾采取正式中立的地位，所以便与他的英法同事分手，在更靠北边的海岸北塘登陆，并获准前往北京。俄国使节伊格纳季耶夫①则早已在京互换了批准书。华若翰为了向皇帝面致美国总统函件，请求朝见，但听说要他叩头，又取消了这一请求。

与此同时，英法两国政府决定恢复对中国的交战行动，并在 1860 年夏天增派兵力，再次北上。经过一度激战后，攻下大沽炮台并占领天津。中国政府面对着即将向北京进军的局面，就同意举行谈判。但是，清廷中有一派主张继续抵抗，并且背信弃义地对打着休战旗帜行进的英法谈判代表和他们的卫队发动攻击；谈判遂在这一派的压力下被破坏。两国谈判人员中有 18 人被俘，21 人被杀；被俘者中有曾任英国驻广州领事和额尔金勋爵私人秘书的巴夏礼。要想把被俘人员当作人质的企图没有得逞；英法军队便恢复进攻，要求无条件释

---

① 旧译伊格那提业辐。——译者

放被俘人员。中国皇帝和他的扈从逃往热河，留下他的弟弟恭亲王同入侵者谈判。俘虏释放了，但作为对杀害谈判代表团其他成员的惩罚，额尔金勋爵下令摧毁皇室的夏宫圆明园。在此之前，圆明园已经遭到英法先头部队的洗劫。几天之后，1858年英法条约的批准书在北京互换，并缔结了一项补充协议，中国被迫偿付新的赔款，开放天津对外通商并重申外交代表在首都居留的权利。

在清帝出亡后的严重日子里，中国官员们惊慌失措，俄国使节伊格那季耶夫充当了中立的谈判中间人，并诱使中国人把《瑷珲条约》规定由俄中共管的乌苏里江以东的领土，干脆割让给俄国，以报答它为平息西方交战国家的怒气所作的努力。——他在表白自己所作的努力时，未免夸大其词。于是，俄国不费一枪一弹不仅按最惠国原则取得了英国和法国强行从中国那里取得的所有商业和外交权利，而且还取得了大片的中国领土，从而使俄罗斯帝国在亚洲的疆界沿太平洋岸向南延伸到朝鲜边境。确实，当时这片乌苏里江以外的领土是被认为没有什么价值的，只居住着人数稀少的原始狩猎部落，但割让之后不到一年，俄国人便在它的最南端建立了一个新的城镇，命名为符拉迪沃斯托克①（参见原文第385页）。

缔结1860年的协议并结束这次对于中国来说是一场大灾难的战争的是恭亲王。朝廷以"秋狩"为名离开了首都，留在热河，在安全的地方远远地观看事态的发展。整整一年以后，皇帝才返回北京，但已不是原来那个皇帝了。咸丰是一个懦弱的统治者，他的政策不断地因宫廷阴谋而摇摆不定。他在热河患病，1861年8月在那里死去，由他的当时只有五岁的独子继承。他的生母是一个名叫叶赫那拉氏的妃子，皇后无子。咸丰在世时，叶赫那拉氏已经有很大的势力，但当皇帝病危时，她在宫廷中的敌人便阴谋策划旨在不使她在儿子亲政前参与摄政。皇帝弥留时被诱使签署一纸敕令，指派一个由反叶赫那拉氏集团提名的8人摄政团。但她已掌握了国玺，而敕令是必须盖上国玺才能生效的；她的支持者不承认摄政们的权威。一次政变行动决定了两派冲突的胜负；在朝廷返京后，摄政们即被逮捕，或杀或贬。从此以后，他们的权力就由皇太后和叶赫那拉氏所共同掌握。后者取了

---

① 即海参崴。——译者

一个尊贵的称号"慈禧太后",这个名字在历史上更为人们所知。她在以后的47年里成为中国政治中支配一切的人物。那位和她共同摄政的慈安太后却愿意让她在实际上独揽政事;政府各部门都要等她作出决定,而她是从来不会不作出决定的。尽管她对宫墙之外的世界非常缺乏了解,但在玩弄政治手腕方面却十分高明。她成功地使一个摇摇欲坠的政权又维持了近半个世纪,像这样的政权要是在不那么能干的人手里,本来是会很快就最后覆灭的。

新朝廷的第一个,也是最值得注意的成就是彻底镇压了太平天国的叛乱,使帝国重新统一在清王朝的统治之下。在1856年到1860年的对外战争的整个期间,叛乱仍存在,但它再也不像1854年那样成为对中央政府所在地的威胁了。到1860年年初,曾国藩的军队的作战确实已经到了几乎要把起义镇压下去的地步;对南京的粮食供应被切断,这座城市的收复看来已经在望。但太平军突围东进,成功地占领了苏沪地区的大部,这个地区直到这时为止尚未受到内战的破坏。这一强有力的但严格地限于局部性的太平起义的再兴,中断了上海与其内地的贸易,严重影响这个迅速扩展的商业港口的中外商人的利益。西方列强对中国内地所进行的斗争一直保持的中立,现在一变而进行干涉,站在北京政府一边反对太平军了。近年来,随着把太平军看作是中国民族主义和社会革命先驱者的这种具有浪漫色彩的崇敬思想不断增长,人们常常把西方进行这种干涉的动机说成远不止于保护上海的地方性商业利益,而归之于下述两种因素:一是基督教传教士对于一个不受他们指导却又和他们同一的宗教教派的嫉妒;二是西方政府担心太平王朝如在北京胜利建立将使中国强大到不受西方列强的压制。但太平军在1861年时并不是一支走向胜利的军队;他们显然未能推翻清王朝,而且几乎丧失了他们6年前控制的全部领土。现在他们只有在上海地区才是强大的,而在那里,在外国观察家看来,他们也不再是一种可以同清帝争夺天朝帝国的力量,而只是一群正在毁坏一个富庶肥沃省份的、掠夺成性的讨厌家伙。上海商人的愿望是看到中国恢复和平和秩序,以使贸易得以恢复;如果太平天国具备成为中国的有效政府的前景,外国商团将会首先支持对新政权的承认,但既然不存在这样的前景,他们就赞成同清廷当局合作,以便尽快结束这场灾难性的乱事。因此,即使当他们的同胞们正在白河对中国中央政府进行敌对行动的时候，英法军队却在协助守卫上海以对付太平军的进攻；后来，当华北恢复和平之后，又协助江苏地方官击退太平军侵犯一事得到北京朝廷的赞许。不管北京朝廷多么不喜欢西方的蛮夷，但却认为，他们站在"天子"一边作战而不是与"天子"作战是正确的，而且是恰当的。有些战斗的确是由英法正规军进行的，但作战行动越来越多地由一支外国人充当指挥官的中国部队担当起来；这支部队由上海商人出资，最先由美国人弗雷德里克·华尔指挥，他的身份是为中国人服务的一个雇佣军将领。华尔起初取得一些惊人的战绩，但在 1862 年 9 月阵亡。他的部队在经历一段时期混乱之后改由查尔斯·戈登少校指挥。戈登是经英国政府允准在中国政府领导下服役的。戈登同曾国藩和李鸿章率领的中国民团湘勇协同作战，对太平军取得了一系列胜利。到 1864 年春，起义的终结已经在望，但戈登没有留下来参与最后一战，他被召回英军服役，他的军队——所谓"常胜军"——也被解散了。曾国藩在没有外国的援助下，围困了南京，并于 7 月将其攻陷，天王自杀。

太平天国叛乱溃败后，清朝恢复了从北京到广州对全中国的权威，中国又能够作为一个统一的国家面对世界了。但是在帝国的西陲还有着一些叛乱地区，虽然它们同太平军毫无关系而且不会有接管中央政府的威胁。太平天国叛乱时期朝廷权威的中断，使其他一神论宗教（它们对中国传统文化的规范提出了挑战）的信徒有机会取得地区性的独立：中国穆斯林（在云南称班泰人，在甘肃和陕西称东干人）起事反抗，建立了自己的区域政权。云南回民的起事在 1855 年开始，陕甘回民则是在 1862 年。陕甘回民的起事在中国的西北地区引起了反响。这个地区的大部分居民也都是穆斯林，虽然他们的语言是土耳其语系而不是汉语系。一个来自费尔干纳的名叫阿古柏的冒险家自封为喀什和塔里木盆地的主子；俄国利用 1871 年清朝的混乱状态，占领了伊犁。有一段时期，满洲人的中华帝国的西部边疆看来可能分裂成一群伊斯兰国家。由于叛乱中心地点僻远难达，重新征服是困难的，但在镇压了太平天国之后，粉碎穆斯林叛乱的任务就开始进行，并通过一系列军事行动，慢慢地，然而是坚持不懈地完成了。云南回民抵抗到 1873 年，土耳其斯坦叛乱则延续到 1878 年，但各处的叛乱最后都被粉碎了，而且常常是用极残酷的手段镇压下去的。北京的权威再度向西扩展到帕米尔,向西南到达缅甸的边境。俄国在一次以战争相威胁的外交危机之后于 1881 年把伊犁交还给中国。收复失地的事业完成了。

但是,恢复后的帝国已不再是 1839 年的中国,甚至也不是 1859 年的中国了。中国社会的闭关自守状态已彻底地被打破;中国已被迫同西方国家在平等基础上建立了外交关系,并允准西方商人和传教士自由前往全国各地。问题已不再是中国的统治者能否阻止西方的侵入,而是他们将如何使自己适应新的情况。他们可以通过获得西方的技术和行政组织(他们正是被这些事物所击败的),谋求自强;或者,他们也可以竭力不顾不愉快的当前现实,对那些他们已不敢公开反对的力量,采用一切可能的方法加以阻挠。他们主要是采取后一种途径,虽然他们也不得不作出某些适应性措施,而这些措施行将产生深远的影响。1858 年的条约要求中国设立一个正规的外交部,同外国外交使团打交道,而不是把对外关系交由各省总督或钦差大臣去办理。这也意味着,一些高级官员必须具有外语知识,而不是一味依赖卑微的译员;因此,1862 年在北京设立了一所外语学院。又进一步决定,必须为陆海军的现代化有所作为;为此目的,次年在上海又设立了一所学校,附属于江南制造局,由外国教习讲授西方科学和数学,但直到 70 年代才派学生出国训练,由此而来的异域思想对青年心灵的感染曾引起更保守的官员们的忧虑。无疑地出于同样的恐惧心理,政府甚至在外国公使馆已在北京设立之后,还是不愿派遣自己的外交使团到外国去。在 1877 年以前,中国没有在任何一个西方国家的首都设立使馆;在此期间,中国主要依靠友好的外国人代替它在外国进行交涉,在这些外国人中最出名的是首任美国驻北京公使蒲安臣,他在 1868 年对美国听众说,"这个伟大的民族把他的双臂伸向西方文明的光辉旗帜"的日子就要到来了。[①] 但是,中国直到那时,社会上最有力量的那些人物还是在处心积虑地设法阻挡西方文明。不幸的是,由于这种文明在中国的主要传布者基督教传教士——西方世俗教育的更具有颠覆性的文化作用还没有明显表现出来——是在条约的保护之下,驱赶他们或干扰他们工作的唯一办法是用暴徒捣乱,而这

[①] F. W. 威廉斯:《蒲安臣……》(纽约,1912 年),第 119 页。

也就成为19世纪最后40年中中国同西方关系中经常出现的一个特征，到1900年大规模的拳乱爆发而达到顶点。在对传教士及信徒们的攻击中，"乡绅们"常常置身幕后。反对基督教的煽动宣传以贴传单的方式进行，这种煽动有时还产生纵火、攻击或暗杀等后果。1870年在天津发生了一次特别猛烈的暴乱，两名天主教神父、10名"味增爵会"的修女，另外还有9名欧洲人以及许多中国基督教徒被杀。这些事件的发生使官员们处于尴尬的境地：他们有责任保护外国人不受无法暴行的伤害，但他们自己通常也恨这种外国宗教，并且害怕因对这一宗教表现热心而引起公愤。因此，他们常被怀疑实际上默许这些排外暴行的发生，而且几乎每次事件之后西方使馆总要提出惩办当地失职官员的要求。因此，骚乱事件使中国在对外关系中不断产生麻烦，而并未达到这种煽动的真正目的，因为传教士没有被赶走而是越来越多，他们所办的学校成为在中国传布西方教育的最重要的工具。

中国作为在远东的传统超级大国所遭受的失败和耻辱，不可避免地对它南方和东方的较小亚洲国家产生相应的后果。1855年，英国驻华商务监督约翰·包令爵士奉派去同暹罗谈判订约。他以英国迫使中国签约的前事作为他的论点的后盾，按照中国同西方列强所订条约的模式，议定了各种条款——包括治外法权在内。3年之后，法国把它的对华政策扩展到安南。天主教是在18世纪由法国传教士引进安南的，在19世纪上半叶受到迫害。法国按照第二帝国把保护天主教教会同积极促进法国在海外的经济和战略利益相结合的方针，加入了第二次英国对华战争，为法国马赖神父的被害索取报偿。在安南，曾在1858年参与白河作战的法国海军也被用来协同来自马尼拉的一支西班牙远征军，迫使安南容许自由信奉基督教。这一事业取得了成功，但胜利的果实不只限于宗教方面；法国兼并了交趾支那东部的三个省，包括西贡这一城市在内，从而为它的印度支那帝国奠定了基础。1863年，法国把柬埔寨（安南和暹罗在对它的宗主权问题上发生过争执）变成了它的保护国；1867年，交趾支那的其余地方也为法国所吞并。因此，到了1870年，法国人便在湄公河三角洲站稳了脚跟，虽然他们尚未控制了安南本土或东京。

9名法国传教士在朝鲜被处死后，法国在1866年曾作了一次企图制服朝鲜的类似尝试,但不大成功。在罗兹舰队司令率领下的一支海军舰队被派去对付朝鲜,但由于缺乏登陆作战部队,只凭封锁和海军炮火不能迫使朝鲜人进行谈判,因此没有结果。在反对西方所提出的建立外交和商务关系并容许传教士自由传教的要求上,朝鲜因其地理位置较为偏僻,实际上成为抵制时间最长的远东国家,从而名副其实地获得了"隐士王国"的称号。朝鲜在击退法国的远征之后,又挫败了德国、俄国和美国开辟外交关系的企图,在1876年之前一直没有同任何一个外国签订过一项条约。1876年的条约是同日本,而不是同任何西方国家签订的。日本自己直到那时以前还是一个奉行其极端形式的闭关自守主义的国家,而顷刻却带头打开了朝鲜的大门。这一重大事实显示出远东事务中出现了一个崭新的因素——一个亚洲国家不是消极地抵制或接受西方的压力,而是积极、灵活地使自己适应这种压力的主动精神。

日本在17世纪之前曾同西方各国有过商业接触,基督教也在日本传布过。17世纪以后,它采取了"锁国"政策,直到1853年。在闭关政策下,除中国和荷兰商人可以在长崎一个港口按照严格的规定进行小额贸易外,任何外国人不许进入日本,日本人也一律不准出国。而且,禁止建造远洋航船,严禁传布和信奉基督教。在日本有少数人懂得一点荷兰文,并从荷兰书籍中对日本以外的世界稍有认识,但他们所处的地位对于国家的政策不起作用;而日本的实际政府,即在天皇的名义统治下取得将军大权的德川幕府的态度,在19世纪前半叶一直没有改变。1825年,海岸警卫部队接到指示,要对任何靠近日本海岸的外国船舶开火;这一条以后修改为"可以对海上遇难的水手供应食物和饮水,但必须迫使这些并非自愿的来访者尽快离境"。

西方为打开日本门户而施加的压力在早期比发展对华贸易而施加的压力要小得多。英国人在日本不存在像他们在1839年前在广州已有的那种商业利益,而荷兰人也力量不足,无法考虑对日本使用武力;再者,日本也没有像中国茶叶这样重要的出口货物,而对欧洲海运国家——以及19世纪中叶以前的美国——来说,日本是远东各国中最遥远的。但随着美国太平洋沿岸地区的开发和旧金山到上海航路的开通，日本在地理上同西方海上事业有了一种新的关系；美国开始对打开日本门户产生兴趣，特别是为了在横越太平洋通往上海的漫长海路上得到一个加煤站。因此，迫使日本放弃闭关政策的是美国，而不是英国或法国。这件事只使用了武力威胁而没有进行真正的战争就完成了。这主要是由于日本人知道西方的船舰和大炮给中国带来了什么样的命运。

1853年7月，美国海军准将佩里率领4艘美国战舰到达距江户（今东京）不远的浦贺口外；浦贺当时是幕府政府所在地。他带来美利坚合众国总统的一封信，并宣布：除非日本接受和答复这封信，否则他对所产生的后果不负任何责任。在信件被接受之后，他驶离该地并宣布明年来取答复；幕府对这一威胁性的访问大为惊慌，召集封建藩主们会商。藩主们就抵抗或是屈从美国的要求进行了辩论。强硬派主张同敌人公开对抗。但是，日本没有舰队，海岸防卫力量又不足以抵挡西方海军大炮的轰击，这种论点起了决定性的作用。因此，会上作出决定：至少就目前而论，谨慎胜于勇敢，应给佩里以和解性的答复。结果于1854年3月31日签订了《神奈川条约》。这是打开日本门户的第一步。实际上，条约没有规定建立外交关系或治外法权，开辟的通商口岸也只有下田和函馆两处。但这只不过是得寸进尺的开端，而且就像在中国一样，很快就施加了越来越大的压力。英国和俄国立即继美国之后要求日本订约，两国都取得了长崎作为对它们的船只开放的口岸，俄国还成功地为它的国民取得了治外法权。到1858年，幕府政府已经深信，闭关政策必须作彻底的修改，而关于中国的遭遇的消息只是更加坚定了他们的这一观点，即日本必须不加抵抗地接受正在强暴地施加于中国的新秩序。但江户政府这时发现自己处于进退维谷的境地，全国强烈反对作任何进一步的退让。京都的天皇宫廷首先反对。德川家族自1603年以后一直控制着幕府，它对外国的要求采取明显的完全屈服的政策，由此引起的不满威胁着它的统治基础。另一方面，冒犯西方列强又可能与中国一样招致无法招架的猛烈的压迫。

在德川时期的日本政治体制中，皇室从未被剥夺正式的统治权；从宪法上说，统治权力只是交由幕府以终生首相的身份代行。实际上，皇室已被排斥在国家的行政管理权力以外，历代天皇都过着近乎因禁的隐居生活,他们唯一的国事活动就是举行某些宗教仪式。在外部世界看来,江户的幕府似乎是日本唯一的统治者,并且在当时常常被称作"皇帝"。但幕府只有在它们掌握有效的力量而且现存的事态使日本的民族情绪感到正常和恰当的时候,才能使古老的皇朝处于从属的地位。1858年,这两个条件都不再存在了。自18世纪以来,对早期日本文学和神道教的研究,产生了一种浪漫主义的文学运动,它同幕府所推行的中国的、儒家的学术研究形成鲜明的对照。它广泛地传布这种思想,即日本的权力理应属于皇朝,合法君主可以在任何时候撤销幕府的权力。对于德川政权这一道义上的破坏,其本身倒不一定是致命的,但它同时又碰上了一些封建家族及其家臣同德川家族之间的宿怨复发,其中突出的有其采邑主要在九州西南部的萨摩和下关海峡(日本内海的西面入口)沿岸的长州家族。幕府的威信既已因它屈从外国的要求而急剧地下降,现在不再能有效地控制皇室或封建贵族中的不满分子了。

江户政府试图为自己寻找抵制批评的护身符,因此要求天皇批准同美国驻下田领事汤森·哈里斯——他已同幕府建立了准外交关系——谈判的一项新约。但天皇不同意,条约就在天皇不同意的情况下签订了。1858年的哈里斯条约远远超过了外国列强同日本以往签订的协议;它规定在江户设立外交代表机构,开放更多的口岸,给予外侨以永久居留和旅行自由等权利。但幕府现在面临着这样一种广泛流传的论调,即这一条约以及后来同英、法、俄国议订的相应条约,对于爱国的日本人来说是没有约束力的,因为这些条约未经天皇批准。排外的煽动导致了一系列谋杀暴行,不仅是针对口岸的外国人,而且也针对在江户建立的西方外交使团;与此同时,天皇在萨摩、长州以及其他对幕府不满的藩主的支持下,开始向幕府将军发出命令。1863年1月,天皇终于命令他立即着手"把蛮夷赶走"。幕府将军比京都的那些深居简出的廷臣们更了解蛮夷的力量,因此无法执行这个命令,因而被反德川派称为叛徒和胆小鬼。他被召到京都,最后被诱使通知外国使节,日本将恢复闭关政策。西方外交官们甚至拒绝讨论这个主张,江户政府因向京都报告说,天皇命令无法执行,但是长州领主却自愿在下关海峡执行这个命令,用海岸炮台和小战船去阻止外国船舶通过。因此他自己卷进了一场反对西方世界的私人战争,结果是他的炮台为一支英、法、荷、美海军联合舰队所轰毁。与此同时，萨摩藩主因他的家臣杀害了一名英国人，他的采邑首府鹿儿岛遂遭到一支英国分遣舰队的报复性轰击。不论是长州或萨摩都不能有效地对抗西方的炮火，这使京都宫廷的封建支持者们现在相信，赶走蛮夷是一种不切实际的想法。在西方列强方面，他们终于认识到他们签订的条约由于未经天皇批准因而为无效，遂决心要取得这种批准。他们把海军分遣队开进大阪湾。天皇别无出路，只好批准。

从逻辑上讲，天皇既已对条约表示同意，德川的敌人就失去了可以用来使将军为难和威信扫地的借口。但是西方列强现在正式承认天皇是日本合法君主这一事实，造成了幕府统治的垮台。1867年11月，德川幕府最后一任将军庆喜把他的统治权力交还给15岁的天皇睦仁（在历史上他的朝名"明治"更为人所知）。幕府交权为时已经太晚，所以在萨摩和长州领导下的一些采邑藩主和仍然忠于德川的藩主之间还是不免发生了一场内战，但斗争持续时间很短。战争结束之后，天皇的朝廷就从京都迁往江户（现更名东京），接管了幕府的所有机构。

现在名位显赫，顾问朝政并以年轻的天皇的名义发号施令的人，大部分是萨摩和长州的家臣，他们为了国家的强盛和独立，准备进行彻底的改革。历史事件已使他们相信，除非学习西方列强成功的秘诀，否则就不可能反对西方强国。他们主张同西方进行无限制的交往。他们在劝使天皇在1868年4月召开的封建藩主会议上宣读的"誓文"中，加进了"从全世界寻求知识"一条。他们为了获得使国家富强的知识，利用他们起而掌权的特殊环境，有可能把革命的精神和传统主义的忠诚在很大程度上结合起来了。他们用恢复更加古老的传统来推翻旧政权，这种古老传统由于长久被抛弃，较能免于牵涉到特权统治阶级的既得利益。在中国，太平天国的基督教义曾经攻击和反对社会上的主要传统势力，而明治维新及继之而来的改革都是以日本的原始神道教和最古老的民族体制的名义进行的。不仅如此，明治维新派来自一个军人阶层，因军事失败的教训而深信必须进行改革。与此相对照，中国占统治地位的士大夫却并不认为蛮夷的炮火威力足以证明儒家文化的不足。日本在1868年后为适应西方挑战而作的努力所以取得成功，是由于意志的集中，统治者以此致力于国力的建设。他们得到了报偿。在40年中,当中国仍然处于衰弱、被动和停滞状态的时候,日本在对俄国的战争的考验中就以胜利者的姿态出现,并被西方承认为一个伟大的强国。

(沈苏儒 译)

索 引

（此索引中的页码系原书页码，见本书的边码）

Aaland Islands，奥兰群岛，484，489
Aargau, anti-clerical measures in，阿尔高，该地的反教权措施，223
Abbas Pasla，阿巴斯帕夏，埃及总督，438
Abd-el-kader，阿布杜卡迪尔，马斯卡拉埃米尔，320
Abeken, Heinrich，阿贝肯，海因里希，普鲁士外交家，592，593，596
Aberdeen Act（1845），阿伯丁法案，661
Aberdeen, George Hamilton Gordon, 4th earl，阿伯丁，乔治·汉密尔顿·戈登，第四代伯爵，122，259，471，474
Abyssinian campaign（1868），阿比西尼亚战役，305
Académie des Beaux Arts，美术院，144
Académie Française，法兰西学院，213
Académie de Peinture et de Sculpture，绘画雕塑院，144
Academy of Science, St Petersburg，圣彼得堡科学院，50
Accessory Transport Co.，附属运输公司，681
Acids，酸性物质
　石炭酸，52，64，73
　无机酸，52
　醋酸，65
　酒石酸，65
Acid towers, waste from，制酸塔，制酸塔的废料，51
Acre，阿克
　被埃及军队包围，251
　作为一个港口，423
　由埃及治理，428
Act of Union（1707），联合法，该法的教会圣职授与权，83
Act of Union（1801），联合法，解散都柏林议会，217
Acto Addieional，补充法，661
Acton, John Emerich，阿克顿，约翰·埃默里奇，第一代男爵
　谴责民族主义，12
　论天主教公会议，95
　论民族理论，214

民族性是倒退的步骤，245
英国内阁消息不灵通，599
Adams, Charles Francis, 亚当斯，查尔斯·弗朗西斯，美国驻伦敦公使，638，640
Adams, John Quincey, 亚当斯，约翰·昆西，美国第六届总统，203
Aden, 亚丁，被占领作为船舶的加煤站，431
Adrianople, 阿德里安堡，423
  阿德里安堡条约（1829），241，417，489
Adriatic, 亚得里亚海，421，425
Afghanistan, 阿富汗，685
Aftonbladet,《晚报》，127，
Agamemnon（1852），（1852年建造的）"阿伽门农号"军舰，279
Agassiz, Louis, 阿加西斯，路易，科学家，51，71，120
Agence générale pour la défense de la liberté religieuse, 保卫宗教自由总会，78
Agnosticism, 不可知论，不可知论的传播，9
Agriculture, 农业
  农业市场的扩大，5，25
  农场生产率不断提高，23
  圈地，24
  施用肥料，24
  牲畜的疾病，24
  排水系统，24—25
  三个阶段的改进，24—25
  佃农需要资金，25
  甜菜种植的推广，27
  农业科学，52

农业技术革命，65
农业方面的就业，332
革命对农业的影响，413
Aigun, 瑷珲，瑷珲条约，703，704
Ak-merchet（renamed Perovsk），阿克梅切季（改名为佩罗夫斯克），387
Aksakov, I. S., 阿克萨科夫，伊·谢，作家，368
Aksakov, K. S., 阿克萨科夫，康·谢，作家，368
Alabama, 亚拉巴马，615，627，655
Alabama damage claim, 亚拉巴马号索赔案，640
Alamán, Lucas, 阿拉曼，卢卡斯，历史学家和政治家，675
Alaska, 阿拉斯加，让与美国（1867），384
Albania, 阿尔巴尼亚，422，479
Alberdi, Juan Bautista, 阿尔维迪，胡安·巴蒂斯塔，670，671
Albert, Arehduke of Austria, 阿尔贝特，奥地利大公，1859年访问柏林，506
Albert, 阿尔贝，法国社会主义者，被捕，399
Albert, Prince, 阿尔贝特亲王，维多利亚女王的丈夫
  论科学，52
  对技术研究机构感兴趣，113
  被怀疑为俄国人效力，477
  访问布洛涅，481
  与"特伦特号"事件，639
Alcohol, 酒精，酒精的成分与合成，65

索　引

Aldershot，奥尔德肖特，购买该地，486
Aleppo，阿勒颇，423
AlexanderⅠ，亚历山大一世，俄国沙皇，他的去世，358
AlexanderⅡ，亚历山大二世，俄国沙皇在他统治时期给予知识界更多的自由，233
　　对巴黎和约的态度，259
　　被刺，358
　　与改革，369
　　解放农奴，370
　　与芬兰的自由主义化，376
　　刺杀他未遂，378，582
　　成为沙皇，481
　　与比萨拉比亚和黑海的割让，492
　　与霍亨索伦家族作为西班牙王位的候选人，592
Alexandretta，亚历山大勒达，423
Alexandria，亚历山大
　　停泊船舶吨数，419
　　人口，420，424
　　通向该地的邮政服务，431
　　通向苏伊士的交通，432，436—438
Algebra，代数学，56
Algeria，阿尔及利亚
　　法国征服该地，7，320，416，427，433
　　法国的延伸地，427
　　通向该地的交通运输，445
　　法国加强对该地的控制，461
Algerian campaign (1838)，阿尔及利亚战役，使用来复枪，304
Algiers，阿尔及尔
　　与马赛的贸易，421

　　人口，424
Alicante，阿利坎特，420
Alizarin，茜素，茜素的合成，64
Alkalis，碱，52
Allgemeine Zeitung，《总汇报》
　　海涅的稿件被禁止，125
　　销售量，126
Alliance Israélite Universelle，世界犹太人联盟，244
Alsace，阿尔萨斯
　　1852年在该地发现钾盐，24
　　棉纺厂利用水力，28
Alsace and Lorraine，阿尔萨斯—洛林，法国割让该地，17，600
Alsen, battle of，阿尔森战役，516
Alvensleben Convention，阿尔文斯勒本协定，515
Amari, Michele，阿马里，米凯莱，历史学家，225
Amazon，亚马孙河，该河行驶轮船，662
America, South，南美洲，xix—xx，659—673
　　路特希尔德的势力，3
American Anti-Slavery Society，美国反奴隶制协会，618
American Board of Protestant Missions，美国新教传教理事会，423
American Civil War，美国南北战争，xix，631—658
　　伤亡人数，19，654
　　使用后膛装填武器，304
　　电报，310
　　约米尼的教导，316
　　战事的总过程，327—330

物质的和目标无限的战争，331

南部联盟的成立，627

American Colonization Socicety，美国殖民协会，616，617

American Journal of Education，《美国教育杂志》，117

American System（Henry Clay），美国制度（亨利·克莱），604

Amherst of Arracan, William Pitt Amherst, Earl，阿美士德伯爵（若开的），（威廉·皮特·阿默斯特），率贸易团前往北京，687

Amiel, Henri Frédéric，阿米尔，亨利·弗雷德里克，瑞士思想家，评托克维尔，12

Ammonia，氨，52

Amoy，厦门

  被英国占领，690

  成为条约港口，692

Ampère, Jean Jacques Antoine，昂佩尔，让·雅克·安托万，历史学家，115

Amur river，阿穆尔河（黑龙江），384，702，703

Anaesthesia and anaesthetics，麻醉和麻醉剂

  麻醉术和麻醉剂的使用，51，72—73

  另见 Ether，Chloroform

Ancona，安科纳

  法国观察部队在该地，251

  航运量，419

  人口，420

  容许犹太人信仰自由，421

  法国军队在该地，554

Anderson, Arthur，安德森，阿瑟，伊比利亚半岛和东方轮船航运公司董事，437

Andrássy, Count Gyule，安德拉希伯爵，久拉，匈牙利政治家，549—550

Angelis, Cardinal de，安吉利斯红衣主教，96

Anglo-Argentine Treaty（1849），英国—阿根廷条约，670

Anglo-Brazilian convention（1826），英国—巴西协定，661

Anglo-Chinese War，中英战争，690，696

Anglo-French Commercial Treaty（1860），英法商务条约，37，454，458

Anglo-Guatemalan Treaty（1859），英国—危地马拉条约，681

Anglo-Honduran Treaty（1859），英国—洪都拉斯条约，681

Anglo-Nicaraguan Treaty（1860），英国—尼加拉瓜条约，681

Anglo-Turkish Trade Convention of Balta Liman（1838），英土巴尔塔—利曼贸易协定，429

Animal products，畜产品，到1870年畜产品的增加，26

Annali di Statistica，《统计年鉴》，556，561

Annam，安南

  向中国纳贡，686

  该地的传教活动，709

  容许信仰基督教，709

Annapolis，安纳波利斯，在该地建立海军学院，293

Anthracite, American, 美国的无烟煤, 31

Anti-Corn Law League, 反谷物法同盟, 342—343

Antietam, battle of, 安提塔姆战役, 639

Antioch College, U.S.A., 安蒂奥克学院 (美国), 119

Antiseptics, 防腐剂, 64, 73

Antonelli, Cardinal Giacomo, 安东内利红衣主教, 贾科莫, 教廷国务卿, 97

Antwerp, 安特卫普
学院派艺术的中心, 151
英法军队炮轰该地, 250

Aosta, prince Amadeus, duke of, 奥斯塔亲王, 阿马迪厄斯, 公爵, 587

Apostolical succession, doctrine of, 使徒继承的原则, 83

Apprentices, 学徒, 普鲁士缺少学徒, 43

April Laws, 四月法, 费迪南德批准该法, 523

Arad, 阿拉德, 阿拉德殉难者, 528

Arakan, 若开, 英国在该地的势力, 686

Aralsk, 阿拉尔斯克, 387

Architecture, 建筑, VII, 135—143
18 世纪英国在欧洲的领先地位, 134
拜占廷风格在俄国复兴, 142, 363
重建巴黎, 460
中国建筑的破坏, 699

Argentina, 阿根廷
与玻利维亚的战争, 670
巴拉那政府的垮台, 671
成为完整的国家, 671
与布宜诺斯艾利斯的关税战, 671
1852 年的立宪会议, 671
1853 年的宪法, 671
巴拉那成为首都, 671
铁路, 672
人口, 672
巴林银行贷款 (1866), 672

Argostoli, 阿戈斯托利, 422

Arkansas, 阿肯色, 627, 654, 655

Arlès-Dufour, Jean-Barthélemy Arlès, 阿尔勒 - 迪富尔, 让 - 巴泰勒米·阿尔勒, 里昂商人, 436

Armenians, 亚美尼亚人, 422—423

Armies, 军队, XI, 302—330
改革, 14
英国军队的改编, 356, 486
英国军队的作用, 356
俄国的军队, 369, 379
陆地运输军团, 486
辅助勤务, 486
购买奥尔德肖特, 486
罗恩改革普鲁士军队, 509—510
中国的军队, 690—691

Armstrong, Sir William George, 阿姆斯特朗爵士, 威廉·乔治, 工程师, 51, 284

Army Medical School, 陆军医学院, 486

Arndt, Ernst Moritz, 阿恩特, 恩斯特·莫里茨, 自由主义者和民族主义者, 227, 496

Arnim, Count Heinrich von, 阿尔尼姆伯爵, 海因里希·冯, 普鲁士外

交大臣

建立统一的德国的计划，261

为建立联盟与法国接近，262

Arnim, Ludwig Achim von, 阿尔尼姆，路德维希·阿希姆·冯，诗人，172

Arnold, Edwin, 阿诺德，埃德温，记者，122

Arnold, Matthew, 阿诺德，马修，学者和诗人，105，109，110，112，115，116，158，178

Arnold, Thomas, 阿诺德，托马斯，拉格比学校的校长，113

Art, 艺术，Ⅶ，134—135，143—155

Asia, Russia in, 亚洲，俄国在亚洲，382—388

Asia Minor, 小亚细亚，422—423

埃及的侵犯（1832），428

Aspirin, 阿司匹林，64

Aspromonte, 阿斯普罗蒙特，加里波第在该地被俘，576

Assab, 阿萨布，取得该地作为加煤站，432

Atacama, Desert of, 阿塔卡马沙漠，666

Atelier, *L'*,《工场报》，123

Athens, 雅典，420

Atlanta, 亚特兰大，占领该地，649

Atlantic and Pacific Ship Canal Company, 大西洋和太平洋通航运河公司，681

Atomic theory, 原子学说

道尔顿使原子学说恢复活力，60

原子学说的巩固，60

Atomic weights, 原子量，原子量表的编制，61，62

Attwood, Thomas, 阿特伍德，托马斯，银行家，货币改革家，347

Auchterarder, 奥赫特拉德，83

Auersperg family, 奥尔斯佩格家族，535

Auerswald, Rudolph von, 奥尔斯瓦尔德，鲁道夫·冯，普鲁士首席大臣，508

Augsburger Allgemeine Zeitung,《奥格斯堡汇报》，94

Augustenburg, Prince Frederick Charles of, 奥古斯滕堡的弗里德里希·卡尔亲王，石勒苏益格-荷尔斯泰因统治权的要求者，515—516

Aurora Fluminense,《曙光报》，660

Ausgleich of 1867，（1867年的）奥匈协议，185，209，229，234，240

Australia, 澳大利亚

羊毛供应，27

铁路，34，350

与英国电报联系，36，350

联邦自治领，211

批准移民，353

系统的殖民地化，353

采金地，355，458

人口，355

宪政的发展，355

邮政设施，432

Austria, 奥地利，ⅩⅥ—ⅩⅦ，522—551

伦巴第，88，401，535，540，552，569

政教关系，107，413，504，533，557

索　引

新闻出版，125，238
宪法，185，197，408，499，526，532
联邦制，197，209
议会，197，239，524，526
君主制度，199，406，497，499，532
反动时期，204
地方政府，207
民主的生活方式失败的原因，208
匈牙利事务，209，239—240，398，406，522，526，528—529，535
与俄国的关系，229，407，469
与德国事务，237，268，412，512
文学和学术，238
语言问题，239，531
德意志化，240
迫使普鲁士在奥尔米茨投降，265
占领克拉科夫共和国，267
占领托斯卡纳，408，565
与普鲁士的关系，410，505，520
责任内阁，412
中央集权制，413
司法制度，413，530，533
在克里米亚战争中保持中立，430，481，482，538
为法国所打败，463
威尼斯，463，520，535，552，576
巴尔干半岛，469，472，475，479
与克里米亚战争和谈，480，485
在多瑙河流域的利益，489
外交上的衰落，491
与关税同盟，501，503
警察，504，534
书刊检查制度，504

财政和经济，505，535
商务条约，505，535
石勒苏益格-荷尔斯泰因问题，514—515
在克尼格雷茨战败，519
摩德纳，560，565
费拉拉，560
在马让塔战败，571
在索尔费里诺战败，571
Avenir, L'（Lamennais），《前途报》（拉梅内创办），77—79，123，390
Avogadro，阿伏伽德罗，分子学说的理论家，60，63

Baader, Francis Xavier，巴德尔，弗朗西斯·格扎维埃，神学家，78
Bach, Alexander von，巴赫，亚历山大·冯，奥地利政治家，406，528，529，533，539
Bacon's Rebellion (1676)，培根叛乱，611
Bäcs-Bodrog, county of，巴奇-博德罗格县，529
Bacteria, theory of，细菌学说，50
Baden, Grand Duchy of，巴登大公国
骚动，395，407，497
镇压起义，500
给普鲁士的赔偿，520
与普鲁士的秘密条约，580
与新的邦联，582
Bagehot, Walter，白哲特，沃尔特，经济学家和作家
英国小说的发展道路，157
论英国宪法，193

在伦敦大学, 206
Bahamas, 巴哈马群岛, 356
Baines, Edward, 贝恩斯, 爱德华, 记者和政治家, 85
Bakunin, Michael, 巴枯宁, 米哈伊尔, 俄国革命家, 367, 374
Balaclava, 巴拉克拉瓦, 联军在该地获胜, 480
Balance of payments, 国际收支, 19世纪中叶的国际收支, 39
Balbo, Count Cesare, 巴尔博伯爵, 切萨雷, 意大利爱国者, 200, 225, 430—431, 558
Ballot, secret, 秘密投票, 185, 347
Baltic, the, 波罗的海, 489
Baltimore Sun, 《巴尔的摩太阳报》, 129
Balzac, Honoré de, 巴尔扎克, 奥诺雷·德, 小说家, 21, 124, 159, 161, 162
Bánát, the, 巴纳特地区, 529, 537
Bancroft, George, 班克罗夫特, 乔治, 美国海军部长, 293
Bank Charter Act (1844), 银行特许法, 42
Bank für Handel und Industrie, 工商银行, 41
Banks and Banking, 银行和银行业
　圣西门学派的影响, 3
　合作银行, 23
　1815和1825年银行的破产, 40
　私营银行, 40
　股份银行, 40, 344
　英格兰银行, 40
　银行的职能, 40

地方支行, 40
贴现率, 41, 42
控制纸币的发行, 41—42, 345
独家发行纸币的银行, 42
与其他股份银行的关系, 344
法国的银行, 41—42, 394
俄国的银行, 379—380
美国的银行, 604, 606—607, 614, 643—644, 645
南部联盟的银行, 651
巴西的银行, 662
Bank Charter Act (1844), 银行特许法, 344—345
Barbados, 巴巴多斯, 356
Barbès, Armand, 巴尔贝, 阿尔芒, 社会主义者, 397, 399
Barbizon, painters of, 巴比松画派, 147
Barcelona, 巴塞罗那, 420, 424—425
Bari, 巴里, 421
Barnard, Henry, 巴纳德, 亨利, 117
Barnes, Thomas, 巴恩斯, 托马斯, 《泰晤士报》编辑, 122
Baroche, Pierre Jules, 巴罗克, 皮埃尔·朱尔, 法国内务部长, 447
Barrett, Elizabeth, 巴雷特, 伊丽莎白, 诗人, 177
Barrot, Odilon, 巴罗, 奥迪隆, 法国政治家, 14—15, 404, 452
Barry, Charles, 巴里, 查尔斯, 建筑师, 138
Barye, Louis, 巴里, 路易, 雕塑家, 143
Baths, public, 公共浴室, 72
Batthyanyi, Count Ludwig, 包贾尼伯

爵，劳约什，奥地利大臣，396
Batum，巴统，476
Baur, Ferdinand Christian von，鲍尔，费迪南德·克里斯蒂安·冯，历史学家，102
Bavaria，巴伐利亚，390，395，407
　　与梵蒂冈公会议，95
　　与施瓦岑贝格的谈判，409—410
　　统治者的改变，497
　　国王与弗兰茨·约瑟夫会晤，502
　　普鲁士军队的侵犯，519
　　向普鲁士赔偿和缔结同盟条约，520
　　与普鲁士的秘密条约，580
Bay Islands，海湾群岛，洪都拉斯，681
Bayazid，巴亚泽特，484，
Baudelaire, Charles-Pierre，波德莱尔，夏尔-比埃尔，艺术评论家和诗人，147，148，149，159，172，173，178—180
Bazaine, François-Achille，巴赞，弗朗索瓦-阿希尔，元帅，306，326
Beaconsfield, Benjamin Disraeli, 1st earl of，比康斯菲尔德，本杰明·迪斯累里，第一代伯爵
　　参见 Disraeli, Benjamin
Beale, Dorothea，比尔，多萝西娅，118
Becker, Nicolaus，贝克尔，尼古拉，诗人，227，495
Beckerath, Hermann von，贝克拉特，赫尔曼·冯，自由党领导人，496
Beer，啤酒
　　用于啤酒的谷物生产，26
　　啤酒的酿造，64

Beirut，贝鲁特，419—420，423
Beirut, American University of，贝鲁特的美国大学，423
Beltredi, Count Richard，贝尔克雷迪伯爵，里夏德，奥地利国务大臣，548，550
Belgian National Assembly，比利时国民议会，选举萨克森—科堡的利奥波德，249
Belgium，比利时，389，390，392
　　比利时的出现，16
　　谷物生产，26
　　科克里尔工厂，29
　　钢产量，30
　　道路状况，31
　　1844年时的铁路线，33
　　铁路国有，33
　　取消谷物法，38
　　法国流亡新闻工作者的避难所，127—128
　　1831年政府的改革，189
　　人民主权，191
　　公民权，192，411
　　自由派当权（1847），202
　　英国的干预，214
　　脱离荷兰，221
　　二十四条款条约，221
　　丧失东林堡、马斯特里赫特和卢森堡，221
　　语言问题，221—222
　　"佛兰芒语捍卫者"，222
　　1830年反对强迫与荷兰合并的起义，247
　　独立，248—250
　　中立，7，600

Belinskii, V. G. (1811—1847), 别林斯基, 维·格, 政论家, 367, 368

Belize, 伯利兹, 679, 681

Bell, Sir Charles, 贝尔爵士, 查尔斯, 外科医生, 对感觉和运动神经的研究, 66

Bell, John, 贝尔, 约翰, 雕塑家, 143, 626

Bell, The (Herzen),《钟声》杂志, (赫尔岑创办), 128, 370, 371

Bello, Andrés, 贝略, 安德烈斯, 智利大学校长, 665

Benedek, Ludwig von, 贝内德克, 路德维希·冯, 陆军元帅, 324, 542

Benedetti, Count Vincent, 贝内德蒂公爵, 樊尚, 法国外交家
 会见俾斯麦, 580
 在维尔德巴德, 589
 在埃姆斯, 592, 593
 受命从威廉一世处获得保证, 595
 埃姆斯事件, 595—596
 会见格拉蒙和奥利维埃, 598

Bengal, 孟加拉, 鸦片出口, 688

Benghazi, 班加西, 424

Benjamin, Judah P., 本杰明, 朱达·菲利普, 南部联盟国务卿, 638, 650

Bennett, James Gordon, 贝内特, 詹姆斯·戈登, 美国新闻工作者, 129

Bennigsen, Rudolph von, 本尼格森, 鲁道夫·冯, 汉诺威政治家, 507, 515, 518, 521

Bentham, Jeremy, 边沁, 杰里米, 功利主义哲学家, 7, 53, 82, 109, 157, 193, 352

Bentham, Sir Samuel, 本瑟姆爵士, 塞缪尔, 海军准将, 284

Bentinck, Lord William, 本廷克勋爵, 威廉, 印度总督, 431

Benzene, 苯, 苯的环状式, 62

Benzol, 苯, 52

Berchet, Giovanni, 贝尔凯特, 乔瓦尼, 诗人, 225

Berlin, 柏林, 43
 1848年革命, 261, 397, 400—401
 失业, 397
 联合议会的召开, 496—497
 取代巴黎成为外交中心, 577

Berlin Academy for Officers, 柏林军官学院, 317

Berlin Academy of Science, 柏林科学院, 50

Berlioz, Hector, 柏辽兹, 埃克托尔, 作曲家, 144

Bermuda, 百慕大, 356

Bernard, Claude, 贝尔纳, 克洛德, 生理学家, 50, 65, 66, 459

Bernetti, Tommaso, 贝尔内蒂, 托马索, 红衣主教, 教廷国务卿, 554

Bernhardi, Theodor, 伯恩哈迪, 特奥多尔, 俾斯麦的密使, 587

Bernoulli, Jean, 伯努利, 让, 数学家和物理学家, 气体分子运动说, 60

Berry, Caroline, duchesse de, 贝里女公爵, 卡罗科娜, 555

Berthier, Louis-Alexandre, 贝蒂埃, 路易-亚历山大, 元帅, 314

Berthollet, Comte Claude-Louis, 贝托莱伯爵, 克洛德-路易, 化学家, 115

Bertin family (*Journal des Débats*), 贝尔坦家族（《辩论报》）, 123

Berzelius, Johann, Jakob, 贝采利乌斯, 约翰·雅各布, 瑞典化学家, 完成原子量表, 61, 62, 64, 65

Bessarabia, 比萨拉比亚, 480
    割让给土耳其, 488

Bessemer, Sir Henry, 贝塞麦爵士, 亨利, 土木工程师和发明家, 30, 51

Bessemer process (1856), 贝塞麦（转炉）炼钢法, 4, 30, 65

Beust, Count Ferdinand Friedrieh von, 博伊斯特伯爵, 斐迪南·弗里德里希·冯, 萨克森政治家, 512, 519, 549—550, 581, 584, 592

Beyle, Marie-Henri (Stendhal), 贝尔, 玛丽-亨利（笔名斯丹达尔）, 作家, 159, 162, 163, 164

Biarritz, 比亚里茨, 1865年俾斯麦和拿破仑三世在此会晤, 517

Bibikov, Dmitri, 比比科夫, 德米特里, 俄国总督, 362

Bible, 圣经
    赖尔关于地球年代和古代人类的学说, 9
    达尔文的进化论, 9
    旧约全书的纪年, 75
    福音书的真实性, 75
    对圣经的历史评论, 102
    圣经的纪年表, 102

Biddle, Nicholas, 比德尔, 尼古拉斯, 第一合众国银行董事长, 606

Biegeleben, Ludwig Maximilian von, 比格莱本, 路德维希·马克西米连·冯, 奥地利外交部官员, 512, 547

"Bildungsroman", The, "教育小说", 161—162

Billault, Auguste, 比约尔, 奥古斯特, 法国政治家, 447

Birkenhead, *H. M. S.*, "伯肯黑德号", 英国军舰, 在海上沉没, 281

Birmingham, 伯明翰
    机床生产, 29
    国内工业中心, 42

Birmingham Political Union, 伯明翰政治联盟, 347

Bismarck, Otto, Count von, 俾斯麦伯爵, 奥托·冯
    掌权, 16
    由于俄英无暇他顾而取得的成就, 17
    对天主教公会议发生兴趣, 95
    与新闻出版业, 121, 127
    赦免法案, 188, 199, 520, 579
    借鉴美国宪法, 195
    镇压进步党, 199
    建立统一的德国, 199, 504, 577, 601
    对联邦制的理论知识, 210
    奥尔米茨会议对他的影响, 210
    莫特利和莫尔的影响, 211
    与石勒苏益格-荷尔斯泰因, 211, 220, 245, 516—517
    对奥地利的优势地位提出挑战,

268，324
与毛奇的冲突，311
成为普鲁士首相，464
智胜拿破仑三世，465
卓越的演说家，498
与拉多维茨，500，501
普奥之间缺乏团结，506
他的性格，511—512，599
"铁和血"的讲话，512
取得俄国的亲善，513
为丹麦战争提供资助，515
1866年与意大利结盟，517
与匈牙利革命党人的联系，517
与拿破仑三世在比亚里茨会晤，517
与普选权，518
解散邦联宣布战争，518
公布贝内德蒂的条约草案，580
与霍亨索伦王室对西班牙王位的要求，588，594，596
不信任法国，585
在瓦尔津，589，593，597
作好战争准备，596—597
Bitzius, Albert ("Jeremias Gotthelf")，毕齐乌斯，阿尔伯特，（笔名"耶雷阿斯·戈特赫尔夫"），瑞士基督教牧师和作家，166
Bizerta, Gulf of，比塞大湾，424
Black Forest，黑森林，395
Black Sea，黑海
英法海军进入黑海，477
普鲁士号召盟国退出黑海，479
中立化，488
准许小船进入，489
Blake, William，布莱克，威廉，诗人和画家，1，135

Blanc, Louis，布朗，路易，社会主义者，393，394，398，408
Blanco, Guzmán，布兰科，古斯曼，委内瑞拉独裁者，669
Blanqui, Louis-Auguste，布朗基，路易-奥古斯特，革命家，397，399
Blassendorf Assembly，布拉森多夫会议，403
Blast furnaces，高炉，51，342
Bluntschli, J. K.，布隆奇利，约翰·卡斯珀，律师和自由主义者，514
Bohemia，波希米亚，392
 1848年的波希米亚，187，395—396，398，401—402
 自治方案，210
 普鲁士军队侵入，519
 捷克人在波希米亚的统治，523，524
 贵族的领导人，541
 选举团，546
Bohemia, Charter of，波希米亚宪章，396
Boileau, L.-A.，布瓦洛，建筑师，140
Bokhara，布哈拉，386，388
Bolivar, Simón，玻利瓦尔，西蒙，哥伦比亚的创始人，659，668
Bolivia，玻利维亚
 1825年成为共和国，159
 领土丧失给智利，666
 人口，667
 采矿工业，667
 与秘鲁短暂联合，667
Bologna，波洛尼亚，553，554，571，

572

Boltzmann, Ludwig, 玻耳兹曼, 路德维希, 物理学家, 56

Bolyais, the, 鲍耶父子, 数学家, 56

Bone dust, 骨粉, 用作肥料, 24

Bonham, Sir George, 文翰爵士, 乔治, 香港总督, 700

Bonn University resists decrees of the General Council, 波恩大学抗议天主教公会议的法令, 100

Books of the Polish Nation, 《波兰民族之书》, 237

Boole, George, 布尔, 乔治, 数学家, 56

Bosnia, 波斯尼亚, 472

Boston, U.S.A., 波士顿（美国）, 开办图书馆, 120

Boston Liberator, 《波士顿解放者》, 130

Bouguereau, William, 布格罗, 威廉, 画家, 153

Boulogne, Prince Albert at, 布洛涅, 阿尔贝特亲王在该地, 481

Bourbon monarchy, 波旁君主制度, 与教会的密切关系, 76

Bourcet, Pierre-Joseph, 布尔赛, 比埃尔-约瑟夫, 工程师, 314, 316

Bourqueney, Francois-Adolphe, 布尔凯尼伯爵, 弗朗索瓦-阿道夫, 法国大使, 484—485

Boussingault, Jean Baptiste, 布森戈, 让·巴蒂斯特, 生物化学家, 65

Bowles, Samuel (*Spring field Republican*), 鲍尔斯, 塞缪尔（《斯普林菲尔德共和党人》主编）, 130

Bowring, Sir John, 包令爵士, 约翰, 语言学家, 驻华商务监督, 709

Boxer rebellion (1900), 义和团起义, 708

Boyen, Hermann von, 博伊恩, 赫尔曼·冯, 普鲁士副官长, 恢复职务, 496

Boyer, Jean-Pierre, 布瓦耶, 让-皮埃尔, 海地总统, 682

Boyle, Robert, 波义耳, 罗伯特, 物理学家, 60

Bradford, 布雷德福, 43

Bragg, Braxton, 布雷格, 布拉克斯顿, 南部联盟顾问, 656

Brandenburg, 勃兰登堡, 400, 414

Brandenburg, Count Friedrich William von, 勃兰登堡伯爵, 弗里德里希·威廉·冯, 普鲁士首相, 405, 498, 502

Brazil, 巴西
　地主的权力, 3
　脱离葡萄牙, 659
　独立, 660
　人口, 660, 661
　与拉普拉塔河联省的战争, 660
　文盲, 661
　巴西的奴隶制, 661, 663
　日耳曼移民, 661
　棉花, 661
　糖, 661
　咖啡, 661
　铁路, 662
　煤气灯的使用, 662
　亚马孙河行驶轮船, 662
　佩德罗统治时期的宪法, 662

出版自由，662
英国在巴西的投资，662
政教冲突，663
共济会员，663
君主政体的威望，663
巴西的共和党，663
Brazos river，布拉索斯河，613
Bread，面包
    为面包生产谷物，26
    1838—1842 年面包不足，26
    面包的价格，74
Breckinridge, John C.，布雷肯里奇，约翰·卡贝尔，南部联盟的将军，626
Bremen，不来梅
    轮船带来的繁荣，4
    自由贸易港，494
Brenier, Baron de，布勒尼埃男爵，法国密使，483
Brentano, Clemens，布伦坦诺，克莱门斯，诗人和浪漫主义者，172
Breslau，布雷斯劳，400
Brett, John，布雷特，约翰，画家，152
Bright, John，布赖特，约翰，政治家
    反对教士资格法，85
    与反谷物法联盟，342—343
    与美国南北战争，636—637
Brindisi，布林迪西，420—421
Britannia, H. M. S.，"不列颠号"，英国军舰，292
British Association for Advancement of Science，英国科学促进会，50
Britisn and Foreign School Society，英国和外国学校协会，85

British Guiana，英属圭亚那，该地的奴隶制，341
British Honduras，英属洪都拉斯，681
British Indian Telegraph Company，英属印度电报公司，350
British Jews, Board of Deputies of，英国犹太人代表委员会，244
British Medical Journal，《英国医学杂志》，432
British North America Act（1867），英属北美法，211，354
British Public Health Act（1848），英国公共卫生法，72
"British Society"，"英国协会"，国家第一次给予资助，110
British Trade Convention（1838），英国贸易协定，432
Brontë, Emily，勃朗特，埃米莉，作家，163
Brown Ford Madox（1821—1893），布朗，福特·马多克斯，画家，151—152
Brown, John，布朗，约翰，美国废奴主义者，203，625
Brown, Joseph，布朗，约瑟夫，佐治亚州州长，653
Brown, Robert，布朗，罗伯特，植物学家，67
Browning, Robert，布朗宁，罗伯特，诗人，177，216
Bruck, Baron Karl Ludwig von，布鲁克男爵，卡尔·路德维希·冯，奥地利大臣
    论地中海贸易，432
    对苏伊士运河感兴趣，436

奥地利的经济主动权，501
辞职，505，533
贸易大臣，529
财政大臣，538
自杀，543
Brunel, Isambard Kingdom, 布鲁内尔，伊桑巴德，金登，工程师，建造了第一艘铁质客轮，281
Brunnov, Baron Ernst Philipp von, 布伦诺夫男爵，恩斯特·菲利普·冯，俄国驻英大使
会见帕默斯顿，256—257，264
前往巴黎，478
在巴黎会议上，487
Brunswick，不伦瑞克
1832年的政府改革，189
发生骚乱，395，497
不伦瑞克公爵为其兄弟替代，493
在税收同盟中，494
修正联邦宪法，501
Brussels, Palais de Justice, 布鲁塞尔，该地的正义宫，142
大学，107
Bryce, James, M.P., 布赖斯，詹姆斯，国会议员，民法教授，129
Buchanan, James, 布坎南，詹姆斯，美国第十五任总统，203，626
Buchez, Philippe, 比歇，菲利普，天主教民主理论家，101，213
Büchner, Georg, 毕希纳，格奥尔格，戏剧家，184
Buda, 布达，它的陷落，526
Budapest, 布达佩斯
国会两院，140
为温迪施格雷茨再次占领，406

Buenos Aires, 布宜诺斯艾里斯
与欧洲的联系，669
被英法封锁，670
在塞佩达战役中战败，671
在帕翁战役中获胜，671
1861年国会，671
行政管理，671
布宜诺斯艾里斯宪法，671
Bugeaud de la Piconnerie, Thomas-Robert, 比若·德·拉·皮康内里，托马-罗贝尔，元帅，320—321，393
Builders' Union, 建筑工人联盟，346，347
Bukovina, 布科维纳，531，545
Bulgaria, 保加利亚
民族主义，242—243
教育的发展，242
要求教会独立，243
Buller, Charles, 布勒，查尔斯，自由派政治家，352
Bulnes, Fort (Chile), 布尔内斯堡（智利），665
Bulnes, Manuel, 布尔内斯，曼努埃尔，智利总统，664
Buloz, François, 比洛，弗朗索瓦，《两个世界杂志》主编，123，128
Bulwer, Edward George Lytton (Bulwer-Lytton, 1st Baron Lytton), 布尔沃，爱德华·乔治·利顿（布尔沃-利顿，第一代利顿男爵），122
Bunsen, Robert Wilhelm, 本生，罗伯特·威廉，化学家，58

Bunyevci，布涅瓦茨人，537
Buol, Count Karl Ferdinand von，布奥尔伯爵，卡尔·斐迪南·冯，奥地利政治家
　起草维也纳照会所起的作用，475
　反俄政策，478
　与普鲁士结盟，478
　雄心太大的政策，481
　充当调停人，484
　指导外交事务，533
　辞职，539
　与加富尔的外交斗争，571
Burckhardt, Jacob，布尔克哈特，雅各布，历史学家，12
Burdett-Coutts，伯德特-库茨，女男爵，139
Buren, Martin Van，范布伦，马丁，美国第八任总统，621
Burlingame, Anson，蒲安臣，美国驻华公使，708
Burma，缅甸，351，686
Burne-Jones, Edward，伯恩-琼斯，爱德华，画家，153
Buss, Frances Mary，巴斯，弗朗西丝·玛丽，118
Butler, Dom Cuthbert，巴特勒，多姆·卡思伯特，93
Butter，黄油，64
Butterfield, William，巴特菲尔德，威廉，建筑师，138
Buxton, Sir Thomas, Fowell，巴克斯顿爵士，托马斯，福埃尔，改革家，341
Byron, George Gordon, 6th Baron，拜伦，乔治·戈登，第六代男爵，诗人，146，172

Cabanel, Alexandre，卡巴奈，亚历山大，画家，153—154
Cables，电缆，海底电缆对航运的影响，5
Cadiz，加的斯，419
Cairo，开罗，424，431
Calcutta，加尔各答
　与伦敦的电报业务，36
　来自苏伊士的邮政业务，432
Caldera，卡尔德拉，665
Calderon de la Barca, Pedro，卡尔德隆，德·拉·巴尔卡，佩德罗，戏剧家，182
Calhoun, John C.，卡尔霍恩，约翰·考德威尔，美国政治家
　他的逝世，203
　拒绝执行国会法令的危机，609
　主张采取关税措施，615
　论奴隶制，617
　得克萨斯问题，621
California，加利福尼亚，203，632
　发现金矿，458，680
　在该地的移民，621
　加入联邦，622
　美国军队在该地，622
　由墨西哥割让给美国，675
Callao，卡亚俄，666
Cambodia，柬埔寨，709
Cambridge，剑桥大学，各学院向非国教教徒开放，87
Cambridge Camden Society，剑桥大学卡姆登学会，138
Camphausen, Ludolf，坎普豪森，卢多

索　引

尔夫，工业家，494，496，498
Canada，加拿大
　1837年的叛乱，19，193，353
　铁路，34，350
　联邦自治领，211
　上、下加拿大重新统一，354
　在联合王国市场上失去谷物特惠待遇，354
　对英国货物征收关税，355
　购买赫德森湾领地，355
　新建曼尼托巴省，355
Canada Act (1791)，加拿大法，353
Canning, Stratford，坎宁，斯特拉特福德，参见 Stratford de Redcliffe, 1st Viscount
Canosa, Antonio, Prince of，卡诺萨亲王，安东尼奥，他在那不勒斯的暴政，554
Canrobert, Francçis-Certain，康罗贝尔，弗朗索瓦-塞尔坦，元帅
　被佩利西埃所取代，482
　与瑞典缔结条约，484
Canton，广州
　对外贸易港口，687
　英国东印度公司在该地，687
　鸦片贸易，687
　中国人对广州贸易的看法，691
　进入广州城的权利，694—695
Cape Colony，开普殖民地
　与澳大利亚的海上交通，350
　宪政发展，355
Capital，资本
　在农业改进方面的大量投资，25
　联合企业筹集资本，39
Capponi, Gino A. G. G., Marchese，

卡波尼侯爵，吉诺，托斯卡纳首相，558
Captain, *H. M. S.* (1867)，英国军舰"首领号"（1867年建造），280
Capuchins of Aix, religious Community of，埃克斯的方济各会托钵僧成立的宗教社团，78
Cardwell, Edward, Viscount，卡德韦尔子爵，爱德华，陆军大臣，356
Carlile, Richard，卡莱尔，理查德，新闻工作者，121
Carlos, Don Ⅵ，卡洛斯六世，唐，西班牙王位觊觎者，253，555
Carlton, Club (Conservative)，卡尔顿俱乐部（保守党），339
Carlyle, Thomas，卡莱尔，托马斯，历史学家和散文作家，10，11，21，68，158
Carnot, Sadi，卡诺，萨迪，工程师，热动力研究，59
Carolina, North，北卡罗来纳，330，627，634，653，655
Carolina, South，南卡罗来纳
　退出联邦，207
　拒绝执行国会法令问题，606，609
　经济萧条，609
　召开州代表大会，609
　强制法案，610
Carpeaux, J. B.，卡尔波，雕塑家，143
Carrara，卡拉拉，553，563，571
Carrel, Armand (*Le National*)，卡雷尔，阿尔芒，（《国民报》主编），123
Carrera, Rafael，卡雷拉，拉斐尔，危

地马拉独裁者,679
Cartagena,卡塔赫纳,420
Casati, Gabrio, Conte,卡萨蒂伯爵,
　加布里奥,米兰市长,562
Cassagnac, Granier de,卡萨尼亚克,
　格拉尼埃·德,新闻工作者,125
Castelbajac, Barthélemy, Marquis de,
　卡斯特尔巴亚克,巴泰勒米,侯
　爵,法国驻俄大使,478
Castelfidardo,卡斯特尔菲达多,教皇
　军队在该地战败,574
Castilla, Ramon,卡斯蒂利亚,拉蒙,
　秘鲁总统,668
Castlereagh, Robert Stewart, Viscount,
　卡斯尔雷子爵,罗伯特·斯图尔
　特,267,270
Catalysis,催化作用,63
Catania,卡塔尼亚,420
Catherine Ⅱ,叶卡捷琳娜二世,俄国
　女皇,与地中海,416
Catholic Congress (1863),天主教代
　表大会,89
Cattaneo, Carlo,卡塔内奥,卡洛,作
　家亲奥观点,557
　与意大利独立,561,574
　谴责查理·阿尔贝特,563
Cattaro,卡塔罗,422
Cattle, transport by rail,牲畜,用铁
　路运输牲畜,25
Cauchy, Augustin Louis,柯西,奥古
　斯坦·路易,数学家,56
Cavaignac, Louis Eugenne,卡芬雅克,
　路易·欧仁,将军,法国陆军部
　长,263,400,404
Cavour, Camillo, Count di,加富尔伯

爵,卡米洛·迪
　普隆比埃密约,16
　自由国家的自由教会,76
　与拿破仑三世联盟,88
　论新闻出版,121
　复兴运动,128
　意大利自由派的支持,188
　打败拿破仑三世,209
　1850年进入内阁,412,567
　派部队前往塞瓦斯托波尔,430
　支持西方的政策,483
　老练的外交,538
　论都灵,557
　警告查理·阿尔贝特,562
　与拉塔齐联盟,568
　解散修道院,568
　用密款贿赂新闻界,568
　就马志尼在米兰的暴动警告奥地
　　利,569
　出席1856年的和平会议,569
　不反对拿破仑三世,570
　与布奥尔伯爵的外交斗争,571
　重新掌权,572
　希望与那不勒斯结盟,572
　辞职,572
　逝世,575
Celluloid,赛璐珞,64
Central America, United Province of,
　中美洲联合省,678—681
　共和国,659
　人口,678
　首都迁到圣萨尔瓦多,679
　打击罗马天主教会的权力和财富,
　　679
Central Committee of Working Men,工

人中央委员会, 400

Central Pacific Railroad, 中太平洋铁路, 643

Cepeda, battle of, 塞佩达战役, 671

Cette, 塞特, 421

Ceuta, 休达, 424

Ceylon, 锡兰, 350, 432

Cézanne, Paul, 塞尚, 保罗, 画家, 135

Chaadaev, Peter Yakovlevich, 恰达耶夫, 彼得·雅科夫列维奇, 俄国散文作家, 366

Chadwick, Sir Edwin, 查德威克爵士, 埃德温, 改革家, 337, 341

Chalmers, Thomas, D. D., 查默斯, 托马斯, 神学博士, 苏格兰牧师, 83

Chambers of Commerce, 商会
 在奥地利, 535
 在米兰, 557

Chambers of Trade and Industry, 工商业行会, 在奥地利, 530

Chambord, Henri, Comte de, 尚博尔伯爵, 亨利, 409, 452

Chancellorsville, battle of, 钱瑟勒斯维尔战役, 632

Changarnier, Nicolas-Anne-Théodule, 尚加尼埃将军, 尼古拉-安娜-泰奥迪尔, 被路易·拿破仑撤职, 444

Chapdelaine, Auguste, 马赖（夏普德莱纳, 奥古斯特）, 罗马天主教神甫, 696, 701, 709

Charles X, 查理十世, 法国国王, 逊位, 14, 427

Charles XV, 查理十五, 瑞典国王, 220

Charles of Hohenzollern, Prince, 霍亨索伦家族的查理大公, 242

Charles Albert, 查理·阿尔贝特, 皮埃蒙特—撒丁国王
 在库斯托扎和诺瓦拉战役中战败, 186
 解放伦巴第, 200
 他颁布的宪法, 200
 逊位, 322, 527, 566
 对奥地利宣战, 398
 他的性格, 402, 557
 放弃米兰, 402
 不幸的决定, 406
 接受维杰瓦诺停战协定, 523
 废除停战协定, 527
 为拉德茨基击败, 527
 与奥地利和法国结盟, 553
 放弃与自由派的友谊, 554
 与奥地利的联系, 555
 支持贝里女公爵反对路易·菲利普, 555
 支持唐·卡洛斯和唐·米格尔, 555
 梅特涅对他的看法, 557
 与摩德纳的弗兰西斯四世的通信, 557
 撤去索拉罗的职务, 560
 被迫颁布宪法, 560
 越过提契诺河, 562
 军事上没有准备, 562
 拒绝加里波第提出的合作, 563
 政策和战略, 563—564
 撤退到米兰, 564
 被控叛国, 564

依靠英法，564
蒙卡列里的声明，566
逝世，566
Charles, Jacques Alexandre César, 查理，雅克·亚历山大·塞扎尔，物理学家，60
Charles Ludovic, duke of Lucca, 查理·卢多维克，卢卡公爵，554
Charleston, U. S. A., 查尔斯顿（美国）
　商业利益集团，615
　1822年的叛乱阴谋，617
"Charter for Artisans"，"手工业者宪章"，400
Chartist Movement, 宪章运动
　六点纲领，185，347
　4月的失败，186
　加强宣传鼓动，193
　丧失威望，196
　伦敦示威游行，202
　需要加强团结，345
　运动的失败，346
　请愿书，347—348
Chase, Salmon P., 蔡斯，萨蒙，美国财政部长，643，644，646
Chassepot, Antoine Alphonse, 夏斯波，安托万·阿尔方斯，发明家，304
来福枪，305—306，593
Chattanooga, battle of, 查塔努加战役，632
Cheese, 奶酪，美国控制英国的进口市场，26
Chekhov, Anton, 契诃夫，安东，戏剧家，182
Chernaev, Michael, 切尔纳耶夫，米哈伊，将军，388
Chernyshevskii, Nicholas, 车尔尼雪夫斯基，尼古拉，社会主义者，370—371
Chevalier, Michel, 谢瓦利埃，米歇尔，政治经济学家，434，436，452
Chia Ch'ling, 嘉庆，中国皇帝，禁止鸦片输入，688
Chickamauga, battle of, 奇克莫加河战役，632
Child, banking firm of, 蔡尔德银行，40
Child-labour, 童工，1833年法案禁止雇用童工，44，83，341
Childers, Hugh, 奇尔德斯，休，海军大臣，300
Chile, 智利
　共和国，659
　地理影响，663
　议会制度的建立，664
　限定继承法的恢复，664
　教会和国家的联盟，664，666
　总统的权力，664
　地域，664
　人口，664
　1833年宪法，664
　一党制国家，665
　废除限定继承法，665
　德国移民，665
　智利大学，665
　师范学院，665
　电报的使用，665
　铁路，665
　发现铜和银，665

索　引

发现煤，665
伦敦贷款（1822），665
鸟粪层，666
向西班牙宣战，666
增加其领土，666
宗教自由，666
内战，666

Chiloé, 奇洛埃，663
Chimkent, 奇姆肯特，387—388
China, 中国
　　太平天国起义，8, 384, 695—701,
　　　705—706
　　在中国的传教活动，79, 707, 708
　　满清皇帝统治下，186
　　鸦片贸易，384, 688
　　邮件的运送，432
　　被法国打开门户，461
　　合并卡尔梅克蒙古人的帝国，685
　　与西方世界的贸易，686
　　外交往来，686—687, 691, 694,
　　　703, 707
　　来自小国的礼节性进贡，686
　　广州成为通商口岸，686, 688
　　茶叶贸易，687
　　贸易收支，688
　　中国与欧洲各国军队和战舰之间作
　　　战力量的悬殊，688, 690
　　任命领事，692
　　宗教容忍，693, 695, 703
　　外国人旅游的权利，694, 703, 707
　　治外法权，695
　　儒家学者的态度，695
　　中国建筑物的毁坏，699
　　帝国海关被破坏，701
　　夺取大沽口炮台，703—704

　　与西方列强的条约，703
　　被迫赔款，704
　　外交人员在京居住地，704
　　皇帝逃往热河，704
　　攻击打着休战旗帜的谈判代表，704
　　利用被俘人员作为人质，704
　　太平天国起义对贸易的影响，705
　　清王朝的重新统一，705
　　咸丰皇帝之死，704—705
　　慈禧的摄政，705
　　清王朝恢复权力，706
　　设立外交部，707
　　外语学院，707
　　海、陆军的现代化，707—708
　　1900年义和团起义，708
　　煽动暴民的暴力行动，708
　　天津的暴力行动（1870），708
　　派遣留学生，708
　　在西方各国首都设公使馆，708

Chincha Islands，钦查群岛，666
Chinkiang，镇江，英国占领该地，690
Chios，希俄斯岛，422
Chloroform，氯仿，52, 64, 72, 486
Cholera，霍乱，44, 72, 479
Choshu，长州，712
Chotek family，肖特克家族，535
Christian Ⅸ，克里斯蒂安九世，丹麦
　　国王，220, 575
Christina, widow of Ferdinand Ⅶ，克里
　　斯蒂娜，费迪南德七世的遗孀，
　　西班牙摄政，253
Chronograph, Bashforth electric，记时
　　器，巴什福思电记时器，51
Church, Eastern Orthodox，东正教会，
　　支持匈牙利克罗地亚人起义，240

豁免权和特权，470，473，476
与俄国东正教的特殊关系，482
Church of England，英国圣公会
　学派，87
　支持1840年的"十小时工作日"法，342
　支持工厂立法，343
Church，Protestant，新教
　与达尔文主义妥协，71
　研究圣经语言，71
　对科学的态度，74
　苏格兰长老会大会，83，84
　圣职授与权，83
　苏格兰自由长老会，84
　不信奉国教者的平等公民权利，85
　公理会运动的开始，87
　卫理公会，87，625
　浸礼会运动的开始，87，625
　爱尔兰圣公会与政府分离，100—101，218
　威尔士圣公会与政府分离，101
　在匈牙利，542
Church，Roman Catholic，罗马天主教，Ⅵ，13，76—85，87—101
　与教育，107，409，444，456
　在奥地利，413，504，533
　在法国，444，448—451，454，456
　在普鲁士，494—495
　在皮埃蒙特，567
　在墨西哥，675—676
　在洪都拉斯，679
　在中国，693，695—696，708
　在安南，709
　在朝鲜，709
Church Temporalities Act（1833），教会财产法，100
Chusan Islands，舟山群岛，被占领，690
Civil Service，文官制
　在法国和普鲁士，206，495
　吸收新成员，206，338
　英国需要扩大文官制，337
　改革，338，486
　在意大利，569
Civil Service Commission，文官委员会，338
Civiltà Catiolica，《天主教文明》（耶酥会刊物），89，90，94
Cività-Vecchia，契维塔韦基亚
　法国派遣军队到该地，408
　海运和人口，419—420
　罗马港，421
Clam-Martinitz，Count，克拉姆—马蒂尼茨伯爵，波希米亚领导人，541
Clarence，William，duke of，克拉伦斯公爵，海军最高长官，290
Clarendon，George，4th earl of，克拉伦登，乔治，第四代伯爵
　对教皇无谬误论的看法，95
　英国的调解，272
　任外交大臣，471
　出席巴黎会议的英国代表，487，489
　指控奥地利人、教皇和那不勒斯人对国家管理不善，490
　在诉诸武力之前，先由第三者进行调停，490
　关注波兰的解放，490
　论比萨拉比亚和黑海，492
　关于意大利的意见，569

索　引

外交大臣，582
去世，586
Clausewitz, Karl von，克劳塞维茨，卡尔·冯，将军，军事战略家和思想家，302，313，316—320，655，656
Clausius, Rudolph Julius Emmanuel，克劳修斯，鲁道夫·尤利乌斯·埃马努埃尔，物理学家，51，59，60
Clay, Henry，克莱，亨利，美国政治家
　他的"美国制度"，604，613
　延续美国银行的特许状，607
　作为总统候选人，607
　拒绝执行国会法令问题，609
　1850年的妥协，623
Clayton-Bulwer treaty，克莱顿—布尔沃条约，680—681，682
Clergy，教士
　具有新的性质，76
　教士在政治上的重要性，409
　在墨西哥的合法豁免权，675
Clifton Suspension Bridges，克利夫顿吊桥，136
Clippers, American，美国的帆船
　用于快速航行，35
　用于克里米亚战争，35
Clothing，服装，一种家庭工业，42
Coal and Coal-mining，煤和采煤业
　产量，30—31，333，505
　价格，31
　1869—1873年的煤荒，31
　美国的无烟煤，31
　美国的烟煤，31
　在深煤层采煤，31
　成为危险性较小的工业，31
　在1841到1871年间雇佣工人的增加，43
　用于轮船，279
　出口，333
　雇用妇女和少女，342
　在智利，665
Coal-gas，煤气，52
Coaling stations，加煤站
　亚丁，431
　阿萨布，432
Coal-tar，煤焦油，52
Cobbett, William，科贝特，威廉，激进派新闻记者，121
Cobden, Richard，科布登，理查德，政治家
　与法国签订条约（1860），38，349，452
　论外交政策，270
　与谷物法，342
　与美国南北战争，637
Cochin-China，交趾支那，7，709
Coffee，咖啡，巴西的咖啡，661，663
Coke，焦炭，29
Coke-ovens，炼焦炉，51
Coleridge, Samuel Taylor，柯尔律治，塞缪尔·泰勒，诗人，157，172
Coles, Captain Cowper, R. N.，科尔斯舰长，考珀，皇家海军，280，286
Collège de France，法兰西学院，115
Collodion，胶棉，52
Cologne，科隆
　重建科隆大教堂，139，495

在 1848 年, 400, 401
科隆大主教被捕, 494
Colomb, Sir John, 科洛姆爵士, 约翰, 356
Colombia, 哥伦比亚, 659, 669
Colonial Laws Validity Act (1865), 殖民地法律效力法, 355
Colonial policy, 殖民地政策, 英国殖民地政策的改变, 导致自治, 20, 349, 352—356
Colonies, 殖民地, 英国商品的原料来源和市场, 350
Columbia, District of, U.S.A., 哥伦比亚特区 (美国)
 逃亡奴隶的返回, 619
 该地的奴隶贸易, 623
Combination Laws, 结社法, 45, 345
Committee for the Defenee of Religious Freedom, 保卫宗教自由委员会, 79
Commons, House of, 众议院, 议员的财产条件, 335
Communist Manifesto (Marx and Engels),《共产党宣言》(马克思和恩格斯合著), 3, 11, 188
Community of the Polish People in England, 旅英波侨协会, 234
Compagnie Générale Transatlantique, 大西洋轮船公司, 452
Compromise of 1850, 1850 年妥协案, 623
Compromise Tariff (U.S.A.) of 1833, 1833 年美国折中关税, 37, 609
Comte, Auguste, 孔德, 奥古斯特, 法国哲学家, 54, 55, 109, 459

Concordat with Austria (1855), 与奥地利的政教协定, 107, 533
Confederate States of America, 美国南部联盟
 它的形成, 627
 又见 American Civil War
Confiscation Act, 没收法案, 648
Congregation of Rites, 天主教礼仪会议, 赞成召开一次公会议, 93
Congress (U.S.A.), 美国国会
 废除鞭笞, 298
 走向国家主义, 604
 投票表决修筑梅斯维尔公路的资金, 606
 延长第一合众国银行的特许状, 607—608
 降低关税, 609
 投票表决合并得克萨斯, 622
 与墨西哥战争, 622
 与奴隶制, 622—624, 626, 647—648
 南北战争时期的立法, 642—645
 南部联盟国会, 650—653
Conscience, Hendrik, 孔西延斯, 亨德里克, 小说家, 221
Conscription, 征兵制
 在法国, 578, 584
 在普鲁士, 578
 在美国, 645
 在南部联盟, 652
Conseil Académique, 学术委员会, 80
Conseil d'Etat, (法国) 行政法院, 450
Conséil Royal de l'Université, 皇家教育委员会, 80
Conseil, Supérieur de l'Instruction Pub-

lique，国民教育最高委员会，80

Consérvative Party，保守党，英国保守党的形成，339

Considérant, Victor-Prosper，孔西德朗，维克托-普罗斯佩，社会主义思想家，408

Constable, John，康斯太布尔，约翰，画家，135，146

Constant, Benjamin，贡斯当，邦雅曼，著作家和政治家，162，390

Constantine Pavlovitch，康斯坦丁·帕夫洛维奇，俄国大公爵，361

Constantinople，君士坦丁堡，423，425，476，478

Convicts, transportation of，向海外运送犯人，353

Cook, John Douglas，库克，约翰·道格拉斯，《星期六评论》主编，123

Cooper, James Fenimore，库珀，詹姆斯·费尼莫尔，小说家，167

Co-operative movement，合作运动，345，346，348，507

Co-operative societies，合作社
 农业合作社，25
 罗奇代尔公平先锋社，46

Co-operative Wholesale Society，批发合作社，46，348

Copernican cosmology，哥白尼的宇宙学说，171

Copiaco，科皮亚科，663，665

Copley, John Singleton，科普利，约翰·辛格尔顿，画家，134

Copper，铜，智利的铜，665

Corfu，科孚，422，431

Corn，谷物
 谷物税，343
 来自俄国、德国和北美的供应，344

Corn Laws，谷物法
 具有共同的模式，26
 皮尔修正案（1844），26
 废除谷物法，26，27，122，334，338
 爱尔兰饥荒的影响，38
 废除谷物法的影响，432

Cornelius, Peter von，科内利乌斯，彼得·冯，画家，144

Corot, Jean Baptiste Camille，柯罗，让·巴蒂斯特·卡米耶，画家，135，144，147，148，149

Corps Legislatif，立法会议
 职责，450
 参议院可否决其决议，455
 逐渐重新被共和派掌握，456
 立法动议权，456
 宣布推翻帝国，465

Costa Rica，哥斯达黎加，678，679，680

Costilla, Miguel Hidalgoy，科斯蒂利亚，米格尔·伊达尔戈·伊，墨西哥革命家，674

Cotman, John Sell，科特曼，约翰·塞尔，画家，147

Cotton，棉花
 纺纱的革命性变化，28
 产量和劳动成本，28
 采用动力织机，28
 法国和比利时棉纺厂，28
 1830—1860年美国的产量，28
 印度和埃及成为输出国，28

丝光工艺，64
出口，332
棉纺工业与海外贸易的联系，333
从美国的输入，333
棉纺业的雇佣工人，333
基本上是工厂工业，333
比烟草或大米的获利较多，613
轧棉机的发明，613
美国南北战争的影响，4，638
从埃及和印度购买棉花，638
在巴西，661，663

Council of Constance，康斯坦茨公会议，94

Courbet, Gustave，库尔贝，居斯塔夫，画家，148—150，151，152

Cousin, Victor，库赞，维克托，哲学家，109，115，241

Cowley, Henry Wellesley, 1st earl，考利，亨利·韦尔斯利，第一代伯爵，外交家，487

Cowper-Temple clause（Forster Education Bill），考珀—坦普尔条款（福斯特教育法案），86

Cracow，克拉科夫
不再是自由市，16
并入奥地利，235，267
波兰贵族的起义，523
克拉科夫大学，531

Crédit Foncier，土地信贷银行，25，451，458

Crédit Lyonnais（1863），里昂信贷银行，458

Crédit Mobilier（1852），动产信贷银行（1852年创立），34，41，451，453，458，535，536

Creditanstalt，工商信贷银行，34，535，538

Crémieux, Adolphe，克雷米厄，阿道夫，法国司法部长，244

Crete，克罗特岛
建议德国移民，228
本地的航运业，422
交予穆罕默德·阿里，426
当地的反叛，581

Crimean War，克里米亚战争，XV，468—492
不是局部斗争，15
复杂的外交活动，16
新式武器的威力，16，306
使用快速帆船，35
显示出军事行动缺乏效率，122，241，322，481，486
维持和平的条件遭破坏，267
对势力均衡的影响，268—269
军舰大部分使用风帆，279
电报的使用，309，486
医疗服务，323
土耳其的软弱，430
导致这场战争的事件，462，469
德意志邦联的政策，505
与奥—普关系，506

Croatia，克罗地亚
作为一个独立的省份，403
一个王室领地，537
与匈牙利的关系，543，547
敌视"二月特许令"，545—546

Croce, Benedetto，克罗齐，贝内代托，政治思想家，209

Crome, John，克罗姆，约翰，画家，135

索 引

Cronstadt，喀琅施塔得，俄国海军基地，484

Crystal Palace，水晶宫，136

Cullen, Paul，卡伦，保罗，红衣主教，都柏林大主教，100

Cumberland，坎伯兰，铁矿藏，29

Cumberland，"坎伯兰号"，美国小炮舰，285

Cumberland Pike, The, U. S. A.，坎伯兰公路（美国），604，606，612

Cunard Steamship Line，丘纳德轮船公司

 1840 年开辟利物浦—波士顿航线，36

 利物浦—纽约航线，36，332

 创办，332

Curtatone，库尔塔托内，564

Cushing, Caleb，顾盛，凯莱布，美国来华专使，629

Custine, Astolphe, marquis de，居斯蒂纳侯爵，阿斯托尔夫，旅行家，18，357n

Customs, amendments of 1842，1842 年关税修正案，26，46，53，60

Custoza, battle of，库斯托扎战役，186，263，321，402，523，564，576

Cuvier, Georges，居维叶，乔治，古生物学家，68，115

Cuza, Alexander, prince of Roumania，库扎，亚历山大，罗马尼亚大公，241—242

Cyprus，塞浦路斯

 主张德国向该地移民，228

 海运，419

 占领该地，433

Czartoryski, Prince Adam-George，恰尔托雷斯基亲王，亚当-乔治，波兰政治家和将军，234

Czech Repeal Association，捷克废止合并协会，238

Czechs，捷克人

 捷克民族主义，238，523

 要求建立捷克人占优势的联邦实体，523—524

 在匈牙利的官员，529，536

 语言限制，521

 在专制主义统治下得到实际的利益，534

 民族主义的知识界，534，541

 在匈牙利的军队，539

 反对参加帝国咨政院，545—546，550

 "到莫斯科朝圣"，550

Daily News，《每日新闻》

 价格，一便士，122

 关于普法战争的报导，122

Daily Telegraph，《每日电讯报》

 利维·劳森家族，121

 伦敦第一家售价一便士的报纸，122

Dairy produce prices，乳制品的价格，27

Dale, R. W.，戴尔，公理会牧师，反对福斯特教育法案，86

Dalmatia，达尔马提亚

 前途未卜，527

 附属于克罗地亚，546

Damascus，大马士革

水源，423
由埃及治理，428
Dana, Charles A., 达纳，查尔斯·安德森，纽约报纸主编，130
Danube, river, 多瑙河
多瑙河的航行，7，482，490
中游航行轮船，32
国际委员会疏浚河道，32
俄国的控制，417
土耳其武装力量越过多瑙河，477
Danzig, 但泽，维斯杜拉河流域农场的主要产品出口，26
Dardanelles, 达达尼尔海峡
对军舰不开放，252，256，429
海军上将帕克的舰队进入海峡，468
由五强控制，468
Dartmouth, Royal Naval College, 达特默思，皇家海军学院，293
Daru, Comte Napoéon, 达律伯爵，拿破仑，法国政治家
与天主教公会议，97
外交大臣，585
辞职，586
Darwin, Charles, 达尔文，查尔斯，生物学家
进化论，9，67，102
对生物研究的影响，49
自然选择的假说，56
《物种的起源》，67—70
不可知论者，71
为科学家普遍接受，71
他的影响，75
引起争论，348
Darwin, Erasmus, 达尔文，伊拉兹马斯，医生和诗人，69

Das Kapital（Marx），《资本论》（马克思著），55，188，205
Daumier, Honoré, 杜米埃，奥诺雷，漫画家，147，149，151
Daunt, W. J. O'Neil, 当特，奥尼尔，政教分离鼓吹者，100
Davaine, Casimir-Joseph, 达瓦纳，卡齐米尔-约瑟夫，医生，24
David, Jacques-Louis, 大卫，雅克-路易，画家，144
Davis, Jefferson, 戴维斯，杰斐逊，美国南部联盟总统，627，650
Davy, Sir Humphry, 戴维爵士，汉弗莱，化学家，发现电解作用，63
Day, Benjamin, 戴，本杰明，美国新闻工作者，129
D'Azeglio, Massimo, 德·阿泽利奥，马西莫，意大利爱国者和政治家
在米兰，557
嘲笑罗马的保卫者，565
对意大利作为一个强国的观点，566
皮埃蒙特首相，567
辞职，568
利用文官保证政府候选人的当选，569
非法查禁报纸，569
那不勒斯的分离，575
De Ecclesia，《论宗教事务》
要求教会权力凌驾于世俗权力之上，97
泄漏给新闻界，97
Deák, Francis, 戴阿克，费伦茨，匈牙利政治家，544，545—546，547，549
Death penalty, for political offences, 由

于政治罪而判死刑，394
Death-rate，死亡率
　一直不下降，74
　与法国和比利时死亡率的比较，74
Degas, Edgar，德加，埃德加，画家，154
Del Primato morale e civile degli Italiani（Gioberti），《论意大利在道德和文明方面的优越》（焦贝蒂著），199—200，558
Delacroix, Eugène，德拉克洛瓦，欧仁，画家，144，145—147，148，149
Delane, John Thadeus，德莱恩，约翰·撒迪厄斯，《泰晤士报》主编，122
Delaroche, Paul，德拉罗什，保罗，画家，151
Delaware，特拉华
　该地的奴隶制，616，628
　拒绝退出联邦，632
Della nazionalità Italiana（Durando），《论意大利民族》（杜兰多著），558
Delle speranze d'Italia（Balbo），《意大利的希望》（巴尔博著），200，558
Delvigne, Henri-Gustave，德尔维涅，亨利-居斯塔夫，发明家，在研制裂开弹方面的工作，304
Demmler, Georg Adolph，德姆勒，格奥尔格·阿道夫，什未林宫的建筑师，142
Democracy in America（Tocqueville），《美国的民主》（托克维尔著），12，186，191
Democratic Party（America），民主党（美国）
　北方辉格党加入该党，626
　内部的派系，647
　1862年在国会取得的胜利，648
Denmark，丹麦
　大地主作为农业生产者，23
　谷物的净出口国，26
　德意志反对丹麦的"十字军"，187
　为普鲁士和法兰克福国民议会所威吓，198
　1849年宪法，203，411
　石勒苏益格-荷尔斯泰因问题，203，220，265，464
　国王的去世，203，514
　自由派民族主义者使国家卷入战争，219
　王位继承问题，219
　民间传说的研究，219
　德意志民族主义者的影响，219
　在一个中央集权制宪法下吸收石勒苏益格，514
　不出席1863年法兰克福会议，514
　被普鲁士和奥地利打败，515
Deportation to Siberia，放逐到西伯利亚，372
Derby, Edward Geoffrey, 14th earl of，德比，爱德华·杰弗里，第十四代伯爵，首相，582
Derby, Edward Henry, 15th earl of，德比，爱德华·亨利，第十五代伯爵，英国外交大臣，581
Dernah，德尔纳，424
Des Progrès de la révolution et de la

guerre contre l'église (Lamennais),
《论革命的进程与反对教会的战
争》(拉梅内著), 77

Descent of Man (Charles Darwin),《人
类的遗传》(查尔斯·达尔文
著), 70

Dessewffy, Count Emil, 德谢夫菲伯
爵, 埃米尔, 匈牙利联邦主义
者, 541

Devastation, H. M. S., 英国军舰"劫
掠号", 286—287

Development of Revolutionary Ideas in
Russia (Herzen),《俄国革命思
想的发展》(赫尔岑著), 358

Dew, Thomas R., 迪尤, 托马斯, 南
部联盟政治家, 论奴隶制, 617

Diaz, Porfirio, 迪亚斯, 波菲里奥,
墨西哥总统, 678

Dicey, A. V., 戴西, 法学家, 205

Dickens, Charles, 狄更斯, 查尔斯,
小说家, 11, 152, 162, 165

Dictionary of Commerce (McCulloch),
《商业辞典》(麦卡洛克著), 419

Diderot, Denis, 狄德罗, 丹尼斯, 哲
学家和评论家, 183

Diesterweg, F. A. W., 迪斯特尔韦希,
柏林师范学院院长, 113

Digitalis, 洋地黄, 药用, 72

Dillon, Captain Sir William (R. N.),
狄龙爵士, 威廉, 皇家海军上
校, 苏塞克斯公爵的侍从官, 289

Diploma of 1860, 1860 年特许令,
185, 209

Disarmament, 裁军
 欧洲建议裁军(1831), 251

1870 年的商讨, 585—586

Disease, germ theory of, 细菌致病说,
66, 73

Disestablishment, 政教分离
 牛津运动对政教分离的看法, 83
 爱尔兰圣公会的政教分离, 100—
101
 威尔士圣公会的政教分离, 101

Disraeli, Benjamin, 迪斯累里, 本杰
明, 比肯斯菲尔德伯爵
《西比尔》的引文, 1, 10, 165
《坦克雷德》的引文, 10
1867 年的改革法案, 206
购买苏伊士运河的股份, 433, 440

Dissenters' Chapels Act (1845), 不信
奉国教者教堂法, 86

Dobrolyubov, Nikolai A., 杜勃罗留波
夫, 尼古拉, 作家, 371

Doherty, John, 多尔蒂, 约翰, 工会
领袖, 346

Döllinger, Johann Josef Ignaz, 多林格
尔, 约翰·约瑟夫·伊格纳蒂乌
斯, 神学家, 78, 94, 100, 101

Dominican Republic, 多米尼加共和国
 要求保护或合并, 682
 西班牙重新承担其以往的保护, 683
 被美国占领, 683

Donelson, Andrew Jackson, 唐纳尔逊,
安德鲁·杰克逊, 美国驻普鲁士
公使, 194

Dostoevsky (Dostoevskii), Feodor, 陀
思妥耶夫斯基, 费奥多尔, 作
家, 21, 157, 159, 163, 166,
168—169, 365

Douglas, Stephen A., 道格拉斯, 斯

索　引　　　　787

蒂芬·阿诺德，美国参议员，623，624，626
Dover（1840），"多佛尔号"，1840年建造，皇家海军第一艘铁质舰，281
Drainage，排水系统
　作为增加土壤肥力的措施，24
　排水系统的费用，25
Dred Scott decision（1857），德雷德·斯科特裁决，624
Dresden，德累斯顿
　歌剧院，141
　国家美术陈列馆，141
　1849年5月的骚动，497
　1850—1851年德国各邦君主会议，410，503
Dresden, Congress of，德累斯顿会议，538
Dreyse, Johann Nikolas，德雷泽，约翰·尼古拉，304
Droste-Hülshoff, Baroness Annette Elizabethvon，德罗斯特－徽尔斯霍夫男爵夫人，安内特·伊丽莎白·冯，诗人，175—176
Drouyn de Lhuys，德律安·德·吕，法国全权大使
　对缅希科夫条约草案的意见，473
　希望奥地利的干预，481
　对黑海的建议，482
　与克拉伦登讨论波兰问题，483
　离开内阁，580
Du Concile général et de la paix religieuse（Maret），《宗教会议与宗教和平》（马雷著），94
Du Devoir des catholiques dans la qvestion de la liberté d'enseignement（Montalembert），《论天主教徒在教育自由问题上的职责》（蒙塔朗贝尔著），79
Duc, J.-L.，迪克，建筑师，142
Duff, Alexander，达夫，亚历山大，神父，118
Dufour, Guillaume-Henri，杜福尔，纪尧姆－亨利，将军，瑞士司令官，223
Dufour-Feronce, A.，迪富尔－费隆瑟，商人，436
Dumas, Alexandre, père，大仲马，亚历山大，小说家，124，164
Dumas, Jean Baptiste André，杜马，让·巴蒂斯特·安德烈，化学家，62
Du Mont, Joseph（*Kölnische Zeitung*），杜蒙，约瑟夫（《科隆报》），126
Dupanloup, Félix Antoine，迪庞卢，费利克斯·安托万，奥尔良主教，79，80，92，93，95
Dupont de l'Eure, Jacques-Charles，杜邦·德·吕勒，雅克-夏尔，393
Dupuy de lôme, Stanislas，迪皮伊·德·洛姆，斯塔尼斯拉斯，法国装备局长，278—279
Durando, Giacomo，杜兰多，贾科莫，意大利政治家，与教皇的世俗财产，558
Dürer, Albrecht，丢勒，阿尔布雷希特，画家，151
Durham, John, 1st earl of，德拉姆，约翰，第一代伯爵，政治家，20，260，352，353—354

Durham Report（1839），德拉姆报告，20，193
Durham University，德拉姆大学
　由教长和牧师会所建立，82
　各学院向非英国圣公会教徒开放，87
Duruy, Victor，迪律伊，维克托，法国教育大臣，115，118，456
Dutacq，迪塔克，新闻工作者，124，125
Dyes, aniline and vegetable，染料，苯胺和植物染料，52，64
Dysentery，痢疾，44

Earth, age of，地球的年代，68
East Anglia，东英吉利亚，排干沼泽地的水，24
East India Company (British)，东印度公司（英国）
　结束东印度公司在印度的统治，8，356
　东印度公司的文官，206
　铁甲炮舰，281
　邮件的运送，431，432
　取代莫卧儿帝国的统治，685
　在广州的贸易，687
　茶叶的航运，687
　结束在中国的贸易垄断权，688
East India Steam Navigation Company，东印度轮船航运公司，432
East Limburg，东林堡，比利时丧失该地，221
Eastern Steam Navigation Company，东方轮船航运公司，432
Ecclesiastical Titles Acts，教士资格法，85
Ecclesiologist, The,《教会学者》，138
Ecole des Beaux Arts，美术学校，144
Ecole Centrale des Arts et Manufactures，中央高等工艺制造学校，113
Ecole Libre, Paris，教会学校，巴黎，78，79
Ecole Normale Supérieure，高等师范学校，115
Ecole Polytechnigue，综合工科学校，51，115
Ecole Pratique des Hautes Etudes，高等学科实验学校，115
Economists, Congress of (1858)，经济学家会议，507
Ecuador，厄瓜多尔，首都和港口之间的斗争，667—668
Education，教育，Ⅵ，104—120
　日益要求"现代化"，6
　不信奉国教的人集中在教育界，85
　第一次政府批准办教育，85，110
　成立教育部（1856），85
　民办小学，86
　增加国家的拨款，86
　寄宿学校，86
　在法国，51，78，79，104—118各处
　在英国，85，86，104—119各处
　在德国，104—116各处
　在意大利，104，115
　在俄国，104，106，119，363，378—379
　在波兰，106
　在瑞士，106，110，113，114
　在比利时，107，112

索　引

在丹麦，107，110，119—120

在荷兰，107—108，109，112

在奥地利，109，111，114

在芬兰，110

在挪威，110

在瑞典，110

在匈牙利，111

在美国，116—117，119，120

在澳大利亚，117

在加拿大，117

在自治殖民地，117

在印度，117—118

在新西兰，117

在南非，117

在荷属东印度，118

Edwards, Edward，爱德华兹，爱德华，曼彻斯特图书馆第一任馆长，120

Eggs, import of，鸡蛋的进口，25

Egypt，埃及

成为棉花输出国，28，638

易卜拉欣率领的军队包围阿克，251

侵犯叙利亚和小亚细亚，251，428

瘟疫流行，417

埃及的铁路，424

一个不安定的因素，426

1827年舰队在纳瓦里诺被歼，426

它的战略地位，430

被英国占领，430，433

舰队驶往君士坦丁堡，475

Eichendorff, Joseph Freiherr von，艾兴多夫男爵，约瑟夫·冯，诗人，175—176

Eichhorn, Johann Gotlifried，艾希霍恩，约翰·戈特弗里德，神学家，102

Eider, river，艾德河，219，397

Eighteen Articles, Treaty of，十八条条约，221

Elbe, river，易北河，轮船在该河的行驶，32

Elberfeld，埃尔伯费尔德，501

Elections，选举，竞选的费用，335，336

Eletricity，电，1870年的电力耗费，57

Eleetrolysis，电解作用，戴维发现电解作用，63

Elgin, James Bruce，额尔金，詹姆斯·布鲁斯，第八代伯爵，加拿大总督，354，701，704

Eliot, Charles W.，埃利奥特，查尔斯·威廉，哈佛大学校长，117

Eliot, George (Mary Ann Evans)，艾略特，乔治（玛丽·安·埃文斯），小说家，159，162

Eliot, T. S.，艾略特，托马斯·斯特恩斯，诗人，178

Elliot, Captain，义律，海军上校，商务监督，689，690

Emancipation Proclamation (U. S. A.)，解放奴隶宣言（美国），628，639

Emerson, Ralph Waldo，爱默生，拉尔夫·沃尔多，作家，120，167，179，180，617，658

Emigration，移民

欧洲向美洲的移民，2

俄国人向西伯利亚移民，2，382—384

禁止熟练工人移民，28
来自英国的移民，332
Emilia，艾米利亚，与皮埃蒙特联合，572
Empire and Commonwealth，帝国和联邦，它的新概念，20
Enclosures，圈地
　在英国，24
　在德国，24
Energy，能量
　能量概念的确切定义，59
　能量的守恒，59
　能量的转换，59
Enfantin, Barthélemy Prosper，昂方坦，巴泰勒米·普罗斯佩，改革家，434，435—436
Enfield rifle，恩菲尔德步枪，304
Engels, Friedrich，恩格斯，弗里德里希，社会主义者，3，55，392
Engineering，机械工程，机械工程中的雇工，333
Engines, marine，轮机
　格拉斯哥制造的轮机，29
　复式轮机，36
English Constitution, The (Bagehot)，《英国宪法》（白哲特著），193
englische Verfassungs- und Verwaltungsrecht, Das (Gneist)，《英国的宪法和行政法》（格奈斯特著），193
Entail, law of，限定继承权法，智利的限定继承权法，664，665
Enzymes，酶，酶的发现，65
Eötvös, Joseph, Baron，艾厄特沃什，约热什，男爵，匈牙利领导人，545，546，549
Ere nouvelle, L' (Lacordaire)，《新时代报》（拉科代尔主编），101
Erfurt，爱尔福特，议会在该地开会（1850年3月），501
Ericsson, Captain John，埃里克森船长，约翰，"班长"号设计者，278
Erie Canal，伊利运河，32，612
Ernest of Saxe-Coburg, Prince，萨克森－科堡的埃内斯特亲王，507
Ernest Augustus，埃内斯特·奥古斯特，汉诺威国王
　违反宪法，106，494
　他的宪法，189—190
Eskompte-Gesellschaft，贴现公司，535
Essay on Population (Malthus)，《人口论》（马尔萨斯著），1
Esterházy, Count Maurice，埃斯特哈齐伯爵，莫里斯，548
Esterházy, Prince，埃斯泰尔哈吉公爵，254
Estonia，爱沙尼亚，231
Ether，乙醚，由莫顿和韦尔斯使用，72
Eugénie (de Montijo)，欧仁妮（德·蒙蒂茹），法国皇后
　与拿破仑三世结婚，446
　对政治决定的影响，447，582，595，598
　虔诚的天主教徒，447，583
　逃往英国，466
Eupatoria，欧帕托里亚，479
Evolution，进化论
　英国对科学的贡献，50

索 引　791

进化的机制和原理, 69
又见 Darwin, *Origin of Species*
Ewart, William, M. P., 尤尔特, 威廉, 国会议员, 致力于图书馆和博物馆事业, 120
"Ewart's Act"（1850）, 尤尔特法, 建立图书馆和博物馆, 120
Excellent H. M. S., 英国军舰"卓越号", 283
Explosives, 炸药, 52
Extra-territorial jurisdiction, 治外法权
　根据南京条约, 692
　在中国, 695, 696
　在暹罗, 709
　在日本, 711

Factory Acts, 工厂法, 44, 83, 341—342
Factroy inspectors, 工厂督察员
　根据1833年法令所任命的, 44, 341
　在普鲁士, 45
　在法国, 45
Falkland Islands, 福克兰群岛, 被英国占领, 673, 683
Fallersleben, Hoffman von, 法勒斯勒本, 霍夫曼·冯, 音乐家, 495
Falloux, Frédéric, Comte de, 法卢伯爵, 弗雷德里克, 404
Falloux Law, 法卢法, 见 *Loi Falloax*
Faraday, Michael, 法拉第, 迈克尔, 化学家, 51, 53, 56—57, 58, 71
Farias, Valentin Gómes, 法里亚斯, 巴伦廷·戈麦斯, 墨西哥自由主义者, 675

Farini, Luigi Carlo, 法里尼, 路易吉·卡洛, 教皇庇护九世的大臣, 558, 560, 572
Farm Produce, increase of, 农业生产的增加
　在匈牙利, 23
　在罗马尼亚, 23
　在俄国南部, 23
Farming, 农场
　1870年农场雇用的工人, 24
　设备的改进, 25
　西欧的高额管理费用, 25
Farragut, David, 法拉格特, 戴维, 美国海军司令, 328
Fathers and Children (Turgenev), 《父与子》（屠格涅夫著）, 374
Favre, Jules, 法弗尔, 朱尔, 政治家, 反对与普鲁士进行战争, 455, 599
February Patent, 二月特许令, 545, 548
Fellenberg, Philipp Emanuel von, 费伦贝格, 菲利普·埃马努埃尔·冯, 教师, 108
Ferdinand, emperor of Austria, 斐迪南, 奥地利皇帝
　登上皇位（1835）, 495
　意志薄弱的人, 495
　退位, 497, 531
Ferdinand Ⅱ, of Napks, 那不勒斯的斐迪南二世
　他的统治, 554
　想使意大利各国结成联盟, 556
　被迫颁布宪法, 560
　宪法的改变, 565

Ferdinand of Saxe-Coburg-Gotha, 萨克森－科堡－戈塔的斐迪南, 葡萄牙女王玛丽亚二世的丈夫, 587, 588

Ferdinand Ⅶ, 费迪南德七世, 西班牙国王, 他的去世, 253

Fermentation, 发酵, 65

Ferrara 费拉拉, 402, 554, 560, 561

Ferry, Jules, 弗里, 米尔, 法国政治家, 455

Fertilisers, 肥料, 24, 65

Feudal system, 封建制度, 德意志各邦仍从属于封建制度, 15

Fichte, Johann Gottlieb, 费希特, 约翰·戈特利布, 哲学家, 宣传自给自足的经济, 227

Figaro, 《费加罗报》, 125

Fillmore, Millard, 菲尔莫尔, 米勒德, 美国第十三任总统, 203, 623

Finch, Frances Miles, 芬奇, 弗朗西斯·迈尔斯, 诗人, 630

Finland, 芬兰
 《卡勒瓦拉》史诗, 231
 大公国, 231
 形式上的自由化, 376
 拿破仑三世有意将芬兰归还瑞典, 483

First Bank of the United States, 第一合众国银行, 606

"First International", "第一国际", 法国支部的成立, 455

First Manassas, battle of, 第一次马纳萨斯战役, 632

Fisheries, 渔业, 新英格兰, 610

Fitzgerald, Edward, 菲茨杰拉德, 爱德华, 诗人, 177

Fiume, 阜姆, 419—420, 422

Five Power Conference (1851—1852), 五强会议, 266

Flaubert, Gustave, 福楼拜, 居斯塔夫, 作家, 148, 159, 161, 165, 170

Flax, 亚麻, 湿纺法, 28

Fleury, General, 弗勒里将军, 驻圣彼得堡大使, 585

Fliegende Blätter, 《飞叶》杂志, 131

Flogging, 鞭笞, 在美国海军中废除鞭笞, 298

Florence, 佛罗伦萨, 389, 556

Florida, 佛罗里达, 603, 606, 620, 627

Fly Sheet Controversy (1844—1848), 关于"宣传小册子"的争论, 87

Foley, J. H., 弗利, 雕塑家, 143

Follen, Karl, 福林, 卡尔, 革命家, 194

Foochow, treaty port, 福州, 通商口岸, 692

Foodstuffs, 食品, 进口税, 343

Foot rot, 腐蹄疫, 24

Footwear, 鞋类, 一种家庭工业, 42

Forbes, Archibald, 福布斯, 阿奇博尔德, 报导普法战争的战地记者, 122

Force Act, 强制法, 609—610

Forckenbeck, Max von, 福肯贝克, 马克斯·冯, 律师, 510, 521

Ford, John, 福特, 约翰, 戏剧家, 159

Forster's Education Act（1870），福斯特教育法案，86，107，111，337

Forsyth, Rev. Alexander, 福赛思牧师，亚历山大，化学家，303

Foscolo, Ugo, 福斯科洛，乌戈，作家，被流放，552

Fossils, 化石，68

Foucault, Jean Bernard Léon, 傅科，让·贝尔纳·莱昂，物理学家和机械师，58

Fould, banking family of, 富尔德银行家族，41

Fould, Achille, 富尔德，阿希尔，政治家和金融家，447

Foundries, 铸工厂，342

Four Kings Alliance, 四王联盟，410

Fourier, François Charles Marie, 傅立叶，弗朗索瓦·夏尔·玛丽，社会主义者，109

France, 法国，XIV—XV，442—467

贸易和商业：农业，26，457—458；钢铁，29—30，457；煤，31，357；嫉妒英国的繁荣，254；克里米亚战争的影响，487

交通：公路，31，451，458；铁路，333；海运，452

建筑：哥特式的恢复，40；铁用于建筑，140；新文艺复兴，141—142；美术式建筑，142；立体设计，143

文学：小说取代戏剧，156；探索性的特点，158；现实主义，159—160；维克多·雨果的天才，164；历史小说，165；福楼拜的现实主义，170；诗以"浪漫派"占优势，171—173；波德莱尔卓越工艺，179

绘画和雕塑：19世纪在欧洲占最重要的地位，143；艺术院的恢复，144；德拉克鲁瓦的作品，145—147；绘画和雕塑中的现实主义，147；巴比松派，147；库尔贝的作品，148—149

宗教，政教关系：1830年革命的反教权性质，77；礼拜的自由，77；教皇拒绝接受自由天主教教义，78；恢复宗教团体，78；传教事业，79；强制推行罗马礼拜仪式，79；天主教教育自由，79，80；法卢法的通过，80；《现代错误学说汇编》，90—92；公会议，97—98；教皇指责与世俗权力有关的行为权利，97—98；教皇永无谬论，98；天主教自由派由于分裂而削弱，100

战争，陆军和海军：贝汉的工作，276—277，283，284；螺旋桨推进器，278—279；拉布鲁斯的工作，278，284；蒸汽战舰，279，285；装甲的使用，282；空心炮弹代替实心弹丸，283；征募常备军，299；子弹设计的改进，303—304；夏斯波步枪，305—306，593；拿破仑三世的私人军火库，307；机关枪，307，593；征兵制，312；约米尼的著作，313—316；铁路的利用，323

条约和同盟：给予英国以最惠国待遇，38；与奥地利达成谅解的努力，259；与俄国，491；与皮埃

蒙特，538；与中国，693，703—704；与土耳其，487；与俄国的友好关系，487

与中国战争：马赖神甫案，696，701，709；联合英军进攻广州，696，701；噶罗男爵被任命为特使，701；占领大沽炮台，702—704；天津条约，703；重启对中国的战端，704；批准1858年条约，704；保卫上海，706；法国的政策将安南包括在内，709

意大利独立战争：观察部队，251；在手段和方法方面值得注意的发展，323；铁路的利用，323；约米尼建议的企图，323；马让塔战役，323，324，571；使用装来复线的火炮，323；索尔费里诺战役，325，571；派往契维塔韦基亚的军队，408；接受尼斯和萨伏伊，463；天主教教会势力号召恢复教皇的世俗统治权，565；罗马共和国落入法军之手，565；军队继续留在罗马，565；普隆比埃密约，571；维拉弗兰卡停战协定，572；承认不干涉意大利中部的原则，572；撤退罗马驻军，572

普法战争：争论的根源，16；放弃阿尔萨斯和洛林，17；宣战，98，598—599；骑兵在色当被粉碎，305；普鲁士炮兵的战斗力，306；格拉夫洛特-圣普里瓦战役，306；机关枪，307；战略格局，325—327；动员，597；请求意大利援助，599；和约的条件，600

在非洲：征服阿尔及尔，7，424，461；把危险分子押送到阿尔及尔，445；在塞内加尔和索马里兰的基地，461

在交趾支那，7，709

在叙利亚，430

在印度支那，461

在墨西哥，464，580，641

在朝鲜，709

与克里米亚战争：战争非法国所愿，469；法国作为圣地的拉丁人的保护者的地位，469；拉瓦莱特的到达，469；海军在特里波利，470；拉瓦莱特休假，470；舰队的调动，472—473，474，476—477；拿破仑在维也纳照会上的作用，475；埃及军队的到达，475；给土耳其的贷款，477；宣战，478；派遣军队到达达尼尔海峡，478；拿破仑访问温泽，481；佩利西埃代替康罗贝尔，482；商讨芬兰和波兰问题，483；与瑞典签署条约，484；和约的条件，485；伤亡人数，485；损失和耗费，486—487；和平会议，487—488

与墨西哥战争：1861年的伦敦会议，677；军队在维拉克鲁斯登陆，677；马克西米连在法国支持下僭取王位，677；马克西米连被抛弃，法军撤退，678；马克西米连被处决，678

Francia, José Gaspar Rodriguez de, 弗朗西亚，何塞·加斯帕尔·罗德里格斯·德，巴拉圭总统，672

Francis IV, duke of Modena, 弗兰西斯四世，摩德纳公爵

希望革命，553
逃离摩德纳，553
处死门诺蒂，554
他的统治，554
Francis Ferdinand, Archduke, 弗兰茨·斐迪南，大公，计划恢复联邦制，210
Francis Joseph, emperor of Austria, 弗兰茨·约瑟夫，奥地利皇帝
 他的愚钝，209
 与沙皇尼古拉的会晤，252
 担任军队最高司令的职务，323
 与巴伐利亚和符腾堡两国王会晤，502
 建议召开各邦君主会议，513
 访问普鲁士的威廉，514
 相信王权神授，532
 大臣只对他个人负责，532
 前后矛盾和容易感情冲动，533
 与沙皇和普鲁士摄政在佩斯会谈，548
 1848年法令的合法性，548
 加冕为匈牙利国王，550
Franco-Prussian War，普法战争，参见France条目下
Franco-Russian secret treaty (1859)，法俄密约，271
Frankfurt，法兰克福，395
 预备议会在该地举行会议，398
 工人阶级代表大会在该地举行，400
 各邦君主会议（1863），513，514
 法兰克福自由市被普鲁士兼并，520
Frankfurt National Assembly，法兰克福国民议会
 参加反对丹麦的十字军行动，187，198
 主张仿效美国的联邦制，195
 法兰克福宪法，为魏玛共和国所借鉴，196
 与石勒苏益格－荷尔斯泰因问题，219
 投票赞成波兰独立，228
 推选弗里德里希·威廉四世为帝国皇帝，264，499—500
 议会的组成，405
 被驱散，500
Frankfurt, Treaty of (1871)，法兰克福条约，600
Frankfurter Zeitung，《法兰克福报》，126
Frankland, Edward, F. R. S.，弗兰克兰，爱德华，皇家学会会员，化学家，62
Frantz, Constantin，弗兰茨，康斯坦丁，作家，211
Franzoni, Luigi，弗兰佐尼，路易吉，都灵大主教，567
Frederick Ⅶ，弗雷德里克七世，丹麦国王，废除专制统治，219
Frederick Charles，弗里德里希·查理，普鲁士亲王，325
Frederick William Ⅲ，弗里德里希·威廉三世，普鲁士国王，他的优柔寡断，247
Frederick William Ⅳ，弗里德里希·威廉四世，普鲁士国王
 拒绝接受新建立的小德意志联邦的领导，195
 他的性格，209，485，495—496，508

与斯特拉特福德·坎宁会谈，262
威胁要退位，262
被选为帝国皇帝，264，407，500
被迫作出政治让步，397
解散制宪议会，405
成为普鲁士国王（1840），494
关心牛津运动，495
重建科隆大教堂，495
梅特涅论弗里德里希·威廉四世，496
对他的政策的失望，496
被内战的思想所吓倒，502
去世，510

Fredericksburg, battle of, 弗雷德里克斯堡战役，632

Freemasonry in Brazil, 巴西的共济会，663

French Organic Law of 1842 (railways), 1842年的法国基本法（铁路），33

French Society for Elementary Instruction, 法国初等教育学会，110

Freytag, Gustav, 弗赖塔格, 古斯塔夫, 小说家，166

Friedrich, Johann, 弗里德里希, 约翰, 神学教授, 被革出教门, 100

Frith, William P., 弗里思, 威廉, 画家, 150

Froebel, Friedrich Wilhelm August, 福禄培尔, 弗里德里希·威廉·奥古斯特, 教育家
  普鲁士取缔他的幼儿园，106
  受裴斯泰洛齐的影响，108

Froebel, Julius, 弗勒贝尔, 尤利乌斯, 政治作家，504，512

Fuad Pasha, 法德帕夏, 土耳其外交大臣
  被怀疑同情法国，470
  被迫辞职，472

Fugitive Slave Act, 逃亡奴隶法，625

Fulton, Robert, 富尔敦, 罗伯特, 工程师，277

"Fundamental Laws" (1867), "基本法"，524

Fünem, 菲南, 丹麦岛屿, 1848年瑞典派兵保护该岛，220

Furtrade in Oregon, 俄勒冈的毛皮贸易，521

Fuseli, Henry, 富塞利, 亨利, 画家，135

Gablenz, Anton von, 加布伦茨, 安东·冯, 普鲁士将军，518

Gaeta, 加埃塔，408，421，564

Gagern, Max von, 加格恩, 马克斯·冯, 普鲁士自由主义者，261

Gainsborough, Thomas, 庚斯博罗, 托马斯, 画家，135

Gaj, Ljudevit, 加伊, 路德维特, 语言学家，238

Galicia, 加利西亚，234—236，406，478
  解放农民，414，523
  波兰的统治，524
  分成两个王室领地，526
  特殊地位，546

Gallait, Louis, 加莱, 路易, 画家，151

Gallatin, Albert, 加勒廷, 艾伯特, 美国政治家，203

Gallipoli, 加利波利, 478
Gambetta, Léon Michel, 甘必大, 莱昂·米歇尔, 法国政治家
　　反对教权主义, 76
　　博丹审判案, 125
　　反对帝国, 455
　　赞成与普鲁士交战, 599
Gangrene, prevalence of, 坏疽病的流行, 73
Garibaldi, Giuseppe, 加里波第, 朱塞佩
　　远征西西里, 88
　　向罗马进军, 201, 433, 576
　　被缺席判处死刑, 555
　　表示要与查理·阿尔贝特合作, 563
　　被逐出皮埃蒙特, 573
　　夺取巴勒莫和那不勒斯, 573—574
　　与加富尔的争吵, 575
　　阿斯普罗蒙特, 576
　　在曼塔纳战败, 583
　　领导对教皇领地的袭击, 583
Garnier, Charles, 加尼埃, 夏尔, 建筑师, 142
Garnier-Pagès, Étienne, 加尼埃-帕热, 艾蒂安, 政治家, 399
Garrison, William Lloyd, 加里森, 威廉·劳埃德, 新闻工作者和废奴主义者, 130, 618, 619
Gärtner, Friedrich von, 格特纳, 弗里德里希·冯, 建筑师, 140, 141
Gases, kinetic theory of, 气体运动的理论, 56
Gaskell, Mary (Mrs), 盖斯凯尔夫人, 玛丽, 小说家, 11, 160
Gas-light industry, 煤气灯工业, 52

Gastein, 加施泰因, 弗兰茨·约瑟夫和威廉一世在此会晤, 514
Gastein, Convention of, 加施泰因协议, 516—517
Gasworks, 煤气厂, 51, 65
Gatling, Richard, 加特林, 理查德, 发明家, 306
　　火炮, 306—307
Gau, Franz Christian, 高, 弗朗茨·克里斯蒂安, 建筑师, 140
Gauguin, Paul, 高庚, 保罗, 画家, 146
Gauss, Karl Friedrich, 高斯, 卡尔·弗里德里希, 数学家, 56, 114
Gautier, Théophile, 戈蒂埃, 泰奥菲尔, 法国诗人和新闻工作者, 125, 146, 173
Gavarni, Paul, 加瓦尔尼, 保罗, 画家和平版印刷工, 147
"General Assembly's College", "独立教会大会学院", 加尔各答, 118
General Council (Vatican Council), 天主教公会议（梵蒂冈公会议）
　　会议的最高权力机构, 94
　　会议的召开, 94—95
　　会议的进程, 96—99
　　不良的政治后果, 99
Genoa, 热那亚, 553, 560, 562, 570
　　航运和人口, 419—420, 431
　　海军基地, 421
　　东方贸易, 425, 432
　　贸易转移到的里雅斯特, 55
　　港口设施, 556
　　遭炮轰, 566
Genoa, duke of, 热那亚公爵, 587,

588

Geology, 地质学, 确定地球的年代, 68

Geometries, 几何学, 建立在非欧几里得原理基础上的几何学, 56

George, 乔治, 丹麦亲王, 继承希腊王位, 426

Georgia (Transcaucasia), 格鲁吉亚（外高加索）, 372

Georgia (U.S.A.), 佐治亚（美国）
北方联军穿越该州, 329
印第安人的迁移, 606
征兵, 653

Gerbet, Olympe-Philippe, 热尔贝, 奥林普–菲利普, 佩皮尼昂主教, 77, 89

Gerhardt, Karl Friedrich, 热拉尔, 卡尔·弗里德里希, 化学家, 62

Géricault, Théodore, 热里科, 泰奥多尔, 画家, 144, 146

Geringer, Karl Gabriel, Baron, 格林格尔, 卡尔·加布里尔, 男爵, 奥地利民政专员, 528

Gerlach, Leopold von, 格拉赫, 利奥波德·冯, 将军, 499, 504, 511

Gerlach, Ludwig von, 格拉赫, 路德维希·冯, 政治家, 499, 501, 504, 511, 517

Germany, 德意志, XV, XVI, XVIII, 493—521, 577—602
贸易与商业：铁路, 4, 41, 308, 494, 505；主要是制造业国家, 4, 51；第一个合作银行, 23；地主作为农业生产者, 23；圈地的扩大, 24；钾碱的矿藏, 24；化肥, 24, 65；土地信贷银行, 25；关税同盟, 26, 37, 228, 494, 501, 503, 505；谷物生产, 26；使用纺纱机, 28；铁的生产, 29—30；煤的生产, 31, 505；银行和银行业, 41；童工, 45；科学领域, 50—51, 57—60, 62, 65—67；需要海上商业、渔业和殖民地, 228；农业占主导地位, 494；人口, 494, 505；合作运动, 507

宪政的发展：民族主义的发展, 17, 198, 226—229；"激进派"联盟, 46；普鲁士在宪政发展中的支配地位, 100, 185, 494, 499；各小邦的宪法, 189；美国对1849年和1867年宪法的影响, 195；德意志帝国的建立, 199, 210, 602；恢复专制制度, 204；奥尔米茨战役失败之辱, 204, 210, 410, 412, 502, 503, 508；拉萨尔的"工人纲领", 205；民主失败的原因, 208；1867年和1871年的宪法, 210, 211, 520, 578—579；1815年的邦联, 210, 226, 493, 518；宪政改革问题, 496—497, 502—503, 507, 512—514, 517；要求建立一个大德意志, 227, 512；1848年的革命, 389—415 各处, 497；1848年3月柏林起义, 397, 497—498；弗里德里希·威廉四世拒绝帝位, 407, 499；三王同盟, 409—410；所有各邦这时均已实行宪政, 412；中产阶级参加政府

和行政机构，494；普鲁士和奥地利共同承担处理德意志事务的责任，500；法国作为宿敌，227，506

教会和国家之间的关系，100，107

教育：教育与国家和教会的关系，105—107；福禄培尔的工作，108；教育的高标准，109；文科中学，111；技术学校和大学，111，113—114

新闻出版：发展，125—127，131；新闻出版自由，125—126，397；相对的地位，131；沃尔夫通讯社，132

建筑，139—140

艺术，143，150

文学：浪漫主义作家，158，174；"教育小说"，161；相对说来不成熟，166—167；诗歌，174—176

战争：撞针枪，304—305；骑兵已经过时，306；后膛装填的火炮，306；铁路的利用，308—309；电报，310；征兵，312；罗恩的改革，509，515；基尔成为海军基地，516

石勒苏益格-荷尔斯泰因和1864年的丹麦战争，211，219，220，311，514—516

奥普战争（1866），16，305，308，310，324—325，517—519，578

普法战争（1870），见France条目下

又见各国条目下

Gettysburg, battle of, 葛底斯堡战役，328，632

Giacomo, Fra, 贾科莫，教士，575

Gibbs, Josiah Willard, 吉布斯，乔赛亚·威拉德，美国科学家，51

Gibraltar, 直布罗陀
  航运和人口，419—420
  走私活动，420
  英国海军部从法尔默思开往该地的班轮，431
  1840年成为英国直辖殖民地，433

Gide, André, 纪德，安德烈，作家，181

Giessen, 吉森，李比希的实验室，50

Giessener Schwarzen, 吉森黑衣社，194

Gioberti, Vicenzo, 焦贝蒂，温琴佐
  与新归尔甫党人，199—200
  支持维克托·埃马努埃尔，201
  赞成联盟的解决办法，225
  被流放，555
  不信任教皇政治，558
  与耶稣会士，565
  与教皇的世俗权力，566

Giovine Italia (Mazzini), 青年意大利（马志尼），555；见"Young Italy"

Girardin, Émile de, 吉拉尔丹，埃米尔·德，巴黎《新闻报》，121，124

Girardin, Saint-Marc, 吉拉尔丹，圣马克，《辩论报》撰稿人，123

Girtin, Thomas, 格廷，托马斯，画家，135

Giusti, Giuseppe, 朱斯蒂，朱塞佩，诗人，225

Gladstone, William Ewart, 格莱斯顿，

威廉·尤尔特
　降低进口税，38
　反对教士资格法，85
　1871年大学考试法，87
　关心天主教公会议，95
　与废除爱尔兰圣公会国教地位，100，101，218
　反对那不勒斯监狱和保加利亚暴行的运动，202
　辞职，481
　1854年预算，486
　与阿尔萨斯—洛林的兼并，600
Glasgow，格拉斯哥，29，43
Glass-works，玻璃厂，342
Globe, Le，《环球报》，130
Glycerine，甘油，66
Glycogen，糖原，66
Gneisenau, Neithardt Count，格奈泽瑙，奈特哈特，伯爵，普鲁士元帅和改革家，310
Gneist, Rudolph von，格奈斯特，鲁道夫·冯，作家，193，207
Goa，果阿，688
Godkin, E. L.，戈德金，埃德温·劳伦斯，纽约报纸主编，《民族》周刊创办人，130—131
Goethe, Johann Wolfgang von，歌德，约翰·沃尔夫冈·冯，诗人和哲学家，139，161，172，176
Gogh, Vicent van，梵高，文森特，画家，135
Gogol, Nikolai，果戈理，尼古拉，小说家和戏剧家，165，182，368
Goito, battle of，戈伊托战役，398
Gold，黄金

　供应的新来源，505
　在澳大利亚，355，458
　在加利福尼亚，458，680
Golovnin, Alexander V.，戈洛夫宁，亚历山大·瓦·，教育大臣，379
Goltz, Robert, Graf von der，戈尔茨伯爵，罗伯特·冯·德，外交家，582
Goluchowski, Count Agenor，戈武霍夫斯基伯爵，阿格诺尔，奥地利政治家，539，543，544
Gorchakov, Alexander, Prince，戈尔恰科夫亲王，亚历山大，俄国政治家
　接替涅谢尔罗迭，16，269
　国务会议主席，360
　首相，387
　征服基瓦，388
　维也纳谈判，479—481
　与莫尔尼公爵接近，484
　黑海问题上的让步，492
Gordon, Charles，戈登，查尔斯，陆军少校，706
Görgey, Arthur，格尔盖伊，阿图尔，匈牙利将军，528
Görres, Johann Josef von，格雷斯，约翰·约瑟夫·冯，民族主义作家，78，227
Goschen, George Joachim，戈申，乔治·乔基姆，海军大臣，300—301
Gotthelf, Jeremias，戈特赫尔夫，耶雷米阿斯，166，见Bitzius, Albert
Göttingen，格廷根，106，493，494
"Government Commission for Work-

men"，"政府劳动委员会"，393

Government of India Act (1853)，印度政府法，337

Graham, Sir James，格雷厄姆爵士，詹姆斯，海军大臣，278，295，299，300

Grain，谷物
  欧洲的生产，23，26
  美国的生产，65，613

Gramont, Alfred, due de，格拉蒙公爵，阿尔弗雷德，法国外交大臣，583，586，590—591，595，599

Granada, New，新格拉纳达，与美国签订条约，680

Grand National Consolidated Trades Union，全国大统一工会联合会，346—347

Grant, Ulysses，格兰特，尤利塞斯，将军，美国司令，316，328—329，330，630，657

Granville, George Leveson Gower, 2nd earl，格兰维尔，乔治·利文森·高尔，第二代伯爵，589，599

Grassman, Hermann Gunther，格拉斯曼，赫尔曼·贡特尔，数学家，56

Gravelotte-Saint Privat, battle of，格拉夫洛特-圣普里瓦战役，306，326

Gravitation, doctrine of universal，万有引力学说，49

Gray, Sir John，格雷爵士，约翰，100

Great Britain，英国，XI—XII，331—356

贸易与工业：工厂制度的开始，4；家庭工业，4，42；进口家畜，25；谷物生产，26，683；纺织品，27—28，333，342，638；谷物法，27，38，122，334，342；铁，29，333；钢，30，333，342；煤和采煤业，30—31，279，333，342；运河，30；公路，31；铁路，32—33，332；航运，36；邮政，36，332；电报，36—37；航海法，38，334，351；所得税，38；银行和银行业，39—41，334—335；雇用童工，44，83，341—342；工会，45—46，346—347；移民，332，353；来自德国和美国的竞争，334；海外投资，334，350；贸易差额，334；工厂督察，341；工厂法，341—342，413；特别税法，345；对海外贸易的依赖，353

农业，24—25，332，342

外交联盟和事件：给法国"最优惠国"待遇的条件，38；比利时的独立，214，249，461；将爱奥尼亚群岛让与希腊，242，246；不再干预大陆问题，269—270，272；地中海政策，431，433；承认法兰西第二帝国，462；与土耳其结盟，468；占领福克兰群岛，673；鲁阿丹和莫斯基托保护地，679

宗教、教会与国家：撤销宗教考查法和市镇机关法，76；解除天主教的各种禁令，77，100；牛津运动，81—83，100；传教事业，83；苏格兰长老会，83—84；罗马天主教在英国，84—85，87；不信奉国教者，85—87；爱尔兰长老会，100—101；基督教社会主义，101

教育：大学，87，116，119，206；国家的作用，106；兰开斯特制度，110；国家的拨款，110—111；1870年福斯特教育法案，111，337；公学制度，113；小教师制度，114；技工学校，119，120；图书馆，120

新闻出版：家族所有，121；诽谤罪法的改变，121；出版税和印花税，121—122；报纸数量的增加，123；插图报刊的增多，131；通讯社，132—133

建筑，134，136—143，154—155

雕塑，143

绘画，150—155

文学：一般的特征，156—160；小说家，162—163，165—168；诗，172，174，176—178；戏剧，181—182；又见各作家条

行政机构和改革：公民权，185，192，204，336；由个人或家族控制的选区，185，192，336；宪章运动，193，202；文官，206，337—338；地方政府委员会（1871），207；警察，337；济贫法的执行，337；改革法（1832），189，192，289，334—336，338，345；（1867），206，211，236；市政改革法（1835），207，334；（1841），337；人民代表选举法（1867），334

战争：海战和陆战：实现国家政策的手段，274，282—283；武装力量，275—276，280，284—287；恩赐官职制和提升制度，289—290，292；新兵的补充，291—292，293—295；预备役，296，299；骑兵，302，305；火器的发展，302—306；电报的使用，309—310；军队的改编，356，486

与中国的战争：太平天国起义，8，384，695—696，697，698—699，700，705，706；1856—1860年的各次战役，701—704

与克里米亚战争：复杂的外交，16；新式武器的威力，16，306；显示出军事行动缺乏效率，122，241，322，481，486；对势力均衡的影响，268—269；医疗服务，323；导致战争的事件，462，469；联军舰队的活动，472，474—477；帕默斯顿的态度，474—475；召回大使并宣战，478；陆战，478—484；和平的条件，485；伤亡人数，485；损失和耗费，486；和平会议，487—488

与墨西哥战争（1861），677

Great Exhibition（1851），大博览会，6，25，52，53，203

Great Lakes, U.S.A.，大湖区（美国），32

Greece，希腊，391

作为一个王国的出现，16

受英国干预，214
由于独立战争的影响而重新获得港口，422
葡萄干的收获，422
议会制宪法（1843），426
奥托国王为丹麦的乔治亲王所继任，426
收回伊奥尼亚群岛，426
奥托国王的统治，490
Greeley, Horace (of *New York Tribune*)，格里利，霍勒斯（《纽约论坛报》的），120，129—130，188，206
Gregory XVI (Mauro Capellari), Pope，格列高利十六世（毛罗·卡佩拉里），教皇，78，554，557
Grey, Charles Grey, 2nd earl，格雷，查尔斯·格雷，第二代伯爵，248
Greytown，格雷敦，680
Grillparzer, Franz，格里尔帕策，弗朗茨，戏剧家，182，237
Gros, Baron，噶罗男爵，法国派往中国的特使，701
Grundtvig, Nikolai Frederik Severin，格伦特维，尼古拉·弗雷德里克·塞弗林，丹麦主教，107，114，119
Guadalupe Hidalgo, Treaty of (1848)，瓜达卢佩·伊达尔戈条约，622，675
Guardians, Board of，济贫委员会，337
Guatemala，危地马拉，678，679
Guayaquil，瓜亚基尔，668
Guéranger, Dom，盖朗热长老，索莱斯姆隐修院院长，79
Guerazzi, Francesco Domenico，圭拉齐，弗朗切斯科·多梅尼科，408
Guéronnière, de la，盖隆尼埃尔，德拉，法国新闻工作者，125
Guibert, Jacques Antoine Hippolyte, Comte de，吉贝尔伯爵，雅克·安托万·伊波利特，18世纪军事思想家，314
Guizot, François，基佐，弗朗索瓦，法国政治家，105，115，190，259，389，392，452
Gun-cotton，火药棉，64
Gutta-percha，杜仲胶，53
Gutzkow, Karl Ferdinand，吉茨科，卡尔·费迪南德，小说家，166
Guyot, Raymond，居约，雷蒙，254
Gwatkin, H. M.，格沃特金，基督教历史学家，81
Gyulai, Count Franz，吉乌莱伯爵，弗兰茨，奥地利将军，539

Habeas Corpus Act，人身保护法
在爱尔兰中止，217
在美国中止，647，653
Haiti，海地，682
Hakodate，函馆，日本贸易港口，711
Halleck, Henry Wager，哈勒克，亨利·韦杰，将军，316，657
Haller, Karl Ludwig von，哈勒尔，卡尔·路德维希·冯，作家，496
Hals, Frans，哈尔斯，弗朗斯，画家，135
Ham，火腿，英国输入市场，26
Hambach，哈姆巴赫，"哈姆巴赫节"，

（1832），493
Hamburg，汉堡，4，26，400，494
Hamburg-Berlin Railway，汉堡—柏林铁路，308
Hamilton, Alexander，汉密尔顿，亚历山大，美国政治家，603，605，606
Hamilton, Hugh，汉密尔顿，休，自然哲学教授，56
Hamilton, William，汉密尔顿，威廉，画家，134
Hammond, James H.，哈蒙德，詹姆斯·亨利，废奴主义者，617
Handbooks for Travellors (John Murray)，《旅游者手册》（约翰·默里著），418，419
Hanover，汉诺威
　1833年宪法，189
　1840年宪法，190
　1848年革命，397
　在税收同盟内，494
　与普鲁士和萨克森成立三王国联盟，409，501
　退出普鲁士联盟，410，501
　加入关税同盟，503
　在朗根萨尔察战役中败北，519
　并入普鲁士，520
　为德意志特务机关提供资金，579
Hansemann, David，汉泽曼，达维德，工业家，494，496
Hardenberg, Karl August von, prince，哈登贝格，卡尔·奥古斯特·冯，亲王，391
Hardy, Sir Thomas Master man，哈代爵士，托马斯·马斯特曼，海军上将，278
Harper's Ferry, raid on，袭击哈珀斯费里，625
Harris, Townsend，哈里斯，汤森，美国驻日本下田领事，712
Harris Treaty（1858），哈里斯条约，712
Harrison, William Henry，哈里森，威廉·亨利，美国第九任总统，621
Harvesters，收割机，25
Harz Mountains，哈尔茨山脉（德国），24
Haussmann, Baron，奥斯曼男爵，塞纳河地区行政长官，142，460
Havas Agency，哈瓦斯通讯社，5，132
Havlíček, Karel，哈夫利切克，卡列尔，民族主义者，238，534
Hawthrone, Nathaniel，霍桑，纳撒尼尔，小说家，167
Haxthausen, August, Baron von，哈克斯陶森，奥古斯特·冯，男爵，18，357n
Hayman, Francis，海曼，弗朗西斯，画家，134
Haynald, Ludwig，海纳尔德，路德维希，红衣主教和考洛齐大主教，100
Haynau, Baron Julius Jacob von，海瑙男爵，尤利乌斯·雅各布·冯，奥地利总司令，528
Hayne, Robert, Y.，海恩，罗伯特·扬，美国参议员，615
Health, Board of，卫生委员会，337
Heat, physics of，热物理学，59

Hebbel, Friedrich, 黑贝尔, 弗里德里希, 戏剧家, 182, 183, 184

Hebrew faith of polytheist origin, 希伯莱人的信仰来源于多神教, 102

Hefele, C. J., 黑费尔, 罗马教会历史学家, 94, 100

Hegel, Georg Wilhelm Friedrich, 黑格尔, 格奥尔格·威廉·弗里德里希, 哲学家, 55, 183, 184, 227, 495

Heidelberg, 海德尔堡, 395

Heine, Heinrich, 海涅, 海因里希, 诗人, 17, 126, 174—175, 494

Held, F. W. A. (*Die Lokomotive*), 黑尔德(《火车头》), 125

Helmholtz, Hermann von, 亥姆霍兹, 赫尔曼·冯, 生理学家, 59, 60, 66

Helvétius, Claude-Adrien, 爱尔维修, 克洛德·阿德里安, 哲学家, 53

Herbart, Johann Friedrich, 赫尔巴特, 约翰·弗里德里希, 哲学家, 108

Herder, Johann Gotlifried, 赫尔德, 约翰·戈特弗里德, 哲学家, 216, 226

Hérédia, José-Maria de, 埃雷迪亚, 何塞-玛丽亚·德, 诗人, 173

Hertz, Heinrich, 赫兹, 海因里希, 物理学家, 58

Herzegovina, 黑塞哥维那, 472, 474, 479, 537n

Herzen, Alexander, 赫尔岑, 亚历山大, 政治作家, 10, 13, 128, 216, 245

Hesse-Darmstadt, 黑森—达姆施塔特, 395, 520

Hesse-Kassel, 黑森—卡塞尔, 395
  1850年革命, 410
  普鲁士撤离, 410
  拉多维茨的联盟计划, 501
  选帝侯寻求联邦议会的帮助, 502
  选帝侯被囚, 519
  被普鲁士兼并, 520

Hetherington, Henry (*Poor Man's Guardian*), 赫瑟林顿, 亨利(《穷人卫报》主编), 121—122

Heydt, August von der, 海特, 奥古斯特·冯·德, 普鲁士财政大臣, 518

Hierta, Lars (*Aftonbladet*), 希尔塔, 拉斯(《晚报》主编), 127

Hill, Sir Rowland, 希尔爵士, 罗兰, 332

Hirsch, Max, 希尔施, 马克斯, 德国工会活动家, 46

Histoire des Girondins (Lamartine), 《吉伦特派的历史》(拉马廷著), 216

History of Israel (Wellhausen), 《以色列史》(韦尔豪森著), 102

History of the Jews (Milman), 《犹太史》(米尔曼著), 102

History of the People of Israel (Edwold), 《以色列人民史》(埃德沃尔德著), 102

Hoare, banking firm of, 霍尔银行, 40

Hoe, Richard, 霍, 理查德, 发明家, 131, 132

Hoff, van t', Jacobus Hendrikus, 范托夫, 雅各布·亨利克, 化学家,

63

Hofmann, August Wilhelm von, 霍夫曼, 奥古斯特·威廉·冯, 化学家, 52, 62

Hoffmann, E. T. A., 霍夫曼, 作家和音乐家, 179

Hohenlohe-Schillingsfuerst, Chlodwig, Prince von, 霍恩洛厄-席灵斯菲斯特亲王, 克洛德维希·冯, 228

Hohenschwangau, 霍恩施旺高城堡, 602

Hohenzollern, Leopold, prince of, 霍亨索伦亲王, 利奥波德
 西班牙王位的候选人, 587—592
 退出, 594—596

Hohenzollern-Sigmaringen, Prince Karl Anton of, 霍亨索伦-西格玛林根的卡尔·安东亲王, 508, 587, 593—594

Holland, 荷兰
 排出泥炭沼泽的水, 24
 谷物净进口国, 26
 公民权, 192
 国王的逝世, 203
 十八条条约, 220—221
 派军队进入比利时, 249
 将安特卫普割给比利时, 250
 在印度尼西亚的影响, 686

Holnstein, Count, 霍恩施泰因伯爵, 巴伐利亚宫廷内侍, 602

Homestead Act (1862), 宅地法, 642

Hoduras, 洪都拉斯, 678—679, 681

Hong Kong, 香港, 432, 689, 690, 692

Hong merchants' association, 行会, 689

Hooker, Sir Joseph Dalton, M. D., 胡克爵士, 约瑟夫·多尔顿, 医学博士, 博物学家, 71

Hope, banking family of, 霍普银行家族, 41

Hope, James, 贺布, 詹姆斯, 英国水师提督, 703

Hopes of Italy (Balbo),《意大利的希望》(巴尔博著), 200, 431

Hortense (de Beauharnais), 奥尔唐斯 (德博阿尔内), 荷兰王后, 442—443, 447

Hospitals, 医院, 72

Hottinguer, banking family of, 霍廷格尔银行家族, 41

Housing, 住房, 43—44

Hoverbeck, Leopold von, 霍韦尔贝克, 利奥波德·冯, 德意志进步党领袖, 510

Howe-Singer sewing machine, 豪一胜家缝纫机, 642

Hsien Feng, 咸丰, 中国皇帝, 698, 704—705

Hübner, Joseph Alexander von, Baron, 许布纳男爵, 约瑟夫·亚历山大·冯, 奥地利代理人, 263

Hudson Bay Company, 赫德森湾公司, 355

Hughes, John, 休斯, 约翰, 基督教社会主义者, 118

Hugo, Victor Marie, 雨果, 维克托·玛丽, 法国诗人和戏剧家, 13, 80, 144, 164, 165, 174, 181, 190

Humboldt, Alexander von, Baron, 洪

堡，亚历山大·冯，男爵，436
Hung Hsiu-ch'uan（Tien Wang），洪秀全（天王），太平天国领袖，697—698，706
Hungary，匈牙利
  大地主作为农业生产者，23
  马扎尔人禁止实行联邦制，209
  奥地利的独立，264，407，528
  反党联盟在1847年选举中获胜，389
  1848—1849年的革命，390，402—403，406，408
  为废除封建权利给地主的赔偿，396
  匈牙利法典，396
  科苏特任摄政，528
  效率低的行政管理，537
  偷漏税，537—538，547
  解放农民，542
  马扎尔语恢复成为官方语言，542
  重新设立总理府，542
  将举行选举和召集国会，543
  四月法令的合法性，544
  消极反抗，544，547
  立宪君主制，550
Hunt，Holman，亨特，霍尔曼，画家，151，153
Hunter，Robert T.，亨特，罗伯特，律师，政治家，195
Huskisson，William，赫斯基森，威廉，政治家，38
Hutton，R. H.（*Spectator*），赫顿，（《旁观者》周刊主编），123
Huxley，Thomas Henry，赫胥黎，托马斯·亨利，博物学家，71，112
Hydrodynamics，流体动力学，51

Hyères，耶尔，421
Ibrahim，易卜拉欣，埃及帕夏，穆罕默德·阿里之子，251，428
Ibsen，Henrik，易卜生，亨利克，戏剧家，184
Ignatyev，Count Nicholas Pavlovitch，伊格纳季耶夫伯爵，尼古拉·巴甫洛维奇，俄国驻君士坦丁堡大使，234，703，704
Illinois，伊利诺伊，615，624
Illustrated London News，《伦敦新闻画报》，131
Illustration，L'，《画报》，131
Illustrierte Zeitung，《画报》，131
Illustrious，H. M. S.，《卓越》号，英国军舰，292
Immaculate Conception, doctrine of，圣灵怀胎说，85
Immerman，Karl Lebrecht，伊默尔曼，卡尔·勒布雷希特，小说家，166—167
Imperial, the Prince，皇太子，446，466
Impressment Act，强征服役法，651
India，印度
  建立在总督领导下的统治，8
  实行西方式的教育制度，8，117—118
  棉花出口，28，638
  铁路，34，350
  传教活动，79
  报纸，131
  通往印度的陆上路线，255
  文官，337，352

电报通信，350
刑法，352
国王直接统治，356
邮政，431—432
英国东印度公司，685
鸦片贸易，688
Indian Mutiny，印度兵变，造成银行业危机，42
Indiana，印第安纳，194，615
Indigo，靛蓝，64，610
Indo-China，印度支那
　传教活动，79
　法国的渗入，461，709
Indonesia，印度尼西亚，686
Induction, electrical，电感应现象，56
Industrial and Provident Societies Acts (1852 and 1862)，工业和节俭性协会法，348
Industries, domestic，家庭工业，42，341
Ingres, Jean A.-D.，安格尔，让·奥古斯特－多米尼克，画家，144，145
Inspectorate of Maritime Customs (China)，海关临督（中国），701
Institut de France，法兰西研究院，144
Institutions Liturgiques (Guéranger)，《礼仪制度》（盖朗热著），79
Instruction pastorale sur diverses erretus du temps présent，《关于当代各种错误学说给教区的指示》，89
Instrument makers, scientific，科学仪器制造商，53
Internal Revenue Act (U.S.A.)，国内税收法（美国），644

International Postal Union (1874)，国际邮政联盟，它的成立，36
International Working Mens' Association，国际工人协会，7
International Working Mens' Movement，国际工人运动，205
Ionian Islands，伊奥尼亚群岛
　英国割让给希腊，242，426
　航运，419，422
Iowa，衣阿华，189，203
Ireland，爱尔兰
　缺少工业，2—3
　移民出境，3，218，344
　马铃薯枯萎病，24
　爱尔兰的罗马天主教事务，100，217
　政教分离，100，161
　"菜园革命"，202，217
　民族主义，217—218，391
　合并法（1801），217
　中止实施人身保护法，217
　人口的减少，331
　独立纲领，389
Irgiz，伊尔吉兹，387
Irish Confederation，爱尔兰联盟，217
Irish Republican Brotherhood (Fenians)，爱尔兰共和兄弟会（芬尼党人），218
Irkutsk，伊尔库次克，383
Irving, Washington，欧文，华盛顿，小说家，167
Iron，铁
　铁的生产，3，29，30，43，333
　用于造船，4
　铸铁的锻造，29

矿藏, 29
价格, 29
由于使用焦炭而使产量增加, 30
匹兹堡的钢铁工业, 31
雇佣工人, 43
用于建筑, 136, 140, 142
铁的出口, 333

Isabella Ⅱ, 伊莎贝拉二世, 西班牙女王, 586

Ismail, 易斯马仪, 埃及总督, 440

Isomers, 同分异构体, 光学方面的同分异构体, 63

Italia del Popolo（Mazzini）,《人民的意大利》（马志尼主编）, 571

Italy, 意大利, XVII, 552—576
 宗教, 教会与国家: 加富尔的箴言, 76; 教会财产世俗化, 88, 575; 掌管教育, 93; 教会束缚下的国王和政府, 99; 对待犹太人, 243, 556, 559; 教会的书报检查制, 554; 容忍非天主教徒, 556; 庇护九世的当选, 559; 耶稣会对自由主义的态度, 565; 西卡尔迪法, 567; 解散修道院, 568; 世俗婚姻, 568
 条约和联盟: 普隆比埃密约（1858）, 16, 209, 271, 463, 538, 571; 与拿破仑三世结盟（1859）, 88; 与普鲁士结盟（1866）, 271
 教育, 111, 115
 新闻出版, 128, 560
 建筑, 140
 查理·阿尔贝特, 见 Charls Albert 条下

维克托·埃马努埃尔二世, 继位, 209, 566

第一次奥地利战争: 库斯托扎战役, 186, 263, 402, 523, 564; 诺瓦拉战役, 263; 1849年和约, 264; 停战, 322; 宣战, 398; 戈伊托战役, 398; 重新开战, 407; 财源, 567

第二次奥地利战争（1859）: 铁路的利用, 309; 马让塔战役, 323, 571; 法国军队支持皮埃蒙特, 323, 462—463; 索尔费里诺战役, 323, 571; 维拉弗兰卡停战协定, 572

第三次奥地利战争: 第二次库斯托扎战役, 576; 海军在利萨的失败, 576

又见各有关国家条

Iturbide, Agustin de, 伊图尔维德, 阿古斯丁·德, 墨西哥皇帝, 674

Jackson, Andrew, 杰克逊, 安德鲁, 将军, 美国第七任总统, 605—610

Jacoby, Johann, 雅各比, 约翰, 激进分子, 496, 510

Jaffa, 雅法, 423

Jahn, Friedrich Ludwig, 雅恩, 弗里德里希·路德维希, 政论家, 227

Jamaica, 牙买加, 356, 679

Japan, 日本
 与西方国家的外交关系, 7, 712
 明治维新（1867）, 211, 713
 1889年宪法, 212
 创建陆军和海军, 212

闭关自守政策，709—710
基督教在日本，710
贸易，710—711
外国人的旅行，710，712
德川幕府，710—713
1853年的防卫，711
与西方列强签订的条约，711—713
炮轰鹿儿岛，712
在大阪湾的海军舰队，713
内战，713
宫廷迁至东京，713
西方承认日本为强国，713
Japelli, Giuseppe, 亚佩利, 朱塞佩, 建筑师，140
Jassy, Academy of, 雅西科学院，241
Jefferson, Thomas, 杰斐逊, 托马斯, 美国第三任总统，603，605，612
Jellačić, Joseph, Count, 耶拉契奇, 约瑟夫, 伯爵, 克罗地亚省省长，403，522，523，525，537
Jesuits, 耶稣会
　在瑞士，81，223，
　支持圣灵怀胎说，88
　1851年在奥地利恢复原来地位，533
　焦贝蒂论耶稣会，565
　自由主义与真正的宗教水火不能相容，565
　在墨西哥遭取缔，675
Jews, 犹太人
　人口，243
　被很多职业排斥在外，243
　依地语遭取缔，243
　在巴勒斯坦定居，244
　移居美国，244

支持匈牙利政府，537
担任公职，556
在法国，243
在德国，243
在意大利，243，566，559
在尼德兰，243
在波兰，243
在两公国，243
在俄国，243
在西班牙，243
在瑞士，243
在土耳其，244
在匈牙利，537
在奥地利，540
John, Archduke, of Austria, 约翰, 奥地利大公，405，410
Joint-stock companies, 股份公司, 这类公司的创立，39
Jomini, Baron Henry, 约米尼男爵, 亨利, 军事思想家，302，313—316，323
Joseph II, 约瑟夫二世, 神圣罗马帝国皇帝，533
Joule, James Prescott, 焦耳, 詹姆斯·普·雷斯科特, 物理学家，57，59
Journal des Débats,《辩论报》，123
Journalists, 新闻工作者
　因鼓动在英国的动乱而被判有罪，121
　法国流亡者攻击拿破仑三世，128
Joyce, James, 乔伊斯, 詹姆斯, 作家，157
Juarez, Benito, 华雷斯, 贝尼托, 墨西哥共和派领袖，464，675—

676, 678
Jurits, congress of (1860), 法学家代表大会, 507

Kaiserfeld, 凯泽费尔德, 德奥自治主义领导人, 548
Kangagawa, Treaty of (1854), 神奈川条约, 711
Kankrin, Count Jegor, 坎克林伯爵, 叶戈尔, 俄国财政大臣, 364
Kansas, 堪萨斯, 203, 624
Kansas-Nebraska Act (1854), 堪萨斯-内布拉斯加法, 624
Kápolna, battle of, 卡波尔纳战役, 526
Karlovitz Assembly, 卡尔洛夫齐会议, 403
Karlsruhe Conference (1860), 卡尔斯鲁厄会议, 62
Kars, 卡尔斯, 484, 489
Kashgar, 喀什, 385, 707
Katkov, Michael, 卡特科夫, 米哈伊尔, 《莫斯科新闻》主编, 129, 234, 376
Kavelin, Constantin, 卡维林, 康士坦丁, 律师和土地改革家, 375
Kay-Shuttleworth, Sir James (Dr. Kay), 凯-沙特尔沃思, 詹姆斯爵士(凯博士), 109, 114
Kazimullah, 卡齐穆拉, 高加索领袖, 385—386
Keats, John, 济慈, 约翰, 诗人, 172
Keble, John, 基布尔, 约翰, 牧师, 82, 83, 100
Kekulé von Stradonitz, August, 凯库勒·冯·施特拉道尼茨, 奥古斯特, 化学家, 62
Keller, Gottfried, 凯勒, 戈特弗里德, 小说家, 161
Kentucky, 肯塔基, 628, 632
Kerr, Robert, 克尔, 罗伯特, 教授, 建筑师, 138
Ketteler, Freiherr Wilhelm Emmanuel von, 凯特勒男爵, 威廉·埃马努埃尔·冯, 美因茨主教, 101
Keyser, Nicaise de, 凯泽, 尼凯斯·德, 画家, 151
Khiva, 希瓦, 386, 387, 388
Khokand, 浩罕, 386, 387—388
Khomyakov, Alexis Stepanovitch, 霍米亚科夫·阿列克谢·斯捷潘诺维奇, 作家, 367
Kiel, 基尔, 海军基地, 516
Kiev, university of, 基辅大学, 363
Kindergarten schools, 幼儿学校, 108
Kingsley, Charles, 金斯利, 查尔斯, 基督教社会主义者, 118
Kirchhoff, Gustav Robert, 基尔霍夫, 古斯塔夫·罗伯特, 化学家, 58
Kireevskii, I. V., 基列耶夫斯基, 伊·瓦, 作家, 367
Kiselev, Count Paul Dimitrievich, 基谢廖夫伯爵, 帕维尔·季米特里耶维奇, 政治家和外交家, 361, 478
Kishen, 琦善, 直隶总督, 690
Kiss, August, 基斯, 奥古斯特, 雕塑家, 143
Kiying, 耆英, 中国签订南京条约的特使, 692, 693, 694, 695

Kladderadatsch,《闲话》杂志，131

Klenze, Leo von，克伦泽，莱奥·冯，建筑师，141

Koch, Robert，科赫，罗伯特，卫生学教授，24，66

Kogalniceanu, Michael，科加尔尼恰努，米夏埃，政治家，242

Kohn, Professor Hans，科恩教授，汉斯，历史学家，233

Kold, Kristen，科尔，克里斯滕，教育界领导人，110，120

Kollar, Jan，科拉尔，扬，学者，232

Kölluikker, Rudolf Albert von，克利克，鲁道夫·阿尔贝特·冯，动物学家，71

Kölnische Zeitung,《科隆报》，126

Kolokol,《钟声》，见 *Bell*, *The*

Konieh, battle of，科尼埃战役，428

Königgrätz (Sadowa), battle of，克尼格雷茨（萨多瓦）战役，310，325，519，578

Kopal，科帕尔，387

Korea，朝鲜
    俄国把边界扩展到朝鲜，7
    向中国纳贡，686
    闭关自守政策，709

Kossuth, Lajos (Louis)，科苏特，拉约什，匈牙利政治家
    与各臣属民族，239—240
    争取从奥地利统治下独立，264
    提醒人们防止革命，396
    建立军队，403
    他的垮台，408
    匈牙利摄政，528
    寻求反奥地利的支持者，538，544

Kowloon Incident，九龙事件，689—690

Krasinski, Zygmunt Napoleon, Count，克拉辛斯基，齐格蒙特·拿破仑，伯爵，诗人，234，237

Krausz, Baron Philip von，克劳茨男爵，菲利普·冯，奥地利财政大臣，529，533

Kremsier，克雷姆西尔
    克雷姆西尔宪法草案（1849年），197—198
    克雷姆西尔奥地利国会，524，526

Kreuzzeitung party,《十字架报》党，14，498，508，511

Kübeck, Karl Friedrich, Freiherr von，屈贝克伯爵，卡尔·弗里德里希，冯，弗兰茨·约瑟夫皇帝的顾问，531—533

Kuenen, Abraham，库南，亚伯拉罕，希伯莱文教授，102

Kugler, Franz Theodor，库格勒，弗朗茨·泰奥多尔，美术评论家，150

Kulja，伊犁，707

Kung, Prince，恭亲王，中国皇帝的兄弟，704

Kutchuk Kainardji, Treaty of (1774)，库楚克—开纳吉条约，470，476

Laboulaye, Édouard-René，拉布莱，爱德华-勒内，政治学家，207

Labrousse, Nicolas-Hippolyte，拉布鲁斯，尼古拉-伊波利特，法国海军军官，278

Labrouste, Henri，拉布鲁斯特，亨利，建筑师，140

索　引

La Convention du 15 septembre et l'encycligue du 8 decembre,《9月15日会议和12月8日通谕》, 92

Lacordaire, Jean-Baptiste-Henri, 拉科代尔, 让-巴蒂斯特-亨利, 多明各会神父, 77, 78, 89, 101

Lacour, Edmond de, 拉古尔, 埃德蒙·德, 法国驻土耳其大使, 473

Lafayette, Marquis de, 拉斐特侯爵, 将军, 194

La Gloire, "光荣号", 法国快速帆船, 279, 282, 285

Lagrené, Théodose de, 剌尊泥, 泰奥多斯·德, 法国派赴中国的特使, 693

Laird, 莱尔德, 造船公司, 640

Lamarck, Jean Baptiste, 拉马克, 让-巴蒂斯特, 动物学家, 68, 69

La Marmora, 拉马尔莫拉, 将军, 萨丁军队司令, 482, 575

Lamartine, Alphonse de, 拉马丁, 阿尔方斯·德, 作家和政治家, 21, 173, 216, 261, 393, 394, 455

Lamennais, Félicité de, 拉梅内神父, 费利西泰·德, 77—78, 79, 101, 123, 216, 390

Lancashire, 兰开夏, 排干沼泽地, 24

Land and Liberty（Ogarev）,《土地和自由》(奥加廖夫著), 373

Landschaften, （普鲁士）土地信贷银行, 25

Landseer, Sir Edwin, 兰西尔爵士, 埃德温, 画家, 153

Landwehr, 普鲁士战时后备军, 509

Langensalza, battle of, 朗根萨尔察战役, 519

Lanskoi, Count, 兰斯科伊公爵, 俄国内务大臣, 375

Lanterne, La,《灯笼报》, 125

La paz, 拉巴斯, 667

Laplace, Pierre-Simon, Marquis de, 拉普拉斯侯爵, 皮埃尔-西蒙, 天文学家和数学家, 55

La Première entente cordiale（Guyot）,《第一次友好协约》（居约著）, 254

Lassalle, Ferdinand, 拉萨尔, 斐迪南, 社会主义者, 127, 205, 505, 506

Latin Monetary Union（1865）, 拉丁货币联盟, 218

Latreille, A. Pierre André, 拉特雷耶, 皮埃尔·安德烈, 历史学家, 76

Latvia, 拉脱维亚, 231

Laurent, Auguste, 洛朗, 奥古斯特, 化学家, 62

La Valette, Charles-Jean-Marie-Félix, marquis de, 拉瓦莱特侯爵, 夏尔-让·玛丽-费利克斯, 法国驻土耳其大使, 469, 470

Laveleye, Émile de, 拉韦莱耶, 埃米尔·德, 政论家, 245

Lavoisier, Antoine Laurent, 拉瓦锡, 安托万·洛朗, 化学家, 61

Lavrov, P., 拉甫罗夫, 彼, 政论家, 375

Lawes and Gilbert（Rothamsted）, 劳斯和吉尔伯特（罗塔姆斯特德实验站）, 24

Laws of Thought（Boole）,《思维规律》

（布尔著），56

Laxenburg Manifesto（1859），拉克森堡宣言，540

Le Bel, Achille, 勒贝尔，阿希尔，化学家，63

Leben Jesu（D. F. Strauss），《耶稣传》（达维德·弗雷德里希·施特劳斯著），75，102

Leboeuf, Edmond, 勒伯夫，埃德蒙，元帅，598

Lebrun, Barthélemy Louis Joseph, 勒布伦，巴泰勒米·路易·约瑟夫，将军，拿破仑三世的副官，586

Leconte de Lisle, Charles, 勒孔特·德·李勒，夏尔，诗人，173

Le Creusot，勒克勒索，30

Ledru-Rollin, Alexandre-Auguste, 勒德律-罗兰，亚历山大-奥古斯特，共和派新闻工作者和政治家，393，404，408，455

Lee, Robert Edward, 李，罗伯特·爱德华，南部联盟将军，328，329，330，656

Leeds Mercury，《利兹信使报》，44

Lefuel, H.-M., 勒菲埃尔，埃克托尔—马丹，建筑师，142

Legal Tender Act，合法货币法，645

Leghorn，里窝那，419—421，425

Legitimists, French，法国的正统王权主义者，444，446，448，450，452，454

Legnago，莱尼亚戈，321

Leiningen, Count, 莱宁根伯爵，奥地利密使，472

Leipzig，莱比锡，400

Lelewel, Joachim, 莱莱韦尔，约阿希姆，历史学家，234

Le mie prigioni（Pellieo），《我的狱中生活》（佩利科著），558

Lenau, Nikolaus, 莱瑙，尼古劳斯，诗人，176

Lenin,（Vladimir Ilyich Ulianov），列宁，（弗拉基米尔·伊里奇·乌里扬诺夫），革命家，358

Leopardi, Giacomo, Count, 莱奥帕尔迪，贾科莫，伯爵，诗人，172

Leopold I，利奥波德一世，比利时国王，190，249

Leopold II，利奥波德二世，神圣罗马帝国皇帝，547

Leopold II of Tuscany，托斯卡纳的利奥波德二世，554，560

Le parti lib eral, son programme et son avenir（Laboulaye），《自由党的纲领和未来》（拉布莱著），207

Le Pére, Jean-Baptiste, 勒佩尔，让-巴蒂斯特，建筑师，434

Le Play, Frédéric, 勒普拉，弗雷德里克，社会改革家，453

Le Plongeur，"潜水者号"，法国潜水艇，287

Lermotov, Michael, 莱蒙托夫，米哈伊尔，小说家，162

Lesbos, Island，莱斯博斯岛，422

Le Sourd, Georges, 勒苏尔，乔治，法国驻柏林临时代办，590

Lesseps, Ferdinand de, 莱塞普斯，费迪南·德，工程师，与苏伊士运河计划，434，438—439

Lessing, Gotthold Ephraim, 莱辛，戈

特霍尔德·伊弗雷姆，评论家和戏剧家，183

L'État et ses limites（Laboulaye），《国家及其局限》（拉布莱著），207

Levant, The，地中海东部地区（利凡得），418，422，424—425，430，433

Levy, J. M.，利维，约瑟夫·摩西，《每日电讯报》的控制人，122

Levy' Lawson family，利维·劳森家族，与《每日电讯报》，121

Lewis, Sir George Cornewall，刘易斯爵士，乔治·康沃尔，财政大臣，486

Ley Juárez，华雷斯法，675—676

Ley Lerde，莱尔德法，675—676

Li Hung-Chang，李鸿章，反击太平天国的领导人，699，706

Liberator, The（W. L. Garrison），《解放者》报，（威廉·劳埃德·加里森主编），618

Libraries，图书馆
　在英国和美国免费借阅，120

Liebig, Justus, Baron von，李比希男爵，冯·尤斯图斯，化学家，24，50，51，62，65，114

Life of Frederick the Great（Kugler），《腓特烈大帝生平》（库格勒著），150

Liguria，利古里亚，553，570

Lille，里尔，43，139，459

Limited Liability Companies，有限责任公司，40

Lin Tse-hsü，林则徐，688—690

Linant Bey，利南特·贝伊，穆罕默德·阿里的工程师，437

Lincoln, Abraham，林肯，亚伯拉罕，美国第十六任
　总统被刺，132
　支持保护关税，613
　当选总统，626—627
　解放奴隶宣言，628，637
　志愿忠诚的重要意义，629
　违宪法令，645，646—647
　大胆行使权力，646
　中止民法和人身保护权，647
　杰出的战略家，656
　与将军们的冲突，657

Lincolnshire，林肯郡，排干沼泽地，24

Linen，亚麻布，亚麻湿纺法，28

Linnaeus Carl，林奈·卡尔，博物学家，68—69

Linnean Society，林奈学会，67

Lion of Flanders（Conscience），《佛兰德之狮》（孔西延斯），221

Lissa，利萨，海军基地，576

Lisf, Friedrich，李斯特，弗里德里希，经济学家，227，228，308

Lister, Joseph, Lord，利斯特勋爵，约瑟夫，外科手术消毒法的创始人，24，73

Lithography，平版印刷术，131

Lithuania，立陶宛
　俄国的镇压，230，236
　民粹派，236

Liverpool，利物浦，43

Liverpool-Manchester Railway，利物浦—曼彻斯特铁路，32

Livingstone, David，利文斯通，戴维，

探险家, 351
Lobatchevsky, Nicolas Ivanovitch, 罗巴切夫斯基, 尼古拉·伊凡诺维奇, 数学家, 56
Locke, John, 洛克, 约翰, 哲学家, 53
Locomotives, manufacture of, 火车机车制造, 29
Loftus, Lord Augustus, 洛夫特斯勋爵, 奥古斯塔斯, 英国驻普鲁士大使, 596
Loi Falloux (1850), 法卢法, 80, 86, 107, 409, 444
Lokomotive, Die (F. W. A. Held),《火车头》(黑尔德主编), 125
Lombardy, 伦巴第
  反对奥地利的叛乱, 262—263
  骚乱, 389
  临时政府, 396
  割让给皮埃蒙特, 401
  接受特殊条例, 526
  优良的治理和交通, 556
  奥地利允许其自治, 571
London, 伦敦
  机床的制造, 29
  大学, 50
  阿尔贝特纪念堂, 143
  圣潘克拉斯车站, 149
London Conference, 伦敦会议, 关于比利时各省问题的, 248
London Convention (1840), 伦敦协定, 429
London, Treaty of (1852), 伦敦条约, 219
London, Treaty of (1867), 伦敦条约, 582
London, Treaty of (1871), 伦敦条约, 488
London Working Mens' Association, 伦敦工人协会, 347
López, Francisco Solano, 洛佩斯, 弗朗西斯科·索拉诺, 巴拉圭总统, 672—673
Lord, R. H., 洛德, 历史学家, 590
Lord Campbell's Libel Act (1843), 坎贝尔勋爵的诽谤罪法, 121
Lord High Admiral, office of, 海军最高长官的职务, 290
Lord Lyons (Lord Newton),《莱昂斯勋爵》(牛顿勋爵著), 585
Lords, House of, 上议院, 335
Louis Napoleon (Charles Louis Napoleon), prince, 路易·拿破仑(夏尔·路易·拿破仑), 亲王
  1851年政变, 187, 416, 451
  当选为总统, 404, 443
  出身, 442
  被囚禁在哈姆, 443
  宪法困难, 443
  参加烧炭党人的起义, 443
  恢复帝国是唯一目的, 443
  早期夺取权力的企图, 443
  在英国的生活, 443
  对诉诸武力举棋不定, 444
  对法卢法的态度, 444
  与选举法, 444, 445
  著作, 446
  称拿破仑三世, 446
  关心穷人, 447
  无党派领导人, 447

又见 Napoleon Ⅲ
Louis Philippe，路易·菲利普，法国国王
　垮台，124
　被报刊嘲弄，131
　寻求与东方各国和解，247
　阴谋夺取比利时王位，249
　不喜欢英法协约，254
　退位，393
　去世，409
　与阿尔及利亚战役，427
Louisiana，路易斯安那，627，655
Louisiana Purchase（1803），the，购买路易斯安那，461，603，620，621，624
Loutherbourg, Philipe Jacques de，卢泰尔堡，菲利普·雅克·德，画家，134
Louvain University，卢万大学，107
Lovett, William，洛维特，威廉，宪章派，110，346，347
Lowe, Robert，洛，罗伯特，《泰晤士报》主编，122
Lowell, James Russell，洛威尔，詹姆斯·拉塞尔，诗人，179
Loyal National Repeal Association，取消联合法全国忠诚协会，217
Lucan, George Charles Bingham, 3rd earl，卢肯，乔治·查尔斯·宾厄姆，第三代伯爵，480
Lucca，卢卡，552
Lucerne, Switzerland，卢塞恩，瑞士
　1841年宪法，81
　大委员会，81
　与耶稣会，223

Luchu，琉球，向中国进贡，686
Ludwig Ⅱ，路德维希二世，巴伐利亚国王，519，601—602
Ludwig, Karl Friedrich Wilhelm，路德维希，卡尔·弗里德里希·威廉，生理学家，51，66
Ludwig, Otto，路德维希，奥托，小说家和戏剧家，166
Lunéville, peace of，吕内维尔和约，313
Lussinpiccolo，卢辛皮科洛，422
Luxemburg，卢森堡
　比利时失去该地，221
　1867年的争执，272
　在列强的保证下，272
　在联邦议会中支持普鲁士，519
Lyceum movement (U.S.A.)，学园运动（美国），120
Lyell, Sir Charles，赖尔爵士，查尔斯，地质学家，9，68，69，71，102
Lyon, Mary，莱昂，玛丽，教育家，119
Lyons，里昂，42，43，435

Macao，澳门，686，689，692
Macartney, George, 1st earl，马戛尔尼，乔治，第一代伯爵，687
Macaulay, Thomas Babington, Lord，麦考利勋爵，托马斯·巴宾顿，117，352
Macauley, Zachary，麦考利，扎卡里，慈善家，341
McClellan, George, B.，麦克莱伦，乔治，布林顿，美国将军，649，

657

McCormick, Cyrus Hall, 麦考密克, 赛勒斯·霍尔, 发明家, 25

Macedonia, 马其顿, 426

Machine tools, manufacture of, 机床制造, 29

Machinery, 机器
　起义中破坏机器（1830）, 25
　机械的改进, 27
　禁止出口机器, 28

MacMahon, Marie-E-P-M., 麦克马洪, 玛丽, 法国元帅, 306, 326

Madder, synthesis of, 茜草染料的合成, 64

Madras, 马德拉斯, 432

Madrid, 马德里, 420, 424—425, 435, 589

Maestricht, 马埃斯特里希, 221

Magellan, Straits of, 麦哲伦海峡, 665

Magendie, François, 马让迪, 弗朗索瓦, 生理学家, 66

Magenta, battle of (1859), 马让塔战役, 323, 506, 539, 571

Mahmud Ⅱ, 马哈茂德二世, 土耳其苏丹
　被穆罕默德·阿里击败, 251
　请求俄国援助, 252
　再次开始与穆罕默德·阿里的敌对行动, 254—255, 429
　去世, 256, 429

Mahogany, 桃花心木, 679

Mails, 邮政
　一便士邮政, 332
　地中海的邮政传递, 431
　印度的邮政传递, 432

Majláth de Székhely, George, 马伊拉特·德·塞克海伊, 乔治, 政治家, 548

Malaga, 马拉加, 420

Malaria, 疟疾, 72

Malines, 马利纳, 33, 77, 89, 90, 107

Mallarmé, Stéphane, 马拉梅, 斯特凡娜, 诗人, 178, 179, 180

Mallet Fréres, 马莱兄弟, 银行家, 41

Malmesbury, James, 3rd earl of, 马姆斯伯里, 詹姆斯, 第三代伯爵, 英国外交大臣, 571

Malta, 马耳他, 160—161, 431, 433

Malthus, Thomas Robert, 马尔萨斯, 托马斯·罗伯特, 政治经济学家, 1, 54, 69

Mameli, Goffredo, 马梅利, 戈弗雷多, 诗人, 225

Manchester, 曼彻斯特, 10, 29, 43, 120, 206

Manchester and Liverpool Railway, 曼彻斯特—利物浦铁路, 332

Manchester Guardian, *The*, 《曼彻斯特卫报》, 121, 123

Manchu empire, 满洲帝国, 384—685

Manchuria, 满洲, 385, 702

Manchus, 满族人, 690—691, 698—700

Manet, Édouard, 马奈, 爱德华, 画家, 154

Manila, 马尼拉, 709

Manin, Daniel, 马宁, 达尼埃尔, 威尼斯领导人, 201, 396, 565

Mann, Horace, 曼, 霍勒斯, 马萨诸

塞州教育部长，109，111，117
Manning, B. L., 曼宁, 历史学家, 86
Manning, Henry Edward, 曼宁, 亨利·爱德华, 红衣主教, 83, 87, 93, 95
Manteuffel, Otto von, 曼陀菲尔, 奥托·冯, 普鲁士政治家, 485, 498—499, 502, 503, 532
Mantua, 曼图亚, 321
Manumission of slave, 解放奴隶, 616
Manzoni, Alessandro, Count, 曼佐尼, 亚历山德罗, 伯爵, 作家, 225, 553, 558
Maori Wars（1857—1870）, 毛利战争, 355
March Patent（5 March 1860）, 三月特许令（1860年3月5日）, 540
Maret, Mgr, 马雷, 神父, 索邦神学院院长, 94—95, 101
Margarine, 人造黄油, 64
Marie, 玛丽亚, 葡萄牙女王, 253
Marie, Alexandre Thomas, 玛丽, 亚历山大·托马斯, 政治家, 393
Marie Louise, 玛丽·路易丝, 帕尔马女公爵, 553, 554
Marinoni, Hippolyte (*Presse*), 马里诺尼, 伊波利特（《新闻报》主编）, 132
Marnoch, 马诺奇, 83
Marrast, Armand (*Tribune*), 马拉斯特, 阿尔芒（《论坛报》主编）, 123
Marriage, Civil, 世俗婚姻
　在皮埃蒙特, 568
　在墨西哥, 676

Marryat, Frederick, 马里亚特, 弗雷德里克, 舰长, 海军军官和小说家, 295
Marseilles, 马赛, 422, 431—432, 434—435
　借助轮船而导致繁荣, 4, 421
　该地的检疫规定, 417
　航运规模, 419
　人口, 420
　与阿尔及尔的联系, 421, 424, 428
　复兴, 421
　对拿破仑的重要性, 425
　马志尼在该地, 555
Marshall, Humphrey, 马沙利, 汉弗莱, 美国驻华全权委员, 700
Marshall, John, 马歇尔, 约翰, 美国首席法官, 604
Marx, Karl, 马克思, 卡尔, 社会主义者
　《共产党宣言》, 3, 43
　决定论, 6, 55
　阶级斗争学说, 10
　编辑《莱茵报》, 125, 495
　资本主义社会中人与人的关系, 160
　赞成反对丹麦的"十字军", 187
　尖锐批评自由派, 188
　被接纳在伦敦定居, 202
　《资本论》, 205
　反斯拉夫著作, 431
Maryland, 马里兰, 605, 610, 626, 628, 632
Mason, James M., 梅森, 詹姆士·默里, 南部联盟代表, 638, 639—640
Massa, 马萨, 553, 563, 571

Massachusetts,马萨诸塞州,34,45,185,611,623
Massenbach, Christian von,马森巴赫,克里斯蒂安·冯,上校,310
Match industry,火柴工业,342
Mauá Bank,毛阿银行,662
Mauá, Ireneu de Souza, Baron of,毛阿,伊里内乌·德·索萨,男爵,巴西金融家和工业家,662
Maupas, Charlemagne-Émile de,莫帕,夏勒马涅-埃米尔·德,警察局长,444,445
Maurice, Frederick Denison,莫里斯,弗雷德里克·丹尼森,牧师和基督教社会主义者,101,118,152
Mauritius,毛里求斯,该地的奴隶制,341
Mayer, Julius Robert von,迈尔,尤利乌斯·罗伯特·冯,物理学家,59,60
Maximilian,马克西米连,墨西哥皇帝(奥地利大公),208,464,582,641,677—678
Maxwell, James Clerk,麦克斯韦,詹姆斯·克拉克,物理学家,49,57—58,60
Maysville turnpike,梅斯维尔公路,606
Mazzini, Giuseppe(1805—1872),马志尼,朱塞佩,意大利爱国者
  青年意大利,128,224,555
  与皮埃蒙特-撒丁合作,198,563
  赞成建立统一的共和国,199
  支持维克托·埃马努埃尔,201
  论英国的民族性,213
  流亡在伦敦,215
  主张自然边界,224
  对法国的不信任,225
  组立"青年欧洲",225
  在1848—1849年,408,412,565
  民族统一的目标,555
  被判死刑,555,570
  与隆贾纳起义,570
Meat prices,肉类价格,27
Mechanics Institutes,技工学校,119,120
Mecklenburg,梅克伦堡,497,519
Medicine,医学,71—72
Medill, Joseph, *Chicago Tribune*,梅迪尔,约瑟夫,《芝加哥论坛报》主编,130
Mediterranean,地中海,XIII—XIV,416—440
  相对距离,416
  气候,417
  检疫规定,417
  各港口比较,418—419
  各港口的人口,420
Mediterranean Pilot(1873—1882年),《地中海指南》,419
Mehemet Ali,穆罕默德·阿里,埃及总督
  包围阿克,251
  保有叙利亚等地区,252,428
  扬言要宣布独立,254
  苏丹欲粉碎他,257
  对奴隶制的关注,426
  迫切要求承认他的独立,429
  对苏伊士运河计划的态度,436
  要求修建尼罗河水坝,438

索　引　821

他的逝世，438
首相，470，472
陆军大臣，476
Mehemet Rushdi，穆罕默德·拉什迪，土耳其陆军大臣，472
Meiggs, Henry，梅格斯，亨利，美国公民，665
Meiji Restoration, the，明治维新，211，713
Meissonier, Jean Louis Ernest，梅索尼埃，让－路易·欧内斯特，画家，147，150
Melbourne, William Lamb, 2nd viscount，墨尔本，威廉·拉姆，第二代子爵，202
Melgarejo, Mariano，梅尔加雷霍，马里亚诺，玻利维亚总统，667
Melville, Henry Dundas, 1st viscount，梅尔维尔，亨利·邓达斯，第一代子爵，海军大臣，277
Melville, Hermann，梅尔维尔，赫尔曼，小说家，164，167
Memphis，孟菲斯，634
Mendel, Gregor，孟德尔，格雷戈尔，布尔诺修道院院长，56，70
Mendeléef, Dimitri Ivanovitch，门捷列夫，季米特里·伊凡诺维奇，化学家，63
Menotti, Ciro，门诺蒂，奇罗，爱国者，553，554
Mensdorff-Pouilly, Count Alexander，门斯多夫·普利伯爵，亚历山大，将军，547，548
Menshikov, Alexander Sergeievich, prince，缅希科夫，亚历山大·谢尔盖耶维奇，亲王，472，473—474，479，480
Mentana, battle of (1867)，曼塔纳战役，305，583，584
Menzel, Adolf，门采尔，阿道夫，画家，150，151，152
Méon, Mgr de，德梅翁长老，马利纳大主教，77
Mercerisation，丝光工艺，64
Mercury, use in venereal disease，汞，用于治疗性病，72
Meredith, George，梅瑞狄斯，乔治，小说家，163
Mérimée, Prosper，梅里梅，普罗斯佩，作家，125，164
Merrimac，"梅里马克号"，南部联盟装甲舰，285—286
Messageries Maritimes，法国邮船公司，432，452
Messina，墨西拿，419—421
Metal trade, employment，金属贸易，该行业中的雇工，333
Metal wares，金属器皿，一种家庭手工业，42
Metric system，米制，552
Metternich-Winneburg, Clement, Prince von，梅特涅-温内堡，克莱门特，公爵，政治家
他的六项法令的影响，13
论庇护九世就任教皇，87
严密注视新闻界，125
阻止进一步赋予宪法权利，189
被免职，200，203
在伦敦受到接待，202
30年代初瑞士主张修改公约一派人

的建议，222
与分离主义者联盟，223
担心俄国的近东政策，247
与比利时各省，248
决心恢复意大利的秩序，250—251
支持俄国对付波兰反叛者，251
与 1839—1840 年的近东危机，255—258
与对克拉科夫的占领，267
离开维也纳，396
与地中海的检疫规定，417
对苏伊士运河的关注，436
竞争者的影响，495
论弗里德里希·威廉四世的一次讲话，496
批评意大利的行政机构，554
对查理·阿尔贝特的看法，557
计划奥地利和意大利在经济上联合，557

Mevissen, Gustav, 梅维森, 古斯塔夫, 自由派领袖, 496

Mexico, 墨西哥
放弃统一的国家体制而实行联邦制，186
放逐圣安纳，203
恢复中央集权制（1836），208
联邦宪法（1857），208，676
恢复联邦共和国（1867），211
法国的干预，464，677—678
英、法和西班牙占领沿海地区，464，677
马克西米连的帝国，464，677—678
得克萨斯的反叛，621，674
根据1848年瓜达卢佩—伊达尔戈条约丧失的领土，622，675

与美国的战争（1846），622，674
被温菲尔德·斯科特将军占领，622，674
暂停支付债务，641，676
马克西米连的治理，641
成立共和国，659，674
获得独立，674
人口，674
西班牙从古巴的入侵，674
分裂运动，674
政教关系，675，676
在圣安纳统治时期道德败坏，675
华雷斯统治时期的司法制度，675
1857 年政变，676
在维拉克鲁斯重建自由政府，676
与英国的关系，677
外债，676—677
恢复共和国，678

Meyer, Victor, 迈尔, 维克托, 化学家, 63

Michael Obrenovich, 米哈伊尔·奥布廉诺维奇, 塞尔维亚大公, 242

Michelet, Jules, 米什莱, 朱尔, 历史学家
新的历史观，11
被免职，105
在法兰西学院，115
拉丁合作，218
罗马尼亚自由派的辩护士，241

Mickiewicz, Adam, 密茨凯维奇, 亚当, 诗人, 105, 215, 237

Microscopy, 显微镜, 67

Middlesbrough, 米德尔斯布勒, 铁矿藏, 29

Mieroslawski, Ludwig, 米罗斯拉夫斯

索 引

基，路德维希，将军，235
Miguel, Dom, 米格尔，唐，葡萄牙王位觊觎者，253，555
Milan, 米兰
 在 1848 年，201，321，396—398，402，562
 交通，421，425
 与德意志关税同盟，557
 加富尔警告奥地利米兰将发生暴动（1853），569
Mildert, Bishop van, 范米尔德主教，82
Mill, James, 穆勒，詹姆斯，经济学家，109，352
Mill, John Stuart, 穆勒，约翰·斯图尔特，哲学家，12，53—55，205，206，214，352，353
Millais, John Everett, 米莱，约翰·埃弗雷特，画家，151，153
Millaud, Moïse (*Petit Journal*), 米洛，穆瓦兹（《小日报》），125
Millet, Jean François, 米勒，让·弗朗索瓦，画家，147—148，149，151
Milman, Henry Hart, 米尔曼，亨利·哈特，圣保罗大教堂教长，102
Milo, island of, 米洛岛，422
Milton (Blake), 《弥尔顿》（布莱克著），1
Milyultin, D. A., 米柳京，俄国内务副大臣，371，375
Milyutin, N., 米柳京，俄国陆军大臣，379
Minas Geraes, 米纳斯·吉拉斯，661，662

Mines Act (1842), 矿业法，342
Minghetti, Marco, 明盖蒂，马尔科，庇护九世的大臣，558
Minié, 米尼埃，上尉，法国陆军军官和发明家，304
Minnesota, 明尼苏边，203
Miquel, Johannes, 米克尔，约翰内斯，普鲁士财政大臣，507，515
Mirari Vos, encyclical of Gregory XVI,《使我们感到惊异》，格列高利十六世的通谕，78
Missions and missionary work, 传教团和传教活动
 在非洲和东方，8
 在亚洲，79，695—696
 由非罗马教会所发展，103
 在美国，103
 英国和法国的传教团在塔希提岛，259
 美国传教团在贝鲁特，423
Mississippi river, 密西西比河，31，34，328—329，603，611，613—614，620，635，654—655
 轮船在该河的行驶，32，612
Mississippi state, 密西西比州，615，627，634
Missouri, 密苏里，194，620，629，632
Missouri Compromise (1820), 密苏里妥协案，620，621，623，624
Mistral, Frédéric, 米斯特拉尔，弗雷德里克，诗人，175
Mitchel, John, 米切尔，约翰，爱尔兰民族主义者，217，389
Mitrailleuse, the, 机关枪，307，593

Mitre, Bartolomé, 米特雷, 巴托洛梅, 布宜诺斯艾利斯总督, 670, 671

Modena, 摩德纳, 209, 250, 553, 560, 565, 572

Mohl, Hugo von, 莫尔, 胡戈·冯, 植物学家, 67

Mohl, Robert von, 莫尔, 罗伯特·冯, 政治家和政治思想家, 67, 211

Mohler, J. A., 默勒, 约翰·亚当, 教会史学家, 94

Moldavia, 摩尔多瓦, 479, 488; 又见 Principalities

Molecular theory, 分子学说, 60—62

Molesworth, Sir William, 莫尔斯沃思爵士, 威廉, 政治家, 353

Moltke, Helmuth Karl, Graf von, 毛奇伯爵, 赫尔穆特·卡尔·冯, 德国总参谋长

 注意把铁路用于军事, 308—309, 310—311

 克劳塞维茨的门徒, 320

 七周战争, 310—311, 324, 517

 普法战争, 310, 325, 326, 593

Monarchy, 君主政体

 在比利时受到限制, 191, 194

 在英国受到限制, 192

 在克雷姆西尔起草的宪法中, 198

 与大臣的关系, 340

 哈勒尔的君主制思想, 496

 中国对君主政体的看法, 686

Monasteries, dissolution of, 解散修道院

 在奥地利, 533

 在皮埃蒙特, 568

 在墨西哥, 676

Monet, Claude, 莫奈, 克洛德, 画家, 149, 154, 155

Moniteur Official, 《政府通报》, 125

Moniteur Ottoman, 《奥斯曼箴言报》, 423

Monitor, "班长号", 埃里克森建造的装甲舰, 285—286

Monroe Doctrine, 门罗主义, 604, 641, 673, 678, 682

Montalembert, Charles Forbes, Comte de, 蒙塔朗贝尔伯爵, 夏尔·福尔贝, 作家和政治家, 77, 78, 79—80, 89, 107

Montefiore, Sir Moses, 蒙蒂菲奥里爵士, 摩西, 慈善家, 244

Montenegro, 门的内哥罗, 241, 472

Monterrey, 蒙特雷, 美国军队在该地, 622

Montevideo, 蒙得维的亚, 670

Montez, Lola, 蒙特茨, 洛拉, 舞蹈家, 479

Montgomery, Alabama, 蒙哥马利, 亚拉巴马州, 南方代表在该地举行会议, 649—650

Montgomery Constitution, 蒙哥马利宪法, 649

Montpensier Antoine, duc de, 蒙庞西埃公爵, 安托万, 259, 587

Montt, Manuel, 蒙特, 曼努埃尔, 智利总统, 664, 665

Moral and Civil Primacy of the Italiams (Gioberti), 《论意大利民族在道德和文明方面的优越》(焦贝蒂, 1843), 225

Moravia，摩拉维亚，309，523，524

Morazán, Francisco，莫拉桑，弗朗西斯科，洪都拉斯领导人，679

Moreno, Gabriel Garcia，莫雷诺，加夫列尔·加西亚，厄瓜多尔总统，668

Mörike, Eduard，默里克，爱德华，诗人，175，176

Morny, duc de，莫尔尼公爵，奥尔唐斯皇后的私生子，445，447，484

Morrill Land Grant Act (1862)，莫里尔土地赠与法，642—643

Morrill Tariff Act (1861)，莫里尔关税法，628，643

Morris, William，莫里斯，威廉，美术设计家和社会主义者，154—155，178

Mortara, Edgar，莫塔拉，埃德加，犹太儿童，244

Mortimer, J. H.，莫蒂默，画家，134

Mortmain, lands held in，享有永久管业权的土地

在皮埃蒙特，567

在墨西哥，675—676

Morton, William Thomas Green, and Wells, Horace，莫顿，威廉·托马斯·格林，和韦尔斯，霍勒斯，使用乙醚作为麻醉剂，72

Moscow，莫斯科，36，365，368，373，381

Moscow News. (Katkof)，《莫斯科新闻》（卡特科夫主编），129

Moskvityanin，《莫斯科人》，宣扬斯拉夫文化优越论的杂志，230，368

Mosquito coast，莫斯基托海岸，679—680

Motley, John Lothrop，莫特利，约翰·洛思罗普，历史学家，210—211

Mount Holyoke，芒特霍利奥克，美国学校，119

Muddy Flat, battle of，泥地之战，701

Mulhouse，米卢兹，该地的纺织厂，43

Muller, Adam H.，米勒，亚当，民族主义者，227

Müller, Johann，弥勒，约翰，生理学家，66，114

Multiplices Inter，《各种问题》，庇护九世的通谕，95

Münchengrätz，明亨格列兹，沙皇尼古拉与奥地利皇帝在该地会晤，252

Münchengrätz, Treaty of (1833)，明亨格列兹条约，13，253，365

Munich，慕尼黑

拉梅内、拉科代尔和蒙塔朗贝尔在该地，78

大学反抗公会议的敕令，100

当地的建筑，140—141

Munich Convention (1850)，慕尼黑会议，410

Munro, Alexander，芒罗，亚历山大，雕塑家，143

Muraköz, the，穆拉科兹地区，529，545

Murat, Prince Lucien，缪拉亲王，吕西安，570

Muraviev, Count，穆拉维约夫伯爵，俄国东西伯利亚总督，236，384—385，702，703

Muridism，穆里德运动，385

Museums, under "Ewart's Act" (1850)，博物馆，根据1850年尤尔特法建立的博物馆，120

Musset, Alfred de, 缪塞，阿尔弗雷德, 诗人，173，174，181—182

Mussolini, Benito, 墨索里尼，贝尼托，99，201

Mustapha Pasha, 穆斯塔法帕夏，首相，473

Mutiny Bill (1868)，兵变法，270

Mutsohito, 睦仁，日本天皇，211，713

Nagasaki, 长崎，710，711

Nägeli, Karl Wilhelm, 内格利，卡尔·威廉，植物学家，67

Nanking, 南京，690，698，706

Nanking, Treaty of, 南京条约，690，692，697

Napier, William John, Lord, 律劳卑勋爵，威廉·约翰，在广州的商务监督，688—689

Naples, 那不勒斯
 大学，115
 颁布西班牙式宪法（1812），199
 1848年宪法，389，395
 召募志愿军援助伦巴第，398
 国王使议会休会，402
 奥地利驻军，412
 航运业和人口，419—421，431
 被加里波第攻陷，433，574
 酷政，554
 吕西安·缪拉可能实现的权利要求，570

Naples, Ferdinand II, King of, 那不勒斯国王，费迪南二世，402

Napoleon III, 拿破仑三世，法国皇帝
 普隆比埃密约，16，463，571
 性格，19，448，454，460，577—578，598，599
 英法商务条约，37
 巴斯德的影响，50
 与加富尔联盟，88
 普法关系的紧张，95
 他的政权的垮台，99
 新闻界对他的支持，125
 兼并尼斯和萨伏伊，201，463，572
 希望保持意大利的衰弱，209
 同情民族主义，241，462
 向约米尼请教，323
 关注工人的情况，413
 被怀疑对近东抱有野心，430
 对苏伊士运河的关注，439—440
 他的政权的广泛目的，442
 婚姻，446
 统治权力，449
 与教会的关系，450—451，454
 获得信贷的措施，451
 关税，452，454
 大赦，455
 向左转变，455
 健康情况不佳，457，465，578
 重建巴黎，460
 外交上承认的重要性，461
 破坏维也纳会议决议，461
 与奥地利交战，462—463，571—572
 在罗马的驻军，463，465，573，583—584

索　引　827

墨西哥事件，464，580，677—678
设法取得卢森堡，465，580—582
改编法国军队，465，584
色当投降，465，600
与皇后在英国相会，466
"王朝年号"事件，470
与克里米亚战争，472—475，477，480—485
有意让芬兰重归瑞典，483
改善与俄国的关系，484，489—491
与罗马尼亚各公国，488
与波兰的自由，490
与奥地利签订条约，517
与石勒苏益格-荷尔斯泰因，518
谋害他的企图，570
1866年未能抓住时机，571
得到威尼斯，576，578
建议改组德意志各邦，579
扩张主义的谋略，580—582
向奥地利提出的建议，582—584
计划建立三国同盟，584—586
与霍亨索伦王室候选人问题，587，590—592，595—599
又见 Louis Napoleon
Nashville，纳什维尔，622
Nassau (Germany)，拿骚（德意志），395，519
Nation, The，《民族》，爱尔兰周刊，131，217
National, Le，《国民报》，123，390，393
National Association for Protection of Labour，全国保护劳工协会，346
National Bank Act (1863 and 1864)，国民银行法，628，643

National Committee (Poles)，民族委员会（波兰），234
National Guard，国民自卫军，214，390，392，395
National Mechanics' Institute，国立技工学校，82
National Society (Manin)，民族协会（马宁），570
"National Society for promoting the education of the poor"，"全国贫民教育促进会"，85
Nationalverein，德意志民族协会，510，513
Natural selection，自然选择，69
Naval Discipline Act，海军军纪法，297
Naval power，海上力量：海军，274—301
  在克里米亚战争中的使用，279，283，433
  英国的海军费用，356
  武装邮船，433
  法国海军，276，281，283，284，298，299，300
  美国海军，276，277，278，298，425
  俄国海军，281，284，287
  土耳其海军，281，284
  奥地利海军，286
  意大利海军，286
  德国海军，516
  中国海军，688
Navigation Laws，航海法，它的废除，38，334，344，351
"Navigazione generale Italiana"，"意大

利航运总公司",432—433
Near Eastern Crisis (1839—1840),近东危机,254—258,429,433
Nebraska,内布拉斯加,624,643
Neckar valley, rising in,内卡河流域的起义,395
Negrelli, Louis,内格雷利,路易,奥地利国家铁路总工程师,436,437
Neilson,尼尔森,克莱德赛德炼铁工人,热鼓风炼铁法,29
Nekrasov, Nikolai,涅克拉索夫,尼古拉,俄国诗人,180
Nemesis,"复仇女神号",炮舰,281
Nemours, Louis-Charles, duc de,内穆尔公爵,路易-夏尔,比利时王位候选人,249
Neptune,海王星,它的发现,49
Nerchinsk, Treaty of (1689),尼布楚条约,384,685,687
Nerval, Gérard de,奈瓦尔,热拉尔·德,诗人,173
Nesselrode, Karl Robert, Count von,涅谢尔罗迭伯爵,卡尔·罗伯特,俄国政治家,248,260,265,269,470,476,477
Neue Freie Presse, Austria,《新自由报》,奥地利,126
Neue Preussische Zeitung,《新普鲁士报》,126
Neue Rheinische Zeitung,《新莱茵报》,401
Nevelskoi, G. I.,涅韦尔斯科伊,根纳季·伊凡诺维奇,考察家,385
Nevins, Professor Allan,内文斯教授,艾伦,历史学家,论林肯,646
New Brunswick,新不伦瑞克,353
Newcastle upon Tyne,泰因河畔纽卡斯尔,29
New England,新英格兰,610
Newlands, John Alexander,纽兰兹,约翰·亚历山大,化学家,63
Newman, John Henry,纽曼,约翰·亨利,红衣主教,81—84,92,100,156
New Mexico,新墨西哥,622—623
New Orleans,新奥尔良,613—614,651
新奥尔良战役,605
New York,纽约,36,141,206,636,646
New York Associated Press,纽约联合通讯社,133
New York Herald (Bennett),《纽约先驱报》(贝内特主编),121,129,188
New York Sun (Day),《纽约太阳报》(戴主编),129,130
New York Times (Raymond),《纽约时报》(雷蒙特主编),129
New York Tribune (Greeley),《纽约论坛报》(格里利主编),129
New Zealand,新西兰,8,350,355,432
New Zealand Company,新西兰公司,353
News agencies,通讯社,5,132
Ney, Michel,内伊,米歇尔,法国元帅,313
Nicaragua,尼加拉瓜,678—679,680,

681
Nice，尼斯
　　航运业和人口，419—420
　　疗养地，421
　　割让给法国，463，571，572，573
Nicholas I，尼古拉一世，俄国沙皇
　　1825—1850 年的近东政策，247，252，256，258—260，266，468
　　与比利时，247
　　与波兰，251
　　与奥地利的弗兰茨在明亨格列兹会晤，252
　　建议缔结四国联盟，258，270
　　法国的孤立，258
　　访问英国（1844），259—260，359，471
　　与1848 年的革命，260，394
　　与普鲁士联盟计划，264—265，502
　　支持现存的条约，265，269
　　继位，358
　　统治时期，XII，358—369
　　去世，358，369，481
　　性格，358—359，361，363，462
　　信任军官，361
　　1826 年12 月委员会，361
　　被奥地利抛弃（1854），468
　　冷落拿破仑三世，470
　　与导致1852—1853 年克里米亚战争的危机，470，471，474—476
　　与克里米亚战争，476—479
Nicolaieff，尼古拉耶夫，该地的造船厂，489
Niel, Adolphe，尼埃尔，阿道夫，法国元帅，军队的改革，584—585
Nietzsche, Friedrich，尼采，弗里德里希，哲学家，157，158，170
Nightingale, Florence，南丁格尔，弗洛伦斯，改组英国军队的医疗服务，72，486
Nikolaevsk，尼古拉耶夫斯克，385
Nikolsburg, Preliminery peace of (1866)，尼科尔斯堡预备和约，519
Ningpo，宁波，690，692
Nitrate industry in Chile and Peru，智利和秘鲁的硝酸盐工业，666，668
Nitrates, Chilian，智利硝酸盐，用作肥料，24，65
Nitrogen in Soil，土壤中的氮，65
Northcote, Sir Stafford，诺思科特爵士，斯塔福德，政治家，337
Northern Star，《北极星报》，347
Norton, Captain，诺顿上尉，英国陆军军官，304
Norway，挪威
　　宪法，189
　　选举权，192
　　民俗学的研究，219
Notes from the Fatherland，《祖国纪事》，368
Novara, battle of 诺瓦拉战役，186，263，406，497，564
Nullifieation，拒绝执行国会法令的原则
　　争议，606，609，615
　　法令，609

Oastler, Richard，奥斯特勒，理查德，改革家，44，347
Oberlin College, U. S. A.，奥伯林学院（美国），119

Oblomov（Goncharov），《奥勃洛摩夫》（冈察洛夫著），169—170，369

O'Brien, Bronterre，奥布里恩，布朗特尔，宪章派，347

O'Brien, Smith，奥布里恩，史密斯，爱尔兰政治领袖，389

O'Connell, Daniel，奥康内尔，丹尼尔，爱尔兰政治领袖，217

O'Connor, Feargus，奥康纳，费格斯，新闻记者和改革家，347

October Diploma（1860），十月文告，542，543，544，548

Odenwald，奥登瓦尔德，395

Odessa，奥德萨，26，479

Oersted, Hans Christian，奥斯忒，汉斯·克里斯蒂安，科学家，53，56

Oetker，厄特克尔，黑森—卡塞尔自由派领袖，515

Ohm, Georg Simon，欧姆，格奥尔克·西蒙，科学家，57

Oidium，粉孢子菌，对法国酿酒业的影响，24

Oken, Lorenz，奥肯，洛伦茨，哲学家和形态学家，50

Old Catholic schism，旧天主教的分裂，100

Old Testament，《旧约全书》，从历史角度对该书的评论，102

Oldenburg，奥尔登堡，494

奥尔登堡公爵，515

Ollivier, Émile，奥利维埃，埃米尔，政治家，92，97，455，456，585，589，591，595

Olmütz，奥尔米茨

皇帝和大臣们逃往该地，403

施瓦岑贝格和曼陀菲尔的会晤，502，532

Olmütz Punctation（1850），奥尔米茨条约，普鲁士的耻辱，204，210，265，410，412，503，508

Omer Pasha，奥马尔，帕夏，土耳其司令，472，476，478

Opium，鸦片，72，687—688，689

Oporto，波尔图，查理·阿尔贝特死于该地，566

Oregon，俄勒冈，203，621—622，632

Orenburg，奥伦堡，386

Origin of Species（Darwin），《物种起源》（达尔文著），67—68，70—71，102，348

Orleanists，奥尔良派，444，446—448，450，452，454，458

Orlov, Alexis Feodorovitch, prince，奥尔洛夫公爵，阿列克西斯·费奥多罗维奇，外交家，478，487

Orsini, Felice，奥尔西尼，费利切，革命分子，谋刺拿破仑三世，570

Osaka Bay，大阪湾，713

Osborne, Royal Naval College，奥斯博恩，皇家海军学院，293

Oscar I，奥斯卡一世，瑞典国王，483

Ostrovsky, Alexander Nicholaevitch，奥斯特洛夫斯基，亚历山大·尼古拉耶维奇，戏剧家，182

Otto I，奥托一世，希腊国王，484，490

Ottoman empire，奥斯曼帝国

列强都关心它的命运，16

衰落，186

巴尔干信仰基督教的臣民的民族主义，240—243

法纳尔希腊人控制着行政机构，240

受到穆罕默德·阿里的威胁，251

又见 Turkey

Oudinot, Charles-Nicholas, 乌迪诺, 夏尔-尼古拉, 法国元帅, 408

Overbeck, Friedrich, 奥韦尔贝克, 弗雷德里希, 画家, 151

Owen, Richard, 欧文, 理查德, 博物学家, 批评达尔文, 71

Owen, Robert, 欧文, 罗伯特, 社会主义改革家, 110, 194, 341, 342, 345, 346, 348

Oxford college opened to non-Anglicans, 牛津大学向不信奉英国国教者开放, 87

Oxford Movement, 牛津运动, 81—83, 100, 495

Ozanam, Antoine-Frédéric, 奥扎纳姆, 安托万-弗雷德里克, 作家, 101

Pacca, Bartolomeo, 帕卡, 巴尔托洛梅奥, 红衣主教, 教廷副国务卿, 78

Pacific Railroad Act, 太平洋铁路法, 628

Pacific Steam Navigation Company, 太平洋轮船航运公司, 665

Pacific, War of the, 太平洋战争, 666, 668

Paáua, 帕多瓦, 140, 562

Pdez, José Antonio, 派斯, 何塞·安东尼奥, 游击队的领袖, 668

Paixhans, Henri Joseph, 贝汉, 亨利·约瑟夫, 发明家, 276—277, 284, 477

Palacký, Frantisek, 帕拉茨基, 弗兰蒂舍克, 历史学家, 238, 523, 549

Palaeontology, 古生物学, 68

Palermo, 巴勒莫

港口, 420—421

骚动, 560

议会, 565

被加里波第占领, 572

分裂派政府, 576

Palma, 帕尔马, 420

Palmerston, Henry John Temple, 3rd Viscount, 帕默斯顿, 亨利·约翰·坦普尔, 第三代子爵, 政治家

威望, 216

割让爱奥尼亚群岛, 242

与法国合作的政策, 246

与比利时各省, 248—249

与洪基尔—斯凯莱西条约, 252, 255—256, 428

近东政策, 252, 258

势力均衡, 257, 258, 264, 267

就孤立法国答复尼古拉一世, 258

重掌外交部, 259

英俄关系, 260

与法兰西第二共和国, 261

在意大利的调解（1848）, 262—263

警告普鲁士不要侵略, 262

石勒苏益格-荷尔斯泰因问题, 265

对"不干涉"的解释, 270

被免职, 340

与穆罕默德·阿里,428—429
将解决办法强加给土耳其和埃及,429
用海军压制希腊,433
与加富尔征服西西里和那不勒斯,433
苏伊士运河,435—440
内政大臣,474,477
首相,481
反对不成熟的谈判,481
与希腊奥托国王的政府,490
论比萨拉比亚和黑海,492
给内皮尔勋爵的指示,689
Panama railway and canal,巴拿马铁路和运河,435,680
Pan-Scandinavian movement,泛斯堪的纳维亚运动,220
Pan-Slav Conference(1867),泛斯拉夫会议,234
Pan-Slav Congress(1848),泛斯拉夫人代表大会,187,232—233,402
Pan-Slavism,泛斯拉夫主义,232—234
Panthays,班泰人,中国的穆斯林,707
Papacy,教皇
 教皇永无谬误论,13,81,93—94,96,98—99
 世俗权力,13,565,583,600
 对科学的态度,71
 使徒继承论,83
 与圣灵怀胎说,88
 天主教公会议对教皇的权力,94
 指责公民权力的权利,97—98,99

Papal States,教皇国
 废除教皇国,88
 改革行政机构,88
 烧炭党人的起义,443
 格列高利十六世的专横统治,554
 百人队,554
 犹太人被允许居住在犹太区之外,559
 与托斯卡纳结成经济联盟,560
 对摩德纳和帕尔马的阴谋,563
Paper, wood-pulp,木浆纸,64
Paraguay,巴拉圭,659,672—673
Paraguayan war(1864—1970年),巴拉圭战争,663,673
Paraná,巴拉那,671
Paris,巴黎
 巴黎大主教,89
 建筑,140—142,460
 艺术院,142
 在1848年,392—395,397—398,399—400,415
 人口,459
 大部分为拿破仑三世所重建,460
 半上流社会在巴黎的作用,460—461
Paris, comte de,巴黎伯爵,393
Paris, Congress of(1856),1856年巴黎会议,128,235,241,268,487—491
Paris, Declaration of(1856),巴黎宣言,299,491
Paris Exhibition of 1867,1867年巴黎博览会,29
Paris-Lyon-Méditerranée railway,巴黎—里昂—地中海铁路,436

Paris, Treaty of (1856), 巴黎条约, 32, 269, 271, 433, 462, 488—490, 600

Parisis, Mgr Pierre-Louis, 帕里西斯长老, 皮埃尔－路易, 朗格勒主教, 79

Parkes, Harry, 巴夏礼, 英国驻广州的领事, 704

Parma, 帕尔马, 209, 552—553, 572
　犹太人在行政机构中, 556
　政治上的容忍, 556

Paroles d'un croyant (Lamennais), 《一个信徒的话》（拉梅内著）, 78, 216

Parsonstown, 帕森斯顿, 58

Pasteur, Louis, 巴斯德, 路易, 化学家, 24, 51, 63, 65—67, 73

Pastor Aeternus, 《永恒的牧主》, 98

Patmore, Coventry, 帕特莫尔, 科文特里, 诗人, 178

Patras, 帕特雷, 420, 422

Pavia, 帕维亚, 321

Pavón, battle of, 帕翁战役, 671

Paxton, Joseph, 帕克斯顿, 约瑟夫, 园艺家, 136

Peabody Trust, the, 皮博迪信托公司, 139

Peeehi, Count Gioacchino Vicenzo, 佩基伯爵, 焦阿基诺·维琴佐, 佩鲁贾主教, 89

Pedro I, 佩德罗一世, 巴西皇帝, 660

Pedro II, 佩德罗二世, 巴西皇帝, 661—663

Peel, Sir Robert, 皮尔爵士, 罗伯特, 政治家, 26, 38, 202, 259,
339, 343

Peiho river, 白河, 701

Pélissier, Aimable-Jean-Jacques, 佩利西埃, 埃马布尔－让－雅克, 元帅, 482

Pellico, Silvio, 佩利科, 西尔维奥, 作家, 558

Penang, 槟榔屿, 432

Peninsula Steam Navigation Company, 伊比利亚半岛轮船航运公司, 431

Peninsular and Oriental Steam Navigation Company, 伊比利亚半岛和东方轮船航运公司, 431—432

Pennsylvania, 宾夕法尼亚, 31, 610—611, 615

Penny Magazine (1832), 《一便士杂志》, 122

People's High School Movement (Denmark), 人民中学运动（丹麦）, 119

Péreire, Émile and Isaac, 佩雷尔, 埃米尔和伊萨克, 动产信贷银行创办人, 453

Pérez, José Joachim, 佩雷斯, 何塞·华金, 智利总统, 664, 666

Perìer, Casimir, 佩里埃, 卡齐米尔, 法国政治家, 249

Periodic Law, 周期律, 63

Perkin, Sir William Henry, 珀金爵士, 威廉·亨利, 化学家, 52

Pernambuco, 伯南布哥, 661

Perovskii, Count Basil Alexeievich, 佩罗夫斯基伯爵, 巴西尔·阿列克谢维奇, 奥伦堡总督, 387

Perrone, Giovanni, 佩罗内, 乔瓦尼,

罗马学院教授，88
Perry, Commodore, 佩里，海军准将，美国海军指挥官，710
Persia, 波斯，685
Persigny, Victor Fialin, duc de, 佩尔西尼公爵，维克托·菲亚林，447
Personal Liberty Laws (U.S.A.), 人身自由法（美国），625
Peru, 秘鲁，659，666—668
Perugia, 佩鲁贾，554
Peschiera, 佩斯基埃拉，321
Pestalozzi, Johann Heinrich, 裴斯泰洛齐，约翰·海因里希，教师，104，108
Pesti Hirlap, 《佩斯报》，238
Petit Journal, 《小日报》，125，132
Petitti di Roreto, Carlo Ilarione, 佩蒂蒂·迪·罗雷托，卡洛·伊拉廖内，经济学家和慈善家，561
Petöfi, Alexander, 裴多菲，亚历山大，诗人，238
Petrashevskii-Butaševič, Michail Vasilevič, 彼得拉舍夫斯基-布塔舍维茨，米哈伊尔·瓦西里耶维奇，政治家，365
Pfordten, Ludwig von der, 普弗尔滕，路德维希·冯·德尔，巴伐利亚大臣，512，519
Philadelphia Public Ledger, 《费城公共纪事报》，129，131
Philipon, Charles (*Caricature and Charivari*), 菲利蓬，夏尔（《漫画》和《喧哗》），131
Philippines, 菲律宾，686
Phosphates, 磷酸盐，65

Phophorus, 磷，30
Photius, Archimandrite, 佛提乌，修道院长，宗教极端分子，360
Photography, 摄影术，52
Photosynthesis, 光合作用，65
Phylloxera, 葡蚜，24，66
Piacenza, 皮亚琴察，321，553，564
Pickens, Fort, Florida, 皮肯斯堡，佛罗里达，627
Pie, Louis François, 皮埃，路易·弗朗索瓦，普瓦蒂埃主教，90
Piedmont-Sardinia, Kingdom of, 皮埃蒙特—撒丁王国
  宗教，政教关系：教会财产的世俗化，88，575；控制教育，93；侵略教皇国，93；信教自由，243，556，559；教会的书报检查，554；在卡斯特尔菲达尔多打败教皇军队，574
  政治和宪政的发展：1848年宪法，128，185，198，200—201，395，412；维克托·埃马努埃尔二世的继任，209，566；青年意大利革命的失败，225；查理·阿尔贝特的退位，322，406，527，566；与法国结盟，538；获得利古里亚，552；法典的改革，556；与托斯卡纳和罗马的争执，563；1861年都灵议会，575；首相，575
  出版新闻：出版自由，128，557，560
  与奥地利的战争：库斯托札战役，186，263，402，523，564；在伦巴第攻击奥地利，200；诺瓦拉战

索 引   835

役，263，406，527，564；1849
　年和约，264；利用铁路，309；
　停战，322，406；马让塔战役，
　323，571；索尔费里诺战役，
　323，571；法国军队的支持，
　323，462—463；宣战，398；戈
　伊托战役，398；重开战端，407；
　海军基地，热那亚，421；斯培西
　亚，569；除罗马外统治全意大
　利，463；维拉弗兰卡停战协定，
　572；海军在利萨失利，576
贸易、商业和经济：发展，209；交
　通，323，556；海关，556；农
　业，556，559；货币，556，575；
　一个落后的国家，556；战费，
　567；克里米亚战争，569

Pierce, Franklin, 皮尔斯, 富兰克林,
　美国第十四任总统，203，624
Pigot, John, 皮戈特, 约翰, 爱尔兰
　爱国者，217
Piracy, 海盗行为
　在地中海东部地区，422
　在中国，696
Piraeus, 比雷埃夫斯，419—420,
　422，484
Pirie, Sir John, 皮里, 约翰, 从男
　爵, 船主，438
Pisa, 比萨，562
Pius IX, Giovanni Mastai-Ferreti, 庇护
　九世, 乔瓦尼·马斯塔伊－费雷
　蒂, 教皇
　《现代错误学说汇编》，9，89—94
　反对文明的现代化趋势，71
　恢复地区教阶制度，84
　就任，87，185，389，559

在法国军队的保护下，88
大赦政治犯，88，389
逃往加埃塔，88，408，564
拒绝公开谴责蒙塔朗贝尔，90
召开公会议，93
与维克托·埃马努埃尔的关系，95
优先确定教皇永无谬误论的定义，
　98
把意大利的国王和政府革出教门，
　99
向奥地利投降，200
任命内阁，395
颁布宪法，395
谴责战争，402
向奥地利求援，408
对自由主义不妥协，454
对在群众中的威望很敏感，559
转而相信焦贝蒂的思想，559
被迫颁布宪法，560
谴责墨西哥的立法，676

Place, Francis, 普莱斯, 弗朗西斯,
　激进派，345，347
Plague and the black rat, 瘟疫和黑死
　病，72
Plating, electro, 电镀技术，13
Plener, Ignatius von, 普莱纳, 伊格纳
　茨·冯, 匈牙利财政大臣，543
Pletkov, 普列特科夫, 俄国作家，213
Plombières, Pact of（1858），普隆比
　埃密约，16，209，271，463,
　538，571
Poe, Edgar Allan, 坡, 埃德加·爱
　伦, 作家，167，179
Poelaert, Joseph, 波埃莱特, 约瑟夫,
　建筑师，142

Pogodin, Michael Petrovitch, 波戈金, 米哈伊尔·彼得罗维奇, 历史学家和政治家, 232, 368
Pola, 波拉, 421
Poland, 波兰
 法兰克福议会投票赞成独立, 228
 1830—1831 年的移民, 234, 237
 克拉科夫并入哈布斯堡帝国, 235
 亚历山大二世的大赦, 235
 农业协会, 235
 华沙医学科学院, 235
 行政和教育的改革, 235
 要求归还东部边疆地区, 235
 俄语成为官方语言, 236
 宗教课遭到禁止, 236
 肃清自治的痕迹, 236
 成为"维斯杜拉领地", 236
 起义: (1830—1831), 21, 186, 248, 362; (1846), 234—235, 397; (1863), 21, 128, 186, 230, 236—237, 513
 镇压措施, 252—253
 重建波兰的"阿尼姆"计划, 262
 农奴制, 372
 在 1848 年, 390, 391, 397
 巴黎会议讨论波兰问题, 490
Polignac, Jules, prince de, 波利尼亚克公爵, 朱尔, 427
Political economy, 政治经济学, 6, 53
Politecnico (Cattaneo),《综合工艺》(卡塔内奥), 556
Polk, James, Knox, 波尔克, 詹姆斯·诺克斯, 美国第十一任总统, 622
Polytechnikum, 综合工科学校, 苏黎世, 106
Poor Law Amendment Act (1834), 济贫法修正法案, 337
Poor Law Commissioners, 济贫法委员会, 337
Poor Man's Guardian (Henry Hetherington),《穷人卫报》(亨利·赫瑟林顿), 121
Pope and the Council (Janus),《罗马教皇与公会议》(雅努斯), 94
Populist movement, 民粹派(平民党)运动
 俄国的民粹派运动, 375
 美国的平民党运动, 611
Port Mahon, 马翁港, 420
Port Said, 塞得港, 420, 424
Portales, Diego, 波塔莱斯, 迭戈, 智利政治领袖, 664, 665
Portugal, 葡萄牙, 253, 686, 688
Posen, Grand Duchy of, 波森大公国, 228, 234, 397, 494
Postal service, 邮政, 1840 年英国的邮政改革, 36
Postl, Carl (Charles Sealsfield), 波斯特尔, 卡尔(查尔斯·西尔斯菲尔德), 奥地利作家, 194
Potassium salts, 钾盐, 24
Potatoes, 马铃薯, 24, 26, 343
Pottery industry, 陶器工业, 342
Pottinger, Sir Henry, 璞鼎查爵士, 亨利, 上校, 690
Prague, 布拉格, 100, 402, 523
Prague, Treaty of (1866), 布拉格条约, 220, 519, 520, 580
Prague News,《布拉格新闻》, 238

Précis de l'art de la guerre（Jomini），《战争学概要》（约米尼），314—315

Pre-Raphaelite Brotherhood，拉斐尔前派兄弟会，151—153

Press，新闻出版，Ⅶ，14，121—133，409，449，486，496

　　在奥地利，126，127，504

　　在比利时，127

　　在丹麦，127

　　在挪威，127

　　在瑞典，127

　　在瑞士，127

　　在意大利，128，560，569

　　在埃及，131

　　在印度，131

　　在日本，131

Press Association，英国联合通讯社，132

Pressburg，普雷斯堡，395，396

Presse, Die，《新闻报》，维也纳，126

Presse, La，《新闻报》，巴黎，121，124

Prévost-Paradol，普雷沃-帕拉多尔，作家，《辩论报》撰稿人，123

Prieto, Joaquín，普列托，华金，智利总统，664

Prim, Juan，普里姆，胡安，政治家和将军，586，588，594

Prince Albert, H. M. S.，"阿尔贝特亲王号"，英国军舰，286

Princeton，"普林斯顿号"，1842年建造，美国军舰，281

Principalities, The，多瑙河两公国，204

　　民族意识的增强，241

　　俄国的撤出，478

　　被奥地利占领，479

　　今罗马尼亚，488

　　奥地利撤出，489

Principles of Geology（Lyell），《地质学原理》（赖尔著），68，102

Privateering, formal abolition，私掠巡航的正式废止，491

Prix de Rome，罗马奖，144

Prospective Review，《展望评论》，156

Protestant Dissenting Deputies, The（B. L. Manning），《不信奉国教的新教国会议员》（B. L. 曼宁著），86

"Protestant Patent"，"新教特许令"，542

Proudhon, Pierre-Joseph，蒲鲁东，皮埃尔-约瑟夫，社会主义者，149，392

Prussia，普鲁士，ⅩⅤ—ⅩⅥ，493—521

　　军队：改革，16，509—510，515；总参谋部，310—311；征兵制和编制，311—312；1814年普鲁士陆军法，312；普鲁士军事学校，317；战时后备军，509

　　争取德意志霸权的斗争，16；在德意志占支配地位的力量，100；走向统一的进展，465；普鲁士和奥地利共同为德意志事务承担责任，500；俾斯麦确立普鲁士政策的独立性，506

　　条约和联盟：奥尔米茨条约，210，265，410，412，503；与萨克森和汉诺威达成协议, 409; 1853 年奥地利商务条约, 505; 1862 年法国商务条约, 505; 1864 年与奥地利结盟, 515; 1866 年与意大利结盟, 517; 1866 年布拉格和约, 220, 519; 与符腾堡、巴登和巴伐利亚的密约, 580

贸易、商业和经济: 谷物进口, 26; 缺少艺徒和短工, 45; 童工, 45; 关税同盟使之改进, 494, 503; 铁路, 505; 人口, 579

宪政发展: 1850 年宪法, 109, 409, 498; 民主制度, 189; 1817 年特许令, 391; 1848 年的变化, 397—398, 405, 498; 1849 年的反动, 407, 409, 498; 改革的要求, 496; 联合议会的召开, 496—497; 1860—1866 年的冲突, 510—512, 515, 517—520; 民族自由党的成立, 521

君主制: 受到温和的限制, 185; 修宪权, 409; 不再是专制政权, 412; 大臣任免权, 498; 国王的神圣权利, 499

行政机构: 地方政府, 206—207; 行政制度, 495

宗教: 与罗马天主教会和解, 494—495

教育, 107—109, 111—113, 495

新闻出版, 125—127, 131—132

海军, 516

与 1870—1871 年普法战争: 争执的根源, 16, 597—599; 要求获得阿尔萨斯—洛林, 17, 600; 宣战, 78; 夏斯波后膛枪的优越性, 305; 使用后膛炮, 306, 325; 格拉夫洛特－圣普里瓦战役, 306, 326; 色当战役的胜利, 306, 327; 机关枪的失效, 307; 电报的使用, 310; 下级指挥官的主动性, 310; 战略, 325—326; 优越的部署, 325; 沃思战役, 326; 维翁维尔战役, 326

石勒苏益格－荷尔斯泰因问题和 1848 年和 1864 年与丹麦的战争: 各独立邦, 219; 1848 年普鲁士派驻军队, 219, 265; 公民投票的规定, 220; 奥古斯滕堡君主的候选资格, 515, 516; 1864 年与丹麦的战争, 515; 俾斯麦的目的, 兼并, 516

与 1866 年的七周战争: 普鲁士撞针枪的价值, 305; 普鲁士取得初战优势, 308; 铁路的利用, 308—309, 324; 由柏林指挥行动, 310; 毛奇的战略, 324—325; 王太子率领的部队到达, 325; 奥地利在克尼格雷茨战役中失败, 325, 519; 中断外交关系, 519; 布拉格和约, 519

Public health, 公共卫生, 在 1870 年前几乎没有改进, 44

Pugin, A. W. N., 普金, 奥古斯塔斯·韦尔比·诺思莫尔, 建筑师, 136, 137

Punch,《笨拙》周刊, 131

Punta Arenas, 阿雷纳斯角, 665

Pusey, Edward Bouverie, 皮由兹, 爱德华·布弗里, 牧师, 83

Pushkin, Alexander, 普希金, 亚历山

大，诗人，172，182，368
Putyatin, Count, 普佳京伯爵，俄国海军上将，385，702
Pyat, Félix, 皮阿，费利克斯，政治家和戏剧家，408

Quadruple Agreement (1840), 四国协定，257，429
Quadruple Alliance, 四国联盟 (1815), 462; (1834), 253—254, 462
Quakers in U.S.A., 美国的教友派教徒，610，616
Quanta Cura, 《若干忧虑之事》, 1864年庇护九世教皇的通谕，90
Queretaro, 克雷塔罗，马克西米连在该地被处死，582
Quinet, Edgar, 基内，埃德加，作家，216，241
Quinine, 奎宁，64，72
Quito, 基多，668

Radetzky, Count Joseph, 拉德茨基伯爵，约瑟夫，奥地利陆军元帅，321—322，396，402，523，562—564
Radiations, study of, 放射性的研究，58
Radowitz, General Josef Maria von, 拉多维茨将军，约瑟夫·玛丽亚·冯，普鲁士外交大臣，264，500—502
Raglan, Fitzroy Somerset, 1st Baron, 拉格伦，菲茨罗伊·萨默塞特，第一代男爵，英国陆军司令，322，478，482

Ragusa, 拉古萨，422
Raiffeisen, Friedrich Wilhelm, 赖菲森，弗里德里希·威廉，23
Railways, 铁路
　与其他各种交通工具的竞争，4，26，33
　英国和比利时的领先地位，30
　迅速发展时期，32，332
　曼彻斯特—利物浦铁路，32，332
　运营里程，32，332
　旅行速度，32，33
　舒适性，33，141
　作为通用的运输工具，33
　运费，33
　到1859年的发展，34
　用于军事，308—309，323，324，325，328，329
　电报的发展，332
　资金，334
　在阿根廷，672
　在澳大利亚，34，350
　在奥地利，530，535，536
　在比利时，33
　在巴西，662
　在加拿大，350
　在埃及，432
　在法国，33
　在德国，494，505
　在荷兰，34
　在印度，34，350
　在意大利，34，556，561
　在秘鲁，668
　在俄国，34
　在西班牙，34，420
　在美国，34，612，618，624，643

Rajačić，拉亚契奇，塞尔维亚大主教，529

Ram Mohan Roy，拉姆·摩罕·罗易，印度思想家，118

Randall, J. G.，兰德尔，约·乔，历史学家，论林肯的解放宣言，629

Rankine, William John Macquorn，兰金，威廉·约翰·麦夸恩，物理学家，59

Raspail, François，拉斯帕伊，弗朗索瓦，化学家和政治家，399，404

Rat, black，黑死病，72

Rattazzi, Urbano，拉塔齐，乌尔巴诺，皮埃蒙特，政治家，568，570，572，576

Rauscher, Joseph Othmar von，劳舍尔，约瑟夫·奥特马尔·冯，红衣主教，弗兰茨·约瑟夫的导师，533

Ravenna，拉文纳，554

Rawlinson, Sir Henry Creswicke, Bart，罗林森爵士，亨利，克雷齐克，从男爵，陆军少将，388

Raymond, Henry J.，雷蒙德，亨利，美国新闻记者，129—130

Raznochintsi, the，平民知识分子，106

Reaping by machine，机械收割，25

Rechberg, Count Johann Bernard，雷希贝格伯爵，约翰·贝恩哈德，奥地利外交大臣，512，514，539，547

Reciprocity Treaty, Anglo-American (1854)，英美互惠条约，354

Red Cross Society founded，红十字会成立，7

Redlich, Josef，雷德利希，约瑟夫，法学家和历史学家，论克雷姆西尔宪法草案，197

Reed, Sir Edward James，里德爵士，爱德华·詹姆斯，海军建筑师，286

Reed, William Bradford，列卫廉·布雷德福，律师，外交官，702

Reeve, Henry，里夫，亨利，《泰晤士报》主笔，122

Reffye, J. B. A. Verchère de，雷菲耶，韦西埃·德，炮兵军官，307

Reform Association (*Reformverein*)，改革同盟，512

Reform Club，改革俱乐部，伦敦（自由党），138，339

Réforme, La，《改革报》，124，390，393

Reggio，勒佐，553

Reichsrath, the Austrian，奥地利帝国咨议院，533，540，541，545，546，550

Reichstadt, duc de，赖希施塔特公爵，拿破仑一世之子，443，446

Reichstag, (North German Confederation)，帝国议会（北德意志邦联），579

Religion，宗教，Ⅵ，76—103
  传教活动，8，79，83，423，695—697，708—709
  教皇永无谬误论，13，81，93—94，96，98—99
  废除宗教考查法和市镇机关法，76
  法国的宗教派别，78，451
  在巴勒斯坦，469

解散修道院，81，676
耶稣会，81，88，223，523，565，675
牛津运动，81—83，100
使徒继承论，83
政教分离，83，100—101，218，676
《现代错误学说汇编》，89—94，454，459
教皇指责世俗权力的权利，97—99
犹太教，243—244，540
在圣地的东正教，470，473
美国的新教徒，625

Religion of Israel（Kuenen，1869），《以色列的宗教》（库南著，1869年），102

Renan, Ernest，勒南，欧内斯特，历史学家和散文作家，9，102

Renoir, Auguste，雷诺阿，奥古斯特，画家，154

Renwick, James，伦威克，詹姆斯，建筑师，141

Report on the Affairs of British North America（Durham），《关于英属北美事务的报告》（德拉姆），353

Report on the Organisation of the Permanent Civil Service（Trevelyan and Northcote），《关于建立常任文官制度的报告》（特里维廉和诺思科特），337

Representation of the People Act，人民代表选举法，（1861）338；（1867）334，338

Republican Party（U.S.A.），共和党（美国）

成立，626
与林肯向南部联盟提出的条件，629
内部派系，647—649

Researches into Early History of Mankind（Tylor），《人类早期历史研究》（泰勒著），102

Reshid Pasha，赖希德帕夏，土耳其外交大臣，471，473

Reuter's news agency，路透通讯社，5，132

Revue des Deux Mondes，《两个世界评论》，123，128，436

Rheinische Zeitung，《莱茵报》，125，495

Rhett, Barnwell，雷特，巴恩韦尔，脱离联邦主义者，627

Rhine, river，莱茵河，32，228，326，495，506，579，585，599

Rhineland, the，莱茵兰，390，392，494—496，508

Rhodes, Island of，罗得岛，228

Ricasoli, Baron Bettino，里卡索利男爵，贝蒂诺，意大利政治家，572，575

Richmond, Virginia，里士满，弗吉尼亚州，南部联盟首都，327，328，330，634，654

Riemann, Georg，黎曼，格奥尔格，数学家，56

Rietschel, Ernst，里切尔，恩斯特，雕塑家，143

Rimbaud, Arthur，兰波，阿尔蒂尔，诗人，171，172，179，180

Rio Branco Law（1871），里约布朗科法，663

Rio de Janeiro，里约热内卢，661—662

Rio de La Plata，拉普拉塔河共和国，659，669
  又见 Argentina

Rio Grande do Sul，南里奥格朗德，该地的骚乱，661

Rise of the Dutch Republic（Motley），《荷兰共和国的兴起》（莫特利著），211

Risorgimento，Il（Balbo and Cavour），《意大利复兴运动》（巴尔博和加富尔），560

Roads，macadamised，碎石路，31

Robert College（Constantinople），罗伯特学院（君士坦丁堡），423

Roberts，Issachar Jacob，罗孝全（罗伯茨，伊萨卡·雅各布），前往中国的传教士，697

Rochdale Co-operative Manufacturing Society，罗奇代尔合作生产协会，348

Rochdale Equitable Pioneers Society，罗奇代尔公平先锋社，46，348

Rochefort，Henri（*La Lanterne*），罗什福尔，亨利（《灯笼报》），125，455

Rodbertus，J. K. von，罗德贝尔图斯，约翰·卡尔·冯，经济学家，505

Roebuck，John Arthur，罗巴克，约翰·阿瑟，政治家，481

Roenne，Friedrich von，伦纳，弗里德里希·冯，法兰克福政府驻美国代表，195

Romagna，the，罗马涅，572

Rome，罗马
  拉梅内鼓吹他的事业，78
  罗马共和国，88，198，565
  法国军队在罗马，88，95，444，465，565，573—574，576，583
  意大利军队占领罗马，98
  维克托·埃马努埃尔二世的纪念碑，142
  加里波第进军罗马，201
  罗马的陷落，408
  教皇在罗马的统治，463，554，559—560
  意大利军队进入罗马，600

Roon，Albrecht，Count von，罗恩伯爵，阿尔布雷希特·冯，普鲁士政治家和将军，324，509，517，593，597

Rosas，Juan Manuel de，罗萨斯，胡安·曼努埃尔·德，阿根廷独裁者，663，669—671

Rosmini-Serbati，Antonio，罗斯米尼-塞尔巴蒂，安东尼奥，神学家和哲学家，558，565

Rosse，William Parsons，earl of，罗斯伯爵，威廉·帕森斯，天文学家，58

Rossetti，Dante Gabriel，罗塞蒂，丹特·加布里埃尔，诗人和画家，151，152，153，177，178，225

Rossetti，Gabriel，罗塞蒂，加布里埃尔，诗人和自由主义者，552

Rossi，Count Pellegrino，罗西伯爵，佩莱格里诺，外交家和经济学家，他的被刺，408

Rostovtsev，Jacob，罗斯托夫采夫，雅

各布，文官，371

Rothschild, house of, 路特希尔德家族, 34, 243, 535, 663

Rotteck, Karl Wenceslas von, 罗特克, 卡尔·文策斯拉斯·冯, 历史学家, 193, 194

Rouault, Georges, 鲁奥, 乔治, 画家, 146

Roubaix, 鲁贝, 459

Rouher, Eugène, 鲁埃, 欧仁, 政治家, 447, 582, 583

Roumania, 罗马尼亚
  建立, 229, 241, 462, 488
  匈牙利的罗马尼亚人, 239—240, 402—403, 523, 529, 537, 541, 546
  又见 Principalities 条下

Rousseau, Théodore, 卢梭, 泰奥多尔, 画家, 147

Royal Agricultural Society journal, 皇家农业协会的刊物, 23

Royal Commission, 皇家专门委员会
  关于爱尔兰教会收入问题的（1832）, 100
  关于大学问题的（1850）, 50

Royal Institute of British Architects, 英国皇家建筑师协会, 139

Royal Naval College, Portsmouth, 皇家海军学院, 朴次茅斯, 291—292

Roze, Pierre Gustave, 罗兹, 皮埃尔·古斯塔夫, 舰队司令, 709

Ruatan, island of, 鲁阿丹岛, 679, 681

Rubber, 橡胶, 52, 53

Rude, François, 吕德, 弗朗索瓦, 雕塑家, 143

Rudin (Turgenev), 《罗亭》（屠格涅夫著）, 369

Ruffin, Edmund, 拉芬, 埃德蒙, 农业家, 出版商和脱离联邦主义者, 627

Rüge, Arnold, 吕格, 阿诺尔德, 哲学家和自由主义者, 506

Ruggiero, Guido de, 鲁杰罗, 圭多·德, 政治思想家, 209

Ruhr, 鲁尔
  煤矿, 30
  新工业主义, 494
  人口, 505

Ruskin, John, 罗斯金, 约翰, 艺术评论家和作家, 63, 137, 178

Russell, Alexander (*Scotsman*), 拉塞尔, 亚历山大（《苏格兰人报》主编）, 123

Russell, Lord John, 罗素勋爵, 约翰
  致德拉姆主教的"公开信", 85
  论英国与欧洲的联系, 267
  维多利亚女王的备忘录, 340
  组织政府未成, 343
  与加拿大宪法, 353
  与选举改革, 411, 477
  外交大臣, 471
  在1855年维也纳会议上, 481—482
  不干涉原则, 572

Russell, Lord Odo, 拉塞尔勋爵, 奥多, 英国驻罗马代表, 95

Russell, William Howard, 拉塞尔·威廉·霍华德, 《泰晤士报》随军记者, 122

Russia, 俄国, XII—XIII, 357—388

领土的变化：将其边疆扩展到朝鲜，7；征服中亚细亚各汗国，381—382，386—388；将阿拉斯加让给美国，384；获得阿穆尔河省和萨哈林岛，385，704；占领和归回伊犁，707

反叛：波兰的起义，13，229，234，237，251，362，376；乌克兰的秘密团体，231

贸易和工业：出口，26，364，380；生产率，364，380；生铁生产，364，381；关税政策，364，380；货币，364；家庭工业，364；纺织工业，364，380；铁路，365，380，381，382，385，386；合作制度，371，373；俄罗斯银行，379—380；财政改革，379；收成，380，381；股份公司，380；税收，382；煤，388

教育：国家的控制，106，230，362—363，379；大学，106，230，363，365，378；教育部，360；科学院，363；中等和初等教育，378；科学教育，379

社会结构：知识阶级没有可靠的地位，106；解放农奴，204，370—372，380—382，487；需要进行国内改革，268；贵族，360，369；公开贩卖农奴，361；"自由"农，361；赎买自由的权利，362；军队是个人发迹的主要途径，369；用金钱偿付劳役，369；西伯利亚、波兰和外高加索的农奴制，372；奴隶制，383，387；强迫向远东移民，385

政府机构：地方自治会，111；警察统治，359；皇帝陛下办公厅，359，360，361；第三厅，359，361；教育部，360；大臣会议，360，379；国务会议，360，377；地方政府，361

新闻出版，128—129，230，368，370—371；检查制度，128，359—360，365，368，376，378

建筑，139，142，363

文学，165—166，168—169，182，366—369

克里米亚战争，XV，468—492；结局，241；俄国海军在战争中，279，281；俄国军事上的缺陷，322

军队：征兵制，236，379；在克里米亚战争中，322—323；军队的声誉，369；军队的腐败，369；个人发迹的主要领域，369；军队的规模，369；普遍兵役制，379

条约：洪基尔—斯凯莱西条约（1833），252，255—256，428，468；明亨格列兹协定（1833），252—253，365；法俄条约（1859），491；巴黎条约（1856），269，488—490，600；库楚克—开纳吉条约（1774），470，476

宗教：皈依东正教，231；圣经会被解散，360；沙皇的权威，363

司法制度：皇帝陛下办公厅颁发的法令，360；法律的编纂，363，487；放逐，372；新司法制度，377—378；法庭，378

君主制度：沙皇的神圣权利，363

索 引 845

Russian America Company，俄美公司，384

Ruthenes，罗塞尼亚人，525，530，537，541，549

Rutherford, Mark (William Hale White)，拉瑟福德，马克（威廉·黑尔·怀特），158

Sacconi, Giuseppe，萨科尼，朱塞佩，建筑师，142

Sadowa，萨多瓦，见 Königgrätz

Šafarik, Josef，沙法日克，约瑟夫，学者，232

Said Pasha，赛义德帕夏，埃及总督，438，439，440

Saigon，西贡，709

Saint Arnaud, Armand Leroy de，圣阿尔诺，阿尔芒·勒鲁瓦·德，法国元帅，444，445，478

Saint Domingue，圣多明各，改名海地，659

Saint-Simon, Comte Claude, Henri de，圣西门伯爵，克洛德·亨利，哲学家，109

Saint Simonian school，圣西门学派
　对铁路和银行发展的影响，3
　对莱塞普斯的影响，434—435
　支持拿破仑三世，453

St. Vincent de Paul, Society of，味增爵会，78，101，708

Sainte-Beuve, Charles-Augustin，圣伯夫，夏尔-奥古斯坦，评论家，125，149

Sakhalin, island of，萨哈林岛（库页岛），384，385

Sala, G. A.，萨拉，新闻工作者，122

Salasco, Carlo di，萨拉斯科，卡洛·迪，皮埃蒙特将军，564

Salazar y Mazarredo，萨拉查-马萨雷多，西班牙国务大臣，588，589

Salic law in Denmark，丹麦的萨利克继承法，219

Salonica，萨洛尼卡，419—420，423

Salt trade, Austro-Piedmontese，奥地利—皮埃蒙特的盐业贸易，559

Salvador, EL，萨尔瓦多，678

Salzburg, meeting of Napoleon III and Francis Joseph，拿破仑三世和弗兰茨·约瑟夫的萨尔茨堡会晤，582

Samarin, George，萨马林，乔治，改革家，375

Samarin, G. F.，萨马林，尤·费，行政官员，368

Samos, Island of，萨摩斯岛，422

San Francisco，旧金山，636，643

San Jacinto, battle of，圣哈辛托战役，621

San Jacinto, U. S. frigate，"圣哈辛托号"，美国快速帆船，639

San Juan river，圣胡安河，679，680，681

San Salvador，圣萨尔瓦多，中美洲联合省首都，679

Sanctuary, in Piedmont, right of，庇护权，在皮埃蒙特，567

Sand, George (Aurore Dupin, baronne Dudevant)，桑，乔治（奥罗尔·迪潘，杜德旺男爵夫人），小说家，124，165

Santa Anna, Antonio Lopez de, 圣安纳, 安东尼奥·路佩斯·德, 将军和政治家, 203, 208, 674

Santa Cruz, Andrés, 圣克鲁斯, 安德烈斯, 将军, 玻利维亚独裁者, 665, 667

Santander, Francisco de Paula, 桑坦德, 弗朗西斯科·德·保罗, 哥伦比亚爱国者, 669

Santo Domingo, 圣多明各, 617, 682

São Paulo, 圣保罗, 661

Sarmiento, Domingo Faustino, 萨米恩托, 多明戈·福斯蒂诺, 阿根廷流放者, 665, 670

Satsuma, 萨摩, 712—713

Saturday Review,《星期六评论》, 123

Savannah, 萨凡纳, 329

Savigny, Friedrich Karl von, 萨维尼, 弗里德里希·卡尔·冯, 法学家, 227

Savoy, 萨伏伊, 割让给法国, 463, 472

Saxony, 萨克森, 392
 道路状况, 31
 政府改革 (1831), 189
 起义, 397, 407, 500
 工业动乱, 497
 三王国联盟, 501
 计划修改联邦宪法, 501
 城市人口, 505
 国王, 将王位让给普鲁士的威廉一世, 514
 遭普鲁士侵犯 (1866), 519
 加入北德意志邦联, 520

Scharnhorst, Gerhard Johann David von, 沙恩霍斯特, 格哈德·约翰·达维德·冯, 将军和改革家, 310, 317

Schele de Vere, Maximilian, 舍勒·德弗雷, 马克西米连, 1848 年在法兰克福的瑞典观察家, 195

Schelling, Friedrich Wilhelm von, 谢林, 弗里德里希·威廉·冯, 哲学家, 78, 496

Schiller, Johann Friedrich von, 席勒, 约翰·弗里德里希·冯, 诗人和戏剧家, 134

Schinkel, Karl Friedrich, 申克尔, 卡尔·弗里德里希, 建筑师, 139, 140

Schlegel, August Wilhelm, 施莱格尔, 奥古斯特·威廉, 评论家, 139, 172

Schlegel, Friedrich, 施莱格尔, 弗里德里希, 评论家, 158, 171

Schleiden, Matthias Jakob, 施莱登, 马蒂亚斯·雅各布, 植物学家, 67

Schleswig-Holstein, 石勒苏益格-荷尔斯泰因, 219—220, 265, 464, 514—518, 520

Schmerling, Anton Baron von, 施默林男爵, 安东·冯, 奥地利政治家
 与德意志的统一, 194
 企图恢复地方自治, 207
 主张实现大德意志, 512
 司法大臣, 529
 辞职, 533
 取代戈武霍夫斯基, 544
 中央集权主义者, 545

索　引　847

与匈牙利国会，546

被免职，548

Schneckenburger, Max, 施内肯贝格尔，马克斯，诗人，227，495

Schönbrunn, Francis Joseph meets William Ⅰ at (1864), 申布龙宫，弗兰茨·约瑟夫与威廉一世在此会晤，516

School Board (U.K.)，教育委员会（英国），1870年设立，337

Schools and Universities on the Continent (Arnold)，《欧洲大陆上的中学和大学》（阿诺德），115

Schopenhauer, Arthur, 叔本华，阿图尔，哲学家，183，184

Schültze, Max Johann Sigismund, 舒尔策，马克斯·约翰·西吉斯蒙德，解剖学教授和生理学家，67

Schulze-Delitsch, Hermann, 舒尔茨-德利奇，赫尔曼，经济学家，505，507，

Schurz, Carl, 舒尔茨，卡尔，美国共和党政治家，206

Schwann, Theodor, 施万，特奥多尔，生理学家，66，67

Schwarzenberg, prince Felix von, 施瓦岑贝格亲王，费利克斯·冯，奥地利政治家

　解散议会并暂停宪法，197，408

　鼓吹奥地利的霸权地位，203，499，503

　迫使恢复德意志邦联，210

　在伦巴第的镇压措施，263

　致普鲁士的最后通牒，265

　组阁，406，524

　请求俄国支援，407

　与巴伐利亚和符腾堡的谈判，409—410

　使奥地利成为中央集权国家，413

　他的去世，413，533

　他的性格，498

　企图使整个奥地利加入邦联，499，538

　利用黑森—卡塞尔选帝侯的要求，502

　他的制宪希望的破灭，503

　颁布新宪法（1849年3月），526

　取代温迪施格雷茨，528

　讨厌巴赫，531

　签署奥尔米茨条约，532

Schwarzenberg, Friedrich, Prince von, 施瓦岑贝格侯爵，弗里德里希，奥地利主教，推迟发表公会议的法令，100

Schwerin Palace，什未林宫，142

Scotland，苏格兰

　排干沼泽地，24

　教会，83—84

　民族主义，217n

　人口，331—332

　公民权，335

Scotsman, The，《苏格兰人报》，123

Scott, Sir George Gilbert, 斯科特爵士，乔治·吉尔伯特，建筑师，136，138，145，149

Scott, Sir Walter, 司各特爵士，沃尔特，小说家，157，165

Scott, Winfield, 斯科特，温菲尔德，将军，军人和总统提名人

　林肯对他的批评，657

占领墨西哥城，674
Screw-propeller, perfection of，螺旋桨的完善，278
Scutari，斯库台，478
Sebastopol, siege of，塞瓦斯托波尔之围，306，322—323，479，480，482
Sebenico，塞本尼科，422
Secession, Ordinances of（U.S.A. 1860—1861），脱离联邦法令（美国），627
Secret Societies，秘密团体
 圣西里尔和圣美多迪乌（乌克兰），231
 在波兰，234
 在保加利亚，243
 在美国南北战争期间，647
 在中国，699，700
Sedan, battle of（1870），色当战役，305，306，327，465
Sedgwick, Adam，塞奇威克，亚当，地质学家，批评达尔文，71
Seebach, Saxon minister in Paris，泽巴赫，萨克森驻巴黎公使，484
Semipalatinsk，塞米巴拉金斯克，386
Semper, Gottfried，桑珀，戈特弗里德，建筑师，141
Senegal，塞内加尔，461
September Convention（1864），九月条约，88
Seraing，塞兰，附近的煤和矿石，30
Serbia，塞尔维亚，240—242，474
Serfdom, abolition of，废除农奴制
 在奥地利帝国，6，413—414，523，530

在俄国，6，370—372
Serrano-Solovevich, S.，谢尔纳-索洛维耶维奇，革命家，373
Serrano, Dominguez Francisco, Duke of La Torre，塞拉诺，多明格斯·弗朗西斯科，拉托雷公爵，586
Seton-Watson, R. W.，塞顿-沃森，历史学家
 论克雷姆西尔宪法草案，197
 论克里米亚战争，260
Sewage disposal，污水处理，72
Seward, William Henry，西沃德，威廉·亨利，美国政治家，638，646
Seymour, Sir George Hamilton，西摩爵士，乔治·汉密尔顿，外交家，英国大使，471，478，485
Shaftesbury, Anthony Ashley Cooper, earl of，沙夫茨伯里伯爵，安东尼·阿什利·库珀，83，341
Shamyl，沙米尔，高加索游击队领袖，386
Shanghai，上海
 成为国际租界，7，693
 通商口岸，692
 它的发展，693
 被小刀会占领，700—701
 贸易由于太平天国反叛而受到影响，705
 英法军队防卫上海，706
 讲授西方科学和数学的学校，708
Shaw, Richard Norman，肖，理查德·诺曼，建筑师，154—155
Sheffield，谢菲尔德，42，43
Sherman, William T.，谢尔曼，威

索　引

廉·特库姆塞，将军，316，
　　329—330，655
Shevyrev, Stepan Petrovich, 舍维列
　　夫，斯捷潘·彼得罗维奇，文学
　　评论家，368
Shiloh, battle of, 夏伊洛战役，632
Shimoda, 下田，贸易港口，711，712
Shinto religion, 神道教，711
Shipbuilding, 造船业，该行业中雇用
　　的工人，333
Shipping, 航运，25—26
　　在湖上和河上运输粮食，4，32，35
　　横贯大西洋的航运，36，332
　　英国航运吨数，332—333
　　依靠航运使殖民地与英国保持联
　　系，349
　　地中海各港口航运吨数，419—420
　　到地中海和以东地区的邮政，431—
　　432
　　游船，432
　　旧金山—上海航班，710
Short Outline of Croat-Slovene Orthogra-
　　phy（Gaj），《简明克罗地亚—斯
　　洛文尼亚语正字法》（加伊著），
　　238
Siam, 暹罗
　　当地的传教活动，79
　　英国与之签订的条约，709
Siberia, 西伯利亚
　　向该地的移民和流放，2，358，
　　372，384
　　农奴制，372
　　俄国势力在当地的巩固，382
　　行政，383
　　人口，383，384

边境，384—386
Siccardi laws（1850），西卡尔迪法令
　　（1850），567
Sicily, 西西里
　　英国式的宪法（1812），199，560
　　1848 年的起义，389，560，562，
　　565
　　人口，552
　　在行政上与那不勒斯联合，560
　　加里波第在西西里，573
　　军事管制法，576
Siècle, Le,《时代报》，124，125
Siemens, Werner von, 西门子，维尔
　　纳·冯，工业家和无线电报先驱
　　者，51，53
Silesia, 西里西亚，392，401，413
　　纺织工业，400，497
　　人口，505
　　捷克人的统治，523
Silistria, siege of, 锡利斯特拉之围，
　　478，479
Silk, 丝
　　里昂的丝织工业，42
　　代用品，64
Simon, Jules, 西蒙，朱尔，政治家，
　　455
Simpson, Sir James Young, Bart, 辛普
　　森，詹姆斯·扬，从男爵，64，
　　72
Simpson, General Sir James, 辛普森爵
　　士，詹姆斯，将军，克里米亚战
　　争中的指挥官，482
Simson, Eduard, 西姆森，爱德华，
　　法兰克福议会主席，499—500
Singapore, 新加坡

海底电报，350
邮政，432
英国在当地的影响，686
Singulari Nos，《我们独特的》，格列高利十六世发布的通谕，78
Sino-American treaty（1844），中美条约，692—693
Sinope，锡诺普，土耳其舰队的失败，281，477
Six Articles, The（Germany），六条法令（德意志），493—494
Slav Congress（1848），斯拉夫人代表大会，232—233
Slave trade，奴隶贸易
　限制，6
　非洲废除奴隶贸易的措施，616
　在巴西，661
Slavery，奴隶制
　废除奴隶制的斗争，83
　在英帝国废除奴隶制，341
　给奴隶主的赔偿，341
　美国废除奴隶制的有利条件，610
　弗吉尼亚立法机构的辩论，612
　南部扩大棉花种植的影响，613，617
　解放奴隶，616
　在美国南部各州，616，632
　奴隶反叛，617
　为奴隶制辩护，617
　废奴运动，618—619
　逃亡奴隶的归来，619，623，625
　立法的基础，620—624
　宣告解放奴隶，639，648
　没收法案，648
　第十三条宪法修正案，648

Slavophiles，斯拉夫派
　在俄国，230，232—233，366—368，370—371，375
　在奥地利帝国，548—550
Slidell, John，斯利德尔，约翰，南部联盟派往法国的代表，639，640
Slovaks，斯洛伐克人，240，524，530，537，541，546，549
Slovenes，斯洛文尼亚人，402，524，529—530，545
Slowacki, Julius，斯沃瓦茨基，尤利乌斯，诗人，237
Small Swords Scielty, The，小刀会，700—701
Smiles, Dr Samuel，斯迈尔斯医生，塞缪尔，作家，51
Smith, Adam，亚当·斯密，经济学家，342，344
Smith, Sir Francis Pettit，史密斯爵士，弗朗西斯·佩蒂特，工程师和发明家，螺旋桨的发展，278
Smyrna，士麦拿，419—420，422
Smyth, W. H.，史密斯，海军少将，418
Snider, Jacob，斯奈德，雅各布，发明家，305
Soane, Sir John，索恩爵士，约翰，建筑师，136
Soap industry，肥皂工业，64
Società Rubattino（1840），鲁巴蒂诺公司（1840年创立），432
Società Sarda（1830），萨尔达公司（1830年创立），432
Societé d'Etudes du Canal de Suez，苏伊士运河筹划公司，437

索 引 851

Societé Cénérale（1864），法国兴业银行（1864年创立），458
Society of Arts，艺术协会，134
Sociology，社会学，54，55
Sodium salicylate，水杨酸钠，64
Soil fertility，土壤的肥力，24，52
Solar system，太阳系，59
Solaro della Margherita, Clemente，索拉罗，德拉·马盖里塔，克莱门特，皮埃蒙特外交大臣，555，557，560
Solesmes, Benedictine abbey of，索莱斯姆，本笃会修道院，79
Solferino, battle of，索尔费里诺战役，323，539，571
Solingen，佐林根，家庭工业，42
Sologne，索洛涅，399
Somaliland, French bases in，索马里兰，法国在该地的基地，461
Sonderbund War（1847），分离主义者联盟战争，81，107，196，223
South Africa，南非，27，117，211
South Africa Compaign（1852），南非战役，304
South Carolina，南卡罗来纳，196，207，329，606，609—611，615，627，634
Souza, Ireneu de，索萨，伊雷内乌·德，见 Mauá, Baron of
Sozial-politische Zeitung，《社会政治报》，400
Spain，西班牙
　不断的混乱，186
　1812年宪法，189
　1812年宪法规定的公民权，192
　无秩序和混乱，204
　排斥犹太人，243
　铁路，420
　在菲律宾的影响，686
Spalato，斯帕拉托，422
Spectator, The，《旁观者报》，123
Spectroscopy，光谱学，58
Spectrum analysis，光谱分析，58
Spencer, Herbert，斯宾塞，赫伯特，哲学家，69，109，112
Speranskii, Count Michael，斯佩兰斯基伯爵，米哈伊尔，政治家，363，383
Spezia, naval base，斯培西亚，海军基地，567
Spielhagen, Friedrich，施皮尔哈根，弗里德里希，小说家，167
Spinners, General Union of Operation，纺纱工人总工会，346
Spirits, duty on，酒税，38
Spoleto, Council at（1849），斯皮莱托公会议，89
Sprengel, Kurt Polycarp Joachim，施普伦格尔，库尔特·波利卡普·乔基姆，医生和植物学家，65
Springfield（Mass.）Republican，斯普林菲尔德（马萨诸塞州），《共和党人报》，130
Staatslexikon（Rotteck and Welcker），《国家百科词典》（罗特克和韦尔克尔主编），193
Stadion, Count Francis，施塔迪翁伯爵，弗朗西斯，政治家，406，526，528
Staël［Holstein］, Germaine, Baroness

de，斯塔尔（荷尔斯泰因），热尔梅娜，男爵夫人，作家，172
Standard, The，《旗帜报》，售价一便士，122
Stanley, Edward Geoffrey Smith 14th earl of Derby，斯坦利，爱德华·杰弗里·史密斯，第十四代德比伯爵，政治家，341
Stanley, Edward Henry, 15th earl of Derby，斯坦利，爱德华·亨利，第十五代德比伯爵，政治家，581，582
Stanton, Edwin M.，斯坦顿，埃德温，美国陆军部长，646
Starbuck, H.，斯塔巴克，苏伊士运河英国"集团"成员，436
Starnberger See，施塔恩贝格尔教区，路德维希二世的自杀，602
Stassow, Vassili Petrovich，斯塔索夫，瓦西里·彼得罗维奇，建筑师，139
Statuto of 1848，1848年宪法，见 Piedmont-Sardinia 条下
Steamship, the，轮船
　作为远洋航行工具，4，36
　在开凿苏伊士运河上所起的作用，4
　扩大了市场，5
　用于拖带驳船，32
　作为湖泊和河流的运输工具，32，35，424
　在密西西比河上，32，612
　轮船的改进，35—36，278，281，420—421
　横渡大西洋，36，332
　在海军中，277—280
　用于牵引，277
　运煤船，279
　在地中海，418，420—424，431—432
　英国的造船业，431
　在亚马孙河上，662
Steel，钢
　贝塞麦炼钢法，4，30，457
　世界产量，30
　出口，30，333
　炼钢，333
　西门子炼钢法在法国，457
Stendhal，斯丹达尔，见 Beyle, Marie-Henri，159，162—163，166
Stephens, Alexander H.，斯蒂芬斯，亚历山大·汉密尔顿，南部联盟副总统，650，653
Stephens, Frederic George，斯蒂芬斯，弗雷德里克·乔治，艺术评论家，151
Stephens, J. R.，斯蒂芬斯，宪章派，347
Stephenson, Robert，斯蒂芬森，罗伯特，土木工程师，436，437，438
Sterckx, Engelbert，斯特克斯，昂热尔贝，红衣主教，89
Stethoscope, invention of，听诊器的发明，72
Steuerverein，税收同盟，494，503
Stevens, Alfred，史蒂文斯，艾尔弗雷德，雕塑家，143
Stevens, Thaddeus，史蒂文斯，撒迪厄斯，国会议员，647
Stifter, Adalbert，施蒂弗特，阿达尔

贝特，作家，161，165

Stirling, Edward, 斯特林，爱德华，《泰晤士报》主编，122

Stone's river, battle of, 斯通斯河战役，632，639

Stow, David, 斯托，戴维，教育界著作家和先驱，114

Strachan, Bishop John, 斯特罗恩主教，约翰，117

Straits Convention (1841), 海峡公约，258，429，468

 修改，482，490

 被取代，488

 俄国通告废除，488

Strantz, Colonel von, 施特兰茨上校，冯，普鲁士军官，594，596

Strat, J., 斯特拉特，罗马尼亚在巴黎的代理人，594

Stratford de Redcliffe, Stratford Canning, 1st Viscount, 斯特拉特福德·德·雷德克利夫，斯特拉特福特·坎宁，第一代子爵，英国驻土耳其大使，262，270，468，470，472，473，475，476，489

Strauss, David Friedrich, 施特劳斯，达维德·弗里德里希，神学家（《耶稣传》），75，102

Strickland, William, 斯特里克兰，威廉，建筑师，141

Strossmayer, Mgr George, 斯特罗斯马耶长老，格奥尔吉，克罗地亚主教，100

Sruart, James, 斯图尔特，詹姆斯，成人教育先驱，119

Stubbs, George, 斯塔布斯，乔治，画家，135

Stuttgart, 斯图加特，407

Styria, 施蒂里亚，548

Succession, Hungarian Law of (1687), 匈牙利王位继承法，547

Sudeten Germans, 苏台德德意志人，544

Suez Canal, 苏伊士运河，4，424，433—440

Suffrage, universal manhood, 成年男子普选权

 比利时，192

 法国，192，204，404，409，411，443，445，446

 英国，192，204，336，343，347

 荷兰，192

 挪威，192

 西班牙，192

 瑞典，192

 瑞士，196，204

 皮埃蒙特，200

 德国，204，210，398，498，518，579

 美国，204—205

 匈牙利，398

 巴西，662

 智利，664

Sugar, 食糖，27，38，65

Sugar-beet, 甜菜，27，391

Sulivan, Captain, Thomas B., 沙利文舰长，托马斯，海军军官，289

Sumner, Charles, 萨姆纳，查尔斯，美国参议员，被鞭打，625

Sumter, Fort, 萨姆特堡，627

Sun Tzu, 孙子，中国军事思想家，

317

Šuplyika, colonel, 舒普利卡上校, 匈牙利塞尔维亚人首领, 529

Supreme Court.（U.S.A.）, 最高法院（美国）, 624, 625

Surgery, 外科学, 72—73

Sussex, H. R. H., Augustus Frederick, duke of, 苏塞克斯公爵殿下, 奥古斯塔斯·弗雷德里克, 290

Sweden, 瑞典
  1809 年宪法规定的公民权, 192
  与斯堪的纳维亚主义, 220
  议会的改革（1851）, 411
  与俄国的边界纠纷, 483
  英法与瑞典签署条约, 484

Swinburne, Algernon Charles, 斯温伯恩, 阿尔杰农·查尔斯, 诗人, 178, 216

Swine fever, 猪瘟, 24

Switzerland, 瑞士
  贸易、工业和经济：纺纱业, 28; 工业化学, 29; 道路状况, 31
  经济混乱, 222
  教育：小学的改革, 80; 师范学院, 80, 224; 苏黎世技术大学, 80, 106, 113; 伯尔尼大学, 80, 114; 与耶稣会, 81, 223
  冯·费伦伯格的学校, 108; 实行义务教育, 110; 巴塞尔大学, 114
  宗教：信仰新教和信仰天主教的各州之间的对立, 80—81; 解散修道院, 81; 耶稣会, 81, 223; 教会与国家的和解, 81; 旧天主教的分裂, 81, 100; 犹太教, 243; 又见 Sonderbund war 条下
  宪政发展：在自由主义各州, 80; 在卢塞恩, 81, 223; 1815 年联邦公约, 81, 222—223; 激进派的胜利, 81, 223, 389; 1848 年宪法, 81, 185—186, 196, 223, 441; 真正的民主, 186; 1874 年; 联邦法庭（1874）, 196; 政治实验室, 196, 411; 1867 年宪政改革, 211; 完全的民族独立, 223—224, 411; 取缔"青年欧洲", 225

Sybil（Disraeli）,《西比尔》（迪斯累里著）, 引语, 1, 10

Syllabus of Erros,（Syllabus Errorum）,《现代错误学说汇编》, 89—94, 454, 459

"Sylvester Patent", "除夕特许令", 532, 538

Syra, Island of, 锡拉岛, 419—420, 422

Syria, 叙利亚
  传教活动, 79, 423
  穆罕默德·阿里在叙利亚, 427—429
  1860 年法国派军到叙利亚, 430

Syrian Protestant College, 叙利亚新教学院, 423

Széczen, Count Anton, 塞岑伯爵, 安东, 政治家, 541, 542

Szerem, 塞莱姆, 529

Tahiti, missionaries in, 塔希提岛, 传教士在该地, 259

Taiping rebellion, 太平天国起义, 8, 384, 697—700, 705, 706

索　引　855

Taku forts，大沽炮台，被占领，703—704
Talabot, the brothers，塔拉博兄弟，法国铁路工程师，436, 437
Talleyrand-Périgord, Charles Maurice de, prince of Benevento，塔列朗-佩里戈尔，夏尔·莫里斯·德，贝内文托亲王，外交家，247—249
Tamworth Manifesto of 1834 (Peel)，1834年塔姆沃思宣言（皮尔），339
Tanered (Disraeli)，《坦克雷德》（迪斯累里著），引文，10
Tangier，丹吉尔，424
Tao Kwang，道光，中国皇帝，688
Taranto，塔兰托，421
Tarapaca，塔拉帕卡，668
Tariff of Abominations (1828)，可憎的税率，37
Tariff Compromise (1833)，折中税率，623
Tarim basin, Turkestan，塔里木盆地，土耳其斯坦，707
Tarragona，塔拉戈纳，420
Tashkent，塔什干，387, 388
Tasmania，塔斯马尼亚，353, 355
Taunton Commission，汤顿委员会，113
Tax Union，税收同盟，见 *Steuerverein*
Taxation，税收
　满足克里米亚战争的部分费用，486
　所得税，486
　在奥地利，538
　在皮埃蒙特，567

　与美国南北战争，651
　在上海，693
Taylor family，泰勒家族，《曼彻斯特卫报》，121
Taylor, John Edward，泰勒，约翰·爱德华，《曼彻斯特卫报》创办人，132
Taylor, Zachary，泰勒，扎卡里，美国第十二任总统，622—623
Tea，茶叶
　茶税，38
　与中国的贸易，687
Tegetthoff, Wilhelm von，特格托夫，威廉·冯，海军上将，奥地利海军司令，286
Telegraph, electric，电报
　欧洲大陆与美洲的电报服务，36, 57
　发展，53
　铁路加以利用，57, 332
　在克里米亚战争中使用，309, 486
　英属印度电报公司，350
Telescope, reflecting，反射望远镜，58
Tellkampf, Johann Louis，特尔坎普夫，约翰·路易，德国教授，194
Temps, Le，《时报》，125
Tenasserim，丹那沙林（德林达依），英国在当地的势力，686
Tennessee，田纳西，605, 626—627, 634, 648
Tennessee, river，田纳西河，655
Tennyson, Alfred, Lord，丁尼生勋爵，艾尔弗雷德，诗人，174, 176—177
Test and Corporation Acts，宗教考查法

和市镇机关法，它们的废除，76
Tetuan，得土安，424
Texas，得克萨斯
　棉花，613
　宣布成为独立共和国（1836），621，674
　并入美国，622，674—675
　退出联邦，627
　内战的战场，654—655
Textile industries，纺织工业
　家庭工业的衰落，4，42，333
　机械的发展，27—29
　英国的棉花，333
　英国纺织业雇用工人情况，333
　与纺织业有关的工厂法，341—342
　在俄国，364，380
　在法国，457，459
Thackeray, William Makepeace，萨克雷，威廉·梅克皮斯，小说家，162，163，165，418，420
Thermometer，温度计，临床用的温度计的发明，72
Thierry, Augustin，梯叶里，奥古斯坦，历史学家，11
Thiers, Louis-Adolphe，梯也尔，路易-阿道夫，政治家和历史学家
　与法卢法，80
　成为反对派，190
　与1840年近东危机，256—257，433
　他的政府的垮台，429
　实际上引退，452
　重返政坛，456
　反对与普鲁士交战，599
Thomas, Pierre-Émile，托马，皮埃尔-埃米尔，法国国有工场领导人，399
Thomson, Sir, William，汤姆孙爵士，威廉，后为开尔文勋爵，科学家，50，53，58，59
Thoreau, Henry, David，梭罗，亨利·戴维，美国作家，167
"Three Kings Alliance"（1850），三王同盟，409
Threshing machinery，打谷机，在起义中破坏，25
Thun-Hohenstein, Count Leo，图恩—霍恩施泰因伯爵，利奥，奥地利教育大臣，529，542
Thuringia，图林根，392，395
Tibet incorporated in China，西藏并入中国，685
Ticino, river，提契诺河，321，398
T'ien Wang，天王，见 Hung Hsiu-Ch'uan
Tientsin，天津
　普佳京海军上将在天津，385
　开放对外贸易，704
　被英国军队占领，704
Tiflis，第比利斯，386
Timbuktu，廷巴克图，424
Times, The，《泰晤士报》，14，121，122，131，132，342，580
Tithe，什一税
　爱尔兰天主教徒缴纳，100
　在欧洲，391
Tobacco，烟草
　英国的烟草税，38
　在弗吉尼亚，610
Tobolsk，托博尔斯克，383

索　引　857

Tobruk，托布鲁克，424
Tocqueville, Alexis de，托克维尔，亚历克西·德，政治家和政论家，1，10，186，193
Todleben, Franz Eduard Ivanovich，托德列本，弗朗兹·爱德华·伊凡诺维奇，塞瓦斯托波尔的俄国将军，480
Tokyo，东京，710，713
"Tolpuddle Martyrs"，"托尔普德尔蒙难者"，346—347
Tolstoi, D.，托尔斯泰，德，俄国教育大臣，379
Tolstoy, Lyof, Count，托尔斯泰，列夫，伯爵，作家，160，163，165，169，182
Tommaseo, Niccoló，托马塞奥，尼科洛，作家和政治家，558，574
Tortosa，托尔托萨，420
Toulon，土伦，420—421，425
Townsend, Meredith (*Spectator*)，汤森，梅雷迪思（《旁观者》周刊主编），123
Trade and Commerce，贸易和商业
　美国由于移民而使发展加速，2，332
　控制海上航线成为必不可少的，3，349
　铁路和轮船的影响，4，25—26，32，33—34
　为贸易和商业而增加农业生产，23，27
　生产新的农具供销售，25
　作为贸易和工业的资金来源，25，458
　关税，25—27，37—38，254，342—344，364，452，458，535，604，609—610
　国际谷物贸易，26—27
　纺织品的重要性，27—28，333，381
　用铁的时期，29—30
　煤，30—31，333
　关税同盟，37，494—495，561
　国际贸易政策，37
　需要增加资本，39
　银行和银行业，40—42，334—335，451，458，535
　英法的竞争，254
　特许公司，281，353，355，431，432，685，687—688
　来自德国和美国的竞争加剧，334
　英国的海外投资，334，350
　工会，346，455—456
　合作运动，348
　商业条约，349，452，505，535，567
　寻求新的市场，349，351
　殖民地市场，350—352
　英国在印度和远东的垄断地位，434
　与中国的贸易，461，686—688
　又见各有关国家条
Trade Union，工会
　早期的发展，45
　作为联谊团体，46
　仲裁机构，46
　在美国，46
　在英国，345—347
Trade Union Congress, formation of，英国职工大会，它的成立，347

Traité des grandes op érations militaires（Jomini），《论大规模军事行动》（约米尼著），313

Transatlantic cable，横越大西洋的海底电缆，133

Transcaucasia，外高加索
当地的抵抗运动，369，385
被同化，382
铁路，386

Trancportation of convicts，罪犯的流放，353

Transylvania，特兰西瓦尼亚，402，529，537，543，545—547

Trappists form community at Milleray，西多会特拉普派教士在米勒雷成立社团，78

Travellers' Club, London，伦敦旅行家俱乐部，138

Treasury，财政
英国赞成市政贷款，337
美国成立独立的财政部，607

Treaty Ports, Chinese，中国条约规定的通商口岸，692，703

Treitschke, Heinrich von，特赖奇克，海因里希·冯，历史学家和政论家，210，218，507

Trent affair, the，"特伦特"号事件，639

Trevelyan, Sir Charles, Bart.，特里维廉爵士，查尔斯，从男爵，马德拉斯总督，118，337

Treviglio，特雷维利奥，556

Tribune，《论坛报》，123

Trieste，的里雅斯特，18，420，421，425，432，501，555

Trinity College，三一学院，都柏林，在下议院中有了代表，335

Tripartite Alliance（1854），三国联盟，481

Tripoli（Libya），的黎波里（利比亚），424

Tripoli（Syria），特里波利（叙利亚），423

Trollope Anthony，特罗洛普，安东尼，小说家，与同时代的德国小说家相比较，166

Trollope, Mrs Elizabeth，特罗洛普夫人，伊丽莎白，作家，191，194

Troy，特罗伊，美国的学校，119

Troya, Carlo（1784—1858），特罗亚，卡洛，意大利历史学家，225

Tseng Kuo-fan，曾国藩，反对太平天国的领袖，699，705，706

Tung Wang，东王，太平天国领导人，698

Tungans，东干人，中国的穆斯林，反叛，707

Tunis, Bey of，突尼斯贝伊，加里波第曾为他效力，555

Tupper, J. L.，塔珀，《萌芽》的撰稿人，152

Turgai，图尔盖，387

Turgenev, Ivan，屠格涅夫，伊万，小说家，166，168，180，182，368

Turin，都灵，392
全意科学代表大会，562
议会（1861年2月），575

Turin, Luigi Franzoni, archbishop of，都灵大主教，路易吉·弗兰佐尼，567

Turkestan，土耳其斯坦
    棉花，381
    俄国的征服，382，386—388
    塔什干的兼并，388

Turkey，土耳其
    与克里米亚战争，XV，486—492
    巴尔干民族主义，229，240—243
    衰弱，241，430
    与穆罕默德·阿里，251—252，254—257，427—429
    洪基尔—斯凯莱西条约，252，255—256，428，468
    港口，422—423
    舰队在锡诺普被击败，281，284，426，468
    在纳瓦里诺，426
    在叙利亚的大屠杀，430

Turner，J. M. W.，透纳，约瑟夫·马洛德·威廉，画家，135，150

Tuscany，托斯卡纳，552
    教育，115，554
    选举维克托·埃马努埃尔二世，209
    与皮埃蒙特联合，209，572
    宣布为共和国，408
    开明的统治，554，556
    农业团体，556
    新闻出版，556，560
    关税，556，561
    废除教会特权，557
    颁布宪法，561
    与教皇国的经济联盟，561
    兼并马萨和卡拉拉的图谋，563
    军队在库尔塔托内受挫，564
    被奥地利军队占领，565
    恢复过去的统治者，572

Twain, Mark (Samuel Langhorne Clemens)，马克·吐温（塞缪尔·兰霍恩·克莱门斯），幽默作家，167

Twenty-four Acticles, Treaty of，二十四条条约，221

Twesten, Karl，特韦斯滕，卡尔，普鲁士政治家，518，521

Tyler, John，泰勒，约翰，美国第十任总统，621

Tylor, Edward Burnett，泰勒，爱德华·伯内特，人类学家，102

Typhus，斑疹伤寒，44，72

Tyutchev, Fedor Ivanovich，丘特切夫，费多尔·伊万诺维奇，诗人，232

Tzu Hsi，慈禧，中国皇太后，705

Ullathorne, William Bernard，乌拉索尔内，威廉·伯纳德，罗马天主教伯明翰主教，87

Ultramontanism，教皇极权主义，79，81

Uncle Tom's Cabin，《汤姆叔叔的小屋》，625

Union Pacific Railroad，联合太平洋铁路，643

Unitarians，唯一神教派，86，87

United Diet (Prussia)，联合议会（普鲁士），在柏林举行会议，496—497

United Italian Provinces，意大利联合省，554

"United Party of the Federalist Nobility"，"联邦派贵族联合党"，541

United States of America，美国，XVIII—

XIX, 603—630
社会结构: 移民, 2, 618, 643; 人口, 2, 22, 603, 626, 642; 奴隶制, 203; 选举权, 204—205
贸易和商业: 国内市场, 5; 谷物生产, 7, 642; 与英国, 26, 612; 棉花, 28; 铁和钢, 29, 30, 31; 煤和焦炭, 30, 31, 642; 黄金, 35; 航运, 36, 280; 州际自由贸易, 37; 关税, 37; 银行和银行业, 41, 607, 643; 工会, 46; 所得税, 644
农业: 进口机械, 25; 谷物生产, 27, 642; 棉花, 28
交通: 运河, 31, 612, 680; 铁路, 32, 34, 141, 612, 618, 624, 643; 公路, 35, 604, 606, 612
财政: 银行和银行业, 41, 607, 643; 联邦基金从第一公众国银行撤出, 607; 成立独立的财政部, 607; 财政分权, 608; 公路和铁路的经费, 612; 关税, 643; 所得税, 644
教育, 50, 116—117, 119—120
科学, 51, 72
新闻出版, 129—133
建筑, 140—141
文学, 164, 167, 179—181
宪政发展: 成为法兰克福国民议会的样板, 195; 选举权, 204—205; 南卡罗来纳州脱离联邦, 207; 1863年购买路易斯安那, 603, 620, 621, 624; 国有土地上的印第安人, 606; 拒绝执行国会法令的危机, 606, 609, 613;

强制法案, 609, 616; 密苏里妥协案（1820）, 620, 621, 623, 624; 第十三条宪法修正案, 648
南北战争: XIX, 631—658; 在美国历史上的地位, 19; 伤亡人数, 19, 654; 约翰·布朗袭击, 203; 后膛武器, 304; 作战的总过程, 327—330; 南部联盟的成立, 627
海军, 277—278, 285—287, 298—299, 425
陆军, 304—305, 310, 316, 328
与墨西哥, 464, 580, 622, 674
司法制度, 604, 609
与中国, 692—694, 700—703, 708
与日本, 710—712

United States of Europe, concept of a, 欧洲合众国的概念, 7
Univers, L'（Veuillot）,《宇宙报》（维伊奥主编）, 79, 80, 123
Universal Postal Union（1874）, 万国邮政联盟, 7
Universities, 大学
  创办伦敦大学学院, 77
  对非英国国教教徒开放, 87
  自由教会学院, 87
  接纳妇女入学, 119
  大学附校运动, 119
  课程改革, 206
  创办新大学, 206
  俄国关闭维尔纳大学, 230
  牛津和剑桥在议会中的代表, 335
  俄国的大学, 106, 119
  比利时的大学, 107
  奥地利的大学, 114, 530
  德国的大学, 114, 116, 459

索　引

瑞典的大学，119
美国的大学，119
University Tests Act（1871），大学考试法，87
Unkiar Skelessi Treaty of（1833），洪基尔—斯凯莱西条约，252，255—256，428，468
Upjohn, Richard，厄普约翰·理查德，建筑师，141
Ural river，乌拉尔河，386
Urea, synthesis of，尿素的合成，62
Urquiza, Justo José de，乌尔基萨，胡斯托·何塞·德，恩特雷里奥斯省省长，671
Uruguay，乌拉圭，659、670
Ussher James，厄谢尔，詹姆斯，阿尔马大主教，102
Ussuri river，乌苏里江，385
Utah，犹他州，203，623
Utilitarianism（Mill），《功利主义》（穆勒著），205
Uvarov, Count Sergei Semenovich，乌瓦罗夫伯爵，谢尔盖·谢苗诺维奇，俄国教育大臣，230，362，365

Vacuum Tubes, Faraday's work on，真空管，法拉第的研究工作，58
Valdivia，瓦尔的维亚，663，665
Valencia，巴伦西亚，420
Valency, theory of，原子价学说，62
Valetta，瓦莱塔，420
Valparaiso，瓦尔帕莱索，炮轰该城，666
Vance, Zebulon M.，万斯，泽布伦，北卡罗来纳州州长，653
Vanderbilt, Cornelius，范德比尔特，科尼利厄斯，轮船提倡和铁路的提倡人，681
Varas, Antonio，巴拉斯，安东尼奥，政治家，666
Varna，瓦尔纳，478，481
Vassar College, U.S.A.，瓦萨学院（美国），119
Vatican Council（1870），梵蒂冈公会议，454；又见 General Council
Vay, Baron，沃伊男爵，匈牙利总理，542
Veiga Evaristo da，贝加·埃瓦里斯托·达，主编，660
Venelin, George（1802—1839 年），韦涅林，格奥尔格，俄国研究斯洛伐克民族起源的历史学家，242
Venereal disease，性病，使用汞治疗，72
Venezuela，委内瑞拉，668—669
Venice，威尼斯
　与伦巴第一起举行反叛，262
　获得解放，396
　被封锁，408
　人口，420
　对犹太人的容忍，421
　奥地利允诺割让给法国，464
　接受特殊的法令，526
　马宁的共和国的垮台，565
　恢复过去的统治者，572
　由弗兰茨·约瑟夫割让给拿破仑三世，578
Vera Cruz，维拉克鲁斯，法、英、西三国军队在该地，464，677

Verdi, Giuseppe, 威尔地, 朱塞佩, 作曲家, 184, 225

Verlaine, Paul Marie, 魏尔兰, 保罗·玛丽, 诗人, 179

Verona, 维罗纳, 321

Versailles, 凡尔赛, 601, 602

Versen, Max von, 弗尔森, 马克斯·冯, 普鲁士总参谋部军官, 587, 589

Veto, American presidential power of, 美国总统的否决权, 608, 653

Veuillot, Louis, 维伊奥, 路易, 政论家, 79, 80, 123, 459

Vicenza, 维琴察, 321, 402, 564

Vicksburg, capture of, 夺取维克斯堡, 328, 655

Victor Emmanuel II, 维克托·埃马努埃尔二世, 意大利国王
  1864年保证将罗马交给教皇国, 88
  没有被邀请参加公会议, 95
  罗马不支持他, 95
  当选为意大利国王, 209
  与1849年维尼亚莱停战协定, 322, 566
  维护宪法, 412, 566
  承认奥地利在意大利的属地 (1849), 527
  部分地恢复国王权力, 566
  与德·阿泽利奥, 567—568
  与加富尔, 568—569, 571—573
  与克里米亚战争, 569

Victoria, 维多利亚, 英国王室长公主, 508

Victoria, 维多利亚, 英国女王
  购买弗里思的绘画, 154

  封兰西尔为爵士, 154
  关于帕默斯顿的备忘录, 340
  对大臣们的态度, 340
  与沙皇尼古拉一世, 359

Victoria and Albert Museum, London, 伦敦维多利亚和阿尔贝特博物馆, 154

Vie de Jésus (Renan), 《耶稣生平》(勒南), 102

Vienna, 维也纳, 18, 125
  银行业, 41, 535, 539
  剧场, 182—183
  革命, 261, 321, 395—396, 403, 524
  交通, 425
  工业的迅速发展, 535
  证卷交易的崩溃, 538

Vienna, Congress of (1815), 维也纳会议, 266, 462, 493

Vienna Note (1853), 维也纳照会, 475—476

Vienna Settlement (1815), 维也纳会议决议, 16, 191, 247, 260, 266, 272

Vigevano, Armistice of, 维杰瓦诺停战协定, 523

Vigny, Alfred de, 维尼, 阿尔弗雷德·德, 诗人, 171, 173

Világos, 维拉戈斯, 匈牙利人在此投降, 408, 528

Villafranca, armistice of, 维拉弗兰卡停战协定, 506, 544, 572

Villemessant, Hippolyte de, 维尔梅桑, 伊波利特·德(《费加罗报》), 125

索　引

Vionville, battle of, 维翁维尔战役, 326
Virchow, Rudolph, 魏尔啸, 鲁道夫, 普鲁士医生和政治家, 67
Virginia, 弗吉尼亚, 185
　　在南北战争中, 327—328, 627, 648, 652, 654
　　烟草, 610
　　培根反叛事件 (1676), 611
　　仅仅维持生计的农业, 611
　　立法机构辩论奴隶制, 612
　　1831 年奴隶起义, 617
Visconti, Louis Tullius Joachim, 维斯孔蒂, 路易·蒂利乌斯·若阿基, 建筑师, 141
Vistula, river, 维斯杜拉河, 26, 32
Vladivostock, founding of, 符拉迪沃斯托克 (海参崴) 的创建, 385, 704
Voivodina (Serbian), 伏伊伏丁那 (塞尔维亚), 527, 529, 537, 541, 543
Vom Kriege (Clausewitz), 《战争论》(克劳塞维茨著), 317
Vorarlberg, 福拉尔贝格, 被并入蒂罗尔, 525
Vossische Zeitung, 《福斯报》, 126

Wackenroder, Wilhelm Heinrich, 瓦肯罗德尔, 威廉·海因里希, 浪漫主义作家, 139
Waghorn, Thomas, 瓦格霍恩, 托马斯, 皇家海军上尉, 开创陆路到印度的人, 436
Wagner, Wilhelm Richard, 瓦格纳, 威廉·里夏德, 作曲家, 184
Waitangi, Treaty of, 怀坦吉条约, 353
Wakefield, Edward Gibbon, 韦克菲尔德, 爱德华·吉本, 殖民地政治家, 352, 353
Walewski, Alexandre, comte, 瓦列夫斯基伯爵, 亚历山大, 法国政治家, 拿破仑三世的外交大臣, 487
Walker, William, 沃克, 威廉, 美国冒险分子, 681
Wallace, Alfred Russell, 华莱士, 艾尔弗雷德·拉塞尔, 旅行家和博物学家, 69
Wallachia, 瓦拉几亚, 462, 505; 又见 Principalities
Walter, Thomas, U., 沃尔特, 托马斯, 美国建筑师, 142
Walters family of *The Times*, 《泰晤士报》的沃尔特家族, 121, 122
Wanghai, 黄海, 693
Wappers, Gustaf, Baron, 瓦佩斯男爵, 古斯塔夫, 画家, 151
Ward, Frederick, 华尔, 弗雷德里克, 美国冒险分子, 706
Ward, John, Elliott, 华若翰, 埃利奥特, 美国律师, 政治家和外交家, 703
Warrior, H. M. S. (1860), 英国军舰"勇士号"(1860 年建造), 279, 285
Wartburg festival, 瓦瓦特堡节, 493
Washington, 华盛顿, 141, 142, 328
Water, provision of pure supply, 净水供给, 72
Water power in spinning mills, 纺纱厂

的水力，28
Waterways，水路，30
Watts, George Frederick，瓦茨，乔治·弗雷德里克，画家，153
Wealth of Nations (Adam Smith)，《国富论》(亚当·斯密著)，342
Webster, Daniel，韦伯斯特，丹尼尔，美国政治家，195，203，615，623
Wehrli, Johann, Jakob，韦尔利，约翰·雅各布，教育界先驱，113
Weimar Republic，魏玛共和国，208
Weld, Theodore. Dwight，韦尔德，西奥多·德怀特，废奴主义者，618
Welden, Baron Franz Ludwig von，韦尔登男爵，弗兰茨·路德维希·冯，奥地利将军，被海瑙所替代，528
Wellhausen, Julius，韦尔豪森，尤利乌斯，福音派神学家和东方学家，102
Wellington, Arthur Wellesley, 1st Duke of，威灵顿，阿瑟·韦尔斯利，第一代公爵，202，248，433
Werther, Karl von, Baron，韦特尔，卡尔·冯，男爵，普鲁士驻巴黎大使，591，592，595，598
Wesselenyi, Baron，韦塞莱尼男爵，匈牙利议会议员，240
West Indies，西印度群岛，该地的奴隶制，341
Western Associated Press，西部联合通讯社，133
Western Union Telegraph Company，西方联合电报公司，133

Westminster, Statute of，威斯敏斯特条例，355
Westphalia，威斯特伐利亚，400
Wette, Wilhelm Martin Leberecht de，韦特，威廉·马丁·勒贝雷布特·德，福音派新教会神学家，102
What is to be done? (Chernyshevskii)，《怎么办?》(车尔尼雪夫斯基)，374
Wheat，小麦
俄国，26
美国，27
Wheatstone, Sir Charles，惠斯通爵士，查尔斯，物理学家，53
Wheelwright, William，惠尔赖特，威廉，在拉丁美洲创办企业者，665
Whistler, James MacNeil，惠斯勒，詹姆斯·麦克尼尔，画家，155
Whitehead, Robert，怀特黑德，罗伯特，工业家，发明家，287
Whitman, Walt，惠特曼，沃尔特，美国诗人，2，167，180—181，658
Whitworth, Sir Joseph，惠特沃思爵士，约瑟夫，工程师，284
Wiegmann, Arend Friedrich August，维格曼，阿伦德·弗里德里希·奥古斯特，德国博物学家，65
Wielopolski, Alexander, Marquis，维洛波尔斯基侯爵，亚历山大，波兰政治家，235
Wilberforce, Samnel，威尔伯福斯，塞缪尔，主教，71
Wilkes, Captain Charles，威尔克斯船长，查尔斯，指挥"圣哈辛托"

索　引

号快速帆船，639
Willard, Emma，威拉德，埃玛，妇女教育的先驱，119
Willems, Jan Frans，威廉斯，扬·弗朗斯，诗人，语言学家，221
William Ⅰ，威廉一世，荷兰国王，221
William Ⅳ，威廉四世，大不列颠和汉诺威国王，189，190
William Ⅰ，威廉一世，普鲁士国王
　在位初期充满军队的冲突，16
　任摄政，508
　其性格，508
　未出席法兰克福各邦君主会议，513—514
　不愿废黜王朝，520
　在埃姆斯与贝内代蒂交换意见，595—596
　决定进行动员，599
　犹豫不决，599
　皇帝的称号，601
William Ⅲ，威廉三世，荷兰国王，581
Williams, Sir William Fenwick，"of Kars"，威廉斯爵士，威廉·芬威克，"卡尔斯的"，将军，英国在土耳其军队的特派员，484
Wilmot Proviso，威尔莫特但书，622
Windischgrätz, Alfred, Prince von，温迪施格雷茨亲王，阿尔弗雷德，奥地利陆军元帅
　解散泛斯拉夫人代表大会，187，402
　在波希米亚恢复旧秩序，401—402，523
　在维也纳恢复权力，403，524
　重新占领布达佩斯，406
　被匈牙利人打败，407
　在斐迪南逊位仪式上，525
　受权迫使匈牙利降服，525—526
　被韦尔登将军所替代，528
Windsor，温泽，拿破仑三世访问该地，481
Wine，酒
　酒税，38
　法国的出口，454
　皮埃蒙特的酒，556，559，590
Wisconsin，威斯康星，189，203，620
Wiseman, Nicholas，威斯曼，尼古拉斯，罗马天主教威斯敏斯特大主教，84，87
Wochenblatt party，《周报》党，14，508
Wöhler, Friedrich，韦勒，弗雷德里希，化学家和药学教授，62
Wolff, Bernhard，沃尔夫，伯恩哈德，德国通讯社创办人，5，132
Wood, Sir Charles, 1st Viscount Halifax，伍德爵士，查尔斯，第一代哈利法克斯子爵，政治家，118
Woodhull, Victoria Claflin，伍德哈尔，维多利亚·克拉夫林，改革家，美国总统候选人，206
Wool，羊毛
　欧洲，23
　俄国，26
　价格的上涨，27
　来自欧洲以外的供应，27
　机械梳毛，28
　动力织机的使用，28

棉花和羊毛织物，28
Wool, John Ellis, 伍尔，约翰·埃利斯，陆军少将，美国退伍军人，656
Woolner, Thomas, 伍尔纳，托马斯，雕塑家，143
Workhouses, 贫民习艺所，337
Working-men's Associations, 工人协会，在德国，505；又见 International 条
Wörth, battle of (1870), 沃思战役，326
Wrangel, Friedrich, Graf von, 符兰格尔伯爵，弗里德里希·冯，普鲁士将军，405
Württemberg, 符腾堡
　建立议会制内阁，395
　与施瓦岑贝格的谈判，407—410
　鼓吹扩大选举权，497
　修改联邦宪法，501
　军队，507
　支付赔偿，520
　与普鲁士签订秘密条约，520，580
　与德意志帝国的形成，601
Württemberg, king of, 符腾堡国王
　驱散残余的法兰克福议会，500
　与弗兰茨·约瑟夫会晤，502
Wurtz, Charles Adolphe, 维尔兹，夏尔·阿道夫，化学家，62
Wyatt, Sir Matthew Digby, 怀亚特爵士，马修·迪格比，建筑师和艺术评论家，143
Wyoming, 怀俄明，206

Yakub, Beg, 阿古柏贝伊，喀什的统治者，707
Yancey, William. L., 扬西·威廉·朗兹，脱离联邦主义者，627
Yangtse river, 长江，对西方船舶开放，703
Yeh Ming-ch'en, 叶名琛，两广总督，696，701
Yehonala, 叶赫那拉氏，见 Tzu Hsi
York, 约克
　英国科学促进会在此召开会议，50
　烧毁教皇的模拟像，85
"Young Europe"，"青年欧洲"，225
"Young Italy" (Mazzini)，"青年意大利"（马志尼），128，224，225，555
Yucatán, 尤卡坦，退出联邦，674
Yuenmingyuen, 圆明园，被烧毁，704
Yung Chêng, 雍正，中国皇帝，1729年下令禁止吸鸦片，688
Yunganchew, 永安州，太平军被包围，698

Zagreb Assembly, 萨格勒布会议，403
Zaichnevskii, Peter Grigorievich, 扎伊奇涅夫斯基，彼得·格里戈里耶维奇，革命作家，373
Zang, August (*Die Presse*)，粲格，奥古斯特（《新闻报》），126
Zante, island of, 赞特岛，422
Zara, 扎拉，422
Zasulich, Vera, 查苏利奇，维拉，革命家，378
Zoffany, Johann, 佐法尼，约翰，画家，135
Zola, Émile, 左拉，埃米尔，小说家，

148

Zollverein, the German,德意志关税同盟,26,37,38,228,494—495,501,503,505

Zucchi, Carlo,祖基,卡尔洛,将军,554,555

Zug, canton of,楚格州,81

Zürich,苏黎世,80—81,106,114

Zürich, Peace of (1859),苏黎世和约,572

Zwirner, Ernst Friedrich,茨维尔纳,恩斯特·弗里德里希,建筑师,140